2025
김만희 경찰학

기본이론서

 **머리말** | PREFACE

수험 경찰학의 변화

최근 경찰 수험현장에 많은 변화와 개정이 이루어 지고 있다. 이러한 경찰학 변화의 흐름에 그 방향을 잘 잡고, 경찰시험에 가장 적절히 대응하는 것이 더욱 중요하다. 수험경찰에서 경찰학은 이제 본격적 객관식의 시대을 맞아 필수과목으로써, 제대로된 경찰학 전공과 실무과목으로써 그 중요성이 더해가고 있다. 하지만 기존의 경찰학은 이런 변화를 대응하기에는 한계가 있었다.

＜김만희 팩트 경찰학＞은 진정 경찰 수험생들이 최적의 합격에 도달할수 있도록, 제대로된 수험 경찰학을 가이드할수 있도록 하여, 초단기에 경찰공무원에 합격할 수 있도록 하는 것을 목표로 전략적인 구성과 효율적인 경찰학 학습을 위한 중요한 기본서이다.

팩트 경찰학이란?

최신 경찰학 흐름을 완전히 반영하였고, 이미 수험에서 전공 경찰학 내용에 대한 적중으로 입증된 기본서이다.

- **컴팩트(Compact)**
  잡다하고 산만하며 엄청난 양의 경찰학 수험으로는 합격을 이룰수 없다.
  이제 경찰학은 컴팩트한 이론과 실무내용이 결합되어야 한다. 팩트 경찰학은 경찰학 이론을 컴팩트하게 정리하여 쉽고 명쾌하고 재밋는 강의와 효율적 학습이 이루어 지도록 하였다. 무의미한 암기나 단순나열이 아닌, 제대로된 '전공 경찰학'의 효과를 달성하도록 한 것이 팩트경찰학이다.

- **임팩트(Impact)**
  컴팩트한 이론학습의 경찰학을 실전 수험에서 여러분이 점수를 획득하는데 임팩트있는 실력이 향상되도록 구성하였다. 단순 안다가 아니라 실제 내 점수로 만들 수 있도록 한 경찰학이 바로 팩트경찰학이다.

팩 트　경 찰 학

- **퍼팩트(Perfect)**

    수험에서 합격을 위한 경찰학은 수험생에게 가장 적합하고, 가장 최신의 것으로, 빠짐없는 내용들로 다가올 시험을 대비할수 있어야 한다. 경찰학 총론과 각론의 모든 내용을 아우르며 수험에서 활용할수있도록 편성하였다. 이러한 경찰학을 퍼팩트하게 구현한 것이 팩트 경찰학이다.

사막 같은 수험의 거친 현실에서 이제 <팩트경찰학>과 함께 최단기, 최적의, 최고의 합격을 이루기를 진심으로 바라며, 별이 저 혼자 빛날 수 없듯이, 팩트경찰학이 출판되는 과정에 많은 도움을 준 관계자 모든분들에게 감사의 마음을 전한다.

항상 빛나는 별 하나, 둘, 셋……
팩트 경찰학 김만희

차례 | CONTENTS

PART 01 경찰학 이론

CHAPTER 01 경찰학 기본이론

01 경찰학의 의의 ·· 13
   1. 경찰학의 의의 ·· 13
   2. 경찰 분류 ·· 18
   3. 경찰학의 성립 ·· 23

02 경찰의 임무와 수단 ······································ 25
   1. 경찰의 임무 ·· 25
   2. 경찰 수단 ·· 30
   3. 경찰권과 관할 ·· 32

03 경찰의 기본이념 ·· 35
   1. 의의와 근거 ·· 35
   2. 민주주의 ·· 35
   3. 법치주의 ·· 36
   4. 인권존중주의 ·· 36
   5. 정치적 중립주의 ···································· 39
   6. 경영주의 ·· 40
      ■ 경찰 인권보호 규칙 ······························ 41

04 경찰 윤리와 경찰 부패 ·································· 45
   1. 경찰 윤리 ·· 45
   2. 경찰 부패 ·· 48
   3. 우리나라 경찰윤리 규정 ···························· 52
   4. 바람직한 경찰에 대한 논의 ························ 53
      ■ 경찰청 공무원 행동강령 ·························· 54
      ■ 부정청탁 및 금품등 수수의 금지에 관한 법률 ··· 63
      ■ 공직자의 이해충돌 방지법 ······················ 73
      ■ 공직자 윤리법 ···································· 82

05 범죄이론[범죄학] ·· 89
   1. 의의 ·· 89
   2. 범죄 원인론 ·· 89
   3. 범죄 통제(예방)론 ·································· 98
   4. 범죄 피해자학 ······································ 101

06 지역사회 경찰활동 ······································ 102
   1. 의의 ·· 102
   2. 지역사회경찰활동의 특징 ························ 102
   3. 실행 프로그램 ······································ 104
   4. 스마트 폴리싱(policing) ·························· 106
   5. 순찰 ·· 106

팩트 경찰학

CHAPTER 02 경찰행정학

01 경찰 관리론 일반 ········· 109
1. 경찰관리론 ········· 109
2. 경찰기획 ········· 109
3. 정책결정모형 ········· 111

02 경찰 조직 관리 ········· 113
1. 조직의 개념 ········· 113
2. 동기부여 이론 ········· 115
3. 관료제 ········· 120
4. 조직 원리 ········· 124
5. 공식·비공식 집단 ········· 129
6. 계선기관과 참모기관 ········· 130
7. 조직 갈등 관리 ········· 132

03 경찰 인사관리 ········· 133
1. 인사행정(Public personal administration)의 의의 133
2. 인사행정의 발달 ········· 134
3. 직업공무원제(Career civil service system) ········· 137
4. 적극적 인사행정 ········· 139
5. 우리나라의 공직분류 ········· 140
6. 계급제(Rank classification system) ········· 141
7. 직위분류제(Position classification system) ········· 143
8. 공무원 임용 ········· 145
9. 경찰공무원 평정 ········· 147
10. 사기관리 ········· 147

04 경찰 예산관리 ········· 150
1. 예산의 의의 ········· 150
2. 예산의 종류 ········· 151
3. 예산의 분류 ········· 153
4. 예산이론의 전개 ········· 158
5. 예산의 과정 ········· 164

05 경찰 물품·장비관리 ········· 177
1. 의의 ········· 177
2. 물품관리 ········· 177
3. 경찰장비관리 ········· 179

06 경찰 보안관리 ………………………… 190
1. 보안의 의의 ………………………… 190
2. 보안업무규정 ……………………… 190

07 경찰 홍보와 대응 …………………… 203
1. 의의 ………………………………… 203
2. 언론중재위원회 …………………… 204
3. 정정보도 청구권 …………………… 205
4. 반론보도 청구권 …………………… 206
5. 추후보도청구권 …………………… 207
6. 조정 ………………………………… 207
7. 중재 ………………………………… 209
8. 재판 ………………………………… 209

08 경찰 통제와 환류 …………………… 210
1. 의의 ………………………………… 210
2. 행정통제의 과정 …………………… 210
3. 경찰 통제의 필요성 ………………… 210
4. 경찰 통제의 기본요소 ……………… 211
5. 경찰통제 유형 ……………………… 212
6. 경찰 감찰 및 감사제도 …………… 214
   ■ 경찰 감찰 규칙 ………………… 215
7. 공공기관의 정보공개 ……………… 225
8. 개인정보보호 ……………………… 231
9. 적극행정 …………………………… 233
   ■ 경찰청 적극행정 면책제도 운영규정 …… 237

CHAPTER 03 한국경찰과 비교경찰학

01 한국 경찰의 역사 …………………… 243
1. 근대 경찰 …………………………… 243
2. 현대 한국 경찰 ……………………… 251

02 각국의 경찰제도 …………………… 257
1. 의의 ………………………………… 257
2. 영국 ………………………………… 257
3. 미국 ………………………………… 262
4. 프랑스 ……………………………… 269
5. 독일 ………………………………… 272
6. 일본 ………………………………… 275
7. 중국 ………………………………… 279

PART 02 경찰행정법

01 경찰행정법 기초 … 284
1. 경찰행정법의 의의 … 284
2. 경찰과 법치주의 … 284
3. 경찰행정법 법원 … 288
4. 경찰법의 효력 … 302

02 경찰 조직법 … 304
1. 경찰조직법 일반 … 304
2. 경찰행정기관 … 304
3. 경찰기관 상호간의 관계 … 308
- 국가경찰과 자치경찰의 조직 및 운영에 관한법률 … 319

03 경찰작용법 … 338
1. 경찰작용법의 의의 … 338
2. 공권과 경찰개입청구권 … 340
3. 경찰작용의 한계 … 342
4. 경찰처분(행정행위) … 346
5. 경찰처분 내용 … 352
6. 행정행위 부관 … 356
7. 행정행위 성립요건과 효력요건 … 360
8. 행정행위의 효력 및 구속력 … 360
9. 행정행위 하자 … 364
10. 행정행위 취소와 철회, 실효 … 368
11. 비권력적 행정행위 - 행정지도 … 370
- 행정기본법 … 371
- 경찰 물리력 행사의 기준과 방법에 관한 규칙 … 407

04 경찰상 의무이행확보 수단 … 380
1. 의의 … 380
2. 경찰강제 … 380
3. 경찰벌 … 385
4. 새로운 의무이행 확보 수단 … 391
- 경찰관 직무집행법 … 392
- 질서위반행위규제법 … 420

05 경찰구제법과 행정상 손해전보 … 426
1. 사전적 구제수단 - 행정절차법 … 426
2. 행정상 손해 전부 … 434
3. 행정상 손해배상 … 434
4. 행정상 손실보상 … 439

06 행정쟁송(1) - 행정심판 … 441
1. 행정심판 … 441

07 행정쟁송(2) – 행정소송 ········· 451
1. 행정소송 의의 ········· 451
2. 행정소송 한계 ········· 451
3. 행정소송 종류 ········· 452
4. 항고소송-취소소송 ········· 453
5. 항고소송-무효등 확인 소송 ········· 460
6. 항고소송-부작위법확인소송 ········· 461

08 경찰공무원법 ········· 462
1. 의의 ········· 462
2. 경찰공무원 분류 ········· 462
3. 경찰공무원 근무관계 ········· 467
4. 경찰공무원의 권리와 의무 ········· 494
   - 경찰공무원 복무규정 ········· 499
5. 경찰공무원의 책임과 신분보장 ········· 503
   - 경찰공무원법 ········· 524

PART 03 경찰학 각론

01 생활안전경찰 ········· 540
1. 의의 ········· 540
2. 지역경찰 ········· 542
3. 생활질서 관련법령 ········· 553

02 교통경찰 ········· 601
1. 교통경찰 의의 ········· 601
2. 도로교통법 ········· 601
   - 도로교통법 시행령 [별표 8] ········· 634
3. 교통사고처리특례법 ········· 639

03 수사경찰 ········· 648
1. 의의 ········· 648
2. 수사의 조건 ········· 648
3. 수사 원칙 ········· 650
4. 수사 기관 ········· 651
5. 수사 전개 ········· 656
6. 임의수사 ········· 666
7. 강제수사 ········· 669
8. 통신수사 ········· 673
9. 현장 수사활동 ········· 677
10. 범죄감식 ········· 680
11. 유치장 관리 ········· 682
12. 호송 ········· 683
13. 수배제도 ········· 686
14. 성폭력범죄의 처벌 등에 관한 특례법 ········· 688

15. 성매매알선 등 행위의 처벌에 관한 법률 ·················· 697
16. 가정폭력범죄의 처벌 등에 관한 특례법 ··················· 700
17. 아동학대범죄의 처벌 등에 관한 특례법 ··················· 705
18. 마약류 관리에 관한 법률 ·· 715

04 경비경찰 ··· 726
1. 의의 ·· 726
2. 경비경찰의 특징과 운영 ·· 727
3. 행사안전경비(혼잡경비) ·· 729
4. 선거경비 ·· 731
5. 경호경비 ·· 734
6. 다중범죄진압경비(치안경비) ·································· 736
7. 재난경비 ·· 738
8. 경찰작전 ·· 743
9. 대테러 경비 – 국민보호와 공공안전을 위한 테러방지법
   ··· 750
10. 청원경찰 – 청원경찰법 ··· 753

05 정보경찰 ··· 756
1. 의의 ·· 756
2. 정보의 분류 ··· 757
3. 정보 순환 과정 ·· 758
4. 신원조사 – 보안업무규정 ······································ 761
5. 집회 및 시위에 관한 법률 ····································· 762

06 보안경찰 ··· 774
1. 의의 ·· 774
2. 보안경찰의 특징 ·· 774
3. 보안경찰 활동 ·· 775
4. 방첩의 대상 ··· 775
5. 공작 ·· 777
6. 국가보안법 ··· 778
7. 보안관찰법 ··· 788
8. 남북교류협력에 관한 법률 ···································· 795
9. 북한이탈 주민의 보호 및 정착지원에 관한 법률 ····· 800

07 외사경찰 ··· 804
1. 의의 ·· 804
2. 국적법 ·· 805
3. 출입국관리법 ··· 809
4. 국제형사사법 공조법 ··· 821
5. 범죄인 인도법 ·· 824
6. 국제형사경찰기구(인터폴, ICPO) ·························· 829
7. 주한미군지위협정(SOFA) ······································ 831

팩트 경찰학

경찰학 이론

CHAPTER 01   경찰학 기본이론
CHAPTER 02   경찰행정학
CHAPTER 03   한국경찰과 비교경찰학

CHAPTER

01

경찰학 기본이론

SECTION 01 경찰학의 의의
SECTION 02 경찰의 임무와 수단
SECTION 03 경찰의 기본이념
SECTION 04 경찰 윤리와 경찰 부패
SECTION 05 범죄이론
SECTION 06 지역사회 경찰활동

01 경찰학의 의의

1 경찰학의 의의

1) 의의

① 경찰 개념은 여러 나라의 역사적 맥락과 사회문화적 배경에 따라서 다르게 정의되어왔다.(다의적 개념)
  ➡ '대륙법계 국가의 경찰은 국왕의 통치권 보호와 국민에 대한 통제를 주 임무로 하였다.
  ➡ 영미법계 국가의 경찰은 주민의 자치권 보호와 대민서비스를 주 임무로 하였다.

② 일반적으로 경찰학의 기원을 Justi의 '경찰학의 원리(1756)'라고 본다.

2) 대륙법계 경찰 개념 변화

(1) 고대의 경찰(경찰과 행정의 미분화)

Polis라는 개념으로부터 시민의 생존과 복지를 보살피는 일체의 관리 활동을 의미하는 라틴어 'politia(Politeia)'라는 개념으로 형성되었다.
  ➡ 도시국가 작용으로 정치를 포함한 일체의 작용으로 보았다.(이상적인 상태의 헌법)
  ➡ 도시를 통치하는 기술이라고도 할수 있다.

(2) 중세의 경찰

① 프랑스
  ㉠ 14세기부터 'la police'라는 용어가 사용되기 시작하였다.
  ㉡ 질서를 바로 잡는데 필요한 공권력 및 그에 근거한 질서 유지 활동을 의미한다.
    ➡ 경찰은 국가목적적 작용으로 국가의 평온한 질서를 유지하는 것으로 보았다.
  ㉢ 14세기말 프랑스의 경찰개념이 15세기 독일에 계수되었다.(프랑스 → 독일)

② 독일
  ㉠ 15세기부터 사회공공의 질서와 복리를 위해 봉건영주가 행사하는 특별한 통치권한을 의미하는 것으로 사용되었다.(라틴어 ius politiae)
    ➡ 공동체 질서 유지를 위한 국가 행정 전체의 모든 활동을 의미한다.
  ㉡ 16세기 '제국경찰법(1530)'은 **교회행정을 제외**한 나머지 일체의 국가행정을 의미하였다.
    ➡ 공권력을 통해 속세의 사회질서를 유지하는 작용으로 한정하였다.
  ㉢ 독일에서 15세기에서 17세기까지 경찰작용은 공동체의 질서 정연한 상태를 창설 유지하기 위한 신민(臣民)의 모든 생활영역을 포괄적으로 규제할수 있었다.

(3) 경찰국가 시대의 경찰(경찰과 행정의 분화)

① 경찰국가란 17~18세기 유럽에서 발달한 관방학이론에 의한 절대군주시대를 의미한다.
  ㉠ 국민복지를 구현한다는 명분으로 국가의 모든 결정권은 절대군주가 행사하였고, 국민의 복지와 관련된 모든 문제가 경찰에 의해 처리되었다.
    ➔ 중상주의, 절대주의, 관방학
  ㉡ 적극적인 공공복리 증진을 위해서 강제력을 행사할 수 있었다.

② 17세기 절대군주시대에 경찰 개념
  ㉠ 외무, 재무, 사법, 군사 작용을 제외하고 사회공공의 안녕과 복지를 직접 수행하는 사회목적적 행정의 **내무행정만**을 의미하였다.
  ㉡ 내무행정 범위에 적극적 복지행정과 소극적 질서유지 작용을 포함한다.
    ➔ 독일은 1648년 베스트팔렌 조약을 계기로 사법이 국가의 특별작용으로 인정되면서 경찰과 사법이 분리되었다.

(4) 법치국가시대의 경찰

① 18세기 계몽주의, 자연법 사상, 권력분립주의의 발달로 자유주의적 법치국가가 형성되었다.
② 경찰의 개념은 내무행정중 소극적인 위험방지와 질서유지 작용에 한정되었다.
  ➔ 적극적인 복지경찰, 복리증진 활동이 제외되었다.
③ 전개
  ㉠ 프로이센 일반란트(주)법(1794)
    경찰관청은 공공의 안녕, 질서를 유지하고, 또한 공중 및 그의 개개 구성원들에 대한 **절박한 위험을 방지**하기 위하여 필요한 기관이다.(제2장 17절 10조)
    ➔ 공공의 평온, 안전과 질서를 유지하고 공중 또는 그 구성원에 대한 절박한 위험을 제거하기 위하여 필요한 수단을 강구하는 것이 경찰의 책무이다.
    ➔ 요한 쉬테판 퓌터는 '독일공법제도'에서 '경찰의 직무는 임박한 위험을 방지하는 것이다. 복리증진은 경찰의 본래 임무가 아니다'라고 주장하였다. 즉 경찰국가시대 이후 확장된 경찰 개념을 제한하기 위한 노력을 의미한다.
  ㉡ 크로이쯔베르크 판결(1882)
    경찰의 권한은 **소극적인 위험방지 분야**에 국한되고, 적극적인 복지행정에 개입할 수 없게 되었다.(경찰권 발동의 조리상 한계)
    ➔ 일반수권조항을 근거로 한 경찰권의 행사 분야는 소극적인 위험방지분야로 한정된다고 법 해석상 확정 판결하였다.(경찰작용의 목적 축소)
④ 프랑스
  ㉠ 죄와 형벌법전(1795 경죄처벌법)
    ⓐ 경찰의 임무는 공공의 질서를 유지하고 개인의 **자유와 재산 및 안전**을 유지하기 위한 기관으로 한다.(16조)
    ⓑ 행정경찰과 사법경찰을 **최초로 구분**하여 법제화하였다.
    ➔ 행정경찰은 공공질서 유지와 범죄예방을 목적으로 하고, 사법경찰은 범죄의 수사 체포를 목적으로 한다.

∗ 1648년 베스트 팔렌조약
독일 30년전쟁을 끝맺기 위해 1648년에 체결된 평화조약으로 가톨릭 제국으로서의 신성로마제국을 사실상 붕괴시키고, 주권 국가들의 공동체인 근대 유럽의 정치구조가 나타나는 계기가 되었다.

∗ 자연법 사상
16~19세기에 이르기까지 서유럽 사회를 풍미한 자연법 사상. H. 그로티우스의 이성자족론(理性自足論)에서 출발한 합리주의를 기초로 한다. "신일지라도 자연법을 변경할 수 없다."고 주장함으로써 인간의 이성을 신의(神意)보다 위에 두었다. 개인이 가지고 있는 천부적인 불가양(不可讓)의 자유와 권리를 국가의 권력이 침해하는 경우에는 혁명을 일으켜서라도 그 자유와 권리를 보장받을 수 있는 새로운 정부를 만들어 내야 한다는 주장을 포함한다.

∗ 독일 최초 경찰학 수립(관방학)
1756년 유스티(J.H. Justi) '경찰학원리'

∗ 크로이쯔베르크 판결(1882)
프로이센 고등행정법원에서 판시한 것으로, 베를린 경찰청장이 법규명령으로 크로이츠베르크 언덕의 전승기념비 조망을 위해 주변 토지에 대한 건축물 높이를 제한하는 것에 대해 이것은 복지증진을 위한 경찰권 적용으로서 무효라고 판결함

ⓒ 지방자치법전(1884)

제97조 : 자치단체 경찰의 사무를 위생사무 등 협의의 행정경찰 사무를 포함한 것으로 규정하였다.(질서, 안전, **위생**)

➡ 경찰의 직무를 **소극적 목적에 한정**하였다.

> **※ 1964년 에스코베도(Escobede) 판결**
> 변호인과의 접견교통권을 침해하여 얻은 자백의 증거능력을 부정한 판결

 팩트DB

블랑코 판결 – 국가배상 인정판결

1873년 프랑스에서 블랑코(Agnès Blanco)라는 소녀가 국가공공기관(국립연초공장)에 고용된 사람에 의해 상해를 입었던 사건에서, 국가의 공공역무수행에 의한 국가배상책임을 인정한 첫 판결

티톱판결 – 행정개입청구권 인정판결

1960년 독일연방행정재판소에서 정립된 것으로, 주거지역에 설치된 석탄제조업체에서 사용하는 띠톱에서 배출되는 먼지 등 피해를 받은 인근 주민이 행정청에게 건축경찰상의 금지처분을 청구하여 청구인용한 판결이다.

1966년 미란다(Miranda) 판결

미국에서 변호인 선임권, 진술거부권, 접견권을 고지하지 않은 상태에서 진행된 자백의 증거능력을 부정한 판결.(위법한 자백의 증거능력 부정)

(5) 현대국가의 경찰

① 1931년 프로이센 경찰행정법

경찰관청은 일반 또는 개인에 대한 공공의 안녕과 질서를 위협하는 위험을 방지하기 위하여 현행법의 범위 내에서 **의무에 합당한 재량**에 따라 필요한 조치를 취하여야 한다.

➡ 크로이츠베르크 판결(1882)에 의해 발전된 실질적 의미의 경찰개념을 성문화시켰다.

② 독재정권의 등장과 제2차 대전 후 독일 등에서 경찰권의 확대를 통제하였다.

③ 비경찰화

보안경찰을 제외하고 건축경찰, 보건경찰, 위생경찰 등 **협의의 행정경찰사무**를 일반 행정관청의 사무로 이관하였다.

➡ 풍속경찰은 보안경찰에 해당하므로 비경찰화 대상이 아니었다.

④ 현대국가의 경찰은 소극적인 위험방지와 적극적인 치안 서비스 제공자로 형성되었다.

3) 영미법계 경찰 개념 변화

(1) 고대 경찰
① 제프리 초서의 '켄터베리 이야기'(1386)에 'police'가 처음 등장한다.
② 앵글로 섹슨 시대에 치안제도로서 십호제와 **샤이어(shire)제도**가 형성되었다.
   ➡ 지역민이 치안에 대해 공동책임을 강조하였다.

> ✱ **샤이어(Shire)**
> 주(州)를 의미하는 영어 단어로 주로 중세, 근대 시대에 사용됐다. 영국에서는 아직도 지방 행정 단위로 쓰고 있다.

(2) 중세 경찰
① 도시의 발달로 다양한 단위의 거주와 새로운 경찰 활동이 증가하였다.
② **윈체스터법(1285)**을 통해 지역 사회 공동책임과 야간감시활동(night watch)을 규정하였다.
③ 지방행정단위인 교구(parish)중심으로 십호제와 교구치안관(parish constable)제를 운영하였다.
   ➡ 공무를 수행하는 일반시민에 불과하다.
④ 중세의 범죄와 무질서 통제는 주로 지방의 치안판사가 담당하였다.(무보수 원칙)

(3) 근대 경찰
① 인클로져 현상 등 도시인구의 증가와 급격한 도시화가 진행되며 산업혁명이 발생하였다.
② 1748년 웨스트민스터구에서 보우가주자(Bow Street Runners)를 설립하였다.
   ➡ 최초의 형사기동대, 이후에 1829년 수도경찰법에 흡수통합됨
③ 로버트 필 경에 의해 '**수도경찰법**'(1829) 제정하였다.
   ➡ 국민을 위해 봉사하고 범죄를 예방하는 것을 주 임무로 하였다.

> ✱ **인클로져(enclosure) 운동**
> 제1차 인클로져 운동은 15세기 말경부터 시작되어 16세기에 크게 전개되었는데, 주로 양을 기르기 위한 목장을 만드는 데 그 목적이 있었다. 그 결과 농업 생산은 크게 증가하여 중산적(中產的) 토지 소유자 층인 젠트리(gentry)는 큰 부를 소유하였다. 반면에 농민들은 농토를 잃고 도시로 내쫓겨 임노동자가 급증하였다.

(4) 미국 경찰
① 영국의 영향을 받아 치안관 제도를 실시하였다.
② 영미권 국가들은 주권자인 시민으로부터 자치권한을 위임받은 조직체로서 경찰이 시민을 위해 수행하는 기능을 중심으로 형성되었다.
③ 경찰 개념에 대해 '경찰은 무엇인가' 보다는 '**경찰활동은 무엇인가**'라는 개념으로 형성되었다.

4) 대륙법계와 영미법계 경찰 비교

(1) 양자 비교

	대륙법계	영미법계
경찰권의 기초	**통치권**	자치권(시민으로부터 위임)
시민에 대한 관점	통제와 지시	보호와 서비스
경찰의 주임무	공공의 안녕과 질서유지	국민의 생명·신체·재산의 보호
시민과의 관계	대립관계, 국가와 시민은 **수직관계**	협력관계, 국가와 시민은 **수평관계**
경찰권의 형성배경	발동범위와 성질 - 경찰은 무엇인가	시민을 위한 기능과 역할 - **경찰활동은 무엇인가** (경찰활동은 무엇을 하는가)
경찰의 수단	권력적 수단	비권력적 수단
수사권 인정 여부	경찰의 수사권 불인정 (행정경찰을 경찰의 고유 임무로 봄)	경찰의 수사권 인정 (행정경찰과 수사경찰을 모두 고유 임무로 봄)
경찰 범위 변천	경찰권 **축소**	경찰활동 **확대**

① 대륙계는 경찰범위가 국정전반 → 내무행정 → 위험방지 → 보안경찰 순으로 축소되었다.
② 영미법계 경찰 개념은 자치권을 바탕으로 경찰과 시민의 관계를 수평적·친화적 관계로 파악하며 경찰의 역할과 기능을 중심으로 형성한 개념이다.
③ 오늘날은 경찰이 국민에 대해 명령 강제하는 기능과 국민에게 봉사(service)하는 기능을 함께 고려한다.

(2) 우리나라
① 사회질서 유지의 대륙법계 개념과 시민의 생명과 재산보호를 위한 영미계 개념이 결합되어 있다.

② 영향을 준 순서
　㉠ 프랑스 '죄와 형벌법전(1795)'
　㉡ 일본 '행정경찰규칙(1875)'
　㉢ 한국 '행정경찰장정(1894)'
　㉣ 경찰관 직무집행법(1953)

③ 영미법계 영향으로 미군정기에 범죄수사가 경찰의 임무로 규정되었다.
④ 우리나라는 영미법계 영향을 받아 수사가 경찰의 고유 임무로 규정되 있다.

★ 유길준은 「서유견문」 제10편 순찰의 규제'를 통해 경찰제도 개혁을 주장하였다.

2 경찰 분류

1) 실질적 의미 경찰과 형식적 의미 경찰

(1) 실질적 의미의 경찰

① 의미

사회 공공의 안녕과 질서유지를 위해 일반통치권에 근거하여 국민에게 명령·강제하는 권력적 작용을 의미한다.
- ➡ 독일 행정법학에서 학문상(이론상) 정립된 개념이다.
- ➡ 실질적 의미 경찰은 '성질'을 기준으로 형성한 개념이다.(작용 중심)

② 근거

일반통치권에 근거한 작용이다.(작용 중심)
- ➡ 특별권력관계에 근거하는 작용은 제외된다. 예 의원경찰, 법정경찰

③ 범위

㉠ 사회공공의 안녕과 질서 유지

사회질서유지를 위한 **소극적, 사회 목적적 작용**을 내용으로 한다.(적극적 목적 제외)
- ➡ 국가목적적 작용은 제외한다. 예 외사경찰 · 정보경찰 · 보안경찰 등
- ➡ 사법경찰은 제외한다.

㉡ 권력적 작용

국민에 명령·강제 하는 환경·위생·보건·세무 등 특별사법경찰의 **권력적 작용**을 포함한다.

지방정부가 행하는 권력적 행정작용도 경찰로 간주된다.
- ➡ 경찰조직에 소속된 작용이지만 국민에게 명령·강제하는 것이 아니면 제외된다.(비권력적 작용) 예 교통정보제공, 청소년 선도 등 서비스활동

㉢ 협의의 행정경찰

일반행정기관의 작용 중 협의의 행정경찰은 포함한다.
- 예 건축경찰, 산림경찰, 보건경찰, 경제경찰 등
- ➡ 일반행정기관도 실질적 의미의 경찰작용을 하는 경우가 있다.
- ➡ 경찰이 아닌 다른 행정기관의 소관사항이면서도 복리행정에 부수된 질서작용과 같이 성질상으로는 실질적 의미의 경찰에 포함되는 것도 있다.(위생경찰, 영업경찰, 건축경찰 등)

(2) 형식적 의미의 경찰

① 의의

㉠ 권력작용 여부와 관련 없이 **경찰조직이** 현실적으로 수행하는 역할(서비스)을 의미한다.
- ➡ 경찰조직법, 실정법상으로 보통경찰기관이 수행하는 모든 경찰활동을 의미한다.

㉡ 형식적 의미의 경찰은 각 나라마다 현실적 환경에 따라 **상대적 차이**가 있다.
- ➡ 실무상 확립된 개념이다.
- ➡ 일반행정기관이 형식적 의미의 경찰작용을 하지는 않는다.

② 근거

실정법, 조직법상 근거로 하며, 그 내용이나 작용성질을 고려하지 않는다.
(조직 중심)
- 비행청소년 지도, 범죄예방 홍보활동은 형식적의미의 경찰이다.(실질적 의미 경찰은 아님)
- 경찰관 직무집행법 제2조의 직무범위

③ 범위
㉠ 보안경찰, 정보경찰, 교통경찰, 생활안전, 경비경찰 등이 포함된다.
㉡ 비권력적 활동도 포함한다.
보통경찰기관의 활동이면 권력적 작용, 비권력적 작용을 **모두 포함**한다.
- 권력적 작용이라도 보통경찰기관이 직접 담당하지 않으면 제외된다. 예 위생경찰, 산림경찰
㉢ 보통경찰기관의 범죄 예방, 정보 수집·작성·배포 활동은 형식적 의미의 경찰활동이다.

(3) 양자의 관계

[실질적 경찰과 형식적 경찰의 관계]

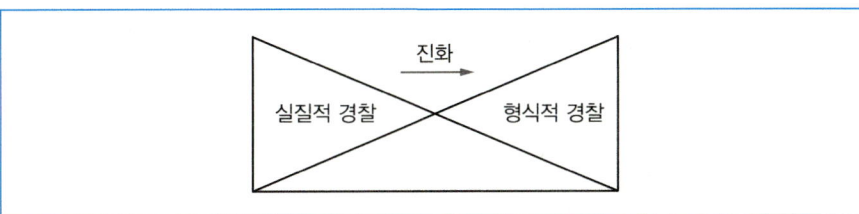

① 상호 관계
㉠ 실질적 경찰과 형식적 경찰은 별개의 개념이지만, **서로 배타적이지는 않다.**
- 형식적 의미의 경찰이 위험방지를 위한 활동을 하는 경우 양자는 일치할 수 있다.
㉡ 실질적 경찰로부터 형식적 경찰로 진화된다.
㉢ 오늘날 경찰의 비권력적 작용이 다양해지고 있다.
㉣ 실질적 경찰과 형식적 경찰의 내용은 국가마다 다르다.
㉤ 실질적 의미의 경찰은 국민의 자유와 행동을 제한하고 규제하는 것과 관련되고, 형식적 의미의 경찰은 실정법상 보통경찰기관의 직무와 관련된다.
㉥ 형식적 의미의 경찰이 언제나 실질적 의미의 경찰인 것도 아니고, 실질적 의미의 경찰이 모두 형식적 의미의 경찰이 되는 것도 아니다.

② 비교

	실질적 의미 경찰	형식적 의미 경찰
기준	권력적 작용(사회목적적 작용) ◆ 강학상, 이론상 정립	조직상 기준 ◆ 실무상 정립
내용	일반통치권에 근거해 사회공공의 안녕과 질서유지를 목적으로 국민에게 명령·강제(소극적 작용)	실정법상 보통경찰기관이 임무를 달성하기 위해 행하는 경찰활동
예	건축허가, 위생경찰, 산림경찰, 보건경찰, 환경 경찰 등	정보경찰, 보안경찰, 범죄예방 홍보, 수사경찰, 각종 서비스 등

◆ 의원경찰, 법정경찰은 형식적 의미 경찰, 실질적 의미 경찰 모두 해당되지 않는다.
◆ 풍속경찰은 형식적 의미 경찰이며 실질적 의미 경찰에도 해당한다.
◆ 일반경찰도 명령·강제의 작용적 요소가 있다면 실질적 의미의 경찰이다.
◆ 불심검문은 실질적 의미 경찰이며, 형식적 의미 경찰이다.
◆ 풍속영업의 규제에 관한 법률상 '출입 및 검사'는 임의적 행정조사이므로 실질적 의미의 경찰에 해당하지 않고, 보안경찰에도 해당하지 않는다. 형식적 의미의 경찰에는 해당한다.

2) 행정경찰과 사법경찰

권력분립과 목적에 따른 분류이다.
◆ 삼권분립이 강했던 프랑스의 '죄와 형벌법전 17조(1795)'에서 유래한다.

(1) 행정경찰

① 공공의 안녕과 질서유지를 위하여 위험과 장해를 방지하는 업무를 수행하는 경찰활동이다.
  ◆ **사전적** 경찰활동이다.

② 행정경찰은 수단에 따라 권력을 수단으로 하는 경찰과 비권력적 경찰로 나눌 수 있다.

(2) 사법경찰

① 경찰기관이 담당하는 업무 중에서 **범죄수사업무**에 해당한다.
  ◆ **사후적** 경찰활동이다.

② 대륙법계 국가에서는 행정경찰은 경찰의 고유업무로 인정하지만, 사법경찰은 경찰의 고유 임무가 아니라고 본다.
  ◆ 영미계 국가에서는 행정경찰과 사법경찰의 구분을 하지 않고, 모두 경찰의 임무로 본다.

(3) 행정경찰과 사법경찰 비교

삼권분립 사상이 투철한 프랑스에서 확립되었다.(1795년, 죄와 형벌법전)

	행정경찰	사법경찰
의의	공공의 안녕과 질서 유지 및 범죄예방 활동	형사사법권이 보조적 작용으로 범죄의 수사, 체포
근거	행정법의 일반원칙과 각종 행정법규 적용	형사소송법
적용	장래의 위해에 대한 **사전적** 활동	과거 범죄사건에 대한 **사후적** 활동
특성	**실질적** 의미의 경찰	**형식적** 의미의 경찰
담당기관	자치경찰	• 고위공직자범죄수사처 • 국가수사본부

지휘·감독권	• 국가경찰사무는 경찰청장이 지휘 감독한다.
	• 자치경찰사무는 시·도 자치경찰위원회가 지휘·감독한다.
	• 협의의 행정경찰사무는 주무장관이 지휘·감독한다.
		• 원칙 : 국가수사본부장이 지휘·감독
		• 예외
		  - 경찰청장 : 긴급하고 중요한 사건
		  - 검사 : 개정(2022. 5월 검찰청법·형소법)

① 우리나라는 조직법상 행정경찰과 사법경찰을 국가경찰의 임무로 규정해 양자의 구분이 명확하지 않다.
② 대륙법계 국가는 행정경찰과 사법경찰을 구분하지만, 영미법계 국가는 이를 구분하지 않는다.
  ● 영미계는 범죄수사를 경찰의 고유임무로 인정함.

3) 보안경찰과 좁은 의미 행정경찰

광의의 행정경찰은 **업무의 독자성 여부**를 기준으로 보안경찰과 협의의 행정경찰로 분류된다.
  ● 다른 행정작용에 부수적으로 이루어지는가 여부에 의해 구분한다.

광의의 행정경찰 = **협의**의 행정경찰 + **보안**경찰

	보안경찰	좁은의미의 행정경찰
개념	사회공공의 안녕과 질서를 유지하기 위하여 다른 행정작용을 동반하지 않고 **오직 경찰작용으로만** 행정을 구성하는 경찰작용	다른 행정작용과 결합하여 특별한 사회적 이익의 보호를 목적으로 하며, **그 부수작용으로** 사회공공이 안녕과 질서를 유지하는 경찰작용 ● 조직상 보통경찰기관이 아닌 일반행정기관이 담당한다.
예	교통경찰, 경비경찰, 해양경찰, 생활안전경찰, 풍속경찰	위생경찰, 건축경찰, 산림경찰, 철도경찰, 경제경찰, 보건경찰
특징	순수한 질서유지 작용	2차대전 이후 **비경찰화**의 대상이 됨

* **비경찰화**
• 대상 : 협의의 행정경찰
• 제외 : 보안경찰
• 이관 : 산림, 위생, 건축 등 협의의 행정경찰을 다른 행정관청의 사무로 이관함.
• 비범죄화 아님.

- 소방경찰은 보안경찰로 분류한다.(이견 있음)
- 식품위생법상 '유흥주점에 대한 명령강제'는 일반행정기관이 행하므로 좁은 의미의 행정경찰이다.

4) 국가경찰과 자치경찰

경찰이 행사하는 **권한과 책임의 소재**에 따른 구분이다.

※ 국가경찰과 자치경찰의 조직 및 운영에 관한 법률
제2조(국가와 지방자치단체의 책무) 국가와 지방자치단체는 국민의 생명·신체 및 재산을 보호하고 공공의 안녕과 질서유지에 필요한 시책을 수립·시행하여야 한다.

	국가경찰	자치경찰
의의	국가가 설립하고 관리하는 경찰	지방자치단체가 설립하고 관리하는 경찰
이념	**효율성**	**민주성**
장점	• 전국적으로 균등한 경찰서비스 제공 • 전국적인 통계자료의 정확성 확보 • 타행정부분과 긴밀한 협조 가능 • 경찰조직의 통일적 운영과 조정 • 강력한 법집행 행사	• 비권력적 수단을 주로 사용 • 인권과 민주성 보장 • **지방실정을 반영**한 경찰조직 운영이 용이 • 주민들의 지지획득 용이 • 경찰행정에 대한 책임성 강화
단점	• 지방의 특수성 간과 • 지역주민에 대한 봉사기능 저하 • 관료화	• 광역적 활동에 부적합 • 타기관과의 **협조 조정이 곤란** • 통일성, 집행력 약화

- '국가경찰과 자치경찰의 조직 및 운영에 관한 법률(2021)'이 제정되어 시행되고 있다.

5) 평시경찰과 비상경찰

국가의 **법적 상태(위해상태)**와 경찰권을 행사하는 주체(담당기관)에 따른 구분이다.

	평시경찰	비상경찰
의미	평온한 상태에서 일반 국가경찰과 자치경찰의 조직 및 운영에 관한 법률규정에 의하여 보통경찰기관이 행하는 경찰작용	전국 또는 한 지방에 비상사태가 발생하여 계엄이 선포될 경우 군대가 병력으로 계엄법에 따라 행하는 경찰작용
근거	국가경찰과 자치경찰의 조직 및 운영에 관한 법률	계엄법

6) 질서경찰과 봉사경찰

경찰 활동의 구체적인 내용, 경찰 서비스의 **질과 내용에 따라 구분**한다.(강제력)
- 형식적 의미의 경찰개념에서 분류한 것이다.

	질서경찰	봉사경찰
의미	강제력(권력적)을 수단으로 사회공공의 안녕과 질서유지를 위한 법집행을 주로 하는 경찰활동	강제력이 아닌 서비스, 계몽, 지도 등을 통하여 경찰직무를 수행하는 경찰활동
예	범죄수사, 다중범죄 진압, 즉시강제, 교통위반자에 대한 통고처분	청소년 선도, 교통정보 제공, 방범순찰, 수난구호

7) 예방경찰과 진압경찰

경찰권의 **발동시점을 기준**으로 한 분류이다.

	예방경찰	진압경찰
의미	경찰상의 위해발생을 방지하기 위한 작용	이미 발생된 범죄의 수사를 위한 권력적 작용
특징	• 행정경찰작용 보다 좁은 개념 • 주로 비권력적 수단 사용	• 사법경찰과 일치 • 주로 권력적 수단 사용
예	• 총포·도검·화약류의 취급제한 • 정신착란자에 대한 보호조치	• 범죄 진압, 수사, 피의자 체포 등 • 위해 주는 정신착란자 보호 • 사람을 공격하는 멧돼지 사살

*
'국가경찰과 자치경찰의 조직 및 운영에 관한 법률' 제3조 및 '경찰관직무집행법' 제2조의 '진압'은 수사와 예방의 의미를 함께 포함하는 개념으로 본다.

8) 고등경찰과 보통경찰 - 보호 법익 기준

① 고등경찰은 사회적으로 보다 고차원적 가치를 지닌 **법익의 보호를 목적**으로 하는 경찰을 의미한다.(프랑스 유래)
  ➡ 오늘날은 국가조직의 근본에 대한 위해의 예방 및 제거를 위한 경찰작용이다.
  ➡ 우리나라는 일반적인 고등경찰기관으로 국가정보원이 있다.
  예 언론·출판·집회·결사·사상 등에 관한 경찰작용

② 고등경찰 이외의 경찰을 보통경찰이라 한다.
  예 교통·풍속 등에 관한 경찰작용

3 경찰학의 성립

1) 의의

① 경찰이라고 불리는 국가제도 및 공권력 행사와 관련된 제반 관념이나 현상 혹은 원리들을 체계적으로 규명한 지식의 총체이다.
  ➡ 경찰의 구조, 활동, 관리, 의식세계, 경찰일탈 등이 포함된다.
② 공공의 안전과 질서유지, 시민의 생명과 재산보호 그리고 범죄의 예방과 진압에 관한 제반 분야를 연구대상으로 하며 이에 관련되는 연구방법과 이론체계를 갖춘 학문이다.

2) 경찰학 연구자

① 로버트 필(Robert Peel)
  '영국 수도경찰의 조직과 운영에 관한 획기적인 개혁방안(1892)'을 제시하여 오늘날 경찰학의 기초를 마련하였다.

> **로버트 필(R. Peel)경의 영국 경찰개혁원칙(1892년)**
>
> ① 경찰은 안정되고, 능률적이고, **군대식**으로 조직화되어야 한다.
> ② 경찰은 **정부의 통제하**에 있어야 한다.
> ③ 경찰의 능률성은 **범죄의 부재**에 의해 가장 잘 나타날 것이다.
> ④ 범죄발생 사항은 반드시 **전파**되어야 한다.
> ⑤ **시간과 지역에 따른** 경찰력의 배치가 필요하다.
> ⑥ **자기감정을 조절**할 줄 아는 것이 가장 중요한 경찰관의 자질이다.
> ⑦ **단정한 외모**가 시민의 존중을 산다.
> ⑧ 적임자를 선발하여 **적절한 훈련**을 시키는 것이 능률성의 근간이다.
> ⑨ 공공의 안전을 위해 모든 경찰관에게는 **식별할 수 있도록 번호**가 부여되어야 한다.
> ⑩ 경찰서는 **시내중심지에 위치**하여야 하며, 주민의 접근이 용이해야 한다.
> ⑪ 경찰은 반드시 **시보기간을 거친** 후에 채용되어야 한다.
> ⑫ 경찰은 **항상 기록**을 남겨 차후 경찰력 배치를 위한 기준으로 삼아야 한다.

② 어거스트 볼머(August Vollmer)

제1차 대전 후 미국 대학에 경찰관련 학과가 설치되는데 기여하였다.

3) 경찰학의 특징

① 베일리(D. Bayley) : 근대 경찰의 특징으로 공적(public), 집중화(specislized), 전문화(professional)를 제시하였다.
② 특수학문성 : 사회현상 중 사회공공의 안녕 및 질서유지와 관련된 주제를 다룬다.
③ 경험과학 : 사회생활 속에서 경험하는 현상을 다룬다.
④ 실용학문 : 사회생활 속의 실질적인 문제들을 해결한다.
⑤ 목적지향적, 응용과학적, 기술적, 사회과학적 성격을 지닌다.

02 경찰의 임무와 수단

1 경찰의 임무

1) **의의**

   ① 정부조직법상 보통경찰기관을 전제로 하여 경찰의 기본임무는 공공의 안녕과 질서유지, 범죄의 예방·진압 및 수사, 치안서비스의 제공이다.

   ```
                          경찰의 임무
         ┌─────────────────┼─────────────────┐
   공공의 안녕과 질서유지    범죄의 예방·진압 및 수사    치안서비스의 제공
   ```

   ② 실정법상 임무

국가경찰과 자치경찰의 조직 및 운영에 관한 법률 제3조	경찰관직무집행법 제2조
1. 국민의 **생명**·신체 및 재산의 보호	1. 국민의 생명·신체 및 재산의 보호
2. 범죄의 예방·진압 및 **수사**	2. 범죄의 예방·진압 및 수사
3. 범죄**피해자** 보호	2의2. 범죄피해자 보호
4. **경비**·요인경호 및 대간첩·대테러 작전 수행	3. 경비, 주요 인사(人士) 경호 및 대간첩·대테러 작전 수행
5. 공공안녕에 대한 위험의 예방과 대응을 위한 **정보**의 수집·작성 및 배포	4. 공공안녕에 대한 위험의 예방과 대응을 위한 정보의 수집·작성 및 배포
6. **교통**의 단속과 위해의 방지	5. 교통 단속과 교통 위해(危害)의 방지
7. **외국** 정부기관 및 국제기구와의 국제협력	6. 외국 정부기관 및 국제기구와의 국제협력
8. **그 밖**에 공공의 안녕과 질서유지	7. 그 밖에 공공의 안녕과 질서 유지

   ③ 현행법상 우리나라는 경찰조직법과 경찰작용법에서 직무범위와 사물관할이 모두 규정되어 있다.

   ※ **경찰의 역할**

홀덴 (R.N.Holden)	법집행 질서유지 범죄예방 비상사태업무
비트더 (E.Bittner)	법집행 치안유지 범죄통제
파이프 (J.J Fyfe)	생명재산보호 질서유지
스콜니크 (J.H Skolnick)	법집행 질서유지 봉사

2) **공공의 안녕과 질서유지**

   경찰의 임무는 공공의 안녕과 질서에 대한 위험 방지가 궁극적 임무이다.

   (1) **공공의 안녕**

   ① 의미

   공공의 안녕(安寧)이란 **법질서의 불가침성**(不可侵性), **국가의 존립과 국가기관의 기능성의 불가침성**, **개인의 권리와 법익의 불가침성**을 의미한다.
   - 공공의 안녕은 개인적 측면, 국가 등 집단과 관련된 면도 있다.(이중성)
   - 공공의 안녕은 국민의 생명, 신체 및 재산보호를 포함한 상위적 개념이다.

   ② 법질서의 불가침성 - 공공 안녕의 제1**요소**

   ㉠ 공법(公法)규범 위반

   ⓐ 형법 등 공법규범을 위반한 경우 경찰이 직접 개입한다.

CHAPTER 01 경찰학 기본이론 _ 25

- ⓑ 침해여부 - 보호법익에 대한 침해 또는 침해가능성이 객관적으로 존재해야 한다.
  - ➡ 주관적 구성요건의 실현이나 책임성, 구체적 가벌성은 요구하지 않는다.
- ⓒ 가벌성 범위 - 형법적 가벌성 뿐아니라 국민의 자유와 권리를 보호하기 위한 범위에서도 발동 가능하다. 예 보안, 외사 등
  - ➡ 가벌성의 범위에 이르지 않았더라도 국민의 자유와 권리를 침해하지 않는 범위내에서 기본적 경찰활동이 가능하다.
- ⓒ 사법(私法)규범 위반
  - ⓐ 원칙 : 사적 영역은 경찰권 개입의 대상이 아니다.
  - ⓑ 예외 : **보충성 원칙**
    사법상의 권리가 적절히 보호되지 못하고, 경찰의 개입이 없이는 법을 실현시키는 것이 무효화되거나 사실상 어려워질 경우에만 개입 가능하다.
  - ⓒ 잠정성 : 경찰 개입은 잠정적인 보호조치에 국한된다.
    - ➡ 최종적 보호는 법원이 행한다.
    - ➡ 사법상 권리 침해와 공법 규범 위반이 동시에 발생한 경우는 직접적으로 개입한다.
- ③ 국가의 존립과 국가기관 기능성의 불가침성
  - ㉠ 국가의 **존립** 불가침성
    내란죄·외환죄 등 같이 국가 존립이 위협 받거나 침해될 우려가 있는 경우 가능하다.
    - ➡ 경찰은 정보수집활동, 보안, 외사활동 등을 할수 있다.
  - ㉡ 국가기관 **기능성**의 불가침성
    국회, 정부, 법원 등 국가기관의 기능성이 침해되거나 침해될 우려가 있는 경우 경찰은 개입할 수 있다.
  - ㉢ 형법상 가벌성 유무
    개입대상이 형법상 가벌성의 범위 내에 이르지 않았더라도 국민의 자유와 권리를 침해하지 않는 범위 내에서 개입가능 하다.(수사·정보·보안·외사활동 등)
    - ➡ 폭력성이나 명예훼손행위 없이 표출되는 국가기관에 대한 비판은 개입할 수 없다.(언론 및 집회의 자유)
- ④ 개인의 권리 법익의 불가침성
  - ㉠ 인간의 존엄, 생명, 자유뿐 아니라 사유재산적 가치 및 무형의 권리도 보호 대상이 된다.
    - ➡ 이때 경찰의 보호는 잠정적 보호에 국한한다.
  - ㉡ 보충성, 긴급성
    시간적 긴급성에 의해 개인의 권리가 무효화될 우려가 있을 때에는 예외적으로 경찰 개입이 될 수 있다.
    - ➡ 최종적 보호는 법원에 의해 구제받아야 한다.

★ 지적재산권
(intellectual property right)
특허권, 실용신안권, 상표권, 디자인권을 총칭하는 개념으로 개개의 권리는 특허법, 실용신안법, 상표법, 디자인보호법, 저작권법, 부정경쟁방지 및 영업비밀보호에 관한 법률, 민법, 상법 등에 의하여 규율되고 보호된다. 우리나라 헌법은 제22조 제2항에 "저작자·발명가·과학기술자와 예술가의 권리는 법률로써 보호한다." 라고 규정함으로써 지적재산권 보호의 근거를 마련하였고, 이에 근거하여 지적재산권법이 제정되었다.

(2) 공공의 질서유지

① 개념

공공의 질서란 당시의 지배적 윤리와 가치관을 기준으로 원만한 공동체 생활을 위해 개개인이 지켜야할 윤리질서이다.
- 각 개인의 행동에 대한 **불문규범의 총체**이다.

② 특징

㉠ 성문법상의 공공의 안녕에 대한 보충적 개념이다.
㉡ 공공질서는 시대적 상황에 따른 유동적, 상대적 개념이다.
㉢ 오늘날 공공질서의 개념은 점차 **축소**되고 있다.
- 오늘날 생활관계가 점차 법적 규범화, 성문화되고 있다.

③ 공공질서와 경찰권 발동

㉠ 공공질서를 위한 경찰권 발동여부는 국민의 기본권 침해 우려가 있으므로 **엄격한 합헌성이 요구**된다.
㉡ 공공질서를 위한 경찰권 발동은 일반적으로 재량행위에 속한다.
- 재량행위라도 합헌적 개인의 인권을 보장하는 범위에서, 경찰행정관청의 의무에 합당한 재량행사가 요구된다.

(3) 위험 방지

① 위험의 개념

㉠ 위험

가까운 장래에 공공의 안녕과 질서에 손해가 발생할 수 있는 가능성이 개개의 경우에 충분히 존재하는 상태이다.
- 경찰 **개입의 전제조건**이 된다.
- 위험의 개념은 주관적 추정을 포함한다.

㉡ 손해

보호법익에 대한 **현저한 침해행위**를 의미한다.
- 보호 받는 개인 법익의 정상적 상태가 객관적 감소이어야 한다.

② 위험의 분류

㉠ 위험의 **현실성** 기준

구체적 위험	위험이 개개의 경우에 실제로 **존재하는** 경우이다.
추상적 위험	위험의 예상 가능성 위험이 단순히 가설적이고 상상적인 경우이다.

* 위해
위해는 위험과 장해를 의미한다.

* 위험분류

위험의 현실성	• 구체적 위험 • 추상적 위험
위험의 인식	• 외관적 위험 • 위험 혐의 • 오상적 위험

ⓒ 위험의 **인식** 기준

외관적 위험	ⅰ. 경찰이 상황을 사리 깊게 판단하여 위험이 존재한다고 인식하여 개입하였으나, 실제로는 위험이 없던 경우이다.(위험을 잘못 긍정하는 것) ➔ 객관적 사실(O) + 주관적 착오(X) ㉠ 집안에서 아이들이 크게 장난치는데 행인이 강도사건이 발생한 것으로 오인하고 개입한 경우 ㉠ 자동차 열쇠를 잃어버린자가 자신의 스포츠카를 철사로 열려고 하는데 차주를 절도범으로 오인하여 체포하려는 경우 ⅱ. 경찰권의 발동 : 경찰의 개입은 원칙적으로 **적법**하다. ⅲ. 적법한 직무집행으로 피해에 대해 공공필요에 의한 특별한 희생에 해당하는 경우 국가의 **손실보상책임**이 발생할 수 있다. ➔ 손해배상은 발생하지 않는다.
오상위험 (추정적 위험)	ⅰ. 외관적 위험이나 위험혐의가 인정되지 않음에도 불구하고, 경찰이 객관적 근거 없이 위험의 존재를 잘못 추정하는 경우이다. ➔ 객관적 사실(X) + 주관적 착오(O) ㉠ 영화촬영장에서 살인장면 연출을 경찰관이 실제상황으로 오인해 총을 발사하는 경우 ⅱ. 오상위험의 경우 경찰의 개입은 **위법**하다. ➔ 경찰 개인에게는 민·형사상 책임, 국가는 **손해배상책임**이 발생할 수 있다.
위험혐의	ⅰ. 경찰이 의무에 합당한 사려 깊은 판단을 할 때 위험의 발생 가능성은 예측되지만, 위험의 실제 **발생 여부가 불확실한 경우**이다. ⅱ. 위험이 존재 여부가 명확할 때까지 **예비적인 위험조사 차원**의 경찰개입은 가능하다. ➔ 명령 등 직접적인 발동은 불가하다.

③ 위험과 경찰개입 여부

㉠ 보통 평균인의 판단으로 위험과 손해가 한계를 넘었다고 판단되어 질 때 경찰개입이 가능하다.
➔ 단순한 성가심이나 불편함은 경찰개입 대상이 아니다.

ⓒ 범죄예방이나 위험 방지를 위해서는 추상적 위험 상황에서도 경찰개입이 가능하다.
➔ 경찰개입이 정당하기 위해서는 어느정도 객관화될 필요가 있다.

ⓒ 위험은 자연력에 의한 발생이든 인간에 의한 발생이든 경찰권 발동의 대상이 된다.

㉣ 경찰개입에 대해 환경영역처럼 사전배려원칙이 적용되지는 않는다.
➔ 환경행정 영역은 사전배려원칙이 적용되므로 추상적 위험 이전의 단계에서도 개입이 허용된다.

㉤ 범죄 예방이나 장래 위험방지를 위한 준비행위 같은 일반적인 위험을 예방하는 조치는 경찰의 조직법적 범위내에서는 작용법적 근거없이도 수행될수 있다.

④ 보호법익에 대한 위험의 존재 여부

경찰이 개입하기 위해서는 보호법익에 대한 위험이 반드시 존재해야 하는 것은 아니다.
- ➡ 보호법익에 대한 침해가능성이 충분히 존재하는 상태면 된다.
- 예) 야간에 횡단보도에서 보행자가 없더라도 보행자 신호가 녹색이면 운전자는 정지해야 함(정지 않고 주행한 경우 운전자는 경찰책임자가 된다.)

팩트DB

위험에 대한 판례

① 미국
셍크 판결(1991) - 홈즈 대법관이 언론 출판 관련해서 '**명백하고 현존하는 위험의 원칙**'을 수립함.

② 한국 헌법재판소
국가보안법 제7조 관련 판결에서 '**명백성 원칙**'을 채택한 한정합헌 결정을 하였다.
- ➡ 현존성을 판단하지 않고, 명백성만 요건으로 함.

③ 한국 대법원
㉠ 미신고 집회에 대한 해산명령에서 공공의 안녕질서에 대한 직접적인 **위험이 명백하게** 초래될 경우를 요건으로 하였다.
- ➡ 위험의 현존성은 요구되지 않음.

㉡ 위해성 장비인 살수차와 물포의 직사살수의 사용요건으로 **명백하고 현존하는 위험성**을 요건으로 판결하였다.

3) 범죄의 수사

① 의의

사법경찰작용으로서 범죄수사를 경찰의 임무로 규정하고 있다.
- ➡ 근거 : '국가경찰과 자치경찰의 조직 및 운영에 관한 법률' 제3조, '경찰관 직무집행법' 제2조

관련조문

• 형사소송법

제195조(검사와 사법경찰관의 관계 등)
① 검사와 사법경찰관은 수사, 공소제기 및 공소유지에 관하여 서로 협력하여야 한다.
② 제1항에 따른 수사를 위하여 준수하여야 하는 일반적 수사준칙에 관한 사항은 대통령령으로 정한다.

제196조(검사의 수사)
검사는 범죄의 혐의가 있다고 사료하는 때에는 범인, 범죄사실과 증거를 수사한다.

제197조(사법경찰관리)
① 경무관, 총경, 경정, 경감, 경위는 사법경찰관으로서 범죄의 혐의가 있다고 사료하는 때에는 범인, 범죄사실과 증거를 수사한다.
② 경사, 경장, 순경은 사법경찰리로서 수사의 보조를 하여야 한다.

② 법정주의 원칙(수사법정주의)
　㉠ 범죄수사와 같은 사법경찰작용은 **법정주의**가 적용되어, 범죄행위가 발생하면 반드시 범죄수사를 하여야 한다.
　　◉ 친고죄 등은 제외한다.
　　◉ 위험방지와 범죄수사는 일련의 연속적 과정으로 강한 상관관계를 갖는다.
　㉡ 형사소송법은 **임의수사를 원칙**으로 하고, 강제수사를 예외적으로 허용한다.
③ 영·미 경찰의 영향
　우리나라는 대륙법계 전통에서 미군정을 거치면서 범죄수사활동을 경찰의 고유한 임무로 취급했던 영·미법계 영향을 받아 '경찰관 직무집행법'에 범죄수사 임무가 규정되었다.

* 친고죄
피해자가 직접 고소해야 공소를 제기할 수 있는 범죄를 말한다. 범죄가 경미하거나 공소제기가 피해자에게 불이익을 초래할 우려가 있는 경우, 피해자의 의사를 무시하면서까지 소추함이 적절하지 못하다고 판단되어 설립되었다. 따라서 친고죄에 있어서 고소는 범죄의 성립이나 가벌성과는 관계없는 공소제기나 소추요건에 불과하다.
◉ 비밀침해, 모욕죄 등(2013년 강간, 강제추행 등 성범죄는 친고죄 조항에서 폐지됨)

4) 치안서비스의 제공
① 치안서비스 활동의 증가
　오늘날 경찰활동은 소극적 위험방지나 법집행적 활동 뿐만 아니라, 적극적으로 치안 서비스를 제공하는 **봉사자의 역할**을 수행하도록 요청된다.
　◉ 교통정보 지리 제공, 어린이 교통안전 교육, 순찰을 통한 범죄예방 등
② 다양한 경찰활동
　치안분야에서도 복지행정에 대한 수요가 증가하고, 국민의 생존권적 기본권을 적극적으로 보장하기 위한 서비스가 강화되고 있다.
③ 적극적 경찰활동
　경찰관 직무집행법 제11조의2(손실보상), 제11조의4(소송지원)은 적극적 경찰활동의 근거가 된다.

2 경찰 수단

1) 권력적 수단
위험을 방지하거나 경찰위반상태를 제거하기 위해 국가의 일반통치권에 근거하여 명령·강제하여 임무를 수행한다.(법치주의 엄격 적용)

① 경찰의무 부과수단

경찰하명	경찰이 작위·부작위·수인·급부 의무를 명하는 행위
경찰허가	일정한 요건이 구비된 경우 그 제한을 해제하여 본래의 자유를 회복시켜주는 행정행위
경찰면제	법령에 의해 일반적으로 부과된 작위·급부·수인 등의 의무를 특정한 경우에 해제해주는 행정행위
경찰상 사실행위	일정한 법적 효과의 발생을 목적으로 하는 것이 아니지만 직접 어떠한 사실상의 경찰효과 실현을 목적으로 하는 경찰행정작용

* 프라이넷(F.Fleinet)
"경찰은 교훈과 훈계가 아니라 강제를 통해서 목적을 달성할 수 있다.(1912)"

② 의무이행 확보수단

경찰강제	경찰목적을 위해 개인의 신체 또는 재산에 실력을 행사하여 질서유지에 필요한 상태를 실현하는 권력적 사실행위
경찰벌	경찰행정상 의무위반에 대해 일반통치권에 근거해 과하는 벌
경찰상 조사	경찰행정작용을 위하여 필요한 자료를 얻거나 사실확인을 위한 보조적 작용

2) **비권력적 수단**

① 개인의 자유로운 생활에 개입하지 않으면서 **경찰행정 지도와 범죄예방**에 기여하는 활동을 의미한다. 예)차량순찰, 교통관리, 정보제공, 지리안내 등

② 구체적인 법률의 수권이 없어도 경찰 스스로 일반조항에 근거하여 광의의 위험방지를 하는 것이다.(법치주의 완화)

➲ 정보수집 등 경찰활동은 비권력적 수단이지만 대국민 서비스와는 무관하며, 일정한 제약을 두고 있다.

③ 오늘날 급부행정의 증가와 경찰 서비스 활동이 강조되면서 필요성이 증가하고 있다.

3) **범죄수사 수단**

① 임의수사 원칙

'형사소송법' 제199조에서는 수사목적달성과 인권보장의 조화를 위해 임의수사를 원칙으로 하고, 강제수사를 예외적으로 인정한다.

> **관련조문**
>
> 형사소송법 제199조(수사와 필요한 조사)
> ① 수사에 관하여는 그 목적을 달성하기 위하여 필요한 조사를 할 수 있다. 다만, 강제처분은 이 법률에 특별한 규정이 있는 경우에 한하며, 필요한 최소한도의 범위 안에서만 하여야 한다.
> ② 수사에 관하여는 공무소 기타 공사단체에 조회하여 필요한 사항의 보고를 요구할 수 있다.

② 수사법정주의

㉠ 범죄수사는 수사법정주의가 적용된다.

➲ 위반 시 위법수사의 문제가 발생하고, 해당 경찰관은 형법상 직권남용죄 등이 적용된다.

㉡ 임의수단이든 강제수단이든 경찰관은 사법경찰관리로서 피의자 또는 국민의 인권침해가 발생하지 않도록 하여야 한다.

③ 범죄수사권의 대상

경찰의 수사권은 자연인에게 적용되고, 법인의 경우 일부 적용이 제한된다.

3 경찰권과 관할

1) 경찰권

(1) 의의

① 경찰활동의 기초는 경찰권이다.

② 광의의 경찰권은 협의의 경찰권과 수사권, 그리고 비권력적 활동(서비스 등)을 포함하는 개념이다.

> ● 광의의 경찰권 = 협의의 경찰권 + 수사권 + 서비스 활동

(2) 협의의 경찰권

① **사회공공의 안녕과 질서**를 유지하기 위해 **일반통치권**에 근거하여 국민에게 **명령·강제**하는 권한이다.
  ㉠ 협의의 경찰권은 실질적 의미의 경찰과 동일하다.(대륙법계 실질적 의미)
  ㉡ 의원경찰, 법정경찰은 부분사회의 내부질서유지를 목적으로 하므로 협의의 경찰에서 제외된다.

② 협의의 경찰권 발동 상대방
  ㉠ 원칙적으로 통치권에 복종하는 모든 자이다.
  ㉡ 예외적으로 실정법상 근거가 있고 긴급한 필요가 있는 경우에는 경찰책임자 이외의 비책임자에게도 권한이 발동될 수 있다.
  ㉢ 협의의 경찰권에서는 불특정 다수를 대상으로 한 일반처분도 가능하다.

(3) 수사권

① 의의
  형사소송법에 근거하여 경찰에게 부여되는 권한으로 범죄 사건의 공소제기와 유지수행 하기위한 범죄 조사 및 증거 발견·수집·보전하기 위한 경찰의 활동 권한이다.

② 수사권의 대상
  ㉠ 수사권은 원칙적으로 **자연인**에 발동되며, 예외적으로 **법인**에게도 발동될 수 있다.
  > ● 내국인·외국인을 불문한다.
  > ● 수사권은 피의자나 참고인등 형사소송법에 규정된 관계자 이외에는 발동 될 수 없다.

  ㉡ 수사권의 예외
    ⓐ 대통령 - 불소추특권(헌법 제84조)
    ⓑ 국회의원의 불체포특권(헌법 제44조)
    ⓒ 외교특권이 인정되는 외교사절
    ⓓ 주한미군지위협정(SOFA)에 의한 미군
    등이다.

(4) 경찰서비스활동

비권력적 수단이며, 치안상황 변화에 대처하기 위해 조직법적 근거만으로도 행사 가능하다.

○ 조직법적 직무범위내에서 구체적 수권규정 없이도 가능하다.

2) 경찰권과 관할

① 관할이란 경찰이 적법하게 유효한 경찰행위를 할 수 있는 범위를 의미한다.
② 광의의 경찰권은 협의의 경찰권, 수사권, 비권력적 활동 권한을 포함하는 개념이다.

(1) 사물관할

① 의의

경찰이 처리할 수 있고 또는 처리해야 하는 **사무내용의 범위**이다.(임무 관할)

○ 광의에서는 경찰권이 발동될 수 있는 범위 설정을 의미한다.

② **사물관할의 근거 및 범위**

㉠ 근거 : '국가경찰과 자치경찰의 조직 및 운영에 관한 법률' 제3조와 '경찰관 직무집행법' 제2조

○ 기타 다른 법령규정에 의거하여 사물관할에 해당할 수 있다.

㉡ 경찰의 사물관할은 궁극적으로 공공의 안녕과 질서유지를 목표로 하여 위험 방지와 서비스 영역도 포함된다.

③ 특징

㉠ 우리나라는 **영·미법계 영향**으로 범죄수사에 관한 임무가 경찰의 사물관할로 인정되고 있다.

㉡ 경찰작용법인 '경찰관직무집행법'에 조직법적 임무규정이 포함되어 있다.

(2) 인적관할

① 의의

광의의 경찰권이 **어떤 사람에게 적용**되는 가의 문제이다.

○ 원칙적으로 국가의 일반통치권에 복종하는 모든 사람에게 적용된다.

② 인적관할의 예외

㉠ 대통령 - 불소추특권(헌법 제84조)
㉡ 국회의원 - 불체포특권(헌법 제44조)
㉢ 외교사절 - 외교특권 인정
㉣ 주한미군지위협정(SOFA)에 의한 미군

(3) 지역관할

① 의의

광의의 경찰권이 발동될 수 있는 **지역적 범위**를 의미한다.(토지관할)

＊ 헌법 제84조

대통령은 내란 또는 외환의 죄를 범한 경우를 제외하고는 재직 중 형사상의 소추를 받지 아니한다.

＊ 제44조

① 국회의원은 현행범인인 경우를 제외하고는 회기 중 국회의 동의 없이 체포 또는 구금되지 아니한다.
② 국회의원이 회기 전에 체포 또는 구금된 때에는 현행범인이 아닌 한 국회의 요구가 있으면 회기 중 석방된다.

> 원칙적으로 대한민국 영역 내 모든 지역에 적용된다.

② 지역관할의 예외
  ㉠ 해양
    일반경찰은 육상에서의 경찰사무를 관할하고, 해양에서의 경찰사무는 **해양경찰**이 담당한다.
  ㉡ 국회(국회법)
    ⓐ 의장의 경호권 : **국회의장**이 국회 안에서 경호권을 행사한다.
    ⓑ 국회의장은 국회의 경호를 위해 필요시 국회운영위원회의 동의를 받아 일정한 기간을 정하여 정부에 경찰공무원의 파견을 요구 할 수 있다.
       > 국회 경위는 회의장 **건물 안**에서, 경찰공무원은 회의장 **건물 밖**에서 경호한다.
    ⓒ 국회 내 현행범 체포
       경위나 경찰공무원은 국회 안에 현행범인이 있을 때에는 **체포한 후** 의장의 지시를 받아야 한다.(국회법 제150조)
       > 국회의원은 회의장 안에 있어서는 국회의장의 명령 없이 체포할 수 없다.
  ㉢ 법정내부(법정경찰권)
    ⓐ 법원의 법정경찰권은 재판장에게 부여하고 있다.(법원조직법 제58조)
    ⓑ 재판장은 법정에서의 질서유지를 위하여 필요하다고 인정할 때에는 개정 전후에 상관없이 **관할 경찰서장에게** 경찰공무원의 파견을 요구할 수 있다.
       > 파견된 경찰공무원은 **법정 내외**의 질서유지에 관하여 **재판장의 지휘**를 받는다.
  ㉣ 치외법권
    ⓐ 원칙
       외교공관이나 외교관의 사택 및 그들의 승용차·보트·비행기 등에 대해서는 외교사절의 요구나 동의가 없는 한 출입할 수 없다.
    ⓑ 예외
       화재나 감염병 발생처럼 **긴급을 요하는 경우**에는 외교사절의 동의 없이 관사출입이 가능하다.
       > 이것은 국제관습(국제관례)로 인정된다.
  ㉤ 미군영내
    ⓐ 원칙
       미군영 내의 경찰권은 원칙적으로 미군 당국이 갖는다.
    ⓑ 예외
       미군 당국이 **동의한 경우**와 중대한 범죄를 범하고 도주하는 **현행범**을 추적하는 경우에는 미군의 시설 및 구역 내에서 범인을 체포할 수 있다.
    ⓒ 대한민국 당국은 미군 당국의 동의가 없으면 시설 또는 구역 내에서 사람이나 재산에 관하여 또는 시설 및 구역내외를 불문하고 미국재산에 관하여 압수·수색·검증을 할수 없다.
       > 다만, 압수·수색·검증에 관한 대한민국 당국의 요청이 있을 때에는 미군당국은 필요한 조치를 취하여야 한다.

---

* 국회법
제144조(경위와 경찰관)
① 국회의 경호를 위하여 국회에 경위(警衛)를 둔다.
② 의장은 국회의 경호를 위하여 필요할 때에는 국회운영위원회의 동의를 받아 일정한 기간을 정하여 정부에 경찰공무원의 파견을 요구할 수 있다.
③ 경호업무는 의장의 지휘를 받아 수행하되, 경위는 회의장 건물 안에서, 경찰공무원은 회의장 건물 밖에서 경호한다.

* **제145조(회의의 질서 유지)**
① 의원이 본회의 또는 위원회의 회의장에서 이 법 또는 국회규칙을 위반하여 회의장의 질서를 어지럽혔을 때에는 의장이나 위원장은 경고나 제지를 할 수 있다.
② 제1항의 조치에 따르지 아니하는 의원에 대해서는 의장이나 위원장은 당일 회의에서 발언하는 것을 금지하거나 퇴장시킬 수 있다.
③ 의장이나 위원장은 회의장이 소란하여 질서를 유지하기 곤란하다고 인정할 때에는 회의를 중지하거나 산회를 선포할 수 있다.

* **제150조(현행범인의 체포)**
경위나 경찰공무원은 국회 안에 현행범인이 있을 때에는 체포한 후 의장의 지시를 받아야 한다. 다만, 회의장 안에서는 의장의 명령 없이 의원을 체포할 수 없다.

* 법원조직법
제58조(법정의 질서유지)
① 법정의 질서유지는 재판장이 담당한다.
② 재판장은 법정의 존엄과 질서를 해칠 우려가 있는 사람의 입정(入廷) 금지 또는 퇴정(退廷)을 명할 수 있고, 그 밖에 법정의 질서유지에 필요한 명령을 할 수 있다.

* SOFA
합의의사록 제22조

03 경찰의 기본이념

1 의의와 근거

① 경찰의 기본이념이란 경찰조직이 추구해 나가야 할 기본적인 가치방향을 의미한다.
- ● 경찰활동에 대한 가치판단의 기준이 된다.
- ● 시대에 따라 달라질 수 있는 상대적 개념이다.

② 근거

> **관련조문**
>
> - 국가경찰과 자치경찰의 조직 및 운영에 관한 법률
> 제1조(목적)
>   이 법은 경찰의 **민주적인** 관리·운영과 **효율적인** 임무수행을 위하여 경찰의 기본조직 및 직무 범위와 그 밖에 필요한 사항을 규정함을 목적으로 한다.
>
> - 경찰관직무집행법
> 제1조(목적)
>   ① 이 법은 국민의 자유와 권리 및 모든 개인이 가지는 불가침의 **기본적 인권을 보호**하고 사회공공의 질서를 유지하기 위한 경찰관(경찰공무원만 해당한다. 이하 같다)의 직무 수행에 필요한 사항을 규정함을 목적으로 한다.
>   ② 이 법에 규정된 경찰관의 직권은 그 직무 수행에 **필요한 최소한도**에서 행사되어야 하며 남용되어서는 아니 된다.

2 민주주의

1) 의의

국민주권주의의 원리에 따라 경찰 작용과 조직운영에 민주주의 원리가 적용되어야 한다.

2) 실현 방안

① 경찰에 대한 국민의 **참여**를 통한 통제가 확보되어야 한다.(대외적 민주화)
- ● 국가경찰위원회, 시·도자치경찰위원회, 국민감사청구제도 등

② 경찰활동은 가능한 한 **공개**되어야 한다.
- ● 행정절차법, 공공기관의 정보공개에 관한법률 등

③ 중앙기관과 지방기관 간, 상급기관과 하급기관 간 **권한분배**가 적절해야 한다.

④ 경찰공무원의 **민주의식**이 확립 되어야 한다.
- ● 경찰책임 인정, 직업경찰공무원제도 등

★ 헌법 제1조
① 대한민국은 민주공화국이다.
② 대한민국의 주권은 국민에게 있고, 모든 권력은 국민으로부터 나온다.

★ 국민감사청구제도
공공기관의 사무처리가 법령위반 또는 부패행위로 인하여 공익이 현저히 저해된다고 판단됐을 때 18세 이상의 국민 300명 이상이 연서하여 감사원에 감사를 요청할 수 있는 제도이다. 공공기관은 중앙행정기관, 지방자치단체, 교육청 등 교육기관, 기타 공직유관단체 등이 포함된다.

3 법치주의

1) 의의
국민의 자유나 권리를 제한하거나 국민에게 의무를 부과할 때는 법률에 근거가 있어야 한다.

2) 내용

① 법률의 법규창조력
국민의 모든 자유와 권리는 국가안전보장·질서유지 또는 공공복리를 위하여 필요한 경우에 한하여 **법률로써** 제한할 수 있으며, 제한하는 경우에도 자유와 권리의 본질적인 내용을 침해할 수 없다.(헌법 제37조 2항)

② 법률의 우위
모든 경찰작용은 법률을 위반하여서는 안 된다는 원칙이다.
- 경찰은 그 직무를 수행할 때 헌법과 법률에 따라 국민의 자유와 권리 및 모든 개인이 가지는 불가침의 기본적 인권을 보호하고, 국민 전체에 대한 봉사자로서 공정·중립을 지켜야 하며, 부여된 권한을 남용하여서는 아니 된다.

③ 법률 유보
ⓐ 국민의 권리를 제한하거나 의무를 과하는 사항은 반드시 국회의 의결을 거친 법률로써 규정하여야 한다는 원칙이다.
- 특히 행정처분, 행정강제 등은 더욱 강하게 적용된다.

ⓑ 비권력적 경찰활동은 법치주의 원칙이 완화되어, 직무범위 내에서 개별적 수권없이도 행사될 수 있다.
- 조직법적 근거는 있어야 한다.

④ 재량행위 경우
경찰에게 재량권이 인정되는 경우라도 재량권을 일탈·남용 하여서는 안 된다.
- 재량권이 0으로 수축되는 경우는 반드시 법률이 정한 권한에 따라 의무를 이행해야 한다.

4 인권존중주의

1) 의의
경찰은 그 직무를 수행할 때 헌법과 법률에 따라 국민의 자유와 권리 및 모든 개인이 가지는 **불가침의 기본적 인권을 보호**하고, 국민 전체에 대한 봉사자로서 공정·중립을 지켜야 하며, 부여된 권한을 남용하여서는 아니 된다.
- 국가경찰과 자치경찰의 조직 및 운영에 관한 법률에도 언급이 있다.

✱ 헌법 제10조
모든 국민은 인간으로서의 존엄과 가치를 가지며, 행복을 추구할 권리를 가진다. 국가는 개인이 가지는 불가침의 기본적 인권을 확인하고 이를 보장할 의무를 진다.

2) 한국 경찰의 인권 전개 과정

1970년대 이전	인권보다 범인의 검거율을 우선시하였다.
1970년대	인권의 용어는 등장하지만, 구체적인 방안은 미흡하였다.
1980년대	사회안정을 우선시하였다. ➔ 1986년 권인숙사건, 1987년 박종철사건 등
1990년대	사회 전반걸쳐 국민의 인권의식은 향상되었으나, 인권경찰의 활동은 부족하였다.
2000년대 이후	인권중심으로 경찰직무수행의 정책적 전환이 이루어졌다. ➔ 국가인권위원회 수립(2001) ➔ 국민인권보호를 위한 경찰활동 강화.

3) 내용

① 경찰관은 법률의 규정에 의해 권한을 행사함에 있어서 직무수행에 필요한 **최소한도**의 범위내서 행사되어야 한다.(경찰비례 원칙)

② 범죄수사 시에는 임의수사를 원칙으로 하고, 강제수사는 예외적으로 행한다.
➔ 형사소송법상 강제처분 법정주의

> **✱ 경찰관 인권행동강령**
> ① 인권보호원칙
> ② 적법절차 준수
> ③ 비례원칙
> ④ 무죄추정 원칙 및 가혹행위금지
> ⑤ 부당 지시 거부 및 불이익 금지
> ⑥ 차별금지 및 약자·소수자 보호
> ⑦ 개인정보 및 사생활 보호
> ⑧ 범죄피해자 보호
> ⑨ 인권교육

📖 관련조문

• 국가인권위원회법

제4조(적용범위)
이 법은 대한민국 **국민**과 대한민국의 **영역에 있는 외국인**에 대하여 적용한다.

제5조(위원회의 구성)
① 위원회는 **위원장 1명과 상임위원 3명을 포함한 11명의 인권위원**(이하 "위원"이라 한다)으로 구성한다.
② 위원은 다음 각 호의 사람을 **대통령**이 임명한다.

> 1. 국회가 선출하는 4명(상임위원 2명을 포함한다)
> 2. 대통령이 지명하는 4명(상임위원 1명을 포함한다)
> 3. 대법원장이 지명하는 3명

③ 위원은 인권문제에 관하여 전문적인 지식과 경험이 있고 인권의 보장과 향상을 위한 업무를 공정하고 독립적으로 수행할 수 있다고 인정되는 사람으로서 다음 각 호의 이느 하나에 해당히는 지격을 갖추어야 한다.

> 1. 대학이나 공인된 연구기관에서 부교수 이상의 직이나 이에 상당하는 직에 **10년 이상** 있거나 있었던 사람
> 2. 판사·검사 또는 변호사의 직에 **10년 이상** 있거나 있었던 사람
> 3. 인권 분야 비영리 민간단체·법인·국제기구에서 근무하는 등 인권 관련 활동에 **10년 이상** 종사한 경력이 있는 사람
> 4. 그 밖에 사회적 신망이 높은 사람으로서 시민사회단체로부터 추천을 받은 사람

※ 구금·보호시설
가. 교도소·소년교도소·구치소 및 그 지소, 보호감호소, 치료감호시설, 소년원 및 소년분류심사원
나. **경찰서 유치장 및 사법경찰관리**가 직무 수행을 위하여 사람을 조사하고 유치(留置)하거나 수용하는 데에 사용하는 시설
다. 군 교도소(지소·미결수용실을 포함한다)
라. **외국인 보호소**
마. **다수인 보호시설**(많은 사람을 보호하고 수용하는 시설로서 대통령령으로 정하는 시설을 말한다)
  ◦ 아동복지시설, 장애인복지시설, 정신건강증진시설, 노숙인복지시설, 성매매피해자 등 지원시설, 갱생보호시설, 한부모가족복지시설

④ 국회, 대통령 또는 대법원장은 다양한 사회계층으로부터 후보를 추천받거나 의견을 들은 후 인권의 보호와 향상에 관련된 다양한 사회계층의 대표성이 반영될 수 있도록 위원을 선출·지명하여야 한다.
⑤ 위원장은 위원 중에서 **대통령이 임명한다**. 이 경우 위원장은 국회의 인사청문을 거쳐야 한다.
⑥ 위원장과 상임위원은 **정무직공무원**으로 임명한다.
⑦ 위원은 특정 성(性)이 10분의 6을 초과하지 아니하도록 하여야 한다.

제24조(시설의 방문조사)
① **위원회(상임위원회와 소위원회를 포함**한다. 이하 이 조에서 같다)는 필요하다고 인정하면 그 의결로써 구금·보호시설을 **방문하여 조사할 수 있다**.
② 제1항에 따른 방문조사를 하는 위원은 필요하다고 인정하면 소속 직원 및 전문가를 동반할 수 있으며, 구체적인 사항을 지정하여 소속 직원 및 전문가에게 조사를 위임할 수 있다. 이 경우 조사를 위임받은 전문가가 그 사항에 대하여 조사를 할 때에는 소속 직원을 동반하여야 한다.

제25조(정책과 관행의 개선 또는 시정 권고)
① 위원회는 인권의 보호와 향상을 위하여 필요하다고 인정하면 관계기관등에 정책과 관행의 **개선 또는 시정을 권고하거나 의견을 표명할 수 있다**.
② 제1항에 따라 권고를 받은 관계기관등의 장은 그 권고사항을 존중하고 이행하기 위하여 노력하여야 한다.
③ 제1항에 따라 권고를 받은 관계기관등의 장은 권고를 받은 날부터 **90일 이내**에 그 권고사항의 이행계획을 위원회에 통지하여야 한다.

30조(위원회의 조사대상)
① 다음 각 호의 어느 하나에 해당하는 경우에 인권침해나 차별행위를 당한 사람(이하 "피해자"라 한다) 또는 그 사실을 알고 있는 사람이나 단체는 위원회에 그 내용을 **진정할 수 있다**.

> 1. 국가기관, 지방자치단체, 「초·중등교육법」 제2조, 「고등교육법」 제2조와 그 밖의 다른 법률에 따라 설치된 각급 학교, 「공직자윤리법」 제3조의2제1항에 따른 공직유관단체 또는 구금·보호시설의 업무 수행(국회의 입법 및 법원·헌법재판소의 재판은 제외한다)과 관련하여 「대한민국헌법」 제10조부터 제22조까지의 규정에서 보장된 인권을 침해당하거나 차별행위를 당한 경우
> 2. 법인, 단체 또는 사인(私人)으로부터 차별행위를 당한 경우

③ 위원회는 제1항의 진정이 없는 경우에도 인권침해나 차별행위가 있다고 믿을 만한 상당한 근거가 있고 그 내용이 중대하다고 인정할 때에는 **직권으로 조사할 수 있다**.

제35조(조사 목적의 한계)
① 위원회는 조사를 할 때에는 국가기관의 기능 수행에 지장을 주지 아니하도록 유의하여야 한다.
② 위원회는 개인의 사생활을 침해하거나 계속 중인 재판 또는 수사 중인 사건의 소추(訴追)에 부당하게 관여할 목적으로 조사를 하여서는 아니 된다.

5 정치적 중립주의

1) 의의

경찰은 특정 정당 기타 정치단체의 이익이나 이념을 위해 활동해서는 안 되며, 오직 주권자인 **전체 국민과 국가를 위해 활동**해야 한다.

> **관련조문**
>
> - 헌법 제7조
>   ① 공무원은 국민전체에 대한 봉사자이며, 국민에 대하여 책임을 진다.
>   ② 공무원의 신분과 정치적 중립성은 법률이 정하는 바에 의하여 보장된다.
> - 국가경찰 및 자치경찰의 조직 및 운영에 관한 법률
>   제5조(권한남용의 금지)
>   경찰은 그 직무를 수행할 때 헌법과 법률에 따라 국민의 자유와 권리 및 모든 개인이 가지는 불가침의 기본적 인권을 보호하고, **국민 전체에 대한 봉사자**로서 공정·중립을 지켜야 하며, 부여된 권한을 남용하여서는 아니 된다.

2) 내용

① 경찰공무원의 신분과 정치적 중립성은 법률이 정하는 바에 의해 보장된다.
② 경찰공무원은 정당이나 정치단체에 가입하거나 정치활동에 관여하는 행위를 하여서는 아니 된다.

> **관련조문**
>
> - 경찰공무원법 제23조(정치 관여 금지)
>   ① 경찰공무원은 **정당이나 정치단체에 가입하거나 정치활동에 관여하는 행위**를 하여서는 아니 된다.
>   ② 제1항에서 정치활동에 관여하는 행위란 다음 각 호의 어느 하나에 해당하는 행위를 말한다.
>   1. 정당이나 정치단체의 **결성 또는 가입을 지원하거나 방해**하는 행위
>   2. **그 직위를 이용**하여 특정 정당이나 특정 정치인에 대하여 지지 또는 반대 의견을 유포하거나, 그러한 여론을 조성할 목적으로 특정 정당이나 특정 정치인에 대하여 찬양하거나 비방하는 내용의 의견 또는 사실을 유포하는 행위
>   3. 특정 정당이나 특정 정치인을 위하여 **기부금 모집을 지원하거나 방해하는 행위** 또는 국가·지방자치단체 및 「공공기관의 운영에 관한 법률」에 따른 공공기관의 자금을 이용하거나 이용하게 하는 행위
>   4. 특정 정당이나 특정인의 **선거운동**을 하거나 선거 관련 대책회의에 관여하는 행위
>   5. 「정보통신망 이용촉진 및 정보보호 등에 관한 법률」에 따른 정보통신망을 이용한 제1호부터 제4호까지의 규정에 해당하는 행위
>   6. 소속 직원이나 다른 공무원에 대하여 제1호부터 제5호까지의 행위를 하도록 요구하거나 그 행위와 관련한 **보상 또는 보복으로서 이익 또는 불이익**을 주거나 이를 약속 또는 고지(告知)하는 행위

6 경영주의

1) 의의

1990년대 정부실패 이후에 국가운영도 **신공공관리론**의 방향에서 기업가적 정부의 운영이 요구되고 있고, 경찰도 조직관리의 효율적 경영을 지향하고 있다.

2) 내용

① 능률성

능률성은 투입대비 산출의 비율이다.
- 경찰활동의 비용편익 분석을 실시한다.

② 효과성

효과성은 최종적 목표달성도를 의미한다.

③ 고객만족성

경찰활동의 대상인 국민을 고객으로 보고, 고객에 대한 대응성과 서비스의 질을 향상시키는 이념이다.
- 시민헌장제도, 원스탑(One-stop) 서비스제도, 온라인 서비스제도, 불친절 공무원 경고카드 제도, 성과급제도 등

※ 효율성
능률성과 효과성의 결합개념이다.

> 📄 **팩트DB**
>
> **신공공관리론(New Public Management)**
>
> 1980년대 마거릿 대처 정부와 로널드 레이건 정부가 추진한 시장지향적인 정부 개혁에서 비롯되었다. 전통적인 관료제를 극복하고 작은 정부를 실현하기 위한 이론이다. 주요내용은 경쟁의 원리에 기반한 시장 체제를 모방해 정부 관료제의 효율성을 주장한다. 주요 정책 수단으로 인력 감축, 민영화, 재정지출 억제, 책임운영기관, 규제 완화 등이 있다.

법규

경찰 인권보호 규칙 [2022. 10. 7., 일부개정.]

제1장 총칙
제2장 경찰청 및 시·도경찰청 인권위원회

제3조(설치) 경찰 활동 전반에 걸친 민주적 통제를 구현하여 경찰력 오·남용을 예방하고, 경찰 행정의 인권지향성을 높여 인권을 존중하는 경찰 활동을 정립하기 위해 경찰청장 및 시·도경찰청장의 자문기구로서 각각 경찰청 인권위원회, 시·도경찰청 인권위원회(이하 "위원회"라 한다)를 설치하여 운영한다.

제5조(구성) ① 위원회는 위원장 1명을 포함하여 7명 이상 13명 이하의 위원으로 구성한다. 이때, 특정 성별이 전체 위원 수의 10분의 6을 초과하지 아니해야 한다.

② 위원장은 위원회에서 호선(互選)하며, 위원은 당연직 위원과 위촉 위원으로 구분한다.

③ 당연직 위원은 경찰청은 감사관, 시·도경찰청은 청문감사인권담당관으로 한다.

④ 위촉 위원은 인권 분야에 전문적인 지식과 경험이 있고 아래 각 호의 어느 하나에 해당하는 사람 중에서 경찰청장 또는 시·도경찰청장(이하 "청장"이라 한다)이 위촉한다. 이때, 각 호에 해당하는 사람이 반드시 1명 이상 포함되어야 한다.

> 1. 판사·검사 또는 변호사로 3년 이상의 경력이 있는 사람
> 2. 「초·중등교육법」제2조제1호부터 제4호, 「고등교육법」제2조제1호부터 제6호까지의 규정에 따른 학교에서 교원 또는 교직원으로 3년 이상 근무한 경력이 있는 사람
> 3. 「비영리민간단체지원법」제2조제1호부터 제3호, 제5호부터 제6호까지의 규정에 따른 단체에서 인권 분야에 3년 이상 활동한 경력이 있거나 그러한 단체로부터 인권위원으로 위촉되기에 적합하다고 추천을 받은 사람
> 4. 그 밖에 사회적 약자 등 다양한 사회 구성원의 목소리를 반영할 수 있는 사람

제6조(위촉 위원의 결격사유) ① 다음 각 호의 어느 하나에 해당하는 사람은 위원이 될 수 없다.

> 1. 「공직선거법」에 따라 실시하는 선거에 후보자(예비후보자 포함)로 등록한 사람
> 2. 「공직선거법」에 따라 실시하는 선거에 의하여 취임한 공무원이거나 그 직에서 퇴직한 날부터 3년이 지나지 아니한 사람
> 3. 경찰의 직에 있거나 그 직에서 퇴직한 날부터 3년이 지나지 아니한 사람
> 4. 「공직선거법」에 따른 선거사무관계자 및 「정당법」에 따른 정당의 당원

② 위촉 위원이 제1항 각 호의 어느 하나에 해당하게 될 때에는 당연히 퇴직한다.

제7조(임기) ① 위원장과 위촉 위원의 임기는 위촉된 날로부터 2년으로 하며 위원장의 직은 연임할 수 없고, 위촉 위원은 두 차례만 연임할 수 있다.

② 위촉 위원에 결원이 생긴 경우 새로 위촉할 수 있고, 이 경우 새로 위촉된 위원의 임기는 위촉된 날부터 기산한다.

제10조(위원장의 직무 등) ① 위원장은 위원회를 대표하며, 위원회의 업무를 총괄한다.

② 위원장이 일시적인 사유로 그 직무를 수행할 수 없을 경우에는 위원 중에서 위촉 일자가 빠른 순으로 그 직무를 대행한다. 다만, 위촉 일자가 같을 때에는 연장자 순으로 대행한다.

③ 위원장이 직무를 계속하여 수행할 수 없는 사유가 발생하거나 직무를 수행할 수 없다는 의사 표시를 한 경우에는 제2항의 대행자는 그 사유가 발생하거나 의사를 표시한 날로부터 30일 이내에 회의를 개최하여 위원장을 선출하여야 한다. 단, 위원장의 잔여 임기가 6개월 미만일 때에는 위원장을 선출하지 않을 수 있다.

④ 제3항에 따라 선출된 위원장의 임기는 전임 위원장의 잔여 임기로 한다.

제11조(회의) ① 위원회의 회의는 정기회의와 임시회의로 구분하며, 재적위원 과반수의 출석으로 개의(開議)하고, 출석위원 과반수의 찬성으로 의결한다.

② 정기회의는 경찰청은 월 1회, 시·도경찰청은 분기 1회 개최한다.

③ 임시회의는 위원장이 필요하다고 인정하거나 청장 또는 재적위원 3분의 1 이상이 소집을 요구하는 경우 위원장이 소집한다.

제3장 경찰 인권정책 기본계획 및 인권교육

제18조(경찰 인권정책 기본계획의 수립) ① 경찰청장은 국민의 인권보호와 증진을 위하여 경찰 인권정책 기본계획(이하 "기본계획"이라 한다)을 5년마다 수립해야 한다.

② 기본계획에는 다음 각 호의 사항이 포함돼야 한다.

> 1. 경찰 인권정책의 기본방향과 추진목표
> 2. 추진목표별 세부과제 및 실행계획
> 3. 인권취약계층에 대한 인권보호 방안
> 4. 인권에 관한 교육 및 홍보 등 인권의식 향상을 위한 시책
> 5. 인권보호 및 증진에 관한 협력체계 구축 방안
> 6. 그 밖에 국민의 인권보호 및 증진에 필요한 사항

제18조의2(경찰 인권교육계획의 수립) ① 경찰청장은 경찰관등(경찰공무원으로 신규 임용될 사람을 포함한다. 이하 이 조, 제20조, 제20조의2 및 제20조의3에서 같다)이 근무하는 동안 지속적·체계적으로 교육을 받을 수 있도록 3년 단위로 다음 각 호의 사항을 포함한 인권교육종합계획을 수립하여 시행해야 한다.

> 1. 경찰 인권교육의 기본방향과 추진목표
> 2. 인권교육 전문강사 양성 및 지원
> 3. 경찰 인권교육 실태조사·평가
> 4. 교육기관 및 대상별 인권교육 실시
> 5. 그 밖에 경찰관등의 인권 보호와 향상을 위하여 필요한 사항

② 경찰관서의 장은 제1항의 내용을 반영하여 매년 인권교육 계획을 수립하여 시행하여야 한다.

제19조(인권교육의 방법) 경찰관등은 대면 교육, 사이버 교육 등 다양한 방법을 통해 교육을 이수할 수 있고, 학습자의 능동적인 학습권을 보장하기 위해 토론식, 참여식 교육을 권장한다.

제20조(인권교육의 실시) ① 경찰관등은 인권의식을 함양하고 인권친화적 경찰활동을 위해 인권교육을 이수해야 한다.

② 경찰관서의 장은 소속 경찰관등에게 다음 각 호의 내용을 포함하여 인권교육을 실시한다.

> 1. 인권의 개념 및 역사의 이해
> 2. 인권보장의 필요성, 경찰과 인권의 관계

3. 인권보호 모범 및 침해 사례
4. 인권 관련 법령, 정책 및 제도의 이해
5. 그 밖에 경찰관서의 장이 인권교육에 필요하다고 인정하는 내용

제4장 인권영향평가

제21조(인권영향평가의 실시) ① 경찰청장은 인권침해를 예방하고, 인권친화적인 치안 행정이 구현되도록 다음 각 호의 사항에 대하여 인권영향평가를 실시하여야 한다.
1. 제·개정하려는 법령 및 행정규칙
2. 국민의 인권에 영향을 미치는 정책 및 계획
3. 참가인원, 내용, 동원 경력의 규모, 배치 장비 등을 고려하여 인권침해 가능성이 높다고 판단되는 집회 및 시위

② 제1항에도 불구하고 다음 각 호의 어느 하나에 해당하는 경우 평가 대상에서 제외한다.
1. 제·개정하려는 법령 및 행정규칙의 내용이 경미한 경우
2. 사전에 청문, 공청회 등 의견 청취 절차를 거친 정책 및 계획

제24조(점검) 인권보호담당관은 반기 1회 이상 인권영향평가의 이행 여부를 점검하고, 이를 경찰청 인권위원회에 제출하여야 한다.

제6장 인권침해 사건의 조사·처리

제27조(비밀 엄수 및 절차준수) ① 조사담당자는 직무를 수행하는 과정에서 알게 된 비밀을 정당한 사유 없이 다른 사람에게 누설하거나 조사 외 다른 목적으로 사용해서는 아니 되며, 진정인·피해자·피진정인 및 관계인(이하 진정인등이라 한다)의 인권을 존중하여야 한다.

② 조사담당자는 진정인등에게 법령을 공정하게 적용하고, 적법절차를 지키며, 피진정인이 소속된 기관의 장이나 진정인등의 의견을 충분히 수렴하여야 한다.

③ 조사담당자는 진정을 조사하는 동안 진정인등에게 처리 과정과 결과를 친절하게 안내하고 설명하여, 진정인등이 이해하고 납득할 수 있도록 성실하게 노력하여야 한다.

제28조(진정의 접수 및 처리) ① 인권침해 진정은 문서(우편·팩스 및 컴퓨터 통신에 의한 것을 포함한다. 이하 같다)나 전화 또는 구두로 접수 받으며, 담당 부서는 경찰청 인권보호담당관실로 한다.

② 경찰청 인권보호담당관실은 진정이 제기되지 아니하였더라도 경찰청장이 직접 조사를 명하거나 중대하고 긴급한 조치가 필요하다고 판단한 사안 또는 인권침해의 단서가 되는 사실을 알게 되었을 경우에는 직접 조사할 수 있다.

③ 제1항에도 불구하고 사건의 내용을 확인하여 처리 관서 또는 부서가 특정되거나 「경찰청 사무분장 규칙」에 따른 사무가 확인될 경우에는 경찰청 인권보호담당관실에 접수된 진정을 이첩할 수 있다.

제32조(물건 등의 보관 등) ① 조사담당자는 사건 조사 과정에서 진정인·피진정인 또는 참고인 등이 임의로 제출한 물건 중 사건 조사에 필요한 물건은 보관할 수 있다.

② 조사담당자는 제1항에 따라 제출받은 물건의 목록을 작성하여 제출자에게 내주고 사건기록에 그 물건 등의 번호·명칭 및 내용, 제출자 및 소유자의 성명과 주소를 적고 서명 또는 기명날인하게 하여야 한다.

③ 조사담당자는 제출받은 물건에 사건번호와 표제, 제출자 성명, 물건 번호, 보관자 성명 등을 적은 표지를 붙인 후 봉투에 넣거나 포장하여 안전하게 보관하여야 한다.

④ 조사담당자는 제출자가 보관 중인 물건의 반환을 요구하는 경우에는 반환하여야 하며, 다음 각 호의 어

느 하나에 해당하는 경우에는 제출자가 요구하지 않더라도 반환할 수 있다.
　　1. 진정인이 진정을 취소한 사건에서 진정인이 제출한 물건이 있는 경우
　　2. 사건이 종결되어 더 이상 보관할 필요가 없는 경우
　　3. 그 밖에 물건을 계속 보관하는 것이 적절하지 않은 경우

제35조(조사중지) ① 조사담당자는 인권침해 사건을 조사하는 과정에서 다음 각 호의 어느 하나에 해당하는 사유로 사건 조사를 진행할 수 없는 경우에는 <u>조사를 중지할 수 있다</u>. 다만, 확인된 인권침해 사실에 대한 구제 절차는 계속하여 이행할 수 있다.
　　1. 진정인이나 피해자의 소재를 알 수 없는 경우
　　2. 사건 해결과 진상 규명에 핵심적인 중요 참고인의 소재를 알 수 없는 경우
　　3. 그 밖에 제1호 또는 제2호와 유사한 사정으로 더 이상 사건 조사를 진행할 수 없는 경우
　　4. 감사원의 조사, 경찰·검찰 등 수사기관에서 조사 또는 수사가 개시된 경우
② 조사중지 사유가 해소된 경우에는 조사담당자는 별지 제4호 서식의 사건 표지에 새롭게 사건을 재개한 사유를 적고 즉시 조사를 다시 시작하여야 한다.

제7장 진상조사단

제42조(진상조사단의 구성) ① 경찰청장은 경찰의 법 집행 과정에서 사람의 사망 또는 중상해 그 밖에 사유로 인하여 중대한 인권침해의 의심이 있는 경우 이를 조사하기 위하여 진상조사단을 구성할 수 있다. 이 경우에 경찰청 인권위원회는 진상조사단 구성에 대하여 <u>권고 또는 의견표명</u>을 할 수 있다.
② 진상조사단은 경찰청 차장 직속으로 두고 진상조사팀, 실무지원팀, 민간조사자문단으로 구성하여 운영한다.
③ 단장은 경찰청 소속 경무관급 공무원 중에서 경찰위원회의 추천을 받아 경찰청장이 임명한다.
④ 단장은 진상조사단의 업무를 총괄하고 팀장 및 팀원을 지휘·감독한다.

04 경찰 윤리와 경찰 부패

1 경찰 윤리

1) 의의

① 경찰윤리란 경찰의 목표 및 역할에 관련된 모든 행동에서 따라야 할 당위적 행위규범이다.
② 경찰공무원의 직업윤리로서의 경찰윤리를 의미한다.
  ➡ '경찰공무원법', '경찰공무원복무규정', '경찰관직무집행법', '형법', '경찰서비스헌장 제정 및 운영에 관한 규칙' 등에 제정하고 있다.

▼ 경찰윤리 교육의 목적

존 클라이니히(J. Kleinig)의 분류

도덕적 전문능력 함양 (제1요소)	반성적 성찰을 통해 경찰 조직내 **관행이나 악습을 비판적**으로 검토함
도덕적 결의의 강화	직무수행시 여러 압력과 유혹에 굴복하지 않고 **직업의식에 따라** 일 처리함
도덕적 감수성 배양	다양한 계층의 모든 사람에게 **존중**하고 **공평**하게 봉사

2) 민주경찰의 사상적 근거

경찰활동의 사상적 토대는 근대 사회계약설(로크, 홉스, 루소)이다.

	홉스(T.Hobbes)	로크(J.Locke)	루소(J.J Rousseau)
자연상태	만인에 대한 만인의 투쟁상태	천부적 자연권 인정 자연상태는 자유롭고 평등(자연법이 존재)	자연상태 인간은 평등한 고립자 ➡ 이기심과 능력차이에 의해 소유의 불평등 발생
인간 본성	성악설	성선설	성선설
사회계약	각개인은 자연권의 전부를 군주에게 양도 • **리바이던 가설**	자연권의 **일부**를 국가(군주)에게 양도	**일반의지** • 개인의 평등과 불가침의 자유는 공동체의 일반의지적 질서속에서 보장됨
통치형태	절대군주 • 저항권(혁명) 부정	**간접민주정치** • 저항권 인정 • 시민정부 2원론	**직접민주제** 국민주권주의

3) 공동체에서의 법과 윤리

① 공동체의 객관적 윤리질서는 시대에 따라 다르지만, 그 공동체의 법에 대한 판단기준이 된다.
② 객관적 윤리질서를 법에 반영함에 있어서 정치적 과정을 거치게 된다.
  ➡ 정치적 매카니즘에 의해 왜곡, 조작될 수 있다.

③ 법이 공동체가 가치로 인정하는 객관적 윤리질서를 그 내용으로 하지 못할 때 악법이 된다.
④ 악법에 대한 견해

법실증주의	① 인간의 기본권은 법률에 의해 비로소 창설된다. ② 객관적 윤리 질서보다 법적 안정성을 강조한다. ③ 정당한 절차를 통해 제정된 법은 지켜야 한다. 　➡ 악법도 법이다. ④ 실정법을 우선시 하며, 국민의 저항권을 부정한다.
자연법론	① 인간의 기본권은 국가 이전에 존재하는 것이다. 　➡ 국가는 법적으로 이를 확인할 뿐이다. ② 법적 안정성보다 객관적 윤리질서를 강조한다. ③ 객관적 윤리질서에 어긋나는 법은 악법이다. ④ 자연법을 강조하며, 국민의 저항권을 인정한다.

4) 사회계약설에 근거한 경찰활동의 기준(Cohen & Feldberg)

(1) 생명과 재산의 안전보호 – 경찰활동의 궁극적 목적
① 경찰활동은 사회계약의 궁극적 목적인 국민의 생명과 재산의 안전한 보호를 달성하기 위한 하나의 수단이다.
② 법집행은 사회계약의 실현을 위한 **수단**에 불과하다.
　➡ 불법오토바이 폭주를 단속하던 경찰이 불응하고 달아나는 오토바이운전자를 과도하게 추적한 결과, 운전자가 전신주를 들이받고 사망하였다면 이것은 생명과 재산 안전보호의 위반이다.
③ 위기상황에서 경찰은 잠재적인 위험보다 **현재 위험**에 처해 있는 시민의 생명과 안전을 더 우선적으로 보호해야 한다.
　➡ 무장강도가 어린이를 인질로 하여 차량도주 하고 있다면, 주위차량과 시민들의 잠재적 위험보다 인질로 납치된 어린이의 안전을 우선해 추격하여야 한다.

(2) 공정한 접근(fair access) 보장
① 경찰은 사회 전체의 필요에 의해 형성된 것이므로 경찰서비스는 누구에게나 공정한 접근이 허용되어야 한다.
　➡ 경찰서비스에 대한 동등한 필요를 가진 사람에게 동등한 경찰서비스를 받을 동등한 기회를 부여해야 한다.(경찰 평등의 원칙에서 도출)
② 경찰의 법집행에서 중요한 기준은 '**필요성**'이다.
　➡ 필요성 이외의 기준인 성별, 연령, 전과 유무, 장애 여부 등에 의해 차별되어서는 안된다.
③ 공정한 접근의 위반 사례

편들기	음주단속을 하던 A경찰이 동료 경찰관B를 적발하고도 동료라는 이유로 눈감아준 경우
차별	순찰중 가난한 지역은 가지 않고 부자 지역으로만 순찰하려는 경우
서비스제공의 해태 및 무시	A시민이 새벽 3시에 도둑이 들어 신고하였는데, 추운 겨울 새벽이라 출동하지 않고 신고를 무시한 경우

(3) 공공의 신뢰(public trust) 확보

① 시민들의 공공 신뢰를 바탕으로 하므로 경찰은 시민들의 **신뢰에 적합한 방식**으로 경찰권을 사용하여야 한다.

② 법집행의 신뢰

시민들은 경찰이 **반드시 법집행**을 행사할 것을 신뢰한다.
- ➡ A경찰이 강도범을 추격하다가 칼을 든 범인을 보고 도망가도록 내버려둔 것

③ 강제력 최소화(비례원칙)

경찰은 직무수행과정에서 적법절차를 준수하고 권한을 남용하지 않아야 한다. 경찰이 강제력을 행사할 때는 신뢰에 합당한 방식으로 행사하고, **필요한 최소한**으로 사용해야 한다.
- ➡ A경찰관이 달아나는 절도범을 등 뒤에서 총으로 쏘아 사망하게 한 것은 공공의 신뢰위반이다.

④ 자력구제 금지 원칙

사회계약설에 의한 신탁원리로 경찰권을 부여하였으므로, 시민들은 특별한 경우를 제외하고는 자력구제는 원칙적으로 금지된다.
- ➡ 절도 피해자가 직접 체포하는 것이 아니라, 경찰에 신고하여 체포하게 하는 것

⑤ 경찰의 사익추구 금지

경찰의 사익추구나 자의적 권한 행사를 해서는 안 된다.
- ➡ 경찰이 단속과정에서 뇌물을 받는 것은 공공의 신뢰 위반이다.

(4) 협동(teamwork)과 역할한계

① 행정·입법·사법 삼권은 분리되어 상호 견제와 균형을 이루지만, 시민의 생명과 재산의 보호라는 국가 목적 달성을 위해 **기능적으로 연결**되어 있다.
- ➡ 이러한 목적달성을 위해 모든 국가기관은 상호 협력하여야 한다.
- ➡ 경찰이 수사를 진행한후 검찰의 기소를 위해 수사자료를 검찰에 이송하는 것은 상호협력에 해당한다.

② 협동이 범위는 부서 간 또는 공무원간의 협력, 기능적 협력, 무형적 협력을 포함한다.
- ➡ 탈주범이 관내에 있다는 정보를 알고, 승진 욕심에 혼자서 검거하려다 실패한 경우.

(5) 객관적(objective)인 자세

① 경찰은 사회의 일부분이 아닌 **사회 전체의 이익**을 위해 업무를 수행해야 한다.
- ➡ 사적 감정이나 사유에 관계없이 냉정하고 객관적인 자세로 직무집행을 해야 한다.

② 경찰관은 심적 평정심을 잃지 않아야 한다.
- ➡ 개인적 선호, 지나친 관여, 무관심한 태도 모두 허용되지 않는다.

③ 위반 사례
- ➡ 과거 절도 피해의 경험이 있는 B경찰관이 현재 검거한 절도범에게 그 경험 때문에 가혹행위를 하는 것은 객관적인 자세에 위반된다.
- ➡ 아버지로부터 가정폭력을 경험한 C 경찰관이 가정문제의 모든 잘못은 남편에게 있다고 생각하는 것은 객관적인 자세에 위반된다.

2 경찰 부패

1) 의의

① 경찰부패란 일반적으로 경찰 구성원이 권한과 영향력을 부당하게 사용하여 사회질서에 반하는 사적 이익을 취하는 것을 의미한다.
　◎ 경찰일탈과 구분하는 견해도 있다.

② 부패 분류
　㉠ **용인정도**에 따른 분류

백색부패	구성원 다수가 어느 정도 용인하는 부패이다. ◎ 선의의 목적으로 공직자가 국민에게 거짓말하는 것
회색부패	부패 처벌에 대해 사회 구성원의 견해가 대립하는 유형이다.
흑색부패	명백히 비난받고 사회구성원 모두가 처벌을 인정한다. ◎ 뇌물받는 것

　㉡ 부패의 **제도화** 여부

체계화된 부패	부패가 일상적으로 만연되어 있는 상황
우발적 부패	개인의 일탈에 의해 일시적으로 발생하는 부패

　㉢ 하이덴하이머는 관직중심적 관점, 시장중심적 관점, 공익중심적 관점으로 분류하였다.
　　◎ 관직중심적 부패는 관료들이 직무를 수행하는 과정에서 사적 이익의 추구를 위하여 권한을 악용하여 조직의 규범을 일탈하는 행위이다.

2) 경찰부패 원인이론

(1) 전체사회가설 – 윌슨(Wilson)
① 전체사회의 부정부패는 경찰의 부패를 촉진하는 원인으로 작용한고 본다.
　◎ 윌슨 : '시카고 시민이 경찰을 부패시켰다.'
② **사회전체가** 경찰부패를 묵인하거나 조장할 때 경찰은 부정부패하게 된다.
　◎ 과거부터 관내 경찰들과 주민들이 어울려 부적절한 청탁을 받고 지내던 곳에 새로 발령된 신임 경찰관에게도 주민들이 접근하여 함께 도박을 하게 하는 경우
③ 미끄러지기 쉬운 경사로 이론–셔먼(Sherman)
　㉠ 부패가 아닌 작은 호의의 수용이 미끄러지기 쉬운 경사로처럼 점차 부패로 진행하게 된다는 이론이다.
　　◎ 지구대 경찰관A가 순찰활동 중 슈퍼운영 하는 주민과 음료수 얻어 마시면서 친분을 쌓고, 나중에 폭행사건처리 무마 청탁을 으로 큰돈까지 받게되는 경우
　㉡ 비판 : 펠드버그(Feldberg)
　　ⓐ 작은 호의를 받았다고 경찰이 반드시 부패하는 것은 아니다.
　　ⓑ 다수의 경찰은 작은 호의와 뇌물을 구별할 수 있으며 이것은 경찰지능에 대한 모독이다.
　　　◎ 공짜커피 한잔 자체는 부패 아니다.

※ '부패방지 및 국민권익위원회의 설치와 운영에 관한 법률' 상 부패행위
가. 공직자가 직무와 관련하여 그 지위 또는 권한을 남용하거나 법령을 위반하여 자기 또는 제3자의 이익을 도모하는 행위
나. 공공기관의 예산사용, 공공기관 재산의 취득·관리·처분 또는 공공기관을 당사자로 하는 계약의 체결 및 그 이행에 있어서 법령에 위반하여 공공기관에 대하여 재산상 손해를 가하는 행위
다. 가목과 나목에 따른 행위나 그 은폐를 강요, 권고, 제의, 유인하는 행위

※ 패트릭 머피(전 뉴욕시경국장)
'봉급을 제외하고 깨끗한 돈은 없다.'

📋 팩트DB

작은 호의 이론

① 뇌물은 아니지만 경찰 직무에 영향을 주지 않을 정도의 작은 호의를 베푸는 것으로 시작하여 점점 부패의 규모가 커지는 관행으로 발전한다고 보는 이론이다.
　예) 커피한잔 제공
② 작은 호의 인정여부
　㉠ 허용론 - **펠드버그**
　　ⓐ 당연성, 자발성, 경찰관의 이성적 구별능력, 형성재 이론을 근거로 한다.
　　ⓑ **형성재이론**에서는 지역내 경찰은 작은 호를 통해 지역주민과 원만하고 긍정적인 사회관계의 계기가 된다고 본다.(작은 호의의 긍정적 효과)
　　ⓒ 작은호의는 관행적이며 깊은 습관으로 인해 완전히 근절하는 것은 불가능하다.
　㉡ 금지론 - **델라트르, 셔먼**
　　ⓐ 작은 호의를 받아들이는 것은 '미끄러지기 쉬운 경사로' 위에 있는 것과 같다.
　　ⓑ 작은 호의 대해 일부 경찰관의 특권의식이 형성될 수 있다.
　　ⓒ 공짜 커피라도 불순한 의도를 갖고 특별한 대우를 받기를 원할 수 있다.
　　ⓓ 작은 호의는 최소한 비윤리적이다.
　　　➡ 패트릭 머피 '봉급 외 깨끗한 돈은 없다'

> *** 윌슨(O.W.Wilson)**
> '경찰은 어떤 작은 호의, 심지어 한 잔의 공짜 커피라도 받도록 허용되어서는 안된다.'

(2) 구조원인가설 - 바커(Barker), 로벅(Roebuck), 니더호퍼(Niderhoffer)

① 구조적 혹은 소속된 것이 원인이라는 가설을 통해 부정부패를 설명하는 이론이다.
　㉠ 조직의 부패 전통이 사회화 되어 신임경찰도 기존의 부패 경찰처럼 물들게 된다는 이론이다.
　㉡ 선배경찰의 부패한 경찰문화에서 신임 경찰관들이 점차 부패의 사회화를 학습한다고 보았다.
　㉢ 경찰 조직 내에 '**침묵의 규범**'을 형성한다.
　　➡ 신임형사 A가 조장인 B로부터 관내 유흥업소 업자들을 소개받고, 그 후 B와 함께 활동하면서 유흥업소로부터 월정금을 받는 것을 점차 답습해가는 것
　　➡ 퇴근후에 잠시들러 시간외 근무를 조작하는 것

② 부패의 원인은 개인적 결함이 아니라 경찰**조직의 구조적 원인**으로 본다.
　➡ 상대적 박탈감이나 사회적 부패문화와 관련된다.

③ 비판
　개인의 윤리적 차이를 무시하고 모든 사람이 부패의 규범을 따르게 된다고 보는 점에서 비판받는다.

(3) 썩은 사과가설

① 부패한 경찰개인으로 인해 소속된 조직 전체 까지 부패하게 만든다는 가설이다.
  ● 부정직하고 자질 없는 경찰관을 모집, 채용단계에서 배제하는 것이 중요하다.
② 부패의 원인을 **개인적 결함**으로 본다.
③ 비판
  왜 특정 조직 또는 특정 부서에 부정부패가 많이 발생하는지를 설명하지 못한다.

3) 경찰문화와 냉소주의 극복

(1) 경찰문화 특징
① 경찰 내부에 정복 부서와 사복 부서의 문화차이가 있다.
② 일반 행정문화와 차이가 있다.
③ 경찰 조직내부 연대성이 지나쳐 폐쇄성을 띄는 경우가 있다.
④ 형식주의

* 형식주의
목표 달성을 위한 실질적인 내용보다 의식이나 절차 선례 관습등에 집착하는 것을 말한다.
실질적인 책임보다 단순 법적 책임을 강조하고 선례 답습주의에 빠지게 되어 보수성이 나타나며 문서만 중요시 하는 현상이 발생한다.

(2) 냉소주의
① 다른 사람의 의도에 대하여 **일반적인 불신**을 가지고 있는 마음의 상태나 태도를 의미한다.
② 대상이 특정화 되어 있지 않고 경찰제도 전반, 정치일반에 대한 아무런 근거 없이 신뢰하지 않는 것이다.
  ● 대상에 대한 신뢰의 결여이며, 부정적 문화를 조장한다.
③ 권위주의적 조직, 상의하달이 강조되는 조직 등에서 나타난다.
  ● 경찰조직이 부하직원에게 무리한 요구를 할 때 나타날 수 있다.
④ 냉소주의와 회의주의

	냉소주의	회의주의
대상	대상이 특정화되 있지 않음	대상이 특정화 됨
근거	합리적 의심 근거없음	합리적 의심, 비판
개선의지	대상 대한 개선의지 없음	대상 개선 의지 있음

● 공통점 : 대상에 대한 불신을 바탕으로 한다.

⑤ 냉소주의 극복 방안
  ㉠ 맥그리거 Y이론에 의한 관리(민주적 관리 방식)
  ㉡ 의사결정 과정에 참여 확대
  ㉢ 상관과 부하, 동료 간에 신뢰회복

4) 전문직업화의 윤리적 문제

◎ 미국에서 경찰의 전문직업화는 볼머(August Vollmer)에 의해 추진되었다.

차별	경찰이 전문 직업화 되어 높은 수준의 교육과 전문지식을 요건으로 할 경우 경제적 약자나 사회적 약자의 지위에 있는 사람들은 경찰에 진입하지 못하게된다.
부권주의 (권위주의)	전문가의 우월적 지식에 근거하고 상대방의 입장을 고려 없이 수행하는 경우 예 심장전문의가 환자의 입장을 고려않고 자신의 의학적 지식만 고려해 일방적으로 치료결정을 하는 것
소외	전문가가 자신의 국지적, 지엽적 분야만 보고 전체적인 맥락을 보지 못하는 것 예 사회복지 공무원이 정부전체의 복지정책보다는 자신이 속한 보건복지부 입장만 고려하는 것 ◎ 나무를 보고 숲을 못보는 현상

★ 경찰전문직업화의 장점
① 경찰의 인적 자질이 향상된다.
② 경찰의 직업적 위상이 향상되고 보수가 상승한다.

5) 경찰부패에 대한 내부고발(whistleblowing, deep throat)

(1) 의의
경찰관이 동료나 구성원들의 부정부패에 대해 감찰이나 외부 언론매체에 대하여 공표하는 것이다.

◎ 침묵의 규범은 동료등의 부정부패에 눈감아 주는 것이다.

(2) 내부고발의 정당화 요건 – 클라이니히
① 적절한 도덕적 동기와 신념에 근거한다.(적절한 동기)
② 도덕적 위반이 얼마나 중대한가, 급박한가 등에 대한 고려가 있어야 한다.(중대, 급박성)
③ 부적적한 행동을 하도록 지시되었다는 자신의 신념이 합리적 증거에 근거하였는지 확인해야 한다.
④ 어느 정도 성공가능성이 있어야 한다.(성공가능성)
⑤ 특별한 경우를 제외하고는 공표전 자신의 이견을 표시하기 위한 내부적 채널을 모두 사용했어야 한다.(최후수단성)

팩트DB

관련용어

① 비지바디니스(busybodiness)
   동료등의 비행에 대해 사사건건 참견하여 도덕적 충고를 하는 태도
② 도덕적 해이(moral hazard)
   정보비대칭성을 원인으로 도덕적 가치관이 붕괴되어 동료의 부패를 부패라고 인식을 못하는 것
③ Dirty Harry 문제
   1971년 돈 시겔감독의 영화에서 다룬 것으로 선한 목적을 위해 윤리적, 법적으로 문제 있는 수단을 사용하는 것이 적절한가의 논쟁
④ 예기적 사회화(anticipatory socialization)
   현재 점유하고 있는 것보다 더 높은 사회적 지위나 계급에 진입하고자 하고 그것을 수용할 수 있도록 개인의 사회적 행위를 개조하고자 하는 개인적 노력이 이루어지는 과정을 말한다. 미래에 속하기를 기대하거나 속하게 될 집단에서 요구되는 지식이나 기능. 가치 및 규범을 미리 학습하는 과정이다.

3 우리나라 경찰윤리 규정

1) 경찰윤리강령의 의의

(1) 의의

① 시민이 바라는 윤리 표준에 맞는 행동규범을 정하여 조직구성원들이 따르게 하기 위해 **추상적 행동규범을 문서화**한 것이다.
  ➡ 형식은 강령, 윤리강령, 헌장 등 다양하다.(훈령, 예규형태로 발현됨)

② 경찰공무원의 개개인의 자율적 행동기준을 제정하여 공직윤리를 확보하기 위해 제정되었다.

③ 내부 선언적 효력일 뿐, 법적 효력은 없다.

※ 제정순서
1966년 경찰윤리헌장
1980년 새경찰신조
1991년 경찰헌장
1998년 경찰서비스헌장
1999년 새천년 우리의다짐

(2) 기능

대외적 기능	서비스 수준의 보장, 국민과의 신뢰 관계 형성, 과도한 요구에 대한 책임 제한 등
대내적 기능	경찰공무원 개인적 기준 설정, 경찰조직의 기준 제시, 경찰조직에 대한 소속감 고취 등

2) 경찰헌장(1991) 내용

① 우리는, 모든 사람의 인격을 존중하고 누구에게나 따뜻하게 봉사하는 **친절한 경찰**이다.
② 우리는, 정의의 이름으로 진실을 추구하며, 어떠한 불의나 불법과도 타협하지 않는 **의로운 경찰**이다.
③ 우리는, 국민의 신뢰를 바탕으로 오직 양심에 따라 법을 집행하는 **공정한 경찰**이다.
④ 우리는, 건전한 상식 위에 전문지식을 갈고 닦아 맡은 일을 성실하게 수행하는 **근면한 경찰**이다.
⑤ 우리는, 화합과 단결 속에 항상 규율을 지키며, 검소하게 생활하는 **깨끗한 경찰**이다.

※ 경찰서비스헌장
1998년 9월 30일 '행정서비스헌장 제정지침'에 따라 경찰서비스헌장이 제정되었다.
① 엄정한 직무수행
② 신속한 현장출동 봉사
③ 민원의 친절·신속·공정한 처리
④ 국민의 안전과 편의를 최우선으로 한 직무수행
⑤ 인권존중 및 권한남용 금지
⑥ 잘못된 업무처리의 즉시 확인 시정조치
➡ 현재는 경찰 기능별로 생활안전·수사·교통·민원·경찰병원·진료서비스 헌장이 제정되어 있다.

3) 경찰윤리강령의 문제점

(1) 실행가능성 문제

경찰강령은 법적 강제력이 없기 때문에 위반 시 제재할 방법이 약하다.

(2) 냉소주의 문제

경찰 직원들의 참여에 의해 이루어 진 것이 아니라 상부에서 제정하여 하달하였다.

(3) 비진정성의 조장

경찰관의 도덕적 자각에 따른 자발적인 행동이 아니라 외부로부터 요구된 타율적인 것으로 진정한 봉사가 이루어지지 않는다.

(4) 최소주의 위험

최선을 다하기 보다는 경찰강령에 포함된 수준으로만 근무하는 **최소기준**이 된다.

(5) 행위중심적 성격
경찰강령이 특정행위를 중심으로 규정되어 있어서 행위 이전의 의도나 동기를 소홀히 한다.

(6) 우선순위 미결정
경찰강령이 현실적 문제에 있어서 무엇을 더 우선시하고 무엇을 나중에 해야 할지에 대한 우선순위결정 기준이 되지 못한다.

4 바람직한 경찰에 대한 논의

J. Dempsey & L. Forst의 'Policing' 연구를 통한 경찰의 바람직한 역할 모델논의가 있다.

(1) 범죄통제대응(Crime-Fighting Role)
① 범죄자를 제압하는 법집행적 측면을 강조한 역할모델이다.
② 경찰의 역할을 명확히 인식시키고, 경찰의 전문직업화에 기여한다.
③ 비판
   ㉠ 경찰 업무 전체를 나타내지 못한다.
   ㉡ 이분법적 흑백논리(범죄자는 적이고, 경찰은 정의다)에 빠져 인권침해 우려가 있다.

(2) 질서 유지자(Order maintenance)
경찰은 사회 공공의 질서 유지자로서 역할을 강조한다.

(3) 치안서비스 제공자
① 시민에 대한 서비스활동과 사회봉사측면을 강조하는 모델이다.
   ● 대역적 권위(stand-in authority) 활동
② 비권력적 치안서비스를 적극 제공한다.

📖 법규

경찰청 공무원 행동강령 [시행 2022. 10. 7.]

제1장 총 칙

제1조(목적) 이 규칙은 「부패방지 및 국민권익위원회의 설치와 운영에 관한 법률」 제8조 및 「공무원 행동강령」에 따라 경찰청(소속기관, 시·도경찰청, 경찰서를 포함한다. 이하 같다)소속 공무원(이하 "공무원"이라 한다)이 준수하여야 할 행동기준을 규정하는 것을 목적으로 한다.

제2조(정의) 이 규칙에서 사용하는 용어의 뜻은 다음과 같다.
1. "직무관련자"란 공무원의 소관 업무와 관련되는 자로서 다음 각 목의 어느 하나에 해당하는 개인[공무원이 사인(私人)의 지위에 있는 경우에는 개인으로 본다] 또는 법인·단체를 말한다.
    가. 다음의 어느 하나에 해당하는 민원을 신청하는 중이거나 신청하려는 것이 명백한 개인 또는 법인·단체
       1) 「민원 처리에 관한 법률」 제2조제1호가목1)에 따른 법정민원(장부·대장 등에 등록·등재를 신청 또는 신고하거나 특정한 사실 또는 법률관계에 관한 확인 또는 증명을 신청하는 민원은 제외한다)
       2) 「민원 처리에 관한 법률」 제2조제1호가목2)에 따른 질의민원
       3) 「민원 처리에 관한 법률」 제2조제1호나목에 따른 고충민원
    나. 인가·허가 등의 취소, 영업정지, 과징금 또는 과태료의 부과 등으로 이익 또는 불이익을 직접적으로 받는 개인 또는 법인·단체
    다. 수사, 감사(監査), 감독, 검사, 단속, 행정지도 등의 대상인 개인 또는 법인·단체
    라. 재결(裁決), 결정, 검정(檢定), 감정(鑑定), 시험, 사정(査定), 조정, 중재 등으로 이익 또는 불이익을 직접적으로 받는 개인 또는 법인·단체
    마. 징집·소집·동원 등의 대상인 개인 또는 법인·단체
    바. 국가 또는 지방자치단체와 계약을 체결하거나 체결하려는 것이 명백한 개인 또는 법인·단체
    사. 장부·대장 등에의 등록·등재의 신청(신고)중에 있거나 신청(신고)하려는 것이 명백한 개인이나 법인·단체
    아. 특정한 사실 또는 법률관계에 관한 확인 또는 증명의 신청중에 있거나 신청하려는 것이 명백한 개인이나 법인·단체
    자. 법령해석이나 유권해석을 요구하는 개인이나 법인·단체
    차. 경찰관서에 복무중인 전투경찰순경·의무경찰의 부모·형제자매
    카. 시책·사업 등의 결정 또는 집행으로 이익 또는 불이익을 직접적으로 받는 개인 또는 법인·단체
    타. 그 밖에 경찰관서에 대하여 특정한 행위를 요구중인 개인이나 법인·단체
2. "직무관련공무원"이란 공무원의 직무수행과 관련하여 이익 또는 불이익을 직접적으로 받는 다른 공무원(기관이 이익 또는 불이익을 받는 경우에는 그 기관의 관련 업무를 담당하는 공무원을 말한다) 중 다음 각 목의 어느 하나에 해당하는 공무원을 말한다.
    가. 상급자와 직무상 지휘명령을 받는 당해 업무의 하급자

나. 인사·감사·상훈·예산·심사평가업무 담당자와 해당업무와 직접 관련된 다른 공무원
　　　다. 행정사무를 위임·위탁한 경우 위임·위탁사무를 관리·감독하는 공무원과 그 사무를 담당하는 공무원
　　　라. 그밖에 특별한 사유로 경찰청장이 정하는 경우
　3. "금품등"이란 다음 각 목의 어느 하나에 해당하는 것을 말한다.
　　　가. 금전, 유가증권, 부동산, 물품, 숙박권, 회원권, 입장권, 할인권, 초대권, 관람권, 부동산 등의 사용권 등 일체의 재산적 이익
　　　나. 음식물·주류·골프 등의 접대·향응 또는 교통·숙박 등의 편의 제공
　　　다. 채무 면제, 취업 제공, 이권(利權) 부여 등 그 밖의 유형·무형의 경제적 이익
　4. "경찰유관단체"란 경찰기관에서 민관 치안협력 또는 민간전문가를 통한 치안자문활동 목적으로 조직·운영하고 있는 단체를 말한다.

제3조(적용범위) 이 규칙은 경찰청 소속 공무원과 경찰청에 파견된 공무원에게 적용한다.

제2장 공정한 직무수행

제4조(공정한 직무수행을 해치는 지시에 대한 처리) ① 공무원은 상급자가 자기 또는 타인의 부당한 이익을 위하여 공정한 직무수행을 현저하게 해치는 지시를 하였을 때에는 별지 제1호 서식 또는 전자우편 등의 방법으로 그 사유를 상급자에게 소명하고 지시에 따르지 아니하거나, 별지 제2호 서식 또는 전자우편 등의 방법으로 제23조에 따라 지정된 행동강령에 관한 업무를 담당하는 공무원(이하 "행동강령책임관"이라 한다)과 상담할 수 있다.

② 제1항에 따라 지시를 이행하지 아니하였는데도 같은 지시가 반복될 때에는 즉시 행동강령책임관과 상담하여야 한다.

③ 제1항이나 제2항에 따라 상담 요청을 받은 행동강령책임관은 지시 내용을 확인하여 지시를 취소하거나 변경할 필요가 있다고 인정되면 소속 기관의 장에게 보고하여야 한다. 다만, 지시 내용을 확인하는 과정에서 부당한 지시를 한 상급자가 스스로 그 지시를 취소하거나 변경하였을 때에는 소속 기관의 장에게 보고하지 아니할 수 있다.

④ 제3항에 따른 보고를 받은 소속 기관의 장은 필요하다고 인정되면 지시를 취소·변경하는 등 적절한 조치를 하여야 한다. 이 경우 공정한 직무수행을 해치는 지시를 제1항에 따라 이행하지 아니하였는데도 같은 지시를 반복한 상급자에게는 징계 등 필요한 조치를 할 수 있다.

제4조의2(부당한 수사지휘에 대한 이의제기) ① 공무원은 「범죄수사규칙」 제30조에 따른 경찰관서 내 수사 지휘에 대한 이의제기와 관련하여 행동강령책임관에게 상담을 요청할 수 있다.

② 제1항의 상담요청을 받은 행동강령책임관은 해당 지휘가 취소·변경이 필요하다고 인정되면 소속기관 장에게 보고하여야 한다.

제5조의2(수사·단속 업무의 공정성 강화) ① 공무원은 수사·단속의 대상이 되는 업소 중 경찰청장이 지정하는 유형의 업소 관계자와 부적절한 사적 접촉을 하여서는 아니 되며, 공적 또는 사적으로 접촉한 경우 경찰청장이 정하는 방법에 따라 신고하여야 한다

② 공무원은 수사 중인 사건의 관계자(해당 사건의 처리와 법률적·경제적 이해관계가 있는 자로서 경찰청장이 지정하는 자를 말한다)와 부적절한 사적접촉을 해서는 아니 되며, 소속 경찰관서 내에서만 접촉하여야 한다. 다만, 현장 조사 등 공무상 필요한 경우 외부에서 접촉할 수 있으며, 이 경우에는 수사서류 등 공문서에 기록하여야 한다.

제6조(특혜의 배제) 공무원은 직무를 수행함에 있어 지연·혈연·학연·종교 등을 이유로 특정인에게 특혜를 주어서는 아니 된다.

제7조(예산의 목적 외 사용 금지) 공무원은 여비, 업무추진비 등 공무 활동을 위한 예산을 목적 외의 용도로 사용하여 소속 기관에 재산상 손해를 입혀서는 아니 된다.

제8조(정치인 등의 부당한 요구에 대한 처리) ① 공무원은 정치인이나 정당 등으로부터 부당한 직무수행을 강요받거나 청탁을 받은 경우에는 별지 제9호 서식 또는 전자우편 등의 방법으로 소속 기관의 장에게 보고하거나 행동강령책임관과 상담하여야 한다.

② 제1항에 따라 보고를 받은 소속 기관의 장이나 상담한 행동강령책임관은 그 공무원이 공정한 직무수행을 할 수 있도록 적절한 조치를 하여야 한다.

제8조의2(경찰유관단체원의 부정행위에 대한 처리) 경찰유관단체원이 다음 각 호의 어느 하나에 해당하는 행위를 한 경우 행동강령책임관은 해당 경찰유관단체 운영 부서장과 협의하여 소속기관장에게 경찰유관단체원의 해촉 등 필요한 조치를 건의하여야 하며, 보고를 받은 소속기관장은 적절한 조치를 취하여야한다.

1. 경찰 업무와 관련하여 금품을 수수 또는 경찰관에게 금품을 제공하거나, 이를 알선한 경우
2. 경찰 업무와 관련하여 부당한 청탁 또는 알선을 한 경우
3. 이권 개입 등 경찰유관단체원의 지위를 부당하게 이용한 경우
4. 직무와 관련하여 알게 된 비밀을 누설한 경우
5. 그 밖에 경찰유관단체원으로서 부적절한 처신 등으로 경찰과 소속 단체의 명예를 훼손한 경우

제9조(인사 청탁 등의 금지) ① 공무원은 자신의 임용·승진·전보 등 인사에 부당한 영향을 미치기 위하여 타인으로 하여금 인사업무 담당자에게 청탁을 하도록 해서는 아니 된다.

② 공무원은 직위를 이용하여 다른 공무원의 임용·승진·전보 등 인사에 부당하게 개입해서는 아니 된다.

제3장 부당이득의 수수 금지

제10조(이권 개입 등의 금지) 공무원은 자신의 직위를 직접 이용하여 부당한 이익을 얻거나 타인이 부당한 이익을 얻도록 해서는 아니 된다.

제10조의2(직위의 사적이용 금지) 공무원은 직무의 범위를 벗어나 사적 이익을 위하여 소속기관의 명칭이나 직위를 공표·게시하는 등의 방법으로 이용하거나 이용하게 하여서는 아니 된다.

제11조(알선·청탁 등의 금지) ① 공무원은 자기 또는 타인의 부당한 이익을 위하여 다른 공직자(「부패방지 및 국민권익위원회의 설치와 운영에 관한 법률」 제2조제3호가목 및 나목에 따른 공직자를 말한다. 이하 같다)의 공정한 직무수행을 해치는 알선·청탁 등을 해서는 아니 된다.

② 공무원은 직무수행과 관련하여 자기 또는 타인의 부당한 이익을 위하여 직무관련자를 다른 직무관련자나 공직자에게 소개해서는 아니 된다.

③ 공무원은 자기 또는 타인의 부당한 이익을 위하여 자신의 직무권한을 행사하거나 지위·직책 등에서 유래되는 사실상 영향력을 행사하여 공직자가 아닌 자에게 다음 각 호의 어느 하나에 해당하는 알선·청탁 등을 해서는 아니 된다.

1. 특정 개인·법인·단체에 투자·예치·대여·출연·출자·기부·후원·협찬 등을 하도록 개입하거나 영향을 미치도록 하는 행위
2. 채용·승진·전보 등 인사업무나 징계업무에 관하여 개입하거나 영향을 미치도록 하는 행위
3. 입찰·경매·연구개발·시험·특허 등에 관한 업무상 비밀을 누설하도록 하는 행위
4. 계약 당사자 선정, 계약 체결 여부 등에 관하여 개입하거나 영향을 미치도록 하는 행위

5. 특정 개인·법인·단체에 재화 또는 용역을 정상적인 관행에서 벗어나 매각·교환·사용·수익·점유·제공 등을 하도록 하는 행위
6. 각급 학교의 입학·성적·수행평가 등의 업무에 관하여 개입하거나 영향을 미치도록 하는 행위
7. 각종 수상, 포상, 우수기관 또는 우수자 선정, 장학생 선발 등에 관하여 개입하거나 영향을 미치도록 하는 행위
8. 감사·조사 대상에서 특정 개인·법인·단체가 선정·배제되도록 하거나 감사·조사 결과를 조작하거나 또는 그 위반사항을 묵인하도록 하는 행위
9. 그 밖에 경찰청장이 공직자가 아닌 자의 공정한 업무 수행을 저해하는 알선·청탁 등에 해당한다고 판단하여 정하는 행위

제12조(직무 관련 정보를 이용한 거래 등의 제한) 공무원은 <u>직무수행 중 알게 된 정보를 이용하여</u> 유가증권, 부동산 등과 관련된 재산상 거래 또는 투자를 하거나 타인에게 그러한 정보를 제공하여 재산상 거래 또는 투자를 돕는 <u>행위를 해서는 아니 된다</u>.

제12조의2(**가상자산 관련 정보를 이용한 거래 등의 제한**) ① 공무원은 다음 각 호의 어느 하나에 해당하는 행위를 해서는 아니된다.
1. 직무수행 중 알게 된 가상자산과 관련된 정보(이하 "가상자산 정보"라 한다)를 이용한 재산상 거래 또는 투자 행위
2. 가상자산 정보를 타인에게 제공하여 재산상 거래나 투자를 돕는 행위

② 제1항제1호의 직무란 다음 각 호의 어느 하나에 해당하는 것을 말한다.
1. 가상자산에 관한 정책 또는 법령의 입안·집행 등에 관련되는 직무
2. 가상자산과 관련된 수사·조사·검사 등에 관련되는 직무
3. 가상자산 거래소의 신고·관리 등과 관련되는 직무
4. 가상자산 관련 기술 개발 지원 및 관리 등에 관련되는 직무

③ 제2항 각 호의 직무를 수행하는 부서와 직위는 경찰청장이 정한다.
④ 제3항의 부서와 직위에서 직무를 수행하는 공무원은 가상자산을 <u>신규 취득하여서는 아니되며, 보유한 경우에는</u> 별지 제10호의2서식에 따라 소속기관의 장에게 신고해야 한다.
⑤ 제4항의 신고를 받은 소속기관의 장은 해당 공무원의 공정한 직무수행을 저해할 수 있다고 판단되는 경우에는 직무 배제 등 필요한 조치를 해야 한다.

제13조의2(사적 노무 요구 금지) 공무원은 자신의 직무권한을 행사하거나 지위·직책 등에서 유래되는 <u>사실상 영향력을 행사하여</u> 직무관련자 또는 직무관련공무원으로부터 사적 노무를 제공받거나 요구 또는 약속해서는 아니 된다. <u>다만</u>, 다른 법령 또는 사회상규에 따라 허용되는 경우에는 그러하지 아니하다.

제13조의3(직무권한 등을 행사한 부당 행위의 금지) 공무원은 자신의 직무권한을 행사하거나 지위·직책 등에서 유래되는 사실상 영향력을 행사하여 다음 각 호의 어느 하나에 해당하는 부당한 행위를 해서는 안 된다.
1. 인가·허가 등을 담당하는 공무원이 그 신청인에게 불이익을 주거나 제3자에게 이익 또는 불이익을 주기 위하여 부당하게 그 신청의 접수를 지연하거나 거부하는 행위
2. 직무관련공무원에게 직무와 관련이 없거나 직무의 범위를 벗어나 부당한 지시·요구를 하는 행위
3. 공무원 자신이 소속된 기관이 체결하는 물품·용역·공사 등 계약에 관하여 직무관련자에게 자신이 소속된 기관의 의무 또는 부담의 이행을 부당하게 전가하거나 자신이 소속된 기관이 집행해야 할 업무를 부당하게 지연하는 행위

4. 공무원 자신이 소속된 기관의 소속 기관 또는 산하기관에 자신이 소속된 기관의 업무를 부당하게 전가하거나 그 업무에 관한 비용·인력을 부담하도록 부당하게 전가하는 행위
5. 그 밖에 직무관련자, 직무관련공무원, 공무원 자신이 소속된 기관의 소속 기관 또는 산하기관의 권리·권한을 부당하게 제한하거나 의무가 없는 일을 부당하게 요구하는 행위

제14조(금품등을 받는 행위의 제한) ① 공무원은 직무 관련 여부 및 기부·후원·증여 등 그 명목에 관계없이 동일인으로부터 1회에 100만원 또는 매 회계연도에 300만원을 초과하는 금품등을 받거나 요구 또는 약속해서는 아니 된다.

② 공무원은 직무와 관련하여 대가성 여부를 불문하고 제1항에서 정한 금액 이하의 금품등을 받거나 요구 또는 약속해서는 아니 된다.

③ 제15조의 외부강의등에 관한 사례금 또는 다음 각 호의 어느 하나에 해당하는 금품등은 제1항 또는 제2항에서 수수(收受)를 금지하는 금품등에 해당하지 아니한다.

1. 소속 기관의 장등이 소속 공무원이나 파견 공무원에게 지급하거나 상급자가 위로·격려·포상 등의 목적으로 하급자에게 제공하는 금품등
2. 원활한 직무수행 또는 사교·의례 또는 부조의 목적으로 제공되는 음식물·경조사비·선물 등으로서 별표 1의 가액 범위 내의 금품등

> 1. 음식물(제공자와 공무원이 함께 하는 식사, 다과, 주류, 음료, 그 밖에 이에 준하는 것을 말한다): 5만원
> 2. 경조사비: 축의금·조의금은 5만원. 다만, 축의금·조의금을 대신하는 화환·조화는 10만원으로 한다.
> 3. 선물: 금전, 유가증권, 제1호의 음식물 및 제2호의 경조사비를 제외한 일체의 물품, 그 밖에 이에 준하는 것은 5만원. 다만, 「농수산물 품질관리법」 제2조제1항제1호에 따른 농수산물(이하 "농수산물"이라 한다) 및 같은 항 제13호에 따른 농수산가공품(농수산물을 원료 또는 재료의 50퍼센트를 넘게 사용하여 가공한 제품만 해당하며, 이하 "농수산가공품"이라 한다)은 15만원(「부정청탁 및 금품등 수수의 금지에 관한 법률 시행령」 제17조제2항에 따른 기간(설날, 추석) 중에는 30만원)으로 한다.

3. 사적 거래(증여는 제외한다)로 인한 채무의 이행 등 정당한 권원(權原)에 의하여 제공되는 금품등
4. 공무원의 친족(「민법」 제777조에 따른 친족을 말한다)이 제공하는 금품등
5. 공무원과 관련된 직원상조회·동호인회·동창회·향우회·친목회·종교단체·사회단체 등이 정하는 기준에 따라 구성원에게 제공하는 금품등 및 그 소속 구성원 등 공무원과 특별히 장기적·지속적인 친분관계를 맺고 있는 자가 질병·재난 등으로 어려운 처지에 있는 공무원에게 제공하는 금품등
6. 공무원의 직무와 관련된 공식적인 행사에서 주최자가 참석자에게 통상적인 범위에서 일률적으로 제공하는 교통, 숙박, 음식물 등의 금품등
7. 불특정 다수인에게 배포하기 위한 기념품 또는 홍보용품 등이나 경연·추첨을 통하여 받는 보상 또는 상품 등
8. 그 밖에 사회상규(社會常規)에 따라 허용되는 금품등

④ 공무원은 제3항제5호에도 불구하고 같은 호에 따라 특별히 장기적·지속적인 친분관계를 맺고 있는 자가 직무관련자 또는 직무관련공무원으로서 금품등을 제공한 경우에는 그 수수 사실을 별지 제10호서식에

따라 소속 기관의 장에게 신고하여야 한다.

⑤ 공무원은 자신의 배우자나 직계 존속·비속이 자신의 직무와 관련하여 제1항 또는 제2항에 따라 공무원이 받는 것이 금지되는 금품등(이하 "수수 금지 금품등"이라 한다)을 받거나 요구하거나 제공받기로 약속하지 아니하도록 하여야 한다.

⑥ 공무원은 다른 공무원에게 또는 그 공무원의 배우자나 직계 존속·비속에게 수수 금지 금품등을 제공하거나 그 제공의 약속 또는 의사표시를 해서는 아니 된다.

제14조의2(감독기관의 부당한 요구 금지) ① 감독·감사·조사·평가를 하는 기관(이하 이 조에서 "감독기관"이라 한다)에 소속된 공무원은 자신이 소속된 기관의 출장·행사·연수 등과 관련하여 감독·감사·조사·평가를 받는 기관(이하 이 조에서 "피감기관"이라 한다)에 다음 각 호의 어느 하나에 해당하는 부당한 요구를 해서는 안 된다.

    1. 법령에 근거가 없거나 예산의 목적·용도에 부합하지 않는 금품등의 제공 요구
    2. 감독기관 소속 공무원에 대하여 정상적인 관행을 벗어난 예우·의전의 요구

② 제1항에 따른 부당한 요구를 받은 피감기관 소속 공직자는 그 이행을 거부해야 하며, 거부했음에도 불구하고 감독기관 소속 공무원으로부터 같은 요구를 다시 받은 때에는 그 사실을 별지 제11호의 서식에 따라 피감기관의 행동강령책임관(피감기관이 「공직자윤리법」 제3조의2제1항에 따른 공직유관단체인 경우에는 행동강령에 관한 업무를 담당하는 직원을 말한다. 이하 이 조에서 같다)에게 알려야 한다. 이 경우 행동강령책임관은 그 요구가 제1항 각 호의 어느 하나에 해당하는 경우에는 지체 없이 피감기관의 장에게 보고해야 한다.

③ 제2항 후단에 따른 보고를 받은 피감기관의 장은 제1항 각 호의 어느 하나에 해당하는 경우에는 그 사실을 해당 감독기관의 장에게 알려야 하며, 그 사실을 통지받은 감독기관의 장은 해당 요구를 한 소속 공무원에 대하여 징계 등 필요한 조치를 해야 한다.

제4장 건전한 공직풍토의 조성

제15조(외부강의등의 사례금 수수 제한) ① 공무원은 자신의 직무와 관련되거나 그 지위·직책 등에서 유래되는 사실상의 영향력을 통하여 요청받은 교육·홍보·토론회·세미나·공청회 또는 그 밖의 회의 등에서 한 강의·강연·기고 등(이하 "외부강의등"이라 한다)의 대가로서 별표 2에서 정하는 금액을 초과하는 사례금을 받아서는 아니 된다.

> 1. 사례금 상한액
>   가. 직급 구분없이 40만원
>   나. 가목에도 불구하고 국제기구, 외국정부, 외국대학, 외국연구기관, 외국 학술단체, 그 밖에 이에 준하는 외국기관에서 지급하는 외부강의 등의 사례금 상한액은 사례금을 지급하는 자의 지급기준에 따른다.
> 2. 적용기준
>   가. 제1호의 상한액은 강의 등의 경우 1시간당, 기고의 경우 1건당 상한액으로 한다.
>   나. 1시간을 초과하여 강의 등을 하는 경우에도 사례금 총액은 강의시간에 관계없이 1시간 상한액의 100분의 150에 해당하는 금액을 초과하지 못한다.
>   다. 상한액에는 강의료, 원고료, 출연료 등 명목에 관계없이 외부강의등 사례금 제공자가 외부강의등과 관련하여 공무원에게 제공하는 일체의 사례금을 포함한다.

> 라. 다목에도 불구하고 공무원이 소속 기관에서 교통비, 숙박비, 식비 등 여비를 지급받지 못한 경우에는 「공무원 여비 규정」의 기준 내에서 실비수준으로 제공되는 교통비, 숙박비 및 식비는 제1호의 사례금에 포함되지 않는다.

② 공무원은 사례금을 받는 외부강의등을 할 때에는 외부강의등의 요청 명세 등을 별지 제12호서식의 외부강의등 신고서에 따라 소속 기관의 장에게 그 외부강의등을 마친 날부터 10일 이내에 신고하여야 한다. 다만, 외부강의등을 요청한 자가 국가나 지방자치단체인 경우에는 그러하지 아니하다.

③ 공무원은 제2항에 따른 신고를 할 때 신고사항 중 상세 명세 또는 사례금 총액 등을 제2항의 기간 내에 알 수 없는 경우에는 해당 사항을 제외한 사항을 신고한 후 해당 사항을 안 날부터 5일 이내에 보완하여야 한다.

④ 공무원이 대가를 받고 수행하는 외부강의등은 월 3회를 초과할 수 없다. 국가나 지방자치단체에서 요청하거나 겸직 허가를 받고 수행하는 외부강의등은 그 횟수에 포함하지 아니한다.

⑤ 공무원은 제4항에도 불구하고 월 3회를 초과하여 대가를 받고 외부강의등을 하려는 경우에는 미리 소속 기관의 장의 승인을 받아야 한다.

제15조의2(초과사례금의 신고등) ① 공무원은 제15조제1항에 따른 금액을 초과하는 사례금(이하 "초과사례금"이라 한다)을 받은 경우에는 그 사실을 안 날로부터 2일 이내에 별지 제13호서식으로 소속기관의 장에게 신고하여야 하며, 제공자에게 그 초과금액을 지체 없이 반환하여야 한다.

② 제1항에 따른 신고를 받은 소속 기관의 장은 초과사례금을 반환하지 아니한 공무원에 대하여 신고사항을 확인한 후 7일 이내에 반환하여야 할 초과사례금의 액수를 산정하여 해당 공무원에게 통지하여야 한다.

③ 제2항에 따라 통지를 받은 공무원은 지체 없이 초과사례금(신고자가 초과사례금의 일부를 반환한 경우에는 그 차액으로 한정한다)을 제공자에게 반환하고 그 사실을 소속 기관의 장에게 알려야 한다.

④ 공무원은 제1항 또는 제3항에 따라 초과 사례금을 반환한 경우에는 증명자료를 첨부하여 그 반환 비용을 소속 기관의 장에게 청구할 수 있다.

제16조의2(직무관련자에게 협찬 요구 금지) 공무원은 직무관련자에게 직위를 이용하여 행사 진행에 필요한 직·간접적 경비, 장소, 인력, 또는 물품 등의 협찬을 요구하여서는 아니 된다.

제16조의3(직무관련자와 골프 및 사적여행 제한) ① 공무원은 직무관련자와는 비용 부담 여부와 관계없이 골프를 같이 하여서는 아니 된다. 다만, 다음 각 호와 같은 부득이한 사정에 따라 골프를 같이 하는 경우에는 소속관서 행동강령 책임관에게 사전에 신고하여야 하며 사전에 신고하기 어려운 특별한 사유가 있는 경우에는 사후에 즉시 신고하여야 한다.
　1. 정책의 수립·시행을 위한 의견교환 또는 업무협의 등 공적인 목적을 위하여 필요한 경우
　2. 직무관련자인 친족과 골프를 하는 경우
　3. 동창회 등 친목단체에 직무관련자가 있어 부득이 골프를 하는 경우
　4. 그 밖에 위 각 호와 유사한 사유로 부득이하다고 인정되는 경우

② 공무원은 직무관련자와 함께 사적인 여행을 하여서는 아니 된다. 다만, 제1항 각 호의 사유가 있어 같은 항 단서에 따른 신고를 한 경우에는 그러하지 아니 하다.

제16조의4(직무관련자와 사행성 오락 금지) 공무원은 직무관련자와 마작, 화투, 카드 등 우연의 결과나 불확실한 승패에 의하여 금품 등 경제적 이익을 취할 목적으로 하는 사행성 오락을 같이 하여서는 아니 된다.

제17조(경조사의 통지 제한) 공무원은 직무관련자나 직무관련공무원에게 경조사를 알려서는 아니 된다. 다만, 다음 각 호의 어느 하나에 해당하는 경우에는 경조사를 알릴 수 있다.
1. 친족(「민법」 제767조에 따른 친족을 말한다)에게 알리는 경우
2. 현재 근무하고 있거나 과거에 근무하였던 기관의 소속 직원에게 알리는 경우
3. 신문, 방송 또는 제2호에 따른 직원에게만 열람이 허용되는 내부통신망 등을 통하여 알리는 경우
4. 공무원 자신이 소속된 종교단체·친목단체 등의 회원에게 알리는 경우

제5장 위반 시의 조치

제18조(위반 여부에 대한 상담)

제19조(위반행위의 신고 및 확인) ① 누구든지 공무원이 이 규칙을 위반한 사실을 알게 되었을 때에는 그 공무원이 소속된 기관의 장, 그 기관의 행동강령책임관 또는 국민권익위원회에 신고할 수 있다.
② 제1항에 따라 신고하는 자는 별지 제16호 서식의 위반행위신고서에 본인과 위반자의 인적 사항과 위반 내용을 구체적으로 제시해야 한다.
③ 제1항에 따라 위반행위를 신고받은 소속 기관의 장과 행동강령책임관은 신고인과 신고내용에 대하여 비밀을 보장하여야 하며, 신고인이 신고에 따른 불이익을 받지 아니하도록 하여야 한다.
④ 행동강령책임관은 제1항에 따라 신고된 위반행위를 확인한 후 해당 공무원으로부터 받은 소명자료를 첨부하여 소속 기관의 장에게 보고하여야 한다.

제20조(징계 등)

제21조(수수 금지 금품등의 신고 및 처리) ① 공무원은 다음 각 호의 어느 하나에 해당하는 경우에는 소속 기관의 장에게 지체 없이 별지 제17호서식에 따라 서면 신고하여야 한다.
1. 공무원 자신이 수수 금지 금품등을 받거나 그 제공의 약속 또는 의사표시를 받은 경우
2. 공무원이 자신의 배우자나 직계 존속·비속이 수수 금지 금품등을 받거나 그 제공의 약속 또는 의사표시를 받은 사실을 알게 된 경우

② 공무원은 제1항 각 호의 어느 하나에 해당하는 경우에는 금품등을 제공한 자(이하 이 조에서 "제공자"라 한다) 또는 제공의 약속이나 의사표시를 한 자에게 그 제공받은 금품등을 지체 없이 반환하거나 반환하도록 하거나 그 거부의 의사를 밝히거나 밝히도록 하여야 한다.
③ 공무원은 제2항에 따라 금품등을 반환한 경우에는 별지 제18호서식에 따라 그 반환 비용을 소속 기관의 장에게 청구할 수 있다.
④ 공무원은 제2항에 따라 반환하거나 반환하도록 하여야 하는 금품등이 다음 각 호의 어느 하나에 해당하는 경우에는 소속 기관의 장에게 인도하거나 인도하도록 하여야 한다.
1. 멸실·부패·변질 등의 우려가 있는 경우
2. 제공자나 제공자의 주소를 알 수 없는 경우
3. 그 밖에 제공자에게 반환하기 어려운 사정이 있는 경우

⑤ 소속 기관의 장은 제4항에 따라 금품등을 인도받은 경우에는 즉시 사진으로 촬영하거나 영상으로 녹화하고 별지 19호서식으로 관리하여야 하며, 다른 법령에 특별한 규정이 있는 경우를 제외하고는 다음 각 호에 따라 처리한다.
1. 수수 금지 금품등이 아닌 것으로 확인된 경우: 금품등을 인도한 자에게 반환
2. 수수 금지 금품등에 해당하는 것으로 확인된 경우로서 추가적인 조사·감사·수사 또는 징계 등 후속조치를 위하여 필요한 경우: 관계 기관에 증거자료로 제출하거나 후속조치가 완료될 때까지 보관

3. 제1호 및 제2호에도 불구하고 멸실·부패·변질 등으로 인하여 반환·제출·보관이 어렵다고 판단되는 경우: 별지 제20호서식에 따라 금품등을 인도한 자의 동의를 받아 폐기처분
4. 그 밖의 경우: 세입조치 또는 사회복지시설·공익단체 등에 기증하거나 경찰청장이 정하는 기준에 따라 처리

⑥ 소속 기관의 장은 제3항에 따라 처리한 금품등에 대하여 별지 제21호서식으로 관리하여야 하며, 제3항에 따른 처리 결과를 금품등을 인도한 자에게 통보하여야 한다.
⑦ 소속 기관의 장은 금지된 금품등의 신고자에 대하여 인사우대·포상 등의 방안을 마련하여 시행할 수 있다.

제6장 보칙

제22조(교육) ① 경찰청장(소속기관장, 시·도경찰청장, 경찰서장 등을 포함한다)은 소속 공무원에 대하여 이 규칙의 준수를 위한 교육계획을 수립·시행하여야 하며, 매년 1회 이상 교육을 하여야 한다.
② 경무인사기획관은 신임 및 경사, 경위, 경감, 경정 기본교육과정에 이 규칙의 교육을 포함시켜 시행하여야 한다.

제23조(행동강령책임관의 지정) ① 경찰청, 소속기관, 시·도경찰청, 경찰서에 이 규칙의 시행을 담당하는 행동강령책임관을 둔다.
② 경찰청에 감사관, 시·도경찰청에 청문감사인권담당관, 경찰서에 청문감사인권관을 행동강령책임관으로 한다.(소속기관 및 청문감사관제 미운영 관서는 감사 업무를 담당하는 부서장으로 한다)
③ 행동강령책임관은 소속기관의 공무원에 대한 이 규칙의 교육·상담, 준수여부에 대한 점검 및 위반행위의 신고접수·조사처리에 관한 업무를 담당한다.
④ 행동강령책임관은 이 규칙과 관련하여 상담한 내용에 대하여 비밀을 누설해서는 아니된다.
⑤ 행동강령책임관은 상담내용을 별지 제15호서식의 행동강령책임관 상담기록관리부에 기록·관리하여야 한다.

법규

부정청탁 및 금품등 수수의 금지에 관한 법률 [시행 2022.6.8.]

제1장 총칙

제1조(목적) 이 법은 공직자 등에 대한 부정청탁 및 공직자 등의 금품 등의 수수(收受)를 금지함으로써 공직자 등의 공정한 직무수행을 보장하고 공공기관에 대한 국민의 신뢰를 확보하는 것을 목적으로 한다.

제2조(정의) 이 법에서 사용하는 용어의 뜻은 다음과 같다.

> 1. "공공기관"이란 다음 각 목의 어느 하나에 해당하는 기관·단체를 말한다.
>   가. 국회, 법원, 헌법재판소, 선거관리위원회, 감사원, 국가인권위원회, 고위공직자범죄수사처, 중앙행정기관(대통령 소속 기관과 국무총리 소속 기관을 포함한다)과 그 소속 기관 및 지방자치단체
>   나. 「공직자윤리법」 제3조의2에 따른 공직유관단체
>   다. 「공공기관의 운영에 관한 법률」 제4조에 따른 기관
>   라. 「초·중등교육법」, 「고등교육법」, 「유아교육법」 및 그 밖의 다른 법령에 따라 설치된 각급 학교 및 「사립학교법」에 따른 학교법인
>   마. 「언론중재 및 피해구제 등에 관한 법률」 제2조제12호에 따른 언론사
> 2. "공직자등"이란 다음 각 목의 어느 하나에 해당하는 공직자 또는 공적 업무 종사자를 말한다.
>   가. 「국가공무원법」 또는 「지방공무원법」에 따른 공무원과 그 밖에 다른 법률에 따라 그 자격·임용·교육훈련·복무·보수·신분보장 등에 있어서 공무원으로 인정된 사람
>   나. 제1호나목 및 다목에 따른 공직유관단체 및 기관의 장과 그 임직원
>   다. 제1호라목에 따른 각급 학교의 장과 교직원 및 학교법인의 임직원
>   라. 제1호마목에 따른 언론사의 대표자와 그 임직원
> 3. "금품등"이란 다음 각 목의 어느 하나에 해당하는 것을 말한다.
>   가. 금전, 유가증권, 부동산, 물품, 숙박권, 회원권, 입장권, 할인권, 초대권, 관람권, 부동산 등의 사용권 등 일체의 재산적 이익
>   나. 음식물·주류·골프 등의 접대·향응 또는 교통·숙박 등의 편의 제공
>   다. 채무 면제, 취업 제공, 이권(利權) 부여 등 그 밖의 유형·무형의 경제적 이익
> 4. "소속기관장"이란 공직자등이 소속된 공공기관의 장을 말한다.

제3조(국가 등의 책무)

① 국가는 공직자가 공정하고 청렴하게 직무를 수행할 수 있는 근무 여건을 조성하기 위하여 노력하여야 한다.

② 공공기관은 공직자등의 공정하고 청렴한 직무수행을 보장하기 위하여 부정청탁 및 금품등의 수수를 용인(容認)하지 아니하는 공직문화 형성에 노력하여야 한다.

③ 공공기관은 공직자등이 위반행위 신고 등 이 법에 따른 조치를 함으로써 불이익을 당하지 아니하도록 적절한 보호조치를 하여야 한다.

제4조(공직자등의 의무)
① 공직자등은 사적 이해관계에 영향을 받지 아니하고 직무를 공정하고 청렴하게 수행하여야 한다.
② 공직자등은 직무수행과 관련하여 공평무사하게 처신하고 직무관련자를 우대하거나 차별해서는 아니 된다.

제2장 부정청탁의 금지 등

제5조(부정청탁의 금지)
① 누구든지 직접 또는 제3자를 통하여 직무를 수행하는 공직자등에게 다음 각 호의 어느 하나에 해당하는 부정청탁을 해서는 아니 된다.

> 1. 인가·허가·면허·특허·승인·검사·검정·시험·인증·확인 등 법령(조례·규칙을 포함한다. 이하 같다)에서 일정한 요건을 정하여 놓고 직무관련자로부터 신청을 받아 처리하는 직무에 대하여 법령을 위반하여 처리하도록 하는 행위
> 2. 인가 또는 허가의 취소, 조세, 부담금, 과태료, 과징금, 이행강제금, 범칙금, 징계 등 각종 행정처분 또는 형벌부과에 관하여 법령을 위반하여 감경·면제하도록 하는 행위
> 3. 모집·선발·채용·승진·전보 등 공직자등의 인사에 관하여 법령을 위반하여 개입하거나 영향을 미치도록 하는 행위
> 4. 법령을 위반하여 각종 심의·의결·조정 위원회의 위원, 공공기관이 주관하는 시험·선발 위원 등 공공기관의 의사결정에 관여하는 직위에 선정 또는 탈락되도록 하는 행위
> 5. 공공기관이 주관하는 각종 수상, 포상, 우수기관 선정 또는 우수자·장학생 선발에 관하여 법령을 위반하여 특정 개인·단체·법인이 선정 또는 탈락되도록 하는 행위
> 6. 입찰·경매·개발·시험·특허·군사·과세 등에 관한 직무상 비밀을 법령을 위반하여 누설하도록 하는 행위
> 7. 계약 관련 법령을 위반하여 특정 개인·단체·법인이 계약의 당사자로 선정 또는 탈락되도록 하는 행위
> 8. 보조금·장려금·출연금·출자금·교부금·기금 등의 업무에 관하여 법령을 위반하여 특정 개인·단체·법인에 배정·지원하거나 투자·예치·대여·출연·출자하도록 개입하거나 영향을 미치도록 하는 행위
> 9. 공공기관이 생산·공급·관리하는 재화 및 용역을 특정 개인·단체·법인에게 법령에서 정하는 가격 또는 정상적인 거래관행에서 벗어나 매각·교환·사용·수익·점유하도록 하는 행위
> 10. 각급 학교의 입학·성적·수행평가·논문심사·학위수여 등의 업무에 관하여 법령을 위반하여 처리·조작하도록 하는 행위
> 11. 병역판정검사, 부대 배속, 보직 부여 등 병역 관련 업무에 관하여 법령을 위반하여 처리하도록 하는 행위
> 12. 공공기관이 실시하는 각종 평가·판정·인정 업무에 관하여 법령을 위반하여 평가, 판정 또는 인정하게 하거나 결과를 조작하도록 하는 행위
> 13. 법령을 위반하여 행정지도·단속·감사·조사 대상에서 특정 개인·단체·법인이 선정·배제되도록 하거나 행정지도·단속·감사·조사의 결과를 조작하거나 또는 그 위법사항을 묵인하게 하는 행위

14. 사건의 수사·재판·심판·결정·조정·중재·화해, 형의 집행, 수용자의 지도·처우·계호 또는 이에 준하는 업무를 법령을 위반하여 처리하도록 하는 행위
15. 제1호부터 제14호까지의 부정청탁의 대상이 되는 업무에 관하여 공직자등이 법령에 따라 부여받은 지위·권한을 벗어나 행사하거나 권한에 속하지 아니한 사항을 행사하도록 하는 행위

② 제1항에도 불구하고 다음 각 호의 어느 하나에 해당하는 경우에는 이 법을 적용하지 아니한다.

1. 「청원법」, 「민원사무 처리에 관한 법률」, 「행정절차법」, 「국회법」 및 그 밖의 다른 법령·기준(제2조 제1호나목부터 마목까지의 공공기관의 규정·사규·기준을 포함한다. 이하 같다)에서 정하는 절차·방법에 따라 권리침해의 구제·해결을 요구하거나 그와 관련된 법령·기준의 제정·개정·폐지를 제안·건의하는 등 특정한 행위를 요구하는 행위
2. 공개적으로 공직자등에게 특정한 행위를 요구하는 행위
3. 선출직 공직자, 정당, 시민단체 등이 공익적인 목적으로 제3자의 고충민원을 전달하거나 법령·기준의 제정·개정·폐지 또는 정책·사업·제도 및 그 운영 등의 개선에 관하여 제안·건의하는 행위
4. 공공기관에 직무를 법정기한 안에 처리하여 줄 것을 신청·요구하거나 그 진행상황·조치결과 등에 대하여 확인·문의 등을 하는 행위
5. 직무 또는 법률관계에 관한 확인·증명 등을 신청·요구하는 행위
6. 질의 또는 상담형식을 통하여 직무에 관한 법령·제도·절차 등에 대하여 설명이나 해석을 요구하는 행위
7. 그 밖에 사회상규(社會常規)에 위배되지 아니하는 것으로 인정되는 행위

제6조(부정청탁에 따른 직무수행 금지) 부정청탁을 받은 공직자등은 그에 따라 직무를 수행해서는 아니 된다.

제7조(부정청탁의 신고 및 처리)
① 공직자등은 부정청탁을 받았을 때에는 부정청탁을 한 자에게 부정청탁임을 알리고 이를 거절하는 의사를 명확히 표시하여야 한다.
② 공직자등은 제1항에 따른 조치를 하였음에도 불구하고 동일한 부정청탁을 다시 받은 경우에는 이를 소속기관장에게 서면(전자문서를 포함한다. 이하 같다)으로 신고하여야 한다.
③ 제2항에 따른 신고를 받은 소속기관장은 신고의 경위·취지·내용·증거자료 등을 조사하여 신고 내용이 부정청탁에 해당하는지를 신속하게 확인하여야 한다.
④ 소속기관장은 부정청탁이 있었던 사실을 알게 된 경우 또는 제2항 및 제3항의 부정청탁에 관한 신고·확인 과정에서 해당 직무의 수행에 지장이 있다고 인정하는 경우에는 부정청탁을 받은 공직자등에 대하여 다음 각 호의 조치를 할 수 있다.

1. 직무 참여 일시중지
2. 직무 대리자의 지정
3. 전보
4. 그 밖에 국회규칙, 대법원규칙, 헌법재판소규칙, 중앙선거관리위원회규칙 또는 대통령령으로 정하는 조치

⑤ 소속기관장은 공직자등이 다음 각 호의 어느 하나에 해당하는 경우에는 제4항에도 불구하고 그 공직자

등에게 직무를 수행하게 할 수 있다. 이 경우 제20조에 따른 소속기관의 담당관 또는 다른 공직자등으로 하여금 그 공직자등의 공정한 직무수행 여부를 주기적으로 확인·점검하도록 하여야 한다.

> 1. 직무를 수행하는 공직자등을 대체하기 지극히 어려운 경우
> 2. 공직자등의 직무수행에 미치는 영향이 크지 아니한 경우
> 3. 국가의 안전보장 및 경제발전 등 공익증진을 이유로 직무수행의 필요성이 더 큰 경우

⑥ 공직자등은 제2항에 따른 신고를 감독기관·감사원·수사기관 또는 국민권익위원회에도 할 수 있다.
⑦ 소속기관장은 다른 법령에 위반되지 아니하는 범위에서 부정청탁의 내용 및 조치사항을 해당 공공기관의 인터넷 홈페이지 등에 공개할 수 있다.

제3장 금품등의 수수 금지 등

제8조(금품등의 수수 금지)
① 공직자등은 직무 관련 여부 및 기부·후원·증여 등 그 명목에 관계없이 동일인으로부터 1회에 100만원 또는 매 회계연도에 300만원을 초과하는 금품등을 받거나 요구 또는 약속해서는 아니 된다.
② 공직자등은 직무와 관련하여 대가성 여부를 불문하고 제1항에서 정한 금액 이하의 금품등을 받거나 요구 또는 약속해서는 아니 된다.
③ 제10조의 외부강의등에 관한 사례금 또는 다음 각 호의 어느 하나에 해당하는 금품등의 경우에는 제1항 또는 제2항에서 수수를 금지하는 금품등에 해당하지 아니한다.

> 1. 공공기관이 소속 공직자등이나 파견 공직자등에게 지급하거나 상급 공직자등이 위로·격려·포상 등의 목적으로 하급 공직자등에게 제공하는 금품등
> 2. 원활한 직무수행 또는 사교·의례 또는 부조의 목적으로 제공되는 음식물·경조사비·선물 등으로서 대통령령으로 정하는 가액 범위 안의 금품등. 다만, 선물 중 「농수산물 품질관리법」 제2조제1항제1호에 따른 농수산물 및 같은 항 제13호에 따른 농수산가공품(농수산물을 원료 또는 재료의 50퍼센트를 넘게 사용하여 가공한 제품만 해당한다)은 대통령령으로 정하는 설날·추석을 포함한 기간에 한정하여 그 가액 범위를 두배로 한다.

> **〈부정청탁 및 금품등 수수의 금지에 관한 법률 시행령〉**
>
> **음식물 · 경조사비 · 선물 등의 가액 범위**(제17조제1항 관련)
> 1. 음식물(제공자와 공직자등이 함께 하는 식사, 다과, 주류, 음료, 그 밖에 이에 준하는 것을 말한다): 5만원
> 2. 경조사비: 축의금·조의금은 5만원. 다만, 축의금·조의금을 대신하는 화환·조화는 10만원으로 한다.
> 3. 선물: 금전, 유가증권, 제1호의 음식물 및 제2호의 경조사비를 제외한 일체의 물품, 그 밖에 이에 준하는 것은 5만원. 다만, 「농수산물 품질관리법」 제2조제1항제1호에 따른 농수산물(이하 "농수산물"이라 한다) 및 같은 항 제13호에 따른 농수산가공품(농수산물을 원료 또는 재료의 50퍼센트를 넘게 사용하여 가공한 제품만 해당하며, 이하 "농수산가공품"이라 한다)은 15만원(제17조제2항에 따른 기간(설날, 추석) 중에는 30만원)으로 한다.

비고
가. 제1호, 제2호 본문·단서 및 제3호 본문·단서의 각각의 가액 범위는 각각에 해당하는 것을 모두 합산한 금액으로 한다.
나. 제2호 본문의 축의금·조의금과 같은 호 단서의 화환·조화를 함께 받은 경우에는 그 가액을 합산한다. 이 경우 가액 범위는 10만원으로 하되, 제2호 본문 또는 단서의 가액 범위를 각각 초과해서는 안된다.
다. 제3호 본문의 선물과 같은 호 단서의 농수산물·농수산가공품을 함께 받은 경우에는 그 가액을 합산한다. 이 경우 가액 범위는 15만원(제17조제2항에 따른 기간(설날, 추석) 중에는 30만원)으로 하되, 제3호 본문 또는 단서의 가액 범위를 각각 초과해서는 안된다.
라. 제1호의 음식물, 제2호의 경조사비 및 제3호의 선물 중 2가지 이상을 함께 받은 경우에는 그 가액을 합산한다. 이 경우 가액 범위는 함께 받은 음식물, 경조사비 및 선물의 가액 범위 중 가장 높은 금액으로 하되, 제1호부터 제3호까지의 규정에 따른 가액 범위를 각각 초과해서는 안 된다.

3. 사적 거래(증여는 제외한다)로 인한 채무의 이행 등 정당한 권원(權原)에 의하여 제공되는 금품등
4. 공직자등의 친족(「민법」 제777조에 따른 친족을 말한다)이 제공하는 금품등
   ● 공직자등이 8촌 이내의 혈족, 4촌 이내의 인척, 배우자로부터 제공받는 금품등은 수수를 금지하는 금품등에 해당하지 아니한다.
5. 공직자등과 관련된 직원상조회·동호인회·동창회·향우회·친목회·종교단체·사회단체 등이 정하는 기준에 따라 구성원에게 제공하는 금품등 및 그 소속 구성원 등 공직자등과 특별히 장기적·지속적인 친분관계를 맺고 있는 자가 질병·재난 등으로 어려운 처지에 있는 공직자등에게 제공하는 금품등
6. 공직자등의 직무와 관련된 공식적인 행사에서 주최자가 참석자에게 통상적인 범위에서 일률적으로 제공하는 교통, 숙박, 음식물 등의 금품등
7. 불특정 다수인에게 배포하기 위한 기념품 또는 홍보용품 등이나 경연·추첨을 통하여 받는 보상 또는 상품 등
8. 그 밖에 다른 법령·기준 또는 사회상규에 따라 허용되는 금품등

④ 공직자등의 배우자는 공직자등의 직무와 관련하여 제1항 또는 제2항에 따라 공직자등이 받는 것이 금지되는 금품등(이하 "수수 금지 금품등"이라 한다)을 받거나 요구하거나 제공받기로 약속해서는 아니 된다.
⑤ 누구든지 공직자등에게 또는 그 공직자등의 배우자에게 수수 금지 금품등을 제공하거나 그 제공의 약속 또는 의사표시를 해서는 아니 된다.

제9조(수수 금지 금품등의 신고 및 처리)
① 공직자등은 다음 각 호의 어느 하나에 해당하는 경우에는 소속기관장에게 지체 없이 서면으로 신고하여야 한다.

1. 공직자등 자신이 수수 금지 금품등을 받거나 그 제공의 약속 또는 의사표시를 받은 경우
2. 공직자등이 자신의 배우자가 수수 금지 금품등을 받거나 그 제공의 약속 또는 의사표시를 받은 사실을 안 경우

② 공직자등은 자신이 수수 금지 금품등을 받거나 그 제공의 약속이나 의사표시를 받은 경우 또는 자신의 배우자가 수수 금지 금품등을 받거나 그 제공의 약속이나 의사표시를 받은 사실을 알게 된 경우에는 이를 제공자에게 지체 없이 반환하거나 반환하도록 하거나 그 거부의 의사를 밝히거나 밝히도록 하여야 한다. 다만, 받은 금품등이 다음 각 호의 어느 하나에 해당하는 경우에는 소속기관장에게 인도하거나 인도하도록 하여야 한다.

> 1. 멸실·부패·변질 등의 우려가 있는 경우
> 2. 해당 금품등의 제공자를 알 수 없는 경우
> 3. 그 밖에 제공자에게 반환하기 어려운 사정이 있는 경우

③ 소속기관장은 제1항에 따라 신고를 받거나 제2항 단서에 따라 금품등을 인도받은 경우 수수 금지 금품등에 해당한다고 인정하는 때에는 반환 또는 인도하게 하거나 거부의 의사를 표시하도록 하여야 하며, 수사의 필요성이 있다고 인정하는 때에는 그 내용을 지체 없이 수사기관에 통보하여야 한다.

④ 소속기관장은 공직자등 또는 그 배우자가 수수 금지 금품등을 받거나 그 제공의 약속 또는 의사표시를 받은 사실을 알게 된 경우 수사의 필요성이 있다고 인정하는 때에는 그 내용을 지체 없이 수사기관에 통보하여야 한다.

⑤ 소속기관장은 소속 공직자등 또는 그 배우자가 수수 금지 금품등을 받거나 그 제공의 약속 또는 의사표시를 받은 사실을 알게 된 경우 또는 제1항부터 제4항까지의 규정에 따른 금품등의 신고, 금품등의 반환·인도 또는 수사기관에 대한 통보의 과정에서 직무의 수행에 지장이 있다고 인정하는 경우에는 해당 공직자등에게 제7조제4항 각 호 및 같은 조 제5항의 조치를 할 수 있다.

⑥ 공직자등은 제1항 또는 같은 조 제2항 단서에 따른 신고나 인도를 감독기관·감사원·수사기관 또는 국민권익위원회에도 할 수 있다.

⑦ 소속기관장은 공직자등으로부터 제1항제2호에 따른 신고를 받은 경우 그 공직자등의 배우자가 반환을 거부하는 금품등이 수수 금지 금품등에 해당한다고 인정하는 때에는 그 공직자등의 배우자로 하여금 그 금품등을 제공자에게 반환하도록 요구하여야 한다.

제10조(외부강의등의 사례금 수수 제한)
① 공직자등은 자신의 직무와 관련되거나 그 지위·직책 등에서 유래되는 사실상의 영향력을 통하여 요청받은 교육·홍보·토론회·세미나·공청회 또는 그 밖의 회의 등에서 한 강의·강연·기고 등(이하 "외부강의등"이라 한다)의 대가로서 <u>대통령령으로 정하는 금액을 초과하는 사례금</u>을 받아서는 아니 된다.

> **외부강의등 사례금 상한액**
>
> 1. 공직자등별 사례금 상한액
>   가. 법 제2조제2호가목 및 나목에 따른 공직자등(같은 호 다목에 따른 각급 학교의 장과 교직원 및 같은 호 라목에 따른 공직자등에도 해당하는 사람은 제외한다): <u>40만원</u>
>   나. 법 제2조제2호다목 및 라목에 따른 공직자등(각급 학교의 장과 교직원 및 학교법인의 임직원, 언론사의 대표자와 그 임직원): <u>100만원</u>
>   다. 가목 및 나목에도 불구하고 국제기구, 외국정부, 외국대학, 외국연구기관, 외국학술단체, 그 밖에 이에 준하는 외국기관에서 지급하는 외부강의등의 사례금 상한액은 사례금을 지급하는 자의 지급기준에 따른다.

> 2. 적용기준
>   가. 제1호가목 및 나목의 상한액은 강의 등의 경우 1시간당, 기고의 경우 1건당 상한액으로 한다.
>   나. 제1호가목에 따른 공직자등은 1시간을 초과하여 강의 등을 하는 경우에도 사례금 총액은 강의 시간에 관계없이 1시간 상한액의 100분의 150에 해당하는 금액을 초과하지 못한다.
>   다. 제1호가목 및 나목의 상한액에는 강의료, 원고료, 출연료 등 명목에 관계없이 외부강의등 사례금 제공자가 외부강의등과 관련하여 공직자등에게 제공하는 일체의 사례금을 포함한다.
>   라. 다목에도 불구하고 공직자등이 소속기관에서 교통비, 숙박비, 식비 등 여비를 지급받지 못한 경우에는 「공무원 여비 규정」 등 공공기관별로 적용되는 여비 규정의 기준 내에서 실비수준으로 제공되는 교통비, 숙박비 및 식비는 제1호의 사례금에 포함되지 않는다.

② 공직자등은 사례금을 받는 외부강의등을 할 때에는 대통령령으로 정하는 바에 따라 외부강의등의 요청 명세 등을 소속기관장에게 그 외부강의등을 마친 날부터 10일 이내에 서면으로 신고하여야 한다. 다만, 외부강의등을 요청한 자가 국가나 지방자치단체인 경우에는 그러하지 아니하다.

④ 소속기관장은 제2항에 따라 공직자등이 신고한 외부강의등이 공정한 직무수행을 저해할 수 있다고 판단하는 경우에는 그 공직자등의 외부강의등을 제한할 수 있다.

⑤ 공직자등은 제1항에 따른 금액을 초과하는 사례금을 받은 경우에는 대통령령으로 정하는 바에 따라 소속기관장에게 신고하고, 제공자에게 그 초과금액을 지체 없이 반환하여야 한다.

제11조(공무수행사인의 공무 수행과 관련된 행위제한 등)

제4장 부정청탁 등 방지에 관한 업무의 총괄 등

제12조(공직자등의 부정청탁 등 방지에 관한 업무의 총괄) 국민권익위원회는 이 법에 따른 다음 각 호의 사항에 관한 업무를 관장한다.
  1. 부정청탁의 금지 및 금품등의 수수 금지·제한 등에 관한 제도개선 및 교육·홍보계획의 수립 및 시행
  2. 부정청탁 등에 관한 유형, 판단기준 및 그 예방 조치 등에 관한 기준의 작성 및 보급
  3. 부정청탁 등에 대한 신고 등의 안내·상담·접수·처리 등
  4. 신고자 등에 대한 보호 및 보상
  5. 제1호부터 제4호까지의 업무 수행에 필요한 실태조사 및 자료의 수집·관리·분석 등

제13조(위반행위의 신고 등)

① 누구든지 이 법의 위반행위가 발생하였거나 발생하고 있다는 사실을 알게 된 경우에는 다음 각 호의 어느 하나에 해당하는 기관에 신고할 수 있다.

> 1. 이 법의 위반행위가 발생한 공공기관 또는 그 감독기관
> 2. 감사원 또는 수사기관
> 3. 국민권익위원회

② 제1항에 따른 신고를 한 자가 다음 각 호의 어느 하나에 해당하는 경우에는 이 법에 따른 보호 및 보상을 받지 못한다.

> 1. 신고의 내용이 거짓이라는 사실을 알았거나 알 수 있었음에도 신고한 경우
> 2. 신고와 관련하여 금품등이나 근무관계상의 특혜를 요구한 경우
> 3. 그 밖에 부정한 목적으로 신고한 경우

③ 제1항에 따라 신고를 하려는 자는 자신의 인적사항과 신고의 취지·이유·내용을 적고 서명한 문서와 함께 신고 대상 및 증거 등을 제출하여야 한다.

제13조의2(비실명 대리신고)

① 제13조제3항에도 불구하고 같은 조 제1항에 따라 신고를 하려는 자는 자신의 인적사항을 밝히지 아니하고 변호사를 선임하여 신고를 대리하게 할 수 있다. 이 경우 제13조제3항에 따른 신고자의 인적사항 및 신고자가 서명한 문서는 변호사의 인적사항 및 변호사가 서명한 문서로 갈음한다.

② 제1항에 따른 신고는 국민권익위원회에 하여야 하며, 신고자 또는 신고를 대리하는 변호사는 그 취지를 밝히고 신고자의 인적사항, 신고자임을 입증할 수 있는 자료 및 위임장을 국민권익위원회에 함께 제출하여야 한다.

③ 국민권익위원회는 제2항에 따라 제출된 자료를 봉인하여 보관하여야 하며, 신고자 본인의 동의 없이 이를 열람하여서는 아니 된다.

제14조(신고의 처리)

① 제13조제1항제1호 또는 제2호의 기관(이하 "조사기관"이라 한다)은 같은 조 제1항에 따라 신고를 받거나 제2항에 따라 국민권익위원회로부터 신고를 이첩받은 경우에는 그 내용에 관하여 필요한 조사·감사 또는 수사를 하여야 한다.

② 국민권익위원회가 제13조제1항에 따른 신고를 받은 경우에는 그 내용에 관하여 신고자를 상대로 사실관계를 확인한 후 대통령령으로 정하는 바에 따라 조사기관에 이첩하고, 그 사실을 신고자에게 통보하여야 한다.

③ 조사기관은 제1항에 따라 조사·감사 또는 수사를 마친 날부터 10일 이내에 그 결과를 신고자와 국민권익위원회에 통보(국민권익위원회로부터 이첩받은 경우만 해당한다)하고, 조사·감사 또는 수사 결과에 따라 공소 제기, 과태료 부과 대상 위반행위의 통보, 징계 처분 등 필요한 조치를 하여야 한다.

④ 국민권익위원회는 제3항에 따라 조사기관으로부터 조사·감사 또는 수사 결과를 통보받은 경우에는 지체 없이 신고자에게 조사·감사 또는 수사 결과를 알려야 한다.

⑤ 제3항 또는 제4항에 따라 조사·감사 또는 수사 결과를 통보받은 신고자는 조사기관에 이의신청을 할 수 있으며, 제4항에 따라 조사·감사 또는 수사 결과를 통지받은 신고자는 국민권익위원회에도 이의신청을 할 수 있다.

⑥ 국민권익위원회는 조사기관의 조사·감사 또는 수사 결과가 충분하지 아니하다고 인정되는 경우에는 조사·감사 또는 수사 결과를 통보받은 날부터 30일 이내에 새로운 증거자료의 제출 등 합리적인 이유를 들어 조사기관에 재조사를 요구할 수 있다.

⑦ 제6항에 따른 재조사를 요구받은 조사기관은 재조사를 종료한 날부터 7일 이내에 그 결과를 국민권익위원회에 통보하여야 한다. 이 경우 국민권익위원회는 통보를 받은 즉시 신고자에게 재조사 결과의 요지를 알려야 한다.

제15조(신고자등의 보호·보상)

① 누구든지 다음 각 호의 어느 하나에 해당하는 신고 등(이하 "신고등"이라 한다)을 하지 못하도록 방해하거나 신고등을 한 자(이하 "신고자등"이라 한다)에게 이를 취소하도록 강요해서는 아니 된다.

1. 제7조제2항 및 제6항에 따른 신고
2. 제9조제1항, 같은 조 제2항 단서 및 같은 조 제6항에 따른 신고 및 인도
3. 제13조제1항에 따른 신고
4. 제1호부터 제3호까지에 따른 신고를 한 자 외에 협조를 한 자가 신고에 관한 조사·감사·수사·소송 또는 보호조치에 관한 조사·소송 등에서 진술·증언 및 자료제공 등의 방법으로 조력하는 행위

② 누구든지 신고자등에게 신고등을 이유로 불이익조치(「공익신고자 보호법」 제2조제6호에 따른 불이익조치를 말한다. 이하 같다)를 해서는 아니 된다.
③ 이 법에 따른 위반행위를 한 자가 위반사실을 자진하여 신고하거나 신고자등이 신고등을 함으로 인하여 자신이 한 이 법 위반행위가 발견된 경우에는 그 위반행위에 대한 형사처벌, 과태료 부과, 징계처분, 그 밖의 행정처분 등을 감경하거나 면제할 수 있다.
④ 제1항부터 제3항까지에서 규정한 사항 외에 신고자등의 보호 등에 관하여는 「공익신고자 보호법」 제11조부터 제13조까지, 제14조제4항부터 제6항까지, 제16조부터 제20조까지, 제20조의2, 제21조 및 제22조부터 제25조까지의 규정을 준용한다. 이 경우 "공익신고자등"은 "신고자등"으로, "공익신고등"은 "신고등"으로, "공익신고자"는 "신고자"로, "공익침해행위"는 "이 법의 위반행위"로 본다.
⑤ 국민권익위원회는 제13조제1항에 따른 신고로 인하여 공공기관에 재산상 이익을 가져오거나 손실을 방지한 경우 또는 공익의 증진을 가져온 경우에는 그 신고자에게 포상금을 지급할 수 있다.
⑥ 국민권익위원회는 제13조제1항에 따른 신고로 인하여 공공기관에 직접적인 수입의 회복·증대 또는 비용의 절감을 가져온 경우에는 그 신고자의 신청에 의하여 보상금을 지급하여야 한다.
⑦ 국민권익위원회는 제13조제1항에 따라 신고를 한 자, 그 친족이나 동거인 또는 그 신고와 관련하여 진술·증언 및 자료제공 등의 방법으로 신고에 관한 감사·수사 또는 조사 등에 조력한 자가 신고 등과 관련하여 다음 각 호의 어느 하나에 해당하는 피해를 입었거나 비용을 지출한 경우에는 신청에 따라 구조금을 지급할 수 있다.

1. 육체적·정신적 치료 등에 소요된 비용
2. 전직·파견근무 등으로 소요된 이사비용
3. 제13조제1항에 따른 신고 등을 이유로 한 쟁송절차에 소요된 비용
4. 불이익조치 기간의 임금 손실액
5. 그 밖의 중대한 경제적 손해(인가·허가 등의 취소 등 행정적 불이익을 주는 행위 또는 물품·용역 계약의 해지 등 경제적 불이익을 주는 조치에 따른 손해는 제외한다)

제16조(위법한 직무처리에 대한 조치) 공공기관의 장은 공직자등이 직무수행 중에 또는 직무수행 후에 제5조, 제6조 및 제8조를 위반한 사실을 발견한 경우에는 해당 직무를 중지하거나 취소하는 등 필요한 조치를 하여야 한다.
제17조(부당이득의 환수) 공공기관의 장은 제5조, 제6조, 제8조를 위반하여 수행한 공직자등의 직무가 위법한 것으로 확정된 경우에는 그 직무의 상대방에게 이미 지출·교부된 금액 또는 물건이나 그 밖에 재산상 이익을 환수하여야 한다.
제18조(비밀누설 금지) 다음 각 호의 어느 하나에 해당하는 업무를 수행하거나 수행하였던 공직자등은 그 업무처리 과정에서 알게 된 비밀을 누설해서는 아니 된다. 다만, 제7조제7항에 따라 공개하는 경우에는 그러하지 아니하다.

1. 제7조에 따른 부정청탁의 신고 및 조치에 관한 업무
2. 제9조에 따른 수수 금지 금품등의 신고 및 처리에 관한 업무

제5장 징계 및 벌칙

제21조(징계)

공공기관의 장 등은 공직자등이 이 법 또는 이 법에 따른 명령을 위반한 경우에는 <u>징계처분을 하여야 한다</u>.

제22조(벌칙)

① 다음 각 호의 어느 하나에 해당하는 자는 <u>3년 이하의 징역 또는 3천만원 이하의 벌금</u>에 처한다.

1. 제8조제1항을 위반한 공직자등(제11조에 따라 준용되는 공무수행사인을 포함한다). 다만, 제9조제1항·제2항 또는 제6항에 따라 신고하거나 그 수수 금지 금품등을 반환 또는 인도하거나 거부의 의사를 표시한 공직자등은 제외한다.
2. 자신의 배우자가 제8조제4항을 위반하여 같은 조 제1항에 따른 수수 금지 금품등을 받거나 요구하거나 제공받기로 약속한 사실을 알고도 제9조제1항제2호 또는 같은 조 제6항에 따라 신고하지 아니한 공직자등(제11조에 따라 준용되는 공무수행사인을 포함한다). 다만, 공직자등 또는 배우자가 제9조제2항에 따라 수수 금지 금품등을 반환 또는 인도하거나 거부의 의사를 표시한 경우는 제외한다.
3. 제8조제5항을 위반하여 같은 조 제1항에 따른 수수 금지 금품등을 공직자등(제11조에 따라 준용되는 공무수행사인을 포함한다) 또는 그 배우자에게 제공하거나 그 제공의 약속 또는 의사표시를 한 자
4. 제15조제4항에 따라 준용되는 「공익신고자 보호법」 제12조제1항을 위반하여 신고자등의 인적사항이나 신고자등임을 미루어 알 수 있는 사실을 다른 사람에게 알려주거나 공개 또는 보도한 자
5. 제18조를 위반하여 그 업무처리 과정에서 알게 된 비밀을 누설한 공직자등

② 다음 각 호의 어느 하나에 해당하는 자는 <u>2년 이하의 징역 또는 2천만원 이하의 벌금</u>에 처한다.

1. 제6조를 위반하여 부정청탁을 받고 그에 따라 직무를 수행한 공직자등(제11조에 따라 준용되는 공무수행사인을 포함한다)
2. 제15조제2항을 위반하여 신고자등에게 「공익신고자 보호법」 제2조제6호가목에 해당하는 불이익조치를 한 자
3. 제15조제4항에 따라 준용되는 「공익신고자 보호법」 제21조제2항에 따라 확정되거나 행정소송을 제기하여 확정된 보호조치결정을 이행하지 아니한 자

③ 다음 각 호의 어느 하나에 해당하는 자는 <u>1년 이하의 징역 또는 1천만원 이하의 벌금</u>에 처한다.

1. 제15조제1항을 위반하여 신고등을 방해하거나 신고등을 취소하도록 강요한 자
2. 제15조제2항을 위반하여 신고자등에게 「공익신고자 보호법」 제2조제6호나목부터 사목까지의 어느 하나에 해당하는 불이익조치를 한 자

④ 제1항제1호부터 제3호까지의 규정에 따른 금품등은 몰수한다. 다만, 그 금품등의 전부 또는 일부를 몰수하는 것이 불가능한 경우에는 그 가액을 추징한다.

법규

공직자의 이해충돌 방지법 [시행 2022. 5. 19.]

제1장 총칙

제1조(목적) 이 법은 공직자의 직무수행과 관련한 사적 이익추구를 금지함으로써 공직자의 직무수행 중 발생할 수 있는 이해충돌을 방지하여 공정한 직무수행을 보장하고 공공기관에 대한 국민의 신뢰를 확보하는 것을 목적으로 한다.

제2조(정의) 이 법에서 사용하는 용어의 뜻은 다음과 같다.
1. "공공기관"이란 다음 각 목의 어느 하나에 해당하는 기관·단체를 말한다.
   가. 국회, 법원, 헌법재판소, 선거관리위원회, 감사원, 고위공직자범죄수사처, 국가인권위원회, 중앙행정기관(대통령 소속 기관과 국무총리 소속 기관을 포함한다)과 그 소속 기관
   나. 「지방자치법」에 따른 지방자치단체의 집행기관 및 지방의회
   다. 「지방교육자치에 관한 법률」에 따른 교육행정기관
   라. 「공직자윤리법」 제3조의2에 따른 공직유관단체
   마. 「공공기관의 운영에 관한 법률」 제4조에 따른 공공기관
   바. 「초·중등교육법」, 「고등교육법」 또는 그 밖의 다른 법령에 따라 설치된 각급 국립·공립 학교
2. "공직자"란 다음 각 목의 어느 하나에 해당하는 사람을 말한다.
   가. 「국가공무원법」 또는 「지방공무원법」에 따른 공무원과 그 밖에 다른 법률에 따라 그 자격·임용·교육훈련·복무·보수·신분보장 등에 있어서 공무원으로 인정된 사람
   나. 제1호라목 또는 마목에 해당하는 공공기관의 장과 그 임직원
   다. 제1호바목에 해당하는 각급 국립·공립 학교의 장과 교직원
3. "고위공직자"란 다음 각 목의 어느 하나에 해당하는 공직자를 말한다.
   가. 대통령, 국무총리, 국무위원, 국회의원, 국가정보원의 원장 및 차장 등 국가의 정무직공무원
   나. 지방자치단체의 장, 지방의회의원 등 지방자치단체의 정무직공무원
   다. 일반직 1급 국가공무원(「국가공무원법」 제23조에 따라 배정된 직무등급이 가장 높은 등급의 직위에 임용된 고위공무원단에 속하는 일반직공무원을 포함한다) 및 지방공무원과 이에 상응하는 보수를 받는 별정직공무원(고위공무원단에 속하는 별정직공무원을 포함한다)
   라. 대통령령으로 정하는 외무공무원
   마. 고등법원 부장판사급 이상의 법관과 대검찰청 검사급 이상의 검사
   바. 중장 이상의 장성급(將星級) 장교
   사. 교육공무원 중 총장·부총장·학장(대학교의 학장은 제외한다) 및 전문대학의 장과 대학에 준하는 각종 학교의 장, 특별시·광역시·특별자치시·도·특별자치도의 교육감
   아. 치안감 이상의 경찰공무원 및 특별시·광역시·특별자치시·도·특별자치도의 시·도경찰청장
   자. 소방정감 이상의 소방공무원
   차. 지방국세청장 및 3급 공무원 또는 고위공무원단에 속하는 공무원인 세관장
   카. 다목부터 바목까지, 아목 및 차목의 공무원으로 임명할 수 있는 직위 또는 이에 상당하는 직위에 임용된 「국가공무원법」 제26조의5 및 「지방공무원법」 제25조의5에 따른 임기제공무원. 다만,

라목·마목·아목 및 차목 중 직위가 지정된 경우에는 그 직위에 임용된 「국가공무원법」 제26조의 5 및 「지방공무원법」 제25조의5에 따른 임기제공무원만 해당한다.
  타. 공기업의 장·부기관장 및 상임감사, 한국은행의 총재·부총재·감사 및 금융통화위원회의 추천직 위원, 금융감독원의 원장·부원장·부원장보 및 감사, 농업협동조합중앙회·수산업협동조합중앙회의 회장 및 상임감사
  파. 그 밖에 대통령령으로 정하는 정부의 공무원 및 공직유관단체의 임원
4. "이해충돌"이란 공직자가 직무를 수행할 때에 자신의 사적 이해관계가 관련되어 공정하고 청렴한 직무수행이 저해되거나 저해될 우려가 있는 상황을 말한다.
5. "직무관련자"란 공직자가 법령(조례·규칙을 포함한다. 이하 같다)·기준(제1호라목부터 바목까지의 공공기관의 규정·사규 및 기준 등을 포함한다. 이하 같다)에 따라 수행하는 직무와 관련되는 자로서 다음 각 목의 어느 하나에 해당하는 개인·법인·단체 및 공직자를 말한다.
6. "사적이해관계자"란 다음 각 목의 어느 하나에 해당하는 자를 말한다.
  가. 공직자 자신 또는 그 가족(「민법」 제779조에 따른 가족을 말한다. 이하 같다)
  나. 공직자 자신 또는 그 가족이 임원·대표자·관리자 또는 사외이사로 재직하고 있는 법인 또는 단체
  다. 공직자 자신이나 그 가족이 대리하거나 고문·자문 등을 제공하는 개인이나 법인 또는 단체
  라. 공직자로 채용·임용되기 전 2년 이내에 공직자 자신이 재직하였던 법인 또는 단체
  마. 공직자로 채용·임용되기 전 2년 이내에 공직자 자신이 대리하거나 고문·자문 등을 제공하였던 개인이나 법인 또는 단체
  바. 공직자 자신 또는 그 가족이 대통령령으로 정하는 일정 비율 이상의 주식·지분 또는 자본금 등을 소유하고 있는 법인 또는 단체
  사. 최근 2년 이내에 퇴직한 공직자로서 퇴직일 전 2년 이내에 제5조제1항 각 호의 어느 하나에 해당하는 직무를 수행하는 공직자와 국회규칙, 대법원규칙, 헌법재판소규칙, 중앙선거관리위원회규칙 또는 대통령령으로 정하는 범위의 부서에서 같이 근무하였던 사람
  아. 그 밖에 공직자의 사적 이해관계와 관련되는 자로서 국회규칙, 대법원규칙, 헌법재판소규칙, 중앙선거관리위원회규칙 또는 대통령령으로 정하는 자
7. "소속기관장"이란 공직자가 소속된 공공기관의 장을 말한다.

제3조(국가 등의 책무)
제4조(공직자의 의무) ① 공직자는 사적 이해관계에 영향을 받지 아니하고 직무를 공정하고 청렴하게 수행하여야 한다.
② 공직자는 직무수행과 관련하여 공평무사하게 처신하고 직무관련자를 우대하거나 차별하여서는 아니 된다.
③ 공직자는 사적 이해관계로 인하여 공정하고 청렴한 직무수행이 곤란하다고 판단하는 경우에는 직무수행을 회피하는 등 이해충돌을 방지하여야 한다.

제2장 공직자의 이해충돌 방지 및 관리

제5조(사적이해관계자의 신고 및 회피 · 기피 신청) ① 다음 각 호의 어느 하나에 해당하는 직무를 수행하는 공직자는 직무관련자(직무관련자의 대리인을 포함한다. 이하 이 조에서 같다)가 사적이해관계자임을 안 경우 안 날부터 14일 이내에 소속기관장에게 그 사실을 서면(전자문서를 포함한다. 이하 같다)으로 신고하고 회피를 신청하여야 한다.

1. 인가·허가·면허·특허·승인·검사·검정·시험·인증·확인, 지정·등록, 등재·인정·증명, 신고·심사, 보호·감호, 보상 또는 이에 준하는 직무
2. 행정지도·단속·감사·조사·감독에 관계되는 직무
3. 병역판정검사, 징집·소집·동원에 관계되는 직무
4. 개인·법인·단체의 영업 등에 관한 작위 또는 부작위의 의무부과 처분에 관계되는 직무
5. 조세·부담금·과태료·과징금·이행강제금 등의 조사·부과·징수 또는 취소·철회·시정명령 등 제재적 처분에 관계되는 직무
6. 보조금·장려금·출연금·출자금·교부금·기금의 배정·지급·처분·관리에 관계되는 직무
7. 공사·용역 또는 물품 등의 조달·구매의 계약·검사·검수에 관계되는 직무
8. <u>사건의 수사·재판·심판·결정·조정·중재·화해 또는 이에 준하는 직무</u>
9. 공공기관의 재화 또는 용역의 매각·교환·사용·수익·점유에 관계되는 직무
10. 공직자의 채용·승진·전보·상벌·평가에 관계되는 직무
11. 공공기관이 실시하는 행정감사에 관계되는 직무
12. 각급 국립·공립 학교의 입학·성적·수행평가에 관계되는 직무
13. 공공기관이 주관하는 각종 수상, 포상, 우수기관 선정, 우수자 선발에 관계되는 직무
14. 공공기관이 실시하는 각종 평가·판정에 관계되는 직무
15. 국회의원 또는 지방의회의원의 소관 위원회 활동과 관련된 청문, 의안·청원 심사, 국정감사, 지방자치단체의 행정사무감사, 국정조사, 지방자치단체의 행정사무조사와 관계되는 직무
16. 그 밖에 국회규칙, 대법원규칙, 헌법재판소규칙, 중앙선거관리위원회규칙 또는 대통령령으로 정하는 직무

② 직무관련자 또는 공직자의 직무수행과 관련하여 직접적인 이해관계가 있는 자는 해당 공직자에게 제1항에 따른 신고 및 회피 의무가 있거나 그 밖에 공정한 직무수행을 저해할 우려가 있는 사적 이해관계가 있다고 판단하는 경우에는 그 공직자의 소속기관장에게 기피를 신청할 수 있다.

제6조(공공기관 직무 관련 부동산 보유·매수 신고) ① <u>부동산을 직접적으로 취급하는 대통령령으로 정하는 공공기관의 공직자는</u> 다음 각 호의 어느 하나에 해당하는 사람이 소속 공공기관의 업무와 관련된 부동산을 보유하고 있거나 매수하는 경우 소속기관장에게 그 사실을 <u>서면으로 신고</u>하여야 한다.

   1. 공직자 자신, 배우자
   2. 공직자와 생계를 같이하는 직계존속·비속(배우자의 직계존속·비속으로 생계를 같이하는 경우를 포함한다)

② 제1항에 따른 공공기관 외의 공공기관의 공직자는 <u>소속 공공기관이 택지개발, 지구 지정 등 대통령령으로 정하는 부동산 개발 업무를 하는 경우</u> 제1항 각 호의 어느 하나에 해당하는 사람이 그 부동산을 보유하고 있거나 매수하는 경우 소속기관장에게 그 사실을 서면으로 신고하여야 한다.

③ 제1항 및 제2항에 따른 신고는 부동산을 <u>보유한 사실을 알게 된 날부터 14일 이내, 매수 후 등기를 완료한 날부터 14일 이내</u>에 하여야 한다.

제7조(사적이해관계자의 신고 등에 대한 조치)

제8조(고위공직자의 민간 부문 업무활동 내역 제출 및 공개) ① 고위공직자는 그 직위에 임용되거나 임기를 개시하기 전 3년 이내에 민간 부문에서 업무활동을 한 경우, 그 활동 내역을 그 직위에 임용되거나 임기를 개시한 날부터 30일 이내에 소속기관장에게 제출하여야 한다.

② 제1항에 따른 업무활동 내역에는 다음 각 호의 사항이 포함되어야 한다.
1. 재직하였던 법인·단체 등과 그 업무 내용
2. 대리, 고문·자문 등을 한 경우 그 업무 내용
3. 관리·운영하였던 사업 또는 영리행위의 내용

③ 소속기관장은 제1항에 따라 제출된 업무활동 내역을 보관·관리하여야 한다.

④ 소속기관장은 다른 법령에서 정보공개가 금지되지 아니하는 범위에서 제2항의 업무활동 내역을 공개할 수 있다.

제9조(직무관련자와의 거래 신고) ① 공직자는 자신, 배우자 또는 직계존속·비속(배우자의 직계존속·비속으로 생계를 같이하는 경우를 포함한다. 이하 이 조에서 같다) 또는 특수관계사업자(자신, 배우자 또는 직계존속·비속이 대통령령으로 정하는 일정 비율 이상의 주식·지분 등을 소유하고 있는 법인 또는 단체를 말한다. 이하 같다)가 공직자 자신의 직무관련자(「민법」 제777조에 따른 친족(배우자, 8촌이내 혈족, 4촌이내 인척)인 경우는 제외한다)와 다음 각 호의 어느 하나에 해당하는 행위를 한다는 것을 사전에 안 경우에는 안 날부터 14일 이내에 소속기관장에게 그 사실을 서면으로 신고하여야 한다.

1. 금전을 빌리거나 빌려주는 행위 및 유가증권을 거래하는 행위. 다만, 「금융실명거래 및 비밀보장에 관한 법률」에 따른 금융회사등, 「대부업 등의 등록 및 금융이용자 보호에 관한 법률」에 따른 대부업자등이나 그 밖의 금융회사로부터 통상적인 조건으로 금전을 빌리는 행위 및 유가증권을 거래하는 행위는 제외한다.
2. 토지 또는 건축물 등 부동산을 거래하는 행위. 다만, 공개모집에 의하여 이루어지는 분양이나 공매·경매·입찰을 통한 재산상 거래 행위는 제외한다.
3. 제1호 및 제2호의 거래 행위 외의 물품·용역·공사 등의 계약을 체결하는 행위. 다만, 공매·경매·입찰을 통한 계약 체결 행위 또는 거래관행상 불특정다수를 대상으로 반복적으로 행하여지는 계약 체결 행위는 제외한다.

② 공직자는 제1항 각 호에 따른 행위가 있었음을 사후에 알게 된 경우에도 안 날부터 14일 이내에 소속기관장에게 그 사실을 서면으로 신고하여야 한다.

제10조(직무 관련 외부활동의 제한) 공직자는 다음 각 호의 행위를 하여서는 아니 된다. 다만, 「국가공무원법」 등 다른 법령·기준에 따라 허용되는 경우는 그러하지 아니하다.

1. 직무관련자에게 사적으로 노무 또는 조언·자문 등을 제공하고 대가를 받는 행위
2. 소속 공공기관의 소관 직무와 관련된 지식이나 정보를 타인에게 제공하고 대가를 받는 행위. 다만, 「부정청탁 및 금품등 수수의 금지에 관한 법률」 제10조에 따른 외부강의등의 대가로서 사례금 수수가 허용되는 경우와 소속기관장이 허가한 경우는 제외한다.
3. 공직자가 소속된 공공기관이 당사자이거나 직접적인 이해관계를 가지는 사안에서 자신이 소속된

공공기관의 상대방을 대리하거나 그 상대방에게 조언·자문 또는 정보를 제공하는 행위
4. 외국의 기관·법인·단체 등을 대리하는 행위. 다만, 소속기관장이 허가한 경우는 제외한다.
5. 직무와 관련된 다른 직위에 취임하는 행위. 다만, 소속기관장이 허가한 경우는 제외한다.

제11조(가족 채용 제한) ① 공공기관(공공기관으로부터 출연금·보조금 등을 받거나 법령에 따라 업무를 위탁받는 산하 공공기관과 「상법」 제342조의2에 따른 자회사를 포함한다)은 다음 각 호의 어느 하나에 해당하는 공직자의 가족을 채용할 수 없다.

1. 소속 고위공직자
2. 채용업무를 담당하는 공직자
3. 해당 산하 공공기관의 감독기관인 공공기관 소속 고위공직자
4. 해당 자회사의 모회사인 공공기관 소속 고위공직자

② 다음 각 호의 어느 하나에 해당하는 경우에는 제1항을 적용하지 아니한다.

1. 「국가공무원법」 등 다른 법령(제2조제1호라목 또는 마목에 해당하는 공공기관의 인사 관련 규정을 포함한다. 이하 이 조에서 같다)에서 정하는 공개경쟁채용시험 또는 경력 등 응시요건을 정하여 같은 사유에 해당하는 다수인을 대상으로 하는 채용시험에 합격한 경우
2. 「국가공무원법」 등 다른 법령에 따라 다수인을 대상으로 시험을 실시하는 것이 적당하지 아니하여 다수인을 대상으로 하지 아니한 시험으로 공무원을 채용하는 경우로서 다음 각 목의 어느 하나에 해당하는 경우
   가. 공무원으로 재직하였다가 퇴직한 사람을 퇴직 시에 재직한 직급(고위공무원단에 속하는 공무원은 퇴직 시에 재직한 직위와 곤란성과 책임도가 유사한 직위를 말한다. 이하 이 호에서 같다)으로 재임용하는 경우
   나. 임용예정 직급·직위와 같은 직급·직위에서의 근무경력이 해당 법령에서 정하는 기간 이상인 사람을 임용하는 경우
   다. 국가공무원을 그 직급·직위에 해당하는 지방공무원으로 임용하거나, 지방공무원을 그 직급·직위에 해당하는 국가공무원으로 임용하는 경우
   라. 자격 요건 충족 여부만이 요구되거나 자격 요건에 해당하는 다른 대상자가 없어 다수인을 대상으로 할 수 없는 경우

③ 제1항 각 호의 어느 하나에 해당하는 공직자는 제1항을 위반하여 자신의 가족이 채용되도록 <u>지시·유도 또는 묵인</u>을 하여서는 아니 된다.

④ 제1항 및 제3항에도 불구하고 다른 법률에서 이 법의 적용을 받는 공공기관이 제1항 각 호의 어느 하나에 해당하는 공직자의 가족을 <u>채용할 수 있도록 허용하고 있는 경우에는 그 법률의 규정에 따른다.</u>

제12조(수의계약 체결 제한) ① 공공기관(공공기관으로부터 출연금·보조금 등을 받거나 법령에 따라 업무를 위탁받는 산하 공공기관과 「상법」 제342조의2에 따른 자회사를 포함한다)은 다음 각 호의 어느 하나에 해당하는 자와 물품·용역·공사 등의 수의계약(이하 "수의계약"이라 한다)을 체결할 수 없다. <u>다만, 해당 물품의 생산자가 1명뿐인 경우 등 대통령령으로 정하는 불가피한 사유가 있는 경우에는 그러하지 아니하다.</u>

> 1. 소속 고위공직자
> 2. 해당 계약업무를 법령상·사실상 담당하는 소속 공직자
> 3. 해당 산하 공공기관의 감독기관 소속 고위공직자
> 4. 해당 자회사의 모회사인 공공기관 소속 고위공직자
> 5. 해당 공공기관이 「국회법」 제37조에 따른 상임위원회의 소관인 경우 해당 상임위원회 위원으로서 직무를 담당하는 국회의원
> 6. 「지방자치법」 제41조에 따라 해당 지방자치단체 등 공공기관을 감사 또는 조사하는 지방의회의원
> 7. 제1호부터 제6호까지의 어느 하나에 해당하는 공직자의 배우자 또는 직계존속·비속(배우자의 직계존속·비속으로 생계를 같이하는 경우를 포함한다. 이하 이 조에서 같다)
> 8. 제1호부터 제7호까지의 어느 하나에 해당하는 사람이 대표자인 법인 또는 단체
> 9. 제1호부터 제7호까지의 어느 하나에 해당하는 사람과 관계된 특수관계사업자

② 제1항제1호부터 제6호까지의 어느 하나에 해당하는 공직자는 제1항을 위반하여 같은 항 각 호의 어느 하나에 해당하는 자와 수의계약을 체결하도록 지시·유도 또는 묵인을 하여서는 아니 된다.

제13조(공공기관 물품 등의 사적 사용·수익 금지) 공직자는 공공기관이 소유하거나 임차한 물품·차량·선박·항공기·건물·토지·시설 등을 사적인 용도로 사용·수익하거나 제3자로 하여금 사용·수익하게 하여서는 아니 된다. 다만, 다른 법령·기준 또는 사회상규에 따라 허용되는 경우에는 그러하지 아니하다.

제14조(직무상 비밀 등 이용 금지) ① 공직자(공직자가 아니게 된 날부터 3년이 경과하지 아니한 사람을 포함하되, 다른 법률에서 이와 달리 규정하고 있는 경우에는 그 법률에서 규정한 바에 따른다. 이하 이 조, 제27조제1항, 같은 조 제2항제1호 및 같은 조 제3항제1호에서 같다)는 직무수행 중 알게 된 비밀 또는 소속 공공기관의 미공개정보(재물 또는 재산상 이익의 취득 여부의 판단에 중대한 영향을 미칠 수 있는 정보로서 불특정 다수인이 알 수 있도록 공개되기 전의 것을 말한다. 이하 같다)를 이용하여 재물 또는 재산상의 이익을 취득하거나 제3자로 하여금 재물 또는 재산상의 이익을 취득하게 하여서는 아니 된다.

② 공직자로부터 직무상 비밀 또는 소속 공공기관의 미공개정보임을 알면서도 제공받거나 부정한 방법으로 취득한 자는 이를 이용하여 재물 또는 재산상의 이익을 취득하여서는 아니 된다.

③ 공직자는 직무수행 중 알게 된 비밀 또는 소속 공공기관의 미공개정보를 사적 이익을 위하여 이용하거나 제3자로 하여금 이용하게 하여서는 아니 된다.

제15조(퇴직자 사적 접촉 신고) ① 공직자는 직무관련자인 소속 기관의 퇴직자(공직자가 아니게 된 날부터 2년이 지나지 아니한 사람만 해당한다)와 사적 접촉(골프, 여행, 사행성 오락을 같이 하는 행위를 말한다)을 하는 경우 소속기관장에게 신고하여야 한다. 다만, 사회상규에 따라 허용되는 경우에는 그러하지 아니하다.

제16조(공무수행사인의 공무수행과 관련된 행위제한 등)

제3장 이해충돌 방지에 관한 업무의 총괄 등

제17조(공직자의 이해충돌 방지에 관한 업무의 총괄) 국민권익위원회는 이 법에 따른 다음 각 호의 사항에 관한 업무를 관장한다.
> 1. 공직자의 이해충돌 방지에 관한 제도개선 및 교육·홍보 계획의 수립 및 시행
> 2. 이 법에 따른 신고 등의 안내·상담·접수·처리 등
> 3. 제18조제1항에 따른 신고를 한 자(이하 "신고자"라 한다) 등에 대한 보호 및 보상
> 4. 제1호부터 제3호까지의 업무 수행에 필요한 실태조사 및 자료의 수집·관리·분석 등

제18조(위반행위의 신고 등) ① 누구든지 이 법의 위반행위가 발생하였거나 발생하고 있다는 사실을 알게 된 경우에는 다음 각 호의 어느 하나에 해당하는 기관에 신고할 수 있다.

> 1. 이 법의 위반행위가 발생한 공공기관 또는 그 감독기관
> 2. 감사원 또는 수사기관
> 3. 국민권익위원회

② 신고자가 다음 각 호의 어느 하나에 해당하는 경우에는 이 법에 따른 보호 및 보상을 받지 못한다.

> 1. 신고의 내용이 거짓이라는 사실을 알았거나 알 수 있었음에도 불구하고 신고한 경우
> 2. 신고와 관련하여 금품이나 근로관계상의 특혜를 요구한 경우
> 3. 그 밖에 부정한 목적으로 신고한 경우

③ 제1항에 따라 신고를 하려는 자는 자신의 인적사항과 신고의 취지·이유·내용을 적고 서명한 문서와 함께 신고 대상 및 증거 등을 제출하여야 한다.

제19조(위반행위 신고의 처리)

제20조(신고자 등의 보호·보상) ① 누구든지 다음 각 호의 어느 하나에 해당하는 신고 등(이하 "신고등"이라 한다)을 하지 못하도록 방해하거나 신고등을 한 자(이하 "신고자등"이라 한다)에게 이를 취소하도록 강요하여서는 아니 된다.

> 1. 제18조제1항에 따른 신고
> 2. 제1호에 따른 신고에 관한 조사·감사·수사·소송 또는 보호조치에 관한 조사·소송 등에서 진술·증언 및 자료제공 등의 방법으로 돕는 행위

② 누구든지 신고자등에게 신고등을 이유로 불이익조치(「공익신고자 보호법」 제2조제6호에 따른 불이익조치를 말한다. 이하 같다)를 하여서는 아니 된다.

③ 이 법의 위반행위를 한 자가 위반사실을 자진하여 신고하거나 신고자등이 신고등을 함으로 인하여 자신이 한 이 법의 위반행위가 발견된 경우에는 그 위반행위에 대한 형사처벌, 과태료 부과, 징계처분, 그 밖의 행정처분 등을 감경하거나 면제할 수 있다.

제21조(위법한 직무처리에 대한 조치)
제22조(부당이득의 환수 등)
제23조(비밀누설 금지)
제24조(교육 및 홍보 등)
제25조(이해충돌방지담당관의 지정) ① 공공기관의 장은 소속 공직자 중에서 다음 각 호의 업무를 담당하는 이해충돌방지담당관을 지정하여야 한다.

> 1. 공직자의 이해충돌 방지에 관한 내용의 교육·상담
> 2. 사적이해관계자의 신고 및 회피·기피 신청, 부동산 보유·매수 신고 또는 직무관련자와의 거래에 관한 신고의 접수 및 관리
> 3. 사적이해관계자의 신고 및 회피·기피 신청 또는 부동산 보유·매수 신고에도 불구하고 그 직무를 계속 수행하게 된 공직자의 공정한 직무수행 여부의 확인·점검
> 4. 고위공직자의 업무활동 내역 관리 및 공개
> 5. 퇴직자 사적 접촉 신고의 접수 및 관리

6. 이 법에 따른 위반행위 신고·신청의 접수, 처리 및 내용의 조사
7. 이 법에 따른 소속기관장의 위반행위를 발견한 경우 법원 또는 수사기관에 그 사실의 통보

제4장 징계 및 벌칙

제26조(징계) 공공기관의 장은 소속 공직자가 이 법 또는 이 법에 따른 명령을 위반한 경우에는 <u>징계처분을 하여야 한다</u>.

제27조(벌칙) ① 제14조제1항을 위반하여 직무수행 중 알게 된 비밀 또는 소속 공공기관의 미공개정보를 이용하여 재물 또는 재산상의 이익을 취득하거나 제3자로 하여금 재물 또는 재산상의 이익을 취득하게 한 공직자(제16조에 따라 준용되는 공무수행사인을 포함한다. 이하 이 조 및 제28조제2항제1호에서 같다)는 <u>7년 이하의 징역 또는 7천만원 이하의 벌금에 처한다</u>.

② 다음 각 호의 어느 하나에 해당하는 자는 <u>5년 이하의 징역 또는 5천만원 이하의 벌금에 처한다</u>.

> 1. 제14조제2항을 위반하여 공직자로부터 직무상 비밀 또는 소속 공공기관의 미공개정보임을 알면서도 제공받거나 부정한 방법으로 취득하고 이를 이용하여 재물 또는 재산상의 이익을 취득한 자
> 2. 제20조제4항에 따라 준용되는 「공익신고자 보호법」 제12조제1항을 위반하여 신고자등의 인적사항이나 신고자등임을 미루어 알 수 있는 사실을 다른 사람에게 알려 주거나 공개 또는 보도한 자

③ 다음 각 호의 어느 하나에 해당하는 자는 <u>3년 이하의 징역 또는 3천만원 이하의 벌금에 처한다</u>.

> 1. 제14조제3항을 위반하여 직무수행 중 알게 된 비밀 또는 소속 공공기관의 미공개정보를 사적 이익을 위하여 이용하거나 제3자로 하여금 이용하도록 한 공직자
> 2. 제20조제2항을 위반하여 신고자등에게 「공익신고자 보호법」 제2조제6호가목에 해당하는 불이익조치를 한 자
> 3. 제20조제4항에 따라 준용되는 「공익신고자 보호법」 제21조제2항에 따라 확정되거나 행정소송을 제기하여 확정된 보호조치결정을 이행하지 아니한 자
> 4. 제23조를 위반하여 그 업무처리 과정에서 알게 된 비밀을 누설한 사람

④ 다음 각 호의 어느 하나에 해당하는 자는 <u>2년 이하의 징역 또는 2천만원 이하의 벌금에 처한다</u>.

> 1. 제20조제1항을 위반하여 신고등을 방해하거나 신고등을 취소하도록 강요한 자
> 2. 제20조제2항을 위반하여 신고자등에게 「공익신고자 보호법」 제2조제6호나목부터 사목까지의 어느 하나에 해당하는 불이익조치를 한 자

⑤ 제1항 및 제2항제1호의 경우 징역과 벌금은 병과(倂科)할 수 있다.

제28조(과태료) ① 다음 각 호의 어느 하나에 해당하는 자에게는 <u>3천만원 이하의 과태료를 부과한다</u>.

> 1. 제11조제3항을 위반하여 자신의 가족이 채용되도록 지시·유도 또는 묵인을 한 공직자
> 2. 제12조제2항을 위반하여 같은 조 제1항 각 호의 어느 하나에 해당하는 자와 수의계약을 체결하도록 지시·유도 또는 묵인을 한 공직자
> 3. 제20조제4항에 따라 준용되는 「공익신고자 보호법」 제19조제2항 및 제3항(같은 법 제22조제3항에 따라 준용되는 경우를 포함한다)을 위반하여 자료 제출, 출석, 진술 또는 진술서 제출을 거부한 자

② 다음 각 호의 어느 하나에 해당하는 자에게는 <u>2천만원 이하의 과태료를 부과한다</u>.

> 1. 제5조제1항을 위반하여 사적이해관계자를 신고하지 아니한 공직자
> 2. 제6조제1항 또는 제2항을 위반하여 부동산 보유·매수를 신고하지 아니한 공직자
> 3. 제9조제1항 또는 제2항을 위반하여 거래를 신고하지 아니한 공직자
> 4. 제10조를 위반하여 직무 관련 외부활동을 한 공직자
> 5. 제13조를 위반하여 공공기관의 물품 등을 사적인 용도로 사용·수익하거나 제3자로 하여금 사용·수익하게 한 공직자
> 6. 제20조제4항에 따라 준용되는 「공익신고자 보호법」 제20조의2의 특별보호조치결정을 이행하지 아니한 자

③ 다음 각 호의 어느 하나에 해당하는 자에게는 <u>1천만원 이하의 과태료를 부과한다</u>.

> 1. 제8조제1항을 위반하여 업무활동 내역을 제출하지 아니한 고위공직자
> 2. 제15조제1항을 위반하여 직무관련자인 소속 기관의 퇴직자와의 사적 접촉을 신고하지 아니한 공직자

④ 소속기관장은 제1항부터 제3항까지의 과태료 부과 대상자에 대하여서는 그 위반사실을 「비송사건절차법」에 따른 과태료재판 관할법원에 통보하여야 한다.
에 따른다.

법규

공직자윤리법 [시행 2024. 7. 19.]

제1장 총칙

제1조(목적) 이 법은 공직자 및 공직후보자의 재산등록, 등록재산 공개 및 재산형성과정 소명과 공직을 이용한 재산취득의 규제, 공직자의 선물신고 및 주식백지신탁, 퇴직공직자의 취업제한 및 행위제한 등을 규정함으로써 공직자의 부정한 재산 증식을 방지하고, 공무집행의 공정성을 확보하는 등 공익과 사익의 이해충돌을 방지하여 국민에 대한 봉사자로서 가져야 할 공직자의 윤리를 확립함을 목적으로 한다.

제2조의2(이해충돌 방지 의무) ① 국가 또는 지방자치단체는 공직자가 수행하는 직무가 공직자의 재산상 이해와 관련되어 공정한 직무수행이 어려운 상황이 일어나지 아니하도록 노력하여야 한다.
② 공직자는 자신이 수행하는 직무가 자신의 재산상 이해와 관련되어 공정한 직무수행이 어려운 상황이 일어나지 아니하도록 직무수행의 적정성을 확보하여 공익을 우선으로 성실하게 직무를 수행하여야 한다.
③ 공직자는 공직을 이용하여 사적 이익을 추구하거나 개인이나 기관·단체에 부정한 특혜를 주어서는 아니 되며, 재직 중 취득한 정보를 부당하게 사적으로 이용하거나 타인으로 하여금 부당하게 사용하게 하여서는 아니 된다.

제2장 재산등록 및 공개

제3조(등록의무자) ① 다음 각 호의 어느 하나에 해당하는 공직자(이하 "등록의무자"라 한다)는 이 법에서 정하는 바에 따라 재산을 등록하여야 한다.
1. 대통령·국무총리·국무위원·국회의원 등 국가의 정무직공무원
2. 지방자치단체의 장, 지방의회의원 등 지방자치단체의 정무직공무원
3. 4급 이상의 일반직 국가공무원(고위공무원단에 속하는 일반직공무원을 포함한다) 및 지방공무원과 이에 상당하는 보수를 받는 별정직공무원(고위공무원단에 속하는 별정직공무원을 포함한다)
4. 대통령령으로 정하는 외무공무원과 4급 이상의 국가정보원 직원 및 대통령경호처 경호공무원
5. 법관 및 검사
6. 헌법재판소 헌법연구관
7. 대령 이상의 장교 및 이에 상당하는 군무원
8. 교육공무원 중 총장·부총장·대학원장·학장(대학교의 학장을 포함한다) 및 전문대학의 장과 대학에 준하는 각종 학교의 장, 특별시·광역시·특별자치시·도·특별자치도의 교육감 및 교육장
9. 총경(자치총경을 포함한다) 이상의 경찰공무원과 소방정 이상의 소방공무원

> **시행령**
> 6. 경찰공무원 중 경정, 경감, 경위, 경사와 자치경찰공무원 중 자치경정, 자치경감, 자치경위, 자치경사

10. 제3호부터 제7호까지 및 제9호의 공무원으로 임명할 수 있는 직위 또는 이에 상당하는 직위에 임용된 「국가공무원법」 제26조의5 및 「지방공무원법」 제25조의5에 따른 임기제공무원

11. 「공공기관의 운영에 관한 법률」에 따른 공기업(이하 "공기업"이라 한다)의 장·부기관장·상임이사 및 상임감사, 한국은행의 총재·부총재·감사 및 금융통화위원회의 추천직 위원, 금융감독원의 원장·부원장·부원장보 및 감사, 농업협동조합중앙회·수산업협동조합중앙회의 회장 및 상임감사
12. 제3조의2에 따른 공직유관단체(이하 "공직유관단체"라 한다)의 임원
12의2. 「한국토지주택공사법」에 따른 한국토지주택공사 등 부동산 관련 업무나 정보를 취급하는 대통령령으로 정하는 공직유관단체의 직원. 다만, 청소원, 건물 관리원 및 직업운동선수 등 부동산 관련 정보를 취득할 가능성이 없다고 인정되는 직원으로서 대통령령으로 정하는 직원은 제외한다.
13. 그 밖에 국회규칙, 대법원규칙, 헌법재판소규칙, 중앙선거관리위원회규칙 및 대통령령으로 정하는 특정 분야의 공무원과 공직유관단체의 직원

제4조(등록대상재산) ① 등록의무자가 등록할 재산은 다음 각 호의 어느 하나에 해당하는 사람의 재산(소유 명의와 관계없이 사실상 소유하는 재산, 비영리법인에 출연한 재산과 외국에 있는 재산을 포함한다. 이하 같다)으로 한다
  1. 본인
  2. 배우자(사실상의 혼인관계에 있는 사람을 포함한다. 이하 같다)
  3. 본인의 직계존속·직계비속. 다만, <u>혼인한 직계비속인 여성과 외증조부모, 외조부모, 외손자녀 및 외증손자녀는 제외한다.</u>
② 등록의무자가 등록할 재산은 다음 각 호와 같다.

제5조(재산의 등록기관과 등록시기 등) ① 공직자는 <u>등록의무자가 된 날부터 2개월이 되는 날이 속하는 달의 말일까지</u> 등록의무자가 된 날 현재의 재산을 다음 각 호의 구분에 따른 기관(이하 "등록기관"이라 한다)에 등록하여야 한다. 다만, 등록의무자가 된 날부터 2개월이 되는 날이 속하는 달의 말일까지 등록의무를 면제받은 경우에는 그러하지 아니하며, 전보(轉補)·강임(降任)·강등(降等) 또는 퇴직 등으로 인하여 등록의무를 면제받은 사람이 3년(퇴직한 경우에는 1년) 이내에 다시 등록의무자가 된 경우에는 전보·강임·강등 또는 퇴직 등을 한 날 이후 또는 제11조제1항에 따른 재산변동사항 신고 이후의 변동사항을 신고함으로써 등록을 갈음할 수 있다.
  13. 그 밖의 등록의무자, 제5호부터 제7호까지 및 제12호 본문에도 불구하고 정부의 부·처·청 소속 공무원과 감사원·국가정보원 소속 공무원 및 공직유관단체의 임원으로서 제10조제1항에 따라 재산등록사항을 공개하는 공직자: <u>인사혁신처</u>

제6조(변동사항 신고) ① 등록의무자는 매년 1월 1일부터 12월 31일까지의 <u>재산 변동사항을 다음 해 2월 말일까지 등록기관에 신고하여야 한다.</u> 다만, 최초의 등록 후 또는 제5조제1항 단서에 따른 신고 후 최초의 변동사항 신고의 경우에는 등록의무자가 된 날부터 그 해 12월 31일까지의 재산 변동사항을 등록기관에 신고하여야 한다.
② 퇴직한 등록의무자는 퇴직일부터 2개월이 되는 날이 속하는 달의 말일까지 그 해 1월 1일(1월 1일 이후에 등록의무자가 된 경우에는 등록의무자가 된 날)부터 퇴직일까지의 재산 변동사항을 퇴직 당시의 등록기관에 신고하여야 한다. 다만, 퇴직일부터 2개월이 되는 날이 속하는 달의 말일까지 다시 등록의무자가 된 경우에는 제1항에 따른 변동사항 신고만으로 신고를 갈음할 수 있다.
③ 10월부터 12월까지 중에 등록의무자가 되어 제1항에 따라 재산 변동사항을 신고하여야 하는 경우에는 등록의무자가 된 날부터 그 해 12월 31일까지의 재산 변동사항은 다음 해의 변동사항 또는 제2항에 따른 퇴직자 변동사항에 포함하여 신고할 수 있으며, 등록의무자가 1월 또는 2월 중에 퇴직한 경우에는 제1항

에 따른 변동사항은 제2항에 따른 퇴직자 변동사항에 포함하여 신고할 수 있다.

제6조의2(주식 및 가상자산 거래내역의 신고) ① 제10조제1항 각 호의 공개대상자에 해당하는 등록의무자는 제6조 또는 제11조제1항에 따른 재산 변동사항 신고 시에 제4조제1항 각 호의 어느 하나에 해당하는 사람의 주식 및 가상자산의 취득 또는 양도에 관한 거래 내용을 등록기관에 신고하여야 한다.

제6조의5(금융거래정보·부동산정보 등의 제공 및 활용 등) ① 공직자윤리위원회는 제5조제1항, 제6조제1항·제2항, 제10조제2항 및 제11조제1항에 따른 등록 또는 신고(이하 이 조에서 "재산등록·신고"라 한다)를 위하여 필요한 경우에는 「금융실명거래 및 비밀보장에 관한 법률」 제4조, 「신용정보의 이용 및 보호에 관한 법률」 제33조 및 「개인정보 보호법」 제18조에도 불구하고 명의인의 동의를 받아 등록의무자가 요청하면 「정보통신망 이용촉진 및 정보보호 등에 관한 법률」 제2조제1항제1호에 따른 정보통신망(이하 "정보통신망"이라 한다)을 이용하여 금융기관(「금융실명거래 및 비밀보장에 관한 법률」 제2조제1호에 따른 금융회사등, 「신용정보의 이용 및 보호에 관한 법률」 제15조에 따른 신용정보회사등, 「가상자산 이용자 보호 등에 관한 법률」 제2조제2호에 따른 가상자산사업자 및 그 밖에 대통령령으로 정하는 자를 말한다. 이하 같다)의 장에게 금융거래(가상자산거래를 포함한다. 이하 같다) 중 잔액에 관한 자료(신용정보 중 대출잔액에 관한 자료를 포함한다. 이하 이 조에서 같다) 제출을 요구할 수 있으며, 해당 금융기관의 장은 정보통신망을 이용하여 20일 이내에 자료를 제출하여야 한다. 이 경우 해당 금융기관의 장은 「금융실명거래 및 비밀보장에 관한 법률」 제4조의2 및 「신용정보의 이용 및 보호에 관한 법률」 제35조에도 불구하고 명의인이 동의할 때에는 금융거래 중 잔액에 관한 자료를 제공한 사실을 명의인에게 통보하지 아니할 수 있다.

② 공직자윤리위원회는 등록의무자로부터 재산등록·신고를 위하여 명의인의 동의를 받아 부동산 보유·등기, 과세정보(지적, 건축, 주택에 관한 자료를 포함한다. 이하 같다), 자동차 등록, 회원권(골프회원권, 콘도미니엄회원권 등 대통령령으로 정하는 것을 말한다. 이하 이 조에서 같다) 보유에 관한 자료의 제공을 요청받으면 「개인정보 보호법」 제18조에도 불구하고 정보통신망을 이용하여 중앙행정기관, 지방자치단체, 공직유관단체, 그 밖의 공공기관의 장에게 관련 자료의 제출을 요구할 수 있다. 이 경우 요청을 받은 기관의 장은 20일 이내에 정보통신망을 이용하여 그 요청에 따라야 한다.

③ 공직자윤리위원회는 재산등록·신고 기간 만료일 15일 전까지 제1항 전단에 따른 금융거래 중 잔액에 관한 자료와 제2항에 따른 부동산 보유·등기, 과세정보, 자동차 등록, 회원권 보유에 관한 자료를 등록의무자에게 제공하여야 한다.

제8조(등록사항의 심사) ① 공직자윤리위원회는 등록된 사항을 심사하여야 한다.

② 공직자윤리위원회는 등록의무자가 등록재산의 일부를 과실로 빠트리거나 가액합산 등을 잘못 기재한 부분이 있다고 인정될 때에는 등록의무자에게 기간을 정하여 재산등록서류의 보완을 명할 수 있다.

③ 공직자윤리위원회는 제1항에 따른 심사를 위하여 필요하면 등록의무자에게 자료의 제출요구 또는 서면질의를 하거나 사실 확인을 위한 조사를 할 수 있다. 이 경우 공직자윤리위원회는 등록의무자에게 해명 및 소명자료를 제출할 기회를 주어야 한다.

제9조(공직자윤리위원회) ① 다음 각 호의 사항을 심사·결정하기 위하여 국회·대법원·헌법재판소·중앙선거관리위원회·정부·지방자치단체 및 특별시·광역시·특별자치시·도·특별자치도교육청에 각각 공직자윤리위원회를 둔다.

    1. 재산등록사항의 심사와 그 결과의 처리
    2. 제8조제12항 후단에 따른 승인

3. 제18조에 따른 취업제한 여부의 확인 및 취업승인과 제18조의2제3항에 따른 업무취급의 승인
4. 그 밖에 이 법 또는 다른 법령에 따라 공직자윤리위원회의 권한으로 정한 사항

③ 공직자윤리위원회는 위원장과 부위원장 각 1명을 포함한 13명의 위원으로 구성하되, 위원장을 포함한 9명의 위원은 판사·검사·변호사, 교육자, 학식과 덕망이 있는 사람 또는 시민단체(「비영리민간단체 지원법」 제2조에 따른 비영리민간단체를 말한다. 이하 같다)에서 추천한 사람 중에서 선임하여야 한다. 다만, 시·군·구 공직자윤리위원회는 위원장과 부위원장 각 1명을 포함한 7명의 위원으로 구성하되, 위원장을 포함한 5명의 위원은 판사·검사·변호사, 교육자, 학식과 덕망이 있는 사람 또는 시민단체에서 추천한 사람 중에서 선임하여야 한다.

제10조(등록재산의 공개) ① 공직자윤리위원회는 관할 등록의무자 중 다음 각 호의 어느 하나에 해당하는 공직자 본인과 배우자 및 본인의 직계존속·직계비속의 재산에 관한 등록사항과 제6조에 따른 변동사항 신고내용을 등록기간 또는 신고기간 만료 후 1개월 이내에 관보(공보를 포함한다) 및 인사혁신처장이 지정하는 정보통신망을 통하여 공개하여야 한다.

1. 대통령, 국무총리, 국무위원, 국회의원, 국가정보원의 원장 및 차장 등 국가의 정무직공무원
2. 지방자치단체의 장, 지방의회의원 등 지방자치단체의 정무직공무원
3. 일반직 1급 국가공무원(「국가공무원법」 제23조에 따라 배정된 직무등급이 가장 높은 등급의 직위에 임용된 고위공무원단에 속하는 일반직공무원을 포함한다) 및 지방공무원과 이에 상응하는 보수를 받는 별정직공무원(고위공무원단에 속하는 별정직공무원을 포함한다)
4. 대통령령으로 정하는 외무공무원
5. 고등법원 부장판사급 이상의 법관과 대검찰청 검사급 이상의 검사
6. 중장 이상의 장성급(將星級) 장교
7. 교육공무원 중 총장·부총장·학장(대학교의 학장은 제외한다) 및 전문대학의 장과 대학에 준하는 각종 학교의 장, 특별시·광역시·특별자치시·도·특별자치도의 교육감
8. 치안감 이상의 경찰공무원 및 특별시·광역시·특별자치시·도·특별자치도의 시·도경찰청장
8의2. 소방정감 이상의 소방공무원
9. 지방 국세청장 및 3급 공무원 또는 고위공무원단에 속하는 공무원인 세관장
10. 제3호부터 제6호까지, 제8호 및 제9호의 공무원으로 임명할 수 있는 직위 또는 이에 상당하는 직위에 임용된 「국가공무원법」 제26조의5 및 「지방공무원법」 제25조의5에 따른 임기제공무원. 다만, 제4호·제5호·제8호 및 제9호 중 직위가 지정된 경우에는 그 직위에 임용된 「국가공무원법」 제26조의5 및 「지방공무원법」 제25조의5에 따른 임기제공무원만 해당된다.
11. 공기업의 장·부기관장 및 상임감사, 한국은행의 총재·부총재·감사 및 금융통화위원회의 추천직 위원, 금융감독원의 원장·부원장·부원장보 및 감사, 농업협동조합중앙회·수산업협동조합중앙회의 회장 및 상임감사
12. 그 밖에 대통령령으로 정하는 정부의 공무원 및 공직유관단체의 임원
13. 제1호부터 제12호까지의 직(職)에서 퇴직한 사람(제6조제2항의 경우에만 공개한다)

제13조(재산등록사항의 목적 외 이용금지 등) 등록의무자는 허위등록이나 그 밖에 이 법에서 정한 사유 외에 등록된 사항을 이유로 불리한 처우나 처분을 받지 아니하며, 누구든지 재산등록사항을 이 법에서 정한 목적 외의 용도로 이용하여서는 아니 된다.

제14조(비밀엄수) 재산등록업무에 종사하거나 종사하였던 사람 또는 직무상 재산등록사항을 알게 된 사람은 다른 사람에게 이를 누설하여서는 아니 된다.

제14조의2(직무상 비밀 등을 이용한 재물취득의 금지) 등록의무자는 직무상 알게 된 비밀 또는 소속 기관의 미공개정보를 이용하여 재물이나 재산상 이익을 취득하거나 제3자로 하여금 취득하게 하여서는 아니 된다.

제14조의3(금융거래자료의 제공·누설 등 금지) 제8조제5항에 따라 금융거래의 내용에 관한 자료를 제공받은 사람은 그 자료를 타인에게 제공 또는 누설하거나 그 목적 외의 용도로 이용하여서는 아니 된다.

제2장의2 주식의 매각 또는 신탁 등

제14조의4(주식의 매각 또는 신탁) ① 등록의무자 중 제10조제1항에 따른 공개대상자와 기획재정부 및 금융위원회 소속 공무원 중 대통령령으로 정하는 사람(이하 "공개대상자등"이라 한다)은 본인 및 그 이해관계자(제4조제1항제2호 또는 제3호에 해당하는 사람을 말하되, 제4조제1항제3호의 사람 중 제12조제4항에 따라 재산등록사항의 고지를 거부한 사람은 제외한다. 이하 같다) 모두가 <u>보유한 주식의 총 가액이 1천만원 이상 5천만원 이하의 범위에서 대통령령으로 정하는 금액을 초과할 때에는 초과하게 된 날</u>(공개대상자등이 된 날 또는 제6조의3제1항·제2항에 따른 유예사유가 소멸된 날 현재 주식의 총 가액이 1천만원 이상 5천만원 이하의 범위에서 대통령령으로 정하는 금액을 초과할 때에는 공개대상자등이 된 날 또는 유예사유가 소멸된 날을, 제14조의5제6항에 따라 주식백지신탁 심사위원회에 직무관련성 유무에 관한 심사를 청구할 때에는 직무관련성이 있다는 결정을 통지받은 날을, 제14조의12에 따른 직권 재심사 결과 직무관련성이 있다는 결정을 통지받은 경우에는 그 통지를 받은 날을 말한다)<u>부터 2개월 이내에 다음 각 호의 어느 하나에 해당하는 행위를 직접 하거나 이해관계자로 하여금 하도록 하고 그 행위를 한 사실을 등록기관에 신고하여야 한다.</u> 다만, 제14조의5제7항 또는 제14조의12에 따라 주식백지신탁 심사위원회로부터 직무관련성이 없다는 결정을 통지받은 경우에는 그러하지 아니하다.

③ 공개대상자등은 주식백지신탁계약의 체결 또는 해지로 인한 재산변동사항을 제6조 및 제11조에 따른 신고에 포함하여 함께 신고하여야 한다.

④ 제1항에 따라 주식백지신탁계약의 체결을 신고한 경우에는 그 신탁계약을 해지할 때까지 그 신탁재산은 제6조 및 제6조의2제1항에 따른 신고대상에서 제외한다.

제14조의12(주식백지신탁 심사위원회 직권 재심사)

제14조의15(기관별 주식취득의 제한)

제14조의16(기관별 부동산취득의 제한)

제14조의17(기관별 가상자산 보유의 제한)

제3장 선물신고

제15조(외국 정부 등으로부터 받은 선물의 신고) ① 공무원(지방의회의원을 포함한다. 이하 제22조에서 같다) 또는 공직유관단체의 임직원은 <u>외국으로부터 선물</u>(대가 없이 제공되는 물품 및 그 밖에 이에 준하는 것을 말하되, 현금은 제외한다. 이하 같다)<u>을 받거나 그 직무와 관련하여 외국인</u>(외국단체를 포함한다. 이하 같다)<u>에게 선물을 받으면 지체 없이 소속 기관·단체의 장에게 신고하고 그 선물을 인도하여야 한다.</u> 이들의 가족이 외국으로부터 선물을 받거나 그 공무원이나 공직유관단체 임직원의 직무와 관련하여 외국인에게 선물을 받은 경우에도 또한 같다.

② 제1항에 따라 신고할 선물의 가액은 대통령령으로 정한다.

> **시행령**
> **제28조(선물의 가액)** ① 법 제15조제1항에 따라 신고하여야 할 선물은 그 선물 수령 당시 증정한 국가 또는 외국인이 속한 국가의 시가로 미국화폐 100달러 이상이거나 국내 시가로 10만원 이상인 선물로 한다.
> ② 법 제15조제1항 전단에 따른 소속 기관·단체의 장은 시장가격을 확인하기 어려운 선물의 가액을 산정하기 위하여 평가단(이하 "선물평가단"이라 한다)을 구성·운영할 수 있다.
> ③ 선물평가단의 구성·운영 등에 필요한 사항은 인사혁신처장이 정한다.

제16조(선물의 귀속 등) ① 제15조제1항에 따라 신고된 선물은 신고 즉시 국가 또는 지방자치단체에 귀속된다.

제4장 퇴직공직자의 취업제한 및 행위제한 등

제17조(퇴직공직자의 취업제한) ① 제3조제1항제1호부터 제12호까지의 어느 하나에 해당하는 공직자와 부당한 영향력 행사 가능성 및 공정한 직무수행을 저해할 가능성 등을 고려하여 국회규칙, 대법원규칙, 헌법재판소규칙, 중앙선거관리위원회규칙 또는 대통령령으로 정하는 공무원과 공직유관단체의 직원(이하 이 장에서 "취업심사대상자"라 한다)은 퇴직일부터 3년간 다음 각 호의 어느 하나에 해당하는 기관(이하 "취업심사대상기관"이라 한다)에 취업할 수 없다. 다만, 관할 공직자윤리위원회로부터 취업심사대상자가 퇴직 전 5년 동안 소속하였던 부서 또는 기관의 업무와 취업심사대상기관 간에 밀접한 관련성이 없다는 확인을 받거나 취업승인을 받은 때에는 취업할 수 있다

③ 제2항에도 불구하고 다음 각 호의 어느 하나에 해당하는 취업심사대상자(이하 "기관업무기준 취업심사대상자"라 한다)에 대하여는 퇴직 전 5년간 소속하였던 기관의 업무가 제2항 각 호의 어느 하나에 해당하는 경우에 밀접한 관련성이 있는 것으로 본다.

제18조의2(퇴직공직자의 업무취급 제한) ① 모든 공무원 또는 공직유관단체 임직원은 다른 법률에 특별한 규정이 있는 경우를 제외하고는 재직 중에 직접 처리한 제17조제2항 각 호의 업무를 퇴직 후에 취급할 수 없다.
② 기관업무기준 취업심사대상자는 다른 법률에 특별한 규정이 있는 경우를 제외하고는 퇴직 전 2년부터 퇴직할 때까지 근무한 기관이 취업한 취업심사대상기관에 대하여 처리하는 제17조제2항 각 호의 업무를 퇴직한 날부터 2년 동안 취급할 수 없다.

제18조의3(업무취급 제한 퇴직공직자의 업무내역서 제출)

제18조의4(퇴직공직자 등에 대한 행위제한) ① 퇴직한 모든 공무원과 공직유관단체의 임직원(이하 "퇴직공직자"라 한다)은 본인 또는 제3자의 이익을 위하여 퇴직 전 소속 기관의 공무원과 임직원(이하 "재직자"라 한다)에게 법령을 위반하게 하거나 지위 또는 권한을 남용하게 하는 등 공정한 직무수행을 저해하는 부정한 청탁 또는 알선을 해서는 아니 된다.
② 재직자는 퇴직공직자로부터 직무와 관련한 청탁 또는 알선을 받은 경우 이를 소속 기관의 장에게 신고하여야 한다.
③ 누구든지 퇴직공직자가 재직자에게 청탁 또는 알선을 한 사실을 알게 된 경우 해당 기관의 장에게 신고할 수 있다.

④ 소속 기관의 장은 제2항 또는 제3항에 따라 신고된 사항에 대하여 제1항에 따른 부정한 청탁 또는 알선 인지 여부를 판단하여야 하며, 수사의 필요성이 있다고 인정하는 경우 수사기관에 통보하여야 한다. 이 경우 소속 기관의 장은 신고된 사항과 수사기관에 통보한 사실을 관할 공직자윤리위원회에 통보하여야 한다.

제18조의5(재직자 등의 취업청탁 등 제한) ① 재직 중인 취업심사대상자는 퇴직 전 5년 동안 처리한 업무 중 제17조제2항 각 호에서 정하는 업무와 관련한 취업심사대상기관을 상대로 하여 재직 중 본인의 취업을 위한 청탁행위를 하여서는 아니 된다.

제19조의3(취업제한 여부의 확인, 취업승인, 업무취급승인 및 업무내역서 심사 기록의 작성·관리 및 결과의 공개)

제19조의4(기관업무기준 취업심사대상자에 대한 취업이력공시)

제6장 징계 및 벌칙

제22조(징계 등) 공직자윤리위원회는 공무원 또는 공직유관단체의 임직원이 다음 각 호의 어느 하나에 해당하면 이를 사유로 해임 또는 징계의결을 요구할 수 있다.

제23조(시정 권고) 관할 공직자윤리위원회는 국가기관, 지방자치단체 또는 공직유관단체의 장이 제18조의5 제2항을 위반하여 해당 기관의 취업심사대상자를 제17조제2항 각 호의 업무와 관련된 취업심사대상기관으로 취업을 알선하는 경우에는 시정을 권고할 수 있다. 이 경우 시정 권고를 받은 국가기관, 지방자치단체 또는 공직유관단체의 장은 특별한 사유가 없으면 그 시정 권고에 따라야 한다.

제24조(재산등록 거부의 죄) ① 등록의무자가 정당한 사유 없이 재산등록을 거부하면 1년 이하의 징역 또는 1천만원 이하의 벌금에 처한다.

② 제10조의2제1항 및 제2항에 따른 공직선거후보자 등이 정당한 사유 없이 등록대상재산에 관한 신고서를 제출하지 아니하면 6개월 이하의 징역 또는 500만원 이하의 벌금에 처한다.

제24조의2(주식백지신탁 거부의 죄) 공개대상자 등이 정당한 사유 없이 제14조의4제1항 또는 제14조의6제2항을 위반하여 자신이 보유하는 주식을 매각 또는 백지신탁하지 아니하면 1년 이하의 징역 또는 1천만원 이하의 벌금에 처한다.

제25조(거짓 자료 제출 등의 죄) 공직자윤리위원회(제8조제11항에 따라 공직자윤리위원회로부터 재산등록사항에 관한 권한을 위임받은 등록기관의 장 등을 포함한다. 이하 제26조에서 같다) 또는 주식백지신탁 심사위원회로부터 제8조제4항 및 제5항(제6조의2제4항, 제11조제2항 및 제14조의4제6항에서 준용하는 경우를 포함한다) 또는 제14조의5제10항에 따른 보고나 자료 제출 등을 요구받은 각 기관·단체·업체의 장이 거짓 보고나 거짓 자료를 제출하거나 정당한 사유 없이 보고 또는 자료 제출을 거부하면 1년 이하의 징역 또는 1천만원 이하의 벌금에 처한다.

제26조(출석거부의 죄)
제27조(무허가 열람·복사의 죄)
제28조(비밀누설의 죄)
제28조의2(주식백지신탁 관여금지 위반의 죄)
제29조(취업제한, 업무취급 제한 및 행위제한 위반의 죄)
제30조(과태료)

05 범죄이론[범죄학]

1 의의

① 범죄란 형법에 위배되는 행위이다.
  실질적 의미에서는 사회적 행동규범에 위배되는 행위를 의미한다.
  ➡ 역사, 문화적 환경 등에 의해 다양하게 나타나며 상대적 특징을 지닌다.

② 범죄학은 범죄의 발생과 그 원인, 그리고 대책을 탐구하는 학문분야이다.
  ➡ 범죄학 : 영미계통에서는 넓은 의미로 파악하여 광의의 형사정책학과 같은 개념으로 보고있고, 대륙계에서는 협의의 형사정책학에 대흥하는 순수한 경험과학으로 이해한다. 한국은 양자의 절충형이다.

③ 형식적, 실질적 범죄 개념
  ㉠ 형식적 범죄개념
    규범 종속적 개념으로 형법적 의미의 범죄개념이다.
  ㉡ 실질적 범죄개념
    법규정에 한정되지 않고 범죄의 실질성(사회유해성)을 지니는 반사회적 법익침해행위이다.

2 범죄 원인론

1) 의미

① 범죄의 발생요소

실리(J.Sheley)의 4요소	범행의 **동기**, 범행의 **기회**, 범행의 **기술**, 사회적 **제재로부터의 자유**
일상활동 3요소	범죄자, 피해자(범죄 대상), 보호자의 부재(감시의 부재)

2) 고전주의 범죄학(비결정론)

① 의의
  ㉠ 18세기 **공리주의** 영향으로 등장한 범죄학 이론이다.
  ㉡ 모든 사회에서 사람들은 자신의 욕구를 충족하고 자신의 문제를 해결하기 위해 합법적이거나 불법적인 해결책을 선택할 **자유의사**를 가진다는 것을 기초로 한다.
    ➡ 고전주의는 범죄를 하는 이유보다는 범죄를 하지 않는 이유를 설명한다.
    ➡ 고전주의는 성악설을 전제한다.
  ㉢ 범죄를 선택하는 것은 처벌에 대한 두려움에 의해 통제되며, 범죄를 효과적으로 제지하기 위해서는 **처벌이 엄격**하고, **확실**하며, **신속**하게 이루어져야 한다고 강조한다.
    ➡ 범죄와 형벌에 대해 합리적, 자연주의적 접근이다.

＊
- 자연범 : 시간과 문화를 초월하여 범죄로 인정되는 행위
- 법정범 : 국가가 실정법에서 범죄로 규정하고 있는 행위

＊ 범죄학 최초
1885년 가로팔로(Garofalo)가 범죄의 현상과 원인을 규명하는 실증적 학문의 의미로 범죄학을 저술함

＊ 롬브로조의 분류
- 생래적 범죄인
- 우범죄인
- 기회범죄인
- 정신병범죄인
- 관습범죄인
- 잠재적범죄인

＊ 가로팔로의 분류

자연범	• 모살범죄인 • 폭력범죄인 • 재산범죄인 • 풍속범죄인
법정범	
과실범	

＊ Sheley 4요소

범행동기	범죄를 하려는 의지
범행기회	범행에 대한 물리적 환경
범행 기술	범행을 위한 능력과 기술
사회적 제재로부터 자유	외적 제재와 내적 제재의 약화

* **베까리아(C.Beccaria)**
  * '범죄와 형벌'(1764)
  * 죄형균형론(죄형법정주의)
  * 가혹하고 신속한 형벌
  * 일반예방주의
  * 자의적 사면 반대

* **벤담(Bentham)**
  * '도덕과 입법원칙'
  * 형벌부과의 목적은 범죄예방(일반예방사상)
  * 공리주의 형벌관
  * 형벌의 계량화
  * 파놉티콘형 교도소

* **벤담**
  법의 목적은 사회 공공의 행복을 만들고 보장해주는것이며, 형벌의 목적은 범죄예방에 있다.

② 고전주의의 특징

대표 학자	베까리아, 포이에르바흐, 벤담 등 철학자들
비결정론	인간은 환경과 관계없이 자기 의지에 따라 규율할 수 있는 자유인이므로, 범죄인도 일반인과 마찬가지로 **자유의지**를 지닌다. ◐ 합리적 선택이론에 영향을 주었다.(쾌락극대, 고통최소)
도의적 책임론	책임의 근거는 자유의지이고, 범죄를 통해 도덕적 죄를 범했으므로 법률상으로도 책임을 물을수 있다.
일반예방주의	고통을 내용으로 하는 형벌을 통해, **사회일반인의 범죄를 예방**하는 데 목적을 둔다.
형벌	• 형벌은 범죄와 균형을 이루어야 한다.(**형벌에 의한 범죄 억제**) ◐ 정기형 • 보안처분과도 엄격히 구분해야 한다.

③ 신고전주의
  ㉠ 개인의 자유의지, 행위자의 도의적 책임을 전제로한다.
  ㉡ 고전주의의 자유의사에 의한 책임론을 인정하면서 행위자의 주관적 측면도 일부 인정하였다.

④ 현대적 고전주의
  ㉠ 범죄학에 합리적 선택이론을 도입하였다.
  ㉡ 범죄경제학이론(백커, 클라크, 코니쉬 등)
    ◐ 범죄는 신속, 확실, 엄중해야 억제할수 있다.

3) 실증주의 범죄학(결정론)

① 의의
  ㉠ 사회문제의 연구에 과학적인 방법을 적용하였던 19세기의 **실증철학**에 근거한 이론이다.
  ㉡ 실증주의에서는 범죄는 개인이 자유의사에 의해 합리적으로 선택하는 것이 아니라, **개인의 통제할 수 없는 요소**에 의해 결정되어지는 것이라 분석한다.
    ◐ 실증주의는 사람의 내부(inside-the-person)에 있는 비정상적이고 병적인 요소가 범죄성을 일으킨다고 보고, 그 요소가 제거되지 않는 한 범죄는 발생할 수밖에 없다고 본다.
  ㉢ 범죄 원인론은 생물학적 원인론, 심리학적 원인론, 사회학적 원인론 등으로 구분된다.

② 실증주의 특징

대표 학자	롬브로조(Lombroso), 페리(Ferry), 가로팔로(Garofalo) 등
결정론	범죄인은 보통인과는 다른 유전적, 환경적 요인으로 심신이 비정상적이며, 실증적 심리학의 입증으로 인간의 자유의사를 부정한다. ◐ 인간의 행위는 개인의 특수한 소질조건과 그 주변의 환경조건에 의해 결정된다.
사회적 책임론	범죄인에 대해서 사회가 항상 자기를 방어, 보호할 필요가 있으므로 범죄인은 사회방위처분을 받아야 한다.
특별예방주의	범죄인을 교화·개선하여 재사회화함으로써 **재범 방지**를 목적으로 한다.
형벌	• 형벌은 교육적·목적형이어야 하고, **교화·개선**을 목적으로 한다. 　◐ 부정기형 인정함 • 형벌과 보안처분은 특별예방적 제재란 점에서 본질이 같다.

㉠ 생물학적 원인론 - 고다르(Goddard), 크레츠머(E. Kretschmer), 셀던

환경의 영향보다 개인적 자질이나 속성을 보다 중심적으로 범죄의 원인을 분석하는 실증주의 범죄학 이론이다. 특히, 개인의 속성을 신체적 조건, 뇌의 기능, 생화학적인 특징 등 유기체적 속성에서 찾는다.

◐ 갈(F.Gall)의 골상학

㉡ 심리학적 원인론 - 고링(C.Gorring), 따르드(G.Tarde)

인간의 지능, 인성과 범죄행위에 대한 정신적 측면에 관심을둔 이론 연구를 하였다.

㉢ 사회생물학적 원인론

유전과 환경 중의 하나만이 아니라, 양자의 상호작용에 의한 인간행동에 주목한다. 따라서 선천적인 것 보다 후천적인 생물학적 요인을 중요시하는 이론이다.

* 범죄 원인

소질 중시	롬브로조등 이탈리아 학파
사회적 환경 중시	따르드등 프랑스 학파
소질과 환경 중시	리스트

③ 대표학자

이탈리아 학파	롬브로조 (Lombroso)	• '범죄인론'(1876) • 생래적 범죄인설 • 격세유전설 및 범죄인 정형설(신체측정법) • 처우의 개별화
	페리 (Ferri)	• 범죄원인 삼원설 - 사회적 원인을 중시 • 범죄포화의 법칙 • 형벌대용물 사상 • 법개정주의자(형벌 없는 형법전)
	가로팔로	• 범죄원인의 심리학적 측면 중시 • 자연범과 법정범으로 구별
프랑스 학파	따르드 (Tarde)	• 환경일원론 - 범죄인을 제외한 모든 사람에게 죄가 있다 • 모방의 법칙 - 거리의 법칙, 위에서 아래로 법칙, 삽입의 법칙
	뒤르켐 (Durkheim)	• '사회적 분업에 관하여'(1893) '자살론'(1897) • 아노미 개념 제시 • 범죄정상설 - 어느 사회나 범죄는 필수적이다. • 범죄 순기능설 - 사회 진보를 위해 일정량의 범죄가 필요하다.
독일	리스트 (Liszt)	• 신독일사회학파 형성 - 다원적 범죄원인론 • 사회방위와 개인의 인권보장을 동시에 강조 • 사회정책과 형사정책의 연관성 중시 - 좋은 사회정책은 최상의 형사정책이다.

▼ 고전주의와 실증주의 비교

	고전주의	실증주의
환경관	비결정론	결정론
범죄	법률적 범죄 개념	자연적 범죄 개념
범죄원인	(쾌락추구)자유의사	신체적·심리적·사회적 요인
연구대상	범죄 및 법체계	범죄인
범죄 통제수단	• 처벌위주 사법제도 • 정기형	• 과학적 처우, 교화 개선 • 부정기형
형사정책	일반예방	특별예방
감소대상	형벌의 감소	범죄의 감소
경찰활동	법집행주의 경찰활동	봉사활동주의 경찰활동

4) 사회학적 범죄학

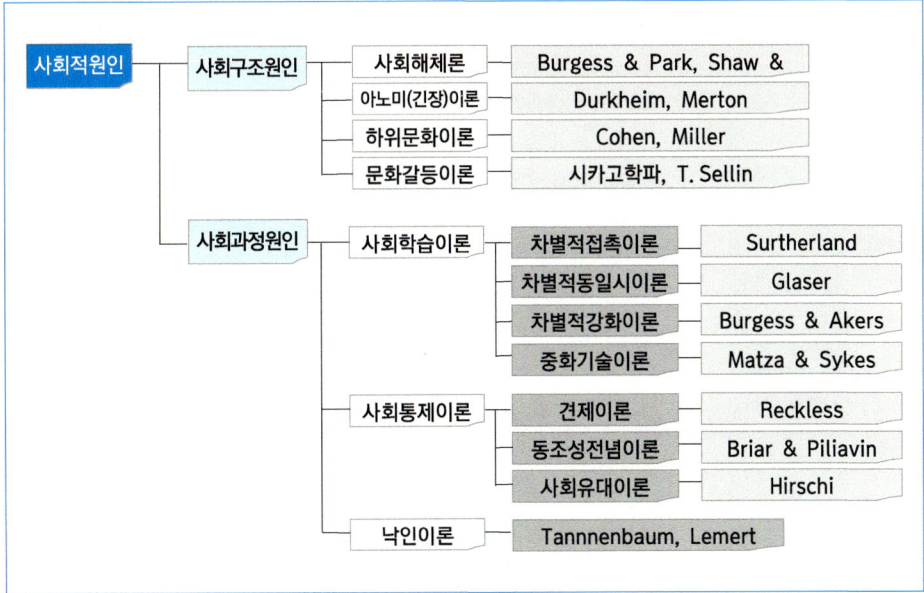

(1) 사회구조원인

범죄 원인을 **거시적**인 사회구조적 차원에서 파악하는 이론이다.

➔ 구조기능주의, 합의론을 기초로 한다.

사회해체론	㉠ 도시화, 산업화로 인하여 종래의 전통이 붕괴되고 사회규범이 저하되어, 지역사회의 제도적 통제약화와 사회해체로 인해 구성원의 일탈이 유발되게 된다. ➔ 생태학적 접근 ➔ 시카고학파, 버제스의 동심원 모델 등 ㉡ 사회 해체 단계 1단계는 사회의 분화, 가치규범의 갈등, 사회이동등 사회문화적 조건이 발생하고, 2단계는 사회해체가 내적 사회통제를 약화시킨다. ㉢ 쇼와 맥키(Shew & Mckay)연구 ⓐ 지역의 특성과 범죄발생의 연관성 관계를 주장하였다. ⓑ 빈민지역등 비행소년이 살고 있는 거주지역연구를 통해 사회의 비공식적 통제력이 약화된 중심상업지역과 과도기 지역의 도심에 가까울수록 비행이 빈번하게 발생한다. ➔ 빈민지역의 구성원이 바뀌더라도 비행발생률은 감소하지 않는다. ㉣ 버식(bursik)과 웹(Webb)연구 ⓐ 사회해체를 지역사회의 무능력상태로 정의한다. ➔ 사회통제의 결여가 사회해체의 핵심이라고 본다. ⓑ 주민 이동성과 주민 이질성이 높은 도심지역은 비공식적 통제가 약하고 범죄 발생이 높다고 본다. ➔ 도시의 경제적 조건과 급격한 사회변화 자체가 범죄의 직접원인은 아니라고 주장한다.

* **Burgess 동심원**
1. 중심업무지구
2. 점이지대
3. 노동자 주거지대
4. 중상류층 주거지대
5. 통근자 주거지대

* **문화전달 이론**
1. 사회해체로 인해 형성된 범죄문화의 전달과정에 중점을 두는 이론
2. 범죄를 부추기는 가치관으로 사회화 되거나, 범죄에 대한 구조적, 문화적 유인에 대한 자기통제의 상실이 범죄 원인이 된다고 본다.

* **사회해체론의 영향**
지역특성과 범죄연구를 통해 범죄의 지리학적 연구와 환경범죄학에 영향을 주었다.

※ Anomie Theory
Durkheim에 따르면 아노미는 한 사회를 지배하는 강력한 가치관이 세력이 약화되고, 한 가지 이상의 서로 다른 가치관이 동등한 세력을 가지면서 한 사회 내에서 공존하는 현상을 의미한다. 이와 같은 아노미 상태에서 살고 있는 개인들은 어떤 가치관을 따라야 할지와 같은 가치관의 혼란을 경험하게 된다. 따라서 그 사회에서 지배적인 가치·규범에서 벗어난 행동인 일탈행위를 할 가능성이 높아진다고 본다.

※ 아노미이론의 기본 명제
① 부를 추구하는 물질적 성공의 목표는 모든계층에 공통이다.
② 하류계층은 부를 추구할 수 있는 합법적 수단이 제한되어 있다.
③ 그 괴리로 하류계층은 비합법적 수단을 동원해서라도 부를 추구하며 범죄가 유발된다.

※ 긴장
"사회적으로 생성된 압력이나 영향이 사람들을 범죄로 이끈다"

※ 비행원인
① 목표설정 실패
② 긍정적 자극 소멸
③ 부정적 자극 발생

※ 적응유형

	문화적 목표	제도적 수단
동조형	수용	수용
혁신형	수용	거부
의례형	거부	수용
도피형	거부	거부
혁명형	대치	대치

아노미이론 (긴장이론)	㉠ 아노미 이론 　ⓐ E. Durkheim에 의해 최초로 주장된 이론으로 긴장이론(strain theory)의 뿌리를 이룬다. 　　➡ 사회적 상황에 주목하는 이론이다. 　ⓑ 사회구조가 구성원의 개인 욕구에 대한 통제력을 상실한 상황에서 아노미현상이 나타난다고 본다. 　　➡ 자본주의 사회의 차별성과 하류계층에 있어서 합법적인 기회의 부족이 범죄의 원인이라는 것을 강조한다. 　ⓒ 아노미적 자살 : 경제적 호황이나 공황이나 급속한 사회구조의 변동 속에서 옳고 그름을 판별할 수 없는 상황에 직면한 사람들이 행하는 자살 　ⓓ 범죄정상설 : 어떠한 사회에서도 범죄 행위가 전무할 수 없다는 '범죄정상설'과 범죄가 오히려 사회를 건강하게 만들 수 있다는 '범죄유용설' 등을 주장하기도 하였다. ㉡ Robert Merton 긴장이론 　ⓐ 1938년 'Social Structure and Anomie'라는 논문에서 특정사회에서 문화적 목표는 지나치게 강조하는 반면 제도적 수단으로 그 목표를 달성할 수 있는 기회가 제한되어 있기 때문에 사회적 '긴장'이 발생한다고 보았다. 　ⓑ Merton은 아노미 상황에서 사람들이 내면화한 문화적 목표와 제도화된 수단에 따라 각각 다른 개인적 적응방식을 보인다. 　　➡ 동조형, 혁신형, 의례형, 은둔형, 반항형
하위 문화론 (Subculture Theory) (문화일탈론)	㉠ 범죄행위는 특정한 하위문화에 의해 나타난 결과라고 보는 이론이다. 　➡ 일탈은 개인적 반응이 아니라 집단적 반응이다. 　➡ 비행행위는 집단내 요인이며, 주로 하위계층의 남자들에게 발생하는 현상이다라고 전제한다. ㉡ 비행적 하위문화이론 - 코헨(A.Cohen) 　ⓐ 비행적 하위문화는 중산층의 사회규범에 대한 반발이나 갈등(지위좌절)에 의해 만들어진다.(하위문화적 압박) 　ⓑ 청소년들에게서 반사회적 가치나 반항을 옹호하는 비행문화가 형성되는 과정을 설명한다. 　　➡ 하류층 청소년은 중류층에 대한 저항과 목표달성의 어려움을 극복하기위해 하위문화를 만들고 범죄를 저지르게 된다. ㉢ 차별적 기회이론 - 클로워드(Cloward)와 올린(L.Ohlin) 　ⓐ 청소년 비행에 대해 불법적 수단에 대한 접근성도 차별화되어 범죄의 기회나 기술이 집단에 따라 다르게 된다. 　➡ 긴장이론과 학습이론의 결합이다. 　ⓑ 합법적 기회가 차단된 지역이라도 조직화의 유형과 정도에 따라 하위문화가 발생한다. 　➡ 범죄적 하위문화, 갈등적 하위문화, 은둔적 하위문화

ⓔ 하류계층문화이론(문화적 일탈이론) - **밀러**(Miller)
하류계층의 비행을 그들만의 독특한 하류계층문화 자체가 집단비행을 발생시킨다고 본다. 예 여성가장구조
➡ 지배집단의 문화와 가치에 반하는 행위들이 지배계층에 의해 범죄적 행위로 간주된다고 본다.

ⓜ 폭력하위문화이론 - 울프갱, 페라쿠티
특정지역에서 폭력하위문화가 존재하고, 이것을 생활에서 정상적인 것으로 순응하게 하여 범죄를 유발하기 쉽다.

(2) 사회과정 원인(범죄화 과정이론)

개인적 **미시적 차원**에서 범죄발생 원인을 찾는다.

① 사회적 학습이론

차별적 접촉이론	㉠ **서덜랜드**(Edwin H. Sutherland) ㉡ 범죄자들은 정상인과 다르기 때문이 아니라, 타인들과 교제(접촉)하는 과정에서 범죄행위를 학습하기 때문에 범죄를 저지른다(직접 접촉). ➡ 범죄(일탈)행위는 개인적 학습의 결과물이다. ➡ 사회해체, 문화전달, 문화갈등이론을 바탕으로 한다. ㉢ 대책 개인의 비범죄적인 상황에 접촉과 교제를 증가해야 한다.
차별적 강화이론	㉠ **버제스와 에이커스**(Burgess & Akers) ㉡ 차별적 교재 - 정의 - 차별적 강화 - 모방(범행) ➡ 반두라의 관찰과 모방 학습이론을 도입하였다. ㉢ 사회학적 변수와 심리학적 변수를 연계하였다. ㉣ 청소년의 비행행위가 처벌없거나 칭찬의 강화작용으로 반복적으로 저질러 진다. ㉤ 에이커스는 사회적 상호작용을 통한 사회적 강화를 강조하였다.
차별적 동일시 이론	㉠ **글레져**(D.Glaser) ㉡ 서덜랜드의 교제 대신 '동일시'라는 개념을 사용하여 범죄의 학습이 직접접촉을 통하지 않고도 가능하다는 것을 설명한다. ➡ 청소년들의 미디어 모방과 동일시

✻ 사회적 학습이론
범죄행위를 학습과정의 산물로 바라보며, 범죄는 병리적인 것이 아니고 정상적인 학습의 과정으로 본다.

② 사회적 통제이론

➡ 성악설에 바탕을 두고 있다.

> ★ **사회통제이론**
> 성악설에 바탕을 두지만, 사회화와 제재를 통해 사회적 인간이 될수 있고, 다수의 구성원들은 범죄를 저지르지 않는다는 점을 주목한다. 사회적 통제는 내적 통제와 외적 통제가 있다.

중화기술이론	㉠ **사이크스와 맛차**(Sykes & Matza) ㉡ 범죄자와 비범죄자 등 이분법적 분화를 비판하였다. ㉢ 범죄자들은 일탈행위의 정당화 기술(변명기술)을 학습하여 이들에게 내면화되있는 규범의식이나 가치관을 마비시켜 범죄를 저지르게 된다.

책임의 부정	범죄자는 자신을 사회상황의 희생자로 여긴다.
피해(가해)의 부정	어느 누구도 자신의 범죄행위로 피해당하지 않았다고 주장한다.
피해자의 부정	침해는 피해자가 마땅히 받아야 할 피해라고 본다.
비난자에 대한 비난	사회통제기관이나 비난자에 대해 부패한자들로 규정한다.
고도의 충성심에 호소	주관적으로 높은 가치규범(상위가치)을 끌어들여 자기행동을 정당화한다.

㉣ 대책
사회적 잠재 가치를 줄여 중화가능성을 낮추면 범죄를 감소시킬수 있다고 주장한다.

> ★ **중화**
> 죄책감을 사라지게 하는데 필요한 도덕적 합리화, 정당화를 의미한다.

> ★ **학설분류**
> 중화기술이론의 분류에 대해 사회학습이론과 사회통제이론의 견해 대립이 있다.

견제(봉쇄)이론	㉠ **레클레스**(Reckless) ㉡ 범죄로 이끄는 힘이 차단하는 힘보다 강하면 발생한다. 　➡ 내적 억제요인과 외적 억제 요인 중 어느 한 가지라도 작용하면 범죄를 예방한다.(내적 요인 더 중요) ㉢ **좋은 자아관념**은 환경의 범죄적 요소에도 불구하고 비행행위에 가담하지 않도록 하는 중요한 요소이다. 　➡ 내적 억제 : 좋은 자아, 강한 양심, 자기통제력 등

> ★ **좋은 자아**
> '좋은 자아 관념은 비행에 대한 절연체이다"

동조성전념이론	㉠ **브라이어와 필리아빈**(Briar & PiliaVin) ㉡ 동조성 전념 : 자기의 행동이나 가치관이 준거하는 곳에 순응하고자 하는 의지의 정도(관습적 목표를 지향하려는 노력) 　➡ 타인과의 긍정적 평가를 얻고 유지하는 것(선생님 관심, 부모님 사랑, 선량한 교우관계 등) ㉢ **동조성**에 대한 강한 전념을 가진 사람은 약한 사람에 비해 범행에 가담할 확률이 낮다.

사회유대(결속)이론	㉠ **허쉬**(Hirsch) ㉡ 범죄를 제지할 수 있는 사회적 결속과 **사회적 유대**가 약화되면 범죄 가능성이 커진다. 　➡ 사회적 결속요소 : 애착, 전념(헌신), 참여(관여), 신념(믿음) ㉢ 비판 : 경미한 범죄는 적용되나 강력범죄의 설명에는 적합하지 않다.

> ★ **사회적 유대**
> ① 애착 : 부모, 친구등 중요한 사람과 결속관계
> ② 전념 : 규범준수에 따른 보상에 관심을 갖는것
> ③ 참여 : 공부, 과외활동, 취미등 통상 적일에 시간 할애정도
> ④ 신념 : 사회적 인습, 가치를 받아들이고 준수하는 믿음

나이(F.Nye) 통제이론	㉠ 나이(F.Nye) ㉡ 통제를 유형화 하여 직접통제, 간접통제, 내부통제로 구분하였다. ● 비행청소년 통제에서 가정에서 이루어지는 간접통제가 중요하다고 보았다.
억제이론 (법률적 통제)	㉠ 범죄 원인보다 법률적 통제에 역점을 둔다. ㉡ 억제 요소 : 처벌의 신속성, 처벌의 엄중성, 처벌의 확실성

③ 사회적 반응이론(낙인이론)

탄넨바움 (Tannenebaum)	㉠ 악의 극화 : 소년범을 우리가 그를 나쁘다고 규정하고 그를 선하다고 믿지 않기 때문에 오히려 나쁘게 된다. ● 악의 극화가 적으면 적을수록 청소년의 심화되는 비행을 방지할 수 있다. ㉡ 범죄자를 만드는 것은 행위 자체의 질적인 요소가 아니라 사회인들이 갖고 있는 그 행위에 대한 인식이다. ● 본질적으로 범죄적인 행위는 없다.
레머트(Lemert)	잘못된 사회적 반응(낙인)은 일차적 일탈을 더욱 심각한 이차적 일탈로 악화시킨다고 주장하였다.
슈어(Schur)	눈덩이 효과 가설 ● 형사제재를 하게되면 범죄 조성이 경감되지 않고 오히려 증폭, 확대된다고 주장한다.

* **낙인이론에 의한 경찰활동 예**
A경찰서는 관내 폭행으로 적발된 청소년을 형사입건하는 대신 학교전담 경찰관이 외부 전문가와 함께 3일 동안 다양한 선도프로그램을 제공함으로써 해당 청소년에게 스스로 잘못을 뉘우치고 장차 지역사회로 다시 통합될수 있는 기회를 제공하였다.

④ 마르크스주의 이론

사회 계급간의 갈등 구조에서 원인을 찾는다.

3 범죄 통제(예방)론

1) 의의

① 범죄 예방이란 실제의 범죄발생을 줄이고 범죄에 대한 시민들의 두려움을 줄이는 사전활동으로 사전적 범죄예방과 사후적 범죄예방이 있다.

* 미국 범죄예방연구소 정의
범죄기회(범죄욕구 X)를 감소시키려는 사전활동이며, 범죄에 관련된 환경적 기회를 제거하는 직접적 활동이다.

② 브랭팅햄(Brantingham) 분류

1차적 예방	물리적·사회적 조건의 개선을 통한 범죄예방 예 조명설계, 감시순찰, 범죄예방교육 등 ➡ **일반대중**으로 대상으로 한 일반예방
2차적 예방	잠재적 범죄자를 대상으로 범행기회차단을 통한 예방 예 범죄지역분석, 범죄예측 등 ➡ **우범자**를 대상으로 한 예방
3차적 예방	전과가 있는 범죄자를 대상으로 재범을 못하도록 하는 범죄예방 예 특별예방, 교화 등 ➡ **범죄자**를 대상으로 한 특별예방

③ 제퍼리(Jeffery)의 범죄통제 위한 세 가지 모델

범죄억제 모델	㉠ 비결정론적 인간관의 **고전학파**에 기초한다. ㉡ 형벌을 통한 범죄방지를 강조한다.
사회복귀 모델	㉠ 결정론적 **실증주의**에 기초한다. ㉡ 범죄인의 재사회화, 재범방지에 중점을 둔다.
환경공학적 범죄통제 모델	㉠ 개인과 환경의 상호작용에 의한 사회적 범죄론에 기초한다. ㉡ 도시정책, 경제, 사회 등 **사회환경 개선**을 통한 범죄예방을 강조한다. ㉢ 상황적 범죄예방모델 - 환경설계를 통한 범죄예방(CPTED)

2) 고전파 – 억제이론

* 처벌의 요소
• 신속성
• 엄격성
• 확실성

내용	㉠ 범죄의 책임은 개인에게 있다.(비결정론) ㉡ **강력한 처벌**을 통한 범죄의지를 억제를 강조한다. ➡ 일반예방 강조
비판	㉠ 폭력과 같은 충동적 범죄에 적용하는데 한계가 있다. ㉡ 처벌의 예방효과가 실패할 경우 다른 대안이 없다.

3) 실증주의 – 치료 및 갱생이론

내용	㉠ 범죄의 책임은 개인이 아니라 사회의 책임이다.(결정론) ㉡ **치료와 갱생**을 통한 재사회화를 주장한다. ➡ 특별예방 강조
비판	㉠ 치료, 갱생활동에 많은 비용이 소모된다. ㉡ 범죄자들 대상으로 하므로 일반예방효과에 한계가 있다.

4) 사회학적 범죄예방론(사회발전론)

내용	㉠ 범죄 유발의 **사회적 환경을 개선하여** 범죄의 원인 제거를 주장한다. ㉡ 범죄자의 내재적 성향보다 사회적 환경을 중요한 원인으로 본다.
비판	㉠ 많은 인적, 물적 자원이 필요하다. 　● 개인이나 소규모 조직체에서 수행될 수 없다. ㉡ 사회를 실험대상으로 이용한다.

5) 현대적 범죄예방이론

(1) 상황적 범죄이론(situational crime prevention)

① 범죄를 실행할 기회를 감소시키고, 범죄자에 의해 인식된 위험을 증가시키는 전략이다.

● 1970년대 초 Oscar Newman이 '방어공간(defensible space)'이라는 개념을 제시하면서 처음으로 알려지기 시작했다. 이후 1992년 Ronard Clarke는 자신의 「상황적 범죄예방(situational crime prevention)」에서 범죄사건의 감소를 위한 전략을 제시하였다.

합리적 선택이론	㉠ **클락과 코니쉬**(Clarke & Cornish) ㉡ 범죄경제학(신고전이론): 비결정론적 인간관(자유의지)을 바탕으로 **범죄자는 범죄행위의 비용**과 이익을 계산하고 자신에게 유리한 경우 범죄를 저지른다. ㉢ 예방: 범죄의 기회를 미리 파악하여 체포의 위험성과 처벌의 확실성을 높여 범죄를 예방한다.
일상활동이론	㉠ **코헨과 펠슨**(Cohen & Felson) ㉡ 지역사회의 차등적 범죄율과 변화를 그 지역의 구조적 특성이 아니라 **개인들의 일상활동**의 변화에서 찾는다.(미시적, 구체적 분석) ㉢ 범죄기회가 주어지면 누구든지 범죄를 저지를 수 있다.(잠재적 범죄자) ㉣ 범죄발생 3요소: 잠재적 범죄자, 잠재적 피해자, 보호자(감시자)의 부재 VIVA 모델: 범죄자가 범행결정시 고려되는 4요소 ⓐ 대상의 가치(value) ⓑ 이동의 용이성(inertial) ⓒ 가시성(visibility) ⓓ 접근성(access)
범죄패턴이론	㉠ **브랜팅햄**(Brantingham) ㉡ 범죄에는 일정한 장소적 **지리적 패턴**이 있으므로, 이러한 장소를 집중순찰하여 범죄를 예방한다. ㉢ 지리 프로파일링

* 코헨, 펠슨
"범죄를 저지르는데 호의적인 환경은 장기적으로 범죄적인 성향을 기르는데 크게 공헌하게 될 것이다.(1979)"

② 비판

범죄의 풍선효과(전이효과)가 발생할수 있고, 국가가 통제사회화 될 가능성이 있다.

(2) 환경 범죄학(environmental criminology)

① 의의

환경범죄학이란 범죄 기회를 감소시킬 목적으로 건물이나 지역 등의 주변 환경이 지니는 범죄 유발요인을 분석함으로써 범죄환경의 설계관리를 제기한 새로운 범죄학을 가리킨다.

➡ 환경범죄학에서는 특정한 범죄가 일어난 장소와 범죄유형을 이해하고 설명하기 위해 범죄가 발생하는 범주를 연구한다.
➡ 지역사회 방범활동과 관련된다.

② 방어공간이론 – O.Newman

주거에 대한 영역성을 강화하여 주민들의 주변공간에 대한 책임성 강화를 통해 범죄를 예방할 것을 주장하였다.

➡ 방어공간 기본요소 : 영역설정, 감시, 이미지, 주변지역 보전

③ 환경설계를 통한 범죄예방활동(CPTED, Crime Prevention Through Environmental Design)

➡ 제퍼리(Jeffery) 가 제시함

㉠ 의의

건축환경의 적절한 설계(design)와 효과적인 사용(use)을 통해 범죄 불안감과 발생범위를 줄이고 삶의 질을 증대시키는 기법'을 의미한다.

➡ 물리적 환경설계 또는 재설계를 통해 범죄기회를 차단하는 기법이다.

㉡ 기본원리

자연적 감시	건축물이나 시설의 설계시 **가시권**을 최대한 확보하여 외부침입에 대한감시기능을 확대해 범죄행위 발견가능성을 증대시킨다. 예 조명 증대, 가시권확대를 위한 건물 배치 등
자연적 접근통제	일정한 지역에 접근하는 사람들을 정해진 곳으로 유도하거나 외부인의 **출입통제**를 통해 접근에 대한 심리적 부담을 증대 시킨다. 예 차단기, 방범창, 통행로 설계, 출입구 최소화 등
영역성 강화	사적 공간에 대한 **경계를 표시**하여 외부인들에게 침입이 불법이란 점을 인식시켜 범죄를 예방하는 것이다.(명료성 증대) 예 울타리(펜스) 설치, 사적공간과 공적공간 구분 등
활동성의 활성화	주민들 상호 교환과 유대감 증진을 위한 공공장소를 설치하고 이용하도록 하여 '**거리의 눈**'효과를 증대시켜 범죄를 예방한다. 예 공원·놀이터 설치, 체육시설 이용증대, 벤치의 위치와 활용성 높은 설계 등
유지관리	최초 설계된 대로 기능이 지속적으로 **유지**될수 있게 **관리**한다. 예 파손 시 즉시 수리, 청결유지 등

---

*
생태학적 수법을 사용하여 범죄와 환경과의 관계를 연구했던 1920년대의 시카고학파가 환경범죄학의 원류라고 전해지며, 1970년대 후반 Paul J. Brantingham과 Patricia L. Brantingham에 의해 새로이 등장하였다. 특히, 1970년대 중반 이후 재조명되어 건축학과 도시계획 전문가로부터 환경범죄학이 재시작되었으며, 1970년대 후반부터 1980년대에는 미국을 중심으로 환경설계를 통한 범죄예방(Crime Prevention Through Environmental Design), 영국에서는 상황적 범죄예방(Situational Crime Prevention) 등이 연구되었다.

(3) 깨진 유리창 이론(Broken window theory) – 윌슨과 켈링(J.Wilson & G.Kelling)

내용	㉠ 작은 무질서 상태가 더 크고 심각한 범죄를 야기할 수 있다는 이론이다. ㉡ 무질서에 대한 엄격한 통제관리와 **무관용 경찰활동**을 강조한다. ㉢ 지역주민들의 상호협력을 통한 범죄예방노력이 필요하다.
비판	㉠ 깨진 유리창 이론의 효과가 과연 그 자체에서 기인한 것인지에 대해서는 학자들 간의 의견이 다르다. ㉡ 경범죄에 대한 단속이 중대범죄를 예방할수 있는지에 대한 반론이 있다.

(4) 집합효율성 이론 – 로버트 샘슨(R.Sampson) 등

내용	㉠ 시카고 학파의 사회해체이론을 계승하였다. ㉡ 지역사회 구성원들이 범죄문제를 해결하기 위해 **적극적으로 참여**하는 것이 범죄예방에 중요하다. ➡ 비공식적 사회통제 강조 ㉢ 지역주민 상호 신뢰와 연대감과 범죄에 대한 적극적 개입을 주장한다.
비판	경찰 등의 공식적 사회통제기관의 중요성을 간과하였다.

* 샘슨
"사회해체론은 기존의 생물학적 관점이 아닌 사회환경 관점을 제시했고 지역사회의 해체가 통제력을 약화시켜 반사회적 하위문화를 배태하고 계승함을 보여주었다."

4 범죄 피해자학

㉠ 1970년대 이전 까지 범죄피해자는 범죄사실에 대한 단순 입증과 증거방법으로만 인식되었다.
㉡ 현대는 범죄 피해자의 보호에도 관심을 두고 범죄발생의 요인을 피해자의 특성에서 파악하려는 노력이 이루어지고 있다.

▼ 멘델손(Mendelson) 피해자 유형론

완전히 책임없는 피해자	순수한 피해자 ⑩ 영아살해에서 영아, 약취 유괴당한 유아
책임이 조금 있는 피해자	피해자에게 어느 정도 책임이 있는 경우 ⑩ 무지에 의한 낙태여성
가해자와 같은 정도의 책임이 있는 피해자	자발적인 피해자 상태 ⑩ 촉탁살인에 의한 피해자, 동반자살 피해자
가해자보다 더 책임이 있는 피해자	피해자가 사건을 유발한 경우의 피해자 ⑩ 자신의 부주의 인한 피해자, 부모에게 살해된 패륜아
가장 책임이 높은 피해자	자신이 피해자가 되는 가해적 피해자 ⑩ 타인을 공격하다 피해를 당한 피해자, 무고죄의 범인

㉢ 개인의 범죄예방법, 피해자에 대한 보호·지원, **회복적 사법**등으로 확대하고 있다.

* 회복적 사법
(restorative justice)
1974년 캐나다 온타리오(Ontario)주의 엘마이라(Elmira)에서 시작된 것으로, 범죄 행위로 인해 발생한 피해와 책임에 대해 피해자, 가해자, 사회공동체가 함께 참여하여 자발적인 합의를 통해 피해를 바로잡고 관계를 회복시키려는 것이다. 피해자-가해자 조정/화해 프로그램(VOMP/VORP, Victim-Offender Mediation/Reconciliation Program), 가족간 협의회(FGC, Family Group Conference) 등이 있다.

06 지역사회 경찰활동

1 의의

① **지역사회경찰활동(COP, Community-Oriented Policing)**
경찰이 발휘할수 있는 역량과 지역사회의 잠재력을 유기적으로 결합시켜 범죄예방 및 질서유지효과의 극대화를 도모한다는 것이다.
  ● 공간적 영역, 사회적 상호작용, 공동의 유대를 중요 요소로 한다.
  ● 켈링(G.Kelling)은 '경찰활동의 조용한 혁명'으로 이해하였다.

＊ 비공식적 사회통제
공식적 통제 기능을 보완

② **지역사회 경찰활동의 패러다임**
시민의 역할강조, 순찰활동 전략 재고, 경찰개혁의 필요성 등이 배경이 된다.

범죄 예방 강화	• 범인 검거에서 범죄예방으로 중점 이동 • 사후적 검거활동에서 사전적 예방활동으로 전환 • 범죄 예방을 위한 다양한 자원의 투입
지역사회 협력 강화	• 지역사회 문제해결을 위한 경찰업무 확대 • 주민의 경찰행정 참여기회 확대 • 지역주민과 함께 하는 협력적 치안으로 전환
경찰내부 개혁	• 권한의 분권을 통한 책임감 증대 • 하의상달 구조로 전환 • 일선경찰의 재량과 책임 확대

③ **지역사회 경찰활동의 구조**

구분	주요 내용
가치(철학)	주민참여, 경찰기능 확대, 인격적 봉사
전략	범죄 예방노력 확대, 근무방식 개선, 구역 책임 강화
전술	민경제휴, 민경협력적 문제해결
관리	조직개편, 지침정비, 체계적 평가

2 지역사회경찰활동의 특징

① **직무범위의 확대**
경찰이 문제해결사로 변신할 필요가 있다는 인식에서 단순히 범법자 검거만이 아니라 지역주민들의 삶의 질을 높이는 데 기여해야 한다는 신념으로 직무범위가 확대된다.

② **순찰자의 재량 확대(권한 분산)**
경찰관들이 지역주민과 일체가 되야 한다는 이념으로 기존의 공권력적 자세를 낮추고 지역사회의 문제해결자, 사회봉사자로서의 본분을 위해 일선경찰관에게 재량이 주어져야 한다.

③ 전통원리의 수정보완

경찰이 국민의 일상생활을 해결해주 는것과 전통적 경찰원칙 등은 수정보완될 필요가 있다.

④ 교육의 중요성

지역사회경찰활동을 위해 경찰관들에 대한 교육의 중요성이 증대되고, 교육의 내용과 질적인 향상이 매우 중요하다.

⑤ 전통적 경찰활동과 비교

	전통적 경찰활동	지역사회 경찰활동
책임자(주체)	경찰이 유일한 법집행기관	경찰과 시민 **모두** 범죄예방 의무
기능	범죄해결자, 법집행자	지역사회 문제해결자, 서비스제공자
업무평가	범인검거율(사후통제)	범죄나 무질서 감소(**사전예방**)
효율성 기준	범죄신고에 대한 반응시간	주민의 경찰업무에의 **협조정도**
조직구조	집권화	**분권화**
강조점	법의 엄격한 집행과 준수 ➡ 신속대응, 규정 따른 책임	지역사회요구에 부응하는 경찰관 개개인의 능력 ➡ 지역사회와 밀접한 상호작용

팩트DB

스콜닉(J. Skolnick) – 지역사회경찰활동의 특징

㉠ 지역사회의 범죄예방활동이 가장중요하다.
㉡ 순찰체계는 차량순찰보다는 도보순차과 공공서비스 위주의 순찰로 전환한다.
㉢ 지역주민에 대한 경찰책임을 강화한다.
㉣ 경찰명령체계를 분권화 하고여 지역실정에 맞는 경찰활동을 한다.

3 실행 프로그램

(1) 문제지향적 경찰활동

> ※ **문제지향적 경찰활동**
> 골드스타인(Goldstein,1990)은 경찰 활동은 사건 지향적보다는 오히려 문제지향적 이어야 한다고 주장

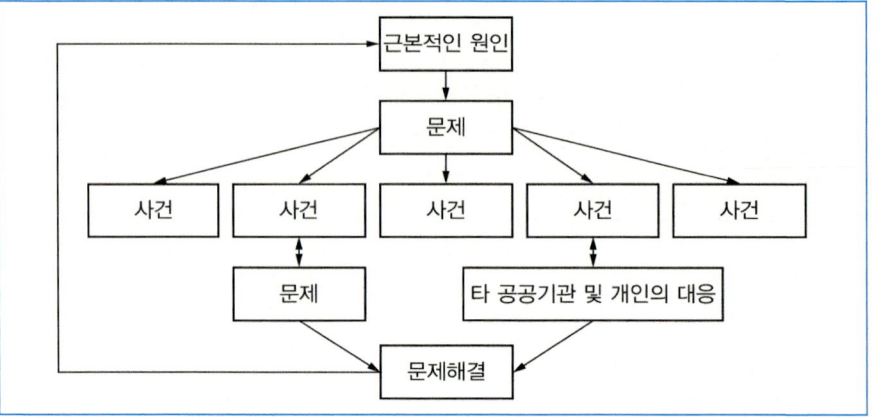

① 의의
  ㉠ 경찰활동이 단순히 법집행과 범법자 검거역할에서 지역사회 **범죄문제의 근본적 원인을 해결**해가는 역할로 전환되어야 한다.
  ㉡ 문제지향적 경찰활동(POP)은 반복된 사건을 야기하는 근본적인 원인을 해결해야 한다고 주장하며, 현장 경찰관에게 자유재량을 부여하고, 범죄분석 자료를 제공, 대중정보와 비평을 적극적으로 수용한다.

② SARA 모델
  에크(Eck)와 스펠만(Spelman)은 문제해결과정의 모델로 제시하였다.

조사(Scanning)	문제라고 여겨지는 개인과 관련되는 사건들을 분류하고 더욱 정확히 조사하는 과정이다.
분석(Analysis)	전통적 경찰자료와 다양한 공적, 사적 조직들로부터 정보를 수집 분석한다.
대응(Response)	① 분석된 지식을 통해 문제를 해결하기 위해 행동프로그램을 실행한다. ② 문제 원인을 해결한다.
평가(Assessment)	① 문제가 실제로 해결되거나 경감되었는지 평가하고 환류를 통해 반영한다. ② 평가단계는 대응의 적절성을 평가하는 것으로 과정평과 효과평가의 두단계로 구성된다.

(2) 이웃지향적 경찰활동

① 의의
  경찰과 지역주민 사이의 의사소통라인을 개설하는 것이다.

② 내용
　㉠ 이웃감시프로그램은 **지역주민들과 친밀한 관계**를 유지하여 그들의 일상활동을 잘 알게되면 지역내 범죄를 더 쉽게 발견하려는 범죄예방프로그램이다.
　　➔ 이웃감시프로그램 : 이웃지켜주기, 구역지켜주지, 가정지켜주기 등
　㉡ 거주자들에게 지역에 관한 정보를 제공하여 경찰과 협동으로 범죄를 억제 예방하는 기능을 수행한다.

(3) 전략지향적 경찰활동

① 의의
　범죄요소나 사회 무질서의 원인을 제거하고 지역사회의 안녕을 확보하는데 있어서 경찰자원들을 재분배하여 전문적 범죄진압능력을 향상시키는 것이다.
　➔ 효과적인 범죄통제

② 내용
　㉠ 질서유지 경찰활동, 깨진 유리창 경찰활동으로 불린다.
　㉡ 광역범죄 등에 대응하기 위해 **특별수사대** 등을 활동한다.
　㉢ 법집행적 대응을 위해 지역사회의 참여를 중요시 한다.
　㉣ 전략지향적 경찰활동의 요소

통제순찰	출동요청이 없어도 지정된 임무를 수행하며 담당지역을 점검하는 활동 ➔ 지역공원 가로질러 걷기, 마약흡입 장소 순찰하기 등
공격순찰	특정범죄자, 특정범죄요소에 대해 경찰 압박을 증가시키는 활동 ➔ 현장검문, 함정수사, 잠복 등을 통한 감시 단속
포화순찰	경찰관을 지정된 장소에 집중배치하여 경찰력을 외부적으로 가시화하도록 함 ➔ 다양한 순찰 증대, 제복착용 경찰관을 지정된 장소에 집중배치 등

(4) 정보지향적 경찰활동

① 의의
　경찰 및 민간 등 다양한 주체 간 정보 유통, 분석, 제공을 통해 범죄를 감소시키는 경찰활동이다.
　➔ 범죄환경을 정보로서 분석하여 의사결정자에게 제공함으로써 범지 환경을 변학시키는 것이다

② 내용
　범죄정보에 대한 통합분석모델에 따라 범죄활동과 범죄자들에 대한 **정보를 통합**하여 범죄문제 중심의 해결책을 제시할 수 있도록 한다.
　➔ 범죄정보 : 통계적 범죄정보, 범죄사건 정보, 심리행동정보

(5) 증거기반 경찰활동(evidence-based policing)

경찰정책과 의사결정에 있어서 과학적·의학적 증거에 기반하여 증거의 개발, 검토, 활용을 위해 경찰관 및 직원이 연구기관과 함께 활동하는 접근방법이다.

＊ 프로파일링(profiling)
➔ 범죄의 유형 파악

지리적 프로파일링
심리적 프로파일링

※ 스마트 폴리싱 7단계
① 문제제기
② 현안판단
③ 가용한 내외부 자원 확보
④ 데이터에 바탕한 활동 전략과 개선
⑤ 데이터 분석 및 새로운 기술의 활용
⑥ 수입된 정보들 통한 범죄예방
⑦ 전략 평가

4 스마트 폴리싱(policing)

① 의의

전략적 관리, 분석과 연구, 과학기술을 통한 경찰 활동의 문제를 해결하는 전략이다.

② 내용
 ㉠ 지역단위로 작동한다.
 ㉡ 경찰의 효율성을 연구하는 과학 및 연구이다.
 ㉢ 다원적, 다각적 접근을 한다.
 ㉣ 효과적인 결과를 지향한다.
 ㉤ 혁신을 위해 노력한다.

5 순찰

(1) 의의

지역경찰관의 가장 핵심적 활동으로서 관내의 일정한 지역을 순회, 시찰하면서 범죄예방 및 단속활동을 벌이는 것이다.

사무엘 워커(S.Walker)	범죄억제, 공공안전감 증진, 대민서비스 제공
헤일(C.Hale)	범죄예방, 범인검거, 법집행, 질서유지, 대민서비스 제공, 교통지도단속

(2) 종류

① 노선에 따른 분류

종류	의미, 장점	단점
정선순찰	• 사전에 정해진 노선을 지정된 시간에 순찰 • 규칙적이고 감독이 용이함	• 근무 자율성 저하 • 책임회피식 순찰 우려
난선순찰	• 순찰지역이나 시간을 불규칙적으로 순찰 • 범죄예방 효과 증대	근무소홀이나 태만 우려
요점순찰	정선순찰과 난선순찰의 절충	
구역순찰	관할구역을 하위 소구역으로 나누고, 지정된 개인별 담당구역을 순찰 - 현재 '구역책임자율순찰제'의 근거	순찰자의 적극성 부족 우려

② 기동수단에 의한 분류

종류	장점	단점
도보 순찰	• 주민접촉이 용이 • 상세하고 치밀한 상황관찰 가능	• 순찰자의 피로로 순찰 횟수 감소 • 장비 휴대의 한계
자동차 순찰	• 신속한 사건 처리 • 높은 가시방범효과	• 정황관찰 범위가 제한 • 좁은 골목 등 접근 한계 • 많은 경비 소요
오토바이 순찰	• 좁은 길 순찰 용이 • 신속성 증대	• 안정성 우려 • 은밀성, 정숙성 저하
자전거 순찰	• 도보보다 신체적 피로 감소 • 시민과 접촉 용이	• 장비휴대 한계 • 상대적 기동성 한계

(3) 순찰효과 연구

뉴욕경찰 25구역 순찰실험	㉠ 1950년대에 범죄가 많은 뉴욕 맨하튼 동부 25구역에서 순찰경관수를 두 배로 증원한 실험 ㉡ 순찰의 증가와 범죄감소의 상관관계 밝힘 ➡ **최초 연구**이지만, 과학성 결여
캔자스(kansas)시 예방순찰 실험(1972)	㉠ 1972년 순찰효과를 **최초 과학적** 실험함 ㉡ 차량순찰 증가해도 **범죄는 감소하지 않았고**, 일상적 순찰을 생략해도 범죄는 증가하지 않았다. ➡ 시민들은 순찰수준의 변화를 인식하지 못함 ㉢ 순찰의 증감이 시민의 안전감에 영향을 미치지 못한다는 결론 ➡ 사무엘 워커의 순찰기능 주장의 타당성이 약화됨
뉴왁(Newark)시 도보순찰 실험(1978)	㉠ 도보순찰을 증가하여도 범죄발생은 감소하지 않았으나, 주민들은 지역의 범죄가 감소했다고 인식함 ㉡ 도보순찰의 **심리적 효과를 긍정적**으로 평가함.
플린트(Flint)시 도보순찰 실험(1979)	㉠ 도보순찰 실험기간 중 일부지역에서 범죄건수가 증가하였는데도 시민들은 더 안전하다고 느낌 ㉡ 도보순찰의 심리적 긍정 효과

CHAPTER

02

경찰행정학

SECTION 01 경찰 관리론 일반
SECTION 02 경찰 조직 관리
SECTION 03 경찰 인사관리
SECTION 04 경찰 예산관리
SECTION 05 경찰 물품·장비관리
SECTION 06 경찰 보안관리
SECTION 07 경찰 홍보
SECTION 08 경찰 통제와 환류

01 경찰 관리론 일반

1 경찰관리론

1) 경찰관리 의의

① 경찰관리는 경찰조직의 목표 달성을 위해 경찰관에게 직무를 부여하고, 인력·장비·시설·예산 등을 확보하여 경찰조직이 효율적으로 운영되도록 하는 작용이다.
　➔ 관리의 주체는 조직의 관리자다.

② 관리의 목적은 조직목표를 효율적으로 달성하는 것이다.
　➔ 관리의 대상은 인력, 물자, 정보 등의 자원이다.

2) 경찰관리에 영향을 미치는 요인

① 치안서비스의 특징
② 경찰조직 자체의 특징
③ 관리자의 특성
④ 환경적 특성

3) 경찰 관리자

경찰조직의 공익적 목적달성을 위해 인적 물적 여러 가지 자원을 통합관리하며 경찰조직이 목적을 추진해가는 역할을 담당하는 사람이다.
➔ 총경급 이상을 고위관리자, 그 이하를 중간관리자라 한다.

2 경찰기획

1) 의의

기획이란 조직의 특정목표를 달성하기 위해 준비하는 일체의 활동을 의미한다.
➔ 정책과 결합되거나 함께 사용되는 경우가 많다.

2) 기획의 특징

① 가치지향성
　기획은 정책결정 성격을 띠므로 가치를 지향한다.

② 미래지향성
　기획은 미래지향적이며 미래예측과 불확실성이 기획과정 전반에 영향을 미친다.

③ 목표지향성
　기획은 설정된 목표를 달성하기 위한 수단으로서, 현재와 다른 변화를 추구한다.

※ 기획의 접근방법(Hudson)
① 총괄적 기획(synoptic planning) : 개도국에서 많이 활용하는 기획으로서 합리적·종합적 접근방법을 사용한다.
② 점진적 기획(incremental planning) : 다양한 이해관계의 조정과 적응을 계속하면서 보완·수정해나가는 기획으로서 분권적 의사결정이 이루어지는 기획이다.
③ 교류적 기획(transactive planning) : 결정에 의하여 직접적인 영향을 받는 사람들과 상호 접촉과 대화를 통하여 수립하는 기획이다.
④ 창도적 기획(advocacy planning) : 1960년대 법조계에서 형성된 피해구제절차로부터 비롯된 기획으로서, 지역사회 주민의 이익을 대변하고 옹호하는 기획이다. 약자의 이익을 강자로부터 보호하기 위하여 계획을 수립하고 제시하며 단일계획보다는 다원적 계획을 수립한다.
⑤ 급진적 기획(radical planning) : 단기간 내에 구체적인 성과를 내기 위하여 집단행동을 실현시키는 기획이다.

④ 합리성, 의사결정 과정

기획은 의식적으로 최적 수단을 탐색하고 선택하는 의사결정과정이며 대안의 우선순위 하에서 최선의 대안을 선택하는 합리적 과정이다.

⑤ 종합성

기획은 전체 사회부문을 포괄한다.

⑥ 집권성

소수의 엘리트들이 수행하는 것이므로 집권적이며, 민주성과는 상충관계에 있다.

📄 **팩트DB** ◆◆◆

기획의 과정

① 목표설정
장래 달성하고자 하는 목표를 구체적으로 명확하게 제시하는 과정이다.
상위목표와 하위목표의 계층성을 이룬다.

② 정보의 수집·분석
목표와 관련해서 현재 및 미래의 상황을 분석하여야 한다.

③ 기획전제의 설정
기획을 수립하는 과정에서 토대로 삼아야할 기본적인 예측 또는 가정을 설정하는 것이다.
➡ 통제정도에 따라 통제가능한 변수에 대한 전제, 통제불가능한 변수에 대한 전제가 있다.

④ 대안의 탐색·평가
도출된 대안들을 여러 가지 관점에서 비교 평가가 이루어지고, 대안간 우열을 파악하는 단계이다.

⑤ 최종안의 선택
대안의 평가결과를 바탕으로 최적의 대안을 선택하는 것이다.

3) **기획의 원칙**

① 단순성의 원칙
기획은 간결하여야 하며 난해하거나 전문적인 용어는 피하여야 한다.

② 목적성의 원칙
비능률과 낭비를 피하기 위하여 명확하고 구체적인 목적이 제시되어야 한다.

③ 표준화의 원칙
서비스 및 작업방법 등의 표준화를 통하여 계획수립과 집행을 용이하게 하여야 한다.

④ 신축성(탄력성)의 원칙
유동적이고 불확실한 행정상황에 신속히 대응할 수 있어야 한다.

⑤ 안정성의 원칙
불필요한 수정과 잦은 변경을 피하고 일관성과 안정성이 있어야 한다.

⑥ 계속성(계층화·단계성)의 원칙

상위·중위·하위 계획은 연계성과 계속성을 가져야 한다.

⑦ 장례예측성의 원칙

미래를 가능한 한 정확히 예측할 수 있어야 한다.

⑧ 경제성의 원칙

막대한 비용이 소요되므로 비용을 절감하고 투입 대비 산출이 크도록 하여야 한다.

★ 기획의 한계
① 자료 및 정보의 부족
② 기획가의 능력부족
③ 시간과 비용의 제약
④ 미래예측의 한계 등

3 정책결정모형

▼ 정책결정모형

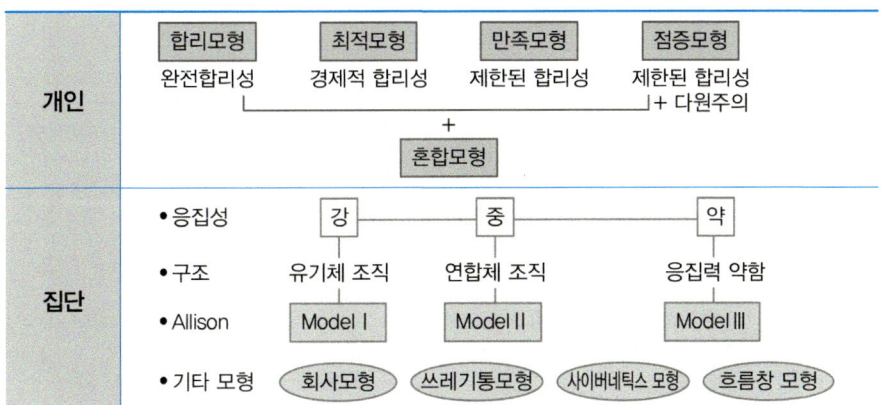

(1) 합리모형과 점증모형

구분	합리모형	점증모형
합리성	경제적 합리성(자원배분의 효율성)	정치적 합리성(타협과 조정 중시)
목표 – 수단 분석	실시(목표와 수단은 별개)	미실시(목표와 수단은 상호의존적)
정책결정방식	•쇄신적, 근본적 결정 (root method) •분석적·합리적 결정 •포괄적·일회적 결정	•개량적, 지엽적 결정 (branch method) •부분적·분산적 결정 •연속적·순차적 결정
매몰비용	미고려	고려
결정방향	하향식(top-down)	상향식(bottom-up)
적용국가	불안정한 사회(개발도상국)	안정된 사회(선진국)
집권과 분권	집권적	분권적

★ 합리모형과 만족모형

구분	합리모형	만족모형
합리성	완전한 합리성	제한된 합리성
인간에 대한 가정	경제인	행정인
대안 선택 기준	목표를 극대화 하는 최적대안 선택	만족할 만한 대안 선택(심리적 만족 추구)
대안 탐색	모든 대안을 광범위하게 탐색	대안을 무작위적·순차적 탐색

(2) 혼합탐사모형(Etzioni)

혼합모형	근본적 결정	포괄적(모든 대안) - 합리모형	제한적(중요한 결과만 예측) - 합리모형의 엄밀성 극복
	세부적 결정	제한적(소수의 대안만) - 점증모형	포괄적(모든 결과를 세밀히 예측) - 점증모형의 보수성 극복

(3) 최적모형(Dror)

① 정책결정의 4단계(stage): 초정책결정 → 정책결정 → 정책결정 이후(후정책결정) → 의사전달과 환류
② 질적 모형, 직관·창의 등 초합리성 강조
③ 정책결정구조의 중첩성
④ 비판 : 신비주의(mysticism)에 빠질 우려, 주먹구구식의 결정을 미화

(4) Allison 모형

구분	model I (합리적 행위자모형)	model II (조직과정모형)	model III (관료정치모형)
조직관	조정과 통제가 잘되는 유기체	느슨하게 연결된 하위 조직들의 연합체	독립적·개별적 집합체
집단 응집력	강함	약함	매우 약함
의사결정방식	총체적·분석적 탐색과 결정	갈등의 준해결, 순차적 대안탐색, 기존 관행과 프로그램 목록	정치적 게임의 규칙에 따른 협상, 타협 등
조직 내 적용계층	조직 전체계층	하위계층	상위계층

(5) 쓰레기통모형(Cohen, March, Olsen)

① 전제조건: 불명확한 기술, 수시적 참여자, 불분명한 선호
② 조직화된 무정부상태(organized anarchy)
③ 의사결정의 계기 - 4가지 흐름의 우연한 만남
  ➡ 문제의 흐름, 해결책의 흐름, 참여자의 흐름, 의사결정 기회의 흐름

(6) 회사모형(March와 Cyert)

① 협상을 통한 의사결정과 갈등의 준해결(quasi-resolution)
② 불확실성의 회피·통제
③ 조직의 학습과 표준운영절차(SOP), 목표의 순차적 해결
  ➡ 만족모형의 집단 적용

★ 흐름창(정책창)모형
① J. W. Kingdon의 '정책창(Policy Window)' 모형
  '정책주창자들이 그들의 관심대상인 정책문제에 주의를 집중시키고, 그들이 선호하는 대안을 관철시키기 위해서 열려지는 기회'로 정의된다.
② 흐름의 세 가지 요소 : 문제의 흐름, 정책의 흐름, 정치적 흐름

02 경찰 조직 관리

1 조직의 개념

다양한 견해들이 존재하지만, 특정한 목적을 수행하기 위해 구성된 인간의 집합체로서 공식적 구조와 과정을 갖추고 지속적으로 목적을 수행하고 활동을 하는 사회적 단위이다.

★ 조직의 요소
1. 공동의 목표
2. 인간의 집합체
3. 공식적 구조와 과정
4. 어느 정도의 규모와 지속성
5. 조직의 경계(boundary)

▼ 조직이론의 발전

구분	고전적 이론	신고전적 이론	현대적 이론
주요 변수	구조	인간	환경
이론	과학적 관리론 등	인간관계론 등	체제론 등
인간관	합리적·경제적 인간	사회적 인간	복잡인
연구 대상	공식적 구조	비공식적 구조	동태적·유기체 구조
환경관	폐쇄적	폐쇄적	개방적
연구방법	원리접근	경험적 접근	복합적 접근

(1) **고전적 조직이론**
① 의의 : 19세기 말부터 1930년대를 배경으로 산업혁명 이후 근대적 산업조직이 팽창되던 시기의 이론이다.
➡ 조직 내부의 효율성과 합리성이 중요한 연구대상이었다.

② 해당 이론
㉠ M. Weber의 관료제론
㉡ 행정관리론 : W. Wilson의 '행정의 연구'(1887), Gulick의 'POSDCORB'
㉢ 과학적 관리론 : Taylor의 '과학적 관리의 제원리'(1911)

③ 특징
㉠ 수단적 능률을 중시하여 조직의 효과적 운영과 극대화를 추구하였다.
➡ 기계론적 조직관에 입각해 공식적 구조를 중시한다.
㉡ 외부환경과의 관계보다는 조직 내부의 합리적 관리에 초점을 두었다(폐쇄체제).
㉢ 공조직과 사조직의 관리는 다르지 않다.(공사행정일원론)
㉣ 합리적·경제적 인간모형에 입각하여 자신의 이익을 극대화한다고 가정한다.
㉤ 계층적 구조와 분업을 중시하고 전문화와 분업화를 통한 구조적 관점에 기초 한다.

(2) **신고전적 조직이론**
① 의의
메이요(Mayo) 등에 의한 호손(Hawthorne) 공장 실험에서 시작된 신고전적 조직이론은 생산성에 대한 구성원들 간의 사회적 관계를 연구하였다.

★ 윌슨 [Woodrow Wilson]
1887년 「행정의 연구」(The Study of Administration)라는 논문을 발표하여 행정과 정치는 별개의 영역[정치·행정 2원론]임을 강조함으로써 현대 행정학을 성립시키는 기초를 마련하였다. 그의 논문은 당시 일어난 진보주의 운동의 가치를 반영시켰고, 미국 정부의 행정개혁에 영향을 미쳤다.

★ 호손공장실험
미국 시카고 근교에 있는 서부전기회사(Western Electric Co.)의 호손(Hawthorne)공장 종업원을 대상으로 1924년부터 1932년에 걸쳐 실시된 네 차례의 실험이다. 초기의 실험은 이 회사의 기사였던 펜녹(G.A. Pennock)에 의하여 시작되었으나, 1927년부터는 하버드 대학의 메이요(G.E. Mayo) 교수와 레스리버거(F.J. Roothlisberger) 교수 등의 동료 연구팀들에 의하여 실험이 완성되었다. 실험은 4차에 걸쳐 실시되었다. 제1차 실험은 조명실험, 제2차 실험은 계전기 조립실험, 제3차 실험은 면접실험, 제4차 실험은 배선관찰실험으로 실시되었다.

② 해당 이론
  ㉠ 인간관계론 : 메이요(B. Mayo) 등의 호손(hawthorne) 공장 실험
  ㉡ 버나드(C. Barnard), 셀즈닉(P. Selznick) 등

③ 특징
  ㉠ 사회적 능력과 사회적 규범에 의해 생산성이 결정된다고 보았다(사회적 능률).
  ㉡ 공식조직 내 자생적 비공식집단과 비경제적 요인을 중시한다.
  ㉢ 조직과 환경의 관계를 중점적으로 다루지는 못하였다(폐쇄체제).
  ㉣ 인간의 사회적 욕구와 사회적 동기유발 요인에 초점을 맞춘다(사회적 인간관).

(3) 현대적 조직이론

① 의의
  현대이론은 복잡하고 다양한 성향의 연구들을 통해 조직의 동태적이고 유기체적인 성향 과 조직발전(OD)을 중시한다.

② 해당 이론
  ㉠ 상황이론 : 상황변수에 적합하게 조직특성변수가 설계된 것으로 본다.
    ● 블라우(Blau), 메이어(Mayer), 왈도(Waldo) 등
  ㉡ 지식관리론, 학습이론, 혼돈이론, 복잡성이론(E. Lorenz) 등

③ 특징
  ㉠ 조직은 유기체로서 환경과 동태적 상호작용을 한다.
  ㉡ 다양한 가치기준과 접근방법의 분화가 일어난다고 본다.

＊ Schein의 인간관
① 합리적 경제적 인간관
② 사회적 인간관
③ 자아실현적 인간관
④ 복잡인

＊ 조직과 개인의 상호작용 (Pfiffner와 Sherwood)
① 구성원이 조직목표에 기여함 (사회화)
② 조직이 개인의 자아실현에 기여함 (인간화)
③ 조직과 구성원의 상호 조화 (결합화)

2 동기부여 이론

1) 의의

① 일반적 의미

동기부여란 어떤 사람에게 욕구(needs)가 있고 그러한 욕구를 충족시킨다고 생각되는 목표를 향해 행동할 때 그 사람이 갖는 심리상태이다.

2) 내용(욕구)이론

① A. H. Maslow의 욕구계층이론

㉠ 의의

Maslow(1970)는 다원적 인간욕구의 존재를 인정하고, 각 계층을 이루는 욕구의 심리적 충족과 진행과정을 연구하였다.

구분	의의	내용
5단계 자기실현 욕구	• 자신의 역량을 발휘하고자 하는 욕구 • 자기실현 욕구는 사람마다 큰 차이가 있음	• 공무원 단체 • 어떤 일을 행함으로써 느끼는 자신감, 성취감 등
4단계 존경 욕구	• 긍지와 존경에 대한 욕구 • 스스로 자긍심을 가지려는 욕구와 타인이 자신을 존경해 주기를 바라는 욕구를 포함	명예, 신망, 지위, 인정, 권한위임 등, 참여확대
3단계 사회적 욕구	소속감, 친구와의 우정, 동료들과의 연대감, 애정을 원하는 욕구	조직 내 정서교류, 친목집단, 고충상담 등
2단계 안전 욕구	안전, 신분보장, 질서에 대한 욕구	신분보장, 후생복지 등
1단계 생리적 욕구	가장 기본적인 욕구, 가장 강함	의식주, 적정보수, 휴식

㉡ 내용 및 특징

ⓐ 인간의 동기는 생리적 욕구, 안전의 욕구, 소속의 욕구, 존경의 욕구, 자아실현의 욕구 **순서**에 의해 유발된다고 본다.

ⓑ 인간의 욕구는 하급욕구로부터 상급욕구로 순차적으로 유발된다(**욕구의 계층성**).

➔ 하급욕구는 고급욕구에 비해 구체성이 높다.

ⓒ 욕구는 계층에 따라 한 단계가 어느 정도 충족되면 다음단계 욕구로 진행된다(**만족진행 가설**).

ⓓ 어떤 욕구가 충족되면 그 욕구의 강도는 약해지며, 충족된 욕구는 동기유발요인으로서의 의미를 상실한다(욕구충족에 의한 욕구의 약화).

㉢ 평가

ⓐ 욕구의 개인 차이를 무시하였다.

＊ 동기이론 분류

㉠ 내용이론은 '어떤 요인들이 동기부여를 유발시키는가'라는 명제 아래 동기를 유발하는 요인의 내용을 설명하는 이론이다.
➔ 주로 조직구성원의 욕구나 동기에 관한 내용을 다룬다.

㉡ 과정이론(process theory) : 과정이론은 동기가 어떤 과정을 통해 어떻게 유발되는가를 설명하는 이론이다.
➔ 행동을 일으키는 방향 및 지속 또는 중단되는 심리적 과정을 다룬다.

ⓑ 인간의 욕구를 계층화 하는 것의 문제와 계층의 단계가 명확히 구분되지 않는다.
ⓒ 욕구의 단계적 전진성만 강조하고 후진적 진행은 인정하지 않는다.
  ◐ 복수의 욕구가 동시에 작용하는 현상을 설명하지 못한다.

📝 팩트DB

C. Alderfer의 ERG이론

㉠ 의의
앨더퍼는 욕구를 충족시키기 위해 취하는 행동이 얼마나 추상적인가를 기준으로 **생존욕구, 관계욕구, 성장욕구**의 세 가지로 분류하였다.
  ◐ 매슬로우의 욕구이론을 수정하여 개인의 기본욕구를 존재욕구, 관계욕구, 성장욕구의 3단계로 구분하였다.

㉡ 특징
ⓐ ERG이론에서는 두 가지 이상의 욕구가 동시에 작용되기도 한다고 주장한다.
ⓑ 상위욕구가 만족되지 않거나 좌절될 때 하위욕구를 더욱 충족시키고자 한다는 좌절-퇴행을 주장하였다.
ⓒ Maslow 이론과의 비교

▼ Maslow이론과 Alderfer이론의 관계

Maslow	생리적 욕구	안전 욕구	사회적 욕구	존경 욕구	자기실현 욕구
Alderfer	생존 욕구(E)		대인관계 욕구(R)		성장욕구(G)

ⓐ 유사점 : 욕구들이 계층성을 이루고 있고, 각 욕구의 충족은 계층구조에서 단계적으로 이루어진다는 점에서 유사하다.
ⓑ Alderfer의 ERG이론은 순차적인 욕구의 발로뿐만 아니라 욕구좌절로 인한 후 진적, 하향적 퇴행을 제시하고 있다.

② McGregor의 X·Y이론

㉠ 의의
ⓐ McGregor는 Maslow의 욕구단계이론을 인간이 일에 대해 가지는 태도나 관점 을 기준으로 X·Y이론으로 분류하고 이에 따라 관리전략이 달라진다고 보았다.
ⓑ 인간의 하급욕구에 착안한 관리전략을 X이론, 인간의 고급욕구에 착안한 관리전 략을 Y이론이라고 한다.

ⓛ X·Y이론적 인간관과 관리전략

구분	X이론(theory X)	Y이론(theory Y)
인간관	• 사람은 본질적으로 일을 싫어하고 안 하려 한다. • 야망이 없고 책임을 싫어하고 외재적 지휘를 받으려 한다. • 안전을 원하고 변화에 저항적이다. • 자기중심적이고 조직의 필요에 무관심하다.	• 인간은 일을 싫어하는 것이 아니라 휴식이나 놀이처럼 자연스럽게 일을 한다(일에 대한 능동성). • 인간은 자율적으로 자기규제를 할 수 있는 존재다. • 조직목표와 개인목표는 서로 통합될 수 있다. • 적절한 조건이 갖추어지면 사람은 책임을 받아들이고 맡기를 원한다.

ⓐ X이론 인간관의 관리전략
- 업무지시를 정확하게 하고 엄격한 **상벌 원칙**을 제시해야 한다(당근과 채찍).
- 경제적 보상체계의 강화, **권위주의적 리더십**의 확립, 상부책임제도의 강화, 고층적·계층적 조직구조의 확립을 제시한다.
  ➔ 성과급제도의 전면 실시, 직무태만·규정위반에 대한 처벌강화, 평가실적과 승진제도의 연계성 확대 등이 해당한다.

ⓑ Y이론 인간관의 관리전략
- 개인목표와 조직의 목표를 **통합**시키는 목표에 의한 관리체계를 구축한다.
- **자율에 의한 통제**, 통합의 원리, 비공식적 조직 활용 등을 제시한다.
  ➔ 의사결정 시 부하직원을 참여시키고 자율적으로 업무를 수행할 수 있도록 해야 한다.

③ F. Herzberg의 욕구충족이원론(동기위생이론) : 동기-위생이론
  ㉠ 의의
    허즈버그(Herzberg)는 전통적 조직이론의 인간관을 위생요인(hygiene factors), 새로운 조직이론의 인간관을 동기요인(motivation factors)으로 구분하였다(MH이론).
    ➔ 작업조건을 위생요인(불만족요인)으로, 성취감을 동기요인(만족요인)으로 보았다.

[동기요인과 위생요인]

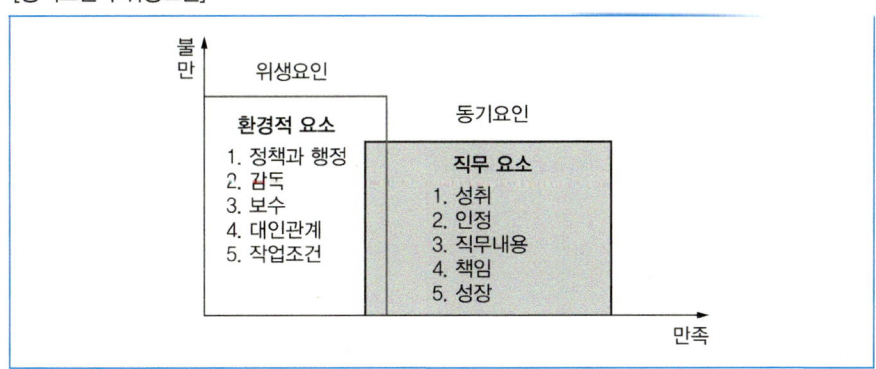

※ W. Ouchi의 Z이론 - 미국 내 일본식 경영
ⓐ 의사결정은 집단적 의사결정이지만 책임은 개인에게 귀속된다.
ⓑ 직원에 대한 평가는 빈번하지 않으며 평가의 대부분이 비공식적으로 이루어진다.
ⓒ 장기적인 고용관계를 유지한다.
ⓓ 관리층의 직원들에 대한 관심은 전 인격적인 관심이다.

※

구분	동기요인	위생요인
의의	직무 그 자체	직무의 환경
예	성취감, 책임감, 직무내용, 타인의 인정, 성장, 승진, 칭찬, 자아실현, 직무성과 등	조직의 정책·관리·관행, 감독, 근무환경, 대인관계, 보수 등

ⓒ 내용
  ⓐ 동기요인(만족요인)
    직무수행의 동기를 유발하는 요인으로 직무와 관련된 요인이며, 인간의 성장을 추구한다.
    ● 성취감, 책임감, 안정감, 승진 등
    ● Maslow의 자아실현욕구와 관련이 있다.
  ⓑ 위생요인(불만족요인)
    사람들에게 불만을 느끼게 하거나 이것을 해소하는데 작용하는 요인으로 환경에서 오는 고통을 회피한다.
    ● 조직의 정책과 행정, 감독, 보수, 대인관계, 작업조건 등
  ⓒ 불만족을 주는 위생요인과 만족을 주는 동기요인은 **상호독립**되어 있다.
    ● 관리자는 구성원을 만족시키기 위해 위생요인과 동기요인을 모두 고려하여야 한다.
  ⓓ 불만요인은 개인의 불만족을 방지하는 효과를 가져오는 요인으로서, 이러한 욕구가 충족되어도 만족감을 갖게 되지 않는다고 보았다.
    ● 직원들의 근무의욕이 낮아지고 있어서 관리자가 감독방식, 작업조건 등의 업무 환경요인을 개선하였지만 직원들이 직무수행과 관련된 성취감, 책임감, 자기 존중감이 여전히 낮아 근무 의욕이 개선되지 않는다.
  ⓔ 불만요인의 제거는 소극적이고 단기적 효과를 가질 뿐이고, 만족요인을 크게 하는 것은 적극적이고 장기적인 효과를 가진다.
    ● 대표적 처방 : 직무충실
ⓒ 평가
  동기요인과 위생요인 간에 이론적 구별이 어렵고, 직무요소와 동기 간의 관계가 충분히 분석되어 있지 않다.

 팩트DB

내용이론 정리

구분	← 하급욕구			고급욕구 →	
Maslow	생리적 욕구	안전욕구	사회적 욕구	존경욕구	자아실현욕구
Alderfer	생존욕구		관계욕구		성장욕구
McGregor	X이론			Y이론	
Herzberg	위생요인(불만족요인)			동기요인(만족요인)	
Argyris	미성숙이론			성숙이론	
Likert	체제Ⅰ, 체제Ⅱ			체제Ⅲ, 체제Ⅳ	

3) 과정이론
   ① Vroom의 기대이론
      ㉠ 의의
         개인은 자신의 행동형성 과정에서 여러 가지 가능한 행동 전략을 평가하여 가장 중요한 결과를 가져오리라고 믿어지는 행동전략을 선택한다.
      ㉡ 내용
         ⓐ 브룸(Vroom)은 동기유발은 욕구충족이 아니라 과업에 대한 기대감, 수단성, 보상의 유의미성에 의해 결정된다고 주장하였다.
            ➡ Vroom의 기대이론은 VIE이론이라고도 한다.
         ⓑ 조직구성원의 동기는 **기대**(expectancy), **수단성**(instrumentality), **유의성**(Valence) 3가지 요소의 값이 각각 최대값이 되면 최대의 동기부여가 되고, 각 요소 중에 하나라도 0이 되면 전체 값이 0이 되어 동기부여가 되지 않는다.
   ② J. S. Adams의 형평성(공정성)이론(equity theory)
      ㉠ 의의
         조직 내 구성원 간의 처우의 형평성에 대한 사람들의 지각이나 신념이 직무행태에 영향을 미친다는 이론이다.
            ➡ 사회적 교환이론과 관련된다.
      ㉡ 이론 내용
         ⓐ 자신의 노력과 그 결과로 얻어지는 보상과의 관계를 **준거인**과 비교해 상대적으로 느끼는 공평한 정도가 행동 동기에 영향을 준다고 본다.
            ➡ 공정하다고 느끼면 만족을, 불공정하다고 느끼면 불만족 및 긴장을 수반한다.
         ⓑ **불공정성**이 커질수록 이를 해소하고자 하는, 즉 공정성을 추구하고자 하는 동기유발 역시 커지게 된다.
         ⓒ 불공정성에 대한 민감성은 **과소보상**에서 더욱 예민하게 나타난다.

★ 구성요소
① 기대감(Expectancy)
   일정한 노력을 기울이면 근무성과를 가져올 수 있으리라는 가능성에 대한 인간의 주관적 확률
② 수단성(Instrumentality)
   1차 결과(성과)가 2차 결과(보상)를 수반하게 되리라는 주관적 확률 치를 의미하는데, 개인이 지각하기에 어떤 특정한 수준의 성과를 달성하면 바람직한 보상이 주어지리라 고 믿는 정도
③ 유의성(Valence)
   개인이 원하는 특정한 보상에 대한 선호의 강도

★ 관리전략
ⓐ 투입의 변화로 자신의 생산을 감소시키거나 시간을 줄여서 타인의 비율과 균형을 맞추려고 한다(투입의 변화).
ⓑ 산출을 변화시키는 방법으로 직무보상을 개선하기 위해 노력하는데 봉급인상이나 더 나은 직책을 요구한다.
ⓒ 준거인물을 교체하는 방법으로 자신의 비교대상을 보다 현실성 있는 인물로 교체함으로써 불공정을 시정하고자 한다.

📝 **팩트DB**

과정이론 정리

V. Vroom의 기대이론 (VIE 이론)	동기부여는 욕구충족보다는 유의성, 수단성, 기대감 등에 의해 결정된다.
Porter & Lawler의 업적만족이론	성과와 거기에 결부된 보상, 노력의 공평한 보상에 대한 기대가 생산성을 좌우한다.
Georgopoulos의 목표·통로이론	동기는 목적에 반영된 개인의 욕구와 그 달성에 이르는 수단으로서 행동이 갖는 상대적 유용성에 대한 지각이다.
J. Atkinson의 기대모형	성공하려는 적극적 동기와 실패를 피하려는 소극적 동기의 교호작용에 의해 동기가 결정된다.
Adams의 형평이론	보상에 대한 불공평성의 인지가 동기유발이 된다.

> *
> '관료제'라는 용어는 프랑스의 중농주의 경제학자 구르네(V. de Gournay)가 1745년 경에 처음 사용한 것으로 전해지고 있다.
> bureaucracy는 '(사무용) 서랍 달린 큰 책상'을 뜻하는 bureau와 '통치'를 뜻하는 그리스어인 cratia가 결합된 합성어이다.

3 관료제

1) 관료제의 의의

① 관료제(bureaucracy)는 관료(bureaucrat)에 의하여 통치(cracy)된다는 의미로서 왕정이나 민주정에 비해 관료가 국가정치와 행정의 중심역할을 수행한다는 의미가 있다.

② 다양한 의미가 있지만, 오늘날 관료제는 일정한 특성을 지닌 합리적 관리기구로서 기능적 합리성, 합법성, 계층성 등에 입각하여 관리되는 대규모의 구조적 특성을 의미한다.

➡ 공사 부문의 대규모 조직에서 공통적으로 나타나는 구조적 특징을 의미한다.

팩트DB

베버(M. Weber)의 이념형 관료제

베버는 실제로 존재하는 관료제에 관한 것이 아니라 추상적으로 가상할 수 있는 이념형으로서의 관료제에 관해 연구하였다.

㉠ 이념형의 입장에서 조직을 지배하는 정당성(legitimacy)을 기준으로 하여 권위(authority)를 유형화하였다.

권위	지배	관료제	내용
전통적 권위	전통적 지배	가산관료제	인간적 지배, 관직의 사유화
카리스마적 권위	카리스마적 지배	카리스마적 관료제	지배자의 개인적 특성에 의존
합법적·합리적 권위	합법적·합리적 지배	합법적·합리적 관료제	계층제, 문서주의, 공사구분 등

㉡ 이들 중 근대사회에서 정당성을 인정받을 수 있는 권위는 합법적 권위이며, 이를 관료제적 권위라고 하였다(근대관료제).

㉢ 베버(Weber)는 조직을 사회관계의 특수한 형태로 간주하였으며, 조직운영에 필요한 명령을 구성원들이 수행하도록 보장하기 위한 권위의 계층을 주장하였다.

2) 근대 관료제의 특징

① 엄격한 수직적 계층제 구조

㉠ 수직적·계층제적 권위구조로 상명하복의 질서정연한 체제이다.

➡ 상급자의 지시나 명령에 복종하는 계층제의 원리에 따라 조직이 운영된다.

㉡ 엄격한 계층제의 확립과 실적 중심의 인사로 인간의 능력상 차이를 반영할 수 있다.

➡ 관료제는 소수의 상관과 다수의 부하로 구성되는 피라미드 형태를 취하므로 과두제(oligarchy)의 철칙이 나타날 수 있다.

② 분업화와 전문화

관료제는 일정한 자격·능력에 따라 규정된 기능을 수행하는 분업의 원리에 따른다.

➡ 문제해결과 의사결정은 집단과정보다는 분업화의 원리에 의하여 이루어진다.

> * 근대관료제의 성립요인(Weber)
> ㉠ 화폐경제의 발달
> ㉡ 행정사무의 양적 증대와 질적 고도화, 전문화
> ㉢ 관료제적 조직의 기술적 우월성
> ㉣ 사회의 변화
> 사회의 인적·물적 관리수단이 집중되고 사회적 차별에 대해서도 보다 평준화된 서비스의 요구가 나타났다.

③ 문서화의 원리

모든 직위의 권한과 임무는 문서화된 규칙으로 규정되어야 하고, 관료의 임무 수행은 규칙에 의해 이루어진다.
- ● 관례에 의한 직무수행이 아니라, 문서에 의해 이루어지며, 그 결과는 문서로 보존된다.

④ 책임과 권한의 명확화

법규로 직위와 권한을 명확히 하고 책임을 분명히 한다.
- ● 권한은 구성원이 아니라 직위에 부여하여 직위와 소유를 분리시킨다.

⑤ 비정의성(impersonalism), 비개인화

인간적 감정을 배제한 공식적 문서위주로 공평무사한 업무처리를 하여야 한다.

※ 비정의성
관료는 'Sine ira et studio'의 정신으로 업무를 수행하여야 한다.

⑥ 관료의 전임화(full-time job)

관료로서의 직업은 임시적인 것이 아니라 생애적 직업이고, 직업적 훈련을 받은 관료들은 자신이 맡은 직위의 수행에 전력하여야 한다.
- ● 관료는 계급과 근무연한에 따라 정해진 금전적 보수를 받는다.

⑦ 관료제의 항구성, 능력에 의한 채용, 조직적 안정성 등

3) 관료제의 역기능

① 의의

관료제는 1930년대 사회학자 등에 의해 비판을 받게 되었고, 원래적(이상적) 기능이 의도 하지 않은 변화로 인해 조직에서 비효율적으로 나타나는 현상을 의미한다.

📄 팩트DB

관료제의 역기능 연구모형

학자	내용
1930년대 미국사회학자	① Merton : 동조과잉(목표전환) 등 역기능 ② Selznick : 환경의 불고려, 권한위임과 전문화의 역기능 ③ Thompson, Blau : 조직 내 개인의 소외현상 ④ Gouldner : 비인간적 규칙
1960년대 발전행정론자	관료는 전문적 지식도 중요하지만 사회전반에 대한 이해력과 발전지향적 관점이 더 필요하다고 보고 계층제의 완화·수정, 행정의 합목적성 강조
1970년대 신행정론자	① 관료제의 종말 주장 ② 후기관료제 모형(탈관료적 조직형태) W. G. Bennis의 '관료제의 종말론', A. Toffler의 'Adhocracy' 등

※ **번문욕례(繁文縟禮)**
규칙이 너무 세세하고 번잡하여 비능률적인 현상을 말한다. 서양에서는 레드 테이프(Red Tape)라고 하는데, 방대한 양의 공문을 묶어 저장할 때 붉은 띠를 썼기 때문이다.
미국의 사회학자 로버트 K. 머튼이 관료제의 부작용 중 하나로 지적한 바 있다.

※ **훈련된 무능**
경제학자 베블렌이 사용한 개념으로 처음에는 엔지니어링이나 사회학에서 필요한 기술을 습득하지 못함으로써 발생하는 문제처리의 미숙을 지적하는 의미로 사용했으나, 지금은 해당 분야에서 요구되는 기술 혹은 기법을 익히기는 했으나 기존에 학습하지 않은 상황이 닥치면 그것이 문제인지도 모르고 그 해결책도 제시하지 못하는 현상을 의미하는 것으로 확대됐다.

※ **관료제국주의**
관료제는 자기보존과 세력 확장을 도모하기 때문에 업무량과 상관없이 조직을 팽창하는 경향이 있다.

② 관료제의 구체적인 역기능

㉠ 형식주의(formalism)·번문욕례(red - tape)
지나친 문서주의는 행정의 내용보다 형식적인 문서처리 절차에 관심을 두게 된다.

㉡ 목표-수단의 대치(displacement), 동조과잉
조직구성원은 조직목표보다는 수단에 집착하여 목표의 전환 현상이 발생한다.

㉢ 할거주의(국지주의)
전문가로서의 관료는 자기가 속한 조직 단위나 기관에만 관심을 갖고 다른 부서에 대한 배려는 하지 않게 되는 현상이다.
  ● 관료들의 편협한 안목으로 인해 전체이익보다는 특수이익에 집착하게 만드는 병폐를 의미한다.

㉣ 인간소외 현상
조직 내 개인은 피동적이고 수동적으로 기계부품화되어 버리고, 인간적 또는 비공식적 요인의 중요성을 간과하게 된다.

㉤ 전문가적 무능, 훈련된 무능(trained incapacity)
세분화된 특정 업무에서는 전문적인 능력이 있지만 그 밖의 업무에 대해서는 문외한이 되는 현상을 말한다.
  ● 전문가는 업무의 시야가 좁고 편협하여 통찰력이 부족한 '전문화로 인한 무능' 현상이 나타난다.

㉥ 변동에의 저항
관료들이 위험 회피적이고 변화 저항적이며 책임 회피적인 보신주의로 빠지는 행태를 말한다.
  ● 다양한 외부 환경의 변화에 둔감하고 조직목표의 혁신에 적극적으로 저항하는 현상이 나타난다.

㉦ 무사안일주의와 상급자의 권위에 의존
관료는 문제해결에 적극적 태도를 취하지 않고 상급자의 명령이나 지시에만 맹목적으로 복종하여 책임을 회피하고 상급자의 권위에 의존하는 경우가 많다.

㉧ 권위주의 행태
계층제적 구조를 강조하고 관리자의 권한을 강화시켜 집권화를 초래한다.

▼ 관료제의 순기능과 역기능 비교

특징	순기능	역기능
계층제	지휘 명령체계, 조직 내의 수직적 분업체계	상급자의 권위에의 의존, 권력의 집중현상, 의사소통 왜곡
법·규칙의 강조	조직 업무수행의 예측가능성·일관성 확보, 업무의 통일성 확보	동조과잉(목표전환), 경직성, 형식주의, 무사안일주의
비인간화	객관적 사실과 규칙에 의한 공정한 업무처리	인간소외, 조직구성원의 기계화·부품화
연공서열 중시	행정의 안정성, 직업공무원제 수립	무사안일주의, 무능력자의 승진(Peter)
전문화	행정능률 향상, 분업 촉진	전문가적 무능, 할거주의, 부처이기주의
문서주의	업무의 공식성과 객관성, 결과 확보	형식주의, 번문욕례(red-tape), 문서과다 생산

 팩트DB

탈관료제의 특징(McCurdy)

의의
기존 관료제의 문제점을 해결하려는 노력으로 나타난 반관료제, 탈관료제모형들은 1970년대 공공선택이론과 신행정학, 1980년대 신공공관리론 등을 중심으로 제기되었다.

㉠ 문제해결능력 중시
계서적 지위나 권한보다 임무중심주의, 능력중심주의, 일중심주의를 처방한다.
➡ 탈관료제에서는 문제해결 능력을 가진 사람이 권한을 행사한다.

㉡ 집단적 해결 강조
문제해결과 의사결정은 집단적인 과정을 통해 이루어지도록 자율적·참여적·협동적 관계를 강조한다. 의사전달이 자유로워야 한다.

㉢ 계층제의 완화, 비계서제 구조
조직 내의 구조적뿐 아니라 조직 자체도 필요에 따라 잠정성을 가져야 한다고 본다.

㉣ 상황적응성 강조
업무수행은 상황적 조건과 환경의 변화에 대응해야 한다.
➡ 경직적 조직구조보다는 잠정성과 직업상의 유동성을 주장한다.

㉤ 경계관념의 혁신
조직과 환경 사이의 높은 경계 개념을 타파하고, 시민을 비개인적·비정의적이 아닌 고객처럼 대한다.

* **Peter 원리**
조직내 구성원들은 자신의 무능력 수준까지 승진한다.

* **조직 원리의 관점**
① 고전적 관점
조직의 최고 가치로 능률을 확보하기 위해 피라미드형의 집권화된 조직 구조 형성을 주장하였다. 특히 분화(분업)와 통제(조정)에 초점을 두었다.
② Simon은 '조직의 원리들은 검증되지 않은 격언(속담)에 불과하다.'고 비판하였다.
③ 현대적 관점
조직구조 형성의 보편적인 원리 형성보다는 다양한 환경을 고려한 처방과 동태화를 중심으로 연구한다.

4 조직 원리

1) 조직 원리의 개념
조직원리란 복잡·거대한 조직을 합리적으로 편제하고 그것을 능률적으로 관리하여 목표의 효율적 달성을 위해 적용되는 보편적 원리를 의미한다.

2) 계층제(hierarchy)의 원리(계서제)

① 의의
- ㉠ 조직 내의 권한과 책임 및 의무의 정도가 **상하의 계층**에 따라 달라지도록 조직을 설계 하는 역할체제를 의미한다.
  - ➡ 직무를 책임과 난이도에 따라 등급화 하고 계층 간에 명령복종관계를 적용하는 원리이다.
- ㉡ 전통적인 조직은 조직의 하층부터 최상층에 이르기까지 상하관계가 존재하여 책임과 권한의 분배가 이루어진다.
  - ➡ 고전적 모형의 계서제는 일원적이고 집권적인 피라미드 형태이다.

② 계층제의 특징
- ㉠ 직무를 권한과 책임의 정도에 따라 등급화하고 상하계층 간에 지휘와 명령 복종관계를 확립하는 것이다(**명령의 사슬**).
  - ➡ 상위로 갈수록 권한과 책임이 무거운 임무를 수행하도록 편성한다.
- ㉡ 조직의 수직적 분화가 많이 이루어졌을 때 **고층구조**라 하고 수직적 분화가 작을 때를 **저층구조**라 한다.
- ㉢ 상위계층은 비정형적·전략적 업무를 수행하고 하위계층은 정형적·집행적 업무를 수행한다.
- ㉣ 통솔범위와의 관계 - **반비례** 관계
  - ⓐ 통솔범위가 넓을수록 계층 수가 적어져 수평적인 저층(flat)구조가 형성된다.
    - ➡ 통솔범위가 좁을수록 수직적인 고층(tall)구조가 형성된다.
  - ⓑ 한 명의 상관이 통솔할 수 있는 부하의 수는 한계가 있기 때문에 계층제는 통솔범위의 한계를 극복하게 해준다.
    - ➡ 근본적으로 통솔범위의 한계는 시간과 에너지의 한계에서 비롯된다.

③ 계층제의 장점
- ㉠ 권한과 책임의 배분을 통해 **신중한 업무처리**가 가능하다.
- ㉡ 조직목표를 위해 조직 활동을 통합적으로 추구하며 **명령계통을 확보**하여 조정할 수 있다.
- ㉢ 할거주의(sectionalism)로 인한 조직 내의 갈등을 **수직적**(권위적)으로 조정한다.
- ㉣ 조직에서 지휘명령 등 의사소통, 특히 상의하달의 통로가 확보된다.

★ 계층제의 역기능 현상

1. 할거주의(departmentalism, sec-tionalism), 부서이기주의
조직 내 각 부서가 저마다의 이해관계로 조정과 통합이 이루어지지 않음으로써 목표 달성이 저하되는 현상이다.

2. 피터의 원리(Peter's principle)
계층제 조직 내 구성원이 승진함으로써 모든 직위가 무능자로 채워지는 것으로, 무능력의 수준까지 조직에서 학연·지연 등의 비합리적 요인에 의해 승진하다가 보면 그 개인이 감당할 수 없는 직위까지 승진한다는 것이다.

3. 집단사고(Group thinking)
조직 응집성이 큰 집단에서 개인들은 의사결정시 집단화된 조직의 견해에 개인들이 반대 등 다양한 의견을 나타내기 어려워짐에 따라 창의력이 없는 획일화된 기계적 사고를 하게 되는 것이다.
  📌 1961년 미국의 쿠바 피그만사건

④ 계층제의 단점
- ㉠ 수직적 분화와 집권화 현상이 나타나 구성원의 동기부여를 저하시킨다.
  - ● 조직 구성원의 귀속감과 참여감을 저해시킨다.
- ㉡ 조직을 **경직화**시킨다.
  - ● 상관들의 의사전달을 일방향으로 진행하므로 조직 내 원활한 의사전달을 저해한다.
- ㉢ 명령할 권리와 명령할 능력이 부합되지 않을 수 있다.

3) 통솔범위(span of control)의 원리

① 의의
- ㉠ 한 사람의 감독자가 거느릴 수 있는 적정한 부하의 수를 의미한다.
  - ● Graicunas는 한 집단 내의 인원수가 증가하면 집단구성원들 간의 관계는 훨씬 높은 비율로 증대 된다는 논리에 따라 통솔범위를 설정하려고 하였다.
- ㉡ 부하들을 효과적으로 통솔하기 위해 부하의 수가 한정되어야 한다는 것을 의미한다.
  - ● 전통적 조직이론들은 통솔의 범위가 좁을수록 효율적으로 보았다.

② 넓은 통솔범위통솔범위 특징
- ㉠ 통솔범위가 넓은 조직은 일반적으로 저층구조의 형태를 보인다.
  - ● 일반적으로 조직의 규모가 클수록 통솔범위는 좁아지고, 조직규모가 작을수록 통솔범위는 넓어진다.
- ㉡ 부하(구성원)들의 **능력과 경험, 창의력이 높을 때** 통솔범위가 넓어진다.
- ㉢ **오래된 부서**일수록, **근접**한 부서일수록, **단순 업무**일수록 통솔범위가 **넓어**진다.
- ㉣ 참모조직이 있을 때 관리자의 통솔범위는 확대된다.
  - ● 정보통신기술의 발달로 통솔의 범위가 과거보다 넓어졌다고 본다.(다수설)

③ 한계점
- ㉠ Simon의 비판 : '통솔범위에 관한 마술적인 수(magic number)는 없다.'
- ㉡ 모든 관계가 동일한 빈도로 발생한다는 전제는 비현실적이다.

※ **좁은 통솔범위**
① 신설조직
② 복잡하고 비정형적 업무
③ 구성원의 능력이 낮을 때
④ 분산된 원격 조직일 때
⑤ 계층성이 높은 조직
⑥ 조직 규모가 클때

4) 분업(전문화)의 원리

① 의의
- ㉠ 업무를 성질과 종류별로 구분하여 한 사람에게 한 가지의 동일한 업무만을 전담하도록 하는 원리이다.
- ㉡ 고전적 입장에서는 업무를 가능한 한 세분화할수록 능률적이고 경제적인 효과를 얻을 수 있다고 본다.

② 전문화의 장점
- ㉠ 분업화(전문화)를 통해 조직의 **행정능률을 향상**시킨다.
  - ● 인간 능력의 한계를 극복하고 업무를 효율적으로 수행하기 위한 것이다.

※ 전문가적 무능
전문가의 편협한 안목이 전문가를 무능하게 만든다는 것이다. Veblen의 '훈련된 무능(trained incapacity)'이라고도 한다.

ⓒ 특정한 업무수행에 적합한 숙련된 사람을 채용하기 쉽다.
ⓒ 분업의 심화는 작업도구, 기계와 그 사용방법을 개선하는 데 기여할 수 있다.

③ 전문화의 단점
ⓐ 업무를 세분화 할수록 통합 관리하는 것보다 더 많은 비용이 소요된다.
ⓑ 수평적 분화가 심할수록 전문성을 가진 부서 간 커뮤니케이션과 업무협조가 어렵다.
ⓒ '전문가적 무능' 현상이 발생한다.

팩트DB

전문화의 종류

ⓐ 수평적 전문화와 수직적 전문화
　ⓐ 수평적 전문화 : 직무의 범위(scope)가 얼마나 분업화되어 있는가를 의미하는데, 수평적 전문화 수준이 높을수록 업무는 단순해진다.
　　➔ 부성화의 원리, 참모조직의 원리 등
　ⓑ 수직적 전문화 : 조직의 종적인 분화로서 책임과 권한의 계층적 분화를 나타내는데 직무의 깊이(depth)가 얼마나 분업화되어 있는가를 의미한다.

ⓑ 업무의 전문화와 사람의 전문화
　ⓐ 업무의 전문화 : 직무를 세분화하여 단순·반복적으로 처리하게 하는 것이다. 직위분류제에서 주장하는 전문화이다.
　ⓑ 사람의 전문화 : 구성원의 전문교육을 통해 분야별 전문화가 되는 것이다. 계급제에서 주장하는 전문화이다.

ⓒ 공간적(장소적) 분화
　조직의 구성원과 물리적인 시설이 지역적으로 분산되어 있는 정도를 말한다.

5) 명령통일의 원리
① 의의
　한 사람의 부하는 한 명의 상관으로부터만 명령을 받고 그에게만 보고해야 한다는 원리이다.
　➔ 이것은 하나의 조직에는 오직 한 명의 최종책임자가 있어야 한다는 것을 의미한다.
　➔ 경찰조직이 피라미드 모양이 된다.
② 특징
　ⓐ 조직의 명령상 혼란을 방지하고 **책임을 명확히 하여 안정화**할 수 있다.
　　➔ 관리자의 공백등을 대비하여 위임이나 대리, 사전지정 등이 필요하다.
　ⓑ 명령통일의 원리는 계선조직에 적용되기 유용하다.
　ⓒ 감독자들이 수직적 의사전달을 파악하게 함으로써 조정을 용이하게 한다.

③ 한계점
　㉠ 수직적 조정을 강조하므로 횡적인 조정과 협조가 저해된다.
　㉡ 업무가 유동적인 경우, 조직 간 협력이 필요한 경우 등은 명령통일의 적용이 곤란하다.
　　➔ 명령통일을 예외 없이 적용할 경우 조직의 대응성이 약화된다.
　㉢ 명령통일의 원리의 예외 : 권한의 위임, Matrix 조직
　㉣ 수사경찰 업무를 검사와 경찰 내부관리자의 이중 지휘를 받게 하였던 과거 형사소송법 체계는 명령통일원리에 반한다.

6) 조정(coordination)의 원리
① 의의
권한배분의 구조를 통해 분화된 활동을 통합해야 한다는 것으로, 공동목적을 달성하기 위하여 구성원의 행동 통일을 기하도록 집단적 노력을 질서 있게 배열하는 과정이다.
　➔ Mooney 와 Reiley는 '조직의 원리 중 조정이 제1의 원리이다.'라고 주장하였다.

② 특징
　㉠ 전통적 조직이론은 계층제에 의한 조정을 가장 중시한다.
　㉡ 수직적 연결은 상위계층의 관리자가 하위계층의 관리자를 통제하고 하위계층 간 활동을 조정하는 것을 목적으로 한다.
　　➔ 구성원이나 단위기관의 활동을 전체적인 관점에서 통일하여 조직의 목표달성도를 높인다.
　㉢ 조정을 통해 전문화에 의한 할거주의, 비협조 등을 해소하는 순기능이 있다.
　㉣ 수평적 연결은 동일한 계층의 부서 간 조정과 의사소통을 목적으로 한다.
　　➔ 수평적 연결방법 : 프로젝트 팀(project team)의 설치, 태스크포스(task force) 설치 등

③ 조정의 저해요인
　㉠ 지나친 전문화와 분권화는 조직의 조정적 기능을 약화시킨다.
　㉡ 전문화 심화, 할거주의 현상이 초래되면 조정이 곤란해진다.
　㉢ 관리자의 능력부족으로 인하여 조정이 저하될 수 있다.
　　➔ 다양한 의사결정점의 증가는 거부점(veto point)이 될 수 있다.

★ 매트릭스 조직
하나 이상의 보고체계를 가진 조직구조를 의미하는 것으로서, 기존 기능부서의 상태를 유지하면서 특정한 프로젝트를 위해 서로 다른 부서의 인력이 함께 일하는 조직설계방식이다.

★ 조정의 방법
㉠ Likert의 연결핀 모형(link-pin) : 조직의 모든 관리자는 자신이 관리하는 집단의 구성 원인 동시에 상사에게 보고하는 집단의 구성원이 되는 것이다.
㉡ 연락역할 담당자 : 비공식적인 권한이나 전문지식을 가진 담당자가 부서 간 의사전달 문제를 처리함으로써 조정기능을 담당한다(Mintzberg).
㉢ 위원회 조직(committee) : 부서 간 이견들을 조정하기 위해 정기적으로 소집되는 조직이다.
㉣ 태스크포스(task force) : 여러 집단에서 차출된 대표들이 모여 과업을 수행하고 나면 해체되는 공식 또는 비공식 임시기구이다.
㉤ 임시팀 조직(project team) : 집단 간 통합과 특정 프로젝트 수행을 위한 임시조직으로 태스크포스보다 장기적인 조정역할담당이다.

조직 구조와 설계

(1) 조직 구조(organization structure)
  ① 조직 구조란 조직 구성원들의 유형화된 교호작용을 의미한다.
  ② 구성원의 지속적 양태가 구조를 형성하고 인간행동을 지속적으로 조건 짓는 요소들을 구조의 구성요소라고 한다.
    ● 역할, 지위, 권력, 규범으로 구성된다.

(2) 조직설계
  ① 조직설계란 의사결정이 이루어지고, 역할이 이행되며, 책임이 분담되는 방식을 말한다.
  ② 고전적 조직론은 기계적 구조를 설계하였지만, 현대적 관점의 이론은 유기적 구조를 지향한다.
  ③ 조직설계의 기본변수 : 구조변수, 상황변수, 조직문화

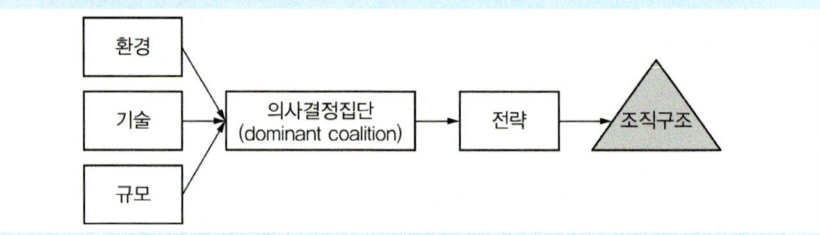

※ 구조의 구성요소

① 지위(Status)
  조직 내에서 개인이 차지하고 있는 위치의 비교적인 가치 또는 존중도
② 역할(Role)
  일정한 지위를 가지고 있는 사람들이 해야 할 것으로 기대되는 행동의 범주
③ 권력(Power)
  어떤 개인 또는 집단의 행동에 영향을 미칠 수 있는 능력
④ 규범(Norm)
  지위, 역할, 권력의 상호관계에 대하여 규정한 것

기본구조 변수	복잡성	수직적·수평적·지리적 분화의 수준
	공식성	구성원의 행동에 대한 공식적 규정의 수준
	집권성	의사결정의 수준
상황변수	규모	조직의 인적 자원, 재정적 자원, 물적 수용능력 등의 크기
	기술	투입물을 산출물로 전환시키는 과정
	환경	조직의 외부요소로서 불확실성의 정도
	전략	조직목표를 효율적으로 달성하기 위한 광범위한 행동계획
	권력	권력자가 개인 또는 집단의 행태에 영향을 미치는 능력

5 공식 · 비공식 집단

조직은 성립과정이 인위적인지 여부에 따라 공식적 조직과 비공식적 조직으로 분류할 수 있다.

1) 공식집단(formal structure)

조직이 목적달성을 위해 법률이나 규칙, 직제에 의해 인위적으로 만든 명문화된 조직구조이다.

➲ 고전적 조직이론에서 강조한 조직이다.

2) 비공식집단(informal structure)

명문화나 공식적 구조 없이 조직 내 구성원 간의 상호관계에 의해 자연발생적으로 형성된 조직을 의미하며, 사회적 욕구충족을 위해 어디까지나 공식적 조직 내에서 발생하는 조직 을 말한다.

➲ 1930년 인간관계론(신고전적 조직이론)에서 강조한 조직이다.

3) 양자의 관계 및 구별

공식조직과 비공식 조직은 상호 보완적 관계이다(M. Dimock).

공식적 구조(집단)	비공식적 구조(집단)
목적을 전제로 한 인위적·제도적 단위	자연발생적 단위
외재적·가시적 단위	내재적·비제도적·비가시적 단위
능률의 원리가 지배	감정의 원리가 지배
전체적 질서를 추구	부분적 질서를 추구
권한이 조직 상층부로부터 위임(수직)	권위가 구성원들로부터 부여(수평)

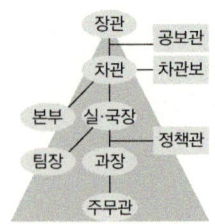

* 우리나라 하부기관

* ● : 계선, ■ : 참모

6 계선기관과 참모기관

1) 의의

조직의 목표달성을 직접 수행하는 기관을 계선기관이라고 하고, 이를 간접적으로 지원·보좌하는 기관을 참모기관(막료기관)이라고 한다.

➔ 조직이 확대·발전될수록 참모기관의 역할이 중시된다.

2) 계선기관(line service)

(1) 개념

조직목표 수행에 **직접적인 책임을 지니는 기관**으로서 명령통일의 원칙 속에 조직의 목표 달성을 위해 지휘 또는 명령권을 독점하는 조직이다.

➔ 보조기관은 위임·전결권의 범위 내에서 의사결정과 집행의 권한을 가진다.

(2) 계선기관의 특징

① 조직의 최고책임자를 중심으로 수직적 관계에 있다.
② 조직업무에 대해 구체적인 명령·지휘권을 담당한다.
③ 조직목적 수행에 직접 관여하고, 조직의 전체적인 목표달성에 직접 책임을 진다.
  ➔ 조직목표 집행의 1차적 기관이다.

(3) 계선기관의 장점

① 최고관리층이 강력한 통솔력을 발휘할 수 있고 조직을 안정화 할 수 있다.
② 계선기관은 권한과 책임의 한계가 명확하여 그 결과에 직접적인 책임을 진다.
③ 명령통일의 원리에 의해 신속한 의사결정을 내릴 수 있다.
  ➔ 참모(보좌)기관보다 더 현실적이고 보수적인 속성을 갖는다.

(4) 계선기관의 단점

① 조직의 의사결정이 최고관리층의 독단에 의해 결정될 수 있다.
② 집권화된 의사결정으로 탄력적이고 융통성 있는 조직활동이 약하다(조직의 경직성).
  ➔ 분야별 전문적인 지식이 활용되기 곤란하다.

3) 참모기관(staff service)

(1) 개념

조직의 최고결정권자에 대해 기획, 인사, 조사, 연구 등의 전문적인 권고나 조언을 함으로써 조직목표 달성에 **간접적으로 기여하는 조직 구조**이다(막료기관). 등 비서, 참모, 심의관 등

➔ 차관은 보조기관에 해당하고, 차관보는 보좌기관에 해당한다.

(2) 참모기관의 특징

① 참모기관은 지휘·명령권 등 구체적 집행권이 없다.

② 참모의 업무는 조직 내의 활동이므로 간접적으로 국민과 접촉하며 2차적 책임을 진다.
   ➜ 조직 내에서 권고, 자문, 조사, 연구활동을 통하여 국민에게 간접적으로 봉사한다.
③ 참모기관은 조직의 확대 발전에 따라 그 역할이 더욱 강조되고 있다.

(3) 참모기관의 장점
① 참모의 전문적인 지식, 경험을 활용하여 합리적인 의사결정을 지원한다.
② 조직에서 행정기관의 장의 활동을 연장·보완하는 역할을 하며, 지휘·감독의 범위를 넓혀 준다.
③ 참모들의 조언, 권고 등을 통해 최고책임자의 통솔범위를 확대시켜 준다.
   ➜ 조직 내 각 부문의 수평적인 업무조정을 할 수 있다.

(4) 참모기관의 단점
① 참모기관은 정책에 대한 최종적인 책임을 지지 않는 경우가 많으며 보조기관과의 갈등을 유발할 수도 있다.
   ➜ 계선기관의 권한을 침해할 수 있다.
② 자문과 조언의 과정에서 행정의 지연과 낭비를 초래할 수 있다.

(5) 갈등의 해결방안
① 계선과 참모 간의 갈등을 해결하기 위하여 책임한계를 분명히 하여야 한다.
② 양자의 갈등을 해결하기 위해서는 공동의 교육훈련, 인사교류 등이 필요하다.
③ 참모에 대한 기관장의 명확한 인식과 적극적 지원이 필요하다.

✱ 갈등의 원인
① 개인적 갈등의 원인
　㉠ 대안의 비비교성, 불확실성, 비수용성
　㉡ 역할 애매성
　㉢ 욕구의 좌절
② 집단적 갈등의 원인
　㉠ 공동의사결정의 필요성 증가
　㉡ 조직 내 집단 간 세부적 목표의 차이
　㉢ 현실에 대한 지각의 차이
　㉣ 의사소통의 애로
　㉤ 지위의 부조화
　㉥ 자원의 희소성과 경쟁
　㉦ 구조적 분화와 전문화
　㉧ 관할영역의 모호성

7 조직 갈등 관리

1) 갈등의 개념
① 갈등은 행동주체들 간의 대립적 혹은 적대적인 상호작용을 의미한다.
② 갈등은 표면적으로 드러나는 것뿐만 아니라 당사자들이 느끼는 잠재적 갈등상태까지를 포함하는 것이다.

2) 갈등관리 관점(S. Robbins)

관점	내용
전통적 관점 (갈등 역기능론)	갈등은 해롭고 나쁜 것이므로 회피의 대상으로 간주한다.
행태주의 관점 (갈등 불가피론)	갈등은 자연적이고 불가피한 것으로 수용의 대상으로 간주한다(갈등의 순기능 인정).
상호주의 관점	갈등의 수용에 그치지 않고 적극적으로 갈등조장을 주장하며, 갈등을 조직변화의 원동력으로 간주한다.

3) 갈등의 해결

① 일반적 해결 방안
　㉠ 상위의 목표를 제시하거나 **계층제** 또는 권위에 의해 갈등을 해결할 수 있다.
　　➡ 목표수준을 차별화할 필요가 있다.
　㉡ 인적·물적 **자원의 확대**를 통해 자원제약의 갈등을 해결한다.
　　➡ 자원의 희소성 관련 갈등을 예방하기 위해서는 자원배분의 기준을 명확히 하는 것이 필요하다.
　㉢ **상관의 명령**: 공식적 권한에 근거하여 부하들의 의견대립을 해소한다.
　㉣ 당사자의 **태도변화**를 추구한다. 예 실험실 훈련, 교육훈련 등
　㉤ 분화된 조직을 **통합**하거나 구조적 요인의 개편으로 해소한다.
　　➡ 인사교류, 조정담당기구 설치, 지위체제 개편 등
　㉥ 갈등 당사자들에게 공동의 적을 확인시키고 이를 강조하는 전략을 사용한다.

② 갈등의 해결

단기적 해결	대화, 타협도출 등
장기적 해결	구조개편·보상체계·인사 등 제도개선, 구성원 행태 개선 등

4) 갈등의 조성
① 조직의 상황에 따라 갈등을 용인하고, 나아가 갈등을 조성 또는 조장하는 것은 조직 갈등 관리 전략 중의 하나이다.
② 조직의 **불확실성을 높이거나 위기감을 불러일으키는 것**과 같이 조직의 갈등을 인위적으로 조성하는 전략은 조직의 생존발전에 필요한 전략 중 하나이다.
　➡ 조직이 무사안일에 빠져 있을 경우에는 갈등을 조성하여야 한다.

✱ Simon과 March의 방안

문제해결	기본적 목표의 합의가 이루어져 있는 경우 당사자 간에 합리적 정보나 자료수집을 통해 쇄신적 대안을 모색해 해결함
설득	하위목표에 대한 의견대립을 조절하는 방법으로, 문제해결보다 정보수집 비중이 낮으며 하위 목표와 상위 목표 간의 상충을 제거하여 일치성을 높임
협상	이해당사자 간의 직접적인 해결방안으로 양보와 획득을 통해 조정함
정략	직접적 이해당사자뿐 아니라 제3자의 지지와 도움에 의존하여 해결함

03 경찰 인사관리

1 인사행정(Public personal administration)의 의의

1) 의의

경찰 인사행정은 경찰 조직 내에서 사람에 관한 일을 다루는 행정이며 이는 경찰활동의 주체인 경찰공무원을 선발하는 것부터 경찰 공무원의 활용·유지·보상 등에 이르는 모든 영역에 걸친 관리 활동을 의미한다.

★ 인사행정 3대 변수
- 임용
- 능력발전
- 사기관리

2) 현대 인사행정의 특징

① 하나의 전문화된 행정영역으로 이해된다.
② 개방체제적, 가치갈등적 성격을 중시한다.
③ 종합학문적 관점에서의 접근을 강조한다.
④ 시대상황에 맞는 신축적인 인사행정을 중시한다.

★ 전통적 인사행정과 현대적 인사행정 비교

	전통적 인사행정	현대적 인사행정
구성원에 대한 인식	비용 (cost)	자원 (resource)
이론	과학적 관리론	후기 인간관계론
관심	조직의 효율성	조직 성과 및 구성원 삶 향상
관리	하향적, 집권적	상향적, 분권적
중요점	규칙과 절차	성과와 책임
인사 기능	관리적 기능	전략적 기능
교육훈련	공급자 중심	수요자 중심
보수	획일적 연공서열	다양한 성과급

3) 경찰 인사행정의 목적

① 경찰인력의 효율적인 운영
② 합리적이고 객관적인 인사운영
③ 경찰조직의 목표와 경찰공무원 개개인 욕구의 조화
④ 경찰행정 환경 변화에 대한 대응

📝 팩트DB

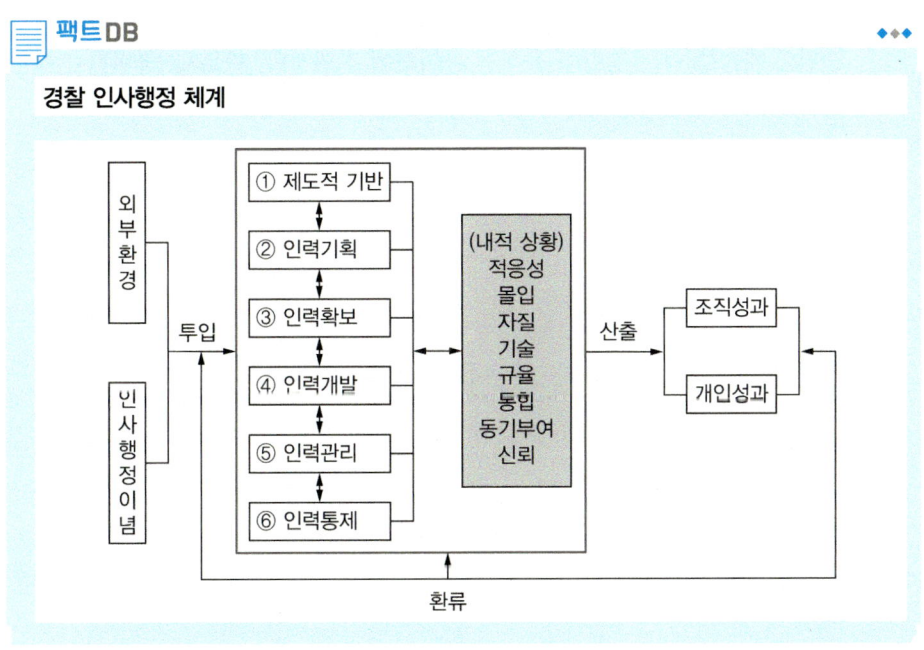

경찰 인사행정 체계

★ 정부 인사행정의 특징
① 공무원을 조직의 가치 있는 자산으로 보아 관리에 대한 투자를 확대한다.
② 조직의 필요성 뿐 아니라 공무원 개개인의 기대와 욕구를 동시에 충족시키려는 전략적 접근을 한다(SHRM).
③ 공무원의 몰입을 유도하고 조직의 탄력성을 증대하기 위해 보다 적극적이고 다양한 인사정책과 프로그램을 도입하고 적용하여 성과를 개선시키고 있다.
④ 인사행정은 정치권력의 영향으로 합리성을 확보하기 어려운 경우가 많다.
⑤ 인사행정은 인사관리에 비해 신축성을 확보하기 곤란하다.
⑥ 인사행정은 인사관리에 비해 범위가 넓고 다양성을 가지고 있다.
⑦ 인사행정은 행정의 공익성으로 인해 비시장성을 지니고 있다.

2 인사행정의 발달

1) 인사행정 제도의 흐름

(1) 절대군주시대의 인사행정(18C) - 절대 관료제
강력한 왕권을 바탕으로 중앙집권화를 이루고 귀속적 지위에 의한 군주의 종속자(royal servants)적인 역할의 운영이었다.

(2) 입법국가시대의 인사행정(19C)
① 영국의 정실주의(patronage system) : 17C 말 명예혁명(1668) 이후 전개됨
② 미국의 엽관주의(spoils system) : 19C 초 잭슨 대통령 취임(1829)이후 전개됨

2) 엽관주의(Spoils system)

(1) 의의
미국에서 발달한 엽관제는 정당정치의 발달을 배경으로 선거를 통하여 국민에게 책임을 지는 공직 교체임용주의(공직경질제)이다.
➔ 정치적 요인은 고려하나, 혈연, 지연 등이 포함되지 않는다.

(2) 엽관주의의 발달 배경
① **민주주의 발전**
정부운영에서 민주주의적 이념의 확산과 상류층에 독점화된 공직을 일반 대중에게 개방하려는 평등사상이 나타났다.

② **정당정치의 발달**
국민의 지지를 얻는 정당이 공직을 차지하여 집권정당, 관료제, 국민간에 동질성을 확보하여 책임정치를 구현하려 하였다.

③ **행정 업무의 단순성**
행정 업무는 매우 단순하고 전문가가 아니라도 누구나 공직을 수행하기에 충분하였다.

(3) 엽관주의의 장점
① **공직 개방**을 통해 민주주의 평등 이념을 실현할 수 있다.
② 정당에 대한 충성도, 공헌도를 고려하므로 집권정당의 정치이념에 강력한 추진이 가능하다.
➔ 정치지도자들이 공공정책 실현 및 공무원을 통솔하기 용이하다.
③ 정부 관료제를 대중에 개방하여 **행정의 민주화**에 기여한다.(행정에 대한 민주적 통제 강화)
➔ 국민의 요구에 대한 관료적 대응성을 확보할 수 있다.
④ 공직의 특권화 및 침체화 방지한다.

＊ 정실주의(情實主義)
정실주의란 영국에서 발달된 인사제도로, 공직임용에 있어 그 기준을 당파성이나 개인적 친분 및 인사권자에 대한 충성, 혈연, 지연, 등에 두는 제도를 의미한다.

＊ 우리나라의 정실주의
• 고려 시대 음서제도
• 지연, 혈연, 학연에 의한 인사

＊
Marcy의원은 "전리품은 승자에게 속한다."라는 슬로건을 주장하였다.

＊ 미국 엽관주의 성립
㉠ 미국은 다원주의적 사회의 성향이 강하였다.
㉡ 1820년 5대 먼로(J.Monroe) 대통령은 '4년 임기법(Four Years Law)'을 제정하여 대통령과 공무원을 함께 교체하는 연대책임의 기반을 마련하였다.
㉢ A. Jackson 대통령은 연두교서를 통해 공직의 대중화를 실시하였다.(공직순환주의)
➔ 잭슨은 정부개혁을 통해 특정 지역 및 계층중심적 관료를 완화시키고자 하였다.

＊ 잭슨 민주주의
잭슨은 1829년 연두교서에서 "… 공직에서 수행되는 모든 일은 평범하고 간단한 것들로서 기본적인 지적 능력을 갖춘 사람이면 누구나 노력만 하면 그 일을 수행할 수 있도록 되어 있습니다. …"라고 주장하였다.

(4) 엽관주의의 단점

① 개인의 자격과 무관하게 이루어지므로 행정의 **능률성과 전문성을 저해**할 수 있다.

② 공무원의 정치적 중립을 저해한다.
➡ 정부관료제를 정당에 예속시키므로 관료가 '집권당의 사병화' 현상이 초래될수 있다.

③ 대규모 공직 경질와 교체로 인해 행정의 계속성·안정성·일관성을 저해한다.

④ 정당에 대한 충성한자에게 '위인설관'으로 불필요한 공직 증설이 될 수 있다.

3) 실적주의(Merit system)

(1) 의의

① 개념

실적주의는 공직의 임용기준을 **개인의 직무수행 능력**, **자격**, **업적**, **성적**에 두는 제도이다.
➡ 20C 초는 과학적 관리론 등의 영향을 받아 직무분석, 보수체계 등에서 실적주의가 적극적 의미로 실현되었다.

(2) 실적주의 등장 배경

① 행정국가화 현상

자본주의와 산업화속에 정부역할의 확대에 대한 요구가 증가하였다.

② 정치행정이원론

정당이 특수 이익의 대변자로 부패하는 현상이 등장하고, 행정의 정치로부터 분리를 주장하였다.

③ 행정 능률성에 대한 요구가 증가하였다.

④ 엽관주의 폐해 발생 : 공직의 매관매직, 공직부패 등

(3) 실적주의 발달과정

① 미국 실적주의

㉠ 1868년 Jenckes 주도로 공무원 인사 제도 개혁 보고서가 제출되었다.

㉡ 1881년 J. Garfield 암살사건

㉢ **팬들턴법 제정**(Pendlton Act, 1883)을 통해 실석주의가 확립되었나.

㉣ 해치법(Hatch Act, 1939, 1940)을 통해 공무원의 정치적 중립을 더욱 강화하였다.

※ 위인설관[爲人設官]
사람을 위해서 벼슬자리를 만듦. 즉 필요도 없는데 사람을 임명하기 위해 직책이나 벼슬을 만드는 것

※ 정실주의와 엽관주의의 비교

	정실주의	엽관주의
시대	영국(1688 명예혁명 이후)	19C 미국 (1829년 잭슨대통령 이후)
임용 기준	실적외의 요소 고려 -혈연, 지연 등 개인적 연고	실적 외의 요소 고려 -정당에 대한 정치성(당파성) 및 선거 기여도
교체의 범위	소규모 교체	대규모 공직 경질
신분 보장	종신적, 신분보장 강함	단기적, 신분보장 약함

※
공직취임의 기회균등, 신분보장 및 정치적 중립, 실적에 의한 임용은 실적주의의 주요 구성요소이다.

※ Garfield 대통령 암살사건(1881)
선거 공로에도 불구하고 공직을 못 받은 엽관주의자(Guiteau)에 의해 Garfield 대통령 암살사건이 발생하여 엽관주의에 대한 비판 여론이 형성 되었다. 특히 1882년 주지사 선거에서 패배한 공화당은 2년 후 대통령 선거에 서 승리할 자신이 없어짐에 따라 종래 의 태도를 변경하여 엽관주의의 개혁 을 적극적으로 지지하였다.

※ 실적주의(미국)

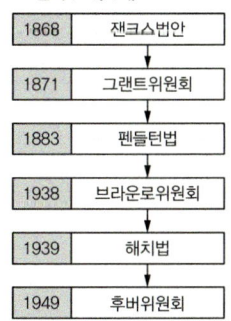

※ **영국 실적주의**
㉠ 노스코트-트레빌리언(Northcote-Trevelyan) 보고서(1853) 정실주의 폐지, 공개경쟁시험 실시, 사무구분과 채용시험 실시 등을 내용으로 한다.
㉡ 추밀원령(1855, 1870) Northcote-Trevelyan보고서는 1, 2차 추밀원령을 통해 대부분 채택되었고 Gladstone 수상때 실적주의가 본격화되었다.

📄 **팩트DB**

Pendleton법(1883)의 주요 내용

1. 의의
   Guiteau에 의한 Garfield 대통령 암살사건(1881)에 충격을 받은 미국 정치계는 펜들턴법으로 알려진 공무원법(Civil Service Act)을 의회에서 통과시키도록 하였는데, 이 법의 제정으로 미국의 실질적인 공무원제도가 수립되었다. 펜들턴법이라는 명칭은 당시 상원 공무원제도 개혁위원회의 위원장인 펜들턴(G. H. Pendleton)의 이름을 딴 것이다.

2. 주요 내용
   ① 능력위주의 공정한 인사를 전담할 수 있는 초당적·독립적 인사위원회(CSC : Civil Service Commission)의 설치
   ② 정치자금 헌납·정치활동의 금지, 공무원의 정치적 중립을 최초로 규정
   ③ 공개경쟁시험에 의한 임용제도 채택, 전문과목 위주의 시험과목 편성
   ④ 시보(조건부 임용)기간 설정
   ⑤ 제대군인에 대한 임용 시 특혜의 인정
   ⑥ 민간과 정부 간의 인사교류를 폭넓게 인정

(3) 실적주의의 특징

① 공직에의 기회균등
   공직임용에 공개와 경쟁에 의한 실적제의 원칙을 수립하였다.

② 공무원의 정치적 중립성
   공무원이 특정 정당이나 당파에 충성하거나 선거에 개입하지 않고 공정하고 객관적인 입장에서 공익을 추구해야 한다.

③ 능력주의
   정실이나 엽관주의적 요소가 아닌 개인의 능력·자격·성적 등 실적을 기준으로 인사가 이루어진다.
   ➡ 각 개인이 가지고 있는 능력에는 차이가 있음을 인정하는 인간의 상대적 평등주의를 기반으로 한다.

④ 공무원의 신분보장
   공무원은 법령이 규정하는 바에 따라 신분을 보장하고 이를 통해 공직의 안정성, 행정의 계속성을 유지하는데 기여한다.

(4) 실적주의의 평가

① 실적주의의 장, 단점

	장점	단점
정치적 측면	민주주의 평등이념 구현	형평성 저해 정책추진 곤란
행정적 측면	행정의 중립성, 공정성 확보, 행정의 효율성, 안정성 제고 공직윤리 확립 기여	인사운영의 형식화, 소극화 인사행정의 집권화, 경직화 국민에 대한 대응성 약화

② 실적주의 비판
㉠ 공무원 신분보장 강화는 공무원의 **특권화**, **보수화**를 조장하였다.
㉡ 중앙인사기관의 설치는 인사행정의 권한과 기능을 집중시켜 집권화, 획일화되었다.
㉢ 실적주의의 평등은 **형식적 평등**에 그치고 실질적 형평성을 약화시킨다.
㉣ 실적주의가 전제하는 실적을 공직에서 객관적으로 정확히 측정하기가 곤란하다.

③ 우리나라
실적주의를 주로 하면서 엽관주의적 요소를 가미한 제도이다.

3 직업공무원제(Career civil service system)

1) 의의

(1) **직업공무원제의 개념**

젊고 유능한 인재들이 공직을 보람 있는 직업으로 선택하여 일생을 바쳐 성실히 근무하도록 운영하는 인사제도이다(Mosher).

(2) **발달배경**

직업공무원제는 절대군주국가의 통치체제에서 시작되었으나, 오늘날 공직의 안정성과 우수성을 위한 제도로 활용되고 있다.

2) 직업공무원제의 장·단점

(1) **장점**

① 공무원의 장기 근속을 유도하므로 행정의 **안정성과 계속성**, **중립성**을 유지하는 데 유리하다.

② 직업공무원제에서 공무원은 **장기간 근무**를 통해 다양한 경험과 지식을 두루 갖출 수 있다.
➡ 일반행정가(generalist) 양성에 유리하다.

★ **발달과정**
① 유럽의 직업공무원제
중앙집권적 통일국가 체제를 유지하기 위해 대규모 관료조직이 확립되면서 직업공무원제가 발달하기 시작하였다.
② 미국의 직업공무원제
미국은 1933년 공공인사관리조사위원회(CIPSP)가 연방정부에 직업공무원제를 도입할 것을 주장하였다. 그뒤 1978년 공무원제도법 개혁을 통해 고위공무원단 등이 도입되었다.
③ 한국
우리나라는 직업공무원제도를 헌법상의 제도보장으로 선언하고 있다.

* **직업공무원제 성립요건(Mosher)**
① 폐쇄형 충원
② 일반행정가주의
③ 신분보장
④ 계급제
⑤ 장기인력계획
⑥ 높은 사회적 평가

③ 국민에 대한 봉사자로서 공무원의 사명감과 책임성을 강화하는데 기여한다.
④ 공직을 하나의 전문 직업분야로 확립하는 데 기여한다.

(2) 단점

① 경찰공무원집단이 환경변화에 민감하지 못하고 **특권 집단화**될 우려가 있다.
② 폐쇄형 임용구조로 인해 외부전문가가 유입되지 못하고, **전문성이 저하**될 수 있다.
③ 공직사회가 전반적으로 **침체화·보수화**될 우려가 있다(무사안일주의).
   ● 직업공무원제는 학력이나 연령 등 요건으로 대상을 제한하는 경우가 많아 공직 임용의 기회균등이 제약될 수 있다는 점에서 비판받는다.

▼ 직업공무원제 장점과 단점

장점	단점
• 행정의 안정성, 계속성 • 공무원의 능력발전에 기여 • 공무원의 사명감, 윤리성 제고	• 행정의 전문성, 대응성 저하 • 공무원의 특권집단화, 민주통제 약화 • 공직의 침체화 및 보수화

📄 **팩트DB**

공직구성의 방식과 가치

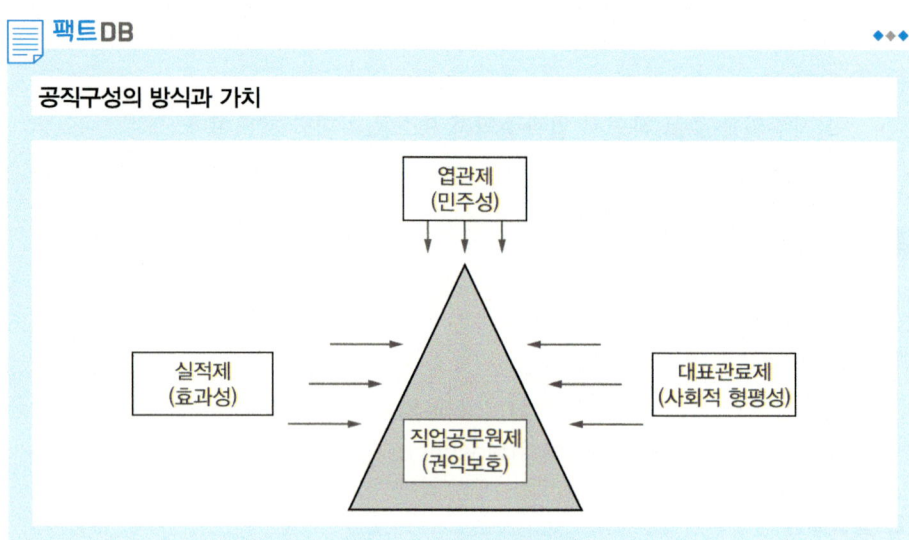

4 적극적 인사행정

1) 의의

현대 인사행정의 환경변화에 적극적, 신축적, 능동적으로 대응하기 위해 기존의 실적주의를 보완·개선해 가는 패러다임을 적극적 인사행정이라고 한다.

➡ 적극적 인사행정에는 정치적 임용 허용, 재직자의 능력 발전, 인사권의 분권화 등 다양한 요소를 포함한다.

★ 현대 인사행정의 특징
① 종합행정의 성격
② 개방체제
③ 환경적 요소와 시대적 반영
④ 인적자원관리 강화
⑤ 엽관주의와 실적주의 조화
⑥ 인사행정의 분권화, 유연화

▼ 소극적 인사행정과 적극적 인사행정의 비교

	소극적 인사행정(전통적)	적극적 인사행정(현대적)
지향점	집권적·경직적 인사관리	분권적·신축적 인사관리
이념	인사행정의 능률화	인사행정의 민주화
모집	소극적 모집	적극적 모집
엽관주의요소	실적주의 지향	엽관주의와 실적주의의 조화
신분보장	신분보장 강화	신분보장 완화

2) 대표관료제(Representative bureaucracy)

(1) 의의

정부관료제의 인적 구성에 그 사회의 인적 구성을 반영하려는 제도이다.

즉, 성별, 종교, 인종, 직업, 계층 등 여러 기준에서 국민 전체의 인적 구성을 관료제 내부에 반영하려는 제도이다.

➡ 복지주의, 집단주의, 진보적 자유주의 경향을 반영한다.

★
킹슬리(D. Kingsley, 1994)가 영국 관료제 연구를 통해 '정부관료제는 다양한 사회집단의 이익을 적극적으로 대표하여야 한다.'고 주장하면서 대표관료제를 사회 내의 중요한 세력들을 반영하는 관료제라고 정의함으로써 제기되었다.

(2) 주요 특징

① 공직에서의 실질적 기회균등과 형평성을 보장한다.

➡ 사회적 약자를 보호하기 위한 형평성을 지향한다(결과로의 형평성).

② 정부관료제 내에 정치적 대표성을 도입하여 관료의 민주적 대표성을 높인다.

➡ 관료들이 출신집단의 가치와 이익을 대변하리라는 기대에 기반을 두고 다양한 집단을 참여시킨다.

➡ 공무원 인적구성의 다양화는 대표관료제의 주요 구성요소에 해당한다.

③ 내부통제 기능 강화

다양한 계층을 공직에 입문시켜 공직구성의 다양성과 다양한 관리기법을 촉진시키고, 상호간에 견제와 균형이 이루어지도록 한다.

④ 행정의 대응성, 책임성, 민주성 제고

정부관료제가 그 사회의 인적 구성을 반영하도록 구성함으로써 관료제 내에 민주적 가치를 반영시킨다.

★ 대표관료제 사례
- 미국 : 'Affirmative action' 의한 고용평등조치, 인종대표성 강화
- 영국 : 학벌대표성(Ox-Bridge)

★ 한국 사례(대표관료제)
① 양성평등채용목표제(2003)
② 지역인재추천채용제(2005)
③ 이공계 전공자 및 과학기술직 공무원 우대(2005)
④ 저소득층의 공직진출 기회확대(2009)
⑤ 특수고등학교 공직임용 확대(2012)

※ 대표관료제와 실적제의 비교

구분	대표관료제	실적제
임용	할당제	능력, 성적
이념	형평성, 민주성	전문성, 능률성
기준	집단 중심	개인 중심

※ 국가직과 지방직
㉠ 국가공무원은 국가공무원법에, 지방공무원은 지방공무원법에 따른다.
㉡ 국가공무원은 국비, 지방공무원은 지방비로 보수재원을 충당한다.

※ 경력직과 특수경력직의 차이

구분	경력직	특수 경력직
신분보장	○	×
실적에 의한 임용	○	×
직업 공무원제	○	×
계급 구분	○	×
국가 공무원법 적용	○	×

▼ 대표관료제의 장점, 단점

	장점	단점
대외적 측면	• 실질적 기회균등 보장 • 행정의 대응성, 책임성 제고 • 정책순응 확보 • 국가적 사회통합 유도	• 실적제와 갈등 • 역차별 문제 • 대표성 확보와 적용상 한계
대내적 측면	• 정책결정의 민주성제고 • 관료제 민주화 • 내부통제 강화	• 공직의 전문성 약화 • 공직사회의 분열 조장 • 적극적 대표성의 실현 의문

5 우리나라의 공직분류

(1) 의의

한국의 공무원제도는 계급제적 토대 위에 직위분류제적 요소가 가미된 혼합형 인사체계이다.

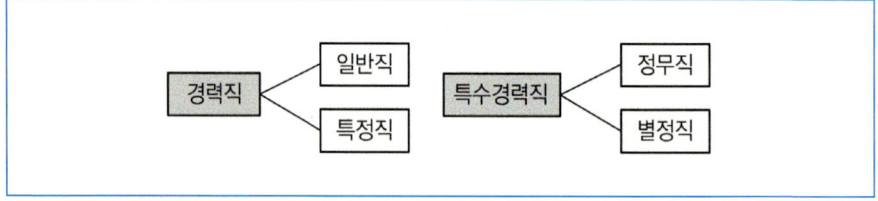

(2) 경력직

실적과 자격에 따라 임용되고 그 신분이 보장되면 특별한 사유가 없는 한 정년까지 근무할 것이 예정되는 공무원을 말한다.

일반직 공무원	행정 일반에 대한 업무에 종사하는 공무원을 말하는데, 계급으로 구분되며, 직군과 직렬별로 분류된다. 예 행정직·기술직·관리운영직 공무원, 연구직·지도직 공무원, 우정직 공무원, 감사원 사무차장, 시도선관위 상임위원
특정직 공무원	• 특정분야의 업무를 담당하며 개별 법률이 특정직공무원으로 지정하는 공무원이다. • 실적에 의해 임용되고 신분이 보장되는 직업공무원이다. 예 **경찰공무원**, 외무공무원법에 의한 외무공무원, 검찰청법에 의한 **검사**, 법원조직법에 의한 법관, 소방공무원법에 의한 **소방관**, 교육공무원법에 의한 교육공무원, **군인**, 헌법재판소 헌법연구관, **국정원 직원**, 경호공무원등

(3) 특수경력직

주로 정치적 혹은 특수한 직무를 수행하기 위해 임용되며, 원칙적으로 실적주의나 직업공무원제의 적용을 받지 않는다.

정무직 공무원	• 주로 정치적 판단이나 정책결정을 필요로 하는 업무를 담당한다. • 선거로 취임하거나 임명할 때 국회의 동의가 필요한 공무원 • 고도의 정책결정 업무를 담당하거나 이러한 업무를 보조하는 공무원으로서 법률이나 대통령령에서 정무직으로 지정하는 공무원 예 대통령, 국회의원, 국무총리, 감사원장, 국무조정실장, 국회사무총장, 국가정보원장, 차장 등
별정직 공무원	비서·비서관 등 보좌업무 등을 수행하거나 특정한 업무 수행을 위하여 법령에서 별정직으로 정하는 공무원을 말한다.

★ 개방형과 폐쇄형의 비교

구분	개방형	폐쇄형
배경	산업사회	농업사회
직업공무원제	불리	유리
신분 보장	신분 불안정	신분 보장
신규 임용	전계급	하위직만
임용 자격	전문능력	일반능력
채택 국가	미국, 캐나다	영국, 독일, 프랑스, 일본

6 계급제(Rank classification system)

1) 의의

(1) 계급제의 의의

① 개별 공무원의 자격과 능력을 기준으로 계급을 설정하고 이에 따라 공직을 분류하는 제도이다. 즉, 공무원을 자격, 능력, 경력 등과 같이 개인적 특성에 따라 몇 개의 계급으로 나누고, 유사한 특성을 지닌 공무원을 같은 계급으로 형성하는 제도이다.

② 사람의 특성에 따라 공직을 분류하는 것으로 역사적으로 오래된 전통적 국가에서 이미 공직 분류체계의 기본 틀로 형성되었다.

(2) 계급제의 발달

직업의 분화가 심화되지 않았던 농경사회나 신분서열이 강한 국가에서 주로 발달하였다.

◎ 영국, 프랑스, 독일 등에서 공직분류의 기준으로 사용하고 있는데 대부분 크게 네 개의 계층으로 구분하는데, 이것은 주로 교육제도와 관련이 많다.

2) 계급제의 특징

(1) 일반행정가 중심

계급제는 폭넓은 안목을 지닌 일반행정가를 양성하는데 유리한 제도이다.

(2) 탄력적, 신축적인 인사 운영

순환보직이나 배치전환 등 인사행정의 유연성을 확보할 수 있고 탄력적 인사관리가 가능하다.

◎ 인적자원 활용의 수평적 융통성이 높고 부서 간·부처 간 교류와 협조에 용이하며 적재적소 배치가 용이하다.

★ 영국
1853년 Northcote-Trevelyan 보고서에서 실적제와 함께 계층(class)에 의한 공무원 종류 구분 원칙에 계급제가 제시되었고, 1870년 2차 추밀원령을 통하여 서기직을 행정적·지도적 업무와 기계적·반복적 업무로 구분하여 재용시험을 계급별로 실시하였고, 1921년 왕립 재조직 위원회의 권고에 따라 4계급제가 확립되었다.

※ 경찰계급

형태	계급별
✦✦✦✦	치안총감
✦✦✦	치안정감
✦✦	치안감
✦	경무관
❀❀❀	총경
❀❀	경정
❀	경감
❀	경위
▲▲▲▲	경사
▲▲▲	경장
▲▲	순경

(3) 강력한 신분보장과 직업공무원제 확립에 적합

사람을 기준으로 한 공직분류이기 때문에 공무원의 신분보장 강화와 직업공무원제 확립에 용이하다.

➲ 재직자의 신분이 보장되므로 직위분류제보다 현직자의 사기가 높은 편이다.

(4) 폐쇄적 충원체제

폐쇄제는 신규임용을 최하위 중심으로 이루어지고 그 외의 결원은 내부에서 전보 등을 통해 채운다.

(5) 장기적 관점의 인사

계급제는 채용된 공무원이 장기간 공직에 머무는 것을 전제로 하므로 장기적 관점에서 인력 수급, 보직관리 등에 관한 제도를 수립해서 시행하게 된다.

3) 계급제의 단점

(1) 환경변화에 대한 경직성

인력수요분석이 제대로 이루어지지 않기 때문에 외부환경변화에 탄력적으로 대응하지 못한다.

(2) 행정 전문성 저하

일반능력주의를 지향함으로써 다양한 분야에 걸쳐 폭넓은 시각과 능력을 가진 관리자에 유리하고, 전문지식이나 능력에 의한 업무 수행은 잘 이루어지지 않는다.

(3) 연공서열식 승진과 공직사회 침체

계급 간 승진이 어려워 한정된 계급범위에서만 승진이 가능하고 공무원의 강한 신분보장은 무사안일주의와 보수화를 초래할수 있다.

(4) 비합리적 인사행정

계급별 직위별 직무를 명확히 구별하기 어렵고 인사권자의 자의적 편견이 개입될 수 있다.

➲ 계급제에서는 직무에 따른 보수의 형평성이 직위분류제보다 낮다.

▼ 계급제의 장점 및 단점

장점	단점
• 일반관리자 양성 • 조직몰입 및 사기 제고 • 신분보장 및 직업공무원제 확립 • 인력 활용의 융통성	• 전문가 양성 곤란 • 보수와 업무 간 비형평성 • 권한과 책임의 불명확 • 관료제 역기능

7 직위분류제(Position classification system)

(1) 직위분류제의 개념

직무의 속성을 중심으로 직위를 분류하는 제도이다. 즉, 조직 내의 직위들을 각 직위에 배당된 직무의 속성에 따라 분류 관리 하는 제도이다.

➲ 각 직위에 내포된 직무의 종류와 곤란도 · 책임도를 기준으로 하여 직류 · 직렬 · 직군별과 직급 · 등급별로 공직을 분류하는 제도이다.

[직위분류제의 수립 절차]

* 연혁
1909년 시카고시에서 도입하였고, 연방정부 차원에서 1923년 직위분류법(Classification Act)을 제정하면서 본격적으로 도입하였다.

(2) 직위분류제의 특징

① 개방적 충원체제

직무분석을 통한 직무의 구조적 배열에 중점을 둔 공직분류는 외부에 대한 공직개방에 용이하다. 공직에 자리가 비었을 때 외부충원을 원칙으로 한다.

② 행정의 전문화(전문가주의)

특정분야의 전문행정가를 지향한다. 채용 후에도 전직, 전보의 범위를 매우 좁게 설정하여 전문성을 높이고자 한다.

③ 동일직무 동일보수 원칙(보수의 합리화)

동일노동 동일보수의 원칙을 적용하여 보수체계를 공정화, 합리화 한다.

④ 약한 신분보장

직위분류제에서는 공무원에 대한 신분보장이 대체로 약하다.

➲ 직위분류제는 직업공무원제도에 부적합하다.

⑤ 배치전환의 경직성(직위 간 횡적 폐쇄성)

직위분류제에서는 상이한 직무를 지닌 직위간의 경계가 엄격하게 구분되는 횡적 폐쇄성을 지니며, 직위 간 이동은 거의 불가능하다.

⑥ 합리적, 체계적 관리

직위분류제는 행정책임과 예산행정의 능률확보가 용이하다.

* 직무평가의 방법

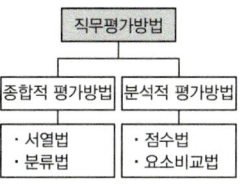

* 직급명세서 내용
① 직급의 명칭
② 직책의 개요
③ 최저자격요건
④ 채용방법
⑤ 보수액
⑥ 직무수행방법

* 직위분류제의 구조

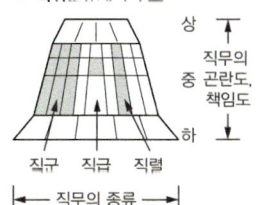

▼ 계급제와 직위분류제의 비교

구분	계급제(사람중심)	직위분류제(직무중심)
배경	농업사회	산업사회
분류기준	개인의 자격, 신분, 능력	직무의 종류, 곤란도, 책임도
중심기준	• 인간 중심 • 연공서열 중심 인사관리	• 직무 중심 • 실적중심 인사관리
행정가	일반행정가 양성	전문행정가 양성
인사운용·배치	신축적, 탄력적	경직적, 할거주의 초래
보수체계	생활급(생계유지 수준), 연공급	직무급(동일직무·동일보수의 합리적 제도)
행정계획	장기계획, 장기능률	단기계획, 단기능률
조정·협조	원활함	어려움
임용	폐쇄형(내부충원형)	개방형(외부채용형)
신분보장	강함	약함
직업공무원제 관련	확립 용이	확립 곤란
사례	영국, 독일, 일본	미국, 캐나다

➡ 양자는 상호보완적 관계에 있다.

(3) 직위분류제의 장단점

장점	① 채용시험 등 인사배치에서 적합한 기준 제공 ② 적재적소에 유능한 사람 임용 ③ 훈련의 수요 쉽게 파악, 직무급 수립 용이(높은 보수형평성) ④ 권한과 책임의 한계를 명백하게 해 조직관리의 합리성을 기함 ⑤ 행정의 전문화와 정원관리에 용이 ⑥ 직무 중심적 동기유발
단점	① **일반행정가의 양성 곤란** ② 조직 및 직무 변화에 대응 미흡 ③ 인사관리의 **탄력성 & 신축성 확보 곤란** ④ 공무원 신분 보장의 위협 ⑤ **직업공무원제 확립 저해** ⑥ 전문가 지향으로 횡적인 의사소통이나 협조·조정의 곤란

(4) 우리나라

① 우리나라는 계급제를 위주로 하고 직위분류제적 요소를 가미한 혼합형(절충형)이다.
➡ 1963년 국가공무원법에 규정을 두었다가 2006년 고위공무원단 시행과 함께 강화되었다.

② 직위분류제와 계급제는 배타적이지 않고 상호보완적 관계이다.

8 공무원 임용

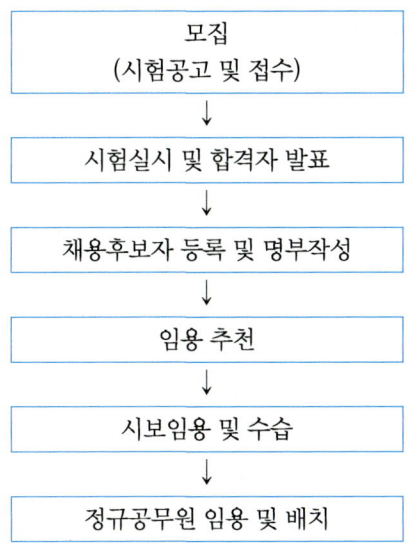

팩트DB

경찰공무원 봉급표 [개정 2024. 8. 13.]

경찰공무원·소방공무원 및 의무경찰 등의 봉급표

(월지급액, 단위 : 원)

계급 호봉	치안정감 소방정감	치안감 소방감	경무관 소방준감	총경 소방정	경정 소방령	경감 소방경	경위 소방위	경사 소방장	경장 소방교	순경 소방사
1	4,601,200	4,280,800	3,909,500	3,394,800	2,932,400	2,531,400	2,261,900	2,187,700	1,960,500	1,877,000
2	4,754,300	4,426,700	4,040,700	3,518,900	3,042,100	2,640,300	2,368,500	2,259,400	2,023,600	1,914,800
3	4,911,300	4,574,500	4,175,900	3,645,100	3,156,200	2,751,300	2,476,400	2,345,300	2,095,100	1,962,500
4	5,071,800	4,723,700	4,312,000	3,774,200	3,274,600	2,865,600	2,587,300	2,436,800	2,175,600	2,020,700
5	5,236,200	4,875,000	4,450,400	3,905,100	3,396,200	2,981,700	2,701,100	2,542,600	2,266,100	2,090,300
6	5,402,600	5,026,500	4,590,100	4,037,300	3,520,200	3,100,700	2,815,800	2,650,900	2,365,900	2,172,300
7	5,571,500	5,180,000	4,731,500	4,170,600	3,646,100	3,222,200	2,931,700	2,759,800	2,466,000	2,263,100
8	5,741,700	5,333,300	4,873,200	4,304,600	3,773,600	3,344,800	3,047,700	2,869,600	2,562,400	2,350,400
9	5,914,500	5,487,600	5,016,100	4,439,100	3,901,500	3,468,500	3,164,300	2,973,900	2,654,200	2,434,300
10	6,088,200	5,641,800	5,158,900	4,573,400	4,030,300	3,584,100	3,274,500	3,073,600	2,741,200	2,514,800
11	6,261,500	5,796,800	5,302,000	4,708,900	4,150,700	3,693,600	3,377,700	3,167,600	2,825,300	2,591,700
12	6,440,700	5,957,100	5,450,300	4,836,400	4,266,800	3,800,200	3,479,600	3,259,900	2,907,500	2,667,900
13	6,620,900	6,118,300	5,588,100	4,955,600	4,377,000	3,900,800	3,576,200	3,347,500	2,986,500	2,741,200
14	6,801,600	6,264,300	5,716,100	5,066,900	4,479,700	3,997,000	3,666,900	3,431,300	3,062,000	2,812,300
15	6,959,400	6,398,900	5,834,000	5,171,700	4,576,800	4,087,100	3,754,700	3,511,300	3,134,600	2,880,300
16	7,099,700	6,522,200	5,943,900	5,270,600	4,668,100	4,173,800	3,836,700	3,587,000	3,204,700	2,946,000
17	7,224,000	6,635,700	6,046,100	5,362,400	4,754,000	4,254,400	3,915,100	3,659,700	3,270,000	3,010,300
18	7,334,700	6,739,500	6,141,100	5,448,100	4,835,100	4,331,900	3,989,200	3,729,200	3,333,400	3,070,200
19	7,433,800	6,835,400	6,228,900	5,528,200	4,911,500	4,404,500	4,059,700	3,794,700	3,394,300	3,129,000
20	7,522,700	6,922,800	6,311,200	5,603,000	4,983,200	4,473,300	4,126,700	3,857,000	3,452,300	3,185,000
21	7,604,600	7,002,800	6,387,400	5,672,900	5,050,500	4,538,200	4,190,400	3,916,500	3,507,700	3,237,800
22	7,677,500	7,076,200	6,457,900	5,738,500	5,113,800	4,600,800	4,250,500	3,972,600	3,560,900	3,288,700
23	7,739,200	7,143,300	6,523,000	5,800,100	5,173,600	4,658,300	4,307,500	4,027,000	3,611,500	3,337,200
24		7,198,200	6,583,900	5,858,200	5,229,400	4,713,900	4,362,100	4,078,500	3,660,400	3,383,700
25		7,250,600	6,633,700	5,911,200	5,282,200	4,766,300	4,414,200	4,127,300	3,706,800	3,427,800
26			6,681,400	5,956,200	5,331,900	4,815,900	4,461,800	4,174,200	3,751,700	3,468,100
27			6,725,600	5,997,600	5,373,200	4,862,100	4,502,600	4,213,700	3,789,200	3,502,500
28				6,037,300	5,412,800	4,901,800	4,541,900	4,250,600	3,825,300	3,535,700
29					5,449,200	4,938,600	4,579,000	4,286,200	3,859,400	3,567,800
30					5,484,500	4,974,700	4,613,900	4,320,400	3,892,500	3,599,100
31						5,007,900	4,647,400	4,352,400	3,924,600	3,629,500
32						5,039,600				

1. 경찰대학생: 1학년 1,012,500원, 2학년 1,125,000원, 3학년 1,250,000원, 4학년 1,375,000원
2. 경위공개경쟁채용시험합격자 및 소방간부후보생: 임용예정 계급의 1호봉에 해당하는 봉급의 80퍼센트에 상당하는 금액
3. 의무소방원: 특방은 지원에 의하지 않고 임용된 하사 봉급 상당액, 수방은 병장 봉급 상당액, 상방은 상등병 봉급 상당액, 일방은 일등병 봉급 상당액, 이방은 이등병 봉급 상당액
4. 의무경찰: 특경은 지원에 의하지 않고 임용된 하사 봉급 상당액, 수경은 병장 봉급 상당액, 상경은 상등병 봉급상당액, 일경은 일등병 봉급 상당액, 이경은 이등병 봉급 상당액

9 경찰공무원 평정

① 의의

경찰공무원들이 얼마나 일을 잘하며 또 잘할 수 있는지를 판정하여 이를 기록하고 활용하는 제도이다.
➡ 오늘날에는 평정이 소극적 목적에서가 아니라 공무원의 사기 진작과 근무능률의 향상 및 행정 발전이라는 적극적 목적에서 행하고 있다.

② 공개

근무성적평정 결과는 공개하지 아니한다.
➡ 다만 경찰청장은 근무성적평정이 완료되면 평정 대상 경찰공무원에게 해당 근무성적 평정 결과를 통보할 수 있다.

③ 평정요소

평정시 주관적 요소(제2요소)에 대한 평정은 수(20), 우(40), 양(30), 가(10) 분포비율에 맞도록 한다.

④ 평정 시기

근무성적평정은 연 1회 실시하며, 근무성적 평정자는 3명으로 한다.
➡ 정기평정 이후에 신규채용되거나 승진임용된 경찰공무원에 대해서는 2개월이 지난 후부터 근무성적을 평정한다.

⑤ 평정결과 활용

총경 이하의 경찰공무원에 대해서는 매년 근무성적을 평정하여야 하며, 근무성적 평정의 결과는 승진 등 인사관리에 반영하여야 한다.

✱ 제22조의2(동료 · 민원인 등의 평가 반영)
① 임용권자(「경찰공무원 임용령」 제4조제1항부터 제6항까지의 규정에 따라 임용권을 위임받은 자를 포함한다.)나 임용제청권자(법 제7조제1항에 따른 추천이 필요한 경우에는 경찰청장을 포함한다.)는 승진심사를 거쳐 소속 경찰공무원을 승진임용하거나 승진임용을 제청할 때 **승진심사대상자에 대한 동료 평가 및 민원 평가를 실시하여 그 결과를 반영할 수 있다.** 이 경우 **동료 평가는 승진심사대상자의 상위 · 동일 · 하위 계급의 경찰공무원이 하고, 민원 평가는 승진심사대상자의 업무와 관련된 민원인 등이 한다.**
② 제1항에 따른 평가 결과는 특별승급, 성과상여금 지급, 교육훈련, 보직 관리 등 각종 인사관리에 반영할 수 있다.
③ 제1항 및 제2항에 따른 평가의 실시와 평가 결과의 반영 등에 관한 사항은 경찰청장이 정한다.

10 사기관리

1) 의의

(1) 사기의 개념

사기는 직무를 수행하려는 동기이며 개인적 현상일 뿐만 아니라 집단적 현상으로 사기는 심리 상태의 상대적·주관적 수준에 관한 개념이다.

(2) 사기의 특징

① 사기는 주관적·상대적인 것으로 사기의 수준은 **상황의존적**이며 가변적이다.
② 사기는 개인적 현상일 뿐만 아니라 **집단적 현상**이다.
③ **사회심리적 요인**으로 동료 간의 친밀도, 승진에의 기대 등은 사기에 영향을 준다.

✱ 사기와 생산성 논쟁
① 사기 실재론 : 사기는 생산성과 관련이 많다
② 사기 명목론 : 밀접한 관계가 없다고 보는 입장
③ 결론 : 사기이론은 욕구이론과 관련성이 높으며, 사기의 영향을 주는 경제적 · 물질적 요인으로 근무여건 개선, 보수 인상 등을 들 수 있다.
➡ 공무원의 보수 인상은 공무원의 사기 제고로 이어지지만, 공무원의 사기 제고가 곧바로 행정의 생산성 향상으로 이어진다고 볼 수는 없다.

2) 사기 향상 방안

① **공직의 사회적 평가 향상**
  공직 수행에 대한 사회적 평가와 국민봉사자로서의 신뢰를 향상시킨다.

② **보수 · 연금 · 승진 · 배치전환 · 후생복지**
  적정한 보수확립과 퇴직 또는 재해 시에 대한 연금제도를 확보하여 안전욕구를 충족한다.

③ **인간관리 민주화**
  인간적 가치의 존중과 인간소외현상을 극복할수 있게 한다.

④ **공무원단체의 육성**
  공무원에 그들의 권익보방을 위한 행동권을 부여하고 스스로의 이익을 옹호할 수 있도록 한다.

⑤ **고충처리제도(adjustment of grievances)**
  공무원이 근무조건·인사관리·신상문제나 직장생활과 관련하여 표시하는 불만인 고충을 심사하고 그 해결책을 강구하는 것으로 고충처리제도의 목적은 공무원의 신분보장, 사기앙양, 하의상달의 촉진으로 적극적 인사행정이나 직업공무원제도의 발전 등에 기여하기 위해서이다.

⑥ **참여관리(participative management)**
  ㉠ 제안제도(suggestion system)
    행정절차의 간소화, 경비 절감 등의 업무 개선, 조직구성원의 자기개발능력을 자극하여 창의력, 문제해결능력 신장, 참여의식의 조장으로 조직구성원의 사기 제고
    ➡ 제안제도의 1차 목적은 업무개선, 능률향상이며 2차 목적은 동기유발, 하의상달이다.
  ㉡ 목표관리(MBO : Management By Objectives)

⑦ **직무 · 업무의 개선**
  ㉠ 직무확장(job enlargement)
  ㉡ 직무풍요화(job enrichment)
  ㉢ 탄력시간제(flexitime, flextime)
  ㉣ 압축근무제(compressed work week or schedule)

3) 경찰 표창제도

① 의의

상훈법에 의한 서훈 또는 정부 표창 규정에 의한 표창제도 이외에 경찰청훈령으로 '경찰표창 및 기장 수여 등에 관한 규칙'을 제정하여 시행하고 있다.

➡ 표창은 경찰업무를 성실히 수행하거나 적극적으로 협조함으로써 경찰의 발전에 공적을 세운 경우와 경찰청 또는 소속기관에서 시행하는 교육·경기 등에서 우수한 성적을 얻은 경우에 수여한다.

② 표창 요건

표창장	1. 직무를 성실히 수행하거나, 장기간 근무하면서 경찰발전에 기여한 경우 2. 중요범인을 검거하거나, 신고 또는 제보로 중요범인을 검거하게 하여 공공의 안녕과 질서 유지에 기여한 경우 3. 자신을 희생하거나, 위험을 무릅쓰고 헌신적으로 인명을 구조하는 등 국민의 생명·신체 또는 재산을 보호하는데 기여한 경우 4. 창의적 의견, 제도개선 방안을 제안하여 경찰 및 국가 발전에 기여한 경우
감사장	1. 경찰업무수행에 적극 협조하여 현저한 공적이 있는 경우 2. 대외적으로 경찰의 명예를 높인 경우 3. 그 밖에 헌신적으로 봉사하여 경찰 및 국가·사회의 이익과 발전에 기여한 경우
상장	1. 경찰청 또는 소속기관이 실시하는 각종 교육에서 **우수한 성적**을 받은 경우 2. 경찰청 또는 소속기관이 주최하는 각종 경기 및 경연 등에서 **우수한 성적**을 거둔 경우

* **경찰 표창 종류**
공적에 대한 표창은 표창장과 감사장으로 나누며, 성적에 대한 표창은 상장이라 한다.

③ 경찰 표창 시기

표창은 매년 다음 각 호에서 정하는 날에 행한다.

다만, 표창권자가 중요범인 검거 등 필요하다고 인정하는 경우에는 수시로 할 수 있다.

> 1. 경찰의 날(10월 21일)
> 2. 연말(12월 31일)
> 3. 표창권자가 인정하는 정기적인 기념일

④ 표창권자

표창권자는 경찰청장 및 소속기관장이다.

➡ 소속기관장은 경찰대학장, 경찰인재개발원장, 중앙경찰학교장, 경찰수사연수원장, 경찰병원장, 시·도경찰청장과 총경(총경 승진후보자를 포함한다) 이상을 장으로 하는 경찰서 및 직할대의 장을 말한다.

04 경찰 예산관리

1 예산의 의의

1) 예산의 의의와 본질

(1) 예산의 개념

㉠ 예산(budget) : ① 1회계년도 동안 ② 국가 활동을 수행하기 위한 ③ 금전적 활동계획인 동시에 수입·지출의 예정적 계산이다.

㉡ 현재 우리나라 예산의 개념은 국가 재정과 지방재정으로 구분되고, 일반회계, 특별회계, 기금으로 구성된다.

▼ 예산 관련 법체계

구분	관련법규	
국가재정의 기본	헌법	
예산운영	일반법	국가재정법
	특별회계	정부기업예산법, 책임운영기관의 설치·운영에 관한 법률, 각 개별법
	공공기관	공공기관운영에 관한 법률
기금관리	국가재정법, 공공자금관리기금법 등 개별 기금법	
수입과 지출	국고금관리법	
결산 및 회계	국가회계법	
국세	국세기본법, 국세징수법, 소득세법, 법인세법, 종합부동산세법 등	
국회의 재정권	국회법, 국회예산정책처법	
결산 및 회계검사	감사원법	
지방재정	지방재정법, 지방세법, 지방공기업법, 지방교부세법, 지방교육재정교부금법	

✱ 예산의 본질적 규범
① 예산은 정책, 사업적 성격을 지닌다.
② 예산은 가치판단과 사실판단이 동시에 진행된다.
③ 결과물로서의 예산의 성격도 지닌다.

✱
budget 어원은 중세영어에서 가방이나 지갑의 뜻에서 유래되었다.

✱
A. Wildavsky는 「예산과정의 정치」에서 예산은 한정된 자원을 둘러싼 정치적 투쟁의 결과물이라고 정의하였다.

✱ A. Schick '공공지출관리'
㉠ A. Schick는 예산의 행정적 기능인 통제, 관리, 기획(계획), 참여, 감축 기능 중 예산의 본질적 기능으로 통제, 관리, 기획(계획) 기능을 제시하였다.
㉡ 바람직한 예산은 총량규모에 관한 재정규율, 배분적 효율성, 운영상 효율성과 같은 기능을 잘 수행하는 것이라고 주장하였다.

✱ 공공재정 관련 법규체계

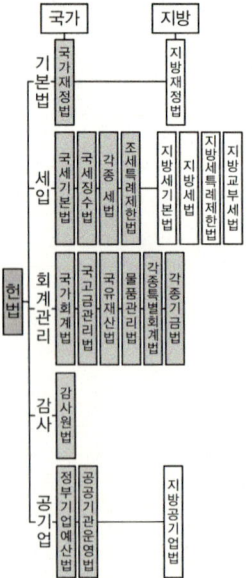

📝 **팩트DB**

예산의 원칙과 예외

원칙	내용	예외
공개성의 원칙	모든 국민에게 공개	신임예산
명료성의 원칙	국민이 이해하기 쉽게 편성	총액예산
정확성의 원칙	예산과 결산의 균형	적자예산, 흑자예산
명세성의 원칙	구체적으로 항목화	총액예산
완전성의 원칙 (포괄성의 원칙)	모두 예산에 계상	순계예산, 수입대체경비, 기금
통일성의 원칙	국고로 통합, 국고에서 지출	특별회계, 기금, 수입대체경비, 목적세 등
사전의결의 원칙	의회가 사전 심의 및 의결	준예산, 예비비, 전용, 사고이월, 재정상 긴급명령, 선결처분
한정성의 원칙	목적 외 사용금지 (질적 한정성)	이용, 전용
	초과지출 금지 (양적한정성)	예비비, 추가경정예산
	연도경과 금지 (시간적 한정성)	이월, 계속비, 국고채무부담행위, 과년도 수입 및 지출
단일성의 원칙	모든 재정활동을 포괄하는 단일의 예산으로 편성	특별회계, 기금, 추가경정예산, 공기업 예산

★ 재정운영 패러다임의 변화

기존의 패러다임	새로운 패러다임
투입(input)과 통제 중심	성과(performance)와 평가 중심
유량(flow) 중심	유량(flow)과 저량(stock) 중심
아날로그 정보 시스템	디지털 정보 시스템
관리자 중심	납세자 주권
몰성인지 관점	성인지적 관점

★ 노이마르크(F. Neumark)
19세기 입법국가 시대의 대표적 재무 학자로서 그의 주장을 행정통제의 수단으로 마련된 예산의 원칙, 입법부 우위론적 예산원칙이라고도 한다. 전통적 예산원칙은 예산의 편성·집행에 있어서 국민의 대표기관인 의회가 감독권을 충분히 발휘함으로써 행정부의 독주를 견제하기 위해 수립된 것으로 본다.

★ 고전적 예산원칙 vs 현대적 예산원칙 비교

고전적 예산원칙	현대적 예산원칙
• 명확성(명료성)의 원칙 • 완전성의 원칙 • 통일성(비영향)의 원칙 • 사전의결의 원칙 • 한정성의 원칙 • 단일성의 원칙 • 명세성의 원칙 • 공개성의 원칙 • 정확성(엄밀성)의 원칙	• 계획의 원칙 • 책임의 원칙 • 보고의 원칙 • 적절한 수단의 원칙 • 다원적 절차의 원칙 • 재량의 원칙 • 시기신축성의 원칙 • 예산기구 상호성의 원칙

2 예산의 종류

1) 일반회계예산

(1) 의의

① 일반회계예산이란 일반적 국가활동에 관한 총세입·총세출을 망라해 편성한 예산을 말한다.

② 일반회계는 조세수입 등을 주요 세입으로 하여 국가의 일반적인 세출에 충당하기 위하여 설치한다.

(2) 일반회계예산의 구조
① 일반회계예산의 세입은 원칙적으로 조세수입을 재원으로 하고 세출은 국가사업을 위한 기본적 경비지출로 구성된다.
➲ 일반회계예산의 세입은 조세수입에 의존한다.
② 일반회계예산의 세출은 1회계연도간 국가의 목적을 실현하기 위한 모든 지출이다.

2) 특별회계예산

(1) 의의
① **특정한 목적**을 위한 세입과 세출을 별도로 계리하는 예산제도이다.
즉, 특별회계는 국가에서 특정한 사업을 운영하고자 할 때, 특정한 자금을 보유하여 운용하고자 할 때, 특정한 세입으로 특정한 세출에 충당함으로써 일반회계와 구분하여 회계 처리할 필요가 있을 때 **법률로써** 설치할 수 있다.
② 특별회계 세입은 자체수입과 일반회계로부터의 전입금으로 구성된다.
➲ 일반회계와 특별회계는 세입세출의 성질에 따른 분류이다.

★ 특별회계현황
2019년 특별회계 세입은 2018년 예산 (23.1조 원) 대비 5.0% 증가한 24.3조 원으로 전망된다. 특별회계 세입은 주세·농어촌특별세 등 국세와 융자회수·부담 금 등 자체세입으로 구성된다. 2019년 특별회계 세입 중 국세수입은 2018년 예산 대비 4.1% 증가한 7.6조 원으로 전망되며, 자체수입은 2018년 예산 대비 5.5% 증가한 16.6조 원으로 전망된다.

(2) 특별회계 설치요건
① 국가에서 특정한 사업을 운영하고자 할 때
② 특정한 자금을 보유하여 운용하고자 할 때
③ 특정한 세입으로 특정한 세출에 충당함으로써 일반회계와 구분하여 회계처리할 필요가 있을 때
➲ 법률로써 설치한다.

★ 경찰병원
경찰청 소속 책임운영기관이다.

(3) 경찰 예산 특별회계
경찰예산 대부분은 일반회계이고, 경찰병원은 특별회계이다.

(4) 특별회계의 장단점

장점	㉠ 세입과 세출의 **수지가 명백**하다. ㉡ 행정부의 재량이 확대된다. ㉢ 행정기능의 전문·다양화에 부응한다.
단점	㉠ 재정운영의 **경직성**을 초래한다. ㉡ 입법부의 예산통제가 곤란하다. ㉢ 국가재정의 전체적인 관련성을 파악하기 곤란하다. ㉣ 재정팽창의 원인이 된다.

3) 기금(fund)

(1) 의의

① 기금은 국가가 특정한 목적을 위하여 특정한 자금을 **신축적으로 운용**할 필요가 있을 때에 한하여 법률로써 설치한다.
   ➡ 정부의 출연금 또는 법률에 따른 민간부담금을 재원으로 하는 기금은 법률에 의하지 아니하고는 이를 설치할 수 없다.

② 기금은 세입세출예산에 의하지 아니하고 운용할 수 있다.

(2) 기금 특징

① 합목적성 차원에서 예산에 비하여 운영의 자율성과 탄력성이 높다.
② 기금은 세입·세출 예산에 의하지 않고 예산외로 운용할 수 있다.
   ➡ 출연금, 부담금 등 다양한 재원으로 융자 사업 등을 수행한다.
③ 정부는 매년 기금운용계획안을 마련하여 국회에 제출하여 심의와 의결을 받아야 한다.

> ※ 기금현황
> 사회보험성기금(6개), 금융성기금(8개), 계정성기금(5개), 사업성기금(48개) 가 운용되고 있다.
> (2021년 기준)
>
> ※ 국가재정법 제63조(기금자산운용의 원칙)
> ① 기금관리주체는 안정성·유동성·수익성 및 공공성을 고려하여 기금자산을 투명하고 효율적으로 운용하여야 한다.
>
> ※ 기금운용계획의 절차
>
> | 일정 | 기금운용계획 |
> |---|---|
> | 전년도 12월 31일 | 국가재정운용계획 수립지침 |
> | 1월 31일 | 중기사업계획서 제출 |
> | 3월 31일 | 기금운용계획안 작성지침 통보 |
> | 5월 31일 | 기금운용계획안 제출 |
> | 회계연도 개시 120일 전 | 기금운용계획안 국회 제출 |

3 예산의 분류

1) 의의

예산의 분류는 예산의 효율적인 집행과 회계책임의 명확화에 기여한다.
예산 분류 체계는 포괄성, 단일성, 내적 일관성을 갖추어야 한다.

2) 예산분류의 유형

(1) 조직별 분류

① 의의 - 누가 얼마를 쓰는가?
   예산을 편성하고 집행하는 정부의 조직 단위에 따라 분류하는 방법이다.
   ➡ 한국에서는 소관별 분류라고 한다.

② 장점 및 단점

장점	㉠ 지출의 조직별 책임소재를 명확히 한다. ㉡ 의회의 심의 및 통제에 효과적이다.
단점	㉠ 예산 사용의 목적을 알수 없고, 전반적 성과를 파악하기 곤란하다. ㉡ 예산의 국민 경제적 효과를 알수 없다.

(2) 품목별 분류

① 의의 - 정부가 무엇을 구입하는 데 얼마를 쓰는가?
   예산을 지출 대상 품목별로 분류하는 방법이다.
   ➡ 예산 과목의 '목' 단위이다.

> ※ 품목별 분류
> 인건비, 물건비, 이전지출, 자산취득, 상환지출, 전출금 등 예비비 및 기타 7개 영역에 23개 편성비목과 90개 통계비목으로 구성되어 있으며, 모두 부호(code)가 부여되어 있다. 인건비(100), 물건비(200), 경상이전비(300) 등

② 장점 및 단점

장점	⊙ 예산통제에서 합법성 중심의 통제가 이루어진다. ⓒ 회계검사와 회계책임이 명확하다.
단점	⊙ 품목별 분류는 사업의 지출성과와 결과에 대한 측정이 곤란하다. ⓒ 기존 사업을 확대시키는 데 치중함으로써 점증주의 예산방식을 따르게 된다.

(3) 기능별 분류

① 의의 - 정부가 무슨 일을 하는 데 얼마를 쓰는가?

정부가 수행하는 기능을 중심으로 예산을 분류하는 방식이다.

◉ '시민을 위한 분류'

* 우리나라 예산의 기능별 분류
• 일반행정비
• 방위비
• 교육비
• 사회개발비
• 경제개발비
• 지방재정 지원
• 채무상환 및 기타

② 장점 및 단점

장점	⊙ 여러 정부 간의 사업계획 및 행정활동을 비교하는 데 적합하다. ⓒ 탄력성이 높아 총괄계정에 적합하다.
단점	⊙ 하나의 정부사업이 여러 기능에 중복되는 경우가 많다. ⓒ 의회의 통제가 곤란하고 회계책임이 불명확하다. ⓒ 각 부처의 업무를 구체적으로 파악하기 곤란하다.

(4) 경제성질별 분류

① 의의 - 국민경제에 미치는 총체적인 효과가 어떠한가?

예산이 국민 경제에 미치는 영향을 분석·평가하기 위해 경제적 성격에 의해 분류하는 방법이다.

* 통합재정(통합예산)
⊙ 중앙 및 지방정부의 일반회계·특별회계·기금을 포괄한 정부 전체 재정활동을 의미한다. 이를 통해 재정이 국민 경제에 미치는 효과를 효과적으로 파악하고자 하는 예산제도이다.
ⓒ 한 국가의 전체 재정규모를 파악하는데 가장 용이한 예산의 유형이다.
　◉ 우리나라 통합재정은 국제통화기금(IMF)의 재정통계 작성기준을 기초로 작성 및 발표하는데, 1979년부터 통합재정수지를 작성하고 있다.

② 장점 및 단점

장점	⊙ 정부활동에 국민경제에 미치는 영향을 알 수 있으며 정부거래의 경제적 효과분석이 용이하다. ⓒ 정부활동의 경제적 효과분석이 용이해 여러 정부 간 예산의 비중에 대한 비교가 가능하다.
단점	⊙ 경제활동에 대한 추정치로 측정할뿐 정확한 값을 나타내지는 못한다. ⓒ 일선관료에게는 도움을 주지 못하고, 고위 정책결정자에게 도움이 된다. ⓒ 정부활동의 세입·세출 이외의 요인에 대한 영향을 파악하기 곤란하다.

3) 예산제도상 분류

(1) 예산 성립 시기상의 분류

[예산 시기별 유형]

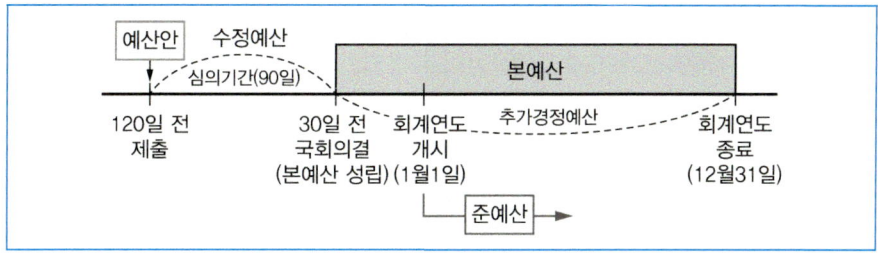

① 본예산

정기국회의 심의를 거쳐 확정된 최초의 예산이다.(당초예산)
- ● 예산 단일성 원리에 의하면 본예산에 의해서만 집행되야 하지만 불가피한 사유로 수정할 필요가 생긴다.

② 수정예산

㉠ 의의

예산안이 제출된 이후 **국회의결 이전**에 기존안의 일부를 수정해 제출하는 예산이다.
- ● 즉, 정부는 예산안을 국회에 제출한 후 부득이한 사유로 인하여 그 내용의 일부를 수정하고자 하는 때에는 국무회의의 심의를 거쳐 대통령의 승인을 얻은 수정예산안을 국회에 제출할 수 있다.(국가재정법 제35조)

㉡ 수정예산의 심의

ⓐ 수정예산안은 상임위원회와 예산결산특별위원회의 **심의**를 거쳐야 한다.
ⓑ 이미 제출한 예산안에 대해 심사가 진행 중일 때에는 이미 제출한 예산안과 함께 수정예산안을 심사해야 하며, 예산안에 대한 심사가 종료된 경우에는 수정예산안에 대하여 별도로 예비심사와 종합심사를 받아야 한다.

※ **수정예산 편성사례**
우리나라는 1970년 예산과 1981년 예산, 2009년 예산, 2010년 예산에 대하여 증액한 수정예산안이 통과된 바 있다(4회).

③ 추가경정예산

㉠ 개념

예산이 **성립된 후에** 생긴 사유로 이미 성립된 예산에 변경을 가할 필요가 있을 때 정부가 편성하는 예산이다.
- ● 추가경정예산은 예산 성립 후에 생긴 사유로 편성하는 것이다.

㉡ 편성요건(국가재정법 제89조)

> ㉮ 전쟁이나 대규모 자연재해가 발생한 경우
> ㉯ 경기침체, 대량실업, 남북관계의 변화, 경제협력과 같은 대내·외 여건에 중대한 변화가 발생하였거나 발생할 우려가 있는 경우
> ㉰ 법령에 따라 국가가 지급하여야 하는 지출이 발생하거나 증가하는 경우

※ **수정예산과 추가경정예산**
수정예산은 국회심의 중에 변경된 예산안인 반면, 추가경정예산은 국회의 심의·의결로 이미 성립된 예산을 변경하는 예산이라는 점에서 다르다.

※ **추가경정예산 편성재원**
전년도 세계잉여금, 당해 연도 세수 증가분, 공기업 주식 매각수입, 한국은행 잉여금, 공채발행수입 등으로 재원을 마련한다.

ⓒ 특징
  ⓐ 추가경정예산안의 편성절차는 본예산안의 편성절차와 원칙적으로 동일하다.
    ➡ 추가경정예산은 본예산과는 별개로 성립되지만 일단 성립되면 본예산과 추경예산을 합산하여야 한다.
  ⓑ 국회에서 추가경정예산안이 **확정되기 전에** 이를 미리 배정하거나 집행할 수 **없다**.
  ⓒ 추가경정예산은 예산 팽창의 원인이 될 수 있다.
  ⓓ 예산심의가 종료된 후 발생한 변화에 대처하기 위한 예산이며 편성횟수에 대한 제한은 없다.
    ➡ 국회제출시기와 편성횟수에 대해서는 제한 규정이 없으며 매년 1~2회 편성된다.

(2) 준예산 - 예산 불성립시

① 의의

본예산이 새로운 회계연도 **개시 전까지** 입법부를 통과하지 못하는 경우에 행정부는 예산안이 국회 의결 전까지 특정 경비에 한하여 **전년도에 준해서** 지출할 수 있는 제도 이다.

➡ 준예산은 예산의 불성립으로 인한 행정의 중단을 방지하기 위한 제도이다.

② 내용

  ㉠ 준예산 해당 경비(헌법 제54조)

  > ㉮ 헌법이나 법률에 의하여 설치된 기관 또는 시설의 유지·운영
  > ㉯ 법률상 지출의무의 이행   예) 행정상 손해배상액 등
  > ㉰ 이미 예산으로 승인된 사업의 계속   예) 계속비 사업

  ㉡ 준예산 집행의 효력

  준예산에 의하여 집행된 예산은 당해 연도 예산이 성립되면 그 성립된 예산에 의하여 집행된 것으로 본다.

  ㉢ 지출 가능기간

  제한이 없으며 본예산이 국회에서 의결되기 전까지는 계속해서 사용할 수 있다.

③ 특징

  ㉠ 예산 확정 전에 경찰공무원의 보수와 경찰관서의 유지, 운영 등 기본경비에는 사용할 수 있다.
    ➡ 준예산을 새로운 경찰관서 설치비용으로는 사용할 수 없다.
  ㉡ 우리나라의 준예산제도는 국회의 의결을 별도로 필요로 하지 않는다.
    ➡ 사전의결 원칙에 대한 예외이다.

---

* 예산불성립시
영국은 잠정예산
프랑스는 가예산

* 우리나라의 가예산, 준예산, 수정예산 사례
우리나라에서는 제1공화국 때(1948~1960) 정부수립 후 가예산제도를 채택하여 6·25전쟁 휴전까지 거의 매년 가예산을 사용하였으며, 1960년 4·19 직후 제2공화국 때 준예산제도를 채택하여 현재에 이르고 있으나 아직까지 준예산을 편성한 예는 없다.
• 지방정부의 경우 부안군이 준예산을 편성한 사례가 있다(2004).
• 수정예산은 1970, 1981, 2009, 2010년도 예산에 제출된 적이 있다.

팩트DB

기타 예산제도

1. **성인지예산제도**(GRB; Gender Responsive Budget)
   ① 의의
      재정사업을 편성 집행하면서 남성과 여성의 차이와 특성을 제대로 반영했는지 사전 사후에 평가하는 제도로서, 불평등이 발생하는 경우 예산 과정을 개선하는 작업이 이루어진다.
      ➊ 정부는 예산이 여성과 남성에게 미칠 영향을 미리 분석한 보고서를 작성하여야 한다.
      ➊ 성평등 기대효과, 성과목표, 성별수혜분석 등을 포함하여야 한다.
   ② 도입
      ㉠ 호주가 1984년 처음 채택하였다.
      ㉡ 우리나라는 '국가재정법'에서 성인지 예산서와 결산서 작성을 의무화하였다.
      ➊ 중앙정부는 2010년, 지방정부는 2013년에 도입하여 현재 실시하고 있다.
2. **조세지출예산**(TEB; Tax Expenditure Budgeting)
   ① 불공정한 조세지출의 방지를 목적으로 조세지출로 인한 세수 감소액을 종합 분류해 체계적으로 나타낸 것을 말한다.
      ➊ 조세지출은 특정 부문에 대한 사실상의 보조금이다.
   ② 우리나라는 2011회계연도부터는 정식으로 조세지출예산제도를 도입하였다.

팩트DB

한국의 예산분류

1. 한국의 예산분류(국가재정법상)
   ① 세입 : 성질별로 관·항으로 구분하며, '성질'이란 경비의 성질을 의미하는 것으로 '품목'에 해당
   ② 세출 : 기능별·성질별 또는 기관별로 장·관·항으로 구분한다.
2. 실제상
   ① 세입 : 소관·관·항·목[예 : 내국세(관) - 소득세(항) - 신고분(목)]
   ② 세출 : 소관·장·관·항·세항·목
3. 우리나라의 세출 예산과목

입법과목			행정과목	
장	관	항	세항	목
분야	부문	정책사업 (프로그램)	단위사업 - 세부사업	목
주요항목			세부항목	

4 예산이론의 전개

1) 예산결정이론

(1) 의의

① 예산결정이론의 필요성

X달러를 B사업 대신 A사업에 배분하는 근거는 무엇이냐는 V.O.Key(1940)의 문제 제기에 V.B.Lewis(1952)가 제시한 예산 이론의 전개이다.

② 예산결정이론의 흐름

예산제도는 일반적으로 통제지향 → 관리지향 → 계획지향 → 감축지향 → 결과·참여지향 순으로 발전하였다.

2) 예산이론의 흐름

(1) 품목별 예산제(LIBS ; Line-Item Budgeting System)

① 의의

예산을 지출 대상 성질을 기준으로 하여 **품목별로 분류**해 편성하는 예산제도이다.

이를 통해 예산집행의 유용이나 부정을 방지하기 위해 고안된 제도이다.

➡ 재정민주주의 구현에 유리한 통제지향 예산제도이다.

② 품목별 예산제의 평가

㉠ 장점

ⓐ 지출품목마다 그 비용이 얼마인가를 따져서 예산을 배정하기 때문에 **합법성 판단**이 용이하다.
   ➡ 예산을 운용하기 쉽다.
ⓑ 예산의 유용이나 남용을 방지하는 데 도움이 된다.
   ➡ 회계 책임을 명확하게 하고 경비사용의 적정화에 유리하다.
ⓒ 정원 및 현원에 대한 자료를 제공하므로 **인사행정**을 위하여 필요한 정보를 제공해 줄 수 있다.
ⓓ 지출 대상에 따라 예산 심의가 용이하다.
ⓔ 투입지향적 예산제도이며 상향식 방식을 사용하는 단년도 중심의 예산이다.

㉡ 단점

ⓐ 지출대상 금액의 한계가 설정되어 있기 때문에 예산집행이 **경직적**이다.
ⓑ 정부가 수행하는 사업과 그 효과에 대한 명확한 정보를 제공하지 못한다.
ⓒ 각 부처는 예산 확보를 위행 예산 항목에만 관심을 기울이므로 계획과 지출의 **불일치**가 발생한다.
ⓓ 정부 활동의 기능 중복이 발생한다.

✱ V. O. Key의 예산이론부재론 (The Lack of Budgetary Theory, 1940)

예산결정에 있어서 X 달러라는 금액이 A 활동 대신에 B 활동에 배정되었는가를 밝혀 주는 이론이 없다고 지적함으로써 예산결정이론의 필요성을 강조

✱ 예산결정 접근법
① 정치적 접근법 → 점증주의
② 경제적 접근법 → 합리주의
③ 정치 경제학적 접근법 → 소비자선호접근법, 공공선택론

✱ 뉴욕시정연구회

시정(市政)의 과학적 연구를 통한 행정개혁의 근거를 제공하기 위해 1906년 뉴욕에 설치된 행정연구소를 말한다. 행정학의 학문적 성장에 크게 기여 한 이 연구소는 행정 실무에 관한 각 종 교본을 발간하였다.

✱ 품목별 예산편성의 예

예산 항목	금액	전년 대비 변화율
인건비	25,000	+20.4%
물건비	130,000	+11.5%
계	155,000	

✱ 우리나라의 품목별 예산

구분	내용
인건비	기본급, 수당
물건비	관서운영비, 복리후생비, 연구개발비
경상이전	배상금, 출연금, 자치단체 경상이전
자본지출 경비	토지매입비, 시설비
융자금 및 출자금	융자금, 출자금
보전지출	국내차입금 상환, 해외차입금 상환
정부내부 거래	전출금
예비비 및 기타	예비비, 반환금

(2) 성과주의 예산제(PBS; Performance Budgeting System)
① 의의
　㉠ 예산을 사업별·활동별로 세부사업으로 분류하여 **업무 단위와 양**을 계산해 편성하는 제도이다.
　　● 기능별 예산제도 또는 활동별 예산제도라고 부르기도 한다.
　㉡ 정부가 무슨 일을 하느냐에 중점을 두는 제도이다(관리중심).
　　● 예산서에 성취될 업무량에 대한 측정, 업무가 완료될 경우의 사업의 효율성이나 효과성 등까지도 알 수 있는 예산제도이다.

② 성과주의 예산제의 방법
업무단위의 원가와 양을 계산해서 사업별, 활동별로 분류해서 예산을 편성하는 것을 말한다.
　㉠ 업무단위 개발
　각 업무의 성과를 측정할 수 있는 업무단위를 가능한한 계량화하고 표준화된 업무단위로 개발한다.
　㉡ 예산액 산정

> 예산액 = 업무량 × 단위원가

　　ⓐ 사업의 투입요소인 업무단위를 기초로 예산을 편성한다.
　　　● 예산의 배정과정에서 필요사업량이 제시되므로 예산과 사업을 연계시킬 수 있다.
　　ⓑ 예산서에는 사업의 목적과 목표에 대한 기술서가 포함되며, 재원은 활동단위를 중심으로 배분된다.
　　　● 장기계획보다는 단위사업(개별사업)을 중시한다.

팩트DB

성과주의 예산제의 편성 예(Coe, 1989)

사업명	사업목적	측정단위	업무량	단위원가(달러)	금액(달러)	변화율
긴급출동	비상 시 6분 내 현장출동	출동횟수	1,904건	100	190,400	+10.0%
일반순찰	24시간 계속 순찰	순찰시간	2,232시간	25	55,800	+7.8%
범죄예방	강력범죄 발생률 10% 감소	투입시간	2,327시간	30	69,810	+26.7%
총계					316,010	

* 연혁
① 1913년 뉴욕 리치먼드구에서 원가예산제를 도입시도하였다.
② 제2차 세계대전 이후 제1차 후버위원회의 건의에 따라 성과주의 예산제도를 도입하였다.
③ 우리나라도 1962년 일부부처에서 성과주의를 도입하였으나 1964년 폐기되고 말았다.

* 품목별 예산(LIBS)과 성과주의 예산(PBS)의 비교

구분	품목별 예산	성과주의 예산
중점	투입 중심	성과 중심
편성	지출대상 × 가격	업무량 × 단위원가
방향	합법성·통제 중심	효율성·관리 중심

* 성과주의 예산 구성
① 사업
　주요사업(기능) 단위로 재원을 분류하는데, 단위사업, 세부사업으로 분류한다. 주요사업〉단위사업〉세부사업
② 업무단위(work unit)
　하나의 사업을 수행하는 과정에서의 활동과 산물로 이루어진다(업무 측정단위).
　예 고속도로 포장 1km
③ 단위원가(unit cost)
　하나의 업무단위를 수행하는 데 소요되는 경비이다. 주로 효율성과 관련된다.

③ 성과주의 예산제의 평가
　㉠ 장점
　　ⓐ 관리지향성을 지니며 **행정관리작용의 능률**을 지향한다.
　　　➡ 운영관리를 위한 지침으로 효과적이다.
　　ⓑ 업무 단위 선정과 단위 원가의 과학적 계산에 의한 합리적 자원배분을 이룰 수 있다.
　　　➡ 투입되는 예산의 성과(산출)를 파악할 수 있다.
　　ⓒ 국민입장에서 경찰활동에 대한 이해가 용이하다.
　　　➡ 사업 또는 활동별 편성이라서 정부가 무슨 사업을 추진하는지 국민들이 쉽게 이해할 수 있다.
　　ⓓ 실적예산이라고도 하며 정부가 구입하는 물품과 행하는 사업 간의 관계 긴밀성을 보여준다.
　㉡ 단점
　　ⓐ 업무 단위의 선정이 곤란하다.
　　ⓑ **단위원가의 계산이 어렵다.**
　　　➡ 단위원가 계산을 위해서는 원가회계, 발생주의, 복식부기등의 회계학적 지식이 필요하다
　　ⓒ 단위사업만을 중시하기 때문에 전략적인 목표의식이 결여될 수 있다.
　　ⓓ 예산비목의 증가를 통제하기 어렵고, 입법부에 의한 예산통제가 곤란하다.

(3) 계획예산제(PPBS ; Planning Programing Budgeting System)
① 의의
　㉠ **장기적인 기획**과 **단기적인 예산편성**을 유기적으로 연결하여 합리적인 자원배분을 이루려는 제도이다.
　㉡ 계획(plan) - 사업(program) - 예산(budget)의 체계적 연계를 강조한다.
　　➡ 핵심은 목표와 계획에 따른 사업의 효율적 수행에 있다.
　㉢ 비용편익 분석과 시스템 분석을 주요 수단으로 활용하여 사업의 대안들을 제시하도록 하고 가장 효과적인 프로그램에 대해 재원배분을 선택하도록 한다.
　　➡ 계량적인 기법인 체제분석, 비용편익분석 등을 사용한다.
② 계획예산제의 평가
　㉠ 계획예산제의 장점
　　ⓐ 계획과 예산을 연계
　　　계획과 예산 간의 불일치를 해소하고 이들 간에 서로 밀접한 관련성을 갖게 한다.
　　　➡ 기획의 책임은 중앙에 집중되어 있다.

＊ 연혁
1961년 케네디 정부 때 맥나마라(McNamara)의해 국방부에 PPBS가 도입되었고 그 뒤 존슨 정부 때 연방정부에 전면적으로 도입되었다.
➡ 닉슨 행정부가 들어서면서(1973) 공식적으로 중지되고 MBO로 대체되었다. 우리나라는 1970년대 국방부에서 PPBS도입을 시도한 적이 있다.

＊ PPBS 구조
① 사업범주(program category)
대분류로서의 사업범주는 조직체의 목표 달성을 위한 사업의 집합체를 최상위 수준에서 분류한다.
② 하위사업(program-sub-cate-gory)
중분류로서 하위사업은 사업 범주를 더욱 세분화하여 유사한 사업 요소를 묶어 놓은 것이다.
③ 사업요소(program element)
사업구조의 기본단위로 최종 산물을 산출하는 조직체의 활동이다. 사업요소는 명확히 정의할 수 있고 수향화할 수 있는 최종산출물이다.

ⓑ 의사결정의 일원화, **집권화**
장기적인 사업계획의 신뢰성을 향상시키고 기획기능을 강조한다.
　➊ 체계적 분석을 통해 조직 내 사업 분석적 역할의 전문가의 권한이 커지고, 계선적 관료나 정치적 타협을 강조하는 정치가의 영향력은 약화된다.

ⓒ 자원 배분의 합리화
하향식 접근을 통하여 효과적인 프로그램에 대한 분석과 자원 배분이 용이하다.
　➊ 품목별 예산과는 달리 부서별로 예산을 배정하지 않고 정책별로 예산을 배분한다.

ⓓ 정책분석 강화
비용편익 분석 등 계량적, 과학적 정책분석을 통해 목표달성을 위한 최적 대안을 선택한다.
　➊ 합리주의 결정모형이다.

ⓒ 계획예산제의 단점
ⓐ 의사결정의 집권화
PPBS는 정보와 의사결정이 과도하게 중앙집권화 된다.
ⓑ 계량화와 환산작업의 곤란
정부가 하는 모든 계획이나 행정활동을 수치로서 나타낸다는 것은 거의 불가능한 일이다.
ⓒ 과다한 문서와 정보량
여러 사업대안의 비교 검토, 분석 등에 많은 정보와 문서를 필요로 한다. 이를 위해 과도한 시간, 노력 등이 요구된다.
ⓓ 공무원과 의회의 이해 부족
대대수의 공무원은 PPBS의 복잡한 분석기법과 구조를 제대로 이해하지 못하는 경우가 많고, 의회도 PPBS에 대해 소극적 태도이다.

(4) 영기준예산(ZBB ; Zero-Base Budgeting)

① 의의
㉠ 과거연도의 예산지출을 고려하지 않고 목적, 방법, 자원에 대한 근본적인 재평가를 바탕으로 예산을 편성하는 제도이다.
　➊ 점증주의 폐단을 시정하려는 목적의 예산제도이다.

㉡ 원칙적으로 정부사업과 예산항목을 **원점**(zero base)**에서 재검토**하는 예산제도이다.
　➊ 우선순위 중심의 예산이며, **감축관리지향적**인 성격을 갖는다(작은 정부 지향).

★ 연혁
① 영기준예산(ZBB)은 1970년 미국의 경영자 피터 파이흐(Peter A. Pyhrr)에 의해 개발되고 주장되었다.
② 조지아 주지사로 있던 지미 카터(Jimmy Carter)가 1973년도 조지아주 예산편성에 시험삼아 적용하였다. 그 후 카터가 대통령에 당선되자 연방정부에서도 이 예산제도를 채택하여 1979 회계연도 예산부터 적용하기 시작하였다.
③ 우리나라에서도 이 예산제도를 도입하여 1983년부터 실시하고 있다.

* 의사결정 단위
① 목표
② 사업·활동의 내용
③ 비용과 편익
④ 업무량과 성과측정
⑤ 목표달성을 위한 대안
⑥ 투입될 노력의 수준

* 의사결정 패키지 예

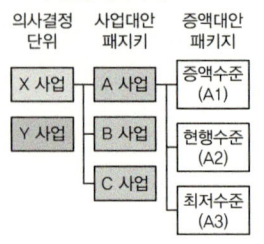

📄 팩트DB

영기준예산의 절차

조직전체:	기본준칙의 결정
사업담당부서:	의사결정단위의 선정
사업담당부서:	의사결정대안의 개발 → 시행대안서 작성 → 증액수준 a
	증액대안서 작성 → 현행수준 b
	→ 최소수준 c
차상급기관:	우선순위 판별 및 부여
조직전체:	예산안 분석
	사업대안정보 (목적, 내용, BC분석, 성과측정)	예산소요규모별 대안

② 영기준예산의 평가
　㉠ 영기준예산의 장점
　　ⓐ **자원의 합리적 배분**
　　　영기준예산은 중요하지 않거나 불필요한 부문은 폐기하고 꼭 필요한 부문에만 자원을 할당시킴으로써 자원배분의 효율화를 기한다는 점에서 계획예산과 큰 차이가 있다.
　　ⓑ **참여의 강화**
　　　사업계획의 우선순위의 결정 등에 모든 관리자(실무자)들이 관여하게 됨으로써 보다 신중하고 민주적 결정을 할 수 있다.
　　ⓒ **융통성 있는 예산 편성**
　　　점증예산제도가 전년도 예산수준을 기준으로 하는 것과 달리 영기준예산제도는 영(0)수준에서 새로이 예산을 결정한다.
　　　 우선순위가 낮은 사업은 축소 내지 폐지되어 재정운용상의 탄력성을 확보할 수 있다.
　　ⓓ **전년도 답습주의 완화**
　　　비용·편익 내지 비용·효과분석의 대상에 있어서 신규사업은 물론 계속사업도 대상으로 한다.
　　　 모든 사업을 원점에서부터 검토하므로 예산·계획 및 통제기능의 연계를 강조한다.
　㉡ 영기준예산의 단점
　　ⓐ **과다한 시간과 노력의 소모**
　　　실행예산안을 편성하기까지에는 사무절차가 번거롭고 많은 시간과 노력, 많은 문서작업이 들게 된다.
　　ⓑ **우선순위 결정의 어려움**
　　　조직 단위의 책임자가 아무리 자기 업무에 정통하다 할지라도 결정항목(package)에 대한 우선순위의 결정은 가치판단을 필요로 하는 것이 많기 때문에 객관적으로 이루어지기 어렵다.
　　ⓒ 신규 사업에 소홀

*
미국 조지아주의 경우 의사결정 패키지는 11,000개였고, 미국 국방부는 30만 개였다.

* 영기준예산에 대한 비판
윌다브스키는 ZBB가 점증적 예산행태를 극복하지 못하였으며, 실제로는 영기준이 아니라 90% 기준예산이라고 비판하였다.

영기준 예산제도는 대체로 이미 있는 사업계획을 다시 재평가하는 데만 주력하기 때문에 새로운 사업계획을 개발하는 데는 소홀하기 쉽다.

ⓓ **경직성 경비**에 적용상 곤란

국방비, 공무원의 보수, 교육비와 같은 경직성 경비(비탄력적 지출), 법률적 경비가 많으면 적용이 제한된다.

⑤ 일몰법(SSL)

㉠ 개념

ⓐ 특정한 정부사업이나 공공기관에 대한 법률상의 권한을 일정 기간에만 부여하고 그 기간이 경과하면 **자동적으로 폐지**되도록 하는 법률을 의미한다.

◉ 일몰법은 대개 3~7년의 기간 후에 사업을 종료한다.

ⓑ **입법부 중심** 예산제도이다.

㉡ 일몰법과 ZBB의 관계

ⓐ 공통점

ⅰ. 둘 다 감축관리의 실행을 위해 사업의 주기적 재심사를 한다.

ⅱ. 둘 다 자원의 합리적 배분을 의도한다.

ⓑ 차이점

ⅰ. 영기준예산은 행정적 과정이고 일몰법예산은 입법적 과정이다.

ⅱ. 영기준예산은 조직의 중하층의 사업을 심사하지만, 일몰법은 조직의 최상위 정책을 심사한다.

ⅲ. 영기준예산은 단기적이지만, 일몰법은 중·장기적이다.

＊ 연혁

일몰법은 미국에서 1970년대 중반 자원난 시대에 자원의 절약과 효율적 이용을 위해 제시되었는데, 1976년 콜로라도주에서 처음 실시되었다.

▼ 시대별 예산 제도의 비교

특성	품목별예산 (LIBS)	성과주의예산 (PBS)	계획예산 (PPBS)	목표관리 (MBO)	영기준예산 (ZBB)
시대	1920년대	1950년대	1960년대	1973	1970년대
이론배경	입법부 우위 고전적 조직론	신고전적 조직론	발전행정론 개방체계	관리	자원난 시대 상황적응이론
핵심	통제	관리	기획	관리	의사결정 (우선순위)
주요정보	지출대상	부처활동	목표	사업계획의 효과성	사업, 단위 조직목표
결정 방향	상향적, 분권적	상향적, 분권적	하향적, 집권적	상향적	상향적, 분권적
분석초점	지출대상	지출과 성과의 관계	대안 계량 분석	단기목표 강조	대안분석 예산증감

＊ 자본예산제도(CBS)

1937년 스웨덴 중앙정부에서 실시하였는데, 정부예산을 경상계정과 자본계정으로 구분한 복식예산 제도이다. 즉, 정부예산을 경상지출과 자본지출로 구분하고 경상지출은 경상수입으로 충당하고 자본지출은 자본적 지출과 공채(公債)에 의해 충당하게 하는 예산제도를 말한다.

> *
> 회계연도란 회계사무를 명확하게 구분 정리하기 위해 설정한 기간을 말한다.
> 통상적으로 회계기간은 1년이다.(단년도 예산)

> * 예산주기
> 예산이 편성되어서 결산의 책임해제에 이르기까지의 순환적인 과정을 예산주기라고 한다.
> (예산순기)
> 편성(FY – 1)
> 심의(FY – 1)
> 집행(FY)
> 결산(FY + 1)

5 예산의 과정

1) 예산의 편성

(1) 의의

① **예산편성의 개념**

정부가 다음 회계연도의 세입과 세출을 예정적으로 계산하는 과정이며 정부가 수행하고자 하는 계획과 사업을 구체화 하는 과정이다.

> ➡ 정부는 예산 과정을 통해 재정정책의 수립 및 계획과 사업의 분석, 세입세출 규모의 확정을 도모하는 것이다.

② **행정부 편성주의**

예산 편성의 책임은 **행정부**가 담당하는 것이 일반적이다.(행정부 세출예산제도)

(2) 우리나라 예산편성

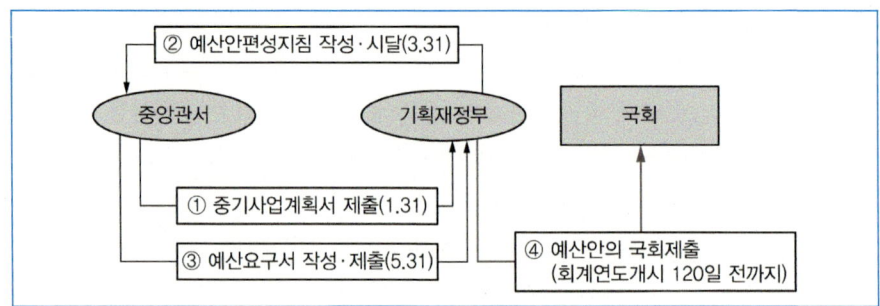

예산편성 절차

> 우리나라 예산편성절차는 중기사업계획서 제출 → 예산편성지침 통보 → 예산요구서 작성 및 제출 → 예산의 사정 → 국무회의 심의와 대통령 승인 순이다.

㉠ 중기사업계획서의 제출 : 1월 31일까지

경찰청장(중앙관서 장)은 매년 1월 31일까지 당해 회계연도부터 5회계연도 이상의 기간 동안의 신규 사업 및 기획재정부장관이 정하는 주요 계속사업에 대한 중기사업계획서를 기획재정부장관에게 제출하여야 한다.

㉡ 예산안 편성지침 : 3월 31일까지

ⓐ **기획재정부장관은** 국무회의의 심의를 거쳐 대통령의 승인을 얻은 다음 연도의 예산안 편성지침을 매년 3월 31일까지 경찰청장에게 통보하여야 한다.

ⓑ 기획재정부장관은 각 중앙관서의 장에게 통보한 예산안 편성지침을 국회 예산결산특별위원회에 보고하여야 한다.

㉢ 예산요구서 제출 : 5월 31일까지

경찰청장은 예산안편성지침에 따라 그 소관에 속하는 다음 연도의 세입세출예산·계속비·명시이월비 및 국고채무부담행위 요구서를 작성하여 매년 5월 31일까지 기획재정부 장관에게 제출하여야 한다.

> * 예산사정(budget review)
> 기획재정부의 예산조정(사정)은 여러 가지 분석과 정보를 사용해 예산요구서를 검토하는 것을 말한다. 이 과정에서 사업의 타당도와 우선순위가 검토된다. 또한 대통령의 정책의지가 반영되고 예산 관련 여러 이해관계가 조정된다.
> ➡ 기획재정부는 6월초부터 8월말까지 각 중앙관서가 제출한 예산요구서를 대통령에게 보고후 조정, 사정을 하게 된다. 이때 주로 삭감위주로 조정이 이루어진다.

ⓔ 국회제출
정부는 회계연도마다 예산안을 편성하여 **회계연도 개시 120일 전**까지 국회에 제출해야 한다.

> 팩트DB
>
> **예산편성의 제약 – 경직성 경비**(uncontrollable expenditures)
>
> ㉠ 법률상 또는 정책적으로 지출이 미리 결정되어 있어, 법률의 개정이나 또는 기존 정책의 수정이 없이는 삭감할 수 없는 경비를 의미한다.
> ㉡ 경직성 경비는 예산편성의 합리성을 저해하고 중앙예산기관의 재량권 행사에 제약을 가하는 경비로, 예산사정 과정에서 삭감·조정이 곤란하다

※ 예산 조정절차
① 예산협의 및 확인과정
② 예산 조정 및 심의과정
③ 당정협의 및 고위정책결정과정

※ 예산형식
① 예산총칙(the general provisions of budget)
② 세입세출예산(annual revenue expenditure budget)
③ 계속비(continuing expenditure)
④ 명시이월비(authorized expenses to carry forward)
⑤ 국고채무부담행위

2) 예산의 심의

(1) 의의

① 예산심의의 개념
㉠ 예산 심의는 행정부가 편성한 예산을 **입법부가 심사**하는 과정이다.
㉡ 예산 심의는 재정민주주의를 실현하는 중요한 제도적 장치의 하나이다.
  ● 예산 심의는 예산조정의 정치적 성격이 강하게 반영된다.

(2) 우리나라의 예산심의 절차

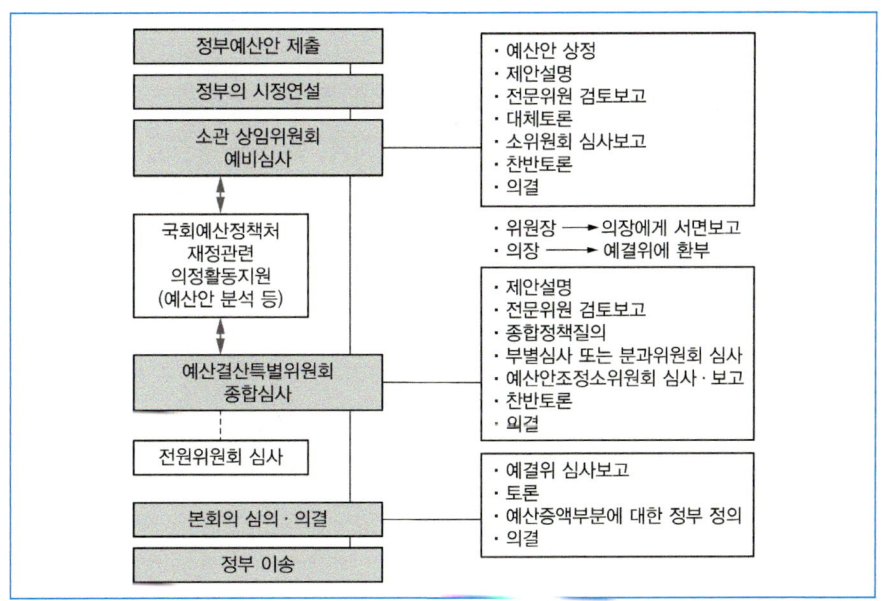

※ 국회 예산심의 절차

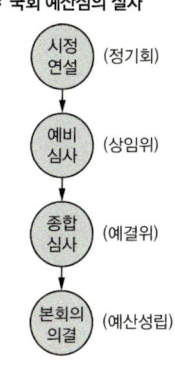

① 심의절차
　㉠ 국정감사
　　국회는 국정 전반에 대해 소관 상임위원회 별로 매년 9월 10일부터 **20일간 감사**를 실시한다. 다만, 본회의 의결에 의해 그 시기를 변경할 수 있다.
　　시기적으로는 대통령의 시정연설보다 국정감사가 먼저 실시된다.
　㉡ 대통령의 **시정연설**
　　ⓐ 정부예산이 국회에 제출되면 본회의에 보고되며 **대통령의 시정연설**이 있게 된다.
　　　➔ 예산안 및 기금운용계획안 제출에 즈음한 대통령의 시정연설이다.
　　ⓑ 정부의 국정 운영방향에 대한 참고자료로 활용된다.
　　　➔ 대통령 시정연설은 법적 구속력이 없으며 결산안에 대해서는 시정연설을 하지 않는다.
　㉢ 상임위원회 **예비심사**
　　예비심사는 **상임위원회별**로 수행된다. 소관부처의 예산에 대한 예비심사의 성격을 갖는다.
　　➔ 경찰예산 관련 상임위원회는 행정안전위원회이다.
　㉣ 예산결산특별위원회의 **종합심사**
　　ⓐ 현재 예산결산특별위원회는 특별위원회로 운영되고 있다. 임의기구가 아닌 강제적인 특별위원회다(상설).
　　ⓑ 삭감 및 증액
　　　• 예산결산특별위원회는 소관 상임위원회의 **동의 없이** 상임위원회에서 삭감한 세출예산 각 항의 금액을 **증액할 수 없다.**
　　　　➔ 예결위가 소관상임위원회에서 삭감한 세출예산 각 항의 금액을 증액하거나 새 비목을 설치할 경우에는 소관상임위원회의 **동의**를 얻어야 한다.
　　ⓒ 국회에서는 본회의보다 상임위원회와 예산결산특별위원회를 중심으로 예산이 심의된다.
　㉤ **본회의** 의결(12월 2일까지)
　　ⓐ **본회의**에서는 예결위 위원장의 심사보고에 이어 의원들의 질의 및 토론을 거쳐 예산안을 최종적으로 의결·확정한다.
　　ⓑ 국회는 정부의 동의 없이 정부가 제출한 지출 예산 각 항의 금액을 증가하거나 새 비목을 설치할 수 **없다.**
　　　➔ 예산에 대해 대통령에 의한 공포를 효력요건으로 하지 않으며, 정부에 의한 거부도 인정되지 않는다.

3) 예산의 집행

(1) 의의
① 예산 집행이란 국가의 수입·지출을 실행 관리하는 모든 행위를 말한다.
② 예산집행은 **재정통제**와 **재정신축성**이라는 상반된 목표를 동시에 추구한다.
　➔ 재정통제를 주된 목적하여 입법부의 의도를 구현하고 재정의 한계를 엄수하며, 한편으로는 신축성 유지를 보완적 목적으로 활용한다.

★ 국정감사
국정감사는 시정연설 및 예산심의에 앞서 먼저 이루어지며 예산심의에 필요한 정보수집 등을 하는 중요한 단계이다. 매년 정기회 집회일 이전에 감사시작일부터 30일 이내의 기간을 정하여 실시하되, 본회의 의결로 정기회 기간 중에 감사를 실시할 수 있다(국정감사 및 조사에 관한 법률). 이를 통하여 국정감사 자체의 목적뿐만 아니라 예산에 반영할 정책자료를 획득함으로써 예산심의 활동에 도움을 받을 수 있다.

★ 국회상임위원회의 종류(17개)
국회운영위원회, 법제사법위원회 정무위원회, 교육위원회 기획재정위원회 과학기술정보방송통신위원회 문화체육관광위원회, 외교통일위원회 국방위원회, 행정안전위원회 농림축산식품해양수산위원회 산업통상자원중소벤처기업위원회 보건복지위원회, 환경노동위원회 국토교통위원회, 정보위원회 여성가족위원회

★ 예산결산특별위원회
상설된 특별위원회이다. 따라서 다른 특별위원회와 달리 활동기한이 없으나 상임위원회는 아니다. 위원 및 위원장 모두 임기는 1년이다.

★ 절차
국회의장이 상임위원회의 예비심사보고서를 첨부한 예산안을 예산결산특별위원회에 회부해 오면 종합심사에 들어간다.
➔ 예외 : 정보위원회의 예비심사는 예산결산특별위원회의 심사로 본다.

★ 계수조정
계수조정위원회는 간담회 형식으로 비공개이며 회의록도 작성하지 않는다.

★ 증액 또는 비목신설 절차
국회예산심사에 있어서 정부의 동의 없이 정부가 제출한 세출예산 각 항의 금액을 증액하거나 새 비목을 설치할 수 없도록 헌법에 규정(제57조)하고 있으므로, 의회가 증액 또는 비목을 신설할 경우에는 정부의 동의를 얻어야 한다.

(2) 예산집행의 통제

① 의의

예산 과정에서 입법부의 의도를 구현하고 재정적 한계를 엄수하도록 예산을 통제할 필요가 있다.

② 예산집행의 통제(재정통제)

㉠ 예산안 편성지침

기획재정부 장관은 매년 3월31일 까지 예산편성지침을 중앙관서 장에게 시달하여 사전통제를 한다.

㉡ 예산의 목적 외 사용금지

각 중앙관서의 장은 세출예산이 정한 목적 외에 경비를 사용할 수 없다.(국가재정법 제45조)

㉢ 예산의 배정과 재배정

ⓐ 배정

기획재정부장관은 분기별 예산배정계획을 작성하여 국무회의 심의와 대통령 승인 후 각 중앙관서의 장에게 예산을 배정한다.

➡ 기획재정부장관은 각 중앙관서의 장에게 예산을 배정한 때에는 **감사원에 통지**하여야 한다.

ⓑ 경찰청장은 예산이 확정된 후 예산 배정요구서를 기획재정부장관에게 제출한다.

➡ 기획재정부장관은 예산배정요구서에 따라 분기별 예산배정계획을 작성하여 국무회의 심의와 대통령 승인을 얻은 후 분기별 예산배정계획에 따라 경찰청장에게 예산을 배정한다.

ⓒ 재배정

예산의 재배정은 중앙관서의 장이 산하기관의 장에게 각 분기별로 집행할 수 있는 금액과 책임소재를 명확히 하는 절차로 예산의 통제수단을 확보하는데 크게 기여한다.

㉣ 예산배정의 유보

중앙관서 장이 예산액 중 일부를 재배정하지 않고 보류하는 것이다.

㉤ 장부기록과 보고

각 중앙관서의 장은 월별로 기획재정부장관에게 사업집행 보고서를 제출해야 한다.

㉥ 정원 및 보수의 통제

공무원 정원령과 공무원보수규정을 통해 정원 및 보수를 통제하여 경직성 경비의 증대를 억제한다.

㉦ 예비타당성 조사

예비타당성 조사를 통해 대규모 사업에 대해 경제적 타당성뿐만 아니라 정책적 타당성도 분석의 대상이 된다.

★ 배정유보 사유
① 예산편성 시 전제조건을 미이행한 경우
② 기획재정부장관과 협의 없이 총사업비를 증액한 경우
③ 공기업 및 산하기관 경영혁신 추진 실적이 부진한 경우
④ 지방비 또는 민간부담 내용이 입증되지 않은 경우
⑤ 기타 집행점검 결과 사업이 효율적으로 추진되지 않은 경우

★ 이용의 범위
법령에는 특별한 규정이 없지만 인건비·공공요금·기관운영비·국공채 원리금 상환·환율변동 또는 유가변동으로 인한 경비부족액·선거관련 경비·국민기초생활보장급여 등에 국한되고 있다.

★ 자체적으로 전용한 경우
각 중앙관서의 장은 전용을 한 과목별 금액 및 이유를 명시한 명세서를 기획재정부장관 및 감사원에 각각 송부하여야 한다. 전용을 한 경우 사업 간의 유사성이 있는지, 재해대책 재원 등으로 사용할 시급한 필요가 있는지, 기관운영을 위한 경비의 충당을 위한 것인지 여부 등을 종합적으로 고려하여야 한다(국가재정법 제46조).

★ 이월 종류
㉠ 명시이월(明示移越)
세출예산 중 경비의 성질상 연도 내에 지출을 끝내지 못할 것이 예측되는 때에는 그 취지를 세입세출예산에 명시하여 미리 국회의 승인을 얻은 후 다음 연도에 이월하여 사용할 수 있다.
㉡ 사고이월(事故移越)
예산 성립 후 연도 내에 지출원인행위를 하고 불가피한 사유로 지출하지 못한 경비와 지출원인행위를 하지 아니한 그 부대경비의 금액에 대한 이월이다.

★ 예비비 금액
정부는 예측할 수 없는 예산 외의 지출 또는 예산초과지출에 충당하기 위하여 일반회계 예산총액의 100분의 1 이내의 금액을 예비비로 세입세출예산에 계상할 수 있다.

★ 예비비 사용제한
ⓐ 국회에서 부결한 사업의 용도를 위하여 사용할 수 없다. ⇨ 입법부의 의도 침해 예방
ⓑ 예산성립 이전부터 존재하던 사태를 위해서는 예비비를 사용할 수 없다. ⇨ 본예산에 편성
ⓒ 많은 금액을 예비비에서 지출하는 것은 삼가야 한다. ⇨ 추경경정예산에 편성
ⓓ 예비비로 공무원의 보수 인상을 위한 인건비를 충당하기 위해서는 예산총칙 등에 따라 미리 사용 목적을 지정할 수 없다.

(3) 예산집행의 신축성 제도
① 이용(利用)
㉠ 입법과목인 **장·관·항 간**에 상호 융통하는 것을 의미한다.
㉡ 예산의 이용은 반드시 **국회와 기획재정부의 승인**을 받아야 한다.
➜ 예산 집행상 필요에 따라 미리 예산으로써 국회의 의결을 얻은 때에는 기획재정부장관의 승인을 얻어 이용하거나 기획재정부장관이 위임하는 범위 안에서 자체적으로 이용할 수 있다.

② 전용(轉用)
㉠ 예산의 전용은 예산의 **세항·목 간**에 금액을 상호 융통하는 것이다.
㉡ 전용은 국회의 승인을 받을 필요가 없다.
➜ 각 중앙관서의 장은 예산의 목적 범위 안에서 재원의 효율적 활용을 위하여 대통령령이 정하는 바에 따라 기획재정부 장관의 승인을 얻어 각 세항 또는 목의 금액을 전용할 수 있다.

③ 이체(移替)
㉠ 예산의 이체는 법령의 제정, 개정 또는 폐지로 인하여 그 직무와 권한에 변동이 있을 때 예산의 귀속을 변경시키는 것이다.
㉡ 예산의 이체는 **국회의 승인이 없어도** 할 수 있다.
➜ 기획재정부장관은 정부조직 등에 관한 법령의 제정·개정 또는 폐지로 인하여 중앙관서의 직무와 권한에 변동이 있는 때에는 중앙관서의 장의 요구에 따라 그 예산을 상호 이용하거나 이체할 수 있다.

④ 이월
매 회계연도의 세출예산은 **다음 연도에** 이월하여 사용할 수 없는 것이 원칙이지만, 당해 회계연도 예산의 일정액을 다음 연도에 넘겨서 사용하는 것을 말한다.
➜ 회계연도 독립의 원칙의 예외이다.

⑤ 예비비
㉠ 예비비는 예측할 수 없는 예산 외의 지출에 충당하기 위하여 예산에 계상되는 것을 말한다.
➜ 국가재정법에 의하여 기획재정부 장관이 관리한다.

⑥ 계속비
㉠ 의의
완성에 **수년도를** 요하는 공사나 제조 및 연구개발사업은 그 경비의 총액과 연부액을 정하여 **미리 국회의 의결**을 얻은 범위 안에서 수년도에 걸쳐서 지출할 수 있도록 한 것이다.
➜ 계속비는 매년 연부액은 별도로 의결을 얻어야 한다.

㉡ 기간
총액과 연부액을 정하여 미리 국회의 의결을 얻는 범위 안에서 그 회계연도부터 5년 이내로 정하여 수년도에 걸쳐서 지출할 수 있다고 보는 것이 원칙이다.
➜ 다만, 사업규모 및 국가재원 여건상 필요한 경우에는 예외적으로 10년 이내로 할 수 있다.

국고채무부담행위

㉠ 의의
국가가 금전 급부 의무를 부담하는 행위로서 그 채무 이행의 책임은 다음 연도 이후에 부담된다.
㉡ 특징
ⓐ 국가는 법률에 따른 것과 세출예산금액 또는 계속비의 총액의 범위 안의 것 외에 채무를 부담하는 행위를 하는 때에는 미리 예산으로써 국회의 의결을 얻어야 한다.
ⓑ 지출을 하려면 국회의 의결을 거쳐 예산으로 성립해야 한다.

* 기타 집행상의 신축성 제도
① 추가경정예산 제도
② 수입의 특례(선사용자금 · 수입대체경비)
③ 지출의 특례(관서운영경비 · 선급금 · 개산금)
④ 신축적 예산배정(수시배정 · 긴급배정 · 당겨배정 · 조기배정 등)

▼ 재정통제와 신축성 정리

구분	제도		특징
재정통제	예산의 배정	배정	기획재정부장관이 중앙관서의 장에게 예산을 배분
		재배정	중앙관서의 장이 산하기관의 장에게 예산을 다시 배분
	지출원인행위에 대한 통제		채무부담의 원인이 되는 행위에 대한 통제
	정원 · 보수에 대한 통제		중앙인사기관장과 중앙예산기관장과의 협의
	예산안편성지침		예산안편성준칙의 시달
	표준예산제도		인건비 등 경상사무비에 대한 사전한도 시달
	총사업비제도		개개의 사업에 소요되는 모든 경비를 총괄적으로 관리
신축성	이용		입법과목 간에 상호융통(국회의 의결을 요함)
	전용		행정과목 간에 상호융통
	이체		예산의 책임소관 변경
	이월		다음 연도로 넘겨서 예산을 사용(명시이월·사고이월)
	계속비		수년간예산지출(5년 이내)
	예비비		예산외의 지출 및 초과지출에 충당하기 위한 경비
	긴급배정		회계연도 개시 전 예산배정
	추가경정예산		예산 성립 후 추가로 편성된 예산
	준예산		예산 불성립 시 전년도에 준하여 지출
	대통령의 재정에 관한 긴급명령권		헌법에 규정된 대통령 권한
	총괄배정예산		지출한도 내에서 자율편성
	다년도예산		회계연도에 구애받지 않고 3년 이상으로 세출예산을 운영
	국고채무부담행위		법률, 세출예산, 계속비 외에 정부가 채무를 부담하는 행위
	총액계상예산제도		예산을 총액으로 편성하고 집행과정에서 세부적으로 지출
	장기계속계약제도		계속비제도에 더 신축성을 부여한 제도(당해 연도 예산범위내 계약)

(4) 예산집행의 절차

① 의의
  ㉠ 회계연도 개시 전에 예산배정 및 자금배정계획을 수립하고, 회계연도가 시작되면 월별·분기별 예산배정과 자금배정을 한 후, 지출원인행위와 지출의 단계를 거친다.
  ㉡ 예산 배정은 그 금액의 범위 내에서 지출원인행위를 할 수 있음을 의미하며, 지출원인행위는 자금 배정의 범위 내에서만 가능하다.
    ◉ 각 중앙관서는 지출원인행위와 지출을 하며, 이때 자금 수령 및 배분과 자금 집행이 이루어진다.

[예산집행과정]

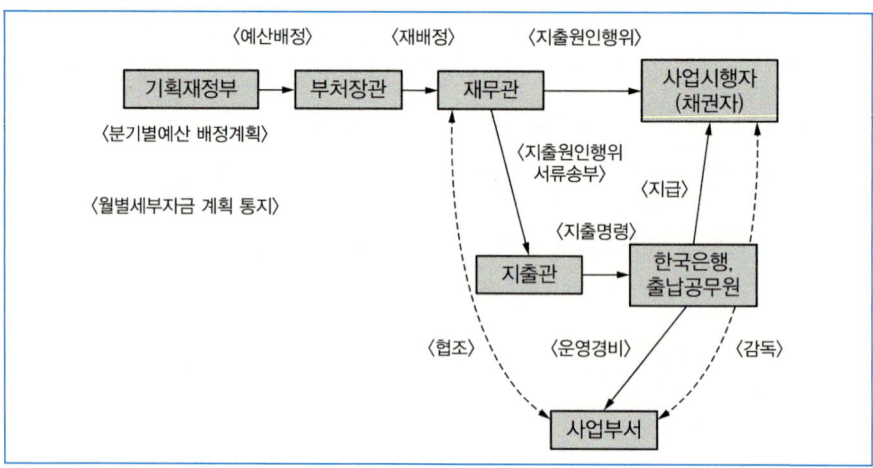

② 예산의 배정

예산 배정은 확정된 예산을 각 중앙관서가 집행할 수 있도록 예산을 사용할 수 있는 권리를 부여하는 것을 말한다.

  ㉠ 예산배정요구서 제출
    경찰청장 ⇨ 기획재정부 장관에게 제출
  ㉡ 예산배정계획서 작성
    기획재정부 장관 ⇨ 국무회의 제출, 대통령 승인
  ㉢ 예산배정 통지
    기획재정부 장관 ⇨ 감사원
  ㉣ 예산배정
    기획재정부 장관 ⇨ 경찰청장
  ㉤ 예산재배정
    경찰청장 ⇨ 산하기관의 장

＊ 자금 배정 절차
㉠ 월별 자금계획서 제출 : 중앙관서의 장 ⇨ 기획재정부 장관
㉡ 월별 세부자금계획서 제출 : 중앙관서의 장 ⇨ 기획재정부 장관
㉢ 월별 세부자금계획의 통지 : 기획재정부 장관 ⇨ 중앙관서의 장, 한국은행
㉣ 자금집행 : 중앙관서의 장은 월별 세부자금계획에 따라 자금집행

③ 자금의 배정
기획재정부 장관이 실제로 자금을 배정하는 것이다.

④ 자금의 지출
   국고에서 현금 등이 지급되는 것이다.
⑤ 지출원인행위
   ㉠ 국고금 지출의 원인이 되는 계약 또는 기타의 행위를 말한다.
   ㉡ 예산이 국회를 통과해 확정되더라도 해당 예산이 배정되지 않은 상태에서는 지출원인행위를 **할 수 없다**.

(5) 관서운영경비 – 지출 특례

① 의의
   ㉠ 관서를 운영하는데 필요한 경비로서, 원칙적 절차에 따라 집행하는 것이 아니라 운영상 신축성을 위해 지출관이나 지출사무를 담당하는 출납공무원을 두기 곤란한 관서 또는 재외관서의 경비를 그 관서장의 책임 하에 사용하도록 지급되는 공금을 의미한다.
   ㉡ 취급운영 관서
      주로 지구대, 파출소, 출장소, 전투경찰중대, 해외주재관서 등에서 사용하고 있다.
      ● 시·도 경찰청의 경우 출납공무원, 지구대는 지구대장, 파출소는 파출소장이 담당한다.

② 관서운영경비의 지급
   ㉠ 중앙관서의 장 또는 그 위임을 받은 공무원은 관서를 운영하는 데 드는 경비로서 그 성질상 제22조에서 규정한 절차에 따라 지출할 경우 업무수행에 지장을 가져올 우려가 있는 경비(**관서운영경비**)는 **필요한 자금을 출납공무원으로 하여금 지출관으로부터 교부받아 지급하게 할 수 있다**.
   ㉡ 관서운영경비를 교부받아 지급하는 **출납공무원(관서운영경비출납공무원)은** 대통령령으로 정하는 바에 따라 교부된 자금의 범위에서 지급원인행위를 할 수 있다.

   〈관서운영경비 범위〉
   1. 운영비(복리후생비·학교운영비·일반용역비 및 관리용역비는 제외한다)·특수활동비·안보비·정보보안비 및 업무추진비 중 기획재정부령으로 정하는 금액 이하의 경비
   2. 외국에 있는 채권자가 외국에서 지급받으려는 경우에 시급하는 경비(재외공관 및 외국에 설치된 국가기관에 지급하는 경비를 포함한다)
   3. 여비
   4. 그 밖에 제28조부터 제30조까지에서 규정한 절차에 따라 지출할 경우 업무수행에 지장을 가져올 우려가 있는 경비로서 기획재정부령으로 정하는 경비

   ㉢ 관서운영경비는 **관서운영경비출납공무원이 아니면 지급할 수 없다**.
   ㉣ 관서운영경비출납공무원은 관서운영경비를 **금융회사등에 예치하여 관리하여야 한다**.
   ㉤ 관서운영경비출납공무원이 관서운영경비를 지급하려는 경우에는 **정부구매**

카드(「여신전문금융업법」제2조제3호 및 제6호에 따른 신용카드·직불카드 또는 「전자금융거래법」제2조제13호에 따른 직불전자지급수단으로서 대통령령으로 정하는 바에 따라 관서운영경비를 지급하기 위하여 사용되는 것을 말한다. 이하 같다)를 사용하여야 한다.

> ● 다만, 경비의 성질상 정부구매카드를 사용할 수 없는 경우에는 대통령령으로 정하는 바에 따라 현금지급 등의 방법으로 지급할 수 있다.

③ 회계연도 시작 전의 관서운영경비의 교부
  ㉠ 법등에 따라 **회계연도가 시작되기 전에 관서운영경비출납공무원에게 자금을 교부**할 수 있는 경비는 다음 각 호와 같다.

  ```
  1. 운영비(복리후생비·학교운영비·일반용역비 및 관리용역비는 제외한다)
  2. 업무추진비·특수활동비 및 안보비
  3. 외국에서 지급하는 경비
  4. 국내 여비
  ```

  ㉡ 중앙관서의 장은 제1항에 따라 회계연도가 시작되기 전에 자금을 교부하려는 경우에는 교부할 금액의 명세서를 작성하여 기획재정부장관에게 제출하여야 한다.

④ 관서운영경비 범위
  관서운영경비로 지급할 수 있는 경비의 **최고금액은 건당 500만원**으로 한다. 다만, 다음 각 호의 어느 하나에 해당하는 경우에는 그러하지 아니하다.

  ```
  1. 기업특별회계상 당해 사업에 직접 소요되는 경비
  2. 운영비 중 공과금 및 위원회참석비
  3. 특수활동비중 수사활동에 소요되는 경비
  4. 안보비 중 정보활동에 소요되는 경비
  5. 정보보안비 중 정보활동에 소요되는 경비
  6. 그 밖에 기획재정부장관이 정하는 경비
  ```

⑤ 관서운영경비 사용 잔액 반납(국고금관리법 시행령 제37조)
  ㉠ 관서운영경비출납공무원은 매 회계연도의 관서운영경비 사용 잔액을 **다음 회계연도 1월 20일까지 해당 지출관에게 반납하여야 한다.** 이 경우 재외공관(외국에 설치된 국가기관을 포함한다.)의 관서운영경비 사용 잔액의 반납방법에 관하여는 제14조제2항을 준용할 수 있다.
  ㉡ 관서운영경비출납공무원이 선사용자금출납명령관으로부터 자금을 교부받은 경우에는 매 회계연도의 관서운영경비 사용 잔액을 다음 회계연도 1월 20일까지 선사용자금출납명령관에게 반납하여야 한다.

⑤ 자료보관
  관서운영경비의 증명서류등은 회계연도 종료 후 **5년간** 보존해야 한다.

(6) 수입사무

수입이란 조세 기타 세입을 법령에 의하여 징수 또는 수납하는 것을 의미한다.

 **팩트DB**

수입의 특례

① 지난 연도 수입
② 과오납금의 반환
　과오납된 수입금은 세출예산에 관계없이 반환한다.
③ 선사용자금
　국고납입 금액을 납입하지 아니하고 다른 용도로 먼저 사용하고 나서 다른 용도의 지출금으로 나중에 대체하는 자금
④ 수입대체경비
　수입대체경비는 정부가 용역 또는 시설을 제공하여 발생하는 수입과 관련되는 경비로써 수입이 예산을 초과하거나 초과할 것이 예상되는 초과수입을 초과수입에 직접 관련되는 경비 및 이에 수반되는 경비에 초과지출 할 수 있는 제도이다.
　➡ 초과수입에 직접 관련되는 경비 및 이에 수반되는 경비에 일시적인 업무급증으로 인한 일용직 임금도 포함된다.

★ **수입사무기관**
① 기획재정부 장관 : 수입에 관한 사무를 총괄
② 중앙관서의 장 : 소관 수입사무를 총괄
③ 수입징수관 : 각 중앙관서의 장으로부터 수입징수사무를 위임받은 공무원
④ 수납기관 : 수입금 출납공무원,
　➡ 수입징수관과 수입금 출납공무원은 직무를 겸할 수 없다.

★ **수입대체경비 대상업무**
① 여권발급경비(외교부)
② 등기소의 등·초본 발행경비 (대법원)
③ 대학입시경비(교육부)
④ 위탁시험연구비
　(각 시험연구기관) 등

4) 결산 및 회계감사

(1) 결산

① 의의
- ㉠ 결산은 1회계연도 내에서의 세입예산과 세출예산의 모든 수입과 지출을 **확정적 계수**로 표시하는 행위이다.
- ㉡ 결산은 정부의 예산집행의 결과가 정당한 경우 집행 책임을 해제하는 법적 효과를 가진다.
- ㉢ **감사원**은 결산을 확인하고 **국회**는 결산을 심의한다.
  - ◉ 결산심의에서 위법하거나 부당한 지출이 지적되어도 그 정부활동은 무효나 취소가 되지 않는다.

② 결산의 과정

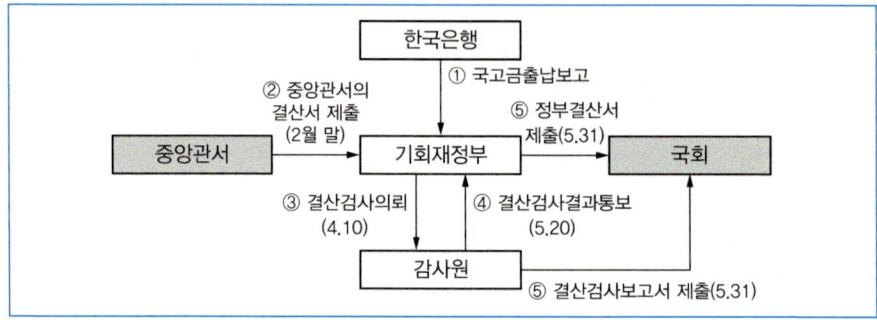

- ㉠ 출납정리기한
  한 회계연도에 속하는 세입·세출예산의 출납에 관한 사무는 다음 연도 2월 10일까지 완료하여야 한다.
- ㉡ 결산보고서 작성
  경찰청장은 매 회계연도에 그 소관에 속하는 결산보고서를 작성하여 다음 연도 2월 말까지 기획재정부장관에게 제출하여야 한다.
- ㉢ 감사원 제출
  기획재정부장관은 경찰청장이 제출하는 결산보고서에 따라 국가결산보고서를 작성하여 다음연도 **4월 10일**까지 감사원에 제출하여야 한다.
- ㉣ 감사원 결산 보고서
  감사원은 결산 확인이 끝나면 그 보고서를 다음 연도 5**월 20일**까지 기획재정부장관에게 송부한다.
- ㉤ 국회 제출
  정부는 감사원의 검사를 거친 국가결산보고서를 다음 연도 5**월 31일**까지 국회에 제출하여야 한다.
- ㉥ 국회 결산 심의·의결
  국회는 제출된 결산보고서를 각 상임위원회와 예산결산특별위원회의 심의를 거쳐 **본회의에 보고**하여 처리한다.
  - ◉ 국회는 결산에 대한 심의·의결을 정기회 개회 전까지 완료해야 한다.(8월 31일)

＊ 국가결산보고서의 구성

1. 결산보고서
   - ① 결산 개요
   - ② 세입세출결산 : 중앙관서별로 일 반회계·특별회계·기금 을 통합
   - ③ 재무제표 : 재정상태표, 재정운영표, 순자산변동표
   - ④ 성과보고서
2. 부속서류(첨부서류)
   - ① 계속비 결산명세서
   - ② 총액계상 사업집행명세서
   - ③ 수입대체경비 사용명세서
   - ④ 이월명세서 및 명시이월비 집행 명세서
   - ⑤ 성인지결산서 등

📝 팩트 DB

국회의 결산심의 절차

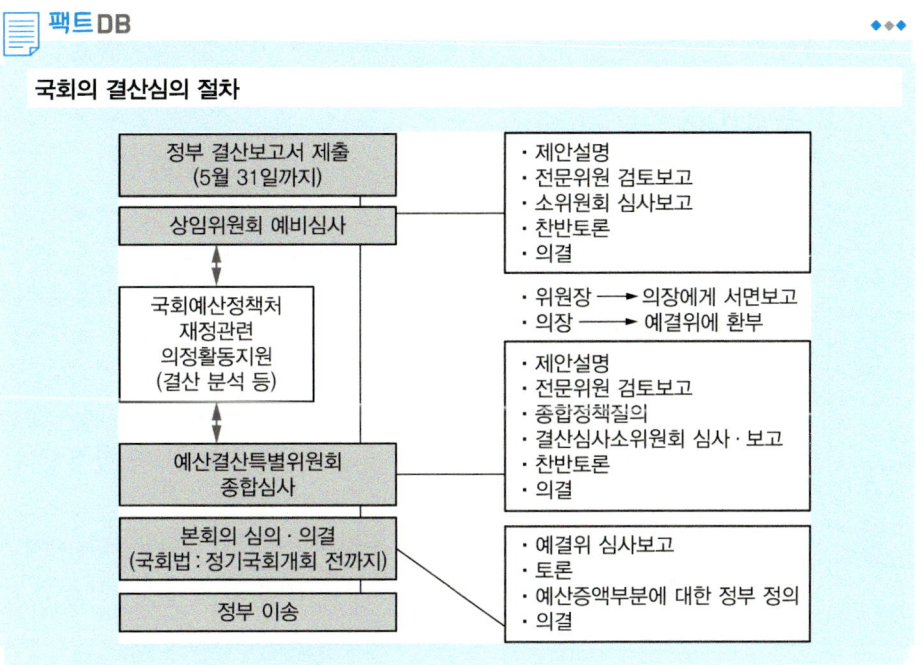

> * 예산결산특별위원회의 결산심사는 제안설명과 전문위원의 검토보고를 듣고 종합정책질의, 부별심사 또는 분과위원회의 심사 및 찬반토론을 거쳐 표결한다.

> * 결산의 심사결과 위법 또는 부당한 사항이 있는 때에 국회는 본회의 의결 후 정부 또는 해당기관에 변상 및 징계조치 등 그 시정을 요구하고 정부도는 해당기관은 시정요구를 받은 사항을 지체 없이 처리하여 그 결과를 국회에 보고하여야 한다.

(2) 회계검사

① 의의

회계검사란 조직의 재정적 활동과 그 수입·지출의 결과에 관한 사실을 확인·검증하고 나아가서는 그 결과를 보고하기 위하여 회계장부 기타의 기록물을 제3자가 체계적으로 검사하는 과정으로서, 예산의 회계책임을 규명하는 일종의 내적 통제수단이다.

② 감사원

㉠ 의의

국가의 세입·세출의 결산과 공무원직무에 관한 감찰을 하기 위해 **대통령 소속하**에 설치된 합의제 행정기관으로서 **직무에 관한 독립적** 지위를 갖는다. (회계검사 + 직무감찰의 기능)

  ● 감사원은 감사절차 및 내부 규율과 감사사무처리에 관한 규칙을 제정할 수 있다.

㉡ 조직

ⓐ 감사위원회 : 감사원장을 포함한 7인의 감사위원으로 구성되어 있다. (감사원법 제3조).

  ● 헌법에는 감사원장을 포함한 5~11인 이하의 감사위원으로 구성한다고 규정하고 있다.

ⓑ 사무처 : 감사원장의 지휘 아래, 회계검사·감찰·심사결정과 행정사무를 처리한다.

> * 회계기관 유형
> ① 행정부 소속 : 한국 등
> ② 입법부 소속 : 영국, 미국
> ③ 사법부 소속 : 프랑스, 이탈리아
> ④ 독립형 : 일본, 독일

> * 연혁
> ㉠ 1948년 대통령 소속 심계원 설치
> ㉡ 1962년 헌법 개정으로 심계원과 감찰위원회를 통합
> ㉢ 1963년 감사원법에 의해 설립함

> * 감사원장
> 국회 동의를 얻어 대통령이 임명하며, 임기는 4년이다.

> * 감사위원
> 감사원장 제청으로 대통령이 임명, 임기 4년이다.

*
ⓐ 필요적 검사 사항 : 국가회계, 지방자치단체의 회계, 한국은행회계, 국가 또한 자치단체가 자본금의 1/2 이상을 출자한 법인의 회계, 다른 법률에 의하여 감사원 회계검사를 받도록 규정한 단체 등의 회계
ⓑ 선택적 검사 사항 : 감사원이 필요하다고 인정한 때, 국무총리의 요구가 있는 때

ⓒ 기능
　ⓐ **결산의 확인**
　　감사원은 국가의 세입·세출의 결산을 매년 검사해 대통령과 차년도 국회에 그 결과를 보고해야 한다.
　ⓑ **회계검사**
　　필요적 검사 사항과 선택적 검사 사항에 대해 회계검사를 한다.
　ⓒ **직무감찰**
　　행정기관의 사무와 그에 속하는 공무원의 직무를 감찰한다.
　　◎ 국회·법원 및 헌법재판소에 소속된 공무원은 제외되며, 고도의 통치행위, 준사법적 행위 등도 감찰대상에서 제외된다.
　ⓓ **심사청구**
　　행정구제 제도의 일종으로 감사원의 감사를 받은 자의 직무에 관한 처분, 기타 행위에 관해 이해관계 있는 자는 감사원에 심사청구를 할 수 있다.
　ⓔ **감사 결과의 처리 및 보고**
　　감사 결과 위법·부당 사항에 관해서는 감사위원회의 의결을 거쳐 관계 기관에 필요한 조치를 취하도록 처분요구를 한다. 감사 결과는 대통령, 국회 등에 보고한다.

05 경찰 물품 · 장비관리

1 의의

① 경찰업무를 수행하는데 필요한 물품을 취득하여 효율적으로 보관, 사용하고 사용 후에 합리적으로 처리하는 과정을 의미한다.
➔ 경찰장비관리는 경제성, 능률성, 효과성을 목표로 한다.

2 물품관리

1) 의의

① 물품을 관리·운용하는 자는 선량한 관리자로서의 의무를 다하여야 하며, 항상 사용가능한 상태로 유지하여야 한다.
② 장비의 효율적 운용을 위하여 업무수행에 필요한 필수장비를 제외하고는 집중관리를 원칙으로 한다.

2) 물품관리의 관리기관

기획재정부장관	물품관리의 제도와 정책에 관한 사항을 관장하며, 물품관리에 관한 정책의 결정을 위하여 필요하면 조달청장이나 각 중앙관서의 장으로 하여금 물품관리 상황에 관한 보고를 하게 하거나 필요한 조치를 할 수 있다.
조달청장	각 중앙관서의 장이 수행하는 **물품관리에 관한 업무를 총괄·조정**한다. 조달청장은 각 중앙관서의 장이 수행하는 물품관리에 관한 사항에 대하여 다음 각 호의 조치를 할 수 있다.
물품관리관	① 각 **중앙관서의 장**은 대통령령으로 정하는 바에 따라 그 소관 물품관리에 관한 사무를 소속 공무원에게 위임할 수 있고, 필요하면 다른 중앙관서의 소속 공무원에게 **위임할 수 있다**. ② 제1항에 따라 각 중앙관서의 장으로부터 물품관리에 관한 사무를 위임받은 공무원을 물품관리관(物品管理官)이라 한다. ➔ 각중앙관서의 장은 물품관리관의 사무의 일부를 분장하는 **분임물품관리관**을 대통령령으로 정하는 바에 따라 둘 수 있다. 제4조(물품관리관) ① 물품관리관이란 **경찰청장으로부터 물품관리에 관한 사무를 위임받아** 그 범위 내에서 물품관리사무를 집행하는 자로「경찰청 소관 회계직 공무원 관직 지정 및 회계사무 취급에 관한 규칙」(관직지정규칙)에 지정된 경찰관을 말한다.

* 용어

물품	「물품관리법」 제2조 제1항에 따른 물품 중 경찰청과 그 소속기관에서 관리하는 물품을 말한다.
소모품	일반적인 사용용법에 따라 사용할 경우 1년 이내에 소모되어 없어지거나 다시 사용할 수 없는 물품을 말하며, 세부 해당기준은 조달청「물품분류고시」에 따른다.
비소모품	일반적으로 1년 이상 사용할 수 있는 물품으로서 계획적인 수급관리가 필요한 물품을 말하며, 세부 해당기준은 조달청「물품분류고시」에 따른다.
경찰장비	무기, 경찰장구, 최루제 및 그 발사장치, 과학수사기구, 해안감시기구, 정보통신기기, 차량·선박·항공기 등 경찰의 직무 수행을 위해 필요한 장치와 기구를 말한다.

* 물품관리 단계

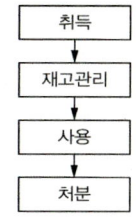

* 조달청장
1. 각 중앙관서의 장이 수행하는 물품관리 상황에 관한 자료의 요구 및 감사의 실시
2. 각 중앙관서의 장이 수행하는 물품관리에 관한 모범사례 등 주요 사항의 관보게재
3. 제35조제1항에 따라 불용(不用) 결정된 물품의 재활용촉진에 관한 조치
4. 그 밖에 물품관리에 필요한 사항으로서 대통령령으로 정하는 소지

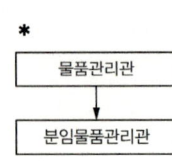

	② **경찰청 장비운영과장은 총괄물품관리관**으로서 경찰청과 그 소속 기관의 다음 각 호의 물품관리 사무를 총괄·조정한다. 　1. 물품의 분류 및 표준화 　2. 물품의 정수관리 　3. 물품의 수급관리계획 　4. 재물조사 　5. 재고관리 　6. 불용품 처분 　7. 물품관리보고제도의 운용 　8. 물품관리기준의 설정 　9. 물품관리에 관한 교육 및 평가 　10. 기타 물품관리에 관한 중요사항
물품출납공무원	① 물품관리관은 대통령령으로 정하는 바에 따라 그가 소속된 관서의 공무원에게 그 관리하는 물품의 출납(出納)과 보관에 관한 사무를 위임하여야 한다. 　➡ 출납명령에 관한 사무는 제외한다 ② 물품의 출납과 보관에 관한 사무를 위임받은 공무원을 물품출납공무원이라 한다.
물품운용관	① 물품관리관은 대통령령으로 정하는 바에 따라 그가 소속된 관서의 공무원에게 국가의 사무 또는 사업의 목적과 용도에 따라서 **물품을 사용하게 하거나 사용 중인 물품의 관리에 관한 사무를 위임하여야 한다.** ② 물품의 사용에 관한 사무를 위임받은 공무원을 물품운용관이라 한다.
관리기관의 분임 및 대리	① 각 중앙관서의 장은 물품관리관의 사무의 일부를 분장하는 공무원을, 물품관리관은 물품출납공무원의 사무의 일부를 분장하는 공무원을 대통령령으로 정하는 바에 따라 각각 둘 수 있다. ② 각 중앙관서의 장은 물품관리관이 부득이한 사유로 직무를 수행할 수 없을 때에는 그 사무를 대리하는 공무원을, 물품관리관은 물품출납공무원 또는 물품운용관이 부득이한 사유로 직무를 수행할 수 없을 때에는 그 사무를 대리하는 공무원을 대통령령으로 정하는 바에 따라 각각 지정할 수 있다. 경찰장비관리규칙 제7조(관리기관의 분임 및 대리) ① 물품관리기관의 분임이란 경찰청장으로부터 물품관리관의 사무의 일부를 분장받은 **분임물품관리관**과 물품관리관으로부터 물품출납공무원의 사무의 일부를 분장받은 **분임물품출납공무원**으로 관직지정규칙에 지정된 경찰관을 말한다. ② 경찰청장은 물품관리관이 부득이한 사유로 직무를 수행할 수 없을 때에는 그 사무를 대리하는 공무원을 지정할 수 있고, 물품관리관은 물품출납공무원 또는 물품운용관이 부득이한 사유로 직무를 수행할 수 없을 때에는 그 사무를 대리하는 공무원을 지정할 수 있다. ③ 경찰청과 그 소속기관의 분임물품관리관은 그 소관 물품에 대하여 물품관리관과 동등한 권한을 갖는다. 다만, 제22조(물품

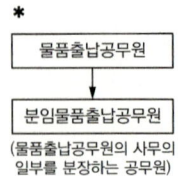
(물품출납공무원의 사무의 일부를 분장하는 공무원)

의 관리전환)와 제27조(불용결정 승인권의 구분)에 관한 권한은 그러하지 아니하다.
④ 총괄물품관리관은 물품관리관(분임물품관리관을 포함한다. 이하 같다)의 업무를 조정·통제할 수 있다.

3 경찰장비관리

1) 기동장비 관리

(1) 차량구분

① 차량의 **차종**은 승용·승합·화물·특수용으로 구분하고, **차형은 차종**별로 대형·중형·소형·경형·다목적형으로 구분한다.

② 차량은 **용도별** 구분

전용	「공용차량관리규정」 제4조 제1항에 따른 차량(경찰청장 및 경찰위원회 상임위원용 차량)
지휘용	치안현장 점검·지휘 등 상시 지휘체제 유지를 위해 경찰기관장 및 경찰부대의 장이 운용하는 차량
업무용	각 경찰부서의 인력 및 물자 수송 등 통상적인 경찰 업무와 경찰위원회 업무에 공통으로 사용할 수 있는 일반적인 차량
순찰용	112순찰·교통·고속도로 및 형사순찰차량 등 **기동순찰 목적**으로 별도 제작 운용중인 차량
특수용	경비·작전·피의자호송·과학수사·구급·식당·위생·견인, 특수진압차, 사다리차, 폭발물검색차, 방송차, 살수차(군중의 해산을 목적으로 고압의 물줄기를 분사하는 장비. 이하 같다), 물보급차, 가스차, 조명차, 페이로다 등 특수한 업무에 적합하도록 필요한 설비를 부착하는 등 별도 제작된 차량. 다만, 특수업무용 승용차량은 「공용차량관리규정」 제4조 제1항에 따른다.

(2) 차량 소요계획의 제출 및 배치

① 부속기관 및 시·도경찰청의 장은 다음 년도에 소속기관의 **차량정수**를 증감시킬 필요가 있을 때에는 **매년 3월말까지** 다음 년도 차량정수 소요계획을 **경찰청장에게** 제출하여야 한다.

② 예기치 못한 치안수요의 발생 등 특별한 사유로 조기에 증·감 필요가 있을 경우에는 차량 제작기간 등을 감안 사전에 경찰청장에게 요구할 수 있다.

③ 부속기관 및 시·도경찰청의 장은 정수배정기준에 따라 차량을 배치·운용하여야 한다.

➲ 각 기관별로 치안여건, 업무량 등을 종합적으로 검토하여 조정할 필요가 있을 경우에는 정수범위 내에서 그 일부를 합리적으로 조정·운영 할 수 있다.

---

* **기동장비**

기동장비	차량, 항공기, 선박, 자전거
차량	자동차와 원동기를 장치한 이륜차
항공기	경찰항공대에서 관리·운용하는 헬리콥터 가. 헬기 : 단발헬기, 쌍발헬기 나. 부수장비 : 시동발전기, 항공기 견인차, 견인봉, 화물 고리, 인양기, 구조망, 화물망, 물탱크, 대지 방송장비, 탐조등, 진동 측정장비, 헬기용 카메라, 엔진 세척기, 열풍기, 기타 부수장비
선박	범죄예방 업무수행을 위하여 운영되는 순찰정
차량정수	경찰기관별로 인가되어 정하여진 차량의 수

★ 제92조(차형의 변경)
① 부속기관 및 시·도경찰청의 장은 치안여건의 변화로 이미 배정된 차량을 변경할 필요가 있다고 판단될 때에는 차량을 교체할 때 **경찰청장에게 차형의 변경을 요청할 수 있다.**
② 경찰청장은 제1항의 요청에 대하여 차형의 변경이 필요하다고 인정되는 경우에는 차형배정기준에도 불구하고 이를 변경하여 배정할 수 있다.

(3) 차량의 교체

① 부속기관 및 시·도경찰청은 소속기관 차량 중 다음 년도 교체대상 차량을 **매년 11월 말까지** 경찰청장에게 보고하여야 한다.
② 차량교체는 차량의 최단운행 기준연한(내용·연수)에 따라 부속기관 및 시·도경찰청의 장이 보고한 교체대상 차량 중 책정된 예산범위 내에서 매년 초에 수립하는 "경찰청 물품수급관리계획"에 따라 실시한다.

(4) 교체대상차량의 불용처리

① 차량교체를 위한 불용 대상차량은 부속기관 및 시·도경찰청에 배정되는 수량의 범위 내에서 내용연수 경과 여부 등 **차량사용기간을 최우선적으로 고려**하여 선정한다.
② 사용기간이 동일한 경우에는 **주행거리와 차량의 노후상태, 사용부서 등을 종합적으로 검토** 예산낭비 요인이 없도록 신중하게 선정한다.
   ➡ 단순한 내용연수 경과를 이유로 일괄교체 또는 불용처분하는 것을 지양하고 성능이 양호하여 운행가능한 차량은 교체순위에 불구하고 연장 사용할 수 있다.
③ 불용처분된 차량은 부속기관 및 시·도경찰청별로 실정에 맞게 **공개매각을 원칙**으로 하되, 공개매각이 불가능한 때에는 폐차처분을 할 수 있다. 다만, 매각을 할 때에는 **경찰표시도색을 제거**하는 등 필요한 조치를 하여야 한다.

(5) 차량의 집중관리

① 각 경찰기관의 업무용차량은 운전요원의 부족 등 불가피한 사유가 없는 한 **집중관리를 원칙**으로 한다. 다만, 지휘용 차량은 업무의 특성을 고려하여 지정 활용할 수 있다.
② 특수용 차량 등도 필요하다고 인정되는 경우에는 집중관리할 수 있다.
   ➡ 집중관리대상 차량 및 운전자는 관리 주무부서 소속으로 한다.

(6) 차량의 관리

★ 차량열쇠관리
1. 일과시간의 경우 차량 관리부서의 장(정보화장비과장, 운영지원과장, 총무과장, 경찰서 경무과장 등)
2. 일과시간 후 또는 토요일·공휴일의 경우 당직 업무(청사방호) 책임자(상황관리관 등 당직근무자, 지구대·파출소는 지역경찰관리자)

① 차량열쇠는 다음 각 호의 관리자가 지정된 열쇠함에 **집중보관 및 관리**하고, 예비열쇠의 확보 등을 위한 무단 복제와 운전원의 임의 소지 및 보관을 금한다. 다만, 휴가, 비번 등으로 관리책임자 공백시는 별도 관리책임자를 지정하여야 한다.
② 차량은 지정된 운전자 이외의 사람이 무단으로 운행하여서는 아니되며, 운전자는 교통법규를 준수하여 사고를 방지하여야 한다.
③ 차량을 주·정차할 때에는 엔진시동 정지, 열쇠분리 제거, 차량문을 잠그는 등 도난방지에 유의하여야 하며, 범인 등으로부터의 피탈이나 피습에 대비하여야 한다.
   ➡ 근무교대 시 전임 근무자는 차량의 청결상태, 각종 장비의 정상작동 여부 등을 점검한 후 다음 근무자에게 인계하여야 한다.
   ➡ 각 경찰기관의 장은 차고시설을 갖추도록 하되, 차고시설을 갖추지 못한 경우에는 눈·비를 가리는 천막 등 시설을 하여야 한다.

> **팩트DB**

차량 특별관리

① 각급 경찰기관의 장은 특수진압차, 가스차, 살수차 등 **사람의 생명·신체에 위해를 가할 우려가 있는 장비**는 특별한 관리를 하여야 한다.

특수진압차	가. 최루탄 발사대의 각도가 15도 이상인지 확인 후 사용하여야 한다. 나. 가스액류는 화기에 주의한다.
가스차	가. 최루탄 발사대의 발사각도가 15도 이상에서 발사되는지 확인 후 사용한다. 나. 다연발탄 발사시는 시위대 상공으로 발사하여야 한다. 다. 가스액류는 인화성 물질이므로 화기에 주의하여야 한다. 라. 최루액과 연막액은 3 : 1로 **혼합**하여 사용하는 것을 원칙으로 한다. 마. 가스차는 항상 진압부대의 보호 속에서 운용되어야 하며 후진 시에는 유도요원의 유도에 따라 운용한다.
살수차	가. 살수차를 사용하기 전에 **경고방송**과 **경고살수**를 통하여 자진해산을 유도하여야 한다. 나. 살수차 사용 시 시위대의 거리와 수압 등은 제반 현장상황을 고려하여 집회시위관리에 필요한 최소한도로 하여야 한다. 다. 살수차의 관리·운용에 관하여 이 장에서 정하지 아니한 사항은 「살수차 운용지침」에 따른다.

(7) 차량의 관리책임

① 차량을 배정 받은 **각 경찰기관의 장**은 차량에 대한 관리사항을 수시 확인하여 항상 적정하게 유지되도록 하여야 한다.
   ➡ 경찰기관의 장은 차량이 책임 있게 관리되도록 차량별 관리담당자를 지정하여야 한다.

② 차량운행 시 책임자는 1차 **운전자**, 2차 **선임탑승자(사용자)**, 3차 **경찰기관의 장**으로 한다.

(8) 차량운행절차

① 차량을 운행하고자 할 때는 사용자가 경찰배차관리시스템을 이용하여 주간에는 해당 경찰기관장의 **운행허가를 받아야** 하고, 일과 후 및 공휴일에는 상황관리(담당)관(경찰서는 상황(부)실장을 말한다)의 허가를 받아야 한다.
   ➡ 다만, 시스템을 이용할 수 없는 때에는 운행허가서로 갈음할 수 있다.

② 차량을 운행할 때에는 경찰배차관리시스템에 운행사항을 입력하여야 한다. 다만, 112·교통 순찰차 등 상시적으로 운행하는 차량은 시스템상의 운행사항 입력을 생략할 수 있다

✱ 차량점검

1단계	운전자가 직접 실시하는 점검으로 **일일점검**을 말한다.
2단계	전문 정비요원이 실시하는 점검으로 **월 1회** 실시하는 월점검을 말한다. 단, 중·대형경찰버스 및 화물, 특수차는 **분기 1회** 점검한다.
3단계	찰기관의 장이 안전을 위해 **특히 필요**하다고 인정하는 경우에 실시하는 특별점검을 한다.

(9) 차량의 점검

① 각 경찰기관의 장은 정기적인 차량점검으로 차량 조기 노후화를 방지하여야 하며, 경찰차량의 점검은 다음 각호와 같이 구분한다.

② 각 경찰기관의 장은 경찰차량의 매연으로 인한 대기오염을 방지하기 위하여 별표 4의 경찰차량 매연 예방 기준에 따라 차량을 관리하고, 경찰기관별로 **반기 1회 매연점검**을 실시하여야 한다.

➡ 각 경찰기관의 장은 필요한 경우에는 경찰차량의 관리상태 점검과 방역여부 등 위생점검을 실시하여야 한다.

(10) 운전원 교육 및 출동태세 확립

① 차량을 배정받은 경찰기관의 장은 안전운행을 위한 자체계획을 수립하여 교육을 실시하여야 한다.

② 전·의경 신임운전요원은 **4주 이상 운전교육**을 실시한 후에 운행하도록 하여야 한다.

➡ 112타격대 기타 작전용 차량 등 긴급출동 차량에 대하여는 사전에 철저한 정비와 운전원 확보를 통해 출동에 차질 없도록 대비하여야 한다.

2) 무기류 관리

(1) 정의

✱ 무기구분

개인화기	권총·소총(자동소총 및 기관단총을 포함한다) 등 개인이 운용하는 장비
공용화기	유탄발사기·중기관총·박격포·저격총·산탄총·로프발사총·다목적발사기(고폭탄을 사용하는 경우)·물발사분쇄기·석궁 등 부대단위로 운용되는 장비

무기	인명 또는 신체에 위해를 가할 수 있도록 제작된 권총·소총·도검 등을 말한다.
집중무기고	경찰인력 및 경찰기관별 무기책정기준에 따라 배정된 개인화기와 공용화기를 **집중보관·관리**하기 위하여 각 경찰기관에 설치된 시설을 말한다.
탄약고	경찰탄약을 집중 보관하기 위하여 타용도의 사무실, 무기고 등과 **분리 설치**된 보관시설을 말한다.
간이무기고	경찰기관의 각 기능별 운용부서에서 효율적 사용을 위하여 집중무기고로부터 무기·탄약의 일부를 대여 받아 **별도로 보관·관리**하는 시설을 말한다.
무기·탄약 관리책임자	경찰기관의 장으로부터 무기·탄약 관리 업무를 위임받아 집중무기고 및 간이무기고에 보관된 무기·탄약을 총괄하여 관리·감독하는 자를 말한다.
무기·탄약 취급담당자	무기·탄약 관리에 관한 업무를 분장받아 해당 경찰기관의 무기·탄약의 보관·운반·수리·입출고 등 무기·탄약 관리사무에 종사하는 자를 말한다.

(2) 무기고 및 탄약고 설치

① 무기고와 탄약고는 견고하게 만들고 환기·방습장치와 방화시설 및 총가시설 등이 완비되어야 한다.

② 탄약고는 무기고와 **분리되어야** 하며 가능한 본 청사와 **격리된 독립 건물**로 하여야 한다.

③ 무기고와 탄약고의 환기통 등에는 손이 들어가지 않도록 쇠창살 시설을 하고, **출입문은 2중**으로 하여 각 1개소 이상씩 **자물쇠**를 설치하여야 한다.

④ 무기·탄약고 비상벨은 상황실과 숙직실 등 초동조치 가능장소와 연결하고, 외곽에는 **철조망장치와 조명등 및 순찰함을 설치하여야 한다**.

⑤ 간이무기고는 근무자가 **24시간 상주**하는 지구대, 파출소, 상황실 및 112타격대 등 경찰기관의 장이 필요하다고 인정하는 상당한 이유가 있는 장소에 설치할 수 있다.

⑥ 탄약고 내에는 **전기시설을 하여서는 아니되며**, 조명은 건전지 등으로 하고 **방화시설을 완비**하여야 한다.
　➔ 단, 방폭설비를 갖춘 경우 전기시설을 설치할 수 있다.

✱ 집중무기고 설치
1. 경찰청
2. 시·도경찰청
3. 경찰대학, 경찰인재개발원, 중앙경찰학교 및 경찰수사연수원
4. 경찰서
5. 경찰기동대, 방범순찰대 및 경비대
6. 의무경찰대
7. 경찰특공대
8. 기타 경찰청장이 지정하는 경찰관서

(3) 무기·탄약의 보관

① 무기·탄약은 종류별, 제조년도별로 구분 관리하며, 그 품명과 수량이 표시된 현황판과 격납배치도, 무기출입 및 점검확인부를 비치하여야 한다.

② 간이무기고에 권총과 소총을 함께 보관할 경우에는 견고한 **분리보관 장치**를 하고, 소총은 **별도 잠금장치**를 설치하여야 한다.

③ 무기고에는 가스발사총(분사기)을 보관할 수 있고, 최루탄은 보관함에 넣어 탄약고에 함께 보관할 수 있으나, 무기·탄약고에 인화물질 및 기타 장비를 보관하여서는 아니된다.

④ 간이무기고에 탄약을 함께 보관할 경우에는 반드시 튼튼한 상자에 넣어 잠금장치를 하고 **분리보관** 하여야 한다.

✱ 무기·탄약고 열쇠의 보관
① 무기고와 탄약고의 열쇠는 관리책임자가 보관한다.
② 집중무기·탄약고와 간이무기고는 다음 각 호의 관리자가 보관 관리한다. 다만, 휴가, 비번 등으로 관리책임자 공백 시는 별도 관리책임자를 지정하여야 한다.
　1. 집중무기·탄약고의 경우
　　가. 일과시간의 경우 무기 관리부서의 장(정보화장비과장, 운영지원과장, 총무과장, 경찰서 경무과장 등)
　　나. 일과시간 후 또는 토요일·공휴일의 경우 당직 업무(청사방호) 책임자(상황관리관 등 당직근무자)
　2. 간이무기고의 경우
　　가. 상황실 간이무기고는 112종합상황실(팀)장
　　나. 지구대 등 간이무기고는 지역경찰관리자
　　다. 그 밖의 간이무기고는 일과시간의 경우 설치부서 책임자, 일과시간 후 또는 토요일·공휴일의 경우 당직 업무(청사방호) 책임자

(4) 무기·탄약 등의 대여

① **경찰기관의 장**은 공무집행을 위해 필요할 때에는 관리하고 있는 무기·탄약을 대여할 수 있다.

② 무기·탄약을 대여하고자 할 때에는 무기·탄약 대여신청서에 따라 경찰관서장의 **사전허가**를 받은 후 감독자의 입회하에 대여하고 무기탄약출납부, 무기탄약 출·입고서에 이를 기재하여야 한다.

③ 상황실 등의 간이무기고에 대여 또는 배정받은 무기탄약을 입출고할 때에는 휴대 사용자의 대여 신청에 따라 소속부서 책임자의 허가를 받아 무기탄약 출·입고부에 기록한 후 **관리책임자 입회하에 입출고**하여야 한다.

④ 지구대 등의 간이무기고의 경우는 소속 경찰관에 한하여 무기를 지급하되 감독자 입회(감독자가 없을 경우 반드시 타 선임 경찰관 입회)하에 **무기탄약 입출고부에 기재한 뒤** 입출고하여야 한다. 다만, 긴급상황 발생시 경찰서장의 사전허가를 받은 경우의 대여는 예외로 한다.

⑤ 무기탄약을 대여 받은 자는 그 무기를 휴대하고 근무하는 경우를 제외하고는 무기고에 보관하여야 하며, 근무 종료시에는 감독자 입회아래 무기탄약 입출고부에 기재한 뒤 즉시 입고하여야 한다.

*
1. 소총은 정당 실탄 20발 이내
2. 권총은 정당 실탄 8발 이내

(5) 무기 · 탄약의 회수 및 보관

① 경찰기관의 장은 무기를 휴대한 자 중에서 다음 각 호에 해당하는 자가 발생한 때에는 **즉시 대여한 무기·탄약을 회수하여야 한다.**

> 1. 직무상의 비위 등으로 인하여 **중징계 의결 요구된 자**
> 2. **사의를 표명한 자**

② 경찰기관의 장은 무기를 휴대한 자 중에서 다음 각 호에 해당하는 자가 있을 때에는 **무기 소지 적격 심의위원회의 심의**를 거쳐 대여한 무기·탄약을 **회수할 수 있다.** 다만, 심의위원회를 개최할 시간적 여유가 없거나 사고 방지 등을 위해 신속한 회수가 필요하다고 인정되는 경우에는 대여한 무기·탄약을 즉시 회수할 수 있으며, 회수한 날부터 7일 이내에 심의위원회를 개최하여 회수의 타당성을 심의하고 계속 회수 여부를 결정하여야 한다.

> 1. 직무상의 비위 등으로 인하여 감찰조사의 대상이 되거나 경징계의결 요구 또는 경징계 처분 중인 자
> 2. 형사사건의 수사 대상이 된 자
> 3. 경찰공무원 직무적성검사 결과 고위험군에 해당되는 자
> 4. 정신건강상 문제가 우려되어 치료가 필요한 자
> 5. 정서적 불안 상태로 인하여 무기 소지가 적합하지 않은 자로서 소속 부서장의 요청이 있는 자
> 6. 그 밖에 경찰기관의 장이 무기 소지 적격 여부에 대해 심의를 요청하는 자

③ 경찰기관의 장은 규정한 사유들이 소멸되면 직권 또는 당사자 신청에 따라 무기 소지 적격 심의위원회의 심의를 거쳐 무기 회수의 해제 조치를 할 수 있다.

📄 **팩트DB**

무기 소지 적격 심의위원회

소속	각급 경찰기관의 장 소속 하에 심의위원회를 둔다.
구성	위원장 1명을 포함하여 총 5명이상 7명 이내의 위원으로 구성 ➲ 민간위원 1명 이상이 위원으로 참여하여야 한다
위원장	심의 대상자 소속 경찰기관의 장이 지명
위원	**내부위원**: 심의 대상자 소속 경찰기관의 장이 당해 경찰기관에 소속된 자 중 지명한 자 **민간위원**: 정신건강 분야에 관한 전문성을 갖춘 사람으로서 심의 대상자 소속 경찰기관의 장이 위촉하는 사람
회의	심의 대상자 소속 경찰기관의 장이 필요하다고 인정하는 경우에 개최
정족수	재적위원 과반수의 출석으로 개의하며, 출석위원 과반수의 찬성
공개여부	비공개

④ 경찰기관의 장은 무기를 휴대한 자 중에서 다음 각 호에 해당하는 경우에는 대여한 무기·탄약을 **무기고에 보관하도록 하여야 한다.**

> 1. **술자리** 또는 연회장소에 출입할 경우
> 2. **상사**의 사무실을 출입할 경우
> 3. 기타 **정황**을 판단하여 필요하다고 인정되는 경우

(6) 무기·탄약의 손질 및 수리

① 경찰기관의 장은 자체계획을 수립하여 **매월 1회 이상** 보관하고 있는 무기·탄약을 손질하여야 한다.
   ➲ 다만, 대여 무기·탄약의 경우에는 대여받은 자가 매주 1회 이상 손질하여야 한다.

② 장마 등으로 습기에 노출되거나 사격훈련을 마친 뒤에는 즉시 손질하고 기름칠을 하여야 한다.
   ➲ 경찰기관의 장은 수리가 필요한 무기가 있을 때에는 경찰청장에게 수리를 요청하여야 하며, 경찰청에서 수리할 수 없는 경우에는 지역 군부대의 협조를 받아 수리할 수 있다. 다만, 고장의 정도가 경미한 경우에는 해당 경찰관서에서 직접 수리할 수 있다.

(7) 무기·탄약 취급상의 안전관리

① 경찰관은 권총·소총 등 총기를 휴대·사용하는 경우 다음의 안전수칙을 준수하여야 한다.

㉠ 권총

> 가. 총구는 **공중 또는 지면(안전지역)**을 향한다.
> 나. 실탄 장전시 **반드시 안전장치(방아쇠울에 설치 사용)**를 장착한다.
> 다. **1탄은 공포탄**, **2탄 이하는 실탄**을 장전한다. 다만, 대간첩작전, 살인 강도 등 중요범인이나 무기·흉기 등을 사용하는 범인의 체포 및 위해의 방호를 위하여 불가피한 경우에 1탄부터 실탄을 장전할 수 있다.
> 라. 조준 시는 **대퇴부 이하**를 향한다.

㉡ 소총, 기관총, 유탄발사기

> 가. 실탄은 분리 휴대한다.
> 나. 실탄 장전시 조정간을 안전위치로 한다.
> 다. 사용 후 보관시 약실과 총강을 점검한다.
> 라. 노리쇠 뭉치나 구성품은 다른 총기의 부품과 교환하지 않도록 한다.
> 마. 공포 탄약은 총구에서 6m 이내의 사람을 향해 사격해서는 아니된다.

㉢ 수류탄, 탄약류

> 가. 수류탄을 투척할 경우 항상 철모를 착용한다.
> 나. 실탄 및 폭발류 등을 임의로 변형해서는 아니된다.
> 다. 수류탄 등은 투척준비가 될 때까지는 안전핀을 뽑아서는 아니된다.
> 라. 마찰 및 충격을 가해서는 아니된다.
> 마. 불발탄 발생시 폭발물처리반에 인계하여야 한다.

㉣ 석궁

> 가. 사격 목적 이외에 화살을 장전하지 않도록 한다.
> 나. 화살의 장착유무를 막론하고 사격목표 이외에 겨냥하지 않도록 한다.
> 다. 석궁을 놓아둘 때에는 반드시 장전을 해제하여야 한다.
> 라. 화살의 방향은 언제나 지면을 향해야 한다.
> 마. 공중을 향해 사격하지 않는다.

㉤ 다목적 발사기

> 가. 휴대시 안전자물쇠 안전위치를 확인하여야 한다.
> 나. 안전위치에서 격발여부를 확인하여야 한다.
> 다. 안전자물쇠가 안전위치임을 확인한 뒤에 실탄을 장전한다.

＊보유량 관리 및 신·구탄 정기 조정

① 경찰청 및 시·도경찰청·경찰서·기동단(대)에서는 제조년도별 보유 및 소모량 등을 무기전산프로그램에 전산입력, 신속 정확하게 자료 활용이 가능토록 관리하여야 한다.
② 장기보유로 인한 불량탄 등을 방지하고 치안 상황에 따라 적정량이 확보될 수 있도록 과다보유 경찰기관의 오래된 탄을 사용이 많고 보유량이 부족한 경찰기관으로 관리전환 하여야 한다.
③ 사용빈도와 정기점검시 확인된 보유량을 고려하여 시·도경찰청 간 조정을 실시하고, 신·구탄 순환이 될 수 있도록 제조년도가 **오래된 탄을 우선 사용토록 하여야 한다.**

ⓑ 물발사분쇄기

> 가. 특별한 경우를 제외하고는 폭발물처리 목적에만 사용하여야 한다.
> 나. 보호벽을 설치하고 사용하여야 한다.

② 총기 손질시는 **총구를 공중 또는 지면**을 향하여 검사 총을 실시하여야 한다.
③ 무기·탄약고 출입시는 화재요인이 되는 성냥·라이터 등을 휴대하여서는 아니된다.
④ 무기·탄약 등 위험물을 수송할 때에는 반드시 **무장경찰관 1명 이상을 동승**시켜야 하고, 과속운행과 흡연을 하여서는 아니된다.
  ➡ 개인이 휴대 운반시에는 견고한 운반 전용대를 이용하여야 하며, 승차시에는 분실 등 제반사고 예방을 위하여 항상 몸에 지니도록 하고, 다른 업무를 병행하여서는 아니된다.

★ 실태보고 및 장부 등의 서식
① 경찰관서의 장은 매분기 말일을 기준으로 관리하고 있는 무기·탄약 실태를 소속 시·도경찰청장을 거쳐 매분기 다음달 10일까지 경찰청장에게 보고하여야 한다.
② 무기·탄약 관리실태 보고와 비치할 장부 등은 경찰장비 실무 매뉴얼에서 정하는 서식에 따라 필요한 사항을 기재하여야 한다.

3) 최루제 및 그 발사장치 관리

(1) 구분

분사기	스프레이형·총포형·삼단봉(경봉)형·근접분사기형·배낭형·유색분사형 등
가스발사총	가스발사권총·고무탄 겸용가스발사권총 등
최루탄발사기(장전탄통 포함)	
기타 최루탄류	

(2) 보관 관리

① 가스발사총·최루탄발사기 등은 **무기고**에, 최루탄류는 **탄약고에 집중관리**하는 것을 원칙으로 한다. 다만, 운용부서에 대여하여 해당 부서장의 책임 하에 관리·운용할 수 있으며, 이 경우에는 견고한 보관함에 넣어 보관하여야 한다.
② 최루장비 및 최루탄류를 출납할 때에는 무기탄약 출납부와 같은 양식의 대장에 기록하고, 사용시에는 반드시 **근무일지에 기재**하여야 한다.
③ 최루탄류는 항상 사용 가능한 상태로 유지·관리하여야 하며, 훈련탄 실사훈련으로 유사시에 대비할 수 있도록 하여야 한다.
④ 최루장비 및 최루탄류를 별도의 창고에 보관할 경우는 다음 각호와 같이 관리하여야 한다.

> 1. 습기가 없고 통풍이 잘되며 외벽이 튼튼한 장소에 보관하여야 한다.
> 2. 직사광선을 피하고 지상 5cm이상 깔판 위에 보관하여야 한다.
> 3. 원포장 상태로 보관하고 사용시에만 개봉하여야 한다.
> 4. 보관창고에는 상시 방화시설을 하고 품목·단종 제조년도별로 구분 관리하며, 품명과 수량이 적힌 현황판과 격납배치도, 출입·점검확인부를 비치하여야 한다.

★

최루장비	화학적 성질에 의하여 최루·자극·연막 또는 신호 등의 효과를 일으키거나 이를 제거하는 최루작용제를 장착하여 사용하는 장비 및 작용제를 말한다.
분사기	사람의 활동을 일시적으로 곤란하게 하는 최루 또는 자극(질식) 등의 작용제를 내장된 압축가스의 힘으로 분사할 수 있는 기기를 말한다.
가스발사총	장약을 이용한 추진력에 의하여 가스작용제 또는 고무탄 등을 발사할 수 있는 장비를 말한다.
최루탄발사기	장전탄통에 최루탄을 장착하여 추진탄에 의한 가스방출력으로 발사할 수 있도록 장치된 장비를 말한다.

(3) 최루장비 안전관리

최루탄 발사기	가. 현장 지휘관의 지휘에 따라 발사하되 인화성 물질에 발사해서는 아니된다. 다. 밀폐된 공간에서는 사용을 피해야 한다. 라. 최루탄 발사기는 **30도 미만 각도**에서 방아쇠가 격발되지 않도록 한다. 마. 최루탄은 물 또는 습기에 젖어 있는지 확인 후 이상이 없을 때에만 사용한다. 바. 장전탄통 고정 조임나사를 완전히 조인 후 사용하여야 한다. 사. 상황출동 등으로 정비하지 못하거나 추가정비를 요하는 발사기는 자체정비 또는 무기창에 입고하여 수리 정비하여야 한다. 아. 발사기는 훈련탄 실사훈련을 실시하여 안전장치(30도 이상 발사) 등 고장 여부를 수시 점검 각종 상황에 대비할 수 있도록 하여야 한다. 자. 발사기는 사용 후 총구 및 약실 내부의 가스를 완전히 제거하여 보관하고, 장전탄통은 가스방출구 막힘을 방지하는 등 손질을 철저히 하여야 한다.
분사기	가. 범인 검거 및 제압 등 유사시 정당한 공무수행 목적에 한하여 필요한 최소한도로 사용하여야 한다. 나. 분사기를 사용하고자 할 때에는 사용에 관하여 미리 경고한 후 분사하여야 한다. 다만, 범인의 체포 등을 위해 긴급을 요하는 경우에는 그러하지 아니한다. 다. 밀폐된 공간에서의 사용을 자제하여야 한다. 라. 분사기의 사용 등에 관하여 이 장에서 정하지 아니한 사항은 「분사기 운용지침」에 따른다.
가스발사총 (고무탄발사 포함)	가. 1m **이내**의 거리에서 발사해서는 아니된다. 나. 사용시에는 반드시 안전장치 확인 후 발사하여야 한다. 다. 밀폐된 공간에서의 사용을 자제해야 한다.

4) 정보통신 장비

① 정보통신장비 구분

공통장비	전화기, 모사전송기, 무전기(고정용·차량용·휴대용·군경합동용), 수신기, 휴대폰조회기, PDA
전용장비	교환기, 비상소집 자동전파장치, 민원전화 자동안내장비, 동보장비, 회선다중분배장비, 중계용 무전기, SSB무전기, 무선지령대, 위성전화, 주전산기, 레이더, 네트워크 장비

② 운용
  ㉠ 운용부서의 장은 비인가자에 의한 정보통신장비의 무단조작으로 전산자료의 입·출력, 수정, 파괴, 열람 등을 하지 못하도록 **기기별 취급자 및 관리책임자를** 지정·운영하여야 한다.

ⓛ 전산망 시설시 전산자료의 유출방지 등을 위해 내부망과 외부망과의 접속을 **최소한으로 제한**하고, 시설시 보안대책을 강구하여야 한다.
ⓒ 운용부서의 장은 불용처분시 전산자료가 유출되지 않도록 하고, 별도로 부착된 장비가 분실되지 않도록 조치한 후 처리하여야 한다.

➡ 기타 정보화장비 운용·관리에 대한 사항은 「경찰정보통신운영규칙」에 따른다.

06 경찰 보안관리

1 보안의 의의

① 보안이란 국가의 안전보장을 위해 보호를 필요로 하는 인원, 문서, 비밀, 시설 등을 보호하는 **소극적 활동**과 국가안전보장을 위협하는 간첩, 태업 등 불순분자를 조사, 체포하는 **적극적 활동**을 포함한다.

② 근거

국가정보원법, 보안업무규정, 보안업무규정 시행규칙 등에 근거하고 있다.

③ 보안업무의 원칙

알 사람만 알아야하는 원칙 (한정의 원칙)	보안 사실을 전파할 때 전파가 꼭 필요한가, 사용자가 반드시 전달받아야하며 필요한 것인지가 검토되야 한다. ➡ 보안의 기본적 원칙이다.
부분화 원칙	다량의 정보가 일시에 유출되지 않도록 해야 한다.
보안과 효율의 조화 원칙	보안업무와 업무의 효율성이 조화되도록 해야 한다.

2 보안업무규정

1) 총설

(1) 용어

비밀	「국가정보원법」(이하 "법"이라 한다) 제4조제1항제2호에 따른 국가기밀(이하 "국가 기밀"이라 한다)로서 이 영에 따라 비밀로 분류된 것을 말한다.
각급기관	「대한민국헌법」, 「정부조직법」 또는 그 밖의 법령에 따라 설치된 국가기관(군기관 및 교육기관을 포함한다)과 지방자치단체 및 「공공기록물 관리에 관한 법률 시행령」 제3조에 따른 공공기관을 말한다.
중앙행정기관 등	「정부조직법」 제2조제2항에 따른 부·처·청(이에 준하는 위원회를 포함한다)과 대통령 소속·보좌·경호기관, 국무총리 보좌기관 및 고위공직자범죄수사처를 말한다.
암호자재	비밀의 보호 및 정보통신 보안을 위하여 암호기술이 적용된 장치나 수단으로서 Ⅰ급, Ⅱ급 및 Ⅲ급비밀 소통용 암호자재로 구분되는 장치나 수단을 말한다.

★ 보안 기본정책 수립 등

국가정보원장은 보안 업무와 관련하여 다음 각 호의 업무를 수행한다.
1. 보안 업무와 관련된 **기본정책의 수립 및 제도의 개선**
2. 보안 업무 수행 기법의 연구·보급 및 표준화
3. 전자적 방법에 의한 보안 업무 관련 **기술개발 및 보급**
4. 각급기관의 보안 업무가 제1호부터 제3호까지의 사항에 따라 적절하게 수행되는지 여부의 확인 및 그 결과의 분석·평가
5. 제38조 각 호의 어느 하나에 해당하는 사고(이하 "보안사고"라 한다)의 예방 등을 위한 다음 각 목의 업무
   가. 제35조제1항에 따른 보안측정
   나. 제36조제1항에 따른 **신원조사**
   다. 제38조에 따른 보안사고 조사
   라. 그 밖에 대도청(對盜聽) 점검, 보안교육, 컨설팅 등 각급기관의 보안 업무 지원

(2) 보안의 대상

인원	㉠ 중요인물로서 보호가 요구되는 자는 지휘고하를 불문하고, 내방중인 외국인도 대상에 포함된다. ㉡ 인원보안의 수단으로 신원조사, 보안교육 등이 있다.
문서 및 자재	비록 Ⅰ,Ⅱ,Ⅲ급 기밀에 해당하지 않은 문서라도, 국가기밀에 해당하는 문서는 모두 보안의 대상이 된다.
시설	㉠ 중요산업시설로서 특별히 보호를 요하는 시설은 소유관계를 불문하고 보안대상이 된다. ㉡ 보안책임자는 시설보안을 위해 중요시설을 보호구역으로 지정할 수 있다.
지역	국가안전보장상 특별히 보호를 요하는 지역은 보안의 대상이 된다.

2) 비밀보호

(1) 비밀구분 – 중요성, 가치 정도

Ⅰ급비밀	누설될 경우 대한민국과 외교관계가 단절되고 전쟁을 일으키며, 국가의 방위계획·정보활동 및 국가방위에 반드시 필요한 과학과 기술의 개발을 **위태롭게** 하는 등의 우려가 있는 비밀
Ⅱ급비밀	누설될 경우 국가안전보장에 막대한 **지장**을 끼칠 우려가 있는 비밀
Ⅲ급비밀	누설될 경우 국가안전보장에 **해**를 끼칠 우려가 있는 비밀

 팩트DB

대외비

① 영 제4조에 따른 **비밀 외에**「공공기관의 정보공개에 관한 법률」제9조제1항제3호부터 제8호까지의 비공개 대상 정보 중 직무 수행상 특별히 보호가 필요한 사항은 이를 "**대외비**"로 한다.
② 각급기관의 장은 제3항에 따른 대외비를 업무와 관계되지 아니한 사람이 열람, 복제·복사, 배부할 수 없도록 보안대책을 수립·시행하여야 한다.
③ 대외비는 그 문서의 표면 중앙 상단에 다음과 같은 예고문을 붉은색으로 기재하여야 한다.

대 외 비
20 . . . 까지

④ 보호기간이 만료된 대외비는 **일반문서로 재분류한다**. 이 경우 대외비에서 일반문서로 재분류된 기록물의 관리 등에 관하여는「공공기록물 관리에 관한 법률」에 따른다.

* 16조(분류 금지와 대외비)
① 누구든지 행정상 과오, 업무상 과실 또는 법령 위반 사실을 감추거나 보호가치가 없는 정보의 공개를 제한할 목적으로 비밀이 아닌 사항을 비밀로 분류하여서는 아니 된다.
② 비밀의 제목을 표시할 때에는 비밀의 내용을 포함하여서는 아니 된다.

(2) 비밀의 보호와 관리 원칙

각급기관의 장은 비밀의 작성·분류·취급·유통 및 이관 등의 모든 과정에서 비밀이 누설되거나 유출되지 아니하도록 보안대책을 수립하여 **시행하여야 한다.**

➡ 이 경우 비밀의 제목 등 해당 비밀의 내용을 유추할 수 있는 정보가 포함된 자료는 공개하지 않는다.

(3) 암호자재 제작·공급 및 반납

① **국가정보원장**은 암호자재를 제작하여 필요한 기관에 공급한다.

➡ 다만, 국가정보원장이 필요하다고 인정하는 암호자재의 경우 그 암호자재를 사용하는 기관은 **국가정보원장이 인가하는** 암호체계의 범위에서 암호자재를 **제작할 수 있다.**

② 암호자재를 사용하는 기관의 장은 사용기간이 끝난 암호자재를 지체 없이 **그 제작기관의 장에게 반납하여야 한다.**

➡ 국가정보원장은 암호자재 제작 등 암호자재와 관련된 기술을 확보하기 위하여 「과학기술분야 정부출연연구기관 등의 설립·운영 및 육성에 관한 법률」 제8조제1항에 따라 설립된 정부출연연구기관으로 하여금 관련 연구개발 및 기술지원을 수행하게 할 수 있다.

(4) 비밀·암호자재의 취급

비밀은 해당 등급의 **비밀취급 인가를 받은 사람만** 취급할 수 있으며, 암호자재는 해당 등급의 비밀 소통용 암호자재취급 인가를 받은 사람만 취급할 수 있다.

(5) 비밀·암호자재취급 인가권자

I급비밀 취급 인가권자와 I급 및 II급비밀 소통용 암호자재 취급 인가권자	1. 대통령 2. 국무총리 3. 감사원장 4. 국가인권위원회 위원장 4의2. 고위공직자범죄수사처장 5. 각 부·처의 장 6. 국무조정실장, 방송통신위원회 위원장, 공정거래위원회 위원장, 금융위원회 위원장, 국민권익위원회 위원장, 개인정보 보호위원회 위원장 및 원자력안전위원회 위원장 7. 대통령 비서실장 8. 국가안보실장 9. 대통령경호처장 10. 국가정보원장 11. **검찰총장** 12. 합동참모의장, 각군 참모총장, 지상작전사령관 및 육군제2작전사령관 13. 국방부장관이 지정하는 각군 부대장
II급 및 III급비밀 취급 인가권자와 III급비밀 소통용 암호자재 취급 인가권자	1. 제1항 각 호의 사람 2. **중앙행정기관등인 청의 장** 3. 지방자치단체의 장 4. 특별시·광역시·도 및 특별자치시·특별자치도의 교육감 5. 제1호부터 제4호까지의 사람이 지정한 기관의 장

* II급 및 III급비밀 취급 인가권자
**경찰청장
경찰대학장
경찰교육원장
중앙경찰학교장
경찰수사연수원장
경찰병원장
시·도경찰청장**

① **시·도경찰청장**은 경찰서장, 기동대장에게 II급 및 III급비밀취급인가권을 위임한다.

② 이 경우 **경정이상의 경찰공무원을 장으로 하는 경찰기관의 장에게도** II급 및 III급비밀취급인가권을 **위임할 수 있다.**

(6) 비밀·암호자재취급의 인가 및 인가해제

① 비밀취급 인가권자는 비밀을 취급하거나 비밀에 접근할 사람에게 해당 등급의 비밀취급을 인가하고, 필요한 경우에는 **인가 등급을 변경**한다.

② 비밀취급 인가는 인가 대상자의 직책에 따라 **필요한 최소한의 인원**으로 제한하여야 한다.

③ 비밀취급 인가를 받은 사람이 다음 각 호의 어느 하나에 해당하는 경우에는 그 인가를 해제해야 한다.

> 1. 고의 또는 중대한 과실로 보안사고를 저질렀거나 이 영을 위반하여 보안업무에 지장을 주는 경우
> 2. 비밀취급이 불필요하게 되었을 경우

④ 암호자재취급 인가권자는 비밀취급 인가를 받은 사람 중에서 암호자재취급이 필요한 사람에게 해당 등급의 비밀 소통용 암호자재취급을 인가하고, 필요한 경우에는 인가 등급을 변경한다.

➡ 이 경우 암호자재취급 인가 등급은 비밀취급 인가 등급보다 높을 수 없다.

⑤ 비밀취급 및 암호자재취급의 인가와 인가 등급의 변경 및 인가 해제는 **문서로** 하여야 하며, 직원의 인사기록사항에 그 사실을 포함하여야 한다.

★ **암호자재취급 인가 해제**
1. 비밀취급 인가가 해제되었을 경우
2. 암호자재와 관련하여 보안사고를 저질렀거나 이 영을 위반하여 보안업무에 지장을 주는 경우
3. 암호자재의 취급이 불필요하게 되었을 경우

 팩트DB

특별인가 – 비밀취급자

① 모든 경찰공무원(전투경찰순경을 포함한다)은 **임용과 동시 Ⅲ급 비밀취급권**을 가진다.
② 경찰공무원 중 다음 각 호의 부서에 근무하는 자(전투경찰순경을 포함한다)는 그 보직발령과 동시에 **Ⅱ급 비밀취급권**을 인가받은 것으로 한다.
  1. 경비, 경호, 작전, 항공, 정보통신 담당부서(기동대, 전경대의 경우는 행정부서에 한한다)
  2. 정보, 안보, 외사부서
  3. 감찰, 감사 담당부서
  4. 치안상황실, 발간실, 문서수발실
  5. 경찰청 각 과의 서무담당자 및 비밀을 관리하는 보안업무 담당자
  6. 부속기관, 시·도경찰청, 경찰서 각 과의 서무담당자 및 비밀을 관리하는 보안업무 담당자
③ 제1항 및 제2항에 따라 비밀의 취급인가를 받은 자에 대하여는 별도로 비밀취급인가증을 발급하지 않는다. 다만, 업무상 필요한 경우에는 발급할 수 있다.
④ 각 경찰기관의 장은 제2항 각호의 부서에 근무하는 경찰공무원 중 신원특이자에 대하여는 위원회 또는 자체 심의기구에서 Ⅱ급 비밀취급의 인가여부를 심의하고, 비밀취급이 불가능하다고 의결된 자에 대하여는 즉시 인사조치한다.

(7) 비밀분류

① **비밀취급 인가를 받은 사람**은 인가받은 비밀 및 그 이하 등급 비밀의 분류권을 가진다.

② 같은 등급 이상의 비밀취급 인가를 받은 사람 중 직속 상급직위에 있는 사람은 그 하급직위에 있는 사람이 분류한 비밀등급을 **조정할 수 있다**.

③ 비밀을 생산하거나 관리하는 사람은 비밀의 작성을 완료하거나 비밀을 접수하는 즉시 그 비밀을 분류하거나 재분류할 책임이 있다.

※ **비밀의 접수·발송**
① 비밀을 접수하거나 발송할 때에는 그 비밀을 최대한 보호할 수 있는 방법을 이용하여야 한다.
② 비밀은 암호화되지 아니한 상태로 정보통신 수단을 이용하여 접수하거나 발송해서는 아니 된다.
③ 모든 비밀을 접수하거나 발송할 때에는 그 사실을 확인하기 위하여 **접수증**을 사용한다.

(8) 비밀분류 원칙

과소 또는 과다분류 금지 원칙	비밀은 적절히 보호할 수 있는 **최저등급**으로 분류하되, 과도하거나 과소하게 분류해서는 아니 된다
독립분류 원칙	비밀은 그 자체의 **내용과 가치의 정도에 따라** 분류하여야 하며, 다른 비밀과 관련하여 분류해서는 아니 된다
외국비밀 존중 원칙	외국 정부나 국제기구로부터 접수한 비밀은 그 **생산기관**이 필요로 하는 정도로 보호할 수 있도록 분류하여야 한다.

● 분류 지침 : 각급기관의 장은 비밀 분류를 통일성 있고 적절하게 하기 위하여 세부 분류지침을 작성하여 시행하여야 한다. 이 경우 세부 분류지침은 공개하지 않는다.

(9) 보관

① 비밀은 도난·유출·화재 또는 파괴로부터 보호하고 비밀취급인가를 받지 아니한 사람의 접근을 방지할 수 있는 적절한 시설에 보관하여야 한다.

> **관련조문**
>
> - 보관기준(보안업무규정 시행규칙 제33조)
>   ① 비밀은 일반문서나 암호자재와 혼합하여 보관하여서는 아니 된다.
>   ② Ⅰ급비밀은 반드시 금고에 보관하여야 하며, 다른 비밀과 **혼합하여 보관하여서는 아니 된다**.
>   ③ Ⅱ급비밀 및 Ⅲ급비밀은 **금고** 또는 이중 철제캐비닛 등 잠금장치가 있는 안전한 용기에 보관하여야 하며, **보관책임자가 Ⅱ급비밀 취급 인가를 받은 때**에는 Ⅱ급비밀과 Ⅲ급비밀을 같은 용기에 혼합하여 보관할 수 있다.
>   ④ 보관용기에 넣을 수 없는 비밀은 **제한구역 또는 통제구역에 보관**하는 등 그 내용이 노출되지 아니하도록 특별한 보호대책을 마련하여야 한다.
>
> - 제34조(보관용기)
>   ① 비밀의 보관용기 외부에는 비밀의 보관을 알리거나 나타내는 **어떠한 표시도 해서는 아니 된다**.
>   ② 보관용기의 잠금장치의 종류 및 사용방법은 보관책임자 외의 사람이 알지 못하도록 특별한 통제를 하여야 하며, 다른 사람이 알았을 때에는 즉시 이를 변경하여야 한다.

② **출장 중의 비밀 보관** : 비밀을 휴대하고 출장 중인 사람은 비밀을 안전하게 보호하기 위하여 국내 경찰기관 또는 재외공관에 보관을 위탁할 수 있으며, 위탁받은 기관은 그 비밀을 보관하여야 한다.
③ **보관책임자** : 각급기관의 장은 소속 직원 중에서 이 영에 따른 비밀 보관 업무를 수행할 보관책임자를 임명하여야 한다.

(10) 비밀 및 암호자재 관련 자료의 보관

① 다음 각 호의 자료는 비밀과 함께 철하여 보관·활용하고, 비밀의 보호기간이 만료되면 비밀에서 분리한 후 각각 **편철하여 5년간** 보관해야 한다.

> 1. 비밀접수증
> 2. 비밀열람기록전
> 3. 배부처

② 다음 각 호의 자료는 새로운 관리부철로 옮겨서 관리할 경우 기존 관리부철을 **5년간 보관**해야 한다.

> 1. 비밀관리기록부
> 2. 비밀 접수 및 발송대장
> 3. 비밀대출부
> 4. 암호자재 관리기록부

③ **서약서**는 서약서를 작성한 비밀취급인가자의 인사기록카드와 함께 철하여 인가 해제 시까지 보관하되, 인사기록카드와 함께 철할 수 없는 경우에는 별도로 편철하여 보관해야 한다.
④ 암호자재 증명서는 해당 암호자재를 반납하거나 파기한 후 **5년간** 보관해야 한다.
⑤ 암호자재 점검기록부는 최근 5년간의 점검기록을 보관해야 한다.
➔ 제1항부터 제5항까지의 규정에 따른 보관기간이 지나면 해당 자료는 「공공기록물 관리에 관한 법률」에 따른 기록물관리기관으로 이관해야 한다.

(11) 비밀의 전자적 관리

① 각급기관의 장은 전자적 방법을 사용하여 비밀을 관리할 수 있으며, 이를 위하여 전자적 비밀관리시스템을 구축·운영할 수 있다.
② 각급기관의 장은 제1항에 따라 비밀을 관리할 경우 **국가정보원장이 안전성을 확인한 암호자재를 사용하여** 비밀의 위조·변조·훼손 및 유출 등을 방지하기 위한 보안대책을 마련하여 시행하여야 한다.
➔ 국가정보원장은 관리하는 비밀이 적은 각급기관이 공동으로 활용할 수 있도록 통합 비밀관리시스템을 구축·운영할 수 있다

(12) 비밀관리기록부

① **각급기관의 장**은 비밀의 작성·분류·접수·발송 및 취급 등에 필요한 모든 관리사항을 기록하기 위하여 비밀관리기록부를 작성하여 갖추어 두어야 한다.

➡ 다만, **Ⅰ급비밀관리기록부는 따로** 작성하여 갖추어 두어야 하며, 암호자재는 암호자재 관리기록부로 관리한다.

② 비밀관리기록부와 암호자재 관리기록부에는 모든 비밀과 암호자재에 대한 보안책임 및 보안관리 사항이 정확히 기록·보존되어야 한다.

(13) 비밀의 복제·복사 제한

① 비밀의 일부 또는 전부나 암호자재에 대해서는 모사(模寫)·타자(打字)·인쇄·조각·녹음·촬영·인화(印畵)·확대 등 그 원형을 재현(再現)하는 행위를 할 수 **없다**. 다만, 다음 각 호의 구분에 따른 비밀의 경우에는 그러하지 아니하다.

> 1. Ⅰ급비밀 : 그 생산자의 허가를 받은 경우
> 2. Ⅱ급비밀 및 Ⅲ급비밀 : 그 생산자가 특정한 제한을 하지 아니한 것으로서 해당 등급의 비밀취급 인가를 받은 사람이 공용(共用)으로 사용하는 경우
> 3. 전자적 방법으로 관리되는 비밀 : 해당 비밀을 보관하기 위한 용도인 경우

➡ 각급기관의 장은 보안 업무의 효율적인 수행을 위하여 필요하다고 인정되는 경우에는 해당 비밀의 보존기간 내에서 제1항 단서에 따라 **그 사본을 제작하여 보관할 수 있다**.

② 비밀의 사본을 보관할 때에는 그 예고문이나 비밀등급을 변경해서는 아니 된다. 다만, 「공공기록물 관리에 관한 법률 시행령」 제68조제6항에 따라 비밀을 재분류하는 경우에는 그러하지 아니하다.

③ 비밀을 복제하거나 복사한 경우에는 그 원본과 동일한 비밀등급과 예고문을 기재하고, 사본 번호를 매겨야 한다.

④ 예고문에 재분류 구분이 "**파기**"로 되어 있을 때에는 파기 시기를 **원본의 보호기간보다 앞당길 수 있다**.

(14) 비밀의 열람

① 비밀은 해당 등급의 비밀취급 인가를 받은 사람 중 그 비밀과 **업무상 직접 관계가 있는 사람만** 열람할 수 있다.

② 비밀취급 인가를 받지 아니한 사람에게 비밀을 열람하거나 취급하게 할 때에는 국가정보원장이 정하는 바에 따라 소속 기관의 장(비밀이 군사와 관련된 사항인 경우에는 국방부장관)이 미리 열람자의 인적사항과 열람하려는 비밀의 내용 등을 확인하고 열람 시 비밀 보호에 필요한 자체 보안대책을 마련하는 등의 보안조치를 하여야 한다. 다만, Ⅰ급비밀의 보안조치에 관하여는 **국가정보원장과 미리 협의**하여야 한다.

＊ 비밀관리부철의 보존
다음 각 호의 문서 및 대장은 5년간 보존하여야 하며, 그 이전에 폐기하고자 할 때에는 국가정보원장의 승인을 받아야 한다.
1. 서약서철
2. 비밀영수증철
3. 비밀관리기록부철
4. 비밀수발대장
5. 비밀열람기록전(철)
6. 비밀대출부

(15) 비밀의 공개

① 중앙행정기관등의 장은 다음 각 호의 어느 하나에 해당하는 사유가 있을 때에는 그가 생산한 비밀을 제3조의3에 따른 **보안심사위원회의 심의를 거쳐** 공개할 수 있다. 다만, Ⅰ급비밀의 공개에 관하여는 국가정보원장과 미리 협의해야 한다.

> 1. 국가안전보장을 위하여 국민에게 긴급히 알려야 할 필요가 있다고 판단될 때
> 2. 공개함으로써 국가안전보장 또는 국가이익에 현저한 도움이 된다고 판단될 때

② 공무원 또는 공무원이었던 사람은 **법률에서 정하는 경우를 제외하고는** 소속 기관의 장이나 소속되었던 기관의 장의 승인 없이 비밀을 공개해서는 아니 된다.

3) 국가보안시설 및 국가보호장비 보호

(1) 국가보안시설 및 국가보호장비 지정

① **국가정보원장**은 파괴 또는 기능이 침해되거나 비밀이 누설될 경우 전략적·군사적으로 막대한 손해가 발생하거나 국가안전보장에 연쇄적 혼란을 일으킬 우려가 있는 시설 및 항공기·선박 등 중요 장비를 각각 국가보안시설 및 국가보호장비로 지정할 수 있다.

② 국가정보원장은 **관계 중앙행정기관등 및 지방자치단체의 장과 협의**하여 제1항에 따라 국가보안시설 및 국가보호장비를 지정하는 데 필요한 기준(이하 "지정기준"이라 한다)을 마련해야 한다.

③ 전력시설 및 항공기 등 국가정보원장이 정하는 국가안전보장에 중요한 시설 또는 장비의 보안관리상태를 감독하는 기관의 장은 해당 시설 또는 장비가 지정기준에 부합한다고 판단할 경우 국가정보원장에게 해당 시설 또는 장비를 제1항에 따라 국가보안시설 또는 국가보호장비로 지정해줄 것을 요청해야 한다.

- 국가정보원장은 제3항에 따른 지정 요청을 받은 경우 지정기준에 부합하는지를 심사하여 해당 시설 또는 장비의 국가보안시설 또는 국가보호장비 지정 여부를 결정하고, 그 결과를 요청 기관의 장에게 통보해야 한다.
- 국가정보원장은 제1항부터 제4항까지의 규정에 따라 지정된 국가보안시설 또는 국가보호장비의 보안관리상태를 감독하는 기관(이하 "감독기관"이라 한다)의 장과 협의하여 지정기준을 수정·보완할 수 있다.

(2) 국가보안시설 및 국가보호장비 보호대책의 수립

① **국가정보원장**은 국가보안시설 및 국가보호장비를 보호하기 위하여 국가보안시설 및 국가보호장비 보호대책(이하 "**기본 보호대책**"이라 한다)을 수립해야 한다.

② **감독기관의 장**은 기본 보호대책에 따라 소관 분야의 국가보안시설 및 국가보호장비에 대한 보호대책(이하 "**분야별 보호대책**"이라 한다)을 수립·시행해야 한다.

③ 국가보안시설 또는 국가보호장비를 **관리하는 기관**(이하 "관리기관"이라 한다) **의 장**은 감독기관의 장이 수립한 분야별 보호대책에 따라 해당 시설 및 장비에 대한 세부 보호대책(이하 "**세부 보호대책**"이라 한다)을 수립·시행해야 한다.
④ 국가정보원장과 감독기관의 장은 관리기관의 장이 기본 보호대책 및 분야별 보호대책을 이행하고 있는지 확인하고, 필요한 조치를 요청할 수 있다.
  ◉ 국가정보원장은 기본 보호대책의 수립을 위하여 관리기관의 장에게 필요한 자료의 제공을 요청할 수 있다.

(3) 보호지역

① 각급기관의 장과 관리기관 등의 장은 국가안전보장에 관련되는 인원·문서·자재·시설의 보호를 위하여 필요한 장소에 일정한 범위의 보호지역을 설정할 수 있다.
② 보호지역은 그 중요도에 따라 **제한지역**, **제한구역 및 통제구역**으로 나눈다.
③ 보호지역에 접근하거나 출입하려는 사람은 각급기관의 장 또는 관리기관 등의 장의 **승인을 받아야** 한다.
④ 보호지역 구분

	내용	대상
제한지역	비밀 또는 국·공유재산의 보호를 위하여 울타리 또는 방호·경비인력에 의하여 영 제34조제3항에 따른 승인을 받지 않은 사람의 접근이나 출입에 대한 감시가 필요한 지역	
제한구역	비인가자가 비밀, 주요시설 및 Ⅲ급 비밀 소통용 암호자재에 접근하는 것을 방지하기 위하여 **안내를 받아 출입**하여야 하는 구역	• 전자교환기실 • 정보통신실 • 발간실 • 송신 및 중계소 • 정보통신관제센터 • 경찰청 및 지방경찰청 항공대 • 작전·경호·정보·보안업무 담당부서 전역 • 과학수사대
통제구역	보안상 매우 중요한 구역으로서 비인가자의 출입이 금지되는 구역	• **암호**취급소 • 정보**보안**기록실 • **무기**창·무기고 및 탄약고 • 종합**상황**실·치안상황실 • **암호**장비관리실 • 정보**상황**실 • **비밀**발간실 • **종합**조회처리실

(4) 보안측정
① 국가정보원장은 보안사고를 예방하기 위하여 국가보안시설, 국가보호장비 및 보호지역에 대하여 보안측정을 한다.
② 제1항에 따른 보안측정은 **국가정보원장이 직권**으로 하거나 **관계 기관의 장의 요청**에 따라 한다.
③ 국가정보원장은 보안측정을 위하여 관계 기관에 필요한 협조를 요구할 수 있다.

4) 신원조사

(1) 신원조사
① 국가정보원장은 제3조제2호에 해당하는 사람의 충성심·신뢰성 등을 확인하기 위하여 신원조사를 한다.
② 관계 기관의 장은 다음 각 호에 해당하는 사람에 대하여 국가정보원장에게 **신원조사를 요청해야 한다.**

> 1. **공무원 임용 예정자**(국가안전보장에 한정된 국가 기밀을 취급하는 직위에 임용될 예정인 사람으로 한정한다)
> 2. **비밀취급 인가 예정자**
> 4. 국가보안시설·보호장비를 관리하는 기관 등의 장(해당 국가보안시설 등의 관리 업무를 수행하는 소속 직원을 포함한다)
> 6. 그 밖에 다른 법령에서 정하는 사람이나 각급기관의 장이 국가안전보장을 위하여 필요하다고 인정하는 사람

(2) 신원조사 결과의 처리
① 국가정보원장은 신원조사 결과 국가안전보장에 해를 끼칠 정보가 있음이 확인된 사람에 대해서는 관계 기관의 장에게 그 사실을 통보하여야 한다.
② 제1항에 따라 통보를 받은 관계 기관의 장은 신원조사 결과에 따라 필요한 보안대책을 마련하여야 한다.

*
국가정보원장은 제36조에 따른 신원조사와 관련한 권한의 일부를 국방부장관과 **경찰청장에게 위탁**할 수 있다.

5) 중앙행정기관의 보안감사

① 정기감사는 **연 1회**, 수시감사는 필요에 따라 **수시로** 한다.
② 보안감사와 정보통신보안감사를 할 때에는 보안상의 취약점이나 개선 필요 사항의 발굴에 중점을 둔다.
③ 보안담당관
각급기관의 장은 소속 직원 중에서 이 영에 따른 보안업무를 수행할 보안담당관을 임명하여야 한다.

> ● 계엄지역의 보안 : 계엄이 선포된 지역의 보안을 위하여 계엄사령관은 이 영에도 불구하고 특별한 보안조치를 할 수 있다.

문서관리(행정업무의 운영 및 혁신에 관한 규정)

1. 정의

공문서	행정기관에서 공무상 작성하거나 시행하는 문서(도면·사진·디스크·테이프·필름·슬라이드·전자문서 등의 특수매체기록을 포함한다. 이하 같다)와 행정기관이 접수한 모든 문서를 말한다.
전자문서	컴퓨터 등 정보처리능력을 가진 장치에 의하여 전자적인 형태로 작성되거나 송신·수신 또는 저장된 문서를 말한다.
서명	기안자·검토자·협조자·결재권자[제10조에 따라 결재, 위임전결 또는 대결(代決)하는 자를 말한다. 이하 같다] 또는 발신명의인이 공문서(전자문서는 제외한다)에 자필로 자기의 성명을 다른 사람이 알아볼 수 있도록 한글로 표시하는 것을 말한다.
전자이미지 서명	기안자·검토자·협조자·결재권자 또는 발신명의인이 전자문서상에 전자적인 이미지 형태로 된 자기의 성명을 표시하는 것을 말한다.
전자서명	기안자·검토자·협조자·결재권자 또는 발신명의인이 전자문서상에 자동 생성된 자기의 성명을 전자적인 문자 형태로 표시하는 것을 말한다.
행정전자 서명	기안자·검토자·협조자·결재권자 또는 발신명의인의 신원과 전자문서의 변경 여부를 확인할 수 있도록 그 전자문서에 첨부되거나 결합된 전자적 형태의 정보로서「전자정부법 시행령」제29조에 따른 인증기관으로부터 인증을 받은 것을 말한다.
전자이미지 관인	관인의 인영(印影: 도장을 찍은 모양)을 컴퓨터 등 정보처리능력을 가진 장치에 전자적인 이미지 형태로 입력하여 사용하는 관인을 말한다.
행정정보 시스템	행정기관이 행정정보를 생산·수집·가공·저장·검색·제공·송신·수신하고 활용할 수 있도록 하드웨어·소프트웨어·데이터베이스 등을 통합한 시스템을 말한다.

2. 공문서 종류

법규문서	헌법·법률·대통령령·총리령·부령·조례·규칙(이하 "법령"이라 한다) 등에 관한 문서
지시문서	훈령·지시·예규·일일명령 등 행정기관이 그 하급기관이나 소속 공무원에 대하여 일정한 사항을 지시하는 문서
공고문서	고시·공고 등 행정기관이 일정한 사항을 일반에게 알리는 문서
비치문서	행정기관이 일정한 사항을 기록하여 행정기관 내부에 비치하면서 업무에 활용하는 대장, 카드 등의 문서
민원문서	민원인이 행정기관에 허가, 인가, 그 밖의 처분 등 특정한 행위를 요구하는 문서와 그에 대한 처리문서
일반문서	제1호부터 제5호까지의 문서에 속하지 아니하는 모든 문서

3. 문서의 성립 및 효력발생
   ① 문서는 결재권자가 해당 문서에 **서명**(전자이미지서명, 전자문자서명 및 행정전자서명을 포함한다.)의 방식으로 결재함으로써 성립한다.
   ② 문서는 **수신자에게 도달**(전자문서의 경우는 수신자가 관리하거나 지정한 전자적 시스템 등에 **입력되는 것**을 말한다)됨으로써 효력을 발생한다.
   ③ 공고문서는 그 문서에서 효력발생 시기를 구체적으로 밝히고 있지 않으면 그 고시 또는 공고 등이 **있은 날부터 5일이 경과한** 때에 효력이 발생한다.

4. 문서의 작성 방법
   ① 문서는 「국어기본법」 제3조제3호에 따른 어문규범에 맞게 한글로 작성하되, 뜻을 정확하게 전달하기 위하여 필요한 경우에는 괄호 안에 한자나 그 밖의 외국어를 함께 적을 수 있으며, 특별한 사유가 없으면 **가로로 쓴다**.
   ② 문서의 내용은 간결하고 명확하게 표현하고 일반화되지 않은 약어와 전문용어 등의 사용을 피하여 **이해하기 쉽게 작성**하여야 한다.
   ③ 문서에는 음성정보나 영상정보 등이 수록되거나 연계된 바코드 **등을 표기할 수 있다**.
   ④ 문서에 쓰는 숫자는 특별한 사유가 없으면 **아라비아 숫자**를 쓴다.
   ⑤ 문서에 쓰는 날짜는 **숫자로 표기**하되, 연·월·일의 글자는 생략하고 그 자리에 온점을 찍어 표시하며, 시·분은 24시각제에 따라 숫자로 표기하되, 시·분의 글자는 생략하고 그 사이에 **쌍점**을 찍어 구분한다. 다만, 특별한 사유가 있으면 다른 방법으로 표시할 수 있다.
   ⑥ 문서 작성에 사용하는 용지는 특별한 사유가 없으면 가로 210밀리미터, 세로 297밀리미터의 직사각형 용지로 한다.

5. 문서의 기안
   ① 문서의 기안은 **전자문서로 하는 것을 원칙**으로 한다. 다만, 업무의 성질상 전자문서로 기안하기 곤란하거나 그 밖의 특별한 사정이 있으면 그러하지 아니하다.
   ② 문서의 기안은 행정안전부령으로 정하는 기안문으로 하여야 한다. 다만, 관계 서식이 따로 있는 경우에는 그 내용을 관계 서식에 기입하는 방법으로 할 수 있다.
   ③ 둘 이상의 행정기관의 장의 결재가 필요한 문서는 **그 문서 처리를 주관하는 행정기관에서 기안하여야 한다**.
   ④ 기안문에는 행정안전부령으로 정하는 바에 따라 발의자(기안하도록 지시하거나 스스로 기안한 사람을 말한다)와 보고자를 알 수 있도록 표시하여야 한다. 다만, 다음 각 호의 문서에는 **발의자와 보고자의 표시를 생략할 수 있다**.

   > 1. 검토나 결정이 필요하지 아니한 문서
   > 2. 각종 증명 발급, 회의록, 그 밖의 단순 사실을 기록한 문서
   > 3. 일상적·반복적인 업무로서 경미한 사항에 관한 문서

6. 문서의 검토 및 협조
   ① 기안문은 결재권자의 **결재를 받기 전에 보조기관 또는 보좌기관의 검토를 받아야 한다**. 다만, 보조기관 또는 보좌기관이 출장 등의 사유로 검토할 수 없는 등 부득이한 경우에는 검토를 생략할 수 있으며, 이 경우 검토자의 서명란에 출장 등의 사유를 적어야 한다.
   ② 기안문의 내용이 행정기관 내의 다른 보조기관 또는 보좌기관의 업무와 관련이 있을 때에는 **그 보조기관 또는 보좌기관의 협조를 받아야 한다**.
   ③ 보조기관 또는 보좌기관이 제1항에 따라 기안문을 검토하는 경우에 그 내용과 다른 의견이 있으면 기안문을 **직접 수정하거나 기안문 또는 별지에 그 의견을 표시하여야 한다**.

④ 보조기관 또는 보좌기관이 제2항에 따라 협조하는 경우에 그 내용과 다른 의견이 있으면 기안문 또는 별지에 그 의견을 표시하여야 한다.

7. 문서의 결재
   ① 문서는 해당 행정기관의 장의 결재를 받아야 한다. 다만, **보조기관 또는 보좌기관의 명의로 발신하는 문서는 그 보조기관 또는 보좌기관의 결재를 받아야 한다.**
   ② 행정기관의 장은 업무의 내용에 따라 보조기관 또는 보좌기관이나 해당 업무를 담당하는 공무원으로 하여금 **위임전결하게 할 수 있으며**, 그 위임전결 사항은 해당 기관의 장이 훈령이나 지방자치단체의 규칙으로 정한다.
   ③ 제1항이나 제2항에 따라 결재할 수 있는 사람이 휴가, 출장, 그 밖의 사유로 결재할 수 없을 때에는 **그 직무를 대리하는 사람이 대결하고** 내용이 중요한 문서는 사후에 보고하여야 한다.

07 경찰 홍보와 대응

1 의의

1) 의의

① 의의

경찰홍보의 정의는 다양한데, 일반적으로 경찰서비스의 고객인 국민에게 경찰의 책무와 활동을 올바르게 인식시키고 국민여론을 수렴해 경찰정책과 활동에 반영함으로써 국민과 보다 나은 관계를 형성하고 이해와 협력을 구하는 모든 활동으로 본다.

② 대중매체와 경찰의 관계

R.Mark	단단하고 행복스럽지 않지만 오래 지속되는 **결혼생활**
G.Crandon	상호 필요성에 의한 **공생관계**로 발전
R.Ericson	서로 얽혀서 범죄와 정의, 사회질서를 **해석하고 규정**하는 역할을 수행

③ 용어

언론	방송, 신문, 잡지 등 정기간행물, 뉴스통신 및 인터넷신문을 말한다.
방송	「방송법」제2조제1호에 따른 텔레비전방송, 라디오방송, 데이터방송 및 이동멀티미디어방송을 말한다.
뉴스통신	「뉴스통신 진흥에 관한 법률」제2조제1호에 따른 뉴스통신을 말한다.
언론사	방송사업자, 신문사업자, 잡지 등 정기간행물사업자, 뉴스통신사업자 및 인터넷신문사업자를 말한다.
사실적 주장	증거에 의하여 그 존재 여부를 판단할 수 있는 사실관계에 관한 주장을 말한다.
언론보도	언론의 사실적 주장에 관한 보도를 말한다.
정정보도	언론의 보도 내용의 전부 또는 일부가 **진실하지 아니한 경우** 이를 진실에 부합되게 고쳐서 보도하는 것을 말한다.
반론보도	언론의 보도 내용의 **진실 여부에 관계없이** 그와 대립되는 반박적 주장을 보도하는 것을 말한다.

2) 언론 등에 의한 피해구제의 원칙

① 언론, 인터넷뉴스서비스 및 인터넷 멀티미디어 방송은 타인의 생명, 자유, 신체, 건강, 명예, 사생활의 비밀과 자유, 초상, 성명, 음성, 대화, 저작물 및 사적 문서, 그 밖의 인격적 가치 등에 관한 권리("인격권")를 침해하여서는 아니 되며, 언론등이 타인의 인격권을 침해한 경우에는 이 법에서 정한 절차에 따라 그 피해를 신속하게 구제하여야 한다.

---

*경찰홍보 구분

① 협의의 경찰홍보는 유인물, 팸플릿, 언론 매체 등을 통해 경찰의 활동이나 업무에 관련된 사항을 일반국민들에게 널리 알려서 경찰의 목적의 달성에 유리한 환경을 조성하는 행위로 정의한다.
② 광의의 홍보는 경찰활동에 대해서 지역주민의 참여를 포함하여, 경찰이 수행하는 모든 활동을 각종 기관, 단체, 언론 등과 밀접하게 연계시켜 지역사회에 널리 알리는 종합적인 홍보활동으로 정의하고 있으며, 광의의 경찰홍보는 홍보활동-지역공동체 관계(Community relation), 언론관계(Press relation), 대중매체관계(Media Relation), 기업 이미지식 경찰홍보 등 4가지로 구분하고 있다.(신현기)

*경찰홍보 유형

㉠ (협의)홍보(Public Relation)
각종 매체를 통해 긍정적인 점을 일방적으로 알리는 활동이다.
㉡ 언론관계(Press Relation)
신문, TV등 보도를 돕기 위해 기자들의 질문에 응답하는 소극적 대응활동이다.
㉢ 지역공동체관계(Community Relation)
지역사회 내 각종 기관이나 단체, 주민들과 유기적으로 협력하며 활동을 알리는 홍보체계이다.
㉣ 대중매체관계(Media Relation)
경찰활동에 대한 광범위하고 종합적인 홍보활동이다.

* 용어

엠바고 (embargo)	국제관계에서는 특정국가에 대해 무역·교류를 금하는 것을 뜻하지만, 언론에서는 뉴스기사의 보도를 일정 시간까지 유보하는 것을 말한다.
오프 더 레코드 (off the record)	인터뷰에서 뉴스 자료를 제공하는 사람이 오프 더 레코드를 요구하는 경우 기자는 그것을 공표하지 않겠다고 약속하거나 취재를 유보하거나 한다.
리드 (lead)	기사내용을 1~2줄 정도로 요약하는 것이다.
데드라인 (Deadline)	취재된 기사를 편집부에 넘겨야 하는 한계 시간을 말한다

★ 제5조의2(사망자의 인격권 보호)
① 제5조제1항의 타인에는 사망한 사람을 포함한다.
② 사망한 사람의 인격권을 침해하였거나 침해할 우려가 있는 경우에는 이에 따른 구제절차를 유족이 수행한다.
③ 제2항의 유족은 다른 법률에 특별한 규정이 없으면 사망한 사람의 배우자와 직계비속으로 한정하되, 배우자와 직계비속이 모두 없는 경우에는 직계존속이, 직계존속도 없는 경우에는 형제자매가 그 유족이 되며, 같은 순위의 유족이 2명 이상 있는 경우에는 각자가 단독으로 청구권을 행사한다.
④ 사망한 사람에 대한 인격권 침해에 대한 동의는 제3항에 따른 같은 순위의 유족 전원이 하여야 한다.
⑤ 다른 법률에 특별한 규정이 없으면 사망 후 30년이 지났을 때에는 제2항에 따른 구제절차를 수행할 수 없다.

★ 위원
1. 법관의 자격이 있는 사람 중에서 법원행정처장이 추천한 사람
2. 변호사의 자격이 있는 사람 중에서 「변호사법」 제78조에 따른 대한변호사협회의 장이 추천한 사람
3. 언론사의 취재·보도 업무에 10년 이상 종사한 사람
4. 그 밖에 언론에 관하여 학식과 경험이 풍부한 사람

② 인격권 침해가 사회상규에 반하지 아니하는 한도에서 다음 각 호의 어느 하나에 해당하는 경우에는 법률에 특별한 규정이 없으면 언론등은 그 보도 내용과 관련하여 책임을 지지 아니한다.

> 1. 피해자의 동의를 받아 이루어진 경우
> 2. 언론등의 보도가 공공의 이익에 관한 것으로서, 진실한 것이거나 진실하다고 믿는 데에 정당한 사유가 있는 경우

2 언론중재위원회

① 언론등의 보도 또는 매개로 인한 분쟁의 조정·중재 및 침해사항을 심의하기 위하여 언론중재위원회를 둔다.
② 중재위원회는 다음 각 호의 사항을 심의한다.

> 1. 중재부의 구성에 관한 사항
> 2. 중재위원회규칙의 제정·개정 및 폐지에 관한 사항
> 3. 제11조제2항에 따른 사무총장의 임명 동의
> 4. 제32조에 따른 시정권고의 결정 및 그 취소결정
> 5. 그 밖에 중재위원회 위원장이 회의에 부치는 사항

③ 중재위원회는 **40명 이상 90명 이내의 중재위원**으로 구성하며, 중재위원은 다음 각 호의 사람 중에서 **문화체육관광부장관이 위촉**한다. 이 경우 제1호부터 제3호까지의 위원은 각각 중재위원 정수의 5분의 1 이상이 되어야 한다.
④ 중재위원회에 위원장 1명과 **2명 이내의 부위원장** 및 **2명 이내의 감사**를 두며, 각각 중재위원 중에서 **호선(互選)**한다.
⑤ 위원장·부위원장·감사 및 중재위원의 **임기는 각각 3년**으로 하며, **한 차례만 연임할 수 있다.**
⑥ 위원장은 중재위원회를 대표하고 중재위원회의 업무를 총괄한다.
  ➡ 부위원장은 위원장을 보좌하며, 위원장이 부득이한 사유로 직무를 수행할 수 없을 때에는 중재위원회규칙으로 정하는 바에 따라 그 직무를 대행한다.
  ➡ 감사는 중재위원회의 업무 및 회계를 감사한다.
⑦ 중재위원회의 회의는 **재적위원 과반수의 출석과 출석위원 과반수의 찬성**으로 의결한다.
⑧ 중재위원은 **명예직**으로 한다.
  ➡ 다만, 대통령령으로 정하는 바에 따라 수당과 실비보상을 받을 수 있다.

3 정정보도 청구권

1) **정정보도 청구의 요건**

    ① 사실적 주장에 관한 언론보도등이 **진실하지 아니함**으로 인하여 피해를 입은 자(피해자)는 해당 언론보도등이 있음을 **안 날부터 3개월 이내**에 언론사, 인터넷뉴스서비스사업자 및 인터넷 멀티미디어 방송사업자(언론사등)에게 그 언론보도등의 내용에 관한 정정보도를 청구할 수 있다.
    - 다만, 해당 언론보도등이 있은 후 6개월이 지났을 때에는 그러하지 아니하다.

    ② 청구에는 언론사등의 **고의·과실이나 위법성을 필요로 하지 아니한다**.

    ③ 국가·지방자치단체, 기관 또는 단체의 장은 해당 업무에 대하여 그 기관 또는 단체를 대표하여 정정보도를 청구할 수 있다.
    - 「민사소송법」상 당사자능력이 없는 기관 또는 단체라도 하나의 생활단위를 구성하고 보도 내용과 직접적인 이해관계가 있을 때에는 그 대표자가 정정보도를 청구할 수 있다

2) **정정보도청구권의 행사**

    ① 정정보도 청구는 언론사등의 **대표자**에게 **서면**으로 하여야 하며, 청구서에는 피해자의 성명·주소·전화번호 등의 연락처를 적고, 정정의 대상인 언론보도등의 내용 및 정정을 청구하는 이유와 청구하는 정정보도문을 명시하여야 한다.
    - 다만, 인터넷신문 및 인터넷뉴스서비스의 언론보도등의 내용이 해당 인터넷 홈페이지를 통하여 계속 보도 중이거나 매개 중인 경우에는 그 내용의 정정을 함께 청구할 수 있다.

    ② 청구를 받은 언론사등의 대표자는 3일 이내에 그 수용 여부에 대한 통지를 청구인에게 **발송하여야 한다**.
    - 이 경우 정정의 대상인 언론보도등의 내용이 방송이나 인터넷신문, 인터넷뉴스서비스 및 인터넷 멀티미디어 방송의 보도과정에서 성립한 경우에는 해당 언론사등이 그러한 사실이 없었음을 입증하지 아니하면 그 사실의 존재를 부인하지 못한다.

    ③ 언론사등이 청구를 **수용할 때**에는 지체 없이 피해자 또는 그 대리인과 정정보도의 내용·크기 등에 관하여 협의한 후, 그 청구를 받은 날부터 **7일 내**에 정정보도문을 방송하거나 게재(인터넷신문 및 인터넷뉴스서비스의 경우 제1항 단서에 따른 해당 언론보도등 내용의 정정을 포함한다)하여야 한다.
    - 다만, 신문 및 잡지 등 정기간행물의 경우 이미 편집 및 제작이 완료되어 부득이할 때에는 다음 발행 호에 이를 게재하여야 한다.

3) 정정보도 거부

다음 각 호의 어느 하나에 해당하는 사유가 있는 경우에는 언론사등은 정정보도 청구를 **거부할 수 있다.**

> 1. 피해자가 정정보도청구권을 행사할 **정당한 이익이 없는 경우**
> 2. 청구된 정정보도의 내용이 **명백히 사실과 다른 경우**
> 3. 청구된 정정보도의 내용이 **명백히 위법**한 내용인 경우
> 4. 정정보도의 청구가 **상업적인 광고만을 목적**으로 하는 경우
> 5. 청구된 정정보도의 내용이 국가·지방자치단체 또는 공공단체의 **공개회의와 법원의 공개재판절차의 사실보도에 관한 것인 경우**

4) 정정보도 실행

① 언론사등이 하는 정정보도에는 원래의 보도 내용을 정정하는 사실적 진술, 그 진술의 내용을 대표할 수 있는 제목과 이를 충분히 전달하는 데에 필요한 설명 또는 해명을 포함하되, **위법한 내용은 제외**한다.

② 언론사등이 하는 정정보도는 공정한 여론형성이 이루어지도록 그 사실공표 또는 보도가 이루어진 같은 채널, 지면 또는 장소에서 같은 효과를 발생시킬 수 있는 방법으로 하여야 하며, 방송의 정정보도문은 자막(라디오방송은 제외한다)과 함께 통상적인 속도로 읽을 수 있게 하여야 한다.

③ 방송사업자, 신문사업자, 잡지 등 정기간행물사업자 및 뉴스통신사업자는 공표된 방송보도(재송신은 제외한다) 및 방송프로그램, 신문, 잡지 등 정기간행물, 뉴스통신 보도의 원본 또는 사본을 공표 후 **6개월간** 보관하여야 한다.

- 인터넷신문사업자 및 인터넷뉴스서비스사업자는 대통령령으로 정하는 바에 따라 인터넷신문 및 인터넷뉴스서비스 보도의 원본이나 사본 및 그 보도의 배열에 관한 전자기록을 6개월간 보관하여야 한다.

4 반론보도 청구권

1) 의의

언론의 보도 내용의 진실 여부에 관계없이 그 보도와 대립되는 반박적 주장을 보도하는 것을 말한다.

2) 반론보도청구 주체

① 사실적 주장에 관한 언론보도로 피해를 입은 **자연인**뿐만 아니라 이미 **사망한 사람**에 대해서도 반론보도를 청구할 수 있다.

② 국가·지방자치단체, 기관 또는 단체의 장은 해당 업무에 대해 그 기관 또는 단체를 대표하여 반론보도를 청구할 수 있다.

- 「민사소송법」에서 당사자능력이 없는 기관 또는 단체라도 하나의 생활단위를 구성하고, 보도 내용과 직접적인 이해관계가 있는 때에는 그 대표자가 반론보도를 청구할 수 있다.

3) 반론보도청구 기간

① 사실적 주장에 관한 언론보도 등으로 피해를 입은 사람은 해당 언론보도 등이 있음을 **안 날부터 3개월** 이내, 해당 언론보도 등이 **있은 후 6개월** 이내에 에 그 언론보도 등의 내용에 관한 반론보도를 언론사 등에 청구할 수 있다.
② 사실적 주장에 관한 언론보도에 대해 반론보도를 청구하는 경우에는 언론사 등의 **고의·과실이나 위법성을 요구하지 않는다.**

5 추후보도청구권

1) 추후보도청구 주체

언론 등에 의해 범죄혐의가 있거나 형사상의 조치를 받았다고 보도 또는 공표된 자연인뿐만 아니라 이미 사망한 사람에 대해서도 추후보도를 청구할 수 있다.

➡ 추후보도청구권은 특별한 사정이 있는 경우를 제외하고 정정보도청구권이나 반론보도청구권에 영향을 미치지 않는다.(「언론중재 및 피해구제 등에 관한 법률」제17조제4항).

2) 추후보도청구기간

언론 등에 의해 범죄혐의가 있거나 형사상의 조치를 받았다고 보도 또는 공표된 사람은 그에 대한 형사절차가 무죄판결 또는 이와 동등한 형태로 종결된 때에는 그 사실을 안 날부터 3개월 이내에 이 사실에 관한 추후보도의 게재를 청구할 수 있다.

6 조정

1) 조정신청

① 이 법에 따른 정정보도청구등과 관련하여 분쟁이 있는 경우 **피해자 또는 언론사 등은 중재위원회에 조정을 신청할 수 있다.**
② 피해자는 언론보도등에 의한 피해의 배상에 대하여 언론보도가 있음을 **안 날부터 3월**, 언론보도가 **있은 후 6월** 이내에 중재위원회에 조정을 신청할 수 있다.

➡ 이 경우 피해자는 손해배상액을 명시하여야 한다.

③ 정정보도청구등과 손해배상의 조정신청은 서면 또는 구술이나 그 밖에 대통령령으로 정하는 바에 따라 전자문서 등으로 하여야 하며, 피해자가 먼저 언론사 등에 정정보도청구등을 한 경우에는 피해자와 언론사등 사이에 **협의가 불성립된 날부터 14일 이내**에 하여야 한다.

2) 조정절차

① 조정은 **관할 중재부에서 한다**. 관할구역을 같이 하는 중재부가 여럿일 경우에는 중재위원회 위원장이 중재부를 지정한다.

② 조정은 신청 접수일부터 **14일 이내**에 하여야 하며, 중재부의 장은 조정신청을 접수하였을 때에는 지체 없이 조정기일을 정하여 당사자에게 출석을 요구하여야 한다.

③ 출석요구를 받은 **신청인**이 2회에 걸쳐 출석하지 아니한 경우에는 조정신청을 **취하**한 것으로 보며, 피신청 **언론사등이** 2회에 걸쳐 출석하지 아니한 경우에는 조정신청 취지에 따라 정정보도등을 **이행하기로 합의**한 것으로 본다.

④ 출석요구를 받은 자가 천재지변이나 그 밖의 정당한 사유로 출석하지 못한 경우에는 그 사유가 **소멸한 날부터** 3일 이내에 해당 중재부에 이를 소명하여 기일 속행신청을 할 수 있다.
  - 중재부는 속행신청이 이유 없다고 인정하는 경우에는 이를 기각하고, 이유 있다고 인정하는 경우에는 다시 조정기일을 정하고 절차를 속행하여야 한다.

⑤ 조정기일에 중재위원은 조정 대상인 분쟁에 관한 사실관계와 법률관계를 당사자들에게 설명·조언하거나 절충안을 제시하는 등 합의를 권유할 수 있다.

⑥ 조정은 비공개를 원칙으로 한다.

3) 직권 조정

① 당사자 사이에 합의가 이루어지지 아니한 경우 또는 신청인의 주장이 이유 있다고 판단되는 경우 중재부는 당사자들의 이익이나 그 밖의 모든 사정을 고려하여 신청취지에 반하지 아니하는 한도에서 직권으로 조정을 갈음하는 결정(**직권조정결정**)을 할 수 있다.
  - 이 경우 그 결정은 조정신청 **접수일부터 21일 이내**에 하여야 한다.

② 직권조정결정서에는 주문과 결정 이유를 적고 이에 관여한 중재위원 전원이 서명·날인하여야 하며, 그 정본을 지체 없이 당사자에게 송달하여야 한다.

③ 직권조정결정에 불복하는 자는 결정 정본을 송달받은 날부터 **7일 이내에 불복**사유를 명시하여 서면으로 중재부에 이의신청을 할 수 있다. 이 경우 그 결정은 효력을 상실한다.
  - 직권조정결정에 관하여 이의신청이 있는 경우에는 그 이의신청이 있은 때에 소(訴)가 제기된 것으로 보며, 피해자를 원고로 하고 상대방인 언론사등을 피고로 한다.

7 중재

① 당사자 양쪽은 정정보도청구등 또는 손해배상의 분쟁에 관하여 중재부의 종국적 결정에 따르기로 합의하고 중재를 신청할 수 있다.
② 중재신청은 **조정절차 계속 중에도 할 수 있다**. 이 경우 조정절차에 제출된 서면 또는 주장·입증은 중재절차에서 제출한 것으로 본다.

▼ 중재와 조정

	조정	중재
개념	법관이나 조정위원회와 같은 **제3자가** 분쟁 당사자 사이에 개입하여 화해로 이끄는 절차	**당사자 간 합의로** 사법상의 분쟁을 법원의 재판에 의하지 않고 중재인의 판정에 의해 해결
절차 개시	당사자의 **선택**	**중재합의**
소송절차와 관계	**보완적**	**대체적** 관계
불복방법	직권조정에 대해 이의신청	중재결정의 취소의 소
효력	임의조정일 경우 **재판상 화해와** 동일한 효력	중재결정에 대해 **확정판결**과 동일한 효력

8 재판

① 정정보도청구등의 소는 접수 후 **3개월 이내에 판결**을 선고하여야 한다.
② 법원은 정정보도청구등이 이유 있다고 인정하여 정정보도·반론보도 또는 추후보도를 명할 때에는 방송·게재 또는 공표할 정정보도·반론보도 또는 추후보도의 내용, 크기, 시기, 횟수, 게재 위치 또는 방송 순서 등을 정하여 명하여야 한다.
③ 법원이 제2항의 정정보도·반론보도 또는 추후보도의 내용 등을 정할 때에는 청구취지에 적힌 정정보도문·반론보도문 또는 추후보도문을 고려하여 청구인의 명예나 권리를 최대한 회복할 수 있도록 정하여야 한다.

08 경찰 통제와 환류

1 의의

경찰 통제란 경찰조직과 경찰활동을 감시함으로써 그에 대한 적정성을 도모하기 위한 제도적 장치 혹은 활동을 의미한다.
➔ 경찰활동의 적합성과 생산성을 높이기 위한 개념이다.

2 행정통제의 과정

※ 행정통제의 원칙
① 예외의 원칙
② 적량성의 원칙
③ 신축성의 원칙
④ 즉시성의 원칙
⑤ 일치의 원칙
⑥ 비교의 원칙
⑦ 명확성의 원칙

① 통제기준의 확인
  목표의 수행 상황, 목표수행의 과정과 결과, 목표수행에 관한 개인적 책임 등을 명시하는 것이다.

② 정보수집
  통제기준에 대응한 실천상태에 관한 정보를 수집하고 선별한다.
  ➔ 통제대상에 대한 정보수집에서 전략적 통제점(stratrgic control point)를 선택한다.

③ 평가
  통제기준과 실적에 관한 정보를 평가하여 기준과 실적의 차이를 확인하고 시정의 필요성에 관한 결정을 한다.

④ 환류, 시정조치(feedback)
  시정조치는 하나의 통제과정을 마무리 짓는 단계이도 하며, 다음의 통제과정을 촉발하는 단계이기도 하다. 설정된 행정목표와 기준에 따라 성과를 측정하고 편차를 시정하기 위해 별도의 시정노력이 요구된다.

3 경찰 통제의 필요성

1) 국민의 인권보호

경찰통제의 궁극적 목적은 경찰권이 남용되어 국민의 인권이 침해되는 것을 막고 국민의 기본권을 보호하는 것이다.

2) 경찰의 민주적 운영

경찰은 민주주의를 실현하고 민주적으로 운영되어야 한다.
➔ '국가경찰과 자치경찰의 조직 및 운영에 관한 법률' 제1조 규정함

3) 경찰 조직의 부패 방지

경찰 통제제도를 통하여 경찰의 활동이나 자원의 운영에 있어서 낭비나 부패를 방지한다.

4) 경찰의 정치적 중립성 확보

한국 경찰은 역사적으로 경찰의 기구독립이나 제도개혁등에 초점을 맞추어져 왔고, 정치적 중립성의 요구가 절실하다.

5) 경찰활동의 법치주의 실현

4 경찰 통제의 기본요소

1) 권한의 분산

① 경찰 의사결정 권한이 특정 개인이나 소수에게 집중되지 않도록 하는 것이다.
② 경찰의 중앙조직과 지방조직간의 권한의 분산, 상위계급자와 하위계급자 간의 권한 분산, 경찰 조직단위에서 업무 분장등을 의미한다.

2) 정보의 공개

국민의 알권리를 보장하고 국정운영의 투명성을 확보하기 위해 필요하며, 경찰통제의 근본적 전제요소이다.

3) 국민의 참여

국민에게는 사전적 절차로써 자기의 권리를 보호하기 위한 행정 참여 기회가 인정되어야 한다.

4) 책임

① 경찰공무원이 도덕적·법률적 규범에 따라 행동해야 하는 의무를 말한다. 여기에는 행정행위의 내용에 대한 결과책임뿐만 아니라 절차에 관한 과정책임도 포함된다.
② 책임의 유형 도덕적·윤리적 책임(responsibility), 법적인 책임(accountability), 국민에 대한 대응성(responsiveness) 등으로 나눌 수 있다

5) 환류

경찰통제는 경찰행정의 목표를 실행해가는 과정의 적정성여부를 확인하고, 그 결과를 책임지며, 환류를 통해 순환적 발전이 이루어 지도록 하여야 한다.

5 경찰통제 유형

1) 길버트(E.Gilbert) 분류

통제자가 행정조직 내부에 위치하는가 그렇지 않은가에 따라 내부통제와 외부통제로 구분하고, 통제방법의 제도화 여부에 따라 공식통제와 비공식통제로 구분된다.

▼ 통제의 유형과 내용

구분	공식성	통제유형	통제내용
외부통제	공식통제	입법통제	법률제정 통제, 재정통제, 국정감사·조사통제 등
		사법통제(사후적)	헌법재판소의 위헌심판, 행정소송 판결 등
		옴부즈만(ombudsman)제도	행정감찰관
	비공식통제	민중통제	언론, 선거, 투표, 이익집단, 시민참여, 정당 등
내부통제	공식통제	행정수반에 의한 통제	임명권, 행정입법, 행정개혁 등
		정책 및 기획통제	국정의 기본계획 및 정부의 주요 정책과 기획
		운영통제(관리통제)	정부업무평가
		요소별 통제	법제통제, 예산 및 결산 통제, 인사통제 등
		절차통제	보고와 지시, 품의제
		감사원에 의한 통제	직무감찰, 회계검사 등
		중앙통제	자치단체에 대한 인사·조직·재정상 통제
		계층제적 통제	명령복종관계를 통해 상관이 부하를 통제
	비공식통제	행정윤리, 직업윤리	자발적 행동기준
		대표관료제	사회 각 계층의 이익을 정책에 반영, 내부견제
		공무원노조	부정부패에 대한 내부통제
		내부고발자보호제	내부적·자발적·비공식적 통제
		비공식집단, 행정문화	조직 내 비공식집단과 하위문화에 의한 통제

2) 민주적 통제와 사법적 통제

	민주적 통제	사법적 통제
의미	경찰활동의 민주성을 보장하는 제도를 형성하는데 중점을 둠	경찰활동에 대한 사법적 통제를 확립하는데 중점을 둠
적용국가	**영미계** 국가	**대륙계** 국가
특징	• 사전적 통제, 절차적 정당성 확보를 중시함 • 시민의 참여와 감시기능을 확보함 • 사전적 통제	• 실체적 권리보장을 위해 사법제도가 경찰행정을 통제하도록 함 • 사법심사제도 발달 • 사후적 통제
사례	• 자치경찰제도 • 경찰위원회 • 선거에 의한 경찰책임자 선출 • 국민감사청구제도	• 국가배상제도 • 행정소송제도 확립 (열기주의에서 개괄주의로 전환)

※ 열기주의, 개괄주의
① 열기주의는 행정소송을 허용하는 사항을 특정하여 열기(列記)하고, 그 사항만을 행정소송의 대상으로 인정하는 입법주의이다.
② 개괄주의는 행정행위에 의하여 권리나 이익을 침해당한 경우에 법률상 예외가 인정되는 특별한 사항을 제외하고는 불복신청 또는 소송을 제기할 수 있도록 널리 인정하는 입법주의이다.

3) 발동 시점의 분류 – 사전적 통제, 사후적 통제

사전 통제	사후 통제
① 정보공개제도 ② 행정상 입법예고제 ③ 국회의 입법권, 예산심의권 ④ 청문 ⑤ **행정절차법상** 입법예고제, 행정예고제	① 국가배상, **행정소송제도** ② 국정감사, 조사권 ③ 경찰청장 탄핵소추권 ④ 행정부 징계책임 ⑤ 상급기관의 하급기관에 대한 지시·감독권

4) 경찰조직 내·외부 통제 구별

내부통제	외부통제
① 청문감사관제도 ② 훈령권, 직무명령권 ③ 직근 상급관청의 이의신청대한 재결권	① 사법통제(행정소송, 국가배상, 위헌법률심사권등) ② 입법통제(입법권, 국정감사·조사권, 예산권 등) ③ 민중통제(여론, 언론, 시민단체, 이익집단 등) ④ **행정통제** 　- 계층제적 통제 　- **행정안전부장관**에 의한 통제 　- **소청심사위원회**(인사혁신처) 　- 중앙**행정심판위원회**(국민권익위원회 소속) 　- 국민권익위원회 　- 감사원의 통제 　- 국가인권위원회 　- 검사의 수사지휘권 　- 국가경찰위원회

※ 국가인권위원회
국가인권위원회에 의한 통제는 광의의 행정부에 의한 통제이다.

> **팩트DB**
>
> **청문감사관제도**
>
> ① 수사·교통·방범등 시민과 접촉하고 있는 경찰관의 부당한 업무처리에 대해 시민들의 고충과 불만사항을 처리하기 위해 도입되었다.(1996년)
> ② 조직상 지위
>   경찰청 **감사관**, 시·도경찰청 **청문감사인권담당관**, 경찰서 **청문감사관**
> ③ 청문감사관의 직무범위
>   ㉠ 경찰업무와 관련한 민원인 및 주민의 불편·불만 사항 상담 및 조치
>   ㉡ 경찰관에 의한 인권침해 예방과 침해사례 접수 및 조치
>   ㉢ 직원의 고충·애로사항에 대한 상담·조치 및 수범경찰관 발굴 격려
>   ㉣ 각종 업무 추진실태 점검 및 문제점 발굴, 대안제시
>   ㉤ 조직의 복무기강 확립등 경찰서의 감찰·감사업무
>   ㉥ 민원봉사실의 운영 및 민원사무 처리에 대한 지도 감독
>   ㉦ 기타 관서장이 지정하는 업무

6 경찰 감찰 및 감사제도

법규

경찰 감찰 규칙 [시행 2022. 10. 7.]

제1장 총 칙

제1조(목적) 이 규칙은 경찰청 및 그 소속기관(이하 "경찰기관"이라 한다)에 소속하는 경찰공무원, 별정·일반직 공무원(무기계약 및 기간제 근로자를 포함한다), 의무경찰 등(이하 "소속공무원"이라 한다)의 공직기강 확립과 경찰 행정의 적정성 확보를 위한 감찰에 필요한 사항을 규정함을 목적으로 한다.

제2조(정의) 이 규칙에서 사용하는 용어의 정의는 다음과 같다.
1. "의무위반행위"란 소속공무원이 「국가공무원법」 등 관련 법령 또는 직무상 명령 등에 따른 각종 의무를 위반한 행위를 말한다.
2. "감찰"이란 복무기강 확립과 경찰행정의 적정성을 확보하기 위해 경찰기관 또는 소속공무원의 제반 업무와 활동 등을 조사·점검·확인하고 그 결과를 처리하는 감찰관의 직무활동을 말한다.
3. "감찰관"이란 제2호에 따른 감찰을 담당하는 경찰공무원을 말한다.

제2장 감찰관

제4조(감찰관의 행동준칙) 감찰관이 감찰활동을 할 때에는 다음 각 호의 준칙에 따라 행동하여야 한다.
1. 감찰관은 적법절차를 준수하고 감찰대상자 소속 기관장이나 관계인의 의견을 충분히 수렴한다.
2. 감찰관은 감찰활동을 함에 있어서 소속공무원의 인권을 존중하며, 친절하고 겸손한 자세로 직무를 수행한다.
3. 감찰관은 감찰활동 전 과정에 있어 소속공무원의 사생활의 비밀과 자유를 부당하게 침해하지 않는다.
4. 감찰관은 직무와 무관한 사상·신념, 정치적 성향 등 불필요한 정보를 수집하지 않는다.
5. 감찰관은 의무위반행위의 유형과 경중에 따른 적정한 방법으로 감찰활동을 수행한다.
6. 감찰관은 객관적인 증거와 조사로 사실관계를 명확히 하고, 공정하게 직무를 수행한다.
7. 감찰관은 직무상 알게 된 사항에 대하여 비밀을 엄수한다.
8. 감찰관은 선행·수범 직원을 발견하는데 적극 노력한다.

제5조(감찰관의 결격사유) 다음 각 호의 어느 하나에 해당하는 사람은 감찰관이 될 수 없다.

> 1. 직무와 관련한 금품 및 향응 수수, 공금횡령·유용, 「성폭력범죄의 처벌 등에 관한 특례법」에 따른 성폭력범죄로 징계처분을 받은 사람
> 2. 제1호 이외의 사유로 징계처분을 받아 말소기간이 경과하지 아니한 사람
> 3. 질병 등으로 감찰관으로서의 업무수행이 어려운 사람
> 4. 기타 감찰관으로서 적합하지 아니하다고 판단되는 사람

제6조(감찰관 선발) ① 경찰기관의 장은 감찰관 보직공모에 응모한 지원자 및 3인 이상의 동료로부터 추천 받은 자를 대상으로 적격심사를 거쳐 감찰관을 선발한다.
② 제1항에 따른 감찰관 선발을 위한 적격심사에 관한 세부사항은 경찰청장이 별도로 정한다.

제7조(감찰관의 신분보장) ① 경찰기관의 장은 감찰관이 제5조에 따른 결격사유에 해당되는 것으로 밝혀졌을 경우와 다음 각 호의 어느 하나에 해당하는 경우를 제외하고는 2년 이내에 본인의 의사에 반하여 전보하

여서는 아니 된다. 다만, 승진 등 인사관리상 필요한 경우에는 그러하지 아니하다.

> 1. 징계사유가 있는 경우
> 2. 형사사건에 계류된 경우
> 3. 질병 등으로 감찰업무를 수행할 수 없거나 직무수행 능력이 현저히 부족하다고 판단되는 경우
> 4. 고압·권위적인 감찰활동을 반복하여 물의를 야기한 경우

② 경찰기관의 장은 1년 이상 성실히 근무한 감찰관에 대해서는 희망부서를 고려하여 전보한다.

제8조(감찰관 적격심사) ① 경찰기관의 장은 소속 감찰관에 대하여 감찰관 보직 후 2년마다 적격심사를 실시하여 인사에 반영하여야 한다.

② 제6조제2항의 규정은 제1항에 준용한다.

제9조(제척) 감찰관은 다음 경우에 당해 감찰직무(감찰조사 및 감찰업무에 대한 지휘를 포함한다)에서 제척된다.

1. 감찰관 본인이 의무위반행위로 인해 감찰대상이 된 때
2. 감찰관 본인이 의무위반행위로 인해 피해를 받은 자(이하 "피해자"라 한다)인 때
3. 감찰관 본인이 의무위반행위로 인해 감찰대상이 된 소속공무원(이하 "조사대상자"라 한다)이나 피해자의 친족이거나 친족관계가 있었던 자인 때
4. 감찰관 본인이 조사대상자나 피해자의 법정대리인이나 후견감독인인 때

제10조(기피) ① 조사대상자, 피해자는 다음 경우에 별지 제1호 서식의 감찰관 기피 신청서를 작성하여 그 감찰관이 소속된 경찰기관의 감찰업무 담당 부서장(이하 "감찰부서장"이라 한다)에게 해당 감찰관의 기피를 신청할 수 있다.

1. 감찰관이 제9조 각 호의 사유에 해당되는 때
2. 감찰관이 이 규칙을 위반하거나 불공정한 조사를 할 염려가 있다고 볼만한 객관적·구체적 사정이 있는 때

② 제1항에 따른 감찰관 기피 신청을 접수받은 감찰부서장은 기피 신청이 이유 있다고 인정하는 때에는 담당 감찰관을 재지정하여야 하며, 기피 신청이 이유 있다고 인정하지 않는 때에는 제37조에 따른 감찰처분심의회의 심의를 거쳐 기피 신청 수용 여부를 결정하여야 한다.

③ 제2항의 경우 감찰부서장은 기피 신청자에게 결과를 통보하여야 한다.

제11조(회피) ① 감찰관은 제9조의 사유에 해당하면 스스로 감찰직무를 회피하여야 하며, 제9조 이외의 사유로 감찰직무를 수행함에 있어 공정성을 잃을 염려가 있다고 인정하는 경우 회피할 수 있다.

② 회피하려는 감찰관은 소속 경찰기관의 감찰부서장에게 별지 제2호 서식을 작성하여 제출하여야 한다.

③ 제10조제2항의 규정은 회피에 준용한다.

제3장 감찰활동

제12조(감찰활동의 관할) 감찰관은 소속 경찰기관의 관할구역 안에서 활동하여야 한다. 다만, 상급 경찰기관의 장의 지시가 있는 경우에는 관할구역 밖에서도 활동할 수 있다.

제13조(특별감찰) 경찰기관의 장은 의무위반행위가 자주 발생하거나 그 발생 가능성이 높다고 인정되는 시기, 업무분야 및 경찰관서 등에 대하여는 일정기간 동안 전반적인 조직관리 및 업무추진 실태 등을 집중 점검할 수 있다.

제14조(교류감찰) 경찰기관의 장은 상급 경찰기관의 장의 지시에 따라 소속 감찰관으로 하여금 일정기간 동안

다른 경찰기관 소속 직원의 복무실태, 업무추진 실태 등을 점검하게 할 수 있다.

제15조(감찰활동의 착수) ① 감찰관은 소속공무원의 의무위반행위에 관한 단서(현장인지, 진정·탄원 등을 포함한다)를 수집·접수한 경우 소속 경찰기관의 감찰부서장에게 보고하여야 한다.

② 감찰부서장은 제1항에 따른 보고를 받은 경우 감찰 대상으로서의 적정성을 검토한 후 감찰활동 착수 여부를 결정하여야 한다.

제16조(감찰계획의 수립) ① 감찰관은 제15조에 따른 감찰활동에 착수할 때에는 감찰기간과 대상, 중점감찰사항 등을 포함한 감찰계획을 소속 경찰기관의 감찰부서장에게 보고하여 승인을 받아야 한다.

② 감찰관은 사전에 계획하고 보고한 범위에 한하여 감찰활동을 수행하여야 한다.

③ 제1항에 따른 감찰기간은 6개월의 범위 내에서 감찰부서장이 정한다.

④ 감찰관은 계속 감찰활동이 필요한 경우 그 사유를 소명하여 소속 경찰기관의 감찰부서장의 승인을 받아 6개월의 범위 내에서 감찰기간을 연장할 수 있다.

제17조(자료 제출 요구 등) ① 감찰관은 직무상 다음 각 호의 요구를 할 수 있다. 다만, 제2호 및 제3호의 경우에는 필요 최소한의 범위 내에서 요구하여야 한다.

    1. 조사를 위한 출석

    2. 질문에 대한 답변 및 진술서 제출

    3. 증거품 등 자료 제출

    4. 현지조사의 협조

② 소속공무원은 감찰관으로부터 제1항에 따른 요구를 받은 때에는 정당한 사유가 없는 한 그 요구에 응하여야 한다.

③ 감찰관은 직무수행 중 알게 된 정보나 제출 받은 자료를 감찰 목적 외의 용도로 이용할 수 없다.

제18조(감찰관 증명서 등 제시) 감찰관은 제17조에 따른 요구를 할 경우 소속 경찰기관의 장이 발행한 별지 제3호 서식의 감찰관 증명서 또는 경찰공무원증을 제시하여 신분을 밝히고 감찰활동의 목적을 설명하여야 한다.

제19조(감찰활동 결과의 보고 및 처리) ① 감찰관은 감찰활동 결과 소속공무원의 의무위반행위, 불합리한 제도·관행, 선행·수범 직원 등을 발견한 경우 이를 소속 경찰기관의 장에게 보고하여야 한다.

② 경찰기관의 장은 제1항의 결과에 대하여 문책 요구, 시정·개선, 포상 등 필요한 조치를 하여야 한다.

제4장 감찰정보의 수집 및 처리

제20조(감찰정보의 수집) ① 감찰관은 감찰업무와 관련된 다음 각 호의 어느 하나에 해당하는 감찰정보를 매월 1건 이상 수집·제출하여야 하며, 감찰관이 아닌 소속공무원도 감찰정보를 수집한 경우에는 이를 감찰부서에 제출할 수 있다.

    1. 비위정보 : 소속공무원의 비위와 관련한 정보

    2. 제도개선자료 : 불합리한 제도·시책, 관행 등의 개선에 관한 자료

    3. 기타자료 : 관리자의 조직관리·운영 실태, 주요 치안시책 등에 대한 현장여론, 비위우려자의 복무실태 등 인사·조직 운영에 참고가 될 만한 자료

② 감찰관은 수집한 감찰정보를 별지 제4호 서식의 감찰정보보고서에 따라 작성한 후 경찰청 또는 소속 시·도경찰청의 감찰부서장에게 제출하여야 한다.

제21조(감찰정보의 처리) 제20조에 따른 감찰정보를 접수한 감찰부서장은 다음 각 호의 기준에 따라 감찰정보를 구분한다.

> 1. 즉시조사대상 : 신속한 진상확인 및 조사·처리가 필요한 사항
> 2. 감찰대상 : 사실관계 확인 또는 감찰활동 착수 등 감찰활동이 필요한 사항
> 3. 이첩대상 : 해당 경찰기관에서 직접 처리하는 것보다 다른 경찰기관이나 부서 등에서 처리·활용하는 것이 효과적이라고 판단되는 사항
> 4. 참고대상 : 감찰업무에 도움이 될 것으로 판단되는 사항
> 5. 폐기대상 : 익명 제보 등 출처가 불분명한 정보 또는 이미 제출된 정보와 동일한 정보 등 그 내용상 감찰대상으로서의 가치가 없거나 감찰업무 활용도가 매우 낮을 것으로 예상되는 정보

제22조(감찰정보심의회) ① 감찰부서장은 다음 각 호의 사항을 결정하기 위하여 감찰정보심의회를 설치·운영할 수 있다.
　　1. 제21조에 따른 감찰정보의 구분
　　2. 제15조에 따른 감찰활동 착수와 관련된 사항
② 감찰정보심의회는 위원장을 포함한 3명 이상 5명 이하의 위원으로 구성하며, 위원장은 감찰부서장이 되고 위원은 감찰부서장이 소속 공무원 중에서 지명한다.

제23조(평가 및 포상) ① 감찰정보 실적은 개인별 평가를 원칙으로 하며, 정보 수집·처리 구분에 따라 점수를 부여하여 평가한다.
② 개인별 감찰정보 실적은 분기별로 종합 평가하고, 평가실적이 우수한 직원에 대하여는 포상 등을 할 수 있다.

제24조(감찰정보시스템) 경찰청 감찰담당관은 감찰정보의 수집·처리, 감찰결과 등의 효율적 관리를 위하여 감찰정보시스템을 구축·운영할 수 있다.

제5장 감찰조사 및 처리

제25조(출석요구) ① 감찰관은 감찰조사를 위해서 조사대상자의 출석을 요구할 때에는 조사기일 3일 전까지 별지 제5호 서식의 출석요구서 또는 구두로 조사일시, 의무위반행위사실 요지 등을 통지하여야 한다. 다만, 사안이 급박한 경우 또는 조사대상자의 요청이 있는 경우에는 즉시 조사에 착수할 수 있다.
② 제1항의 경우 조사일시 등을 정할 때에는 조사대상자의 의사를 존중하여야 한다.
③ 감찰관은 의무위반행위와 관련된 내용을 조사할 때에는 사전에 준비를 철저히 하여 잦은 출석으로 인한 피해를 주지 않도록 하여야 한다.
④ 감찰관은 조사대상자의 방어권 보장을 위하여 필요한 경우 조사대상자의 동의를 받아 조사대상자의 소속 부서장에게 제1항에 따른 출석요구 사실을 통지할 수 있다.

제26조(변호인의 선임) ① 조사대상자는 변호사를 변호인으로 선임할 수 있다. 다만, 감찰부서장의 승인을 받은 경우에는 변호사가 아닌 사람을 특별변호인으로 선임할 수 있다.
② 제1항에 따라 조사대상자의 변호인으로 선임된 사람은 그 위임장을 미리 감찰관에게 제출하여야 한다.

제27조(조사대상자의 진술거부권) ① 조사대상자는 진술하지 아니하거나 개개의 질문에 대하여 진술을 거부할 수 있다.
② 감찰관은 조사대상자에게 제1항과 같이 진술을 거부할 수 있음을 사전에 고지하여야 한다.

제28조(조사 참여) ① 감찰관은 조사대상자가 다음 각 호의 사항을 신청할 경우 이에 해당하는 사람을 참여하게 하거나 동석하도록 하여야 한다.
　　1. 다음 각 목의 사람의 참여

　　　　　가. 다른 감찰관
　　　　　나. 변호인
　　　2. 다음 각 목의 사람의 동석
　　　　　가. 조사대상자의 동료공무원
　　　　　나. 조사대상자의 직계친족, 배우자, 가족 등 조사대상자의 심리적 안정과 원활한 의사소통에 도움을 줄 수 있는 자
② 감찰관은 다음 각 호의 사유가 발생한 경우에는 참여자의 참여를 제한하거나 동석자의 퇴거를 요구할 수 있다
　　　1. 참여자 또는 동석자가 조사 과정에 부당하게 개입하거나 조사를 제지·중단시키는 경우
　　　2. 참여자 또는 동석자가 조사대상자에게 특정한 답변을 유도하거나 진술 번복을 유도하는 경우
　　　3. 그 밖의 참여자 또는 동석자의 언동 등으로 조사에 지장을 초래하는 경우
③ 감찰관은 참여자의 참여를 제한하거나 동석자를 퇴거하게 한 경우 그 사유를 조사대상자에게 설명하고 그 구체적 정황을 청문보고서 등 조사서류에 기재하여 기록에 편철하여야 한다.

제29조(감찰조사 전 고지) ① 감찰관은 감찰조사를 <u>실시하기 전에</u> 조사대상자에게 <u>의무위반행위 사실의 요지를 알려야 한다.</u>
② 제1항의 경우 감찰관은 조사대상자에게 제28조제1항 각 호의 사항을 신청할 수 있다는 사실을 <u>고지하여야 한다.</u>

제30조(영상녹화) ① 감찰관은 조사대상자가 영상녹화를 <u>요청하는 경우에는 그 조사과정을 영상녹화하여야 한다.</u>
② 영상녹화의 범위 및 영상녹화사실의 고지, 영상녹화물의 관리와 관련된 사항은 「범죄수사규칙」의 영상녹화 관련 규정을 준용한다.

제31조(조사시 유의사항) ① 감찰관은 조사시 엄정하고 공정하게 진실 발견에 노력하여야 한다.
② 감찰관은 조사시 조사대상자의 이익이 되는 주장 및 제출자료 등에 대해서도 사실관계를 명확히 하여 조사내용에 반영하여야 한다.
③ 감찰관은 조사시 조사대상자의 연령, 성별 등을 고려하여 언행에 유의하여야 한다.
④ 감찰관은 감찰에 필요한 정보 등을 제공한 자 또는 피해자에 대해서는 가명조서를 작성하는 등의 방법으로 비밀을 유지하고 그 신원을 보호하여야 한다.
⑤ 감찰부서장은 성폭력·성희롱 피해 여성에 대하여는 <u>피해자의 의사에 반하지 않는 한 여성 경찰공무원이 조사하도록 하여야 하고</u>, 조사 과정에서 피해자의 인격이나 명예가 손상되거나 사적인 비밀이 침해되지 않도록 하여야 한다.
⑥ 감찰관은 피해자를 조사할 경우 피해자의 심리상태를 확인하여야 하고, 필요 시 소속 경찰기관의 감찰부서장에게 보고하여 피해자 심리 전문요원의 조치를 받을 수 있도록 하여야 한다.

제32조(심야조사의 금지) ① 감찰관은 <u>심야(자정부터 오전 6시까지를 말한다)에 조사를 하여서는 아니 된다.</u>
② 제1항에도 불구하고 감찰관은 조사대상자 또는 그 변호인의 별지 제6호 서식에 의한 <u>심야조사 요청이 있는 경우에는 예외적으로 심야조사를 할 수 있다</u>. 이 경우 심야조사의 사유를 조서에 명확히 기재하여야 한다.

제33조(휴식시간 부여) ① 감찰관은 조사에 장시간이 소요되는 경우 특별한 사정이 없는 한 조사 도중에 최소한 <u>2시간마다 10분 이상의 휴식시간</u>을 부여하여 조사대상자가 피로를 회복할 수 있도록 노력하여야 한다.

② 감찰관은 조사대상자가 조사 도중에 휴식시간을 요청하는 때에는 조사에 소요된 시간, 조사대상자의 건강상태 등을 고려하여 적정하다고 판단될 경우 휴식시간을 부여하여야 한다.

③ 감찰관은 조사 중인 조사대상자의 건강상태에 이상 징후가 발견되면 의사의 진료를 받게 하거나 휴식을 취하게 하는 등 필요한 조치를 취하여야 한다.

제34조(감찰조사 후 처리) ① 감찰관은 감찰조사를 종료한 때에는 소속 경찰기관의 장에게 별지 제7호 서식의 진술조서, 증빙자료 등과 함께 감찰조사 결과를 보고하여야 한다.

② 제1항의 경우 감찰관은 조사대상자에게 감찰조사 결과 요지를 서면 또는 전화, 문자메시지(SMS) 전송 등의 방법으로 통지하여야 한다.

③ 감찰관은 조사한 의무위반행위사건이 소속 경찰기관의 징계관할이 아닌 때에는 관할 경찰기관으로 이송하여야 한다.

④ 의무위반행위사건을 이송 받은 경찰기관의 감찰부서장은 필요시 해당 사건에 대하여 추가 조사 등을 실시할 수 있다.

제35조(민원사건의 처리) ① 감찰관은 소속공무원의 의무위반사실에 대한 민원을 접수한 경우 접수일로부터 2개월 내에 신속히 처리하여야 한다. 다만, 부득이한 사유로 민원을 기한 내에 처리할 수 없을 때에는 소속 경찰기관의 감찰부서장에게 보고하여 그 처리 기간을 연장할 수 있다.

② 민원사건을 배당받은 감찰관은 민원인, 피민원인 등 관련자에 대한 감찰조사 등을 거쳐 사실관계를 명확히 하여야 한다.

③ 감찰관은 불친절 또는 경미한 복무규율위반에 관한 민원사건에 대해서는 민원인에게 정식 조사절차 또는 조정절차를 선택할 수 있음을 고지하고, 민원인이 조정절차를 선택한 때에는 해당 소속공무원의 사과, 해명 등의 조정절차를 진행하여야 한다. 다만, 조정이 이루어지지 아니한 때에는 지체없이 조사절차를 진행하여야 한다.

④ 감찰관은 민원사건을 접수한 경우 접수 후 매 1개월이 경과한 때와 감찰조사를 종결하였을 때에 민원인 또는 피해자에게 사건처리 진행상황을 통지하여야 한다. 다만, 진행상황에 대한 통지가 감찰조사에 지장을 주거나 피해자 또는 사건관계인의 명예와 권리를 부당히 침해할 우려가 있는 때에는 통지하지 않을 수 있다.

⑤ 제4항에 따른 통지는 문서로 하여야 한다. 다만, 신속을 요하거나 민원인이 요청하는 경우에는 구술 또는 전화로 통지할 수 있다.

제36조(기관통보사건의 처리) ① 감찰관은 다른 경찰기관 또는 검찰, 감사원 등 다른 행정기관으로부터 통보받은 소속공무원의 의무위반행위에 대해서는 통보받은 날로부터 1개월 이내에 신속히 처리하여야 한다.

② 감찰관은 검찰·경찰, 그 밖의 수사기관으로부터 수사개시 통보를 받은 경우에는 징계의결요구권자의 결재를 받아 해당 기관으로부터 수사결과의 통보를 받을 때까지 감찰조사, 징계의결요구 등의 절차를 진행하지 아니 할 수 있다.

제37조(감찰처분심의회) ① 감찰부서장은 다음 각 호의 사항을 심의하기 위하여 감찰처분심의회(이하 "처분심의회"라고 한다)를 설치·운영할 수 있다.
    1. 감찰결과 처리 및 양정과 관련한 사항
    2. 감찰결과에 대한 이의신청 처리와 관련한 사항
    3. 감찰결과의 공개와 관련한 사항
    4. 감찰관 기피 신청과 관련한 사항

② 처분심의회는 위원장을 포함한 3명 이상 7명 이하의 위원으로 구성하며, 위원장은 감찰부서장이 되고 위원은 감찰부서장이 소속 공무원 중에서 지명하거나 학식과 경험을 고루 갖춘 해당 분야의 외부전문가 중에서 위촉할 수 있다.

제38조(감찰결과에 대한 이의신청) ① 제34조제2항에 따른 통지를 받은 조사대상자는 그 통지를 받은 날부터 10일 이내에 감찰을 주관한 경찰기관의 장에게 이의신청을 할 수 있다. 다만, 감찰결과 징계요구된 사건에 대해서는 징계위원회에서 의견진술 등의 절차로 이의신청을 갈음할 수 있다.

② 제1항의 이의신청을 접수한 경찰기관의 장은 처분심의회의 심의를 거쳐 이의 신청이 이유 없다고 인정될 때에는 이를 기각하고 이유 있다고 인정될 때에는 그 감찰조사 결과를 취소하거나 변경하여야 한다.

제39조(감찰결과의 공개) ① 감찰결과는 원칙적으로 공개하지 아니한다. 다만, 유사한 비위의 재발을 방지하기 위하여 다음 각 호의 경우에는 감찰결과 요지를 공개할 수 있다.

    1. 중대한 비위행위(금품·향응수수, 공금횡령·유용, 정보유출, 독직폭행, 음주운전 등)
    2. 언론 등 사회적 관심이 집중되어 사생활 보호의 이익보다 국민의 알권리 충족 등 공공의 이익이 현저하게 크다고 판단되는 사안

② 감찰결과의 공개 여부는 경찰기관의 장이 처분심의회의 의견을 들어 최종 결정한다.

③ 경찰기관의 장은 감찰결과를 공개할 경우 사건관계인의 사생활과 명예가 보호될 수 있도록 다음 각 호의 사항이 공개되지 않도록 보호조치를 하여야 한다.

    1. 성명, 소속 등 사건관계인의 개인정보
    2. 비위혐의와 직접 관련이 없는 개인의 신상 및 사생활에 관한 내용
    3. 사건관계인의 징계경력 또는 감찰조사경력 자료
    4. 감찰사건 기록의 원본 또는 사본

제6장 징계 등 조치

제40조(감찰관에 대한 징계 등) ① 경찰기관의 장은 감찰관이 이 규칙에 위배하여 직무를 태만히 하거나 권한을 남용한 경우 및 직무상 취득한 비밀을 누설한 경우에는 해당 사건의 담당 감찰관 교체, 징계요구 등의 조치를 한다.

② 감찰관의 의무위반행위에 대해서는 「경찰공무원 징계령 세부시행규칙」의 징계양정에 정한 기준보다 가중하여 징계조치한다.

제41조(감찰활동 방해에 대한 징계 등) 경찰기관의 장은 조사대상자가 정당한 이유 없이 출석 거부, 현지조사 불응, 협박 등의 방법으로 감찰조사를 방해하는 경우에는 징계요구 등의 조치를 할 수 있다.

팩트DB

경찰청 감사 규칙 [시행 2024. 5. 1.]

제3조(감사대상기관) ① 경찰청장의 감사 대상기관은 다음 각 호와 같다.
1. 「경찰청과 그 소속기관 직제」에 따른 경찰청 및 그 소속기관
2. 「공공기관 운영에 관한 법률」에 따라 경찰청 소관으로 지정·고시된 공공기관
3. 법령에 의하여 경찰청장이 기관 임원의 임명·승인, 정관의 승인, 감독 등을 하는 법인 또는 단체
4. 「행정안전부 및 그 소속청 비영리법인의 설립 및 감독에 관한 규칙」에 따라 경찰청장이 주무관청이 되는 비영리법인
5. 제1호부터 제4호까지의 감사 대상기관으로부터 보조금 등 예산지원을 받는 법인 또는 단체

② 감사는 감사대상기관의 바로 위 감독관청이 실시하는 것을 원칙으로 하되, 필요한 경우에는 경찰청에서 직접 실시할 수 있다.

제4조(감사의 종류와 주기) ① 감사의 종류는 종합감사, 특정감사, 재무감사, 성과감사, 복무감사, 일상감사로 구분한다.

② 종합감사의 주기는 1년에서 3년까지 하되 치안수요 등을 고려하여 조정 실시한다. 다만, 직전 또는 당해연도에 감사원 등 다른 감사기관이 감사를 실시한(실시 예정인 경우를 포함한다) 감사대상기관에 대해서는 감사의 일부 또는 전부를 실시하지 아니할 수 있다

③ 일상감사의 대상·기준 및 절차 등에 관한 세부사항은 경찰청장이 따로 정한다.

제5조(감사계획의 수립) ① 경찰청 감사관(이하 "감사관"이라 한다)은 감사계획 수립에 필요한 경우 시·도자치경찰위원회 및 시·도경찰청장과 감사일정을 협의하여야 한다.

② 감사관은 매년 2월말까지 연간 감사계획을 수립하여 감사대상기관에 통보한다.

제6조(감사단의 편성) ① 감사관은 감사목적을 달성하고 감사성과를 확보할 수 있도록 감사담당자의 전문지식 및 실무경험 등을 고려하여 감사단을 편성할 수 있고 개인별 감사사무분장을 정하여야 한다.

② 감사관은 제1항에 따라 감사단을 편성하고자 할 때에는 감사담당자 중에서 감사단장을 지정하여 감사단을 지휘·감독하도록 하여야 한다.

③ 감사관은 전문지식 또는 실무경험이 필요하다고 인정되는 업무에 대한 감사를 할 경우에는 업무담당자나 외부전문가를 감사에 참여시킬 수 있다.

제8조(감사담당자의 우대) 경찰청장은 관계 법령에서 정하는 범위 내에서 감사담당자에 대하여 근무성적평정, 전보·수당 등의 우대방안을 적극 추진하도록 노력하여야 한다.

제9조(감사의 절차) 감사는 다음 각 호의 순서로 진행함을 원칙으로 하되 감사관 또는 감사단장이 감사의 종류 및 현지실정에 따라 조정할 수 있다.

> 1. 감사개요 통보 : 감사관 또는 감사단장은 감사대상기관의 장에게 감사계획의 개요를 통보한다.
> 2. 감사의 실시 : 감사담당자는 개인별 감사사무분장에 따라 감사를 실시한다.
> 3. 감사의 종결 : 감사관 또는 감사단장은 감사기간 내에 감사를 종결하여야 한다. 다만, 감사목적의 달성을 위하여 필요한 경우 감사기간을 연장할 수 있다.
> 4. 감사결과의 설명 : 감사관 또는 감사단장은 감사의 목적을 달성하기 위하여 필요한 경우 감사대상기관 또는 부서를 대상으로 주요 감사결과를 설명하고 이에 대한 의견을 들을 수 있다.

제10조(감사결과의 처리기준 등) 감사관은 감사결과를 다음 각 호의 기준에 따라 처리하여야 한다.

> 1. <u>징계 또는 문책 요구</u> : 국가공무원법과 그 밖의 법령에 규정된 징계 또는 문책 사유에 해당하거나 정당한 사유 없이 자체감사를 거부하거나 자료의 제출을 게을리한 경우
> 2. <u>시정 요구</u> : 감사결과 위법 또는 부당하다고 인정되는 사실이 있어 추징·회수·환급·추급 또는 원상복구 등이 필요하다고 인정되는 경우
> 3. <u>경고·주의 요구</u> : 감사결과 위법 또는 부당하다고 인정되는 사실이 있으나 그 정도가 징계 또는 문책사유에 이르지 아니할 정도로 경미하거나, 감사대상기관 또는 부서에 대한 제재가 필요한 경우
> 4. <u>개선 요구</u> : 감사결과 법령상·제도상 또는 행정상 모순이 있거나 그 밖에 개선할 사항이 있다고 인정되는 경우
> 5. <u>권고</u> : 감사결과 문제점이 인정되는 사실이 있어 그 대안을 제시하고 감사대상기관의 장 등으로 하여금 개선방안을 마련하도록 할 필요가 있는 경우
> 6. <u>통보</u> : 감사결과 비위 사실이나 위법 또는 부당하다고 인정되는 사실이 있으나 제1호부터 제5호까지의 요구를 하기에 부적합하여 감사대상기관 또는 부서에서 자율적으로 처리할 필요가 있다고 인정되는 경우
> 7. <u>변상명령</u> : 「회계관계직원 등의 책임에 관한 법률」이 정하는 바에 따라 변상책임이 있는 경우
> 8. <u>고발</u> : 감사결과 범죄 혐의가 있다고 인정되는 경우
> 9. <u>현지조치</u> : 감사결과 경미한 지적사항으로서 현지에서 즉시 시정·개선조치가 필요한 경우

제11조(감사처분심의회) ① 감사관은 다음 각 호에 관한 사항을 객관적이고 공정하게 처리하기 위하여 감사처분심의회를 설치·운영할 수 있다.
    1. 제10조에 따른 감사결과 처리에 관련한 사항
    2. 「공공감사에 관한 법률」 제25조 및 동 법 시행령 제15조에 따른 재심의사건의 심리와 처리에 관련한 사항
    3. 감사결과 공개에 관련한 사항
② 감사처분심의회는 <u>위원장을 포함한 3명 이상 7명 이하의 위원으로 구성</u>하며, 위원장은 감사관이

되고 위원은 감사관이 경찰청 감사관실 소속 공무원 중에서 지명하거나 학식과 경험을 고루 갖춘 해당분야의 외부전문가 중에서 위촉할 수 있다.

제12조(감사결과의 보고) 감사관은 감사가 종료된 후 다음 각 호의 사항을 포함한 감사결과보고서를 작성하여 경찰청장에게 보고하여야 한다.
    1. 감사목적 및 범위, 감사기간 등 감사실시개요
    2. 제10조의 처리기준에 따른 감사결과 처분요구 및 조치사항
    3. 감사결과에 대한 감사대상기관 또는 부서의 변명 또는 반론
    4. 그 밖에 보고할 필요가 인정되는 사항

제13조(감사결과의 통보 및 처리) ① 경찰청장은 제12조에 따라 보고받은 감사결과를 감사대상기관의 장에게 통보하여야한다.
② 감사결과를 통보받은 감사대상기관의 장은 정당한 사유가 없으면 감사결과의 조치사항을 이행하고 30일 이내에 그 이행결과를 경찰청장에게 통보하여야 한다.

제15조(시·도경찰청장의 감사) ① 시·도경찰청장은 제5조제2항에 준하여 연간 감사계획을 수립하여 감사관에게 통보하여야 한다.
② 시·도경찰청장은 제1항에 따른 연간 감사계획에 포함되지 않은 감사를 실시하고자 할 때에는 감사계획을 수립하여 감사실시 예정일 전 15일까지 감사관에게 통보하여야 한다.
③ 시·도경찰청장은 부득이한 사정으로 인하여 예정된 감사를 실시하기 어려운 때에는 다음 각 호의 기준에 따라 변경된 감사계획을 감사관에게 통보하여야 한다.
    1. 제1항에 따른 감사를 실시하기 어려운 때에는 감사실시 예정일전 15일까지
    2. 제2항의 규정에 따른 감사를 실시하기 어려운 때에는 감사실시 예정일 전 7일까지
④ 감사관은 제1항 내지 제3항에 따라 통보받은 감사계획을 수정할 필요가 있다고 판단되는 경우에는 일정 등을 조정하여 시·도경찰청장에게 통보한다.
⑤ 시·도경찰청장이 제1항 또는 제2항에 따른 감사를 실시한 때에는 감사종료 후 30일 이내에 다음 각 호의 사항을 기재한 감사결과보고서를 경찰청장에게 제출하여야 한다.
    1. 중요감사내용 및 조치사항
    2. 개선·건의사항
    3. 그 밖에 특별히 기재할 사항

제16조(상호협조) ① 경찰청장은 중복감사를 방지하고 국가경찰사무와 자치경찰사무의 감사가 유기적으로 연계되고 균형이 이루어지도록 시·도자치경찰위원회와 상호 협조하여야 한다.
② 경찰청장은 감사대상기관의 수감부담을 줄이고 감사업무의 효율화를 위해 시·도경찰청 또는 시·도자치경찰위원회와 같은 기간 동안 함께 감사를 실시할 수 있다.

7 공공기관의 정보공개

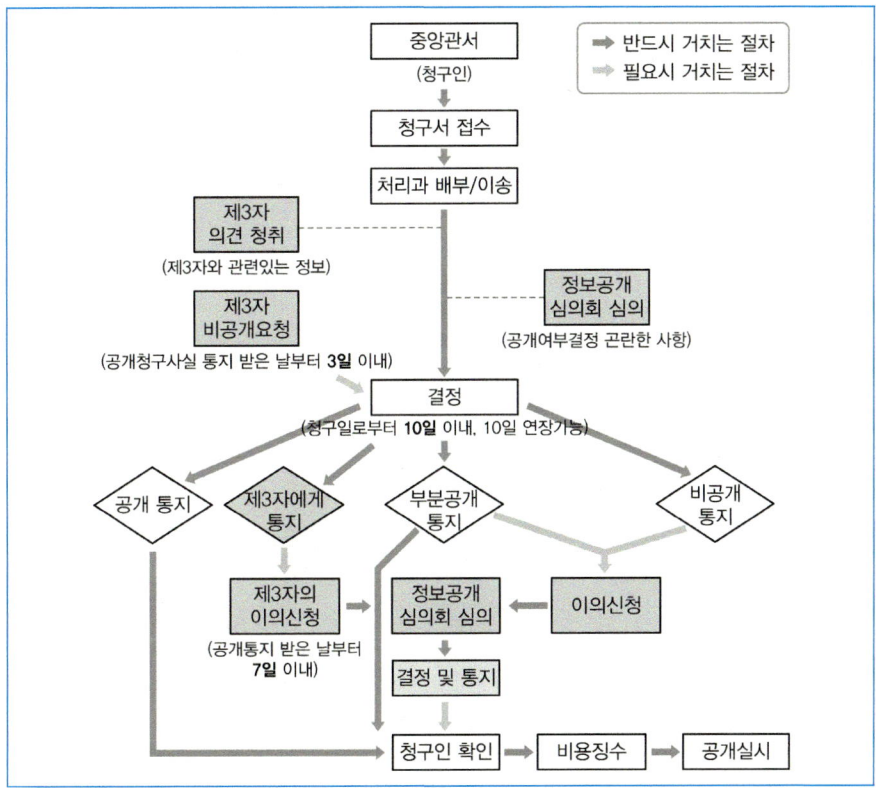

정보	공공기관이 직무상 작성 또는 취득하여 관리하고 있는 문서(전자문서를 포함한다. 이하 같다) 및 전자매체를 비롯한 모든 형태의 매체 등에 기록된 사항을 말한다.
공개	공공기관이 이 법에 따라 정보를 열람하게 하거나 그 사본·복제물을 제공하는 것 또는 「전자정부법」 제2조제10호에 따른 정보통신망(이하 "정보통신망"이라 한다)을 통하여 정보를 제공하는 것 등을 말한다.
공공기관	가. 국가기관 　1) 국회, 법원, 헌법재판소, 중앙선거관리위원회 　2) 중앙행정기관(대통령 소속 기관과 국무총리 소속 기관을 포함한다) 및 그 소속 기관 　3) 「행정기관 소속 위원회의 설치·운영에 관한 법률」에 따른 위원회 나. 지방자치단체 다. 「공공기관의 운영에 관한 법률」 제2조에 따른 공공기관 라. 「지방공기업법」에 따른 지방공사 및 지방공단 마. 그 밖에 대통령령으로 정하는 기관

1) **의의**

    공공기관이 보유·관리하는 정보에 대한 국민의 공개 청구 및 공공기관의 공개 의무에 관하여 필요한 사항을 정함으로써 국민의 **알권리를 보장**하고 국정(國政)에 대한 **국민의 참여**와 국정 운영의 **투명성**을 확보함을 목적으로 한다.

2) **원칙 : 정보공개의 원칙**

    공공기관이 보유·관리하는 정보는 국민의 알권리 보장 등을 위하여 이 법에서 정하는 바에 따라 **적극적으로 공개**하여야 한다.

3) **청구권자**

    ① **모든 국민**은 정보의 공개를 청구할 권리를 가진다.
    ② **외국인**의 정보공개 청구에 관하여는 **대통령령**으로 정한다.

4) **공공기관 의무**

    ① 공공기관은 정보의 공개를 청구하는 국민의 권리가 존중될 수 있도록 이 법을 운영하고 소관 관계 법령을 정비하며, 정보를 투명하고 적극적으로 공개하는 조직문화 형성에 노력하여야 한다.

* **사전적 공개(사전공표 정보)**
1. 국민생활에 매우 큰 영향을 미치는 정책에 관한 정보
2. 국가의 시책으로 시행하는 공사(工事) 등 대규모 예산이 투입되는 사업에 관한 정보
3. 예산집행의 내용과 사업평가 결과 등 행정감시를 위하여 필요한 정보
4. 그 밖에 공공기관의 장이 정하는 정보

* **외국인의 정보공개 청구**
1. 국내에 일정한 주소를 두고 거주하거나 학술·연구를 위하여 일시적으로 체류하는 사람
2. 국내에 사무소를 두고 있는 법인 또는 단체

② **행정안전부장관**은 공공기관의 정보공개에 관한 업무를 종합적·체계적·효율적으로 지원하기 위하여 통합정보공개시스템을 구축·운영하여야 한다.

③ 공공기관(국회·법원·헌법재판소·중앙선거관리위원회는 제외한다)이 정보공개시스템을 구축하지 아니한 경우에는 행정안전부장관이 구축·운영하는 통합정보공개시스템을 통하여 정보공개 청구 등을 처리하여야 한다.

➡ 공공기관은 소속 공무원 또는 임직원 전체를 대상으로 국회규칙 · 대법원규칙 · 헌법재판소규칙 · 중앙선거관리위원회규칙 및 대통령령으로 정하는 바에 따라 이 법 및 정보공개 제도 운영에 관한 교육을 실시하여야 한다.

5) 공개대상 정보의 원문공개

공공기관 중 중앙행정기관 및 대통령령으로 정하는 기관은 전자적 형태로 보유·관리하는 정보 중 공개대상으로 분류된 정보를 국민의 정보공개 청구가 없더라도 정보통신망을 활용한 정보공개시스템 등을 통하여 **공개하여야 한다**.

6) 정보공개의 청구방법

① 정보의 공개를 청구하는 자("청구인")는 해당 정보를 보유하거나 관리하고 있는 공공기관에 다음 각 호의 사항을 적은 정보공개 **청구서를 제출하거나 말로써** 정보의 공개를 청구할 수 있다.

② 청구인이 말로써 정보의 공개를 청구할 때에는 담당 공무원 또는 담당 임직원("담당공무원등")의 앞에서 **진술하여야 하고**, 담당공무원등은 정보공개 청구조서를 작성하여 이에 청구인과 함께 기명날인하거나 서명하여야 한다.

③ 정보의 공개 및 우송 등에 드는 비용은 실비의 범위에서 청구인이 부담한다.

7) 정보공개 여부의 결정

① 공공기관은 정보공개의 청구를 받으면 그 **청구를 받은 날부터 10일 이내**에 공개 여부를 **결정하여야 한다**.

② 공공기관은 부득이한 사유로 제1항에 따른 기간 이내에 공개 여부를 결정할 수 없을 때에는 그 기간이 끝나는 날의 **다음 날부터 기산(起算)하여** 10일의 범위에서 공개 여부 결정기간을 **연장할 수 있다**. 이 경우 공공기관은 연장된 사실과 연장 사유를 청구인에게 지체 없이 **문서로 통지하여야 한다**.

③ 공공기관은 공개 청구된 공개 대상 정보의 전부 또는 일부가 제3자와 관련이 있다고 인정할 때에는 그 사실을 **제3자에게 지체 없이 통지하여야 하며**, 필요한 경우에는 그의 의견을 들을 수 있다.

④ 공공기관은 다른 공공기관이 보유·관리하는 정보의 공개 청구를 받았을 때에는 지체 없이 이를 소관 기관으로 이송하여야 하며, 이송한 후에는 지체 없이 소관 기관 및 이송 사유 등을 분명히 밝혀 청구인에게 **문서로 통지하여야 한다**.

※
1. 청구인의 성명·생년월일·주소 및 연락처(전화번호·전자우편주소 등을 말한다. 이하 이 조에서 같다). 다만, 청구인이 법인 또는 단체인 경우에는 그 명칭, 대표자의 성명, 사업자등록번호 또는 이에 준하는 번호, 주된 사무소의 소재지 및 연락처를 말한다.
2. 청구인의 주민등록번호(본인임을 확인하고 공개 여부를 결정할 필요가 있는 정보를 청구하는 경우로 한정한다)
3. 공개를 청구하는 정보의 내용 및 공개방법

※ 민원으로 처리
공공기관은 정보공개 청구가 다음 각 호의 어느 하나에 해당하는 경우로서 「민원 처리에 관한 법률」에 따른 민원으로 처리할 수 있는 경우에는 민원으로 처리할 수 있다.
1. 공개 청구된 정보가 공공기관이 보유·관리하지 아니하는 정보인 경우
2. 공개 청구의 내용이 진정·질의 등으로 이 법에 따른 정보공개 청구로 보기 어려운 경우

8) 반복 청구 등의 처리

① 공공기관은 제11조에도 불구하고 제10조제1항 및 제2항에 따른 정보공개 청구가 다음 각 호의 어느 하나에 해당하는 경우에는 정보공개 청구 대상 정보의 성격, 종전 청구와의 내용적 유사성·관련성, 종전 청구와 동일한 답변을 할 수밖에 없는 사정 등을 종합적으로 고려하여 **해당 청구를 종결 처리할 수 있다**. 이 경우 종결 처리 사실을 청구인에게 알려야 한다.

> 1. 정보공개를 청구하여 정보공개 여부에 대한 결정의 통지를 받은 자가 정당한 사유 없이 해당 정보의 공개를 다시 청구하는 경우
> 2. 정보공개 청구가 제11조제5항에 따라 민원으로 처리되었으나 다시 같은 청구를 하는 경우

② 공공기관은 제11조에도 불구하고 제10조제1항 및 제2항에 따른 정보공개 청구가 다음 각 호의 어느 하나에 해당하는 경우에는 다음 각 호의 구분에 따라 안내하고, 해당 청구를 종결 처리할 수 있다.

> 1. 제7조제1항에 따른 정보 등 공개를 목적으로 작성되어 이미 정보통신망 등을 통하여 공개된 정보를 청구하는 경우: **해당 정보의 소재(所在)를 안내**
> 2. 다른 법령이나 사회통념상 청구인의 여건 등에 비추어 수령할 수 없는 방법으로 정보공개 청구를 하는 경우: **수령이 가능한 방법으로 청구하도록 안내**

팩트DB

정보공개 심의회

① 국가기관, 지방자치단체, 「공공기관의 운영에 관한 법률」 제5조에 따른 공기업 및 준정부기관, 「지방공기업법」에 따른 지방공사 및 지방공단("국가기관등")은 제11조에 따른 **정보공개 여부 등을 심의하기 위하여 정보공개심의회**("심의회")를 설치·운영한다.
이 경우 국가기관등의 규모와 업무성격, 지리적 여건, 청구인의 편의 등을 고려하여 **소속 상급기관**(지방공사·지방공단의 경우에는 해당 지방공사·지방공단을 설립한 지방자치단체를 말한다)에서 협의를 거쳐 심의회를 **통합하여 설치·운영할 수 있다**.
② 심의회는 **위원장 1명을 포함하여 5명 이상 7명 이하의 위원**으로 구성한다.
③ 심의회의 위원은 소속 공무원, 임직원 또는 외부 전문가로 지명하거나 위촉하되, 그 중 3분의 2는 해당 국가기관등의 업무 또는 정보공개의 업무에 관한 지식을 가진 **외부 전문가로 위촉**하여야 한다.
다만, 제9조제1항제2호 및 제4호에 해당하는 업무를 주로 하는 국가기관은 그 국가기관의 장이 외부 전문가의 위촉 비율을 따로 정하되, **최소한 3분의 1 이상은 외부 전문가로 위촉하여야 한다**.
④ 심의회의 위원장은 위원 중에서 국가기관등의 장이 지명하거나 위촉한다.

＊ 정보공개위원회 심의 조정사항

1. 정보공개에 관한 정책 수립 및 제도 개선에 관한 사항
2. 정보공개에 관한 기준 수립에 관한 사항
3. 제12조에 따른 심의회 심의결과의 조사·분석 및 심의기준 개선 관련 의견제시에 관한 사항
4. 제24조제2항 및 제3항에 따른 공공기관의 정보공개 운영실태 평가 및 그 결과 처리에 관한 사항
5. 정보공개와 관련된 불합리한 제도·법령 및 그 운영에 대한 조사 및 개선권고에 관한 사항
6. 그 밖에 정보공개에 관하여 대통령령으로 정하는 사항

9) 정보공개위원회 설치

정보공개에 관한 사항을 심의·조정하기 위하여 **행정안전부 장관 소속**으로 정보공개위원회를 둔다.

10) 정보공개 위원회의 구성

① 위원회는 성별을 고려하여 **위원장과 부위원장 각 1명을 포함한 11명의 위원**으로 구성한다.

② 위원회의 위원은 다음 각 호의 사람이 된다. 이 경우 **위원장을 포함한 7명은 공무원이 아닌 사람**으로 위촉하여야 한다.

> 1. 대통령령으로 정하는 관계 중앙행정기관의 **차관급 공무원이나 고위공무원단**에 속하는 일반직공무원
> 2. 정보공개에 관하여 학식과 경험이 풍부한 사람으로서 **행정안전부장관**이 **위촉**하는 사람
> 3. 시민단체(「비영리민간단체 지원법」 제2조에 따른 비영리민간단체를 말한다)에서 추천한 사람으로서 행정안전부장관이 위촉하는 사람

③ 위원장·부위원장 및 위원(제2항제1호의 위원은 제외한다)의 임기는 **2년**으로 하며, **연임할 수 있다.**

➥ 위원장·부위원장 및 위원은 정보공개 업무와 관련하여 알게 된 정보를 누설하거나 그 정보를 이용하여 본인 또는 타인에게 이익 또는 불이익을 주는 행위를 하여서는 아니 된다.

➥ 위원장·부위원장 및 위원 중 공무원이 아닌 사람은 「형법」이나 그 밖의 법률에 따른 벌칙을 적용할 때에는 공무원으로 본다.

11) 제도 총괄 등

① **행정안전부장관**은 이 법에 따른 정보공개제도의 정책 수립 및 제도 개선 사항 등에 관한 기획·총괄 업무를 관장한다.

② 행정안전부장관은 위원회가 정보공개제도의 효율적 운영을 위하여 필요하다고 요청하면 공공기관(**국회·법원·헌법재판소 및 중앙선거관리위원회는 제외**한다)의 정보공개제도 운영실태를 평가할 수 있다.

③ 행정안전부장관은 평가를 실시한 경우에는 그 결과를 위원회를 거쳐 **국무회의에 보고한 후 공개하여야 하며**, 위원회가 개선이 필요하다고 권고한 사항에 대해서는 해당 공공기관에 **시정 요구 등의 조치**를 하여야 한다.

➡ 행정안전부장관은 정보공개에 관하여 필요할 경우에 공공기관(국회·법원·헌법재판소 및 중앙선거관리위원회는 제외한다)의 장에게 정보공개 처리 실태의 개선을 권고할 수 있다. 이 경우 권고를 받은 공공기관은 이를 이행하기 위하여 성실하게 노력하여야 하며, 그 조치 결과를 행정안전부장관에게 알려야 한다.

➡ 국회·법원·헌법재판소·중앙선거관리위원회·중앙행정기관 및 지방자치단체는 그 소속 기관 및 소관 공공기관에 대하여 정보공개에 관한 의견을 제시하거나 지도·점검을 할 수 있다.

12) 이의신청

① 청구인이 정보공개와 관련한 공공기관의 비공개 결정 또는 부분 공개 결정에 대하여 불복이 있거나 정보공개 **청구 후 20일**이 경과하도록 정보공개 결정이 없는 때에는 공공기관으로부터 정보공개 여부의 **결정 통지를 받은 날 또는 정보공개 청구 후 20일이 경과한 날부터 30일 이내**에 해당 공공기관에 **문서로 이의신청**을 할 수 있다.

➡ 국가기관등은 이의신청이 있는 경우에는 **심의회를 개최하여야 한다.**＊

② 공공기관은 이의신청을 받은 날부터 **7일 이내**에 그 이의신청에 대하여 결정하고 그 결과를 청구인에게 지체 없이 **문서로 통지**하여야 한다.

➡ 다만, 부득이한 사유로 정하여진 기간 이내에 결정할 수 없을 때에는 **그 기간이 끝나는 날의 다음 날부터 기산하여 7일의 범위**에서 연장할 수 있으며, 연장 사유를 청구인에게 통지하여야 한다.

➡ 공공기관은 이의신청을 각하(却下) 또는 기각(棄却)하는 결정을 한 경우에는 청구인에게 행정심판 또는 행정소송을 제기할 수 있다는 사실을 결과 통지와 함께 알려야 한다.

13) 행정심판

① 청구인이 정보공개와 관련한 공공기관의 결정에 대하여 불복이 있거나 **정보공개 청구 후 20일이 경과하도록 정보공개 결정이 없는 때에는 「행정심판법」에서 정하는 바에 따라 행정심판을 청구할 수 있다.** 이 경우 국가기관 및 지방자치단체 외의 공공기관의 결정에 대한 감독행정기관은 관계 중앙행정기관의 장 또는 지방자치단체의 장으로 한다.

➡ 청구인은 이의신청 절차를 거치지 아니하고 행정심판을 청구할 수 있다.

＊
다만, 다음 각 호의 어느 하나에 해당하는 경우에는 **심의회를 개최하지 아니할 수 있으며** 개최하지 아니하는 사유를 청구인에게 문서로 통지하여야 한다.
1. 심의회의 심의를 이미 거친 사항
2. 단순·반복적인 청구
3. 법령에 따라 비밀로 규정된 정보에 대한 청구

② 행정심판위원회의 위원 중 정보공개 여부의 결정에 관한 행정심판에 관여하는 위원은 재직 중은 물론 **퇴직 후에도** 그 직무상 알게 된 비밀을 누설하여서는 아니 된다.
  ◐ 위원은 「형법」이나 그 밖의 법률에 따른 벌칙을 적용할 때에는 공무원으로 본다.

14) 행정소송

① 청구인이 정보공개와 관련한 공공기관의 결정에 대하여 불복이 있거나 정보공개 청구 후 20일이 경과하도록 정보공개 결정이 없는 때에는 「행정소송법」에서 정하는 바에 따라 행정소송을 제기할 수 있다.
② 재판장은 필요하다고 인정하면 당사자를 참여시키지 아니하고 제출된 공개 청구 정보를 비공개로 열람·심사할 수 있다.

15) 제3자의 비공개 요청 등

① 제11조제3항에 따라 공개 청구된 사실을 통지받은 제3자는 그 통지를 받은 날부터 3일 이내에 해당 공공기관에 대하여 자신과 관련된 정보를 공개하지 아니할 것을 요청할 수 있다.
② 제1항에 따른 비공개 요청에도 불구하고 공공기관이 공개 결정을 할 때에는 공개 결정 이유와 공개 실시일을 분명히 밝혀 지체 없이 문서로 통지하여야 하며, 제3자는 해당 공공기관에 문서로 이의신청을 하거나 행정심판 또는 행정소송을 제기할 수 있다. 이 경우 이의신청은 **통지를 받은 날부터 7일 이내**에 하여야 한다.
③ 공공기관은 제2항에 따른 공개 결정일과 공개 실시일 사이에 최소한 30일의 간격을 두어야 한다.

8 개인정보보호

1) 정의

개인정보	살아 있는 **개인에 관한 정보로서** 다음 각 목의 어느 하나에 해당하는 정보를 말한다. 가. 성명, 주민등록번호 및 영상 등을 통하여 개인을 알아볼 수 있는 정보 나. 해당 정보만으로는 특정 개인을 알아볼 수 없더라도 **다른 정보와 쉽게 결합하여 알아볼 수 있는 정보**. ➜ 이 경우 쉽게 결합할 수 있는지 여부는 다른 정보의 입수 가능성 등 개인을 알아보는 데 소요되는 시간, 비용, 기술 등을 합리적으로 고려하여야 한다. 다. 가목 또는 나목을 제1호의2에 따라 가명처리함으로써 원래의 상태로 복원하기 위한 **추가 정보의 사용·결합 없이는 특정 개인을 알아볼 수 없는 정보(가명정보)**라 한다.
가명처리	개인정보의 일부를 삭제하거나 일부 또는 전부를 대체하는 등의 방법으로 **추가 정보가 없이는 특정 개인을 알아볼 수 없도록 처리하는 것**을 말한다.
처리	개인정보의 수집, 생성, 연계, 연동, 기록, 저장, 보유, 가공, 편집, 검색, 출력, 정정(訂正), 복구, 이용, 제공, 공개, 파기(破棄), 그 밖에 이와 유사한 행위를 말한다.
정보주체	처리되는 정보에 의하여 알아볼 수 있는 사람으로서 **그 정보의 주체가 되는 사람**을 말한다.
개인정보파일	개인정보를 쉽게 검색할 수 있도록 일정한 규칙에 따라 체계적으로 배열하거나 구성한 개인정보의 집합물(集合物)을 말한다.
개인정보처리자	업무를 목적으로 개인정보파일을 운용하기 위하여 스스로 또는 다른 사람을 통하여 **개인정보를 처리하는 공공기관, 법인, 단체 및 개인 등을 말한다**.
고정형 영상정보처리기기	**일정한 공간에 설치되어 지속적 또는 주기적으로** 사람 또는 사물의 영상 등을 촬영하거나 이를 유·무선망을 통하여 전송하는 장치로서 대통령령으로 정하는 장치를 말한다
이동형 영상정보처리기기	사람이 **신체에 착용 또는 휴대하거나 이동 가능한 물체에 부착 또는 거치(据置)하여** 사람 또는 사물의 영상 등을 촬영하거나 이를 유·무선망을 통하여 전송하는 장치로서 대통령령으로 정하는 장치를 말한다.

✻ 개인정보 보호의 날
개인정보의 보호 및 처리의 중요성을 국민에게 알리기 위하여 매년 9월 30일을 개인정보 보호의 날로 지정한다.

2) 개인정보 보호 원칙

① 개인정보처리자는 개인정보의 처리 목적을 명확하게 하여야 하고 그 목적에 **필요한 범위에서 최소한의** 개인정보만을 적법하고 정당하게 수집하여야 한다.
② 개인정보처리자는 개인정보의 처리 목적에 필요한 범위에서 적합하게 개인정보를 처리하여야 하며, **그 목적 외의 용도로 활용하여서는 아니 된다.**
③ 개인정보처리자는 개인정보의 처리 목적에 필요한 범위에서 **개인정보의 정확성, 완전성 및 최신성이 보장**되도록 하여야 한다.

④ 개인정보처리자는 개인정보의 처리 방법 및 종류 등에 따라 정보주체의 권리가 침해받을 가능성과 그 위험 정도를 고려하여 개인정보를 **안전하게 관리하여야 한다.**

⑤ 개인정보처리자는 제30조에 따른 개인정보 처리방침 등 개인정보의 처리에 관한 사항을 공개하여야 하며, 열람청구권 등 **정보주체의 권리를 보장하여야 한다.**

⑥ 개인정보처리자는 정보주체의 **사생활 침해를 최소화**하는 방법으로 개인정보를 처리하여야 한다.

⑦ 개인정보처리자는 개인정보를 익명 또는 가명으로 처리하여도 개인정보 수집 목적을 달성할 수 있는 경우 **익명처리가 가능한 경우에는 익명에 의하여**, 익명처리로 목적을 달성할 수 없는 경우에는 **가명에 의하여** 처리될 수 있도록 하여야 한다.

⑧ 개인정보처리자는 이 법 및 관계 법령에서 규정하고 있는 책임과 의무를 준수하고 실천함으로써 정보주체의 신뢰를 얻기 위하여 노력하여야 한다.

3) 개인정보 보호위원회

소속	국무총리 소속
구성	**상임위원 2명(위원장 1명, 부위원장 1명)을 포함한 9명의 위원**으로 구성한다.
위원	보호위원회의 위원은 개인정보 보호에 관한 경력과 전문지식이 풍부한 다음 각 호의 사람 중에서 위원장과 부위원장은 **국무총리의 제청**으로, 그 외 위원 중 2명은 **위원장의 제청**으로, 2명은 **대통령이 소속되거나 소속되었던 정당의 교섭단체 추천**으로, 3명은 그 외의 교섭단체 추천으로 대통령이 임명 또는 위촉한다. 1. 개인정보 보호 업무를 담당하는 3급 이상 공무원(고위공무원단에 속하는 공무원을 포함한다)의 직에 있거나 있었던 사람 2. 판사·검사·변호사의 직에 10년 이상 있거나 있었던 사람 3. 공공기관 또는 단체(개인정보처리자로 구성된 단체를 포함한다)에 3년 이상 임원으로 재직하였거나 이들 기관 또는 단체로부터 추천받은 사람으로서 개인정보 보호 업무를 3년 이상 담당하였던 사람 4. 개인정보 관련 분야에 전문지식이 있고「고등교육법」제2조제1호에 따른 학교에서 부교수 이상으로 5년 이상 재직하고 있거나 재직하였던 사람

9 적극행정

1) 경찰 적극행정 의의

"적극행정"이란 공무원이 불합리한 규제를 개선하는 등 공공의 이익을 위해 창의성과 전문성을 바탕으로 적극적으로 업무를 처리하는 행위를 말한다.

- 경찰청 및 그 소속기관의 공무원 또는 산하단체의 임·직원(이하 "경찰청 소속 공무원 등"이라 한다)이 국가 또는 공공의 이익을 증진하기 위해 성실하고 능동적으로 업무를 처리하는 행위를 말한다.(경찰청 적극행정 면책제도 운영규정)

2) 근거

① 헌법

제7조 ①공무원은 국민전체에 대한 봉사자이며, 국민에 대하여 책임을 진다.

② 국가공무원법

㉠ 제56조(성실 의무) 모든 공무원은 법령을 준수하며 성실히 직무를 수행하여야 한다.

㉡ 제50조의2(적극행정의 장려)

> ① 각 기관의 장은 소속 공무원의 적극행정(공무원이 불합리한 규제의 개선 등 공공의 이익을 위해 업무를 적극적으로 처리하는 행위를 말한다. 이하 이 조에서 같다)을 장려하기 위하여 대통령령등으로 정하는 바에 따라 <u>인사상 우대 및 교육의 실시 등에 관한 계획을 수립·시행할 수 있다.</u>
> ② 적극행정 추진에 관한 다음 각 호의 사항을 심의하기 위하여 각 기관에 <u>적극행정위원회</u>를 설치·운영할 수 있다.
> 　1. 제1항에 따른 계획 수립에 관한 사항
> 　2. 공무원이 불합리한 규제의 개선 등 공공의 이익을 위해 업무를 적극적으로 추진하기 위하여 해당 업무의 처리 기준, 절차, 방법 등에 관한 의견 제시를 요청한 사항
> 　3. 그 밖에 적극행정 추진을 위하여 필요하다고 대통령령등으로 정하는 사항
> ③ 공무원이 적극행정을 추진한 결과에 대하여 해당 공무원의 행위에 <u>고의 또는 중대한 과실이 없다고 인정되는 경우</u>에는 대통령령등으로 정하는 바에 따라 이 법 또는 다른 공무원 인사 관계 법령에 따른 **징계 또는 징계부가금 부과 의결을 하지 아니한다.**

③ 적극행정 운영규정(대통령령)과 경찰청 적극행정 면책제도 운영규정등이 있다.

* 적극행정위원회

1. 제14조에 따른 적극행정 우수공무원 선발 및 우수사례 선정에 관한 사항
2. 제16조제4항에 따른 면책 건의에 관한 사항
3. 자체감사 대상기관의 장이 제5조제1항에 따라 의견 제시를 요청한 내용이 국민생활에 미치는 영향이 크거나 여러 이해관계자와 관련되는 등 신중한 검토가 필요하여 감사기구의 장이 자문한 사항
3의2. 공무원(퇴직한 공무원을 포함한다)이 제18조제2항 또는 제3항에 따른 중앙행정기관의 지원대상이 되는지 여부
4. 그 밖에 적극행정 과제 발굴 등 적극행정 관련 정책의 수립·추진에 관한 사항

3) 적극행정 유형

행태적 측면	① 통상적으로 요구되는 정도의 노력이나 주의의무 이상을 기울여 맡은 바 임무를 최선을 다해 수행하는 행위 등 ② 업무관행을 반복하지 않고 가능한 최선의 방법을 찾아 업무를 처리하는 행위 등 ③ 새로운 행정수요나 행정환경 변화에 선제적으로 대응하여 새로운 정책을 발굴·추진하는 행위 등 ④ 이해충돌이 있는 상황에서 적극적인 이해조정 등을 통해 업무를 처리하는 행위 등
규정의 해석·적용 측면	① 불합리한 규정과 절차, 관행을 스스로 개선하는 행위 등 ② 신기술 발전 등 환경변화에 맞게 규정을 적극적으로 해석·적용하는 행위 등 ③ 규정과 절차가 마련되어 있지 않지만 가능한 해결방안을 모색하여 업무를 추진하는 행위 등

 팩트DB

소극행정

① 소극행정 정의
공무원이 부작위 또는 직무태만 등 소극적 업무행태로 국민의 권익을 침해하거나 국가재정상 손실을 발생하게 하는 행위를 말한다.(적극행정 운영규정)

② 소극행정 유형

적당편의	문제해결을 위해 노력하지 않고, 적당히 형식만 갖추어 부실하게 처리하는 행태
업무해태	합리적인 이유 없이 주어진 업무를 게을리 하거나 불이행하는 행태
탁상행정	법령이나 지침 등의 변화에도 불구하고 과거 규정에 따라 업무를 처리하거나, 기존의 불합리한 업무관행을 그대로 답습하는 행태
기타 관중심 행정	직무권한을 이용하여 부당하게 업무를 처리하거나, 국민 편익을 위해서가 아닌 자신의 조직이나 이익만을 중시하여 자의적으로 처리하는 행태

③ 소극행정 신고
누구든지 공무원의 소극행정을 소속 중앙행정기관의 장이나 소극행정 신고센터에 신고할 수 있다.(제18조의3)

4) 적극행정국민신청과 소극행정신고

(1) 적극행정국민신청

① 법령이 없거나 법령이 명확하지 않다는 사유로 다음 각 호의 어느 하나에 해당하는 통지를 받은 사람은 소관 중앙행정기관의 장에게 해당 업무를 적극적으로 처리해 줄 것을 **신청(적극행정국민신청)할 수 있다**.

> 1. 「민원 처리에 관한 법률」 제27조제1항에 따라 민원[같은 법 제2조제1호가목 4)의 기타민원은 제외한다]의 내용을 거부하는 통지
> 2. 「국민 제안 규정」 제10조제1항에 따라 국민제안이 채택되지 않았다는 통지

② 적극행정국민신청은 「부패방지 및 국민권익위원회의 설치와 운영에 관한 법률」 제12조제16호에 따른 **온라인 국민참여포털을 통해 해야 한다**.

③ 국민권익위원회는 제2항에 따라 접수된 적극행정국민신청의 내용에 상당한 이유가 있다고 인정되는 경우에는 의견을 첨부하여 소관 중앙행정기관의 장에게 보내야 한다.

④ 중앙행정기관의 장은 소속 공무원으로 하여금 적극행정국민신청의 내용을 검토한 후 제5조 또는 제13조에 따른 의견 제시 요청 등을 활용하여 적극적으로 업무를 처리하도록 해야 한다.

➡ 중앙행정기관의 장은 제4항에 따라 소속 공무원이 업무를 처리한 경우 그 결과를 국민권익위원회에 통보해야 한다.

⑤ 규정한 사항 외에 적극행정국민신청의 방법·절차·처리기준, 처리결과 통보, 사후관리, 그 밖에 필요한 사항은 **국민권익위원회가 정한다**.

(2) 소극행정 신고

① 누구든지 공무원의 소극행정을 소속 중앙행정기관의 장이나 제3항에 따른 **소극행정 신고센터에 신고할 수 있다**.

② 중앙행정기관의 장은 제1항에 따른 신고의 내용에 상당한 이유가 있다고 인정되는 경우에는 사실관계 확인을 위한 조사를 하여 신속한 업무처리를 하는 등 적절한 조치를 하고, **그 처리결과를 신고인에게 알려야 한다**.

③ 국민권익위원회는 중앙행정기관 소속 공무원의 소극행정 예방 및 근절을 위해 소극행정 신고센터를 운영하고, 중앙행정기관의 장에게 제1항에 따른 신고사항에 대해 적절한 조치를 하도록 권고할 수 있다.

➡ 소극행정 신고센터의 운영과 신고사항의 처리 절차 등에 관한 세부 사항은 **국민권익위원회가 정한다**.

5) 경찰청 적극행정 추진방안

(1) 적극행정 우대

우수공무원 선정	내부우수사례발굴, 중앙행정기관 개최 경진대회, 경찰청 우수사례선정
인센티브 제공	특별승진·특별승급, 성과급(연 1회 최우수 공무원 최고등급), 급속승진·대우공무원(일반직과 형평에 맞춰 기간 단축 추진), 경찰청장 표창 수여, 우수관서 선발 시 참고

(2) 적극행정 공무원 보호 및 지원

① 실시간 적극행정 자문 체계 도입
② 사전컨설팅 제도 운영(감사원·감사관에서 컨설팅 실시)
  적극행정 추진 과정에서 감사기구에 의견을 구하여 감사기구의 컨설팅대로 업무처리한 결과에 대해서는 면책해주는 제도이다.
③ 적극행정 면책제도 운영
④ 적극행정 공무원 보호관제, 공상 경찰관 보호 강화 추진, 소송지원 등

(3) 소극행정 쇄신

① 감사관실 주관 특별점검반 운영
② 국민권익위원회 국민신문고 내 소극행정 신고센터를 통해 민원접수
③ 소극행정 인정시 적극 조치

(4) 적극행정 추진체계

① 적극행정 지원위원회 - **경찰청 규제심사위원회**에서 병행

위원장	경찰철 차장과 민간위원이 공동위원장
위원 구성	14명(정부위원 5명, 민간위원 9명)
의결 정족수	격월회의 재적과반수 출석 개의, 출석과반수 찬성 의결

② 적극행정 전담부서 설치 및 전 직원 의무 교육
③ 내부 홍보 및 지역사회 유관기관 공유 소통

6) 경찰청 적극행정 면책제도 운영

📖 법규

경찰청 적극행정 면책제도 운영규정 [시행 2022. 10. 7.]

제2조(정의) 이 규정에서 사용하는 용어의 뜻은 다음과 같다.
1. "적극행정"이란, 경찰청 및 그 소속기관의 공무원 또는 산하단체의 임·직원(이하 "경찰청 소속 공무원 등"이라 한다)이 국가 또는 공공의 이익을 증진하기 위해 성실하고 능동적으로 업무를 처리하는 행위를 말한다.
2. "면책"이란, 적극행정 과정에서 발생한 부분적인 절차상 하자 또는 비효율, 손실 등과 관련하여 그 업무를 처리한 경찰청 소속 공무원 등에 대하여 다음 각 목의 어느 하나에 해당하는 책임을 묻지 않거나 감면하는 것을 말한다.
   가. 「경찰청 감사규칙」 제10조제1호부터 제3호까지 및 제6호
   나. 「경찰공무원 징계령」에 따른 징계 및 징계부가금
3. "감사 책임자"란, 현장에서 감사활동을 지휘하는 자를 말하여 감사단장 등 현장 지휘자가 없을 경우에는 감사담당관 또는 감찰담당관을 말한다.
4. "사전컨설팅 감사"란 불합리한 제도 등으로 인해 적극적인 업무 수행이 어려운 경우, 해당 업무의 수행에 앞서 업무 처리 방향 등에 대하여 미리 감사의견을 듣고 이를 업무처리에 반영하여 적극행정을 추진하는 것을 말한다.
5. "사전컨설팅 대상 기관 및 대상 부서의 장"이란 각 시·도경찰청장, 부속기관의 장, 산하 공직유관단체의 장 및 경찰청 관·국의 장을 말한다.

제3조(제도적용 대상 업무의 범위) ① 이 규정은 경찰청의 감사(감찰 포함)대상 업무 전반에 적용된다.
② 국가정책 및 급박한 치안상황을 극복하기 위한 정책의 수립이나 집행과 직접적으로 관련된 업무처리에 대해서는 모든 사정을 더욱 심도 있게 검토하여 면책 여부를 결정한다.

제5조(적극행정 면책요건) ① 자체 감사를 받는 사람이 적극행정면책을 받기 위해서는 다음 각 호의 요건을 모두 갖추어야 한다.

> 1. 감사를 받는 사람의 업무처리가 불합리한 규제의 개선, 공익사업의 추진 등 공공의 이익을 위한 것일 것
> 2. 감사를 받는 사람이 대상 업무를 적극적으로 처리한 결과일 것
> 3. 감사를 받는 사람의 행위에 고의나 중대한 과실이 없을 것

② 제1항제3호의 요건을 적용하는 경우 자체감사를 받는 사람이 다음 각 호의 요건을 모두 갖추어 업무를 처리한 것으로 인정되는 경우에는 그 행위에 고의나 중대한 과실이 없는 경우에 해당하는 것으로 추정한다.

> 1. 자체감사를 받는 사람과 대상 업무 사이에 사적인 이해관계가 없을 것
> 2. 대상 업무를 처리하면서 중대한 절차상의 하자가 없었을 것

제6조(면책 대상 제외) 제5조에도 불구하고 업무처리과정에서 기본적으로 지켜야 할 의무를 다하지 않았거나 다음 각 호에 해당하는 경우에는 면책대상에서 제외한다.

> 1. 금품을 수수한 경우
> 2. 고의·중과실, 무사안일 및 업무태만의 경우
> 3. 자의적인 법 해석 및 집행으로 법령의 본질적인 사항을 위반한 경우
> 4. 위법·부당한 민원을 수용한 특혜성 업무처리를 한 경우
> 5. 그 밖에 위 각 호에 준하는 위법·부당한 행위를 한 경우

제7조(적극행정 면책심사위원회 설치) ① 경찰청 소속 공무원 등의 적극행정 면책신청에 대한 심사를 위하여 경찰청에 "적극행정 면책심사위원회"(이하 "위원회"라 한다)를 둔다.

② 위원회는 위원장 1명을 포함하여 5명 이상 7명 이내로 성별을 고려하여 구성하며 위원장은 감사관으로 하고 위원은 심사안건 관련 부서장(감사담당관 또는 감찰담당관)을 포함하여 회의 개최 시 마다 위원장이 경찰청 소속 과장급 공무원 중에서 지명하는 사람으로 한다. 다만, 위원 중 1인은 경감 이하 경찰공무원 또는 6급 이하 일반직공무원으로 한다.

③ 위원회의 사무를 처리하기 위하여 간사 1명을 두되, 감사관실 업무소관 부서 공무원으로 한다.

제8조(회의) ① 위원회의 위원장은 회의를 소집하고 위원회를 대표하며 위원회의 사무를 총괄한다.

② 위원회의 회의는 재적위원 과반수의 찬성으로 개의(開議)하고, 출석위원 과반수의 찬성으로 의결한다.

④ 위원, 간사 및 참석자는 회의 중 알게 된 내용을 누설하여서는 안 된다.

제9조(면책제도 통지)

제10조(면책심사 신청 등) ① 감사 대상자가 면책심사를 받을 경우에는 면책사유에 해당하는 증빙자료를 구비하여 감사 책임자에게 면책심사를 신청할 수 있다.

② 감사대상기관의 장 또는 감사대상자의 소속 부서장이 감사를 받은 소속 직원 중에서 특별히 면책조치가 필요할 경우에는 면책사유에 해당하는 증빙자료를 구비하여 감사 책임자에게 면책심사를 신청할 수 있다.

③ 제1항 및 제2항에 따른 면책심사 신청은 별지 제3호 서식에 의하여 해당 감사결과에 따른 징계의결 요구 또는 징계 이외의 불이익 처분이 이루어지기 이전에 하여야 한다.

④ 감사 책임자는 '적극행정 면책심사 신청서'를 접수한 경우에는 별지 제4호 서식의 '면책검토서'를 작성하여 위원회에 심사를 요구하여야 한다. 다만, 면책심사 신청인(이하 "신청인"이라 한다)의 비위내용이 불이익한 처분 및 처분요구 사유에 해당하지 않는 경우에는 위원회에 심사를 요구하지 아니하고, 그 사유를 명시하여 신청인에게 통보하여야 한다.

⑤ 감사 책임자는 감사결과 감사 대상자를 면책조치 할 필요성이 있다고 판단될 때에는 제1항 또는 제2항에 따른 면책 신청이 없는 경우에도 위원회에 면책심사를 요구할 수 있다.

제11조(면책심사 처리)

제12조(시·도경찰청 등의 적극행정 면책제도) ① 시·도경찰청, 부속기관, 경찰서, 직할대(이하 "시·도경찰청 등"이라 한다)의 경우 각 기관에서 별도로 적극행정 면책심사위원회를 설치하고 관련 업무를 처리하며 위원회의 구성은 별표 1과 같다.

② 제10조에 따라 면책심사를 신청하는 사람은 시·도경찰청의 경우 청문감사인권담당관, 부속기관은 운영지원과장, 경찰서는 청문감사인권관, 직할대는 경무과장에게 면책심사를 신청한다.

③ 시·도경찰청 등의 적극행정 면책제도에 관하여 이 규칙에서 정한 것 외에 운영에 필요한 사항은 시·도경찰청 등의 적극행정 면책심사위원회의 의결을 거쳐 위원장이 정한다.

제13조(유의사항) ① 감사 책임자는 적극행정 면책제도의 취지를 충분히 고려하여 감사현장에서 감사활동을 지휘하여야 한다.

② 이 규정에 의한 적극행정 면책제도는 감사과정에서 업무수행의 동기 및 목적 등을 세심하게 고려하여 성실하고 적극적으로 일하는 경찰청 소속 공무원 등에 대한 불이익한 조치 등을 신중하게 하려는 취지의 제도로서 감사를 느슨하게 하거나 감사실시를 면제하는 등의 제도로 운영되거나 오해되어서는 아니 된다.

제14조(사전컨설팅 감사의 원칙) 사전컨설팅 대상 기관 및 대상 부서의 장(이하 "사전컨설팅 대상 기관등의 장"이라 한다)은 불합리한 제도 등으로 인하여 공공의 이익이 훼손되는 일이 없도록 사전컨설팅 감사를 적극 활용하여야 한다.

제15조(사전컨설팅 감사의 대상) ① 사전컨설팅 대상 기관등의 장은 다음 각 호의 어느 하나에 해당하는 업무를 수행하기 전에 감사관에게 사전컨설팅 감사를 신청할 수 있다.

1. 인가·허가·승인 등 규제관련 업무
2. 법령·행정규칙 등의 해석에 대한 이견 등으로 인하여 능동적인 업무처리가 곤란한 경우
3. 그 밖에 적극행정 추진을 위해 감사관이 필요하다고 인정하는 경우

② 행정심판, 소송, 수사 또는 타 기관에서 감사 중인 사항, 타 법령에서 정하고 있는 재심의 절차를 거친 사항 등은 사전컨설팅 감사 대상에서 제외한다.

제16조(사전컨설팅 감사의 신청)

제17조(사전컨설팅 감사의 심사 기준) ① 감사관은 제16조에 따른 사전컨설팅 감사 신청서가 다음 각 호의 요건을 모두 충족한 경우에 처리한다.

1. 업무처리의 목적이 공공의 이익을 위한 경우로서 관련 공무원 등의 사적 이익 취득이나 특정인에 대한 특혜 부여 등의 비위가 없을 것
2. 법령상의 의무 이행, 정부정책의 수립이나 집행, 국민 편익 증진 등을 위해 모든 여건에 비추어 해당 업무를 추진·처리해야 할 필요성과 타당성이 있을 것

② 감사관은 제1항에도 불구하고 관련 공무원 등이 업무처리 과정에서 기본적으로 지켜야 할 의무를 다하지 않았거나 다음 각 호의 어느 하나에 해당하는 경우에는 사전컨설팅 감사 신청서를 반려하여야 한다.

1. 금품수수, 고의·중과실, 무사안일 및 직무태만의 경우
2. 자의적인 법 해석 및 집행으로 법령의 본질적인 사항에 위배되는 경우
3. 위법·부당한 민원을 수용한 특혜성 업무처리의 경우
4. 관련 법령 등에 명확하게 규정되어 있는데도 단순 민원해소 등을 위해 소극행정·책임회피 수단으로 신청하는 경우
5. 그 밖에 위 각 호에 준하는 위법·부당한 행위

제18조(사전컨설팅 감사의 실시) ① 사전컨설팅 감사는 서면감사를 원칙으로 하되, 현지 확인 등 실지감사를 함께 할 수 있다.

② 감사관은 필요하다고 인정되는 경우 관련 기관 및 직원에 대하여 출석 및 진술, 의문사항에 대한 질의·확인 및 필요한 자료의 제출을 요청할 수 있다. 이 경우 관련 기관 및 직원은 특별한 사정이 없으면 감사관의 요청에 따라야 한다.

③ 감사관은 사전컨설팅 감사의 내용이 국민생활에 미치는 영향이 크거나 다수의 이해관계자와 관련된

사항 등에 해당되어 신중한 검토가 필요하다고 판단되는 경우에는 「경찰청 규제심사위원회 운영규칙」 제2조에 따른 규제심사위원회 자문 또는 외부전문가의 자문을 거칠 수 있다.

제19조(사전컨설팅 감사 결과의 처리) ① 감사관은 사전컨설팅 감사 접수일로부터 30일 이내에 별지 제7호 서식에 따른 사전컨설팅 감사 의견서를 작성하여 신청서를 제출한 사전컨설팅 대상 기관등의 장에게 통보하여야 한다. 다만, 사안이 복잡하거나 신중한 처리 등을 위하여 필요한 경우 그 사유를 소명하여 기간을 연장할 수 있다.

제20조(사전컨설팅 감사의 효력) ① 감사관은 제19조제2항에 따라 사전컨설팅 감사 의견을 반영하여 적극행정을 추진한 결과에 대하여 자체감사규정에 따른 감사 시 책임을 묻지 아니한다.

② 감사관은 사전컨설팅 감사 신청서를 검토한 결과 불합리한 제도 등의 개선이 필요하다고 판단되는 경우, 소관 기관 또는 부서에 제도 개선 등 필요한 조치를 요청할 수 있다.

제21조(이행결과의 제출)

팩트 경찰학

CHAPTER 03

한국경찰과 비교경찰학

SECTION 01 한국 경찰의 역사
SECTION 02 각국의 경찰제도

01 한국 경찰의 역사

1 근대 경찰

1) 갑오개혁(1894) 이전

(1) 고대시대

① 고조선 - 8조금법
  ㉠ 군사와 행정(경찰)의 미분화이다.
  ㉡ 개인의 생명, 재산등 개인적 법익을 중시하였다.

② 부족국가 시대
  ㉠ 부여
    ⓐ **일책십이법**
    ⓑ 엄격한 형벌, 뇌옥이 있었다
    ⓒ 영고(제천행사)
  ㉡ 고구려
    ⓐ 일책십이법을 통한 엄한 형벌로 통치하였다.
    ⓑ 뇌옥이 없었다.
    ⓒ 동맹(제천행사)
  ㉢ 동예, 옥저
    ⓐ 동예와 옥저는 왕이 없었다.
    ⓑ **책화제도**
      ➡ 동예, 각 읍락마다 경계가 있어서 서로 경계를 침범하면 노예나 우마로 배상하는 제도
    ⓒ 무천(제천행사)
  ㉣ 삼한 - 마한, 변한, 진한
    ⓐ 부족공동체 사회로 제사와 정치가 분리되었다.(제정분리)
    ⓑ 소도
      ➡ 천관이 다스리는 신성지역으로, 죄인이 이곳으로 도망가도 잡지못하였다.

③ 삼국시대 : **지방관의 경찰권 행사**
  ㉠ 고구려
    ⓐ 엄격한 형벌로 질서유지하였다.
      ➡ 절도죄, 모반죄, 가축살상죄, 전쟁에서 패하거나 항복한 죄 등
    ⓑ 중앙
      초기 부족 연맹체적이 성격이 강해 이 5부의 부족장 중에서 선출된 연맹장이 곧 국왕이 되었으나, 중앙 집권화가 진행되자 왕위는 선출이 아닌 세습제로 바뀌었다.
      ➡ 귀족들의 회의인 제가회의가 귀족들의 합의기구 역할을 하였다.
    ⓒ 지방 - 5부(욕살)

※ **8조금법 중 3조**
① 사람을 죽인자는 바로 죽인다.(생명존중)
② 남에게 상해를 가한 자는 곡물로 배상한다.(사유재산 인정)
③ 남의 물건을 훔친자는 그 집의 노(남자)비(여자)가 되나, 스스로 갚으려고 하는 자는 오십만전을 내야한다.(화폐사용, 신분사회)

※ **일책십이법(一責十二法)**
남의 물건을 훔친자는 12배의 배상을 하도록 하는 법(부여, 고구려)

ⓛ 백제
- ⓐ 중앙 : 6좌평제, 5부(달솔), 정사암회의
- ⓑ 지방 : 5방(방령)
- ⓒ **관인수재죄(官人受財罪)** : 관료들에 대한 처벌죄가 있었다.

ⓒ 신라
- ⓐ 골품제, 17관등체제, 화백회의
- ⓑ 지방 : 5주(군주), 2소경(사신)
  - ➡ 지방관이 군사 및 경찰업무도 담당하였다.(경찰업무 미분화)

④ 통일신라 시대
- ⓐ 중앙
  병부, 사정부(감찰, 규찰), **좌·우이방부**(형벌집행, 범죄수사)
- ⓑ 지방 - 9주(총관), 5소경(사신), 향·부곡(특수지역)
- ⓒ 군사 - 9서당(중앙군), 10정(지방군)
- ⓓ 형법 종류가 다양화 되었다.
  - ➡ 왕권보호 : 모반죄, 지역사불고언죄
  - ➡ 관료들 직무관련 : 불휼국사죄, 배공영사죄 등

＊ 9주 5소경
주는 505년 삼척지역에 실직주를 둔 것이 처음이며, 소경은 514년 아시촌(의성)에 소경을 설치한 것이 처음이다. 9주의 분포를 보면 신라지역에 사벌주·삽량주·청주를 설치했고, 고구려지역에 한산주·수약주·하서주를 설치했다. 백제지역에는 천주·완산주·무진주를 설치했다. 9주가 최초로 완비된 것은 685년이었다. 소경 분포를 보면 고구려지역에 북원경·중원경을, 백제지역에 서원경·남원경을, 가야지역에 김해경을 설치했다.

(2) 고려시대

① 중앙 - 2성 6부

㉠ 중추원 : 중서문하성과 함께 국정을 맡은 중요 기구였다.
  - ➡ 2품 이상의 관리인 추밀이 있었고 3품의 승선이 있었는데, 왕명 출납을 맡는 비서실 역할을 하였다.

㉡ **어사대** : 감찰기관으로 관리의 잘못을 규찰하는 임무, 풍속교정

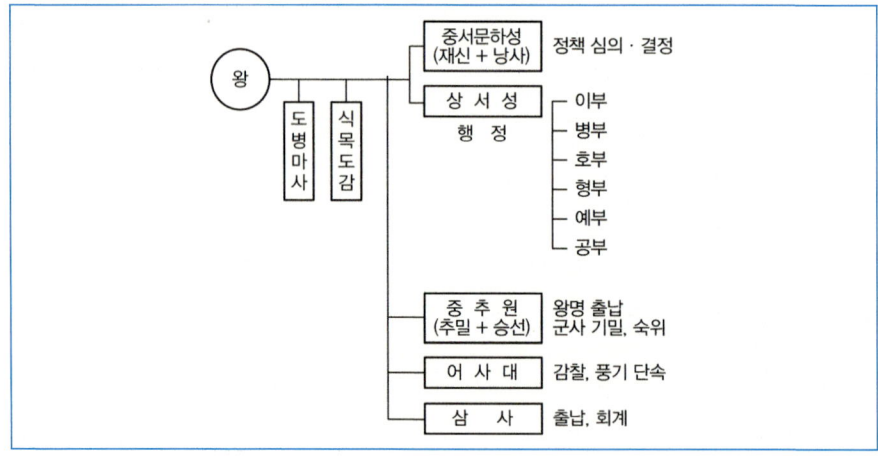

② 군사 - 2군 6위

중앙군	2군	응양군, 용호군	국왕 친위 부대
	6위	좌우위, 신호위, 흥위위	주력부대
		금오위	개경 순찰 및 포도금란(경찰업무)
		천우위	의장대
		감문위	수문부대
지방군		주현군(각주 현의 치안 유지, 외적방어) 주진군(양계 주둔경비)	

③ 지방
  ㉠ 5도(안찰사)
    지방의 행정, 사법, 경찰, 군사 기능을 통합적으로 수행하였다.
    ➡ 지방단위로 '위아' 단위에 현위를 파견하기도 하였다.(현재 경찰서, 경찰서장 유사)
  ㉡ 양계(병마사)
    국경지역인 양계에는 군대기능이 강화된 병마사가 다스렸다.

④ 순군만호부 - 원침략기
  원침략기에 순마소가 순군만호부로 개편되면서 왕권보호를 위한 정치경찰적 활동을 하였다.

(2) 조선시대

① 중앙 – 의금부(특별범죄), 사헌부(기강, 풍속), 수성금화사(소방)
  ㉠ **의금부**는 고려의 순군만호부를 개칭한 것으로 왕명을 받들고 국사범이나 왕족관련 범죄, 사형죄 등 중요한 특별범죄를 담당하였다.
    ➡ 직수아문 : 중앙기관이 경찰기능 수행함.
  ㉡ 6조 중 형조는 법률, 형사처벌, 소송 등의 업무를 관장하였다.

② 지방 – 8도(관찰사), 부·목·군·현(수령)
  관찰사의 사법상 권한은 지방통치에서 발생하는 행정경찰, 사법경찰, 민사에 이르는 포괄적이고 광범위한 권한이었다.

③ 포도청(1471)
  ㉠ 연혁 : 성종2년 포도상제에서 기원하여 중종때 포도청이란 명칭이 사용되었다.
  ㉡ 우리나라 최초의 **전문적 독립된 경찰기관**으로서 도적을 방지, 야간순찰을 하기 위해 만들어졌다.
    ➡ 폐지 : 갑오개혁때 한성부에 '경무청관제식상'에 의해 경부청이 설치되면서 폐지되있다.

④ 암행어사
  초기는 정보경찰의 활동을 주로 하였다.
    ➡ 이후 지방관리에 대한 감찰이나 민생을 조사하여 국왕에게 보고하는 등 주로 감독·감찰기관으로서 임무도 수행하였다.

★ 조선3사

사헌부	관리에 대한 감찰, 탄핵
사간원	국왕에 대한 간쟁, 언론 담당
홍문관	궁중 서적 관장, 왕의 학술자문

⑤ 다모

관비신분으로 주로 여성범죄나 양반가의 수색 등을 담당하였다.

2) 갑오개혁 이후

▼ 변화 과정

1894	1900	1902	1907	1907	1910
내무아문	경부	내부	통감부		총독부
경무청		경무청	경무부	경시청	경무총감부

(1) 경무청 출범

① 김홍집 내각

　㉠ 1894년 '각아문관제'에서 최초로 '경찰' 용어 사용하였다.

　㉡ 내무아문 소속으로 경찰을 창설하였다.

　　➡ 원래는 법무아문소속으로 시도되었으나, 내무아문 소속으로 설치하였다.

② 경무청관제직장(1894.7.14.) 제정 – 경무청

　㉠ 최초의 **경찰조직법적** 의미인 '경찰청관제직장'을 제정하여 근대경찰인 '경무청'이 창설되었다.
　　➡ 경무청관제직장은 일본의 경시청관제(1891)를 모방한 것으로 한국경찰 최초의 경찰조직법이다.
　　➡ 경무청의 장으로 '**경무사**'를 두었다.
　　➡ 경찰사무, 감옥사무, 영업사무, 소방사무 등을 담당하였다.

　㉡ 종래의 좌·우 포도청을 폐지하고, 좌·우 순청과 한성5부 경찰업무를 통합하였다.
　　➡ 경무청은 수도의 경찰기관일뿐 지방의 경찰기구는 아님.(전국관할아님)

　㉢ 한성부내 일체의 경찰업무를 관장하였다.
　　➡ 한성5부 내에 경찰지서를 설치하였다.(**경무관**)

　㉣ 종래 형조의 감옥업무를 경무청에 예속시켰다.(감옥규칙)
　　➡ 감옥은 내무대신 관할로 경무사가 관리하되 미결감과 기결감으로 나누고 재판관과 검사는 감옥을 순시한다.

③ '행정경찰장정' 제정(1894)

　㉠ 최초의 **경찰작용법** 의미를 지닌다.
　　➡ 일본의 행정경찰규칙(1875)과 위경죄즉결례(1885)를 혼합하여 만든 최초의 경찰작용법이다.

　㉡ 행정경찰의 목적과 활동을 명시적으로 규정하였다.
　　➡ 경찰 업무범위를 광범위하고 포괄적으로 규정하였다.
　　➡ 순검 복무요령, 순검채용규정, 소방, 위생, 결사, 영업, 집회, 신문 등

　㉢ 일반행정업무와 경찰업무가 비분화되고 통합적으로 수행하였다.

---

* 갑오개혁(1894)

1894년(고종 31) 7월부터 1896년 2월까지 추진되었던 일련의 개혁운동으로, 1894년 봄 호남에서 동학농민운동이 일어나고, 동학농민군과 정부군과의 강화가 성립되었으나 민씨정권이 6월 초에 청나라에 대하여 파병을 요청한 것이 발단이 되어, 일본도 조선에 군대를 파견하게 되었다. 그 뒤 일본공사 오토리는 내정개혁안을 제시하고, 또 7월 23일에는 일본군이 궁중에 난입하여, 친청(親淸) 민씨정권을 타도하고 흥선대원군을 영입하여 신정권을 수립하였다. 그 뒤 7월 27일 개혁추진기구로서 군국기무처(軍國機務處)가 설치되고, 영의정 김홍집 등 17명이 의원에 임명되어 내정개혁을 단행하게 하였다. 그뒤 개혁운동은 3차로 나뉘어 추진되었다.

* 박영효– 한국 경찰개혁 선구자

1883년 한성판윤 박영효는 한성부에 순경부(巡警部)를 설치하고 최초로 '순경' 용어를 사용하였다.

* 광무개혁

1897년 고종이 황제에 등극하고 대한제국을 선포한 후 이 개혁이 집중적으로 진행되었기 때문에 고종황제의 연호인 '광무(光武)'를 따서 '광무개혁(光武改革)'이라고 부른다. 광무개혁은 1896년 아관파천 직후부터 1904년 러일전쟁이 일어나기 직전까지 주로 보수파가 주도하였다.

④ 내부정비
　㉠ 1895년 「내부관제」의 제정을 통해 내부대신의 경찰에 대한 지휘감독권을 정비하였다.
　㉡ 1896년 「지방경찰규칙」을 제정하여 지방경찰의 작용법적 근거를 마련하였다.

 팩트DB

> **유길준 '서유견문'**
>
> ① 출간
> 　유길준이 1881년 일본에 갔을 때부터 구상하여 1885년 미국에서 돌아와 연금생활을 하면서 집필한 것이다. 1889년에 완성되었으나 6년 후인 1895년에 출간되었다.
> 　➔ 최초 국한문 혼용체
>
> ② 내용 – 총20편
> 　1889년에 유길준 본인이 쓴 서문(序文)과 비고(備考), 목차 등으로 구성되어 있다. 제1편은 지구세계의 개론, 6대주의 구역, 나라의 구별, 세계의 산, 제2편은 세계의 바다, 강, 호수, 인종, 물산, 제3편은 나라의 권리, 국민의 교육, 제4편은 국민의 권리, 인간 세상의 경쟁, 제5편은 정부의 시초, 종류, 정치제도, 제6편은 정부의 직분, 제7편은 세금 거두는 법규, 납세의 의무, 제8편은 세금이 쓰이는 일들, 정부에서 국채를 모집하여 사용하는 까닭, 제9편은 교육하는 제도, 군대를 양성하는 제도, **제10편은 화폐의 근본, 법률의 공도, 경찰**
>
> ③ 평가
> 　㉠ 영국, 미국의 제도를 바탕으로 경찰개혁을 주장하였다.
> 　　➔ 경찰권과 사법권의 분리, 위생경찰 강조 등
> 　㉡ 10편에서 근대적 경찰제도를 소개하고 개혁을 주장하였다.
> 　　➔ 경무청 창설에 큰 기여를 하였다.
> 　　➔ 영국 로버트필경의 근대경찰제도를 높이 평가하였다.

(2) 경부 경찰체제 – 광무개혁(1897)

① 1900년 '경부관제' 의해 경찰을 중앙관청인 '**경부**'로 설치하였다(격상).
　➔ 최초의 행정부로서 독립화하였다.(내부에서 독립)

② 이원적 경찰체제
　㉠ 경부에서 **한성 및 각 개장항**의 경찰업무와 감옥 사무를 통합 수행하였다.
　　➔ 1902년 광무개혁 당시에는 독립된 중앙관청으로 경부가 설치되었고, 궁내경찰서와 한성부 내 5개 경찰서, 3개 분서를 두었다.(지휘 : 경무감독소)
　㉡ 지방 : 각 관찰사 밑에 **총순**을 파견하여 관찰사를 보좌하였다.

(3) 경무청 체제로 복귀(1902)

① 경부 경찰체제가 실패한후 1902년2월18일 칙령3호 '경무청관제'를 발표해 내부 소속의 **경무청**을 다시 설치하였다(신경무청).
② (신)경무청은 황궁 내외 및 전국의 경찰 업무와 감옥업무를 관리하였다.

📄 **팩트DB**

> **감옥서**
>
> 1894년 갑오경장 때 좌우포청을 합쳐 경무청(警務廳)을 설립하여 내무아문(內務衙門)에 소속시키고 경무사로 하여금 감옥 사무를 관장하게 하는 동시에 종래의 전옥서를 감옥서로 개칭하였다.
>
> 1898년 1월 <감옥세칙>을 제정하고, 1900년에는 경무청을 경부(警部)로 독립시키고, 감옥서장으로 하여금 내부 대신의 명을 직접 받아 한성감옥을 관장하게 하고 간수장과 주사를 두었다. 1901년 경무청 제도로 복귀시키고 감옥서 의사 2인을 더 두었다.
>
> 감옥서의 소관 사무는 ① 재감인(在監人) 출입명부·소원(訴願)·급여품·투입물·소지품에 관한 사항 ② 재감인의 작업에 관한 사항 ③ 재감인의 계호(戒護)·서신·접견에 관한 사항 ④ 재감인의 행장(行狀)과 상벌에 관한 사항 ⑤ 범죄인의 형집행시의 비품용구에 관한 사항 ⑥ 문서의 편찬·보존·통계에 관한 사항 등이다. 이상과 같은 직제나 소관 사항 및 관제 용어는 모두 일본인 고문관의 관여 하에 입안된 것이었다.
>
> ⊙ 감옥에 관한 사무는 1907년 12월 칙령에 의하여 법부의 소관으로 옮겨지고, 지방에 있던 부·군의 감옥은 폐지되었다.

★ 국권침탈 과정

	통치 형태
1904년 한일의정서	고문정치
1905년 을사늑약	통감정치 (외교권 박탈)
1907년 정미7조약 (한인신협약)	차관정치
1909년 기유각서	사법권 박탈
1910년 8.29 한일강제합병	총독정치 (주권박탈)

★ 경시청(警視廳)

1907년 7월 경무청을 개칭하여 경시청이라 하였다. 직제는 1910년 2월 4일을 기준으로 하여 살펴보면, 경시총감 1인, 경시부감 1인, 경시 12인, 번역관 2인, 경찰의(警察醫) 5인, 경부(警部) 58인, 번역관보 4인이었다. 순사는 일정한 정원이 따로 없고 필요에 따라 내부대신이 정하도록 하였다. 하부조직으로 8개의 경찰서, 4개의 분서(分署), 40개의 순사주재소가 있었다.

(4) 을사조약(1905) 이후 – 통감부 정치

① **경무청 축소**

경무청은 한성부내의 경찰업무를 담당하도록 관할 범위를 축소하였다.

⊙ 1907년 헌병조례 의해 헌병이 군사경찰, 사법경찰, 행정경찰 업무도 수행하였다.

② **1907년 통감부 소속 경무부 설치**

통감부 소속으로 경무부를 설치하여 일본인 고문(경무고문)을 통해 경찰권을 침해하였다.

③ **경시청 체제(1907) - 경찰권 강탈과정**

1907년 7월 '경시청관제'를 제정해 경무청이 **경시청**으로 개칭되고, 경시총독은 내부대신의 지휘감독을 받게하였다.

경찰사무에 관한 취극서(1908)	한국 내 **일본인**에 대한 경찰사무의 지휘·감독을 일본관리의 지휘·감독을 받도록 하였다.
재한국 외국인민에 대한 경찰에 관한 한일협정(1909.3)	재한국 **외국인**에 대한 경찰사무의 지휘·감독권을 일본관리의 지휘·감독을 받도록 하였다.
한국사법 및 감옥 사무 위탁에 관한 각서(1909.7)	한국의 **사법사무**와 감옥 사무를 일본에 위탁하도록 하였다.
한국 경찰사무 위탁에 관한 각서(1910.6)	한국의 **경찰사무** 전부를 일본에 위탁하도록 하고, 경시청 관제를 폐지하도록 하였다.

④ **경무통감부 설치**

㉠ 1910년 '통감부 경찰서 관제'에 의해 통감부 소속으로 경무총감부(경찰통감부)가 설치되었다.

㉡ 각 도는 경무부가 설치되었다.

⊙ 지방행정기관과 경찰기관 분리

ⓒ 1910년 10월 통감부 폐지하고 조선총독부가 설치되었다.

 팩트DB

일본헌병의 주둔

① 1896년 한성과 부산간 군용전신선 보호를 명목으로하여 조선에 주둔하기 시작하였다.
② 1907년 한일신협약의 비공식 조항에 따라, 한국의 경찰권은 일본에 위임되었다. 그리하여 **"한국에 주둔하는 헌병에 관한 칙령"이 제정되었다.**
  ➡ 일본 본토의 헌병은 군사경찰을 주로 하는 데 대하여, 한국에 주둔하는 헌병은 치안유지를 하는 경찰 업무를 주로 하고, 군사경찰도 겸하도록 하였다. 이것은 한국 내의 독립운동을 억압하고, 항일봉기에 대비하기 위해서 였다.
③ 1907년 7월 1일에는 조선에 주둔한 헌병 병력이 부족하다는 평가에 따라 조선인 헌병보조원 제도를 도입하였다.
  ➡ 헌병보조원은 육군 이등병 혹은 일등병에 준하는 대우를 받았다.
④ 1907년 9월 10일에는 "한국에 주둔하는 헌병에 관한 칙령"이 폐지되고, **"조선 주둔 헌병 조례(조선주차헌병조령)"가 제정되었다.**
  ➡ 이에 따라 조선 주둔 헌병사령관이 조선총독부 경무국장을 겸하여 일반경찰과 군사경찰을 총괄하였다
⑤ 1910년 **조선주차헌병조령**
  ➡ 헌병이 그 신분을 유지한채 경찰의 직무를 수행할수 있게하여 헌병과 경찰을 통합적으로 운영하였다.
  ➡ 조선인의 반발이 극심하자 이를 누그러뜨리기 위해 3.1 운동 이후 폐지되었다.

3) 일제강점기 시대 경찰(1910~1945)

(1) 무단정치 – 헌병경찰제(1910.8~1919.3)

① 총독부 관제(1910.9.29.)를 공포하고 총독부에 총독을 두되 육군대장으로 보하였다.
  ➡ 무관인 총독아래에 문관인 경무총감을 두어 군정체제를 유지하였다.

  ㉠ 총독부에 **경무총감부**(장은 경무총장), 각 도에는 **경무부**(장은 경무부장)을 설치하였다.

  ㉡ 조선총독에게는 **제령권**이라는 입법권을 부여해 각종 치안입법을 통해 제국주의적 경찰권을 행사하였다.
    ➡ 경무부장에게는 **명령권**을 부여하였다.

  ㉢ 헌병은 주로 군사경찰상 필요한 지역 또는 의병활동지역 등에 배치되었다.
    ➡ 치안수요가 많은 도시나 개항장에는 일반경찰을 배치하였다.
    ➡ 헌병경찰은 의병토벌, 첩보수집 뿐아니라 민사소송조정, 집달관리업무, 일본어보급업무, 국경세관업무, 부업장려 등 광범위한 업무를 수행하였다.

  ㉣ 서울과 황궁의 경찰사무는 경무총감부의 직할로 하였다.

*
1910년 '조선주차헌병조령'에 의해 헌병이 일반 치안을 담당할 근거 마련

* 일제의 탄압을 위한 법률

신문지법	조선 말기 일제가 우리 나라의 신문을 탄압·통제하기 위하여 제정한 법. 1907년 7월 이완용내각이 법률 제1호로 공포, 실시한 것으로 1908년 4월 29일 일부 개정되었다. 그 뒤 정부수립 후인 1952년 4월 4일에야 법률 제237호에 의하여 폐지되었다.
보안법	1907년 7월 24일 집회와 결사·언론의 자유를 탄압하기 위해 일제가 대한제국 정부에게 제정, 반포하게 한 법률.
출판법	일제가 출판물을 탄압하기 위해 1909년 2월 제정, 반포하게 한 법률이다.

② 경찰관계 제법규

범죄즉결례 (1911.1)	1910년 일본이 조선 지배를 강화하기 위하여 일정한 범죄나 법규 위반 행위에 대해서 헌병대장, 분견소장 등에게 재판을 거치지 아니하고 바로 처벌하도록 제정하였다. 법령. 과료에 해당하는 범죄와 3개월 이하의 징역 또는 100원 이하의 벌금에 해당하는 범죄 또는 행정 법규 위반 등이 해당되었다. ● 즉결권은 인권침해적 규정이다. 궐석재판도 가능.
경찰범처벌규칙 (1912.4)	위반자에 대해 구류, 과료를 처하도록 하여 한국인의 일상생활의 자유와 행동을 극도로 제한하였다.
조선태형령 (1912.4)	1882년 폐지한 태형을 다시 제정공포하였다. 징역·구류·벌금에 해당하는 범죄에 대해 태형을 적용하였다. ● 한국인에게만 적용하였다.
조선형사령 (1912.3)	조선인에게 적용되었던 형사에 관한 사항을 규정한 형사기본법으로 실체법과 소송법의 성격을 갖고, 검사의 공소 유지를 위한 사법경찰관의 집무규정등을 마련하였다. 1912년에 제령(制令) 11호로 공포·실시되어 10여차의 개정을 거쳐 해방 후에도 군정법령 제21호에 의거하여 효력이 있었고, 대한민국 수립 후에도 개정 전의 헌법 100조에 의거하여 그 효력이 지속되었다. ● 1953년에 현행 형법의 실시와 동시에 효력을 상실했다.

(2) 문화통치 - 보통경찰제도(1919.3.1. 이후)

① 1919년 3.1운동후 문화통치라는 명분아래에 법제상 '보통경찰제'를 채택하였다.
  ● 경찰조직의 외형적 축소는 있었으나, 직무와 권한에 대한 기본적 변화는 없었다.
  ● 오히려 정치범처벌법을 제정하여 단속을 강화하였다.

② 총독부 직속의 경무총감부가 폐지되고, **경무국**이 전국의 경찰사무와 위생사무를 감독하였다.
  ● 총독부 외청으로 경찰관 강습소 설치

③ 종래 한국이에게만 적용하던 '순사보'를 없애고 일률적으로 '순사'로 하였다.
  ● '경무보' 계급이 신설됨

④ 관계 법규

정치범처벌법 (1919.4)	3.1운동을 계기로 1925년 일본에서 제정된 '치안유지법'을 국내에 그대로 적용해 탄압을 강화하였다.
예비검속법 (1941)	범죄 방지를 명분으로 죄를 저지를 개연성이 있는 사람을 사전 구금하는 것을 규정한 법률로 당시 우리나라에 대한 탄압을 더욱 공고히 하기 위한 법률이다. ● 일제는 2차 대전이 일어나자 전시체제를 구축하면서 1941년 식민지 조선에 "조선정치범 예비구금령"을 시행하였다.
기타	• 1939년 외사경찰과 설치 • 1939년 총독부 경찰국에 방호과 설치(소방 및 수방사무) • 1940년 경무국의 분과는 6과제가 됨

2 현대 한국 경찰

1) 대한민국 임시정부의 경찰

[대한민국 임시정부 경찰조직]

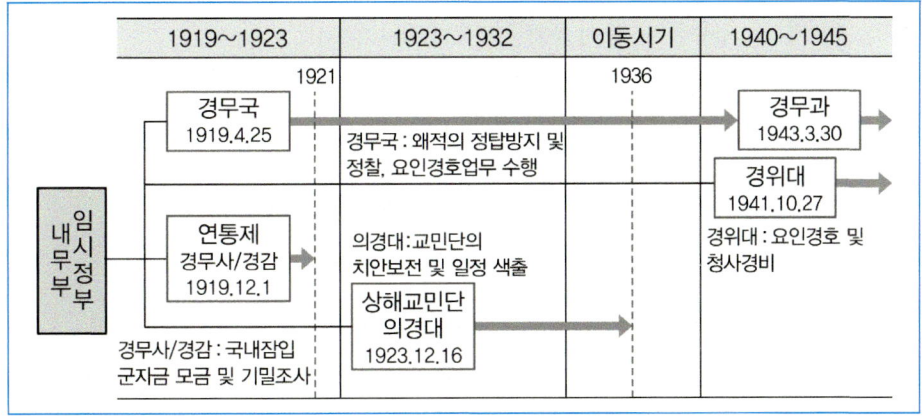

(1) 경무국

① 대한민국임시정부장정(1919.4.25.)

임시정부 때 대한민국임시정부장정을 제정하여 내무부 소속으로 **경무국**의 직제와 사무를 규정하였다.

➡ 초대 경무국장 : 백범 김구, 소대 경무국장 : 김용원

② 이후 '대한민국 임시관제(1919.11.5.)'로 발전하였다.

➡ 임시정부에 의한 정식 치안조직이다.

(2) 연통제

① 국내 각 지방의 **연락제도**로 설치하여 군자금 모금 및 기밀조사를 실시하였다.

➡ 도에는 경무사, 각부·군에는 경감을 두어 경찰, 위생 사무에 종사하게 하였다.

② 각 도 단위로 지방행정기관인 독판부를 두었고, 독판부 산하 경찰기구로 **경무사**를 두었다.

➡ 1921년 이후 점차 약화되었다.

(3) 중경(충칭)시대 : 1940년 이후

① 경무과

1943년 제정된 '대한민국 잠행관제'에 의해 임시정부 내무부에 **경무과**를 만들었다.

➡ 일반경찰사무, 인구조사, 정보수집 등 임무

② 경위대

중경시기에 자체적 경찰조직인 **경위대**(경무과장이 겸임)를 설치하였다.

➡ 임시정부 청사 경비, 요인보호 등 임무

★ 상해교민단의경대

임시정부를 지원하던 외곽단체 중의 하나로 상해에 거주하는 동포의 자치와 국내 동포의 지원을 목적으로 활동하였다.
1919년 3월에 조직된 교민친목회가 같은 해 9월대한인민단(大韓人民團)으로 개편되고, 그것이 다시 1920년 1월에 상해대한거류민단(上海大韓居留民團)으로 발전하였다. 1920년 3월 임시정부에서는 이를 법제화하여 임시거류민단제(臨時居留民團制)를 공포함으로써 임시정부 산하기구가 되었다.

(4) 임시정부 경찰 인물

인물	활동
김구	초대 경무국장으로 임시정부 경찰의 기틀을 다짐.
김철	의경대 활동을 통해 항주 시기 임시정부를 이끎
나석주	경무국원으로서 폭탄 의거를 행함(1926년).
장덕진	의경대원, 독립운동 자금 마련활동등을 수행.
김석	의경대로서 윤봉길 의사 의거를 지원하였다(1932년).
나창헌	경무국장 지냄, 의열투쟁에 참여함.
김용원	김구를 이어 경무국장을 역임하고, 귀국후 군자금 모집등 활동함

2) 미군정 시대(1945~)

(1) 국립 경찰 창설

① 초기에는 '태평양미군총사령부 포고1호'를 통해 과도기적인 군정의 실시와 구 관리 체제를 유지하였다.

② 경무국 창설
1945.10.21. 군정청에 **경무국**을 창설하였다.(경찰창설 기념일)

③ 경무부 승격
1946.3.29. 경무국을 국방사령부와 같은 **경무부**로 승격하였고, 지방에 3개의 경무총감부를 설치하였다.

(2) 주요 특징

① 한국 해방을 위한 군정경찰의 성격이다.

② 군사성을 띠고 있는 임시적 경찰이며 전투경찰의 성격이었다.
　→ 정보경찰이 신설되었다.

③ **영·미법계** 경찰의 특성을 지닌다.
　→ 경찰이념 및 제도에 민주적 요소가 도입되었다.

④ 경찰업무의 비경찰화 및 일원화가 이루어졌다.(경찰 활동 영역 축소)
　→ 1945년 정치범처벌법, 치안유지법, 예비검속법 폐지하였다.
　→ 정보경찰은 비경찰화 대상 아님.

⑤ 6인 위원으로 구성된 **중앙경찰위원회**(1947)가 설치되었다.
　→ 국민의 생명과 재산보호, 중앙경찰위원회를 통한 통제 등 민주적 요소가 도입되었으나 성공하지는 못하였다.(경찰의 민주화 실패)

⑥ **여자경찰제도**가 신설되었다.(1946)

⑦ 경찰의 독자적 수사권이 인정되었다.
　→ 1945.12 미군정 훈령3호 의해 수사는 경찰이, 기소는 검사가 담당하는 체제가 도입되었다.

＊ 미군정시기
1945년 일본의 항복으로 한반도 북위 38°선 이남 지역에 미군이 진주하여 9월 8일부터 1948년 8월 15일 남한단독정부가 수립되기까지 3년 동안 실시한 군사통치시기이다. 미소간의 한반도 분단점령이 결정된 후 중장 J.R.하지의 지휘하에 미육군 24군단은 9월 8일 인천에 상륙, 서울로 들어와 9일 삼팔선 이남 지역에 대한 군정을 포고한 데 이어 12일 소장 A.V.아널드가 군정장관에 취임함으로써 미군정체제가 수립되었다.

＊
1945.11.8. 제복, 제모가 미국경찰의 제복양식으로 변화되었다. 경찰검(대검)이 경찰봉으로 바뀌고, 무궁화 휘장의 채택, 봉사와 질서 흉장의 패용이 이루어 졌다.

＊ 안맥결 총경
① 안창호 선생의 조카딸로서, 독립운동가 출신의 여성경찰관이다.
② 1946년 미군정하 여자경찰간부로 임용되며 국립경찰에 투신하였고, 1952년부터 2년간 서울여자경찰서장 역임하며 풍속, 소년, 여성보호 업무 담당하였다.
③ 1957년 국립경찰전문학교 교수로 발령 받아 후배 경찰교육에 힘쓰다 1961년 5·16군사정변이 일어나자 군사정권에 협력할 수

없다며 사표 제출하였다.

> **팩트DB**
>
> **비경찰화**
>
> ① 위생업무의 위생국 이관
> ② 경제경찰 폐지, 경찰사법권, 고등경찰제 폐지
> ③ 검열 경찰과 출판경찰의 이관
> ④ 소방부 및 보방 위원회의 창립과 사무이관
> ⑤ 중앙경찰위원회 설치
> ⑥ 기타 허가권의 이관 및 폐지

3) 대한민국 정부 수립 이후(1948) – 치안국 시대

(1) 중앙

① 대한민국 정부는 최초로 자주적 입장에서 '**정부조직법**(법률1호)'를 근거로 경찰체제를 규정하였다.
  ➡ 정부수립후 1991년 경찰법 제정때까지 경찰체제의 근거법은 정부조직법이었다.

② 1948년 정부조직법상 내무부 소속 **치안국**으로 격하되었다.(대통령령 13호 내무부 직제)
  ➡ 내무부장관의 감독을 받는 보조기관의 지위로 약화되었다.
  ➡ 식민지 경찰에 대한 국민의 반감, 일본 관료조직의 모방, 친일행위자의 참여등 때문이다.

(2) 지방

각 시·도의 경찰국은 시장, 도지사의 보조기관이 되었다.
  ➡ **경찰서장**은 유일하게 행정관청으로서의 지위를 유지하였다.

> **팩트DB**
>
> **6.25전쟁과 구국(호국) 경찰**
>
> | | |
> |---|---|
> | 안종삼 서장 | 1950년 7월 전남 구례경찰서 안종삼 서장은 예비검속 된 480명 보도연맹원들에 대한 총살명령에 대해 '내가 죽더라도 방면하겠으니 국가를 위해 충성해 달라'고 말한후 전원 방면하였다. |
> | 주관묵 경감 | 1950년 강원도 양구서 주민 2천명 대피후 동료와 전사 |
> | 김해수 경김 | 1950.7 영월 발전소 탈환 전투에서 전사 |
> | 차일혁 경무관 | ① **호국경찰·인권경찰·문화경찰**의 표상
② 일제강점기 중국에서 광복군·조선의용대·조선의용군 독립운동, 광복 후 우익 최전선에서 대한민국의 탄생에 도움을 줌
③ 전북 18전투경찰대대장(경감)으로 경찰 투신, 남부군 사령관 이현상 사살(1953년)로 빨치산 토벌의 주역임, 빨치산 토벌 당시 이현상을 '적장의 예'로써 화장해주고, 생포한 공비들에 대하여 관용과 포용으로 귀순을 유도한 인본경찰·인권경찰의 표상이 됨
④ 공비들의 근거지가 될 수 있는 사찰들을 불태우라는 상부의 명령에 대하여 '절을 태우는 데는 한나절이면 족하지만, 세우는 데는 천 년 이상의 |

	세월로도 부족하다.'며 사찰의 문짝만 태움으로써 화엄사(구례), 천은사(구례), 선운사(고창), 백양사(장성), 쌍계사(하동), 금산사(김제) 등 사찰과 문화재를 보호하였고, 충주경찰서장 재직 당시 '충주직업소년학원'을 설립하여 불우아동들에게 배움의 기회를 제공하는 등 문화경찰의 표본이 됨
강삼수 경감	산청에서 유격대 10명으로 공비 322명 사살
최규식 경무관, 정종수 경사	1968년 무장공비 침투사건(1.21 사태) 당시 종로경찰서 자하문검문소에서 무장공비를 온몸으로 막아내고 순국함으로써 청와대 사수하고 대한민국을 위기에서 건져 올린 **호국경찰** 표상

(3) 특징

① 치안국은 일제하의 경찰기구를 바탕으로, 미군정 하의 경찰조직제도를 가미하여 만들었다.

② **경찰관직무집행법**(1953) 제정하여 국민의 생명·재산 보호 같은 영미법적 요소가 도입되었다.
   ◐ 조직법적 체계는 형성되지 못했다.

③ 해양경찰대(1953), 전투경찰대(1970)가 실시되었다.

④ **경찰공무원법**(1969) 제정하였다.
   ◐ 그동안 국가공무원법에 의거하던 경찰공무원 채용이 처음으로 특별법에 의해 이루어지게 되었다.
   ◐ 경정·경장 계급을 신설하였고, 2급지 경찰서장을 경감에서 경정으로 격상하였다.

4) 치안본부 시대(1974년)

① 1974년 육영수 여사 저격 사건을 계기로 치안국이 **치안본부로 격상**되었다.
   ◐ 육군 중장이 치안본부장이 되었다.

② 경찰 조직
   중앙조직은 정부조직법에, 지방조직은 지방자치법, 서울특별시 행정에 관한 특별법, 지방자치법에 분산되었다.
   ◐ 기존제도를 세분화하고 제도를 보완하는 형식적 개편에 머물렀다.

✽ 역사적 주요 과정
1949 경찰병원 설치
1955 국립과학수사연구소 설치
1966 해외주재관제도 시행
1966 경찰윤리헌장 선포

✽ 육영수 여사 저격 사건
1974년 8월 15일, 서울 장충동 국립중앙극장에서 진행된 제29회 광복절 기념식에서 대통령 박정희가 경축사를 하던 도중에 청중석에 있던 재일한국인 문세광이 쏜 총에 의해 영부인 육영수가 맞아 사망한 사건을 말한다.

③ 민주 경찰 인물, 경찰 영웅

문형순 서장	제주 4.3사건 당시 주민들을 구함. 1948년 제주 대정읍에서 좌익명단에 오른 주민 100명을 자수하도록 권유하고 훈방하였다. 1950년 성산포서장 재직시 계엄군의 예비검속자 총살 명령에 부당함을 이유로 불이행한다고 거부하고 278명을 방면하였다.
안병하 치안감	① **민주경찰·인권경찰**의 표상 ② 육군사관학교 출신으로 1961년 경찰에 투신, 1979년 2월 전라남도 경찰국장으로 임명 ③ 5·18 광주 민주화운동 당시 안병하 국장은 과격한 진압을 지시했던 군과 달리, '분산되는 자는 너무 추격하지 말 것, 부상자 발생치 않도록 할 것, 기타 학생은 연행할 것' 등을 지시하고, '연행과정에서 학생의 피해가 없도록 유의하라'고 지시함. 신군부의 명령 위반이유로 직위해제 당함.
이준규 서장	1980. 5. 18. 당시 목포경찰서장으로 재임하면서 안병하 국장의 방침에 따라 경찰총기 대부분을 군부대 등으로 사전에 이동시켰으며 자체 방호를 위해 가지고 있던 소량의 총기마저 격발할 수 없도록 방아쇠 뭉치를 모두 제거해 원천적으로 시민들과의 유혈충돌을 피하도록 조치하여 광주와 달리 목포에서는 사상자가 거의 나오지 않았다.
최중락 총경	2019년 검거왕, MBC드라마 '수사반장' 실제모델
김학재 경사	1998년 부천남부서 근무중 피의자로부터 피습당했으나, 검거후 순직 2018년 경찰 영웅 선정
박재표 경위	1956년 8월 도의원 선거 때 자유당 후보 당선을 위해 투표함 바꿔치기를 목격하고 내부고발을 통해 사회에 알림.(경찰 최초 내부고발자)

5) 경찰청 시대(1991년)

① 1991.5.31. 경찰법 제정되었다.
- 내무부 소속 독립 외청인 경찰청으로 격상 개편되었다.
- 내무부 치안본부장이 경찰청장으로 변경되고, 경찰청장은 행정관청으로 승격되었다.

② 정치적 중립

내부부에 경찰위원회제 도입 하여 정치적 중립과 민주화를 추구하였다.
- 정치적 중립 확보는 미흡하였다고 평가된다.
- 시·도지사 밑에 치안행정협의회를 두었다.
- 경찰청장의 임기제를 도입하였다.

③ 경찰청장, 지방청장을 독립 관청화(행정관청 지위) 하였다.
- 내무부의 외청이란 점에서 완전한 경찰독립은 아니다.

④ 2006년 제주특별자치도 자치경찰제 실시

★ 주요 사항
- 1996년 해양경찰청을 해양수산부로 이관
- 1999년 경찰서에 청문감사관제 도입
- 2000년 사이버대응센터 설립
- 2005년 경찰병원을 책임운영기관화

6) 자치경찰 실시(2021)

'국가경찰과 자치경찰의 조직 및 운영에 관한 법률(2020.12.22.)'을 통해 국가경찰 사무와 자치경찰 사무로 분리하여 자치경찰제를 실시한다.

➔ 시·도자치경찰위원회가 자치경찰사무를 지휘·감독 하도록 하였다.

7) 경찰국 설치(2022년)

행정안전부 내에 경찰국을 설치하였다.

팩트DB

한국 경찰제도 전개

	연도	내용
치안국	1948	정부수립, 내무부 아래 **치안국** 설치(격하)
	1949	경찰병원 설립
	1953	**경찰관직무집행법 제정** : 작용에 관한 기본법 해양경찰대 발족(12.23)
	1954	경범죄처벌법
	1955	국립과학수사연구소
	1966	경찰관 해외주재관제도 경찰윤리헌장 선포
	1969	**경찰공무원법 제정** - 경정, 경장 신설, 계급정년제(경감이상)
	1970	전투경찰대 설치법
치안본부	1974	내부무 **치안본부**로 개편, 22특별경비대 설치
	1975	소방업무 분리(소방을 민방위본부로 이관)
	1979	경찰대학설치법
경찰청	1991	**경찰법 제정 5.31** - 경찰청 승격, 경찰청장과 지방경찰청장은 독립관청화 - 경찰위원회, (시도지사소속)치안행정협의회 설치
	1996	해양수산부로 해양경찰청 이관
	1998	경정 계급정년제
	1999	청문감사관제 도입
	2000	사이버테러대응센터 설치
	2005	경찰병원을 책임운영기관으로 전환
	2006	제주특별자치도 자치경찰제 실시
	2021	국가경찰과 자치경찰의 조직 및 운영에 관한법률 - 자치경찰제 실시, 국가수사본부 설치
	2022	행정안전부내 경찰국 설치

각국의 경찰제도

1 의의

각 나라들은 저마다의 역사, 문화, 제도 배경하에서 국가마다 다른 경찰제도를 운영하고 있다.

▼ 기본모형

	분권형	집권형	절충형
가치	민주성, 시민의 자유, 정의	효율성, 사회안전	자유와 안전의 조화
책임주체	지방정부	중앙정부	중앙 + 지방
장점	권한남용 억제	범죄통제에 효율적 통일된 치안서비스 제공	조정과 통제
단점	광역범죄 대응 곤란 비효율성	권한남용 우려	업무분류 모호 책임소재 불분명
경찰기관수	많음	적음	중간
국가	미국, 캐나다, 영국	프랑스, 이탈리아, 스웨덴	한국, 일본, 독일

2 영국

1) 영국경찰 역사

시기	특징	제도
근대경찰 창설(1829)	근대 경찰 창설 자치경찰제 확립(런던 - 국가경찰, 그 외 - 자치경찰)	지방분권
중앙정부 권한 강화(1980년 이후)	범죄 증가에 효율적 대응위해 내무부장관 권한 강화	중앙집권
경찰개혁(2010 이후)	내무부장관 권한 축소 주민 직선의 지역치안위원장이 지역담당	지방분권

① 영국 경찰은 전통적으로 **분권적·자치적 경찰구조**를 발전시켜왔다.
② 범죄 예방 담당인 제복경찰부와 체포 처벌의 권력직인 형사부제제로 발전하였다.

(1) 고대 시기(앵글로 색슨 시대)

① 집단안전체제
앵글로 색슨시대는 치안유지의 기본적 책임을 각각의 마을이 분담하게 하는 자치 치안의 전통이 강하였다.

② 조합제도(십인, 백인, 만인)

10인보증제도 (Frank-Pledge System)	전통적인 10가구가 조합을 이루어 치안을 유지하는 Tything 제도를 실시하였다. ◐ 10인 조합장은 도적 추적, 범죄자 체포, 형벌 부과 등 책임(에드가법)
백인조합제도(Hundred)	100가구가 조합을 이루어 치안을 유지하는 로 발전하였다. ◐ Hundred의 관리책임자인 Constable은 오늘날 영국경찰의 기원이 되었다.
만인조합	**보안관(sheriff)** Hundred(백인조합) 단위가 합쳐져 샤이어 구성, 주민 선거로 선출된 조합장인 Shire Reeve가 해당지역의 행정·사법권을 행사하였다.

＊ 컨스터블(constable)
근대이전 영국과 미국에서는 법률을 집행하는 치안관계 공무원을 말한다. 컨스터블이 평시에는 사법 장관을 도와 법률을 집행하는 컨서베이터(나중에 치안 판사)를 겸하는 경우도 있었다.

(2) 중세 시기

11C (노르만 정복시대)	① 전통적인 Frankpledge 체제가 강화 되었다. ② 국왕이 책임자인 Sheriff를 파견하여 Frankpledge의 장은 중앙정부에 의해 임명직으로 전환되었다. ③ 범죄를 개인이나 집단이 아닌 국가가 처벌해야 한다는 개념이 나타났다. ◐ 헨리법전(1116년)
13C	① 공동책임의 단위가 장원으로 바뀌었고 각 장원의 법원이 영주가 장원을 다스리는데 필요한 경찰관(Constable)을 포함한 지방관리를 임명 ② 에드워드 1세 : 범죄의 증가에 대처하고 지방도시의 치안유지를 위해 '윈체스터법'과 '수도런던에관한법률'을 제정 ③ **윈체스터법**(1285) ◐ 지방도시의 치안유지를 위한 경찰활동을 보장하기 위한 법률 (수도경찰청법 제정 전까지 600년 동안 존재한 경찰법) ㉠ 치안판사의 지휘를 받는 constable이 경찰권 담당 ㉡ **야경인**(Watchman) 제도를 도입하여 경찰관의 임무 보좌 　◐ 공공도로 단속, 중요범인 체포 ㉢ 모든 주민에게 Hue and Cry 식의 범법자 추적의무를 부과 (치안유지는 국민의 의무) ㉣ 15세 이상 60세 미만의 남자들에게 계급에 따라 무기비치의 의무를 부과하여 일정한 장비를 보유할 수 있게 함
14C (교구경찰)	① 교회지역의 사회단위인 교구가 행정력을 갖춘 지방정부 단위로서 변화되었다. ◐ 16C 중반까지 교구 경찰관 무보수 명예직, 윤번제 ③ 교구경찰의 쇠퇴(17C말) : 경찰관의 자질 저하로 기존의 교구경찰제와 야경단제도 등에 대한 경찰직 의미가 쇠퇴하였다.
17C	청교도 혁명(1642) 이후 전국에 육군 헌병으로 통일적인 경찰조직(국가경찰)을 창설하였으나 국민의 반감으로 곧 폐지되었다.

＊ hue and cry
부당한 대우를 당하거나 중죄인을 발견한 자는 고함소리를 내는 것이 의무였고, 그 이웃들은 범인의 추적과 체포를 도와야 했다. 추적에 참여한 모든 사람은 설사 체포된 자가 무죄임이 밝혀지더라도 그 사람의 체포에 대해 면책되었다. 19세기 폐지되었다.

(3) 근대 경찰 – 경찰 개혁 요구 증대

1749	헨리 필딩 법관	
	➡ 보우가주자(Bow street runner) 창설 : 최초의 형사기동대 이후에 기마순찰대, 절도체포대, 도수분찰대 등 창설해 수도경찰청의 기본이 됨	
1792	미들섹스법원법	
	➡ 런던에 7개의 간이재판소와 3명의 치안법관 및 6명의 경찰관을 임명함	
	➡ 치안법관(치안판사) : 영국의 하급 재판관으로서 대법관이 임명하고 일정 지역 치안유지를 담당하며, 주된 활동은 형사사건이며 약식기소 범죄에 대하여는 제1심으로서 심리를 함	
1829	① **수도경찰청 설립**(1829, 로버트 필 내무부장관) ㉠ 산업혁명이후 치안유지가 어려워지고 런던경찰의 필요성이 증가해 수도경찰청법에 의하여 로버트 필경이 국가경찰로서의 수도경찰청이 설립되었다. ㉡ 여러 경찰 조직을 통합하여, 계급·제도·정복착용 등의 통일을 추진하여 영국 경찰의 기초가 되었다. ➡ 수도경찰청은 국가경찰로서 형식적·간접적으로 내무부의 지휘를 받았지만, 실제운용면에서는 직접적인 지휘·통제를 받은 것은 아니다. ② Robert Peel의 경찰 원칙 ㉠ 경찰의 기본적 임무는 **범죄와 무질서의 예방**이다. ㉡ 경찰의 임무수행을 위한 힘은 **시민의 지지와 존중**에서 나온다. ㉢ 경찰은 국민들의 준법정신 향상을 위해 **적극적으로 협력**하여야 한다. ㉣ 경찰의 강제와 물리력 사용은 국민의 지지를 받기 위해 **최소한**으로 사용되어야 한다. ㉤ 시민의 지지와 승인은 여론에 영합하는 것이 아니라, 지속적으로 **공정한 법 집행**을 통해 확보된다. ㉥ 경찰과 시민 간 협력관계를 유지하며 경찰은 **공동체의 이익을 위해 봉사**하는 일원이다. ㉦ 경찰은 기능수행에 필요한 정도의 권한만 행사해야 한다. ㉧ 경찰의 능력은 가시적인 경찰력의 행사가 아닌, **실제적인 범죄와 무질서의 감소**에 의해서만 평가 받아야 한다. ㉨ 경찰은 **법집행의 역할**을 하는 것이지, 유무죄의 판단을 하는 사법부의 권한을 행사하는 것으로 보여서는 안 된다. ③ 리챠드 메인(Richard Mayn) ➡ 경찰의 목적은 1차적으로는 범죄의 예방, 2차적으로는 범인의 체포 및 처벌이라고 주장하였다. ④ 군(郡) 경찰법(County Police Act) ➡ 농촌지역에서 인구 1천 명당 1인의 경찰관을 임용하였다.	✱ R. Peel경의 영국 경찰개혁 12원칙 ① 경찰은 안정되고, 능률적이고, 군대식으로 조직화되어야 한다. ② 경찰은 정부의 통제하에 있어야 한다. ③ 경찰의 능률성은 범죄의 부재에 의해 가장 잘 나타날 것이다. ④ 범죄발생 사항은 반드시 전파되어야 한다. ⑤ 시간과 지역에 따른 경찰력의 배치가 필요하다. ⑥ 자기감정을 조절할 줄 아는 것이 가장 중요한 경찰관의 자질이다. ⑦ 단정한 외모가 시민의 존중을 산다. ⑧ 적임자를 선발하여 적절한 훈련을 시키는 것이 능률성의 근간이다. ⑨ 공공의 안전을 위해 모든 경찰관에게는 식별할 수 있도록 번호가 부여되어야 한다. ⑩ 경찰서는 시내중심지에 위치하여야 하며, 주민의 접근이 용이해야 한다. ⑪ 경찰은 반드시 시보기간을 거친 후에 채용되어야 한다. ⑫ 경찰은 항상 기록을 남겨 차후 경찰력 배치를 위한 기준으로 삼아야 한다.
1835	도시자치법(County and Corporations Act)	
	➡ 시·군경찰위원회를 발족하여 전국 경찰의 표준화 작업을 수행하였다.	
1856	도 및 특별시 경찰법(County and Borough Police Act)	
	➡ 자치경찰에 대한 내무부장관의 감독권과 통제권을 강화하였다. ➡ 경찰기관의 통일성 확보 (분권적 체제에서 절충적 체제로 전환하는 계기가 됨)	
1919	경찰법(Police Act)	
	➡ 경찰관의 근무여건에 대한 개헌 요구 반영하여 제정되었으나 그 목적이 실현되지는 못하였다.	

(4) 현대 경찰

1931	트렌챠드의 경찰개혁 : 경찰의 조직과 운영에 대한 개혁을 실시함 ➡ 일선경찰의 통합, 순찰제도의 개선, 경찰시설의 확충 등 ➡ 경찰기관의 대대적인 합병은 아니다.
1942	긴급국방조례(1942) ➡ 제2차 세계대전 중 경찰임주 증가, 인력감소, 방공대비 등에 대처하기 위해 경찰기관의 '합병명령'을 발하였다.
1962	왕립경찰위원회의 보고서 ① 지방경찰의 난립에 따른 조직과 권한행사의 불통일성의 시정 ② 경찰관의 근무조건 개선 ③ 효율성위해서 국가경찰제도로의 전환 검토 → 실패하였다.
1964	경찰법의 제정(왕립경찰위원회 보고서의 권고내용 반영) ① 지방경찰조직의 통폐합 (내무부장관에게 경찰본부 합병권 부여) ② 모든 경찰본부의 관리기구를 경찰위원회로 통합(수도경찰청과 런던시 제외) ③ 3원체제 형성 ➡ 내무부장관 · 경찰위원회 · 경찰청장으로 구성

(5) 1980년 이후

① 영국경찰의 신중앙집권화 경향
- ➡ 1984년 : 경찰및형사증거법 제정 → 경찰력 강화, 범죄로부터 국민보호
- ➡ 1985 : 범죄사건기소에관한법률 → 국립검찰청 창설, 이전까지 경찰이 행사해 오던 기소권을 국립검찰청에서 행사하도록 함(경찰은 불기소처분 사건에 관한 독자적 수사종결권만 행사)

② 1994년 : 3원 체제 내에서 내무부장관의 영향력 강화
- ➡ 중앙범죄정보국(NCIS) · 중앙범죄수사국(NCS) 등을 흡수 합병한 중대조직범죄청(SOCA)를 창설

③ 2000년 이후 수도경찰청이 자치경찰화 되었다.

④ 경찰개혁법(2002)에서 지방경찰활동계획의 작성을 지방경찰위원회에 부여하고, 민간인에게 제한적 경찰권을 부여하고, 지방경찰청장에 대한 내무부장관의 권한을 강화하였다.

⑤ 2012년 기존체제를 4원체제로 변경하였다.(지역치안위원장, 지역치안평의회, 지방경찰청장, 내무부장관)

⑥ **국립범죄청**(2013, NCA)
기존 SOCA를 해체하고 창설한 중앙정부차원의 수사기구이다.(국가범죄 수사국)
- ➡ 내무장관이 지방경찰청장 중 국립범죄청장을 임명한다.

★ **영국 항만경찰**
부두, 운하, 다리, 철도와 공장이나 토지 및 인접 1마일 이내 지역을 관할하고, 런던항만경찰과 전국항만경찰로 나누어지며, 런던항만경찰은 런던항만관리청이 임명하고, 전국항만경찰청은 치안법관이 임명한다.

★ **영국 공원경찰**
공중위생법이 정한 공원과 유원지를 관할하고, 지방자치단체가 소속직원을 공원관리 목적으로 경찰관으로 임명한다.

(5) 제도 특징

① 현재 자치경찰의 성격을 강화하기 위해 **4원체제**를 실하고 있다.
　➡ 2012년 경찰개혁 및 사회책임법

② 원칙적으로 상호지휘나 통제를 받지 않는 분권적 경찰제도이다.

③ 영국은 잉글랜드·웨일즈·스코틀랜드·북아일랜드에 52개의 지역경찰청을 중심으로 운영하고 있다.
　➡ 북아일랜드는 내무부장관 직속의 국가경찰제이다.

④ 런던 경찰청
　런던시 지역을 담당하며, 수도경찰청과는 독립된 별개의 자치경찰제이다.

> **★ 런던 수도경찰청**
> ① 2000년 국가경찰에서 자치경찰로 변화됨
> ② 청장 : 내무부장관 추천으로 국왕이 임명
> ③ 임무 : 왕실경호, 대테러, 강력사건 등
> ④ 관할 : 대런던 지역(런던시는 제외)

📝 팩트DB

영국 4원체제 – 자치성격 강화

구분	권한과 책무
내무장관	① 국가적 범죄에 대응관련해 지역경찰에 임무부여 및 조정 ② 지방경찰 **예산의** 50%를 부담하며 이에 대한 감사
지역치안위원장 (지방치안관리관)	① 지역주민의 **선거**에 의해 선출한다.(민주적 통제) ② 기존의 경찰위원회의 임무를 대신해 지방경찰청장, 차장을 임명한다. ③ 지역치안계획을 수립하고 재정을 총괄한다.
지방경찰청장	① 지역치안위원장 하에 지방경찰청장이 지방경찰을 운용(집행) ② 지방경찰에 대한 독립적인 지휘 및 통제권 행사 ③ 지방경찰청 **차장 이외**의 모든 경찰에 대한 인사권
지역치안평의회	① 지역치안관리관을 출석하게 하여 치안문제들에 대해 질의, 답변요구한다.(선출직 시민대표와 독립위원으로 구성) 　➡ 지역치안위원장의 **견제기구**이다. ② 지역경찰 예산집행에 대한 감시권 행사 ③ 지역치안위원장의 지방경찰청장 임명에 대한 인사청문회 개최 ④ 지역치안위원장의 업무에 대한 조사의뢰와 주민소환투표

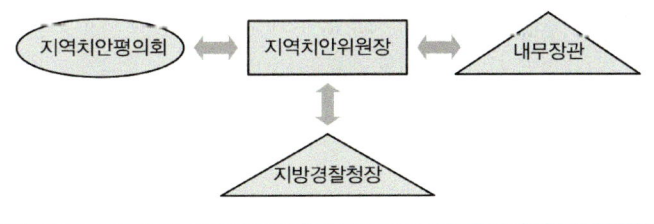

※ 영국 검찰청
영국은 경찰이 수사와 기소권을 가졌다.
◐ 1985년 검찰청을 설립
◐ 주로 공소유지 권한, 기소권을 갖는다.(수사와 기소 분리)
◐ 경찰이 수사 착수시 검사의 승인 필요함
◐ 사인소추의 전통이 강함
◐ 중대범죄수사청(SFO)는 수사와 기소, 재판까지 담당함

2) 영국 경찰의 수사구조

(1) 형사사법제도

① 국립기소청을 창설(1985) 하여 검사가 모든 범죄에 대한 기소를 담당한다.
　◐ 검찰은 수사하지 않고, 수사는 경찰의 책임이다.
② 치안법원이 담당하는 경미한 범죄에 대해 경찰은 약식기소한다.
③ 검찰과 경찰은 **상호협력관계**이다.
　◐ 사법경찰이 독자적 수사권을 보유하고, 조직과 업무상 독립되어 있으나 대등한 상호협조 관계이다.

(2) 수사경찰의 권한

① 영국경찰은 수사의 주재자로서 수사를 담당하며, 광범위한 재량권을 갖는다.
② 수사종결 후 검찰에 송치여부 결정, 정액부과금 결정을 **독자적으로 결정**한다.
　◐ 스코틀랜드와 북아일랜드는 독자적 수사권이 없다.

3 미국

1) 미국 경찰 역사

(1) 식민지시대와 독립초기

① 미국 경찰은 초기 뉴잉글랜드 지역에 정착한 영국인을 통하여 영국식 경찰 제도를 실시하면서 시작하였다.
② 초기 미국의 '작은 정부 사상'의 영향으로 분권화된 체제였다.
　◐ 경찰은 정치의 영향을 많이 받았다.

식민지시대	① 영국의 경찰제도를 도입하여 각 지방마다 선택적으로 도입, 발전하였다. 　◐ 북부 : Town에서 영국의 도시경찰과 같은 Constable, Watchman이 치안 담당, 후에 도시경찰로 발전함. 　◐ 남부 : County를 관할하는 Sheriff가 치안 담당 ② 미국 도시경찰의 시초 　◐ 보스턴시 야경제도(1631) – 6인의 야경원과 1명의 책임자를두었다. 　◐ 이후 뉴욕, 필라델피아 로 도시경찰의 발전이 이루어짐
독립 초기	① 뉴욕에서 시장·상급치안관·치안관·마샬·야경원 등 새로운 경찰계급 제도 성립 ② 연방 지방검사제도 성립 (연방법 위반사안 소추, 각 주에 1명) ③ 주군인경찰 성립 (주지사 지휘)

(2) 근대경찰(19C)

① 배경

19C 도시화·산업화·인구의 증가로 종래의 치안관·보안관·야경원만으로 치안에 대응할 수 없게 되었고, 미국의 대도시에 경찰개혁이 시작되었다.

근대적 개혁	① 경찰개혁 전개 **보스턴 경찰**(1838) → 뉴욕(1844) 경찰 → 필라델피아(1848) 경찰 개혁 ③ 보스턴시 경찰개혁 최초 시경찰국(1838)을 신설하였다.(시보안관 밑에 경찰관리 9명 임명) 최초의 제복경찰관제 실시하였다.
주경찰 창설	① 전개순서 **텍사스 레인저**(1835) → 메사추세츠(1865) → 펜실베니아(1905) ② 국제경찰장협회(IACP) ◐ 미국경찰의 과다한 분권화로 인한 비능률 극복, 상호협력 증진 등 경찰조직운영에 있어서 전국적 통일성을 보완하기 위해 전국경찰책임자들이 모여 창설(1902)하였다.

★ 최초의 근대적 주경찰
펜실베니아

② 근대 경찰 개혁의 특징

㉠ 19C 미국경찰은 지나친 지방분권화와 정치적 영향으로 효과적인 범죄대처가 어렵고, 부패와 비능률이 만연하면서 경찰개혁의 필요성 증대되었다.
  ◐ 대응방안으로 주경찰 조직을 시작하였다.(최초의 주경찰 - 텍사스 레인저)

㉡ 연방경찰에 대한 필요성으로 미연방 법무성에 연방범죄수사국 창설(1908년)되었으나 경찰의 효율성 증진에 크게 기여하지는 못하였다.
  ◐ 주 경찰의 빠른 정비에 비해 연방경찰의 성립은 느리게 진행되었다.(20C 초까지 치안유지는 주나 지자체에서 담당, 연방경찰은 제대로 성립되지 않았다.)
  ◐ 연방경찰의 권한이 강하여 지역경찰 위축된 것은 아니다.

㉢ 민간경비 시작
역마차나 철도를 통한 이동의 안전과 보호를 위해 **민간경비활동**이 시작되었다.(1848)

(3) 현대 개혁(1920년 이후)

① 경찰의 전문직화 : 경찰을 정치로부터 분리하여 정치적 간섭을 배제하였다.
  ◐ 경찰학교 설립(1908), 과학기술 도입 등
② 지방자치의 본질을 유지하면서 연방과 주 경찰제도의 조화를 추구하였다.
③ 연방범죄수사국(FBI) 창설(1935) : 연방의 일반경찰기관

★ 회사경찰
19세기 후반 미국의 여러 주들은 일단의 법률제정작업을 통하여 회사들이 자체경찰력을 창설하거나 기존의 경찰조직과 계약을 체결할 수 있도록 만들었다. 이에 따라 설치된 회사경찰의 대표적인 예는 구사대의 역할을 수행했던 '펜실베이니아 석탄·철 경찰'이었다. 한편 독립경찰조직이었던 '핑커턴 탐정사무소'는 열차경호, 열차강도 검거, 반노동조합 활동 등 다양한 업무를 수행하여 유명해졌다.

위커셤 위원회 보고서	① 경찰에 대한 **정치적 간섭을 배제**한다. ② 경찰채용기준 및 **교육의 강화**를 통한 경찰의 기술혁신 ③ 경찰관의 **근무조건 개선**(직업경찰제도의 추진)
볼머 (A.Vollmer)	① 경찰은 정치로부터 독립되어야 한다. ② 경찰관은 잘 훈련되고 체계적으로 조직되어야 한다. ③ 법은 공평하게 집행되어야 한다. ④ 경찰은 과학기술을 적극적으로 수용하여야 한다. ⑤ 실적주의에 의한 인사운용이 기본이다. ⑥ 경찰의 기본적 역할은 범죄척결자(Crime Fighter)이다.
윌슨 (O.Wilson) 의 경찰개혁	① 조직구조의 혁신을 통해 전문직업 경찰제도를 확립하였다. ② **순찰제도 개선**(자동차 이용 순찰, 1인 순찰제도) ③ 시민 신고에 대한 즉응체제 구축 ④ 무선통신을 통한 효율적 경찰업무 혁신과 전문화 추진 ⑤ 주기적인 담당구역 변경

(4) 1960년대 이후

① **적법절차의 요구 증대**

인권 강화등 사회적 배경으로 인해 경찰업무 집행에 적법절차가 강조되며 경찰위기가 대두하였다.

➡ 범죄의 효율적 대응보다 인권보장을 강조하는 시기

② **경찰개혁** : 여성경찰관 증대, 유색인종 경찰 증대, 대졸경찰관 채용 증가 및 신임경찰교육시간 확대 등으로 추진하였다.

* 미국 판례
㉠ Mapp판결(1961) - 불법수색과 압수로 수집한 증거는 피고인에게 불리하게 사용될 수 없다.
㉡ Miranda 판결(1966) - 경찰관은 피의자에게 묵비권, 진술이 법정에서 불리하게 작용될 수 있다는 것, 변호인 조력권 등을 고지하여야 한다.

(5) 1970년대 이후 : 지역사회 경찰활동

① 범죄예방에 중점을 두는 **지역사회 경찰활동**에 초점을 둔다.
② 단순한 범죄해결뿐만 아니라 사회질서를 유지하면서도 주민에게 봉사하는 경찰활동을 지향하였다.

사건 위주 경찰활동	① 의의 : 사후대응적인 전통적인 경찰활동 의미 ➡ 사건 위주의 경찰활동은 일반적으로 순찰경찰관이 접수·처리한 신고 사건들은 많은 시간 투자에 비하여 그 성과가 미미하다고 평가 ② 사건위주 경찰활동의 특성(사후대응적 활동) ➡ 범죄피해자나 목격자·용의자로부터의 정보획득 ➡ 무관용 원칙으로 형사처벌의 위하효과를 통한 법집행 ➡ 관할구역에서 발생하여 처리된 사건들의 통계수치를 통한 경찰 업무성과 측정
문제 지향적 경찰활동	① 지역사회 문제에 경찰이 능동적으로 대처 하고, 장기적 원인을 분석, 대응전략의 타당성을 평가하여 새로운 해결책을 개발하려는 전략이다. ② 문제지향적 경찰활동의 문제해결 과정모델 (SARA 모델)

* SARA 모델
㉠ Scanning(탐색) - 문제를 발견, 확인하는 단계
㉡ Analysis(분석) - 발견된 문제의 원인, 범위, 효과들을 해결하기 위해 행동하는 단계
㉢ Response(대응) - 전 단계에서 발견된 문제들을 해결하기 위해 행동하는 단계
㉣ Assesment(평가) - 전 단계인 대응전략이 제대로 작용하였는가 여부를 평가하는 단계

2) 미국 경찰의 조직

(1) 제도적 특징
① 대등협력관계 : 연방경찰, 주경찰, 지방자치경찰은 분권적, **독립적이면 대등한 협력관계**이다.
② 연방정부는 헌법 명문상 경찰권을 갖고 있지는 않고, 사실상 경찰권을 행사하며 그 기능이 확대되는 추세이다.
③ 미국은 전국 경찰을 일원적으로 지휘하는 기구가 **없다**.
④ 경찰활동 목적은 범죄통제나 사회안전보다 시민 자유 보장을 강조한다.
⑤ 넓은 지역 때문에 경찰활동의 한계를 보완해 **민간경비업이 발달**하였다.
⑥ 경찰관의 **다수가 노동조합**에 가입하고 있으나, 매우 개별화되어 있어서 전국적 노조조직이 없다.

> ✱ 미국 검찰
> 미국 법무부 장관은 연방검찰총장을 겸한다.
> ● 전국 93곳의 연방검찰청을 지휘함
> ● 연방검찰은 테러, 주요 경제범죄 등을 직접수사, 기소 가능
> ● 경찰에 대한 수사지휘권은 없음

(2) 경찰조직 구조
① 연방경찰
  ㉠ 법무부 소속 기관

연방범죄 수사국 (FBI)	① 1908년 법무부 수사국으로 설립되어 활동, 1935년 기구를 확대하면서 명칭 변경 연방수사국(FBI)이 되었음 ② 1차 세계대전을 거치면서 첩보활동, 파업방지, 인권침해 등 업무를 처리하게 되었고, 2차 세계대전을 거치면서 태업·전복·간첩행위를 검거하는 수사기관 및 정보기관으로 기능이 강화됨 ③ 후버국장 때 여러 가지 개혁을 추진함(1942) ④ 연방의 일반경찰로서 모든 연방범죄와 타 기관에서 관할하지 아니한 모든 범죄 수사 ⑤ FBI의 기본 임무 : 연방범죄수사, 국내 공안정보의 수집, 특정공무원의 신원조사, 범죄감식·범죄통계의 작성, 지방경찰직원의 교육 훈련 등
연방보안관	① 영국 보통법의 전통을 이어받은 제도로서 1789년 워싱턴 대통령이 처음 13명을 임명한 이해 계속되어 온 미국 최초의 연방법집행기관이다. 　● 건국 초기 연방정부의 유일한 일반적 법집행권을 가지는 조직 ② 주요임무 여러 주를 관할로 하며 은행강도·유괴·마약·테러 등 국가적 범죄에 대한 범인의 체포 및 호송 담당한다. 　● 관할법원의 법정관리와 법정경비, 체포영장·기타 영장·소환장의 집행, 연방범죄 피의자 호송, 증인의 신변안전보호, 지역적 소요의 진압, 기타 법무부장관의 특별지시 이행

> ✱ FBI(Federal Bureau of Investigation)
> 일반적으로 이 기관은 연방정부의 이해관계가 걸린 경우의 수사책임을 맡고 있는데, 연방정부의 다른 기관이 법령이나 행정법령에 따른 임무를 명확하게 맡고 있는 경우는 예외이다. 임무를 수행하기 위해 수사국은 사실을 모으고 수사결과를 미국 법무장관과 워싱턴 D. C.에 있는 그의 보좌관들, 그리고 연방사법부의 검사들에게 보고한다.
> 수사국의 연방 형사수사권에 들지 않는 주요예외사항으로는 마약위반과 이민문제, 세금·관세·통화 위반, 담보사기, 우편위반이 있는데 이것들은 각각 법무부에 속한 마약단속국과 이민국, 재무부에 속한 국세청, 관세국, 비밀검사국, 증권거래위원회, 체신부의 책임이다.

> ✱
> 미국 연방보안관의 임기는 4년이고, 상원의 조언과 승인에 따라 대통령이 임명한다.

마약단속국 (DEA)	미국 법무부 산하의 법 집행 기관. 리처드 닉슨 미국 대통령이 "마약과의 전면적인 세계전쟁"을 선언하면서 1973년 7월 1일 설립하였다. 마약 밀수와 미국 내 마약 유통의 단속 및 예방을 담당한다.
알코올· 담배· 무기수사국 (ATF)	① 재무부 소속기관이었으나, 2003년 법무부 소속으로 개편되며 명칭 변경되었다. ② 주요 임무 독립한 법집행기관으로서 알콜·음료의 밀조·탈세 적발, 불법담배 단속, 총기의 제조·수입·판매에 대한 연방법 위반 단속, 폭발물의 규제와 단속 담당 ➡ 임무수행을 위해 직접 체포·수색·압수 등 조치를 할 수 있는 권한을 보유

ⓒ 국토안보부(DHS : Department of Homeland Security)

2001년 9.11테러사건 이후 중복적이던 대테러기능을 연방차원에서 통합운영하기 위해 설립하였다.(2003)

국경 교통안전국	주요 국경의 검문과 교통업무 담당
긴급 구호국	국내 재해에 대한 구호훈련 감독, 재해대응의 협력 업무 담당
과학 기술국	국가를 안전하게 지키기 위한 모든 과학적·기술적 발전을 이용할 수 있도록 지원 ➡ 소속기관 : 동력자원부의 화생방원자력대응계획·환경측정연구소, 국방부의 국립생화학무기방어분석센터, 농림수산부의 플럼도(島)동물재해센터
정보분석 및 기간시설 보호국	다른 기관으로부터 제공받은 국내안전에 위협을 주는 정보를 분석하고, 국가의 기간시설의 위험을 평가 ➡ 소속기관 : 상무부의 중요기간산업보호청, 청무처의 연방컴퓨터사고대응센터, 국방부의 국립통신체계, 연방수사국의 국립인프라보호센터, 동력자원부의 동력안전보장계획
총무국	예산·총무업무, 인사문제 담당
특별 업무국 (SS)	➡ 연방정보국·비밀경호국이라고도 함 ㉠ 독립전쟁 당시 영국이 퍼뜨린 위조통화의 단속을 위해 1865년에 창설 • 원래 재무부 소속이었으나 국토안보부(DHS)로 소속이 변경되었음 ㉡ 주요 임무 • 연방정부의 화폐·지폐·공채·연방정부발행증권의 위조를 금지하는 법률 집행 • 국고·은행·통화에 관한 법집행 • 대통령 및 대통령 가족, 대통령 후보자의 경호 • 백악관과 외국대사관의 경비
해안 경비대	영해 경비와 해양구난 등 담당하는 군사조직

② 주 경찰
　㉠ 경찰권은 원칙적으로 주의 권한이다.
　　◉ 주 전역을 관할하며, 일반적 경찰권 행사한다. (하와이주는 설치안함)
　㉡ 주경찰기관이 지방경찰을 통제하지 못하도록 주경찰의 활동을 제한하고 있어서 실질적 치안유지는 **지방경찰**이 담당한다.
　　◉ 주경찰과 지방경찰은 상호독립적이고, 주경찰이 지방경찰에 대한 보완적 역할을 한다.
　㉢ 조직의 형태는 지역적 특색, 임무의 차이, 발전과정에 따라 **주마다 상이**하다.
　　◉ 주경찰은 일반적으로 주경찰국과 고속도로순찰대로 조직된다.
　㉣ 제복경찰관으로 된 경찰조직은 각 주 경찰청 중 하나가 있거나, 유사한 조직이 둘 이상 있는 주에서는 대개 그 활동을 조정하는 별개의 상급기관을 두고 있다.

주경찰청 (Department of Public Safety)	① 일반경찰기능과 각종 법집행기관을 통합한 형태 ② 주의 각 법집행기관의 업무통합과 조정을 위해 주경찰청을 설치하는 주가 점차 증가하는 추세이다.(종합조정기관) ③ 최근에는 조직의 중복을 피하고 조직관리·기술·정보부문을 일원화하고 있으며, 특수분야의 수사에서 일반적인 범죄수사권이나 치안에 관한 권한을 부여하는 방향으로 바뀌고 있다.
경찰국 (State Police)	① 동부지역 미시간·뉴욕·버지니아 등 21개 주에서 설치함. 　◉ 통상 주 전역에 일선기관을 두고 있음 ② 제복경찰활동을 중심으로 한다. ③ 기능 : 주민의 생명·신체·재산의 보호와 범죄예방·치안유지·범죄수사·교통경찰업무 등 기본적 경찰기능 수행함 ④ 고속도로순찰대보다 지역하부기관의 수가 많음 　◉ 주의 교통경찰업무는 주경찰국의 업무에 속함
고속도로 순찰대 (Highway Patrol)	① 주로 남부지역 캘리포니아, 오하이오 등 19개주에서 설치 ② 일반적 경찰기능을 행사하지 않고, 주요 고속도로에서의 순찰활동만 수행한다. 　◉ 고속도로순찰대가 없는 주에서는 주경찰국이 고속도로순찰대의 역할 병행 ③ 제복경찰활동 중심 ④ 임무 일반적으로 차량의 운행을 규제하는 교통관계 업무와 법규의 집행을 하지만, 일부 주에서는 범죄수사에 관한 권한을 가지기도 함

* **주경찰 창설**
최초로 근대적인 주립경찰이 창설된 것은 1905년 펜실베이니아 주에서였다.
이후 펜실베이니아 주립경찰의 모범에 따라 뉴욕(1917), 미시간, 콜로라도, 웨스트버지니아(1919), 매사추세츠(1920)에서 차례로 주립경찰이 탄생되었다.

③ 지방자치경찰
  ㉠ 도시경찰(Municipal Police)

의미	① 자치도시인 시(City), 법인격이 인정되는 타운(incorporated town), 빌리지(village) 또는 버로우(Borough)의 경찰을 총칭한다. ② 미국의 법집행기관 중 **가장 규모가 크고 중요**하며, 24시간 상시 신고 대응 체제를 유지하면서 다른 기관이 맡지 않은 모든 사회문제에 대응한다. ◐ 뉴욕시 경찰이 규모가 가장 크다. ③ 미국의 도시경찰은 우리의 순찰지구대(파출소)와 같은 기능을 하는 일선조직을 가지고 있지 않으며, 외근경찰활동에 최우선을 두고 순찰을 실시하고 있다.
임무	① 각 도시는 지방경찰법령의 제정·공포·집행의 권한을 가지고 있으며, 도시경찰은 특히 주법의 주요 규정 중 도시의 위생·주택·도덕·교통·경제 등의 폭넓은 조례 집행 의무를 가지고 있어 현실적으로 도시경찰에 부여한 권한의 범위는 상당히 광범위하다. ② 주정부로부터 경찰행정에 관한 입법·행정의 권한을 부여받고 있으며, 그 경찰행정에 대한 의무·책임이 있음 ③ 주 헌법은 도시경찰에 대해 추상적인 권한을 부여하고 있다. ④ 미국의 도시경찰은 우리와 달리 대부분 형사부서가 경찰서 소속이 아니라 경찰국에서 직접 운용하며, 하부조직으로 경찰서를 두고 있는 경우도 있다.
비판	① 과도한 권한분산으로 경찰행정의 능률이라는 측면에서 각종 경찰의 상호간 협력이 저해된다. ② 겸업금지이지만, 열악한 지위로 인해 경찰관이 아르바이트 등을 하는 경우가 많다.

  ㉡ 지방경찰
    ⓐ 도시경찰의 발달로 인해 지방행정조직 중 도시경찰을 제외한 나머지 지방경찰을 의미한다.
    ⓑ 주경찰과의 관계는 **상호 독립적**이고, 주경찰이 지방경찰에 대한 기능적 보완을 하고 있다.

군경찰 (County Police)	보안관 (County Sheriff)	① 임무 및 선출 : 미국 최초의 경찰관으로 로즈아일랜드와 하와이 주를 제외하고는 **선거**로 선출, 관할구역 내의 치안유지는 물론 영장의 집행, 재판비용의 징수, 사형의 집행, 법원의 경비담당 등 담당 ② 선거로 선출되며, 알래스카를 제외한 모든 주의 군에서는 1명의 보안관을 두고 있으나 전문성이 약하다.
	검시관 (Coroner)	① 임무 : 범죄의 혐의가 있는 변사자를 검시, 범죄로 사망한 것으로 인정되면 증거를 보존하고 보안관에게 범인수사에 대한 조언등 ② 선거에 의해 선출되어 전문성이 떨어지는 한계가 있다.

면경찰	① 치안관(Constable) 제도 　◉ 대부분 선거로 선출하지만 예외로 주지사나 상원, 주지방법관 등이 임명하는 다양한 방법이 있음 ② 선거로 선출하는 경우 비전문적이고, 경찰사무에서 비능률적이고 중대사건 처리능력이 부족하여 현재는 조직화한 별도의 면경찰이 치안관을 대체하고 있음 　◉ 봉급은 업무 수수료로 취득, 대부분 별도 직업이 있음
특별구경찰	특별구에 설치하여 특정기관이나 지역의 경찰활동을 위해 조직하는 경찰이다. ◉ 주로 교통 · 주택단지 · 공원 · 공립학교 · 대학경찰, 지하철 경찰 등

3) 경찰의 수사구조

경찰	① **독자적 수사권**을 갖는다. ② 수사개시, 진행, 기소·불기소 결정, 종결에 대한 권한을 갖는다.
검찰	① 공소제기 권한을 갖는다. ② 송치사건에 대한 기소여부 결정과 보완수사요구(공소유지)를 할 수 있다. ③ 주에 따라 특별한 사건(조직범죄, 경제범죄 등)에 대해 직접수사가 가능하기도 하다.

검찰과 경찰은 **상호 협력관계**이다.
◉ 수사권한은 경찰, 공소제기는 검사에게 있다.

4 프랑스

1) 프랑스 경찰 역사

(1) 구체제 시대(11~17C)

앙리1세 시대 (1032)	파리 내의 치안 유지를 창설한 국왕 친위순찰대격인 **프레보**(Prevot)가 재판·경찰을 담당하였다.
꼬뮌의 자치경찰 (11C)	11C 영주로부터 자치권을 획득한 꼬뮌의 시장이 질서유지를 위한 행정경찰권을 담당
국립 군경찰 (1378)	1371년 샤를르 5세가 성내를 제외한 군 주둔지 내의 치안 유지를 군이 경찰업무를 담당하도록 한 것이 군인경찰제도의 시초가 됨
경찰국 창설 (1667)	루이 14세 때 프레보로부터 경찰업무를 분화하여 파리경찰국을 창설 ◉ 지방 대도시에도 경찰국을 두어 중앙집권과 자치적 성격을 모두 가짐

(2) 프랑스 혁명기(1789)

경찰국의 폐지	파리경찰국이 폐지하고, 지방경찰체계 수립 ◉ 파리시는 국립민간방위대가 치안을 담당하고, 지방은 군경찰이 치안을 담당하였음
나폴레옹 집권기	파리경찰청 창설(1800년) - 나폴레옹 경찰개혁 ◉ 행정기구와 지방제도를 중앙집권하면서 경찰권의 중앙집권화

(3) 근대 프랑스경찰

19C	① 중앙집권화의 강화
	② 경찰을 감독하기 위해 내무부 안에 경찰청 창설(1881)
	  ➡ 파리경찰청은 제복을 착용하였다.(1829)
	③ 경찰의 업무범위가 확대 : 드레퓌스 사건 이후 보안업무나 국경업무도 경찰이 담당하였다.
	  ➡ 인구 5000명 이상의 지역에 경찰서 등 국가경찰기관 설치
	④ 군경찰의 변화 : 군경기동대가 창설되고, 중앙으로부터 예산지원을 받는 등 개혁이 이루어짐

20C	① 중앙집권화 더욱 강화됨
	  ➡ 내무부 경찰청을 국립경찰청으로 변경
	② 경찰제도의 통일화를 위해 인구 1만 이상의 도시는 모두 국가경찰로 전환하였다.
	  ➡ 1996년 이후 인구 2만명 이상의 도시에 국가경찰 배치, 자치경찰의 설치기준 완화
	③ 내무부의 국립경찰청과 파리경찰청을 통합하여 **국립경찰로 일원화**됨 (1968)
	④ 군경찰은 국방부 소속으로 배치되었다.

※ **드레퓌스(Alfred Dreyfus) 사건**
프랑스군 유대인 포병대위인 알프레드 드레퓌스(Alfred Dreyfus)가 독일 측에 기밀문서를 넘긴 혐의로 1894년 12월 군사법정에서 유죄판결을 받고 복역 중, 재판의 정확성과 신뢰성에 의문을 품은 일단의 인사들이 재심을 진정하고 이에 재심 여부에 대한 찬반이 벌어져 마침내 1901년 드레퓌스가 사면된 법정 사건이다. 이 사건은 공화국 체제의 원리인 인권 개념이 우선하는가, 공화국에 반대하는 군과 성직의 기존 세력이 공화파를 제압할 것인가 하는 정치 이념적인 성격을 띠었다.

2) 프랑스 경찰조직

(1) 국가경찰

국립경찰	① **내무부장관 소속 경찰청장이** 전국국립경찰을 통일적으로 지휘감독한다.
	② 인구 2만 이상의 꼬뮌에 배치된다.
	  ➡ 도지사가 경찰업무를 관장한다.
	③ 국립경찰 : 경찰청 본부조직, 파리경찰청, 지방조직 등이 있음
	  ➡ 광역수사를 위해 중앙에 경찰청 수사국, 지방에 지방수사국을 둔다.

군경찰	① 인구 2만 미만의 **꼬뮌**은 군경찰이 배치되어 **도지사가 관장**한다. ② 군인경찰은 국립경찰이 배치되지 않은 읍면에서 도지사의 지휘를 받으며 지방경찰의 인원부족을 보충하는 역할을 한다. ③ 파리지역에 국립경찰과 군인경찰이 상호 중복하여 배치되어 있음

※ **파리경찰청**
나폴레옹이 1800년에 시민혁명의 성공적 완수를 위해 창설하였다. 파리가 정치·경제·사회·문화의 중심지이자 인구밀집 지역이고 역사적으로 폭동이 잦아 황제가 직접 지휘를 하는 특별 경찰기관이었다.
그 뒤로 파리경찰청장은 국립 경찰이면서도 경찰총국장의 지휘를 받지 않고 내무부 장관의 직접 지휘 아래, 수도 파리시를 비롯해 주변 3개 데파트망의 치안과 행정은 물론 파리시와 인근 7개 데파트망의 국방도 책임지는 프레페로서의 임무를 수행하는 특수한 지위를 갖고 있음.

(2) 자치경찰

자치
경찰
	① 인구 2만 미만의 지역에서 치안상 필요에 따라 극히 제한적이고, 예외적으로 행정경찰 분야의 자치경찰 설립을 허용한다(지방의회 동의).
	  ➡ 자치경찰은 읍·면장의 책임 하에 두지만, 일정한 인구 이상의 읍·면에서는 도지사가 지휘·감독을 가지고 있으며, 읍·면장은 도지사의 감독을 받아서 자치체경찰을 지휘·감독함
	② 공공도로의 통행편의와 안전·공공의 질서·소란·분쟁·집회·장례 등 구체적으로 열거되어 있어 자치체경찰의 업무 분야는 **아주 제한되어 있다.**
	  ➡ 강력 범죄 대한 수사권이 없음.

(3) 특징

① 국가경찰(국립경찰·군경찰)과 자치체경찰의 이원적 구조를 취하지만, 일반적으로 중앙에서 지휘·감독하는 **국가경찰 중심**으로 운영한다.

② 경찰청장에 민간인을 임명하고, 경찰청장은 내무부장관의 지휘를 받도록 한다.
   ➡ 경찰청장과 경차국장을 일반공무원으로 임용하여 경찰력을 견제하도록 하였다.

③ 행정경찰과 사법경찰을 엄격히 구분하였다.(상호교류 없음)

④ 국가경찰과 자치경찰이 각각의 담당관할과 경찰업무가 명확히 구분되어 있어 **분업 및 협동체계**를 이루게 되어 상호충돌이 없다.
   ➡ 국가경찰은 생활안전 · 수사 · 교통 · 질서유지 등 일반 경찰업무 담당
   ➡ 자치체 경찰은 자치단체장의 규칙 등 극히 지역적인 경찰

3) 프랑스 수사구조

① 사법경찰은 법무부장관의 관할이며, **법원의 하부조직으로 검찰**을 둔다.
   ➡ 법원이 수사와 재판을 담당하고 있다.

② 검사의 기소독점주의를 인정하지 않는다.

예심 제도	① 프랑스는 '소추기능', '예심기능', '재판기능'간 분리가 명확하다. 　➡ 소추는 검사, 예심은 예심법관, 재판은 판결법원이 수행함 ② 예심판사는 사법경찰에게 수사에 관하여 필요한 조치 요구 가능하다. ③ 예심판사도 기능상으로는 수사의 주체이지만, 형사소송법상으로는 수사의 주체가 검사에 한정되어 있다.
사법 경찰	① 사법경찰이 수사를 함에 있어서는 수사(예심)판사 또는 검사의 지휘·지시를 받도록 되어 있으나 경찰의 **독자적 수사개시권**을 법률로 인정한다. 　➡ 실제로는 일부 중대 범죄에만 검사가 개입, 대부분의 범죄는 경찰이 독자적 수사를 진행한다. ② 경찰의 초동수사권은 인정, 수사판사가 강제수사권자, 검사는 임의수사 및 기소권자이다. ③ 검찰이 법원의 하부조직 으로 되어있으며, 검찰은 소추 권한과 일부 수사권을 행사하고 재판과 대부분의 수사는 모두 **법원의 권한**이다. 　➡ 검사는 10년 이상의 중죄, 소년범에 대하여 필수적으로, 경죄에 대하여는 임의적으로 수사판사에게 수사개시를 청구할수 있다. ④ 범죄피해자가 수사판사나 재판법원에 사인소추 가능하다.

5 독일

1) 독일경찰 역사

※ 제국경찰법
1530년에 제정된, 교회 행정 권한을 제외한 모든 국가 행정을 경찰 업무로 규정한 독일의 법. 도시 국가에 관한 모든 조직 및 업무에 대하여 규정하였으므로 헌법을 의미하기도 했다.

18세기 이전	① 독일은 지방을 다스리는 봉건영주들이 경찰권을 행사하였다. ② 1530년 **제국경찰법** 　➡ 경찰권은 교회행정을 제외한 국가작용을 의미하였다. ③ 1794년 프로이센 일반란트법 　➡ 경찰은 공공의 안녕과 질서유지만을 임무로 하였다.(소극적 위험방지)
19세기	**1882년 크로이쯔베르크 판결** 1848년 베를린에서 국가경찰인 정복경찰 탄생 1919년 제1차대전 때 중앙집권적 경찰 창설
나치시대	① 각 주에 속해있던 경찰권을 박탈하고 경찰권을 중앙에 집중하여 국가경찰 창설(1936) ② 보안경찰·질서경찰 및 돌격대를 합쳐 국가치안본부를 설치·운영하였음(1937)
2차대전 이후	① 2차 세계대전 후 연합국의 4D 정책 추진과 더불어 **비경찰화** 작업이 진행되었다. 　➡ 2차 세계대전 이후 연합국은 지방분권화, 자치경찰화, 행정경찰과 집행경찰의 분리 등을 경찰개혁의 3대 목표로 추진하였다. 　➡ 경찰업무와 정보업무를 엄격히 분리하여, 경찰은 범죄정보만 취급하게 하였다. ② 1949년 제정된 독일기본법에서 일반경찰행정권을 주정부의 권한으로 귀속시켜 독일 경찰조직의 중점이 다시 주(란트)에게 이전되었다. 　➡ 각 주는 독자적인 경찰법을 제정하여 경찰의 기본임무를 규정하고 있고, 연방정부 수준의 통일적 경찰법은 존재하지 않음 　➡ 독일의 대부분의 주는 주정부의 자체입법으로 '**주(란트) 단위의 국가경찰체제**'를 채택하였다. ③ 1950년대 연방단위의 연방국경수비대, 연방범죄수사국 설립 ④ 2005년 연방국경수비대가 연방경찰청으로 개칭되었다.

※ 4D 정책
탈나치화, 탈군사화, 탈정치화, 민주화 및 지방분권화

※ 독일연방공화국 기본법
(Grundgesetz für die Bundesrepublik Deutschland)
1949년 당시 서독에 의해 제정되어 동독과 통일하기 전까지의 임시 헌법이라는 의미에서 '기본법'(Grundgesetz)이라는 명칭을 사용하였으나, 1990년에 통일한 이후에도 '헌법'으로 바뀌지 않아 지금까지 유지되고 있다. 2014년 12월 23일(BGBl. I S. 2438)에 마지막으로 개정되었다. 사회민주주의적 헌법이라고 한다.

2) 독일 경찰 조직

(1) 연방경찰과 주경찰 관계

① 독일에서는 연방경찰과 주경찰은 **상호 독자적** 지위를 유지하고 있으며, 양자간의 관계는 상명하복 관계는 아니다.
　➡ 연방경찰은 연방정부의 내무부에, 주경찰은 주정부의 내무부에 속한다.

② 연방내무부장관은 원칙적으로 주경찰에 대하여 재정부담의 의무, 지휘통솔권을 갖지 않는다.
　➡ 예외적으로 연방경찰 관할에 속하는 업무에 대하여는 주경찰에 대한 통제를 인정하고 있다.

③ 연방경찰은 전국적 사항이나 국가적 긴급사태에 대처하기 위하여 설치되어 국경경비와 특수임무만 수행하고, 주경찰이 사실상의 지역치안을 전담하고 있다.

⑥ **주경찰은 독립관청형**이고, 연방경찰기구인 연방범죄수사국은 보조기관형으로 조직되어 있다.

(2) 연방경찰

연방헌법
보호청
(BVS)
	① 1950년 독일기본법을 근거로 설치되었다.
	② 국가방첩임무와 반국가단체 및 문제 인물에 대한 감시업무와 극좌·극우의 합법·비합법단체, 스파이 등 기본법 위반의 혐의가 있는 모든 행위에 대한 감시업무와 정보수집 및 분석임무를 담당한다.
	③ 연방헌법보호청은 법률상 집행업무를 할 수 없고, **경찰권한도 없기** 때문에, 범죄에 대한 수사권은 보유하고 있지 않다.
	   ➲ 구속·압수·수색·소환 등의 권한이 없음
	④ 독일 연방헌법보호청은 **구속, 압수, 수색 등의 업무를 할 수 없으며**, 심문을 위한 소환이나 강제수단을 행할 수 없다. 다만, 정보수집을 위하여 의회의 감독 아래 전화감청을 할 수 있다.
	⑤ 연방헌법보호국은 반국가사범에 대한 수사권을 가지고 있지 않으며, 반국가사범의 위법한 행위에 대한 정보를 경찰당국에 이첩해야한다.
	   ➲ 기관분리의 원칙에 따라 정보기능과 수사기능을 분리·수행하고 있음

연방 범죄수사청 (BKA)	① 각 주에서 발생하는 전국적인 연방관련 주요범죄에 대처하기 위해 연방내무부 산하에 설치하였다.(1951) ② 범죄 수사 분야에 대한 각 주의 **협조 및 지원업무**를 담당하는 관서이다. ➲ 전국 경찰의 수사활동과는 큰 관련성이 없다. ③ **독일인터폴 중앙사무국**의 역할을 수행한다.
연방경찰청	① 연방국경경비대가 2005년 개칭되었다. ② 임무 : 국경보호업무, 국가비상사태 방지 및 경찰력 지원, 연방헌법기관 경비, 해안경비, 철도 항공 치안 유지 ➲ 대테러 특수부대 GSG-9이 있다.

* GSG-9
연방경찰 제9 국경 경비대(Grenzschutzgruppe 9 der Bundespolizei)는 독일연방경찰에 소속된 대테러부대이다. 1972년 뮌헨 올림픽 참사 이후에, 울리히 베게너 중령을 부대장으로 하여 GSG-9을 창설했다. 당시 독일연방경찰의 국경경비대(GSG)에는 8개 부대가 있었다. 그래서 단순히 GSG-9라는 이름으로 경찰 특수부대가 창설되었다. 특수부대 현장요원 250명 규모이다.

(3) 주 경찰

① 의의
   ⊙ 주경찰은 **주 내무부장관이 지휘 감독**한다(피라미드 구조).
   ⓒ 독일 대부분의 주에서는 보안경찰과 수사경찰을 혼합하여 조직하고 있지만, 일부 주에서는 수사와 보안경찰을 분리한 2원조직을 운영하고 있다.
   ⓒ 대부분의 주는 **주단위에서 국가경찰제**를 채택하고, 각 주들은 고유의 경찰법을 독자적으로 운영하고 있다.

② 종류

행정 경찰	① 보안경찰·치안경찰, 정복을 착용하고 진동직·진형직 경찰업무 수행 ② 경찰국 → 경찰서 → 파출소의 조직체계를 가지고 있음
사법 경찰	① 수사경찰, 사복으로 근무하면서 범죄의 수사와 예방업무를 담당 ② 대부분의 주에서는 행정경찰과 혼합된 조직을 운용하고 있음
기동 경찰	① 연방과 주정부 사이의 행정협정으로 설립되어, 폭동·시위·자연재해·스포츠 행사 등 전국적인 긴급치안 상황시에 진압경찰의 역할 수행 ② 연방에서는 각 주의 경찰기동대에 대한 통일적인 근무규칙을 제정하고 무기·통신 및 차량장비를 지원하며, 각 주에서는 기동대의 설치·교육·배치 업무 담당

수상경찰	① 일부 주에서 운용하고 있고, 연방경찰조직에도 있음 ② 일반경찰서와는 처음부터 분리되어 각 주의 내무부장관에게 직속되어 있음

(4) 독일 사법구조

① 형사소송법상 수사의 주체는 검사이지만, 경찰에도 수사에 대한 **일반권한**을 부여하고 있다.
　➡ 경찰의 일반수사권 인정

② 검사가 수사에 대한 법률지휘를 하며 경찰과 상명하복의 관계를 갖는다.(경찰이 보조적)

★ 독일 검찰
예외적으로 직접수사권, 경찰 수사지휘권, 기소권을 보유하고 있다.
➡ 검찰에 수사인력이 없고 경찰의 협조를 받는다.
➡ 중점검찰청 : 조세, 중대경제 범죄 등을 직접 수사함

검사	수사절차에서 검·경의 관계	① 형사소송법상 **수사의 주체는 검사**, 검사는 수사를 주재하고 **경찰은 검찰을 보조**하는 활동을 함 ② 실제로 검사는 경제·테러·정치·강력범죄의 경우에만 수사에 관여하고, 일반사건의 실질적인 수사의 개시·집행은 경찰이 담당하도록 위임(경찰의 초동수사권 인정) ③ 검사는 경찰수사의 전 과정에서 수사가 적법·적정하게 이루어지도록 감독할 의무가 있음
	검사의 지위	① 독일 검찰은 공소권과 수사권을 모두 가지고 있으나, 경찰과 달리 **자체적집 집행기관이 없고**, 경찰이 우수한 인력과 장비를 보유하고 있고 수사업무에 있어 독일경찰이 비교우위에 있기 때문에 '**팔없는 머리**'로 불린다. 　➡ 독일의 검찰은 그 아래 고유한 수사조직을 가지고 있지 않음 ② 내무부 소속 사법경찰 일부를 검찰의 보조공무원을 활용할 수 있음 ③ 검찰조직은 중앙집권적 조직이 아닌 지방자치조직에 해당한다. 　➡ 연방검찰이 아닌 주 법무부의 지휘·감독을 받음
경찰		① 일반사건의 **실질적인 수사의 개시·집행**은 경찰이 담당하고 있음 ② 그러나 사건처리를 검사에게 송부하여 지시를 받아야 함

3) 특징

① 독일 경찰은 조직구조가 관료제적 성격이 강하다.
② 각 주경찰은 주내무부 장관을 중심으로 하는 **계층적 구조**로 운영한다.
③ 독일 주경찰은 일반적 **치안정보수집 기능이 약**하다.

6 일본

1) 일본경찰 역사

(1) 메이지 유신(1868) 이전

정봉행소	일본 최초의 경찰제도 로서 경찰업무 및 재판·감옥·토목업무를 수행하였다.
중세시대	중세에는 각 지방의 번을 중심으로 봉건체제를 유지하고 있었고, 번주와 그에 충성하는 사무라이(무사)들이 해당 지역의 치안을 담당하였다.

(2) 메이지 유신~미군정(1945) 이전

① 중앙집권적 왕정체제 구축과정에서 군국주의의 도구로 이용되었다.
  ➡ 일왕의 독립명령권 인정하는 등 강력한 경찰체제를 보유하였음
② 경찰은 각종 치안입법을 통해 국민의 사상을 감시하였다.(정부보호 중심)

병부성 시대	① 군과 경찰의 구분이 없었다. 번병·부병을 조직 ② 폐번치현(1871) 조치로 번병·부병은 존재기반 상실
사법성 시대	① 동경부에 나졸 창설하였다. ② 경보료직제장정(1872) : **경보료** 설치(근대경찰의 시초) ③ 사법직무정제 : 검사의 직무가 사법경찰업무에 한정되었다(프랑스 모방).
내무성 시대	① **동경경시청** 창설(1874) : 이원적 관리 　➡ 일반경찰사무는 내무대신의 지휘를, 국가사무는 직접 태정(총리)대신의 지휘 　➡ 나졸을 순사로 개칭하였다. ② 행정경찰규칙 제정 　➡ 일군일구 경찰서주의를 채택하여 전국적인 경찰망을 완성하였다. ③ 헌병조례(1881)에 의해 헌병경찰제도가 운영되어 헌병은 군사 및 행정경찰·사법경찰 활동을 함께 수행하였다.

* **동경경시청**
1874년 내무성의 관할하에 창설되었다. 종래의 나졸은 순사가 되고, 자치경찰제적인 번인제도도 폐지됨으로써 자치경찰제적인 요소가 폐지되었다. 일반경찰업무는 내무성 대신의 지휘를 받으나 정치경찰에 해당되는 고등경찰사무는 총리대신의 지휘를 받았다. 정치경찰인 특별고등경찰과가 1911년 경시청에 설치되었다.

(3) 미군정기(1945~1952)

경찰 개혁 실시	① 일왕의 독립명령권·명치헌법·각종 치안입법 등을 폐지하고, 정치경찰·헌병대·내무부 등을 폐지하고, 경찰수뇌부와 사상경찰 관계자 등을 파면하였다. ② 검사의 수사 독점권을 폐지하고, 경찰에게도 **수사권 부여**하였다. ③ 비경찰화 작업 추진하였다.
구경찰법 시대 (1947)	① 전체적인 군국주의에서 민주국가로 전환하는 민주경찰제도가 확립되었다. ② 경찰활동 범위 한정 　➡ 경찰의 임무를 국민의 생명·신체 및 재산을 보호하고 범죄의 수사와 피의자의 체포 및 공안의 유지 등으로 규정 ③ 민주적 경찰관리기구로서 국가 및 지방공안위원회제도를 도입 하였다. 　➡ 국가지방경찰의 관리기관으로 국가공안위원회를 두었으며, 국가지방경찰의 책임자는 국가공안위원회가 임명하도록 하였음 ④ **이원적 구조** 　➡ 내각총리대신 관할의 국가경찰과 시 및 인구 5천명 이상의 정(町)·촌(村)은 자치체경찰 　➡ 자치체 경찰은 국가비상태의 경우를 제외하고는 국가지방경찰과 대등한 지위에 있었음 ⑥ 국가비상 시에는 국가공안위원회의 권고를 조건으로 내각총리대신에게 국가비상사태의 포고와 전 경찰을 통제하는 권한을 인정하였다.

(4) 현행 경찰제도(신경찰법 시대)

1954년 구경찰법을 보완 시정하고 신경찰법을 제정하였다.

> ① 경찰의 민주성과 능률성, 국가적 성격과 자치적 성격, 정치적 중립과 책임의 명확화에 중점을 두었다.
> ② 중앙과 지방에 **공안위원회제도**를 존속 시킴으로써 국가책임을 명확히 하였다.
>   ● 국가공안위원회의 위원장을 국무대신으로 함으로써 치안행정책임을 명확히 하였음
> ③ 도도부현경찰에 원칙적으로 자치적 성격을 부여 하고, 동시에 국가적 요청에 근거하여 필요한 한도 내에서 국가적 성격을 부여하여 국가와 지방자치의 조화를 추구하였다.
>   ● 경시총감·경찰본부장 및 경시정 이상의 경찰관은 국가공안위원회가 도도부현 공안위원회의 동의를 얻어 임명하는 국가공무원으로 규정하였다.
>   ● 경찰청이 관장하는 특정사무에 관해서는 경찰청장관의 지휘·감독을 받도록하였다.
> ④ 경찰청은 1관방 5국 2부 체제

2) 일본 경찰 조직

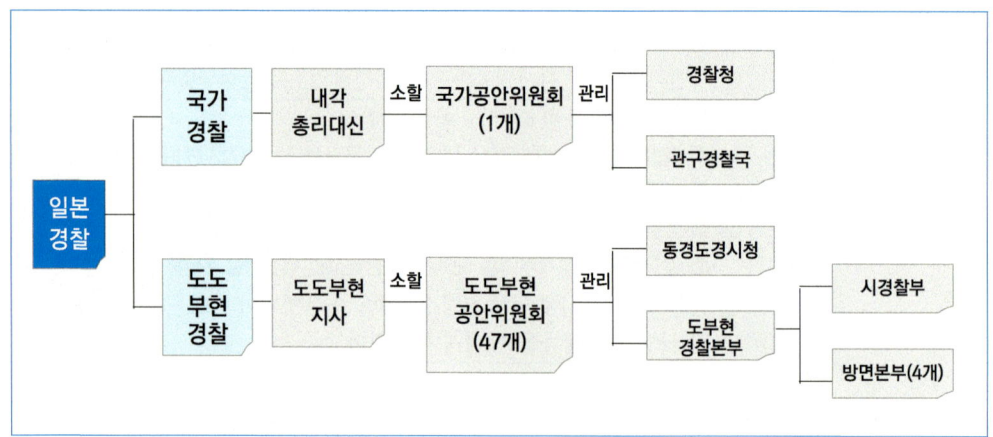

① 2원적 체제

국가경찰인 '**경찰청과 관구경찰국**', 자치경찰인 도도부현경찰 '**동경도경시청 및 도부현경찰본부**'로 이루어진다.
  ● **공안위원회**가 관리하도록 하고 있다.

② 국가와 도도부현경찰 간의 관할극복을 위한 제도적 장치
  ● 긴급사태포고권 : 대규모 재해나 긴급사태 발생시 국가공안위원회의 권고를 전제로 내각총리대신에게 국가비상사태의 포고와 전 경찰을 통제하는 권한을 인정하고, 경찰청 장관에게도 필요한 지휘·명령권을 인정한다.
  ● 광역수사를 위한 국가경찰의 개입을 인정한다.

국가경찰	① 국가경찰 : 경찰청 + 관구경찰국(6개, 국장) ➡ 국가공안위원회를 설치·운영 ② 경찰청장은 **내각총리대신의 동의**를 얻어 **국가공안위원회가 임면**한다. ➡ 내각총리대신의 형식적 감독 하에 국가공안위원회가 관리 ③ 관구경찰 관구경찰국은 관내 부(府)·현(縣) 경찰의 지도·감독, 광역수사의 조정, 대규모 재해 대응, 경찰 통신 업무, 간부 교육 훈련 등을 담당한다. ➡ 관구경찰국장은 도도부현경찰을 관할사무범위에 한하여 예외적으로 관리한다.
자치체경찰 (도도부현 경찰)	① 동경도경시청(경시총감)과 도부현경찰본부(43개, 본부장)가 있다. ➡ 도쿄도(東京都) 경시청은 수도 경찰이라는 특수성 때문에 간토 관구경찰국의 관할에서 제외된다. 홋카이도(北海道)도 관구경찰국의 관할에 속하지 않는다. ② 도도부현공안위원회 설치·운영한다. ➡ 도도부현공안위원회가 경시청과 도부현경찰본부를 관리 ③ 신분은 지방공무원이다. ➡ 국가경찰인 경시정 이상 경찰관의 봉급은 국가가, 지방경찰인 경시 이하 경찰관의 봉급은 지방자치단체가 부담한다.

③ 각 공안위원회

국가 공안위원회	① 내각총리대신의 관할하에 설치된 비상설의 경찰관리기관(합의제 비상설 행정관청) ➡ 경찰의 민주성과 정치적 중립성 확보를 목적으로 한다. ② 내각총리대신은 공안위원회에 대한 지휘·감독권이 없다. ③ 위원장 : 대신(大臣)의 지위를 갖는다. ➡ 위원장은 표결권은 없고, 가부 동수인 경우에만 결정권을 준다. ④ 위원 : 내각총리대신이 의회 동의를 얻어 임명한다.(임기 5년) ⑤ 권한 : 국가공안과 관련된 경찰운영과 경찰교양, 경찰예산, 범죄감식, 범죄통계 및 경찰장비에 관한 사항 등 경찰청의 소장사무에 대해서 경찰청을 관리한다.
도도부현 공안위원회	① 도도부현 지사의 소할(형식적 소속)하 둔다. ② 위원 : 지사가 도도부현의회 동의를 얻어 임명한다. ➡ 도도부현경찰을 관리한다.

④ 기타 제도

사법제도	모든 사법권은 최고재판소 및 하급재판소에 속하며, 최고재판소, 고등재판소, 지방재판소의 3심제를 취하고 있으며, 특별재판소는 설치할 수 없다.
지방자치 제도	① 도(都)·도(道)·부(府)·현(縣)과 시(市)·정(町)·촌(村)의 2단계이다. ② 지방의회에서는 법률의 범위 내에서 조례를 제정할 수 있다.

*	
일반적 지시권	개개의 구체적 사건에 대한 것이 아니라 '수사를 적정하게 하고, 그 외에 공소수행을 완성하기 위해서 필요한 사항에 관하여 일반적인 준칙을 정하는 형식'으로 행해짐
일반적 지휘권	구체적 사건의 수사에 대하여 하는 점에서 일반적 지시와 구별되지만, 개개의 사법경찰직원에 대해서 하는 것이 아니고, 사법경찰직원의 일반에 대하여 수사의 협력을 구하는 형식으로 행해짐
구체적 지휘권	개개의 사건, 개개의 사법경찰직원에 대하여 행하여지는 점에서 일반적 지시권, 일반적 지휘권과 구별되고, 검사 자신이 범죄수사를 하고 있는 경우에 한하여 할 수 있고, 특정사법경찰직원에게 수사의 보조를 구하는 것임

3) 일본 경찰 수사구조

① 경찰과 검사는 독립된 수사기관으로 규정하고 **상호협력관계**에 있다.
② 법률상 1차적 수사권은 사법경찰직원으로 하고, 검사는 2차적이고 보충적 수사권을 갖는다.
   ● 경찰의 수사결과는 모두 송치하는 것이 원칙이다.
③ 검사는 사법경찰직원에 대해 **일반적 지휘권**을 행사한다. 구체적 지시권은 없다.
④ 일반사법경찰직원 중 사법경찰원(사법경찰관)은 영장청구, 체포한 피의자의 석방, 사건의 송치, 수감장의 발부, 고소 등의 수리 등의 권한을 갖는다.
   ● 수사종결권과 구속영장청구권은 검사만이 갖는다.
   ● 일본경찰은 독자적 수사권을 가진 1차적 수사기관이고, 경찰에 체포 · 압수 · 수색 · 검증 영장 청구권을 포함한 강제처분권을 인정하고 있다.
⑤ 고도의 법률적 지식을 요하거나 정치성을 띠는 사건은 검사가 직접 수사한다.

7 중국

1) 중국 경찰 역사

(1) 문화혁명기 이전

건국 후	① 건국 직후 중화인민공화국 중앙인민조직법에 따라 공안부를 설치하였다. ② 1954년 헌법제정 이후 : 국무원 소속으로 공안부를 두고 중앙정권조직으로 두었다.
문화혁명기	① 공안6법을 공포하였다. ② 각급 공안관제에 군사관제를 실시하여 독자성을 상실하였다. ➡ 군사관제위원회의 명령에 따라 활동하도록 하였다.

(2) 문화혁명기 이후(현대)

공안 회복기	① 1975년 제4기 전국인민대표대회에서 헌법 개정 ➡ 문화대혁명 이후 약화된 공안조직을 종전의 체제로 복귀하여 강화하였다. ② 주요내용 ➡ 공안기관에 검찰기관으로서의 권한 및 체포권을 부여하였다. ➡ 검찰과 사건심리는 모두 대중노선을 취한다. ➡ 중대한 반혁명적 형사사건을 대중을 동원하여 토의와 비판한다.
현대 제도	① 1978년 헌법개정 ㉠ 검찰업무를 공안부에서 분리하였다. ㉡ 1979년 형법·형사소송법·법원조직법·검찰원조직법 등 7개 법안을 채택하여 경찰업무를 정하였다. ② 1982년 헌법 ㉠ 중국이 사회주의 초급단계에 있음을 천명, 사회주의 시장경제체제·개인경제의 존속·국가주석제의 부활·전인대와 전인대상무위원회의 권한확대 등 규정 ㉡ 국민의 신체의 자유에 관한 규정과 불법적인 체포금지 등의 내용을 헌법에 명시하였다.

2) 중국 경찰 조직

(1) 조직

국무원 공안부	① 장관급인 공안부장을 중심으로 전국의 치안활동을 지도 감독한다. ➡ 전국인민대표회의 소속 상무위원회에서 임명, 파면한다. ② 공안부 직속으로 인민공안대학, 장비국, 형사정사국 등이 있다.
국가안전부	① 전국의 치안활동의 지도와 정보업무를 담당하는 정보기관이다. ② 대간첩업무, 반체제 인사 감사, 외국인과 유학생 감시 등
인민무장 경찰대	① 국가안전보위를 위한 무장조직이다.(인민해방군 중앙경호국) ➡ 우리나라 전투경찰과 유사하다. ② 무장경찰역할을 하며 인민행방군과 행정기관의 중간성격이다.
지방 공안기관	① 조직구조 : 각 지방에 공안청 → 공안국 → 공안파출소 둔다. ② 각 지방의 인민대표대회 상무위원회가 공안청장, 공안국장을 임명한다. ③ 공안파출소는 최하위 조직으로 일선치안 업무를 수행한다.

(2) 특징

① **중앙집권과 지방분권의 결합체제이다.**
   ➡ 기본적으로 국가경찰제도 이면서 지방에서의 치안수요를 충당하기 위해 자치단체에 민간조직의 도움을 받아 경찰력을 유지하고 있다.

② 공안파출소와 함께 일반주민의 자치방위의 조직인 '주민위원회' 및 '치안보위위원회'를 구성하여 활동하고 있다.

③ **일원주의** : 행정경찰과 사법경찰의 조직분리는 하지 않고 있다.
   ➡ 사법경찰의 권한유형은 대륙법계이다.

④ 중국경찰의 권한범위가 넓다.
   ➡ 수사와 범죄의 예방 등의 경찰업무뿐만 아니라 호적정리·소방·출입국관리·외국인 거주관리·변경지대 경비 등의 업무를 수행한다.

3) 중국의 사법구조

(1) 사법경찰과 검사

사법경찰	원칙적으로 수사의 주재자이며 독자적 수사권을 갖는다. ➡ 한국보다 수사권한이 크다.
검사	① 예외적 수사주재자 및 공소제기자의 권한을 갖는다. ➡ 공무원 횡령, 직권 남용, 고문인한 진술 등 법률이 정하는 범죄사건의 수사를 주재한다. ② 검찰은 법률적 감독권을 갖는다.

① 검사와 경찰은 상호협력관계이다.

② 공안기관은 공무원부패 범죄와 대형경제범죄를 제외한 모든 분야에 대한 범죄수사권이 있다.
   ➡ 인민검찰관(공무원 관련 범죄 단속), 국가안전기관(대형경제범죄등 국가안전 사건)

③ 체포는 공안기관의 책임하에 진행되고, 검찰원의 사전승인 등의 절차가 없다.

(2) 사법제도

공안기관(수사기관), 인민법원(재판기관), 인민검찰원(감독기관)의 3대 기관이다.
   ➡ 상호협력 및 제약관계이다.

팩트 경찰학

팩트 경찰학

경찰행정법

SECTION 01 경찰행정법 기초
SECTION 02 경찰 조직법
SECTION 03 경찰작용법
SECTION 04 경찰상 의무이행확보 수단
SECTION 05 경찰구제법과 행정상 손해전보
SECTION 06 행정쟁송(1) - 행정심판
SECTION 07 행정쟁송(2) - 행정소송
SECTION 08 경찰공무원법

01 경찰행정법 기초

1 경찰행정법의 의의

① 경찰행정법의 구성

경찰조직법	경찰행정의 조직이나 기구에 관한 법 ➡ 국가경찰과 자치경찰의 조직 및 운영에 관한 법률
경찰작용법	경찰조직의 임무수행과 경찰활동의 내용을 규정한 법 ➡ 경찰관직무집행법
경찰구제법	경찰활동으로 권리 침해를 받은 국민의 권익을 보호하고 구제하는 법

➡ 경찰행정법은 단일법전은 없지만, 많은 법령이 통일적 법체계를 구성하고 있다.

*정부조직법
국가의 행정조직에 관한 기본법이다.

2 경찰과 법치주의

1) 법치주의

① 의의
  ㉠ 법치행정의 원리
    행정작용은 사람에 의한 지배가 아닌 법의 지배하에서 이루어져야 한다는 원리이다.
  ㉡ 경찰행정이 국민의 권리·의무에 관계되는 작용을 할 경우에는 반드시 국민의 대표기관인 국회에서 제정한 법률에 따라야 한다.
    ➡ 경찰행정작용도 법에 따라 행하여져야 하며, 경찰행정권에 의해 국민의 권익이 침해된 경우에는 권익구제를 위한 제도가 보장되어야 한다.
    ➡ 법치주의가 엄격 적용되는 것이 원칙이다.

*법치주의
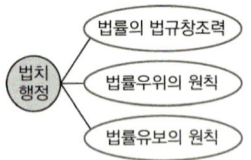

*오토마이어(O.Mayer) 의해 체계화되었다.

② 근거

> 📖 **관련조문**
>
> 헌법 제37조
>   ① 국민의 자유와 권리는 헌법에 열거되지 아니한 이유로 경시되지 아니한다.
>   ② 국민의 모든 자유와 권리는 국가안전보장·질서유지 또는 공공복리를 위하여 필요한 경우에 한하여 법률로써 제한할 수 있으며, 제한하는 경우에도 자유와 권리의 본질적인 내용을 침해할 수 없다.

*일반권력 관계
일반적인 행정목적을 위해 행정주체와 일반국민 간에 성립하는 법률관계

③ 특별권력 관계
  ㉠ 특별한 행정목적을 달성하기 위해 특별권력기관과 특별한 신분을 가진 자 간에 성립되는 관계이다.
    ➡ 특별권력기관이 특별한 신분을 가진 자에 대해 포괄적인 지배권을 행사하며 법치주의가 제한되는 관계로 보았다.

*특별권력관계 성립

임의적 동의로 성립	강제적 동의로 성립
공무원 임용, 국·공립대학 입학 등	학령아동의 초등학교 취학 등

ⓒ 오늘날 통설
특별권력관계의 행위도 처분성이 인정되는 한, **사법심사의 대상**이 된다고 본다.
ⓒ 일반권력관계와 특별권력관계

	일반권력관계	특별권력관계
성립	일반적 원인(일반통치권)	특별한 법률상 원인
법치주의	적용	법치주의 제한
사법심사	허용	사법심사 제한

※ 관련 이론
- 불침투이론
 국가 내부에는 법이 침투할 수 없다.
- 울레(Ule)의 수정설
 기본관계와 경영관계로 구분하고, 기본관계는 사법심사의 대상이 되나, 경영관계는 사법심사 대상이 되지 않는다.

④ 법치주의 유형
ⓐ 형식적 법치주의
법률의 **형식과 절차**가 적합하면 내용적 타당성을 고려않고 법치주의에 부합된다고 본다.
ⓑ 실질적 법치주의
법률의 형식과 절차는 물론 **그 내용까지도** 적합해야 한다는 것이다.
ⓒ 제2차 대전이후 형식적 법치주의에서 실질적 법치주의로 발전하였다.

⑤ 법치주의의 한계
ⓐ 통치행위
고도의 정치적 행위에 대해서는 법적 판단이 가능함에도 불구하고 사법심사에서 제외된다. ⓔ 대통령의 비상계엄선포
→ 대법원과 헌법재판소는 사법자제설 관점이다.
ⓑ 행정재량행위
재량권에 근거한 행정권의 행사는 **합목적성의 당·부당의 문제**이므로 적용에 한계가 있다.
→ 재량행위의 일탈·남용은 별도 검토함.
ⓒ 예외적 상황이론
법규범을 준수하는 것이 불가능한 중대한 예외적 상황에는 법치주의가 적용 곤란하다. ⓔ 전쟁 등
ⓓ 행정입법권의 증가 현상은 법치주의를 약화시킬수 있다.

2) **법규창조력**
① 의의
국가작용중 국민의 권리·의무에 관한 새로운 사항을 규율하는 법규의 창조는 국민의 대표기관인 **의회에서 제정한 법률**로써만 가능하나.
→ 법률의 위임이 있는 경우 법규명령으로도 가능하다.

② 근거
ⓐ 입법권은 원칙적으로 국회에 있다(헌법 제 40조)

※ 법규
국민의 권리·의무에 관한 새로운 사항을 규율하고 일반국민과 법원에 대해 구속력을 갖는 규범

ⓒ 행정부는 법률의 구체적 근거가 있는 경우 법규명령을 제정할 수 있다.(헌법 제75조, 95조)

3) 법률우위 – 소극적 의미의 원칙

① 의의

모든 경찰행정작용은 합헌적 절차에 따라 제정된 법률에 위반해서는 안 된다는 원칙이다.
- 어떠한 경찰활동도 경찰활동을 제약하는 법률의 규정을 위반해서는 안 된다.
- 경찰은 법률에 저촉하는 명령을 발할 수 없고, 경찰조직 내부에서도 법의 취지에 반하는 직무명령을 발해서는 안 된다.

② 근거

> **헌법 제107조**
> ② 명령·규칙 또는 처분이 헌법이나 법률에 위반되는 여부가 재판의 전제가 된 경우에는 대법원은 이를 최종적으로 심사할 권한을 가진다.
>
> **행정기본법 제8조(법치행정의 원칙)**
> 행정작용은 법률에 위반되어서는 아니 되며, 국민의 권리를 제한하거나 의무를 부과하는 경우와 그 밖에 국민생활에 중요한 영향을 미치는 경우에는 법률에 근거하여야 한다.

③ 적용범위

㉠ 헌법, 형식적 의미의 법률, 법규명령, 행정법의 일반원칙등 **불문법을 포함**한 모든 법규범을 의미한다.

㉡ 법률우위 원칙은 행정의 **모든 영역**에 적용된다.
- 공법형식의 국가작용, 사법형식의 국가작용, 사실행위에도 적용된다.

4) 법률유보 – 적극적 의미의 원칙

① 의의

㉠ 일정한 경찰권의 발동에는 **법률의 근거**가 있어야 한다는 원칙이다.
- 조직규범 외에 작용규범(권한규범, 근거규범)이 필요하다.

㉡ 원칙적으로 개별법적 근거를 의미하며, 예외적으로 포괄적 근거도 가능하다.
- 경찰기관은 개별적 근거 규정 없이 자기의 판단에 따라 독창적으로 행위를 할 수 없다.

㉢ 법치주의의 **적극적 원칙**

법률유보 원칙은 적극적으로 법률제정을 요구하며 행정부는 법률이 존재하지 않을 경우에는 경찰행정작용을 하지 말고 제정된 법률이 있을 때에만 그에 근거하여 행하여야 한다.

② 근거

헌법상 민주주의 원리, 법치국가 원리 등에서 도출될 수 있다.
행정기본법 제8조는 법률유보원칙을 명시하고 있다.

＊ 칼카르 결정
독일 원자력 발전소 설치 사건에서 연방헌법재판소는 기본권 실현 관련된 영역에서는 입법자가 본질적인 결정을 스스로 해야 한다고 판시하였다.

③ 법률의 범위
  ㉠ 원칙적으로 국회에서 제정된 **형식적 의미의 법률**을 의미한다.
    ● 법률에 위임에 의해 규정한 법규명령은 포함된다.
  ㉡ 관습법, 판례법등 **불문법원은 포함되지 않는다**.
  ㉢ 예산은 국가기관만 구속할 뿐 일반국민을 구속하지 않는다.

④ 적용 범위(견해 대립)
  ㉠ 중요사항유보설(다수설, 판례)
    국민 개인이나 공동체에 중요한 작용은 법률의 근거가 필요하다고보고, 비중요사항에 대해서는 법률의 근거가 없어도 행정권을 발동할 수 있다고 본다.
    ● 경찰행정작용이 단순히 법률에 근거를 두기만 하면 충분한 것이 아니라 국민의 기본권실현에 관련된 영역에 있어서는 입법자가 스스로 그 본질적 사항에 대해 결정하여야 한다는 의미이다.(의회유보설을 포함)
  ㉡ 모든 경찰작용에 법률유보가 적용되는 것은 아니다.
    ⓐ 국민에 대해 우월적 지위에서 이루어지는 권력적·침익적 작용은 **엄격히 적용**된다.
    ⓑ 비권력적 작용이나 서비스 활동영역에서는 적용이 **완화**된다.(조직법적 근거는 필요)

* 형식적·실질적 법치주의 비교

	형식적 법치주의	실질적 법치주의
법률의 법규 창조력	광범위한 위임입법 인정	포괄적 위임입법 금지
법률 우위 원칙	형식적 법률에 위반되지 않아야 함	합헌적 내용의 법률에 위반되지 않아야 함
법률 유보 원칙	침해유보설 입장	적용범위 확대
행정 구제 측면	• 행정소송 열기주의 • 국가배상 책임 부정	• 행정소송 개괄주의 • 국가배상 책임 인정

📝 **팩트DB**

법률유보 적용범위 학설

구분	내용	비판
침해 유보설	침해적 행정작용에만 법적 근거가 필요함	오늘날 적극국가시대에는 부적합
급부 유보설 (사회 유보설)	침해적 작용뿐 아니라, 급부행정작용에도 법률의 근거가 필요함	급부행정에도 법적 근거가 필요하다고 보면, 근거가 없는 경우 국민에게 급부를 할 수 없는 경우가 생김
전부 유보설	행정의 모든 영역에 법률의 근거 필요	행정의 자유영역을 부정하게 됨.
신침해 유보설	특별행정법관계에서도 법률의 근거가 필요함	

5) **법치주의의 경찰활동**
  ① 모든 경찰활동은 **조직규범**이 필요하다.
    ● 권력작용, 비권력작용 모두 조직법적 근거가 필요하다.
    ● 모든 경찰기관의 활동은 법에 정해진 권한의 범위 내에서 행해야 한다.
  ② 경찰권의 발동에는 법률이 정한 일정한 요건하에 근거, **수권규정이 있어야 한다**.
    ● 위반 시 법률유보원칙 위배된다.
  ③ 경찰활동을 제약하는 규범을 위반해서는 안 된다.
    ● 법률우위 원칙 위배된다.

3 경찰행정법 법원

1) 의의
① 법원(法源)이란 법의 **존재형식 또는 인식근거**를 의미한다.
② 협의설 : 법규만 법원으로 보는 견해이다.(행정규칙의 법원성 부정)
　광의설 : 법규 외의 규범도 법원에 포함된다고 본다.(행정규칙의 법원성 인정)
　➔ 광의설이 다수설이다.

2) 성문법원
성문법이란 문서상으로 확정된 법을 의미한다.

(1) 헌법
① 헌법은 국가의 최고규범으로 통치구조와 행정조직, 행정작용 및 구제에 관한 것 등 행정법의 법원 중 가장 기본적 법원이 된다.
② 국가의 행정 조직이나 작용의 기본원칙을 정한 부분은 그 범위 내에서 경찰행정법의 최고법원이 된다.

(2) 법률
① 법치국가는 법률에 의한 행정을 원칙으로 하므로 법률은 경찰행정의 중요하고 기본적인 법원이 된다.
② 경찰권의 발동은 원칙적으로 국회가 제정한 법률에 근거해야 한다.
　➔ 법률에 저촉되는 법규명령, 행정규칙등은 무효가 된다.
　➔ 헌법상 긴급명령과 긴급재정·경제명령은 법률과 동일한 효력을 갖는 것으로 행정법의 법원이 된다.
③ 상호 충돌 시 : 특별법 우선의 원칙, 신법우선의 원칙이 적용된다.

(3) 조약 및 국제법규
① 헌법 제6조에 의하여 '체결·공포된 조약'과 '일반적으로 승인된 국제법규'는 **국내법과 동일**한 효력을 갖는다.
　➔ 경찰법의 법원이 된다.
② 조약
　㉠ 국회의 동의를 필요로 하는 조약은 법률과 동일한 효력이 있다.
　　➔ 국회 동의를 얻지 못한 조약은 국내법적으로 효력을 상실하나, 국제법적으로 효력을 상실하는 것은 아니다.
　　➔ 국회의 동의를 요하지 않는 조약은 법규명령의 효력을 갖는다.
　㉡ 조약은 별도의 국내법을 제정할 필요 없이 경찰활동을 위한 법원이 된다.
　　➔ 조약의 국제법적 효력은 대통령의 비준이며, 국내법적 효력은 국회 동의와 대통령의 비준에 의해 발생한다.
③ 일반적으로 승인된 국제법규
　별도의 입법조치 없이 국내법으로 수용되어 행정법의 법원이 된다.(통설, 판례)

★ 조약
그 명칭에 관계없이 국가와 국가 사이 또는 국가와 국제기구 상의 문서에 의한 합의

★ 일반적으로 승인된 국제법규
우리나라가 당사국이 아닌 조약으로서 국제사회에서 일반적으로 그 규범성이 승인된 것
　예) 포로의 지위에 관한 제네바협정

★ 헌법60조
① 국회는 상호원조 또는 안전보장에 관한 조약, 중요한 국제조직에 관한 조약, 우호통상항해조약, 주권의 제약에 관한 조약, 강화조약, 국가나 국민에게 중대한 재정적 부담을 지우는 조약 또는 입법사항에 관한 조약의 체결·비준에 대한 동의권을 가진다.
② 국회는 선전포고, 국군의 외국에의 파견 또는 외국군대의 대한민국 영역 안에서의 주류에 대한 동의권을 가진다.

(4) 명령
ⓐ 행정부에 의하여 제정되는 일반적·추상적 규정을 의미하는 것으로 국회가 제정한 법률에 대응하는 것이다.(**행정입법**)
ⓑ 법규성을 기준으로 **법규명령**과 **행정규칙**으로 나눈다.(이하 상세 설명)
→ 법규명령은 국민을 구속하는 효력이 있는 행정입법이고, 행정규칙은 행정조직 내부에서 사무처리의 기준을 정한 것이다.

(5) 자치법규
지방자치단체가 법령의 범위 안에서 제정하는 자치에 관한 규정을 의미한다.
→ 지방의회가 제정하는 조례와 지방자치단체의 장이 정하는 규칙이 있다.

① 조례
ⓐ **지방의회**는 **법령의 범위** 안에서 그 사무에 관하여 조례를 제정할 수 있다.
→ 다만, 주민의 권리제한 또는 의무부과에 관한 사항이나 벌칙을 정할때에는 반드시 법률의 위임이 있어야 한다.
ⓑ 지방자치단체는 조례를 위반한 행위에 대하여 조례로 **1천만원 이하의 과태료**를 정할 수 있다.

② 규칙
지방자치단체의 장이 **법령 또는 조례**가 위임한 범위 안에서 그 권한에 속하는 사무에 대해 제정하는 규정이다.

3) 불문법원
성문법이 아닌 형태로 존재하는 법원이다.
→ 성문법주의가 원칙이지만, 불문법원은 성문법의 **보완적, 보충적 법원**이 된다.

(1) 관습법
① 행정의 운용에 관한 오랜 **관행**이 국민 또는 관계자의 **법적 확신**을 얻어 법적 규범으로 승인된 것이다.
→ 국가의 승인은 필요하지 않다.

② 종류
ⓐ 행정선례법
경찰행정의 선례가 오랫동안 반복되어 국민 간에 법적 확신이 생긴 경우이다.
ⓑ 민중관습법
행정법관계에 관한 관행이 민중 사이에 장기적으로 계속됨으로써 다수의 국민에 의해 인식되어 성립한다. 예 공유수면 인수권, 관습상 유수사용권 등
→ 수산업법에는 입어권의 존재를 명문으로 인정하고 있다.

③ 관습법의 효력
ⓐ 성문법과의 관계에서 통설은 **보충적 효력설**이다.(소수설 : 개폐적 효력설)
→ 원칙적으로 성문법의 결여시 성문법을 보충하는 한도에서 적용될 뿐이다.

---

*
법규명령 – 위임명령, 집행명령

* **주요조문**
- 헌법 제75조
대통령은 **법률**에서 구체적으로 범위를 정하여 위임받은 사항과 법률을 집행하기 위하여 필요한 사항에 관하여 대통령령을 발할 수 있다.
- 제95조
국무총리 또는 행정각부의 장은 소관사무에 관하여 **법률**이나 대통령령의 위임 또는 직권으로 총리령 또는 부령을 발할 수 있다.

* **관습법 성립요건**
① 반복된 관행
② 법적 확신
③ 국가의 승인 불필요

ⓒ 법률의 개정의해 행정선례법은 변경가능 하지만, 훈령에 의해 행정선례법의 변경은 허용되지 않는다.

(2) 판례법

① 법원 또는 헌법재판소의 재판을 통하여 형성되는 법을 의미한다.
  ● 동일한 내용의 판결이 반복되고, 그 내용이 법적으로 승인되는 경우이다.

② 효력
  ㉠ 영·미법계 국가 : 선례구속성의 원칙이 적용되어 판례의 법원성을 인정한다.
  ㉡ 대륙계 국가 : 선례구속성(판례의 법원성)을 부정한다.
  ㉢ 우리나라 : 법적, 제도적으로는 판례의 법원성이 인정되지 않는다.(**사실상 구속력** 인정)
    ● 법원조직법 제8조는 '상급법원의 재판에서의 판단은 해당 사건에 관하여 하급심을 기속한다.'
  ㉣ 헌법재판소의 위헌결정은 법원으로서의 성격을 갖는다.(헌법재판소법 제 47조)

※ 헌법재판소법 제47조(위헌결정의 효력)
① 법률의 위헌결정은 법원과 그 밖의 국가기관 및 지방자치단체를 기속(羈束)한다.
② 위헌으로 결정된 법률 또는 법률의 조항은 그 결정이 있는 날부터 효력을 상실한다.

(3) 조리

① 일반사회의 정의감에 비추어 반드시 통용되어야 할 것이라고 인정되는 사물의 본질적 법칙이다.

② 특징
  ㉠ 성문법, 관습법, 판례법이 존재하지 않는 경우 **최후의 보충적 법원**으로서 기능한다.
  ㉡ 오늘날 중요한 조리는 **성문화 되는 추세**이다.
    ● 행정기본법에서는 행정법의 중요한 내용을 명문화하였다.

※ 조리의 성문화
- 신뢰보호의 원칙 – 행정절차법 제4조
- 비례의 원칙 – 경찰관직무집행법 제1조 2항

③ 위반 효과
경찰의 행위가 형식적으로 적법하여도 조리에 위반하면 위헌 또는 위법의 문제가 발생한다.

4) 행정법의 일반원칙(조리)

● 조리의 범주인지에 대해 논란 있음. 그러나 2021년 행정기본법에 제정 반영됨

(1) 평등의 원칙

① 특별히 합리적 사유가 존재하지 않는 이상 행정기관은 행정작용을 함에 있어서 국민을 동등하게 대우해야 한다는 원칙이다.
  ● 재량권행사의 한계 원리로서 중요한 의미를 갖는다.(자의금지 원칙)

② 근거

 관련조문

헌법 제11조
① 모든 국민은 법 앞에 평등하다. 누구든지 성별·종교 또는 사회적 신분에 의하여 정치적·경제적·사회적·문화적 생활의 모든 영역에 있어서 차별을 받지 아니한다.

행정기본법 제9조(평등의 원칙)
행정청은 합리적 이유 없이 국민을 차별하여서는 아니 된다.

③ 효과
  ㉠ 법규성이 없는 행정규칙(재량준칙)을 법규로 전환시키는 **전환규범의 역할**을 한다.
  ㉡ **위법한** 행정작용에는 **적용되지 않는다.**(불법에 있어서 평등원칙 부정)
  ㉢ 평등원칙을 위반한 경우 위헌, 위법한 행정작용이 된다.

 판례

① 함께 화투놀이를 한 4명중 3명에서는 가벼운 징계처분인 견책을 하고 1명에게는 파면처분을 한 것은 비례원칙과 평등원칙에 위반된 위법한 처분이다.(대판 72누194)
② 공무원시험에서 제대군인에 대해 과목별 만점의 5% 또는 3%가산점을 부여한 규정은 평등원칙에 위반된다.(98헌마363)

(2) 행정의 자기구속의 원칙

① 의의
  ㉠ 행정청이 동일한 사안에 대해 이미 제3자에게 행했던 결정과 동일한 결정을 상대방에 대해 동일하게 하여야 한다.
    ● 행정청이 **스스로 행한 이전의 행위에 구속**되는 자기구속이다.
  ㉡ 행정규칙의 법규로의 전환기능을 한다.

② 근거
평등의 원칙에서 근거를 찾는 견해(통설), 신뢰보호 원칙에서 근거를 찾는 견해가 있다.

③ 적용요건
  ㉠ 재량행위의 영역일 것
  ㉡ 동종의 사안일 것
  ㉢ 선례의 존재 여부
    ● 판례는 재량준칙이 공표된 것만으로 자기구속을 적용할 수 없고, 행정관행이 성립한 경우에 자기구속 원칙을 적용한다.

④ 효과
  ㉠ 자기구속 원칙의 위반한 행정작용은 위헌, 위법한 것으로 항고소송의 대상이 된다.
  ㉡ **위법한 선례**, **위법한 재량준칙**인 경우 자기구속 원칙은 **인정되지 않는다.**

> **판례**
>
> 1. 행정청이 조합설립추진위원회의 설립승인 심사에서 **위법한 행정처분을 한 선례가 있다고 하여 그러한 기준을 따라야 할 의무가 없는 점** 등에 비추어, 평등의 원칙이나 신뢰보호의 원칙 또는 자기구속의 원칙 등에 위배되고 재량권을 일탈·남용하여 자의적으로 조합설립추진위원회 승인처분을 한 것으로 볼 수 없다.(2008두13132)
>
> 2. 공공기관의 운영에 관한 법률 제39조 제2항, 제3항에 따라 **입찰참가자격 제한기준을** 정하고 있는 구 공기업·준정부기관 계약사무규칙 제15조 제2항, 국가를 당사자로 하는 계약에 관한 법률 시행규칙 제76조 제1항 [별표 2], 제3항 등은 비록 **부령의 형식으로 되어 있으나 규정의 성질과 내용이 공기업·준정부기관(이하 '행정청'이라 한다)이 행하는 입찰참가자격 제한처분에 관한 행정청 내부의 재량준칙을 정한 것에 지나지 아니하여 대외적으로 국민이나 법원을 기속하는 효력이 없으므로**, 입찰참가자격 제한처분이 적법한지 여부는 이러한 규칙에서 정한 기준에 적합한지 여부만에 따라 판단할 것이 아니라 공공기관의 운영에 관한 법률상 입찰참가자격 제한처분에 관한 규정과 그 취지에 적합한지 여부에 따라 판단하여야 한다. 다만 그 재량준칙이 정한 바에 따라 되풀이 시행되어 행정관행이 이루어지게 되면 평등의 원칙이나 신뢰보호의 원칙에 따라 행정청은 상대방에 대한 관계에서 그 규칙에 따라야 할 **자기구속을 받게 되므로**, 이러한 경우에는 특별한 사정이 없는 한 그에 반하는 처분은 평등의 원칙이나 신뢰보호의 원칙에 어긋나 **재량권을 일탈·남용한 위법한 처분이 된다**.

(3) **비례의 원칙(과잉금지 원칙)**
  ① 의의
    행정의 목적과 그 목적을 실현하기 위한 수단의 관계에서, 수단은 목적을 달성하는데 유효, 적절하고 가능한 최소침해를 가져오는 것이어야 하며, 그 수단으로 인한 침해가 행정이 의도하는 공익을 능가해서는 안 된다는 원칙이다.
    ● 목적과 수단 간에는 합리적 비례관계가 있어야 한다.
    ● '대포로 참새를 쏘아서는 안 된다'
  ② 근거
    ㉠ 헌법 제37조 2항
      국민의 모든 자유와 권리는 국가안전보장·질서유지 또는 공공복리를 위하여 필요한 경우에 한하여 법률로써 제한할 수 있으며, 제한하는 경우에도 자유와 권리의 본질적인 내용을 침해할 수 없다.

ⓒ 개별법

 관련조문

경찰관 직무집행법 제1조
②이 법에 규정된 경찰관의 직권은 그 직무 수행에 필요한 <u>최소한도</u>에서 행사되어야 하며 남용되어서는 아니 된다.

행정기본법 제10조(비례의 원칙)
행정작용은 다음 각 호의 원칙에 따라야 한다.
1. 행정목적을 달성하는 데 <u>유효하고 적절할 것</u>
2. 행정목적을 달성하는 데 <u>필요한 최소한도</u>에 그칠 것
3. 행정작용으로 인한 국민의 <u>이익 침해</u>가 그 행정작용이 의도하는 <u>공익보다 크지</u> 아니할 것

③ 적용범위

독일 경찰권의 한계를 설정해 주는 법원칙으로 출발하였으나, 현재는 행정의 **모든 영역에 적용**된다.

➔ 침해행정뿐 아니라 급부행정 등 행정의 모든 영역에 적용된다.

④ (광의) 비례원칙 내용

적합성의 원칙 **(수단의 적정성)**	행정기관이 취한 조치 또는 수단은 그가 의도하는 **목적을 달성하는데 적합**해야 한다. ➔ 행정목적을 달성하는데 유효하고 적적할 것
필요성의 원칙 **(최소침해의 원칙)**	행정조치를 취함에 있어서 여러 적합한 수단 중에서 당사자의 권리나 자유에 대한 **침해가 가장 적은 수단**을 선택해야 한다.
상당성의 원칙 **(협의의 비례원칙)**	행정조치를 행하는데 따른 국민의 불이익이 그 조치에 의해 달성되는 공익보다 더 큰 경우에는 그 행정조치를 취해서는 안 된다.

➔ 헌법재판소는 이외에 목적의 정당성을 추가하고 있다.

⑤ 단계적 구조

적합성 원칙 → 필요성 원칙 → 상당성의 원칙

⑥ 위반의 효과

비례원칙은 헌법상의 원리에서 나온 법의 일반원칙이므로 이에 위반한 작용은 위헌·위법한 것이 된다.

> **판례**
>
> ① 경찰관이 난동을 부리던 범인을 검거하면서 가스총을 근접하여 발사해 가스와 함께 발사된 고무마개가 범인의 눈에 맞아 실명한 경우 국가배상책임이 인정된다.(대판 2002다57218)
>
> ② 음주운전으로 인한 운전면허취소처분의 재량권 일탈·남용 여부를 판단할 때, 음주운전으로 인한 교통사고를 방지할 **공익상의 필요는 더욱 중시**되어야 하고 운전면허의 취소는 일반의 수익적 행정행위의 취소와 달리 그 취소로 인하여 입게 될 당사자의 불이익보다는 이를 방지하여야 하는 일반예방적 측면이 더욱 강조되어야 한다.(대판 2017두59949)
>
> ③ 자동차를 이용하여 범죄행위를 한 경우 범죄의 경중에 상관없이 반드시 운전면허를 취소하도록 한 규정은 **비례의 원칙 위반**이다.(2004헌가28)

(4) 신뢰보호의 원칙

① 의의

행정기관의 어떤 행위가 존속될 것이라는 것을 일반 국민이 정당하게 신뢰한 경우 그러한 **정당한 신뢰는 보호**되어야 한다는 원칙이다.(영미법상 금반언(禁反言)의 법리)

➡ 독일 행정법상 급부영역인 보조금 지급과 관련된 '미망인 사건'에서 유래되었다.

✽ 미망인 사건
통독 전 동독에 거주하던 미망인이 서독으로 이전하면 미망인연금을 받을 수 있다는 서독정부의 지침을 믿고 서독으로 이전하여 연금을 받아오던 중 서독정부가 미망인에게 연금청구 요건이 미흡하다는 이유로 이미 지급된 연금에 대해 반환청구를 제기한 사건에서 독일연방행정법원은 신의성실을 근거로 미망인의 연금청구권을 인정함

② 근거

㉠ 이론적 근거 : 헌법상 법치주의의 원리인 법적 안정성에서 찾는다.(통설. 판례)
㉡ 실정법적 근거

> **관련조문**
>
> 행정기본법 제12조(신뢰보호의 원칙)
> ① 행정청은 공익 또는 제3자의 이익을 현저히 해칠 우려가 있는 경우를 제외하고는 행정에 대한 국민의 **정당하고 합리적인 신뢰**를 보호하여야 한다.
> ② 행정청은 권한 행사의 기회가 있음에도 불구하고 장기간 권한을 행사하지 아니하여 국민이 그 권한이 행사되지 아니할 것으로 믿을 만한 정당한 사유가 있는 경우에는 그 권한을 행사해서는 아니 된다. 다만, **공익 또는 제3자의 이익을 현저히 해칠 우려가 있는 경우는 예외**로 한다.
>
> 행정절차법 제4조(신의성실 및 신뢰보호)
> ① 행정청은 직무를 수행할 때 신의(信義)에 따라 성실히 하여야 한다.
> ② 행정청은 법령등의 해석 또는 행정청의 관행이 일반적으로 국민들에게 받아들여졌을 때에는 공익 또는 제3자의 정당한 이익을 현저히 해칠 우려가 있는 경우를 제외하고는 새로운 해석 또는 관행에 따라 소급하여 불리하게 처리하여서는 아니 된다.

✽ 국세기본법 제18조(세법 해석의 기준 및 소급과세의 금지)
③ 세법의 해석이나 국세행정의 관행이 일반적으로 납세자에게 받아들여진 후에는 그 해석이나 관행에 의한 행위 또는 계산은 정당한 것으로 보며, 새로운 해석이나 관행에 의하여 소급하여 과세되지 아니한다.

③ 신뢰보호의 요건
  ㉠ 행정기관의 선행조치
    상대방인 국민에게 신뢰를 주는 **행정청의 선행조치**가 있어야 한다.
    ● 법령·행정행위·확약·행정지도 등 사실행위, 기타 묵시적 표시, 적극적·소극적 조치를 불문한다.
  ㉡ 신뢰의 보호가치
    선행조치에 관한 관계인의 **신뢰가 보호가치 있는 것**이어야 하고, 상대방 등에게 귀책사유가 없어야 한다.
  ㉢ 신뢰에 입각한 국민의 조치
    상대방인 국민이 행정기관의 선행조치에 따른 어떠한 조치(적극, 소극)를 취하여야 한다.
  ㉣ 인과관계
    행정기관의 선행조치와 이를 신뢰하고 행한 국민의 조치 사이에는 인과관계가 있어야 한다.
  ㉤ 선행조치에 반하는 후행 행정작용
    행정기관이 상대방의 **신뢰에 반하는 행정권의 행사**를 하였고, 이로 인해 상대방의 권익침해가 있어야 한다.
  ㉥ 공익 또는 제3자의 정당한 이익을 현저히 해칠 우려가 있는 경우가 아닐 것

▼ 선행조치

선행조치 긍정	선행조치 부정
① 묵시적 의사표시 ② 대통령이 담화를 발표하고 이에 따라 국방부장관이 삼청교육 관련 피해자들에게 그 피해를 보상하겠다고 공고하고 피해신고 까지 받은 경우 ③ 도시계획과장 등이 행한 완충녹지지정 해제 등의 약속 ④ 4년 동안 면허세를 부과할 수 있다는 사정을 알면서도 수출확대하는 공익상 필요에서 한건도 부과한 일이 없던 경우	① 단순한 과세누락 ② 상대방의 추상적 질의에 대한 일반론적 견해표명 ③ 단순한 재량준칙 공포 ④ 관할 교육지원청이 교육환경평가승인 신청에 대한 보완요청서에서 의견을 밝힌 것 ⑤ 문화체육관광부장관의 지방자치단체장에 대한 회신 ⑥ 행정청이 지구단위계획을 수립하면서 그 권장용도를 판매위락·숙박시설로 결정하여 고시한 행위

④ 신뢰보호 원칙 위반의 효과
  ㉠ 신뢰보호 원칙에 위반한 행위는 위헌·위법한 것이 된다.
    ● 행정행위는 무효 또는 취소할 수 있는 행위가 되며 행정입법이나 공법상 계약은 무효가 된다.
    ● 국가배상법에 따라 손해배상을 청구할 수 있다.
  ㉡ 무효인 행정행위에 대해 상대방은 신뢰보호 원칙을 주장할수 없다.

판례

신뢰보호원칙 판례
① 확약 또는 공적인 의사표명이 있은 후에 사실, 법률적 상태가 변경되었다면, 그와 같은 확약 또는 공적인 의사표명은 행정청의 별다른 의사표시를 기다리지 않고 실효된다 (대판95누10877)
② 헌법재판소의 위헌 결정은 행정청이 개인에 대해 신뢰의 대상이 되는 공적인 견해를 표명한 것이라고 할 수 없으므로, 그 결정에 관련한 개인의 행위에 대하여는 신뢰보호의 원칙이 적용되지 않는다.(대판2002두6965)
③ 운전면허 취소사유에 해당하는 음주운전을 적발한 경찰관의 소속 경찰서장이 사무착오로 위반자에게 운전면허정지처분을 한 상태에서 위반자의 주소지 관할 지방경찰청장이 위반자에게 운전면허취소처분을 한 것은 선행처분에 대한 당사자의 신뢰 및 법적 안정성을 저해하는 것으로서 허용될 수 없다.(99두10520)

(5) 신의성실의 원칙

① 행정청은 직무를 수행할 때 신의에 따라 성실히 하여야 한다.
  ➲ 행정절차법 제 4조 1항
  ➲ 행정기본법 11조은 사법상의 신의성실의 원칙을 공법관계에 맞게 행정청의 성실의무의 원칙으로 규정하고 있다.

 관련조문

행정기본법 제11조(성실의무 및 권한남용금지의 원칙)
 ① 행정청은 법령등에 따른 의무를 성실히 수행하여야 한다.
 ② 행정청은 행정권한을 남용하거나 그 권한의 범위를 넘어서는 아니 된다.

② 신의성실의 내용
 행정기관이 모순행위 금지, 행정기관의 사인에 대한 보호의무, 행정기관의 불성실로 인한 사인의 법적지위 약화 방지 등이 있다.

③ 실권의 법리
 실권의 법리는 신의성실 원칙의 파생원칙이다.(행정기본법 제12조에 명문으로 규정)

(6) 부당결부 금지 원칙

① 의의
 행정이관이 행정조치를 할 때 그것과 실질적 관련이 없는 상대방의 반대 급부를 결부시켜서는 안 된다는 원칙이다.

② 근거

 관련조문

행정기본법 제13조(부당결부금지의 원칙)
 행정청은 행정작용을 할 때 상대방에게 해당 행정작용과 실질적인 관련이 없는 의무를 부과해서는 아니 된다.

③ 위반의 효과

부당결부 금지 원칙 위반한 행정행위는 무효 또는 취소할 수 있는 행정행위이다.
- ➡ 일반적으로는 취소사유로 본다.
- ➡ 부당결부 금지 원칙의 위반은 비례원칙 위반과도 관련된다.

> **판례**
> ① 이륜자동차를 음주운전 한 사유만으로 제1종 대형면허나 보통면허의 취소 정지를 할 수 없다.(대판 91누8289)
> ② 승용자동차를 면허 없이 운전한 사람에 대하여 그 사람이 소지한 제2종 원동기장치자전거 면허를 취소할 수 있다.(대판 2011두358)
> ③ 지방자치단체장이 주택사업계획승인을 하면서 그 주택사업과는 아무런 관련이 없는 토지를 기부채납토록 하는 부관을 주택사업계획승인에 붙인 경우 부당결부금지원칙에 위반되어 위법하다(대판 96다49650)

4) **행정입법 – 법규명령과 행정규칙**

행정입법이란 국가등 행정주체가 일반적·추상적인 규율을 제정하는 작용 또는 그에 의해 제정된 규범을 의미한다.

(1) **법규명령**

① 특징
  ㉠ **행정권이 정립**하는 일반적·추상적 규정으로서 법규의 성질을 갖는 것을 말한다.
  ㉡ **대외적 구속력**과 **재판규범성**을 갖는다.
   - ➡ 국민과 행정청을 동시에 구속하는 양면적 구속력을 갖는다.
  ㉢ 법규명령을 위반한 행위는 **위법행위**로서 무효 또는 취소사유가 된다.
   - ➡ 법률종속명령으로 법률보다 하위의 효력을 갖는다.

② 종류
  ㉠ 위임명령
   법률 또는 상위명령에서 **구체적으로 범위를 정하여** 위임한 사항을 규정하는 명령인데, 위임된 범위 내에서는 새로이 국민의 권리·의무에 관한 사항을 **규정할 수 있다**.
  ㉡ 집행명령
   법률 또는 상위명령의 집행을 위하여 필요한 세부적·기술적 사항을 규정하는 명령으로, 법령을 시행하기 위한 세칙 등 세부적 사항을 규정한다.
   - ➡ 국민의 권리 · 의무에 관한 새로운 사항을 **규정할 수 없다**.

★ **위임명령 방식**
'00에 관한 사항은 행정안전부령으로 정한다~'

★ **집행명령 방식**
'이 법률의 시행에 필요한 사항은 대통령령으로 정한다'

ⓒ 비교

	위임명령	집행명령
목적	법률의 내용 보충	법률의 집행
범위	위임의 범위 내에서 새로이 국민의 권리·의무에 관한 사항을 규정할 수 **있음**	국민의 권리·의무에 관한 새로운 법규사항을 규정할 수 **없음**
위임	법률 또는 상위명령의 개별적, 구체적 위임 필요	법률 또는 상위명령의 구체적 위임을 요하지 않음

➔ 헌법적 근거 : 헌법 제75조, 제95조

ⓔ 법형식에 따른 분류

대통령령(시행령), 총리령, 부령(시행규칙)

➔ 법률 또는 대통령령으로 정할 사항을 부령으로 정한 경우 무효이다.(대판, 61다9)

③ 위임명령의 한계

ⓐ 일반적·포괄적 위임 금지

위임에 있어서 일반적·포괄적 위임은 안되면 **구체적**으로 범위를 정하여 위임하여야 한다.

ⓑ 국회전속적 입법사항의 위임금지

국회의 전속적 사항, 즉 헌법상 또는 법률로써 정해야 할 사항은 법규명령으로 정할 수 없다.

　예 대한민국 국민이 되는 요건, 행정조직, 조세에 관한 사항 등

➔ 다만, 세부적 사항에 대해서는 구체적으로 범위를 정하여 행정입법에 위임하는 것은 허용된다.

ⓒ 처벌규정의 위임 금지

처벌규정의 위임은 헌법 제75조의한 포괄적 위임금지 및 죄형법정주의의해 제한된다.

ⓓ 전면적 재위임 금지

법령에 의해 위임 받은 사항을 전혀 규정하지 않고 **전면적으로 재위임**하는 것은 허용되지 않는다.

➔ 전면적 재위임은 금지되나, 위임받은 사항에 관하여 대강을 정하고 그중의 특정사항을 다시 하위법령에 위임하는 것은 허용될 수 있다.(헌재 94헌마213)

④ 집행명령의 한계

상위법령 범위 내에서 그 시행에 관한 구체적인 절차와 형식 등을 규정할 수 있을 뿐이다.

➔ 새로운 국민의 권리 · 의무에 관한 사항은 규정할 수 없다.

⑤ 법규명령의 효력발생

ⓐ 법규명령은 그 내용을 **외부에 표시함**(공포)으로써 유효하게 성립된다.

➔ 공포일은 그 법규명령을 게재한 관보가 발행된 날이다.

ⓒ 대통령령, 총리령 및 부령은 특별한 규정이 없으면 **공포한 날부터** 20일이 경과함으로써 효력을 발생한다.
  ➡ 시행일이 정해진 경우에는 그날부터 효력을 발생한다.

ⓒ 국민의 권리 제한 또는 의무 부과와 직접 관련되는 법률, 대통령령, 총리령 및 부령은 긴급히 시행하여야 할 특별한 사유가 있는 경우를 제외하고는 공포일부터 적어도 **30일**이 경과한 날부터 시행되도록 하여야 한다.

⑥ 법규명령의 하자
  ㉠ 성립요건, 효력요건을 갖추지 못한 때에는 하자있는 법규명령이 된다.
  ㉡ 통설 : 하자 있는 법규명령은 무효가 된다.
    ➡ 하자 있는 법규명령에 따른 행정행위의 효력은 **중대·명백설**에 따른다.(통설)

(2) 행정규칙

① 의의
  ㉠ 상급행정기관이나 상급자가 하급행정기관 또는 하급자에 대하여 행정의 조직과 활동을 규율할 목적으로 그의 권한범위 내에서 발하는 일반적·추상적 규율이다.
    ➡ 법률우위의 원칙은 적용되나, 법률유보 원칙은 적용되지 않는다.
  ㉡ 행정규칙은 법규가 아니므로 **대외적 구속력 및 재판규범성을 갖지 않는다**.
  ㉢ 예외적으로 법령대위규칙이나 재량준칙은 법규성이 인정된다.

② 형식
  행정규칙은 형식이 필요한 것은 아니며, 공포가 필요한 것도 아니다.
    ➡ 다만 처분기준이 되는 행정규칙은 공포하여야 한다고 규정하고 있다.(행정절차법 제20조)

③ 행정규칙 성립요건
  ㉠ 정당한 권한을 가진 행정기관이 그 권한 범위내에서 발해야 한다.
  ㉡ 상위규칙에 반하지 않고, 복종의무 한계내, 실현가능하고 명확해야 한다.
  ㉢ **문서와 구두** 모두 가능하다.
  ㉣ 효력요건 : 수명기관에 **도달한 때부터** 내부적 효력이 발생한다.

④ 행정규칙 위반의 효과
  ㉠ 행정규칙을 위반한 행정작용은 곧바로 **위법한 행정작용이 되는 것은 아니다**.
  ㉡ 공무원은 복종의무가 있으므로 행정규칙 위반시 **징계사유는 될 수 있다**.
    ➡ 다만, 위법함이 명백한 경우에는 복종을 거부할수 있다.

* **중대명백설**
어떤 행위에 중대하고 명백한 하자가 있다면, 그 행위는 무효이다. 그러나 중대하지만 명백하지 않은 경우 혹은 명백하지만 중대하지 않은 경우는 무효가 아니다.(일단 유효하다) 취소사유가 된다.

⑤ 형식에 따른 분류
  ㉠ (광의)훈령

훈령	상급기관이 하급기관에 대하여 장기간에 걸쳐 권한행사를 **일반적으로 지시**하기 위해 발하는 명령
지시	상급기관이 직권으로 또는 하급기관의 문의에 의하여 **개별적·구체적**으로 발하는 명령
예규	행정사무의 통일을 위해 **반복적 행정사무의 처리기준**을 제시한 명령
일일명령	당직, 출장, 시간외근무 등 **일일업무**에 관한 명령

  ㉡ 고시
  행정기관이 법령이 정하는 방법에 의해 일정사항을 **불특정 다수인에게** 알리는 행위이다.

⑥ 법규명령과 행정규칙 비교

	법규명령	행정규칙
권력적 근거	일반권력 관계	특별행정법 관계
법적 근거	• 위임명령 : 상위 법령상 개별적·구체적 수권 필요 • 집행명령 : 개별적·구체적 수권 불필요	법적 근거 불필요 (구체적 수권 불필요)
법규성 여부	법규성 인정	법규성 부정
효력 (구속력)	양면적 구속력 (대내적, 대외적 구속력)	일면적 구속력 (대내적 구속력)
위반 효과	위법한 작용됨	바로 위법한 작용이 되는 것은 아님
형식	문서에 의한 조문형식 ⊃ 대통령령, 총리령, 부령	문서형식 혹은 구두로도 가능 ⊃ 훈령, 고시 등
공포	공포 필요	공포가 불필요 ⊃ 수명기관에 도달하면 효력 발생
법치행정 적용	법률유보, 법률우위 적용	법률우위 적용 법률유보 미적용

* 규범구체화 행정규칙
독일연방행정법원의 뷜(Whyl)원자력발전소 판결에서 규범구체화적 행정규칙의 대외적구속력을 인정하였다.
⊃ 우리나라는 인정한 바 없다.

팩트DB

① 법규명령 형식의 행정규칙
  ㉠ 행정규칙으로 정해질 내용이 법규명령의 형식을 취하는 경우이다.
    ● 다수설은 법규명령설(형식설)로 본다.
  ㉡ **대통령령** 형식인 경우 - 법규명령으로 본다.
  ㉢ **부령**형식인 경우 - 법규성을 인정하지 않는다.

② 행정규칙 형식의 법규명령(법령보충규칙)
  ㉠ 법령의 위임에 의해 법령을 보충하는 법규사항을 정하는 **행정규칙이다.**
  ㉡ 효력 : **상위 수권법령과 결합하여** 대외적인 구속력이 있는 법규명령으로 본다.(판례)
    ● 단순 행정편의를 도모하기 위한 절차적 규정인 경우 행정규칙으로 본다.

③ 재량준칙
  ㉠ 하급행정기관에게 **재량권행사의 일반적 기준을 제시하기** 위해 발하는 행정규칙이다.
  ㉡ 재량준칙은 별도의 법적 근거 없이도 제정가능하다.
  ㉢ 행정청에게 **재량권이 있는 경우** 가능하다.
    ● 기속규정에 대해서는 재량준칙이 적용되지 않는다.
  ㉣ 효력 : 원칙적으로 **법규성이 없다.**
    ● 예외 : 평등원칙, 행정의 자기구속의 원칙을 **매개로 하여** 간접적으로 대외적 효력을 갖는다.(일반적)

 판례

1. 총포·도검·화약류 등 단속법(이하 '법'이라고 한다) 제12조 제1항, 제3항, 총포·도검·화약류 등 단속법 시행령(이하 '시행령'이라고 한다) 제14조 제1항 제2호, 구 총포·도검·화약류 등 단속법 시행규칙(2011. 2. 22. 행정안전부령 제196호로 일부 개정되기 전의 것, 이하 '시행규칙'이라고 한다) 제21조 제1항을 종합하여 보면, 총포 등의 소지허가의 범위, 즉 어떠한 경우에 소지허가를 받아야 하는 것인지에 대하여는 시행령이 법 제12조 제3항의 수권을 받아 총포 등의 종류 및 용도별로 정하고, 소지허가의 구체적인 요건에 대하여는 시행규칙이 법 제12조 제1항의 수권에 따라 규정한 것이라고 보아야 한다. 그리고 위 시행규칙처럼 **행정규칙에서 법령의 수권에 의하여 법령을 보충하는 사항을 정한 경우에는 행정규칙도 근거 법령의 규정과 결합하여 대외적으로 구속력이 있는 법규명령으로서의 성질과 효력을 가진다.**(2011도17812)

2. **행정규칙에 의한 '불문경고조치'가** 비록 법률상의 징계처분은 아니지만 위 처분을 받지 아니하였다면 차후 다른 징계처분이나 경고를 받게 될 경우 징계감경사유로 사용될 수 있었던 표창공적의 사용가능성을 소멸시키는 효과와 1년 동안 인사기록카드에 등재됨으로써 그 동안은 장관표창이나 도지사표창 대상자에서 제외시키는 효과 등이 있다는 이유로 **항고소송의 대상이 되는 행정처분에 해당한다.**(2001두3532)

3. 보건사회부장관이 정한 1994년도 노인복지사업지침은 노령수당의 지급대상자의 선정기준 및 지급수준 등에 관한 권한을 부여한 노인복지법 제13조 제2항, 같은법시행령 제17조, 제20조 제1항에 따라 보건사회부장관이 발한 것으로서 **실질적으로 법령의 규정내용을 보충하는 기능을 지니면서 그것과 결합하여 대외적으로 구속력이 있는 법규명령의 성질을 가지는 것으로 보인다.**(95누7727)

4. 법령의 규정이 특정 행정기관에 그 법령 내용의 구체적 사항을 정할 수 있는 권한을 부여하면서 그 권한 행사의 절차나 방법을 특정하고 있지 않아 **수임행정기관이 행정규**

칙인 고시의 형식으로 그 법령의 내용이 될 사항을 구체적으로 정하고 있는 경우, 그 고시가 당해 법령의 위임 한계를 벗어나지 않는 한, **그와 결합하여 대외적으로 구속력이 있는 법규명령으로서 효력을 가진다**. 산지관리법 제18조 제1항, 제4항, 같은 법 시행령 제20조 제4항에 따라 산림청장이 정한 '산지전용허가기준의 세부검토기준에 관한 규정'(2003. 11. 20. 산림청 고시 제2003-71호) 제2조 [별표 3] (바)목 가.의 규정은 법령의 내용이 될 사항을 구체적으로 정한 것으로서 당해 법령의 위임 한계를 벗어나지 않으므로, **그와 결합하여 대외적으로 구속력이 있는 법규명령으로서 효력을 가진다**.(2007두4841)

5. 어떠한 고시가 일반적·추상적 성격을 가질 때에는 법규명령 또는 행정규칙에 해당할 것이지만, 다른 집행행위의 매개 없이 **그 자체로서 직접 국민의 구체적인 권리의무나 법률관계를 규율하는 성격을 가질 때에는 항고소송의 대상이 되는 행정처분에 해당한다**.

항정신병 치료제의 요양급여 인정기준에 관한 보건복지부 고시가 다른 집행행위의 매개 없이 그 자체로서 제약회사, 요양기관, 환자 및 국민건강보험공단 사이의 법률관계를 직접 규율한다는 이유로 항고소송의 대상이 되는 **행정처분에 해당한다**. (2003무23)

4 경찰법의 효력

1) 대인적 효력

① 원칙 : 속지주의

당해 지역 내에 있는 모든 사람에게 적용된다.(자연인, 법인, 내국인, 외국인)
➡ 속인주의를 보충적으로 적용한다.

② 예외

외교관등 치외법권자, SOFA 규정에 의한 미국군대 구성원 등

2) 지역적 효력

① 원칙

경찰법규는 그 제정권자의 권한이 미치는 지역적 범위내에 효력이 있다.

② 예외

국제법상 치외법권지역, 특정지역에만 효력이 있는 경우(제주특별자치도 설치 및 국제자유도시 조성을 위한 특별법)

3) 시간적 효력

① 법령에 특별한 규정이 있으면 그에 따른 시기에 효력이 발생한다.

② 특별한 규정이 없으면 공포한 날로부터 **20일 경과** 후 효력이 발생한다.
➡ 국민의 권리제한이나 의무부과와 관련되는 법령은 30일 이후 효력이 발생한다.

③ 소급적용금지 원칙

> **관련조문**
>
> 행정기본법
> 제6조(행정에 관한 기간의 계산)
> ① 행정에 관한 기간의 계산에 관하여는 이 법 또는 다른 법령등에 특별한 규정이 있는 경우를 제외하고는 「민법」을 준용한다.
> ② 법령등 또는 처분에서 국민의 권익을 제한하거나 의무를 부과하는 경우 권익이 제한되거나 의무가 지속되는 기간의 계산은 다음 각 호의 기준에 따른다. 다만, 다음 각 호의 기준에 따르는 것이 국민에게 불리한 경우에는 그러하지 아니하다.
> 1. 기간을 일, 주, 월 또는 연으로 정한 경우에는 기간의 첫날을 산입한다.
> 2. 기간의 말일이 토요일 또는 공휴일인 경우에도 기간은 그 날로 만료한다.
>
> 제7조(법령등 시행일의 기간 계산)
> 법령등(훈령·예규·고시·지침 등을 포함한다. 이하 이 조에서 같다)의 시행일을 정하거나 계산할 때에는 다음 각 호의 기준에 따른다.
> 1. 법령등을 공포한 날부터 시행하는 경우에는 공포한 날을 시행일로 한다.
> 2. 법령등을 공포한 날부터 일정 기간이 경과한 날부터 시행하는 경우 법령등을 공포한 날을 첫날에 산입하지 아니한다.
> 3. 법령등을 공포한 날부터 일정 기간이 경과한 날부터 시행하는 경우 그 기간의 말일이 토요일 또는 공휴일인 때에는 그 말일로 기간이 만료한다.
>
> 제7조의2(행정에 관한 나이의 계산 및 표시)
> 행정에 관한 나이는 다른 법령등에 특별한 규정이 있는 경우를 제외하고는 출생일을 산입하여 만(滿) 나이로 계산하고, 연수(年數)로 표시한다. 다만, 1세에 이르지 아니한 경우에는 월수(月數)로 표시할 수 있다.

02 경찰 조직법

1 경찰조직법 일반

1) **경찰조직법**

   경찰조직의 존립 근거를 부여하고, 각 기관의 명칭과 권한, 경찰관청 상호간의 관계, 경찰관청의 임면·신분·직무 등에 대해 규정하고 있는 법을 의미한다.

2) **경찰조직의 기본법**

   ① 정부조직법 - 국가의 행정조직에 관한 기본법
   ② 국가경찰과 자치경찰의 조직 및 운영에 관한 법률 - 경찰조직에 관한 기본법

> ★ **행정주체**
> 행정을 행할 권리와 의무를 가지며, 자기의 이름과 책임하에 행정을 실시하는 단체로 법인격을 갖고, 법적 효과는 행정주체에게 귀속된다.
> → 국가, 지방자치단체, 영조물법인, 공공조합, 공무수탁사인 등

3) **경찰행정주체**

   ① 경찰권을 행사할 권리·의무를 갖는 법인을 의미한다.

   ➡ 국가경찰의 경우 국가가, 자치경찰의 경우 지방자치단체가 주체이다.

   ② 국가경찰제에서는 국가만이 경찰행정의 주체였으나, 현재는 자치경찰제를 실시하므로 자치경찰사무에 대해서는 지방자치단체도 경찰행정의 주체이다.

   ➡ 경찰행정주체는 현실적으로 경찰행정작용을 수행하기 위하여 일정한 경찰행정기관을 두어 자신의 임무를 수행하도록 하고 이때 행정기관의 행위의 법적 효과는 행정주체에게 귀속된다.

[경찰 조직]

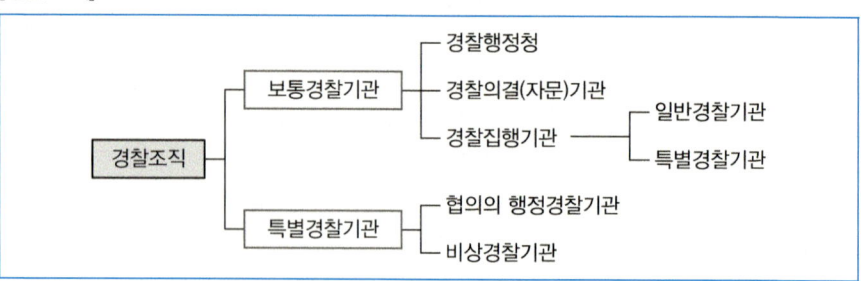

2 경찰행정기관

1) **의의**

   ① 경찰행정기관은 경찰행정 주체를 위하여 경찰행정 업무 수행을 실현하는 기관을 의미한다.

   ➡ 경찰행정기관이 그 권한 범위 내에서 행하는 행위의 효과는 경찰행정 주체인 국가와 지방자치단체인 시·도에 귀속된다.

   ② 경찰행정기관은 독립적인 법주체가 아니고 경찰행정주체의 기관으로서 그 사무를 담당하며 일정한 범위의 행정권한을 갖고 있는데 그친다.

2) (보통)경찰행정기관의 종류

(1) 경찰행정관청

경찰행정관청이란 경찰행정 주체의 법률상 의사를 결정하여, 외부에 표시하는 권한을 갖고 집행할수 있는 권한을 가진 경찰행정기관을 의미한다.
- 지구대장, 파출소장은 경찰행정관청이 아니다.(경찰서장의 보조기관)

① **독임제 경찰행정관청** : 경찰청장, 시·도경찰청장, 경찰서장
② **합의제 행정관청** : 소청심사위원회, 행정심판위원회, 감사원 등
③ **특별경찰관청** : 해양경찰청장, 지방해양경찰청장, 해양경찰서장

(2) 경찰의결기관

① 경찰행정관청의 의사를 구속하는 의결을 행하는 **합의제 경찰행정기관**이다.
- 경찰행정에 관한 의사를 결정할수 있는 권한은 있으나, 이를 자기 명의로 대외적으로 표시할 권한은 없다.

② 국가경찰위원회, 징계위원회가 해당된다.
- 국가경찰위원회는 사실상 심의기관 성격이다.
- 시·도자치경찰위원회는 합의제 경찰행정기관이다.

③ 경찰행정관청이 의결기관의 의결을 거치지 아니하고 권한을 행사한 경우 무효이다.(무권한의 행위)

(3) 경찰집행기관

① 경찰행정목적 실현을 위해 필요한 실력행사를 행사하는 기관이다.
② 순경~치안총감까지 **모든 경찰공무원**이 해당한다.
- 특별경찰집행기관 : 해양경찰, 청원경찰, 소방공무원, 헌병

(4) 경찰보조기관(계선기관)

행정관청에 소속되어 경찰행정관청의 **직무를 보조**하기 위하여 일상적인 직무를 수행하는 기관이다.
- 차장, 국장, 부장, 과장, 계장, 지구대장 등

(5) 경찰보좌기관(참모기관)

경찰행정관청이 기능을 원활하게 수행할 수 있도록 그 기관장이나 보조기관을 보좌하는 기관이다.
- 정책기획, 연구, 조사 등 기능을 수행한다. 예 비서실, 감사관 등

(6) 경찰자문기관

① 경찰행정관청의 자문요청에 응하여 또는 자진하여 의사결정에 참고 될 만한 의견을 제시하는 경찰행정기관이다.
- 경찰공무원인사위원회, 경찰청인권위원회

② 자문기관의 자문은 행정관청에 대해 법적 구속력이 없다.
- 법률에 자문절차가 규정되어 있음에도 이를 거치지 않고 결정한 경우 절차상 하자로 위법하다.

(7) 부속기관

경찰행정권의 직접적 행사를 임무로 하는 기관에 부속하여 그 기관을 **지원**하는 행정기관이다.

▼ 부속기관

경찰대학	국가치안 부문에 종사하는 경찰간부가 될 사람에게 학술을 연마하고 심신을 단련하게 하기 위하여 경찰청장 소속으로 경찰대학을 둔다. 경찰대학의 수업연한은 4년으로 한다. ➡ 학장은 치안정감으로 보한다.
경찰인재개발원	경찰간부후보생 및 경찰공무원에 대한 교육훈련을 담당하기 위해 경찰청장 소속기관이다. ➡ 원장은 치안감으로 보한다.
중앙경찰학교	경찰공무원으로 임용될 자에 대한 교육훈련을 관장하기 위해 경찰청장 소속으로 둔다. ➡ 교장은 치안감으로 보한다.
경찰병원	① 경찰업무를 행하는 기관에서 근무하는 공무원 및 그 가족 등의 질병 진료에 관한 사무를 관장하기 위해 경찰청장 소속으로 둔다. ➡ 원장은 의무이사관 또는 의무부이사관으로 보한다. ② 책임운영기관으로 한다.
경찰수사연수원	전문수사 이론교육, 현장실습 특성교육, 최신 수사기법 연구보급 등을 위하여 설치한다. ➡ 원장은 경무관계급이다.

➡ 국립과학수사연구원은 행정안전부 소속이다.

3) 특별경찰기관

(1) 협의의 행정경찰기관

① 다른 행정작용과 결합하여 특별한 사회적 이익의 보호를 목적으로 하고, 부수작용으로 사회공공의 안녕과 질서를 유지하는 경찰기관이다.
   ➡ 건축경찰, 위생경찰, 경제경찰, 삼림경찰 등

② 각 주무장관이 협의의 행정경찰기관을 관장한다.

(2) 비상경찰기관

① 평시경찰에 대응하는 개념으로 국가비상사태 발생시에 군사력을 동원하여 치안을 유지하는 특수경찰이다.

② 계엄사령관, 위수사령관

4) 행정안전부와 경찰조직

(1) 행정안전부(정부조직법)

> **정부조직법 34조(행정안전부)**
> ① 행정안전부장관은 국무회의의 서무, 법령 및 조약의 공포, 정부조직과 정원, 상훈, 정부혁신, 행정능률, 전자정부, 정부청사의 관리, 지방자치제도, 지방자치단체의 사무지원·재정·세제, 낙후지역 등 지원, 지방자치단체간 분쟁조정, 선거·국민투표의 지원, 안전 및 재난에 관한 정책의 수립·총괄·조정, 비상대비, 민방위 및 방재에 관한 사무를 관장한다.
> ② 국가의 행정사무로서 다른 중앙행정기관의 소관에 속하지 아니하는 사무는 행정안전부장관이 이를 처리한다.
> ⑤ 치안에 관한 사무를 관장하기 위하여 행정안전부장관 소속으로 경찰청을 둔다.
> ⑥ 경찰청의 조직·직무범위 그 밖에 필요한 사항은 따로 법률로 정한다.

(2) 행정안전부내 경찰국(행정안전부와 그 소속기관 직제)

> **제4조(하부조직)**
> ① 행정안전부에 운영지원과·정부혁신조직실·디지털정부국·경찰국·지방자치균형발전실·지방재정경제실 및 재난안전관리본부를 둔다.
>
> **제13조의2(경찰국)**
> ① 국장은 **치안감**으로 보한다.
> ② 국장은 다음 사항을 분장한다.
>   1. 「정부조직법」 제7조제4항에 따른 행정안전부장관의 경찰청장에 대한 지휘·감독에 관한 사항
>   2. 「국가경찰과 자치경찰의 조직 및 운영에 관한 법률」 제8조제1항에 따른 국가경찰위원회 위원의 임명 제청 및 같은 법 제14조제2항 전단에 따른 경찰청장의 임명 제청에 관한 사항
>   3. 「국가경찰과 자치경찰의 조직 및 운영에 관한 법률」 제10조제1항제9호에 따른 국가경찰위원회 안건 부의 및 같은 조 제2항에 따른 국가경찰위원회의 심의·의결 사항에 대한 재의 요구
>   4. 「경찰공무원법」 제7조제1항에 따른 총경 이상 경찰공무원의 임용 제청, 같은 법 제30조제4항 후단에 따른 계급정년 연장 승인을 위한 경유 및 같은 법 제33조 단서에 따른 징계를 위한 경유에 관한 사항
>   5. 「국가경찰과 자치경찰의 조직 및 운영에 관한 법률」 제25조제4항에 따른 시·도자치경찰위원회의 의결에 대한 재의 요구 및 같은 법 제28조제2항에 따른 시·도경찰청장의 임용 제청에 관한 사항
>   6. 그 밖에 다른 법령에 따른 경찰행정 및 자치경찰사무 지원에 관한 사항

3 경찰기관 상호간의 관계

1) 경찰기관의 권한

(1) 권한의 의의
① 권한(權限)은 타인을 위하여 그자에 대해 일정한 법률효과를 발생케 하는 행위를 할 수 있는 법률상의 자격을 의미한다.
② 경찰관청의 권한이란 경찰관청이 법률상 유효하게 직무를 수행할 수 있는 범위이다.(관할)

(2) 권한의 한계
① 사항적 한계
경찰행정기관은 자기의 권한에 속하는 사항에 관해서만 권한을 행사할 수 있다.
② 대인적 한계
경찰행정기관의 권한이 미칠 수 있는 인적 범위이다.
→ 원칙적으로 대한민국 내 모든 사람에게 경찰행정기관의 권한이 미친다.
③ 지역적 한계(토지관할)
경찰행정기관의 권한은 관할지역 내에서만 효력이 발생한다.
④ 시간적 한계
경찰행정기관의 권한행사는 법정시간에 의해 제한된다.
⑤ 형식적 한계
경찰행정기관이 권한을 행사 할 때 일정한 형식을 요하도록 하는 경우이다.

(3) 권한 행사의 효력
① 경찰행정관청이 행위로 인한 법적 효과는 경찰행정관청이 아닌 경찰행정주체(국가 또는 지방자치단체)에게 귀속된다.
② 경찰행정기관이 권한의 한계를 넘어 권한을 행사한 경우 해당 권한의 행사는 위법한 권한행사로 무효 또는 취소될 수 있다.

상하 관청 관계	권한의 감독	감시권, 훈령권, 인가권, 주관쟁의 결정권, 취소·정지권
	권한의 대리	임의대리, 법정대리
	권한의 위임	
대등 관청 관계	권한의 존중	권한 불가침, 주관 쟁의
	권한의 협력	사무촉탁, 경찰응원

＊ 권리(權利)
일정한 이익을 향유케 하기 위해 법이 인정하는 힘으로, 권리행사로 인한 법적 효과는 권리주체에게 귀속된다.

＊ 상급관청의 감독수단

훈령권	상급관청이 하급관청의 권한행사를 지휘하기 위해 발하는 명령
감사권	보고, 서류 장부 검사를 통해 사무감사를 행하는 권한
인가권	하급관청의 권한행사 전에 상급관청이 갖는 인가권
취소·정지권	하급관처의 위법 부당한 행위를 취소하거나 정지할 수 있는 권한(사후적)
주관쟁의 결정권	하급관청 간에 권한행사에 대해 다툼이 있을 때 상급관청이 결정하는 권한

2) 훈령

(1) 의의
① 하급행정청의 권한행사를 일반적으로 지휘하기 위하여 상급행정청이 감독권의 당연한 작용으로 사전에 발하는 일반적·추상적 명령이다.(행정규칙)
② 상급기관의 훈령은 특별한 법적근거를 요하지 않는다.
　➡ 훈령을 발할수 있는 권한을 훈령권이라 한다.

(2) 훈령의 특성
① **상급행정청**이 하급행정청에게 발령한다.
② 일반적·추상적 명령이다.
　➡ 개별·구체적 사항에 대해서도 발해질수 있다.
③ 하급행정청의 권한에 속하는 사항을 대상으로 한다.
④ 구성원이 바뀌어도 효력은 유지된다.
⑤ 훈령은 **법규성이 부정**된다.
　➡ 대외적 구속력이 없다.(국민의 권리·의무에 영향을 미치지 않는다.)
　➡ 재판규범성이 없다.(법원을 구속하지 않는다.)
　➡ 훈령을 위반한 하급기관의 처분도 위법은 아니며 유효하다.
⑥ **훈령의 외부화 현상**
　예외적으로 훈령이 평등원칙에 의한 행정의 자기구속의 법리에 의해 법규성이 인정되어 대외적 구속력을 인정할 수 있다.
　➡ 훈령자체의 위반이 아니라, 평등원칙 혹은 자기구속의 법리 위반으로 위법하게 된다.

(3) 형식과 절차
① 훈령은 특별한 형식이 없고, 구두·문서의 형식으로 발할 수 있다.
② 도달주의 : 훈령은 상대방에 도달함으로써 효력을 발생한다.
　➡ 공포절차가 불필요하다.

(4) 종류

협의의 훈령	상급경찰관청이 하급경찰관청의 권한행사를 장기간에 걸쳐 **일반적으로 지휘**하기 위해 발하는 명령
지시	상급경찰관청이 하급경찰관청에 대하여 **개별적·구체적**으로 발하는 명령
예규	하급경찰관청에 대해 **반복적 행정사무의 기준**을 제시하기 위해 발하는 명령
일일명령	당직·특근·출장·휴가 등의 **일일업무에 관하여** 발하는 명령

(5) 요건

실질적 요건	요건 사항	① 훈령이 법규에 저촉되지 않아야 한다.(**적법 타당성**) ② **공익**에 반하지 않을 것 ③ **실현가능**하고 명백할 것

	심사 여부	① 원칙 : 하급경찰관청은 실질적 요건에 대한 **심사권이 없다**.
		  ● 형식적 요건이 구비되면 일단 복종하여야 한다.
		② 예외 : 훈령의 내용이 중대·명백한 하자가 있거나 범죄를 구성하는 경우에는 하급관청에게 심사권 있고, 복종거부하여야 한다.
		  ● 만약 이러한 훈령에 복종하였다면 복종한 하급경찰관청도 책임을 진다.

형식적 요건	요건 사항	① 정당한 훈령권을 가진 상급관청이 발할 것 ② 하급관청의 권한 내의 사항에 관한 것일 것 ③ 하급관청의 권한행사에 **독립성이 보장되어 있는 사항이 아닐 것**(직무상 독립한 범위에 속하는 사항이 아닐 것)
	심사 여부	① 원칙 : 하급경찰관청이 **심사권을 갖는다**. ② 형식적 요건을 구비하지 않은 경우 복종 거부 가능하다. ● 형식적 요건을 구비하지 않았는데도 복종하는 경우 하급경찰관청의 책임이다.

(6) 훈령 위반의 효과

① 대외적 효력

훈령에 위반하여 행하여진 경우 원칙적으로 **위법은 아니며** 행위자체의 효력에는 영향이 없다.

● 훈령을 위반한 공무원의 행위가 무효 또는 취소사유에 해당하는 것이 아니라, 일단 유효하다.

② 대내적 효력

하급경찰관청이 훈령에 위반한 권한을 행사하는 경우 경찰공무원의 직무상 복종의무 위반으로 **징계사유**가 될 수 있다.

(7) 훈령 간 경합과 해결

① 상호 모순되는 두 개 이상의 상급 관청의 훈령이 경합할 때

● **주관 상급관청**의 훈령에 따라야 한다.

② 서로 모순되는 훈령을 발한 상급관청이 서로 상하 관계에 있는 경우

● **직근 상급관청**의 훈령에 따라야 한다.

③ 주관 상급관청이 불명확 할 때에는 **주관쟁의의 방법**으로 해결한다.

3) 직무명령

(1) 의의

상관이 직무에 관하여 **부하공무원에게** 발하는 명령이다.
- ➡ 직무명령을 수명한 하급공무원이 변경되면 효력에 영향이 있다.

(2) 근거

특별한 작용법적 근거가 필요 없다.

(3) 범위

① 원칙 : 직무집행과 직접 관련되는 사항이어야 한다.
② 예외 : 직무집행과 간접적으로 관계되는 공무원의 사생활 등 까지 가능하다.
- 예) 복장, 두발
- ➡ 직무와 관련 없는 사생활에는 효력을 미치지 않는다.

(4) 형식

불요식 행위이다.(구두, 서면 모두 가능)

(5) 직무명령의 요건

실질적 요건	요건 사항	① 내용이 법령에 저촉되지 않을 것 ② 내용이 공익에 적합할 것 ③ 내용이 실현가능하고 명백할 것
	심사 여부	① 원칙 : 실질적 요건에 대한 **심사권이 없다**. ② 예외 : 직무명령의 내용이 중대·명백한 법규위반으로 당연무효이거나 범죄를 구성하는 경우에는 심사권 있고, 복종거부하여야 한다. ➡ 만약 복종하였다면 책임을 진다.
형식적 요건	요건 사항	① 권한 있는 상관이 발한 것일 것 ② 부하공무원의 직무상 범위 내에 속하는 사항 일 것 ③ 부하공무원의 직무상 독립된 범위에 속하는 사항이 아닐 것 ④ 법정의 형식과 절차가 있으면 이를 갖출 것
	심사 여부	① 원칙 : 형식적 요건에 대한 **심사권이 있다**. ② 형식적 요건을 구비하지 않은 경우 복종 거부 가능하다. ➡ 형식적 요건을 구비하지 않았는데도 복종하는 경우 책임이 따른다.

(6) 경합 및 복종의무

① 둘이상의 상관으로부터 서로 모순되는 직무명령을 받은 경우
- ➡ 직근 상관의 명령에 복종한다.

② 위법한 직무명령 : 복종의무 **없다**.
③ 부당한 직무명령 : 복종의무 **있다**.

▼ 훈령과 직무명령 비교

	훈령	직무명령
의의	**상급관청이** 하급관청의 권한 행사를 지휘하기 위해 발하는 명령	**상관이** 부하 경찰공무원에 대해 발하는 명령
법적 근거	불필요	불필요
범위	하급경찰기관의 소관사무에 국한됨	직무와 관련된 사생활 까지 가능
구성원의 변동 시	훈령의 **효력 유지**	수명공무원의 변동 시 **효력 상실**
양자의 관계	훈령은 직무명령을 겸할 수 **있음**	직무명령은 훈령을 겸할 수 **없음**

● 훈령과 직무명령은 대외적 효력은 없다.(대내적 구속력은 있다)
● 위반 시 징계사유가 된다.

4) 권한의 대리

(1) 의의

경찰관청이 권한의 전부 또는 일부를 주고, 대리기관(주로 피대리관청의 보조기관)이 피대리관청을 위한 것임을 표시하고 **자기(대리기관)의 이름**으로 행하고, 그 행위는 **피대리기관의 행위로써** 법률상 효과를 발생시키는 것이다.

● 법적효과는 피대리관청의 행위로 발생하므로 권한의 이전은 없다.

(2) 임의대리

① 개념

피대리관청이 대리관청을 대한 신뢰를 바탕으로 **수권행위**에 의하여 대리관계가 발생하는 것이다.(수권대리, 위임대리)

● 수권(授權)행위는 피대리관청의 일방적 행위이다.(대리기관의 동의나 공시 불필요)

② 법적 근거 : 법령의 명시적 근거가 없이도 가능하다.

③ 범위

㉠ 임의대리는 피대리관청의 일반적·포괄적 권한의 **일부에 대해서만** 허용된다.

● 권한의 전부대리는 인정되지 않는다.

㉡ 부령의 제정등 형식적 권한은 임의대리가 불가능하다.

④ 대리기관(상대방) : 주로 피대리관청의 보조기관이 된다.

⑤ 권한행사 방식

대리기관은 피대리관청을 위한 것임을 표시하고(**현명주의**), 대리기관 자신(본인)의 이름으로 권한을 행사한다.

⑥ 효과

대리기관의 행위는 **피대리관청의 행위**로서 효과가 발생한다.

⑦ 행정소송의 피고

피대리청은 대리기관의 행위에 대해 상대방인 국민에게 책임을 부담하므로, 행정소송의 피고는 **피대리관청**이다.

* **현명주의**
현명주의(顯名主義)란 대리인이 대리행위를 함에 있어서 그 행위가 본인을 위한 것임을 표시해야 하는 것을 말한다. 즉 법률행위는 대리인이 하지만 반드시 본인의 이름으로 하여야 본인에 대하여 효력이 발생하고 대리인이 본인을 위한 것임을 표시하지 않은 경우에 그 의사표시는 대리인을 위한 것으로 본다.

⑧ 감독 및 책임

피대리관청은 대리기관의 권한행사를 지휘·감독할 수 있다.
- 대리기관은 대리한 업무에 대해 피대리관청에 대해 내부적 책임을 부담한다.

⑨ 복대리 여부
  ㉠ 원칙 : 임의대리는 복대리가 인정되지 않는다.
  ㉡ 예외 : 피대리관청의 신임을 얻은 경우는 가능하다.
  - 복대리는 언제나 임의대리에 해당하므로, 복대리기관은 대리기관의 대리가 아니라 피대리관청의 대리이다.

(3) 법정대리

① 개념

법령의 규정에 의하여 일정한 사실 발생에 따라 대리관계가 발생하는 경우이다.

② 근거 : 반드시 **법령상 근거**가 있어야 한다.
- 일반법령으로 직무대리규정(대통령령)이 있다.

③ 종류

협의의 법정대리	㉠ 법령에 대리가 명시되어 있기 때문에 **법정사실의 발생**에 의해 당연히 대리관계가 발생한다.(보충대리) ㉡ 경찰청장이 부득이한 사유로 직무를 수행할수 없을 때 경찰청 차장이 직무를 대행(국가경찰과 자치경찰의 조직 및 운영에 관한 법률 제15조) ㉢ 대통령의 궐위시에 국무총리의 권한대행(헌법 제71조)
지정대리	㉠ 법정사실이 발생하였을 때 **일정한 자의 지정**에 의해 대리관계가 발생한다. ㉡ 국무총리 유고시 대통령이 지명하는 국무위원이 직무를 대행하는 경우(정부조직법 제22조)

④ 범위
  ㉠ 피대리관청의 **권한 전부에** 대하여 미친다.
  ㉡ 형식적 권한도 법정대리 가능하다.

⑤ 상대방(대리기관)

주로 피대리관청의 보조기관이지만, 다른 행정관청인 경우도 있다.

⑥ 권한행사 방식

피대리관청을 위한것임을 표시하고 대리기관 자신의 이름으로 권한을 행사한다.(현명주의)

⑦ 효과 : **피대리관청의 행위**로서 효력이 발생한다.

⑧ 감독 및 책임

피대리관청은 대리기관의 권한행사를 **지휘·감독 할수 없다**.
- 법정대리는 피대리관청의 사고로 인한것이므로, 대리기관은 자기의 책임하에서 그 권한을 행사한다.

⑨ 행정소송의 피고 : 행정소송의 피고는 피대리관청이다.
⑩ 복대리 : 법정대리는 **복대리가 가능**하다.

> **팩트DB**
>
> ### 복대리
>
> ① 의의
>   대리기관이 그 대리권의 행사를 다시 다른 기관으로 하여금 대리하게 하는 것이다.
>   ● 복대리기관은 대리기관의 대리가 아니라 피대리관청의 대리이다.
> ② 성격
>   복대리 자체의 성격은 언제나 **임의대리이다**.
> ③ 인정여부
>   ㉠ 임의대리 : 복대리가 원칙적으로 허용되지 않는다.
>   ㉡ 법정대리 : 복대리가 원칙적으로 가능하다.

> **팩트DB**
>
> ### 경찰청 직무대리 운영규칙
>
> 제3조(정의)
>   1. "소속기관"이란 부속기관(경찰대학, 경찰인재개발원, 중앙경찰학교, 경찰수사연수원, 경찰병원) 및 시·도경찰청을 말한다.
>   2. "직무대리지정권자"란 사고가 발생한 공무원의 직근 상위 계급자를 말한다.
>
> 제4조(소속기관장 등의 직무대리) ① 차장을 두지 않은 시·도경찰청장에게 사고가 있을 경우에는 「경찰청과 그 소속기관 직제」(이하 "직제"라 한다)에 규정된 순서에 따른 부장이 대리한다.
>   ② 시·도경찰청 차장에게 사고가 있는 경우 직제 및 「경찰청과 그 소속기관 직제 시행규칙」(이하 "직제 시행규칙"이라 한다)에 규정된 순서에 따른 부장·과장이 대리한다.
>   ③ 시·도경찰청장과 시·도경찰청 차장이 모두 사고가 발생한 경우 직제 및 직제 시행규칙에 규정된 순서에 따른 부장·과장이 순차적으로 시·도경찰청장과 차장을 각각 직무대리한다.
>   ④ 부속기관장에게 사고가 있을 때에는 직제에 따른 직근 하위 계급의 부·과장이 대리한다.
>
> 제6조(경찰서장의 직무대리) 경찰서장에게 사고가 있을 때에는 직제 시행규칙에서 정한 순서에 따른 직근 하위 계급의 과장이 대리한다.
>
> 제7조(직할대장의 직무대리) 직할대장에게 사고가 있을 때에는 소속기관의 하부조직을 설치하는 규정에서 정한 순서에 따른 직근 하위 계급자가 대리한다.
>
> 제8조(직무대리의 지정) 제4조부터 제7조까지에 규정한 사항 외의 공무원에게 사고가 발생하였거나 규정된 직무대리가 적절치 않다고 인정되는 경우에는 직무대리지정권자가 해당 공무원의 직근 하위 계급자 중에서 직무의 비중, 능력, 경력 또는 책임도 등을 고려하여 직무대리자를 지정한다.
>
> 제9조(직무대리의 특례) 제8조에도 불구하고 직무대리지정권자는 대리하게 할 업무가 특수하거나 그 밖의 부득이한 사유가 있는 경우, 사고가 발생한 공무원과 동일한 계급자를 직무대리자로 지정할 수 있다.

제10조(직무대리의 운영) ① 직무를 대리하는 경우 한 사람은 하나의 직위에 대해서만 직무대리를 할 수 있다.
④ 직무대리자는 본래 담당한 직위의 업무를 수행하면서 직무대리 업무를 수행하는 것을 원칙으로 하되, 사고가 발생한 공무원의 직위에 보할 수 있는 승진후보자에게 그 사고가 발생한 공무원의 직무대리를 하게 하는 경우에는 본래 담당한 직위의 업무를 수행하지 아니하고 직무대리 업무만을 수행하게 할 수 있다.
⑤ 직무대리자는 직무대리하여야 할 업무를 다른 공무원에게 다시 직무대리하게 할 수 없다.

5) 권한의 위임

(1) 의의
경찰관청이 법령에 근거하여 **권한의 일부**를 다른 경찰기관(보조기관 또는 하급행정기관)에게 이전하여 수임청 자신의 명의와 책임으로 권한을 행사하게 하는 것이다.
◐ 수임청의 동의를 요하지 않으며 권한 자체가 이전되므로 외부에 공시를 요한다.

(2) 근거
권한이 수임기관에게로 변경되므로 반드시 **법적 근거**를 필요로 한다.

(3) 위임의 범위
① 경찰관청 **권한의 일부**에 대해서만 가능하다.
  ◐ 권한의 전부 위임이나 주요 부분에 대한 위임은 허용되지 않는다.
② 형식적 권한은 위임의 대상이 안 된다.

(4) 위임의 상대방
주로 하급관청이 상대방이 된다.

(5) 효과
① 위임청의 권한이 **수임청의 권한**으로 귀속이 변경된다.
  ◐ 위임기관은 그 권한을 상실한다.
② 수임기관은 자기의 명의와 책임으로 권한을 행사한다.
③ 수임관청이 쟁송의 당사자가 된다(소송의 피고는 수임기관이다.).

(6) 재위임 여부
수임청은 법령의 근거가 있으면 위임받은 권한의 일부를 보조기관이나 하급행정청에 **재위임할 수 있다.**

(7) 지휘 · 감독
위임관청의 지휘·감독 하에 있는 기관인 경우 위임기관은 수임기관의 사무처리에 대해 지휘·감독할 수 있다.
◐ 위임 및 위탁기관은 위임사무의 처리가 위법하거나 부당할 경우 이를 취소하거나 정지시킬 수 있다.

(8) 비용부담

① 위임사무 처리에 대해 특별한 규정이 없으면 위임자가 부담한다.
② 행정권한을 위임 및 위탁할 때에는 위임 및 위탁하기 전에 수임기관의 수임능력 여부를 점검하고, **필요한 인력 및 예산을 이관하여야 한다.**

▼ 권한 위임, 대리 비교

	권한 위임	임의대리	법정대리
권한 이전 여부	수임기관으로 이전	이전되지 않음	이전되지 않음
법적 근거	필요	불필요	필요
발생	법령에 근거한 위임기관의 일방적 위임행위	피대리관청의 일방적 수권행위	법정 사실의 발생
상대방	주로 하급관청	주로 보조기관	주로 보조기관
권한 행사 방식(명의)	수임기관	대리기관 명의	대리기관 명의
권한 범위	일부 위임	일부 대리	전부 대리
효과의 귀속	수임청	피대리관청	피대리관청
지휘·감독	가능	가능	불가능
복대리·재위임	재위임 가능	복대리 불가능	복대리 가능
행정소송 피고	수임기관	피대리관청	피대리관청

▼ 내부위임, 위임전결, 대결

	위임전결	내부위임	대결
의미	행정관청이 자기의 권한을 보조기관에게 외부에 표시없이 내부적으로 사무처리 결재권만을 위임하는 것	행정관청이 자기의 권한을 하급관청에게 외부에 표시없이 내부적으로 사무처리 결재권만을 위임하는 것	행정관청이 결재권자의 휴가·출장·사고 등의 일시 부재 시에 보조기관에게 대신 결재를 맡기는 것
특징	① 법령상의 근거가 필요하지 않다.(권한의 이전이 없음) ② 본래의 행정청 명의로 행해지는 내부적 사실행위이다.(권한의 위임과 다름)		

관련조문

행정권한의 위임 및 위탁에 관한 규정

제2조(정의) 이 영에서 사용하는 용어의 뜻은 다음과 같다.
1. "위임"이란 법률에 규정된 행정기관의 장의 권한 중 일부를 그 보조기관 또는 하급 행정기관의 장이나 지방자치단체의 장에게 맡겨 그의 권한과 책임 아래 행사하도록 하는 것을 말한다.
2. "위탁"이란 법률에 규정된 행정기관의 장의 권한 중 일부를 다른 행정기관의 장에게 맡겨 그의 권한과 책임 아래 행사하도록 하는 것을 말한다.
3. "민간위탁"이란 법률에 규정된 행정기관의 사무 중 일부를 지방자치단체가 아닌 법인·단체 또는 그 기관이나 개인에게 맡겨 그의 명의로 그의 책임 아래 행사하도록

하는 것을 말한다.

제3조(위임 및 위탁의 기준 등)
① 행정기관의 장은 허가·인가·등록 등 민원에 관한 사무, 정책의 구체화에 따른 집행사무 및 일상적으로 반복되는 사무로서 그가 직접 시행하여야 할 사무를 제외한 <u>일부권한</u>(이하 "행정권한"이라 한다)을 그 보조기관 또는 하급행정기관의 장, 다른 행정기관의 장, 지방자치단체의 장에게 <u>위임 및 위탁한다</u>.
② 행정기관의 장은 행정권한을 위임 및 위탁할 때에는 위임 및 위탁하기 전에 수임기관의 수임능력 여부를 점검하고, <u>필요한 인력 및 예산을</u> 이관하여야 한다.
③ 행정기관의 장은 행정권한을 위임 및 위탁할 때에는 위임 및 위탁하기 전에 단순한 사무인 경우를 제외하고는 수임 및 수탁기관에 대하여 수임 및 수탁사무 처리에 필요한 교육을 하여야 하며, <u>수임 및 수탁사무의 처리지침을 통보하여야 한다</u>.

제6조(지휘ㆍ감독)
위임 및 위탁기관은 수임 및 수탁기관의 수임 및 수탁사무 처리에 대하여 지휘·감독하고, 그 처리가 <u>위법</u>하거나 <u>부당</u>하다고 인정될 때에는 이를 <u>취소하거나 정지시킬 수 있다</u>.

제7조(사전승인 등의 제한)
수임 및 수탁사무의 처리에 관하여 위임 및 위탁기관은 수임 및 수탁기관에 대하여 <u>사전승인을 받거나 협의를 할 것을 요구할 수 없다</u>.

제8조(책임의 소재 및 명의 표시)
① 수임 및 수탁사무의 처리에 관한 <u>책임은 수임 및 수탁기관</u>에 있으며, 위임 및 위탁기관의 장은 그에 대한 <u>감독책임을 진다</u>.
② 수임 및 수탁사무에 관한 권한을 행사할 때에는 <u>수임 및 수탁기관의 명의로 하여야 한다</u>.

제9조(권한의 위임 및 위탁에 따른 감사)
위임 및 위탁기관은 위임 및 위탁사무 처리의 적정성을 확보하기 위하여 필요한 경우에는 수임 및 수탁기관의 수임 및 수탁사무 처리 상황을 <u>수시로 감사할 수 있다</u>.

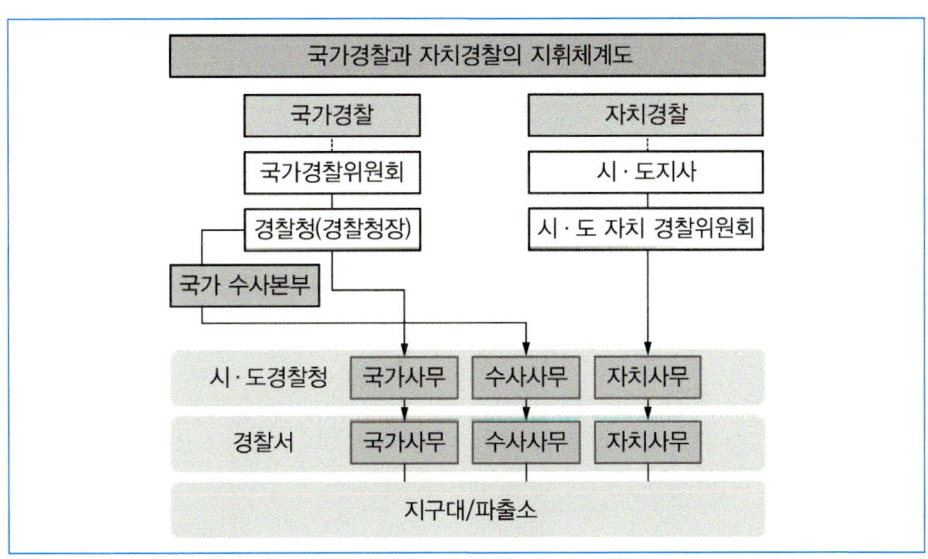

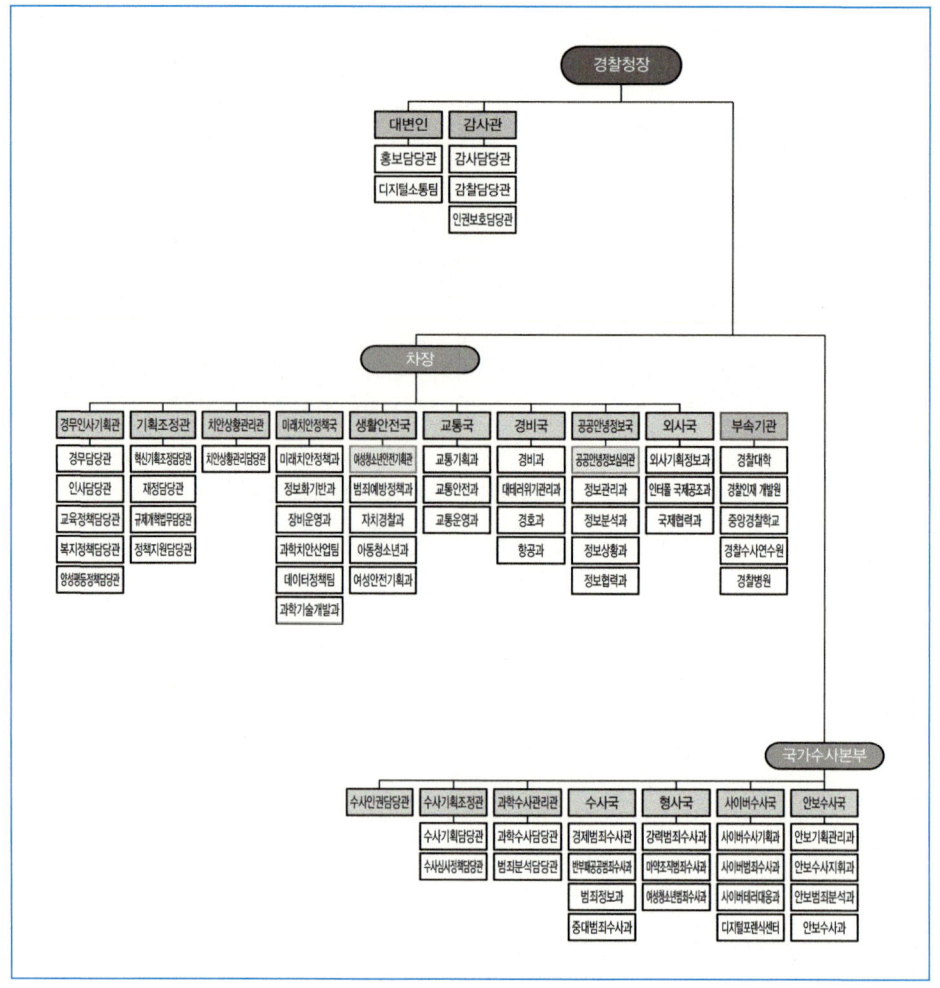

➡ 1차장, 1본부, 8국, 12관, 54과, 19담당관, 3팀

① 부속기관
경찰대학·경찰인재개발원·중앙경찰학교·경찰수사연수원 등 4개의 교육기관과 책임운영기관인 경찰병원이 있다.

② 지방
전국 특별시·광역시·도에 **18개 시·도경찰청**을 두고 있으며 시·도경찰청장 소속 하에 **경찰서 259개**, **지구대 626개**, **파출소 1,417개**를 운영 하고 있다.

법규

국가경찰과 자치경찰의 조직 및 운영에 관한법률

제1장 총칙

제1조(목적)
　이 법은 경찰의 민주적인 관리·운영과 효율적인 임무수행을 위하여 경찰의 기본조직 및 직무 범위와 그 밖에 필요한 사항을 규정함을 목적으로 한다.

제2조(국가와 지방자치단체의 책무)
　국가와 지방자치단체는 국민의 생명·신체 및 재산을 보호하고 공공의 안녕과 질서유지에 필요한 시책을 수립·시행하여야 한다.

제3조(경찰의 임무)
　경찰의 임무는 다음 각 호와 같다.

> 1. 국민의 생명·신체 및 재산의 보호
> 2. 범죄의 예방·진압 및 수사
> 3. 범죄피해자 보호
> 4. 경비·요인경호 및 대간첩·대테러 작전 수행
> 5. 공공안녕에 대한 위험의 예방과 대응을 위한 정보의 수집·작성 및 배포
> 6. 교통의 단속과 위해의 방지
> 7. 외국 정부기관 및 국제기구와의 국제협력
> 8. 그 밖에 공공의 안녕과 질서유지

제4조(경찰의 사무)
　① 경찰의 사무는 다음 각 호와 같이 구분한다.
　　1. 국가경찰사무 : 제3조에서 정한 경찰의 임무를 수행하기 위한 사무. 다만, 제2호의 자치경찰사무는 제외한다.
　　2. 자치경찰사무 : 제3조에서 정한 경찰의 임무 범위에서 관할 지역의 생활안전·교통·경비·수사 등에 관한 다음 각 목의 사무
　　　가. 지역 내 주민의 생활안전 활동에 관한 사무

> 　　1) 생활안전을 위한 순찰 및 시설의 운영
> 　　2) 주민참여 방범활동의 지원 및 지도
> 　　3) 안전사고 및 재해·재난 시 긴급구조지원
> 　　4) 아동·청소년·노인·여성·장애인 등 사회적 보호가 필요한 사람에 대한 보호 업무 및 가정폭력·학교폭력·성폭력 등의 예방
> 　　5) 주민의 일상생활과 관련된 사회질서의 유지 및 그 위반행위의 지도·단속. 다만, 지방자치단체 등 다른 행정청의 사무는 제외한다.
> 　　6) 그 밖에 지역주민의 생활안전에 관한 사무

나. 지역 내 <u>교통활동</u>에 관한 사무

> 1) 교통법규 위반에 대한 지도·단속
> 2) 교통안전시설 및 무인 교통단속용 장비의 심의·설치·관리
> 3) 교통안전에 대한 교육 및 홍보
> 4) 주민참여 지역 교통활동의 지원 및 지도
> 5) 통행 허가, 어린이 통학버스의 신고, 긴급자동차의 지정 신청 등 각종 허가 및 신고에 관한 사무
> 6) 그 밖에 지역 내의 교통안전 및 소통에 관한 사무

　다. 지역 내 <u>다중운집</u> 행사 관련 혼잡 교통 및 안전 관리
　라. 다음의 어느 하나에 해당하는 <u>수사사무</u>

> 1) 학교폭력 등 소년범죄
> 2) 가정폭력, 아동학대 범죄
> 3) 교통사고 및 교통 관련 범죄
> 4) 「형법」제245조에 따른 공연음란 및 「성폭력범죄의 처벌 등에 관한 특례법」제12조에 따른 성적 목적을 위한 다중이용장소 침입행위에 관한 범죄
> 5) 경범죄 및 기초질서 관련 범죄
> 6) 가출인 및 「실종아동등의 보호 및 지원에 관한 법률」제2조제2호에 따른 실종아동등 관련 수색 및 범죄

② 제1항제2호가목부터 다목까지의 자치경찰사무에 관한 구체적인 사항 및 범위 등은 대통령령으로 정하는 기준에 따라 <u>시·도조례로 정한다</u>.
③ 제1항제2호라목의 자치경찰사무에 관한 구체적인 사항 및 범위 등은 <u>대통령령으로 정한다</u>.

 팩트DB

> **자치경찰사무와 시·도자치경찰위원회의 조직 및 운영 등에 관한 규정**
>
> 제3조(수사 관련 자치경찰사무의 범위 등)
> 　법 제4조제1항제2호라목에 따른 <u>자치경찰사무에 관한 구체적인 사항 및 범위</u>는 다음 각 호와 같다.
> 　1. <u>학교폭력 등 소년범죄</u> : 소년(19세 미만인 사람을 말한다. 이하 이 조에서 같다)이 한 다음 각 목의 범죄. 다만, 그 소년이 해당 사건에서 19세 이상인 사람과 「형법」제30조부터 제32조까지의 규정에 따른 공범관계에 있는 경우는 제외한다.
> 　　가. 「형법」제225조(공문서등의 위조·변조), 제229조(제225조의 죄에 의하여 만들어진 문서 또는 도화의 행사죄로 한정한다), 제230조(공문서 등의 부정행사) 및 제235조(제225조, 제229조 또는 제230조의 미수범으로 한정한다)의 범죄
> 　　나. 「형법」제257조, 제258조, 제258조의2 및 제260조(폭행)부터 제264조까지(제262조는 같은 조의 죄를 범하여 사람을 상해에 이르게 한 경우로 한정한다)의 범죄
> 　　다. 「형법」제266조(과실치상)의 범죄
> 　2. <u>가정폭력 및 아동학대 범죄</u> : 다음 각 목의 범죄
> 　　가. 「가정폭력범죄의 처벌 등에 관한 특례법」제2조제3호에 따른 <u>가정폭력범죄</u>
> 　　나. 「아동학대범죄의 처벌 등에 관한 특례법」제2조제4호에 따른 <u>아동학대범죄</u>

> 3. 교통사고 및 교통 관련 범죄 : 다음 각 목의 범죄. 다만, 「도로교통법」 제2조제3호의 고속도로에서 발생한 교통사고 및 교통 관련 범죄는 제외한다.
>   가. 「교통사고처리 특례법」 제3조제1항의 범죄. 다만, 차의 운전자가 같은 항의 죄를 범하고도 피해자를 구호하는 등 「도로교통법」 제54조제1항에 따른 조치를 하지 않고 도주하거나 피해자를 사고 장소로부터 옮겨 유기하고 도주한 경우는 제외한다.
>   나. 「도로교통법」 제148조(「특정범죄 가중처벌 등에 관한 법률」 제5조의3(도주치사상)이 적용되는 죄를 범한 경우는 제외한다), 제148조의2, 제151조, 제151조의2제2호, 제152조제1호, 제153조제2항제2호 및 제154조부터 제157조까지의 범죄
>   다. 「자동차손해배상보장법」 제46조제2항의 범죄
>   라. 「특정범죄 가중처벌 등에 관한 법률」 제5조의11 및 제5조의13의 범죄
> 4. 「형법」 제245조(공연음란)의 범죄 및 「성폭력범죄의 처벌 등에 관한 특례법」 제12조(성적목적을 위한 다중이용장소 침입행위)의 범죄
> 5. 경범죄 및 기초질서 관련 범죄: 「경범죄처벌법」 제3조에 따른 경범죄
> 6. 가출인 및 「실종아동등의 보호 및 지원에 관한 법률」 제2조제2호에 따른 실종아동등 관련 수색 및 범죄 : 가목의 수색 및 나목의 범죄
>   가. 가출인 또는 실종아동등의 조속한 발견을 위한 수색. 다만, 제1호부터 제5호까지 또는 나목의 범죄가 아닌 범죄로 인해 실종된 경우는 제외한다.
>   나. 「실종아동등의 보호 및 지원에 관한 법률」 제17조 및 제18조의 범죄

제5조(권한남용의 금지)
경찰은 그 직무를 수행할 때 헌법과 법률에 따라 국민의 자유와 권리 및 모든 개인이 가지는 불가침의 기본적 인권을 보호하고, 국민 전체에 대한 봉사자로서 공정·중립을 지켜야 하며, 부여된 권한을 남용하여서는 아니 된다.

제6조(직무수행)
① 경찰공무원은 상관의 지휘·감독을 받아 직무를 수행하고, 그 직무수행에 관하여 서로 협력하여야 한다.
② 경찰공무원은 구체적 사건수사와 관련된 제1항의 지휘·감독의 적법성 또는 정당성에 대하여 이견이 있을 때에는 이의를 제기할 수 있다.
③ 경찰공무원의 직무수행에 필요한 사항은 따로 법률로 정한다.

제2장 국가경찰위원회

제7조(국가경찰위원회의 설치)
① 국가경찰행정에 관하여 제10조제1항 각 호의 사항을 심의·의결하기 위하여 행정안전부에 국가경찰위원회를 둔다.
② 국가경찰위원회는 위원장 1명을 포함한 7명의 위원으로 구성하되, 위원장 및 5명의 위원은 비상임(非常任)으로 하고, 1명의 위원은 상임(常任)으로 한다.
③ 제2항에 따른 위원 중 상임위원은 정무직으로 한다.

제8조(국가경찰위원회 위원의 임명 및 결격사유 등)
① 위원은 행정안전부장관의 제청으로 국무총리를 거쳐 대통령이 임명한다.
② 행정안전부장관은 위원 임명을 제청할 때 경찰의 정치적 중립이 보장되도록 하여야 한다.
③ 위원 중 2명은 법관의 자격이 있는 사람이어야 한다.

④ 위원은 특정 성(性)이 10분의 6을 초과하지 아니하도록 노력하여야 한다.
⑤ 다음 각 호의 어느 하나에 해당하는 사람은 위원이 될 수 없으며, 위원이 다음 각 호의 어느 하나에 해당하는 경우에는 당연퇴직한다.

> 1. 정당의 당원이거나 당적을 이탈한 날부터 3년이 지나지 아니한 사람
> 2. 선거에 의하여 취임하는 공직에 있거나 그 공직에서 퇴직한 날부터 3년이 지나지 아니한 사람
> 3. 경찰, 검찰, 국가정보원 직원 또는 군인의 직에 있거나 그 직에서 퇴직한 날부터 3년이 지나지 아니한 사람
> 4. 「국가공무원법」 제33조 각 호의 어느 하나에 해당하는 사람. 다만, 「국가공무원법」 제33조제2호 및 제5호에 해당하는 경우에는 같은 법 제69조제1호 단서에 따른다.

⑥ 위원에 대해서는 「국가공무원법」 제60조 및 제65조를 준용한다.

제9조(국가경찰위원회 위원의 임기 및 신분보장)
① 위원의 임기는 3년으로 하며, 연임(連任)할 수 없다. 이 경우 보궐위원의 임기는 전임자 임기의 남은 기간으로 한다.
② 위원은 중대한 신체상 또는 정신상의 장애로 직무를 수행할 수 없게 된 경우를 제외하고는 그 의사에 반하여 면직되지 아니한다.

제10조(국가경찰위원회의 심의·의결 사항 등)
① 다음 각 호의 사항은 국가경찰위원회의 심의·의결을 거쳐야 한다.

> 1. 국가경찰사무에 관한 인사, 예산, 장비, 통신 등에 관한 주요정책 및 경찰 업무 발전에 관한 사항
> 2. 국가경찰사무에 관한 인권보호와 관련되는 경찰의 운영·개선에 관한 사항
> 3. 국가경찰사무 담당 공무원의 부패 방지와 청렴도 향상에 관한 주요 정책사항
> 4. 국가경찰사무 외에 다른 국가기관으로부터의 업무협조 요청에 관한 사항
> 5. 제주특별자치도의 자치경찰에 대한 경찰의 지원·협조 및 협약체결의 조정 등에 관한 주요 정책사항
> 6. 제18조에 따른 시·도자치경찰위원회 위원 추천, 자치경찰사무에 대한 주요 법령·정책 등에 관한 사항, 제25조제4항에 따른 시·도자치경찰위원회 의결에 대한 재의 요구에 관한 사항
> 7. 제2조에 따른 시책 수립에 관한 사항
> 8. 제32조에 따른 비상사태 등 전국적 치안유지를 위한 경찰청장의 지휘·명령에 관한 사항
> 9. 그 밖에 행정안전부장관 및 경찰청장이 중요하다고 인정하여 국가경찰위원회의 회의에 부친 사항

② 행정안전부장관은 제1항에 따라 심의·의결된 내용이 적정하지 아니하다고 판단할 때에는 재의(再議)를 요구할 수 있다.

제11조(국가경찰위원회의 운영 등)
① 국가경찰위원회의 사무는 경찰청에서 수행한다.
② 국가경찰위원회의 회의는 재적위원 과반수의 출석과 출석위원 과반수의 찬성으로 의결한다.
③ 이 법에 규정된 것 외에 국가경찰위원회의 운영 및 제10조제1항 각 호에 따른 심의·의결 사항의 구체적 범위, 재의 요구 등에 필요한 사항은 대통령령으로 정한다.

국가경찰위원회 규정

제2조(위원장)
① 위원장은 위원회를 대표하며, 위원회의 사무를 총괄한다.
② 위원장은 비상임위원중에서 호선한다.
③ 위원장이 사고가 있을 때에는 상임위원, 위원중 연장자순으로 위원장의 직무를 대리한다.

제3조(위원의 예우등)
① 위원중 상임이 아닌 위원에게는 예산의 범위안에서 수당과 여비를 지급할 수 있다.
② 상임위원은 정무직으로 한다.

제4조(위원의 면직)
① 법 제9조제2항에 따라 위원이 중대한 심신상의 장애로 직무를 수행할 수 없게 되어 면직하는 경우에는 위원회의 의결이 있어야 한다.
② 제1항의 의결요구는 위원장 또는 행정안전부장관이 한다.

제5조(심의·의결사항의 구체적 범위)
① 법 제10조제1항제1호의 범위는 다음과 같다.

> 1. 경찰청 소관 법령과 행정규칙의 제정·개정 및 폐지에 관한 사항
> 2. 경찰공무원의 채용·승진 등 인사운영 기준에 관한 사항
> 3. 경찰공무원에 대한 교육 및 복지 증진에 관한 사항
> 4. 경찰복제 및 경찰장비에 관한 사항
> 5. 경찰정보통신 개발 및 운영에 관한 사항
> 6. 경찰조직 및 예산 편성 등에 관한 사항
> 7. 경찰 중·장기 발전계획에 관한 사항
> 8. 그 밖에 위원회가 경찰 주요정책 및 경찰 업무 발전에 필요하다고 인정하는 사항

② 법 제10조제1항제2호의 범위는 다음 각호와 같다.

> 1. 국민의 권리·의무와 직접 관계되는 경찰행정 및 수사절차
> 2. 경찰행정과 관련되는 과태료·범칙금 기타 벌칙에 관한 사항
> 3. 경찰행정과 관련되는 국민의 부담에 관한 사항

제6조(재의요구)
① 법 제10조제2항에 따라 행정안전부장관이 재의를 요구하는 경우에는 의결한 날부터 10일이내에 재의요구서를 위원회에 제출하여야 한다.
② 위원장은 재의요구가 있는 경우에는 그 요구를 받은 날부터 7일이내에 회의를 소집하여 다시 의결하여야 한다.

제7조(회의)
① 위원회의 회의는 정기회의와 임시회의로 구분한다.
② 정기회의는 특별한 사유가 있는 경우를 제외하고는 매월 2회 위원장이 소집한다.
③ 위원장은 필요한 경우 임시회의를 소집할 수 있으며, 위원 3인 이상과 행정안전부장관 또는 경찰청장은 위원장에게 임시회의의 소집을 요구할 수 있다.
④ 제3항의 규정에 의한 임시회의소집 요구가 있는 경우에는 위원장은 특별한 사유가 없는 한 회의를 소집하여야 한다.

제3장 경찰청

제12조(경찰의 조직)
치안에 관한 사무를 관장하게 하기 위하여 행정안전부장관 소속으로 경찰청을 둔다.

제13조(경찰사무의 지역적 분장기관)
경찰의 사무를 지역적으로 분담하여 수행하게 하기 위하여 특별시·광역시·특별자치시·도·특별자치도(이하 "시·도"라 한다)에 시·도경찰청을 두고, 시·도경찰청장 소속으로 경찰서를 둔다. 이 경우 인구, 행정구역, 면적, 지리적 특성, 교통 및 그 밖의 조건을 고려하여 시·도에 2개의 시·도경찰청을 둘 수 있다.

제14조(경찰청장)
① 경찰청에 경찰청장을 두며, 경찰청장은 치안총감(治安總監)으로 보한다.
② 경찰청장은 국가경찰위원회의 동의를 받아 행정안전부장관의 제청으로 국무총리를 거쳐 대통령이 임명한다. 이 경우 국회의 인사청문을 거쳐야 한다.
③ 경찰청장은 국가경찰사무를 총괄하고 경찰청 업무를 관장하며 소속 공무원 및 각급 경찰기관의 장을 지휘·감독한다.
④ 경찰청장의 임기는 2년으로 하고, 중임(重任)할 수 없다.
⑤ 경찰청장이 직무를 집행하면서 헌법이나 법률을 위배하였을 때에는 국회는 탄핵 소추를 의결할 수 있다.
⑥ 경찰청장은 경찰의 수사에 관한 사무의 경우에는 개별 사건의 수사에 대하여 구체적으로 지휘·감독할 수 없다. 다만, 국민의 생명·신체·재산 또는 공공의 안전 등에 중대한 위험을 초래하는 긴급하고 중요한 사건의 수사에 있어서 경찰의 자원을 대규모로 동원하는 등 통합적으로 현장 대응할 필요가 있다고 판단할 만한 상당한 이유가 있는 때에는 제16조에 따른 국가수사본부장을 통하여 개별 사건의 수사에 대하여 구체적으로 지휘·감독할 수 있다.
⑦ 경찰청장은 제6항 단서에 따라 개별 사건의 수사에 대한 구체적 지휘·감독을 개시한 때에는 이를 국가경찰위원회에 보고하여야 한다.
⑧ 경찰청장은 제6항 단서의 사유가 해소된 경우에는 개별 사건의 수사에 대한 구체적 지휘·감독을 중단하여야 한다.
⑨ 경찰청장은 제16조에 따른 국가수사본부장이 제6항 단서의 사유가 해소되었다고 판단하여 개별 사건의 수사에 대한 구체적 지휘·감독의 중단을 건의하는 경우 특별한 이유가 없으면 이를 승인하여야 한다.
⑩ 제6항 단서에서 규정하는 긴급하고 중요한 사건의 범위 등 필요한 사항은 대통령령으로 정한다.

➡ 경찰청장은 퇴직 후 2년 이내에 장당의 발기인이나 당원이 될수 있다.(헌법재판소 위헌 결정 이후)

팩트DB

국가경찰과 자치경찰의 조직 및 운영에 관한 법률 제14조제10항에 따른 긴급하고 중요한 사건의 범위 등에 관한 규정

제2조(긴급하고 중요한 사건의 범위 등)
① 「국가경찰과 자치경찰의 조직 및 운영에 관한 법률」 제14조제6항 단서에 따른 긴급하고 중요한 사건은 다음 각 호의 어느 하나에 해당하는 사건 및 이와 직접적인 관련이 있는 사건으로 한다.
  1. 전시·사변 또는 이에 준하는 국가 비상사태가 발생하거나 발생이 임박하여 전국적인 치안유지가 필요한 사건
  2. 재난, 테러 등이 발생하여 공공의 안전에 대한 급박한 위해(危害)나 범죄로 인한 피해의 급속한 확산을 방지하기 위해 신속한 조치가 필요한 사건
  3. 국가중요시설의 파괴·기능마비, 대규모 집단의 폭행·협박·손괴·방화 등에 대하여 경찰의 자원을 대규모로 동원할 필요가 있는 사건
  4. 전국 또는 일부 지역에서 연쇄적·동시다발적으로 발생하거나 광역화된 범죄에 대하여 경찰력의 집중적인 배치, 경찰 각 기능의 종합적 대응 또는 국가기관·지방자치단체·공공기관과의 공조가 필요한 사건
② 경찰청장은 법 제14조제6항 단서에 따라 개별 사건의 수사에 대해 구체적 지휘·감독을 하려는 경우에는 그 필요성 등을 신중하게 판단해야 한다.

제3조(수사지휘의 방식)
① 경찰청장은 법 제14조제6항 단서에 따라 국가수사본부장에게 개별 사건의 수사에 대한 구체적 지휘를 하는 경우에는 서면으로 지휘해야 한다.
② 경찰청장은 제1항에도 불구하고 서면 지휘가 불가능하거나 현저히 곤란한 경우에는 구두나 전화 등 서면 외의 방식으로 지휘할 수 있다. 이 경우 사후에 신속하게 서면으로 지휘내용을 송부해야 한다.

제15조(경찰청 차장)
① 경찰청에 차장을 두며, 차장은 치안정감(治安正監)으로 보한다.
② 차장은 경찰청장을 보좌하며, 경찰청장이 부득이한 사유로 직무를 수행할 수 없을 때에는 그 직무를 대행한다.

제16조(국가수사본부장)
① 경찰청에 국가수사본부를 두며, 국가수사본부장은 치안정감으로 보한다.
② 국가수사본부장은 「형사소송법」에 따른 경찰의 수사에 관하여 각 시·도경찰청장과 경찰서장 및 수사부서 소속 공무원을 지휘·감독한다.
③ 국가수사본부장의 임기는 2년으로 하며, 중임할 수 없다.
④ 국가수사본부장은 임기가 끝나면 당연히 퇴직한다.
⑤ 국가수사본부장이 직무를 집행하면서 헌법이나 법률을 위배하였을 때에는 국회는 탄핵 소추를 의결할 수 있다.
⑥ 국가수사본부장을 경찰청 외부를 대상으로 모집하여 임용할 필요가 있는 때에는 다음 각 호의 자격을 갖춘 사람 중에서 임용한다.

1. 10년 이상 수사업무에 종사한 사람 중에서 「국가공무원법」 제2조의2에 따른 고위공무원단에 속하는 공무원, 3급 이상 공무원 또는 총경 이상 경찰공무원으로 재직한 경력이 있는 사람
2. 판사·검사 또는 변호사의 직에 10년 이상 있었던 사람
3. 변호사 자격이 있는 사람으로서 국가기관, 지방자치단체, 「공공기관의 운영에 관한 법률」 제4조에 따른 공공기관(이하 "국가기관등"이라 한다)에서 법률에 관한 사무에 10년 이상 종사한 경력이 있는 사람
4. 대학이나 공인된 연구기관에서 법률학·경찰학 분야에서 조교수 이상의 직이나 이에 상당하는 직에 10년 이상 있었던 사람
5. 제1호부터 제4호까지의 경력 기간의 합산이 15년 이상인 사람

⑦ 국가수사본부장을 경찰청 외부를 대상으로 모집하여 임용하는 경우 다음 각 호의 어느 하나에 해당하는 사람은 국가수사본부장이 될 수 없다.

1. 「경찰공무원법」 제8조제2항 각 호의 결격사유에 해당하는 사람
2. 정당의 당원이거나 당적을 이탈한 날부터 3년이 지나지 아니한 사람
3. 선거에 의하여 취임하는 공직에 있거나 그 공직에서 퇴직한 날부터 3년이 지나지 아니한 사람
4. 제6항제1호에 해당하는 공무원 또는 제6항제2호의 판사·검사의 직에서 퇴직한 날로부터 1년이 지나지 아니한 사람
5. 제6항제3호에 해당하는 사람으로서 국가기관등에서 퇴직한 날로부터 1년이 지나지 아니한 사람

제17조(하부조직)
① 경찰청의 하부조직은 본부·국·부 또는 과로 한다.
② 경찰청장·차장·국가수사본부장·국장 또는 부장 밑에 정책의 기획이나 계획의 입안 및 연구·조사를 통하여 그를 직접 보좌하는 담당관을 둘 수 있다.
③ 경찰청의 하부조직의 명칭 및 분장 사무와 공무원의 정원은 「정부조직법」 제2조제4항 및 제5항을 준용하여 대통령령 또는 행정안전부령으로 정한다.

제4장 시·도자치경찰위원회

제18조(시·도자치경찰위원회의 설치)
① 자치경찰사무를 관장하게 하기 위하여 특별시장·광역시장·특별자치시장·도지사·특별자치도지사(이하 "시·도지사"라 한다) 소속으로 시·도자치경찰위원회를 둔다. 다만, 제13조 후단에 따라 시·도에 2개의 시·도경찰청을 두는 경우 시·도지사 소속으로 2개의 시·도자치경찰위원회를 둘 수 있다.
② 시·도자치경찰위원회는 합의제 행정기관으로서 그 권한에 속하는 업무를 독립적으로 수행한다.
③ 제1항 단서에 따라 2개의 시·도자치경찰위원회를 두는 경우 해당 시·도자치경찰위원회의 명칭, 관할구역, 사무분장, 그 밖에 필요한 사항은 대통령령으로 정한다.
➡ 법 제18조제1항 단서에 따라 경기도지사 소속으로 경기도남부자치경찰위원회와 경기도북부자치경찰위원회를 둔다.

제19조(시·도자치경찰위원회의 구성)
① 시·도자치경찰위원회는 위원장 1명을 포함한 7명의 위원으로 구성하되, 위원장과 1명의 위원은 상임으로 하고, 5명의 위원은 비상임으로 한다.
② 위원은 특정 성(性)이 10분의 6을 초과하지 아니하도록 노력하여야 한다.

③ 위원 중 1명은 인권문제에 관하여 전문적인 지식과 경험이 있는 사람이 임명될 수 있도록 노력하여야 한다.

제20조(시 · 도자치경찰위원회 위원의 임명 및 결격사유)

① 시·도자치경찰위원회 위원은 다음 각 호의 사람을 시·도지사가 임명한다.

> 1. 시·도의회가 추천하는 2명
> 2. 국가경찰위원회가 추천하는 1명
> 3. 해당 시·도 교육감이 추천하는 1명
> 4. 시·도자치경찰위원회 위원추천위원회가 추천하는 2명
> 5. 시·도지사가 지명하는 1명

② 시·도자치경찰위원회 위원은 다음 각 호의 어느 하나에 해당하는 자격을 갖추어야 한다.

> 1. 판사·검사·변호사 또는 경찰의 직에 5년 이상 있었던 사람
> 2. 변호사 자격이 있는 사람으로서 국가기관등에서 법률에 관한 사무에 5년 이상 종사한 경력이 있는 사람
> 3. 대학이나 공인된 연구기관에서 법률학·행정학 또는 경찰학 분야의 조교수 이상의 직이나 이에 상당하는 직에 5년 이상 있었던 사람
> 4. 그 밖에 관할 지역주민 중에서 지방자치행정 또는 경찰행정 등의 분야에 경험이 풍부하고 학식과 덕망을 갖춘 사람

③ 시·도자치경찰위원회 위원장은 위원 중에서 시·도지사가 임명하고, 상임위원은 시·도자치경찰위원회의 의결을 거쳐 위원 중에서 위원장의 제청으로 시·도지사가 임명한다. 이 경우 위원장과 상임위원은 지방자치단체의 공무원으로 한다.

④ 위원은 정치적 중립을 지켜야 하며, 권한을 남용하여서는 아니 된다.

⑤ 공무원이 아닌 위원에 대해서는 「지방공무원법」 제52조(비밀엄수) 및 제57조(정치운동금지)를 준용한다.

⑥ 공무원이 아닌 위원은 그 소관 사무와 관련하여 형법이나 그 밖의 법률에 따른 벌칙을 적용할 때에는 공무원으로 본다.

⑦ 다음 각 호의 어느 하나에 해당하는 사람은 위원이 될 수 없다. 위원이 각 호의 어느 하나에 해당한 경우에는 당연퇴직한다.

1. 정당의 당원이거나 당적을 이탈한 날부터 3년이 지나지 아니한 사람
2. 선거에 의하여 취임하는 공직에 있거나 그 공직에서 퇴직한 날부터 3년이 지나지 아니한 사람
3. 경찰, 검찰, 국가정보원 직원 또는 군인의 직에 있거나 그 직에서 퇴직한 날부터 3년이 지나지 아니한 사람
4. 국가 및 지방자치단체의 공무원(국립 또는 공립대학의 조교수 이상의 직에 있는 사람은 제외한다. 이하 이 조에서 같다)이거나 공무원이었던 사람으로서 퇴직한 날부터 3년이 지나지 아니한 사람. 다만, 제20조제3항 후단에 따라 위원장과 상임위원이 지방자치단체의 공무원이 된 경우에는 당연퇴직하지 아니한다.
5. 「지방공무원법」 제31조 각 호의 어느 하나에 해당하는 사람. 다만, 「지방공무원법」 제31조제2호 및 제5호에 해당하는 경우에는 같은 법 제61조제1호 단서에 따른다.

> 금고 이상의 형의 선고유예를 선고받고 그 선고유예기간 중에 있는 사람
> [헌법불합치, 2020헌마1605, 2022헌마1276(병합), 2023.6.29, 국가공무원법(2018. 10. 16. 법률 제15857호로 개정된 것) 국가공무원법 제2조 제2항 제1호의 일반직공무원으로 임용될 수 없도록 한 것'에 관한 부분 및 지방공무원법 제11조 제5항 가운데 '아동·청소년이용음란물임을 알면서 이를 소지한 죄로 형을 선고받아 그 형이 확정된 사람은 지방공무원법 제2조 제2항 제1호의 일반직공무원으로 임용될 수 없도록 한 것'에 관한 부분은 모두 헌법에 합치되지 아니한다. 위 법률조항들은 2024. 5. 31.을 시한으로 입법자가 개정할 때까지 계속 적용된다.

⑧ 그 밖에 위원의 임명방법 등에 관하여 필요한 사항은 대통령령으로 정하는 기준에 따라 시·도조례로 정한다.

팩트DB

자치경찰사무와 시·도자치경찰위원회의 조직 및 운영 등에 관한 규정

제4조의2(시·도자치경찰위원회 위원의 임명방법 및 절차 등)
① 특별시장·광역시장·특별자치시장·도지사·특별자치도지사는 법 제18조제1항에 따른 시·도자치경찰위원회의 위원을 임명하기 위하여 법 제20조제1항제1호부터 제4호까지의 규정에 따른 위원추천권자에게 위원으로 임명할 사람의 추천을 요청해야 한다.
② 시·도지사는 시·도자치경찰위원회 위원의 임기가 만료되는 경우에는 그 임기 만료 30일 전까지 추천권자에게 위원으로 임명할 사람의 추천을 요청해야 한다.
③ 시·도지사는 시·도자치경찰위원회 위원 중 결원이 생겼을 때에는 지체 없이 결원된 위원을 추천한 추천권자에게 위원으로 임명할 사람의 추천을 요청해야 한다.
④ 시·도자치경찰위원회 위원장 및 상임위원의 신분과 직급은 「지방자치단체의 행정기구와 정원기준 등에 관한 규정」에 따르며, 위원의 임명절차 등에 관한 구체적인 사항은 시·도의 조례로 정한다.

제21조(시·도자치경찰위원회 위원추천위원회)
① 시·도자치경찰위원회 위원 추천을 위하여 시·도지사 소속으로 시·도자치경찰위원회 위원추천위원회를 둔다.
② 시·도지사는 시·도자치경찰위원회 위원추천위원회에 각계각층의 관할 지역주민의 의견이 수렴될 수 있도록 위원을 구성하여야 한다.

③ 시·도자치경찰위원회 위원추천위원회 위원의 수, 자격, 구성, 위원회 운영 등에 관하여 필요한 사항은 대통령령으로 정한다.

> **팩트DB**
>
> **시·도자치경찰위원회 위원추천위원회의 구성**
>
> ① 법 제21조제1항에 따른 시·도자치경찰위원회 위원추천위원회(추천위원회)는 시·도자치경찰위원회 위원을 추천할 때마다 위원장 1명을 포함하여 5명의 위원으로 구성한다.
> ② 추천위원회 위원(추천위원)은 시·도지사가 다음 각 호에 해당하는 사람을 임명하거나 위촉하며, 추천위원회 위원장은 추천위원 중에서 호선한다.
>
> 1. 「지방자치법 시행령」 제103조제1항에 따라 각 시·도별로 두는 시·군·자치구의회의 의장 전부가 참가하는 지역협의체가 추천하는 1명
> 2. 「지방자치법 시행령」 제103조제1항에 따라 각 시·도별로 두는 시장·군수·자치구의 구청장 전부가 참가하는 지역협의체가 추천하는 1명
> 3. 재직 중인 경찰공무원이 아닌 사람 중에서 경찰청장이 추천하는 1명
> 4. 시·도경찰청의 소재지를 관할하는 지방법원장이 추천하는 1명
> 5. 시·도 본청 소속 기획 담당 실장[경기도북부자치경찰위원회의 경우에는 행정(2)부지사 밑에 두는 기획 담당 실장을 말한다]
>
> ③ 제2항제1호 및 제2호에도 불구하고 세종특별자치시와 제주특별자치도의 추천위원은 해당 시·도 의회 및 해당 시·도 교육감이 각각 1명씩 추천한다.

제22조(시·도자치경찰위원회 위원장의 직무)

① 시·도자치경찰위원회 위원장은 시·도자치경찰위원회를 대표하고 회의를 주재하며 시·도자치경찰위원회의 의결을 거쳐 업무를 수행한다.

② 시·도자치경찰위원회 위원장이 부득이한 사유로 직무를 수행할 수 없을 때에는 상임위원, 시·도자치경찰위원회 위원 중 연장자순으로 그 직무를 대행한다.

제23조(시·도자치경찰위원회 위원의 임기 및 신분보장)

① 시·도자치경찰위원회 위원장과 위원의 임기는 3년으로 하며, 연임할 수 없다.

② 보궐위원의 임기는 전임자 임기의 남은 기간으로 하되, 전임자의 남은 임기가 1년 미만인 경우 그 보궐위원은 제1항에도 불구하고 한 차례만 연임할 수 있다.

③ 위원은 중대한 신체상 또는 정신상의 장애로 직무를 수행할 수 없게 된 경우를 제외하고는 그 의사에 반하여 면직되지 아니한다.

제24조(시·도자치경찰위원회의 소관 사무)

① 시·도자치경찰위원회의 소관 사무는 다음 각 호로 한다.

1. 자치경찰사무에 관한 목표의 수립 및 평가
2. 자치경찰사무에 관한 인사, 예산, 장비, 통신 등에 관한 주요정책 및 그 운영지원
3. 자치경찰사무 담당 공무원의 임용, 평가 및 인사위원회 운영
4. 자치경찰사무 담당 공무원의 부패 방지와 청렴도 향상에 관한 주요 정책 및 인권침해 또는 권한남용 소지가 있는 규칙, 제도, 정책, 관행 등의 개선
5. 제2조에 따른 시책 수립
6. 제28조제2항에 따른 시·도경찰청장의 임용과 관련한 경찰청장과의 협의, 제30조제4항(경찰서장 평가결과 경찰청장 통보)에 따른 평가 및 결과 통보
7. 자치경찰사무 감사 및 감사의뢰
8. 자치경찰사무 담당 공무원의 주요 비위사건에 대한 감찰요구
9. 자치경찰사무 담당 공무원에 대한 징계요구
10. 자치경찰사무 담당 공무원의 고충심사 및 사기진작
11. 자치경찰사무와 관련된 중요사건·사고 및 현안의 점검
12. 자치경찰사무에 관한 규칙의 제정·개정 또는 폐지
13. 지방행정과 치안행정의 업무조정과 그 밖에 필요한 협의·조정
14. 제32조에 따른 비상사태 등 전국적 치안유지를 위한 경찰청장의 지휘·명령에 관한 사무
15. 국가경찰사무·자치경찰사무의 협력·조정과 관련하여 경찰청장과 협의
16. 국가경찰위원회에 대한 심의·조정 요청
17. 그 밖에 시·도지사, 시·도경찰청장이 중요하다고 인정하여 시·도자치경찰위원회의 회의에 부친 사항에 대한 심의·의결

② 시·도자치경찰위원회의 업무와 관련하여 시·도지사는 정치적 목적이나 개인적 이익을 위해 관여하여서는 아니 된다.

제25조(시 · 도자치경찰위원회의 심의 · 의결사항 등)
① 시·도자치경찰위원회는 제24조의 사무에 대하여 심의·의결한다.
② 시·도자치경찰위원회의 회의는 재적위원 과반수의 출석과 출석위원 과반수의 찬성으로 의결한다.
③ 시·도지사는 제1항에 관한 시·도자치경찰위원회의 의결이 적정하지 아니하다고 판단할 때에는 재의를 요구할 수 있다.
④ 위원회의 의결이 법령에 위반되거나 공익을 현저히 해친다고 판단되면 행정안전부장관은 미리 경찰청장의 의견을 들어 국가경찰위원회를 거쳐 시·도지사에게 제3항의 재의를 요구하게 할 수 있고, 경찰청장은 국가경찰위원회와 행정안전부장관을 거쳐 시·도지사에게 재의를 요구하게 할 수 있다.
⑤ 시·도자치경찰위원회의 위원장은 재의요구를 받은 날부터 7일 이내에 회의를 소집하여 재의결하여야 한다. 이 경우 재적위원 과반수의 출석과 출석위원 3분의 2 이상의 찬성으로 전과 같은 의결을 하면 그 의결사항은 확정된다.

제26조(시 · 도자치경찰위원회의 운영 등)
① 시·도자치경찰위원회의 회의는 정기적으로 개최하여야 한다. 다만 위원장이 필요하다고 인정하는 경우, 위원 2명 이상이 요구하는 경우 및 시·도지사가 필요하다고 인정하는 경우에는 임시회의를 개최할 수 있다.

② 시·도자치경찰위원회는 회의 안건과 관련된 이해관계인이 있는 경우 그 의견을 듣거나 회의에 참석하게 할 수 있다.
③ 시·도자치경찰위원회의 위원 중 공무원이 아닌 위원에게는 예산의 범위에서 직무활동에 필요한 비용 등을 지급할 수 있다.
④ 그 밖에 시·도자치경찰위원회의 운영 등에 필요한 사항은 대통령령으로 정하는 기준에 따라 시·도조례로 정한다.

> **팩트DB**
>
> **자치경찰사무와 시·도자치경찰위원회의 조직 및 운영 등에 관한 규정**
>
> 제13조(시·도자치경찰위원회의 회의)
> ① 시·도자치경찰위원회 위원장은 법 제26조제1항에 따라 정기회의와 임시회의를 소집·개최한다. 이 경우 정기회의는 특별한 사유가 있는 경우를 제외하고는 월 1회 이상 소집·개최한다.
>
> ② 시·도자치경찰위원회 위원장은 회의를 소집하려면 회의 개최 3일 전까지 회의의 일시·장소 및 안건 등을 위원에게 알려야 한다. 다만, 긴급한 사정이나 그 밖의 부득이한 사유가 있는 경우에는 그렇지 않다.
>
> ③ 시·도자치경찰위원회는 회의록을 작성하고, 회의의 내용 및 결과와 출석한 위원의 성명을 적어야 한다.
>
> ④ 제3항의 회의록에는 위원장과 출석한 위원이 서명·날인해야 한다.

제27조(사무기구)
① 시·도자치경찰위원회의 사무를 처리하기 위하여 시·도자치경찰위원회에 필요한 사무기구를 둔다.
② 사무기구에는 「지방자치단체에 두는 국가공무원의 정원에 관한 법률」에도 불구하고 대통령령으로 정하는 바에 따라 경찰공무원을 두어야 한다.
③ 제주특별자치도에는 「제주특별자치도 설치 및 국제자유도시 조성을 위한 특별법」 제44조제3항에도 불구하고 같은 법 제6조제1항 단서에 따라 이 법 제27조제2항을 우선하여 적용한다.
④ 사무기구의 조직·정원·운영 등에 관하여 필요한 사항은 경찰청장의 의견을 들어 대통령령으로 정하는 기준에 따라 시·도조례로 정한다.

제5장 시·도경찰청 및 경찰서 등

제28조(시·도경찰청장)
① 시·도경찰청에 시·도경찰청장을 두며, 시·도경찰청장은 치안정감·치안감(治安監) 또는 경무관(警務官)으로 보한다.

▶ 서울특별시·부산광역시·인천광역시 및 경기도남부의 시·도경찰청장은 치안정감으로, 그 밖의 시·도경찰청장은 치안감 또는 경무관으로 보한다.(경찰청과 그 소속기관 직제)

② 「경찰공무원법」 제7조에도 불구하고 시·도경찰청장은 경찰청장이 시·도자치경찰위원회와 협의하여 추천한 사람 중에서 행정안전부장관의 제청으로 국무총리를 거쳐 대통령이 임용한다.
③ 시·도경찰청장은 국가경찰사무에 대해서는 경찰청장의 지휘·감독을, 자치경찰사무에 대해서는 시·도자치경찰위원회의 지휘·감독을 받아 관할구역의 소관 사무를 관장하고 소속 공무원 및 소속 경찰기관의 장을 지휘·감독한다. 다만, 수사에 관한 사무에 대해서는 국가수사본부장의 지휘·감독을 받아 관할구역의

소관 사무를 관장하고 소속 공무원 및 소속 경찰기관의 장을 지휘·감독한다.
④ 제3항 본문의 경우 시·도자치경찰위원회는 자치경찰사무에 대해 심의·의결을 통하여 시·도경찰청장을 지휘·감독한다. 다만, 시·도자치경찰위원회가 심의·의결할 시간적 여유가 없거나 심의·의결이 곤란한 경우 대통령령으로 정하는 바에 따라 시·도자치경찰위원회의 지휘·감독권을 시·도경찰청장에게 위임한 것으로 본다.

제29조(시·도경찰청 차장)

① 시·도경찰청에 차장을 둘 수 있다.

➡ ① 시·도경찰청장을 보조하기 위하여 **서울특별시경찰청에 차장 3명**을, **제주특별자치도경찰청에 차장 1명**을 둔다.
② 서울특별시경찰청 차장은 **치안감**으로, 제주특별자치도경찰청 차장은 **경무관**으로 보한다.

② 차장은 시·도경찰청장을 보좌하여 소관 사무를 처리하고 시·도경찰청장이 부득이한 사유로 직무를 수행할 수 없을 때에는 그 직무를 대행한다.

제30조(경찰서장)

① 경찰서에 경찰서장을 두며, 경찰서장은 경무관, 총경(總警) 또는 경정(警正)으로 보한다.
② 경찰서장은 시·도경찰청장의 지휘·감독을 받아 관할구역의 소관 사무를 관장하고 소속 공무원을 지휘·감독한다.
③ 경찰서장 소속으로 지구대 또는 파출소를 두고, 그 설치기준은 치안수요·교통·지리 등 관할구역의 특성을 고려하여 행정안전부령으로 정한다. 다만, 필요한 경우에는 출장소를 둘 수 있다.
④ 시·도자치경찰위원회는 정기적으로 경찰서장의 자치경찰사무 수행에 관한 평가결과를 경찰청장에게 통보하여야 하며 경찰청장은 이를 반영하여야 한다.

제31조(직제)

시·도경찰청 및 경찰서의 명칭, 위치, 관할구역, 하부조직, 공무원의 정원, 그 밖에 필요한 사항은 「정부조직법」 제2조제4항 및 제5항을 준용하여 대통령령 또는 행정안전부령으로 정한다.

경찰청과 그 소속기관의 직제

제2조(소속기관)
① 경찰청장의 관장사무를 지원하기 위하여 경찰청장 소속으로 경찰대학·경찰인재개발원·중앙경찰학교 및 경찰수사연수원을 둔다.
② 경찰청장의 관장사무를 지원하기 위하여 「책임운영기관의 설치·운영에 관한 법률」 제4조제1항, 같은 법 시행령 제2조제1항 및 별표 1에 따라 경찰청장 소속의 책임운영기관으로 경찰병원을 둔다.
③ 「국가경찰과 자치경찰의 조직 및 운영에 관한 법률」 제13조에 따라 시·도경찰청과 경찰서를 둔다.

제4조(하부조직)
① 경찰청에 미래치안정책국·범죄예방대응국·생활안전교통국·경비국·치안정보국 및 국가수사본부를 둔다.
② 경찰청장 밑에 대변인 및 감사관 각 1명을 두고, 경찰청 차장 밑에 기획조정관·경무인사기획관 및 국제협력관 각 1명을 둔다.

제9조(국제협력관)
① 국제협력관은 경무관으로 보한다.
② 국제협력관은 다음 사항에 관하여 경찰청 차장을 보좌한다.

> 1. 치안 분야 국제협력 정책의 수립·총괄·조정
> 2. 외국경찰기관과의 교류·협력
> 3. 국제형사경찰기구에 관련되는 업무

제10조의2(미래치안정책국)
① 미래치안정책국에 국장 1명을 둔다.
② 국장은 고위공무원단에 속하는 일반직공무원 또는 치안감으로 보한다.
③ 국장은 다음 사항을 분장한다.

> 1. 중장기 미래치안전략의 수립·종합 및 조정
> 2. 치안분야 과학기술 연구개발의 총괄·조정
> 3. 치안분야 과학기술의 진흥 및 산업의 육성
> 4. 경찰청 정보화사업의 총괄·조정
> 5. 정보통신 운영·교육 및 보안에 관한 사항
> 6. 경찰장비의 운영 및 발전에 관한 사항
> 7. 청 내 공공데이터의 제공 및 이용 활성화에 관한 사항
> 8. 청 내 데이터기반행정 활성화에 관한 사항

* 경찰서장을 경무관으로 보하는 경찰서

시·도경찰청	경찰서 명칭
서울특별시경찰청	• 서울송파경찰서 • 서울강서경찰서
부산광역시경찰청	부산해운대경찰서
대구광역시경찰청	대구성서경찰서
인천광역시경찰청	인천남동경찰서
광주광역시경찰청	광주광산경찰서
경기도남부경찰청	• 수원남부경찰서 • 분당경찰서 • 부천원미경찰서
충청북도경찰청	청주흥덕경찰서
전라북도경찰청	전주완산경찰서
경상남도경찰청	창원중부경찰서

> **팩트 DB**

방대응국)
① 범죄예방대응국에 국장 1명을 두고, 국장 밑에 「행정기관의 조직과 정원에 관한 통칙」 제12조에 따른 보좌기관 중 실장·국장을 보좌하는 보좌기관(이하 "정책관등"이라 한다) 1명을 둔다.
② 국장은 치안감 또는 경무관으로 보하고, 정책관등 1명은 경무관으로 보한다.
③ 국장은 다음 사항을 분장한다.

> 1. 범죄예방에 관한 기획·조정·연구 등 예방적 경찰활동 총괄
> 2. 범죄예방진단 및 범죄예방순찰에 관한 기획·운영
> 3. 경비업에 관한 연구·지도
> 4. 풍속 및 성매매(아동·청소년 대상 성매매는 제외한다) 사범에 대한 지도·단속
> 5. 총포·도검·화약류 등의 지도·단속
> 6. 즉결심판청구업무의 지도
> 7. 각종 안전사고의 예방에 관한 사항
> 8. 지구대·파출소 운영체계의 기획 및 관리
> 9. 지구대·파출소의 외근활동 기획 및 운영
> 10. 지구대·파출소의 근무자에 대한 교육
> 11. 112신고제도의 기획·운영 및 112치안종합상황실의 운영 총괄
> 12. 치안 상황의 접수·상황판단, 전파 및 초동조치 등에 관한 사항
> 13. 치안상황실 운영에 관한 사항

제39조(시·도경찰청장)
① 시·도경찰청에 청장 1명을 둔다.
② 시·도경찰청장은 국가경찰사무에 대해서는 경찰청장의 지휘·감독을, 자치경찰사무에 대해서는 시·도자치경찰위원회의 지휘·감독을 받아 소관사무를 총괄하고, 소속 공무원을 지휘·감독한다. 다만, 수사에 관한 사무에 대해서는 국가수사본부장의 지휘·감독을 받는다.
③ 서울특별시·부산광역시·인천광역시 및 경기도남부의 시·도경찰청장은 치안정감으로, 그 밖의 시·도경찰청장은 치안감 또는 경무관으로 보한다.

제40조(시·도경찰청 차장)
① 시·도경찰청장을 보조하기 위하여 서울특별시경찰청에 차장 3명을, 제주특별자치도경찰청에 차장 1명을 둔다.
② 서울특별시경찰청 차장은 치안감으로, 제주특별자치도경찰청 차장은 경무관으로 보한다.

팩트DB

제41조(직할대)
① 시·도경찰청장은 행정안전부령으로 정하는 범위에서 차장(차장을 두지 않는 경우에는 시·도경찰청장) 밑에 직할대를 둘 수 있다.
② 직할대의 장은 특정 경찰사무에 관하여 시·도경찰청장 또는 시·도경찰청 차장을 보좌한다.

제42조(경찰서)
① 시·도경찰청장의 소관사무를 분장하기 위하여 시·도경찰청장 소속으로 259개 경찰서의 범위에서 경찰서를 두며, 경찰서의 명칭은 별표 2와 같다.
② 경찰서의 하부조직, 위치 및 관할구역과 그 밖에 필요한 사항은 행정안전부령으로 정한다.
③ 「국가경찰과 자치경찰의 조직 및 운영에 관한 법률」 제30조제1항에 따라 경찰서장은 경무관, 총경 또는 경정으로 보하되, 경찰서장을 경무관으로 보하는 경찰서는 별표 3과 같다.

제43조(지구대 등)
① 시·도경찰청장은 경찰서장의 소관사무를 분장하기 위하여 행정안전부령으로 정하는 바에 따라 경찰청장의 승인을 받아 지구대 또는 파출소를 둘 수 있다.
② 시·도경찰청장은 제1항에 따른 사무분장이 임시로 필요한 경우에는 출장소를 둘 수 있다.
③ 지구대·파출소 및 출장소의 명칭·위치 및 관할구역과 그 밖에 필요한 사항은 시·도경찰청장이 정한다.

제6장 비상사태 등 전국적 치안유지를 위한 경찰청장의 지휘·명령

제32조(비상사태 등 전국적 치안유지를 위한 경찰청장의 지휘·명령)
① 경찰청장은 다음 각 호의 경우에는 제2항에 따라 자치경찰사무를 수행하는 경찰공무원(제주특별자치도의 자치경찰공무원을 포함한다)을 직접 지휘·명령할 수 있다.

1. 전시·사변, 천재지변, 그 밖에 이에 준하는 국가 비상사태, 대규모의 테러 또는 소요사태가 발생하였거나 발생할 우려가 있어 전국적인 치안유지를 위하여 긴급한 조치가 필요하다고 인정할 만한 충분한 사유가 있는 경우
2. 국민안전에 중대한 영향을 미치는 사안에 대하여 다수의 시·도에 동일하게 적용되는 치안정책을 시행할 필요가 있다고 인정할 만한 충분한 사유가 있는 경우
3. 자치경찰사무와 관련하여 해당 시·도의 경찰력으로는 국민의 생명·신체·재산의 보호 및 공공의 안녕과 질서유지가 어려워 경찰청장의 지원·조정이 필요하다고 인정할 만한 충분한 사유가 있는 경우

② 경찰청장은 제1항에 따른 조치가 필요한 경우에는 시·도자치경찰위원회에 자치경찰사무를 담당하는 경찰공무원을 직접 지휘·명령하려는 사유 및 내용 등을 구체적으로 제시하여 통보하여야 한다.
③ 제2항에 따른 통보를 받은 시·도자치경찰위원회는 정당한 사유가 없으면 즉시 자치경찰사무를 담당하는 경찰공무원에게 경찰청장의 지휘·명령을 받을 것을 명하여야 하며, 제1항에 규정된 사유에 해당하지 아니한다고 인정하면 시·도자치경찰위원회의 의결을 거쳐 경찰청장에게 그 지휘·명령의 중단을 요청할 수 있다.

④ 경찰청장이 제1항에 따라 지휘·명령을 하는 경우에는 국가경찰위원회에 즉시 보고하여야 한다. 다만, 제1항제3호의 경우에는 미리 국가경찰위원회의 의결을 거쳐야 하며 긴급한 경우에는 우선 조치 후 지체 없이 국가경찰위원회의 의결을 거쳐야 한다.
⑤ 제4항에 따라 보고를 받은 국가경찰위원회는 제1항에 규정된 사유에 해당하지 아니한다고 인정하면 그 지휘·명령을 중단할 것을 의결하여 경찰청장에게 통보할 수 있다.
⑥ 경찰청장은 제1항에 따라 지휘·명령할 수 있는 사유가 해소된 때에는 경찰공무원에 대한 지휘·명령을 즉시 중단하여야 한다.
⑦ 시·도자치경찰위원회는 제1항제3호에 해당하는 경우 의결로 지원·조정의 범위·기간 등을 정하여 경찰청장에게 지원·조정을 요청할 수 있다.
⑧ 경찰청장은 제주특별자치도경찰청의 관할구역에서 제1항의 지휘·명령권을 제주특별자치도경찰청장에게 위임할 수 있다.

제7장 치안분야의 과학기술진흥

제33조(치안에 필요한 연구개발의 지원 등)
① 경찰청장은 치안에 필요한 연구·실험·조사·기술개발(이하 "연구개발사업"이라 한다) 및 전문인력 양성 등 치안분야의 과학기술진흥을 위한 시책을 마련하여 추진하여야 한다.
② 경찰청장은 연구개발사업을 효율적으로 추진하기 위하여 다음 각 호의 어느 하나에 해당하는 기관 또는 단체 등과 협약을 맺어 연구개발사업을 실시하게 할 수 있다.

> 1. 국공립 연구기관
> 2. 「특정연구기관 육성법」 제2조에 따른 특정연구기관
> 3. 「과학기술분야 정부출연연구기관 등의 설립·운영 및 육성에 관한 법률」에 따라 설립된 과학기술분야 정부출연연구기관
> 4. 「고등교육법」에 따른 대학·산업대학·전문대학 및 기술대학
> 5. 「민법」이나 다른 법률에 따라 설립된 법인으로서 치안분야 연구기관 또는 법인 부설 연구소
> 6. 「기초연구진흥 및 기술개발지원에 관한 법률」 제14조의2제1항에 따라 인정받은 기업부설연구소 또는 기업의 연구개발전담부서
> 7. 그 밖에 대통령령으로 정하는 치안분야 관련 연구·조사·기술개발 등을 수행하는 기관 또는 단체

③ 경찰청장은 제2항 각 호의 기관 또는 단체 등에 대하여 연구개발사업을 실시하는 데 필요한 경비의 전부 또는 일부를 출연하거나 보조할 수 있다.
④ 제2항에 따른 연구개발사업의 실시와 제3항에 따른 출연금의 지급·사용 및 관리 등에 필요한 사항은 대통령령으로 정한다.

제8장 보칙

제34조(자치경찰사무에 대한 재정적 지원)
국가는 지방자치단체가 이관받은 사무를 원활히 수행할 수 있도록 인력, 장비 등에 소요되는 비용에 대하여 재정적 지원을 하여야 한다.

제35조(예산)
① 자치경찰사무의 수행에 필요한 예산은 시·도자치경찰위원회의 심의·의결을 거쳐 시·도지사가 수립한

다. 이 경우 시·도자치경찰위원회는 경찰청장의 의견을 들어야 한다.
② 시·도지사는 자치경찰사무 담당 공무원에게 조례에서 정하는 예산의 범위에서 재정적 지원 등을 할 수 있다.
③ 시·도의회는 관련 예산의 효율적인 관리를 위하여 의결로써 자치경찰사무에 대해 시·도자치경찰위원장의 출석 및 자료 제출을 요구할 수 있다.

 팩트DB

세종특별자치시경찰청(시행규정)

① 세종특별자치시경찰청(세종경찰청)에 경무기획과·공공안전과·수사과·범죄예방대응과 및 생활안전교통과를 둔다.
② 각 과장은 총경으로 보한다.
③ 세종경찰청장은 경찰청장이 정하는 기준에 따라 경비대·기동대·의무경찰대·경찰특공대 등 직할대를 둘 수 있다.
④ 제3항에 따라 두는 직할대 중 세종기동대장은 총경으로 보한다.

03 경찰작용법

1 경찰작용법의 의의

경찰작용법은 경찰의 임무, 경찰권의 발동 근거와 한계, 경찰행정의 유형, 경찰상 처분의 법적 효력, 경찰강제 등에 관한 규율을 내용으로 하는 모든 법규를 의미한다.

- ● 경찰작용은 국민에게 명령 강제하는 권력적 행위이며, 공법적 작용, 대외적 작용의 성격을 지닌다.
- ● 법치주의가 강하게 적용된다.

1) 경찰작용의 근거

(1) 조직법적 근거

경찰의 임무범위를 의미하는 것으로 경찰작용의 성질과 관계없이 **모든 경찰작용**에 항상 조직법적 근거가 필요하다.

- ● 경찰의 모든 활동은 경찰의 직무범위 내에서 이루어 져야한다.

(2) 작용법적 근거

① 경찰권이 집행하는 조치에 대한 발동요건과 한계를 정한 권한규정이다.(수권규범)

② 국민의 자유와 권리를 침해하는 권력적 활동은 법치주의 원리상 반드시 **개별적·구체적 수권 근거**가 있어야 한다.(법률유보)

- ● 모든 경찰활동이 작용법적 근거가 필요한 것은 아니다.

③ 경찰권 발동에 관한 일반법은 '**경찰관직무집행법**'이다.

- ● 경찰작용법 전체가 통합성과 명확성을 갖고 있지는 않고 각 개별법들도 존재한다.

(3) 수권조항(근거조항)

① 수권조항 유형

	개별적(구체적) 수권조항	개괄적(일반적) 수권조항
의미	경찰권 발동의 요건, 내용, 대상, 효과 등에 대하여 구체적으로 규정하고 있는 조항	경찰권 발동권한을 포괄적 일반적으로 수권하는 규정
장점	법률 유보를 철저히 준수	경찰법 집행의 탄력성 높음
단점	경찰법 집행의 탄력성 저하	법류유보 원칙 침해 우려

* 영미계 국가에선 조직법적 근거(임무규정)과 작용법적 근거(권한규정)을 구분하지 않는 경향이 크다.

② 경찰관 직무집행법 제2조 제7호의 개괄적 수권조항 인정 여부

> **관련조문**
>
> 경찰관 직무집행법 제2조(직무의 범위) 경찰관은 다음 각 호의 직무를 수행한다.
> 1. 국민의 생명·신체 및 재산의 보호
> 2. 범죄의 예방·진압 및 수사
> 2의2. 범죄피해자 보호
> 3. 경비, 주요 인사(人士) 경호 및 대간첩·대테러 작전 수행
> 4. 공공안녕에 대한 위험의 예방과 대응을 위한 정보의 수집·작성 및 배포
> 5. 교통 단속과 교통 위해(危害)의 방지
> 6. 외국 정부기관 및 국제기구와의 국제협력
> 7. 그 밖에 공공의 안녕과 질서 유지

㉠ 경찰작용법인 경찰관직무집행법 제2조 제7호를 개괄적(일반적) 수권조항으로 인정할 것 인지에 대해 견해가 대립한다.

㉡ 학설

	논거
긍정설	① 경찰권 성질상 모든 경찰권의 발동요건을 입법기관이 규정하는 것은 **입법기술상** 불가능하다. ② 개괄적 수권조항은 개별적 수권조항이 없을 때 **보충적으로 적용**하면 된다. ③ 개괄적 수권조항으로 인한 경찰권 남용은 **조리상의 한계 등으로 통제** 가능하다. ④ 일반조항의 불확정 개념들은 **판례와 학설을 통해 특정이 가능하다.** ⑤ 독일에서는 판례와 학설이 일반조항을 인정하고 있다.
부정설	① 경찰작용은 권력적·침해적 작용이므로 개별적인 법률의 **엄격한 근거가 필요**하다. ② 경직법 제2조 제7호는 **단지 직무범위만을 규정한 것**으로서 본질적으로는 조직법적 성질의 규정이다.(발동근거가 아니다.) ③ 헌법 제37조 2항은 국민의 자유와 권리의 제한은 **법률로써만 가능**하도록 규정하고 있다. ④ 경찰관직무집행법은 독일법과 달리 명시적 규정을 두고 있지 않다. ➡ 부정설의 학자들이 일반조항의 필요성 자체를 부정하는 것은 아니다.

➡ 개괄적 수권조항은 개별적 수권조항에 대해 보충적으로만 적용되야 한다.

2 공권과 경찰개입청구권

1) 공권과 반사적 이익

(1) 공권

① 공법관계에서 나타나는 공법적 권리를 공권이라 한다.(공권과 공의무로 구성됨)
② 개인적 공권 : 개인이 직접 자기의 이익을 위해 행정주체에 대해 일정한 행위를 요구할 수 있는 법적인 힘이다.
   ➡ 국가적 공권 : 행정주체가 우월한 의사주체로서 개인 또는 단체에 대하여 가지는 권리
③ 개인적 공권이 침해된 경우 법적인 구제를 받을 수 있다.(**원고적격**)

(2) 공권의 성립요건

① 행정청의 의무의 존재
   행정주체에게 일정한 의무를 부과하는 **강행법규**가 존재해야 한다.
   ➡ 오늘날 공권의 확대화에 따라 재량행위의 경우에도 인정될수 있다.
② 사익보호성
   관련법규가 개인의 **사익보호**를 목적으로 하는 것이어야 한다.
   ➡ 사익보호성의 판단기준은 근거법규 및 목적과 취지 등을 종합적으로 고려하여 판단한다.(통설, 판례)
③ 재판청구가능성(소구 가능성)
   오늘날 통설은 소구가능성을 공권 성립요건으로 요구되지 않는다고 본다.

(3) 반사적 이익

① 의미 : 행정법규가 사익이 아닌 공익만을 위하여 행정주체 또는 사인에게 일정한 의무를 부과한 결과, 그에 따른 반사적 효과로서 개인이 얻게 되는 이익이다.
② 반사적 이익의 효과
   단순히 반사적 이익이 침해된 자는 원고적격을 갖지 못한다.
   ➡ 국가배상법상 손해배상을 청구할 수 없다.

2) 재량행위와 기속행위

(1) 의의

재량행위	관계 법률상 행정청에 당해 행정행위를 할 것인가의 여부(**결정재량**) 내지는 법적으로 허용되는 다수의 행위 중에서 어떠한 행위를 할 것인가(**선택재량**)에 대하여 선택의 자유가 부여되는 행정행위를 말한다. ➡ 재량권의 일탈은 사법심사의 대상이 된다.
기속행위	법규의 집행에 대하여 행정청의 재량이 전혀 허용되지 않는 행정처분을 말한다. ➡ 법규에서 정한 요건이 충족되면 행정청이 반드시 행위를 하거나 하지 말아야만 하는 것을 의미한다. ➡ 단순히 기계적으로 법규를 집행해야 하는 행정행위이다.

※ 구별

구별	사익보호성	원고적격 인정 여부
개인적 공권	긍정	인정
반사적 이익	부정	부정

※ 반사적 이익 예
- 영업허가 등에 대한 법적 규제로 기존에 허가받은 자가 얻는 영업상의 이익
- 건축법상 건물의 색채를 규정하고 있는 경우 이로 인한 인근 주민들의 이익

※ 구별기준
요건재량성, 효과재량설, 법문언기준설 등이 있지만, 통설은 법문언 기준설에 의한다.

(2) 구별실익

	재량행위	기속행위
공권 성립 여부	원칙적으로 특정행위에 대한 실체적 공권이 인정 안 됨 ◆ 재량권 영 수축 시 인정.	성립 ◆ 행정개입청구권
부관 가능성	가능하다.	붙일 수 없다. ◆ 기속행위에 부관을 붙이면 당연무효(판례)
사법심사	가능 ◆ 재량권의 한계를 넘지 않는 한 위법한 행위가 되는 것은 아님	가능 ◆ 기속행위 위반은 위법한 행위가 됨

◆ 전통적 구분과 달리 오늘날은 양자의 상대적 구분을 인정한다.

3) 경찰개입청구권 : 개인적 공권의 확대

(1) 의의

행정(경찰)개입청구권이란 개인이 자기의 이익을 위해 타인에 대해 일정한 행위를 발동하여 줄 것을 행정청에게 청구하는 권리이다.

◆ 오늘날 행정편의주의를 극복하고 종래의 반사적 이익도 상황에 따라서는 공권으로 보는 경우가 증가하게 되었다.

◆ 띠톱판결

(2) 논의 영역

① 기속행위 : 행정개입청구권이 **인정된다**.

② 재량행위

㉠ 재량행위 경우 원칙적으로 하자 없는 재량행사를 청구할 수 있을 뿐, 특정행정 처분을 청구할수 있는 권리는 인정되지 않는다.

㉡ **재량권의 영(0)으로 수축이론**은 재량행위도 행정개입청구권의 성립을 인정하여 개인적 공권을 확대하는 역할을 한다.

판례

1968.1.21. 무장공비와 격투중 경찰관이 출동하지 않아 주민이 사망한 사건(김신조 사건)

㉢ 경찰권 행사 재량은 완전 자유재량이 아니고 의무에 합당한 재량 행사이다.

(3) 성립요건

① 개입의무의 **발생**

재량행위에서는 재량권이 영으로 수축되어 기속행위로 전환된 이후에 개입의무가 발생한다.

＊ 사법심사 범위

재량위반	행정심판	행정소송
위법	O	O
부당	O	X

＊ 개인적 공권의 확대

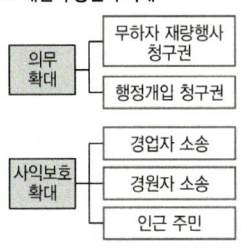

＊ 무하자재량행사청구권

㉠ 의의 : 재량행위의 영역에서 행정청에게 재량권의 법적 한계를 준수하여 처분을 해줄 것을 청구할 수 있는 권리이다.
㉡ 인정여부 : 다수설은 무하자재량행사청구권을 근거로 원고적격을 인정한다.
㉢ 범위 : 수익적 행정작용 뿐 아니라 부담적 행정행위인 경우에도 적용된다.

＊ 띠톱 판결

1960년 독일연방재판소는 주거지역에 설치된 석탄제조 및 하역업소에서 사용하는 띠톱에서 배출되는 먼지와 소음으로 피해를 받고 있던 인근주민이 행정청에 조업금지처분을 발할 것을 청구하였는데 독일연방재판소는 이 사건에서 경찰법상의 일반수권조항의 해석에 있어 먼저 인근주민의 무하자재량행사청구권을 인정하고, 이어서 재량권의 영으로의 수축이론에 의거하여 원고의 청구를 인용하였다.

② 사익보호성

경찰권 행사의 반사적 이익에 해당하는 경우에는 경찰개입청구권이 인정되지 않는다.

> **팩트DB**
>
> **재량권의 영(0) 수축이론**
>
> ① 의의
> 재량행위의 경우에는 행정청에 선택 또는 결정의 자유가 인정되는 것이 원칙이나 예외적으로 재량행위 영역에서도 행정청이 **하나의 결정만을 하여야 하는** 특별한 경우이다.
> ◐ 재량권이 영으로 수축되면 그 행위는 기속행위로 전환된다.
>
> ② 경찰재량권 영으로 수축
> ㉠ 경찰권 발동은 원칙적으로 경찰 편의주의의 재량사항이다.
> ㉡ 예외적으로 법익침해의 중대성, 절박성, 보충성의 요건이 성립하는 경우 오직 경찰개입 결정만이 의무에 합당한 재량권 행사로 인정되는 경우 인정된다.
> ㉢ 경찰개입청구권이 발생했는데도 경찰권을 발동하지 않으면 행정소송, 국가배상 청구 가능하다.
>
> 판례 : 김신조 사건(1.21 사태)

3 경찰작용의 한계

1) 법규상 한계

경찰권의 발동은 반드시 법률에 근거해야하며 법규에서 허용하는 한도내에서 이루어 져야 한다.
◐ 경찰권 발동의 제1단계 제약이다.

2) 조리상 한계

(1) 경찰소극목적의 원칙
① 경찰권은 공공의 안녕과 질서유지를 위한 위해방지라는 **소극적인 목적에 한정** 되어야 한다.
② 복리증진을 위한 적극적 목적이나 재정, 군정 같은 국가목적을 위해서는 발동될 수 없다.
③ 경찰허가를 함에 있어서 동업자 간의 경쟁관계를 고려하는 것은 경찰소극목적에 위배된다.

(2) 경찰공공의 원칙
① 의의
경찰은 사회공공의 안전 확보와 질서의 유지를 목적으로 하는 작용이므로 공공질서와 직접적인 관련이 없는 **개인의 사익에 관한 사항**은 원칙적으로 관여할 수 없다.

★ **크로이쯔베르크(Kreuzberg) 판결**
베를린 크로이츠 베르크언덕에 있는 전승탑의 조망을 방해하지 않기 위해 주변의 토지에 대한 건축물 높이 제한하는 베를린 경찰청장의 법규명령이 프로이센 고등행정법원의 무효판결을 받게 됨. 경찰관청이 일반수권규정에 근거하여 법규명령을 발할 수 있는 분야는 **소극적인 위험방지에 한정된다는** 사상이 법 해석상 확정되는 계기가 되었다.

② 내용

사생활 불가침 원칙	㉠ 경찰권이 사회공공의 질서와 직접 관계없는 **개인의 사생활이나 행동**에 개입해서는 안 된다는 원칙 ㉡ 단, 개인의 사생활이라도 동시에 공공의 안녕·질서에 영향을 미치는 경우에는 개입할 수 있다. 　例 주택가에서 고성방가 단속, 주취자 보호조치 등
사주소 불가침 원칙	㉠ 경찰은 일반사회와 직접 접촉되지 않는 **사주소 내의 활동**에 대해서는 원칙적으로 개입해서는 안 된다. ㉡ 사주소 : 공중과 직접 접촉되지 않는 장소로서 개인 주택뿐 아니라 비주거용 건축물인 공장, 사무소, 창고 등 포함 　➔ 흥행장, 음식점, 여관, 역등 불특정 다수인에게 개방된 장소는 사주소에 포함되지 않는다. ㉢ 사주소 내의 행위라도 그것이 직접 공공의 안녕·질서에 영향을 미쳐 그에 대한 장해가 되는 경우에는 그 한도에서 개입이 허용된다. 　例 사주소 내에서 신체 과다 노출, 음악소음으로 옆집 주민의 피해
민사관계 불간섭 원칙	㉠ 개인의 재산권 행사, 민사상 계약, 친족권의 행사 등 **사적 관계**에는 개입금지 원칙이다. 　➔ 위반사례 : 개인 간 가옥임대차에 관한 분쟁에 개입하는 경우, 경찰관이 범죄행위와 관련된 가해자와 피해자 간의 합의를 종용하는 경우, 경찰관이 민사상의 채권집행에 관여하는 경우 등 ㉡ 민사상 관계이지만 동시에 공중의 안전, 위생, 풍속, 교통 기타 사회공공의 안녕과 질서에 영향을 미치는 경우는 그 한도 내에서 개입 대상이 된다. 　例 총포·도검·화약류의 단속, 미성년자에게 술이나 담배 등 판매 금지

(3) **경찰비례의 원칙(과잉금지 원칙)**

① 의의

㉠ 경찰작용에 있어 목적 실현을 위한 수단과 당해 목적 사이에 **합리적인 비례관계**가 있어야 한다.

㉡ 경찰권은 사회공공의 안녕과 질서 유지를 위해, 위험 또는 위해발생의 위험을 제거하기 위하여 필요한 경우(**경찰권 발동의 조건**)에 그 목적을 달성하기 위하여 필요한 최소한도의 범위 내(**경찰권 발동의 정도**)에서 발동되어야 한다.

② 근거

㉠ 헌법 제37조 2항, 경찰관직무집행법 제1조 제2항 행정기본법 제10조 등에 규정이 있다.

　➔ 비례원칙은 불문법원리로서 당연히 지켜져야 하지만, 점차 성문화 되고 있다.

㉡ 독일 경찰법상의 판례를 중심으로 발달하여 왔고 오늘날에는 행정법의 모든 영역에서 적용된다.

③ 비례원칙의 내용

비례원칙은 단계구조를 취하는데, 3가지 모두 충족해야만 적법하다.

＊ **경찰관직무집행법**
제1조(목적)
② 이 법에 규정된 경찰관의 직권은 그 직무 수행에 필요한 최소한도에서 행사되어야 하며 남용되어서는 아니 된다.

적합성 원칙 (수단 적합성)	경찰기관의 조치나 수단이 그 기관이 의도하는 목적을 달성하기 위해 **적합한 수단**이어야 한다.
필요성 원칙 (최소침해 원칙)	㉠ 경찰기관의 조치는 경찰목적 달성을 위해 **필요한 최소한**의 조치여야 한다. ㉡ 목적달성을 위한 여러 가지 수단이 있는 경우, 경찰기관은 관계자에게 가장 부담이 적은 수단을 선택해야 한다.
상당성 원칙 (협의의 비례원칙)	㉠ 경찰기관의 조치가 경찰목적 달성을 위해 필요한 경우라도 그 조치에 따른 불이익이 그 조치로 인한 효과보다 커서는 안 된다. ➔ 법익균형의 관점에서 경찰권 발동의 보호 공익이 경찰권 발동대상의 침해 사익보다 커야 한다. ㉡ 독일 법언상 상당성의 원칙이다. ➔ 경찰은 대포로 참새를 쏘아서는 안 된다.

④ 비례원칙 위반

비례원칙 위반한 경찰권 행사는 **위헌·위법**하며 행정쟁송이나 손해배상 대상이 될 수 있다.

(4) 경찰책임의 원칙

① 의의
  ㉠ 경찰책임은 원칙적으로 경찰위반 상태에 대하여 **직접 책임 있는 자에 대해** 경찰권이 발동되어야 한다는 원칙이다.(경찰권 발동 대상과 관계됨)
  ㉡ 예외적으로 경찰긴급사태의 경우 비책임자에게도 실정법적 근거의해 경찰책임이 인정되는 경우가 있다.
    예 화재현장에 있는자에 대해 소화작업동원(소방기본법 제24조)

② 경찰책임의 주체
  ㉠ 자연인
    ⓐ 경찰책임은 그 위험상태가 **객관적으로 존재**하면 된다.
      ➔ 경찰책임자의 고의·과실 여부, 위법성 유무, 위험에 대한 인식여부, 정당한 권원의 유무, 국적 등은 고려하지 않는다.
    ⓑ 지배자 책임 : 타인의 행위에 대해서도 책임이 발생할수 있다.
  ㉡ 사법인
    사법상의 법인, 사법상 권리능력 없는 **사단·재단도** 경찰책임이 발생한다.
  ㉢ 다른 행정기관
    ⓐ 공공의 안녕질서에 위험을 야기한 다른 행정기관이나 행정주체에게 경찰권 발동이 가능한지에 대해서 학설이 대립한다.
    ⓑ 다른 국가기관이나 공행정주체의 적법한 기능행사가 침해되지 않는 범위 내에서 경찰권 발동이 가능하다.(**다수설 : 제한적 긍정설**)

★ 고의
범죄(불법) 성립요소사실에 대한 인식

★ 과실
어떤 결과를 예견할수 있었음에도 부주의로 인해 인식하지 못하는 상태.

③ 경찰책임의 특징
  ㉠ 사회공공의 안녕과 질서에 대한 **객관적·외형적 책임**이다.
    ● 장해상태를 신속하고 효과적으로 제거하는 것이 중요하다.
  ㉡ 자신의 지배범위(생활범위) 내의 위험이 발생하였는지가 판단 기준이다.
    ● 민법상 행위능력 여부, 정당한 권원의 유무, 자연인·법인인지 여부, 고의·과실 여부 등은 문제되지 않는다.
  ㉢ 경찰위반 상태는 행위 혹은 상태의 특별한 위법성을 요하지 않는다.
    ● 개별적 법규위반으로부터 발생하는 것이 아니라, 공공의 안녕과 질서를 위협하는 상태나 행위에서 발생한다.

④ 경찰책임의 종류

행위책임	ⓐ 의의 자기 또는 자기의 보호 감독하에 있는 자의 행위로 인하여 질서위반의 상태가 발생한 경우에 지는 경찰책임이다. 　예 친권자·사용자의 보호 감독책임, 자신이 일으킨 교통사고로 인한 부상자 구호책임 ⓑ 지배자 책임의 성격은 대위책임이 아니라 **자기책임**이다. 　● 보호하고 감독해야할 자가 지는 자기책임이다. 예) 친권자 책임 ⓒ 직접적인 원인을 야기한 자에게만 행위책임이 귀속된다. 　예 유명연예인을 보기위해 모인 팬들이 교통질서를 혼란시킬 경우 그 팬들이 대상임
상태책임	ⓐ 의의 물건 또는 동물의 소유자, 점유자, 관리자가 그 지배범위 안에 속하는 물건·동물로 인해 경찰위반상태가 발생한 경우 지게되는 책임이다. 　● 경찰위반 상태 책임은 그의 생활범위 내에서 사실상 사회공공의 안녕·질서에 대한 위해가 발생한 경우 인정된다. ⓑ 책임자 현실적 지배권을 가지는 자(**사실상 관리자**)가 책임을 진다. 　● 물건 등에 대한 정당한 권원을 가지고 있지 않아도 책임이 발생할 수 있다.
복합책임	ⓐ 의의 하나의 질서위반의 상태가 다수인의 행위 또는 다수인의 지배를 하는 물건의 상태에 기인하였거나, 행위책임과 상태책임의 중복에 기인한 경우의 책임이다. 　● 일부 또는 전체에 대해 경찰권 발동이 가능하다. ⓑ 행위책임과 상태책임이 경합하는 경우에는 일반적으로 상태책임이 우선한다. 　예 전자제품 앞 도로에 군중이 모인 경우, 군중들이 우선적 책임대상이다. ⓒ 책임자 경합 시 가장 신속하고 효과적으로 제거 할수 있는 자에게 경찰권을 발동한다

⑤ 위반 효과
  경찰책임원칙에 위반하는 경찰권 발동은 위법이다.
    ● 경찰책임이 없는 자에 대해 손실이 발생한 경우 보상해야 한다.

> **팩트DB**
>
> **경찰긴급권 – 경찰책임의 예외**
>
> ① 의의
>   - ㉠ 경찰권은 경찰책임이 있는 자에 대해 발동되는 것이 원칙이지만, 예외적으로 경찰책임이 없는 **제3자에 대해 경찰권을 발동**하는 경우이다.
>   - ㉡ 반드시 법령에 근거해야 한다(일반법은 없다).
>   - 예) 화재현장에 있는 자에 대한 소화작업동원(소방기본법제 24조), 수난구호법 등
> ② 요건
>   - ㉠ 경찰위반의 상태가 **현존·급박**할 것(급박성)
>   - ㉡ 본래의 1차적 경찰책임자에 대한 경찰권의 발동만으로는 위해의 제거를 기대할 수 없을 것(보충성)
>   - ㉢ 제3자의 생명·건강을 해하지 않고, 제3자의 본래의 급박한 업무를 방해하지 않을 것
>   - ㉣ **법적 근거**가 있을 것
>   - ㉤ 위해방지를 위한 **최소한도**에 그칠 것
>   - ㉥ 일시적·임시적 방편에 그칠 것
> ③ 경찰긴급권에 의해 제3자가 특별한 손실을 입은 경우에는 그 **손실을 보상**해야 한다.

(5) 경찰평등 원칙

경찰권을 행사함에 있어서 성별, 종교, 사회적 신분 등을 이유로 차별대우를 하여서는 안 된다는 원칙이다.

→ 헌법상(제11조) 원칙이다.

4 경찰처분(행정행위)

1) 행정행위

① 의의

행정행위란 행정청이 법아래에서 구체적 사실에 관한 법집행으로 행하는 권력적 단독행위로서 공법행위이다.(통설)

→ 학문상 개념으로 정립되었다.

② 행정행위의 개념 요소
  - ㉠ 행정청의 행위
    - ⓐ 법령에 의해 행정권을 갖는 자를 의미한다.
      → 행정조직법상 의미가 아니라 기능적 의미이다.
    - ⓑ 공공단체 뿐만 아니라 일반사인도 공무를 위탁받아 행하는 경우에는 행정청으로서 행정행위를 할수 있다.
      - 예) 교통안전공단에 의한 분담금 납부통지는 행정처분이다.
  - ㉡ 구체적 사실에 관한
    - ⓐ 행정행위는 구체적 사실에 대한 법집행행위이다.
      → 일반적, 추상적 규율인 법령제정작용은 행정행위가 아니다.

---

* **쟁송법상 처분과 관계**

행정소송법 제2조(정의)
① 이 법에서 사용하는 용어의 정의는 다음과 같다.
  1. "처분등"이라 함은 행정청이 행하는 구체적 사실에 관한 법집행으로서의 공권력의 행사 또는 그 거부와 그 밖에 이에 준하는 행정작용 및 행정심판에 대한 재결을 말한다.

→ 통설(이원설)은 처분 개념을 '그 밖에 이에 준하는 작용'을 포함하는 것으로 행정행위보다 넓은 개념으로 본다.

ⓑ 일반처분은 불특정 다수인을 대상으로 구체적 사실에 대해 발하여지는 것으로 행정행위이다.
- 🅔 주차금지구역설정행위, 통행금지조치, 특정장소·특정시간의 집회행위 금지조치
  - ➡ 시·도경찰청장이 횡단보도를 설치하여 보행자의 통행방법 등을 규제하는 것은 국민의 권리 의무에 직접 관계가 있는 행위로서 행정처분이다.(98두8964)

ⓒ 법적행위
　ⓐ 외부적 행위이다.
　　➡ 행정조직내 상관의 직무명령, 상급행정기관의 지시는 행정행위가 아니다.(2017두38874)
　ⓑ 상대방에 대해 직접적인 법적 효과가 발생하는 행위이다.
　　🅔 귀화신청인에 대한 귀화허가, 건축허가신청에 대한 반려행위
　　　➡ 단순한 사실행위는 행정행위가 아니다.
　　🅔 도로보수행위
　　　➡ 국토교통부장관이 행한 국립공원지정 처분에 따라 공원관리청이 행한 경계측량 및 표지설치 등은 공원구역의 효율적 관리를위한 사실상의 행위로 행정처분이 아니다.(92누2325)

ⓓ 권력적 단독행위로서 공법행위
　공법에 근거한 권력적 단독행위이어야 한다.
　➡ 사법행위, 공법상 계약, 공법상 합동행위등은 행정행위가 아니다.
　➡ 행정청이 특정인의 어업권과 같은 사권의 성질을 갖는 권리를 설정하는 것은 공법에 근거한 행정행위이다.

> **판례**
> 1. 국유재산 관리청이 그 무단점유자에게 변상금부과처분은 행정처분이다.
> 2. 국립대학 학생에 대한 퇴학처분은 행정처분이다.
> 3. 시도경찰청장이 횡단보도를 설치하여 보행자의 통행방법 등을 규제하는 것은 행정처분이다.
> 4. 도로의 공용개시행위, 일정시간 이후의 통행금지조치, 주차금지구역설정행위 등은 행정행위이다.
> 5. 한국전력공사가 전기공급의 적법여부를 조회한데 대한 관할 구청장의 회신은 권고적 성격의 행위에 불과한 것으로 행정처분이 아니다.
> 6. 상급행정기관의 지시는 일반적으로 행정조직 내부에서 효력을 가질뿐 대외적으로 국민이나 법원을 구속하는 효력이 없다.
> 7. 단순한 사실행위의 거부, 사법상 계약체결 요구에 대한 거부 등은 행정행위가 아니다.

★ 주민등록번호 변경신청 판례

甲 등이 인터넷 포털사이트 등의 개인정보 유출사고로 자신들의 주민등록번호 등 개인정보가 불법 유출되자 이를 이유로 관할 구청장에게 주민등록번호를 변경해 줄 것을 신청하였으나 구청장이 '주민등록번호가 불법 유출된 경우 주민등록법상 변경이 허용되지 않는다' 는 이유로 주민등록번호 변경을 거부하는 취지의 통지를 한 사안에서, 피해자의 의사와 무관하게 주민등록번호가 유출된 경우에는 조리상 주민등록번호의 변경을 요구할 신청권을 인정함이 타당하고, 구청장의 주민등록번호 변경신청 거부행위는 항고소송의 대상이 되는 행정처분에 해당한다.(2013두2945)

2) 경찰처분(행정행위) 종류

[행정행위 종류]

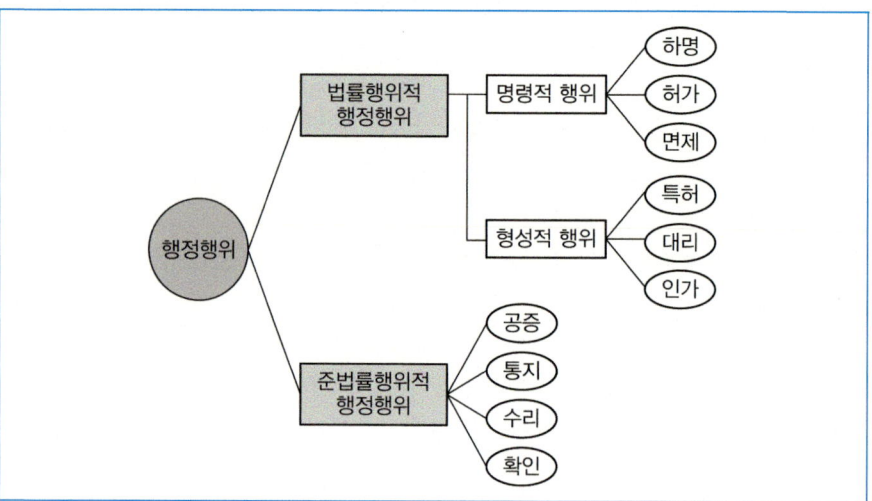

* **법률효과 발생원인에 따른 분류**
  법률행위적 행정행위, 준법률행위적 행정행위
  ➡ 구별실익은 부관의 가능성 여부이다.(종래 통설)

(1) 법률행위적 행정행위

① 개념

행정청의 **의사표시(효과의사)를 구성요소**로 하고 그 표시된 효과의사의 내용에 따라 일정한 법적 효과가 발행하는 행위이다.

② 종류

㉠ 명령적 행정행위

주로 질서유지를 위해 국민에 대하여 일정한 작위, 부작위, 급부, 수인 등의 의무를 명하거나 해제하는 행정행위이다.

➡ 개인의 자연적 자유를 제한하거나 제한된 자유를 회복시킨다.

* **허가와 특허**

	허가	특허
의의	일반적 상대적 금지 해제	특정인에게 새로운 권리 부여
성격	기속행위성 강함	재량행위성 강함
신청	원칙적으로 신청 필요	반드시 신청 필요

하명	행정청이 작위, 부작위, 급부, 수인 등의 의무를 명하는 행위 • **작위하명** 예 위법건축물 철거명령 • **부작위하명**(금지) 예 통행금지 • **수인하명** 예 강제입원조치 • **급부하명** 예 조세부과처분

허가	질서유지 등을 위해 법률로써 개인의 자유를 잠정적으로 제한한 후 행정청이 일정한 요건이 구비된 경우 그 제한이나 **상대적 금지를 해제**하여 본래의 자유를 회복시켜 주는 행정행위
	➡ 부작위의무를 해제한다.
	예 식품위생법상 영업허가
	  건축허가, 주류판매업 면허
	  운전면허

면제	법령에 의해 일반적으로 부과된 **작위·급부·수인 의무**를 특정한 경우에 **해제**해 주는 행정행위 예 면세처분 병역면제결정

* **예외적 허가**
  사회적으로 바람직하지 않은 일정한 행정행위를 법령상 원칙적으로 금지하고, 예외적인 경우에 금지를 해제해주는 행위이다.
  - 억제적 금지의 해제
  - 권리 범위 확대
  예 개발제한구역내 건축허가
     학교환경위생정화구역 내 유흥음식점허가
     카지노업허가

ⓒ 형성적 행정행위

개인이 원래부터 가지고 있는 것이 아닌 새로운 권리, 법률상의 지위 또는 포괄적 법률관계, 기타 법률상의 힘을 새로이 발생·변경·소멸시키는 행정행위이다.

특허	특정인에 대하여 새로운 권리, **능력 또는 포괄적 법률관계를 설정**하는 행위(설권행위) ➲ 권리설정행위, 능력설정행위, 포괄적 법률관계 설정행위 ⑩ 공유수면매립면허 　공법인 설립행위 　공무원임용 　도로점용허가 　귀화허가
인가	제3자의 법률적 행위를 보충하여 그 법률상의 효과를 완성시키는 행정행위 ⑩ 공공조합설립인가 　재단법인 정관변경허가 　토지구역 내 토지거래허가
대리	**제3자가 해야 할 일을 대신하여** 행함으로써 제3자가 스스로 행한 것과 같은 법적효과를 발행시키는 행위 ⑩ 감독청에 의한 정관작성 　토지수용위원회 재결 　행려병사자 유류품 처분

➲ 인가와 대리는 제3자를 위한 행위이다.

★ 특허 종류

권리설정	도로점용허가, 어업면허 하천점용허가, 광업허가
능력, 지위 설정	주택재건축조합 설립인가
포괄적 법률관계 설정	공무원 임명, 귀화허가

★ 허가와 인가

	허가	인가
성격	명령적 행위	형성적 행위
대상	법률행위, 사실행위	법률행위만 (사실행위X)
신청 여부	신청없이 가능	신청 필요
효과	자유의 회복	법률효과 완성
무허가, 무인가 효력	사법상 행위의 법률상 효력은 유효	기본행위의 법률상 효력 없음

(2) 준법률행위적 행정행위

① 개념

행정청의 의사표시(효과의사) **이외의 정신작용(판단, 인식)을 구성요소로** 하고 행위자의 의사와 무관하게 법규가 정한 바에 따라 법적효과가 발생하는 행위이다.

② 종류

확인	특정한 사실 또는 법률관계의 존재 여부 또는 정당성 여부에 관해 **의문이나 다툼이 있는 경우** 행정청이 공적 권위로서 행하는 판단의 의사표시행위 ⑩ 도로구역 결정 　행정심판 재결 　국가시험합격자의 결정 　당선인 결정
공증	특정한 사실 또는 법률관계의 존재를 **공적으로 증명**하는 행위 ➲ 공증은 **의문이나 분쟁이 없는 것을** 전제로 한다. ⑩ 각종 증명서 발급 　건설업면허증 교부 　부동산등기부 등기

통지	행정청이 특정인 또는 불특정 다수인에 대해 **특정한 사실 또는 의사를 알리는 행위** 🔵 대집행의 계고 　　납세의 독촉 　　특허출원공고, 귀화의 고시
수리	행정청에 대한 행위를 **유효한 행위로서 수령**하는 행위(행정청의 수동적 의사표시) ➡ 단순 사실행위인 접수와 구분됨 🔵 행정심판청구서 수리 　　의료기관 개설 신고 수리 　　건축주명의변경신고 수리

(3) 침익적·수익적·복효적 행정행위

① **수익적 행정행위**

상대방에 대해 권리·이익을 부여하거나 혹은 권리의 제한을 폐지하는 등 **유리한 효과**를 발생시키는 행정행위이다. 🔵 허가, 특허, 면제

② **침익적 행정행위**

권리를 제한하고 의무를 부과하는 등 상대방에게 **불리한 효과를 발생**시키는 행정행위이다.

	수익적 행정행위	침익적 행정행위
법률유보	완화	엄격
신청	다수가 신청을 전제로 함 (협력을 요하는 행정행위)	신청과 무관 (일방적 행정행위)
절차적 통제	완화	엄격
취소·철회	신뢰보호원칙 등으로 제한됨	원칙적으로 제한 없음
부관	부관 가능	부관 제한함
강제집행	무관	강제집행이 발생할 수 있음

③ **복효적 행정행위**

㉠ 하나의 행위가 **수익과 부담이라는 복수의 효과를 발생시키는 행정행위**이다.(이중효과적 행정행위)

🔵 연탄공장 건축허가(경업관계), 화장장 설치허가

➡ 혼합효 행정행위 : 복수의 효과가 동일인에게 발생하는 경우
➡ 제3자효 행정행위 : 1인에게는 이익을 타인에게는 불이익을 발생시키는 경우

㉡ 행정절차상 불이익받는 제3자대한 통지 문제, 행정쟁송상 문제 등은 제3자의 법률상 이익도 보호하고 있다고 해석되는 경우 사익보호성이 인정된다.

---

* 경업자소송
새로운 경쟁자에 대해 신규허가 등을 발급함으로써 불이익을 당한 기존업자가 제기하는 소송
➡ 공중목욕장업 허가에 대해 기존업자는 새로운 업자에 대한 목욕장업 허가 처분에 대해 극 취소를 구할 수 있는 법률상 이익이 없다.(63누101)

* 경원자소송
수익적 처분을 신청한 수인중 허가를 받지 못한 자가 타인이 받은 허가에 대해 제기하는 소송
➡ 노선버스 한정면허 기준에 관한 규정상 기존의 농어촌버스운송사업 계획변경신청을 인가하면 신규의 마을버스운송사업면허를 할수 없게 되는 경우, 취소를 구할 법률상 이익이 있다.(99두6026)

(4) 기속행위 재량행위

	기속행위	재량행위
의미	법규에서 정한 요건이 충족되면 행정청이 반드시 어떠한 행위를 발하거나 발하지 말아야 하는 행위	행정권을 행사함에 있어서 둘 이상의 다른 내용의 결정 또는 행태 중에서 선택할 수 있는 권한에 의해 행해지는 행정행위 ➡ 결정재량 ➡ 선택재량
규정방식	'~하여야 한다.'	'~할 수 있다'
법원의 통제	행정권 행사의 잘못은 위법한 행위가 됨 ➡ 법원의 통제 가능	재량권의 한계를 넘지 않는 한 부당행위임 ➡ 법원의 통제 안 됨
부관의 가능성	부관 붙일 수 없음(판례) ➡ 최근 요건충족적 부관은 가능하다고 봄	부관 붙일 수 있음
선원주의	적용	적용 안 됨

▼ 재량권의 한계(재량하자 유형)

재량권 일탈(유월)		재량권의 **외적 한계**를 넘어 재량권이 행사된 경우
재량권 남용 (내적 한계)	목적 위반	재량권 행사가 법률이 정한 목적과 다르게 행사된 경우
	사실오인	전제가 되는 요건사실이 존재하지 않거나 요건사실 인정의 합리성이 없는 경우
	행정법 일반원칙 위반	재량권 행사가 행정법의 일반원칙을 위반한 경우
재량권 불행사		행정청이 재량권을 전혀 행사하지 않거나(**불행사**) 충분히 행사하지 아니한 경우(**해태**)

(5) 대인적 · 대물적 · 혼합적 행정행위

대인적 행정행위	행정행위 **상대방의 주관적 사정을 고려**하여 행해지는 행정행위 예 의사면허, 운전면허
대물적 행정행위	대상인 **물건이나 시설**의 객관적 사정을 고려해 행해지는 행정행위 예 차량검사합격처분, 공중위생업소 폐쇄명령, 건물철거명령 ➡ 효과는 명문의 규정이 없어도 제3자에게 이전가능(통설)
혼합적 행정행위	행정행위 상대방의 주관적 사정과 대상인 물건, 시설의 객관적 **사정을 모두 고려하는 행정행위** 예 총포화약제조업허가, 총포화약소지허가, 석유사업허가

(6) 일방적 · 쌍방적 행정행위

① 일방적 행정행위란 상대방의 협력을 요하지 않고 행정청이 직권으로 발하는 행정행위이다. 예 조세부과처분, 영업정지처분
② 쌍방적 행정행위란 동의, 신청 등 상대방의 협력이 필요한 행정행위이다.
  예 공무원 임용행위에서의 동의, 특허에서 신청

5 경찰처분 내용

1) 경찰하명

(1) 의의

경찰목적 달성을 위해 일반통치권에 근거해 개인에게 특정한 **작위·부작위·수인·급부 의무를 명하는** 법률행위적 행정행위이다.

(2) 경찰하명의 특징

① 법률행위적 행정행위이다.
② 국민의 자연적 자유를 제한하는 **명령적 행정행위**이다.
  ➜ 형성적 행위인 특허나 인가와 구별된다.
③ **일반통치권**에 근거한 경찰하명이다.
④ 법령에 근거가 반드시 필요하다.

(3) 경찰하명의 형식

① 법규하명
  ㉠ 법규의 공포라는 형식에 의해 경찰하명의 효력이 발생한다.(법규 자체 의한 금지의무) 예 무면허·음주운전 금지, 총포소지 금지,
  ㉡ 일반적이고 추상적이며, 법규하명 형식으로 금지한 것은 **절대적 금지**이다.

② 처분에 의한 하명
  ㉠ 구체적으로 명령하거나 금지하는 행정행위가 있음으로써 경찰하명의 효력이 발생한다. 예 차량정지 명령, 경찰관의 수신호
  ㉡ 특정한 경찰 의무를 부과하기 위한 구체적인 행정행위이며, **상대적 금지이다**.

---

*
- 일반금지 : 불특정 다수인에게 부작위 의무부과
- 개별금지 : 특정한 지위에 있는 자에 대한 경찰금지

- 개별하명, 일반하명

- 대인적 하명
  대물적 하명
  혼합적 하명

---

(4) 경찰하명의 종류

작위하명	적극적으로 어떠한 행위를 **하도록 의무를 명**하는 경찰하명		
	예 화재발견 시 소방서나 경찰서에 신속히 통지할 의무(소방기본법 제19조)		
부작위하명	소극적으로 어떤 행위를 **하지 않도록 의무를 명**하는 경찰하명(경찰금지)		
	절대적 금지	특정한 경우에도 해제할 수 없는 금지 예 청소년 흡연·음주 판매금지, 부패식품 판매금지	
	상대적 금지	특정한 경우 해제할 수 있는 금지 예 유흥업소 영업금지, 사행행위영업허가, 주차금지	
수인하명	경찰권 발동으로 인하여 자신의 신체·재산에 가하여지은 사실상의 **침해를 수인할 의무**를 부과하는 하명		
	➜ 위법성 조각 사유이며 이에 위반 시 공무집행방해죄 성립(형법 제20조) 예 강제입원조치, 범죄 예방을 위한 극장 출입 시 주인이 조사에 응하는것		
급부하명	금전 또는 물품의 **급부의무**를 과하는 경찰하명 예 면허시험 수수료 납부		

(5) 경찰하명의 효과

① 경찰하명은 받은 자는 공법상 의무가 발생한다.(원칙적으로 수명자에게만 발생한다.)
  ➔ 상대방은 행정주체에 대해서만 의무를 이행할 책임이 있고, 제3자에 대한 법적 의무를 발생하는 것은 아니다.

② 하명 효과 분류

대인적 효과	원칙적으로 그 수명자에게만 발생하는 **일신전속적** 성격을 갖는다. ➔ 제3자에게 이전되지 않는 것이 원칙
대물적 효과	물건이나 설비 등에 효과가 미친다. ➔ 그 물건이나 설비의 **양수인 또는 승계인에게 이전**되거나 승계된다.

③ **지역적 효과 원칙** : 경찰관청 관할구역 내에만 미친다.
  ➔ 예외적으로 관할구역 밖에 까지 효과가 미치는 경우도 있다.

(6) 경찰하명 위반 효과

① 경찰하명 위반 행위는 원칙적으로 **사법상 법률행위에는 영향을 주지 않는다**.
  예) 영업정지명령에 위반한 영업의 경우에 발생한 영업 거래 행위의 효력은 인정된다(무효 아님).

② 행정의무를 이행하지 않는 경우 **경찰상 강제집행**이 행해질 수 있다.

③ 경찰위반이 경우 **경찰벌**이 과해진다.

(7) 구제

적법한 하명	원칙 : 수명자는 수인의무가 발생하므로 손해배상을 청구할 수 없다. 예외 : 적법한 행위로 인한 특별한 희생이 발생한 경우 **손실보상**청구 가능하다.
위법한 하명	권리, 이익이 침해된 자는 행정심판, 행정소송, **손해배상**을 청구할 수 있다. ➔ 경찰공무원의 징계책임, 형사책임 등이 발생한다.

2) 경찰허가

(1) 의의

경찰상 목적을 위해 **일반적·상대적 금지(부작위 의무)**를 특정한 경우에 **해제**하여 적법하게 특정행위를 할 수 있도록 자연적 자유를 회복시켜주는 경찰처분이다.
  ➔ 실무상으로 허가, 면허, 특허 등의 용어로 사용되기도 한다.

(2) 경찰허가의 특징

① 원칙 : 당사자의 신청을 필요로 하는 **쌍방적 행정행위**이다.
  ➔ 예외적으로 신청(출원)없이 직권에 의한 경우도 있다. 예) 야간통행금지 허가

② **일반적·상대적 금지를 해제**하여 주는 것이다.
  ● 절대적 금지는 허가 대상이 아니다.
③ 법률행위적 행정행위이다.
④ 일반 국민에게 의무를 해제하는 **명령적 행정행위**이다.
⑤ 기속재량행위
  원칙적으로 기속행위이지만, 경찰법규에 허가에 대한 일정한 기준 없이 경찰관청의 재량을 인정하고 있는 경우에도 자유재량이 아니고 기속재량으로 본다. (통설)

※ 기준시점
행정행위는 **처분 당시**에 시행중인 법령과 허가기준에 의하여 하는 것이 원칙이다. 소관 행정청이 허가신청을 수리하고도 정당한 이유 없이 처리를 늦추어 그사이에 법령 및 허가기준이 변경된 것이 아닌한, 변경된 법령 및 허가기준에 따라서 한 불허가 처분은 위법하다고 할 수 없다.(대판 2003두3550)

(3) 형식과 판단 시점
① 법규에 의한 허가는 인정되지 않고, 항상 **구체적 처분의 형식**으로 이루어진다.
② 허가신청시와 허가처분시의 법이 개정되어 다른 경우에 허가기준이 되는 법령은 **처분시법**이다.

(4) 종류

대인적 허가	사람의 경력·기능·건강·지식 기타 신청인의 개인적 사정을 심사하여 행해지는 경찰허가 ● 타인에게 이전할 수 **없다**. 예 의사면허, 운전면허, 마약류취급면허
대물적 허가	신청인이 갖추고 있는 물적 설비, 지리적 환경 기타의 객관적 사정을 심사하여 행해지는 경찰허가 ● 타인에게 이전할 수 **있다**. 예 건축허가, 차량검사
혼합적 허가	신청인의 주관적 사정과 객관적 사정을 아울러 고려하여 행하여지는 경찰허가 ● 일반적으로 타인에게 이전이 제한된다. 예 자동차운전학원허가, 풍속영업허가, 사행행위영업허가, 총포류제조·판매허가

(5) 경찰허가의 효과
① 경찰금지의 해제(통설)
  ㉠ 경찰 금지를 해제하여 자연적 자유를 회보시켜 주는 데 그치며, 그로 인해 권리·능력 기타의 힘을 설정하는 것은 아니다.
  ㉡ **적법요건**이지 유효요건이 아니다.
  ㉢ 허가로 인해 상대방이 사실상 독점적 이익을 얻는 경우라 하더라도 이러한 영업상 이익은 **반사적 이익**에 불과하다.
    ● 기존허가업자는 신규영업허가에 대해 취소소송을 제기할 원고적격이 없다.
    ● 다만, 법규상 법률상 이익으로 규정하고 있는 경우는 법률상 이익이 있다.
② 사법상 법률행위의 효력
  경찰허가는 적법하게 할 수 있도록 하는 것이므로(적법요건), 사법상의 법률행위에 **효력을 미치는 것은 아니다**.

※ 요건
• 적법요건
  요건을 구비할 경우 적법하고, 요건을 구비하지 않을 경우 위법이 된다.
• 유효요건
  요건을 구비하면 유효, 요건을 구비하지 않을 경우 무효이다.

※
• 분뇨 등 관련 영업허가를 받아 영업을 하고 있는 기존업자의 이익은 법률상 보호되는 이익이다.(대판 2007두23811)
• 담배 일반소매인으로 지정되어 영업을 하고 있는 기존업자의 신규업자에 대한 이익은 법률상 이익이다.(대판 2004두6716)

③ 무허가 행위의 효과

무허가 행위의 사법상 법률행위가 **무효가 되는 것은 아니다.**

➲ 무허가 행위의 사법상 법률행위는 유효하다.

④ 경찰허가는 다른 법률상의 경찰금지 또는 경찰 이외의 목적을 위해 금지를 해제하는 것은 아니다.

⑤ 지역적 범위

당해 허가를 한 행정청의 **관할구역 내**에서만 미치는 것이 원칙이다.

➲ 법령상 규정이 있는 경우 또는 허가의 성질상 관할구역 외에까지 그 효과가 미치는 경우도 있다. 예 운전면허

⑥ 허가의 갱신

㉠ 갱신기간 **후**에 갱신허가신청에 따른 허가는 **신규허가**로 본다.
㉡ **갱신이전의 사유**로 갱신받은 후의 허가를 **취소할 수 있다.**

(6) 경찰허가의 부관

부관은 법규에 명문 규정이 있는 경우뿐 아니라 명문 규정이 없는 경우에도 법이 경찰기관에 대해 재량을 인정하고 있는 때에는 그 재량의 범위 내에서 **부관을 붙일 수 있다.**

➲ 재량허가의 경우에는 허가의 성질을 재량행위로 보기 때문에 반드시 허가할 필요는 없다.(판례)

＊ 부관
경찰허가의 일반적 효과를 제한 또는 보충하기 위해 그 행위의 요인 의사표시의 주된 내용에 부가되는 종된 의사표시

3) 경찰면제

(1) 의의

법령에 의하여 과하여진 경찰상의 **작위·급부·수인의 의무를 특정한 경우에 해제**하여 주는 경찰상의 행정행위이다. 예 조세면제, 병역면제

➲ 허가는 부작위 의무의 해제이다.

(2) 특성

① 명령적 행정행위이다.
② 경찰면제의 여부를 결정하는 것은 원칙적으로 행정청의 기속재량행위이다.

6 행정행위 부관

1) 의의

(1) 전통적 견해

행정행위의 효과를 제한하기 위하여 행정기관에 의해 그 행위의 요소인 **주된 의사표시에 붙여진 종된 의사표시**이다.
➡ 법령이 직접 행정행위의 조건 등을 정하는 **법정부관은 제외**된다.

(2) 새로운 견해

행정행위의 효과를 제한, 보충 또는 요건을 보충하거나 특별한 의무를 부과하기 위하여 행정기관에 의해 주된 행정행위에 부가된 **종된 규율**이다.

2) 부관의 종류

(1) 부담

① 의의

행정행위 상대방에게 **작위·부작위·급부 등의 의무를 부과**하는 부관이다.
➡ 주로 허가·특허 같은 수익적 행정행위에 붙인다.
※ 도로점용허가를 하면서 일정한 점용료는 납부하도록 하는 것

② 특징

㉠ 부담은 본체인 행정행위의 존재를 전제로 하는 것일뿐 행정행위의 불가분적 요소는 아니다.
➡ 부담은 그 자체가 하나의 행정행위이다.

㉡ 주된 행정행위가 효력이 없는 경우 부담도 효력이 발생하지 않는다.

㉢ 부담을 불이행 하는 경우 주된 행위와 별도로 **부담만 강제집행 가능**하다.
➡ 주된 행정행위와 **독립하여 별도 소송이 가능하다.**

㉣ 행정청의 의사가 불분명한 경우 최소침해 원칙에 따라 상대방에게 유리한 부담으로 본다.

㉤ 부담과 정지조건의 구별이 불분명한 경우에는 최소침해 원칙에 따라 부담으로 보아야 한다.

㉥ 부담 불이행시 효과
부담에 의해 부과된 의무불이행으로 행정행위가 당연히 효력을 상실하는 것은 아니며, 당해의무 불이행은 행정행위의 철회사유가 될 뿐이다.

(2) 조건

① 의의

행정행위의 효과의 발생 또는 소멸을 **장래 발생이 불확실한 사실에 의존**시키는 경찰관청의 의사표시이다.

＊ 조건과 부담 구별

① 부담부 행정행위는 처음부터 행정행위의 효력이 발생한다.
  ➡ 정지조건부 행정행위는 일정한 조건이 성취에 의해 효력이 발생한다.

② 부담부 행정행위는 부담을 이행하지 않더라고 당연히 효력이 소멸되는 것은 아니고 행정청의 철회 의사표시가 있어야 효력이 소멸된다.
  ➡ 해제조건부 행정행위는 조건이 성취에 의해 당연히 효력이 소멸된다.

③ 부담은 의무기한의 도래로 의무불이행이 되면 철회사유가 된다.
  ➡ 기한이 도래하는 경우 주된 행정행위 효력을 발생시키거나 실효시킨다.

② 종류

정지조건	행정행위의 **효력발생**을 장래의 불확실한 사실에 의존시키는 부관 ➡ 정지조건이 성취되면 행정행위 효력이 당연히 발생 ⑩ 시설완공을 조건으로 한 학교법인설립인가
해제조건	행정행위의 **효력소멸**을 장래의 불확실한 사실에 의존시키는 부관 ➡ 해제조건 성취되면 행정행위 효력은 당연히 상실 ⑩ 특정기업에 취업을 조건으로 하는 체류허가

(3) 기한

① 의의

행정행위의 효과의 발생 또는 소멸을 **장래 도래할 것이 확실한 사실**에 의존시키는 경찰관청의 의사표시이다.

➡ 기간은 부관이 아니다.

② 종류

시기	장래 확실한 **사실의 발생에 의해** 행정행위의 **효력을 발생**시키는 부관 ➡ 시기가 도래하면 행정행위는 당연히 효력 발생 ⑩ 2023년 1월1일부터 영업 허가
종기	장래 확실한 사실의 발생에 의해 행정행위 **효력을 소멸**하게 하는 부관 ➡ 종기가 도래하면 행정행위는 당연히 효력 소멸 ⑩ 2023년 12월31일 까지 영업 허가
확정기한	도래하는 시기까지도 확실한 기한 ⑩ 2023년 2월1일 까지 연금 지급
불확정기한	도래할 것은 확실하지만 도래하는 시기까지는 확실하지 않은 기한 ⑩ 사망시까지 연금을 지급

③ 장기계속성이 예정되어 있는 행정행위에 부당하게 짧은 기한을 부가한 경우는 행정행위 존속기간이 아니라 **갱신기간**으로 본다.

(4) 철회권 유보

① 의의

일정한 사유가 발생한 경우에 주된 행정행위를 **철회할 수 있는 권한을 행정청에 유보**하는 부관이다.

⑩ 숙박영업허가를 하면서 윤락행위 알선 시 허가를 취소한다는 부관

② 특징

㉠ 철회권 유보된 행정행위 상대방은 원칙적으로 **신뢰보호**에 의한 철회권 제한을 **주장할 수 없다**.

㉡ 법령에 근거가 없어도 행정청은 철회권을 유보할 수 있다.

➡ 법령에 규정된 사유 이외에도 철회권을 유보할 수 있다.(판례)

ⓒ 철회권 유보 사유가 발생했다고 당연히 효력을 소멸하는 것이 아니라, 행정청의 **별도의 철회 의사표시가 있어야** 효력이 소멸한다.
ⓔ 철회권이 유보된 경우라도 철회권 그 자체만으로 정당화되지 않고, 이익형량등 철의 제한에 관한 **일반원리가 적용**된다.

(5) 법률효과 일부배제
① 의의
주된 행정행위의 내용에 대해 법령이 일반적으로 부여하고 있는 **행정행위의 법적 효과를 일부배제**하는 부관이다.
- 예 버스 노선지정, 야간에 한정한 도로점용 허가

② 특징
㉠ 법률효과의 일부배제는 행정행위 내용상 제한이 아니라 부관의 일종으로 본다.(다수설)
㉡ 법률에 특별한 **근거가 있는 경우에만** 가능하다.

(6) 수정부담
① 상대방이 신청한 것과 다르게 행정행위의 내용을 정하는 것이다.
- 예 A국으로부터 쇠고기 수입허가를 신청하였는데, 행정청이 B국으로부터 쇠고기 수입허가를 부여하는 것

② 수정부담은 새로운 의무를 부과하는 것이 아니라 상대방이 신청한 것과는 다르게 행정행위의 내용을 정하는 부관이며, 상대방의 동의가 있어야 효력이 발생한다.
③ **다수설**은 수정부담을 부관이 아니라 **수정된 행정행위 내지 수정허가**로 본다.

3) 부관의 가능성
① 법률행위적 행정행위 : 부관을 붙일 수 **있다**.
② 준법률행위적 행정행위 : 의사표시를 요소로 하지 않으므로 부관을 붙일 수 **없다**.(통설)
③ 재량행위 : 법령에 근거가 없어도 부관을 붙일 수 **있다**.
④ 기속행위 : 법령에 근거가 없는 한 부관을 붙일 수 **없다**. 만약 부관을 붙이면 무효다.
   ➡ 건축허가를 하면서 일정토지를 기부채납하도록 하는 내용의 조건을 붙인 것은 부관을 붙일수 없는 기속행위에 법령상 근거도 없이 부관을 붙인 것으로 무효이다.(94다56883)

---

* 공유수면 매립준공인가중 매립지 일부에 대하여 한 국가귀속처분은 공유수면매립법 제14조이 효과 일부를 배제하는 부관이다.(대한 90누8503)

4) 부관의 한계

① 부관은 법적 근거 없어도 자유롭게 부가할 수 있는 것이 원칙이다.
   ➡ 그러나 평등원칙, 부당결부금지원칙 등 행정법의 일반원칙에 적합하여야 한다.

② 부관의 시간적 한계 및 사후부관

> **관련조문**
>
> 행정기본법 제17조(부관)
> ① 행정청은 처분에 **재량이 있는 경우**에는 부관(조건, 기한, 부담, 철회권의 유보 등을 말한다. 이하 이 조에서 같다)을 붙일 수 있다.
> ② 행정청은 처분에 재량이 없는 경우에는 **법률에 근거가 있는 경우**에 부관을 붙일 수 있다.
> ③ 행정청은 부관을 붙일 수 있는 처분이 다음 각 호의 어느 하나에 해당하는 경우에는 그 처분을 한 후에도 부관을 새로 붙이거나 종전의 부관을 변경할 수 있다.
>   1. **법률에 근거가 있는 경우**
>   2. **당사자의 동의**가 있는 경우
>   3. **사정이 변경**되어 부관을 새로 붙이거나 종전의 부관을 변경하지 아니하면 해당 처분의 목적을 달성할 수 없다고 인정되는 경우
> ④ 부관은 다음 각 호의 요건에 적합하여야 한다.
>   1. 해당 처분의 목적에 위배되지 아니할 것
>   2. 해당 처분과 실질적인 관련이 있을 것
>   3. 해당 처분의 목적을 달성하기 위하여 필요한 최소한의 범위일 것

5) 부관의 하자

① 하자 있는 부관의 효력

   부관의 하자가 중대명백한 것일 때에는 그 부관은 **무효**이며, 하자가 그렇지 않을 경우는 **취소**할 수 있다.

② 무효인 부관이 붙은 행정행위

   부관이 본체인 행정행위의 중요한 요소(본질적 요소)인 경우에 한해 부관이 무효이면 본체인 행정행위도 무효이다.(통설)
   ➡ 그렇지 않은 경우 부관만 무효가 된다.

③ 하자있는 부관과 행정쟁송(독립쟁송 가능성)
   ㉠ **부담만**이 독립하여 항고소송의 대상이 될 수 **있다**.(판례)
   ㉡ 기타 부관은 독립하여 항고쟁송이 될 수 없다.(소제기 시 각하판결)

✱ 판례
도로점용허가의 **점용기간은 행정행위의 본질적 요소**에 해당하고, 부관인 점용기간을 정함에 있어서 위법사유가 있다면 이로써 도로점용허가처분 전부가 위법하게 된다

✻ 행정절차법 제24조(처분의 방식)

① 행정청이 처분을 할 때에는 다른 법령등에 특별한 규정이 있는 경우를 제외하고는 문서로 하여야 하며, 다음 각 호의 어느 하나에 해당하는 경우에는 전자문서로 할 수 있다.
  1. 당사자등의 동의가 있는 경우
  2. 당사자가 전자문서로 처분을 신청한 경우
② 제1항에도 불구하고 공공의 안전 또는 복리를 위하여 긴급히 처분을 할 필요가 있거나 사안이 경미한 경우에는 말, 전화, 휴대전화를 이용한 문자 전송, 팩스 또는 전자우편 등 문서가 아닌 방법으로 처분을 할 수 있다. 이 경우 당사자가 요청하면 지체 없이 처분에 관한 문서를 주어야 한다.
③ 처분을 하는 문서에는 그 처분 행정청과 담당자의 소속·성명 및 연락처(전화번호, 팩스번호, 전자우편주소 등을 말한다)를 적어야 한다.

✻ 행정절차법 제15조(송달의 효력 발생)

① 송달은 다른 법령등에 특별한 규정이 있는 경우를 제외하고는 해당 문서가 송달받을 자에게 **도달됨**으로써 그 효력이 발생한다.
② 제14조제3항에 따라 정보통신망을 이용하여 전자문서로 송달하는 경우에는 **송달받을 자가 지정한 컴퓨터 등에 입력된 때**에 도달된 것으로 본다.
③ 제14조제4항의 경우에는 다른 법령등에 특별한 규정이 있는 경우를 제외하고는 공고일부터 **14일**이 지난 때에 그 효력이 발생한다. 다만, 긴급히 시행하여야 할 특별한 사유가 있어 효력 발생 시기를 달리 정하여 공고한 경우에는 그에 따른다.

7 행정행위 성립요건과 효력요건

1) 성립요건

① 내부적 성립요건

주체	정당한 권한을 가진 행정청이 그 권한 내에서 정상적 의사에 따라 행해야 함
내용	법률상·사실상 실현가능한 행위이어야 함
절차	행정행위에 관하여 일정한 절차를 요구 시 그 절차를 거쳐야함. 예 청문 등
형식	• 일정한 형식이 요구되는 경우 따라야 함 • 행정절차법에 서면주의를 규정함

② 외부적 성립요건

외부적으로 **표시행위**가 필요하다.

➡ 외부에 표시가 된 경우 행정행위는 일단 완전하게 성립된 것으로, 상대방에게 도달 전이라도 행정청은 이를 이유 없이 취소·변경할 수 없다.

2) 행정행위 효력요건

① 도달주의 원칙

원칙적으로 상대방에게 도달된 때 그 효력이 발생한다.(행정절차법 제15조)

➡ 도달이란 그 내용을 현실적으로 안 것을 의미하는 것이 아니라, 상대방이 알 수 있는 상태에 두는 것이다.

8 행정행위의 효력 및 구속력

1) 내용적 구속력

행정행위가 그 내용에 따라 관계행정청 및 상대방과 이해관계인에 대하여 일정한 법률적 효과를 발생시키는 힘이다.

➡ 적법한 행위를 전제로 하는 유효한 행정행위의 내용상의 구속력이다.

2) 공정력

(1) 의의

행정행위에 **하자가 있는 경우**라도 그것이 중대·명백하여 당연무효로 인정되는 경우를 제외하고는 권한 있는 기관에 의해 **취소되기 전까지는 일단 유효한 것**으로 통용되는 힘이다.

➡ 명시적 근거규정은 없지만, 행정법 관계의 **안정성**과 신뢰보호를 위해 인정된다.
➡ 다수설은 절차적 구속력으로 본다.

(2) 공정력과 선결문제

① 선결문제란 특정 행정행위의 위법 또는 효력 유무가 취소소송 외에 다른 소송사건의 본안재판을 함에 있어서 **먼저 해결하여야 할 문제가 된 경우**에 그 특정 행정행위의 **위법 여부를 판단**하는 문제이다.

② 민사법원과 공정력
　㉠ 행정행위의 **위법성 판단**이 선결문제인 경우(국가배상청구 소송 경우)
　　민사법원도 행정행위의 위법성 여부를 직접 심리·**판단할 수 있다**.(다수설, 판례)
　㉡ 행정행위의 **효력 여부**가 선결문제인 경우
　　행정행위가 단순위법으로 취소사유인 경우 공정력으로 민사법원은 행정행위의 **효력을 부인할 수 없다**.
　　◉ 당연무효인 경우는 행정행위는 공정력이 없고 민사법원은 그 효력을 부인할 수 있다.

③ 형사법원과 공정력
　㉠ 행정행위의 **위법성**을 확인하는 것이 선결문제인 경우
　　형사법원도 행정행위의 위법성을 **판단할 수 있다**.(통설)
　㉡ 행정행위의 **효력 여부**가 선결문제인 경우
　　행정행위가 단순위법으로 취소사유인 경우 형사법원은 스스로 행정행위의 **효력을 부인할 수 없다**.
　　◉ 선결문제인 행정행위가 당연무효라면 공정력이 없으므로 형사법원은 그 효력을 부인할 수 있다.

[선결문제 판단 구조]

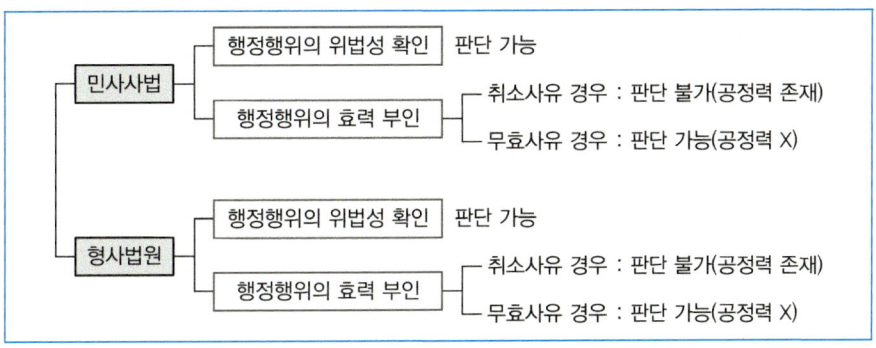

(3) 공정력의 한계
① **무효**인 행정행위, **부존재**인 행정행위에는 공정력이 인정되지 **않는다**.
② 취소소송의 대상이 아닌 법규명령, 공법상 계약, 단순 사실행위, 사법(私法)행위에는 공정력이 인정되지 **않는다**.

* 구성요건적 효력
무효가 아닌 행정행위가 존재하는 이상 비록 하자 있는 행정행위라도, 법원을 포함한 다른 국가기관은 행정행위의 존재와 효과를 존중하여 스스로의 판단의 기초 내지 구성요건으로 삼아야한다는 견해이다.

공정력	구성요건적 효력
행정의 안정성과 실효성	기관간 권한 존중
상대방 또는 이해관계인 에게	다른 국가기관에 대한 힘

3) 존속력(불가쟁력, 불가변력)

일단 행정행위가 행해진 후 제소기간 경과 등 일정한 사유가 발생하면 상대방 등은 더 이상 그 효력을 다툴수 없는 효력이다.

(1) 불가쟁력 – 형식적 존속력

① 의의

하자있는 행정행위라도 **쟁송기간이 경과**하거나 쟁송수단을 다 거친 경우에는 상대방 또는 이해관계인은 더 이상 행정행위의 효력을 다툴 수 없게 되는 효력이다.

② 내용

㉠ 불가쟁력이 발생한 행정행위라도 처분을 한 **행정청**이 취소 또는 철회하는 것은 **가능하다**.

㉡ 불가쟁력이 발생한 행정행위라도 소멸시효가 완성되지 않은 한 행정상 **손해배상청구 소송이 가능**하다.

㉢ **무효인 행정행위**는 불가쟁력이 발생하지 않으므로 무효확인소송을 제기하는데 쟁송제기 기간의 제한을 **받지 않는다**.

㉣ 행정절차법에는 불가쟁력이 발생한 행정행위에 대한 재심사청구에 관한 규정이 없다.

(2) 불가변력 – 실질적 존속력

① 의의

일정한 행정행위가 행해지면 성질상 행위를 한 행정청 자신도 직권으로 자유로이 취소·철회할 수 없는 효력이다.

② 내용

㉠ 불가변력이 발생한 경우 **행정청은 직권으로 취소할 수 없다**.
   ● 다만, 상대방 등 이해관계인은 쟁송기간이 경과하지 않은 경우 취소소송 등을 제기할 수 있다.

㉡ **무효인 행정행위**에는 불가쟁력이 발생하지 않는다.

㉢ 동종의 행정행위라도 그 대상이 다른 경우 인정되지 않는다.(판례)

㉣ 불가변력이 인정되는 행위

준사법적 행정행위	행정심판 재결, 토지수용위원회 재결
확인행위	국가시험합격자 결정, 당선인 결정
수익적 행정행위	다수설은 취소권이 제한되는 경우일뿐 불가변력이 발생하는 것은 아니라고 본다.

(3) 불가쟁력과 불가변력 관계
　① 불가쟁력은 행정행위 상대방 및 이해관계인에 대한 구속력이다.
　　➔ 불가변력은 처분청 등 행정기관에 대한 구속력이다.
　② 불가쟁력은 **모든 행정행위**에 발생하고, 불가변력은 확인 등 **일정한 행정행위**에만 발생한다.
　③ 불가쟁력이 **절차법적** 효력이고, 불가변력은 **실체법적** 효력이다.
　④ 불가쟁력이 발생한 행정행위도 불가변력이 발생하지 않는 한 처분청 등이 직권으로 취소, 변경이 가능하다.
　⑤ 불가변력이 있는 행정행위도 쟁송제기기간이 경과하기 전에는 쟁송을 제기하여 그 효력을 다툴 수 있다.

4) 강제력(자력 집행력, 제재력)
　① 행정행위의 자력집행력이란 행정행위에 의해 부과된 의무를 상대방이 이행하지 않는 경우에 행정청이 **스스로 강제력을 발동**하여 그 의무를 실현시키는 힘이다.
　② 제재력이란 행정행위의 상대방이 의무를 이행하지 않는 때 그에 대한 제재로 행정벌을 부과하는 효력이다.
　③ 강제력은 **반드시 법률적 근거**가 있어야 한다.

* 비교

	불가쟁력	불가변력
대상	상대방 및 이해관계인	행정청
범위	모든 행정행위	특정한 행정행위
성격	절차법적 성격	실체법적 성격

9 행정행위 하자

1) 의의

① 행정행위의 하자란 행정행위가 성립요건과 효력요건, 즉 적법요건을 갖추지 못하여 그 효력에 흠이 있는 경우이다.
  ◐ '위법'은 법령의 위반을 의미하고, '부당'이란 재량행위의 합목적성 판단을 그르쳤으나 재량권의 한계를 넘지 않은 경우이다.

② 하자의 판단시점 – 처분시
  행정행위에 하자가 있는지의 판단여부는 일반적으로 행정행위가 외부에 표시된 시점인 처분시를 기준으로 판단한다.
  ◐ 행정행위 부존재 : 행정행위라고 볼 수 있는 외형상 존재 자체가 없는 것이다.

2) 행정행위 무효와 취소

(1) 의의

① 무효인 행정행위는 행정행위의 외형은 갖추었으나 행정행위의 효력이 **처음부터 발생하지 않는 행정행위**이다.
② 취소할 수 있는 행정행위란 행정행위에 하자가 있음에도 불구하고, 권한 있는 기관이 **취소하기 전 까지는 유효한 행위로 통용**되는 행정행위이다.

(2) 무효와 취소 구별 실익

	무효	취소
공정력	발생 안 함	발생
불가쟁력	발생 안 함	발생
신뢰보호 원칙 적용	적용 안 함	적용함
행정행위의 효력부인이 선결문제인 경우	효력부인 가능	효력부인 불가
하자의 치유와 전환	전환 인정	치유 인정 - 전환은 견해 대립
쟁송형태	무효확인심판 무효확인소송	취소심판 취소소송
쟁송제기 기간 제한	없음	있음
사장재결, 사정판결 적용	없음	있음
하자 승계 여부	선행행위의 무효인 하자는 후행행위에 승계됨	㉠ 선행행위와 후행행위가 결합하여 하나의 법률효과를 발생시키는 경우 - 승계됨 ㉡ 선행행위와 후행행위가 별개의 효과를 발생시키는 경우 - 원칙적으로 승계 안 됨

*
부존재	행정행위 존재 자체가 없는 것
무효	행정행위 외관은 존재하지만, 처음부터 아무런 효력이 없는 것
취소	행정행위 시부터 존재한 하자를 이유로 효력이 소멸되는 것(취소 전까지 유효)
철회	일단 발생한 행정행위의 효력이 후발적 사정으로 소멸
실효	일정한 사정의 발생으로 당연히 행정행위의 효력이 소멸됨

(3) 구별 기준 – 중대 · 명백설(통설, 판례)

하자의 중대성이란 행정행위가 중대한 법률요건을 위반하고 그 정도가 심한경우이며, 하자의 명백성이란 일반인의 판단에도 그 하자가 있음이 객관적으로 외관상 분명한 것이다.

3) 행정행위 하자의 내용

주체상 하자	ⓐ 정당한 권한이 없는 행정기관의 행위 - 원칙적 무효 ⓑ 의사능력 없는 자의 행위 - 원칙적 무효 ⓒ 착오로 인한 행위는 그 자체만으로 무효·취소되는 것은 아님 ⓓ 사기·강박·증뢰 등에 의한 행위 - 취소사유
내용상 하자	불명확·불가능한 행위 - 원칙적으로 무효
형식상 하자	법률상 문서를 요건으로 하고 있는 행정행위가 그러한 문서에 의하지 아니한 경우 - 원칙적 무효
절차상 하자	ⓐ 법률상 필요한 상대방의 신청 또는 동의 없이 행한 행위 - 원칙적 무효 ⓑ 다른 기관의 협의 등을 거치지 않은 행위 - 원칙적 취소사유 ⓒ 청문, 의견진술 등 기회가 흠결된 경우 - 취소사유(판례) ⓓ 예산 편성에 절차상 하자가 있다는 사정만으로 예산을 집행하는 처분이 위법하게 되는 것은 아님
위헌인 법률에 근거한 행정행위	ⓐ 위헌결정 후 해당 법률을 근거로 행정행위가 행해진 경우 - 당연무효 ⓑ 행정행위가 행해진 후 근거법률이 위헌결정된 경우 - 원칙적 취소사유 ⓒ 위헌결정 후 처분의 집행이나 집행력을 유지하기 위한 행위 - 무효

> **판례**
>
> 1. 위법하게 구성된 폐기물처리시설 입지선정위원회의 의결에 근거해 이루어진 폐기물처리시설입지결정처분은 권한없는 자의 권한 행사로 그 하자가 중대명백하여 무효이다.(2006두20150)
> 2. 조세채권의 소멸시효기간이 완성된 후에 부과한 과세처분은 권한 없는 자의 권한 행사로 그 하자가 중대명백하여 무효이다.(87누1018)
> 3. 환경영향평가를 거치지 아니하였음에도 승인 등 처분을 하는 경우는 무효이다.(2005두14363)
> 4. 공무원임용결격사유가 있는 자를 공무원으로 임용한 행위는 당연무효이며, 국가의 과실에 의해 임용결격자임을 밝혀내지 못했다 하더라도 마찬가지 이다.(86누459)
> 5. 임면권자인 대통령이 아닌 국가정보원장이 5급 이상의 국가정보원 직원에 대하여 한 의원면직처분의 효력은 위법하고, 국가정보원직원의 명예퇴직원 내지 사직서 제출이 직위해제후 1년에 걸친 국가정보원장의 종용에 의한 것이었다하더라도, 그러한 하자가 중대한 것이라고 볼 수는 없으므로 대통령의 내부결제가 있었는지에 관계없이 당연무효는 아니다.

4) 하자 있는 행정행위 치유와 전환

(1) 하자의 치유

① 의의

성립당시에 하자가 있는 **행정행위**라도 그 하자의 원인인 법정요건을 사후에 보완하거나 또는 그 하자가 취소를 요하지 않을 정도로 경미해진 경우 그 행위를 **적법한 행위로 효력을 유지시키는 것**이다.

② 원칙 : 행정행위 성질이나 법치주의 원리상 **원칙적으로 허용될 수 없다.**
  ➔ 예외적으로 행쟁행위의 무용한 반복을 피하고 당사자의 법적 안정성을 위해 허용될 수 있다.

③ 내용
  ㉠ **형식, 절차상 하자의 치유**는 인정한다.
      ➔ 내용상의 하자에 대해서는 치유 부정한다.
  ㉡ 무효인 행정행위에는 하자 치유 부정한다.(판례)
      ➔ 취소할 수 있는 행정행위에만 인정한다.
  ㉢ 이유제시의 하자치유 시기는 **쟁송제기 전까지** 인정한다.(판례)
  ㉣ 하자가 치유된 경우 그 행정행위는 처음부터 적법하다.(소급효)

※ 치유
청문서 도달기간을 다소 어겼지만 영업자가 청문일에 출석하여 의견을 진술하고 방어의 기회를 충분히 가진 경우

(2) 하자 있는 행정행위 전환

① 의의

행정행위가 본래의 행정행위로는 **무효이나** 다른 행정행위로 보면 요건이 충족되는 경우에, 하자있는 행정행위를 **하자 없는 다른 행정행위로 보는 것**이다.

전환 요건	㉠ 목적, 요건, 효과 등에서 실질적 공통성이 있어야 한다. ㉡ 행정청 및 상대방이 그 전환을 의욕하는 것으로 인정되어야 한다.
전환 내용	㉠ 무효인 행정행위는 전환이 인정된다. ㉡ 전환 역시 하나의 행정행위로 처분성이 인정된다. ㉢ 전환으로 인해 생긴 새로운 행정행위는 종전 행정행위의 발령 당시로 소급하여 효력이 발생한다.

※ 전환
사망자에 대한 조세부과처분을 그 상속인에 대한 처분으로 보는 경우

5) 하자의 승계

(1) 의의

여러 단계의 행정행위를 거쳐 행하는 경우 후행행위 그 자체는 적법함에도 불구하고 선행행위의 위법을 이유로 후행행위의 위법을 주장할 수 있는가의 문제이다.

(2) 하자의 승계 전제조건

① **선행행위**의 위법사유는 무효가 아닌 **취소사유** 이어야 한다.
  ➔ 선행행위가 무효이면 후행행위도 당연히 무효이다.

② 선행행위는 **불가쟁력**이 발생하여야 한다.

③ 후행행위에는 고유한 위법사유가 없어야 한다.
④ 선행행위와 후행행위 **모두 처분성**이 있어야 한다.
⑤ 하자승계 인정 범위(통설)

하자 승계 인정	선행행위와 후행행위가 결합하여 **하나의 법적 효과** 발생을 목적으로 하는 경우
하자 승계 부정	선행행위와 후행행위가 **서로 독립**하여 별개의 법적효과 발생을 목적으로 하는 경우

* **개별공시지가와 양도세 부과처분**
별개의 법률효과 발생을 목적으로 하는 경우라도 수인한도를 넘는 불이익을 가져오고 그 결과가 당사자에게 예측 가능한 것이 아닌 경우 하자승계를 인정함(판례)

(3) 판례

하자 승계 긍정	하자 승계 부정
ⓐ 선행 분묘개장명령과 후행 계고 처분 ⓑ 선행 귀속재산의 임대처분과 후행 매각처분사이 ⓒ 계고처분과 대집행비용납부명령 사이 ⓓ 강제징수 절차인 독촉·압류·매각·청산 행위 ⓔ 대집행절차인 계고·통지·실행·비용징수 행위 ⓕ 개별공시지가결정과 과세처분	ⓐ 선행과세처분과 후행 체납처분 사이 ⓑ 선행 직위해제처분과 후행 면직처분 사이 ⓒ 선행 사업인정과 후행 수용재결 ⓓ 선행 도시계획결정과 후행 수용재결 사이 ⓔ 보충역편입처분과 공익근무요원소집 처분 ⓕ 표준공시지가와 과세처분 ⓖ 철거명령과 대집행 처분

10 행정행위 취소와 철회, 실효

1) 행정행위 취소

① 의의

일단 유효하게 성립한 행정행위를 나중에 **성립상의 하자를 이유**로 권한 있는 기관이 그 효력을 소멸시키는 행위이다(소급효 원칙).

➡ 취소는 종전의 처분과 양립할 수 없는 처분을 함으로써 묵시적으로 종전처분을 취소할 수도 있다.

✱ 행정기본법 제18조(위법 또는 부당한 처분의 취소)

① 행정청은 위법 또는 부당한 처분의 전부나 일부를 소급하여 취소할 수 있다. 다만, 당사자의 신뢰를 보호할 가치가 있는 등 정당한 사유가 있는 경우에는 장래를 향하여 취소할 수 있다.
② 행정청은 제1항에 따라 당사자에게 권리나 이익을 부여하는 처분을 취소하려는 경우에는 취소로 인하여 당사자가 입게 될 불이익을 취소로 달성되는 공익과 비교·형량(衡量)하여야 한다. 다만, 다음 각 호의 어느 하나에 해당하는 경우에는 그러하지 아니하다.
1. 거짓이나 그 밖의 부정한 방법으로 처분을 받은 경우
2. 당사자가 처분의 위법성을 알고 있었거나 중대한 과실로 알지 못한 경우

② 쟁송취소와 직권취소

	쟁송취소	직권취소
취소권자	행정청 또는 법원	행정청(처분청, 감독청)
대상	주로 부담적 행정행위	수익적, 부담적, 제3자효 행정행위
사유	위법성	위법 또는 **부당**
기간	기간 제한 있음	원칙적으로 기간 제한 없음
절차	행정심판법, 행정소송법에 따른 절차	개별법, 행정절차법 행정청의 직권
제한	취소사유에 의해 취소함	공익과 사익을 비교형량
효과	원칙상 소급	원칙상 소급하지 않음(다수설)
불가변력	불가변력 인정	불가변력 부정
범위	적극적 변경 **불가** 행정심판 경우 적극적 변경 가능	적극적 변경 **가능**

2) 행정행위 철회

① 의의

하자 없이 적법하게 성립한 행정행위를 이후에 **새로운 사정**이 발생하여 그 효력을 **장래를 향해 상실**시키는 행정행위이다(장래효 원칙).

	직권취소	철회
사유	• 원래적 하자 • 적법성 회복	• 후발적 사유 • 공익목적 달성
주체	• 처분청 • 감독청(견해대립)	원칙적으로 처분청만 (감독청은 불가 원칙)
법적근거	행정기본법 제18조	행정기본법 제19조
소급효	원칙적 소급효	장래효

② 철회 사유

㉠ **법률**에서 정한 철회 사유에 해당하게 된 경우
㉡ 법령 등의 변경이나 **사정변경**으로 처분을 더 이상 존속시킬 필요가 없게 된 경우
㉢ **중대한 공익**을 위하여 필요한 경우

ⓔ **철회권 유보** 사실의 발생(이익형량 원칙 적용)
ⓜ 상대방의 **의무위반**의 경우
ⓑ **기타 법령**이 정한 사실의 발생

③ 철회의 효과
　㉠ 원칙 : 장래효
　　● 예외적으로 법적 근거가 있으면 소급효도 있을 수 있다.(판례)
　㉡ 철회권 제한

부담적 행정행위 철회	제한 없음
수익적 행정행위 철회	원칙 : 이익형량을 비교 • 불가변력 있는 행정행위는 철회권 제한됨 • 비례원칙 등에 의해 제한됨 • 실권의 법리의해 철회권 제한됨

　㉢ 철회의 취소(원행정행위 원상회복)
　　ⓐ 침익적 행정행위의 철회의 취소는 인정되지 않는다.
　　ⓑ 수익적 행정행위의 철회의 직권취소 인정하였다.(판례)

3) **행정행위 실효**
　① 하자 없이 적법하게 성립한 행정행위가 일정 사실의 발생에 의하여 장래를 향해 당연히 그 효력이 소멸되는 것이다.
　② **사유** : 대상의 소멸, 부관의 성취(해제조건 성취, 종기 도래), 목적 달성 또는 목적 달성 불가능

＊ **철회의 취소**
행정청이 의료법인의 이사에 대한 이사취임승인취소처분을 직권으로 취소한 경우, 그로 인하여 이사가 소급하여 지위를 회복하게 되고 법원에 의하여 선임된 임시이사는 법원의 해임결정이 없더라도 당연히 그 지위가 소멸된다.

11 비권력적 행정행위 – 행정지도

1) 의의

행정기관이 그 소관사무의 범위에서 일정한 행정목적을 실현하기 위하여 특정인에게 일정한 행위를 하거나 하지 않도록 지도, 권고, 조언하는 **비권력적 사실행위**이다.

> 예) 교통법규 준수를 위해 계도기간을 설정하고 계도하는 것

2) 법적 근거

상대방의 임의적 협력을 전제로 하는 비권력적 사실행위이므로 작용법적 근거는 필요 없다.

→ 법률우위의 원칙은 지켜야 한다.

> **관련조문**
>
> **행정절차법 제48조(행정지도의 원칙)**
> ① 행정지도는 그 목적 달성에 <u>필요한 최소한도</u>에 그쳐야 하며, 행정지도의 상대방의 의사에 반하여 부당하게 강요하여서는 아니 된다.
> ② 행정기관은 행정지도의 상대방이 행정지도에 따르지 아니하였다는 것을 이유로 불이익한 조치를 하여서는 아니 된다.
>
> **제49조(행정지도의 방식)**
> ① 행정지도를 하는 자는 그 상대방에게 그 행정지도의 <u>취지 및 내용과 신분</u>을 밝혀야 한다.
> ② 행정지도가 말로 이루어지는 경우에 상대방이 제1항의 사항을 적은 서면의 교부를 요구하면 그 행정지도를 하는 자는 직무 수행에 특별한 지장이 없으면 이를 교부하여야 한다.
>
> **제50조(의견제출)**
> 행정지도의 상대방은 해당 행정지도의 방식·내용 등에 관하여 행정기관에 <u>의견제출</u>을 할 수 있다.
>
> **제51조(다수인을 대상으로 하는 행정지도)**
> 행정기관이 같은 행정목적을 실현하기 위하여 많은 상대방에게 행정지도를 하려는 경우에는 특별한 사정이 없으면 행정지도에 공통적인 내용이 되는 사항을 <u>공표</u>하여야 한다.

3) 행정지도와 권리구제

① 행정쟁송 : 처분성이 인정되지 않는다.
② 손해배상청구 : 국가배상법 제2조 요건을 갖춘 경우 가능하다.

📖 법규

행정기본법 [시행 2023. 6. 28.]

제1장 총칙
제1절 목적 및 정의 등

제1조(목적) 이 법은 행정의 원칙과 기본사항을 규정하여 행정의 민주성과 적법성을 확보하고 적정성과 효율성을 향상시킴으로써 국민의 권익 보호에 이바지함을 목적으로 한다.

제2조(정의) 이 법에서 사용하는 용어의 뜻은 다음과 같다.
1. "법령등"이란 다음 각 목의 것을 말한다.
   가. 법령: 다음의 어느 하나에 해당하는 것
      1) 법률 및 대통령령·총리령·부령
      2) 국회규칙·대법원규칙·헌법재판소규칙·중앙선거관리위원회규칙 및 감사원규칙
      3) 1) 또는 2)의 위임을 받아 중앙행정기관(「정부조직법」 및 그 밖의 법률에 따라 설치된 중앙행정기관을 말한다. 이하 같다)의 장이 정한 훈령·예규 및 고시 등 행정규칙
   나. 자치법규: 지방자치단체의 조례 및 규칙
2. "행정청"이란 다음 각 목의 자를 말한다.
   가. 행정에 관한 의사를 결정하여 표시하는 국가 또는 지방자치단체의 기관
   나. 그 밖에 법령등에 따라 행정에 관한 의사를 결정하여 표시하는 권한을 가지고 있거나 그 권한을 위임 또는 위탁받은 공공단체 또는 그 기관이나 사인(私人)
3. "당사자"란 처분의 상대방을 말한다.
4. "처분"이란 행정청이 구체적 사실에 관하여 행하는 법 집행으로서 공권력의 행사 또는 그 거부와 그 밖에 이에 준하는 행정작용을 말한다.
5. "제재처분"이란 법령등에 따른 의무를 위반하거나 이행하지 아니하였음을 이유로 당사자에게 의무를 부과하거나 권익을 제한하는 처분을 말한다. 다만, 제30조제1항 각 호에 따른 행정상 강제는 제외한다.

제3조(국가와 지방자치단체의 책무)

제4조(행정의 적극적 추진) ① 행정은 공공의 이익을 위하여 적극적으로 추진되어야 한다.
② 국가와 지방자치단체는 소속 공무원이 공공의 이익을 위하여 적극적으로 직무를 수행할 수 있도록 제반 여건을 조성하고, 이와 관련된 시책 및 조치를 추진하여야 한다.

제5조(다른 법률과의 관계) ① 행정에 관하여 다른 법률에 특별한 규정이 있는 경우를 제외하고는 이 법에서 정하는 바에 따른다.
② 행정에 관한 다른 법률을 제정하거나 개정하는 경우에는 이 법의 목적과 원칙, 기준 및 취지에 부합되도록 노력하여야 한다.

제2절 기간 및 나이의 계산

제6조(행정에 관한 기간의 계산) ① 행정에 관한 기간의 계산에 관하여는 이 법 또는 다른 법령등에 특별한 규정이 있는 경우를 제외하고는 「민법」을 준용한다.
② 법령등 또는 처분에서 국민의 권익을 제한하거나 의무를 부과하는 경우 권익이 제한되거나 의무가 지

속되는 기간의 계산은 다음 각 호의 기준에 따른다. 다만, 다음 각 호의 기준에 따르는 것이 국민에게 불리한 경우에는 그러하지 아니하다.
　1. 기간을 일, 주, 월 또는 연으로 정한 경우에는 기간의 첫날을 산입한다.
　2. 기간의 말일이 토요일 또는 공휴일인 경우에도 기간은 그 날로 만료한다.
제7조(법령등 시행일의 기간 계산) 법령등(훈령·예규·고시·지침 등을 포함한다. 이하 이 조에서 같다)의 시행일을 정하거나 계산할 때에는 다음 각 호의 기준에 따른다.
　1. 법령등을 공포한 날부터 시행하는 경우에는 공포한 날을 시행일로 한다.
　2. 법령등을 공포한 날부터 일정 기간이 경과한 날부터 시행하는 경우 법령등을 공포한 날을 첫날에 산입하지 아니한다.
　3. 법령등을 공포한 날부터 일정 기간이 경과한 날부터 시행하는 경우 그 기간의 말일이 토요일 또는 공휴일인 때에는 그 말일로 기간이 만료한다.
제7조의2(행정에 관한 나이의 계산 및 표시) 행정에 관한 나이는 다른 법령등에 특별한 규정이 있는 경우를 제외하고는 출생일을 산입하여 만(滿) 나이로 계산하고, 연수(年數)로 표시한다. 다만, 1세에 이르지 아니한 경우에는 월수(月數)로 표시할 수 있다.

제2장 행정의 법 원칙

제8조(법치행정의 원칙) 행정작용은 법률에 위반되어서는 아니 되며, 국민의 권리를 제한하거나 의무를 부과하는 경우와 그 밖에 국민생활에 중요한 영향을 미치는 경우에는 법률에 근거하여야 한다.
제9조(평등의 원칙) 행정청은 합리적 이유 없이 국민을 차별하여서는 아니 된다.
제10조(비례의 원칙) 행정작용은 다음 각 호의 원칙에 따라야 한다.
　1. 행정목적을 달성하는 데 유효하고 적절할 것
　2. 행정목적을 달성하는 데 필요한 최소한도에 그칠 것
　3. 행정작용으로 인한 국민의 이익 침해가 그 행정작용이 의도하는 공익보다 크지 아니할 것
제11조(성실의무 및 권한남용금지의 원칙) ① 행정청은 법령등에 따른 의무를 성실히 수행하여야 한다.
　② 행정청은 행정권한을 남용하거나 그 권한의 범위를 넘어서는 아니 된다.
제12조(신뢰보호의 원칙) ① 행정청은 공익 또는 제3자의 이익을 현저히 해칠 우려가 있는 경우를 제외하고는 행정에 대한 국민의 정당하고 합리적인 신뢰를 보호하여야 한다.
　② 행정청은 권한 행사의 기회가 있음에도 불구하고 장기간 권한을 행사하지 아니하여 국민이 그 권한이 행사되지 아니할 것으로 믿을 만한 정당한 사유가 있는 경우에는 그 권한을 행사해서는 아니 된다. 다만, 공익 또는 제3자의 이익을 현저히 해칠 우려가 있는 경우는 예외로 한다.
제13조(부당결부금지의 원칙) 행정청은 행정작용을 할 때 상대방에게 해당 행정작용과 실질적인 관련이 없는 의무를 부과해서는 아니 된다.

제3장 행정작용
제1절 처분

제14조(법 적용의 기준) ① 새로운 법령등은 법령등에 특별한 규정이 있는 경우를 제외하고는 그 법령등의 효력 발생 전에 완성되거나 종결된 사실관계 또는 법률관계에 대해서는 적용되지 아니한다.
　② 당사자의 신청에 따른 처분은 법령등에 특별한 규정이 있거나 처분 당시의 법령등을 적용하기 곤란한 특별한 사정이 있는 경우를 제외하고는 처분 당시의 법령등에 따른다.

③ 법령등을 위반한 행위의 성립과 이에 대한 제재처분은 법령등에 특별한 규정이 있는 경우를 제외하고는 법령등을 위반한 행위 당시의 법령등에 따른다. 다만, 법령등을 위반한 행위 후 법령등의 변경에 의하여 그 행위가 법령등을 위반한 행위에 해당하지 아니하거나 제재처분 기준이 가벼워진 경우로서 해당 법령등에 특별한 규정이 없는 경우에는 변경된 법령등을 적용한다.

제15조(처분의 효력) 처분은 권한이 있는 기관이 취소 또는 철회하거나 기간의 경과 등으로 소멸되기 전까지는 유효한 것으로 통용된다. 다만, 무효인 처분은 처음부터 그 효력이 발생하지 아니한다.

제16조(결격사유) ① 자격이나 신분 등을 취득 또는 부여할 수 없거나 인가, 허가, 지정, 승인, 영업등록, 신고 수리 등(이하 "인허가"라 한다)을 필요로 하는 영업 또는 사업 등을 할 수 없는 사유(이하 이 조에서 "결격사유"라 한다)는 법률로 정한다.

② 결격사유를 규정할 때에는 다음 각 호의 기준에 따른다.

> 1. 규정의 필요성이 분명할 것
> 2. 필요한 항목만 최소한으로 규정할 것
> 3. 대상이 되는 자격, 신분, 영업 또는 사업 등과 실질적인 관련이 있을 것
> 4. 유사한 다른 제도와 균형을 이룰 것

제17조(부관) ① 행정청은 처분에 재량이 있는 경우에는 부관(조건, 기한, 부담, 철회권의 유보 등을 말한다. 이하 이 조에서 같다)을 붙일 수 있다.

② 행정청은 처분에 재량이 없는 경우에는 법률에 근거가 있는 경우에 부관을 붙일 수 있다.

③ 행정청은 부관을 붙일 수 있는 처분이 다음 각 호의 어느 하나에 해당하는 경우에는 그 처분을 한 후에도 부관을 새로 붙이거나 종전의 부관을 변경할 수 있다.

> 1. 법률에 근거가 있는 경우
> 2. 당사자의 동의가 있는 경우
> 3. 사정이 변경되어 부관을 새로 붙이거나 종전의 부관을 변경하지 아니하면 해당 처분의 목적을 달성할 수 없다고 인정되는 경우

④ 부관은 다음 각 호의 요건에 적합하여야 한다.
> 1. 해당 처분의 목적에 위배되지 아니할 것
> 2. 해당 처분과 실질적인 관련이 있을 것
> 3. 해당 처분의 목적을 달성하기 위하여 필요한 최소한의 범위일 것

제18조(위법 또는 부당한 처분의 취소) ① 행정청은 위법 또는 부당한 처분의 전부나 일부를 소급하여 취소할 수 있다. 다만, 당사자의 신뢰를 보호할 가치가 있는 등 정당한 사유가 있는 경우에는 장래를 향하여 취소할 수 있다.

② 행정청은 제1항에 따라 당사자에게 권리나 이익을 부여하는 처분을 취소하려는 경우에는 취소로 인하여 당사자가 입게 될 불이익을 취소로 달성되는 공익과 비교·형량(衡量)하여야 한다. 다만, 다음 각 호의 어느 하나에 해당하는 경우에는 그러하지 아니하다.

> 1. 거짓이나 그 밖의 부정한 방법으로 처분을 받은 경우
> 2. 당사자가 처분의 위법성을 알고 있었거나 중대한 과실로 알지 못한 경우

제19조(적법한 처분의 철회) ① 행정청은 적법한 처분이 다음 각 호의 어느 하나에 해당하는 경우에는 그 처분

의 전부 또는 일부를 장래를 향하여 철회할 수 있다.

> 1. 법률에서 정한 철회 사유에 해당하게 된 경우
> 2. 법령등의 변경이나 사정변경으로 처분을 더 이상 존속시킬 필요가 없게 된 경우
> 3. 중대한 공익을 위하여 필요한 경우

② 행정청은 제1항에 따라 처분을 철회하려는 경우에는 철회로 인하여 당사자가 입게 될 불이익을 철회로 달성되는 공익과 비교·형량하여야 한다.

제20조(자동적 처분) 행정청은 법률로 정하는 바에 따라 완전히 자동화된 시스템(인공지능 기술을 적용한 시스템을 포함한다)으로 처분을 할 수 있다. 다만, 처분에 재량이 있는 경우는 그러하지 아니하다.

제21조(재량행사의 기준) 행정청은 재량이 있는 처분을 할 때에는 관련 이익을 정당하게 형량하여야 하며, 그 재량권의 범위를 넘어서는 아니 된다.

제22조(제재처분의 기준) ① 제재처분의 근거가 되는 법률에는 제재처분의 주체, 사유, 유형 및 상한을 명확하게 규정하여야 한다. 이 경우 제재처분의 유형 및 상한을 정할 때에는 해당 위반행위의 특수성 및 유사한 위반행위와의 형평성 등을 종합적으로 고려하여야 한다.
② 행정청은 재량이 있는 제재처분을 할 때에는 다음 각 호의 사항을 고려하여야 한다.
  1. 위반행위의 동기, 목적 및 방법
  2. 위반행위의 결과
  3. 위반행위의 횟수
  4. 그 밖에 제1호부터 제3호까지에 준하는 사항으로서 대통령령으로 정하는 사항

제23조(제재처분의 제척기간) ① 행정청은 법령등의 위반행위가 종료된 날부터 5년이 지나면 해당 위반행위에 대하여 제재처분(인허가의 정지·취소·철회, 등록 말소, 영업소 폐쇄와 정지를 갈음하는 과징금 부과를 말한다. 이하 이 조에서 같다)을 할 수 없다.
② 다음 각 호의 어느 하나에 해당하는 경우에는 제1항을 적용하지 아니한다.

> 1. 거짓이나 그 밖의 부정한 방법으로 인허가를 받거나 신고를 한 경우
> 2. 당사자가 인허가나 신고의 위법성을 알고 있었거나 중대한 과실로 알지 못한 경우
> 3. 정당한 사유 없이 행정청의 조사·출입·검사를 기피·방해·거부하여 제척기간이 지난 경우
> 4. 제재처분을 하지 아니하면 국민의 안전·생명 또는 환경을 심각하게 해치거나 해칠 우려가 있는 경우

③ 행정청은 제1항에도 불구하고 행정심판의 재결이나 법원의 판결에 따라 제재처분이 취소·철회된 경우에는 재결이나 판결이 확정된 날부터 1년(합의제행정기관은 2년)이 지나기 전까지는 그 취지에 따른 새로운 제재처분을 할 수 있다.
④ 다른 법률에서 제1항 및 제3항의 기간보다 짧거나 긴 기간을 규정하고 있으면 그 법률에서 정하는 바에 따른다.

제2절 인허가의제

제24조(인허가의제의 기준) ① 이 절에서 "인허가의제"란 하나의 인허가(이하 "주된 인허가"라 한다)를 받으면 법률로 정하는 바에 따라 그와 관련된 여러 인허가(이하 "관련 인허가"라 한다)를 받은 것으로 보는 것을 말한다.

② 인허가의제를 받으려면 주된 인허가를 신청할 때 관련 인허가에 필요한 서류를 함께 제출하여야 한다. 다만, 불가피한 사유로 함께 제출할 수 없는 경우에는 주된 인허가 행정청이 별도로 정하는 기한까지 제출할 수 있다.

③ 주된 인허가 행정청은 주된 인허가를 하기 전에 관련 인허가에 관하여 미리 관련 인허가 행정청과 협의하여야 한다.

④ 관련 인허가 행정청은 제3항에 따른 협의를 요청받으면 그 요청을 받은 날부터 20일 이내(제5항 단서에 따른 절차에 걸리는 기간은 제외한다)에 의견을 제출하여야 한다. 이 경우 전단에서 정한 기간(민원 처리 관련 법령에 따라 의견을 제출하여야 하는 기간을 연장한 경우에는 그 연장한 기간을 말한다) 내에 협의 여부에 관하여 의견을 제출하지 아니하면 협의가 된 것으로 본다.

⑤ 제3항에 따라 협의를 요청받은 관련 인허가 행정청은 해당 법령을 위반하여 협의에 응해서는 아니 된다. 다만, 관련 인허가에 필요한 심의, 의견 청취 등 절차에 관하여는 법률에 인허가의제 시에도 해당 절차를 거친다는 명시적인 규정이 있는 경우에만 이를 거친다.

제25조(인허가의제의 효과) ① 제24조제3항·제4항에 따라 협의가 된 사항에 대해서는 주된 인허가를 받았을 때 관련 인허가를 받은 것으로 본다.

② 인허가의제의 효과는 주된 인허가의 해당 법률에 규정된 관련 인허가에 한정된다.

제26조(인허가의제의 사후관리 등)

제3절 공법상 계약

제27조(공법상 계약의 체결) ① 행정청은 법령등을 위반하지 아니하는 범위에서 행정목적을 달성하기 위하여 필요한 경우에는 공법상 법률관계에 관한 계약(이하 "공법상 계약"이라 한다)을 체결할 수 있다. 이 경우 계약의 목적 및 내용을 명확하게 적은 계약서를 작성하여야 한다.

② 행정청은 공법상 계약의 상대방을 선정하고 계약 내용을 정할 때 공법상 계약의 공공성과 제3자의 이해관계를 고려하여야 한다.

제4절 과징금

제28조(과징금의 기준) ① 행정청은 법령등에 따른 의무를 위반한 자에 대하여 법률로 정하는 바에 따라 그 위반행위에 대한 제재로서 과징금을 부과할 수 있다.

② 과징금의 근거가 되는 법률에는 과징금에 관한 다음 각 호의 사항을 명확하게 규정하여야 한다.

> 1. 부과·징수 주체
> 2. 부과 사유
> 3. 상한액
> 4. 가산금을 징수하려는 경우 그 사항
> 5. 과징금 또는 가산금 체납 시 강제징수를 하려는 경우 그 사항

제29조(과징금의 납부기한 연기 및 분할 납부) 과징금은 한꺼번에 납부하는 것을 원칙으로 한다. 다만, 행정청은 과징금을 부과받은 자가 다음 각 호의 어느 하나에 해당하는 사유로 과징금 전액을 한꺼번에 내기 어렵다고 인정될 때에는 그 납부기한을 연기하거나 분할 납부하게 할 수 있으며, 이 경우 필요하다고 인정하면 담보를 제공하게 할 수 있다.

> 1. 재해 등으로 재산에 현저한 손실을 입은 경우
> 2. 사업 여건의 악화로 사업이 중대한 위기에 처한 경우
> 3. 과징금을 한꺼번에 내면 자금 사정에 현저한 어려움이 예상되는 경우
> 4. 그 밖에 제1호부터 제3호까지에 준하는 경우로서 대통령령으로 정하는 사유가 있는 경우

제5절 행정상 강제

제30조(행정상 강제) ① 행정청은 행정목적을 달성하기 위하여 필요한 경우에는 법률로 정하는 바에 따라 필요한 최소한의 범위에서 다음 각 호의 어느 하나에 해당하는 조치를 할 수 있다.

> 1. 행정대집행: 의무자가 행정상 의무(법령등에서 직접 부과하거나 행정청이 법령등에 따라 부과한 의무를 말한다. 이하 이 절에서 같다)로서 타인이 대신하여 행할 수 있는 의무를 이행하지 아니하는 경우 법률로 정하는 다른 수단으로는 그 이행을 확보하기 곤란하고 그 불이행을 방치하면 공익을 크게 해칠 것으로 인정될 때에 행정청이 의무자가 하여야 할 행위를 스스로 하거나 제3자에게 하게 하고 그 비용을 의무자로부터 징수하는 것
> 2. 이행강제금의 부과: 의무자가 행정상 의무를 이행하지 아니하는 경우 행정청이 적절한 이행기간을 부여하고, 그 기한까지 행정상 의무를 이행하지 아니하면 금전급부의무를 부과하는 것
> 3. 직접강제: 의무자가 행정상 의무를 이행하지 아니하는 경우 행정청이 의무자의 신체나 재산에 실력을 행사하여 그 행정상 의무의 이행이 있었던 것과 같은 상태를 실현하는 것
> 4. 강제징수: 의무자가 행정상 의무 중 금전급부의무를 이행하지 아니하는 경우 행정청이 의무자의 재산에 실력을 행사하여 그 행정상 의무가 실현된 것과 같은 상태를 실현하는 것
> 5. 즉시강제: 현재의 급박한 행정상의 장해를 제거하기 위한 경우로서 다음 각 목의 어느 하나에 해당하는 경우에 행정청이 곧바로 국민의 신체 또는 재산에 실력을 행사하여 행정목적을 달성하는 것
>   가. 행정청이 미리 행정상 의무 이행을 명할 시간적 여유가 없는 경우
>   나. 그 성질상 행정상 의무의 이행을 명하는 것만으로는 행정목적 달성이 곤란한 경우

② 행정상 강제 조치에 관하여 이 법에서 정한 사항 외에 필요한 사항은 따로 법률로 정한다.
③ 형사(刑事), 행형(行刑) 및 보안처분 관계 법령에 따라 행하는 사항이나 외국인의 출입국·난민인정·귀화·국적회복에 관한 사항에 관하여는 이 절을 적용하지 아니한다.

제31조(이행강제금의 부과) ① 이행강제금 부과의 근거가 되는 법률에는 이행강제금에 관한 다음 각 호의 사항을 명확하게 규정하여야 한다. 다만, 제4호 또는 제5호를 규정할 경우 입법목적이나 입법취지를 훼손할 우려가 크다고 인정되는 경우로서 대통령령으로 정하는 경우는 제외한다.

1. 부과·징수 주체
2. 부과 요건
3. 부과 금액
4. 부과 금액 산정기준
5. 연간 부과 횟수나 횟수의 상한

② 행정청은 다음 각 호의 사항을 고려하여 이행강제금의 부과 금액을 <u>가중하거나 감경할 수 있다</u>.
1. 의무 불이행의 동기, 목적 및 결과
2. 의무 불이행의 정도 및 상습성

3. 그 밖에 행정목적을 달성하는 데 필요하다고 인정되는 사유

③ 행정청은 이행강제금을 부과하기 전에 미리 의무자에게 적절한 이행기간을 정하여 그 기한까지 행정상 의무를 이행하지 아니하면 이행강제금을 부과한다는 뜻을 문서로 계고(戒告)하여야 한다.

④ 행정청은 의무자가 제3항에 따른 계고에서 정한 기한까지 행정상 의무를 이행하지 아니한 경우 이행강제금의 부과 금액·사유·시기를 문서로 명확하게 적어 의무자에게 통지하여야 한다.

⑤ 행정청은 의무자가 행정상 의무를 이행할 때까지 이행강제금을 반복하여 부과할 수 있다. 다만, 의무자가 의무를 이행하면 새로운 이행강제금의 부과를 즉시 중지하되, 이미 부과한 이행강제금은 징수하여야 한다.

⑥ 행정청은 이행강제금을 부과받은 자가 납부기한까지 이행강제금을 내지 아니하면 국세강제징수의 예 또는 「지방행정제재·부과금의 징수 등에 관한 법률」에 따라 징수한다.

제32조(직접강제) ① 직접강제는 행정대집행이나 이행강제금 부과의 방법으로는 행정상 의무 이행을 확보할 수 없거나 그 실현이 불가능한 경우에 실시하여야 한다.

② 직접강제를 실시하기 위하여 현장에 파견되는 집행책임자는 그가 집행책임자임을 표시하는 증표를 보여 주어야 한다.

③ 직접강제의 계고 및 통지에 관하여는 제31조제3항 및 제4항을 준용한다.

제33조(즉시강제) ① 즉시강제는 다른 수단으로는 행정목적을 달성할 수 없는 경우에만 허용되며, 이 경우에도 최소한으로만 실시하여야 한다.

② 즉시강제를 실시하기 위하여 현장에 파견되는 집행책임자는 그가 집행책임자임을 표시하는 증표를 보여 주어야 하며, 즉시강제의 이유와 내용을 고지하여야 한다.

③ 제2항에도 불구하고 집행책임자는 즉시강제를 하려는 재산의 소유자 또는 점유자를 알 수 없거나 현장에서 그 소재를 즉시 확인하기 어려운 경우에는 즉시강제를 실시한 후 집행책임자의 이름 및 그 이유와 내용을 고지할 수 있다. 다만, 다음 각 호에 해당하는 경우에는 게시판이나 인터넷 홈페이지에 게시하는 등 적절한 방법에 의한 공고로써 고지를 갈음할 수 있다.

1. 즉시강제를 실시한 후에도 재산의 소유자 또는 점유자를 알 수 없는 경우
2. 재산의 소유자 또는 점유자가 국외에 거주하거나 행방을 알 수 없는 경우
3. 그 밖에 대통령령으로 정하는 불가피한 사유로 고지할 수 없는 경우

제6절 그 밖의 행정작용

제34조(수리 여부에 따른 신고의 효력) 법령등으로 정하는 바에 따라 행정청에 일정한 사항을 통지하여야 하는 신고로서 법률에 신고의 수리가 필요하다고 명시되어 있는 경우(행정기관의 내부 업무 처리 절차로서 수리를 규정한 경우는 제외한다)에는 행정청이 수리하여야 효력이 발생한다.

제35조(수수료 및 사용료) ① 행정청은 특정인을 위한 행정서비스를 제공받는 자에게 법령으로 정하는 바에 따라 수수료를 받을 수 있다.

② 행정청은 공공시설 및 재산 등의 이용 또는 사용에 대하여 사전에 공개된 금액이나 기준에 따라 사용료를 받을 수 있다.

③ 제1항 및 제2항에도 불구하고 지방자치단체의 경우에는 「지방자치법」에 따른다.

제7절 처분에 대한 이의신청 및 재심사

제36조(처분에 대한 이의신청) ① 행정청의 처분(「행정심판법」 제3조에 따라 같은 법에 따른 행정심판의 대상

이 되는 처분을 말한다. 이하 이 조에서 같다)에 이의가 있는 당사자는 <u>처분을 받은 날부터 30일 이내</u>에 해당 행정청에 이의신청을 할 수 있다.
② 행정청은 제1항에 따른 이의신청을 받으면 <u>그 신청을 받은 날부터 14일 이내</u>에 그 이의신청에 대한 결과를 신청인에게 <u>통지하여야 한다</u>. 다만, 부득이한 사유로 14일 이내에 통지할 수 없는 경우에는 그 기간을 만료일 다음 날부터 기산하여 <u>10일의 범위에서 한 차례 연장할 수 있으며</u>, 연장 사유를 신청인에게 통지하여야 한다.
③ 제1항에 따라 이의신청을 한 경우에도 그 이의신청과 관계없이「행정심판법」에 따른 행정심판 또는「행정소송법」에 따른 행정소송을 제기할 수 있다.
④ 이의신청에 대한 결과를 통지받은 후 행정심판 또는 행정소송을 제기하려는 자는 그 결과를 통지받은 날(제2항에 따른 통지기간 내에 결과를 통지받지 못한 경우에는 같은 항에 따른 통지기간이 만료되는 날의 다음 날을 말한다)부터 90일 이내에 행정심판 또는 행정소송을 제기할 수 있다.
⑤ 다른 법률에서 이의신청과 이에 준하는 절차에 대하여 정하고 있는 경우에도 그 법률에서 규정하지 아니한 사항에 관하여는 이 조에서 정하는 바에 따른다.
⑥ 제1항부터 제5항까지에서 규정한 사항 외에 이의신청의 방법 및 절차 등에 관한 사항은 대통령령으로 정한다.
⑦ 다음 각 호의 어느 하나에 해당하는 사항에 관하여는 이 조를 적용하지 아니한다.

> 1. 공무원 인사 관계 법령에 따른 징계 등 처분에 관한 사항
> 2.「국가인권위원회법」제30조에 따른 진정에 대한 국가인권위원회의 결정
> 3.「노동위원회법」제2조의2에 따라 노동위원회의 의결을 거쳐 행하는 사항
> 4. 형사, 행형 및 보안처분 관계 법령에 따라 행하는 사항
> 5. 외국인의 출입국·난민인정·귀화·국적회복에 관한 사항
> 6. 과태료 부과 및 징수에 관한 사항

제37조(처분의 재심사) ① 당사자는 처분(<u>제재처분 및 행정상 강제는 제외한다</u>. 이하 이 조에서 같다)이 행정심판, 행정소송 및 그 밖의 쟁송을 통하여 다툴 수 없게 된 경우(법원의 확정판결이 있는 경우는 제외한다)라도 다음 각 호의 어느 하나에 해당하는 경우에는 해당 처분을 한 행정청에 처분을 <u>취소·철회하거나 변경하여 줄 것을 신청할 수 있다</u>.

> 1. 처분의 근거가 된 사실관계 또는 법률관계가 추후에 당사자에게 유리하게 바뀐 경우
> 2. 당사자에게 유리한 결정을 가져다주었을 새로운 증거가 있는 경우
> 3.「민사소송법」제451조에 따른 재심사유에 준하는 사유가 발생한 경우 등 대통령령으로 정하는 경우

② 제1항에 따른 신청은 해당 처분의 절차, 행정심판, 행정소송 및 그 밖의 쟁송에서 당사자가 <u>중대한 과실 없이</u> 제1항 각 호의 사유를 주장하지 못한 경우에만 할 수 있다.
③ 제1항에 따른 신청은 당사자가 제1항 각 호의 <u>사유를 안 날부터 60일 이내</u>에 하여야 한다. 다만, <u>처분이 있은 날부터 5년이 지나면 신청할 수 없다</u>.
④ 제1항에 따른 신청을 받은 행정청은 특별한 사정이 없으면 <u>신청을 받은 날부터 90일(합의제행정기관은 180일) 이내</u>에 처분의 재심사 결과(재심사 여부와 처분의 유지·취소·철회·변경 등에 대한 결정을 포함

한다)를 신청인에게 통지하여야 한다. 다만, 부득이한 사유로 90일(합의제행정기관은 180일) 이내에 통지할 수 없는 경우에는 그 기간을 <u>만료일 다음 날부터 기산하여 90일(합의제행정기관은 180일)의 범위</u>에서 한 차례 연장할 수 있으며, 연장 사유를 신청인에게 통지하여야 한다.

⑤ 제4항에 따른 처분의 재심사 결과 중 처분을 유지하는 결과에 대해서는 <u>행정심판, 행정소송 및 그 밖의 쟁송수단을 통하여 불복할 수 없다.</u>

⑥ 행정청의 제18조에 따른 취소와 제19조에 따른 철회는 <u>처분의 재심사에 의하여 영향을 받지 아니한다.</u>

⑦ 제1항부터 제6항까지에서 규정한 사항 외에 처분의 재심사의 방법 및 절차 등에 관한 사항은 대통령령으로 정한다.

⑧ 다음 각 호의 어느 하나에 해당하는 사항에 관하여는 이 조를 적용하지 아니한다.

> 1. 공무원 인사 관계 법령에 따른 징계 등 처분에 관한 사항
> 2. 「노동위원회법」 제2조의2에 따라 노동위원회의 의결을 거쳐 행하는 사항
> 3. 형사, 행형 및 보안처분 관계 법령에 따라 행하는 사항
> 4. 외국인의 출입국·난민인정·귀화·국적회복에 관한 사항
> 5. 과태료 부과 및 징수에 관한 사항
> 6. 개별 법률에서 그 적용을 배제하고 있는 경우

제4장 행정의 입법활동 등

제38조(행정의 입법활동)
제39조(행정법제의 개선)
제40조(법령해석)

04 경찰상 의무이행확보 수단

1 의의

행정주체가 국민에게 의무를 부과하였음에도 국민이 이를 이행하지 않는 경우 경찰목적을 달성하기 위한 수단이 필요한데 이를 경찰상 의무이행확보수단이라 한다.

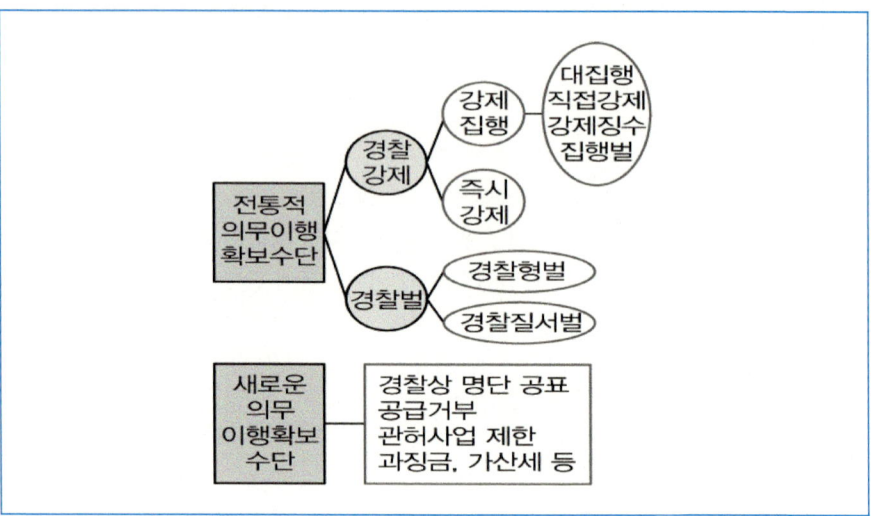

2 경찰강제

1) 의의

① 경찰상 목적달성을 위하여 개인의 신체, 재산 또는 가택에 실력을 가하여 경찰상 필요한 상태를 실현시키는 사실상 작용이다.
② 경찰강제는 **장래를 향해** 의무내용을 이행시키는 작용이다.
   ● 과거 의무위반에 대한 제재로 작용하는 경찰벌과 다르다.
③ 근거 : 경찰강제는 일반통치권에 근거한 권력적 작용으로 법적 근거가 있어야 한다.

*
직접적 의무이행 확보	대집행, 직접강제, 강제징수, 즉시강제
간접적 의무이행 확보	집행벌, 경찰벌, 새로운 의무이행 확보수단들

2) 경찰상 강제집행

(1) 의의

경찰상 강제집행이란 경찰하명에 의한 **경찰의무의 불이행에 대해** 경찰권 자신이 강제적으로 의무를 이행시키거나 이행된 것과 동일한 상태를 실현시키는 작용이다.
● 경찰의무의 존재 및 그 불이행을 전제로 한다는 점에서 경찰상 즉시강제와 다르다.
● 공법상 의무를 대상으로 하지만, 민사상 강제집행은 사법상 의무를 전제로 한다.

(2) 근거
  ① 법치주의 원리상 **엄격한 법적근거**가 필요하다.
  ② 일반법으로 행정대집행법과 국세징수법이 있다.

(3) 강제 집행 수단
  ① 대집행
    ㉠ 의의
      경찰법상의 **대체적 작위의무**를 이행하지 아니한 경우에 그 당해 경찰관청이 스스로 행하거나 또는 제3자로 하여금 의무를 이행한 것과 같은 상태를 실현시키고 그에 관한 **비용을 의무자로부터 징수**하는 것이다.
      - 예) 철거명령에 불응한 무허가 건물 철거, 이동명령에 불응한 불법주차차량 강제견인조치

    ㉡ 근거 : 일반법으로 **행정대집행법**이 있다.
    ㉢ 내용

대집행 주체	의무를 부과한 경찰행정청(처분청)
요건	ⅰ) 공법상 대체적 작위의무의 불이행 ⅱ) 다른 수단으로써 그 이행을 확보하기 곤란(보충성 원칙) ⅲ) 그 불이행을 방치함이 심히 공익을 해할 것
절차	대집행 **계고** → 대집행영장에 대한 **통지** → 대집행 **실행** → **비용** 징수

    ㉣ 대집행에 대한 권리구제
      ⓐ 대집행의 각 단계들은 모두 행정쟁송의 대상인 **처분이다**.
        ▶ 계고처분에 기한 대집행의 실행이 이미 사실행위로 완료되었다면, 계고 처분이나 대집행의 실행행위 자체의 무효확인 또는 취소를 구할 법률상 이익은 없다.(대판 95누2623)
      ⓑ 대집행의 각 단계 행위들은 **하자 승계가 인정**된다.
      ⓒ 대집행의 실행 완료된 경우 : 손해배상청구는 가능하다.(취소소송은 각하)

  ② 직접강제
    ㉠ 의의
      경찰법상 의무불이행의 경우에 경찰청이 의무자의 **신체나 재산에 직접 실력**을 행사하여 그 행정상의 의무의 이행이 있었던 것과 같은 상태를 실현하는 것이다.
      ▶ 가장 강력하며, **최후 수단적** 성격이다.
      - 예) 해산명령 후의 집회자 해산, 불법체류중인 외국인의 강제퇴거, 영업금지 처분에 위반한 불법영업소에 대한 폐쇄조치

    ㉡ 근거 : 일반적 규정은 없고, 개별법에서 예외적으로 인정된다.
    ㉢ 대상 : 직접강제는 **일체의 의무 불이행**에 대해 할 수 있다.
      ▶ 대체적 작위의무, 비대체적 작위의무, 부작위의무, 수인의무 등 대해 행사할 수 있다.

* 적용

대집행	대체적 작위의무	행정대집행법
강제징수	금전급부 의무	국세징수법
직접강제, 집행벌	대체적 작위의무, 비대체적 작위의무, 부작위의무, 수인의무	일반법 없음

② 한계 및 권리구제
　　ⓐ 직접강제는 최후수단으로 인정돼야 하며, 비례원칙 등 경찰일반원칙을 준수해야 한다.
　　ⓑ 직접강제는 권력적 사실행위로 **처분성이 인정**되고 행정쟁송을 제기할 수 있다.
　　　➡ 손해배상청구, 결과제거청구 가능하다.

③ 이행강제금(집행벌)
　㉠ 의의
　　경찰행정법상 의무의 불이행시 그 의무를 강제하기 위하여 일정기한까지 이행하지 않으면 일정한 금액을 부과한다는 것을 미리 계고하여 의무자에게 심리적 압박을 가는 수단으로써 **금전적 부담**을 과한다.
　　　➡ 장래를 향해 의무이행을 **간접적**으로 강제하는 것이다.
　㉡ 근거 : 집행벌(이행강제금)에 대한 일반법은 없고 개별법에 규정하고 있다.
　㉢ 대상
　　ⓐ 집행벌은 **비대체적 작위의무와 부작위의무**의 이행을 강제하기 위한 수단으로 활용되었다.
　　ⓑ 대체적 작위의무의 불이행에 대해서도 부과할 수 있다.(판례)
　㉣ 일반적 절차

　　| 시정명령 및 의무불이행 → 상당한 이행기한의 통지 → 계고처분 → 이행강제금 부과 |

　㉤ 특징
　　ⓐ 집행벌은 경찰벌과 **병과**될 수 있다.
　　ⓑ 의무이행이 있을 때 까지 **반복**하여 부과할 수 있다.
　㉥ 이행강제금 불복
　　ⓐ 개별법이 없는 경우는 항고소송으로 한다.
　　ⓑ 개별법에서 비송사건절차법에 따르도록 규정한경우는 비송사건절차법에 의한다.

④ 경찰상 강제징수
　㉠ 의의
　　경찰상의 **금전급부의무를 이행하지 아니하는 경우** 행정청이 의무자의 재산에 실력을 행사하여 그 행정상 의무가 이행된 것과 같은 상태를 실현하는 것이다.
　㉡ 근거 : 일반법으로 **국세징수법**에 의한 체납처분절차에 의한다.
　㉢ 절차

　　| 독촉 → 체납처분(재산압류 → 압류재산 매각 → 청산) |

　㉣ 권리 구제
　　강제징수에 대한 불복이 있는 자는 행정쟁송을 제기할 수 있다.

※ 이행강제금
건축법 제80조, 부동산 실권리자명의 등기에 관한 법률 제6조, 독점규제 및 공공걸에 관한 법률 제16조 등

➡ 국세기본법은 소송을 제기하기 전에 심사청구 또는 심판청구 중 하나의 절차를 반드시 거치도록 하고 있다.(예외적 행정심판전치주의)

3) 경찰상 즉시강제

(1) 의의

목전의 급박한 경찰상 장해를 제거하기 위하여 미리 의무를 명할 시간적 여유가 없거나 그 성질상 의무를 명해서는 목적을 달성할 수 없는 경우에 직접 개인의 **신체 또는 재산에 실력**을 가하여 행정상 필요한 상태를 실현하는 작용이다.

➡ 행정상 즉시강제는 의무의 존재와 불이행을 전제로 하지 않는다는 점에서 행정상 강제집행과 구별된다.
➡ 행정상 즉시강제는 필요한 상태를 실현하는 것을 목적으로 하나, 행정조사는 조사 그 자체가 기본목적이다.

* 비교

	경찰상 즉시강제	경찰상 강제집행
전제	의무 불이행을 전제 안 함	의무 불이행을 전제함
일반 근거법	경찰관직무집행법	행정대집행법, 국세징수법

(2) 근거

경찰관직무집행법과 각종 개별법들이 있다.

➡ 소방기본법, 식품위생법, 감염병 예방 및 관리에 관한 법률, 마약류관리에 관한법률 등
예 감염병 환자의 즉각적인 강제격리, 자연재해로 인한 강제피난조치

* 감염병의 예방 및 관리에 관한 법률
제42조(감염병에 관한 강제처분)
① 질병관리청장, 시·도지사 또는 시장·군수·구청장은 해당 공무원으로 하여금 다음 각 호의 어느 하나에 해당하는 감염병환자등이 있다고 인정되는 주거시설, 선박·항공기·열차 등 운송수단 또는 그 밖의 장소에 들어가 필요한 조사나 진찰을 하게 할 수 있으며, 그 진찰 결과 감염병환자등으로 인정될 때에는 동행하여 치료받게 하거나 입원시킬 수 있다.

(3) 수단

대인적 즉시강제	ⓐ 불심검문(학설대립 : 경찰조사) ⓑ 보호조치등 ⓒ 범죄예방·제지 ⓓ 경찰장구의 사용 ⓔ 분사기 등의 사용 ⓕ 무기의 사용
대물적 즉시강제	무기·위험물의 임시영치
대가택적 즉시강제	위험방지를 위한 가택출입·검사·수색 등

(4) 즉시강제의 한계

① 법규상 한계 - 경찰상 즉시강제의 발동에는 엄격한 실정법적 근거가 필요하다.
② 조리상 한계

급박성 원칙	경찰상 장해기 목전에 급박해야 한다.
비례 원칙	적합성, 필요성, 상당성의 원칙이 적용된다.
보충성 원칙	다른 수단으로 달성될 수 없어야 한다.
소극성 원칙	소극적으로 공공의 안녕과 질서 유지를 위해 필요한 범위 내에서 이루어신다.

③ 절차상 한계 - 영장주의 적용여부
절충설(통설): 헌법상 영장주의는 즉시강제에도 적용되어야 하나, 즉시강제 중에서 목적달성을 위해 불가피하다고 인정할 만한 합리적인 이유가 있는 경우에 한하여 영장주의가 적용되지 않는다.

④ **권리구제**

즉시강제는 권력적 사실행위인 처분이므로 행정쟁송이 가능하다.

㉠ **적법한** 즉시강제 대한 구제

ⓐ **적법한** 즉시강제로 인해 특정인에게 특별한 희생이 발생한 경우 **손실보상**을 청구할 수 있다(경찰관 직무집행법 제11조의 2).

ⓑ 일정한 요건하에서 긴급피난은 형법상 위법성조각사유에 해당할수 있다.

㉡ **위법한** 즉시강제 대한 구제

ⓐ 행정쟁송 : 즉시강제는 권력적 사실행위로 행정쟁송의 대상이 된다.
> 그러나 대부분 단기에 종료 되므로 협의의 소이익이 존재하지 않는 경우가 많다.

ⓑ 손해배상 : 위법한 즉시강제로 인한 손해는 국가배상 청구가 가능하다.

ⓒ 정당방위 : 위법한 즉시강제에 저항하는 것은 공무집행방해죄를 구성하지 않는다.

4) **경찰 조사**

① 의의

경찰상의 필요한 정보나 자료를 수집하기 위하여 현장조사, 문서열람, 사료채취 등을 하거나 조사자에게 자료제출요구, 보고 요구 등을 행하는 활동이다.

② 근거 : 일반법으로 **행정조사기본법**이 있고, 식품위생법 등 개별법들이 있다.

* 즉시강제와 비교

	즉시강제	행정조사
목적	그 자체가 행정상 필요한 심태의 실현을 목적함	행정작용을 위한 필요한 자료 등을 얻기 위한 보조적 작용
성질	권력적 작용	권력적 조사 외에 비권력적 조사도 포함
방법	직접적 실력행사	간접적, 보조적 작용

> 📖 **관련조문**
>
> **행정조사기본법 제3조(적용범위)**
> ① 행정조사에 관하여 다른 법률에 특별한 규정이 있는 경우를 제외하고는 이 법으로 정하는 바에 따른다.
> ② 다음 각 호의 어느 하나에 해당하는 사항에 대하여는 이 법을 적용하지 아니한다.
>> 1. 행정조사를 한다는 사실이나 조사내용이 공개될 경우 국가의 존립을 위태롭게 하거나 국가의 중대한 이익을 현저히 해칠 우려가 있는 국가안전보장·통일 및 외교에 관한 사항
>> 2. 국방 및 안전에 관한 사항 중 다음 각 목의 어느 하나에 해당하는 사항
>>   가. 군사시설·군사기밀보호 또는 방위사업에 관한 사항
>>   나. 「병역법」·「예비군법」·「민방위기본법」·「비상대비에 관한 법률」에 따른 징집·소집·동원 및 훈련에 관한 사항
>> 3. 「공공기관의 정보공개에 관한 법률」 제4조제3항의 정보에 관한 사항
>> 4. 「근로기준법」 제101조에 따른 근로감독관의 직무에 관한 사항
>> 5. 조세·형사·행형 및 보안처분에 관한 사항
>> 6. 금융감독기관의 감독·검사·조사 및 감리에 관한 사항
>> 7. 「독점규제 및 공정거래에 관한 법률」, 「표시·광고의 공정화에 관한 법률」, 「하도급거래 공정화에 관한 법률」, 「가맹사업거래의 공정화에 관한 법률」, 「방문판매 등에 관한 법률」, 「전자상거래 등에서의 소비자보호에 관한 법률」, 「약관의 규제에 관한 법률」 및 「할부거래에 관한 법률」에 따른 공정거래위원회의 법률위반행위 조사에 관한 사항

③ 제2항에도 불구하고 제4조(행정조사의 기본원칙), 제5조(행정조사의 근거) 및 제28조(정보통신수단을 통한 행정조사)는 제2항 각 호의 사항에 대하여 적용한다.

제4조(행정조사의 기본원칙)
① 행정조사는 조사목적을 달성하는데 필요한 최소한의 범위 안에서 실시하여야 하며, 다른 목적 등을 위하여 조사권을 남용하여서는 아니 된다.
② 행정기관은 조사목적에 적합하도록 조사대상자를 선정하여 행정조사를 실시하여야 한다.
③ 행정기관은 유사하거나 동일한 사안에 대하여는 공동조사 등을 실시함으로써 행정조사가 중복되지 아니하도록 하여야 한다.
④ 행정조사는 법령등의 위반에 대한 처벌보다는 법령등을 준수하도록 유도하는 데 중점을 두어야 한다.
⑤ 다른 법률에 따르지 아니하고는 행정조사의 대상자 또는 행정조사의 내용을 공표하거나 직무상 알게 된 비밀을 누설하여서는 아니된다.
⑥ 행정기관은 행정조사를 통하여 알게 된 정보를 다른 법률에 따라 내부에서 이용하거나 다른 기관에 제공하는 경우를 제외하고는 원래의 조사목적 이외의 용도로 이용하거나 타인에게 제공하여서는 아니 된다.

제5조(행정조사의 근거)
행정기관은 법령등에서 행정조사를 규정하고 있는 경우에 한하여 행정조사를 실시할 수 있다. 다만, 조사대상자의 자발적인 협조를 얻어 실시하는 행정조사의 경우에는 그러하지 아니하다.

3 경찰벌

1) **의의**

① 법규에 의한 명령·금지 등의 의무위반에 대해 일반 사인에게 과하여지는 **제재로서** 국가의 **일반통치권**에 의한 처벌이다.
  ➔ 경찰형벌과 경찰질서벌이 있다.

② 징계벌과 비교

	경찰벌	징계벌
권력의 근거	일반통치권	특별권력관계
목적	사회질서유지	내부질서유지
대상	일반국민	공무원

㉠ 경찰벌과 징계벌은 **병과 가능하다**.
㉡ 과거 의무위반행위에 대한 경찰벌과 장래 의무이행을 확보하기 위한 이행강제금(집행벌)은 **병과가능하다**.

2) **경찰형벌**

(1) 의의

경찰법규 위반에 대해 **형법**에 정해져 있는 벌을 과하는 것이다.
  ➔ 사형, 징역, 금고, 자격상실, 자격정지, 벌금, 구류, 과료, 몰수

★ **형법 제41조(형의 종류)**
형의 종류는 다음과 같다.
1. 사형
2. 징역
3. 금고
4. 자격상실
5. 자격정지
6. 벌금
7. 구류
8. 과료
9. 몰수

(2) 경찰형벌 부과

① 경찰형벌은 원칙적으로 **형사소송법에 의한 절차에 따라** 검사의 공소제기에 의해 형사법원이 부과한다.

② 예외 : 즉결심판절차와 통고처분절차에 의해 과해지는 경우도 있다.

㉠ **즉결심판에 의한 절차**(즉결심판에 관한 절차법)

 관련조문

즉결심판에 관한 절차법

제1조(목적)
　이 법은 범증이 명백하고 죄질이 경미한 범죄사건을 신속·적정한 절차로 심판하기 위하여 즉결심판에 관한 절차를 정함을 목적으로 한다.

제2조(즉결심판의 대상)
　지방법원, 지원 또는 시·군법원의 판사(이하 "判事"라 한다)는 즉결심판절차에 의하여 피고인에게 20만원 이하의 벌금, 구류 또는 과료에 처할 수 있다.

제3조(즉결심판청구)
　① 즉결심판은 관할경찰서장 또는 관할해양경찰서장(이하 "경찰서장"이라 한다)이 관할법원에 이를 청구한다.
　② 즉결심판을 청구함에는 즉결심판청구서를 제출하여야 하며, 즉결심판청구서에는 피고인의 성명 기타 피고인을 특정할 수 있는 사항, 죄명, 범죄사실과 적용법조를 기재하여야 한다.
　③ 즉결심판을 청구할 때에는 사전에 피고인에게 즉결심판의 절차를 이해하는 데 필요한 사항을 서면 또는 구두로 알려주어야 한다.

제3조의2(관할에 대한 특례)
　지방법원 또는 그 지원의 판사는 소속 지방법원장의 명령을 받아 소속 법원의 관할사무와 관계없이 즉결심판청구사건을 심판할 수 있다.

제4조(서류 · 증거물의 제출)
　경찰서장은 즉결심판의 청구와 동시에 즉결심판을 함에 필요한 서류 또는 증거물을 판사에게 제출하여야 한다.

제5조(청구의 기각등)
　① 판사는 사건이 즉결심판을 할 수 없거나 즉결심판절차에 의하여 심판함이 적당하지 아니하다고 인정할 때에는 **결정**으로 즉결심판의 청구를 **기각**하여야 한다.
　② 제1항의 결정이 있는 때에는 경찰서장은 지체없이 사건을 관할지방검찰청 또는 지청의 장에게 송치하여야 한다.

제6조(심판)
　즉결심판의 청구가 있는 때에는 판사는 제5조제1항의 경우를 제외하고 즉시 심판을 하여야 한다.

제7조(개정)
　① 즉결심판절차에 의한 심리와 재판의 선고는 공개된 법정에서 행하되, 그 법정은 경찰관서(해양경찰관서를 포함한다)외의 장소에 설치되어야 한다.
　② 법정은 판사와 법원서기관, 법원사무관, 법원주사 또는 법원주사보(이하 "法院事務官등"이라 한다)가 열석하여 개정한다.
　③ 제1항 및 제2항의 규정에 불구하고 판사는 상당한 이유가 있는 경우에는 개정없이 피고인의 진술서와 제4조의 서류 또는 증거물에 의하여 심판할 수 있다. 다만, 구류

＊ **공소장일본주의**
검사가 공소를 제기할 때에 공소장 하나만을 법원에 제출하고 기타의 서류나 증거물은 일체 첨부·제출해서는 안 된다는 원칙이다.
● 즉결심판은 공소장일본주의의 예외이다.

에 처하는 경우에는 그러하지 아니하다.

제8조(피고인의 출석)
피고인이 기일에 출석하지 아니한 때에는 이 법 또는 다른 법률에 특별한 규정이 있는 경우를 제외하고는 개정할 수 없다.

제8조의2(불출석심판)
① 벌금 또는 과료를 선고하는 경우에는 피고인이 출석하지 아니하더라도 심판할 수 있다.
② 피고인 또는 즉결심판출석통지서를 받은 자(이하 "被告人등"이라 한다)는 법원에 불출석심판을 청구할 수 있고, 법원이 이를 허가한 때에는 피고인이 출석하지 아니하더라도 심판할 수 있다.
③ 제2항의 규정에 의한 불출석심판의 청구와 그 허가절차에 관하여 필요한 사항은 대법원규칙으로 정한다.

제9조(기일의 심리)
① 판사는 피고인에게 피고사건의 내용과 「형사소송법」 제283조의2에 규정된 진술거부권이 있음을 알리고 변명할 기회를 주어야 한다.
② 판사는 필요하다고 인정할 때에는 적당한 방법에 의하여 재정하는 증거에 한하여 조사할 수 있다.
③ 변호인은 기일에 출석하여 제2항의 증거조사에 참여할 수 있으며 의견을 진술할 수 있다.

제10조(증거능력)
즉결심판절차에 있어서는 형사소송법 제310조, 제312조제3항 및 제313조의 규정은 적용하지 아니한다.

제11조(즉결심판의 선고)
① 즉결심판으로 유죄를 선고할 때에는 형, 범죄사실과 적용법조를 명시하고 피고인은 7일 이내에 정식재판을 청구할 수 있다는 것을 고지하여야 한다.
② 참여한 법원사무관등은 제1항의 선고의 내용을 기록하여야 한다.
③ 피고인이 판사에게 정식재판청구의 의사를 표시하였을 때에는 이를 제2항의 기록에 명시하여야 한다.
④ 제7조제3항 또는 제8조의2의 경우에는 법원사무관등은 7일 이내에 정식재판을 청구할 수 있음을 부기한 즉결심판서의 등본을 피고인에게 송달하여 고지한다. 다만, 제8조의2제2항의 경우에 피고인등이 미리 즉결심판서의 등본송달을 요하지 아니한다는 뜻을 표시한 때에는 그러하지 아니하다.
⑤ 판사는 사건이 **무죄·면소 또는 공소기각**을 함이 명백하다고 인정할 때에는 이를 선고·고지할 수 있다.

제12조(즉결심판서)
① 유죄의 즉결심판서에는 피고인의 성명 기타 피고인을 특정할 수 있는 사항, 주문, 범죄사실과 적용법조를 명시하고 판사가 서명·날인하여야 한다.
② 피고인이 범죄사실을 자백하고 정식재판의 청구를 포기한 경우에는 제11조의 기록작성을 생략하고 즉결심판서에 선고한 주문과 적용법조를 명시하고 판사가 기명·날인한다.

제13조(즉결심판서등의 보존)
즉결심판의 판결이 확정된 때에는 즉결심판서 및 관계서류와 증거는 관할경찰서 또는 지방해양경찰관서가 이를 보존한다.

제14조(정식재판의 청구)
① 정식재판을 청구하고자 하는 피고인은 즉결심판의 선고·고지를 받은 날부터 7일

이내에 정식재판청구서를 <u>경찰서장에게 제출</u>하여야 한다. 정식재판청구서를 받은 경찰서장은 <u>지체없이 판사에게</u> 이를 송부하여야 한다.
② 경찰서장은 제11조제5항의 경우에 그 선고·고지를 한 날부터 <u>7일 이내에 정식재판을 청구할 수 있다</u>. 이 경우 경찰서장은 관할지방검찰청 또는 지청의 검사(이하 "檢事"라 한다)의 **승인**을 얻어 정식재판청구서를 <u>판사에게 제출</u>하여야 한다.
③ 판사는 정식재판청구서를 받은 날부터 7일 이내에 경찰서장에게 정식재판청구서를 첨부한 사건기록과 증거물을 송부하고, 경찰서장은 지체없이 관할지방검찰청 또는 지청의 장에게 이를 송부하여야 하며, 그 검찰청 또는 지청의 장은 지체없이 관할법원에 이를 송부하여야 한다.

제15조(즉결심판의 실효)
　즉결심판은 정식재판의 청구에 의한 <u>판결이 있는</u> 때에는 그 효력을 잃는다.

제16조(즉결심판의 효력)
　즉결심판은 정식재판의 청구기간의 경과, 정식재판청구권의 포기 또는 그 청구의 취하에 의하여 <u>확정판결과 동일한 효력</u>이 생긴다. 정식재판청구를 기각하는 재판이 확정된 때에도 같다.

제17조(유치명령등)
① 판사는 구류의 선고를 받은 피고인이 일정한 주소가 없거나 또는 도망할 염려가 있을 때에는 <u>5일을 초과하지 아니하는</u> 기간 경찰서유치장(지방해양경찰관서의 유치장을 포함한다. 이하 같다)에 유치할 것을 명령할 수 있다. 다만, 이 기간은 <u>선고기간을 초과할 수 없다</u>.
② 집행된 유치기간은 <u>본형의 집행</u>에 산입한다.
③ 형사소송법 제334조의 규정은 판사가 벌금 또는 과료를 선고하였을 때에 이를 준용한다.

제18조(형의 집행)
① 형의 집행은 경찰서장이 하고 그 집행결과를 지체없이 <u>검사에게 보고</u>하여야 한다.
② <u>구류</u>는 경찰서유치장·구치소 또는 교도소에서 집행하며 <u>구치소 또는 교도소에서</u> 집행할 때에는 검사가 이를 지휘한다.
③ 벌금, 과료, 몰수는 그 집행을 종료하면 지체없이 검사에게 이를 인계하여야 한다. 다만, 즉결심판 확정후 상당기간내에 집행할 수 없을 때에는 검사에게 통지하여야 한다. 통지를 받은 검사는 형사소송법 제477조에 의하여 집행할 수 있다.
④ <u>형의 집행정지</u>는 사전에 <u>검사의 허가</u>를 얻어야 한다.

제19조(형사소송법의 준용)
　즉결심판절차에 있어서 이 법에 특별한 규정이 없는 한 그 성질에 반하지 아니한 것은 형사소송법의 규정을 준용한다.

ⓛ 통고처분에 의한 절차

통고처분 의의	① 정식재판에 갈음하여 **행정청**이 과료, 벌금에 해당하는 **범칙금의 납부를 명**하는 작용이다.(준사법적 행정작용) ➡ 납부하는 범칙금은 행정제재금의 성격이다. ② 통고처분은 형식적 의미에서 행정이며, 실질적 의미에서 사법작용이다.
권한자	**경찰서장**, 제주특별자치도지사(도로교통법, 경범죄처벌법)
범칙금 효력	① 통고처분 시 납부하는 범칙금은 **행정제재금**이 성격이다. ② 소정기간 내 통고처분의 내용을 이행하면 **확정판결과 동일한 효력**이 발생한다. ➡ 일사부재리원칙 적용
불이행시	① 통고처분을 받은 자가 소정 기간 내 그 내용을 이행하지 않으면 당해 통고처분은 당연히 효력을 상실한다. ➡ 이후 관계행정청의 고발에 의해 통상의 형사소송절차로 진행한다. ➡ 도로교통법, 경범죄처벌법은 형사소송절차에 앞서 즉결심판제기한다. ② 통고처분의 효력은 상실되고 강제집행할 수 없다. ③ 검사는 관계행정청의 고발 없이 기소할 수 없다.
불복시	통고처분을 받은 자가 그 처분에 이의가 있는 경우에도 행정소송을 제기할 수 없다.

➡ 통고처분은 항고소송의 대상인 **처분이 아니다.**(통설, 판례)
➡ 도로교통법상 통고처분은 경찰서장 등의 즉결심판청구에 의해 법원의 심판을 받는다.

[벌칙금 납부통고 및 즉결심판 절차]

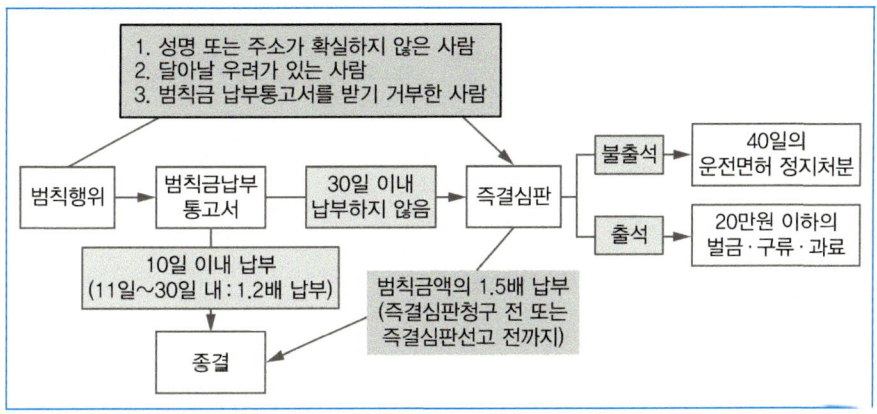

3) 경찰질서벌

① 의의 : 경찰법상의 의무위반에 대한 제재로서 형법에 형명이 없는 **과태료**를 과하는 경찰벌이다.(형법상 아님)

	경찰형벌	경찰질서벌
의미	형법에 의한 형벌을 과하는 경찰벌	과태료 부과
형법 총칙 적용	적용 ➡ 고의 과실 필요	적용 안 됨 ➡ 고의 과실 불요
절차	원칙 : 형사소송법 예외 : 즉결심판절차, 통고처분절차	질서위반행위규제법, 비송사건절차법

② 경찰질서벌인 과태료는 원칙적으로 **질서위반행위규제법**에 의해 행정청이 부과한다.

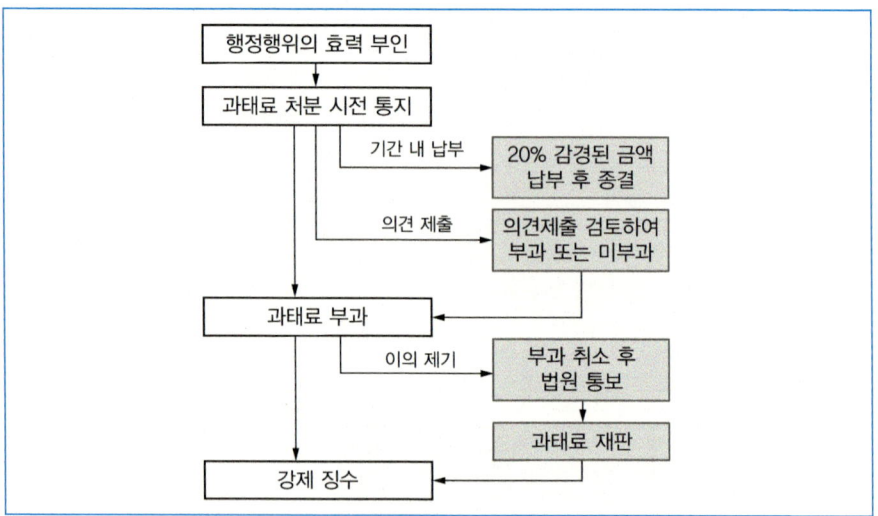

4) 조례에 의한 과태료

지방자치법에 근거해 지방자치단체의 조례로 정하는 과태료이다.

➡ 지방자치단체는 조례를 위반한 행위에 대하여 조례로써 1천만원 이하의 과태료를 정할 수 있다.

4 새로운 의무이행 확보 수단

(1) 과징금
행정법상 의무위반자에 대해 가해지는 금전상의 제재이다.

(2) 부과금
행정법상 의무위반에 대한 금전적 제재인데, 부과금은 특정한 행정법상 의무이행 확보를 위해 그 사용 목적이 제한된다.
> 예 환경법의 배출부과금

(3) 가산세
"가산세"(加算稅)란 의무의 성실한 이행을 확보하기 위하여 세법에 따라 산출한 세액에 가산하여 징수하는 금액을 말한다.

(4) 명단공표
행정법상 의무불이행이 있는 경우, 그 불이행자의 성명, 위반사실 등을 공표하여 명예 또는 신용의 침해를 위협함으로써 심리적 압박을 가하는 간접적 강제수단이다.

(5) 공급거부
행정법상의 의무를 위반하거나 불이행한 자에 대해 행정ㅎ상의 역무나 재화의 공급을 거부하는 행위이다.

(6) 시정명령
행정법령의 위반행위로 초래된 위법상태의 제거 내지 시정을 명하는 행정행위이다.

※ 행정기본법 제28조(과징금의 기준)
① 행정청은 법령등에 따른 의무를 위반한 자에 대하여 **법률로 정하는 바에 따라** 그 위반행위에 대한 제재로서 과징금을 부과할 수 있다.
② 과징금의 근거가 되는 **법률**에는 과징금에 관한 다음 각 호의 사항을 명확하게 규정하여야 한다.
  1. 부과·징수 주체
  2. 부과 사유
  3. 상한액
  4. 가산금을 징수하려는 경우 그 사항
  5. 과징금 또는 가산금 체납 시 강제징수를 하려는 경우 그 사항

 **법규**

경찰관 직무집행법 [시행 2024. 9. 20.]

제1조(목적)

① 이 법은 국민의 자유와 권리 및 모든 개인이 가지는 불가침의 기본적 인권을 보호하고 사회공공의 질서를 유지하기 위한 경찰관(경찰공무원만 해당한다. 이하 같다)의 직무 수행에 필요한 사항을 규정함을 목적으로 한다.

② 이 법에 규정된 경찰관의 직권은 그 직무 수행에 필요한 최소한도에서 행사되어야 하며 남용되어서는 아니 된다.

제2조(직무의 범위) 경찰관은 다음 각 호의 직무를 수행한다.

> 1. 국민의 생명·신체 및 재산의 보호
> 2. 범죄의 예방·진압 및 수사
> 2의2. 범죄피해자 보호
> 3. 경비, 주요 인사(人士) 경호 및 대간첩·대테러 작전 수행
> 4. 공공안녕에 대한 위험의 예방과 대응을 위한 정보의 수집·작성 및 배포
> 5. 교통 단속과 교통 위해(危害)의 방지
> 6. 외국 정부기관 및 국제기구와의 국제협력
> 7. 그 밖에 공공의 안녕과 질서 유지

제3조(불심검문)

① 경찰관은 다음 각 호의 어느 하나에 해당하는 사람을 정지시켜 질문할 수 있다.

> 1. 수상한 행동이나 그 밖의 주위 사정을 합리적으로 판단하여 볼 때 어떠한 죄를 범하였거나 범하려 하고 있다고 의심할 만한 상당한 이유가 있는 사람
> 2. 이미 행하여진 범죄나 행하여지려고 하는 범죄행위에 관한 사실을 안다고 인정되는 사람

② 경찰관은 제1항에 따라 같은 항 각 호의 사람을 정지시킨 장소에서 질문을 하는 것이 그 사람에게 불리하거나 교통에 방해가 된다고 인정될 때에는 질문을 하기 위하여 가까운 경찰서·지구대·파출소 또는 출장소(지방해양경찰관서를 포함하며, 이하 "경찰관서"라 한다)로 동행할 것을 요구할 수 있다. 이 경우 동행을 요구받은 사람은 그 요구를 거절할 수 있다.

③ 경찰관은 제1항 각 호의 어느 하나에 해당하는 사람에게 질문을 할 때에 그 사람이 흉기를 가지고 있는지를 조사할 수 있다.

④ 경찰관은 제1항이나 제2항에 따라 질문을 하거나 동행을 요구할 경우 자신의 신분을 표시하는 증표를 제시하면서 소속과 성명을 밝히고 질문이나 동행의 목적과 이유를 설명하여야 하며, 동행을 요구하는 경우에는 동행 장소를 밝혀야 한다.

⑤ 경찰관은 제2항에 따라 동행한 사람의 가족이나 친지 등에게 동행한 경찰관의 신분, 동행 장소, 동행 목적과 이유를 알리거나 본인으로 하여금 즉시 연락할 수 있는 기회를 주어야 하며, 변호인의 도움을 받을 권리가 있음을 알려야 한다.
⑥ 경찰관은 제2항에 따라 동행한 사람을 6시간을 초과하여 경찰관서에 머물게 할 수 없다.
⑦ 제1항부터 제3항까지의 규정에 따라 질문을 받거나 동행을 요구받은 사람은 형사소송에 관한 법률에 따르지 아니하고는 신체를 구속당하지 아니하며, 그 의사에 반하여 답변을 강요당하지 아니한다.

팩트DB

불심검문 정리

불심검문 대상자 정지 질문	경찰관은 어느 하나에 해당하는 사람을 정지시켜 질문할 수 있다. ➡ 불심검문의 성격이 즉시강제인지 임의적 수단인지에 대해 견해대립중. ㉠ 수상한 행동이나 그 밖의 주위 사정을 합리적으로 판단하여 볼 때 어떠한 죄를 범하였거나 범하려 하고 있다고 의심할 만한 상당한 이유가 있는 사람 ㉡ 이미 행하여진 범죄나 ㉢ 행하여지려고 하는 범죄행위에 관한 사실을 안다고 인정되는 사람 ➡ 질문시 진술을 거부할수 있음을 고지할 의무는 명시되있지 않다. ➡ 불심검문 불응시에 강제에 이르지 않는 정도의 유형력의 행사는 가능하다.
소지품 검사	㉠ 경찰관은 해당하는 사람에게 질문을 할 때에 그 사람이 흉기를 가지고 있는지를 조사할 수 있다. ㉡ 경직법상 흉기 이외의 일반소지품에 대해서는 명문규정이 없다.
증표제시	경찰관은 질문을 하거나 동행을 요구할 경우 자신의 신분을 표시하는 증표를 제시하면서 소속과 성명을 밝히고 질문이나 동행의 목적과 이유를 설명하여야 하며, 동행을 요구하는 경우에는 동행 장소를 밝혀야 한다.
동행요구 (임의동행)	㉠ 요건 　경찰관은 정지시킨 장소에서 질문을 하는 것이 그 사람에게 불리하거나 교통에 방해가 된다고 인정될 때에는 ㉡ 장소 　질문을 하기 위하여 가까운 경찰서·지구대·파출소 또는 출장소(지방해양경찰관서를 포함)로 동행할 것을 요구할 수 있다. ㉢ 이 경우 동행을 요구받은 사람은 그 요구를 거절할 수 있다. 　➡ 경직법상 동행을 거절할수 있음을 고지할 의무는 없나. 　➡ 형사소송법상 임의동행과는 구별됨(6시간 초과금지).
동행 이후	경찰관은 동행한 사람의 가족이나 친지 등에게 동행한 경찰관의 신분, 동행 장소, 동행 목적과 이유를 알리거나 본인으로 하여금 즉시 연락할 수 있는 기회를 주어야 하며, 변호인의 도움을 받을 권리가 있음을 알려야 한다. ➡ 변호인 도움 받을 권리는 동행후 고지사항이다.
동행시 제한	㉠ 동행한 사람을 6시간을 초과하여 경찰관서에 머물게 할 수 없다. ㉡ 질문을 받거나 동행을 요구받은 사람은 형사소송에 관한 법률에 따르지 아니하고는 신체를 구속당하지 아니하며, 그 의사에 반하여 답변을 강요당하지 아니한다.

관련 판례	① 경찰관이 불심검문 대상자의 해당여부를 판단할때에는 당시의 구체적 상황은 물론 사전에 얻은 정보나 전문적 지식 등에 기초하여 불심검문 대상자인지를 객관적, 합리적 기준에 따라 판단하여야 하며, **불심검문 대상자에게 형사소송법상 체포나 구속에 이를 정도의 혐의가 있을 것을 요한다고 할 수는 없다.**(대판2011도13999) ② 불심검문을 하게 된 경위, 불심검문 당시의 현장상황과 검문을 하는 경찰관들의 복장, 피고인이 공무원증 제시나 신분 확인을 요구하였는지 여부 등을 종합적으로 고려하여, 검문하는 사람이 경찰관이고 검문하는 이유가 범죄행위에 관한것임을 피고인이 충분히 알고 있었다고 보는 경우에는 신분증을 제시하지 않았다고 하여 그 불심검문이 위법한 공무집행이라고 할 수 없다.(대판2014도7976)

제4조(보호조치 등)

① 경찰관은 수상한 행동이나 그 밖의 주위 사정을 합리적으로 판단해 볼 때 다음 각 호의 어느 하나에 해당하는 것이 명백하고 응급구호가 필요하다고 믿을 만한 상당한 이유가 있는 사람(이하 "구호대상자"라 한다)을 발견하였을 때에는 보건의료기관이나 공공구호기관에 긴급구호를 요청하거나 경찰관서에 보호하는 등 적절한 조치를 할 수 있다.

> 1. 정신착란을 일으키거나 술에 취하여 자신 또는 다른 사람의 생명·신체·재산에 위해를 끼칠 우려가 있는 사람
> 2. 자살을 시도하는 사람
> 3. 미아, 병자, 부상자 등으로서 적당한 보호자가 없으며 응급구호가 필요하다고 인정되는 사람. 다만, 본인이 구호를 거절하는 경우는 제외한다.

② 제1항에 따라 긴급구호를 요청받은 보건의료기관이나 공공구호기관은 정당한 이유 없이 긴급구호를 거절할 수 없다.

③ 경찰관은 제1항의 조치를 하는 경우에 구호대상자가 휴대하고 있는 무기·흉기 등 위험을 일으킬 수 있는 것으로 인정되는 물건을 경찰관서에 임시로 영치(領置)하여 놓을 수 있다.

④ 경찰관은 제1항의 조치를 하였을 때에는 지체 없이 구호대상자의 가족, 친지 또는 그 밖의 연고자에게 그 사실을 알려야 하며, 연고자가 발견되지 아니할 때에는 구호대상자를 적당한 공공보건의료기관이나 공공구호기관에 즉시 인계하여야 한다.

⑤ 경찰관은 제4항에 따라 구호대상자를 공공보건의료기관이나 공공구호기관에 인계하였을 때에는 즉시 그 사실을 소속 경찰서장이나 해양경찰서장에게 보고하여야 한다.

⑥ 제5항에 따라 보고를 받은 소속 경찰서장이나 해양경찰서장은 대통령령으로 정하는 바에 따라 구호대상자를 인계한 사실을 지체 없이 해당 공공보건의료기관 또는 공공구호기관의 장 및 그 감독행정청에 통보하여야 한다.

⑦ 제1항에 따라 구호대상자를 경찰관서에서 보호하는 기간은 24시간을 초과할 수 없고, 제3항에 따라 물건을 경찰관서에 임시로 영치하는 기간은 10일을 초과할 수 없다.

팩트DB

보호조치 정리

법적 성격은 대인적 즉시강제이다.

대상	강제 대상자	① 정신착란을 일으키거나 술에 취하여 자신 또는 다른 사람의 생명·신체·재산에 위해를 끼칠 우려가 있는 사람 ② 자살을 시도하는 사람
	임의 대상자	미아, 병자, 부상자 등으로서 적당한 보호자가 없으며 응급구호가 필요하다고 인정되는 사람. ➡ 다만, 본인이 구호를 거절하는 경우는 제외한다.
보호조치 방법	긴급구호 요청	㉠ 구호대상자를 발견하였을 때에는 보건의료기관이나 공공구호기관에 긴급구호를 요청할 수 있다. ㉡ 긴급구호를 요청받은 보건의료기관이나 공공구호기관은 정당한 이유 없이 긴급구호를 거절할 수 없다. *응급의료에 관한 법률 제6조(응급의료의 거부금지 등) ② 응급의료종사자는 업무 중에 응급의료를 요청받거나 응급환자를 발견하면 즉시 응급의료를 하여야 하며 정당한 사유 없이 이를 거부하거나 기피하지 못한다. ➡ 응급의료 거부 또는 기피한 응급의료종사자는 3년이하 징역 또는 3천만원 이하의 벌금에 처한다.
	경찰관서에서 일시보호	구호대상자를 경찰관서에서 보호하는 기간은 24시간을 초과할 수 없다.
임시영치		㉠ 경찰관은 구호대상자가 휴대하고 있는 무기·흉기 등 위험을 일으킬 수 있는 것으로 인정되는 물건을 경찰관서에 임시로 영치하여 놓을 수 있다. ㉡ 물건을 경찰관서에 임시로 영치하는 기간은 10일을 초과할 수 없다. ➡ 법적 성격은 대물적 즉시강제이다.
보호조치 이후		㉠ 경찰관은 지체 없이 구호대상자의 가족, 친지 또는 그 밖의 연고자에게 그 사실을 알려야 하며, 연고자가 발견되지 아니할 때에는 구호대상자를 적당한 공공보건의료기관이나 공공구호기관에 즉시 인계하여야 한다. ➡ 경찰관은 구호대상자를 공공보건의료기관이나 공공구호기관에 인계하였을 때에는 즉시 그 사실을 소속 경찰서장이나 해양경찰서장에게 보고하여야 한다. ㉡ 보고를 받은 소속 경찰서장이나 해양경찰서장은 대통령령으로 정하는 바에 따라 구호대상자를 인계한 사실을 지체 없이 해당 공공보건의료기관 또는 공공구호기관의 장 및 그 감독행정청에 통보하여야 한다.
판례		① 보호조치를 필요로 하는 피구호자에 해당하는지는 구체적 상황을 고려하여 경찰관 평균인을 기준으로 판단하되, 그 보호조치의 취지와 목적에 비추어 현저하게 불합리한 판단을 해서는 아니되며, **피구호자의 가족 등에게 피구호자를 인계할수 있다면 특별한 사정이 없는 한 경찰관서에서 피구호자를 보호하는 것은 허용되지 않는다.**(대판93도958)

> ②경찰관이 응급의 구호를 요하는 자를 보건의료기관에 긴급구호요청을 하고, 보건의료기관이 이에 따라 치료행위를 하였다고 하더라도 국가와 보건의료기관 사이에 국가가 그치료 행위를 보건의료기관에 위탁하고 보건의료기관이 이를 승낙하는 내용의 **치료위임계약이 체결된 것으로는 볼수 없다**.(대판 93다4472)

제5조(위험 발생의 방지 등)

① 경찰관은 사람의 생명 또는 신체에 위해를 끼치거나 재산에 중대한 손해를 끼칠 우려가 있는 천재(天災), 사변(事變), 인공구조물의 파손이나 붕괴, 교통사고, 위험물의 폭발, 위험한 동물 등의 출현, 극도의 혼잡, 그 밖의 위험한 사태가 있을 때에는 다음 각 호의 조치를 할 수 있다.

> 1. 그 장소에 모인 사람, 사물(事物)의 관리자, 그 밖의 관계인에게 필요한 경고를 하는 것
> 2. 매우 긴급한 경우에는 위해를 입을 우려가 있는 사람을 필요한 한도에서 억류하거나 피난시키는 것
> 3. 그 장소에 있는 사람, 사물의 관리자, 그 밖의 관계인에게 위해를 방지하기 위하여 필요하다고 인정되는 조치를 하게 하거나 직접 그 조치를 하는 것

② 경찰관서의 장은 대간첩 작전의 수행이나 소요(騷擾) 사태의 진압을 위하여 필요하다고 인정되는 상당한 이유가 있을 때에는 대간첩 작전지역이나 경찰관서·무기고 등 국가중요시설에 대한 접근 또는 통행을 제한하거나 금지할 수 있다.

③ 경찰관은 제1항의 조치를 하였을 때에는 지체 없이 그 사실을 소속 경찰관서의 장에게 보고하여야 한다.

④ 제2항의 조치를 하거나 제3항의 보고를 받은 경찰관서의 장은 관계 기관의 협조를 구하는 등 적절한 조치를 하여야 한다.

제6조(범죄의 예방과 제지)

경찰관은 범죄행위가 목전(目前)에 행하여지려고 하고 있다고 인정될 때에는 이를 예방하기 위하여 관계인에게 필요한 경고를 하고, 그 행위로 인하여 사람의 생명·신체에 위해를 끼치거나 재산에 중대한 손해를 끼칠 우려가 있는 긴급한 경우에는 그 행위를 제지할 수 있다.

제7조(위험 방지를 위한 출입)

① 경찰관은 제5조제1항·제2항 및 제6조에 따른 위험한 사태가 발생하여 사람의 생명·신체 또는 재산에 대한 위해가 임박한 때에 그 위해를 방지하거나 피해자를 구조하기 위하여 부득이하다고 인정하면 합리적으로 판단하여 필요한 한도에서 다른 사람의 토지·건물·배 또는 차에 출입할 수 있다.

② 흥행장(興行場), 여관, 음식점, 역, 그 밖에 많은 사람이 출입하는 장소의 관리자나 그에 준하는 관계인은 경찰관이 범죄나 사람의 생명·신체·재산에 대한 위해를 예방하기 위하여 해당 장소의 영업시간이나 해당 장소가 일반인에게 공개된 시간에 그 장소에 출입하겠다고 요구하면 정당한 이유 없이 그 요구를 거절할 수 없다.

③ 경찰관은 대간첩 작전 수행에 필요할 때에는 작전지역에서 제2항에 따른 장소를 검색할 수 있다.

④ 경찰관은 제1항부터 제3항까지의 규정에 따라 필요한 장소에 출입할 때에는 그 신분을 표시하는 증표를 제시하여야 하며, 함부로 관계인이 하는 정당한 업무를 방해해서는 아니 된다.

> 📝 **팩트DB**

> **정리**

구분	요건	장소	가능시간	동의여부	효과
예방 출입	위해 예방	다수인 출입 장소	영업시간이나 일반인에 공개된 시간	O	상대방은 정당한 이유없이 출입을 거절하지 못함
긴급 출입	위해 절박 (임박)	타인의 토지, 건물, 배 또는 차	제한 없음	X	거절시 ⇨ 공무집행방해죄
긴급 검색	대간첩작전 수행	다수인이 출입하는 장소	제한없음	X	

제8조(사실의 확인 등)

① 경찰관서의 장은 직무 수행에 필요하다고 인정되는 상당한 이유가 있을 때에는 국가기관이나 공사(公私) 단체 등에 직무 수행에 관련된 사실을 조회할 수 있다. 다만, 긴급한 경우에는 소속 경찰관으로 하여금 현장에 나가 해당 기관 또는 단체의 장의 협조를 받아 그 사실을 확인하게 할 수 있다.

② 경찰관은 다음 각 호의 직무를 수행하기 위하여 필요하면 관계인에게 출석하여야 하는 사유·일시 및 장소를 명확히 적은 출석 요구서를 보내 경찰관서에 출석할 것을 요구할 수 있다.

> 1. 미아를 인수할 보호자 확인
> 2. 유실물을 인수할 권리자 확인
> 3. 사고로 인한 사상자(死傷者) 확인
> 4. 행정처분을 위한 교통사고 조사에 필요한 사실 확인

제8조의2(정보의 수집 등)

① 경찰관은 범죄·재난·공공갈등 등 공공안녕에 대한 위험의 예방과 대응을 위한 정보의 수집·작성·배포와 이에 수반되는 사실의 확인을 할 수 있다.

② 제1항에 따른 정보의 구체적인 범위와 처리 기준, 정보의 수집·작성·배포에 수반되는 사실의 확인 절차와 한계는 대통령령으로 정한다.

📄 **팩트DB**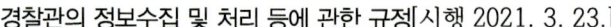

경찰관의 정보수집 및 처리 등에 관한 규정[시행 2021. 3. 23.]

제2조(정보활동의 기본원칙 등) ① 공공안녕에 대한 위험의 예방과 대응을 위한 정보의 수집·작성·배포와 이에 수반되는 사실의 확인을 위해 경찰관이 수행하는 활동(이하 "정보활동"이라 한다)은 국민의 자유와 권리를 보호하는 것을 목적으로 해야 하며, 필요 최소한의 범위에 그쳐야 한다.
　② 경찰관은 정보활동과 관련하여 다음 각 호의 행위를 해서는 안 된다.
　　1. 정치에 관여하기 위해 정보를 수집·작성·배포하는 행위
　　6. 직무와 무관한 비공식적 직함을 사용하는 행위
　③ 경찰청장 또는 해양경찰청장은 정보활동이 적법하게 이루어지도록 현장점검·교육 강화 방안 등을 수립·시행해야 한다.

제3조(수집 등 대상 정보의 구체적인 범위) 경찰관이 「경찰관 직무집행법」(이하 "법"이라 한다) 제8조의2 제1항에 따라 수집·작성·배포할 수 있는 정보의 구체적인 범위는 다음 각 호와 같다.
　　1. 범죄의 예방과 대응에 필요한 정보
　　10. 그 밖에 제1호부터 제9호까지에서 규정한 사항에 준하는 정보

제4조(정보의 수집 및 사실의 확인 절차) ① 경찰관은 법 제8조의2제1항에 따라 정보를 수집하거나 정보의 수집·작성·배포에 수반되는 사실을 확인하려는 경우에는 상대방에게 자신의 신분을 밝히고 정보 수집 또는 사실 확인의 목적을 설명해야 한다. 이 경우 강제적인 방법을 사용해서는 안 된다.
　② 제1항 전단에도 불구하고 다음 각 호의 어느 하나에 해당하는 경우에는 같은 항 전단에서 규정한 절차를 생략할 수 있다.
　　1. 국민의 생명·신체의 안전이나 국가안보에 긴박한 위험이 발생할 우려가 있는 경우
　　2. 범죄의 대응을 위한 정보활동에 현저한 지장을 초래할 우려가 있는 경우
　③ 경찰관은 정보를 제공하거나 사실을 확인해 준 자가 신분이나 처우와 관련하여 불이익을 받지 않도록 비밀유지 등 필요한 조치를 해야 한다.

제5조(정보 수집 등을 위한 출입의 한계) 경찰관은 다음 각 호의 장소에 상시적으로 출입해서는 안 되며, 정보활동을 위해 필요한 경우에 한정하여 일시적으로만 출입해야 한다.
　　1. 언론·교육·종교·시민사회 단체 등 민간단체
　　2. 민간기업
　　3. 정당의 사무소

제6조(정보의 작성) 경찰관은 수집한 정보를 작성할 때 객관적 사실에 기초해 중립적으로 작성해야 하며, 정치에 관여하는 등 특정한 목적을 가지고 그 내용을 왜곡해서는 안 된다.

제7조(수집·작성한 정보의 처리) ① 경찰관은 수집·작성한 정보를 그 목적 외의 용도로 사용해서는 안 된다.
　② 경찰관은 공공안녕에 대한 위험의 예방과 대응을 위해 필요한 경우에는 수집·작성한 정보를 관계기관 등에 통보할 수 있다.
　③ 경찰관은 수집·작성한 정보가 그 목적이 달성되어 불필요하게 되었을 때에는 지체 없이 그 정보를 폐기해야 한다. 다만, 다른 법령에 따라 보존해야 하는 경우는 제외한다.

제8조(위법한 지시의 금지 및 거부) ① 누구든지 정보활동과 관련하여 경찰관에게 이 영과 그 밖의 법령에 반하여 지시해서는 안 된다.

② 경찰관은 명백히 위법한 지시라고 판단되는 경우에는 그 집행을 거부할 수 있다.
③ 경찰관은 명백히 위법한 지시를 거부했다는 이유로 인사·직무 등과 관련한 어떠한 불이익도 받지 않는다.

제8조의3(국제협력)
경찰청장 또는 해양경찰청장은 이 법에 따른 경찰관의 직무수행을 위하여 외국 정부기관, 국제기구 등과 자료 교환, 국제협력 활동 등을 할 수 있다.

제9조(유치장)
법률에서 정한 절차에 따라 체포·구속된 사람 또는 신체의 자유를 제한하는 판결이나 처분을 받은 사람을 수용하기 위하여 경찰서와 해양경찰서에 유치장을 둔다.

제10조(경찰장비의 사용 등)
① 경찰관은 직무수행 중 경찰장비를 사용할 수 있다. 다만, 사람의 생명이나 신체에 위해를 끼칠 수 있는 경찰장비(이하 이 조에서 "위해성 경찰장비"라 한다)를 사용할 때에는 필요한 안전교육과 안전검사를 받은 후 사용하여야 한다.
② 제1항 본문에서 "경찰장비"란 무기, 경찰장구(警察裝具), 경찰착용기록장치, 최루제(催淚劑)와 그 발사장치, 살수차, 감식기구(鑑識機具), 해안 감시기구, 통신기기, 차량·선박·항공기 등 경찰이 직무를 수행할 때 필요한 장치와 기구를 말한다.
③ 경찰관은 경찰장비를 함부로 개조하거나 경찰장비에 임의의 장비를 부착하여 일반적인 사용법과 달리 사용함으로써 다른 사람의 생명·신체에 위해를 끼쳐서는 아니 된다.
④ 위해성 경찰장비는 필요한 최소한도에서 사용하여야 한다.
⑤ 경찰청장은 위해성 경찰장비를 새로 도입하려는 경우에는 대통령령으로 정하는 바에 따라 안전성 검사를 실시하여 그 안전성 검사의 결과보고서를 국회 소관 상임위원회에 제출하여야 한다. 이 경우 안전성 검사에는 외부 전문가를 참여시켜야 한다.
⑥ 위해성 경찰장비의 종류 및 그 사용기준, 안전교육·안전검사의 기준 등은 대통령령으로 정한다.

📝 **팩트DB**

경찰장비	
① 경찰장비 종류	
경찰장구	수갑·포승·호송용포승·경찰봉·호신용경봉·전자충격기·방패 및 전자방패
무기	권총·소총·기관총(기관단총포함)·산탄총·유탄발사기·박격포·3인치포·함포·크레모아·수류탄·폭약류 및 도검
분사기·최루탄 등	근접분사기·가스분사기·가스발사총(고무탄 발사겸용 포함) 및 최루탄(그 발사장치 포함)
기타장비	가스차·살수차·특수진압차·물포·석궁·다목적발사기 및 도주차량 차단장비

② 경찰관은 직무수행 중 경찰장비를 사용할 수 있다.
  ○ 다만, 사람의 생명이나 신체에 위해를 끼칠 수 있는 경찰장비(위해성 경찰장비)를 사용할 때에는 필요한 **안전교육과 안전검사를 받은 후** 사용하여야 한다.

제8조(전자충격기등의 사용제한)
  ① 경찰관은 **14세미만의 자 또는 임산부**에 대하여 전자충격기 또는 전자방패를 사용하여서는 아니된다.
  ② 경찰관은 전극침(電極針) 발사장치가 있는 전자충격기를 사용하는 경우 상대방의 얼굴을 향하여 전극침을 발사하여서는 아니된다.

제9조(총기사용의 경고)
  경찰관은 법 제10조의4에 따라 사람을 향하여 권총 또는 소총을 발사하고자 하는 때에는 미리 구두 또는 공포탄에 의한 사격으로 상대방에게 **경고하여야 한다**. 다만, 다음 각 호의 어느 하나에 해당하는 경우로서 부득이한 때에는 경고하지 아니할 수 있다.

> 1. 경찰관을 급습하거나 타인의 생명·신체에 대한 중대한 위험을 야기하는 범행이 목전에 실행되고 있는 등 상황이 급박하여 특히 경고할 시간적 여유가 없는 경우
> 2. 인질·간첩 또는 테러사건에 있어서 은밀히 작전을 수행하는 경우

제18조(위해성 경찰장비에 대한 안전검사)
  위해성 경찰장비를 사용하는 경찰관이 소속한 국가경찰관서의 장은 소속 경찰관이 사용할 위해성 경찰장비에 대한 안전검사를 별표 2의 기준에 따라 실시하여야 한다.

제18조의2(신규 도입 장비의 안전성 검사)
  ① 경찰청장은 위해성 경찰장비를 **새로 도입하려는 경우**에는 법 제10조제5항에 따라 안전성 검사를 실시하여 새로 도입하려는 장비(신규 도입 장비)가 사람의 생명이나 신체에 미치는 영향을 **평가하여야 한다.**
  ② 제1항에 따른 안전성 검사는 신규 도입 장비와 관련된 분야의 **외부 전문가**가 신규 도입 장비의 주요 특성이나 작동원리에 기초하여 제시하는 검사방법 및 기준에 따라 실시하되, 신규 도입 장비에 대하여 일반적으로 인정되는 합리적인 검사방법이나 기준이 있을 경우 그 검사방법이나 기준에 따라 안전성 검사를 실시할 수 있다.
  ③ 법 제10조제5항 후단에 따라 안전성 검사에 참여한 외부 전문가는 안전성 검사가 끝난 후 **30일 이내**에 신규 도입 장비의 안전성 여부에 대한 의견을 **경찰청장에게 제출하여야 한다.**
  ④ 경찰청장은 신규 도입 장비에 대한 안전성 검사를 실시한 후 3개월 이내에 다음 각 호의 내용이 포함된 안전성 검사 결과보고서를 **국회 소관 상임위원회에 제출**하여야 한다.

> 1. 신규 도입 장비의 주요 특성 및 기본적인 작동 원리
> 2. 안전성 검사의 방법 및 기준
> 3. 안전성 검사에 참여한 외부 전문가의 의견
> 4. 안전성 검사 결과 및 종합 의견

제19조(위해성 경찰장비의 개조 등)
  국가경찰관서의 장은 폐기대상인 위해성 경찰장비 또는 성능이 저하된 위해성 경찰장비를 개조할 수 있으며, 소속경찰관으로 하여금 이를 본래의 용법에 준하여 사용하게 할 수 있다.

제20조(사용기록의 보관 등)
  ① 제2조제2호부터 제4호까지의 위해성 경찰장비(제4호의 경우에는 살수차만 해당한다)를 사용하는 경우 그 현장책임자 또는 사용자는 별지 서식의 사용보고서를 작성하여 직근상급 감독자에게 보고하고, 직근상급 감독자는 이를 **3년간 보관하여야 한다.**
  ② 제1항의 규정에 의하여 제2조제2호의 무기 사용보고를 받은 직근상급 감독자는 지체없이 지휘계통을 거쳐 경찰청장 또는 해양경찰청장에게 보고하여야 한다.

제10조의2(경찰장구의 사용)
① 경찰관은 다음 각 호의 직무를 수행하기 위하여 필요하다고 인정되는 상당한 이유가 있을 때에는 그 사태를 합리적으로 판단하여 필요한 한도에서 경찰장구를 사용할 수 있다.

> 1. 현행범이나 사형·무기 또는 장기 3년 이상의 징역이나 금고에 해당하는 죄를 범한 범인의 체포 또는 도주 방지
> 2. 자신이나 다른 사람의 생명·신체의 방어 및 보호
> 3. 공무집행에 대한 항거(抗拒) 제지

② 제1항에서 "경찰장구"란 경찰관이 휴대하여 범인 검거와 범죄 진압 등의 직무 수행에 사용하는 수갑, 포승(捕繩), 경찰봉, 방패 등을 말한다.

제10조의3(분사기 등의 사용)
경찰관은 다음 각 호의 직무를 수행하기 위하여 부득이한 경우에는 현장책임자가 판단하여 필요한 최소한의 범위에서 분사기(「총포·도검·화약류 등의 안전관리에 관한 법률」에 따른 분사기를 말하며, 그에 사용하는 최루 등의 작용제를 포함한다. 이하 같다) 또는 최루탄을 사용할 수 있다.

> 1. 범인의 체포 또는 범인의 도주 방지
> 2. 불법집회·시위로 인한 자신이나 다른 사람의 생명·신체와 재산 및 공공시설 안전에 대한 현저한 위해의 발생 억제

제10조의4(무기의 사용)
① 경찰관은 범인의 체포, 범인의 도주 방지, 자신이나 다른 사람의 생명·신체의 방어 및 보호, 공무집행에 대한 항거의 제지를 위하여 필요하다고 인정되는 상당한 이유가 있을 때에는 그 사태를 합리적으로 판단하여 필요한 한도에서 무기를 사용할 수 있다. 다만, 다음 각 호의 어느 하나에 해당할 때를 제외하고는 사람에게 위해를 끼쳐서는 아니 된다.

> 1. 「형법」에 규정된 정당방위와 긴급피난에 해당할 때
> 2. 다음 각 목의 어느 하나에 해당하는 때에 그 행위를 방지하거나 그 행위자를 체포하기 위하여 무기를 사용하지 아니하고는 다른 수단이 없다고 인정되는 상당한 이유가 있을 때
>   가. 사형·무기 또는 장기 3년 이상의 징역이나 금고에 해당하는 죄를 범하거나 범하였다고 의심할 만한 충분한 이유가 있는 사람이 경찰관의 직무집행에 항거하거나 도주하려고 할 때
>   나. 체포·구속영장과 압수·수색영장을 집행하는 과정에서 경찰관의 직무집행에 항거하거나 도주하려고 할 때
>   다. 제3자가 가목 또는 나목에 해당하는 사람을 도주시키려고 경찰관에게 항서할 때
>   라. 범인이나 소요를 일으킨 사람이 무기·흉기 등 위험한 물건을 지니고 경찰관으로부터 3회 이상 물건을 버리라는 명령이나 항복하라는 명령을 받고도 따르지 아니하면서 계속 항거할 때
> 3. 대간첩 작전 수행 과정에서 무장간첩이 항복하라는 경찰관의 명령을 받고도 따르지 아니할 때

② 제1항에서 "무기"란 사람의 생명이나 신체에 위해를 끼칠 수 있도록 제작된 권총·소총·도검 등을 말한다.
③ 대간첩·대테러 작전 등 국가안전에 관련되는 작전을 수행할 때에는 개인화기(個人火器) 외에 공용화기(共用火器)를 사용할 수 있다.

제10조의5(경찰착용기록장치의 사용)
① 경찰관은 다음 각 호의 어느 하나에 해당하는 직무 수행을 위하여 필요한 경우에는 필요한 최소한의 범위에서 경찰착용기록장치를 사용할 수 있다.

> 1. 경찰관이 「형사소송법」 제200조의2, 제200조의3, 제201조 또는 제212조에 따라 피의자를 체포 또는 구속하는 경우
> 2. 범죄 수사를 위하여 필요한 경우로서 다음 각 목의 요건을 모두 갖춘 경우
>   가. 범행 중이거나 범행 직전 또는 직후일 것
>   나. 증거보전의 필요성 및 긴급성이 있을 것
> 3. 제5조제1항에 따른 인공구조물의 파손이나 붕괴 등의 위험한 사태가 발생한 경우
> 4. 경찰착용기록장치에 기록되는 대상자(이하 이 조에서 "기록대상자"라 한다)로부터 그 기록의 요청 또는 동의를 받은 경우
> 5. 제4조제1항 각 호에 해당하는 것이 명백하고 응급구호가 필요하다고 믿을 만한 상당한 이유가 있는 경우
> 6. 제6조에 따라 사람의 생명·신체에 위해를 끼치거나 재산에 중대한 손해를 끼칠 우려가 있는 범죄행위를 긴급하게 예방 및 제지하는 경우
> 7. 경찰관이 「해양경비법」 제12조 또는 제13조에 따라 해상검문검색 또는 추적·나포하는 경우
> 8. 경찰관이 「수상에서의 수색·구조 등에 관한 법률」에 따라 같은 법 제2조제4호의 수난구호 업무 시 수색 또는 구조를 하는 경우
> 9. 그 밖에 제1호부터 제8호까지에 준하는 경우로서 대통령령으로 정하는 경우

② 이 법에서 "경찰착용기록장치"란 경찰관이 신체에 착용 또는 휴대하여 직무수행 과정을 근거리에서 영상·음성으로 기록할 수 있는 기록장치 또는 그 밖에 이와 유사한 기능을 갖춘 기계장치를 말한다.

제10조의6(경찰착용기록장치의 사용 고지 등)
① 경찰관이 경찰착용기록장치를 사용하여 기록하는 경우로서 이동형 영상정보처리기기로 사람 또는 그 사람과 관련된 사물의 영상을 촬영하는 때에는 불빛, 소리, 안내판 등 대통령령으로 정하는 바에 따라 촬영 사실을 표시하고 알려야 한다.
② 제1항에도 불구하고 제10조의5제1항 각 호에 따른 경우로서 불가피하게 고지가 곤란한 경우에는 제3항에 따라 영상음성기록을 전송·저장하는 때에 그 고지를 못한 사유를 기록하는 것으로 대체할 수 있다.
③ 경찰착용기록장치로 기록을 마친 영상음성기록은 지체 없이 제10조의7에 따른 영상음성기록정보 관리체계를 이용하여 영상음성기록정보 데이터베이스에 전송·저장하도록 하여야 하며, 영상음성기록을 임의로 편집·복사하거나 삭제하여서는 아니 된다.
④ 그 밖에 경찰착용기록장치의 사용기준 및 관리 등에 필요한 사항은 대통령령으로 정한다.

시행령

제2조(경찰착용기록장치의 사용)「경찰관 직무집행법」(이하 "법"이라 한다) 제10조의5제1항제9호에서 "대통령령으로 정하는 경우"란 다음 각 호의 어느 하나에 해당하는 경우를 말한다.

1. 법 제2조에 따른 경찰관(경찰공무원만 해당한다. 이하 같다)의 직무수행 과정에서 폭언·폭행 등이 발생했거나 발생할 우려가 있는 경우
2. 다음 각 목의 어느 하나에 해당하는 행위를 긴급하게 예방 및 제지할 필요가 있는 경우
   가. 「노인복지법」 제1조의2제4호에 따른 노인학대
   나. 「아동복지법」 제3조제7호에 따른 아동학대
   다. 「여성폭력방지기본법」 제3조제1호에 따른 여성폭력
   라. 「장애인복지법」 제2조제3항에 따른 장애인학대
   마. 「형의 집행 및 수용자의 처우에 관한 법률」 제126조의2 또는 「보호관찰 등에 관한 법률」 제 55조의3에 따라 통보되는 정보의 대상자인 수형자·가석방자의 재범
   바. 「특정범죄신고자 등 보호법」 제2조제3호에 따른 범죄신고자등에 대한 보복범죄
3. 다음 각 목의 어느 하나에 해당하는 현장에서 범죄수사를 위하여 긴급히 증거를 수집하거나 현장 기록이 필요한 경우. 다만, 가목 및 다목의 경우에는 범죄수사를 위하여 긴급히 증거를 수집할 필요가 있는 경우만 해당한다.
   가. 「도로교통법」에 따른 교통법규 위반 행위 단속이 이루어지는 현장
   나. 「수산자원관리법」 제16조에 따른 경찰관의 불법어획물 방류명령이 이루어지는 현장
   다. 「집회 및 시위에 관한 법률」에 따른 집회·시위 현장
   라. 「풍속영업의 규제에 관한 법률」 제9조에 따라 같은 법 제3조의 준수 사항을 지키고 있는지 검사하는 현장
   마. 「해양경비법」 제14조제1항에 따른 해상항행 보호조치가 이루어지는 현장
4. 다음 각 목의 어느 하나에 해당하는 활동을 하는 경우로서 범죄 발생 시 사회적 파급력·영향력이 높을 것으로 예상되는 경우
   가. 법 제2조제3호에 따른 주요 인사(人士) 경호
   나. 「국민보호와 공공안전을 위한 테러방지법」 제2조제6호에 따른 대테러활동
5. 「재난 및 안전관리 기본법」 제3조제1호에 따른 재난이 발생한 현장에서 원활한 교통을 확보하고, 교통상의 위해를 방지하기 위하여 긴급하게 조치 또는 명령을 할 필요가 있는 경우
6. 그 밖에 명백히 사람의 생명·신체·재산의 이익을 위하여 급박하게 필요하다고 인정되는 경우

제3조(경찰착용기록장치의 사용 고지 등) 경찰관은 법 제10조의6제1항에 따라 경찰착용기록장치로 사람 또는 그 사람과 관련된 사물의 영상을 촬영하는 때에는 불빛, 소리, 안내판, 안내서면, 안내방송, 안내문구 부착 또는 이에 준하는 수단이나 방법으로 촬영 사실을 표시하고 알려야 한다.

제4조(교육 훈련) 경찰청장 또는 해양경찰청장은 경찰착용기록장치를 사용하는 경찰관을 대상으로 경찰 착용기록장치 조작 방법, 사용 지침, 개인정보 보호 등에 관한 내용이 포함된 교육을 실시해야 한다.

제5조(영상음성기록의 보관기간) ① 경찰착용기록장치로 기록한 영상음성기록의 보관기간은 해당 기록

을 법 제10조의6제3항에 따라 영상음성기록정보 데이터베이스에 전송·저장한 날부터 30일(해당 영상음성기록이 수사 중인 범죄와 관련된 경우 등 경찰청장 또는 해양경찰청장이 정하는 사항에 해당하는 경우에는 90일)로 한다.
② 제1항에도 불구하고 경찰청장, 해양경찰청장, 시·도경찰청장, 지방해양경찰청장, 중앙해양특수구조단장, 경찰서장 또는 해양경찰서장은 범죄수사를 위한 증거 보전이 필요한 경우 등 영상음성기록을 계속하여 보관할 필요가 있다고 인정하는 경우에는 90일의 범위에서 한 차례만 보관기간을 연장할 수 있다.

제10조의7(영상음성기록정보 관리체계의 구축·운영)

경찰청장 및 해양경찰청장은 경찰착용기록장치로 기록한 영상·음성을 저장하고 데이터베이스로 관리하는 영상음성기록정보 관리체계를 구축·운영하여야 한다.

제11조(사용기록의 보관)

제10조제2항에 따른 살수차, 제10조의3에 따른 분사기, 최루탄 또는 제10조의4에 따른 무기를 사용하는 경우 그 책임자는 사용 일시·장소·대상, 현장책임자, 종류, 수량 등을 기록하여 보관하여야 한다.

제11조의2(손실보상)

① 국가는 경찰관의 적법한 직무집행으로 인하여 다음 각 호의 어느 하나에 해당하는 손실을 입은 자에 대하여 정당한 보상을 하여야 한다.

> 1. 손실발생의 원인에 대하여 책임이 없는 자가 생명·신체 또는 재산상의 손실을 입은 경우(손실발생의 원인에 대하여 책임이 없는 자가 경찰관의 직무집행에 자발적으로 협조하거나 물건을 제공하여 생명·신체 또는 재산상의 손실을 입은 경우를 포함한다)
> 2. 손실발생의 원인에 대하여 책임이 있는 자가 자신의 책임에 상응하는 정도를 초과하는 생명·신체 또는 재산상의 손실을 입은 경우

② 제1항에 따른 보상을 청구할 수 있는 권리는 손실이 있음을 안 날부터 3년, 손실이 발생한 날부터 5년간 행사하지 아니하면 시효의 완성으로 소멸한다.
③ 제1항에 따른 손실보상신청 사건을 심의하기 위하여 손실보상심의위원회를 둔다.
④ 경찰청장, 해양경찰청장, 시·도경찰청장 또는 지방해양경찰청장은 제3항의 손실보상심의위원회의 심의·의결에 따라 보상금을 지급하고, 거짓 또는 부정한 방법으로 보상금을 받은 사람에 대하여는 해당 보상금을 환수하여야 한다.
⑤ 보상금이 지급된 경우 손실보상심의위원회는 대통령령으로 정하는 바에 따라 국가경찰위원회 또는 해양경찰위원회에 심사자료와 결과를 보고하여야 한다. 이 경우 국가경찰위원회 또는 해양경찰위원회는 손실보상의 적법성 및 적정성 확인을 위하여 필요한 자료의 제출을 요구할 수 있다.
⑥ 경찰청장, 해양경찰청장, 시·도경찰청장 또는 지방해양경찰청장은 제4항에 따라 보상금을 반환하여야 할 사람이 대통령령으로 정한 기한까지 그 금액을 납부하지 아니한 때에는 국세강제징수의 예에 따라 징수할 수 있다.
⑦ 제1항에 따른 손실보상의 기준, 보상금액, 지급 절차 및 방법, 제3항에 따른 손실보상심의위원회의 구성 및 운영, 제4항 및 제6항에 따른 환수절차, 그 밖에 손실보상에 관하여 필요한 사항은 대통령령으로 정한다.

제11조의3(범인검거 등 공로자 보상)
　① 경찰청장, 해양경찰청장, 시·도경찰청장, 지방해양경찰청장, 경찰서장 또는 해양경찰서장(이하 이 조에서 "경찰청장등"이라 한다)은 다음 각 호의 어느 하나에 해당하는 사람에게 보상금을 지급할 수 있다.

> 1. 범인 또는 범인의 소재를 신고하여 검거하게 한 사람
> 2. 범인을 검거하여 경찰공무원에게 인도한 사람
> 3. 테러범죄의 예방활동에 현저한 공로가 있는 사람
> 4. 그 밖에 제1호부터 제3호까지의 규정에 준하는 사람으로서 대통령령으로 정하는 사람

　② 경찰청장등은 제1항에 따른 보상금 지급의 심사를 위하여 대통령령으로 정하는 바에 따라 각각 보상금심사위원회를 설치·운영하여야 한다.
　③ 제2항에 따른 보상금심사위원회는 위원장 1명을 포함한 5명 이내의 위원으로 구성한다.
　④ 제2항에 따른 보상금심사위원회의 위원은 소속 경찰공무원 중에서 경찰청장등이 임명한다.
　⑤ 경찰청장등은 제2항에 따른 보상금심사위원회의 심사·의결에 따라 보상금을 지급하고, 거짓 또는 부정한 방법으로 보상금을 받은 사람에 대하여는 해당 보상금을 환수한다.
　⑥ 경찰청장등은 제5항에 따라 보상금을 반환하여야 할 사람이 대통령령으로 정한 기한까지 그 금액을 납부하지 아니한 때에는 국세강제징수의 예에 따라 징수할 수 있다.
　⑦ 제1항에 따른 보상 대상, 보상금의 지급 기준 및 절차, 제2항 및 제3항에 따른 보상금심사위원회의 구성 및 심사사항, 제5항 및 제6항에 따른 환수절차, 그 밖에 보상금 지급에 관하여 필요한 사항은 대통령령으로 정한다.

제11조의4(소송 지원)
　경찰청장과 해양경찰청장은 경찰관이 제2조 각 호에 따른 직무의 수행으로 인하여 민·형사상 책임과 관련된 소송을 수행할 경우 변호인 선임 등 소송 수행에 필요한 지원을 할 수 있다.

제11조의5(직무 수행으로 인한 형의 감면) 다음 각 호의 범죄가 행하여지려고 하거나 행하여지고 있어 타인의 생명·신체에 대한 위해 발생의 우려가 명백하고 긴급한 상황에서, 경찰관이 그 위해를 예방하거나 진압하기 위한 행위 또는 범인의 검거 과정에서 경찰관을 향한 직접적인 유형력 행사에 대응하는 행위를 하여 그로 인하여 타인에게 피해가 발생한 경우, 그 경찰관의 직무수행이 불가피한 것이고 필요한 최소한의 범위에서 이루어졌으며 해당 경찰관에게 고의 또는 중대한 과실이 없는 때에는 그 정상을 참작하여 형을 감경하거나 면제할 수 있다.

> 1. 「형법」 제2편제24장 살인의 죄, 제25장 상해와 폭행의 죄, 제32장 강간과 추행의 죄 중 강간에 관한 범죄, 제38장 절도와 강도의 죄 중 강도에 관한 범죄 및 이에 대하여 다른 법률에 따라 가중처벌하는 범죄
> 2. 「가정폭력범죄의 처벌 등에 관한 특례법」에 따른 가정폭력범죄, 「아동학대범죄의 처벌 등에 관한 특례법」에 따른 아동학대범죄

제12조(벌칙)
　이 법에 규정된 경찰관의 의무를 위반하거나 직권을 남용하여 다른 사람에게 해를 끼친 사람은 1년 이하의 징역이나 금고 또는 300만원 이하의 벌금에 처한다.

팩트DB

경찰 손실보상심의위원회와 보상금심사위원회

	손실보상심의위원회	보상금심사위원회
목적	생명신체 재산상 손실에 대한 보상	단순 신고, 검거자 보상
설치	경찰청, 시·도경찰청	경찰청, 시·도경찰청, 경찰서
구성원	5~7명 위원 위원 과반수는 경찰관이 아닌 사람 위원장 호선 ->직무 대행 : 위원장이 미리 지명한 위원	5명 이내 경찰관 위원장은 과장급 이상
위원 임명	위원은 소속 경찰공무원과 다음 각 호의 어느 하나에 해당하는 사람 중에서 경찰청장등이 위촉하거나 임명한다.	<u>소속 경찰공무원 중에서 경찰청장, 시·도경찰청장 또는 경찰서장이 임명한다.</u>
의결	재적과반수, 출석과반수	재적과반수

● 손실보상청구권은 손실이 있음을 **안날로부터 3년**, 손실이 **발생한 날로부터 5년간** 행사하지 아니하면 시효 완성으로 소멸한다.

법규

경찰 물리력 행사의 기준과 방법에 관한 규칙 [시행 2019. 11. 24.]

제1장 총 칙

1.1. 목적

이 규칙은 경찰관이 물리력 사용 시 준수하여야 할 기본원칙, 물리력 사용의 정도, 각 물리력 수단의 사용한계 및 유의사항을 규정함으로써 국민과 경찰관의 생명·신체를 보호하고 인권을 보장하며 경찰 법집행의 정당성을 확보하는 데에 그 목적이 있다.

1.2. 경찰 물리력의 정의

경찰 물리력이란 범죄의 예방과 제지, 범인 체포 또는 도주 방지, 자신이나 다른 사람의 생명·신체 방어 및 보호, 공무집행에 대한 항거 제지 등 경찰목적을 달성하기 위해 경찰권발동의 대상자(이하 '대상자')에 대해 행해지는 일체의 신체적, 도구적 접촉(경찰관의 현장 임장, 언어적 통제 등 직접적인 신체 접촉 전 단계의 행위들도 포함한다)을 말한다.

1.3. 경찰 물리력 사용 3대 원칙

경찰관은 경찰목적을 실현함에 있어 적합하고 필요하며 상당한 수단을 선택함으로써 그 목적과 수단 사이에 합리적인 비례관계가 유지되도록 하여야 하며, 특히 물리력을 사용할 필요가 있는 경우 다음 원칙을 준수하여야 한다.

> 1.3.1. 객관적 합리성의 원칙
> 경찰관은 자신이 처해있는 사실과 상황에 비추어 합리적인 현장 경찰관의 관점에서 가장 적절한 물리력을 사용하여야 하며, 이를 위해 범죄의 종류, 피해의 경중, 위해의 급박성, 저항의 강약, 대상자와 경찰관의 수, 대상자가 소지한 무기의 종류 및 무기 사용의 태양, 대상자의 신체 및 건강 상태, 도주여부, 현장 주변의 상황 등을 종합적으로 고려하여야 한다.
> 1.3.2. 대상자 행위와 물리력 간 상응의 원칙
> 경찰관은 대상자의 행위에 따른 위해의 수준을 계속 평가·판단하여 필요최소한의 수준으로 물리력을 높이거나 낮추어서 사용하여야 한다.
> 1.3.3. 위해감소노력 우선의 원칙
> 경찰관은 현장상황이 안전하고 시간적 여유가 있는 경우에는 대상자가 야기하는 위해 수준을 떨어뜨려 보다 덜 위험한 물리력을 통해 상황을 종결시킬 수 있도록 노력하여야 한다. 다만, 이러한 노력이 오히려 상황을 악화시킬 가능성이 있거나 급박한 경우에는 이 원칙을 적용하지 않을 수 있다.

1.4. 경찰 물리력 사용 시 유의사항

> 1.4.1. 경찰관은 경찰청이 공인한 물리력 수단을 사용하여야 한다.
> 1.4.2. 경찰관은 성별, 장애, 인종, 종교 및 성정체성 등에 대한 선입견을 가시고 차별적으로 물리력을 사용하여서는 아니 된다.
> 1.4.3. 경찰관은 대상자의 신체 및 건강상태, 장애유형 등을 고려하여 물리력을 사용하여야 한다.

1.4.4. 경찰관은 이미 경찰목적을 달성하여 더 이상 물리력을 사용할 필요가 없는 경우에는 물리력 사용을 즉시 중단하여야 한다.
1.4.5. 경찰관은 대상자를 징벌하거나 복수할 목적으로 물리력을 사용하여서는 아니 된다.
1.4.6. 경찰관은 오직 상황의 빠른 종결이나, 직무수행의 편의를 위한 목적으로 물리력을 사용하여서는 아니 된다.

제2장 대상자 행위와 경찰 물리력 사용의 정도

2.1. 대상자 행위

대상자가 경찰관 또는 제3자에 대해 보일 수 있는 행위는 그 위해의 정도에 따라 ① 순응 ② 소극적 저항 ③ 적극적 저항 ④ 폭력적 공격 ⑤ 치명적 공격 등 다섯 단계로 구별한다.

2.1.1. 순응
대상자가 경찰관의 지시, 통제에 따르는 상태를 말한다. 다만, 대상자가 경찰관의 요구에 즉각 응하지 않고 약간의 시간만 지체하는 경우는 '순응'으로 본다.

2.1.2. 소극적 저항
대상자가 경찰관의 지시, 통제를 따르지 않고 비협조적이지만 경찰관 또는 제3자에 대해 직접적인 위해를 가하지 않는 상태를 말한다.
경찰관이 정당한 이동 명령을 발하였음에도 가만히 서있거나 앉아 있는 등 전혀 움직이지 않는 상태, 일부러 몸의 힘을 모두 빼거나, 고정된 물체를 꽉 잡고 버팀으로써 움직이지 않으려는 상태 등이 이에 해당한다.

2.1.3. 적극적 저항
대상자가 자신에 대한 경찰관의 체포·연행 등 정당한 공무집행을 방해하지만 경찰관 또는 제3자에 대해 위해 수준이 낮은 행위만을 하는 상태를 말한다.
대상자가 자신을 체포·연행하려는 경찰관으로부터 물리적으로 이탈하거나 도주하려는 행위, 체포·연행을 위해 팔을 잡으려는 경찰관의 손을 뿌리치거나, 경찰관을 밀고 잡아끄는 행위, 경찰관에게 침을 뱉거나 경찰관을 밀치는 행위 등이 이에 해당한다.

2.1.4. 폭력적 공격
대상자가 경찰관 또는 제3자에 대해 신체적 위해를 가하는 상태를 말한다.
대상자가 경찰관에게 폭력을 행사하려는 자세를 취하여 그 행사가 임박한 상태, 주먹·발 등을 사용해서 경찰관에 대해 신체적 위해를 초래하고 있거나 임박한 상태, 강한 힘으로 경찰관을 밀거나 잡아당기는 등 완력을 사용해 체포에서 벗어나려고 하는 상태 등이 이에 해당한다.

2.1.5. 치명적 공격
대상자가 경찰관 또는 제3자에 대해 사망 또는 심각한 부상을 초래할 수 있는 행위를 하는 상태를 말한다.
총기류(공기총·엽총·사제권총 등), 흉기(칼·도끼·낫 등), 둔기(망치·쇠파이프 등)를 이용하여 경찰관, 제3자에 대해 위력을 행사하고 있거나 위해 발생이 임박한 경우, 경찰관이나 제3자의 목을 세게 조르거나 무차별 폭행하는 등 생명·신체에 대해 중대한 위해가 발생할 정도의 위험한 폭력을 행사하는 경우가 이에 해당한다.

2.2. 경찰관 대응 수준

대상자 행위에 따른 경찰관의 대응 수준은 ① 협조적 통제, ② 접촉 통제 ③저위험 물리력 ④중위험 물리력 ⑤고위험 물리력 등 다섯 단계로 구별한다.

2.2.1. 협조적 통제
'순응' 이상의 상태인 대상자에 대해 사용할 수 있는 물리력 수준으로서, 대상자의 협조를 유도하거나 협조에 따른 물리력을 말한다. 그 종류는 다음과 같다.
  가. 현장 임장
  나. 언어적 통제
  다. 체포 등을 위한 수갑 사용
  라. 안내·체포 등에 수반한 신체적 물리력

2.2.2. 접촉 통제
'소극적 저항' 이상의 상태인 대상자에 대해 사용할 수 있는 물리력 수준으로서, 대상자 신체 접촉을 통해 경찰목적 달성을 강제하지만 신체적 부상을 야기할 가능성은 극히 낮은 물리력을 말한다. 그 종류는 다음과 같다.
  가. 신체 일부 잡기·밀기·잡아끌기, 쥐기·누르기·비틀기
  나. 경찰봉 양 끝 또는 방패를 잡고 대상자의 신체에 안전하게 밀착한 상태에서 대상자를 특정 방향으로 밀거나 잡아당기기

2.2.3. 저위험 물리력
'적극적 저항' 이상의 상태인 대상자에 대해 사용할 수 있는 물리력 수준으로서, 대상자가 통증을 느낄 수 있으나 신체적 부상을 당할 가능성은 낮은 물리력을 말한다. 그 종류는 다음과 같다.
  가. 목을 압박하여 제압하거나 관절을 꺾는 방법, 팔·다리를 이용해 움직이지 못하도록 조르는 방법, 다리를 걸거나 들쳐 매는 등 균형을 무너뜨려 넘어뜨리는 방법, 대상자가 넘어진 상태에서 움직이지 못하게 위에서 눌러 제압하는 방법
  나. 분사기 사용(다른 저위험 물리력 이하의 수단으로 제압이 어렵고, 경찰관이나 대상자의 부상 등의 방지를 위해 필요한 경우)

2.2.4. 중위험 물리력
'폭력적 공격' 이상의 상태의 대상자에 대해 사용할 수 있는 물리력 수준으로서, 대상자에게 신체적 부상을 입힐 수 있으나 생명·신체에 대한 중대한 위해 발생 가능성은 낮은 물리력을 말한다. 그 종류는 다음과 같다.
  가. 손바닥, 주먹, 발 등 신체부위를 이용한 가격
  나. 경찰봉으로 중요부위가 아닌 신체 부위를 찌르거나 가격
  다. 방패로 강하게 압박하거나 세게 미는 행위
  라. 전자충격기 사용

2.2.5. 고위험 물리력
  가. '치명적 공격' 상태의 대상자로 인해 경찰관 또는 제3자의 생명·신체에 급박하고 중대한 위해가 초래될 가능성이 있는 경우 최후의 수단으로 사용할 수 있는 물리력 수준으로서, 대상자의 사망 또는 심각한 부상을 초래할 수 있는 물리력을 말한다.
  나. 경찰관은 대상자의 '치명적 공격' 상황에서도 현장상황이 급박하지 않은 경우에는 낮은 수준의 물리력을 우선적으로 사용하여 상황을 종결시킬 수 있도록 노력하여야 한다.
  다. '고위험 물리력'의 종류는 다음과 같다.
   1) 권총 등 총기류 사용
   2) 경찰봉, 방패, 신체적 물리력으로 대상자의 신체 중요 부위 또는 급소 부위 가격, 대상자의 목을 강하게 조르거나 신체를 강한 힘으로 압박하는 행위

📄 팩트DB

정리

대상자 행위		경찰관 대응 수준	
순응	대상자가 경찰관의 지시, 통제에 따르는 상태 ➡ 약간의 시간지체는 순응으로 봄	협조적 통제	'순응' 이상의 상태인 대상자에 대해 사용할 수 있는 물리력 수준으로서, 대상자의 협조를 유도하거나 협조에 따른 물리력 ➡ 언어적 통제, 수갑사용 등
소극적 저항	대상자가 경찰관의 지시, 통제를 따르지 않고 비협조적이지만 경찰관 또는 제3자에 대해 직접적인 위해를 가하지 않는 상태 ➡ 움직이지 않기, 몸에 힘빼기, 잡고 버티기	접촉 통제	'소극적 저항' 이상의 상태인 대상자에 대해 사용할 수 있는 물리력 수준으로서, 대상자 신체 접촉을 통해 경찰목적 달성을 강제하지만 신체적 부상을 야기할 가능성은 극히 낮은 물리력 →신체일부 잡기·밀기·잡아끌기, 비틀기
적극적 저항	대상자가 자신에 대한 경찰관의 체포·연행 등 정당한 공무집행을 방해하지만 경찰관 또는 제3자에 대해 위해 수준이 낮은 행위만을 하는 상태 ➡ 도주, 밀고 잡아끔, 침을 뱉거나 밀치기	저위험 물리력	'적극적 저항' 이상의 상태인 대상자에 대해 사용할 수 있는 물리력 수준으로서, 대상자가 통증을 느낄 수 있으나 신체적 부상을 당할 가능성은 낮은 물리력 →목압박, 관절꺾기, 조르기, 다리걸기, 넘어뜨리기, 분사기사용
폭력적 공격	대상자가 경찰관 또는 제3자에 대해 신체적 위해를 가하는 상태 ➡ 주먹·발 사용, 강한 힘으로 밀거나 잡아당김	중위험 물리력	'폭력적 공격' 이상의 상태의 대상자에 대해 사용할 수 있는 물리력 수준으로서, 대상자에게 신체적 부상을 입힐 수 있으나 생명·신체에 대한 중대한 위해 발생 가능성은 낮은 물리력 →중요부위가 아닌 신체부위를 가격, 방패로 세게 밀기, 전자충격기 사용
치명적 공격	대상자가 경찰관 또는 제3자에 대해 사망 또는 심각한 부상을 초래할 수 있는 행위를 하는 상태 ➡ 총기류·흉기,둔기 이용, 목을 세게 조르거나 무차별 폭행	고위험 물리력	'치명적 공격' 상태의 대상자로 인해 경찰관 또는 제3자의 생명·신체에 급박하고 중대한 위해가 초래될 가능성이 있는 경우 최후의 수단으로 사용할 수 있는 물리력 수준으로서, 대상자의 사망 또는 심각한 부상을 초래할 수 있는 물리력 →신체중요부위 또는 급소 가격, 목조르기, 총기류 사용

2.3. 경찰 물리력 행사 연속체

2.3.1. 비례의 원칙에 입각한 물리력 사용 한계에 대한 이해도 제고를 위해 대상자 행위에 대응한 경찰 물리력 수준을 도식화한 것을 '경찰 물리력 행사 연속체 <그림>'라고 한다.

〈그림〉 경찰 물리력 행사 연속체 (대상자 행위에 대응한 경찰 물리력 수준)

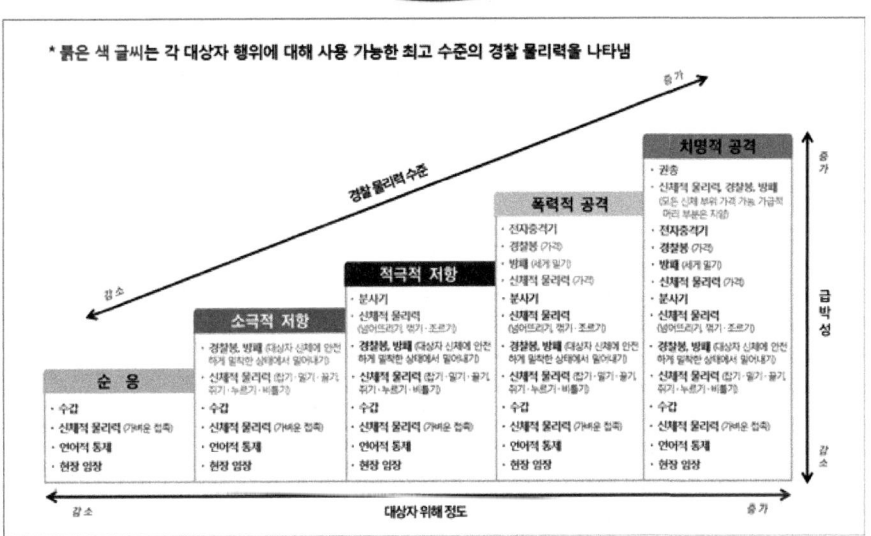

2.3.2. 경찰관은 가능한 경우 낮은 수준의 물리력부터 시작하여 물리력의 강도를 높여감으로써 상황을 안전하게 종결시키도록 하여야 한다. 다만, 급박하거나 대상자 행위의 위해 수준이 불연속적으로 급변하는 경우 경찰관 역시 그 상황에 맞는 물리력을 곧바로 사용할 수 있다.

가. (1단계 : 평가) 현장상황을 종합적으로 고려하여 대상자 행위를 '순응', '소극적 저항', '적극적 저항', '폭력적 공격', '치명적 공격' 등으로 평가

나. (2단계 : 판단) 대상자의 저항이나 공격을 제압할 수 있는 적절한 물리력 수단을 선택하되, 전체적인 현장상황이 안전하고 시간적 여유가 있는 경우 대상자가 야기하는 위해 수준을 감소시키기 위해 노력

하여야 하며, 낮은 수준의 물리력 수단을 우선적으로 고려
  다. (3단계 : 행동) 선택한 물리력을 사용하는 경우에도 경찰목적을 달성하는 한도 내에서 대상자에게 최소한의 침해를 가져오는 방법으로 물리력을 사용
  라. (4단계 : 재평가) 이후 상황을 지속적으로 재평가하면서 대상자의 행위 및 현장 주변 상황 변화에 따라 대응 물리력 수준을 증가시키거나 감소
2.3.3. 이 연속체는 경찰관과 대상자가 대면하는 모든 상황에 기계적, 획일적으로 적용될 수 있는 것이 아니며, 실제 개별 경찰 물리력 사용 현장에서는 대상자의 행위 외에도 위해의 급박성, 대상자와 경찰관의 수·성별·체격·나이, 제3자에 대한 위해가능성, 기타 현장 주변 상황을 종합적으로 고려하여 가장 적절한 물리력을 사용하여야 한다.

제3장 개별 물리력 수단 사용 한계 및 유의사항
3.1. 현장 임장

> 3.1.1. 현장 임장의 정의
> 현장 임장은 경찰관이 대상자에게 접근하여 자신의 소속, 신분과 함께 임장의 목적과 취지를 밝혀 그에 따르도록 하는 것을 말한다. 현장 임장은 대상자의 모든 행위 유형에서 행해질 수 있다.
> 3.2.1. 현장 임장 시 유의사항
>   가. 경찰관은 현장에 임장하는 것만으로도 대상자의 순응을 이끌어 낼 수 있다는 점을 인식하여 현장 임장만으로 상황을 종결시키도록 노력하여야 한다.
>   나. 경찰관은 현장 임장 시 대상자 및 주변 관계자들에 의한 갑작스런 위해 발생 가능성을 염두에 두고 불시의 피습에 대한 대비, 대상자의 흉기소지 여부 확인, 대상자와의 적절한 거리 유지, 여타 경찰 물리력 사용 태세 완비 등 신변보호를 위한 적절한 조치를 취하여야 한다.
>   다. 경찰관은 현장 임장 시 대상자나 주변 관계자들의 감정을 자극하거나 오해를 불러 일으켜 경찰관 또는 제3자에 대한 위해로 이어지지 않도록 하여야 한다.

3.2. 언어적 통제

> 3.2.1. 언어적 통제의 정의
> 언어적 통제는 경찰관이 대상자에게 특정 행위를 유도하거나 합법적인 명령을 발하기 위해 말이나 행동으로 하는 대화, 설득, 지시, 경고 등을 말하며 대상자의 어깨를 다독이거나 손을 잡아 주는 등의 가벼운 신체적 접촉도 포함한다. 언어적 통제는 대상자의 모든 행위 유형에서 행해질 수 있다.
> 3.2.2. 언어적 통제 시 유의사항
>   가. 경찰관은 대상자에 대한 직접적인 물리력 사용 이전 언어적 통제를 통하여 상황을 종결시킬 수 있도록 노력하여야 한다. 다만, 이러한 시도가 오히려 상황을 악화시킬 가능성이 있거나 급박한 경우에는 생략할 수 있다.
>   나. 경찰관이 언어적 통제를 시도하는 경우 대상자가 경찰관의 지시, 경고 등에 따를 충분한 시간을 부여하여야 한다.
>   다. 경찰관은 언어적 통제 시 대상자가 갑자기 위해를 가하거나 도주할 것에 대비하여 여타 경찰 물리력 사용 태세를 갖추어야 한다.

라. 경찰관은 언어적 통제 시 불필요하게 대상자를 자극하여 경찰관 또는 제3자에 대한 위해로 이어지지 않도록 하여야 한다.

3.3. 신체적 물리력 사용

3.3.1. 신체적 물리력의 정의
'신체적 물리력'은 여타 무기나 경찰장구에 의존하지 않고 경찰관 자신의 신체, 체중, 근력을 활용하여 대상자를 통제하는 일련의 방법을 말한다.

3.3.2. 신체적 물리력 사용 한계 및 유의사항

가. 대상자가 '순응'하는 경우(협조적 통제)

경찰관은 '순응' 이상의 상태인 대상자를 인도 또는 안내하기 위해 대상자의 손이나 팔을 힘을 주지 않고 잡을 수 있고 어깨 등 신체 일부를 힘을 주지 않고 밀거나 잡아끌 수 있다. (다만, 임의동행하는 대상자를 인도·안내하는 경우에는 동행의 임의성이 침해되지 않도록 신체 접촉에 유의하여야 한다)

형사소송법에 따라 대상자를 체포하는 경우에는 수갑 등으로 결박하기 위해 대상자 신체 일부를 잡거나 대상자를 돌려 세울 수 있다.

나. 대상자 행위가 '소극적 저항'인 경우(접촉 통제)

경찰관은 '소극적 저항' 이상인 상태의 대상자를 통제하기 위해 손이나 팔을 힘을 주어 잡을 수 있고 대상자의 어깨 등 신체 일부를 힘을 주어 밀거나 잡아끌 수 있다.

대상자가 물체를 꽉 잡고 움직이지 않는 경우에는 대상자의 신체 일부를 쥐거나 누르거나 비틀어서 손을 떼도록 할 수 있다.

다. 대상자 행위가 '적극적 저항'인 경우(저위험 물리력)

경찰관은 '적극적 저항' 이상인 상태의 대상자에게 목을 압박하여 제압하거나 관절을 꺾는 방법, 팔·다리를 이용해 움직이지 못하도록 조르는 방법, 다리를 걸거나 들쳐 매는 등 균형을 무너뜨려 넘어뜨리는 방법, 대상자가 넘어진 상태에서 움직이지 못하게 위에서 눌러 제압하는 방법 등을 사용할 수 있다.

라. 대상자 행위가 '폭력적 공격'인 경우(중위험 물리력)

경찰관은 '폭력적 공격' 이상인 상태의 대상자에게 손바닥, 주먹, 발 등 신체 부위를 이용하여 대상자를 가격함으로써 제압할 수 있다.

또한, 현행범 체포나 긴급체포의 요건을 충족하는 대상자 또는 체포영장이 발부된 대상자가 도주하는 경우 체포를 위해 '중위험 물리력'으로 신체적 물리력을 사용할 수 있다.

마. 대상자 행위가 '치명적 공격'인 경우(고위험 물리력)

신체적 물리력 이외의 여타 모든 경찰 물리력 사용이 불가능하거나 무력화된 상태에서 형법상 정당방위 또는 긴급피난의 요건을 충족하는 경우 경찰관은 최후의 수단으로서 대상자의 신체 중요 부위 또는 급소 부위를 가격하는 방법, 대상자의 목을 강하게 조르거나 대상자의 신체를 강한 힘으로 압박하는 방법 등을 사용할 수 있다.

신체적 물리력을 '고위험 물리력'으로 사용할 수밖에 없는 불가피한 경우에는 3.9.2.항의 권총 사용 한계 가. ~ 마.를 따른다.

3.4. 수갑 사용

3.4.1. 수갑의 정의
수갑은 대상자의 동작이 자유롭지 못하도록 대상자의 양쪽 손목에 걸쳐서 채우는 금속 재질의 장구로서 경찰청이 지급 또는 인정한 장비를 말한다.

3.4.2. 수갑 사용 한계 및 유의사항
가. 경찰관은 대상자의 언행, 현장상황 등을 종합적으로 고려하여 도주, 폭행, 소요, 자해 등의 위험이 있는 경우 수갑을 사용할 수 있으며, 그 우려가 높다고 판단되는 경우 뒷수갑을 사용할 수 있다.

나. 경찰관은 뒷수갑 상태로 대상자를 이동시키는 경우 팔짱을 끼고 동행하는 등 도주 및 안전사고 예방을 위한 적절한 조치를 취하여야 한다.

다. 경찰관은 대상자의 움직임으로 수갑이 조여지거나 일부러 조이는 행위를 예방하기 위해 수갑의 이중 잠금장치를 사용하여야 한다. 다만, 대상자의 항거 등으로 사용이 곤란한 경우에는 사용하지 않을 수 있다.

라. 경찰관은 대상자의 신체적 장애, 질병, 신체상태로 인하여 수갑을 사용하는 것이 불합리하다 판단되는 경우에는 수갑을 사용하지 않을 수 있다.

마. 경찰관은 대상자가 수갑으로 인한 고통을 호소하는 경우 수갑 착용 상태를 확인하여 재착용, 앞수갑 사용, 한손 수갑 사용 등 적절한 조치를 취하여야 한다.

바. 경찰관은 급박한 상황에서 수갑이 없거나 사용이 불가능한 경우 예외적으로 경찰혁대 등을 수갑 대용으로 사용할 수 있다.

3.5. 경찰봉 사용

3.5.1. 경찰봉의 정의
경찰봉은 강화 플라스틱, 나무 또는 금속으로 제작된 원통형 막대기로서 경찰청이 지급 또는 인정한 장비를 말한다.

3.5.2. 경찰봉 사용 한계
가. 격리도구로서의 경찰봉 사용
경찰관은 '소극적 저항' 이상인 상태의 대상자에게 경찰봉을 대상자의 신체에 안전하게 밀착한 상태로 밀거나 끌어당길 수 있다.

나. 중위험 물리력으로서의 경찰봉 사용
1) 경찰관은 '폭력적 저항' 이상인 상태의 대상자의 신체를 경찰봉으로 찌르거나 가격할 수 있다. 이 경우 가급적 대상자의 머리, 얼굴, 목, 흉부, 복부 등 신체 중요 부위를 피하여야 한다.
2) 경찰관은 현행범 또는 사형·무기 또는 장기 3년 이상의 징역이나 금고에 해당하는 죄를 범한 대상자가 도주하는 경우 체포를 위해서 경찰봉으로 찌르거나 가격할 수 있다. 이 경우 가급적 신체 중요 부위를 피하여야 한다.

다. 고위험 물리력으로서의 경찰봉 사용
1) 경찰봉 이외의 여타 모든 경찰 물리력 사용이 불가능하거나 무력화된 상태에서 형법상 정당방위 또는 긴급피난의 요건을 충족하는 경우 경찰관은 최후의 수단으로서 경찰봉으로 대상

자의 신체 중요 부위 또는 급소 부위를 찌르거나 가격할 수 있다.
2) 경찰관이 경찰봉을 '고위험 물리력'으로 사용할 수밖에 없는 불가피한 경우에는 3.9.2.항의 권총 사용 한계 가.~마.를 따른다.

3.6. 방패 사용

3.6.1. <u>방패의 정의</u>
방패는 강화 플라스틱 또는 금속으로 제작된 판으로서 경찰청이 지급 또는 인정한 장비를 말한다.

3.6.2. <u>방패 사용 한계 및 유의사항</u>
가. 격리도구로서의 방패 사용
경찰관은 '소극적 저항' 이상인 상태의 대상자에게 방패를 대상자의 신체에 안전하게 밀착한 상태로 밀 수 있다.
나. 중위험 물리력으로서의 방패 사용
1) 경찰관은 대상자의 '폭력적 저항' 이상인 상태의 대상자에 대해 방패로 강하게 압박 또는 세게 밀 수 있다.
2) 경찰관은 현행범 또는 사형·무기 또는 장기 3년 이상의 징역이나 금고에 해당하는 죄를 범한 범인이 도주하는 경우 체포를 위해 방패로 막거나 세게 밀 수 있다.
다. 고위험 물리력으로서의 방패 사용
1) 방패 이외의 여타 모든 경찰 물리력 사용이 불가능하거나 무력화된 상태에서 형법상 정당방위 또는 긴급피난의 요건을 충족하는 경우 경찰관은 최후의 수단으로서 방패를 '고위험 물리력'으로 활용하여 대상자의 신체를 가격할 수 있다.
2) 경찰관이 방패를 '고위험 물리력'으로 사용할 수밖에 없는 불가피한 경우에는 3.9.2.항의 권총 사용 한계 가.~마.를 따른다

3.7. 분사기 사용

3.7.1. <u>분사기의 정의</u>
분사기는 사람의 활동을 일시적으로 곤란하게 하는 최루 또는 자극 등의 작용제를 내장된 압축가스의 힘으로 분사할 수 있는 기기로서 경찰청이 지급 또는 인정한 장비를 말한다.

3.7.2. <u>분사기 사용 한계 및 유의사항</u>
가. 경찰관은 '적극적 저항' 이상인 상태의 대상자에 대해 다른 저위험 물리력 이하의 수단으로 제압이 어렵고, 경찰관이나 대상자의 부상 등의 방지를 위해 필요하다고 판단되는 경우 분사기를 사용할 수 있다.
나. 경찰관은 범인의 도주방지를 위해 분사기를 사용할 수 있다.
다. 경찰관은 정당방위나 긴급피난의 요건이 충족되지 않는 한, 다음 어느 하나에 해당하는 상황에서는 분사기를 사용하여서는 아니 된다.
1) 밀폐된 공간에서의 사용(다만, 경찰 순찰차의 운행을 방해하는 대상자를 제압하기 위해 다른 물리력 사용이 불가능한 경우는 제외한다)
2) 대상자가 수갑 또는 포승으로 결박되어 있는 경우(다만, 대상자의 행위로 인해 경찰관 또는

제3자에 대한 신체적 위해 발생 가능성 있는 경우는 제외한다)
3) 대상자의 '소극적 저항' 상태가 장시간 지속될 뿐 이를 즉시 중단시켜야 할 정도로 급박하거나 위험하지 않은 상황
4) 경찰관이 대상자가 14세미만이거나 임산부 또는 호흡기 질환을 가지고 있음을 인지한 경우 (다만, 대상자의 저항 정도가 고위험 물리력을 사용할 수밖에 없는 상황은 제외한다)

라. 경찰관이 사람을 향하여 분사기를 발사하는 경우에는 사전 구두 경고를 하여야 한다. 다만, 현장상황이 급박한 경우에는 생략할 수 있다.

3.8. 전자충격기 사용

3.8.1. 전자충격기의 정의

전자충격기란 사람의 신체에 전류를 방류하여 대상자 근육의 일시적 마비를 일으킴으로써 대상자의 활동을 일시적으로 곤란하게 할 수 있는 기기로서 경찰청이 지급 또는 인정한 장비를 말한다. 그 사용 방법은 다음을 포함한다.

가. 대상자 신체에 대해 직접 접촉하여 사용하는 스턴 방식
나. 대상자 신체에 대해 직접 발사하여 사용하는 전극침 발사 방식

3.8.2. 전자충격기 사용 한계

가. 경찰관은 '폭력적 공격' 이상인 상태의 대상자에 대해 전자충격기를 사용할 수 있다.
나. 경찰관은 현행범 또는 사형·무기 또는 장기 3년 이상의 징역이나 금고에 해당하는 죄를 범한 대상자가 도주하는 경우 체포를 위해서 전자충격기를 사용할 수 있다.
다. 경찰관은 정당방위나 긴급피난의 요건이 충족되지 않는 한, 다음 어느 하나에 해당하는 상황에서는 전자충격기를 사용하여서는 아니 된다.
1) 대상자 주변에 가연성 액체(휘발유, 신나 등)나 가스누출, 유증기가 있어 전기 불꽃으로 인한 화재·폭발의 위험성이 있는 상황
2) 대상자가 계단, 난간 등 높은 곳에 위치하거나 차량·기계류를 운전하고 있는 상황
3) 대상자가 하천, 욕조 등의 부근에 있거나, 폭우 등으로 주변이 모두 물에 젖은 상황
4) 대상자가 14세 미만 또는 임산부인 경우
5) 대상자가 수갑 또는 포승으로 결박되어 있는 경우(다만, '폭력적 공격' 이상인 상태의 대상자로 인해 경찰관 또는 제3자에 대한 신체적 위해 발생 가능성 있는 경우는 제외한다)
6) 대상자의 '저항' 상태가 장시간 지속될 뿐 이를 즉시 중단시켜야 할 정도로 급박하거나 위험하지 않은 상황
7) 경찰관이 대상자가 갖고 있는 신체적·정신적 장애로 인하여 전자충격기 사용 시 상당한 수준의 2차적 부상 또는 후유증이 발생할 가능성을 인지한 경우(다만, 대상자의 저항 정도가 '고위험 물리력'을 사용할 수밖에 없는 상황은 제외한다)
8) 대상자가 증거나 물건을 자신의 입 안으로 넣어 삼켰거나 삼키려 하여 질식할 수 있는 상황

3.8.3. 전자충격기 사용 시 유의사항

가. 경찰관은 근무 시작 전 전자충격기의 배터리 충전 여부와 전기 불꽃 작동 상태를 반드시 확인하여야 한다.
나. 경찰관은 공무수행에 필요하다고 믿을 만한 상황이 아닌 경우에는 전자충격기를 뽑아 들거나

다른 사람을 향하도록 하여서는 아니 되며, 반드시 전자충격기집에 휴대하여야 한다.
다. 경찰관은 전자충격기 사용 필요성이 인정되고 시간적 여유가 있는 경우에는 신속히 이 사실을 직근상급 감독자에게 보고하고, 동료 경찰관에게 전파하여야 한다. 이를 인지한 직근상급 감독자는 필요한 지휘를 하여야 한다.
라. 경찰관이 대상자에게 전자충격기 전극침을 발사하는 경우에는 사전 구두 경고를 하여야 한다. 다만, 현장상황이 급박한 경우에는 생략할 수 있다.
마. 경찰관이 사람을 향해 전자충격기를 사용하는 경우에는 적정사거리(3~4.5m)에서 후면부(후두부 제외)나 전면부의 흉골 이하(안면, 심장, 급소 부위 제외)를 조준하여야 한다. 다만, 대상자가 두껍거나 헐렁한 상의를 착용하여 전극침의 효과가 없다고 판단되는 경우 대상자의 하체를 조준하여야 한다.
바. 경찰관은 전자충격기 전극침 불발, 명중 실패, 효과 미발생 시 예상되는 대상자의 추가적인 공격에 대한 적절한 대비책(스턴 방식 사용, 경찰봉 사용 준비, 동료 경찰관의 물리력 사용 태세 완비, 경력 지원 요청 등)을 미리 준비하여야 한다.
사. 전자충격기 전극침이 대상자에 명중한 경우에는 필요 이상의 전류가 흐르지 않도록 즉시 방아쇠로부터 손가락을 떼야하며, 1 사용주기(방아쇠를 1회 당겼을 때 전자파장이 지속되는 시간)가 경과한 후 대상자의 상태, 저항 정도를 확인하여 추가적인 전자충격을 줄 필요가 있다고 판단되는 경우 다시 방아쇠를 당겨 사용할 수 있다.
아. 한 명의 대상자에게 동시에 두 대 이상의 전자충격기 전극침을 발사하거나 스턴 기능을 사용해서는 아니 된다.
자. 수갑을 사용 하는 경우, 먼저 전자충격기를 전자충격기집에 원위치 시킨 이후 양손으로 시도하여야 한다. 전자충격기를 파지한 상태에서 다른 한 손으로 수갑을 사용할 수밖에 없는 불가피한 상황에서는 안전사고 및 전자충격기 피탈방지에 각별히 유의하여야 한다.

3.9. 권총 사용

3.9.1. 권총의 정의
권총은 한 손으로 다룰 수 있는 짧고 작은 총으로서 경찰청이 지급 또는 인정한 무기를 말한다.

3.9.2. 권총 사용 한계
가. 경찰관은 대상자가 경찰관이나 제3자의 생명·신체에 대한 급박하고 중대한 위해를 야기하거나, 위해 발생이 임박한 경우 권총 이외의 수단으로서는 이를 제지할 수 없는 상황에 한하여 대상자에게 권총을 사용할 수 있다.
나. 경찰관은 사형·무기 또는 장기 3년 이상의 징역이나 금고에 해당하는 죄를 저질렀거나 저지르고 있다고 믿을 만한 상당한 이유가 있는 대상자가 도주하면서 경찰관 또는 제3자의 생명·신체에 대한 급박하고 중대한 위해를 야기하거나, 그 위해 발생이 임박한 경우 권총 이외의 수단으로서는 이를 제지할 수 없는 상황에 한하여 체포를 위해 대상자에게 권총을 사용할 수 있다.
다. 경찰관은 대상자가 경찰관 자신이나 제3자의 생명·신체에 대한 중대하고 급박한 위해를 야기하지 않고 단순히 도주하는 경우에는 오로지 체포나 도주방지 목적으로 권총을 사용하여서는 아니 된다.

라. 경찰관은 오로지 대상자 본인의 생명·신체에 대해서만 급박하고 중대한 위해를 야기하는 경우에는 이를 제지할 목적으로 권총을 사용하여서는 아니 된다.
마. 경찰관은 오로지 재산만을 보호할 목적으로 권총을 사용하여서는 아니 된다.
바. 경찰관은 다음 어느 하나에 해당하는 상황에서는 권총을 사용하여서는 아니 된다.
  1) 대상자에게 단순히 경고를 하거나 겁을 줄 목적 또는 주의를 환기시킬 목적으로 실탄 또는 공포탄을 발사하는 행위
  2) 대상자 이외의 제3자의 생명·신체에 대한 위해가 예상되는 경우(다만, 권총을 사용하지 아니하고는 타인 또는 경찰관의 생명에 대한 중대한 위험을 방지할 수 없다고 인정되는 등 긴급피난의 요건을 충족하는 경우 필요최소한의 범위 내에서 사용할 수 있다)
  3) 경찰관이 움직이는 차량에 탑승한 상태에서 권총 실탄을 발사하는 행위(다만, 대상자가 경찰관 또는 제3자를 향해 차량으로 돌진하는 경우와 같이 형법상 정당방위 또는 긴급피난의 요건을 충족하는 경우는 제외한다)
  4) 경찰관이 움직이는 차량을 정지시키기 위해 권총 실탄을 발사하는 행위(다만, 대상자가 경찰관 또는 제3자를 향해 차량으로 돌진하는 경우와 같이 형법상 정당방위 또는 긴급피난의 요건을 충족하는 경우는 제외한다)
  5) 14세 미만의 자 또는 임산부에 대한 권총 사용(다만, 대상자가 총기 또는 폭발물을 가지고 대항하여 권총을 사용하지 아니하고는 타인 또는 경찰관의 생명·신체에 대한 중대한 위험을 방지할 수 없다고 인정되는 경우는 제외한다)

3.9.3. 권총 사용 시 유의사항
가. 경찰관은 공무수행 중 필요하다고 믿을 만한 경우가 아닌 경우에는 권총을 뽑아 들거나 다른 사람을 향하도록 하여서는 안 되며, 반드시 권총을 권총집에 휴대하여야 한다.
나. 권총 장전 시 반드시 안전고무(안전장치)를 장착한다.
다. 경찰관은 권총 사용의 필요성이 인정되고 시간적 여유가 있는 경우에는 신속히 이 사실을 직근상급 감독자에게 보고하고, 동료 경찰관에게 전파하여야 한다. 이를 인지한 직근상급 감독자는 신속히 현장으로 진출하여 지휘하여야 한다.
라. 경찰관이 권총을 뽑아드는 경우, 격발 순간을 제외하고는 항상 검지를 방아쇠울에서 빼 곧게 뻗어 실린더 밑 총신에 일자로 대는 '검지 뻗기' 상태를 유지하여 의도하지 않은 격발을 방지하여야 한다.
마. 경찰관이 권총집에서 권총을 뽑은 상태에서 사격을 하지 않는 경우, 총구는 항상 지면 또는 공중을 향하게 하여야 한다.
바. 경찰관은 사람을 향하여 권총을 발사하고자 하는 때에는 사전 구두 경고를 하거나 공포탄으로 경고하여야 한다. 다만, 현장상황이 급박하여 대상자에게 경고할 시간적 여유가 없는 경우나 인질·간첩 또는 테러사건에 있어서 은밀히 작전을 수행하는 경우 등 부득이한 때에는 생략할 수 있다.
사. 경찰관이 공포탄 또는 실탄으로 경고 사격을 하는 때는 경찰관의 발 앞쪽 70도에서 90도 사이 각도의 지면 또는 장애물이 없는 허공을 향하여야 한다.
아. 경찰관은 사람을 향해 권총을 조준하는 경우에는 가급적 대퇴부 이하 등 상해 최소 부위를 향

한다.
자. 경찰관이 리볼버 권총을 사용하는 경우 안전을 위해 가급적 복동식 격발 방법을 사용하여야 하며, 단동식 격발 방법을 사용하는 경우 격발에 근접한 때가 아닌 한 권총의 공이치기를 미리 젖혀놓지 않도록 하여야 한다.
차. 수갑을 사용하는 경우, 먼저 권총을 권총집에 원위치 시킨 이후 양손으로 시도하여야 한다. 권총을 파지한 상태에서 다른 한 손으로 수갑을 사용할 수밖에 없는 불가피한 상황에서는 오발 사고 및 권총 피탈 방지에 각별히 유의하여야 한다.

제4장. 경찰 물리력 사용 후 조치사항

4.1. 부상자 확인 및 조치

4.1.1. 경찰관이 대상자에게 신체접촉을 동반하는 물리력을 사용한 경우에는 반드시 대상자의 부상 여부를 즉시 확인하고, 부상 발생 시에는 지체 없이 의료진 호출, 응급조치 실시, 대상자 병원 후송, 직근상급 감독자 보고 등의 긴급조치를 취하여야 한다.

4.1.2. 이 사실을 보고받은 직근상급 감독자는 즉시 현장으로 진출하여 물리력 사용 및 부상 경위 파악, 현장 보존, 목격자 확보 등 필요한 후속조치를 취하여야 한다.

4.1.3. 대상자 병원 후송 시에는 지체 없이 대상자의 보호자 등에 해당 사실을 통지하여야 한다.

4.2. 사용보고

4.2.1. 경찰관이 권총, 전자충격기(스턴 방식 사용 포함), 분사기, '중위험 물리력' 이상의 경찰봉·방패, 기타 사람에게 위해를 끼칠 수 있는 장비를 사용한 경우 신속히 별지 서식의 사용보고서를 작성하여 소속기관의 장에게 보고하여야 한다.

4.2.2. 수갑을 사용한 때에는 일시·장소·사용경위·사용방식·사용시간 등을 근무일지 또는 수사보고서에 기재하여야 한다.

4.2.3. 수갑 또는 신체적 물리력을 사용하여 대상자에게 부상이 발생한 경우 별지 서식의 사용보고서를 작성하여 보고하여야 한다.

4.2.4. 경찰관이 권총을 사용한 경우 또는 권총 이외의 물리력 수단을 사용하여 대상자에게 사망 또는 심각한 부상이 발생한 경우 소속기관의 장은 그 내용을 상급 경찰기관의 장을 경유하여 경찰청장에게 보고하여야 한다.

4.3. 고위험 물리력 사용자에 대한 조치

4.3.1. 소속 경찰관이 권총을 비롯한 '고위험 물리력'을 사용한 경우 경찰기관의 장은 해당 경찰관이 명백히 중대한 과실 또는 고의로 권총을 사용하지 않은 이상 육체적, 심리적 안정을 되찾고 향후 관련 조사에 성실히 임하게 할 필요가 있다고 인정되는 때에는 적절한 조치(조사를 위한 공가 허가, 근무 중 휴게 부여, 근무지정 해제, 의료기관·상담기관 연계 등)를 취하여야 한다.

4.3.2. '고위험 물리력'을 사용한 경찰관의 육체적, 심리적 안정을 위한 조치를 취하는 경우에는 직근 상급 감독자가 물리력 사용 경찰관을 대리하여 사용보고서를 작성, 보고하여야 한다.

📖 법규

질서위반행위규제법

제1장 총칙

제1조(목적) 이 법은 법률상 의무의 효율적인 이행을 확보하고 국민의 권리와 이익을 보호하기 위하여 질서위반행위의 성립요건과 과태료의 부과·징수 및 재판 등에 관한 사항을 규정하는 것을 목적으로 한다.

제2조(정의) 이 법에서 사용하는 용어의 뜻은 다음과 같다.

> 1. "질서위반행위"란 법률(지방자치단체의 조례를 포함한다. 이하 같다)상의 의무를 위반하여 과태료를 부과하는 행위를 말한다. 다만, 다음 각 목의 어느 하나에 해당하는 행위를 제외한다.
>   가. 대통령령으로 정하는 사법(私法)상·소송법상 의무를 위반하여 과태료를 부과하는 행위
>   나. 대통령령으로 정하는 법률에 따른 징계사유에 해당하여 과태료를 부과하는 행위
> 2. "행정청"이란 행정에 관한 의사를 결정하여 표시하는 국가 또는 지방자치단체의 기관, 그 밖의 법령 또는 자치법규에 따라 행정권한을 가지고 있거나 위임 또는 위탁받은 공공단체나 그 기관 또는 사인(私人)을 말한다.
> 3. "당사자"란 질서위반행위를 한 자연인 또는 법인(법인이 아닌 사단 또는 재단으로서 대표자 또는 관리인이 있는 것을 포함한다. 이하 같다)을 말한다.

제3조(법 적용의 시간적 범위)
① 질서위반행위의 성립과 과태료 처분은 행위 시의 법률에 따른다.
② 질서위반행위 후 법률이 변경되어 그 행위가 질서위반행위에 해당하지 아니하게 되거나 과태료가 변경되기 전의 법률보다 가볍게 된 때에는 법률에 특별한 규정이 없는 한 변경된 법률을 적용한다.
③ 행정청의 과태료 처분이나 법원의 과태료 재판이 확정된 후 법률이 변경되어 그 행위가 질서위반행위에 해당하지 아니하게 된 때에는 변경된 법률에 특별한 규정이 없는 한 과태료의 징수 또는 집행을 면제한다.

제4조(법 적용의 장소적 범위)
① 이 법은 대한민국 영역 안에서 질서위반행위를 한 자에게 적용한다.
② 이 법은 대한민국 영역 밖에서 질서위반행위를 한 대한민국의 국민에게 적용한다.
③ 이 법은 대한민국 영역 밖에 있는 대한민국의 선박 또는 항공기 안에서 질서위반행위를 한 외국인에게 적용한다.

제5조(다른 법률과의 관계) 과태료의 부과·징수, 재판 및 집행 등의 절차에 관한 다른 법률의 규정 중 이 법의 규정에 저촉되는 것은 이 법으로 정하는 바에 따른다.

제2장 질서위반행위의 성립 등

제6조(질서위반행위 법정주의) 법률에 따르지 아니하고는 어떤 행위도 질서위반행위로 과태료를 부과하지 아니한다.

제7조(고의 또는 과실) 고의 또는 과실이 없는 질서위반행위는 과태료를 부과하지 아니한다.

제8조(위법성의 착오) 자신의 행위가 위법하지 아니한 것으로 오인하고 행한 질서위반행위는 그 오인에 정당한 이유가 있는 때에 한하여 과태료를 부과하지 아니한다.

제9조(책임연령) 14세가 되지 아니한 자의 질서위반행위는 과태료를 부과하지 아니한다. 다만, 다른 법률에 특별한 규정이 있는 경우에는 그러하지 아니하다.

제10조(심신장애)
① 심신(心神)장애로 인하여 행위의 옳고 그름을 판단할 능력이 없거나 그 판단에 따른 행위를 할 능력이 없는 자의 질서위반행위는 과태료를 부과하지 아니한다.
② 심신장애로 인하여 제1항에 따른 능력이 미약한 자의 질서위반행위는 과태료를 감경한다.
③ 스스로 심신장애 상태를 일으켜 질서위반행위를 한 자에 대하여는 제1항 및 제2항을 적용하지 아니한다.

제11조(법인의 처리 등)
① 법인의 대표자, 법인 또는 개인의 대리인·사용인 및 그 밖의 종업원이 업무에 관하여 법인 또는 그 개인에게 부과된 법률상의 의무를 위반한 때에는 법인 또는 그 개인에게 과태료를 부과한다.
② 제7조부터 제10조까지의 규정은 「도로교통법」 제56조제1항에 따른 고용주등을 같은 법 제160조제3항에 따라 과태료를 부과하는 경우에는 적용하지 아니한다.

제12조(다수인의 질서위반행위 가담)
① 2인 이상이 질서위반행위에 가담한 때에는 각자가 질서위반행위를 한 것으로 본다.
② 신분에 의하여 성립하는 질서위반행위에 신분이 없는 자가 가담한 때에는 신분이 없는 자에 대하여도 질서위반행위가 성립한다.
③ 신분에 의하여 과태료를 감경 또는 가중하거나 과태료를 부과하지 아니하는 때에는 그 신분의 효과는 신분이 없는 자에게는 미치지 아니한다.

제13조(수개의 질서위반행위의 처리)
① 하나의 행위가 2 이상의 질서위반행위에 해당하는 경우에는 각 질서위반행위에 대하여 정한 과태료 중 가장 중한 과태료를 부과한다.
② 제1항의 경우를 제외하고 2 이상의 질서위반행위가 경합하는 경우에는 각 질서위반행위에 대하여 정한 과태료를 각각 부과한다. 다만, 다른 법령(지방자치단체의 조례를 포함한다. 이하 같다)에 특별한 규정이 있는 경우에는 그 법령으로 정하는 바에 따른다.

제14조(과태료의 산정) 행정청 및 법원은 과태료를 정함에 있어서 다음 각 호의 사항을 고려하여야 한다.

> 1. 질서위반행위의 동기·목적·방법·결과
> 2. 질서위반행위 이후의 당사자의 태도와 정황
> 3. 질서위반행위자의 연령·재산상태·환경
> 4. 그 밖에 과태료의 산정에 필요하다고 인정되는 사유

제15조(과태료의 시효)
① 과태료는 행정청의 과태료 부과처분이나 법원의 과태료 재판이 확정된 후 5년간 징수하지 아니하거나 집행하지 아니하면 시효로 인하여 소멸한다.
② 제1항에 따른 소멸시효의 중단·정지 등에 관하여는 「국세기본법」 제28조를 준용한다.

제3장 행정청의 과태료 부과 및 징수

제16조(사전통지 및 의견 제출 등)
① 행정청이 질서위반행위에 대하여 과태료를 부과하고자 하는 때에는 미리 당사자(제11조제2항에 따른

고용주등을 포함한다. 이하 같다)에게 대통령령으로 정하는 사항을 통지하고, 10일 이상의 기간을 정하여 의견을 제출할 기회를 주어야 한다. 이 경우 지정된 기일까지 의견 제출이 없는 경우에는 의견이 없는 것으로 본다.

② 당사자는 의견 제출 기한 이내에 대통령령으로 정하는 방법에 따라 행정청에 의견을 진술하거나 필요한 자료를 제출할 수 있다.

③ 행정청은 제2항에 따라 당사자가 제출한 의견에 상당한 이유가 있는 경우에는 과태료를 부과하지 아니하거나 통지한 내용을 변경할 수 있다.

제17조(과태료의 부과)

① 행정청은 제16조의 의견 제출 절차를 마친 후에 서면(당사자가 동의하는 경우에는 전자문서를 포함한다. 이하 이 조에서 같다)으로 과태료를 부과하여야 한다.

② 제1항에 따른 서면에는 질서위반행위, 과태료 금액, 그 밖에 대통령령으로 정하는 사항을 명시하여야 한다.

제17조의2(신용카드 등에 의한 과태료의 납부)

① 당사자는 과태료, 제24조에 따른 가산금, 중가산금 및 체납처분비를 대통령령으로 정하는 과태료 납부대행기관을 통하여 신용카드, 직불카드 등(이하 "신용카드등"이라 한다)으로 낼 수 있다.

② 제1항에 따라 신용카드등으로 내는 경우에는 과태료 납부대행기관의 승인일을 납부일로 본다.

③ 과태료 납부대행기관은 납부자로부터 신용카드등에 의한 과태료 납부대행 용역의 대가로 납부대행 수수료를 받을 수 있다.

④ 과태료 납부대행기관의 지정 및 운영, 납부대행 수수료에 관한 사항은 대통령령으로 정한다.

제18조(자진납부자에 대한 과태료 감경)

① 행정청은 당사자가 제16조에 따른 의견 제출 기한 이내에 과태료를 자진하여 납부하고자 하는 경우에는 대통령령으로 정하는 바에 따라 과태료를 감경할 수 있다.

② 당사자가 제1항에 따라 감경된 과태료를 납부한 경우에는 해당 질서위반행위에 대한 과태료 부과 및 징수절차는 종료한다.

제19조(과태료 부과의 제척기간)

① 행정청은 질서위반행위가 종료된 날(다수인이 질서위반행위에 가담한 경우에는 최종행위가 종료된 날을 말한다)부터 5년이 경과한 경우에는 해당 질서위반행위에 대하여 과태료를 부과할 수 없다.

② 제1항에도 불구하고 행정청은 제36조 또는 제44조에 따른 법원의 결정이 있는 경우에는 그 결정이 확정된 날부터 1년이 경과하기 전까지는 과태료를 정정부과 하는 등 해당 결정에 따라 필요한 처분을 할 수 있다.

제20조(이의제기)

① 행정청의 과태료 부과에 불복하는 당사자는 제17조제1항에 따른 과태료 부과 통지를 받은 날부터 60일 이내에 해당 행정청에 서면으로 이의제기를 할 수 있다.

② 제1항에 따른 이의제기가 있는 경우에는 행정청의 과태료 부과처분은 그 효력을 상실한다.

③ 당사자는 행정청으로부터 제21조제3항에 따른 통지를 받기 전까지는 행정청에 대하여 서면으로 이의제기를 철회할 수 있다.

제21조(법원에의 통보)

① 제20조제1항에 따른 이의제기를 받은 행정청은 이의제기를 받은 날부터 14일 이내에 이에 대한 의견 및 증빙서류를 첨부하여 관할 법원에 통보하여야 한다. 다만, 다음 각 호의 어느 하나에 해당하는 경우에

는 그러하지 아니하다.

> 1. 당사자가 이의제기를 철회한 경우
> 2. 당사자의 이의제기에 이유가 있어 과태료를 부과할 필요가 없는 것으로 인정되는 경우

② 행정청은 사실상 또는 법률상 같은 원인으로 말미암아 다수인에게 과태료를 부과할 필요가 있는 경우에는 다수인 가운데 1인에 대한 관할권이 있는 법원에 제1항에 따른 이의제기 사실을 통보할 수 있다.
③ 행정청이 제1항 및 제2항에 따라 관할 법원에 통보를 하거나 통보하지 아니하는 경우에는 그 사실을 즉시 당사자에게 통지하여야 한다.

제22조(질서위반행위의 조사)
제23조(자료제공의 요청)
제24조(가산금 징수 및 체납처분 등)
① 행정청은 당사자가 납부기한까지 과태료를 납부하지 아니한 때에는 납부기한을 경과한 날부터 체납된 과태료에 대하여 100분의 3에 상당하는 가산금을 징수한다.
② 체납된 과태료를 납부하지 아니한 때에는 납부기한이 경과한 날부터 매 1개월이 경과할 때마다 체납된 과태료의 1천분의 12에 상당하는 가산금(이하 이 조에서 "중가산금"이라 한다)을 제1항에 따른 가산금에 가산하여 징수한다. 이 경우 중가산금을 가산하여 징수하는 기간은 60개월을 초과하지 못한다.
③ 행정청은 당사자가 제20조제1항에 따른 기한 이내에 이의를 제기하지 아니하고 제1항에 따른 가산금을 납부하지 아니한 때에는 국세 또는 지방세 체납처분의 예에 따라 징수한다.

제24조의2(상속재산 등에 대한 집행)
① 과태료는 당사자가 과태료 부과처분에 대하여 이의를 제기하지 아니한 채 제20조제1항에 따른 기한이 종료한 후 사망한 경우에는 그 상속재산에 대하여 집행할 수 있다.
② 법인에 대한 과태료는 법인이 과태료 부과처분에 대하여 이의를 제기하지 아니한 채 제20조제1항에 따른 기한이 종료한 후 합병에 의하여 소멸한 경우에는 합병 후 존속한 법인 또는 합병에 의하여 설립된 법인에 대하여 집행할 수 있다.

제24조의3(과태료의 징수유예 등)
① 행정청은 당사자가 다음 각 호의 어느 하나에 해당하여 과태료(체납된 과태료와 가산금, 중가산금 및 체납처분비를 포함한다. 이하 이 조에서 같다)를 납부하기가 곤란하다고 인정되면 1년의 범위에서 대통령령으로 정하는 바에 따라 과태료의 분할납부나 납부기일의 연기(이하 "징수유예등"이라 한다)를 결정할 수 있다.

> 1. 「국민기초생활 보장법」에 따른 수급권자
> 2. 「국민기초생활 보장법」에 따른 차상위계층 중 다음 각 목의 대상자
>   가. 「의료급여법」에 따른 수급권자
>   나. 「한부모가족지원법」에 따른 지원대상자
>   다. 자활사업 참여자
> 3. 「장애인복지법」 제2조제2항에 따른 장애인
> 4. 본인 외에는 가족을 부양할 사람이 없는 사람
> 5. 불의의 재난으로 피해를 당한 사람

> 6. 납부의무자 또는 그 동거 가족이 질병이나 중상해로 1개월 이상의 장기 치료를 받아야 하는 경우
> 7. 「채무자 회생 및 파산에 관한 법률」에 따른 개인회생절차개시결정자
> 8. 「고용보험법」에 따른 실업급여수급자
> 9. 그 밖에 제1호부터 제8호까지에 준하는 것으로서 대통령령으로 정하는 부득이한 사유가 있는 경우

② 제1항에 따라 징수유예등을 받으려는 당사자는 대통령령으로 정하는 바에 따라 이를 행정청에 신청할 수 있다.
③ 행정청은 제1항에 따라 징수유예등을 하는 경우 그 유예하는 금액에 상당하는 담보의 제공이나 제공된 담보의 변경을 요구할 수 있고, 그 밖에 담보보전에 필요한 명령을 할 수 있다.
④ 행정청은 제1항에 따른 징수유예등의 기간 중에는 그 유예한 과태료 징수금에 대하여 가산금, 중가산금의 징수 또는 체납처분(교부청구는 제외한다)을 할 수 없다.
⑤ 행정청은 다음 각 호의 어느 하나에 해당하는 경우 그 징수유예등을 취소하고, 유예된 과태료 징수금을 한꺼번에 징수할 수 있다. 이 경우 그 사실을 당사자에게 통지하여야 한다.

> 1. 과태료 징수금을 지정된 기한까지 납부하지 아니하였을 때
> 2. 담보의 제공이나 변경, 그 밖에 담보보전에 필요한 행정청의 명령에 따르지 아니하였을 때
> 3. 재산상황이나 그 밖의 사정의 변화로 유예할 필요가 없다고 인정될 때
> 4. 제1호부터 제3호까지에 준하는 대통령령으로 정하는 사유에 해당되어 유예한 기한까지 과태료 징수금의 전액을 징수할 수 없다고 인정될 때

⑥ 과태료 징수유예등의 방식과 절차, 그 밖에 징수유예등에 관하여 필요한 사항은 대통령령으로 정한다.

팩트DB

시행령 제7조의2(과태료의 징수유예등)
① 행정청은 법 제24조의3제1항에 따라 과태료의 분할납부나 납부기일의 연기(이하 "징수유예등"이라 한다)를 결정하는 경우 그 기간을 그 징수유예등을 결정한 날의 다음 날부터 9개월 이내로 하여야 한다. 다만, 그 기간이 만료될 때까지 법 제24조의3제1항에 따른 징수유예등의 사유가 해소되지 아니하는 경우에는 1회에 한정하여 3개월의 범위에서 그 기간을 연장할 수 있다.

제24조의4(결손처분)

제4장 질서위반행위의 재판 및 집행

제25조(관할 법원) 과태료 사건은 다른 법령에 특별한 규정이 있는 경우를 제외하고는 당사자의 주소지의 지방법원 또는 그 지원의 관할로 한다.
제26조(관할의 표준이 되는 시기) 법원의 관할은 행정청이 제21조제1항 및 제2항에 따라 이의제기 사실을 통보한 때를 표준으로 정한다.
제27조(관할위반에 따른 이송)
제36조(재판)
① 과태료 재판은 이유를 붙인 결정으로써 한다.

② 결정서의 원본에는 판사가 서명날인하여야 한다. 다만, 제20조제1항에 따른 이의제기서 또는 조서에 재판에 관한 사항을 기재하고 판사가 이에 서명날인함으로써 원본에 갈음할 수 있다.
③ 결정서의 정본과 등본에는 법원사무관등이 기명날인하고, 정본에는 법원인을 찍어야 한다.
④ 제2항의 서명날인은 기명날인으로 갈음할 수 있다.

제37조(결정의 고지)
① 결정은 당사자와 검사에게 고지함으로써 효력이 생긴다.
② 결정의 고지는 법원이 적당하다고 인정하는 방법으로 한다. 다만, 공시송달을 하는 경우에는 「민사소송법」에 따라야 한다.
③ 법원사무관등은 고지의 방법·장소와 연월일을 결정서의 원본에 부기하고 이에 날인하여야 한다.

제38조(항고)
① 당사자와 검사는 과태료 재판에 대하여 즉시항고를 할 수 있다. 이 경우 항고는 집행정지의 효력이 있다
② 검사는 필요한 경우에는 제1항에 따른 즉시항고 여부에 대한 행정청의 의견을 청취할 수 있다.

제52조(관허사업의 제한)
① 행정청은 허가·인가·면허·등록 및 갱신(이하 "허가등"이라 한다)을 요하는 사업을 경영하는 자로서 다음 각 호의 사유에 모두 해당하는 체납자에 대하여는 사업의 정지 또는 허가등의 취소를 할 수 있다.
  1. 해당 사업과 관련된 질서위반행위로 부과받은 과태료를 3회 이상 체납하고 있고, 체납발생일부터 각 1년이 경과하였으며, 체납금액의 합계가 500만원 이상인 체납자 중 대통령령으로 정하는 횟수와 금액 이상을 체납한 자
  2. 천재지변이나 그 밖의 중대한 재난 등 대통령령으로 정하는 특별한 사유 없이 과태료를 체납한 자
② 허가등을 요하는 사업의 주무관청이 따로 있는 경우에는 행정청은 당해 주무관청에 대하여 사업의 정지 또는 허가등의 취소를 요구할 수 있다.
③ 행정청은 제1항 또는 제2항에 따라 사업의 정지 또는 허가등을 취소하거나 주무관청에 대하여 그 요구를 한 후 당해 과태료를 징수한 때에는 지체 없이 사업의 정지 또는 허가등의 취소나 그 요구를 철회하여야 한다.
④ 제2항에 따른 행정청의 요구가 있는 때에는 당해 주무관청은 정당한 사유가 없는 한 이에 응하여야 한다.

제54조(고액·상습체납자에 대한 제재)
① 법원은 검사의 청구에 따라 결정으로 30일의 범위 이내에서 과태료의 납부가 있을 때까지 다음 각 호의 사유에 모두 해당하는 경우 체납자(법인인 경우에는 대표자를 말한다. 이하 이 조에서 같다)를 감치(監置)에 처할 수 있다.
  1. 과태료를 3회 이상 체납하고 있고, 체납발생일부터 각 1년이 경과하였으며, 체납금액의 합계가 1천만원 이상인 체납자 중 대통령령으로 정하는 횟수와 금액 이상을 체납한 경우
  2. 과태료 납부능력이 있음에도 불구하고 정당한 사유 없이 체납한 경우
② 행정청은 과태료 체납자가 제1항 각 호의 사유에 모두 해당하는 경우에는 관할 지방검찰청 또는 지청의 검사에게 체납자의 감치를 신청할 수 있다.
③ 제1항의 결정에 대하여는 즉시항고를 할 수 있다.
④ 제1항에 따라 감치에 처하여진 과태료 체납자는 동일한 체납사실로 인하여 재차 감치되지 아니한다.
⑤ 제1항에 따른 감치에 처하는 재판 절차 및 그 집행, 그 밖에 필요한 사항은 대법원규칙으로 정한다.

05 경찰구제법과 행정상 손해전보

사전적 구제제도	행정절차제도
사후적 구제제도	• 행정상 손해전보(손해배상, 손실보상) • 행정쟁송(행정심판, 행정소송)
기타 제도	• 청원 • 옴부즈맨제도 • 민원처리제도

> ✱ **옴부즈맨제도**
> 스웨덴을 비롯한 북유럽에서 발전된 행정 통제 제도로서 옴부즈맨은 입법부에 의해 임명되나 그 직무수행에 있어서 직접 감독을 받지 않으며 독립적 위치와 높은 신분이 보장되는 일종의 행정감찰관으로서 시민이 제소하는 사안에 대해 조사하고 처리한다.

1 사전적 구제수단 – 행정절차법

1) 의의

행정절차에 관한 공통적인 사항을 규정하여 국민의 행정 참여를 도모함으로써 행정의 공정성·투명성 및 신뢰성을 확보하고 국민의 권익을 보호함을 목적으로 한다.

➡ 주로 절차적 규정을 두고 있지만, 실체법 규정도 있다.

2) 일반원칙

(1) 신의성실 원칙

① 행정청은 직무를 수행할 때 **신의에 따라 성실히** 하여야 한다.
② 행정청은 법령등의 해석 또는 행정청의 관행이 일반적으로 국민들에게 받아들여졌을 때에는 공익 또는 제3자의 정당한 이익을 현저히 해칠 우려가 있는 경우를 제외하고는 새로운 해석 또는 관행에 따라 소급하여 불리하게 처리하여서는 아니 된다.

(2) 투명성

① 행정청이 행하는 행정작용은 그 내용이 **구체적이고 명확**하여야 한다.
② 행정작용의 근거가 되는 법령등의 내용이 명확하지 아니한 경우 상대방은 해당 행정청에 그 해석을 요청할 수 있으며, 해당 행정청은 특별한 사유가 없으면 그 요청에 따라야 한다.
③ 행정청은 상대방에게 행정작용과 관련된 정보를 충분히 제공하여야 한다.

(3) 행정업무 혁신

① 행정청은 모든 국민이 균등하고 질 높은 행정서비스를 누릴 수 있도록 노력하여야 한다.
② 행정청은 정보통신기술을 활용하여 행정절차를 적극적으로 혁신하도록 노력하여야 한다. 이 경우 행정청은 국민이 경제적·사회적·지역적 여건 등으로 인하여

불이익을 받지 아니하도록 하여야 한다.
③ 행정청은 행정청이 생성하거나 취득하여 관리하고 있는 데이터(정보처리능력을 갖춘 장치를 통하여 생성 또는 처리되어 기계에 의한 판독이 가능한 형태로 존재하는 정형 또는 비정형의 정보를 말한다)를 행정과정에 활용하도록 노력하여야 한다.

3) 적용범위

처분, 신고, 확약, 위반사실 등의 공표, 행정계획, 행정상 입법예고, 행정예고 및 행정지도의 절차에 관하여 다른 법률에 특별한 규정이 있는 경우를 제외하고는 이 법에서 정하는 바에 따른다.

◎ 행정절차법 적용 아닌 것 : 공법상계약(행정기본법), 행정조사절차(행정조사기본법)

4) 행정응원

① 행정청은 다음 각 호의 어느 하나에 해당하는 경우에는 다른 행정청에 행정응원을 **요청할 수 있다**.

> 1. 법령등의 이유로 독자적인 직무 수행이 어려운 경우
> 2. 인원·장비의 부족 등 사실상의 이유로 독자적인 직무 수행이 어려운 경우
> 3. 다른 행정청에 소속되어 있는 전문기관의 협조가 필요한 경우
> 4. 다른 행정청이 관리하고 있는 문서(전자문서를 포함한다. 이하 같다)·통계 등 행정자료가 직무 수행을 위하여 필요한 경우
> 5. 다른 행정청의 응원을 받아 처리하는 것이 보다 능률적이고 경제적인 경우

② 제1항에 따라 행정응원을 요청받은 행정청은 다음 각 호의 어느 하나에 해당하는 경우에는 응원을 **거부할 수 있다**.

> 1. 다른 행정청이 보다 능률적이거나 경제적으로 응원할 수 있는 명백한 이유가 있는 경우
> 2. 행정응원으로 인하여 고유의 직무 수행이 현저히 지장받을 것으로 인정되는 명백한 이유가 있는 경우

③ 행정응원은 해당 직무를 직접 응원할 수 있는 행정청에 요청하여야 한다.
④ 행정응원을 요청받은 행정청은 응원을 거부하는 경우 그 사유를 응원을 요청한 행정청에 통지하여야 한다.
⑤ 행정응원을 위하여 파견된 직원은 응원을 요청한 행정청의 지휘·감독을 받는다. 다만, 해당 직원의 복무에 관하여 다른 법령등에 특별한 규정이 있는 경우에는 그에 따른다.
⑥ 행정응원에 드는 비용은 응원을 요청한 행정청이 부담하며, 그 부담금액 및 부담방법은 응원을 요청한 행정청과 응원을 하는 행정청이 협의하여 결정한다.

＊ 적용 제외
1. 국회 또는 지방의회의 의결을 거치거나 동의 또는 승인을 받아 행하는 사항
2. 법원 또는 군사법원의 재판에 의하거나 그 집행으로 행하는 사항
3. 헌법재판소의 심판을 거쳐 행하는 사항
4. 각급 선거관리위원회의 의결을 거쳐 행하는 사항
5. 감사원이 감사위원회의의 결정을 거쳐 행하는 사항
6. 형사(刑事), 행형(行刑) 및 보안처분 관계 법령에 따라 행하는 사항
7. 국가안전보장·국방·외교 또는 통일에 관한 사항 중 행정절차를 거칠 경우 국가의 중대한 이익을 현저히 해칠 우려가 있는 사항
8. 심사청구, 해양안전심판, 조세심판, 특허심판, 행정심판, 그 밖의 불복절차에 따른 사항
9. 「병역법」에 따른 징집·소집, 외국인의 출입국·난민인정·귀화, 공무원 인사 관계 법령에 따른 징계와 그 밖의 처분, 이해 조정을 목적으로 하는 법령에 따른 알선·조정·중재(仲裁)·재정(裁定) 또는 그 밖의 처분 등 해당 행정작용의 성질상 행정절차를 거치기 곤란하거나 거칠 필요가 없다고 인정되는 사항과 행정절차에 준하는 절차를 거친 사항으로서 대통령령으로 정하는 사항

5) 송달

(1) 송달방법

① 송달은 **우편, 교부 또는 정보통신망 이용 등의 방법**으로 하되, 송달받을 자(대표자 또는 대리인을 포함)의 주소·거소·영업소·사무소 또는 **전자우편주소**로 한다.
  ➡ 다만, 송달받을 자가 동의하는 경우에는 그를 만나는 장소에서 송달할 수 있다.

② 교부에 의한 송달은 수령확인서를 받고 문서를 교부함으로써 하며, 송달하는 장소에서 송달받을 자를 만나지 못한 경우에는 그 사무원·피용자(被傭者) 또는 동거인으로서 사리를 분별할 지능이 있는 사람에게 문서를 교부할 수 있다.
  ➡ 다만, 문서를 송달받을 자 또는 그 사무원 등이 정당한 사유 없이 송달받기를 거부하는 때에는 그 사실을 수령확인서에 적고, **문서를 송달할 장소에 놓아둘 수 있다.**

③ 정보통신망을 이용한 송달은 **송달받을 자가 동의하는 경우에만 한다.** 이 경우 송달받을 자는 송달받을 전자우편주소 등을 지정하여야 한다.

*
④ 다음 각 호의 어느 하나에 해당하는 경우에는 송달받을 자가 알기 쉽도록 관보, 공보, 게시판, 일간신문 중 하나 이상에 공고하고 인터넷에도 공고하여야 한다.
1. 송달받을 자의 주소 등을 통상적인 방법으로 확인할 수 없는 경우
2. 송달이 불가능한 경우

(2) 송달의 효력 발생

① 송달은 다른 법령등에 특별한 규정이 있는 경우를 제외하고는 해당 문서가 송달받을 자에게 **도달됨으로써** 그 효력이 발생한다.

② 정보통신망을 이용하여 전자문서로 송달하는 경우에는 **송달받을 자가 지정한 컴퓨터 등에 입력된 때**에 도달된 것으로 본다.

③ 다른 법령등에 특별한 규정이 있는 경우를 제외하고는 **공고일부터** 14일이 지난 때에 그 효력이 발생한다. 다만, 긴급히 시행하여야 할 특별한 사유가 있어 효력 발생 시기를 달리 정하여 공고한 경우에는 그에 따른다.

* 기간, 기한의 특례
① 천재지변이나 그 밖에 당사자등에게 책임이 없는 사유로 기간 및 기한을 지킬 수 없는 경우에는 그 사유가 끝나는 날까지 기간의 진행이 정지된다.
② 외국에 거주하거나 체류하는 자에 대한 기간 및 기한은 행정청이 그 우편이나 통신에 걸리는 일수를 고려하여 정하여야 한다.

6) 처분

(1) 처분의 신청

① 행정청에 처분을 구하는 신청은 **문서로 하여야 한다.** 다만, 다른 법령등에 특별한 규정이 있는 경우와 행정청이 미리 다른 방법을 정하여 공시한 경우에는 그러하지 아니하다.

② 처분을 신청할 때 전자문서로 하는 경우에는 행정청의 컴퓨터 등에 **입력된 때**에 신청한 것으로 본다.

③ 행정청은 신청에 필요한 구비서류, 접수기관, 처리기간, 그 밖에 필요한 사항을 게시(인터넷 등을 통한 게시를 포함)하거나 이에 대한 편람을 갖추어 두고 누구나 열람할 수 있도록 하여야 한다.

④ 행정청은 신청을 받았을 때에는 다른 법령등에 특별한 규정이 있는 경우를 제외하고는 그 접수를 보류 또는 거부하거나 부당하게 되돌려 보내서는 아니 되며, 신청을 접수한 경우에는 **신청인에게 접수증을 주어야 한다.**
  ➡ 대통령령으로 정하는 경우에는 접수증을 주지 아니할 수 있다.

⑤ 행정청은 신청에 구비서류의 미비 등 흠이 있는 경우에는 보완에 필요한 상당한

기간을 정하여 지체 없이 신청인에게 보완을 요구하여야 한다.
- ● 행정청은 신청인이 기간 내에 보완을 하지 아니하였을 때에는 그 이유를 구체적으로 밝혀 접수된 신청을 되돌려 보낼 수 있다.

⑥ 행정청은 신청인의 편의를 위하여 다른 행정청에 신청을 접수하게 할 수 있다. 이 경우 행정청은 다른 행정청에 접수할 수 있는 신청의 종류를 **미리 정하여 공시하여야 한다.**

⑦ 신청인은 처분이 있기 전에는 그 신청의 내용을 보완·변경하거나 취하(取下)할 수 있다. 다만, 다른 법령등에 특별한 규정이 있거나 그 신청의 성질상 보완·변경하거나 취하할 수 없는 경우에는 그러하지 아니하다.

(2) 처리기간의 설정·공표

① 행정청은 신청인의 편의를 위하여 처분의 처리기간을 종류별로 미리 정하여 공표하여야 한다.
- ● 행정청은 부득이한 사유로 처리기간 내에 처분을 처리하기 곤란한 경우에는 해당 처분의 처리기간의 범위에서 한 번만 그 기간을 연장할 수 있다.

② 행정청은 처리기간을 연장할 때에는 처리기간의 연장 사유와 처리 예정 기한을 지체 없이 신청인에게 통지하여야 한다.

(3) 처분의 이유 제시

① 행정청은 처분을 할 때에는 다음 각 호의 어느 하나에 해당하는 경우를 제외하고는 당사자에게 그 근거와 이유를 제시하여야 한다.

> 1. 신청 내용을 모두 **그대로 인정**하는 처분인 경우
> 2. **단순·반복적인 처분 또는 경미한 처분**으로서 당사자가 그 이유를 명백히 알 수 있는 경우
> 3. **긴급히 처분**을 할 필요가 있는 경우

② 행정청은 제2호 및 제3호의 경우에 처분 후 당사자가 요청하는 경우에는 그 근거와 이유를 제시하여야 한다.

(4) 처분 방식

① 행정청이 처분을 할 때에는 다른 법령등에 특별한 규정이 있는 경우를 제외하고는 **문서로 하여야 한다.**

② 공공의 안전 또는 복리를 위하여 긴급히 처분을 할 필요가 있거나 사안이 경미한 경우에는 말, 전화, 휴대전화를 이용한 문자 전송, 팩스 또는 전자우편 등 문서가 아닌 방법으로 처분을 할 수 있다. 이 경우 **당사자가 요청하면** 지체 없이 처분에 관한 **문서를 주어야 한다.**
- ● 처분을 하는 문서에는 그 처분 행정청과 담당자의 소속·성명 및 연락처(전화번호, 팩스번호, 전자우편주소 등을 말한다)를 적어야 한다.

★ 전자문서 가능한 경우
1. 당사자등의 동의가 있는 경우
2. 당사자가 전자문서로 처분을 신청한 경우

7) 의견제출

(1) 의의
이란 행정청이 어떠한 행정작용을 하기 전에 당사자등이 **의견을 제시**하는 절차로서 **청문이나 공청회에 해당하지 아니하는 절차**를 말한다.

(2) 의견제출 기회제공
① 행정청이 당사자에게 의무를 부과하거나 권익을 제한하는 처분을 할 때 당사자등에게 **의견제출의 기회를 주어야 한다.**
② 당사자가 의견진술의 기회를 포기한다는 뜻을 **명백히 표시한 경우**에는 의견청취를 하지 아니할 수 있다.
③ 당사자등이 정당한 이유 없이 의견제출기한까지 의견제출을 하지 아니한 경우에는 **의견이 없는 것으로 본다.**

(3) 의견제출 방식
당사자등은 처분 전에 그 처분의 관할 행정청에 **서면이나 말로 또는 정보통신망**을 이용하여 의견제출을 할 수 있다.

(4) 의견제출 반영
① 행정청은 처분을 할 때에 당사자등이 제출한 의견이 상당한 이유가 있다고 인정하는 경우에는 이를 반영하여야 한다.
② 행정청은 당사자등이 제출한 의견을 반영하지 아니하고 처분을 한 경우 당사자등이 처분이 있음을 안 날부터 90일 이내에 그 이유의 설명을 요청하면 서면으로 그 이유를 알려야 한다. 다만, 당사자등이 동의하면 말, 정보통신망 또는 그 밖의 방법으로 알릴 수 있다

8) 청문

(1) 의의
행정청이 어떠한 처분을 하기 전에 당사자등의 의견을 **직접 듣고 증거를 조사**하는 절차를 말한다.

(2) 실시
① 행정청이 처분을 할 때 다음 각 호의 어느 하나에 해당하는 경우에는 **청문을 한다.**

> 1. 다른 법령등에서 청문을 하도록 **규정하고 있는 경우**
> 2. **행정청이 필요하다고 인정하는 경우**
> 3. 다음 각 목의 처분을 하는 경우
>   가. 인허가 등의 **취소**
>   나. **신분·자격의 박탈**
>   다. 법인이나 조합 등의 **설립허가의 취소**

② 청문은 당사자가 공개를 신청하거나 청문 주재자가 필요하다고 인정하는 경우 **공개할 수 있다**. 다만, 공익 또는 제3자의 정당한 이익을 현저히 해칠 우려가 있는 경우에는 공개하여서는 아니 된다

(3) 청문 통지

행정청은 청문이 **시작되는 날부터 10일 전 까지** 처분하고자 하는 원인이 되는 사실과 처분의 내용 및 법적 근거 등에 대해 당사자등에게 통지하여야 한다.

➡ 청문절차의 결여는 취소사유이다.(판례)

(4) 청문의 종결

① 청문 주재자는 해당 사안에 대하여 당사자등의 의견진술, 증거조사가 충분히 이루어졌다고 인정하는 경우에는 청문을 마칠 수 있다.

② 청문 주재자는 당사자등의 전부 또는 일부가 정당한 사유 없이 청문기일에 출석하지 아니하거나 의견서를 제출하지 아니한 경우에는 이들에게 다시 의견진술 및 증거제출의 기회를 주지 아니하고 청문을 마칠 수 있다.

➡ 청문 주재자는 청문을 마쳤을 때에는 청문조서, 청문 주재자의 의견서, 그 밖의 관계 서류 등을 행정청에 지체 없이 제출하여야 한다.

9) 공청회

(1) 의의

행정청이 공개적인 토론을 통하여 어떠한 행정작용에 대하여 당사자등, 전문지식과 경험을 가진 사람, 그 밖의 **일반인으로부터 의견을 널리 수렴하는 절차**를 말한다.

(2) 개최

① 행정청은 공청회를 개최하려는 경우에는 공청회 **개최 14일 전까지** 다음 각 호의 사항을 당사자등에게 통지하고 관보, 공보, 인터넷 홈페이지 또는 일간신문 등에 공고하는 등의 방법으로 널리 알려야 한다.

➡ 다만, 공청회 개최를 알린 후 예정대로 개최하지 못하여 새로 일시 및 장소 등을 정한 경우에는 공청회 개최 7일 전까지 알려야 한다.

② **온라인 공청회**를 개최할 수 있다.

(3) 반영

행정청은 처분을 할 때에 공청회, 온라인공청회 및 정보통신망 등을 통하여 제시된 사실 및 의견이 상당한 이유가 있다고 인정하는 경우에는 이를 반영하여야 한다.

★ 온라인 공청회 단독 개최
1. 국민의 생명·신체·재산의 보호 등 국민의 안전 또는 권익보호 등의 이유로 제38조에 따른 공청회를 개최하기 어려운 경우
2. 제38조에 따른 공청회가 행정청이 책임질 수 없는 사유로 개최되지 못하거나 개최는 되었으나 정상적으로 진행되지 못하고 무산된 횟수가 3회 이상인 경우
3. 행정청이 널리 의견을 수렴하기 위하여 온라인공청회를 단독으로 개최할 필요가 있다고 인정하는 경우. 다만, 제22조제2항제1호(의견청취) 또는 제3호에 따라 공청회를 실시하는 경우는 제외한다.

10) 확약

① 법령등에서 당사자가 신청할 수 있는 처분을 규정하고 있는 경우 행정청은 **당사자의 신청에 따라 장래에 어떤 처분을 하거나 하지 아니할 것을 내용으로 하는 의사표시**(이하 "확약"이라 한다)를 할 수 있다.

② 확약은 **문서로** 하여야 한다.

③ 행정청은 다른 행정청과의 협의 등의 절차를 거쳐야 하는 처분에 대하여 확약을 하려는 경우에는 확약을 하기 전에 그 절차를 거쳐야 한다.

④ 행정청은 다음 각 호의 어느 하나에 해당하는 경우에는 확약에 기속되지 아니한다.

> 1. 확약을 한 후에 확약의 내용을 이행할 수 없을 정도로 법령등이나 **사정이 변경**된 경우
> 2. 확약이 **위법한 경우**

⑤ 행정청은 확약이 제4항 각 호의 어느 하나에 해당하여 확약을 이행할 수 없는 경우에는 지체 없이 당사자에게 그 사실을 통지하여야 한다.

11) 행정상 입법예고

① 법령등을 제정·개정 또는 폐지하려는 경우에는 해당 입법안을 마련한 행정청은 이를 예고하여야 한다. 다만, 다음 각 호의 어느 하나에 해당하는 경우에는 예고를 하지 **아니할 수 있다.**

> 1. 신속한 국민의 권리 보호 또는 예측 곤란한 특별한 사정의 발생 등으로 입법이 긴급을 요하는 경우
> 2. **상위 법령등의 단순한 집행**을 위한 경우
> 3. 입법내용이 국민의 권리·의무 또는 **일상생활과 관련이 없는 경우**
> 4. 단순한 표현·자구를 변경하는 경우 등 입법내용의 성질상 예고의 필요가 없거나 곤란하다고 판단되는 경우
> 5. 예고함이 공공의 안전 또는 복리를 현저히 해칠 우려가 있는 경우

② 입법안을 마련한 행정청은 입법예고 후 예고내용에 국민생활과 직접 관련된 내용이 추가되는 등 대통령령으로 정하는 중요한 변경이 발생하는 경우에는 해당 부분에 대한 입법예고를 다시 하여야 한다.

③ 예고 방법

㉠ 행정청은 입법안의 취지, 주요 내용 또는 전문을 다음 각 호의 구분에 따른 방법으로 공고하여야 하며, 추가로 인터넷, 신문 또는 방송 등을 통하여 공고할 수 있다.

㉡ 행정청은 대통령령을 입법예고하는 경우 국회 소관 상임위원회에 이를 제출하여야 한다.

---

*
1. 법령의 입법안을 입법예고하는 경우 : 관보 및 법제처장이 구축·제공하는 정보시스템을 통한 공고
2. 자치법규의 입법안을 입법예고하는 경우 : 공보를 통한 공고

ⓒ 행정청은 입법예고를 할 때에 입법안과 관련이 있다고 인정되는 중앙행정기관, 지방자치단체, 그 밖의 단체 등이 예고사항을 알 수 있도록 예고사항을 통지하거나 그 밖의 방법으로 알려야 한다.

ⓔ 누구든지 예고된 입법안에 대하여 의견을 제출할 수 있다.

④ 입법예고기간은 예고할 때 정하되, 특별한 사정이 없으면 **40일(자치법규는 20일) 이상**으로 한다.

12) 행정예고

① 행정청은 정책, 제도 및 계획(정책등)을 수립·시행하거나 변경하려는 경우에는 이를 예고하여야 한다.

➡ 다만, 다음 각 호의 어느 하나에 해당하는 경우에는 예고를 하지 아니할 수 있다.

> 1. 신속하게 국민의 권리를 보호하여야 하거나 예측이 어려운 특별한 사정이 발생하는 등 긴급한 사유로 예고가 현저히 곤란한 경우
> 2. 법령등의 단순한 집행을 위한 경우
> 3. 정책등의 내용이 국민의 권리·의무 또는 일상생활과 관련이 없는 경우
> 4. 정책등의 예고가 공공의 안전 또는 복리를 현저히 해칠 우려가 상당한 경우

② 법령등의 입법을 포함하는 행정예고는 **입법예고로 갈음할 수 있다.**

③ 행정예고기간은 예고 내용의 성격 등을 고려하여 정하되, **20일 이상으로 한다.**

➡ 행정목적을 달성하기 위하여 긴급한 필요가 있는 경우에는 행정예고기간을 단축할 수 있다. 이 경우 단축된 행정예고기간은 10일 이상으로 한다.

12) 행정지도

① 행정지도의 원칙

ⓐ 행정지도는 그 목적 달성에 **필요한 최소한도**에 그쳐야 하며, 행정지도의 상대방의 의사에 반하여 부당하게 강요하여서는 아니 된다.

ⓑ 행정기관은 행정지도의 상대방이 행정지도에 따르지 아니하였다는 것을 이유로 **불이익한 조치를 하여서는 아니 된다.**

② 행정지도의 방식

ⓐ 행정지도를 하는 자는 그 상대방에게 그 행정지도의 **취지 및 내용과 신분을 밝혀야 한다.**

ⓑ 행정지도가 말로 이루어지는 경우에 상대방이 **서면의 교부를 요구**하면 그 행정지도를 하는 자는 직무 수행에 특별한 지장이 없으면 이를 **교부하여야 한다.**

③ 행정지도의 상대방은 해당 행정지도의 방식·내용 등에 관하여 행정기관에 **의견 제출을 할 수 있다.**

＊ 국민참여

① 국민제안의 처리
행정청(국회사무총장·법원행정처장·헌법재판소사무처장 및 중앙선거관리위원회사무총장은 제외한다)은 정부시책이나 행정제도 및 그 운영의 개선에 관한 국민의 창의적인 의견이나 고안(국민제안)을 접수·처리하여야 한다.

② 온라인 정책토론
ⓐ 행정청은 국민에게 영향을 미치는 주요 정책 등에 대하여 국민의 다양하고 창의적인 의견을 널리 수렴하기 위하여 정보통신망을 이용한 정책토론(온라인 정책토론)을 실시할 수 있다.
ⓑ 행정청은 효율적인 온라인 정책토론을 위하여 과제별로 한시적인 토론 패널을 구성하여 해당 토론에 참여시킬 수 있다. 이 경우 패널의 구성에 있어서는 공정성 및 객관성이 확보될 수 있도록 노력하여야 한다.

③ 행정청은 주요 정책 등에 관한 국민과 전문가의 의견을 듣거나 국민이 참여할 수 있는 온라인 또는 오프라인 창구를 설치·운영할 수 있다.

2 행정상 손해 전보

행정상 손해전보란 국가 등이 활동으로 인해 발생한 손해 또는 손실을 보전하는 제도이다.

그 원인에 따라 손해배상과 손실보상으로 구분한다.

	손해배상	손실보상
의의	**위법한 행정작용**으로 인한 손해	**적법한 행정작용**으로 인한 손실
이념	개인주의	단체주의(사회적 공평부담)
근거	• 헌법 제29조 • **국가배상법**	• 헌법 제23조 3항 • 개별법
대상	재산적, 비재산적 손해	재산적 손실
책임	과실책임주의	무과실책임주의
전보책임자	국가 또는 지방자치단체	사업시행자

3 행정상 손해배상

1) 의의

① 공무원의 직무행위 또는 영조물의 하자로 인하여 국민 등에게 손해가 발생한 경우 국가 또는 지방자치단체 등이 책임을 지는 제도이다.

② 근거

> **관련조문**
>
> **헌법 제29조**
> ① 공무원의 직무상 불법행위로 손해를 받은 국민은 법률이 정하는 바에 의하여 국가 또는 공공단체에 정당한 배상을 청구할 수 있다. 이 경우 공무원 자신의 책임은 면제되지 아니한다.
> ② 군인·군무원·경찰공무원 기타 법률이 정하는 자가 전투·훈련등 직무집행과 관련하여 받은 손해에 대하여는 법률이 정하는 보상 외에 국가 또는 공공단체에 공무원의 직무상 불법행위로 인한 배상은 청구할 수 없다.
>
> **국가배상법 제2조(배상책임)**
> ① 국가나 지방자치단체는 공무원 또는 공무를 위탁받은 사인(이하 "공무원"이라 한다)이 직무를 집행하면서 고의 또는 과실로 법령을 위반하여 타인에게 손해를 입히거나, 「자동차손해배상 보장법」에 따라 손해배상의 책임이 있을 때에는 이 법에 따라 그 손해를 배상하여야 한다. 다만, 군인·군무원·경찰공무원 또는 예비군대원이 전투·훈련 등 직무 집행과 관련하여 전사(戰死)·순직(殉職)하거나 공상(公傷)을 입은 경우에 본인이나 그 유족이 다른 법령에 따라 재해보상금·유족연금·상이연금 등의 보상을 지급받을 수 있을 때에는 이 법 및 「민법」에 따른 손해배상을 청구할 수 없다.
> ② 제1항 본문의 경우에 공무원에게 고의 또는 중대한 과실이 있으면 국가나 지방자치단체는 그 공무원에게 구상(求償)할 수 있다.

★ 비교

	헌법	국가배상법
책임자	국가 또는 공공단체	국가나 지방자치단체
배상 유형	공무원의 직무상 불법행위로 인한 손해배상	ⓐ 공무원의 직무상 불법행위로 인한 손해배상 ⓑ 영조물 설치 관리 하자로 인한 손해배상

★ 배상심의회

① 국가나 지방자치단체에 대한 배상신청사건을 심의하기 위하여 **법무부에 본부심의회를 둔다**. 다만, 군인이나 군무원이 타인에게 입힌 손해에 대한 배상신청사건을 심의하기 위하여 국방부에 특별심의회를 둔다.
② 본부심의회와 특별심의회는 대통령령으로 정하는 바에 따라 지구심의회(地區審議會)를 둔다.

2) 공무원의 직무행위로 인한 손해배상

(1) 요건

① 공무원의 행위

> ㉠ 공무원은 조직법상 의미뿐 아니라 기능적 의미를 포함한다. 즉 널리 공무를 위탁받아 실질적으로 종사하는 모든 자를 포함한다.(통설)
> ㉡ 사인도 공무를 위탁받아 실질적으로 그에 종사하는 경우 해당된다.(판례)
>   ➡ 한국토지공사는 공무인 대집행을 실시함에 따르는 권리, 의무 및 책임이 귀속되는 행정주체의 지위에 있는 것이지 국가배상법2조에서 말하는 공무원은 아니다.(2007다82950)

② 직무행위

> ㉠ 직무행위를 넓게 인정한다.
>   ⓐ 입법작용, 사법작용, 법률행위적 행정행위, 준법률행위적 행정행위, 행정지도 등 사실행위, 재량행위, 부작위가 모두 포함된다.
>   ➡ 통치행위는 제외된다.
>   ➡ 검사가 공소제기한 사건에 대해 법원의 무죄판결이 확정된 경우 그러한 사유만으로 바로 국가배상책임 인정되는 것은 아니다.(대판 2001다23447)
>   ➡ 서울특별시 소속 공무원의 부적법한 공탁도 직무행위 해당한다.(96다38971)
>   ⓑ 사경제주체로서 하는 작용은 포함되지 않는다.
>   ➡ 도봉구청장이 도봉차량기지 건설사업부지를 매수하기로 하는 매매계약 체결의 경우 직무행위에 해당하지 않는다.(98다47245)
> ㉡ 직무를 집행하면서
>   ⓐ 통설은 외형설 입장이다.
>   ➡ 순수한 직무집행행위 뿐 아니라 실질적으로 직무집행행위가 아닌 경우 또는 행위자에게 행위자체의 외관을 객관적으로 관찰하여 직무행위로 보여질 때 요건이 충족된 것으로 본다.
>   ➡ 당해행위가 현실적으로 정당한 권한 내의 것인지 불문한다.
>   ⓑ 직무행위가 외형을 갖추고 있는 경우 실질적 공무집행행위가 아니란 것을 피해자가 알았다 하더라도 국가배상책임은 인정된다.
>   ➡ 인사담당 공무원이 다른 공무원의 공무원증을 위조하여 대출받은 경우 직무관련성이 인정된다.(2004다26805)
>   ➡ 갑 중사가 다음날 실시 예정인 독수리 훈련에 대비하여 사전정찰차 개인소유 오토바이를 운전하여 훈련지역 일대를 살피고 귀가하던중 교통사고가 일어난 경우 직무관련성을 인정한다.(94다6741)

③ 고의 또는 과실로 인한 행위

> ㉠ 공무원을 선임·감독함에 있어서 국가의 과실이 있는지 여부가 아니라, 직무를 행하는 공무원을 기준으로 판단한다.
>   ➡ 민법상의 사용자 면책사유는 국가배상법상의 고의·과실의 판단에서 적용되지 않는다.
> ㉡ 과실의 객관화
>   당해 직무를 담당하는 평균적 공무원의 주의의무를 기준으로 판단한다.
> ㉢ 과실의 입증책임은 피해자인 원고(국민)에게 있다.(통설)
> ㉣ 가해공무원을 특정하지 않더라도 공무원의 행위로 인정되는 한 국가배상책임이 인정된다.

✽ 손해배상 요건
① 공무원이
② 직무를 집행하면서
③ 고의 또는 과실로
④ 법령을 위반하여
⑤ 타인에게 손해를 발생하게 했고
⑥ 손해와 직무행위 사이에 상당한 인과관계

✽ 공무원 범위

인정	부정
• 소집중인 향토예비군 • 시 청소차 운전수 • 교통할아버지 • 지자체 근무하는 청원경찰	의용 소방대원

✽ 직무집행성

직무 집행성 인정	ⓐ 상급자가 하급자를 훈계 도중 폭행 ⓑ 수사 도중 고문행위 ⓒ 감옥 내의 기합 ⓓ 출퇴근 완료 후 운전수가 단독으로 통근차량 운행하다 사고 낸 경우
부정	ⓐ 부대를 이탈한 군인이 민간인 사살 ⓑ 군의관의 포경수술 ⓒ 시영버스 운전기사가 사고 ⓓ 세무공무원이 재산 압류 도중 재산 절도 행위

✽
'고의'란 일정한 위법행위의 발생가능성을 인식하고 결과를 의도하는 것이며, '과실'이란 통상적으로 갖추어야 할 주의의무를 게을리 한 것이다.

➡ 전투경찰의 과잉진압으로 시위대가 사망한 사건에서 가해공무원 특정없이 배상책임을 인정하였다.(95다23897)

ⓜ 공무원이 관계법규를 알지 못하거나 법규해석을 그르쳐 행정처분을 한경우는 과실이 인정된다.
➡ 법령해석에 여러 견해가 있어 공무원이 신중한 태도로 어느 한 학설을 취하여 처분한 경우 결과적으로 위법이 발생하였더라도 공무원의 과실은 인정되지 않는다.
➡ 처분이 있은 후 근거법률이 헌법재판소에서 위헌으로 결정된 경우 해당 법률을 적용한 공무원의 고의, 과실을 인정할수 없다.(2006헌바72)

★ 국가배상 인정 판례
- 전투경찰들이 서총련 불법시위 해산 과정에서 전경들의 도서관 진입에 항의한 학생 등 시위와 무관한 자들을 강제로 연행한 경우(95가합43551)
- 검문소요강을 지키지 않고 도로상에 방치해둔 바리케이드에 오토바이 운전자가 충돌해 사망한 경우(91가합31268)

④ 법령을 위반하여(위법성)

ㄱ 광의설(다수설)
법령개념을 모든 법규(성문, 불문법규)를 포함하며 인권, 공서양속 등을 포함해 당해 직무행위가 객관적으로 정당성을 상실한 경우까지를 포함한다고 본다.
➡ 절차상의 위법도 국가배상법상 법령위반에 포함된다.(2006다23664)
➡ 공무원의 직무집행이 법령에 정한 요건과 절차에 따라 이루어진 것이라면 개인의 권리가 침해되는 일이 생긴다고 하여 위법하게 되는 것은 아니다.(94다2480)

ㄴ 법령위반에 대해 행위위법설(행위가 법규범에 위반되는 것)이 다수설이다.
➡ 결과위법설(손해가 불법임), 행위위법설, 상대적 위법성설이 있다.

ㄷ 부작위의 위법성
국민의 생명·신체 재산 등에 대하여 절박하고 중대한 위험상태가 발생한 경우에는 법령에서 명시적으로 공무원의 작위의무가 규정되지 않은 경우라도 국가나 공무원에 대하여 그러한 위험을 배제할 조리상의 작위의무가 인정된다.
➡ 경찰공무원이 필요한 조치를 취하지 않는 것이 현저하게 불합리하다고 인정되는 경우에는 권한의 불행사는 직무상의 의무를 위반한 것이 되어 위법하다.(98다16890)

⑤ 타인에게 손해 발생

ㄱ 타인이란 자연인, 법인 불문한다.
ㄴ 군인, 군무원등 피해자가 특수공무원인 경우에는 제한된다.
ㄷ 손해
가해행위로부터 발생한 일체의 손해로서 적극적 손해, 소극적 손해, 재산상의 손해, 생명 등 비재산상 손해, 정신적 손해(위자료)를 모두 포함한다.
➡ 도지사가 지방의료원의 폐업결정과 관련하여 국가배상책임이 성립하기 위해서는 공무원의 직무집행이 위법하다는 점만으로는 부족하고 그로 인하여 타인의 권리 · 이익이 침해되어 구체적 손해가 발생하여야 한다.(2015두60617)

⑥ 직무행위와 손해발생간의 인과관계

ㄱ 상당한 인과관계
상당한 인과관계의 여부를 판단함에 있어서 결과발생의 개연성, 법령의 목적, 가해행위의 태양, 피해의 정도 등을 종합적으로 고려한다.(판례)
➡ 유흥업소에 감금당한채 생활하던 여종업원이 화재로 피신하지 못한 사망사건에서 소방공무원이 소방법상 시정조치를 명하지 않은 직무상 의무위반과 사망의 상당인과관계를 인정하였다.(2005다489994)

ㄴ 사익보호성
직무상 의무를 부과한 법령의 보호목적이 사회구성원 개인의 이익을 위한 것이 아니고, 단순히 공공일반의 이익이나 행정기관 내부질서를 규율하기 위한 것이라면 공무원의 의무위반과 피해사이에 상당한 인과관계을 인정할수 없다.
- ➡ 경찰관이 직무상 의무를 위반하여 패해자의 인적사항 등을 공개 누설한 경우 성폭력범죄의 처벌 및 피해자보호 등에 관한 법률상 사익보호성을 인정하여 인과관계를 인정하였다.(2007다64365)
- ➡ 공무원이 후보자에 대한 범죄경력자료를 조회하여 전과가 있음을 확인하고도 범죄경력조회보고서에 기재하지 않는 경우 사익보호성을 인정하여 인과관계를 인정하였다.(2011다34521)

⑦ 형사책임과 국가배상책임

> 각 제도가 다르므로 형사재판에서 무죄판결이 확정되어도 국가배상책임이 인정될 수 있다.

(2) 배상책임자

① 국가사무에 대해서는 국가가 배상책임을 지고, 가해공무원이 지방자치단체 소속인 경우 지방자치단체가 배상책임을 진다.

② 국가배상법 제6조는 선임·감독자와 비용부담자가 다른 경우에 비용을 부담하는 자도 배상책임을 지도록 규정하고 있다.
- ➡ 국민은 양자에 대해 선택적 배상청구가 가능하다.

③ 내부구상권 문제

내부관계에서 손해배상을 할 책임이 있는 자에게 구상할 수 있다.

④ 공무원 개인의 책임(구상권 문제)
  ㉠ **고의·중과실**의 경우 공무원 개인에게도 책임이 있으며 피해자의 선택적 청구권을 긍정한다.
  ㉡ **경과실**의 경우 공무원 개인에게 책임이 없으므로 피해자의 선택적 청구권은 부정된다.

판례
경찰관들의 시위진압에 대항하여 시위자들이 던진 화염병에 의하여 발생한 화재로 인하여 손해를 입은 주민의 국가배상청구를 부정한 판례(94다2480)

* 제6조(비용부담자 등의 책임)
① 제2조·제3조 및 제5조에 따라 국가나 지방자치단체가 손해를 배상할 책임이 있는 경우에 공무원의 선임·감독 또는 영조물의 설치·관리를 맡은 자와 공무원의 봉급·급여, 그 밖의 비용 또는 영조물의 설치·관리 비용을 부담하는 자가 동일하지 아니하면 그 비용을 부담하는 자도 손해를 배상하여야 한다.
② 제1항의 경우에 손해를 배상한 자는 내부관계에서 그 손해를 배상할 책임이 있는 자에게 구상할 수 있다.

3) 영조물 설치·관리상 하자로 인한 손해

(1) 의의
도로·하천, 그 밖의 공공의 영조물의 설치나 관리에 하자로 인하여 타인에게 손해를 발생하게 하였을 때에는 국가나 지방자치단체는 그 손해를 배상하여야 한다.

(2) 무과실책임
국가배상법 제5조는 고의 또는 과실을 규정하지 않고 있으므로 **무과실책임** 또는 위험책임의 일종으로 본다.(통설, 판례)

* 제5조(공공시설 등의 하자로 인한 책임)
① 도로·하천, 그 밖의 공공의 영조물(營造物)의 설치나 관리에 하자(瑕疵)가 있기 때문에 타인에게 손해를 발생하게 하였을 때에는 국가나 지방자치단체는 그 손해를 배상하여야 한다. 이 경우 제2조제1항 단서, 제3조 및 제3조의2를 준용한다.
② 제1항을 적용할 때 손해의 원인에 대하여 책임을 질 자가 따로 있으면 국가나 지방자치단체는 그 자에게 구상할 수 있다.

(3) 요건

① **공공의 영조물**
  ㉠ 본래적 의미의 영조물이 아니라 강학상 공물로서 직접 행정목적에 제공된 유체물 내지 물적 설비를 의미한다.(통설, 판례)
  ㉡ 자연공물, 인공공물, 동산, 부동산, 동물(경찰견, 경찰마 등) 등이 모두 포함된다.

② **설치나 관리의 하자**
  ㉠ 공공의 목적에 제공된 영조물이 그 용도에 따라 **통상적으로 갖추어야할 안정성**을 갖추지 못한 상태에 있음을 의미한다.(객관설)
    ➔ 판례는 객관설 판례, 주관설 판례 모두 있다.
  ㉡ 하천관리상 하자
    하천홍수위가 적정하게 책정되었음에도 불구하고 하천이 범람한 경우라면 불가항력으로 배상책임이 인정되지 않는다.

③ 타인에게 손해가 발생할 것
④ 설치관리의 하자와 손해 사이 인과관계 있을 것

> **＊ 신호등 고장 사고**
> 가변차로에 설치된 두 개의 신호등에 서로 모순되는 신호가 들어오는 오작동이 발생하였고 그 고장이 현재의 기술수준상 부득이 한 것이라고 가정하더라도 그와 같은 사정만으로 손해발생의 예견가능성이나 회피가능성이 없어 영조물의 하자를 인정할 수 없는 경우라고 단정할 수 없다.(대판 2000다56822)

4) 이중배상금지

(1) 근거

헌법제 29조와 국가배상법 제2조는 군인 등이 피해자인 경우 일정한 요건을 갖출 것을 전제로 그 피해자의 국가배상청구권을 배제하고 있다.

(2) 국가 배상법 제2조 단서

다만, 군인·군무원·**경찰공무원** 또는 예비군대원이 전투·훈련 등 직무 집행과 관련하여 전사(戰死)·순직(殉職)하거나 공상(公傷)을 입은 경우에 본인이나 그 유족이 다른 법령에 따라 재해보상금·유족연금·상이연금 등의 보상을 지급받을 수 있을 때에는 **이 법 및 「민법」에 따른 손해배상을 청구할 수 없다.**

 판례

① 공익근무요원, 군입대후 경비교도로 임용된자는 군인 신분을 상실하였으므로 손해배상청구가 가능하다.
  ➔ 전투경찰순경의 경우 경찰공무원의 신분을 가지므로 손해배상청구권이 제한된다.
② 경찰공무원이 숙직실에서 취침 중 사망한 경우 국가의 손해배상책임이 인정된다.
③ 공상을 입은 군인·경찰공무원 등이 별도의 국가보상을 받을 수 없는 경우, 이중배상금 규정은 적용되지 않는다.

5) 양도 금지

생명·신체 침해에 대한 배상청구권은 양도하거나 압류하지 못한다.
➡ 재산권침해에 대한 배상청구권은 양도가능하다.

4 행정상 손실보상

1) 의의

적법한 공권력의 행사에 의해 가해진 개인의 재산상의 특별한 손해에 대해 재산권 보장과 공평부담의 차원에서 행정주체가 행하는 조절적인 보상이다.

2) 근거

① 특별희생설(통설)입장에서 재산권의 보장과 공적 부담 앞의 평등원칙이 근거가 된다.

② 실정법적 근거

> **관련조문**
>
> 헌법 제23조
> ① 모든 국민의 재산권은 보장된다. 그 내용과 한계는 법률로 정한다.
> ② 재산권의 행사는 공공복리에 적합하도록 하여야 한다.
> ③ 공공필요에 의한 재산권의 수용·사용 또는 제한 및 그에 대한 보상은 법률로써 하되, 정당한 보상을 지급하여야 한다.

㉠ 행정상 손실보상에 대한 일반법은 없다.
㉡ 경찰작용에 대해서는 '**경찰관직무집행법 제 11조의 2**'를 통해 손실보상의 근거를 마련하였다.

3) 요건

(1) 공공의 필요

일정한 공익적 사업을 시행하거나 공공복리를 달성하기 위해 재산권의 제한이 불가피한 경우이다.
➡ 일반적인 공익을 위한 것이면 공공필요에 해당한다.

(2) 재산권에 대한 의도적인 침해

① 재산권
일체의 재산적 가치가 있는 권리이다.
➡ 물권인지 채권인지 불문하며, 사법상 권리, 공법상 권리도 포함한다.

※ 경찰관직무집행법 제11조의2(손실보상)

① 국가는 경찰관의 적법한 직무집행으로 인하여 다음 각 호의 어느 하나에 해당하는 손실을 입은 자에 대하여 정당한 보상을 하여야 한다.
  1. 손실발생의 원인에 대하여 책임이 없는 자가 생명·신체 또는 재산상의 손실을 입은 경우(손실발생의 원인에 대하여 책임이 없는 자가 경찰관의 직무집행에 자발적으로 협조하거나 물건을 제공하여 생명·신체 또는 재산상의 손실을 입은 경우를 포함한다)
  2. 손실발생의 원인에 대하여 책임이 있는 자가 자신의 책임에 상응하는 정도를 초과하는 생명·신체 또는 재산상의 손실을 입은 경우
② 제1항에 따른 보상을 청구할 수 있는 권리는 손실이 있음을 안 날부터 3년, 손실이 발생한 날부터 5년간 행사하지 아니하면 시효의 완성으로 소멸한다.
③ 제1항에 따른 손실보상신청 사건을 심의하기 위하여 손실보상심의위원회를 둔다.
④ 경찰청장 또는 시·도경찰청장은 제3항의 손실보상심의위원회의 심의·의결에 따라 보상금을 지급하고, 거짓 또는 부정한 방법으로 보상금을 받은 사람에 대하여는 해당 보상금을 환수하여야 한다.

② 의도적 침해
⊙ 공용침해(수용, 사용, 제한) 및 기타 재산적 가치를 하락시키는 일체의 공권력 발동이다.
⊙ 재산권 침해가 현실적으로 발생하여야 하며, 공익사업과 손실 사이에 상당한 인과관계가 있어야 한다.

(3) 적법한 침해
법률에 근거한 적법한 침해가 있어야 한다.

(4) 특별한 희생
① 특별한 희생은 사회적 제약을 넘는 희생을 의미한다.
② 형식적 기준설과 실질적 기준설을 모두 고려하는 절충설이 통설이다.
  ◐ 사회적 제약(사회적 구속성)의 경우는 보상이 필요 없다.
③ 공용침해와 재산권의 한계 설정에 대해 경계이론과 분리이론이 대립한다.

※ 실질적 기준설
보호가치설, 수인한도성설, 목적위배설, 중대성설, 상황구속성설 등

4) 손실보상 기준
침해된 재산의 완전한 가치를 보상해야 한다는 완전보상설이 통설이다.(판례)

5) 손실보상 원칙
① 현금지급이 원칙이다.
  예외적으로 현물보상, 채권보상, 매수보상, 대토보상이 가능하다.
② 사전보상 원칙, 개인별 보상 원칙, 전액보상 원칙, 사업시행자보상 원칙이 적용된다.

행정쟁송(1) - 행정심판

[행정쟁송 종류]

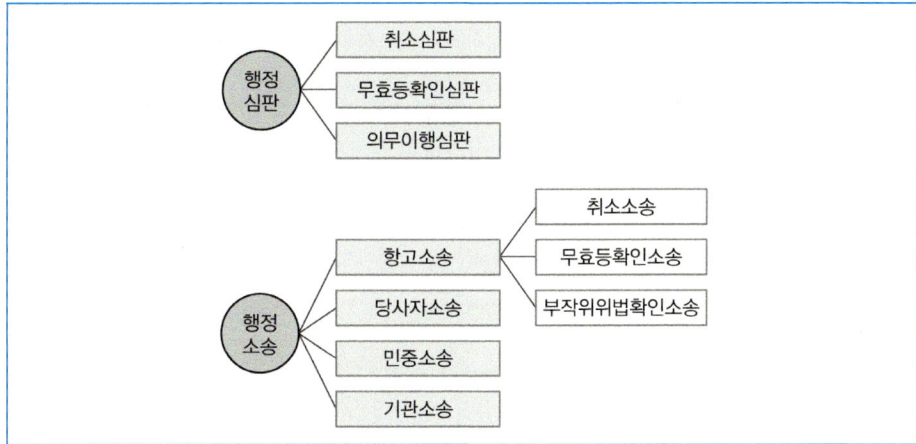

1 행정심판

1) **의의**

   행정청의 **위법 또는 부당한** 처분, 그밖에 공권력의 행사·불행사 등으로 인하여 권리나 이익을 침해당한 자가 행정기관에 대하여 그 시정을 요구하는 절차이다.

2) **행정심판의 종류**

	행정심판	이의신청
대상	위법, 부당한 처분	개별법에서 정하고 있는 처분
청구기관	행정심판위원회	주로 처분청

취소심판	㉠ 행정청이 위법 또는 공권력의 행사나 거부, 그밖에 이에 준하는 행정작용으로 권익을 침해당한 자가 취소 또는 변경을 구하는 행정심판
	㉡ 성격 - 형성적 쟁송
	㉢ 특징
	  ⓐ 청구기간제한 있음
	  ⓑ 사정재결 가능
	  ⓒ 집행부정지원칙 적용
	㉣ 재결
	  ⓐ 행정심판위원회가 직접 취소, 변경 가능(처분취소, 변경재결)
	  ⓑ 처분을 다른 처분으로 변경할 것을 명할 수 있음(처분변경명령재결)

무효등확인심판	㉠ 행정청이 처분이 효력 유무 또는 존재를 확인하는 행정심판
	㉡ 성격 - 준형성적 쟁송
	㉢ 특징
	  ⓐ 심판청구기간 제한 없음
	  ⓑ **사정재결 안됨**
	㉣ 재결
	  처분무효확인재결, 처분유효확인재결, 처분실효확인재결, 처분존재확인재결 등

의무이행심판	㉠ 당사자의 신청에 대한 행정청의 위법 또는 부당한 거부처분이나 부작위에 대해 일정한 처분을 하도록 하는 행정심판 ㉡ 성격 - 이행쟁송 ㉢ 특징 　ⓐ 부작위가 계속되는 한 심판청구기간 제한 없음 　ⓑ 사정재결 가능 　ⓒ 거분처분을 대상으로 하는 경우 심판청구기간 제한 있음 ㉣ 재결 　ⓐ 행정심판위원회가 직접 처분재결을 할 수도 있음 　ⓑ 원처분청에 대해 신청에 따른 처분을 할 것을 명할 수 있음(처분명령재결)

3) 행정심판의 대상

(1) 개괄주의

행정청의 **처분 또는 부작위**에 대하여 다른 법률이 특별한 규정이 있는 경우 외에는 이법에 따라 행정심판을 청구할 수 있다.(행정심판법 제3조 1항)

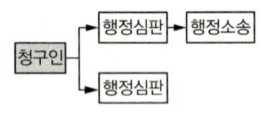

(2) 처분 또는 부작위

① 개념

처분	행정청이 행하는 구체적 사실에 관한 법집행으로서의 공권력의 행사 또는 그 거부, 그 밖에 이에 준하는 행정작용 ➡ 부당한 처분도 심판대상이 된다.
부작위	행정청이 당사자의 신청에 대해 상당한 기간 내에 일정한 처분을 하여야 할 법률상 의무가 있는데도 처분을 하지 않는 것 ➡ 부당한 부작위도 포함한다.

② 제외대상
　㉠ 행정심판을 거친 사건에 대하여 행정심판청구가 반복되는 것을 금지한다. (제51조)
　㉡ 통고처분, 검사의 불기소 처분 등에 대해서는 심판청구 대상이 아니다.
　㉢ **대통령의 처분 또는 부작위**에 대하여는 다른 법률에서 행정심판을 청구할 수 있도록 정한 경우 외에는 행정심판을 **청구할 수 없다**.

4) 행정심판 당사자 등

(1) 청구인 - 당사자

① 취소심판은 처분의 취소 또는 변경을 구할 **법률상 이익이 있는 자**가 청구할 수 있다.
　➡ 처분의 효과가 기간의 경과, 처분의 집행, 그 밖의 사유로 소멸된 뒤에도 그 처분의 취소로 회복되는 법률상 이익이 있는 자의 경우에도 또한 같다.
　㉠ 무효등확인심판은 처분의 효력 유무 또는 존재 여부의 확인을 구할 법률상 이익이 있는 자가 청구할 수 있다.

ⓒ 의무이행심판은 처분을 신청한 자로서 행정청의 거부처분 또는 부작위에 대하여 일정한 처분을 구할 법률상 이익이 있는 자가 청구할 수 있다.
② 청구인은 처분의 상대방인지, 제3자인지를 불문하며 자연인, 법인을 불문한다.
③ 선정대표자
 ㉠ 여러 명의 청구인이 공동으로 심판청구를 할 때에는 청구인들 중에서 3명 이하의 선정대표자를 선정할 수 있다
  ➡ 선정대표자가 선정되면 다른 청구인들은 그 선정대표자를 통해서만 그 사건에 관한 행위를 할 수 있다.
 ㉡ 선정대표자는 다른 청구인들을 위하여 그 사건에 관한 모든 행위를 할 수 있다.
  ➡ 심판청구를 취하하려면 다른 청구인들의 동의를 받아야 하며, 이 경우 동의받은 사실을 서면으로 소명하여야 한다.

(2) 피청구인
① 당해 심판청구의 대상인 처분을 한 **행정청** 또는 부작위를 한 **부작위청**이 된다.
 ➡ 심판청구의 대상과 관계되는 권한이 다른 행정청에 승계된 경우에는 권한을 승계한 행정청을 피청구인으로 하여야 한다.
② 청구인이 피청구인을 잘못 지정한 경우에는 위원회는 직권으로 또는 당사자의 신청에 의하여 결정으로써 피청구인을 경정(更正)할 수 있다.

(3) 참가인

신청에 의한 참가	행정심판의 결과에 이해관계가 있는 제3자나 행정청은지 그 사건에 대하여 심판참가를 할 수 있다.
요구에 의한 참가	위원회는 필요하다고 인정하면 그 행정심판 결과에 이해관계가 있는 제3자나 행정청에 그 사건 심판에 참가할 것을 요구할 수 있다.

➡ 참가인은 행정심판 절차에서 당사자가 할 수 있는 심판절차상의 행위를 할 수 있다.

5) 행정심판위원회

(1) 의의
행정심판청구를 수리하여 재결할 권한을 가진 합의제 행정청이다.(심리, 재결)

(2) 설치 - 일반행정심판위원회
① 독립기관 등 소속행정심판위원회

> 1. 감사원, 국가정보원장, 그 밖에 대통령령으로 정하는 대통령 소속기관의 장
> 2. 국회사무총장·법원행정처장·헌법재판소사무처장 및 중앙선거관리위원회사무총장
> 3. 국가인권위원회, 그 밖에 지위·성격의 독립성과 특수성 등이 인정되어 대통령령으로 정하는 행정청

★ 제18조(대리인의 선임)
① 청구인은 법정대리인 외에 다음 각 호의 어느 하나에 해당하는 자를 대리인으로 선임할 수 있다.
 1. 청구인의 배우자, 청구인 또는 배우자의 사촌 이내의 혈족
 2. 청구인이 법인이거나 제14조에 따른 청구인 능력이 있는 법인이 아닌 사단 또는 재단인 경우 그 소속 임직원
 3. 변호사
 4. 다른 법률에 따라 심판청구를 대리할 수 있는 자
 5. 그 밖에 위원회의 허가를 받은 자
② 피청구인은 그 소속 직원 또는 제1항제3호부터 제5호까지의 어느 하나에 해당하는 자를 대리인으로 선임할 수 있다.

② 중앙행정심판위원회 – 국민권익위원회에 설치

> 1. 제1항에 따른 행정청 외의 국가행정기관의 장 또는 그 소속 행정청
> 2. 특별시장·광역시장·특별자치시장·도지사·특별자치도지사(특별시·광역시·특별자치시·도 또는 특별자치도의 교육감을 포함한다. 이하 "시·도지사"라 한다) 또는 특별시·광역시·특별자치시·도·특별자치도(이하 "시·도"라 한다)의 의회(의장, 위원회의 위원장, 사무처장 등 의회 소속 모든 행정청을 포함한다)
> 3. 「지방자치법」에 따른 지방자치단체조합 등 관계 법률에 따라 국가·지방자치단체·공공법인 등이 공동으로 설립한 행정청. 다만, 제3항제3호에 해당하는 행정청은 제외한다.

③ 시 · 도지사 소속 행정심판위원회

> 1. 시·도 소속 행정청
> 2. 시·도의 관할구역에 있는 시·군·자치구의 장, 소속 행정청 또는 시·군·자치구의 의회(의장, 위원회의 위원장, 사무국장, 사무과장 등 의회 소속 모든 행정청을 포함한다)
> 3. 시·도의 관할구역에 있는 둘 이상의 지방자치단체(시·군·자치구를 말한다)·공공법인 등이 공동으로 설립한 행정청

④ 직근상급행정기관 소속 행정심판위원회

그밖에 대통령령으로 정하는 국가행정기관 소속 특별지방행정기관의 장의 처분 또는 부작위에 대한 심판청구에 대하여는 해당 행정청의 직근 상급행정기관에 두는 행정심판위원회에서 심리·재결한다.

* 특별행정심판위원회
ⓐ 공무원의 징계처분 등
 – 소청심사위원회
ⓑ 국세 및 관세 관한 처분
 – 조세심판원
ⓒ 토지수용 – 중앙토지수용위원회

📝 **팩트DB**

경찰의 행정심판 관할

경찰청장의 행정처분에 대해	
시 · 도경찰청장의 행정처분에 대해	중앙행정심판위원회
경찰서장의 행정처분에 대해	

(3) 행정심판위원회 구성

* 행정심판위원회 권한
① 심리권
② 재결권
③ 집행정지결정권 및 집행정지취소 결정권
④ 직접처분권
⑤ 간접강제권
⑥ 중앙행정심판위원회의 시정조치 요청권

	중앙행정심판위원회	각급 행정심판위원회
구성	위원장 1명 포함한 70명 이내 위원 ➡ 위원 중 상임위원은 4명 이내	위원장 1명 포함한 50명 이내 위원
위원장	국민권익위원회 부위원장 중 1명	해당 행정심판위원회가 소속된 행정청 ➡ 시 · 도지사 소속의 행정심판위원회에서는 위원장을 공무원이 아닌 위원으로 정할 수 있음
위원장 직무대행	상임위원 순서(재직기간 순서)	위원장이 지명한 위원

회의	위원장, 상임위원, 비상임위원을 포함한 9명 ● 소위원회 둘 수 있음	위원장과 위원장이 회의마다 지명하는 8명의 위원
임기	• 상임위원 : 3년, 1차에 한해 연임가능 • 비상임위원 : 2년, 2차 연임가능	• 소속 공무원인 위원 : 재직하는 동안 • 위촉된 위원 : 2년, 2차 연임 가능

6) 행정심판 청구

[행정심판 절차]

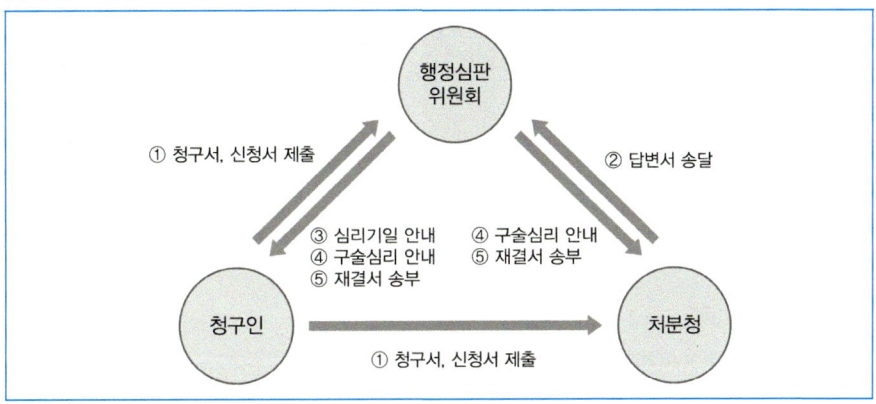

(1) 서면주의

심판청구서를 작성하여 피청구인(처분청)이나 행정심판위원회에 제출하여야 한다.
● 처분청경유주의 폐지됨

(2) 청구

① 청구인은 청구의 기초에 변경이 없는 범위에서 청구의 취지나 이유를 변경할 수 있다.
② 행정심판이 청구된 후에 피청구인이 새로운 처분을 하거나 심판청구의 대상인 처분을 변경한 경우에는 청구인은 새로운 처분이나 변경된 처분에 맞추어 청구의 취지나 이유를 변경할 수 있다.

(3) 심판청구 기간

① 원칙

처분이 있음을 알게 된 날로부터 90일 이내(불변기간), 처분이 **있었던 날로부터 180일 이내**에 청구한다.(정당한 사유 있는 경우 예외 인정)
● 두 기간 중 어느 하나라도 먼저 경과하면 당해 행정심판청구는 부적법 각하된다.

② 예외

㉠ 청구인이 천재지변, 전쟁, 사변(事變), 그 밖의 불가항력으로 인하여 제1항에서 정한 기간에 심판청구를 할 수 없었을 때에는 그 사유가 **소멸한 날부터 14일 이내**에 행정심판을 청구할 수 있다.
● 다만, 국외에서 행정심판을 청구하는 경우에는 그 기간을 **30일**로 한다.

*
• 처분이 있음을 알게된 날 – 처분이 있었음을 현실적으로 알게된 날을 의미함
• 처분이 있었던 날 – 처분이 통지에 의하여 외부에 표시되어 효력이 발생한 날

ⓒ 제3자효 행정행위

처분의 상대방이 아닌 제3자가 행정심판을 제기하는 경우에도 원칙적으로 처분이 있음을 안날로부터 90일 이내, 처분이 있었던 날로부터 180일 이내이다.

오고지	행정청이 심판청구 기간을 규정된 기간보다 긴 기간으로 잘못 알린 경우 그 잘못 알린 기간에 심판청구가 있으면 그 행정심판은 규정된 기간에 청구된 것으로 본다.
불고지	행정청이 심판청구 기간을 알리지 아니한 경우에는 당사자가 처분이 있음을 알았다고 하더라도 처분이 있었던 날부터 **180일 이내**에 심판청구를 할 수 있다.

ⓒ 적용 제외

무효등확인심판청구와 **부작위에 대한 의무이행심판청구**에는 기간 제한을 적용하지 아니한다.

➡ 취소심판, 거부처분에 대한 의무이행심판에는 적용한다.

(4) 심판청구 효과

① 행정심판위원회는 심리·재결 의무가 발생한다.

② 처분에 대한 효과

ⓐ 원칙 - **집행부정지**

심판청구는 처분의 효력이나 그 집행 또는 절차의 속행(續行)에 영향을 주지 아니한다.

ⓑ 예외 - 집행정지

처분, 처분의 집행 또는 절차의 속행 때문에 중대한 손해가 생기는 것을 예방할 필요성이 긴급하다고 인정할 때에는 직권으로 또는 당사자의 신청에 의하여 처분의 효력, 처분의 집행 또는 절차의 속행의 전부 또는 일부의 정지를 결정할 수 있다.

➡ 다만, 처분의 효력정지는 처분의 집행 또는 절차의 속행을 정지함으로써 그 목적을 달성할 수 있을 때에는 허용되지 아니한다.

ⓒ 임시처분(가처분)

처분 또는 부작위 때문에 당사자가 받을 우려가 있는 중대한 불이익이나 당사자에게 생길 긴박한 위험을 막기 위하여 임시지위를 정해야 할 필요가 있는 경우 행정심판위원회가 발하는 가구제 수단이다.

* 집행정지 요건
① 집행정지대상인 처분의 존재
② 심판청구의 계속
③ 중대한 손해발생의 가능성
④ 긴급한 필요의 존재

7) 행정심판의 심리

요건 심리 (형식적 심리)	행정심판이 형식적 요건을 충족하고 있는지 여부에 대한 심리 ➡ 각하 ➡ 청구인에게 보정 요구 할수 있고, 요건 하자가 경미할 경우 직권보정 가능
본안 심리 (실질적 심리)	행정처분의 위법 또는 부당 여부를 심리하는 것 ➡ 이유 있으면 인용재결, 이유 없으면 기각재결

8) 행정심판의 재결

(1) 의의

행정상 법률관계의 분쟁에 대해 행정심판위원회가 결정하는 판단의 표시이다.
- ➡ 확인행위이며 준사법적행위이다.
- ➡ 재결도 취소소송의 대상이 될 수 있다.

(2) 재결 범위

① 불고불리 원칙

위원회는 심판청구의 대상이 되는 처분 또는 부작위 **외의 사항**에 대하여는 재결하지 못한다.
- ➡ 예외적으로 위원회는 필요하면 당사자가 주장하지 아니한 사실에 대하여도 심리할 수 있다.

② 불이익변경 금지 원칙

위원회는 심판청구의 대상이 되는 처분보다 청구인에게 **불리한 재결을 하지 못한다**.

③ 행정심판은 재량의 **당·부당 문제도 심리**할 수 있다.

★ 심리절차와 원칙
① 당사자주의 구조(대심주의)
② 처분권주의
③ 직권심리주의 채택
④ 구술심리주의 또는 서면심리주의
⑤ 비공개주의
⑥ 처문사유의 추가 · 변경

(3) 재결 기간

재결은 피청구인 또는 위원회가 심판청구서를 받은 날부터 **60일 이내**에 하여야 한다.
- ➡ 다만, 부득이한 사정이 있는 경우에는 위원장이 직권으로 30일을 연장할 수 있다.
- ➡ 심판청구가 부적법하여 보정을 명하는 경우, 보정기간은 재결기간에 산입하지 않는다.

(4) 재결 종류

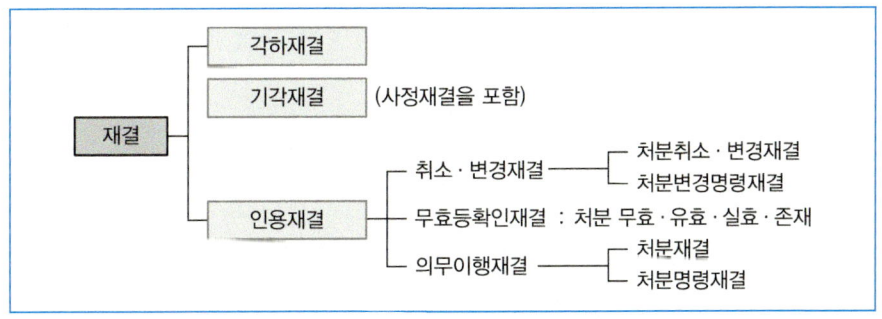

① 각하재결

요건심리 결과 심판청구가 요건을 갖추지 못한 부적법한 것일 때 재결이다.

② 기각재결

본안심리 결과 심판청구가 **이유 없다**고 인정할 때 재결이다.
- 원처분이 적법, 타당함을 인정하는 재결이다.

 팩트DB

사정재결

ⓐ 의의

심판청구가 **이유 있다고 인정하는 경우에도** 이를 인용하는 것이 공공복리에 크게 위배된다고 인정하면 그 심판청구를 **기각하는 재결**을 할 수 있다.
- 재결의 주문에 그 처분이나 부작위가 위법하거나 부당함을 명시해야 한다.

ⓑ 구제방법
- 직접구제 : 손해배상, 기타 구제방법을 직접강구 할 수 있다.
- 구제명령 : 일정한 구제방법을 취하도록 처분청이나 부작위청에 명할 수 있다.

③ 인용재결

본안심리의 결과 심판청구가 **이유 있다**고 인정하여 청구의 취지를 받아들이는 재결이다.

9) 재결의 효력

(1) 의의

행정심판법은 재결의 효력에 관해 기속력과 직접처분에 관한 규정만을 두고 있다.

① 불가쟁력
  ㉠ 재결에 대해서 다시 행정심판을 청구할 수 **없다**.
  ㉡ 재결에 고유한 위법이 있는 경우에 한해 재결에 대한 행정소송 제기가 가능하다.

② 불가변력

일단 재결이 행하여진 이상 그것이 위법·부당하더라도 행정심판위원회가 스스로 취소·변경할 수 없다.

③ 형성력
  ㉠ 처분을 취소하는 재결이 있으면 당해 처분은 행정청의 별도의 처분이 없더라도 처분시에 소급하여 효력이 소멸한다.(제3자효 인정)
  ㉡ 명령재결을 한 경우에는 형성력이 아니라 기속력이 발생한다.
    예 처분변경명령재결

④ 기속력
  ㉠ 피청구인(행정청)이나 관계행정청으로 하여금 재결의 취지에 따라 행동할 의무를 발생시키는 효력이다.

ⓛ 재결의 기속력은 **인용재결에만 인정**된다.

반복금지의무	행정청은 동일한 사정하에 동일인에게 재결의 내용과 모순되는 동일한 내용을 처분할 수 없다.
변경의무 및 처분의무	ⓐ 처분변경명령재결에 따른 변경의무 ⓑ 의무이행재결의 취지에 따른 처분의무 ⓒ 절차의 하자를 이유로 한 신청에 따른 처분을 취소하는 재결에 따른 처분의무 ⓓ 거부처분에 대한 취소·무효·부존재 재결에 따른 처분의무
결과제거의무 (원상회복의무)	공행정작용에 의해 야기된 위법한 상태를 제거하여야 한다.
공고·고시· 통지 의무	처분이 재결로써 취소되거나 변경되면, 처분을 한 행정청은 지체 없이 그 처분이 취소 또는 변경되었다는 것을 공고, 고시 하여야 한다.

(2) **시정명령 및 직접처분**

① 당사자의 신청을 거부하거나 부작위로 방치한 처분의 이행을 명하는 재결이 있음에도, 당해 행정청이 지체 없이 이전의 신청에 대해 재결의 취지에 따라 처분을 하지 않는 경우에
  ● 당사자가 신청하면
  ● 기간을 정하여 서면으로 시정을 명하고
  ● 그 기간 내 이행하지 아니하면 직접 처분할 수 있다.

② 위원회의 직접처분권은 **의무이행재결에만 인정**된다.

③ 처분의 성질이나 그 밖의 불가피한 사유로 행정심판위원회가 직접 처분할 수 없는 경우에 해당하면 직접 처분할 수 없다.

(3) **간접강제**

피청구인이 처분을 하지 아니하면 청구인의 신청에 의하여 결정으로 상당한 기간을 정하고 피청구인이 그 기간 내에 이행하지 아니하는 경우에는 그 지연기간에 따라 일정한 배상을 하도록 명하거나 즉시 배상을 할 것을 명할 수 있다.

10) 행정심판의 고지

① 고지는 불복제기의 가능여부 및 불복청구 요건 등 불복청구에 필요한 사항을 알려주는 비권력적 사실행위이다.
  ● 직권에 의한 고지, 청구에 의한 고지

② **고지의무 위반 효과**
  ㉠ 고지의 하자
    고지의 하자가 있다 하더라도 처분 자체가 위법하게 되는 것은 아니다.
  ㉡ 불고지
    행정청이 고지하지 않거나 잘못 고지하여 청구인이 다른 행정기관에 심판청

구서를 제출한때에는 당해 행정기관은 심판청구서를 지체 없이 정당한 권한 있는 피청구인에게 보내고, 그 사실을 청구인에게 알려야 한다.

ⓒ 오고지

행정청이 잘못 고지하여 청구인이 심판청구서를 다른 행정기관에 제출한때에는, 그 심판청구서를 접수한 행정기관은 그 심판청구서를 지체없이 정당한 권한 있는 피청구인에게 송부하고 그 사실을 청구인에게 알려야 한다.

07 행정쟁송(2) – 행정소송

1 행정소송 의의

행정청의 공권력 행사에 대한 불복 및 기타 행정법상 법률 관계에 대한 다툼을 법원의 정식절차에 의해 해결하는 것이다.

	행정심판	행정소송
목적	행정통제	권리구제
대상	위법, 부당한 처분	**위법한** 처분
판정기관	행정기관(행정심판위원회)	**법원**
심리절차	서면심리 또는 구술심리	구두변론
공개 여부	비공개 원칙	**공개원칙**
제소기간	• 처분이 있음을 안날로부터 90일 • 처분이 있었던 날로부터 180일	• 처분이 있음을 안날 또는 재결서 정본을 송달받은 날부터 **90일** • 처분 등이 있은 날로부터 **1년**
의무이행 쟁송 여부	인정	부정

2 행정소송 한계

행정소송법은 개괄주의를 채택하고 있으므로 일체의 공법상 분쟁이 소송대상이 된다.

① 사법 본질적 한계
  ㉠ 법령의 효력 및 해석의 문제
  ㉡ 사실행위(단, 권력적 사실행위는 소송인정됨)
  ㉢ 객관적 소송
  ㉣ 의무이행소송, 예방적부작위소송, 작위의무확인소송

② 법령의 적용 한계
  ㉠ 통치행위
  ㉡ 재량행위의 당, 부당문제
  ㉢ 판단여지

3 행정소송 종류

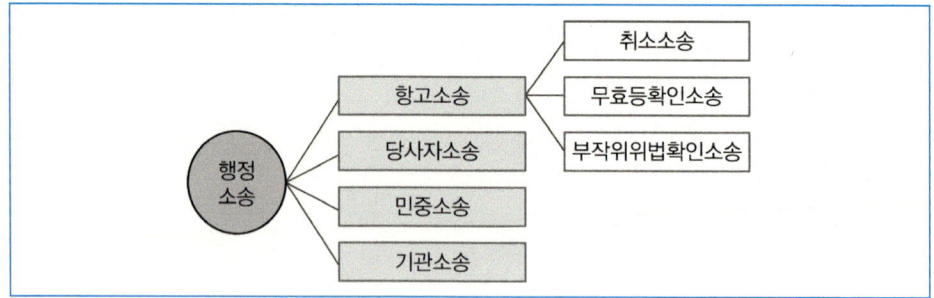

* 주요조문
제3조(행정소송의 종류)
1. 항고소송
2. 당사자소송 : 행정청의 처분등을 원인으로 하는 법률관계에 관한 소송 그 밖에 공법상의 법률관계에 관한 소송으로서 그 법률관계의 한쪽 당사자를 피고로 하는 소송
3. 민중소송 : 국가 또는 공공단체의 기관이 법률에 위반되는 행위를 한 때에 직접 자기의 법률상 이익과 관계없이 그 시정을 구하기 위하여 제기하는 소송
4. 기관소송 : 국가 또는 공공단체의 기관상호간에 있어서의 권한의 존부 또는 그 행사에 관한 다툼이 있을 때에 이에 대하여 제기하는 소송. 다만, 헌법재판소법 제2조의 규정에 의하여 헌법재판소의 관장사항으로 되는 소송은 제외한다.

1) 항고소송
행정청의 처분등이나 부작위에 대하여 제기하는 소송

2) 당사자 소송

(1) 의의
행정청의 처분등을 원인으로 하는 법률관계에 관한 소송 그 밖에 공법상의 법률관계에 관한 소송으로서 그 **법률관계의 한쪽 당사자를 피고로 하는 소송**이다.
① 행정청의 처분등을 원인으로 하는 법률관계 ◉ 공무원의 지위확인 구하는 소송
② 그 밖의 공법상 법률관계 ◉ 광주민주화운동 관련 보상금지급청구소송

(2) 당사자
① 원고적격
당사자소송의 원고적격 및 소의이익에는 민사소송에 관한 규정이 준용된다.
② 피고적격
행정청을 피고로 하지 않고, 국가·공공단체, 그밖의 **권리 주체를 피고**로 한다.

(3) 판결 효력
① 사정판결 제도가 없다.

*
• 주관적 소송은 개인의 권리구제와 행정의 적법성 보장을 목적으로 한다.
• 객관적 소송은 행정작용의 적법성 보장만을 목적으로 한다.

	당사자 소송	항고소송
소의 대상	• 처분 등을 원인으로 하는 법률관계 • 공법상의 법률관계	행정청의 처분 등, 부작위
종류	• 실질적 당사자소송 • 형식적 당사자소송	• 취소소송 • 무효등 확인소송 • 부작위위법확인소송
원고적격	행정소송법에 규정 없음	법률상 이익이 있는 자
피고적격	국가, 공공단체, 그 밖의 권리주체	처분청 등
제소기간	원칙적으로 제한 없음	• 처분 등이 있음을 안날로부터 90일 • 처분 등이 있은 날로부터 1년

3) 민중소송

① 국가 또는 공공단체의 기관이 법률에 위반되는 행위를 한때에 직접 자기의 법률상 이익과 관계없이 그 시정을 구하기 위해 제기하는 소송이다.
② 법률에 규정이 있어야 한다.
   - 예) 공직선거법상 선거소송, 당선소송, 국민투표법상 국민투표에 관한 소송

4) 기관소송

국가 또는 공공단체의 기관 상호간에 있어서 권한의 존부 또는 그 행사에 대해 다툼이 있을 때 제기하는 소송이다.
   - 예) 지방자치단체장과 지방의회 간의 권한 다툼

*
의무이행소송 인정여부에 대해 판례는 부정한다.

4 항고소송 – 취소소송

취소소송	행정청의 위법한 처분 등을 취소 또는 변경하는 소송
무효등확인소송	행정청의 처분 등의 효력 유무 또는 존재여부를 확인하는 소송
부작위위법확인소송	행정청의 부작위가 위법하다는 것을 확인하는 소송

1) 소송요건 : 본안판단의 전제요건

소송요건을 갖추지 못하면 **각하판결**을 한다.
➡ 소송요건은 법원의 직권조사사항이다.

① 소를 제기할 **원고적격 있는 자**가
② 소송을 제기할 현실적 필요가 있는 경우(**협의의 소익**)
③ 행정청의 **처분 등을 대상**으로
   ㉠ 행정청의 행위일 것
   ㉡ 구체적 사실에 관한 행위일 것
   ㉢ 법집행 행위일 것
   ㉣ 공권력의 행사일 것
   ㉤ 공권력행사의 거부처분
   ㉥ 그 밖에 이에 준하는 행정작용
④ 피고적격이 있는 **행정청을 상대**로
⑤ 관할법원에 1심은 원칙적으로 지방법원급인 행정법원이다.
⑥ 소장이라는 형식을 갖추어
⑦ 일정한 **제소기간 내**에
⑧ 행정심판이 필요한 경우 행정심판을 거쳐서 제기한다.
   행정심판임의주의 원칙

*
- 당사자 적격 : 당사자능력이 있음을 전제로 논의되는 것
- 당사자 능력 : 구체적 사건에서 누가 원고와 피고로서 소송을 수행하고 본안판결을 받을 수 있을지에 대한 개념

＊ 제12조(원고적격)
취소소송은 처분등의 취소를 구할 법률상 이익이 있는 자가 제기할 수 있다. 처분등의 효과가 기간의 경과, 처분등의 집행 그 밖의 사유로 인하여 소멸된 뒤에도 그 처분등의 취소로 인하여 회복되는 법률상 이익이 있는 자의 경우에는 또한 같다.

(1) 원고적격

① 처분 등의 취소를 구할 **법률상 이익이 있는 자**가 원고 적격을 가진다.
  ➔ 원고적격은 사실심변론종결시는 물론 상고심에서도 존속하여야 한다.

② 법률상 이익의 의미
  ㉠ 학설 : 권리구제설, 법률상 이익구제설, 보호가치 있는 이익구제설 등
  ㉡ 고유한 의미의 권리뿐 아니라 법률에서 보호되고 있는 이익을 가진 자가 이익을 침해받은 경우도 인정된다.(**법률상 이익구제설** : 통설)
    ➔ 사실상 이익, 반사적 이익은 인정되지 않는다.

 판례
상수원 보호구역의 인근주민은 상수원보호구역 지정해제를 다툴 원고적격이 없다.

  ㉢ 법률상 이익이 침해된 자라면 처분의 상대방뿐만 아니라 상대방이 아닌 제3자라도 처분의 취소를 구할 원고적격이 인정된다.

③ 협의의 소익(권리보호의 필요)
  ㉠ 원고적격인 자가 분쟁을 소송에 의해 해결할 현실적 필요성이 있어야 한다.
    ➔ 소의 이익이 없으면 각하 판결
  ㉡ 소의 이익 부정
    ⓐ 소송목적이 실현된 경우
    ⓑ 권익침해가 해소된 경우
    ⓒ 원상회복이 불가능한 경우
    ⓓ 보다 실효적인 다른 권리구제절차가 있는 경우

＊ 피고적격

처분 후 그 권한이 승계된 경우	승계한 행정청
처분 후 처분청이 없게 된 경우	그 사무가 귀속되는 국가 또는 공공단체
합의제 행정청	합의제 행정청 ➔ 중앙노동위원회 경우 중앙노동위원회 위원장
권한이 위임, 위탁	수임청
내부위임, 대리	위임청, 피대리청
처분청과 통지한 자가 다른 경우	처분청
처분적 조례	지방자치단체장
대법원장, 국회의장, 헌법재판소장의 처분	법원행정처장, 국회사무총장, 헌법재판소사무처장

(2) 피고적격

① 취소소송은 다른 법률에 특별한 규정이 없는 한 **그 처분등을 행한 행정청**(처분청)을 피고로 한다.

 판례
대통령의 검사임용거부와 관련된 취소소송의 피고적격은 법무부장관이다.

② 처분등이 있은 뒤에 그 처분등에 관계되는 권한이 다른 행정청에 승계된 때에는 이를 승계한 행정청을 피고로 한다.
  ➔ 내부위임과 대리에서는 각각 위임청과 피대리청이 피고가 된다.
  ➔ 권한의 위임, 위탁의 경우는 수임청, 수탁기관이 피고가 된다.

③ 행정청이 없게 된 때에는 그 처분 등에 관한 사무가 귀속되는 국가 또는 공공단체를 피고로 한다.

④ 피고 경정은 사실심변론종결 시까지 허용된다.

(3) 대상적격(처분등의 존재) 분석

"처분등"이라 함은 행정청이 행하는 구체적 사실에 관한 법집행으로서의 공권력의 행사 또는 그 거부와 그 밖에 이에 준하는 행정작용 및 행정심판에 대한 재결을 말한다.(이원설)

➡ '처분 등'의 개념은 처분과 재결로 구성된다.

① 행정청의 행위일 것
　㉠ 행정청은 기능상 개념으로 국가 및 지방자치단체의 기관 외에 행정권한의 위임 또는 위탁받은 공공단체 또는 사인도 포함된다.

판례
지방의회의 의원제명의결은 행정처분으로 행정소송 대상이 된다.(93누7341)
국가나 지방자치단체 등의 행정청이 행하는 입찰참가자격제한조치.(83누127)

② 구체적 사실에 관한 행위일 것
　㉠ 일반적·추상적 법령 그자체로서 국민의 구체적인 권리·의무에 직접적인 변동을 주는 것이 아닌 것은 취소소송 대상이 될수 없다.
　㉡ 법규명령이지만 구체적 성질을 갖는 처분은 처분에 해당한다.
　　　例 두밀분교 폐지조례

③ 법집행행위일 것
국민의 권리·의무에 외부적·직접적 효과를 가져오는 행위를 의미한다.
➡ 단순한 사실행위나 행정기관 내부행위는 처분성이 부정된다. 例 상급관청의 지시

판례
운전면허 행정처분처리대장상 벌점의 배점은 행정처분이 아니다.(94누2190)
경찰공무원시험승진후보자명부에 등재된 자가 승진임용되기 전에 감봉 이상의 징계처분을 받은 경우, 임용권자가 당해인을 시험승진후보명부에서 삭제한 행위는 처분이 아니다.(97누7325)

④ 공권력의 행사일 것
공권력의 행사란 행정청이 국민에 대해 일방적으로 명령·강제하는 권력적 단독행위이다.
➡ 공법상 계약, 공법상 합동행위는 처분성이 부정된다.

⑤ 공권력 행사의 거부처분(소극적 처분)
　㉠ 요건
　　　ⓐ 공권력 행사의 거부일 것,
　　　ⓑ 거부가 신청인의 법률관계에 영향을 줄 것,
　　　ⓒ 법규상 또는 조리상 신청권이 있을 것

ⓒ 관계법규상의 해석상 일반국민에게 그러한 신청권을 인정하고 있는가를 추상적으로 판단한다.
- 신청권은 신청의 인용이라는 만족적 결과를 얻을 권리를 의미하는 것이 아니다.

⑥ 그 밖에 이에 준하는 행정작용
㉠ 사실행위 중 비권력적 사실행위는 처분성을 부정한다.
- 예) 경찰관의 교통사고조사서

㉡ 부분허가 : 부지사전승인처분 후 건설허가처분이 있다면 건설허가처분만이 취소소송대상이다.

㉢ 확약 : 확약은 처분성이 부정된다.

> **판례**
> 어업권면허에 선행하는 우선순위결정

㉣ 행정계획
구속적 행정계획인 '국토의 계획 및 이용에 관한 법률'상 도시계획결정은 처분성 인정
- 구 도시계획법상 도시기본계획은 처분성 부정

㉤ 신고의 수리 또는 거부
자기완결적 신고의 수리 또는 거부는 처분성이 인정되지 않는다.
- 행위요건적 신고의 수리 또는 거부는 처분성이 인정된다.

㉥ 공시지가 결정
개별공시지가결정에 대해 처분성을 인정하였다.(대판 93누111)

㉦ 반복된 행위
반복된 행위는 처분성을 부정한다.
- 예) 대집행법상 2차, 3차 계고처분

㉧ 부담
부담은 독자적 처분성을 인정한다.

㉨ 국가인권위원회의 성희롱결정과 시정조치의 권고 - 처분성을 인정하였다.

㉩ 경정처분
증액경정처분의 경우 당초처분이 아니라 증액경정처분만이 대상이 된다.

㉪ 통고처분, 과태료처분, 검사의 공소제기, 불기소처분 등 특별한 불복절차를 규정하고 있는 경우는 처분이 아니다.

㉫ 재량행위가 부당함에 그친 경우는 법원이 취소할 수 없다.

⑦ 재결
㉠ 행정심판의 청구에 대해 행정심판위원회가 행하는 판단과 개별법상의 재결을 의미한다.

※ 판례

처분성 인정	처분성 부정
・지방의회 의원 제명의결	・인감증명행위
・도시계획 결정	・국세환급금 충당
・부관중 부담	・징계위원회 결정
・행정규칙에 의한 불문경고	・해양수산부장관의 항만 명칭 결정
・토지거래허가 구역 지정	・공정거래위원회의 고발조치
・사회단체등록 신청거부	・도시기본계획
・개별공시지가 결정	・환지계획
・변상금 부과처분	・검사의 공소 제기
・방산물자 지정 취소	・징병검사 시 신체등위판정
・세무조사 결정	・하수도정기기본계획
	・원과세처분에 대한 경정청구의 거부

ⓒ 원처분주의

원처분과 재결 모두 소송대상으로 하되, 원칙적으로 **원처분에 대해서만** 소송을 제기할 수 있고, 재결은 재결 자체에 고유한 위법이 있는 경우에 한해 소송을 제기할 수 있다.

> ⓐ 각하재결
>   적법한 행정심판청구를 부적법하다고 각하한 재결은 행정소송 대상이 된다.
> ⓑ 기각재결
>   원칙적으로 원처분을 대상으로 행정소송을 제기해야한다.
> ⓒ 인용재결
>   이미 목적을 달성한 상태이므로 원칙적으로 다시 소송을 제기할 수 없다.
>   ➡ 제3자효 행정행위 경우 소송의 대상이 무엇인지 학설이 대립한다.

ⓒ 재결주의 - 개별법에서 규정
  ⓐ 감사원이 재심의 판정
  ⓑ 중앙노동위원회의 재심결정
  ⓒ 특허심판원의 심결

* 제19조(취소소송의 대상)
취소소송은 처분 등을 대상으로 한다. 다만, 재결취소소송의 경우에는 재결 자체에 고유한 위법이 있음을 이유로 하는 경우에 한한다.

(4) 제소기간

① 행정심판을 거치지 않은 경우

  ㉠ 처분 등이 있음을 **안 날로부터 90일** 이내이다.
    ➡ 처분이 있었음을 현실적으로 안날이며 행정처분의 위법 여부를 판단한 날을 의미하는 것은 아니다.

  ㉡ 처분이 **있은 날로부터 1년 내**에 취소소송을 제기하여야 한다.(원칙)
    ➡ 행정처분이 상대방에게 도달되어 효력이 발생한날을 의미한다.(통설, 판례)

  ㉢ 두 기간 중 어느 하나의 기간이라도 먼저 경과하면 취소소송을 제기할 수 없다.

② 행정심판을 거친 경우
  재결서 정본을 송달받은 날로부터 90일 이내에 취소소송을 제기하여야 한다.
    ➡ 이 기간은 불변기간이다.

* 주요 조문
제20조(제소기간)
① 취소소송은 처분등이 있음을 안 날부터 90일 이내에 제기하여야 한다. 다만, 제18조제1항 단서에 규정한 경우와 그 밖에 행정심판청구를 할 수 있는 경우 또는 행정청이 행정심판청구를 할 수 있다고 잘못 알린 경우에 행정심판청구가 있은 때의 기간은 재결서의 정본을 송달받은 날부터 기산한다.
② 취소소송은 처분등이 있은 날부터 1년(第1項 但書의 경우는 裁決이 있은 날부터 1年)을 경과하면 이를 제기하지 못한다. 다만, 정당한 사유가 있는 때에는 그러하지 아니하다.
③ 제1항의 규정에 의한 기간은 불변기간으로 한다.

(5) 행정심판 전치주의
① 원칙 : 행정심판 임의주의
② 예외 : **필요적 행정심판 전치주의**
  ➡ 국가공무원법, 지방공무원법, 교육공무원법, 관세법, 국세기본법, 지방세기본법, 도로교통법 등에 필요적 전치주의 규정되어 있다.

2) 소 제기의 효과

① 중복제소금지
② 집행부정지 원칙
  ㉠ 행정소송이 제기되더라도 행정처분의 효력에는 아무 영향이 없으며 그 집행 또는 절차의 속행을 정지시키지 아니한다.

* 제23조(집행정지)
① 취소소송의 제기는 처분등의 효력이나 그 집행 또는 절차의 속행에 영향을 주지 아니한다.
② 취소소송이 제기된 경우에 처분등이나 그 집행 또는 절차의 속행으로 인하여 생길 회복하기 어려운 손해를 예방하기 위하여 긴급한 필요가 있다고 인정할 때에는 본안이 계속되고 있는 법원은 당사자의 신청 또는 직권에 의하여 처분등의 효력이나 그 집행 또는 절차의 속행의 전부 또는 일부의 정지를 결정할 수 있다. 다만, 처분의 효력정지는 처분등의 집행 또는

절차의 속행을 정지함으로써 목적을 달성할 수 있는 경우에는 허용되지 아니한다.
③ 집행정지는 공공복리에 중대한 영향을 미칠 우려가 있을 때에는 허용되지 아니한다.
④ 제2항의 규정에 의한 집행정지의 결정을 신청함에 있어서는 그 이유에 대한 소명이 있어야 한다.
⑤ 제2항의 규정에 의한 집행정지의 결정 또는 기각의 결정에 대하여는 즉시 항고할 수 있다. 이 경우 집행정지의 결정에 대한 즉시항고에는 결정의 집행을 정지하는 효력이 없다.
⑥ 제30조제1항의 규정은 제2항의 규정에 의한 집행정지의 결정에 이를 준용한다.

ⓒ 예외 : 집행의 정지

적극적 요건	ⓐ 적법한 본안소송의 계속 ⓑ 처분 등의 존재 ⓒ 회복하기 어려운 손해예방의 필요 ⓓ 긴급한 필요
소극적 요건	ⓔ 공공복리에 중대한 영향을 줄 우려가 없을 것 ⓕ 본안의 이유 없음이 명백하지 않을 것

ⓒ 집행정지는 당사자의 **신청 또는 법원의 직권**에 의해 집행정지결정을 할 수 있다.

3) 취소소송의 심리

(1) 취소소송 심리 원칙

① 행정소송은 당사자주의 원칙에 직권주의를 가미하고 있다.
② 소송요건심리 → 각하, 본안심리 → 인용 혹은 기각이 있다.
③ 심리 범위
  ㉠ **불고불리 원칙** : 법원은 소제기가 없는 사건에 대해 심리, 재판을 할 수 없다.
  ㉡ 법률문제, 사실문제에 대한 심사권을 갖는다.
  ㉢ **재량**의 당·부당 문제는 **심사 불가능**하다.

(2) 심리에 관한 원칙

처분권주의	소송 개시, 심판대상 결정, 소송 종결 등을 당사자의 의사에 맡기는 것
변론주의	사실과 증거의 수집, 제출의 책임을 당사자에게 맡기고 당사자가 제출한 소송자료만 재판의 기초로 삼는 것
구술심리주의	변론 및 증거조사를 모두 구술로 하고 구술에 의한 자료만 판결의 기초로 하는 원칙
공개주의	재판에 이해관계가 있는 자가 아닌 경우에도 변론의 시기, 장소 등을 알 수 있고 방청할 수 있는 것

(3) 위법판단의 기준시점

판례는 **처분시설**의 입장이다.

➡ 처분 등의 위법의 판단은 사실심 구두변론종결 당시의 법령 및 사실상태를 기준으로 하여야 한다.

4) 취소소송의 판결

[절차]

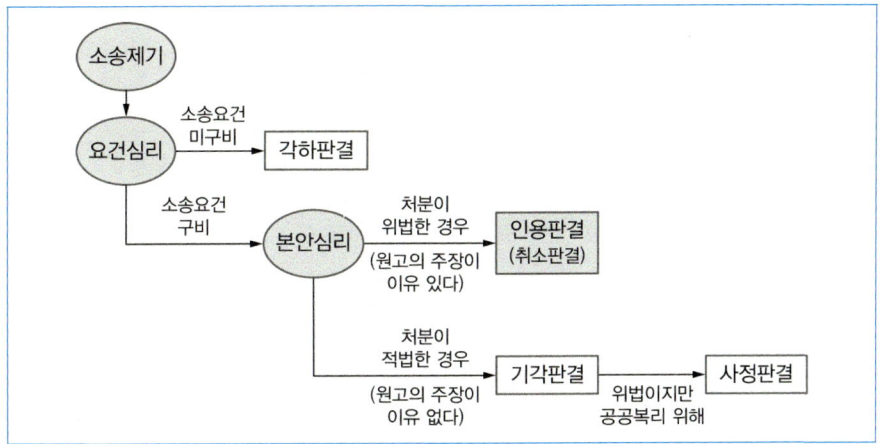

(1) 취소소송의 판결
　① 청구기각판결
　　㉠ 처분의 취소청구가 **이유 없다**고 보고 원고의 청구를 배척하는 판결이다.
　　㉡ 사정판결

 팩트DB

사정판결

ⓐ 의의
　처분이 위법하여 원고의 **청구가 이유 있다고 인정**하는 경우에도 처분 등을 취소하는 것이 현저히 공공복리에 적합하지 아니하다고 인정되는 경우에 법원은 원고의 청구를 **기각**할 수 있을 때 내리는 판결이다.
　➡ 사정판결의 판단은 **판결 시(변론종결 시)** 이다.

ⓑ 요건
　청구가 이유 있다고 인정될 것
　처분 등의 취소가 현저히 공공복리에 적합하지 아니할 것

ⓒ 효과
　법원은 판결의 주문에 처분등이 위법함을 명시하며, 기판력이 발생한다.
　소송비용은 피고가 부담한다.

　② 청구인용판결
　　처분의 취소청구가 **이유 있다**고 인정되어 그 청구의 전부 또는 일부를 인용하는 형성판결이다.
　　➡ 적극적 형성판결은 허용되지 않는다.(판례)

* 제30조(취소판결등의 기속력)
① 처분등을 취소하는 확정판결은 그 사건에 관하여 당사자인 행정청과 그 밖의 관계행정청을 기속한다.
② 판결에 의하여 취소되는 처분이 당사자의 신청을 거부하는 것을 내용으로 하는 경우에는 그 처분을 행한 행정청은 판결의 취지에 따라 다시 이전의 신청에 대한 처분을 하여야 한다.
③ 제2항의 규정은 신청에 따른 처분이 절차의 위법을 이유로 취소되는 경우에 준용한다.

(2) 판결의 효력

불가변력 (자박력)	판결이 일단 확정되면 법원 자신도 이를 취소, 변경할 수 없는 기속을 받게 된다.
불가쟁력 (형식적 확정력)	법원의 판결에 대해 불복할 수 있는 자가 더 이상 판결을 다툴 수 없게 되는 효력이다. ➔ 소송당사자에 대한 효력
기판력 (실질적 확정력)	㉠ 법원의 판단내용이 확정되면 이후 동일사항이 소송상 문제된 경우에 당사자는 그에 반하는 주장을 다투는 것이 허용되지 않으며, 법원도 그와 모순되는 판단을 해서는 안 되는 구속력이다. ➔ 반복금지, 모순금지 ㉡ 인용판결, 청구기각판결에도 기판력이 발생한다. ➔ 원고의 청구가 기각되는 경우 처분청은 직권취소를 할 수도 있다.
형성력 (제3자 대한 효력)	㉠ 판결의 취지에 따라 법률관계의 발생, 변경, 소멸을 가져오는 효력이다. ㉡ **청구인용판결에만** 인정된다. ㉢ 처분청의 별도 행위를 기다릴 것 없이 소멸되어 처분이 없었던 것과 같은 상태로 된다.
기속력 (행정기관에 대한 효력)	㉠ 처분 등을 취소하는 확정판결이 그 사건에 관하여 당사자인 행정청과 그 밖의 관계행정청을 기속하는 효력이다. ㉡ **청구 인용판결에만** 발생한다. ㉢ 시간적 범위는 처분시이다.

5 항고소송 – 무효등 확인 소송

1) 의의
① 행정청의 처분 등의 효력 유무 또는 존재여부를 확인하는 소송이다.
② 취소소송 규정 중 예외적 심판전치주의, 제소기간, 사정판결에 관한 것은 준용하지 않는다.

2) 소송요건

소송 대상	처분 등을 소송의 대상으로 한다.
소의 이익	무효등 확인소송은 처분등의 효력 유무 또는 존재 여부의 확인을 구할 법률상 이익이 있는 자가 제기할 수 있다. ➔ 판례 : 확인의 소의 보충성을 요구하지 않는다.
제소 기간	제소기간의 제한이 없다.

3) 소 제기 효과
① 집행부정지 원칙이 적용된다.
② 입증책임 : 무효를 주장하는 자가 처분의 하자가 무효임을 입증해야 한다.(원고책임)
③ 사정판결이 허용되지 않는다.

6 항고소송 – 부작위위법확인소송

1) 의의
① 행정청의 부작위가 위법하다는 것을 확인하는 소송이다.
② 처분변경으로 인한 소의 변경, 집행정지 결정, 사정판결 등이 준용되지 않는다.

2) 소송 요건

소송의 대상	'부작위' 성립요건 ⓐ 당사자의 신청(법규상, 조리상 신청권을 전제) ⓑ 상당한 기간의 경과 ⓒ 처분을 할 법률상 의무의 존재 ⓓ 처분의 부존재 ➡ 거부처분이 있는 경우는 부작위위법확인 소송을 제기할 수 없다.
원고적격	처분을 신청한 자 ➡ 제3자도 법률상 이익이 있으면 인정된다.
소의 이익	부작위가 위법하다는 것을 구할 소의 이익이 있어야 한다. ➡ 행정청이 적극, 소극의 처분을 하여 부작위가 해소되면 소의이익이 상실된다.(판례)
제소기간	ⓐ 행정심판을 거친 경우 : 재결서 정본을 송달받은 날로부터 90일 ⓑ 행정심판을 거치지 않은 경우 : 제소기간 제한 없다.
예외적 행정심판전치주의	행정심판전치주의 규정 준용된다.

📝 **팩트DB** ◆◆◆

소송 비교

	취소소송	무효등확인소송	부작위위법확인소송
제소기간 제한	적용	준용 안함	준용 ➡ 행정심판 안거친 경우 준용안함
집행정지	적용	준용함	준용 안함
예외적 심판전치	적용	준용 안함	준용
사정판결	적용	준용 안함	준용 안함

08 경찰공무원법

1 의의

① 경찰공무원이란 경찰공무원법 및 국가공무원법의 적용을 받으며 경찰 업무에 종사하는 공무원을 의미한다.
　➡ 경찰공무원법은 국가공무원법에 대해 특별법의 관계에 있다.

② 범위
　㉠ 경찰기관에 근무하는 일반직 공무원은 경찰공무원이 아니다.
　㉡ 청원경찰은 제외된다.
　㉢ 의무경찰은 '의무경찰대 설치 및 운영에 관한 법률'에 의한다.
　　➡ 의무경찰순경은 경찰공무원법상의 경찰공무원에 해당하지 않는다.
　　➡ 의무경찰은 2023년 폐지.

2 경찰공무원 분류

1) 기본적 분류

① 경찰공무원은 경력직중 **특정직 공무원**이다.

* 공무원 분류

경력직 공무원	일반직
	특정직
특수경력직 공무원	정무직
	별정직

② 경찰 계급제

치안총감	치안정감	치안감	경무관
경찰청장	경찰청 차장, 서울·부산·경기 시·도경찰 청장, 경찰대학장	시·도경찰청장, 경찰교육원장, 중앙경찰학교장, 경찰청국장	시·도청 차장, 서울·부산·경기 시·도경찰청부장, 경찰청 심의관
총경	**경정**	**경감**	**경위**
경찰서장, 경찰청 시·도청 과장	경찰서 과장, 경찰청·시·도청 계장	지구대장, 경찰서 주요계장 및 팀장(생활안전, 강력, 정보 2 등), 경찰청·시·도청의 반장	지구대 순찰팀장, 파출소장, 경찰서 계장급, 경찰청·시·도청 실무자
경사	**경장**		**순경**
일선 지구대와 경찰서·기동대 등에서 근무하는 치안실무자			

㉠ 경찰공무원의 개인적 특성을 중심으로 계층적 분류(수직적)를 제도화하였다.
- 계급에 따라 수행 직책의 난이도와 보수에 차이를 둔다.

㉡ 연혁
ⓐ 1829년 영국에서 로버트 필경의 제안에서 기원한다.
ⓑ 미국은 1883년 뉴욕시 경찰을 군대식 계급제로 만들었다.

2) 분류 체계 및 경과

① **수직적 분류**
㉠ 경찰공무원은 수직적으로 11개 계급을 두고 있다.
㉡ **사법경찰관**(경위~경무관)와 **사법경찰리**(순경~경사)로 구분한다.

② **경과**
㉠ 경찰행정의 능률향상과 전문화의 원리에 의하여 경찰공무원의 특기를 기능별로 분류한 것으로 수평적 분류 체계이다.
- 경찰 직무의 종류에 따라 모집, 채용하여 능력과 경력을 전문화 시킨다.
- 직무 성격에 따른 분류이다.

㉡ 경찰관 보직의 설정 기준이다.
- 경찰공무원을 신규채용할 때 경과를 부여해야 한다.

㉢ 원칙 : **총경 이하** 모든 경찰공무원에게 부여한다.
- 수사경과와 보안경과는 **경정 이하**에 부여한다.

㉣ 종류

일반경과	기획, 감사, 경무, 방범, 형사, 수사, 교통, 작전, 정보, 외사 등인데, 보안경과와 특수경과에 속하지 않는 직무 - 총경 이하에 부여함
안보수사경과	보안경찰에 대한 업무(보안유지, 간첩체포 등) - 경정 이하에 부여함
수사경과	범죄수사에 관한 업무를 담당. - 경정 이하에 부여함
특수경과	항공경과, 정보통신경과 - 총경 이하에 부여함.

㉤ 전과 유형
전과는 일반경과에서 수사경과·안보수사경과 또는 특수경과로의 전과만 인정한다.
- 다만, 정원감축 등 경찰청장이 정하는 사유가 있는 경우 수사경과 · 안보수사경과 또는 정보통신경과에서 일반경과로의 전과를 인정할 수 있다.

★전과의 대상자 및 제한

① 제27조제1항에 따른 전과는 다음 각 호의 어느 하나에 해당하는 사람에 대해서만 인정한다.
1. 현재 경과보다 다른 경과에서 더욱 발전할 수 있다고 인정되는 사람
2. 정원감축, 직제개편 등 부득이한 사유로 기존 경과를 유지하기 어려워진 사람
3. 전과하려는 경과와 관련된 자격증을 소지한 사람
4. 전과하려는 경과와 관련된 분야의 시험에 합격한 사람

② 제1항에도 불구하고 다음 각 호의 어느 하나에 해당하는 사람은 제27조제1항에 따른 전과를 할 수 없다.
1. 현재 경과를 **부여받고 1년이 지나지 아니한 사람**
2. **특정한 직무분야에 근무할 것을 조건으로 채용된 경찰공무원으로서 채용 후 5년이 지나지 아니한 사람**

수사경찰 인사운영규칙

제3조(수사경찰 근무부서 등) ① 이 규칙이 적용되는 수사경찰의 근무부서는 다음 각 호와 같다.

> 1. 경찰청 수사기획조정관의 업무지휘를 받고 있는 경찰관서의 수사부서
> 2. 경찰청 수사국장의 업무지휘를 받고 있는 경찰관서의 수사부서
> 3. 경찰청 형사국장의 업무지휘를 받고 있는 경찰관서의 수사부서
> 4. 경찰청 사이버수사국장의 업무지휘를 받고 있는 경찰관서의 수사부서
> 5. 경찰청 과학수사관리관의 업무지휘를 받고 있는 경찰관서의 수사부서
> 6. 경찰청 안보수사국장의 업무지휘를 받고 있는 경찰관서의 수사부서
> 7. 경찰청 생활안전국장의 업무지휘를 받고 있는 경찰관서의 지하철범죄 및 생활질서사범 수사부서
> 8. 경찰교육기관의 수사직무 관련 학과
> 9. 국립과학수사연구원 등 직제상 정원에 경찰공무원이 포함되어 있는 정부기관 내 수사관련 부서
> 10. 「국가공무원법」 제32조의4 및 「경찰공무원임용령」 제30조 규정에 따른 파견부서 중 수사직무관련 부서
> 11. 기타 경찰청장이 특별한 필요에 따라 지정하는 부서

제4조(인사운영의 원칙) ① 제3조제1항제1호부터 제5호까지 및 제7호부터 제8호까지의 부서에는 수사경과자를 배치한다. 다만, <u>수사경과자가 배치에 필요한 인원보다 부족한 경우에는 다른 경과자를 배치할 수 있다.</u>
⑥ 수사전문성 확보를 위해 경력경쟁채용시험으로 신규채용된 경우 5년간 채용 예정부서에 배치하여야 한다.
⑦ 제5조에도 불구하고 수사경과자가 제15조제2항 각 호의 어느 하나에 해당하여 경과해제 시기 이전에 수사부서 이외의 부서에 전보할 필요가 있는 경우에는 소속부서장은 별지 제1호 서식에 따라 **시·도경찰청장의 승인을 받아야 한다.**

제5조(수사경과자의 보직관리) <u>수사경과자는 제3조제1항의 부서에 배치한다.</u> 다만, 수사경과자의 수가 해당부서의 정원을 초과하는 경우에는 그 외의 부서에 배치할 수 있다.

제7조(수사관 자격관리제) ① 경찰청장은 수사경과자가 보유한 수사 역량·경력 등에 따라 수사관 자격을 부여한다
② 제1항에 따른 수사관 자격은 <u>예비수사관, 일반수사관, 전임수사관, 책임수사관</u>으로 구분하며, 각 자격별 선발방법은 별표1에 따른다.

제9조(과·팀장자격제) ① 제3조제1항제1호부터 제5호까지의 수사부서(다만, <u>경찰청 및 시·도경찰청 수사부서와 동조항 제3호 중 경찰서 여성청소년대상범죄 및 교통범죄 수사부서는 제외한다</u>)의 과장은 최근 10년간을 기준으로 다음 각 호의 어느 하나에 해당하는 사람 중 보임한다.

> 1. 총 수사경력 6년 이상 또는 해당 직위에 상응하는 죄종별 수사경력 3년 이상인 사람
> 2. 총 수사경력 3년 이상의 변호사 자격증 소지자
> 3. 제7조에 따라 책임수사관 또는 전임수사관 자격을 부여받은 사람

제10조(선발의 원칙) ① 수사업무 수행을 위한 업무역량, 전문성 등을 고려하여 경정 이하의 경찰공무원을 대상으로 수사경과자를 선발한다.
② 수사경과자의 선발인원은 수사경찰의 전문성 확보와 인사운영의 효율성 등을 고려하여 수사부서 총 정원의 1.5배의 범위 내에서 경찰청장이 정한다.

제12조(선발의 방식) 수사경과자는 다음 각 호의 어느 하나의 방식을 통해 선발한다.

> 1. 수사경과자 선발시험(이하 "선발시험"이라 한다) 합격
> 2. 수사경과자 선발교육(이하 "선발교육"이라 한다) 이수
> 3. 경찰관서장의 추천

제13조(수사경과의 부여) ① 경찰청장은 다음 각 호에 해당되는 사람에 대하여 수사경과를 부여한다.

> 1. 제12조에 따라 선발된 사람
> 2. 수사전문성 확보를 위해 경력경쟁채용시험으로 신규채용된 사람
> 3. 변호사·공인회계사 및 이에 준하는 자격을 취득한 사람이 그 자격을 취득한 날로부터 3년 이내 수사경과 부여를 요청하는 경우

③ 수사경과 부여일을 기준으로 다음 각 호에 해당하는 사람은 수사경과자 부여 대상에서 제외한다.

> 1. 제15조제1항제1호(청렴, 인권, 부정청탁 징계)의 사유가 있는 날부터 5년이 경과되지 않은 사람
> 2. 제15조제2항제1호(그외의 징계)의 사유가 있는 날부터 3년이 경과하지 않은 사람
> 3. 그 밖에 수사업무 능력이 부족한 경우 등 경찰청장이 정하는 사유에 해당하는 사람

제14조(수사경과의 유효기간 및 갱신) ① 수사경과 유효기간은 수사경과를 부여일 또는 갱신일로부터 5년으로 한다.
② 수사경과자는 수사경과 유효기간 내에 다음 각 호의 어느 하나에 해당하는 방법으로 언제든지 수사경과를 갱신할 수 있다. 다만, 휴직 등 경찰청장이 정하는 사유로 수사경과 갱신을 할 수 없는 경우에는 그 연기를 받을 수 있다.

> 1. 경찰청장이 지정하는 수사 관련 직무교육 이수. 이 경우 사이버교육을 포함한다.
> 2. 수사경과 갱신을 위한 시험에 합격

③ 수사경과자가 수사경과 유효기간 내에 다음 각 호의 어느 하나를 충족한 경우 수사경과를 갱신한 것으로 본다.

> 1. 제7조제2항의 책임수사관 자격을 부여받은 경우
> 2. 「전문수사관 운영규칙」 제4조에 따른 전문수사관 또는 전문수사관 마스터로 인증된 경우
> 3. 50세 이상으로 제3조제1항의 부서에서 근무한 기간의 합이 10년 이상인 경우
> 4. 제3조제1항의 부서에서 최근 3년 간 치안종합성과평가의 개인등급이 최상위 등급인 경우

제15조(해제사유 등) ① 다음 각 호의 어느 하나에 해당하는 경우에는 수사경과를 해제하여야 한다.

1. 직무와 관련한 청렴의무위반·인권침해 또는 부정청탁에 따른 직무수행으로 징계처분을 받은 경우
2. 5년간 연속으로 제3조제1항 외의 부서에서 근무하는 경우
3. 제14조에 따른 유효기간 내에 갱신이 되지 않은 경우

② 다음 각 호의 어느 하나에 해당하는 경우에는 수사경과를 해제할 수 있다.

1. 제1항제1호 외의 사유로 징계처분을 받은 경우
2. 인권침해, 편파수사를 이유로 다수의 진정을 받는 등 공정한 수사업무 수행을 기대하기 곤란한 경우
3. 수사업무 능력·의욕이 현저하게 부족한 경우
4. 수사경과 해제를 희망하는 경우

제16조(수사경과심사위원회의 구성 및 운영) ① 수사경과자 선발 및 수사경과 부여·해제 등에 관한 사항을 심사하기 위해 경찰청 및 시·도경찰청에 수사경과심사위원회(이하 "위원회"라고 한다)를 둔다.
② 위원회는 위원장 1명을 포함한 5명 이상 9명 이내의 위원으로 「양성평등기본법」에 따라 성별을 고려하여 구성한다.
③ 위원장은 시·도경찰청 수사담당 부장(경찰청의 경우에는 수사기획조정관, 수사담당 부장이 없는 시·도경찰청의 경우에는 수사과장)으로 하고, 위원은 수사부서 소속 경찰공무원 중에서 위 위원회가 설치된 경찰기관의 장이 지정하는 사람으로 한다.
④ 위원회의 회의는 연 2회 정기적으로 개최하되, 위원장이 필요하다고 인정하는 경우에는 수시로 소집할 수 있다.
⑤ 위원회의 회의는 재적위원 과반수의 출석과 출석위원 과반수의 찬성으로 의결한다.

3 경찰공무원 근무관계

1) **경찰공무원 근무관계 특징**

   ① 종래 전통적 관점

   종래는 특별권력관계로 파악하여 법치주의 적용을 제한되었다.(사법심사 제한)

   ② 현대적 관계

   현대적 실질적 법치주의에서는 경찰공무원 관계도 **법치주의가 적용**되는 것으로 본다.

   ㉠ 경찰공무원의 기본권 제한도 원칙적으로 법률의 근거가 있어야만 한다.

   ㉡ 특별권력에 의해 불이익 받은자가 사법심사를 통해 구제받을 수 있다.

   ㉢ 그러나, **근로3권의 제한**, **이중배상 금지**등의 제한이 인정된다.

2) **경찰공무원 근무관계 임용**

   넓은 의미에서 임용은 경찰공무원 관계의 발생, 변경, 소멸에 관한 것이다.

   [임용 유형]

   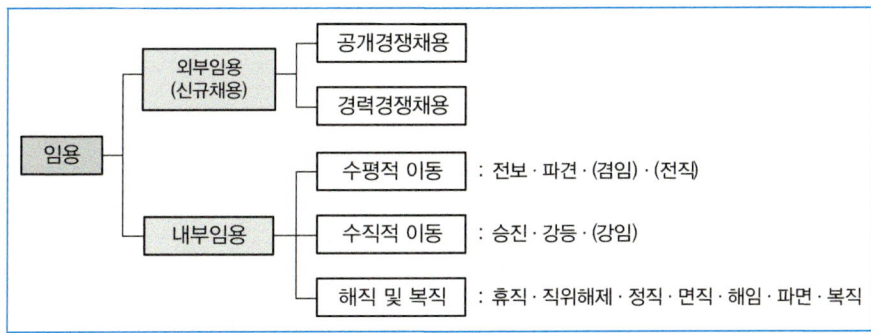

   *
   전직, 강임, 겸임은 경찰공무원 임용에는 포함되지 않는다.

(1) **경찰공무원 관계 발생**

   ① 특정인에게 경찰공무원으로서의 신분을 부여하고 근무관계를 설정하는 행위이다.(임용)

   ② 임용의 특징

   ㉠ 임용은 **쌍방적 행정행위**로 본다.(다수설)

   ● 상대방의 동의가 없는 임용은 무효이다.

   ㉡ 임용의 원칙 : 평등원칙, 실적주의 원칙, 적격자 임용의 원칙이 적용된다.

   ③ 임용 형식

   ㉠ 경찰공무원 **임용은 임용 통지서(임용장)의 교부**로 행해진다.(원칙)

   ● 임용장 교부는 임용의 유효요건이 아니라, 형식적으로 표시하는 공증적 효력이다.

   ㉡ 효력발생시기

   ⓐ 임용장에 **적힌 날짜**에 임용된 것으로 본다.

   ● 임용일자를 소급해서는 안된다.

* 용어
  - 임명 : 신규채용
  - 임면 : 신규채용, 면직
  - 임용 : 신규채용, 승진, 전보, 강등 등 자리의 이동

ⓑ 사망으로 인한 면직은 **사망한 다음 날**에 면직된 것으로 본다.
ⓒ 전사하거나 순직한 사람을 어느 하나에 해당하는 날을 임용일자로 하여 특별승진임용하는 경우
　가. 재직 중 사망한 경우: **사망일의 전날**
　나. 퇴직 후 사망한 경우: **퇴직일의 전날**
ⓓ 「국가공무원법」 제70조제1항제4호(휴직 기간이 끝나거나 휴직 사유가 소멸된 후에도 직무에 복귀하지 아니하거나 직무를 감당할 수 없을 때)에 따라 직권으로 면직시키는 경우: **휴직기간의 만료일 또는 휴직사유의 소멸일**

④ 임용자격 및 결격사유
㉠ 경찰공무원은 신체 및 사상이 건전하고 품행이 방정(方正)한 사람 중에서 임용한다.
㉡ 다음 각 호의 어느 하나에 해당하는 사람은 경찰공무원으로 임용될 수 없다.

*「국적법」 제11조의2제1항에 따른 복수국적자의 사유는 일반공무원의 결격사유는 아니다.

> 1. 대한민국 국적을 가지지 아니한 사람
> 2. 「국적법」 제11조의2제1항에 따른 **복수국적자**
> 3. **피성년후견인 또는 피한정후견인**
> 4. 파산선고를 받고 **복권되지 아니한** 사람
> 5. **자격정지 이상의 형(刑)을 선고받은** 사람
> 6. 자격정지 이상의 형의 선고유예를 **선고받고 그 유예기간 중에 있는** 사람
> 7. 공무원으로 재직기간 중 **직무와 관련**하여 「형법」 제355조(횡령·배임) 및 제356조(업무상 횡령·배임)에 규정된 죄를 범한 자로서 **300만원 이상의 벌금형**을 선고받고 그 형이 확정된 후 **2년이 지나지 아니한** 사람
> 8. 「성폭력범죄의 처벌 등에 관한 특례법」 제2조에 규정된 죄를 범한 사람으로서 **100만원 이상의 벌금형**을 선고받고 그 형이 확정된 후 3년이 지나지 아니한 사람
> 9. **미성년자에 대한** 다음 각 목의 어느 하나에 해당하는 죄를 저질러 형 또는 치료감호가 확정된 사람(집행유예를 선고받은 후 그 집행유예기간이 경과한 사람을 포함한다)
> 　가. 「성폭력범죄의 처벌 등에 관한 특례법」 제2조에 따른 **성폭력범죄**
> 　나. 「아동·청소년의 성보호에 관한 법률」 제2조제2호에 따른 **아동·청소년대상 성범죄**
> 10. 징계에 의하여 **파면 또는 해임처분**을 받은 사람

> **판례**
>
> 경찰공무원이 재직 중 **자격정지 이상의 형의 선고유예**를 받음으로써 경찰공무원법 제7조 제2항 제5호에 정하는 **임용결격사유**에 해당하게 되면, 같은 법 제21조의 규정에 의하여 임용권자의 별도의 행위(공무원의 신분을 상실시키는 행위)를 기다리지 아니하고 **그 선고유예 판결의 확정일에 당연히 경찰공무원의 신분을 상실(당연퇴직)하게 되는 것이고**, 나중에 선고유예기간(2년)이 경과하였다고 하더라도 **이미 발생한 당연퇴직의 효력이 소멸되어 경찰공무원의 신분이 회복되는 것은 아니며**, 한편 직위해제처분은 형사사건으로 기소되는 등 국가공무원법 제73조의2 제1항 각 호에 정하는 귀책사유가 있을 때 당해 공무원에게 직위를 부여하지 아니하는 처분이고, 복직처분은 직위해제사유가 소멸되었을 때 직위해제된 공무원에게 국가공무원법 제73조의2 제2항의 규정에 의하여 다시 직위를 부여하는 처분일 뿐, 이들 처분들이 공무원의 신분을 박탈하거나 설정하는 처분은 아닌 것이므로, **임용권자가 임용결격사유의 발생 사실을 알지 못하고 직위해제되어 있던 중 임용결격사유가 발생하여 당연퇴직된 자에게 복직처분을 하였다고 하더라도 이 때문에 그 자가 공무원의 신분을 회복하는 것은 아니다.**(대법원 1997. 7. 8. 선고 96누4275)

ⓔ 신규채용

㉠ 공개경쟁채용

> ① **경정 및 순경**의 신규채용은 **공개경쟁시험**으로 한다.
> ② **경위**의 신규채용은 다음 각 호의 어느 하나에 해당하는 사람 중에서 한다
>   1. 경찰대학을 졸업한 사람
>   2. 대통령령으로 정하는 자격을 갖추고 공개경쟁시험으로 선발된 사람(이하 "경위공개경쟁채용시험합격자"라 한다)으로서 교육훈련을 마치고 정하여진 시험에 합격한 사람

㉡ 경력경쟁채용

> 다음 각 호의 어느 하나에 해당하는 경우에는 경력 등 응시요건을 정하여 같은 사유에 해당하는 다수인을 대상으로 경쟁의 방법으로 채용하는 시험(**경력경쟁채용시험**)으로 경찰공무원을 신규채용할 수 있다. 다만, 다수인을 대상으로 시험을 실시하는 것이 적당하지 아니하여 대통령령으로 정하는 경우에는 다수인을 대상으로 하지 아니한 시험으로 경찰공무원을 채용할 수 있다.
>
> 1. 「국가공무원법」 제70조제1항제3호의 사유로 퇴직하거나 같은 법 제71조제1항제1호의 휴직 기간 만료로 퇴직한 경찰공무원을 **퇴직한 날부터 3년**(「공무원 재해보상법」에 따른 공무상 질병 또는 부상으로 인한 휴직의 경우에는 **5년**) 이내에 **퇴직 시에 재직한 계급**의 경찰공무원으로 재임용하는 경우
> 2. 공개경쟁시험으로 임용하는 것이 부적당한 경우에 임용예정 직무에 관련된 **자격증 소지자**를 임용하는 경우
> 3. 임용예정직에 상응하는 근무실적 또는 연구실적이 있거나 **전문지식**을 가진 사람을 임용하는 경우
> 4. 「국가공무원법」에 따른 5급 공무원의 공개경쟁채용시험이나 「사법시험법」(2009년 5월 28일 법률 제9747호로 폐지되기 전의 것을 말한다)에 따른 사법시험에 합격한 사람을 **경정 이하**의 경찰공무원으로 임용하는 경우

＊ 여성 또는 남성의 선발예정인원 초과합격
① 시험실시권자는 여성과 남성의 평등한 공무원 임용기회를 확대하기 위하여 필요하다고 인정하는 경우에는 제43조에도 불구하고 한시적으로 여성 또는 남성이 시험실시 단계별로 선발예정인원의 일정 비율 이상이 될 수 있도록 선발예정인원을 초과하여 여성 또는 남성을 합격시킬 수 있다.
② 제1항에 따라 여성 또는 남성을 합격시키는 경우에 그 실시대상 시험의 종류, 채용목표 비율, 합격자 결정방법, 그 밖에 시험 시행에 필요한 사항은 경찰청장이 정한다.

5. 섬, 외딴곳 등 특수지역에서 근무할 사람을 임용하는 경우
               6. **외국어**에 능통한 사람을 임용하는 경우
               7. 제주특별자치도의 자치경찰공무원(이하 "**자치경찰공무원**"이라 한다)을 그 계급에 상응하는 경찰공무원으로 임용하는 경우
               8. 「국가경찰과 자치경찰의 조직 및 운영에 관한 법률」 제16조에 따라 **경찰청 외부를 대상으로 모집하여 국가수사본부장**을 임용하는 경우

         ㉢ 부정행위자에 대한 제재
            ⓐ 경찰청장 또는 해양경찰청장은 경찰공무원의 신규채용시험(경위공개경쟁채용시험을 포함), 승진시험 또는 그 밖의 시험에서 다른 사람에게 대신하여 응시하게 하는 행위 등 대통령령으로 정하는 부정행위를 한 사람에 대하여 대통령령으로 정하는 바에 따라 해당 시험의 정지·무효 또는 합격취소 처분을 할 수 있다.
            ⓑ 위 처분을 받은 사람에 대해서는 처분이 있은 날부터 **5년의 범위**에서 대통령령으로 정하는 기간 동안 신규채용시험, 승진시험 또는 그 밖의 시험의 **응시자격을 정지한다**.
            ⓒ 경찰청장 또는 해양경찰청장은 제1항에 따른 처분(시험의 정지는 제외한다)을 할 때에는 미리 그 처분 내용과 사유를 당사자에게 통지하여 **소명할 기회를 주어야 한다**.
         ㉣ 채용비위 관련자의 합격 등 취소
            ⓐ 경찰청장 또는 해양경찰청장은 누구든지 경찰공무원의 채용과 관련하여 대통령령으로 정하는 비위를 저질러 유죄판결이 확정된 경우에는 그 비위행위로 인하여 채용시험에 합격하거나 임용된 사람에 대하여 대통령령으로 정하는 바에 따라 합격 또는 임용을 취소할 수 있다.
               ● 취소 처분은 합격 또는 임용 당시로 소급하여 효력이 발생한다.
            ⓑ 경찰청장 또는 해양경찰청장은 제1항에 따른 취소 처분을 하기 전에 미리 그 내용과 사유를 당사자에게 통지하고 소명할 기회를 주어야 한다.

(2) 임용절차

  ① **채용후보자 등록**

     공개경쟁채용시험, 경위공개경쟁채용시험 및 경력경쟁채용시험등에 합격한 사람은 행정안전부령으로 정하는 바에 따라 임용권자 또는 임용제청권자에게 채용후보자 등록을 해야 한다.
       ● 채용후보자 등록을 하지 아니한 사람은 경찰공무원으로 임용될 의사가 없는 것으로 본다.

---

* **경위공개경쟁채용시험합격자의 보수 등(제35조)**
교육훈련 중인 경위공개경쟁채용시험합격자에게는 대통령령으로 정하는 바에 따라 보수와 그 밖의 실비를 지급한다.

* **채용비위심의위원회의 설치 등**
① 법 제11조의2제1항에 따른 합격 또는 임용 취소 여부를 심의하기 위하여 **경찰청장 소속으로 채용비위심의위원회**(이하 이 조에서 "심의위원회"라 한다)를 둔다.
② 심의위원회는 **위원장 1명을 포함하여 5명 이상 8명 이내의 위원**으로 성별을 고려하여 구성한다.
③ 심의위원회의 위원장은 **경찰청장이 지명**하는 소속 공무원으로 한다.
④ 심의위원회의 위원은 다음 각 호의 사람으로 한다.
  1. 합격 또는 임용 취소 당사자의 임용계급 또는 임용예정계급보다 상위계급의 경찰공무원(상위계급에 상당하는 공무원 및 고위공무원단에 속하는 공무원을 포함한다) 중에서 경찰청장이 지명하는 사람
  2. 인사·법률·노동 분야의 학식과 경험이 풍부한 사람 중에서 경찰청장이 위촉하는 사람
⑤ 심의위원회의 회의는 재적위원 과반수의 찬성으로 의결한다.

② 채용후보자 명부 작성
  ㉠ 채용후보자 명부는 임용예정계급별로 작성하되, 채용후보자의 서류를 심사하여 임용 적격자만을 등재한다.
  ㉡ 채용후보자 명부의 유효기간은 2년으로 하되, 경찰청장은 필요에 따라 1년의 범위에서 그 기간을 연장할 수 있다.(최장 유효기간은 3년이다.)

> **관련조문**
>
> 경찰공무원법 제12조
> ① 경찰청장 또는 해양경찰청장(제7조제3항 및 제4항에 따라 임용권을 위임받은 자를 포함한다)은 신규채용시험에 합격한 사람(경찰대학을 졸업한 사람과 경위공개경쟁채용시험합격자를 포함한다. 이하 이 조에서 같다)을 대통령령으로 정하는 바에 따라 성적 순위에 따라 채용후보자 명부에 등재(登載)하여야 한다.
> ② 경찰공무원의 신규채용은 제1항에 따른 채용후보자 명부의 등재 순위에 따른다. 다만, 채용후보자가 경찰교육기관에서 신임교육을 받은 경우에는 그 교육성적 순위에 따른다.
> ③ 제1항에 따른 채용후보자 명부의 유효기간은 2년의 범위에서 대통령령으로 정한다. 다만, 경찰청장 또는 해양경찰청장은 필요에 따라 1년의 범위에서 그 기간을 연장할 수 있다.
> ④ 다음 각 호의 어느 하나에 해당하는 기간은 제3항에 따른 기간에 넣어 계산하지 아니한다.
>
>> 1. 신규채용시험에 합격한 사람이 채용후보자 명부에 등재된 이후 그 유효기간 내에 「병역법」에 따른 병역 복무를 위하여 군에 입대한 경우(대학생 군사훈련 과정 이수자를 포함한다)의 의무복무 기간
>> 2. 그 밖에 대통령령으로 정하는 사유로 임용되지 못한 기간
>
> ⑤ 경찰청장 또는 해양경찰청장은 채용후보자 명부의 유효기간을 연장하기로 결정한 경우에는 그 사실을 공고하여야 한다.
> ⑥ 제1항에 따른 채용후보자 명부의 작성 및 운영에 필요한 사항은 대통령령으로 정한다.
> ⑦ 임용권자는 경찰공무원의 결원을 보충할 때 채용후보자 명부 또는 승진후보자 명부에 등재된 후보자 수가 결원 수보다 적고, 인사행정 운영상 특히 필요하다고 인정할 때에는 그 결원된 계급에 관하여 다른 임용권자가 작성한 자치경찰공무원의 신규임용후보자 명부 또는 승진후보자 명부를 해당 기관의 채용후보자 명부 또는 승진후보자 명부로 보아 해당 자치경찰공무원을 임용할 수 있다. 이 경우 임용권자는 그 자치경찰공무원의 임용권자와 협의하여야 한다.

③ 임용 또는 임용제청의 유예
  ① 임용권자 또는 임용제청권자는 채용후보자 명부에 등재된 채용후보자가 다음 각 호의 어느 하나에 해당하는 경우에는 채용후보자 명부의 유효기간의 범위에서 기간을 정하여 임용 또는 임용제청을 유예할 수 있다. 다만, 유예기간 중이라도 그 사유가 소멸한 경우에는 임용 또는 임용제청을 할 수 있다.

1. 「병역법」에 따른 병역복무를 위하여 징집 또는 소집되는 경우
2. 학업을 계속하는 경우
3. 6개월 이상의 장기요양이 필요한 질병이 있는 경우
4. 임신하거나 출산한 경우
5. 그 밖에 임용 또는 임용제청의 유예가 부득이하다고 인정되는 경우

② 제1항에 따른 임용 또는 임용제청의 유예를 원하는 사람은 해당 사유를 증명할 수 있는 자료를 첨부하여 임용권자 또는 임용제청권자가 정하는 기간 내에 신청해야 한다. 이 경우 원하는 유예기간을 분명하게 적어야 한다.

④ 채용 후보자의 자격상실 사유

ⓐ 채용후보자가 임용 또는 임용제청에 응하지 아니한 경우
ⓑ 채용후보자로서 받아야 할 교육훈련에 응하지 아니한 경우
ⓒ 채용후보자로서 받은 교육훈련성적이 수료점수에 미달되는 경우
ⓓ 채용후보자로서 교육훈련을 받는 중에 퇴학처분을 받은 경우.
  ◐ 다만, 질병 등 교육훈련을 계속할 수 없는 불가피한 사정으로 퇴학처분을 받은 경우는 제외한다.

(3) 임용권자

① 임용 주체

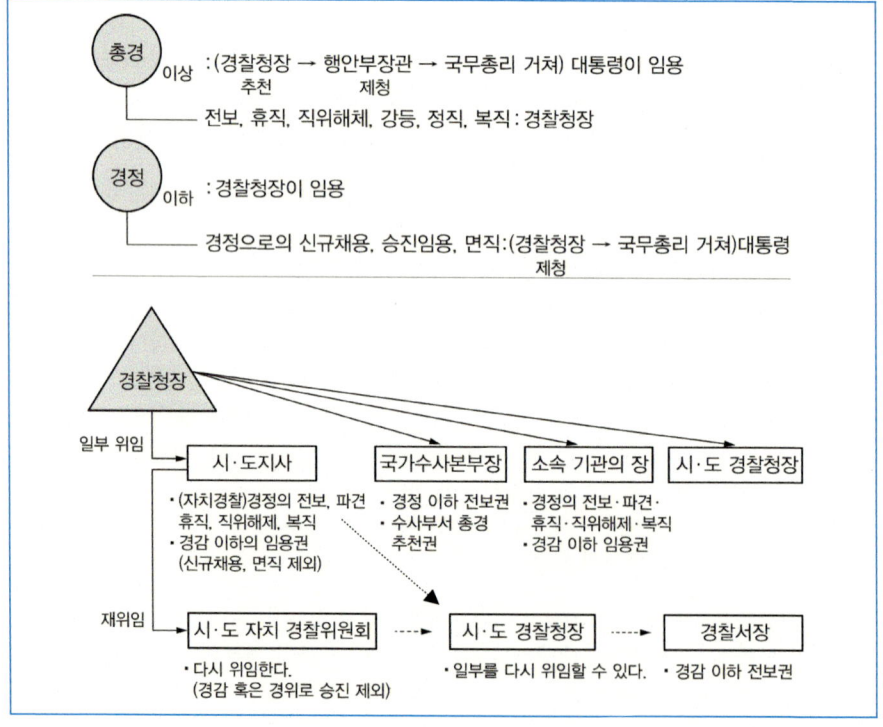

제7조(임용권자)

① 총경 이상 경찰공무원은 경찰청장 또는 해양경찰청장의 추천을 받아 행정안전부장관 또는 해양수산부장관의 제청으로 국무총리를 거쳐 대통령이 임용한다. 다만, 총경의 전보, 휴직, 직위해제, 강등, 정직 및 복직은 경찰청장 또는 해양경찰청장이 한다.
② 경정 이하의 경찰공무원은 경찰청장 또는 해양경찰청장이 임용한다. 다만, 경정으로의 신규채용, 승진임용 및 면직은 경찰청장 또는 해양경찰청장의 제청으로 국무총리를 거쳐 대통령이 한다.
③ 경찰청장은 대통령령으로 정하는 바에 따라 경찰공무원의 임용에 관한 권한의 일부를 특별시장·광역시장·도지사·특별자치시장 또는 특별자치도지사(이하 "시·도지사"라 한다), 국가수사본부장, 소속 기관의 장, 시·도경찰청장에게 위임할 수 있다. 이 경우 시·도지사는 위임받은 권한의 일부를 대통령령으로 정하는 바에 따라 「국가경찰과 자치경찰의 조직 및 운영에 관한 법률」 제18조에 따른 시·도자치경찰위원회(이하 "시·도자치경찰위원회"라 한다), 시·도경찰청장에게 다시 위임할 수 있다.
⑤ 경찰청장, 해양경찰청장 또는 제3항 및 제4항에 따라 임용권을 위임받은 자는 행정안전부령 또는 해양수산부령으로 정하는 바에 따라 소속 경찰공무원의 인사기록을 작성·보관하여야 한다.

팩트 DB

경찰공무원 임용령 제4조(임용권의 위임 등)

① 경찰청장은 법 제7조제3항 전단에 따라 특별시장·광역시장·특별자치시장·도지사 또는 특별자치도지사(이하 "시·도지사"라 한다)에게 해당 특별시·광역시·특별자치시·도 또는 특별자치도(이하 "시·도"라 한다)의 자치경찰사무를 담당하는 경찰공무원[「국가경찰과 자치경찰의 조직 및 운영에 관한 법률」 제18조제1항에 따른 시·도자치경찰위원회(이하 "시·도자치경찰위원회"라 한다), 시·도경찰청 및 경찰서(지구대 및 파출소는 제외한다)에서 근무하는 경찰공무원을 말한다] 중 경정의 전보·파견·휴직·직위해제 및 복직에 관한 권한과 경감 이하의 임용권(신규채용 및 면직에 관한 권한은 제외한다)을 위임한다.
② 경찰청장은 법 제7조제3항 전단에 따라 국가수사본부장에게 국가수사본부 안에서의 경정 이하에 대한 전보권을 위임한다.
③ 경찰청장은 법 제7조제3항 전단에 따라 경찰대학·경찰인재개발원·중앙경찰학교·경찰수사연수원·경찰병원 및 시·도경찰청(이하 "소속기관등"이라 한다)의 장에게 그 소속 경찰공무원 중 경정의 전보·파견·휴직·직위해제 및 복직에 관한 권한과 경감 이하의 임용권을 위임한다.
④ 제1항에 따라 임용권을 위임받은 시·도지사는 법 제7조제3항 후단에 따라 경감 또는 경위로의 승진임용에 관한 권한을 제외한 임용권을 시·도자치경찰위원회에 다시 위임한다.
⑤ 제4항에 따라 임용권을 위임받은 시·도자치경찰위원회는 시·도지사와 시·도경찰청장의 의견을 들어 그 권한의 일부를 시·도경찰청장에게 다시 위임할 수 있다.
⑥ 제3항 및 제5항에 따라 임용권을 위임받은 시·도경찰청장은 소속 경감 이하 경찰공무원에 대한 해당 경찰서 안에서의 전보권을 경찰서장에게 다시 위임할 수 있다.
⑦ 경찰청장은 수사부서에서 총경을 보직하는 경우에는 국가수사본부장의 추천을 받아야

⑧ **시·도자치경찰위원회**는 임용권을 행사하는 경우에는 시·도경찰청장의 추천을 받아야 한다.
⑨ 시·도경찰청장 및 경찰서장은 지구대장 및 파출소장을 보직하는 경우에는 시·도자치경찰위원회의 의견을 사전에 들어야 한다.
⑩ 소속기관등의 장은 경감 또는 경위를 신규채용하거나 경위 또는 경사를 승진시키려면 미리 경찰청장의 승인을 받아야 한다.
⑪ 제1항부터 제6항까지의 규정에도 불구하고 경찰청장은 경찰공무원의 정원 조정, 승진임용, 인사교류 또는 파견을 위하여 필요한 경우에는 임용권을 행사할 수 있다.

② 경찰공무원 인사위원회
  ㉠ 설치
  경찰공무원의 인사에 관한 중요 사항에 대하여 경찰청장 또는 해양경찰청장의 자문에 응하게 하기 위하여 **경찰청**과 해양경찰청에 경찰공무원인사위원회를 둔다.
  ● 경찰청에 두는 **비상설 자문기관**이다.

  ㉡ 구성 및 운영

구성	① 경찰공무원인사위원회는 **위원장을 포함하여 5명 이상 7명 이하**의 위원으로 구성한다. ② 인사위원회의 위원장은 경찰청 인사담당국장이 된다. ● 위원은 경찰청 소속 총경 이상 경찰공무원 중에서 **경찰청장**이 각각 임명한다.
위원장 직무	① 위원장은 인사위원회를 대표하며, 인사위원회의 사무를 총괄한다. ② 위원장이 부득이한 사유로 직무를 수행할 수 없을 때에는 위원 중에서 **최상위계급 또는 선임의 경찰공무원**이 그 직무를 대행한다.
회의 및 의결	① 위원장은 인사위원회의 회의를 소집하고 그 의장이 된다. ② 회의는 **재적위원 과반수**의 찬성으로 의결한다.
간사	① 인사위원회에 2명 이하의 간사를 둔다. ② 간사는 경찰청 소속 경찰공무원 중에서 위원장이 지명한다. ③ 간사는 위원장의 명을 받아 인사위원회의 사무를 처리한다.
보고	위원장은 인사위원회에서 심의된 사항을 지체 없이 **경찰청장에게 보고**하여야 한다.

* **경찰인사위원회 심의사항**
1. 경찰공무원의 인사행정에 관한 방침과 기준 및 기본계획
2. 경찰공무원의 인사에 관한 법령의 제정·개정 또는 폐지에 관한 사항
3. 그 밖에 경찰청장 또는 해양경찰청장이 인사위원회의 회의에 부치는 사항

(4) 시보임용 제도

① **의의**

경찰공무원을 신규채용하는 경우에 정규공무원으로 임요하기 전에 경찰로서의 근무능력, 태도 및 적격성 여부를 확인하고, 경찰실무를 익히기 위해서 일정 기간 경찰 업무에 종사하게 하는 것이다(시험제도의 보완이다).

◉ 시보기간 중에는 공무원으로서의 신분보장 및 승진임용이 되지 않는다.

② **시보임용 기간**

㉠ **경정 이하**의 경찰공무원을 신규채용할 때에는 **1년 기간** 시보로 임용하고, 그 기간이 **만료된 다음날**에 정규 경찰공무원으로 임용한다.

㉡ 제외 : **휴직, 직위해제**, 징계에 의한 **정직** 또는 **감봉처분**을 받은 기간은 시보기간에 산입하지 않는다.

◉ 견책처분 받은 기간은 시보임용기간에 산입한다.

③ **시보 면제 대상**

> 1. **경찰대학을 졸업한 사람 또는 경위공개경쟁채용시험 합격자로서** 정하여진 교육을 마친 사람을 경위로 임용하는 경우
> 2. 경찰공무원으로서 대통령령으로 정하는 상위계급으로의 승진에 필요한 자격 요건을 갖추고 임용예정 계급에 상응하는 공개경쟁 채용시험에 합격한 사람을 해당 계급의 경찰공무원으로 임용하는 경우
> 3. **퇴직한 경찰공무원으로서 퇴직 시에 재직하였던 계급의 채용시험에 합격한 사람을 재임용하는 경우**
> 4. **자치경찰공무원을 그 계급에 상응하는 경찰공무원으로 임용하는 경우**

④ **시보임용경찰공무원에 대한 교육·훈련**

㉠ 임용권자 또는 임용제청권자는 시보임용경찰공무원 또는 시보임용예정자에게 일정 기간 교육훈련(실무수습을 포함)을 시킬 수 있다.

◉ 이 경우 시보임용예정자에게 교육훈련을 받는 기간 동안 예산의 범위에서 임용예정계급의 **1호봉에 해당하는 봉급의 80퍼센트**에 해당하는 금액 등을 지급할 수 있다.

㉡ 임용권자 또는 임용제청권자는 시보임용예정자가 교육훈련성적이 만점의 **60퍼센트 미만**이거나 생활기록이 극히 불량할 때에는 시보임용을 하지 **아니할 수 있다**.

⑤ **시보임용 경찰공무원의 관리감독**

임용권자 또는 임용제청권자는 시보임용 기간 중에 있는 경찰공무원의 근무사항을 **항상 지도·감독**하여야 한다.

⑥ **시보경찰공무원 면직**

㉠ 임용권자 또는 임용제청권자는 시보임용경찰공무원이 다음 각 호의 어느 하나에 해당하여 정규 경찰공무원으로 임용하는 것이 부적당하다고 인정되는 경우에는 **정규임용심사위원회의 심사를 거쳐** 해당 시보임용경찰공무원을 **면직시키거나 면직을 제청할 수 있다**.

1. **징계사유**에 해당하는 경우
2. 제21조제1항에 따른 교육훈련성적이 만점의 60**퍼센트 미만**이거나 생활기록이 **극히 불량**한 경우
3. 「경찰공무원 승진임용 규정」 제7조제2항에 따른 **제2 평정 요소의 평정점이 만점**의 50**퍼센트 미만**인 경우

→ 심사의결 정족수 : 정규임용심사위원회의 재적위원 2/3이상 출석과 출석위원 과반수 찬성

ⓒ 시보임용경찰공무원을 정규 경찰공무원으로 임용하는 경우 그 적부를 심사하게 하기 위하여 임용권자 또는 임용제청권자 소속으로 정규임용심사위원회를 둔다.

 팩트DB

정규임용 심사위원회	
구성	위원장 1명을 포함한 위원 5**명 이상** 7**명 이하**로 구성한다.
위원장	**위원 중 가장 계급**이 높은 경찰공무원이 된다. →다만, 가장 계급이 높은 경찰공무원이 둘 이상인 경우 그 중 해당 계급에 승진임용된 날이 가장 빠른 경찰공무원이 된다
위원	소속 **경감 이상** 경찰공무원 중에서 위원회가 설치된 기관의 장이 임명하되, 심사대상자보다 상위 계급자로 한다
의결 정족수	재적위원 3분의 2 **이상 출석**과 출석위원 과반수 찬성으로 의결한다

3) 경찰공무원 근무관계 변경

(1) 의의

경찰공무원으로서의 신분은 유지하되 경찰공무원관계의 내용이 일부 또는 전부 변경되는 것이다.

→ 국가의 일방적 행정행위이지만 법령의 규정에 따라야 한다.

(2) 승진

① 의의
  ㉠ 하위직급에서 상위직급으로 임용되는 것이다.
  ㉡ 경찰공무원의 승진임용은 심사승진임용·시험승진임용 및 특별승진임용으로 구분한다.

② 승진 원칙
  ㉠ 실적주의
    경찰공무원은 바로 아래 하위계급에 있는 경찰공무원 중에서 근무성적평정, 경력평정, 그 밖의 능력을 실증하여 승진임용한다.
    → 다만, 해양경찰청장을 보하는 경우 치안감을 치안총감으로 승진임용할 수 있다.
  ㉡ **경무관 이하** 계급으로의 승진은 **승진심사**에 의하여 한다.
    → 승진임용 예정 인원 중 경무관으로의 승진임용 예정 인원은 **경무관 정원의 25퍼센트, 총경**

으로의 **승진임용 예정 인원은 총경 정원의 20퍼센트를 초과할 수 없다.** 다만, 승진임용 예정 인원이 승진임용 예정 인원을 정할 당시의 실제 결원과 해당 연도 예상 결원을 합한 것보다 적을 경우에는 그 승진임용 예정 인원에 부족한 인원을 더하여 승진임용 예정 인원을 정할 수 있다.

ⓒ 「경찰공무원법」 제15조제2항 단서에 따라 **경정 이하 경사 이상 계급**으로의 승진은 심사승진과 시험승진을 **병행할 수 있다**.

> 1. 계급별로 전체 승진임용 예정 인원에서 제3항에 따른 특별승진임용 예정 인원을 **뺀** 인원의 70**퍼센트**를 심사승진임용 예정 인원으로, 30**퍼센트**를 시험승진임용 예정 인원으로 한다.
>   ➡ 다만, 특수분야의 승진임용 예정 인원을 정하는 경우에는 본문에 따른 심사승진임용 예정 인원의 비율과 시험승진임용 예정 인원의 비율을 다르게 정할 수 있다.
> 2. 승진심사를 하기 전에 승진시험을 실시한 경우에 그 최종합격자 수가 시험승진임용 예정 인원보다 적을 때에는 심사승진임용 예정 인원에 그 부족한 인원을 더하여 심사승진임용 예정 인원을 산정한다.

ⓔ 승진임용 예정 인원 중 **경정 이하** 계급으로의 승진임용 예정 인원을 정하는 경우에는 다음 각 호의 구분에 따른 범위에서 특별승진임용 예정 인원을 따로 정할 수 있다.

ⓜ 경찰청장은 정해진 승진임용 예정 인원을 승진대상자 명부를 작성한 기관별로 배정한다.

ⓗ 승진대상자 명부의 작성

ⓐ 총경 이하 경찰공무원에 대한 승진대상자 명부는 다음 각 호의 구분에 따른 경찰기관의 장이 계급별로 작성한다.

> 1. 경정 이상 경찰공무원과 경찰청 소속 경위 이상 경찰공무원: 경찰청장
> 2. 경감 이하 경찰공무원(제4호에 해당하는 사람은 제외한다): 경찰대학·경찰인재개발원·중앙경찰학교·경찰수사연수원·경찰병원 및 시·도경찰청(이하 "소속기관등"이라 한다)의 장
> 3. 경찰청 소속 경사 이하 경찰공무원: 경찰청의 각 국(局) 단위급 부서별 국장급 부서장
> 4. 경찰서 소속 경사 이하 경찰공무원: 경찰서장

ⓑ 승진대상자 명부는 규정에 따라 산정된 평정점 반영 비율

> 1. 근무성적 평정점: 65**퍼센트**
> 2. 경력 평정점: 35**퍼센트**

＊ 특별승진의 경우 초과 비율(정할 수 있다)
1. 경정으로의 특별승진임용 예정 인원: 경정으로의 승진임용 예정 인원의 3퍼센트 이내
2. 경감 이하 계급으로의 특별승진임용 예정 인원: 해당 계급으로의 승진임용 예정 인원의 30퍼센트 이내

＊
법 제10조제3항제2호 또는 제4호에 따라 경정 이하의 경찰공무원으로 신규채용할 수 있는 사람으로서 「경찰공무원 임용령」 제39조제1항의 응시연령에 이르지 아니한 경감 이하 경찰공무원에 대해서는 그가 경정으로 승진할 때까지 근무성적 평정만으로 승진대상자 명부를 작성할 수 있다.

③ 종류
　㉠ 심사승진임용 : **경무관** 이하
　㉡ 시험승진임용 : **경정 이하** 까지
　㉢ 근속승진

ⓐ		
경위 → 경감	해당 계급(경위)에서 8년 이상 근속자
경사 → 경위	해당 계급(경사)에서 6년 6개월 이상 근속자
경장 → 경사	해당 계급(경장)에서 5년 이상 근속자
순경 → 경장	해당 계급(순경)에서 4년 이상 근속자

➲ 다만, 인사교류 경력이 있거나 주요 업무의 추진 실적이 우수한 공무원 등 경찰행정 발전에 기여한 공이 크다고 인정되는 경우에는 대통령령으로 정하는 바에 따라 그 기간을 단축할 수 있다.

　ⓑ 근속승진한 경찰공무원이 근무하는 기간에는 그에 해당하는 직급의 정원이 따로 있는 것으로 보고, 종전 직급의 정원은 감축된 것으로 본다.

팩트DB

경찰공무원 승진임용 규정

제26조(근속승진)
① 법 제16조에 따른 근속승진 기간은 제5조제2항부터 제8항까지의 규정에 따른 승진소요 최저근무연수의 계산 방법에 따라 계산한다.
② 법 제16조제1항 각 호 외의 부분 단서에 따라 다음 각 호의 경찰공무원을 근속승진임용하는 경우에는 해당 각 호의 구분에 따른 기간을 근속승진 기간에서 단축할 수 있다.

> 1. 「공무원임용령」제48조제1항제1호에 따른 인사교류 기간 중에 있거나 인사교류 경력이 있는 경찰공무원: 인사교류 기간의 2분의 1에 해당하는 기간
> 2. 국정과제 등 주요 업무의 추진실적이 우수한 경찰공무원이나 적극행정 수행 태도가 돋보인 경찰공무원: 1년

③ 제2항제2호에 따라 근속승진 기간을 단축하는 경찰공무원의 인원수는 인사혁신처장이 제한할 수 있다.
④ 임용권자는 경감으로의 근속승진임용을 위한 심사를 연 2회까지 실시할 수 있다. 이 경우 경감으로의 근속승진임용을 할 수 있는 인원수는 연도별로 합산하여 해당 기관의 근속승진 대상자의 100분의 50에 해당하는 인원수(소수점 이하가 있는 경우에는 1명을 가산한다)를 초과할 수 없다.
⑤ 임용권자는 제4항 전단에 따라 심사를 실시하려는 경우 근속승진임용일 20일 전까지 해당 기관의 근속승진 대상자 및 근속승진임용 예정 인원을 경찰청장에게 보고해야 한다.
⑥ 임용권자는 인사의 원활한 운영을 위하여 필요하다고 인정되는 경우에는 경위 재직기간별로 승진대상자 명부를 구분하여 작성할 수 있다.
⑦ 제1항부터 제6항까지에서 규정한 사항 외에 근속승진 방법, 그 밖에 인사운영에 필요한 사항은 경찰청장이 정한다.

　㉢ 특별승진
　　ⓐ 1계급 특별승진

---

* 특별승진대상자
1. 「국가공무원법」제40조의4제1항제1호에 해당하는 경우: 「공무원임용령」제35조의2제1항제1호에 따른 포상을 받은 사람
2. 「국가공무원법」제40조의4제1항제2호에 해당하는 경우: 다음 각 목의 어느 하나에 해당하는 사람
　가. 행정 능률을 향상시키고 예산을 절감하는 등 직무수행능력이 탁월하여 경찰행정 발전에 기여한 공이 매우 크다고 임용권자가 인정하는 사람
　나. 「공무원임용령」제35조의2제1항제2호나목에 따른 포상을 받은 사람
　다. 경찰청장이 정하는 포상을 받은 사람
3. 「국가공무원법」제40조의4제1항제3호에 해당하는 경우: 「공무원제안 규정」에 따른 창안등급 동상 이상을 받은 사람으로서 경찰행정 발전에 기여한 실적이 뚜렷한 사람
4. 「국가공무원법」제40조의4제1항제4호에 해당하는 경우: 20년 이상 근속하고 정년 1년 전까지의 기간 중 자진하여 퇴직하는 사람으로서 재직 중 특별한 공적이 있다고 인정되는 사람

1. 「국가공무원법」 제40조의4제1항제1호부터 제4호까지의 규정 중 어느 하나에 해당되는 사람
2. 전사하거나 순직한 사람
3. 직무 수행 중 현저한 공적을 세운 사람

ⓑ 2계급 특별승진

경위 이하의 경찰공무원으로서 모든 경찰공무원의 귀감이 되는 공을 세우고 전사하거나 순직한 사람에 대하여는 2계급 특별승진 시킬 수 있다.

④ 승진소요 최저근무 연수

㉠ 휴직 기간, 직위해제 기간, 징계처분 기간 및 승진임용 제한기간은 승진소요 최저근무 연수 기간에 **포함하지 않는다.**
㉡ 국가공무원법 제71조에 따른 양육 또는 임신, 출산으로 인한 휴직기간이나 공상휴직기간은 **산입한다.**
　➡ 직위해제처분이 무효 또는 취소되거나, 직위해제처분 사유가 된 형사사건이 법원의 판결에 의해 무죄로 확정된 경우의 그 기간 등은 산입한다.

★ 승진소요 최저근무연수

총경	3년 이상
경정 및 경감	2년 이상
경위, 경사, 경장 및 순경	1년 이상

팩트DB

승진심사위원회

	중앙승진심사위원회	보통승진심사위원회
설치	경찰청	경찰청, 소속기관등 및 경찰서
관할	**총경 이상** 계급으로의 승진심사	**경정 이하** 계급으로의 승진심사 ➡ 경찰서 소속 경찰공무원의 경감 이상 계급으로의 승진심사: 시·도경찰청 보통승진심사위원회
구성	위원장 포함 5명이상 7명이하	
위원장	위원 중 **최상위계급 또는 선임**인 경찰공무원	
위원임명	승진심사대상자보다 상위계급인 경찰공무원 중에서 경찰청장이 임명 ➡ 승진심의위원회를 두는 경우 중앙승진심사위원회 위원은 승진심의위원회 위원 중에서 임명	보통승진심사위원회가 설치된 경찰기관의 장이 승진심사대상자보다 상위계급인 경위 이상 소속 경찰공무원 중에서 임명 ➡ 시·도경찰청 및 경찰서에 두는 보통승진심사위원회 위원 중 2명은 승진심사대상자보다 상위계급인 경위 이상 소속 경찰공무원 중에서 「국가경찰과 자치경찰의 조직 및 운영에 관한 **법률**」 제18조제1항에 따른 시·도자치경찰위원회의 추천을 받아 그 보통심사위원회가 설치된 경찰기관의 장이 임명
회의	경찰청장이 소집	경찰기관의 장이 경찰청장(경찰서 보통승진심사위원회 회의의 경우 시·도경찰청장을 말한다)의 승인을 받아 소집
정족수	재적위원 과반수 찬성	
공개여부	비공개	

★ 상위계급 위원 구성

보통승진심사위원회	대상자보다 상위계급인 **경위이상**
정규임용심사위원회	대상자보다 상위계급인 **경감이상**
보통징계위원회	대상자 보다 상위계급인 **경위이상 또는 상위 직급의 6급이상**

> **※ 승진심사대상**
> 승진심사는 승진대상자 명부의 선순위자(승진시험에 합격한 사람은 제외한다)순으로 심사승진임용 **예정 인원의 5배수를 대상으로 한다.**
> ○ 다만, 경찰청장은 부득이한 사유가 있을 때에는 승진심사대상자의 범위를 심사승진임용 예정 인원의 5배수 이하로 하게 할 수 있다.

⑤ 승진임용 제한

㉠ 다음 어느 하나에 해당하는 경찰공무원은 승진임용될 수 없다.

> 1. **징계의결 요구, 징계처분, 직위해제, 휴직**(「공무원 재해보상법」에 따른 공무상 질병 또는 부상으로 인하여 「국가공무원법」 제71조제1항제1호에 따라 휴직한 사람을 제37조제1항제4호 또는 같은 조 제2항에 따라 특별승진임용하는 경우는 제외한다) 또는 **시보임용 기간 중에 있는 사람**
> 2. 징계처분의 집행이 끝난 날부터 다음 각 목의 구분에 따른 기간[「국가공무원법」 제78조의2제1항 각 호의 어느 하나에 해당하는 사유로 인한 **징계처분과 소극행정, 음주운전**(음주측정에 응하지 않은 경우를 포함한다), **성폭력, 성희롱 및 성매매에 따른 징계처분의 경우에는 각각 6개월을 더한 기간**]이 지나지 않은 사람
>
>> 가. 강등·정직 : 18개월
>> 나. 감봉 : 12개월
>> 다. 견책 : 6개월
>
> 3. 징계에 관하여 경찰공무원과 다른 법령을 적용받는 공무원으로 재직하다가 경찰공무원으로 임용된 사람으로서, 종전의 신분에서 징계처분을 받고 그 징계처분의 집행이 끝난 날부터 다음 각 목의 구분에 따른 기간이 지나지 아니한 사람
>
>> 가. 강등 : 18개월
>> 나. 근신·영창 또는 그 밖에 이와 유사한 징계처분 : 6개월
>
> 4. 경찰공무원법 제30조제3항에 따라 계급정년이 연장된 사람

㉡ 승진임용 제한기간 계산

ⓐ 승진임용 제한기간 중에 있는 사람이 다시 징계처분을 받은 경우 승진임용 제한기간은 **전(前) 처분에 대한 승진임용 제한기간이 끝난 날부터** 계산한다.

ⓑ 징계처분으로 승진임용 제한기간 중에 있는 사람이 **휴직하거나 직위해제 처분을 받는 경우** 징계처분에 따른 남은 승진임용 제한기간은 **복직일부터** 계산한다.

㉢ 경찰공무원이 징계처분을 받은 후 해당 계급에서 다음 각 호의 포상을 받은 경우에는 제1항제2호 및 제3호에 따른 **승진임용 제한기간의 2분의 1을 단축**할 수 있다.

※ **국가공무원법 제78조의2(징계부가금)**

① 제78조에 따라 공무원의 징계 의결을 요구하는 경우 그 징계 사유가 다음 각 호의 어느 하나에 해당하는 경우에는 해당 징계 외에 다음 각 호의 행위로 취득하거나 제공한 금전 또는 재산상 이득(금전이 아닌 재산상 이득의 경우에는 금전으로 환산한 금액을 말한다)의 5배 내의 징계부가금 부과 의결을 징계위원회에 요구하여야 한다.
1. 금전, 물품, 부동산, 향응 또는 그 밖에 대통령령으로 정하는 재산상 이익을 취득하거나 제공한 경우
2. 다음 각 목에 해당하는 것을 횡령(橫領), 배임(背任), 절도, 사기 또는 유용(流用)한 경우

※
1. 훈장
2. 포장
3. 모범공무원 포상
4. 대통령표창 또는 국무총리표창
5. 제안이 채택·시행되어 받은 포상

팩트DB

대우공무원 제도

제43조(대우공무원의 선발 등)
① 임용권자나 임용제청권자는 소속 경찰공무원 중 해당 계급에서 제5조에 따른 승진소요 최저근무연수 이상 근무하고 승진임용 제한 사유가 없는 근무실적 우수자를 바로 위 계급의 대우공무원으로 선발할 수 있다.
③ 대우공무원에게는 「공무원수당 등에 관한 규정」에서 정하는 바에 따라 수당을 지급할 수 있다.

경찰공무원 승진임용규정시행규칙

제35조(대우공무원 선발을 위한 근무기간)
① 영 제43조제1항에 따라 대우공무원으로 선발되기 위해서는 영 제5조제1항에 따른 승진소요 최저근무연수가 지난 총경 이하 경찰공무원으로서 해당 계급에서 다음 각 호의 구분에 따른 기간 동안 근무하여야 한다. 다만, 국정과제를 담당하여 높은 성과를 내거나 적극적인 업무수행으로 경찰공무원의 업무행태 개선에 기여하는 등 직무수행능력이 탁월하고 경찰행정 발전에 공헌을 했다고 경찰청장 또는 소속기관등의 장이 인정하는 경우에는 그 기간을 1년 단축할 수 있다.

> 1. 총경·경정 : 7년 이상
> 2. 경감 이하 : 4년 이상

② 제1항에 따른 근무기간의 산정은 영 제5조제2항, 제4항부터 제8항까지 및 이 규칙 제3조제2항에 따른다. 이 경우 제3조제2항에 따라 근무기간을 산정할 때에는 재임용된 계급 이상에 해당하는 퇴직 전의 재직기간은 현재 계급의 재직기간과 합하여 근무기간에 산입하되, 제36조제1항에 따른 대우공무원 발령 기준일(매월 1일을 말한다) 전 10년 이내의 재직기간만 산입한다.

제36조(대우공무원의 선발 절차 및 시기)
① 임용권자나 임용제청권자는 매월 말 5일 전까지 대우공무원 발령일을 기준으로 대우공무원 선발요건을 충족하는 대상자를 결정하여야 하고, 그 다음 달 1일에 일괄하여 대우공무원으로 발령하여야 한다.

제37조(대우공무원수당의 지급)
① 대우공무원으로 선발된 경찰공무원에게는 「공무원수당 등에 관한 규정」에 따라 대우공무원수당을 지급한다.
② 대우공무원이 징계 또는 직위해제 처분을 받거나 휴직하여도 대우공무원수당은 계속 지급한다. 다만, 「공무원수당 등에 관한 규정」에서 정하는 바에 따라 대우공무원수당을 줄여 지급한다.
③ 대우공무원의 선발 또는 수당 지급에 중대한 착오가 발생한 경우 임용권자 또는 임용제청권자는 이를 정정하여 대우공무원 발령을 하고 대우공무원수당을 소급하여 지급할 수 있다.

제38조(대우공무원의 자격 상실)
대우공무원이 다음 각 호의 어느 하나에 해당하는 경우 그 해당일에 대우공무원의 자격은 별도 조치 없이 당연히 상실된다.

> 1. 상위계급으로 승진임용되는 경우 : 승진임용일
> 2. 강등되는 경우 : 강등일

＊ 공무원수당 등에 관한 규정
제6조의2(대우공무원수당)
① 「공무원임용령」 제35조의3, 「군무원인사법 시행령」 제44조, 「경찰공무원 승진임용 규정」 제43조, 「해양경찰청 소속 경찰공무원 임용에 관한 규정」 제93조, 「소방공무원 승진임용 규정」 제43조에 따라 대우공무원으로 선발된 사람에게는 예산의 범위에서 해당 공무원 월봉급액의 4.1퍼센트를 대우공무원수당으로 지급할 수 있다. 다만, 대우공무원수당과 월봉급액을 합산한 금액이 상위직급으로 승진 시의 월봉급액을 초과할 경우에는 해당 직급 월봉급액과 상위 직급 월봉급액의 차액을 대우공무원수당으로 지급한다.

* 전과 : 경과를 바꿔 임용하는 것
ⓐ 일반경과에서 **수사경과, 보안경과, 특수경과**로 전과하는 것에 한하여 인정한다.
ⓑ 예
정원감축 등 경찰청장이 정하는 사유가 있는 경우 보안경과, 수사경과 또는 정보통신경과에서 일반경과로 전과를 인정할 수 있다.

* 공무원임용령
제43조의3(직위유형별 보직관리 및 전문직위의 지정 등)
① 소속 장관은 해당 기관의 직위를 업무 성격 및 해당 직위에서의 장기 근무 필요성 등을 고려하여 유형별로 구분하고, 이를 보직관리에 반영하여 **행정의 전문성이 향상되도록** 노력하여야 한다.

(3) 전보

① 의의

㉠ 경찰공무원이 동일직위 및 자격 내에서 근무기관이나 부서를 달리하는 임용이다.
➡ 계급의 변화는 없고 보직만 변경하는 것이다.

㉡ 임용권자 또는 임용제청권자는 장기근무 또는 잦은 전보로 인한 업무 능률 저하를 방지하기 위하여 특별한 사정이 없으면 **정기적으로 전보를 실시하여야 한다.**
➡ 전보의 기간이나 시기를 일정하게 정해둬야 안정된 심리상태에서 업무수행이 이루어진다.

② 전보 제한

㉠ 원칙

임용권자 또는 임용제청권자는 소속 경찰공무원이 해당 직위에 임용된 날부터 **1년 이내**(감사업무를 담당하는 경찰공무원의 경우에는 **2년 이내**)에 다른 직위에 전보할 수 **없다.**

㉡ 제한

전문직위에 임용된 경찰공무원	해당 직위에 임용된 날부터 **3년의 범위**에서 경찰청장이 정하는 기간이 지나야 다른 직위에 전보할 수 있다. ➡ 다만, 직무수행요건이 같은 직위 간의 전보 등 경찰청장이 정하는 경우에는 기간에 관계없이 전보할 수 있다
교육훈련기관의 교수요원으로 임용된 사람	그 임용일부터 **1년 이상 3년 이하**의 범위에서 경찰청장이 정하는 기간 안에는 다른 직위에 전보할 수 없다. ➡ 다만, 기구의 개편, 직제ㆍ정원의 변경이나 교육과정의 개편 또는 폐지가 있거나 교수요원으로서 부적당하다고 인정될 때에는 그렇지 않다.
특수지역 (섬, 외딴곳 등)에 채용된 경찰공무원	그 채용일부터 **5년의 범위**에서 경찰청장이 정하는 기간(휴직기간, 직위해제기간 및 정직기간은 포함하지 않는다) 안에는 채용조건에 해당하는 기관 또는 부서 외의 기관 또는 부서로 전보할 수 없다.

③ 전보 제한의 예외(전보 가능)

> 1. 직제상 최저단위인 보조기관 또는 보좌기관 내에서 전보하는 경우
> 2. 경찰청과 소속기관등 또는 소속기관등 상호 간의 교류를 위하여 전보하는 경우
> 3. 기구의 개편, 직제 또는 정원의 변경으로 해당 경찰공무원을 전보하는 경우
> 4. **승진임용**된 경찰공무원을 전보하는 경우
> 5. **전문직위**로 경찰공무원을 전보하는 경우
> 6. **징계처분**을 받은 경우
> 7. 형사사건에 관련되어 수사기관에서 조사를 받고 있는 경우
> 8. 경찰공무원으로서의 품위를 크게 손상하는 **비위(非違)로 인한 감사 또는 조사가 진행 중**이어서 해당 직위를 유지하는 것이 부적절하다고 판단되는 경찰공무원을 전보하는 경우
> 9. 경찰기동대 등 경비부서에서 정기적으로 교체하는 경우
> 10. 교육훈련기관의 **교수요원**으로 보직하는 경우
> 11. **시보임용** 중인 경우
> 12. 신규채용된 경찰공무원을 해당 계급의 보직관리기준에 따라 전보하는 경우 및 이와 관련한 전보의 경우
> 13. 감사담당 경찰공무원 가운데 부적격자로 인정되는 경우
> 14. **경정 이하**의 경찰공무원을 배우자 또는 직계존속이 거주하는 시·군·자치구 지역의 경찰기관으로 전보하는 경우
> 15. 임신 중인 경찰공무원 또는 출산 후 1년이 지나지 않은 경찰공무원의 모성보호, 육아 등을 위하여 필요한 경우

(4) 파견

업무수행과 관련된 행정지원이나 연수, 그 밖에 능력개발 등을 위하여 경찰공무원을 다른 기관으로 일정기간 이동시켜 근무하게 하는 것이다.

➡ 파견 중에는 근무하는 기관장의 지휘·감독을 받는다.

(5) 휴직

① 의의

경찰공무원으로서의 신분을 유지하면서 일정한 기간 직무를 담당하지 않는 것이다(국가공무원법 제71조).

➡ 휴직은 제재적 성격이 없고, 복직이 보장된다.

② **직권휴직**

다음사유는 본인의 의사에도 불구하고 휴직을 명하여야 한다.

> ㉠ 신체·정신상의 장애로 **장기 요양**이 필요할 때 - **1년** 이내
> - 부득이한 경우 1년범위 내 연장 가능
> - 공무원연금법에 따른 공무상 요양비 지급 대상 질병 또는 부상으로 인한 휴직기간은 **3년 이내**, 의학적 소견 등을 고려하여 대통령령등으로 정하는 바에 따라 **2년의 범위**에서 연장 가능
>
> ㉡ 「병역법」에 따른 **병역 복무**를 마치기 위하여 징집 또는 소집된 때
> - 복무기간 만료시까지

* 파견근무
1. 국가기관 외의 기관·단체에서의 국가적 사업을 수행하기 위하여 특히 필요한 경우
2. 다른 기관의 업무폭주로 인한 행정지원의 경우
3. 관련 기관 간의 긴밀한 협조가 필요한 특수업무를 공동으로 수행하기 위하여 필요한 경우
4. 「공무원 인재개발법」에 따른 교육훈련을 위하여 필요한 경우
5. 「공무원 인재개발법」에 따른 공무원교육훈련기관의 교수요원으로 선발된 경우
6. 국제기구, 외국의 정부 또는 연구기관에서의 업무수행 및 능력개발을 위하여 필요한 경우
7. 국내의 연구기관·민간기관 및 단체에서의 관련업무수행·능력개발이나 국가 정책수립과 관련된 자료수집 등을 위하여 필요한 경우

* 재난 재해 대응 파견
임용권자 또는 임용제청권자는 경찰공무원이 재난·재해에 대응하기 위하여 출장 또는 파견을 가는 경우 다른 경찰공무원에게 업무 대행을 명할 수 있도록 하고, 이에 따라 업무를 대행하는 경찰공무원에게 예산의 범위에서 수당을 지급할 수 있도록 함

ⓒ 천재지변이나 전시·사변, 그 밖의 사유로 **생사 또는 소재가 불명확**하게 된 때
➡ 일반공무원은 3개월 이내, 경찰공무원은 법원의 실종선고를 받는 날까지
ⓔ 그 밖에 **법률의 규정**에 따른 의무를 수행하기 위하여 직무를 이탈하게 된 때
ⓕ 공무원 **노동조합 전임자**로 종사하게 된 때(전임기간)

③ 의원휴직 – 휴직 기간

임용권자는 공무원이 다음 각 호의 어느 하나에 해당하는 사유로 휴직을 원하면 휴직을 명할 수 있다.

ⓐ 국제기구, 외국 기관, 국내외의 대학·연구기관, 다른 국가기관 또는 대통령령으로 정하는 민간기업, 그 밖의 기관에 임시로 채용될 때
➡ 다만, 민간기업이나 그 밖의 기관에 채용되면 **3년** 이내
ⓑ 국외 유학을 하게 된 때
➡ 3년 이내, 2년 범위에서 연장 가능
ⓒ 중앙인사관장기관의 장이 지정하는 연구기관이나 교육기관 등에서 연수하게 된 때
➡ 2년 이내
ⓓ 만 8세 이하 또는 초등학교 2학년 이하의 자녀를 양육하기 위하여 필요하거나 여성 공무원이 임신 또는 출산하게 된 때
➡ 자녀 1인에 대해 **3년** 이내
➡ 대통령령으로 정하는 특별한 사정이 없으면 **휴직을 명하여야 한다.**
➡ 임용권자는 이에 따른 휴직을 이유로 인사에 불리한 처우를 하여서는 아니 된다
ⓔ 조부모, 부모(배우자의 부모를 포함), 배우자, 자녀 또는 손자녀를 부양하거나 돌보기 위하여 필요한 경우. 다만, 조부모나 손자녀의 돌봄을 위하여 휴직할 수 있는 경우는 본인 외에 돌볼 사람이 없는 등 대통령령 등으로 정하는 요건을 갖춘 경우로 한정한다.
➡ 1년 이내, 재직기간 중 총 3년 초과 불가
ⓕ 외국에서 근무·유학 또는 연수하게 되는 배우자를 동반하게 된 때
➡ 3년 이내, 2년 범위에서 연장가능
ⓖ 대통령령 등으로 정하는 기간 동안 재직한 공무원이 직무 관련 연구과제 수행 또는 자기개발을 위하여 학습·연구 등을 하게 된 때
➡ 1년 이내

④ 공상경찰공무원 등의 휴직기간

ⓐ 경찰공무원이 「공무원 재해보상법」 제5조제1호 각 목에 해당하는 직무를 수행하다가 「국가공무원법」 제72조제1호 각 목의 어느 하나에 해당하는 공무상 질병 또는 부상을 입어 휴직하는 경우 그 휴직기간은 같은 조 제1호 단서에도 불구하고 **5년** 이내로 하되, **의학적 소견 등을 고려하여 대통령령으로 정하는 바에 따라 3년의 범위에서 연장할 수 있다.**
ⓑ 「국가공무원법」 제71조제1항제4호의 사유로 인한 경찰공무원의 휴직기간은 같은 법 제72조제3호에도 불구하고 **법원의 실종선고를 받는 날까지**로 한

다.
　　ⓒ 제2항에 따른 휴직자가 있는 경우에는 그 휴직자의 계급에 해당하는 정원이 따로 있는 것으로 보고, **결원을 보충할 수 있다**.
⑤ 휴직의 효력
　　㉠ 휴직 중인 공무원은 **신분은 보유**하나 직무에 종사하지 못한다.
　　ⓒ 휴직 기간 중 그 사유가 없어지면 30**일 이내**에 임용권자 또는 임용제청권자에게 신고하여야 하며, 임용권자는 지체 없이 **복직을 명하여야 한다**.
　　ⓒ 휴직 기간이 끝난 공무원이 30**일 이내**에 복귀 신고를 하면 **당연히 복직된다**.
⑥ 휴직기간중 봉급 감액
　　㉠ 「국가공무원법」 제71조제1항제1호에 따라 휴직한 공무원에게는 다음 각 호의 구분에 따라 봉급(외무공무원의 경우에는 휴직 직전의 봉급을 말한다. 이하 이 조에서 같다)의 **일부를 지급**한다. 다만, 공무상 질병 또는 부상으로 휴직한 경우에는 그 기간 중 봉급 **전액을 지급**한다.

> 1. 휴직 기간이 1년 이하인 경우: **봉급의 70퍼센트**
> 2. 휴직 기간이 1년 초과 2년 이하인 경우: **봉급의 50퍼센트**

　　ⓒ 외국유학 또는 1년 이상의 국외연수를 위하여 휴직한 공무원에게는 그 기간 중 **봉급의** 50**퍼센트**를 지급할 수 있다.
　　　● 이 경우 교육공무원을 제외한 공무원에 대한 지급기간은 2년을 초과할 수 없다.

(6) 복직
휴직, 직위해제 또는 정직 중에 있는 경찰공무원을 직위에 복귀시키는 것이다.

(7) 직위해제
① 의의
　　㉠ 직위를 계속 유지시킬 수 없는 사유가 발생한 경우 임용권자가 직위만을 부여하지 아니하는 것이다.
　　　● 직위해제 여부는 직위해제권자의 재량사항이다.
　　ⓒ 경찰공무원의 **신분은 유지**하지만 보직의 해제이다.
　　　● 복직이 보장되지 않는다.
　　ⓒ 징계가 아니다.(직위해제와 징계처분이 병과될 수 있다.)
② 직위해제 사유(국가공무원법)
　　임용권자는 다음 각 호의 어느 하나에 해당하는 자에게는 직위를 부여하지 아니할 수 있다.

ⓐ 직무수행 **능력이 부족**하거나 근무성적이 극히 나쁜 자
  ➡ 이에 따라 직위해제된 자에게 3개월의 범위에서 대기를 명한다.
ⓑ 파면·해임·강등 또는 정직에 해당하는 **징계 의결**이 요구 중인 자(중징계)
ⓒ 형사 사건으로 **기소된 자**(약식명령이 청구된 자는 제외한다)
ⓓ 고위공무원단에 속하는 일반직공무원으로서 제70조의2제1항제2호부터 제5호까지의 사유로 **적격심사를 요구**받은 자
ⓔ 금품비위, 성범죄 등 대통령령으로 정하는 비위행위로 인하여 감사원 및 검찰·경찰 등 수사기관에서 **조사나 수사 중인 자**로서 비위의 정도가 중대하고 이로 인하여 정상적인 업무수행을 기대하기 현저히 어려운 자
  ➡ 공무원에 대하여 ⓐ 직위해제 사유와 ⓑ, ⓒ 또는 ⓔ의 직위해제 사유가 경합할 때에는 ⓑ, ⓒ 또는 ⓔ의 직위해제 처분을 하여야 한다.

③ 직위해제 효과
  ㉠ 직위해제와 징계처분을 **병과**해도 일사부재리 원칙 위반이 아니다.
  ㉡ 직무수행능력이 부족하거나 근무성적이 극히 나빠 직위해제된 경우
    ➡ **3개월 이내**의 기간 대기를 명한다.
    ➡ 임용권자 또는 임용제청권자는 대기 명령을 받은 자에게 능력 회복이나 근무성적의 향상을 위한 교육훈련 또는 특별한 연구과제의 부여 등 필요한 조치를 하여야 한다.
    ➡ 대기명령 후 능력 또는 근무성적의 향상을 기대하기 어렵다고 인정될 때에는 **징계위원회의 동의를 얻어** 임용권자가 직권면직 시킬 수 있다.
  ㉢ 직위해제 기간은 **승진소요 최저근무연수에 포함하지 아니한다**.
    ➡ 산입하는 경우
    ⓐ 중징계로 직위해제처분을 받은 사람에 대한 징계 의결 요구에 대하여 관할 **징계위원회가 징계하지 아니하기로 의결**한 경우와 해당 직위해제처분의 사유가 된 징계처분이 소청심사위원회의 결정 또는 법원의 판결에 따라 무효 또는 취소로 확정된 경우
    ⓑ 직위해제처분을 받은 사람의 처분 사유가 된 형사사건이 **법원의 판결에 따라 무죄**로 확정된 경우
  ㉣ 직위해제 사유가 소멸되면 임용권자는 지체 없이 직위를 부여하여야 한다.
  ㉤ 직위해제가 된 경우 직무에 종사하지 못하므로, 출근의무도 없고, **봉급의 일부를 지급**한다.

📄 팩트DB

직위해제기간 중의 봉급 감액

1. 직무수행능력이 부족하거나 근무성적이 극히 불량하여 직위해제된 사람 : **봉급의 80퍼센트**

2. 고위공무원단에 속하는 일반직 공무원으로 제70조의2 제1항 2호 및 3호 사유로 적격성 심사받는자 : **봉급의 70퍼센트**
   - ➡ 다만, 직위해제일부터 3개월이 지나도 직위를 부여받지 못한 경우에는 그 3개월이 지난 후의 기간 중에는 **봉급의 40퍼센트**를 지급한다.

3. 중징계(파면, 해임, 강등, 정직)에 해당하는 징계의결이 요구 중인자, 형사사건으로 기소된 자(약식명령 제외) : **봉급의 50퍼센트**
   - ➡ 다만, 직위해제일부터 3개월이 지나도 직위를 부여받지 못한 경우에는 그 3개월이 지난 후의 기간 중에는 **봉급의 30퍼센트**를 지급한다.

4. 금품비위, 성범죄 등 대통령령으로 정하는 비위행위로 인하여 감사원 및 검찰·경찰 등 수사기관에서 조사나 수사 중인 자로서 비위의 정도가 중대하고 이로 인하여 정상적인 업무수행을 기대하기 현저히 어려운 자 : **봉급의 50퍼센트**
   - ➡ 다만, 직위해제일부터 3개월이 지나도 직위를 부여받지 못한 경우에는 그 3개월이 지난 후의 기간 중에는 **봉급의 30퍼센트**를 지급한다.

(8) 경찰공무원 근무성적평정

① 근무성적 평정

㉠ **총경 이하**의 경찰공무원에 대해서는 **매년** 근무성적을 평정하여야 하며, 근무성적 평정의 결과는 승진 등 인사관리에 반영하여야 한다.

㉡ 근무성적은 다음 각 호의 평정 요소에 따라 평정한다.

1. 제1 **평정** 요소

   > 가. 경찰업무 발전에 대한 기여도
   > 나. 포상 실적
   > 다. 그 밖에 행정안전부령으로 정하는 평정 요소

2. 제2 **평정** 요소

   > 가. 근무실적
   > 나. 직무수행능력
   > 다. 직무수행태도

   ➡ 다만, **총경**의 근무성적은 제2 평정 요소로만 평정한다.

---

* 강임
같은 직렬 내에서 하위 직급으로 이동하는 것을 뜻하나, 동일한 직렬 내에서 하위 직급이 없다면 다른 직렬의 하위 직급으로 이동하는 것이다.
➡ 경찰공무원에게는 적용되지 않는다.

* 전직
동일한 계급에서 직급과 직렬을 달리하는 다른 직위로의 이동이다.
➡ 경찰공무원에게는 적용되지 않는다

ⓒ 제2 평정 요소에 따른 근무성적 평정은 평정대상자의 계급별로 평정 결과가 다음 각 호의 **분포비율**에 맞도록 하여야 한다.
- ◑ 다만, 평정 결과 제4호에 해당하는 사람이 없는 경우에는 제4호의 비율을 제3호의 비율에 가산하여 적용한다.

> 1. 수: 20**퍼센트**
> 2. 우: 40**퍼센트**
> 3. 양: 30**퍼센트**
> 4. 가: 10**퍼센트**

- ◑ 자격증소지자 임용, 5급공채, 사법시험 합격자 임용에 해당하는 경찰공무원과 경찰서 수사과에서 고소·고발 등에 대한 조사업무를 직접 처리하는 경위 계급의 경찰공무원을 평정할 때에는 **제3항의 비율을 적용하지 아니할 수 있다.**

ⓔ 근무성적 평정 결과는 **공개하지 아니한다.**
- ◑ 다만, 경찰청장은 근무성적 평정이 완료되면 평정 대상 경찰공무원에게 해당 근무성적 평정 결과를 **통보할 수 있다.**

② 근무성적 평정의 예외
　㉠ 휴직·직위해제 등의 사유로 해당 연도의 평정기관에서 **6개월 이상 근무하지 아니한** 경찰공무원에 대해서는 근무성적을 평정하지 아니한다.
　ⓒ 교육훈련 외의 사유로 국가기관, 지방자치단체 또는 인사혁신처장이 지정하는 기관에 **2개월 이상 파견근무**하게 된 경찰공무원에 대해서는 파견받은 기관의 의견을 고려하여 근무성적을 평정하여야 한다.
　ⓒ 평정대상자인 경찰공무원이 전보된 경우에는 그 경찰공무원의 근무성적 평정표를 **전보된 기관에 이관하여야 한다.**
- ◑ 다만, 평정기관을 달리하는 기관으로 전보된 후 2개월 이내에 정기평정을 할 때에는 전출기관에서 전출 전까지의 근무기간에 대한 근무성적을 평정하여 이관하여야 하며, 전입기관에서는 받은 평정 결과를 고려하여 평정하여야 한다.

　ⓔ 정기평정 이후에 신규채용되거나 승진임용된 경찰공무원에 대해서는 **2개월이 지난 후부터** 근무성적을 평정하여야 한다.

 팩트DB

> **경찰공무원승진임용규정시행규칙**
>
> 제4조(근무성적 평정 등의 시기)
> ① 영 제7조에 따른 근무성적 평정, 영 제9조에 따른 경력 평정은 <u>연 1회</u> 실시한다.
> ② 근무성적 평정은 <u>10월 31일</u>을 기준으로 하고, 경력 평정은 <u>12월 31일</u>을 기준으로 한다. 다만, <u>총경과 경정의 경력 평정은 10월 31일</u>을 기준으로 한다.
>
> 제6조(근무성적 평정자)
> ① 근무성적 평정자는 3명으로 하되, 제1차평정자는 <u>평정대상자의 바로 위 감독자가</u> 되고, 제2차평정자는 제1차평정자의 바로 위 감독자가 되며, 제3차평정자는 제2차평정자의 바로 위 감독자가 된다.

② 제1항에도 불구하고 경찰청장은 평정자를 특정하기가 곤란하다고 인정하는 경우에는 따로 평정자를 지정할 수 있다.

제7조(근무성적의 평정 방법)
① 근무성적의 총평정점은 50점을 만점으로 한다.
② 총경인 경찰공무원의 근무성적 평정점은 영 제7조제2항제2호에 따른 제2 평정 요소에 대하여 제1차평정자가 20점을 최고점으로 하여 평정한 점수와 제2차평정자와 제3차평정자가 각각 15점을 최고점으로 하여 평정한 점수를 합산한다.
③ 경정 이하 경찰공무원의 근무성적 평정점은 다음 각 호의 방법으로 영 제7조제2항제1호에 따른 제1 평정 요소와 제2평정요소에 대한 평정점을 산정하여 합산한다.
   1. 제1평정요소에 대한 평정점은 30점을 최고점으로 하고, 제2평정요소에 대한 평정점은 20점을 최고점으로 한다.
   2. 제1평정요소에 대해서는 제1차평정자가 30점을 최고점으로 하여 평정한 점수를 제2차평정자와 제3차평정자가 확인한다. 이 경우 평정 기준은 별표 1의 기준을 따른다.
   3. 제2평정요소에 대해서는 제1차평정자가 10점을 최고점으로 하여 평정한 점수와 제2차평정자와 제3차평정자가 각각 5점을 최고점으로 하여 평정한 점수를 합산한다.

제9조의2(근무성적 평정 결과의 통보 및 이의신청)
① 경찰청장은 다음 각 호의 근무성적 평정 결과를 평정 대상 경찰공무원에게 <u>통보할 수 있다.</u>

> 1. 제1평정요소에 대한 평정점(경정 이하 경찰공무원에 한한다)
> 2. 제2평정요소에 대한 평정점의 분포비율에 따른 등급
> 3. 그 밖에 경찰청장이 통보가 필요하다고 인정하는 사항

② 평정 대상 경찰공무원은 제1항제1호의 근무성적 평정 결과에 이의가 있는 경우에는 <u>제2차평정자에게 이의를 신청할 수 있다.</u>
③ 제2항에 따라 이의신청을 받은 제2차평정자는 이의신청의 내용이 타당하다고 판단하는 경우에는 해당 경찰공무원에 대한 제1항제1호의 근무성적 평정 결과를 조정할 수 있으며, 이의신청을 받아들이지 않는 경우에는 그 사유를 해당 경찰공무원에게 설명하여야 한다.

③ 경력 평정
   ㉠ 경찰공무원의 경력 평정은 제5조에 따른 **승진소요 최저근무연수가 지난 총경 이하**의 경찰공무원에 대하여 실시하며, 경력 평정 결과는 승진대상자 명부 작성에 반영한다.
   ㉡ 경력 평정은 해당 경찰공무원의 **인사기록을 기준으로 하여 실시**하며, 필요하다고 인정될 때에는 인사기록이 정확한지를 조회·확인할 수 있다.

★ 제2평정요소에 대한 수·우·양·가의 구분

계급 등급	총경	경정 이하
수	47점 이상	19점 이상
우	40점 이상 47점 미만	16점 이상 19점 미만
양	25점 이상 40점 미만	10점 이상 16점 미만
가	25점 미만	10점 미만

★ 제11조(승진대상자 명부의 작성)
② 승진대상자 명부는 제7조부터 제9조까지의 규정에 따라 산정된 평정점을 다음 각 호의 구분에 따른 **비율**로 반영하여 작성한다. 다만, 법 제10조제3항제2호 또는 제4호에 따라 경정 이하의 경찰공무원으로 신규채용할 수 있는 사람으로서 「경찰공무원 임용령」 제39조제1항의 응시연령에 이르지 아니한 경감 이하 경찰공무원에 대해서는 그가 경정으로 승진할 때까지 근무성적 평정만으로 승진대상자 명부를 작성할 수 있다.
1. 근무성적 평정점: **65퍼센트**
2. 경력 평정점: **35퍼센트**

ⓒ 경력 평정은 기본경력과 초과경력으로 구분하여 실시하되, 계급별로 기본경력과 초과경력에 포함되는 기간은 다음 각 호와 같다.

1. 기본경력

> 가. 총경·경정·경감: 평정기준일부터 최근 3년간
> 나. 경위·경사: 평정기준일부터 최근 2년간
> 다. 경장·순경: 평정기준일부터 최근 1년 6개월간

2. 초과경력

> 가. 총경: 기본경력 전 1년간
> 나. 경정·경감: 기본경력 전 4년간
> 다. 경위: 기본경력 전 3년간
> 라. 경사: 기본경력 전 1년간
> 마. 경장·순경: 기본경력 전 6개월간

* 경력평정기간 제외
1. 제2항제1호 및 제2호에 해당하는 휴직기간 및 직위해제기간을 제외한 휴직기간·정직기간 또는 직위해제기간
2. 경찰대학을 졸업하고 경위로 임용된 사람이 「의무경찰대 설치 및 운영에 관한 법률」 제2조의3제2항에 따라 의무경찰대 대원으로 복무한 기간

4) 경찰공무원 근무관계 소멸

(1) 의의

경찰공무원으로서의 **신분이 해소**되는 것이다.

(2) 퇴직 – 당연퇴직, 정년퇴직

① 당연퇴직

ⓐ 일정한 법적사유가 발생하여 별도의 행위없이 **당연히 공무원관계가 소멸**하는 것이다.

ⓑ 당연퇴직 사유

기본적으로 **임용결격사유와 유사**하다.

> 1. 대한민국 국적을 가지지 아니한 사람
> 2. 「국적법」 제11조의2제1항에 따른 복수국적자
> 3. 피성년후견인 또는 피한정후견인
> 4. 파산선고를 받고 복권되지 아니한 사람
>   ➡ 제8조제2항제4호는 **파산선고를 받은 사람**으로서 「채무자 회생 및 파산에 관한 법률」에 따라 **신청기한 내에 면책신청을 하지 아니하였거나 면책불허가 결정 또는 면책 취소가 확정된 경우만 해당**한다.
> 5. 자격정지 이상의 형(刑)을 선고받은 사람
> 6. 자격정지 이상의 형의 선고유예를 선고받고 그 유예기간 중에 있는 사람
>   ➡ 제8조제2항제6호는 「형법」 제129조부터 제132조까지(**수뢰, 알선수뢰등**), 「성폭력범죄의 처벌 등에 관한 특례법」 제2조, 「아동·청소년의 성보호에 관한 법률」 제2조제2호 및 직무와 관련하여 「형법」 제355조(**횡령배임**) 또는 제356조(**업무상 횡령배임**)에 규정된 죄를 범한 사람으로서 **자격정지 이상의 형의 선고유예를 받은 경우만 해당**한다.
> 7. 공무원으로 재직기간 중 직무와 관련하여 「형법」 제355조(횡령·배임) 및 제356조(업무상횡령·배임)에 규정된 죄를 범한 자로서 300만원 이상의 벌금형을 선

고받고 그 형이 확정된 후 2년이 지나지 아니한 사람
8. 「성폭력범죄의 처벌 등에 관한 특례법」 제2조에 규정된 죄를 범한 사람으로서 100만원 이상의 벌금형을 선고받고 그 형이 확정된 후 3년이 지나지 아니한 사람
9. 미성년자에 대한 다음 각 목의 어느 하나에 해당하는 죄를 저질러 형 또는 치료감호가 확정된 사람(집행유예를 선고받은 후 그 집행유예기간이 경과한 사람을 포함한다)
   가. 「성폭력범죄의 처벌 등에 관한 특례법」 제2조에 따른 성폭력범죄
   나. 「아동·청소년의 성보호에 관한 법률」 제2조제2호에 따른 아동·청소년대상 성범죄
10. 징계에 의하여 파면 또는 해임처분을 받은 사람

ⓒ 당연퇴직의 인사발령은 관념의 통지에 불과하고, 처분성이 인정되지 않는다.
  ➔ 행정소송 대상이 되지 않는다.
  ➔ 사실상 공무원으로 근무하였더라고 공무원 연금법상 퇴직급여를 청구할수 없다.(판례)

② **정년퇴직**

㉠ 연령정년 - 원칙 60세

경찰공무원은 그 정년이 된 날이 1월에서 6월 사이에 있으면 **6월 30일**에 당연퇴직하고, 7월에서 12월 사이에 있으면 **12월 31일**에 **당연퇴직**한다.

㉡ 계급정년

ⓐ 원칙

치안감	경무관	총경	경정
4년	6년	11년	14년

ⓑ 수사, 정보, 외사, 보안, 자치경찰사무 등 **특수 부문**에 근무하는 경찰공무원으로서 대통령령으로 정하는 바에 따라 지정을 받은 사람은 **총경 및 경정**의 경우에는 **4년의 범위**에서 대통령령으로 정하는 바에 따라 계급정년을 연장할 수 있다.

ⓒ 경찰청장 또는 해양경찰청장은 전시·사변이나 그 밖에 이에 준하는 **비상사태에서는 2년의 범위**에서 계급정년을 연장할 수 있다.

  ⅰ. 이 경우 경무관 이상의 경찰공무원에 대해서는 행정안전부장관 또는 해양수산부장관과 국무총리를 거쳐 대통령의 승인을 받아야 하고
  ⅱ. 총경·경정의 경찰공무원에 대해서는 국무총리를 거쳐 대통령의 승인을 받아야 한다.

ⓓ 징계로 인하여 **강등**(경감으로 강등된 경우를 포함)된 경찰공무원의 계급정년

  ⅰ. 강등된 계급의 계급정년은 강등되기 전 계급 중 **가장 높은 계급**의 계급정년으로 한다.
  ⅱ. 계급정년을 산정할 때에는 강등되기 전 계급의 근무연수와 강등 이후의 근무연수를 **합산한다**.

* **사실상 공무원**
당연퇴직으로 공무원신분을 상실한 자가 사실상 공무원으로 근무해 왔더라도 공무원 연금법상의 퇴직급여을 청구 할 수는 없다.(판례)

ⓔ 제주특별자치도의 자치경찰공무원으로 근무한 경력이 있는 경찰공무원의 경우에는 그 계급에 상응하는 자치경찰공무원으로 근무한 연수를 산입한다.

(3) 면직 – 의원면직, 강제면직

① 의의

면직은 공무원 관계의 소멸이 본인이나 임용권자의 의사에 의해 행하여 지는 것이다.

㉠ 발생시기 : 면직발령장 또는 면직통지서에 **적힌 날짜**에 효력이 발생한다.

㉡ 사망으로 인한 면직은 사망한 **다음날**에 면직된 것으로 본다.

② 의원면직

㉠ 경찰공무원 본인의 의사표시에 기초하여 임용권자가 이를 수리함으로써 경찰공무원 관계를 소멸시키는 행위이다.
  ➲ 쌍방적 행정행위이다.

㉡ 효력발생 시기 : 의원면직은 서면에 의한 사직서를 제출하고 이를 임용권자가 **수리한 때** 발생한다.

 판례

ⓐ 공무원이 사직원을 제출하였다하더라도 그것이 수리되기전에 직장을 무단이탈, 결근하면 **징계 및 형사책임의 원인**이 된다.(대판 91누3666)

ⓑ 범법행위를 저지른 공무원이 사직종용을 받고 형사처벌을 받아 징계파면될 것을 염려하여 사직서를 제출한 경우 그 사직서 결정은 **강요에 의한 것으로 볼 수 없다.**(대판90누257)

ⓒ 사직의 의사표시는 진정한 의사에 의한 것이어야 한다.
  ➲ 상사의 강요에 의해 반려될 것을 기대하고 사직원을 제출한 경우 정식수리되어도 면직처분은 무효이다.

③ 강제면직

㉠ 징계면직

공무원이 징계사유에 해당하는 경우 임용권자가 징계절차를 거쳐 **징계로써** 공무원 신분을 박탈하는 것이다.
  ➲ 파면, 해임

㉡ 직권면직

ⓐ **법정사유**가 있는 경우 경찰공무원 본인의 의사와 관계없이 임용권자가 징계절차를 공무원 신분을 박탈하는 것이다.(직권으로 **면직 시킬 수 있다.**)
  ➲ 직권면직은 처분성이 인정된다.

ⓑ 직권면직 사유

징계위원회 동의 필요	㉠ 직위해제되어 대기명령을 받은자가 **그 기간 내에 능력 또는 근무성적의 향상을 기대하기 어렵다**고 인정되는 때 ㉡ 경찰공무원으로는 부적합할 정도로 **직무 수행능력이나 성실성이 현저하게 결여된 사람**으로서 대통령령으로 정하는 사유에 해당된다고 인정될 때 　ⓐ 지능 저하 또는 판단력 부족으로 경찰업무를 감당할 수 없는 경우 　ⓑ 책임감의 결여로 직무수행에 성의가 없고 위험한 직무를 고의로 기피하거나 포기하는 경우 ㉢ 직무를 수행하는 데에 위험을 일으킬 우려가 있을 정도의 **성격적 또는 도덕적 결함이 있는 사람**으로서 대통령령으로 정하는 사유에 해당된다고 인정될 때 　ⓐ 인격장애, 알콜·약물 중독 그 밖에 정신장애로 인하여 경찰업무를 감당할 수 없는 경우 　ⓑ 사행행위 또는 재산의 낭비로 인한 채무과다 　ⓒ 부정한 이성관계 등 도덕적 결함이 현저하여 타인이 비난을 받는 경우
징계위원회 동의 불필요 (객관적 사유)	㉠ 직제와 정원의 개폐 또는 예산의 감소등에 의하여 폐직 또는 과원이 되었을 때 ㉡ 휴직기간의 만료 또는 휴직사유가 소멸된 후에도 **직무에 복귀하지 아니하거나 직무를 감당할 수 없을 때** 　● 휴직기간 만료일이나 휴직 사유의 소멸일로 면직한다. ㉢ 당해 경과에서 직무를 수행하는데 필요한 **자격증의 효력이 상실되거나 면허가 취소되어 담당직무를 수행할 수 없게 된 때**

판례

직권면직사유인 " 직무수행능력의 현저한 부족으로 근무실적이 극히 불량한 때" 에 해당하는지 여부를 판단하기 위한 자료가 되어야 할 해당공무원에 대한 근무성적평정의 결과가 불량하다는 아무런 자료도 없는 경우에 있어서 별다른 사유없이 단기간내에 감봉 1월의 징계처분을 받고 다시 감봉 6월의 징계처분을 받고 이에 대한 불복의 소가 계류중인 사실만으로써 이 사유가 곧바로 직무수행능력의 부족을 이유로 한 직권면직사유에 해당한다고 볼 수 없다.(대법83누302)

4 경찰공무원의 권리와 의무

1) 경찰공무원의 권리

(1) 경찰공무원 신분상 권리

① 일반공무권 공통

신분보유권	경찰공무원은 형의 선고, 징계처분 또는 일정한 법정사유에 의하지 아니하고는 그 의사에 반하여 그 신분 및 직위를 상실 당하지 아니한다. ➡ 치안정감, 시보임용기간중 공무원은 신분보장을 받지 못한다. ➡ 치안총감의 신분보장에 대해서는 견해 가 대립된다.
직위보유권	경찰공무원에 임용된자는 계급에 상응하는 **일정한 직위**를 부여받을 권리를 갖는다.
직무집행권	경찰공무원은 자기가 담당하는 **직무를 수행**하고 그 직무집행에 방해를 받지않을 권리가 있다. ➡ 방해시 형법상 공무집행방해죄를 구성한다.
쟁송제기권	경찰공무원은 위법·부당하게 자신의 권리가 침해된 경우 **소청심사** 또는 **행정소송**을 제기할 권리를 갖는다. ➡ 피고는 경찰청장으로 함이 원칙이나, 임용권이 위임된 경우는 위임받은 자가 피고가 된다.

② 경찰공무원 특수한 권리

제복 착용권	경찰공무원은 제복을 착용할 권리를 갖는다. ➡ **권리이자 의무**이다.
무기휴대 및 사용권	경찰공무원은 직무수행을 위해 필요한때에는 휴대, 사용할 수 있다. ⓐ 무기를 **휴대**(경찰공무원법 제26조 제2항) ⓑ 무기를 **사용**(경찰관직무집행법 제10조의4 제1항) 　➡ 무기휴대, 사용은 경찰공무원의 권리이지 의무는 아니다.
장구사용권	경찰공무원은 일정한 경우 수감, 포승, 경찰봉, 방패 등 **경찰장구를 사용**할 수 있다.(경찰관직무집행법 제10조의2)

※ 경찰공무원 권리

신분상 권리	일반 권리	신분보유권 직위보유권 직무집행권 쟁송제기권
	특수한 권리	제복 착용권 무기휴대 및 사용권 장구사용권
재산상 권리		보수청구권 연금청구권 실비변상청구권 보급품 청구권 부상청구권

※ 치안총감 신분보장

제36조(「국가공무원법」과의 관계)

① 경찰공무원에 대해서는 「국가공무원법」 제73조의4, 제76조제2항부터 제5항까지의 규정을 적용하지 아니하며, **치안총감과 치안정감에** 대해서는 「국가공무원법」 제68조 본문을 적용하지 아니한다.
　➡ 국가공무원법 제68조(의사에 반한 신분 조치) 공무원은 형의 선고, 징계처분 또는 이 법에서 정하는 사유에 따르지 아니하고는 본인의 의사에 반하여 휴직·강임 또는 면직을 당하지 아니한다.
　➡ 국자법제14조4항 경찰청장은 **임기는 2년으로 하고**, 중임할 수 없다.

(2) 경찰공무원 재산상 권리

보수청구권	ⓐ 보수는 급여와 기타 각종 수당의 합산으로 구성된다. 　➔ 경찰보수는 근로의 대가로서 성질과 생활보장적 성질을 가진다. ⓑ 근거 : 대통령령인 **공무원보수규정**으로 정하고 있다. ⓒ 소멸시효 : 국가재정법상 공법상 권리로 볼 경우 공무원 보수의 소멸시효는 5년이다(견해대립). 　➔ 판례는 사법상 권리로 보아 소멸시효를 3년으로 본다. ⓓ 압류 : 공무원 보수에 대한 압류는 봉급액의 1/2까지로 제한한다. ⓔ 보수청구권은 공무원 관계에 의한 공권으로 **양도·포기가 금지**된다. 　➔ 퇴직 후는 포기가능하다. ⓕ 부정한 방법으로 수령한 경우 수령한 금액의 2배 범위에서 가산하여 징수할 수 있다.
연금청구권	ⓐ 공무원의 퇴직 또는 사망과 공무로 인한 부상, 질병, 폐질의 경우에 본인 및 그 유족의 생활안정과 복리향상을 목적으로 지급되는 급여이다. ⓑ 근거 : **공무원 연금법** ⓒ 지급 : **인사혁신처장의 결정**으로 공무원연금관리공단이 지급한다. 　➔ 인사혁신처장의 결정권은 공무원연금공단에 위탁한다. ⓓ 소멸시효 : 급여의 사유가 발생한 날부터 5년 ⓔ 연금은 양도, 포기, 압류, 담보의 제공이 불가능하다. ⓕ 심사청구 : 연금 급여에 관해 이의 있는 사람은 공무원재해보상연금위원회에 심사 청구를 할수 있다. ⓖ 연금청구권에 대한 소송은 **공법상 당사자 소송**으로 한다.
실비변상청구권	공무집행상 특별한 비용을 요할 때 따로 실비의 변상을 받을 권리이다. ➔ 실비변상청구권은 양도, 압류, 포기가 가능하다.
보급품 청구권	경찰공무원은 제복 기타 물품의 실물대여를 받을 권리가 있다.
보상청구권	ⓐ 공무원의 공무로 인한 부상·질병·장해·사망에 대하여 적합한 보상을 하고, 공무상 재해를 입은 공무원의 재활 및 직무복귀를 지원하며, 재해예방을 위한 사업을 시행함으로써 공무원이 직무에 전념할 수 있는 여건을 조성하고, 공무원 및 그 유족의 복지 향상에 이바지함을 목적으로 한다. 　➔ 공무원재해보상법에 따른 공무원 재해보상제도의 운영에 관한 사항은 인사혁신처장이 주관한다. ⓑ 근거 : **공무원 재해보상법** ⓒ 소멸시효 : 이법에 따른 급여를 받을 권리는 그 급여 사유가 발생한 날로부터 **요양급여, 재활급여, 간병급여, 부조급여는 3년간**, **그 밖의 급여는 5년간** 행사하지 아니하면 시효로 소멸한다.

* **공무원 직장협의회**
경감 이하 경찰공무원은 가입할 수 있다.

* **경찰공무원법 제21조(보훈)**
경찰공무원으로서 전투나 그 밖의 직무 수행 또는 교육훈련 중 사망한 사람(공무상 질병으로 사망한 사람을 포함한다) 및 부상(공무상의 질병을 포함한다)을 입고 퇴직한 사람과 그 유족 또는 가족은 「국가유공자 등 예우 및 지원에 관한 법률」 또는 「보훈보상대상자 지원에 관한 법률」에 따라 예우 또는 지원을 받는다.

2) 경찰공무원의 의무

경찰공무원은 국민 전체에 대한 봉사자로서 일반국민과 달리 특별한 의무를 지닌다.
● 경찰공무원의 의무는 법적의무이며 위반시 위법에 따른 책임과 징계사유가 된다.

(1) 일반적 의무(국가공무원법)

① 선서의무

경찰공무원은 취임할 때 소속기관장 앞에서 선서할 의무를 갖는다.(국가공무원법 제55조)
● 불가피한 사유가 있을 때에는 취임 후 선서를 할수 있다.

② 성실의무
  ㉠ 공무원 의무중 **가장 기본적인 의무**이며 다른 의무의 원천이 되는 의무이다.
  ㉡ 단순히 윤리적 의무에 그치는 것이 아니라 국가공무원법에 규정된 **법적의무**이다.

* 국가공무원법
• 제55조(선서) 공무원은 취임할 때에 소속 기관장 앞에서 대통령령등으로 정하는 바에 따라 선서(宣誓)하여야 한다. 다만, 불가피한 사유가 있으면 취임 후에 선서하게 할 수 있다.
• 제56조(성실 의무) 모든 공무원은 법령을 준수하며 성실히 직무를 수행하여야 한다.

(2) 경찰공무원의 직무상 의무

① 국가공무원법상 직무 의무

법령준수 의무	모든 공무원은 법령을 준수하며 성실히 직무를 수행해야 한다. ● 위반시 징계책임뿐 아니라, 민사, 형사상 책임을 진다.
복종 의무	직무를 수행할 때 소속상관의 직무상 명령에 복종하여야 한다. ● 직근상관의 명령에 복종해야 한다. ● 직무와 관련 없는 명령에 대해서는 복종의무를 지지 않는다.
친절·공정의 의무	공무원은 국민 전체의 봉사자로서 친절하고 공정하게 직무를 수행하여야 한다. ● 법적 의무이다.
종교중립 의무	① 공무원은 종교에 따른 차별 없이 직무를 수행하여야 한다. ② 공무원은 소속 상관이 종교중립에 위배되는 직무상 명령을 한 경우에는 이에 따르지 **아니할 수 있다**.
직무전념 의무	㉠ **직장 이탈 금지 의무** 　ⓐ 공무원은 **소속 상관**의 허가 또는 정당한 사유가 없으면 직장을 이탈하지 못한다. 　ⓑ 수사기관이 공무원을 구속하려면 그 소속 기관의 장에게 미리 통보하여야 한다. 다만, 현행범은 그러하지 아니하다. ㉡ **영리업무 금지, 겸직금지 의무** 　공무원은 공무 외에 영리를 목적으로 하는 업무에 종사하지 못하며 **소속 기관장**의 허가 없이 다른 직무를 겸할 수 없다.

● 의무의 위반은 형사벌 및 징계처분이 가능하다.

② 경찰공무원법상 직무 의무

거짓보고 금지 의무	경찰공무원은 직무에 관하여 거짓으로 보고나 통보를 하여서는 아니 된다.
직무유기 금지 의무	경찰공무원은 직무를 게을리하거나 유기(遺棄)해서는 아니 된다.
지휘권 남용 등의 금지 의무	전시·사변, 그 밖에 이에 준하는 비상사태이거나 작전수행 중인 경우 또는 많은 인명 손상이나 국가재산 손실의 우려가 있는 위급한 사태가 발생한 경우, 경찰공무원을 지휘·감독하는 사람은 정당한 사유 없이 그 직무 수행을 거부 또는 유기하거나 경찰공무원을 지정된 근무지에서 진출·퇴각 또는 이탈하게 하여서는 아니 된다.
제복착용 의무	경찰공무원은 제복을 착용하여야 한다. ➡ 무기휴대는 의무가 아니다. ➡ 경찰공무원의 **복제**에 관한 사항은 **행정안전부령** 또는 해양수산부령으로 정한다.
지정장소 외에서의 직무수행금지 의무	경찰공무원을 지정된 근무지에서 진출·퇴각 또는 이탈하게 하여서는 아니 된다. ➡ 경찰공무원 복무규정
근무시간 중 음주금지 의무	경찰공무원은 근무시간 중 음주를 하여서는 안 된다.
민사분쟁에의 부당개입 금지 의무	경찰공무원은 직위 또는 직권을 이용하여 부당하게 타인의 민사분쟁에 개입해서는 안 된다.

(3) 경찰공무원의 신분상 의무 - 국가공무원법

비밀엄수 의무	공무원은 재직 중은 물론 **퇴직 후에도** 직무상 알게 된 비밀을 엄수하여야 한다. ➡ 비밀은 본인이 취급한 비밀뿐 아니라 직무와 관련하여 알게 된 비밀을 포함한다. ➡ 실질적으로 보호할 가치가 있는 것만 의미한다.(판례)
청렴의무	⑦ 공무원은 **직무와 관련하여** 직접적이든 간접적이든 사례·증여 또는 향응을 주거나 받을 수 없다. ⓒ 공무원은 **직무상의 관계가 있든 없든** 그 소속 상관에게 증여하거나 소속 공무원으로부터 증여를 받아서는 아니 된다.
영예 등의 제한	공무원이 외국 정부로부터 영예나 증여를 받을 경우에는 대통령의 허가를 받아야 한다.
품위 유지 의무	공무원은 **직무의 내외를 불문**하고 그 품위가 손상되는 행위를 하여서는 아니 된다.

※「국가경찰과 자치경찰의 조직 및 운영에 관한 법률」 제6조(직무수행)
① 경찰공무원은 상관의 지휘·감독을 받아 직무를 수행하고, 그 직무수행에 관하여 서로 협력하여야 한다.
② 경찰공무원은 구체적 사건수사와 관련된 제1항의 지휘·감독의 적법성 또는 정당성에 대하여 이견이 있을 때에는 **이의를 제기할 수** 있다.
③ 경찰공무원의 직무수행에 필요한 사항은 따로 법률로 정한다.

※ **국가공무원법 제65조 정치관여 금지**
① 공무원은 정당이나 그 밖의 정치단체의 결성에 관여하거나 이에 가입할 수 없다.
② 공무원은 선거에서 특정 정당 또는 특정인을 지지 또는 반대하기 위한 다음의 행위를 하여서는 아니 된다.
  1. 투표를 하거나 하지 아니하도록 권유 운동을 하는 것
  2. 서명 운동을 기도(企圖)·주재(主宰)하거나 권유하는 것
  3. 문서나 도서를 공공시설 등에 게시하거나 게시하게 하는 것
  4. 기부금을 모집 또는 모집하게 하거나, 공공자금을 이용 또는 이용하게 하는 것
  5. 타인에게 정당이나 그 밖의 정치단체에 가입하게 하거나 가입하지 아니하도록 권유 운동을 하는 것
③ 공무원은 다른 공무원에게 제1항과 제2항에 위배되는 행위를 하도록 요구하거나, 정치적 행위에 대한 보상 또는 보복으로서 이익 또는 불이익을 약속하여서는 아니 된다.

※ **공직자윤리법상 의무**
- 재산등록의무
- 재산공개의무
- 선물신고의무
- 이해충돌방지
- 퇴직공직자 취업제한

※ **재산공개의무**
치안감 이상의 경찰공무원 및 특별시, 광역시, 특별자치시, 도, 특별자치도의 시·도경찰청장은 재산을 공개한다.

정치운동 금지, 정치관여 금지 의무	경찰공무원은 정당이나 정치단체에 **가입**하거나 **정치활동에 관여**하는 행위를 하여서는 **아니 된다**. 1. 정당이나 정치단체의 결성 또는 가입을 지원하거나 방해하는 행위 2. 그 직위를 이용하여 특정 정당이나 특정 정치인에 대하여 지지 또는 반대 의견을 유포하거나, 그러한 여론을 조성할 목적으로 특정 정당이나 특정 정치인에 대하여 찬양하거나 비방하는 내용의 의견 또는 사실을 유포하는 행위 3. 특정 정당이나 특정 정치인을 위하여 기부금 모집을 지원하거나 방해하는 행위 또는 국가·지방자치단체 및 「공공기관의 운영에 관한 법률」에 따른 공공기관의 자금을 이용하거나 이용하게 하는 행위 4. 특정 정당이나 특정인의 선거운동을 하거나 선거 관련 대책회의에 관여하는 행위 5. 「정보통신망 이용촉진 및 정보보호 등에 관한 법률」에 따른 정보통신망을 이용한 제1호부터 제4호까지의 규정에 해당하는 행위 6. 소속 직원이나 다른 공무원에 대하여 제1호부터 제5호까지의 행위를 하도록 요구하거나 그 행위와 관련한 보상 또는 보복으로서 이익 또는 불이익을 주거나 이를 약속 또는 고지(告知)하는 행위
집단행위금지 의무	㉠ 공무원은 노동운동이나 그 밖에 공무 외의 일을 위한 집단 행위를 하여서는 아니 된다. 　● 다만, 사실상 노무에 종사하는 공무원은 예외로 한다. 　● 사실상 노무에 종사하는 공무원의 범위는 대통령령등으로 정한다. ㉡ 공무원으로서 노동조합에 가입된 자가 조합 업무에 전임하려면 소속 장관의 허가를 받아야 한다. ㉢ 경찰공무원의 노동3권(단결권, 단체교섭권, 단체행동권)은 인정되지 않는다. ㉣ 경찰공무원이 집단행위 금지를 위반하면 2년 이하의 징역 또는 200만원 이하의 벌금에 처한다.
재산등록의무, 공개의무	공직자윤리법 제10조

법규

경찰공무원 복무규정

제1장 총칙

제3조(기본강령) 경찰공무원은 다음의 기본강령에 따라 복무해야 한다.

> 1. 경찰사명
>   경찰공무원은 국가와 민족을 위하여 충성과 봉사를 다하며, 국민의 생명·신체 및 재산을 보호하고, 공공의 안녕과 질서를 유지함을 그 사명으로 한다.
> 2. 경찰정신
>   경찰공무원은 국민의 수임자로서 일상의 직무수행에 있어서 국민의 자유와 권리를 존중하는 호국·봉사·정의의 정신을 그 바탕으로 삼는다.
> 3. 규율
>   경찰공무원은 법령을 준수하고 직무상의 명령에 복종하며, 상사에 대한 존경과 부하에 대한 존중으로써 규율을 지켜야 한다.
> 4. 단결
>   경찰공무원은 주어진 사명을 다하기 위하여 긍지를 가지고 한마음 한뜻으로 굳게 뭉쳐 임무수행에 모든 역량을 기울여야 한다.
> 5. 책임
>   경찰공무원은 창의와 노력으로써 소임을 완수하여야 하며, 직무수행의 결과에 대하여 책임을 진다.
> 6. 성실·청렴
>   경찰공무원은 성실하고 청렴한 생활태도로써 국민의 모범이 되어야 한다.

제2장 복무자세

제4조(예절)
① 경찰공무원은 고운말을 사용하도록 노력하여야 하며, 국민에게 겸손하고 친절하여야 한다.
② 경찰공무원은 상·하급자 및 동료간에 서로 예절을 지켜야 한다.

제5조(용모·복장) 경찰공무원은 용모와 복장을 단정히 하여 품위를 유지하여야 한다.

제6조(환경정돈) 경찰공무원은 사무실과 그 주변환경을 항상 깨끗하게 정리·정돈하여 명랑한 분위기를 유지하여야 한다.

제7조(일상행동) 경찰공무원은 공·사생활을 막론하고 국민의 모범이 되어야 하며, 다음과 같이 행동하여야 한다.

> 1. 상·하급자 및 동료를 비난·악평하거나 서로 다투는 행위를 하여서는 아니되며, 항상 협동심과 상부상조의 동료애를 발휘하여야 한다.
> 2. 경솔하거나 난폭한 행동을 하여서는 아니되며, 항상 명랑·활달하여야 한다.
> 3. 건전하지 못한 오락행위를 하여서는 아니된다.

제3장 복무등

제8조(지정장소외에서의 직무수행금지) 경찰공무원은 상사의 허가를 받거나 그 명령에 의한 경우를 제외하고는 직무와 관계없는 장소에서 직무수행을 하여서는 아니된다.

제9조(근무시간중 음주금지) 경찰공무원은 근무시간중 음주를 하여서는 아니된다. 다만, 특별한 사정이 있는 경우에는 예외로 하되, 이 경우 주기가 있는 상태에서 직무를 수행하여서는 아니된다.

제10조(민사분쟁에의 부당개입금지) 경찰공무원은 직위 또는 직권을 이용하여 부당하게 타인의 민사분쟁에 개입하여서는 아니된다.

제11조(상관에 대한 신고) 경찰공무원은 신규채용·승진·전보·파견·출장·연가·교육훈련기관에의 입교 기타 신분관계 또는 근무관계 또는 근무관계의 변동이 있는 때에는 소속상관에게 신고를 하여야 한다.

제12조(보고 및 통보) 경찰공무원은 치안상 필요한 상황의 보고 및 통보를 신속·정확·간결하게 하여야 한다.

제13조(여행의 제한) 경찰공무원은 휴무일 또는 근무시간외에 2시간 이내에 직무에 복귀하기 어려운 지역으로 여행을 하고자 할 때에는 소속 경찰기관의 장에게 신고를 하여야 한다. 다만, 치안상 특별한 사정이 있어 경찰청장, 해양경찰청장 또는 경찰기관의 장이 지정하는 기간중에는 소속경찰기관의 장의 허가를 받아야 한다.

제14조(비상소집)
① 경찰기관의 장은 비상사태에 대처하기 위하여 필요하다고 인정할 때에는 소속경찰공무원을 긴급히 소집(이하 "비상소집"이라 한다)하거나 일정한 장소에 대기하게 할 수 있다.
② 제1항의 규정에 의한 비상소집의 요건·종류·절차등에 관하여 필요한 사항은 경찰청장 또는 해양경찰청장이 정한다.

제15조(특수근무자의 근무수칙등)
① 경찰청장 또는 해양경찰청장은 대간첩작전을 주임무로 하는 경찰공무원, 해양경찰청의 해상근무경찰공무원, 경찰기동대의 대원 기타 특수근무경찰공무원에 대한 근무수칙·내무생활 기타 복무에 관하여 필요한 사항을 따로 정하여 실시할 수 있다.
② 경찰청장 또는 해양경찰청장은 필요하다고 인정할 때에는 제1항의 규정에 의한 복무에 필요한 사항의 일부를 당해 경찰기관의 장이 정하여 실시하게 할 수 있다.

제4장 사기진작 및 휴가등

제16조(사기진작) 경찰기관의 장은 소속 경찰공무원에 대한 인사상담·고충처리 기타의 방법으로 직무의욕을 고취시키고 사기진작에 노력하여야 한다.

제17조(건강관리)
① 경찰기관의 장은 소속 경찰공무원의 건강유지와 체력향상에 관한 보건대책을 강구하여야 한다.
② 경찰공무원은 항상 보건위생에 유의하여 건강을 유지하고 체력을 증진하는데 노력하여야 한다.

제18조(포상휴가) 경찰기관의 장은 근무성적이 탁월하거나 다른 경찰공무원의 모범이 될 공적이 있는 경찰공무원에 대하여 1회10일이내의 포상휴가를 허가할 수 있다. 이 경우의 포상휴가기간은 연가일수에 산입하지 아니한다.

제19조(연일근무자 등의 휴무) 경찰기관의 장은 특별한 사정이 없는 한 다음과 같이 휴무를 허가하여야 한다.

> 1. 연일근무자 및 공휴일근무자에 대하여는 그 다음날 1일의 휴무
> 2. 당직 또는 철야근무자에 대하여는 다음 날 오후 2시를 기준으로 하여 오전 또는 오후의 휴무

팩트DB

공무원직장협의회의 설립 · 운영에 관한 법률 [시행 2022. 10. 27.]

제2조(설립) ① 국가기관, 지방자치단체 및 그 하부기관에 근무하는 공무원은 직장협의회(이하 "협의회"라 한다)를 설립할 수 있다.

② 협의회는 기관 단위로 설립하되, **하나의 기관에는 하나의 협의회만을 설립**할 수 있다.

제2조의2(연합협의회) ① 협의회는 다음 각 호의 국가기관 또는 지방자치단체 내에 설립된 협의회를 대표하는 **하나의 연합협의회를 설립할 수 있다.**

    1. 국회·법원·헌법재판소·선거관리위원회
    2. 「정부조직법」 제2조에 따른 중앙행정기관과 감사원 및 그 밖에 대통령령으로 정하는 기관
    3. 특별시·광역시·특별자치시·도·특별자치도 및 특별시·광역시·특별자치시·도·특별자치도의 교육청

② 연합협의회를 설립한 경우 그 대표자는 제1항 각 호의 기관의 장(국회사무총장·법원행정처장·헌법재판소사무처장·중앙선거관리위원회사무총장, 중앙행정기관의 장, 특별시장·광역시장·특별자치시장·도지사·특별자치도지사·교육감 등을 말한다. 이하 같다)에게 설립 사실을 통보하여야 한다.

제3조(가입 범위) ① 협의회에 가입할 수 있는 공무원의 범위는 다음 각 호와 같다.

> 1. 일반직공무원
> 2. 특정직공무원 중 다음 각 목의 어느 하나에 해당하는 공무원
>   가. 외무영사직렬·외교정보기술직렬 외무공무원
>   나. **경찰공무원**
>   다. 소방공무원
> 5. 별정직공무원

② 제1항에도 불구하고 다음 각 호의 어느 하나에 해당하는 공무원은 협의회에 **가입할 수 없다.**
    2. 업무의 주된 내용이 **지휘·감독권을 행사**하거나 다른 공무원의 업무를 총괄하는 업무에 종사하는 공무원
    3. 업무의 주된 내용이 **인사, 예산, 경리, 물품출납, 비서, 기밀, 보안, 경비 및 그 밖에 이와 유사한 업무**에 종사하는 공무원

제4조(가입 및 탈퇴의 자유) 공무원은 **자유로이** 협의회에 가입하거나 협의회를 탈퇴할 수 있다.

제5조(협의회등의 기능) ① 협의회 및 연합협의회(이하 "협의회등"이라 한다)는 소속 기관장 또는 제2조의2제1항 각 호의 기관의 장과 다음 각 호의 사항을 협의한다.

> 1. 해당 기관 고유의 근무환경 개선에 관한 사항
> 2. 업무능률 향상에 관한 사항
> 3. 소속 공무원의 공무와 관련된 일반적 고충에 관한 사항
> 4. 소속 공무원의 모성보호 및 일과 가정생활의 양립을 지원하기 위한 사항
> 5. 기관 내 성희롱, 괴롭힘 예방 등에 관한 사항
> 6. 그 밖에 기관의 발전에 관한 사항

제5조의2(협의회등의 활동) 협의회등의 활동은 **근무시간 외에 수행하여야 한다.** 다만, 다음 각 호의 사항은 근무시간 중에 수행할 수 있다.

1. 협의회등과 기관장 또는 제2조의2제1항 각 호의 기관의 장과의 협의
2. 그 밖에 대통령령으로 정하는 사항

제6조(기관장의 의무) ① 기관장 또는 제2조의2제1항 각 호의 기관의 장은 협의회등이 문서로 명시하여 협의를 요구하면 **성실히 협의하여야 한다.**

② 기관장 또는 제2조의2제1항 각 호의 기관의 장은 협의회등과 문서로 합의한 사항에 대하여는 최대한 이를 이행하도록 노력하여야 한다.

5 경찰공무원의 책임과 신분보장

1) 경찰공무원의 책임

(1) 의의

경찰공무원의 책임이란 그 의무를 위반함으로써 법률상 제재 또는 불이익을 받게 되는 지위에 있게 되는 것이다.

행정상 책임(협의의 책임)	징계책임, 변상책임
형사상 책임	형법상 책임, 경찰형벌상 책임
민사상 책임	손해배상 책임

(2) 징계책임

① 의의
  ㉠ 경찰공무원의 의무위반 또는 비행에 대하여 공무원의 내부관계 질서를 유지하기 위해 국가가 **특별권력 관계**에 의거하여 과하는 제재이다. 그 제재로서의 벌을 징계벌이라 한다.
    ⓐ 징계처분은 행정처분의 일종이다.(준사법적 행정행위)
    ⓑ 징계사유가 있을 때에는 징계요구권자는 반드시 징계의결을 요구해야하는 기속행위이다.
  ㉡ 목적 : 징계는 개인이 다시 부정행위를 저지르지 않도록 억제하는 것과 사전에 잘못된 행동을 억제하고 예방하려는 목적을 지닌다.

*

	징계벌	형사벌
권력	특별권력	일반통치권
목적	특별권력관계 내부질서 유지	일반사회의 질서유지
고의·과실	고의·과실 불요	고의·과실 요함

ⓐ 징계벌과 형사벌은 병과 가능하다.

② 징계 사유(법정주의)
  ㉠ 공무원이 다음 각 호의 어느 하나에 해당하면 징계 의결을 요구하여야 하고 그 징계 의결의 결과에 따라 **징계처분을 하여야 한다**.

> ⓐ 국가공무원법에 따른 **명령을 위반**한 경우
> ⓑ **직무상의 의무**(다른 법령에서 공무원의 신분으로 인하여 부과된 의무를 포함한다)**를 위반**하거나 직무를 태만히 한 때
> ⓒ 직무의 내외를 불문하고 그 **체면 또는 위신을 손상**하는 행위를 한 때

  ㉡ 징계사유가 있으면 공무원의 고의·과실 유무에 관계없이 징계할 수 있다.
  ㉢ 징계사유는 재직 중 발생한 경우에만 징계하는 것이 원칙이다.
    ⊙ 임용 전의 행위라도 이로 인하여 임용 후의 공무원의 체면 또는 위신을 손상시킨 때에는 징계사유가 된다.
  ㉣ 공무원(특수경력직공무원 및 지방공무원을 포함한다)이었던 사람이 다시 공무원으로 임용된 경우에 재임용 전에 적용된 법령에 따른 징계 사유는 그 사유가 발생한 날부터 이 법에 따른 징계 사유가 발생한 것으로 본다.
  ㉤ 징계의 요건에 대한 결정재량은 인정되지 않지만, 징계의 종류 선택에 대한 **선택재량**은 인정된다.

> **팩트DB**
>
> **국가공무원법 퇴직을 희망하는 공무원의 징계사유 확인 및 퇴직 제한 등(제78조의4)**
>
> ① 임용권자 또는 임용제청권자는 공무원이 <u>퇴직을 희망하는 경우</u>에는 제78조제1항에 따른 징계사유가 있는지 및 제2항 각 호의 어느 하나에 해당하는지 여부를 감사원과 검찰·경찰 등 조사 및 수사기관(이하 이 조에서 "조사 및 수사기관"이라 한다)의 장에게 <u>확인하여야 한다</u>.
> ② 제1항에 따른 확인 결과 퇴직을 희망하는 공무원이 <u>파면, 해임, 강등 또는 정직에 해당하는 징계사유</u>가 있거나 다음 각 호의 어느 하나에 해당하는 경우(제1호·제3호 및 제4호의 경우에는 해당 공무원이 파면·해임·강등 또는 정직의 징계에 해당한다고 판단되는 경우에 한정한다) 제78조제4항에 따른 소속 장관 등은 지체 없이 <u>징계의결등을 요구하여야</u> 하고, <u>퇴직을 허용하여서는 아니 된다</u>.
>
>> 1. 비위(非違)와 관련하여 형사사건으로 <u>기소된 때</u>
>> 2. 징계위원회에 파면·해임·강등 또는 정직에 해당하는 <u>징계 의결이 요구 중인 때</u> (중징계)
>> 3. 조사 및 수사기관에서 비위와 관련하여 <u>조사 또는 수사 중인 때</u>
>> 4. 각급 행정기관의 감사부서 등에서 비위와 관련하여 <u>내부 감사 또는 조사 중인 때</u>
>
> ③ 제2항에 따라 징계의결등을 요구한 경우 임용권자는 제73조의3제1항제3호에 따라 해당 공무원에게 <u>직위를 부여하지 아니할 수 있다</u>.
> ④ 관할 징계위원회는 제2항에 따라 징계의결등이 요구된 경우 다른 징계사건에 우선하여 징계의결등을 하여야 한다.

③ 징계권자 및 징계절차
   ㉠ 원칙 : 징계권은 임용권에 포함되므로 **임용권자**가 징계권자가 된다.
   ㉡ 경찰공무원의 징계는 **징계위원회의 의결을 거쳐** 징계위원회가 설치된 **소속 기관의 장**이 한다.
      ● 「국가공무원법」에 따라 국무총리 소속으로 설치된 징계위원회에서 의결한 징계는 경찰청장 또는 해양경찰청장이 한다.
   ㉢ 중징계(파면·해임·강등 및 정직)는 징계위원회의 의결을 거쳐 해당 경찰공무원의 **임용권자**가 한다.
      ⓐ **경무관** 이상의 강등 및 정직과 경정 이상의 파면 및 해임은 경찰청장 또는 해양경찰청장의 제청으로 행정안전부장관 또는 해양수산부장관과 국무총리를 거쳐 대통령이 한다.
      ⓑ **총경 및 경정**의 강등 및 정직은 경찰청장 또는 해양경찰청장이 한다.
      ⓒ 경감 이하의 파면·해임·강등 및 정직은 경찰청장이 행한다.

④ 경찰공무원 징계의 종류

경징계	견책	ⓐ 잘못에 대해 **훈계**하고 해당 경찰관을 회개하게 하여 재발을 방지하고자하는 처분이다. ⓑ 보수는 전액 지급 ⓒ 집행일로부터 6개월 동안 승진 및 호봉승급이 제한된다. ➡ 금품·향응수수, 공금횡령·유용, 소극행정, 음주운전(측정불응 포함), 성폭력, 성희롱 및 성매매로 인한 견책은 **6개월 더한** 기간 승진, 승급 제한
	감봉	ⓐ 1~3개월 기간 동안 보수의 1/3을 삭감하는 처분 ⓑ 감봉기간 종료후 **12개월 동안** 승진 및 호봉승급이 제한됨 ➡ 금품·향응수수, 공금횡령·유용, 소극행정, 음주운전(측정불응 포함), 성폭력, 성희롱 및 성매매로 인한 감봉은 **6개월 더한** 기간 승진, 승급 제한 ⓒ 감봉기간 만큼 승진소요 최저근무연수에서 제외되나, 경력평정 기간에는 불이익이 없다.
중징계	정직	ⓐ 직무수행을 일정기간 동안 정지시키는 처분 ➡ 경찰공무원의 신분은 보장되지만 직무에 종사하지 못한다. ⓑ 1~3개월간 **직무정지**(기간연장 불가) ⓒ 정직기간 종료 후 **18개월**동안 승진 및 호봉승급 제한 ➡ 금품·향응수수, 공금횡령·유용, 소극행정, 음주운전(측정불응 포함), 성폭력, 성희롱 및 성매매로 인한 정직은 **6개월 더**한 기간 승진, 승급 제한(즉, 24개월이다.) ⓓ 보수의 **전액 삭감**
	강등	ⓐ 직급을 1계급 아래로 내림 ➡ 공무원 신분은 보유 ➡ 강등된 계급의 계급정년은 **강등되기 전 계급 중 가장 높은 계급의 계급정년으로 함** ⓑ **3개월간** 직무정지 ⓒ 강등기간 종료 후 18**개월**동안 승진 및 호봉승급 제한 ➡ 금품·향응수수, 공금횡령·유용, 소극행정, 음주운전(측정불응 포함), 성폭력, 성희롱 및 성매매로 인한 정직은 **6개월 더**한 기간 승진, 승급 제한(즉, 24개월이다) ⓓ 보수의 **전액** 삭감
	해임	ⓐ 경찰관의 **신분을 박탈**하고 다시 경찰관 **임용이 불가** ➡ 일반공무원은 향후 3년간 임용제한함. ⓑ 퇴직급여, 퇴직수당 전액지급 ➡ 금품·향응수수, 공금횡령·유용 등으로 해임된 경우 퇴직급여 : 재직기간 5년 이상은 1/4, 5년 미만인 경우 **1/8**을 감액 **퇴직** 수당은 **1/4**을 감액
	파면	ⓐ 경찰공무원의 **신분을 박탈**하고 다시 경찰관 임용 불가 ➡ 일반공무원은 향후 5년간 임용제한함. ⓑ 퇴직급여 : 재직기간 5년 이상은 1/2을 감액, 5년 미만은 1/4감액 퇴직 수당은 1/2를 감액(재직기간 상관 없이)

ⓐ 정직 이상의 징계처분을 받으면 승진후보자명부에서 제외된다.(삭제하여야 한다.)
ⓑ 징계처분 받은 후 해당 계급에서 **포상**을 받은 경우에는 승진임용 제한 기간의 1/2 **단축**할 수 있다.
ⓒ 징계로 인해 경감으로 강등된 경찰공무원의 계급정년을 산정할 때에는 **강등되기 전** 계급인 경정의 근무연수와 강등 이후의 계급인 경감의 근무연수를 합산한다.

⑤ 징계 위원회(의결기관)
  ㉠ 종류 및 설치

	설치	관할
중앙징계위원회	국무총리 소속	**경무관 이상**
경찰공무원 중앙징계위원회	경찰청 및 해양경찰청	**총경 및 경정**
경찰공무원 보통징계위원회	경찰청, 해양경찰청, 시·도경찰청, 지방해양경찰청, 경찰대학, 경찰인재개발원, 중앙경찰학교, 경찰수사연수원, 해양경찰교육원, 경찰병원, 경찰서, 경찰기동대, 의무경찰대, 해양경찰서, 해양경찰정비창, 경비함정 및 경찰청장 또는 해양경찰청장이 지정하는 **경감 이상의 경찰공무원을 장으로 하는 기관**	ⓐ 해당 징계위원회가 설치된 경찰기관 소속 **경감 이하** ⓑ 다음 각 호의 기관에 설치된 보통징계위원회는 각 호의 구분에 따른 경찰공무원에 대한 징계등 사건을 심의·의결한다. 1. **경정 이상**의 경찰공무원을 장으로 하는 경찰서, 경찰기동대·해양경찰서 등 총경 이상의 경찰공무원을 장으로 하는 경찰기관 및 정비창 : **소속 경위 이하**의 경찰공무원 2. 의무경찰대 및 경비함정 등 경찰청장 또는 해양경찰청장이 지정하는 경감 이상의 경찰공무원을 장으로 하는 경찰기관 : **소속 경사 이하**의 경찰공무원

  ㉡ 관련 사건 관할
    ⓐ 상위 계급과 하위 계급의 경찰공무원이 관련된 징계등 사건
      ➡ **상위 계급**의 경찰공무원을 관할하는 징계위원회에서 심의·의결한다.
    ⓑ 상급 경찰기관과 하급 경찰기관에 소속된 경찰공무원이 관련된 징계등 사건
      ➡ **상급 경찰기관에 설치된 징계위원회**에서 심의·의결한다.
      ➡ 다만, 상위 계급의 경찰공무원이 감독상 과실책임만으로 관련된 경우에는 제4조에 따른 관할 징계위원회에서 **각각 심의·의결할 수 있다.**

ⓒ 소속이 다른 2명 이상의 경찰공무원이 관련된 징계등 사건으로서 관할 징계위원회가 서로 다른 경우
　➲ **모두를 관할하는 바로 위 상급 경찰기관**에 설치된 징계위원회에서 심의·의결한다.

ⓓ 관련자에 대한 징계등 사건을 분리하여 심의·의결하는 것이 타당하다고 인정되는 경우에는 해당 징계위원회의 의결로 관련자에 대한 징계등 사건을 **일반 관할 징계위원회로 이송할 수 있다.**

㉢ 경찰공무원 징계위원회 구성

　ⓐ 각(중앙, 보통) 징계위원회
　　➲ 위원장 **1명을 포함하여 11명 이상 51명 이하**의 공무원위원과 **민간위원**으로 구성

　ⓑ 위원장
　　위원 중 **최상위 계급** 또는 이에 상응하는 직급에 있거나 최상위 계급 또는 이에 상응하는 직급에 **먼저 승진 임용된** 공무원이 된다.
　　➲ 위원장은 **표결권**을 갖는다.
　　➲ 위원회 사무를 총괄하며 위원회를 대표한다.

　ⓒ 공무원 위원
　　　ⅰ) 징계위원회가 설치된 경찰기관의 장은 **징계등 심의 대상자보다 상위 계급인 경위 이상**의 소속 경찰공무원 또는 **상위 직급에 있는 6급 이상**의 소속 공무원 중에서 징계위원회의 공무원위원을 임명한다.
　　　ⅱ) 다만, 보통징계위원회의 경우 징계등 심의 대상자보다 상위 계급인 경위 이상의 소속 경찰공무원 또는 상위 직급에 있는 6급 이상의 소속 공무원의 수가 민간위원을 제외한 위원 수에 미달되는 등의 사유로 보통징계위원회를 구성하는 것이 곤란한 경우에는 징계등 심의 대상자보다 상위 계급인 **경사 이하**의 소속 경찰공무원 또는 상위 직급에 있는 **7급 이하**의 소속 공무원 중에서 임명할 수 있으며, 이 경우에는 3개월 이하의 감봉 또는 견책에 해당하는 징계등 사건만을 심의·의결한다.

　ⓒ 민간위원
　　징계위원회가 설치된 경찰기관의 장은 위원 수의 **2분의 1 이상**을 다음 각 호의 구분에 따라 다음 어느 하나에 해당하는 사람 중에서 성별을 고려하여 민간위원으로 위촉해야 한다.
　　➲ 위촉되는 민간위원 임기는 2년이며, 한차례만 연임할 수 있다.

＊ 국무총리 소속 중앙징계위원회의 구성
위원장 1명을 포함하여 17명 이상 33명 이하의 공무원위원과 민간위원으로 구성한다. 이 경우 민간위원의 수는 위원장을 제외한 위원 수의 **2분의 1 이상**이어야 한다.

중앙징계위원회	가. **법관·검사 또는 변호사로 10년 이상** 근무한 사람 나. 「고등교육법」 제2조에 따른 학교 또는 이에 준하는 교육기관(이하 "대학"이라 한다)에서 경찰 관련 학문을 담당하는 **정교수 이상**으로 재직 중인 사람 다. **총경 또는 4급 이상**의 공무원으로 근무하고 퇴직한 사람[퇴직 전 5년부터 퇴직할 때까지 근무했던 적이 있는 경찰기관(해당 경찰기관이 소속된 중앙행정기관 및 그 중앙행정기관의 다른 소속기관에서 근무했던 경우를 포함한다)의 경우에는 퇴직일부터 **3년이 경과**한 사람을 말한다] 라. 민간부문에서 **인사·감사 업무를 담당하는 임원급** 또는 이에 상응하는 직위에 근무한 경력이 있는 사람
보통징계위원회	가. 법관·검사 또는 변호사로 **5년 이상** 근무한 사람 나. 대학에서 경찰 관련 학문을 담당하는 **부교수 이상**으로 재직 중인 사람 다. 공무원으로 **20년 이상** 근속하고 퇴직한 사람[퇴직 전 5년부터 퇴직할 때까지 근무했던 적이 있는 경찰기관(해당 경찰기관이 소속된 중앙행정기관 및 그 중앙행정기관의 다른 소속기관에서 근무했던 경우를 포함한다)의 경우에는 퇴직일부터 3년이 경과한 사람을 말한다] 라. 민간부문에서 **인사·감사 업무를 담당하는 임원급** 또는 이에 상응하는 직위에 근무한 경력이 있는 사람

※ 위원의 제척, 기피, 회피
ⓐ 징계등 심의 대상자의 친족 또는 직근 상급자(징계 사유가 발생한 기간 동안 직근 상급자였던 사람을 포함한다)인 경우
ⓑ 그 징계 사유와 관계가 있는 경우
ⓒ 「국가공무원법」 제78조의3제1항제3호의 사유로 다시 징계등 사건의 심의·의결을 할 때 해당 징계등 사건의 조사나 심의·의결에 관여한 경우

② 징계위원회의 회의

ⓐ 징계위원회의 회의는 위원장과 징계위원회가 설치된 **경찰기관의 장이 회의마다 지정하는 4명 이상 6명 이하의 위원**으로 성별을 고려하여 구성하되, 민간위원의 수는 위원장을 포함한 위원 수의 **2분의 1 이상**이어야 한다.

ⓑ 징계사유가 다음 각 호의 어느 하나에 해당하는 징계 사건이 속한 징계위원회의 회의를 구성하는 경우에는 피해자와 같은 성별의 위원이 **위원장을 제외한 위원 수의 3분의 1 이상** 포함되어야 한다.

> 1. 「성폭력범죄의 처벌 등에 관한 특례법」에 따른 성폭력범죄
> 2. 「양성평등기본법」에 따른 성희롱

ⓒ 징계위원회의 위원장은 위원회의 사무를 총괄하며 위원회를 대표한다.
ⓓ 징계위원회의 회의는 위원장이 소집한다.
ⓔ 위원장이 부득이한 사유로 직무를 수행할 수 없거나 위원장이 필요하다고 인정하는 경우에는 **출석한 위원 중 최상위 계급** 또는 이에 상응하는 직급에 있거나 최상위 계급 또는 이에 상응하는 직급에 **먼저 승진임용된 공무원**이 위원장이 된다.

⑥ 징계처분의 집행
　㉠ 징계처분은 **경찰기관장의 요구**에 의해 **징계위원회의 의결**을 거쳐 징계위원회가 설치된 **소속기관의 장**이 행한다.
　　ⓐ 반드시 징계위원회 의결을 거쳐야 한다(징계위원회 의결을 거치지 않은 징계처분은 무효이다).
　　ⓑ 징계위원회는 징계의결만을 하며, 징계권자가 징계명령을 실시함으로써 효력이 발생한다.
　㉡ 징계의결 요구
　　ⓐ **경찰기관의 장**은 소속 경찰공무원에게 징계사유가 있다고 인정한때와 하급기관으로부터 징계의결 요구의 신청을 받은 때에는 **지체없이 관할 징계위원회**를 구성하여 **징계의결을 요구하여야 한다**.
　　ⓑ 경찰기관의 장은 그 소속 경찰공무원에 대한 징계사건의 관할이 **상급경찰기관에 설치된 징계위원회의 관할**에 속한 때에는 그 상급 경찰기관의 장에게 징계의결의 요구를 **신청하여야 한다**.
　㉢ 징계사건의 통지
　　ⓐ 경찰기관의 장은 그 소속이 아닌 경찰공무원에게 징계 사유가 있다고 인정될 때에는 해당 경찰기관의 장에게 그 사실을 증명할 만한 충분한 사유를 명확히 밝혀 통지하여야 한다.
　　ⓑ 징계 사유를 통지받은 경찰기관의 장은 타당한 이유가 없으면 **통지를 받은 날부터 30일 이내**에 관할 징계위원회에 징계등 의결을 요구하거나 그 상급 경찰기관의 장에게 **징계등 의결의 요구를 신청하여야 한다**.
　㉣ 심문과 진술권
　　ⓐ 징계위원회는 출석한 징계등 심의 대상자에게 징계 사유에 해당하는 사실에 관한 심문을 하고 심사를 위하여 필요하다고 인정될 때에는 관계인을 출석하게 하여 **심문할 수 있다**.
　　ⓑ 징계위원회는 징계등 심의 대상자에게 **진술할 수 있는 기회를 충분히 주어야 하며**, 징계등 심의 대상자는 **의견서 또는 말로** 자기에게 이익이 되는 사실을 진술하거나 증거를 제출할 수 있다.
　　ⓒ 징계등 심의 대상자는 **증인의 심문을 신청할 수 있다**. 이 경우 징계위원회는 **의결로써** 그 채택 여부를 결정하여야 한다.
　　ⓓ 징계등 의결을 요구한 자 또는 징계등 의결의 요구를 신청한 자는 징계위원회에 출석하여 의견을 진술하거나 서면으로 의견을 진술할 수 있다. **다만, 중징계나 중징계 관련 징계부가금 요구사건의 경우에는** 특별한 사유가 없는 한 징계위원회에 **출석하여 의견을 진술해야 한다**.
　　　● 징계위원회는 필요하다고 인정할 때에는 사실 조사를 하거나 특별한 학식·경험이 있는 사람에게 검증 또는 감정을 의뢰할 수 있다.

＊ 징계 집행 절차

징계 사유 발생
→ 징계 요구
→ 징계위원회 의결
→ 임용권자에게 통보, 처분사유서
→ 집행

ⓜ 징계위원회 의결
  ⓐ 징계등 의결 요구를 받은 징계위원회는 그 요구서를 받은 날부터 **30일 이내에 징계등에 관한 의결을 하여야 한다.** 다만, 부득이한 사유가 있을 때에는 해당 징계등 의결을 요구한 경찰기관의 장의 승인을 받아 **30일 이내**의 범위에서 그 기간을 **연장할 수 있다.**
  ⓑ 징계위원회가 징계등 심의 대상자의 출석을 요구할 때에는 출석 통지서로 하되, 징계위원회 **개최일 5일 전까지** 그 징계등 심의 대상자에게 도달되도록 해야 한다.
    ● 징계위원회는 징계등 심의 대상자가 그 징계위원회에 출석하여 진술하기를 원하지 아니할 때에는 진술권 포기서를 제출하게 하여 이를 기록에 첨부하고 서면심사로 징계등 의결을 할 수 있다.
  ⓒ 징계위원회는 출석 통지를 하였음에도 불구하고 징계등 심의 대상자가 정당한 사유 없이 출석하지 아니하였을 때에는 그 사실을 기록에 분명히 적고 **서면심사로** 징계등 의결을 할 수 있다.
    ● 다만, 징계등 심의 대상자의 소재가 분명하지 아니할 때에는 **출석 통지를 관보에 게재**하고, 그 게재일부터 **10일이 지나면 출석 통지가 송달된 것으로 보며,** 징계등 의결을 할 때에는 관보 게재의 사유와 그 사실을 기록에 분명히 적어야 한다.
  ⓓ 징계위원회의 의결은 위원장을 포함한 위원 **과반수의 출석과 출석위원 과반수의 찬성**으로 의결하되, 의견이 나뉘어 출석위원 과반수의 찬성을 얻지 못한 경우에는 **출석위원 과반수가 될 때까지** 징계등 심의 대상자에게 **가장 불리한 의견을 제시한 위원의 수**를 그 다음으로 불리한 의견을 제시한 위원의 수에 차례로 **더하여** 그 의견을 합의된 의견으로 본다.
    ● 징계위원회의 의결 내용은 **공개하지 아니한다.**
  ⓔ 징계위원회는 징계등 사건을 의결할 때에는 징계등 심의 대상자의 평소 행실, 근무 성적, 공적(功績), 뉘우치는 정도와 징계등 의결을 요구한 자의 의견을 **고려하여야 한다.**
  ⓕ 징계위원회는 징계등 의결을 하였을 때에는 지체 없이 징계등 의결을 요구한 자에게 의결서 **정본(正本)**을 보내어 통지하여야 한다.
  ⓖ 징계의결만으로 효력이 발생하는 것이 아니라, 그 의결을 **집행하여야** 효력이 발생한다.
ⓑ 징계의 집행

경징계 집행	ⓐ 징계등 의결을 요구한 자는 경징계의 징계등 의결을 통지받았을 때에는 **통지받은 날부터 15일 이내에 징계등을 집행하여야 한다.** ⓑ 징계등 의결을 요구한 자는 징계등 의결을 집행할 때에는 **의결서 사본**에 징계등 **처분 사유 설명서를 첨부**하여 징계등 처분 대상자에게 보내야 한다.

* 징계양정
징계의결요구권자는 공금횡령, 유용 및 업무상 배임의 금액이 300만원 이상일 경우에는 중징계 의결을 요구하여야 한다.

중징계 제청과 집행	ⓐ 징계등 의결을 요구한 자는 중징계의 징계등 의결을 통지받았을 때에는 지체 없이 징계등 처분 대상자의 임용권자에게 **의결서 정본**을 보내어 해당 징계등 처분을 제청하여야 한다. ● 다만, 파면·해임·강등 및 정직은 징계위원회의 의결을 거쳐 해당 경찰공무원의 임용권자가 하되, 경무관 이상의 강등 및 정직과 경정 이상의 파면 및 해임은 경찰청장 또는 해양경찰청장의 제청으로 행정안전부장관 또는 해양수산부장관과 국무총리를 거쳐 대통령이 하고, 총경 및 경정의 강등 및 정직은 경찰청장 또는 해양경찰청장이 한다. ⓑ 중징계 처분의 제청을 받은 임용권자는 **15일 이내**에 의결서 사본에 징계등 처분 사유 설명서를 첨부하여 징계등 처분 대상자에게 보내야 한다.

ⓢ 징계시 정상참작(징계 양정)

징계요구권자 또는 징계위원회는 다음 각 호의 어느 하나에 해당하는 사유가 있을 때에는 징계책임을 감경하여 징계의결 요구 또는 징계의결하거나 징계책임을 묻지 **아니할 수 있다.**

행위자 징계양정 참작사유	1. 과실로 인하여 발생한 의무위반행위가 다른 법령에 의해 처벌사유가 되지 않고 비난가능성이 없는 때 2. 국가 또는 공공의 이익을 증진하기 위해 성실하고 능동적으로 업무를 처리하는 과정에서 부분적인 절차상 하자 또는 비효율, 손실 등의 잘못이 발생한 때 3. 업무매뉴얼에 규정된 직무상의 절차를 충실히 이행한 때 4. 의무위반행위의 발생을 방지하기 위해 최선을 다하였으나 부득이한 사유로 결과가 발생하였을 때 5. 발생한 의무위반행위에 대하여 자진신고하거나 사후조치에 최선을 다하여 원상회복에 크게 기여한 때 6. 간첩 또는 사회이목을 집중시킨 중요사건의 범인을 검거한 공로가 있을 때 7. 제8조제3항에 따른 감경 제외 대상이 아닌 의무위반행위 중 직무와 관련이 없는 사고로 인한 의무위반행위로서 사회통념에 비추어 공무원의 품위를 손상하지 아니한 때
감독자 문책시 정상참작 사유	1. 부하직원의 의무위반행위를 **사전에 발견하여** 적법 타당하게 조치한 때 2. 부하직원의 의무위반행위가 감독자 또는 행위자의 비번일, 휴가기간, 교육기간 등에 발생하거나, 소관업무와 직접 관련 없는 등 **감독자의 실질적 감독범위를 벗어났다고 인정된 때** 3. **부임기간이 1개월 미만**으로 부하직원에 대한 실질적인 감독이 곤란하다고 인정된 때 4. 교정이 불가능하다고 판단된 부하직원의 사유를 명시하여 인사상 조치(전출 등)를 상신하는 등 **성실히 관리한 이후**에 같은 부하직원이 의무위반행위를 야기하였을 때 5. 기타 부하직원에 대하여 **평소 철저한 교양감독 등** 감독자로서의 임무를 성실히 수행하였다고 인정된 때

> **📄 팩트DB**
>
> **징계부가금(국가공무원법 제78조의2)**
>
> ① 제78조에 따라 공무원의 징계 의결을 요구하는 경우 그 징계 사유가 다음 각 호의 어느 하나에 해당하는 경우에는 해당 징계 외에 다음 각 호의 행위로 취득하거나 제공한 금전 또는 재산상 이득(금전이 아닌 재산상 이득의 경우에는 금전으로 환산한 금액을 말한다)의 <u>5배 내의 징계부가금</u> 부과 의결을 징계위원회에 요구하여야 한다.
> 　1. 금전, 물품, 부동산, 향응 또는 그 밖에 대통령령으로 정하는 재산상 이익을 취득하거나 제공한 경우
> 　2. 다음 각 목에 해당하는 것을 횡령(橫領), 배임(背任), 절도, 사기 또는 유용(流用)한 경우
>
> ② 징계위원회는 징계부가금 부과 의결을 하기 전에 징계부가금 부과 대상자가 제1항 각 호의 어느 하나에 해당하는 사유로 다른 법률에 따라 형사처벌을 받거나 변상책임 등을 이행한 경우(몰수나 추징을 당한 경우를 포함한다) 또는 다른 법령에 따른 환수나 가산징수 절차에 따라 환수금이나 가산징수금을 납부한 경우에는 <u>대통령령으로 정하는 바에 따라 조정된 범위에서 징계부가금 부과를 의결하여야 한다.</u>
>
> ③ 징계위원회는 징계부가금 부과 의결을 한 후에 징계부가금 부과 대상자가 형사처벌을 받거나 변상책임 등을 이행한 경우(몰수나 추징을 당한 경우를 포함한다) 또는 환수금이나 가산징수금을 납부한 경우에는 <u>대통령령으로 정하는 바에 따라 이미 의결된 징계부가금의 감면 등의 조치를 하여야 한다.</u>
>
> ④ 제1항에 따라 징계부가금 부과처분을 받은 사람이 납부기간 내에 그 부가금을 납부하지 아니한 때에는 처분권자(대통령이 처분권자인 경우에는 처분 제청권자)는 <u>국세강제징수의 예에 따라 징수할 수 있다.</u> 이 경우 체납액의 징수가 사실상 곤란하다고 판단되는 경우에는 징수 대상자의 주소지를 관할하는 세무서장에게 징수를 위탁한다.
>
> ⑤ 처분권자(대통령이 처분권자인 경우에는 처분 제청권자)는 제4항 단서에 따라 관할 세무서장에게 징계부가금 징수를 의뢰한 후 <u>체납일부터 5년</u>이 지난 후에도 징수가 불가능하다고 인정될 때에는 관할 징계위원회에 징계부가금 감면의결을 요청할 수 있다

　　ⓞ 감사원의 조사와의 관계 등
　　　ⓐ 감사원에서 조사 중인 사건에 대하여는 제3항에 따른 조사개시 통보를 받은 날부터 징계 의결의 요구나 그 밖의 **징계 절차를 진행하지 못한다**.
　　　ⓑ 검찰·경찰, 그 밖의 수사기관에서 수사 중인 사건에 대하여는 제3항에 따른 수사개시 통보를 받은 날부터 징계 의결의 요구나 그 밖의 징계 절차를 **진행하지 아니할 수 있다**.
　　　ⓒ 감사원과 검찰·경찰, 그 밖의 수사기관은 조사나 수사를 시작한 때와 이를 마친 때에는 10일 **내에 소속 기관의 장에게 그 사실을 통보하여야 한다**.

⑦ 징계처분의 효과
　㉠ **불가변력**이 발생한다.
　　➡ 징계는 준사법적 행정행위이므로, 이를 취소·철회할 수 없다.
　㉡ 징계위원회의 의결을 거치지 않은 징계처분은 **무효**이다.

ⓒ 징계의 소멸시효

징계의결등의 요구는 징계 등 사유가 발생한 날부터 다음 기간이 지나면 하지 못한다.

10년	성매매, 성폭력, 아동·청소년대상 성범죄, 성희롱
5년	금전·물품·부동산·향응 그밖에 재산상 이익 취득·제공, 예산·기금 등의 횡령·배임·절도·사기·유용
3년	그 밖의 징계 등 사유에 해당하는 경우

ⓔ 공무원의 후임자보충발령 유예제도를 경찰공무원의 징계에는 적용하지 않는다.(경찰공무원법 제36조 1항)

⑧ 재징계의결 요구

㉠ 처분권자(대통령이 처분권자인 경우에는 처분 제청권자)는 다음 각 호에 해당하는 사유로 소청심사위원회 또는 법원에서 징계처분등의 무효 또는 취소(취소명령 포함)의 결정이나 판결을 받은 경우에는 **다시 징계 의결** 또는 징계부가금 부과 의결을 **요구하여야 한다.**

> ⓐ 법령의 적용, 증거 및 사실 조사에 명백한 흠이 있는 경우
> ⓑ 징계위원회의 구성 또는 징계의결등, 그 밖에 절차상의 흠이 있는 경우
> ⓒ **징계양정** 및 징계부가금이 과다(過多)한 경우
>   ● 다만, ⓒ 사유로 무효 또는 취소(취소명령 포함)의 결정이나 판결을 받은 감봉 · 견책처분에 대하여는 **징계의결을 요구하지 아니할 수 있다.**

㉡ 처분권자는 재징계의결등을 요구하는 경우에는 소청심사위원회의 결정 또는 법원의 판결이 확정된 날부터 **3개월 이내**에 관할 징계위원회에 징계의결등을 요구하여야 하며, 관할 징계위원회에서는 **다른 징계사건에 우선하여** 징계의결등을 하여야 한다.

⑨ 징계 대한 불복절차

㉠ 소청심사 청구

징계처분을 받은자는 **처분사유서설명서를 받은 날로부터** 30일 이내 소청심사우원회에 심사를 청구할 수 있다.

㉡ 행정소송

ⓐ 징계처분, 휴직처분, 면직처분, 그 밖에 의사에 반하는 **불리한 처분**에 대해 행정소송을 제기할 수 있다.

ⓑ 피고 : 행정소송은 **경찰청장** 또는 해양경찰청장을 피고로 제기한다.

● 임용권을 위임한 경우에는 그 위임을 받은 자를 피고로 한다.

판례

1. 경찰공무원에 대한 징계위원회의 심의과정에 **감경사유에 해당하는 공적 사항이 제시되지 아니한 경우**에는 그 징계양정이 결과적으로 적정한지와 상관없이 이는 관계 법령이 정한 징계절차를 지키지 않은 것으로서 **위법하다**. 다만 징계양정에서 임의적 감경사유가 되는 국무총리 이상의 표창은 징계대상자가 받은 것이어야 함은 관련 법령의 문언상 명백하고, 징계대상자가 위와 같은 표창을 받은 공적을 징계양정의 임의적 감경사유로 삼은 것은 징계의결이 요구된 사람이 국가 또는 사회에 공헌한 행적을 징계양정에 참작하려는 데 그 취지가 있으므로 징계대상자가 아니라 그가 속한 기관이나 단체에 수여된 국무총리 단체표창은 징계대상자에 대한 **징계양정의 임의적 감경사유에 해당하지 않는다.**(2012두13245)

2. 경찰공무원인 甲이 관내 단란주점내에서 술에 취해 소란을 피우는 등 유흥업소 등 출입을 자제하라는 지시명령을 위반하고 경찰공무원으로서 품위유지의무를 위반하였다는 이유로 경찰서장이 징계위원회 징계 의결에 따라 甲에 대하여 견책처분을 한 사안에서, 위 징계처분은 **징계위원회 심의과정에서 반드시 제출되어야 하는 공적(功績) 사항인 경찰총장 표창을 받은 공적이 기재된 확인서가 제시되지 않은 상태에서 결정한 것이므로**, 징계양정이 결과적으로 적정한지와 상관없이 **법령이 정한 절차를 지키지 않은 것으로서 위법하고** 이와 같은 취지의 원심판단은 정당하다.(2011두20505)

3. 경찰공무원이 그 단속의 대상이 되는 신호위반자에게 먼저 적극적으로 돈을 요구하고 다른 사람이 볼 수 없도록 돈을 접어 건네주도록 전달방법을 구체적으로 알려주었으며 동승자에게 신고시 범칙금 처분을 받게 된다는 등 비위신고를 막기 위한 말까지 하고 금품을 수수한 경우, 비록 그 받은 돈이 1만 원에 불과하더라도 위 금품수수행위를 징계사유로 하여 당해 경찰공무원을 해임처분한 것은 **징계재량권의 일탈·남용이 아니다.**(2006두16274)

4. 경찰공무원이 혈중알콜농도 0.27%의 주취상태에서 승용차를 운전하다가 승용차 2대를 들이받고 그 차에 타고 있던 사람 4명에게 상해를 입히는 사고를 내어 벌금 3,000,000원의 약식명령을 받은 비위사실에 대하여, 그 비위의 내용과 성질 및 징계처분의 목적, 경찰공무원이 주장하는 여러 정상들을 종합하여 보면, 당해 경찰공무원에 대한 **정직 2월의 징계처분은 적정하고 그것이 재량권의 범위를 일탈하거나 남용한 것이라고 볼 수 없다.**(97누7325)

5. 구 경찰공무원법(1996. 8. 8. 법률 제5153호로 개정되기 전의 것) 제11조 제2항, 제13조 제1항, 제2항, 경찰공무원승진임용규정 제36조 제1항, 제2항에 의하면, 경정 이하 계급에의 승진에 있어서는 승진심사와 함께 승진시험을 병행할 수 있고, 승진시험에 합격한 자는 시험승진후보자명부에 등재하여 그 등재순위에 따라 승진하도록 되어 있으며, 같은 규정 제36조 제3항에 의하면 시험승진후보자명부에 등재된 자가 승진임용되기 전에 감봉 이상의 징계처분을 받은 경우에는 임용권자 또는 임용제청권자가 위 징계처분을 받은 자를 시험승진후보자명부에서 삭제하도록 되어 있는바, 이처럼 시험승진후보자명부에 등재되어 있던 자가 그 명부에서 삭제됨으로써 승진임용의 대상에서 제외되었다 하더라도, 그와 같은 **시험승진후보자명부에서의 삭제행위는 결국 그 명부에 등재된 자에 대한 승진 여부를 결정하기 위한 행정청 내부의 준비과정에 불과하고**, 그 자체가 어떠한 권리나 의무를 설정하거나 법률상 이익에 직접적인 변동을 초래하는 별도의 **행정처분이 된다고 할 수 없다.**(97누7325)

(3) 경찰공무원의 형사책임과 민사책임

① 민사상 책임

경찰공무원이 **직무상 불법행위**로 국민에게 손해를 끼친 경우 피해자에 대해 경찰공무원이 직접 민사상 손해배상을 할 것인지에 대해 견해 대립있다.

 판례

직무수행중 불법행위로 타인에게 손해를 끼친 경우 당해 경찰공무원에게 고의 또는 중과실이 있는 경우는 피해자에게 선택적 청구권을 인정한다.
◉ 당해 경찰공무원의 경과실이 있는 경우는 선택적 청구권이 인정되지 않는다.

② 형사상 책임

㉠ 경찰공무원의 행위가 형법상 공무원의 직무에 관한 죄 등에 해당하는 경우 형사책임을 진다.
㉡ 징계벌과 형사벌은 **병과 가능**하다.

 팩트 DB

경찰공무원의 변상 책임

① 국가배상법상 변상책임
 ㉠ 국가나 지방자치단체는 공무원 또는 공무를 위탁받은 사인이 직무를 집행하면서 **고의 또는 과실로 법령을 위반**하여 **타인에게 손해**를 입히거나, 「자동차손해배상 보장법」에 따라 손해배상의 책임이 있을 때에는 이 법에 따라 그 손해를 배상하여야 한다.
 ㉡ 경찰공무원이 직무를 집행함에 고의 또는 중대한 과실이 있는 경우 당해 공무원에 대해 국가나 지방자치단체는 **구상할 수 있다**.

② **회계관계직원 등의 책임에 관한 법률상** 변상책임
 ㉠ 회계관계직원은 **고의 또는 중대한 과실**로 법령이나 그 밖의 관계 규정 및 예산에 정하여진 바를 위반하여 국가, 지방자치단체, 그 밖에 감사원의 감사를 받는 단체 등의 재산에 손해를 끼친 경우에는 변상할 책임이 있다.
 ㉡ 현금 또는 물품을 출납·보관하는 회계관계직원은 **선량한 관리자로서의 주의**를 게을리하여 그가 보관하는 현금 또는 물품이 망실되거나 훼손된 경우에는 변상할 책임이 있다.
  ◉ 현금 또는 물품을 출납·보관하는 회계관계직원은 스스로 사무를 집행하지 아니한 것을 이유로 그 책임을 면할 수 없다.
 ㉢ 손해가 2명 이상의 회계관계직원의 행위로 인하여 발생한 경우에는 각자의 행위가 손해발생에 미친 정도에 따라 **각각 변상책임을 진다**.
  ◉ 이 경우 손해발생에 미친 정도가 분명하지 아니하면 그 정도가 같은 것으로 본다.
 ㉣ 변상책임의 유무 및 변상액은 **감사원이 판정한다**.
 ㉤ 회계관계직원이 변상책임이 있다고 인정되는 경우에는 감사원이 판정하기 전이라도 해당 회계관계직원에 대하여 변상을 명할 수 있다.

2) 경찰공무원의 권익보호

(1) 경찰공무원의 신분보장

공무원은 형의 선고, 징계처분 또는 이 법에서 정하는 사유에 따르지 아니하고는 본인의 의사에 반하여 휴직·강임 또는 면직을 당하지 아니한다.(국가공무원법 제68조)

(2) 처분사유설명서 교부

① 경찰공무원에 대하여 징계처분등을 할 때나 강임·휴직·직위해제 또는 면직처분을 할 때에는 그 처분권자 또는 처분제청권자는 처분사유를 적은 설명서를 **교부하여야 한다.**

② 본인의 원(願)에 따른 강임·휴직 또는 면직처분은 그러하지 아니하다.

➡ 처분권자는 피해자가 요청하는 경우 「성폭력범죄의 처벌 등에 관한 특례법」제2조에 따른 성폭력범죄 및 「양성평등기본법」제3조제2호에 따른 성희롱에 해당하는 사유로 처분사유 설명서를 교부할 때에는 그 징계처분결과를 피해자에게 함께 통보하여야 한다.

(3) 고충심사

① 의의
  ㉠ 경찰공무원은 인사·조직·처우 등 각종 직무 조건과 그 밖에 신상 문제와 관련한 고충에 대하여 상담을 신청하거나 심사를 청구할 수 있으며, 누구나 기관 내 성폭력 범죄 또는 성희롱 발생 사실을 알게 된 경우 이를 신고할 수 있다.
  ㉡ 고충 상담 신청이나 심사 청구 또는 신고를 이유로 불이익한 처분이나 대우를 받지 아니한다.

② 고충심사 대상 : 원칙적으로 직무 및 신상과 관련된 **모든 문제**가 고충심사 대상이 된다.

③ 고충심사는 청구기간의 제한이 없다.

④ 설치
  ㉠ 경찰공무원의 인사상담 및 고충을 심사하기 위하여 **경찰청**, 해양경찰청, **시·도자치경찰위원회**, **시·도경찰청**, 대통령령으로 정하는 경찰기관 및 지방해양경찰관서에 경찰공무원 고충심사위원회를 둔다.
  ㉡ 경찰공무원 고충심사위원회의 심사를 거친 **재심청구**와 **경정 이상**의 경찰공무원의 인사상담 및 고충심사는 「국가공무원법」에 따라 설치된 **중앙고충심사위원회**에서 한다.

	심사 대상	설치
중앙고충심사위원회	경정 이상, 재심 청구	인사혁신처 소청심사위원회
경찰공무원 고충심사위원회	경감 이하	행정안전부장관이 지정하는 경찰기관

※ 불이익처분에 대한 구제제도

사전적 구제	처분사유설명서 교부
사후적 구제	• 고충심사 • 소청심사 • 행정소송

⑤ 경찰공무원 고충심사위원회

㉠ 「경찰공무원법」 제31조제1항에서 "대통령령이 정하는 경찰기관"이라 함은 경찰대학·경찰인재개발원·중앙경찰학교·경찰수사연수원·경찰서·경찰기동대·경비함정 기타 **경감 이상의 경찰공무원을 장**으로 하는 기관중 행정안전부장관 또는 해양수산부장관이 지정하는 경찰기관을 말한다.

㉡ 경찰공무원 고충심사위원회는 **위원장 1명을 포함하여 7명 이상 15명 이하**의 공무원위원과 **민간위원**으로 구성한다. 이 경우 민간위원의 수는 **위원장을 제외한 위원 수의 2분의 1 이상**이어야 한다.

㉢ 경찰공무원 고충심사위원회의 위원장은 설치기관 소속 공무원 중에서 인사 또는 감사 업무를 담당하는 과장 또는 이에 상당하는 직위를 가진 사람이 된다.

㉣ 경찰공무원 고충심사위원회의 공무원위원은 **청구인보다 상위 계급** 또는 이에 상당하는 소속 공무원 중에서 설치기관의 장이 임명한다.

㉤ 경찰공무원 고충심사위원회의 민간위원은 다음 각 호의 어느 하나에 해당하는 사람 중에서 설치기관의 장이 위촉한다. 이 경우 민간위원의 **임기는 2년**으로 하며, **한 번만 연임**할 수 있다.

> 1. 경찰공무원으로 20년 이상 근무하고 퇴직한 사람
> 2. 대학에서 법학·행정학·심리학·정신건강의학 또는 경찰학을 담당하는 사람으로서 **조교수** 이상으로 재직 중인 사람
> 3. 변호사 또는 공인노무사로 5년 이상 근무한 사람

㉥ 경찰공무원 고충심사위원회의 회의는 위원장과 위원장이 **회의마다 지정하는 5명 이상 7명 이하의 위원**으로 성별을 고려하여 구성한다. 이 경우 민간위원이 3분의 1 이상 포함되어야 한다.

⑤ 처리

㉠ 고충심사위원회가 청구서를 접수한 때에는 **30일 이내**에 고충심사에 대한 결정을 하여야 한다.
  ● 부득이하다고 인정되는 경우에는 고충심사위원회의 의결로 30일을 연장할 수 있다

㉡ 결정

중앙고충심사위원회	인사혁신처에 설치된 소청심사위원회의 상임위원과 **비상임위원 3분의 2 이상의 출석과 출석 위원 과반수의 합의**
보통고충심사위원회	위원 **5명 이상의 출석과 출석위원 과반수의 합의**

팩트DB

성희롱·성폭력 근절을 위한 공무원 인사관리규정

제3조(성희롱·성폭력 발생 사실의 신고)
　행정부 소속 국가공무원은 누구나 공직 내 성희롱 또는 성폭력 발생 사실을 알게 된 경우 그 사실을 임용권자 또는 임용제청권자(임용권자등)에게 신고할 수 있다.

제4조(사실 확인을 위한 조사)
　① 임용권자등은 제3조에 따른 신고를 받거나 공직 내 성희롱 또는 성폭력 발생 사실을 알게 된 경우에는 지체 없이 그 사실 확인을 위한 조사를 하여야 하며, 수사의 필요성이 있다고 인정하는 경우 수사기관에 통보하여야 한다.
　② 임용권자등은 제1항에 따른 조사 과정에서 성희롱 또는 성폭력과 관련하여 피해를 입은 사람 또는 피해를 입었다고 주장하는 사람(이하 "피해자등"이라 한다)이 성적 불쾌감 등을 느끼지 아니하도록 하고, 사건 내용이나 신상 정보의 누설 등으로 인한 피해가 발생하지 아니하도록 하여야 한다.
　③ 임용권자등은 제1항에 따른 조사 기간 동안 피해자등이 요청한 경우로서 피해자등을 보호하기 위하여 필요하다고 인정하는 경우 그 피해자등이나 성희롱 또는 성폭력과 관련하여 가해 행위를 했다고 신고된 사람에 대하여 근무 장소의 변경, 휴가 사용 권고 등 적절한 조치를 하여야 한다.

제5조(피해자 또는 신고자의 보호)
　① 임용권자등은 제4조제1항에 따른 조사 결과 공직 내 성희롱 또는 성폭력 발생 사실이 확인되면 피해자에게 다음 각 호의 어느 하나에 해당하는 조치를 할 수 있다. 다만, 임용권자등은 피해자의 의사에 반(反)하여 조치를 하여서는 아니 된다.

> 1. 「공무원임용령」 제41조에 따른 교육훈련 등 파견근무
> 2. 「공무원임용령」 제45조에도 불구하고 다른 직위에의 전보
> 3. 근무 장소의 변경, 휴가 사용 권고 및 그 밖에 임용권자등이 필요하다고 인정하는 적절한 조치

　② 임용권자등은 성희롱 또는 성폭력 발생 사실을 신고한 사람(신고자)이 그 신고를 이유로 집단 따돌림, 폭행 또는 폭언으로 인한 정신적·신체적 피해를 호소하는 경우에는 제1항 각 호의 어느 하나에 해당하는 조치를 할 수 있다. 다만, 임용권자등은 신고자의 의사에 반하여 조치를 하여서는 아니 된다.

제7조(피해자등 또는 신고자에 대한 인사상 불이익 조치 금지)
　임용권자등은 피해자등 또는 신고자에게 그 피해 발생 사실이나 신고를 이유로 다음 각 호의 인사상 불이익 조치를 하여서는 아니 된다.
　　1. 「국가공무원법」에 따른 징계 의결 요구 및 징계처분, 주의·경고
　　2. 본인의 의사에 반하는 전보 조치, 직무 미부여 또는 부서 내 보직 변경
　　3. 승진임용 심사에서의 불이익 조치
　　4. 성과평가 및 성과연봉·성과상여금 지급 등에서의 불이익 조치
　　5. 교육훈련 기회의 제한
　　6. 그 밖에 피해자등 또는 신고자의 의사에 반하는 인사상 불이익 조치

★ **가해자에 대한 인사조치(제6조)**
임용권자등은 제4조제1항에 따른 조사 결과 공직 내 성희롱 또는 성폭력 발생 사실이 확인되면 가해자에게 다음 각 호의 어느 하나에 해당하는 조치를 할 수 있다.
1. 「국가공무원법」 제73조의3에 따른 직위해제 사유에 해당된다고 인정하는 경우에는 직위해제
2. 「국가공무원법」 제78조에 따른 징계 사유에 해당된다고 인정하는 경우에는 관할 징계위원회에 징계 의결 요구
3. 제2호에 따른 징계 의결 요구 전 승진임용 심사 대상에서 제외
4. 「공무원임용령」 제45조에도 불구하고 다른 직위에의 전보
5. 「공무원 성과평가 등에 관한 규정」 제10조제3항 또는 제16조제1항에 따른 최하위등급 부여
6. 감사·감찰·인사·교육훈련 분야 등의 보직 제한

(4) 소청심사

① 의의

공무원의 징계처분 그 밖에 그 의사에 반하는 **불리한 처분이나 부작위**에 대하여 관할 소청심사위원회에 심사를 청구하는 **특별행정심판**이다.
- 행정소송 제기전 필요적 전심절차이다.

② 대상

징계처분, 강임, 휴직, 직위해제, 면직처분 기타 본인의 의사에 반하는 불리한 처분이다.

③ 소청심사위원회 설치 및 구성

㉠ 설치

ⓐ **행정기관 소속 공무원**의 징계처분, 그 밖에 그 의사에 반하는 불리한 처분이나 부작위에 대한 소청을 심사·결정하게 하기 위하여 **인사혁신처**에 소청심사위원회를 둔다.

ⓑ **국회, 법원, 헌법재판소 및 선거관리위원회 소속 공무원의 소청**에 관한 사항을 심사·결정하게 하기 위하여 국회사무처, 법원행정처, 헌법재판소사무처 및 중앙선거관리위원회사무처에 각각 해당 소청심사위원회를 둔다.

㉡ 구성

> ⓐ 인사혁신처에 설치된 소청심사위원회는 **위원장 1명을 포함한 5명 이상 7명 이하의 상임위원**과 상임위원 수의 2분의 1 이상인 **비상임위원**으로 구성한다.
> - 위원장은 정무직으로 보한다.
>
> ⓑ 국회사무처, 법원행정처, 헌법재판소사무처 및 중앙선거관리위원회사무처에 설치된 소청심사위원회는 위원장 1명을 포함한 위원 5명 이상 7명 이하의 **비상임위원으로 구성**한다.
> - 위원장은 정무직으로 보한다.

④ 임명과 자격

임명	소청심사위원회의 위원장과 위원은 **인사혁신처장의 제청으로 국무총리를 거쳐 대통령이 임명한다.** - 국회사무총장, 법원행정처장, 헌법재판소사무처장, 중앙선거관리위원회사무총장 의 제청으로 국회의장, 대법원장, 헌법재판소장, 중앙선거관리위원회위원장이 임명한다.
자격	1. 법관·검사 또는 변호사의 직에 5년 **이상** 근무한 자 2. 대학에서 행정학·정치학 또는 법률학을 담당한 **부교수 이상의 직에 5년 이상** 근무한 자 3. **3급 이상 공무원** 또는 고위공무원단에 속하는 공무원으로 **3년 이상** 근무한 자 - 인사혁신처에 설치된 소청심사위원회의 위원 중 **비상임위원**은 제1호 및 제2호의 어느 하나에 해당하는 자 중에서 임명하여야 한다. - 즉, **3급 이상 공무원** 또는 고위공무원단에 속하는 공무원으로 **3년 이상** 근무한 자는 비상임위원이 될수 없다.(상임 가능)

임기	㉠ 소청심사위원회의 상임위원의 임기는 3년으로 하며, **한 번만 연임**할 수 있다. ● 소청심사위원회의 상임위원은 다른 직무를 겸할 수 없다. ㉡ 소청심사위원회의 공무원이 아닌 위원은 「형법」이나 그 밖의 법률에 따른 벌칙을 적용할 때 공무원으로 본다.
임시위원	소청심사위원회 위원의 제척·기피 또는 회피 등으로 심사·결정에 참여할 수 있는 위원 수가 3명 미만이 된 경우에는 **3명이 될 때까지** 국회사무총장, 법원행정처장, 헌법재판소사무처장, 중앙선거관리위원회사무총장 또는 **인사혁신처장은 임시위원을 임명**하여 해당 사건의 심사·결정에 참여하도록 하여야 한다.

㉠ 소청심사위원회위원의 결격사유

> 1. 국가공무원법상 공무원 결격사유에 해당하는 자
> 2. 「정당법」에 따른 정당의 당원
> 3. 「공직선거법」에 따라 실시하는 선거에 후보자로 등록한 자

● 어느 하나에 해당하게 된 때에는 당연히 퇴직한다.

㉡ 신분보장

소청심사위원회의 위원은 **금고 이상**의 형벌이나 장기의 심신 쇠약으로 직무를 수행할 수 없게 된 경우 외에는 본인의 의사에 반하여 면직되지 아니한다.

⑤ 소청심사 절차

㉠ 소청심사 청구

ⓐ 경찰공무원은 징계처분·강임·휴직·직위해제·면직처분의 경우

● **처분사유설명서를 교부받은 날로부터 30일** 이내 청구

ⓑ 본인의사에 반하는 기타 불리한 처분을 받았을 경우

● 처분이 있는 것을 **안날로부터 30일** 이내 청구

㉡ 소청심사위원회의 심사

ⓐ 소청심사위원회는 이 법에 따른 소청을 접수하면 지체 없이 **심사하여야 한다**.

ⓑ 소청심사위원회는 심사를 할 때 필요하면 검증(檢證)·감정(鑑定), 그 밖의 사실조사를 하거나 증인을 소환하여 질문하거나 관계 서류를 제출하도록 명할 수 있다.

ⓒ 소청심사위원회가 소청 사건을 심사하기 위하여 징계 요구 기관이나 관계 기관의 소속 공무원을 증인으로 소환하면 **해당 기관의 장은 이에 따라야 한다**.

ⓓ 소청심사위원회는 필요하다고 인정하면 소속 직원에게 사실조사를 하게 하거나 특별한 학식·경험이 있는 자에게 검증이나 감정을 의뢰할 수 있다.

● 소청심사위원회가 증인을 소환하여 질문할 때에는 대통령령등으로 정하는 바에 따라 일당과 여비를 지급하여야 한다.

㉢ 소청심사위원회의 결정

---

* 제척
1. 위원 본인과 관계있는 사항

의결 정족수	ⓐ **재적 위원 3분의 2 이상의 출석과 출석 위원 과반수의 합의**에 따른다. ⓑ 의견이 나뉘어 출석 위원 과반수의 합의에 이르지 못하였을 때에는 **과반수에 이를 때까지 소청인에게 가장 불리한 의견에 차례로 유리한 의견을 더하여** 그 중 가장 유리한 의견을 합의된 의견으로 본다. ⓒ **파면·해임·강등 또는 정직에 해당하는 징계처분을 취소 또는 변경**하려는 경우와 효력 유무 또는 존재 여부에 대한 확인을 하려는 경우에는 **재적 위원 3분의 2 이상의 출석과 출석 위원 3분의 2 이상의 합의**가 있어야 한다. 　➡ 이 경우 구체적인 결정의 내용은 출석 위원 과반수의 합의에 따르되, 의견이 나뉘어 출석 위원 과반수의 합의에 이르지 못하였을 때에는 **과반수에 이를 때까지 소청인에게 가장 불리한 의견에 차례로 유리한 의견을 더하여** 그 중 가장 유리한 의견을 합의된 의견으로 본다.
결정 기한	소청심사위원회는 접수일로부터 **60일 이내**에 결정을 해야한다. ➡ 소청심사위원회의 의결로 **30일 범위 내에서 연장**할 수 있다.

ⓐ 소청심사위원회의 취소명령 또는 변경명령 결정은 그에 따른 징계나 그 밖의 처분이 있을 때까지는 종전에 행한 징계처분 또는 징계부가금 부과처분에 **영향을 미치지 아니한다**.

ⓑ 불이익변경 금지원칙
소청심사위원회가 징계처분 또는 징계부가금 부과처분(징계처분등)을 받은 자의 청구에 따라 소청을 심사할 경우에는 원징계처분보다 **무거운 징계** 또는 원징계부가금 부과처분보다 **무거운 징계부가금**을 부과하는 결정을 **하지 못한다**.

ⓒ 소청심사위원회의 결정은 그 이유를 구체적으로 밝힌 **결정서**로 하여야 한다.

ⓓ 소청심사위원회의 결정은 처분 행정청을 **기속한다**.

ⓔ 후임자 보충발령 유예제도 적용 여부
국가공무원법제76조에 따른 40일 이내에 후임자 보충발령 유예제도는 경찰공무원의 징계에 관하여서는 **적용하지 않는다**.(경찰공무원법제36조1항)

ⓔ 소청인의 진술권
ⓐ 소청심사위원회가 소청 사건을 심사할 때에는 대통령령등으로 정하는 바에 따라 소청인 또는 대리인에게 **진술 기회를 주어야 한다**.
ⓑ 진술 기회를 주지 아니한 결정은 **무효**로 한다.

ⓜ 소청심사위원회 결정에 대한 불복
ⓐ **필요적 행정심판전치주의**
공무원의 신분상 불이익 처분에 대한 행정소송은 소청심사위원회의 심사, 의결을 거치지 아니하면 제기할 수 없다.

2. 위원 본인과 **친족** 관계에 있거나 친족 관계에 있었던 자와 관계있는 사항

✱ 기피신청
1. 소청심사위원회의 위원에게 제3항에 따른 제척사유가 있는 경우
2. 심사·결정의 공정을 기대하기 어려운 사정이 있는 경우

✱ 회피
소청심사위원회 위원은 기피사유에 해당하는 때에는 스스로 그 사건의 심사·결정에서 회피할 수 있다.

✱ 결정 유형

각하 결정	사 청구가 이 법이나 다른 법률에 적합하지 아니한 것
기각 결정	심사 청구가 이유 없다고 인정되는 것
처분의 취소, 변경 결정	처분의 취소 또는 변경을 구하는 심사 청구가 이유 있다고 인정될 때 ➡ 처분을 취소 또는 변경하거나 처분 행정청에 취소 또는 변경할 것을 명할 수도 있음
처분의 무효 확인 결정	처분의 효력 유무 또는 존재 여부에 대한 확인을 구하는 심사 청구가 이유 있다고 인정될 때
의무 이행 결정	위법 또는 부당한 거부 처분이나 부작위에 대하여 의무 이행을 구하는 심사 청구가 이유 있다고 인정되면 지체 없이 청구에 따른 처분을 하기나 이를 할 것을 명

ⓑ 행정소송 제기 기한

소청심사위원회 결정에 불복 있는때	결정서 정본을 송달받은 날로부터 90일 이내
소청심사위원회가 60일 지나도록 결정하지 않은 때	징계처분사유설명서를 송달받은 날로부터 90일 이내

ⓒ 행정소송 대상 : 원처분주의
  원칙적으로 소송의 대상은 **원징계처분**이다.(소청심사위원회의 결정 아님)

ⓓ 행정소송 피고
  경찰청장이 원칙이다.
  ● 임용권을 위임한 경우는 그 위임을 받은 자를 피고로 한다.

ⓔ 소청심사위원회의 결정에 대한 **재심은 불가**하다.

 판례

1. 국가공무원법 제14조 제6항은 소청심사결정에서 당초의 원처분청의 징계처분보다 청구인에게 불리한 결정을 할 수 없다는 의미인데, **의원면직처분에 대하여 소청심사청구를** 한 결과 소청심사위원회가 의원면직처분의 전제가 된 **사의표시에 절차상 하자가 있다는 이유로 의원면직처분을 취소하는 결정을 하였다고 하더라도**, 그 효력은 의원면직처분을 취소하여 당해 공무원으로 하여금 공무원으로서의 신분을 유지하게 하는 것에 그치고, 이때 당해 공무원이 국가공무원법 제78조 제1항 각 호에 정한 징계사유에 해당하는 이상 같은 항에 따라 징계권자로서는 반드시 징계절차를 열어 징계처분을 하여야 하므로, 이러한 징계절차는 소청심사위원회의 의원면직처분취소 결정과는 별개의 절차로서 여기에 국가공무원법 제14조 제6항에 정한 **불이익변경금지의 원칙이 적용될 여지는 없다.**(2008두11853)

2. 징계의 정도가 지나치게 무거워 재량권의 범위를 벗어난 위법한 처분이라고 할 수 있으려면 그 징계의 사유가 된 비위사실의 내용과 성질 및 징계에 의하여 달하려는 행정목적과 이에 수반되는 제반 사정을 참작하여 **객관적으로 명백히 부당하다고 인정할 수 있는 경우이어야 한다.** 집달관 사무원으로부터 합계 금 700,000원의 뇌물을 받고 그의 입찰보증금 횡령행위를 방조한 법원 경매담당 공무원에 대한 해임처분이 재량권의 범위를 **일탈·남용한 것이라고 볼 수 없다.**(98두1475)

3. 공무원징계령 제7조 제7항에 의하면 징계의결요구권자는 징계위원회에 징계의결을 요구함과 동시에 징계사유와 요구하는 징계종류 등을 기재한 공무원징계의결요구서 사본을 징계혐의자에게 송부하도록 되어 있는바, 이 규정의 취지는 징계혐의자로 하여금 어떠한 사유로 징계에 회부되었는가를 사전에 알게 함으로써 징계위원회에서 그에 대한 방어 준비를 하게 하려는 것으로 징계위원회에 출석하여 진술할 수 있는 권리와 함께 징계혐의자의 방어권 보장을 위한 주요규정으로서 강행규정이므로 **징계의결요구서 사본의 송부 없이 진행된 징계절차는** 징계혐의자의 방어권 준비 및 행사에 지장이 없었다거나 징계혐의자가 이의 없이 징계위원회에 출석하여 변명하였다는 등의 특단의 사정이 인정되지 않는 이상 **위법하다.**(92누17426)

4. 직권면직사유인 " 직무수행능력의 현저한 부족으로 근무실적이 극히 불량한 때" 에 해당하는지 여부를 판단하기 위한 자료가 되어야 할 해당공무원에 대한 근무성적평정의 결과가 불량하다는 아무런 자료도 없는 경우에 있어서 별다른 사유없이 단기간내에

> 감봉 1월의 징계처분을 받고 다시 감봉 6월의 징계처분을 받고 이에 대한 불복의 소가 계류중인 사실만으로써 이 사유가 곧바로 직무수행능력의 부족을 이유로 한 **직권면직 사유에 해당한다고 볼 수 없다**.(83누302)

팩트DB

국가경찰위원회와 소청심사위원회 비교

	국가경찰위원회	소청심사위원회
근거	국가경찰과 자치경찰의 조직 및 운영에 관한 법률	국가공무원법
위치	행정안전부	인사혁신처
성격	심의·의결 기관	합의제 행정관청
위원 구성	위원장 1인 포함 7인 ➡ 위원장 및 5인은 비상임, 상임위원 1인	위원장 1인 포함 5명 이상 7인 이하의 상임위원과 상임위원수의 1/2 이상의 비상임위원
위원 임명	행정안전부장관 제청 ➡ 국무총리 거쳐 ➡ 대통령이 임명	인사혁신처장의 제청 ➡ 국무총리 거쳐 ➡ 대통령이 임명
위원장	비상임 위원 중 **호선**	대통령이 **임명**
임기	3년, 연임불가	3년, 1차 한해 연임가능
의결 정족수	재적과반수 출석, 출석 과반수 찬성	재적위원 2/3 이상 출석, 출석 과반수 합의
재의 요구	행정안전부장관의 재의요구 가능	재심청구 불가

팩트DB

의결정족수 비교

재적 과반수찬성	경찰공무원승진심사위원회· 경찰공무원인사위원회· 보상금심사위원회· 시도자치경찰위원회위원추천위
재적 3분의 2 이상 출석, 출석 과반수찬성	소청심사위원회 정규임용심사위원회
5명이상 출석, 출석 과반수찬성	경찰고충심사위원회의 공개수배심사회의

※ 소청심사위원회의 중징계 취소·변경, 무효능확인 – 재적 2/3 이상 출석, 출석 2/3 이상 찬성
※ 시도자치경찰위원회 재의결 – 재적 과반수 찬성, 출석 2/3 이상 찬성

 **법규**

경찰공무원법 [시행 2024. 8. 14.]

제1조(목적) 이 법은 경찰공무원의 책임 및 직무의 중요성과 신분 및 근무조건의 특수성에 비추어 그 임용, 교육훈련, 복무(服務), 신분보장 등에 관하여 「국가공무원법」에 대한 특례를 규정함을 목적으로 한다.

제2조(정의) 이 법에서 사용하는 용어의 정의는 다음과 같다.
1. "임용"이란 신규채용·승진·전보·파견·휴직·직위해제·정직·강등·복직·면직·해임 및 파면을 말한다.
2. "전보"란 경찰공무원의 동일 직위 및 자격 내에서의 근무기관이나 부서를 달리하는 임용을 말한다.
3. "복직"이란 휴직·직위해제 또는 정직(강등에 따른 정직을 포함한다) 중에 있는 경찰공무원을 직위에 복귀시키는 것을 말한다.

제3조(계급 구분) 경찰공무원의 계급은 다음과 같이 구분한다.
    치안총감(治安總監)
    치안정감(治安正監)
    치안감(治安監)
    경무관(警務官)
    총경(總警)
    경정(警正)
    경감(警監)
    경위(警衛)
    경사(警査)
    경장(警長)
    순경(巡警)

제4조(경과 구분)
① 경찰공무원은 그 직무의 종류에 따라 경과(警科)에 의하여 구분할 수 있다.
② 경과의 구분에 필요한 사항은 대통령령으로 정한다.

제5조(경찰공무원인사위원회의 설치)
① 경찰공무원의 인사(人事)에 관한 중요 사항에 대하여 경찰청장 또는 해양경찰청장의 자문에 응하게 하기 위하여 경찰청과 해양경찰청에 경찰공무원인사위원회(이하 "인사위원회"라 한다)를 둔다.
② 인사위원회의 구성 및 운영에 필요한 사항은 대통령령으로 정한다.

> 제9조(경찰공무원인사위원회의 구성)
> ① 법 제5조에 따른 경찰공무원인사위원회(이하 "인사위원회"라 한다)는 위원장을 포함하여 5명 이상 7명 이하의 위원으로 구성한다.
> ② 인사위원회의 위원장은 경찰청 인사담당국장이 되고, 위원은 경찰청 소속 총경 이상 경찰공무원 중에서 경찰청장이 각각 임명한다.
> 제10조(위원장의 직무)

① 위원장은 인사위원회를 대표하며, 인사위원회의 사무를 총괄한다.
② 위원장이 부득이한 사유로 직무를 수행할 수 없을 때에는 <u>위원 중에서 최상위계급 또는 선임의 경찰공무원</u>이 그 직무를 대행한다.

제11조(회의)
① 위원장은 인사위원회의 회의를 소집하고 그 의장이 된다.
② 회의는 재적위원 과반수의 찬성으로 의결한다.

제12조(간사)
① 인사위원회에 2명 이하의 간사를 둔다.
② 간사는 경찰청 소속 경찰공무원 중에서 위원장이 지명한다.
③ 간사는 위원장의 명을 받아 인사위원회의 사무를 처리한다.

제13조(심의사항의 보고) 위원장은 인사위원회에서 심의된 사항을 지체 없이 경찰청장에게 보고하여야 한다.

제6조(인사위원회의 기능) 인사위원회는 다음 각 호의 사항을 심의한다.
　　1. 경찰공무원의 인사행정에 관한 방침과 기준 및 기본계획
　　2. 경찰공무원의 인사에 관한 법령의 제정·개정 또는 폐지에 관한 사항
　　3. 그 밖에 경찰청장 또는 해양경찰청장이 인사위원회의 회의에 부치는 사항

제7조(임용권자)
① <u>총경 이상 경찰공무원은 경찰청장 또는 해양경찰청장의 추천을 받아 행정안전부장관 또는 해양수산부장관의 제청으로 국무총리를 거쳐 대통령이 임용한다.</u> 다만, 총경의 전보, 휴직, 직위해제, 강등, 정직 및 복직은 경찰청장 또는 해양경찰청장이 한다.
② <u>경정 이하의 경찰공무원은 경찰청장 또는 해양경찰청장이 임용한다.</u> 다만, 경정으로의 신규채용, 승진임용 및 면직은 경찰청장 또는 해양경찰청장의 제청으로 국무총리를 거쳐 대통령이 한다.
③ 경찰청장은 대통령령으로 정하는 바에 따라 경찰공무원의 임용에 관한 권한의 일부를 <u>특별시장·광역시장·도지사·특별자치시장 또는 특별자치도지사</u>(이하 "시·도지사"라 한다), 국가수사본부장, 소속 기관의 장, 시·도경찰청장에게 위임할 수 있다. 이 경우 시·도지사는 위임받은 권한의 일부를 대통령령으로 정하는 바에 따라 「국가경찰과 자치경찰의 조직 및 운영에 관한 법률」 제18조에 따른 시·도자치경찰위원회(이하 "시·도자치경찰위원회"라 한다), 시·도경찰청장에게 다시 위임할 수 있다.

제4조(임용권의 위임 등)
① 경찰청장은 법 제7조제3항 전단에 따라 특별시장·광역시장·특별자치시장·도지사 또는 특별자치도지사(이하 "시·도지사"라 한다)에게 해당 특별시·광역시·특별자치시·도 또는 특별자치도(이하 "시·도"라 한다)의 자치경찰사무를 담당하는 경찰공무원[「국가경찰과 자치경찰의 조직 및 운영에 관한 법률」 제18조제1항에 따른 시·도자치경찰위원회(이하 "시·도자치경찰위원회"라 한다), 시·도경찰청 및 경찰서(지구대 및 파출소는 제외한다)에서 근무하는 경찰공무원을 말한다] 중 경정의 전보·파견·휴직·직위해제 및 복직에 관한 권한과 경감 이하의 임용권(신규채용 및 면직에 관한 권한은 제외한다)을 위임한다.
② 경찰청장은 법 제7조제3항 전단에 따라 국가수사본부장에게 국가수사본부 안에서의 경정 이하에 대한 전보권을 위임한다.
③ 경찰청장은 법 제7조제3항 전단에 따라 경찰대학·경찰인재개발원·중앙경찰학교·경찰수사연수원·경찰병원 및 시·도경찰청(이하 "소속기관등"이라 한다)의 장에게 그 소속 경찰공무원 중 경정의 전보·파견·휴직·직위해제 및 복직에 관한 권한과 경감 이하의 임용권을 위임한다.
④ 제1항에 따라 임용권을 위임받은 시·도지사는 법 제7조제3항 후단에 따라 경감 또는 경위로의 승진임용에 관한 권한을 제외한 임용권을 시·도자치경찰위원회에 다시 위임한다.
⑤ 제4항에 따라 임용권을 위임받은 시·도자치경찰위원회는 시·도지사와 시·도경찰청장의 의견을 들어 그 권한의 일부를 시·도경찰청장에게 다시 위임할 수 있다.
⑥ 제3항 및 제5항에 따라 임용권을 위임받은 시·도경찰청장은 소속 경감 이하 경찰공무원에 대한 해당 경찰서 안에서의 전보권을 경찰서장에게 다시 위임할 수 있다.
⑦ 경찰청장은 수사부서에서 총경을 보직하는 경우에는 국가수사본부장의 추천을 받아야 한다.
⑧ 시·도자치경찰위원회는 임용권을 행사하는 경우에는 시·도경찰청장의 추천을 받아야 한다.
⑨ 시·도경찰청장 및 경찰서장은 지구대장 및 파출소장을 보직하는 경우에는 시·도자치경찰위원회의 의견을 사전에 들어야 한다.
⑩ 소속기관등의 장은 경감 또는 경위를 신규채용하거나 경위 또는 경사를 승진시키려면 미리 경찰청장의 승인을 받아야 한다.
⑪ 제1항부터 제6항까지의 규정에도 불구하고 경찰청장은 경찰공무원의 정원 조정, 승진임용, 인사교류 또는 파견을 위하여 필요한 경우에는 임용권을 행사할 수 있다.

④ 해양경찰청장은 대통령령으로 정하는 바에 따라 경찰공무원의 임용에 관한 권한의 일부를 소속 기관의 장, 지방해양경찰관서의 장에게 위임할 수 있다.
⑤ 경찰청장, 해양경찰청장 또는 제3항 및 제4항에 따라 임용권을 위임받은 자는 행정안전부령 또는 해양수산부령으로 정하는 바에 따라 소속 경찰공무원의 인사기록을 작성·보관하여야 한다.

제8조(임용자격 및 결격사유)
① 경찰공무원은 신체 및 사상이 건전하고 품행이 방정(方正)한 사람 중에서 임용한다.
② 다음 각 호의 어느 하나에 해당하는 사람은 경찰공무원으로 임용될 수 없다.

> 1. 대한민국 국적을 가지지 아니한 사람
> 2. 「국적법」 제11조의2제1항에 따른 복수국적자
> 3. 피성년후견인 또는 피한정후견인
> 4. 파산선고를 받고 복권되지 아니한 사람
> 5. 자격정지 이상의 형(刑)을 선고받은 사람
> 6. 자격정지 이상의 형의 선고유예를 선고받고 그 유예기간 중에 있는 사람
> 7. 공무원으로 재직기간 중 직무와 관련하여 「형법」 제355조 및 제356조에 규정된 죄를 범한 자로서 300만원 이상의 벌금형을 선고받고 그 형이 확정된 후 2년이 지나지 아니한 사람
> 8. 「성폭력범죄의 처벌 등에 관한 특례법」 제2조에 규정된 죄를 범한 사람으로서 100만원 이상의 벌금형을 선고받고 그 형이 확정된 후 3년이 지나지 아니한 사람
> 9. 미성년자에 대한 다음 각 목의 어느 하나에 해당하는 죄를 저질러 형 또는 치료감호가 확정된 사람(집행유예를 선고받은 후 그 집행유예기간이 경과한 사람을 포함한다)
>   가. 「성폭력범죄의 처벌 등에 관한 특례법」 제2조에 따른 성폭력범죄
>   나. 「아동·청소년의 성보호에 관한 법률」 제2조제2호에 따른 아동·청소년대상 성범죄
> 10. 징계에 의하여 파면 또는 해임처분을 받은 사람

제9조(벌금형의 분리선고)
「형법」 제38조에도 불구하고 제8조제2항제7호 또는 제8호에 규정된 죄와 다른 죄의 경합범에 대하여 벌금형을 선고하는 경우에는 이를 분리선고하여야 한다.

제10조(신규채용) ① 경정 및 순경의 신규채용은 공개경쟁시험으로 한다.
② 경위의 신규채용은 다음 각 호의 어느 하나에 해당하는 사람 중에서 한다.

> 1. 경찰대학을 졸업한 사람
> 2. 대통령령으로 정하는 자격을 갖추고 공개경쟁시험으로 선발된 사람(이하 "경위공개경쟁채용시험 합격자"라 한다)으로서 교육훈련을 마치고 정하여진 시험에 합격한 사람

③ 다음 각 호의 어느 하나에 해당하는 경우에는 경력 등 응시요건을 정하여 같은 사유에 해당하는 다수인을 대상으로 경쟁의 방법으로 채용하는 시험(이하 "경력경쟁채용시험"이라 한다)으로 경찰공무원을 신규채용할 수 있다. 다만, 다수인을 대상으로 시험을 실시하는 것이 적당하지 아니하여 대통령령으로 정하는 경우에는 다수인을 대상으로 하지 아니한 시험으로 경찰공무원을 채용할 수 있다.

> 1. 「국가공무원법」 제70조제1항제3호의 사유로 퇴직하거나 같은 법 제71조제1항제1호의 휴직 기간 만료로 퇴직한 경찰공무원을 퇴직한 날부터 3년(「공무원 재해보상법」에 따른 공무상 질병 또는 부상으로 인한 휴직의 경우에는 5년) 이내에 퇴직 시에 재직한 계급의 경찰공무원으로 재임용하는 경우
> 2. 공개경쟁시험으로 임용하는 것이 부적당한 경우에 임용예정 직무에 관련된 자격증 소지자를 임용하는 경우
> 3. 임용예정직에 상응하는 근무경력 또는 연구경력이 있거나 전문지식을 가진 사람을 임용하는 경우
> 4. 「국가공무원법」에 따른 5급 공무원의 공개경쟁채용시험이나 「사법시험법」(2009년 5월 28일 법률 제9747호로 폐지되기 전의 것을 말한다)에 따른 사법시험에 합격한 사람을 경정 이하의 경찰

> 　　　공무원으로 임용하는 경우
> 5. 섬, 외딴곳 등 특수지역에서 근무할 사람을 임용하는 경우
> 6. 외국어에 능통한 사람을 임용하는 경우
> 7. 제주특별자치도의 자치경찰공무원(이하 "자치경찰공무원"이라 한다)을 그 계급에 상응하는 경찰공무원으로 임용하는 경우
> 8. 「국가경찰과 자치경찰의 조직 및 운영에 관한 법률」 제16조에 따라 경찰청 외부를 대상으로 모집하여 국가수사본부장을 임용하는 경우

　④ 경위공개경쟁채용시험합격자에 대한 제2항제2호의 교육훈련, 제3항에 따른 경력경쟁채용시험 및 제3항 각 호 외의 부분 단서에 따른 채용시험(이하 "경력경쟁채용시험등"이라 한다)을 통하여 채용할 수 있는 경찰공무원의 계급, 임용예정직에 관련된 자격증의 구분, 근무경력 또는 연구경력, 전보 제한 등에 관한 사항은 대통령령으로 정한다.

제11조(부정행위자에 대한 제재)
　① 경찰청장 또는 해양경찰청장은 경찰공무원의 신규채용시험(경위공개경쟁채용시험을 포함한다. 이하 같다), 승진시험 또는 그 밖의 시험에서 다른 사람에게 대신하여 응시하게 하는 행위 등 대통령령으로 정하는 부정행위를 한 사람에 대하여 대통령령으로 정하는 바에 따라 해당 시험의 정지·무효 또는 합격 취소 처분을 할 수 있다.
　② 제1항에 따른 처분을 받은 사람에 대해서는 처분이 있은 날부터 5년의 범위에서 대통령령으로 정하는 기간 동안 신규채용시험, 승진시험 또는 그 밖의 시험의 응시자격을 정지한다.
　③ 경찰청장 또는 해양경찰청장은 제1항에 따른 처분(시험의 정지는 제외한다)을 할 때에는 미리 그 처분 내용과 사유를 당사자에게 통지하여 소명할 기회를 주어야 한다.

제11조의2(채용비위 관련자의 합격 등 취소)
　① 경찰청장 또는 해양경찰청장은 누구든지 경찰공무원의 채용과 관련하여 대통령령으로 정하는 비위를 저질러 유죄판결이 확정된 경우에는 그 비위 행위로 인하여 채용시험에 합격하거나 임용된 사람에 대하여 대통령령으로 정하는 바에 따라 합격 또는 임용을 취소할 수 있다.
　② 경찰청장 또는 해양경찰청장은 제1항에 따른 취소 처분을 하기 전에 미리 그 내용과 사유를 당사자에게 통지하고 소명할 기회를 주어야 한다.
　③ 제1항에 따른 취소 처분은 합격 또는 임용 당시로 소급하여 효력이 발생한다.

제12조(채용후보자 명부 등)
　① 경찰청장 또는 해양경찰청장(제7조제3항 및 제4항에 따라 임용권을 위임받은 자를 포함한다)은 신규채용시험에 합격한 사람(경찰대학을 졸업한 사람과 경위공개경쟁채용시험합격자를 포함한다. 이하 이 조에서 같다)을 대통령령으로 정하는 바에 따라 성적 순위에 따라 채용후보자 명부에 등재(登載)하여야 한다.
　② 경찰공무원의 신규채용은 제1항에 따른 채용후보자 명부의 등재 순위에 따른다. 다만, 채용후보자가 경찰교육기관에서 신임교육을 받은 경우에는 그 교육성적 순위에 따른다.
　③ 제1항에 따른 채용후보자 명부의 유효기간은 2년의 범위에서 대통령령으로 정한다. 다만, 경찰청장 또

는 해양경찰청장은 필요에 따라 1년의 범위에서 그 기간을 연장할 수 있다.
④ 다음 각 호의 어느 하나에 해당하는 기간은 제3항에 따른 기간에 넣어 계산하지 아니한다.

> 1. 신규채용시험에 합격한 사람이 채용후보자 명부에 등재된 이후 그 유효기간 내에「병역법」에 따른 병역 복무를 위하여 군에 입대한 경우(대학생 군사훈련 과정 이수자를 포함한다)의 의무복무기간
> 2. 그 밖에 대통령령으로 정하는 사유로 임용되지 못한 기간

⑤ 경찰청장 또는 해양경찰청장은 채용후보자 명부의 유효기간을 연장하기로 결정한 경우에는 그 사실을 공고하여야 한다.
⑥ 제1항에 따른 채용후보자 명부의 작성 및 운영에 필요한 사항은 대통령령으로 정한다.
⑦ 임용권자는 경찰공무원의 결원을 보충할 때 채용후보자 명부 또는 승진후보자 명부에 등재된 후보자 수가 결원 수보다 적고, 인사행정 운영상 특히 필요하다고 인정할 때에는 그 결원된 계급에 관하여 다른 임용권자가 작성한 자치경찰공무원의 신규임용후보자 명부 또는 승진후보자 명부를 해당 기관의 채용후보자 명부 또는 승진후보자 명부로 보아 해당 자치경찰공무원을 임용할 수 있다. 이 경우 임용권자는 그 자치경찰공무원의 임용권자와 협의하여야 한다.

제13조(시보임용)
① 경정 이하의 경찰공무원을 신규 채용할 때에는 1년간 시보(試補)로 임용하고, 그 기간이 만료된 다음 날에 정규 경찰공무원으로 임용한다.
② 휴직기간, 직위해제기간 및 징계에 의한 정직처분 또는 감봉처분을 받은 기간은 제1항에 따른 시보임용기간에 산입하지 아니한다.
③ 시보임용기간 중에 있는 경찰공무원이 근무성적 또는 교육훈련성적이 불량할 때에는「국가공무원법」제68조 및 이 법 제28조에도 불구하고 면직시키거나 면직을 제청할 수 있다.
④ 다음 각 호의 어느 하나에 해당하는 경우에는 시보임용을 거치지 아니한다.

> 1. 경찰대학을 졸업한 사람 또는 경위공개경쟁채용시험합격자로서 정하여진 교육훈련을 마친 사람을 경위로 임용하는 경우
> 2. 경찰공무원으로서 대통령령으로 정하는 상위계급으로의 승진에 필요한 자격 요건을 갖추고 임용예정 계급에 상응하는 공개경쟁 채용시험에 합격한 사람을 해당 계급의 경찰공무원으로 임용하는 경우
> 3. 퇴직한 경찰공무원으로서 퇴직 시에 재직하였던 계급의 채용시험에 합격한 사람을 재임용하는 경우
> 4. 자치경찰공무원을 그 계급에 상응하는 경찰공무원으로 임용하는 경우

제14조(경찰공무원과 자치경찰공무원 간의 인사 교류)
① 경찰청장은 경찰공무원의 능력을 발전시키고 국가경찰과 제주특별자치도의 자치경찰 사무의 연계성을 높이기 위하여 국가경찰과 자치경찰 간에 긴밀한 인사 교류가 될 수 있도록 노력하여야 한다.
② 제10조제3항제7호에 따라 자치경찰공무원을 경찰공무원으로 채용할 때에는 경력경쟁채용시험등을 거치지 아니할 수 있다.

제15조(승진)
① 경찰공무원은 바로 아래 하위계급에 있는 경찰공무원 중에서 근무성적평정, 경력평정, 그 밖의 능력을 실증(實證)하여 승진임용한다. 다만, 해양경찰청장을 보하는 경우 치안감을 치안총감으로 승진임용할 수 있다.
② 경무관 이하 계급으로의 승진은 승진심사에 의하여 한다. 다만, 경정 이하 계급으로의 승진은 대통령령으로 정하는 비율에 따라 승진시험과 승진심사를 병행할 수 있다.
③ 총경 이하의 경찰공무원에 대해서는 대통령령으로 정하는 바에 따라 계급별로 승진대상자 명부를 작성하여야 한다.
④ 경찰공무원의 승진에 필요한 계급별 최저근무연수, 승진 제한에 관한 사항, 그 밖에 승진에 관하여 필요한 사항은 대통령령으로 정한다.

> 제11조(승진대상자 명부의 작성)
> ① 총경 이하 경찰공무원에 대한 승진대상자 명부는 다음 각 호의 구분에 따른 경찰기관의 장(이하 "승진대상자명부작성자"라 한다)이 계급별로 작성한다.
>   1. 경정 이상 경찰공무원과 경찰청 소속 경위 이상 경찰공무원: 경찰청장
>   2. 경감 이하 경찰공무원(제4호에 해당하는 사람은 제외한다): 경찰대학·경찰인재개발원·중앙경찰학교·경찰수사연수원·경찰병원 및 시·도경찰청(이하 "소속기관등"이라 한다)의 장
>   3. 경찰청 소속 경사 이하 경찰공무원: 경찰청의 각 국(局) 단위급 부서별 국장급 부서장
>   4. 경찰서 소속 경사 이하 경찰공무원: 경찰서장
> ② 승진대상자 명부는 제7조부터 제9조까지의 규정에 따라 산정된 평정점(評定點)을 다음 각 호의 구분에 따른 비율로 반영하여 작성한다. 다만, 법 제10조제3항제2호 또는 제4호에 따라 경정 이하의 경찰공무원으로 신규채용할 수 있는 사람으로서「경찰공무원 임용령」제39조제1항의 응시연령에 이르지 아니한 경감 이하 경찰공무원에 대해서는 그가 경정으로 승진할 때까지 근무성적 평정만으로 승진대상자 명부를 작성할 수 있다.
>   1. 근무성적 평정점: 65퍼센트
>   2. 경력 평정점: 35퍼센트
> ③ 승진대상자 명부를 작성할 때에는 다음 각 호의 어느 하나에 해당하는 사람에게 행정안전부령으로 정하는 바에 따라 가산점을 줄 수 있다.
>   3. 자격증 소지자
>   4. 국어 또는 외국어 능력이 우수한 사람
>   5. 재직 중 학사·석사 또는 박사 학위를 취득한 사람
> ④ 제1항에도 불구하고 경찰청장은 제1호의 각 승진대상자 명부를, 시·도경찰청장은 제2호의 각 승진대상자 명부를 계급별로 통합하여 작성하되, 통합된 명부에 기록하는 순서는 각 명부의 총평정점 순위에 따른다.
>   1. 경찰청 소속 경위 이하 계급으로의 승진: 경찰청 국장급 부서장이 작성한 각 승진대상자 명부
>   2. 제17조제1항 단서에 따른 경위 이하 계급으로의 승진: 시·도경찰청장 또는 경찰서장이 작성한 각 승진대상자 명부
> ⑤ 승진대상자명부작성자는 필요한 경우 승진대상자 명부를 경과별 또는 특수분야별로 작성할 수 있다.

⑥ 승진대상자 명부는 매년 1월 1일을 기준으로 작성한다. 다만, 경무관 및 총경으로의 승진대상자 명부는 매년 11월 1일을 기준으로 작성한다.
⑧ 이 영에서 규정한 사항 외에 승진대상자 명부 작성에 필요한 세부사항은 행정안전부령으로 정한다.

제15조의2(전사·순직한 승진후보자의 승진)
제18조제1항에 따른 승진후보자 명부에 등재된 사람이 승진임용 전에 전사하거나 순직한 경우에는 그 사망일 전날을 승진일로 하여 승진 예정 계급으로 승진한 것으로 본다.

제16조(근속승진)
① 경찰청장 또는 해양경찰청장은 제15조제2항에도 불구하고 해당 계급에서 다음 각 호의 기간 동안 재직한 사람을 경장, 경사, 경위, 경감으로 각각 근속승진임용할 수 있다. 다만, 인사교류 경력이 있거나 주요 업무의 추진 실적이 우수한 공무원 등 경찰행정 발전에 기여한 공이 크다고 인정되는 경우에는 대통령령으로 정하는 바에 따라 그 기간을 단축할 수 있다.

1. 순경을 경장으로 근속승진임용하려는 경우: 해당 계급에서 4년 이상 근속자
2. 경장을 경사로 근속승진임용하려는 경우: 해당 계급에서 5년 이상 근속자
3. 경사를 경위로 근속승진임용하려는 경우: 해당 계급에서 6년 6개월 이상 근속자
4. 경위를 경감으로 근속승진임용하려는 경우: 해당 계급에서 8년 이상 근속자

② 제1항에 따라 근속승진한 경찰공무원이 근무하는 기간에는 그에 해당하는 직급의 정원이 따로 있는 것으로 보고, 종전 직급의 정원은 감축된 것으로 본다.
③ 제1항에 따른 근속승진임용의 기준 및 절차 등에 관하여 필요한 사항은 대통령령으로 정한다.

제17조(승진심사위원회)
① 제15조제2항에 따른 승진심사를 위하여 경찰청과 해양경찰청에 중앙승진심사위원회를 두고, 경찰청·해양경찰청·시·도경찰청과 대통령령으로 정하는 경찰기관·지방해양경찰관서에 보통승진심사위원회를 둔다.
② 제1항에 따라 설치된 승진심사위원회는 제15조제3항에 따라 작성된 승진대상자 명부의 선순위자(같은 조 제2항 단서에 따른 승진시험에 합격된 승진후보자는 제외한다) 순으로 승진시키려는 결원의 5배수의 범위에 있는 사람 중에서 승진후보자를 심사·선발한다.
③ 승진심사위원회의 구성·관할 및 운영에 필요한 사항은 대통령령으로 정한다.

제15조(중앙승진심사위원회의 구성)
① 법 제17조제1항에 따른 중앙승진심사위원회(이하 "중앙승진심사위원회"라 한다)는 위원장을 포함한 5명 이상 7명 이하의 위원으로 구성한다.
② 경무관으로의 승진심사를 위하여 구성되는 중앙승진심사위원회 회의에 부칠 사항을 사전에 심의하기 위하여 중앙승진심사위원회에 복수의 승진심의위원회를 둘 수 있으며, 각각의 승진심의위원회는 위원장을 포함한 5명 이상 7명 이하의 위원으로 구성한다.
④ 제1항 및 제2항의 위원은 회의 소집일 전에 승진심사대상자보다 상위계급인 경찰공무원 중에서 경찰청장이 임명하되, 제2항에 따라 승진심의위원회를 두는 경우 중앙승진심사위원회 위원은 승진심의위원회 위원 중에서 임명한다.

⑤ 위원장은 위원 중 최상위계급 또는 선임인 경찰공무원이 된다.
⑥ 제1항·제2항·제4항 및 제5항에서 규정한 사항 외에 승진심의위원회의 운영에 필요한 사항은 행정안전부령으로 정한다.

제16조(보통승진심사위원회의 구성)
① 법 제17조제1항에 따른 보통승진심사위원회(이하 "보통승진심사위원회"라 한다)는 경찰청·소속기관등 및 경찰서에 둔다.
② 보통승진심사위원회는 위원장을 포함한 5명 이상 7명 이하의 위원으로 구성한다.
③ 보통승진심사위원회 위원은 그 보통승진심사위원회가 설치된 경찰기관의 장이 승진심사대상자보다 상위계급인 경위 이상 소속 경찰공무원 중에서 임명하며, 위원장은 위원 중 최상위계급 또는 선임인 경찰공무원이 된다.
④ 제3항에도 불구하고 시·도경찰청 및 경찰서에 두는 보통승진심사위원회 위원 중 2명은 승진심사대상자보다 상위계급인 경위 이상 소속 경찰공무원 중에서 「국가경찰과 자치경찰의 조직 및 운영에 관한 법률」 제18조제1항에 따른 시·도자치경찰위원회의 추천을 받아 그 보통심사위원회가 설치된 경찰기관의 장이 임명한다.

제17조(승진심사위원회의 관할)
① 승진심사위원회는 다음 각 호의 구분에 따라 경찰공무원의 승진심사를 관할한다. 다만, 경찰청장은 승진예정 인원 등을 고려하여 부득이할 때에는 제2호의 승진심사 중 경찰서의 보통승진심사위원회에서 실시할 경위 이하 계급으로의 승진심사를 시·도경찰청의 보통승진심사위원회에서 하게 할 수 있다.
  1. 총경 이상 계급으로의 승진심사: 중앙승진심사위원회
  2. 경정 이하 계급으로의 승진심사: 해당 경찰관이 소속한 경찰기관의 보통승진심사위원회(제3호의 경우는 제외한다)
  3. 경찰서 소속 경찰공무원의 경감 이상 계급으로의 승진심사: 시·도경찰청 보통승진심사위원회

제18조(승진심사위원회의 회의)
① 중앙승진심사위원회의 회의는 경찰청장이 소집하며, 보통승진심사위원회의 회의는 해당 경찰기관의 장이 경찰청장(경찰서 보통승진심사위원회 회의의 경우 시·도경찰청장을 말한다)의 승인을 받아 소집한다.
② 승진심사위원회의 회의는 재적위원 과반수의 찬성으로 의결한다.
③ 승진심사위원회의 회의는 비공개로 한다.

제18조(승진후보자 명부 등)
① 경찰청장 또는 해양경찰청장(제7조제3항 및 제4항에 따라 임용권을 위임받은 자를 포함한다)은 제15조제2항에 따른 승진시험에 합격한 사람과 제17조제2항에 따라 승진후보자로 선발된 사람을 대통령령으로 정하는 바에 따라 승진후보자 명부에 등재하여야 한다.
② 경무관 이하 계급으로의 승진은 제1항에 따른 승진후보자 명부의 등재 순위에 따른다.
③ 승진후보자 명부의 유효기간과 작성 및 운영에 관하여는 제12조를 준용한다.

제19조(특별유공자 등의 특별승진)
① 경찰공무원으로서 다음 각 호의 어느 하나에 해당되는 사람에 대하여는 제15조에도 불구하고 1계급

특별승진시킬 수 있다. 다만, 경위 이하의 경찰공무원으로서 모든 경찰공무원의 귀감이 되는 공을 세우고 전사하거나 순직한 사람에 대하여는 2계급 특별승진 시킬 수 있다.

> 1. 「국가공무원법」 제40조의4제1항제1호부터 제4호까지의 규정 중 어느 하나에 해당되는 사람
> 2. 전사하거나 순직한 사람
> 3. 직무 수행 중 현저한 공적을 세운 사람

② 특별승진의 요건과 그 밖에 필요한 사항은 대통령령으로 정한다.

제20조(시험실시기관과 응시자격 등)

① 경찰공무원의 신규채용시험 및 승진시험은 경찰청장 또는 해양경찰청장이 실시한다. 다만, 경찰청장 또는 해양경찰청장이 필요하다고 인정할 때에는 대통령령으로 정하는 바에 따라 그 권한의 일부를 소속기관의 장, 시·도경찰청장, 지방해양경찰관서의 장에게 위임할 수 있다.
② 제1항에 따른 각종 시험의 응시자격, 시험방법, 그 밖에 시험의 실시에 필요한 사항은 대통령령으로 정한다.

제21조(보훈)

경찰공무원으로서 전투나 그 밖의 직무 수행 또는 교육훈련 중 사망한 사람(공무상 질병으로 사망한 사람을 포함한다) 및 부상(공무상의 질병을 포함한다)을 입고 퇴직한 사람과 그 유족 또는 가족은 「국가유공자 등 예우 및 지원에 관한 법률」 또는 「보훈보상대상자 지원에 관한 법률」에 따라 예우 또는 지원을 받는다.

제22조(교육훈련)

① 경찰청장 또는 해양경찰청장은 모든 경찰공무원에게 균등한 교육훈련의 기회가 주어지도록 교육훈련에 관한 종합적인 기획 및 조정을 하여야 한다.
② 경찰청장 또는 해양경찰청장은 경찰공무원의 교육훈련을 위한 교육훈련기관을 설치·운영할 수 있다.
③ 경찰청장 또는 해양경찰청장은 교육훈련을 위하여 필요하면 대통령령으로 정하는 바에 따라 경찰공무원을 국내외의 교육기관에 위탁하여 일정 기간 교육훈련을 받게 할 수 있다.
④ 제2항에 따른 경찰공무원 교육훈련기관의 설치 및 운영에 필요한 사항과 제3항에 따라 교육훈련을 받은 경찰공무원의 복무에 관한 사항은 대통령령으로 정한다.

제23조(정치 관여 금지)

① 경찰공무원은 정당이나 정치단체에 가입하거나 정치활동에 관여하는 행위를 하여서는 아니 된다.
② 제1항에서 정치활동에 관여하는 행위란 다음 각 호의 어느 하나에 해당하는 행위를 말한다.

> 1. 정당이나 정치단체의 결성 또는 가입을 지원하거나 방해하는 행위
> 2. 그 직위를 이용하여 특정 정당이나 특정 정치인에 대하여 지지 또는 반대 의견을 유포하거나, 그러한 여론을 조성할 목적으로 특정 정당이나 특정 정치인에 대하여 찬양하거나 비방하는 내용의 의견 또는 사실을 유포하는 행위
> 3. 특정 정당이나 특정 정치인을 위하여 기부금 모집을 지원하거나 방해하는 행위 또는 국가·지방자치단체 및 「공공기관의 운영에 관한 법률」에 따른 공공기관의 자금을 이용하거나 이용하게 하는 행위
> 4. 특정 정당이나 특정인의 선거운동을 하거나 선거 관련 대책회의에 관여하는 행위
> 5. 「정보통신망 이용촉진 및 정보보호 등에 관한 법률」에 따른 정보통신망을 이용한 제1호부터 제4

호까지의 규정에 해당하는 행위
6. 소속 직원이나 다른 공무원에 대하여 제1호부터 제5호까지의 행위를 하도록 요구하거나 그 행위와 관련한 보상 또는 보복으로서 이익 또는 불이익을 주거나 이를 약속 또는 고지(告知)하는 행위

제24조(거짓 보고 등의 금지)
① 경찰공무원은 직무에 관하여 거짓으로 보고나 통보를 하여서는 아니 된다.
② 경찰공무원은 직무를 게을리하거나 유기(遺棄)해서는 아니 된다.

제25조(지휘권 남용 등의 금지)
전시·사변, 그 밖에 이에 준하는 비상사태이거나 작전수행 중인 경우 또는 많은 인명 손상이나 국가재산 손실의 우려가 있는 위급한 사태가 발생한 경우, 경찰공무원을 지휘·감독하는 사람은 정당한 사유 없이 그 직무 수행을 거부 또는 유기하거나 경찰공무원을 지정된 근무지에서 진출·퇴각 또는 이탈하게 하여서는 아니 된다.

제26조(복제 및 무기 휴대)
① 경찰공무원은 제복을 착용하여야 한다.
② 경찰공무원은 직무 수행을 위하여 필요하면 무기를 휴대할 수 있다.
③ 경찰공무원의 복제(服制)에 관한 사항은 행정안전부령 또는 해양수산부령으로 정한다.

제27조(당연퇴직)
경찰공무원이 제8조제2항 각 호의 어느 하나에 해당하게 된 경우에는 당연히 퇴직한다. 다만, 제8조제2항제4호는 파산선고를 받은 사람으로서 「채무자 회생 및 파산에 관한 법률」에 따라 신청기한 내에 면책신청을 하지 아니하였거나 면책불허가 결정 또는 면책 취소가 확정된 경우만 해당하고, 제8조제2항제6호는 「형법」 제129조부터 제132조까지, 「성폭력범죄의 처벌 등에 관한 특례법」 제2조, 「아동·청소년의 성보호에 관한 법률」 제2조제2호 및 직무와 관련하여 「형법」 제355조 또는 제356조에 규정된 죄를 범한 사람으로서 자격정지 이상의 형의 선고유예를 받은 경우만 해당한다.

제28조(직권면직)
① 임용권자는 경찰공무원이 다음 각 호의 어느 하나에 해당될 때에는 직권으로 면직시킬 수 있다.

1. 「국가공무원법」 제70조제1항제3호부터 제5호까지의 규정 중 어느 하나에 해당될 때
2. 경찰공무원으로는 부적합할 정도로 직무 수행능력이나 성실성이 현저하게 결여된 사람으로서 대통령령으로 정하는 사유에 해당된다고 인정될 때
3. 직무를 수행하는 데에 위험을 일으킬 우려가 있을 정도의 성격적 또는 도덕적 결함이 있는 사람으로서 대통령령으로 정하는 사유에 해당된다고 인정될 때
4. 해당 경과에서 직무를 수행하는 데 필요한 자격증의 효력이 상실되거나 면허가 취소되어 담당 직무를 수행할 수 없게 되었을 때

② 제1항제2호·제3호 또는 「국가공무원법」 제70조제1항제5호의 사유로 면직시키는 경우에는 제32조에 따른 징계위원회의 동의를 받아야 한다.
③ 「국가공무원법」 제70조제1항제4호의 사유로 인한 직권면직일은 휴직기간의 만료일이나 휴직 사유의 소멸일로 한다.

제29조(공상경찰공무원 등의 휴직기간)

① 경찰공무원이 「공무원 재해보상법」 제5조제1호 각 목에 해당하는 직무를 수행하다가 「국가공무원법」 제72조제1호 각 목의 어느 하나에 해당하는 공무상 질병 또는 부상을 입어 휴직하는 경우 그 휴직기간은 같은 조 제1호 단서에도 불구하고 5년 이내로 하되, 의학적 소견 등을 고려하여 대통령령으로 정하는 바에 따라 3년의 범위에서 연장할 수 있다.
② 「국가공무원법」 제71조제1항제4호의 사유로 인한 경찰공무원의 휴직기간은 같은 법 제72조제3호에도 불구하고 법원의 실종선고를 받는 날까지로 한다.
③ 제2항에 따른 휴직자가 있는 경우에는 그 휴직자의 계급에 해당하는 정원이 따로 있는 것으로 보고, 결원을 보충할 수 있다.

제30조(정년)
① 경찰공무원의 정년은 다음과 같다.

> 1. 연령정년: 60세
> 2. 계급정년
>   치안감: 4년
>   경무관: 6년
>   총경: 11년
>   경정: 14년

② 징계로 인하여 강등(경감으로 강등된 경우를 포함한다)된 경찰공무원의 계급정년은 제1항제2호에도 불구하고 다음 각 호에 따른다.
  1. 강등된 계급의 계급정년은 강등되기 전 계급 중 가장 높은 계급의 계급정년으로 한다.
  2. 계급정년을 산정할 때에는 강등되기 전 계급의 근무연수와 강등 이후의 근무연수를 합산한다.
③ 수사, 정보, 외사, 안보, 자치경찰사무 등 특수 부문에 근무하는 경찰공무원으로서 대통령령으로 정하는 바에 따라 지정을 받은 사람은 총경 및 경정의 경우에는 4년의 범위에서 대통령령으로 정하는 바에 따라 제1항제2호에 따른 계급정년을 연장할 수 있다.

> 제48조(정년 연장)
> ① 법 제30조제3항에 따른 정년 연장은 임용권자 또는 임용제청권자가 인력수급관계, 직무의 특수성, 연장대상자의 건강상태 및 직무수행능력 등을 고려하여 경찰청장이 정하는 기준에 따라 실시한다.
> ② 임용권자 또는 임용제청권자가 제1항에 따라 정년을 연장할 때에는 제3항에 따른 정년연장심사위원회의 심사를 거쳐야 한다.
> ③ 경찰공무원의 정년 연장에 관한 사항을 심사하게 하기 위하여 임용권자 또는 임용제청권자 소속으로 경찰공무원정년 연장심사위원회를 둔다.
> ④ 제3항에 따른 경찰공무원정년연장심사위원회의 구성 및 운영에 필요한 사항과 정년 연장 신청 등 정년 연장에 필요한 사항은 행정안전부령으로 정한다.

④ 경찰청장 또는 해양경찰청장은 전시·사변이나 그 밖에 이에 준하는 비상사태에서는 2년의 범위에서 제1항제2호에 따른 계급정년을 연장할 수 있다. 이 경우 경무관 이상의 경찰공무원에 대해서는 행정안전부장관 또는 해양수산부장관과 국무총리를 거쳐 대통령의 승인을 받아야 하고, 총경·경정의 경찰공무원에 대해서는 국무총리를 거쳐 대통령의 승인을 받아야 한다.

⑤ 경찰공무원은 그 정년이 된 날이 1월에서 6월 사이에 있으면 6월 30일에 당연퇴직하고, 7월에서 12월 사이에 있으면 12월 31일에 당연퇴직한다.
⑥ 제1항제2호에 따른 계급정년을 산정할 때 제주특별자치도의 자치경찰공무원으로 근무한 경력이 있는 경찰공무원의 경우에는 그 계급에 상응하는 자치경찰공무원으로 근무한 연수(年數)를 산입한다.

제31조(고충심사위원회)
① 경찰공무원의 인사상담 및 고충을 심사하기 위하여 경찰청, 해양경찰청, 시·도자치경찰위원회, 시·도경찰청, 대통령령으로 정하는 경찰기관 및 지방해양경찰관서에 경찰공무원 고충심사위원회를 둔다.
② 경찰공무원 고충심사위원회의 심사를 거친 재심청구와 경정 이상의 경찰공무원의 인사상담 및 고충심사는 「국가공무원법」에 따라 설치된 중앙고충심사위원회에서 한다.
③ 경찰공무원 고충심사위원회의 구성, 심사 절차 및 운영에 필요한 사항은 대통령령으로 정한다.

제32조(징계위원회)
① 경무관 이상의 경찰공무원에 대한 징계의결은 「국가공무원법」에 따라 국무총리 소속으로 설치된 징계위원회에서 한다.
② 총경 이하의 경찰공무원에 대한 징계의결을 하기 위하여 대통령령으로 정하는 경찰기관 및 해양경찰관서에 경찰공무원 징계위원회를 둔다.
③ 경찰공무원 징계위원회의 구성·관할·운영, 징계의결의 요구 절차, 그 밖에 필요한 사항은 대통령령으로 정한다.

제33조(징계의 절차)
경찰공무원의 징계는 징계위원회의 의결을 거쳐 징계위원회가 설치된 소속 기관의 장이 하되, 「국가공무원법」에 따라 국무총리 소속으로 설치된 징계위원회에서 의결한 징계는 경찰청장 또는 해양경찰청장이 한다. 다만, 파면·해임·강등 및 정직은 징계위원회의 의결을 거쳐 해당 경찰공무원의 임용권자가 하되, 경무관 이상의 강등 및 정직과 경정 이상의 파면 및 해임은 경찰청장 또는 해양경찰청장의 제청으로 행정안전부장관 또는 해양수산부장관과 국무총리를 거쳐 대통령이 하고, 총경 및 경정의 강등 및 정직은 경찰청장 또는 해양경찰청장이 한다.

제34조(행정소송의 피고)
징계처분, 휴직처분, 면직처분, 그 밖에 의사에 반하는 불리한 처분에 대한 행정소송은 경찰청장 또는 해양경찰청장을 피고로 한다. 다만, 제7조제3항 및 제4항에 따라 임용권을 위임한 경우에는 그 위임을 받은 자를 피고로 한다.

제35조(경위공개경쟁채용시험합격자의 보수 등)
교육훈련 중인 경위공개경쟁채용시험합격자에게는 대통령령으로 정하는 바에 따라 보수와 그 밖의 실비(實費)를 지급한다.

제36조(「국가공무원법」과의 관계)
① 경찰공무원에 대해서는 「국가공무원법」 제73조의4, 제76조제2항부터 제5항까지의 규정을 적용하지 아니하며, 치안총감과 치안정감에 대해서는 「국가공무원법」 제68조 본문을 적용하지 아니한다.
② 「국가공무원법」을 경찰공무원에게 적용할 때에는 다음 각 호에 따른다.
  1. 「국가공무원법」 제32조의5 및 제43조 중 "직급"은 "계급"으로 본다.
  2. 「국가공무원법」 제42조제2항, 제85조제1항 및 제2항 중 "인사혁신처장"은 "경찰청장 또는 해양경찰청장"으로 본다.

3. 「국가공무원법」 제67조, 제68조, 제78조제1항제1호 및 같은 조 제2항, 제80조제7항 및 제8항 중 "이 법"은 "이 법 및 「국가공무원법」"으로 본다.
4. 「국가공무원법」 제71조제2항제3호 중 "중앙인사관장기관의 장"은 "경찰청장 또는 해양경찰청장"으로 본다.

제37조(벌칙)
① 경찰공무원으로서 전시·사변, 그 밖에 이에 준하는 비상사태이거나 작전 수행 중인 경우에 제24조제2항(거짓보고금지) 또는 제25조(지휘권 남용 등의 금지), 「국가공무원법」 제58조제1항(직장이탈금지)을 위반한 사람은 3년 이상의 징역이나 금고에 처하며, 제24조제1항(거짓보고등의 금지), 「국가공무원법」 제57조(복종의무)를 위반한 사람은 7년 이하의 징역이나 금고에 처한다.
② 제1항의 경우 외에 집단 살상의 위급 사태가 발생한 경우에 제24조 또는 제25조, 「국가공무원법」 제57조 및 제58조제1항을 위반한 사람은 7년 이하의 징역이나 금고에 처한다.
③ 경찰공무원으로서 제23조(정치관여 금지)를 위반하여 정당이나 정치단체에 가입하거나 정치활동에 관여하는 행위를 한 사람은 5년 이하의 징역과 5년 이하의 자격정지에 처하고, 그 죄에 대한 공소시효의 기간은 「형사소송법」 제249조제1항에도 불구하고 10년으로 한다.
④ 경찰공무원으로서 「국가공무원법」 제44조(시험 또는 임용의 방해행위 금지) 또는 제45조(인사에 관한 부정행위 금지)를 위반한 사람은 1년 이하의 징역 또는 100만원 이하의 벌금에 처하고, 같은 법 제66조(집단 행위의 금지)를 위반한 사람은 2년 이하의 징역 또는 200만원 이하의 벌금에 처한다.

팩트 경찰학

경찰학 각론

SECTION 01 생활안전경찰
SECTION 02 교통경찰
SECTION 02 수사경찰
SECTION 03 경비경찰
SECTION 05 정보경찰
SECTION 06 보안경찰
SECTION 07 외사경찰

01 생활안전경찰

1 의의

1) 생활안전 의미

① 생활안전경찰이란 범죄예방과 관련된 정책의 수립과 집행 등의 역할 수행을 통해 국민의 생명과 신체, 재산을 보호하는 경찰을 의미한다.
  ● 주요임무는 범죄예방, 생활질서 유지 업무, 여성·청소년 보호 및 수사 업무이다.

② 생활안전경찰은 **행정경찰**, **보안경찰**, **예방경찰**로 분류된다.

★ 생활안전경찰의 특징
① 임무 대상의 유동성
② 주민과의 접촉성
③ 대상의 광범위성
④ 관계 법령의 다양성
⑤ 업무의 지원적 성격

2) 생활안전교통국의 업무 분장사항

① 생활안전국에 국장 1명을 두고, 국장 밑에 「행정기관의 조직과 정원에 관한 통칙」제12조에 따른 보좌기관 중 실장·국장을 보좌하는 보좌기관 1명을 둔다.

② 국장은 치안감 또는 경무관으로 보하고, 정책관등 1명은 고위공무원단에 속하는 일반직공무원으로 보한다.

> **경찰청 생활안전교통국**
> 1. 자치경찰제도 관련 기획 및 조정
> 2. **자치경찰제도 관련 법령 사무 총괄**
> 3. 자치경찰제도 관련 예산의 편성·조정 및 결산에 관한 사항
> 4. 자치경찰제도 관련 특별시·광역시·특별자치시·도·특별자치도(이하 "시·도"라 한다) 및 시·도자치경찰위원회와의 협력에 관한 사항
> 5. 소년비행 방지에 관한 업무
> 6. 소년 대상 범죄의 예방에 관한 업무
> 7. **아동학대의 예방 및 피해자 보호에 관한 업무**
> 8. 가출인 및 「실종아동등의 보호 및 지원에 관한 법률」제2조제2호에 따른 실종아동 등(이하 "실종아동등"이라 한다)과 관련된 업무
> 9. 실종아동등 찾기를 위한 신고체계 운영
> 10. 여성 대상 범죄와 관련된 주요 정책의 총괄 수립·조정
> 11. 여성 대상 범죄 유관기관과의 협력 업무
> 12. **성폭력 및 가정폭력 예방 및 피해자 보호에 관한 업무**
> 13. **스토킹·성매매 예방 및 피해자 보호에 관한 업무**
> 14. 경찰 수사 과정에서의 범죄피해자 보호 및 지원에 관한 업무
> 15. 도로교통에 관련되는 종합기획 및 심사분석
> 16. **도로교통에 관련되는 법령의 정비 및 행정제도의 연구**
> 17. 교통경찰공무원에 대한 교육 및 지도
> 18. 교통안전시설의 관리
> 19. **자동차운전면허의 관리**
> 20. 도로교통사고의 예방을 위한 홍보·지도 및 단속
> 21. 고속도로순찰대의 운영 및 지도

● 지구대, 파출소 상관관리업무의 기획은 치안상황관리관의 분장사항이다.
● 아동 청소년 대상 성매매 단속은 형사국장의 분장사항이다.

★ 형사국 업무분장
1. 강력범죄, 폭력범죄 및 **교통사고 · 교통범죄**에 관한 수사 지휘·감독
2. 마약류 범죄 및 조직범죄에 관한 수사 지휘·감독
3. 성폭력범죄, 아동·청소년 대상 성매매, 가정폭력, 아동학대, 학교폭력 및 실종사건에 관한 수사 지휘·감독 및 **아동·청소년 대상 성매매 단속**
4. 제1호부터 제3호까지의 규정에서 정한 범죄 및 외국인 관련 범죄 수사에 관한 기획, 정책·수사지침 수립·연구·분석 및 수사기법 개발
5. 제1호부터 제3호까지의 규정에서 정한 범죄 및 외국인 관련 범죄에 대한 통계 및 수사자료 분석

★ 기동순찰대
기존의 지구대, 파출소와는 별도로 경찰서 생활안전과에 소속되어 경찰서 관할구역 전체를 대상으로 관할 내 범죄취약지역을 순찰하는 조직. 기동순찰대는 범죄취약지역 순찰, 광역순찰, 강력범죄 등 중요사건 처리를 주요 임무로 함

3) 주요임무

(1) 범죄예방

① 순찰
  ㉠ 경찰이 관할구역 내를 돌아다니며 범죄를 일으킬 수 있는 요인을 사전에 발견, 제거 하는 활동으로 모든 지역경찰관서에서 이루어지는 보편적 범죄예방활동이다.
  ㉡ 종류

순찰노선 따라	• 정선순찰 • 난선순찰 • 요점순찰
기동수단에 따라	• 차량순찰 • 도보순찰 • 자전거순찰 • 기마순찰
기타	• 기동순찰 • 탄력순찰

> **✱ 탄력순찰**
> 주민들이 요청한 순찰장소와 112신고량을 분석하여 우선순위를 결정하는 순찰활동

② 범죄예방진단
  ㉠ 경찰공무원이 지역사회와 함께 범죄예방대책을 마련하기 위해 거리, 공원, 건축물 등 특정 지역이나 시설의 물리적, 사회적 환경요인을 분석하여 범죄취약요소를 파악하는 활동이다.
    ● 범죄예방진단은 사회환경적 요인과 범죄의 발생현황 등 범죄와 관련된 요인들을 함께 고려해야 한다.
  ㉡ 경찰서 생활안전과에 범죄예방진단팀(CPO, crime prevention officer)를 운영하고 있다.

(2) 생활질서 유지

국민의 일상생활과 밀접한 곳에서 발생하는 범죄행위에 대한 단속업무와 기초생활질서 위반 사범에 대한 처리업무, 총포화약과 관련된 업무를 중심으로 이루어진다.

📋 **팩트DB**

경미범죄심사위원회

목적	경미한 형사사건 피의자의 전과자 양산을 방지
구성	**경찰서장(위원장) 포함 5명이상 7명 이하 위원** 외부위원은 위원장을 제외한 위원 1/2이상 위촉하고, 내부위원은 과정중에서 위촉사무처리를 위한 간사(생활질서 계장)
임기	2년, 1회 한해 연임가능
심사대상	형사사건에 대한 감경결정 여부, 즉결심판 사건에 대한 감경결정 여부

(3) 여성·청소년 보호 및 수사

① 여성·청소년 보호 및 수사는 범죄의 예방과 수사, 범죄피해자 보호 업무를 통합하여 수행한다.

② 여성관련해서 성폭력, 가정폭력, 성매매 수사 및 피해보호 등 **예방대책수립**을 주요 업무로 한다.

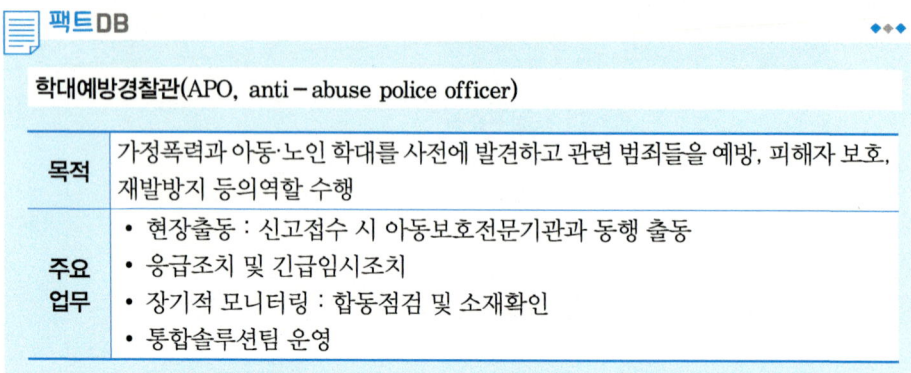

📋 팩트DB

학대예방경찰관(APO, anti-abuse police officer)

목적	가정폭력과 아동·노인 학대를 사전에 발견하고 관련 범죄들을 예방, 피해자 보호, 재발방지 등의 역할 수행
주요 업무	• 현장출동 : 신고접수 시 아동보호전문기관과 동행 출동 • 응급조치 및 긴급임시조치 • 장기적 모니터링 : 합동점검 및 소재확인 • 통합솔루션팀 운영

③ 청소년 보호와 관련해서 소년비행방지를 위한 조사업무, 청소년 유해 환경 정화를 위한 단속지도 등을 실시한다.

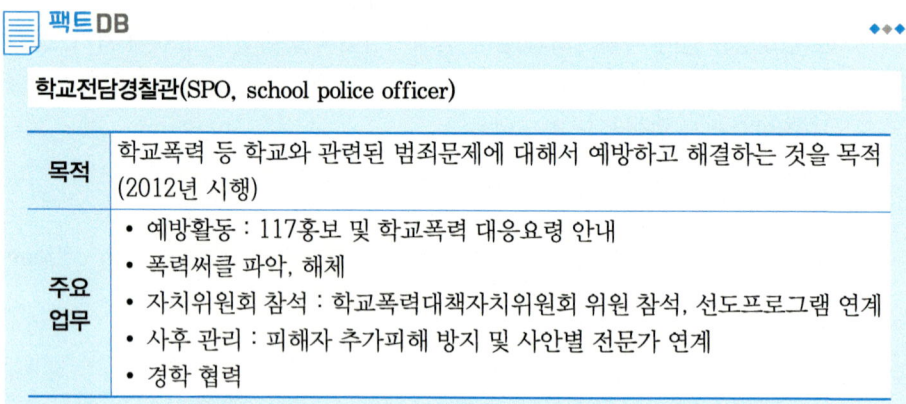

📋 팩트DB

학교전담경찰관(SPO, school police officer)

목적	학교폭력 등 학교와 관련된 범죄문제에 대해서 예방하고 해결하는 것을 목적 (2012년 시행)
주요 업무	• 예방활동 : 117홍보 및 학교폭력 대응요령 안내 • 폭력써클 파악, 해체 • 자치위원회 참석 : 학교폭력대책자치위원회 위원 참석, 선도프로그램 연계 • 사후 관리 : 피해자 추가피해 방지 및 사안별 전문가 연계 • 경학 협력

2 지역경찰

1) 의의

① 치안의 최일선에서 국민과 접촉하며 범죄예방활동을 하고 112신고등 범죄신고에 대해 신속하게 출동, 대응하는 업무를 담당하는 경찰공무원이다.
   ➡ 법률적 의미로는 지역경찰관서 및 기동순찰대에 소속된 경찰공무원이다.

② 개념(지역경찰의 조직 및 운영에 관한 규칙)

지역경찰관서	「경찰법」 제17조 및 「경찰청과 그 소속기관 직제」 제44조에 규정된 **지구대 및 파출소**를 말한다.
지역경찰	지역경찰관서 소속 경찰공무원을 말한다.

지역경찰업무 담당부서	지역경찰관서 및 지역경찰과 관련된 사무를 처리하는 경찰청, 지방경찰청, 경찰서 소속의 모든 부서를 말한다.
일근근무	1주일 40시간으로 하며, 토요일은 휴무함을 원칙
상시·교대근무	• **상시근무** : 일상적으로 **24시간** 계속해서 대응, 처리하는 업무를 수행하거나 긴급 등 치안상황에 대비하기 위해 야간, 토요일 및 공휴일에 관계없이 상시적으로 업무수행 • **교대근무** : 근무조를 나누어 일정한 계획에 의한 반복주기에 따라 교대로 업무를 수행하는 근무형태
근무시간	경찰기관에서 상시근무를 하는 공무원의 근무시간은 **휴게시간을 제외하고 주40시간을 원칙**으로 한다.

2) 조직 및 구성

(1) 지역경찰관서

* **명칭**
지역경찰관서의 명칭은 "○○ 경찰서 △△지구대(파출소)"로 한다.

설치 및 폐지		**시·도경찰청장**은 인구, 면적, 행정구역, 교통·지리적 여건, 각종 사건사고 발생 등을 고려하여 경찰서의 관할구역을 나누어 지역경찰관서를 설치한다.

지역 경찰관서장		① 지역경찰관서의 사무를 통할하고 소속 지역경찰을 지휘·감독하기 위해 지역경찰관서에 **지구대장 및 파출소장**(이하 "지역경찰관서장이라 한다.)을 둔다.
		② 지역경찰관서장은 다음 각 호의 직무를 수행한다.
		  1. 관내 치안상황의 분석 및 대책 수립
		  2. 지역경찰관서의 시설·예산·장비의 관리
		  3. 소속 지역경찰의 근무와 관련된 제반사항에 대한 지휘 및 감독
		  4. 경찰 중요 시책의 홍보 및 협력치안 활동

하부조직	관리팀	① 관리팀은 **문서의 접수 및 처리**, 시설 및 장비의 관리, 예산의 집행 등 지역경찰관서의 행정업무를 담당한다. ② **인원은** 지역 치안수요 및 인력여건 등을 고려하여 **경찰서장**이 결정한다.

	순찰팀	① 순찰팀은 범죄예방 순찰, 각종 사건사고에 대한 초동조치 등 현장 치안활동을 담당하며, **팀장은 경감 또는 경위**로 보한다.
		② **순찰팀장**은 다음 각호의 직무를 수행한다.
		  1. 근무교대시 주요 취급사항 및 장비 등의 인수인계 확인
		  2. 관리팀원 및 순찰팀원에 대한 일일근무 지정 및 지휘·감독
		  3. 관내 중요 사건 발생시 현장 지휘
		  4. 지역경찰관서장 부재시 업무 대행
		  5. 순찰팀원의 업무역량 향상을 위한 교육
		③ 순찰팀장을 보좌하고 순찰팀장 부재시 업무를 대행하기 위해 순찰팀별로 부팀장을 둘 수 있다.

지휘 및 감독		1. **경찰서장** : 지역경찰관서의 **운영에 관하여 총괄 지휘·감독** 2. 경찰서 각 과장 : 각 과의 소관업무와 관련된 지역경찰의 업무에 관하여 지휘·감독 3. **지역경찰관서장** : 지역경찰관서의 시설·장비·예산 및 소속 지역경찰의 근무에 관한 제반사항을 지휘·감독 4. 순찰팀장 : 근무시간 중 소속 지역경찰을 지휘·감독

*
지역경찰관서에는 관리팀과 상시 교대근무로 운영하는 복수의 순찰팀을 둔다.

* **순찰팀 수**
순찰팀의 수는 지역 치안수요 및 인력여건 등을 고려하여 **시·도경찰청장이 결정한다.**
➔ 순찰팀의 인원은 경찰서장이 결정한다.

📄 **팩트DB**

지역경찰관서장과 순찰팀장 비교

지역경찰관서장(지구대장, 파출소장)	순찰팀장
ⓐ 관내 **치안상황의 분석** 및 대책수립 ⓑ 지역경찰관서의 **시설, 예산, 장비** 관리 ⓒ 소속 지역경찰의 **근무와** 관련된 제반사항에 대한 지휘 및 감독 ⓓ 경찰 **중요 시책의 홍보** 및 협력치안 활동	ⓐ 근무교대시 주요 취급사항 및 장비 등의 **인수인계 확인** ⓑ 관리팀원 및 순찰팀원에 대한 일일근무 지정 및 지휘·감독 ⓒ 관내 중요 사건 발생시 **현장 지휘** ⓓ 지역경찰관서장 부재시 업무 대행 ⓔ 순찰팀원의 업무역량 향상을 위한 교육

(2) 치안센터

설치 및 폐지	**시·도경찰청장**은 지역치안을 효율적으로 수행하기 위하여 지역경찰관서장 소속 하에 **치안센터를 설치할 수 있다.**
소속 및 관할	① 치안센터는 **지역경찰관서장의 소속** 하에 두며, 치안센터의 인원, 장비, 예산 등은 지역경찰관서에서 통합 관리한다. ② 치안센터의 관할구역은 소속 지역경찰관서 관할구역의 일부로 한다. ③ 치안센터 **관할구역의 크기는** 설치목적, 배치 인원 및 장비, 교통·지리적 요건 등을 고려하여 **경찰서장**이 정한다.
운영 시간	① 치안센터는 24시간 상시 운영을 원칙으로 한다. ② 경찰서장은 지역 치안여건 및 인원여건을 고려, **운영시간을 탄력적으로 조정할 수 있다.**
근무자 배치	① 치안센터 운영시간에는 치안센터 관할구역에 근무자를 배치함을 원칙으로 한다. ② 경찰서장은 치안센터의 종류 및 지리적 여건 등을 고려하여 필요한 경우 치안센터에 전담근무자를 배치할 수 있다.
치안 센터장	① 경찰서장은 치안센터에 전담근무자를 배치하는 경우 전담근무자 중 1명을 치안센터장으로 지정할 수 있으며, **치안센터장의 임무**는 다음 각 호와 같다. 1. 경찰 **민원 접수 및 처리** 2. 관할지역 내 **주민 여론 수렴 및 보고** 3. 타기관 협조 등 협력방범활동 4. 기타 치안센터 운영과 관련된 문제점 및 개선대책 수립 및 보고 ② 치안센터장은 제20조에 따른 복장 외에 별도 1의 표시장을 패용한다. ③ 치안센터장은 민원인의 편의를 위해 별도 2의 확인용 인장을 제작하여 사용할 수 있다.

※ **복장 및 휴대장비(지역경찰의 조직 및 운영에 관한 규칙)**
① 지역경찰은 근무 중 「경찰복제에 관한 규칙」제15조제1항에 규정된 근무장을 착용하는 것을 원칙으로 한다.
② 지역경찰은 근무 중 근무수행에 필요한 경찰봉, 수갑 등 경찰장구, 무기 및 무전기 등을 휴대하여야 한다.
③ 지역경찰관서장 및 순찰팀장(이하 "지역경찰관리자"라 한다.)은 필요한 경우 지역경찰의 복장 및 휴대장비를 조정할 수 있다.

치안센터 종류		
검문소형 치안센터		① 검문소형 치안센터는 **적의 침투 예상로 또는 주요 간선도로의 취약요소 등**에 교통통제 요소 등을 고려하여 설치한다. 다만, 지방경찰청 및 경찰서 관할의 경계에는 인접 관서장과 협의하여 단일 치안센터를 설치하는 것을 원칙으로 한다. ② 검문소형 치안센터 근무자의 임무는 다음 각호와 같다. 1. 거점 형성에 의한 지역 경계 2. 불심검문 및 범법자의 단속·검거 3. 지역경찰관서에서 즉시 출동하기 어려운 사건·사고 발생 시 초동조치
출장소형 치안센터		① 출장소형 치안센터는 **지역 치안활동의 효율성 및 주민 편의** 등을 고려하여 필요한 지역에 설치한다. ② 출장소형 치안센터 근무자의 임무는 다음 각호와 같다. 1. 관할 내 주민여론 청취 등 지역사회 경찰활동 2. 방문 민원 접수 및 처리 3. 범죄예방 순찰 및 위험발생 방지 4. 지역경찰관서에서 즉시 출동하기 어려운 사건·사고 발생 시 초동조치 ③ 경찰서장은 도서, 접적지역 등 지리적 여건상 필요한 경우에는 출장소형 치안센터에 검문소형 치안센터의 임무를 병행토록 할 수 있다.. ④ 출장소형 치안센터는 지리적 여건·치안수요 등을 고려하여 필요한 경우 **직주일체형으로 운영할 수 있다.**
직주 일체형 치안센터	의의	① 직주일체형 치안센터는 출장소형 치안센터 중 **근무자가 치안센터 내에서 거주**하면서 근무하는 형태의 치안센터를 말한다. ② 직주일체형 치안센터에는 **배우자와 함께 거주함**을 원칙으로 하며, 배우자는 근무자 부재시 방문 민원 접수·처리 등 **보조 역할을 수행한다.** ③ 직주일체형 치안센터에 배치된 근무자는 **근무 종료 후에도 관할구역 내에 위치**하며 지역경찰관서와 연락체계를 유지하여야 한다. **다만, 휴무일은 제외한다.**
	근무자 특례	① **경찰서장**은 직주일체형 치안센터에서 거주하는 근무자의 배우자에게 **조력사례금을 지급**하여야 하며, 지급기준 및 금액은 경찰청장이 정한다. ② 직주일체형 치안센터 근무자의 근무기간은 **1년 이상으로 하며**, 임기를 마친 경찰관은 희망부서로 배치하고, 차기 경비부서의 차출순서에서 **1회 면제한다.**

3) 근무

복장 및 휴대장비	① 지역경찰은 근무 중 「경찰복제에 관한 규칙」제15조제1항에 규정된 **근무장을 착용**하는 것을 원칙으로 한다. ② 지역경찰은 근무 중 근무수행에 필요한 경찰봉, 수갑 등 경찰장구, 무기 및 무전기 등을 **휴대하여야 한다**. ➡ 지역경찰관서장 및 순찰팀장(지역경찰관리자)은 필요한 경우 지역경찰의 복장 및 휴대장비를 조정할 수 있다.	
근무형태 및 시간	① **지역경찰관서장은 일근근무를 원칙**으로 한다. ➡ 다만, **경찰서장**은 필요하다고 인정되는 경우에는 지역경찰관서장의 근무시간을 조정하거나, 시간외·휴일 근무 등을 명할 수 있다. ② **관리팀은 일근근무를 원칙**으로 한다. ➡ 다만, **지역경찰관서장**은 필요하다고 인정되는 경우에는 근무시간을 조정하거나, 시간외·휴일 근무 등을 명할 수 있다. ③ **순찰팀장 및 순찰팀원은 상시·교대근무를 원칙**으로 하며, 근무교대시간 및 휴게시간, 휴무횟수 등 구체적인 사항은 「국가공무원 복무규정」 및 「경찰기관 상시근무 공무원의 근무시간 등에 관한 규칙」이 규정한 범위 안에서 **시·도경찰청장이 정한다**. ④ 치안센터 전담근무자의 **근무형태 및 근무시간**은 치안센터의 종류 및 운영시간 등을 고려하여 제1항부터 제3항까지의 규정을 준용하여 **경찰서장이 정한다**.	
근무 종류	행정근무	1. 문서의 접수 및 처리 2. 시설·장비의 관리 및 예산의 집행 3. 각종 현황, 통계, 자료, 부책 관리 4. 기타 행정업무 및 지역경찰관서장이 지시한 업무
	상황근무	1. 시설 및 장비의 작동여부 확인 2. **방문민원 및 각종 신고사건의 접수 및 처리** 3. **요보호자 또는 피의자에 대한 보호·감시** 4. **중요 사건·사고 발생시 보고 및 전파** 5. 기타 필요한 문서의 작성
	순찰근무	① 순찰근무는 그 수단에 따라 112 순찰, 방범오토바이 순찰, 자전거 순찰 및 도보 순찰 등으로 구분한다. ② 112 순찰근무 및 야간 순찰근무는 반드시 **2인 이상 합동**으로 지정하여야 한다. ③ 순찰근무를 지정받은 지역경찰은 지정된 근무구역에서 다음 각 호의 업무를 수행한다. 1. **주민여론 및 범죄첩보 수집** 2. 각종 사건사고 발생시 **초동조치 및 보고, 전파** 3. 범죄 예방 및 위험발생 방지 활동 4. 경찰사범의 단속 및 검거 5. 경찰방문 및 방범진단 6. 통행인 및 차량에 대한 검문검색 등

* 근무장
1. 근무모, 정모(교통경찰공무원은 교통정모를 착용한다) 또는 방한모(겨울철에만 착용한다)
2. 근무복(다만, 임산부의 경우 임부복을 착용할 수 있다)
3. 점퍼(봄·가을, 겨울) 또는 반외투(겨울철에만 착용한다)
4. 단화 또는 장화(비가 오거나 필요한 경우에만 착용한다)
5. 가슴표장, 계급장(약장) 또는 경찰장 어깨표장, 이름표
6. 넥타이, 넥타이핀(공식행사 등 소속기관장이 지정하는 경우에만 착용한다. 다만, 교통경찰공무원은 동복에 착용한다)
7. 그 밖에 소속 기관의 장이 지정한 장비

근무 종류	경계근무	① 경계근무는 반드시 2인 이상 합동으로 지정하여야 한다.
		② 경계근무를 지정받은 지역경찰은 지정된 장소에서 다음 각 호의 업무를 수행한다.
		  1. 불순분자 및 범법자 등 색출을 위한 통행인 및 차량, 선박 등에 대한 **검문검색 및 후속조치**
		  2. **비상 및 작전사태 등 발생시** 차량, 선박 등의 통행 통제

	대기근무	① 대기근무의 장소는 지역경찰관서 및 치안센터 내로 한다. 단, 식사시간을 대기 근무로 지정한 경우에는 식사 장소를 대기 근무 장소로 지정할 수 있다. ② 대기근무를 지정받은 지역경찰은 지정된 장소에서 휴식을 취하되, 무전기를 청취하며 **10분 이내 출동이 가능한 상태**를 유지하여야 한다.
	기타근무	① 기타근무는 치안상황에 효과적으로 대응하기 위하여 지역경찰 관리자가 지정하는 근무로써 규정한 근무에 **해당하지 않는 형태의 근무**를 말한다. ② 기타근무의 근무내용 및 방법 등은 지역경찰관리자가 정한다.

일일근무 지정		① **지역경찰관서장**은 지역경찰관서 및 치안센터의 설치목적, 근무인원, 치안수요, 기타 업무량 등을 고려하여 근무의 종류 및 실시 기준을 정한다.
		② **순찰팀장**은 제1항에 따라 지역경찰관서장이 정한 기준을 준수하여 당해 근무시간 내 관리팀원 및 순찰팀원의 개인별 근무 종류, 근무 장소, 중점 근무사항 등을 별지 제1호서식의 근무일지(갑지)에 구체적으로 지정하여야 한다.
		③ **순찰팀장**은 관리팀원에게 행정근무를 지정하고, 순찰팀원에게 상황 또는 순찰근무 지정하는 것을 원칙으로 하되, 필요한 경우에는 다른 근무를 지정하거나 병행하여 수행하도록 지정할 수 있다.
		④ 순찰근무의 근무종류 및 근무구역은 지역 치안이 효율적으로 수행될 수 있도록 다음 각 호의 사항을 고려하여 지정하여야 한다.
		  1. 시간대별·장소별 치안수요
		  2. 각종 사건사고 발생
		  3. 순찰 인원 및 가용 장비
		  4. 관할 면적 및 교통·지리적 여건
		⑤ 지역경찰관리자는 신고출동태세 유지 등을 위해 필요한 경우에는 휴게 및 식사시간도 대기 근무로 지정할 수 있다.

근무내용 변경		관리팀원 및 순찰팀원이 물품구입, 등서 등 기타 사유로 지정된 근무종류 및 근무구역 등을 변경하고자 할 때에는 **순찰팀장**에게 보고하여야 한다.

* 순찰근무지 유의사항
1. 문제의식을 가지고 면밀하게 관찰
2. 주민에 대한 정중하고 친절한 예우
3. 돌발 상황에 대한 대비 및 경계 철저
4. 지속적인 치안상황 확인 및 신속 대응

* 용어

휴무	근무일에 해당함에도 불구하고 누적된 피로 회복 등 건강유지를 위하여 일정시간 동안 근무에서 벗어나 자유롭게 쉬는 것을 말한다.
비번	교대근무자가 일정한 계획에 따라 다음 근무시작 전까지 자유롭게 쉬는 것을 말한다.
휴게시간	근무도중 자유롭게 쉬는 시간을 말하며 식사시간을 포함한다.
대기	신고사건 출동 등 치안상황에 대응하기 위하여 일정시간 지정된 장소에서 근무태세를 갖추고 있는 형태의 근무를 말한다.

지역경찰의 동원	① **시·도경찰청장 또는 경찰서장**은 다음 각호에 정한 사유에 해당하는 경우로서 특히 필요하다고 인정되는 때에 한하여 지역경찰의 기본근무에 지장을 초래하지 않는 범위 내에서 지역경찰을 다른 근무에 **동원할 수 있다.** 　1. 다중범죄 진압, 대간첩작전 기타의 **비상사태** 　2. 경호경비 또는 각종 집회 및 **행사의 경비** 　3. **중요범인의 체포를 위한 긴급배치** 　4. 화재, 폭발물, 풍수설해 등 **중요사고의 발생** 　5. 기타 다수 경찰관의 동원을 필요로 하는 행사 또는 업무 ② 지역경찰 동원은 **근무자 동원을 원칙**으로 하되, 불가피한 경우에 한하여 휴무자를 동원할 수 있다. ③ 시·도경찰청장 또는 경찰서장은 휴무자를 동원한 때에는 「경찰기관 상시근무 공무원의 근무시간 등에 관한 규칙」제5조가 정하는 바에 따라 초과근무수당을 지급하거나 추가 휴무를 부여하여야 한다.

4) 시설 및 장비

관서 표지	지역경찰관서 및 치안센터에 게시하는 모든 표지는 「경찰기 및 관서 제표지 규칙」이 정하는 바에 따른다.
시설 관리	① **경찰서장**은 근무자가 신고출동 등으로 지역경찰관서 또는 치안센터를 비울 경우에 대비하여, 출입구 근처에 근무자와 통신할 수 있는 통신장치를 설치하여야 한다. ② 경찰서장은 필요한 경우에는 지역경찰관서 또는 치안센터에 자체 방호시설을 설치할 수 있다. ③ **지역경찰관서장**은 지역경찰의 근무 및 주민 편의를 위해 청사 및 시설을 수시로 점검, 보완하여야 한다.
112 순찰차	① 112 순찰 근무자는 차량의 적정관리를 위해 운행사항 등을 별지 제3호서식의 112 순찰일지에 **매일 기록**하여야 한다. ② 112 순찰차에는 신속한 현장조치 등을 위해 필요한 장비를 탑재해야 하며 경찰서장은 지역 실정에 맞게 탑재장비의 종류 및 수량 등을 정해야 한다.
통신망의 구축 및 점검	① 경찰서장은 경찰서, 지역경찰관서, 치안센터 간 상호 원활한 유·무선 통신망을 구축해야 한다. ② 경찰서장은 구축된 통신장비를 수시로 점검하여 통신두절을 방지하여야 한다.

5) 인사관리

정원관리	① **경찰서장**은 지역경찰관서의 관할면적, 치안수요 등을 고려하여 지역경찰관서에 적정한 인원을 배치하여야 한다. ② 경찰서장은 지역경찰의 정원을 **다른 부서에 우선하여 충원**하여야 한다. ③ **시·도경찰청장은** 소속 지방경찰청의 지역경찰 정원 충원 현황을 **연 2회** 이상 점검하고 현원이 정원에 미달할 경우, 지역경찰 정원충원 대책을 **수립, 시행하여야 한다.**

6) 교육 및 평가

교육	① **시·도경찰청장 및 경찰서장**은 지역경찰의 올바른 직무수행 및 자질 향상을 위해 필요한 교육을 **실시하여야 한다**. ② 교육시간, 방법, 내용 등 지역경찰 교육과 관련된 **세부적인 기준은 경찰청장**이 따로 정한다.
지도방문	시·도경찰청장 및 경찰서장은 소속 지역경찰의 업무 지도 및 현장 의견 수렴, 사기관리 등을 위해 지도방문 계획을 수립·시행하여야 한다.
실적평가와 포상	경찰청장, 시·도경찰청장 및 경찰서장은 지역경찰의 사기 진작 및 지역경찰 활동의 활성화를 위하여 근무실적에 대한 공정한 평가를 실시하고 우수 경찰공무원을 포상하여야 한다.

7) 문서 관리

근무일지의 기록·보관	① **지역경찰은** 근무 중 주요사항을 별지 제2호서식의 근무일지(을지)에 기재하여야 한다. ② 근무일지는 **3년간** 보관한다.
정기보고 기간	① 지역경찰 업무담당부서에서 지역경찰관서장에게 각종 현황 및 통계 등을 정기적으로 보고하도록 지시한 경우 지시의 효력은 최초 보고받은 날로부터 **1년이 경과하면 자동으로 소멸한다**. ② 지역경찰 업무담당부서에서는 지시의 효력을 연장할 필요가 있는 경우 소속 관서의 112**치안종합상황실장과 협의하여 1년 단위로 연장할 수 있다**.
문서부책	① 지구대와 파출소 등에는 업무수행에 필요한 **최소한**의 부책만을 비치하여야 한다. ② 비치 문서와 부책은 **시·도경찰청장이 정한다**.

> *** 기본현황 관리**
> ① 지구대장 및 파출소장은 관내개황과 업무현황을 정확히 파악·기록하기 위하여 지구대 및 파출소 기본현황을 작성, 관리하여야 한다.
> ② 기본현황의 서식은 별지 제4호서식과 같이 한다.
> ③ 기본현황은 컴퓨터 파일 또는 인쇄본으로 관리하여야 한다.
> ④ 기본현황에 변동사항이 있을 때에는 수시로 정리하여야 한다.

📄 팩트DB

112종합상황실 운영 및 신고처리

운영	112신고를 포함한 각종 상황에 효율적이고 효과적인 대응을 위해 **각 시·도경찰청 및 경찰서에 112종합상황실을 설치하여 24시간 운영**한다.
근무방법	① 시·도경찰청장 및 경찰서장은 112요원을 배치할 때에는 관할구역 내 지리 감각, 언어 능력 및 상황 대처능력이 뛰어난 경찰공무원을 선발·배치하여야 한다. ② 112요원의 근무기간은 **2년 이상으로 한다**. ➔ 경찰청장은 112근무요원의 전문성 제고를 위해 **112근무요원 전문인증제**를 운영할 수 있다. ③ 112요원은 **4개조로** 나누어 **교대 근무**를 실시하는 것을 원칙으로 한다. ➔ 다만, 인력 상황에 따라 3개조로 할 수 있다. ④ 시·도경찰청장 및 경찰서장은 근무수행에 지장이 없는 범위 내에서 「경찰기관 상시근무 공무원의 근무시간 등에 관한 규칙」 제4조에 따라 112요원에 대한 휴게를 지정해야 한다. ⑤ 112근무요원은 「경찰복제에 관한 규칙」 제5조제2호의 근무복을 착용하는 것을 원칙으로 한다.

> *** 112치안종합상황실장**
>
> | 경찰청 | 치안상황관리관 |
> |---|---|
> | 시·도 경찰청 | 112치안종합상황실장 |
> | 경찰서 | 범죄예방대응과장 |
>
> *** 상황팀장**
> 경찰청, 시·도경찰청 및 경찰서 112치안종합상황실장의 지휘를 받아 112신고의 처리 및 상황관리 등의 임무를 수행하는 사람을 말한다.

* 112 위치정보조회 가능
  ⓐ 범죄피해자(요구조자)
  ⓑ 실종아동등
  ⓒ 자살기도자
  ⓓ 조난자

	◐ 다만, 상황에 따라 경찰청장등의 지시로 다른 복장을 착용할 수 있다.
신고 접수	① 112신고는 현장출동이 필요한 지역의 **관할과 관계없이 신고를 받은 경찰관서에서** 신속하게 접수한다. ② 경찰관서 방문 등 112신고 외의 방법으로 범죄나 각종 사건·사고 등 위급한 상황이 발생하였거나 발생할 것이 예상된다는 신고를 접수한 경찰관은 소속 경찰관서의 112시스템에 **신고내용을 입력해야 한다.** ③ 경찰청장등은 112신고자에게 처리결과 통보를 할 경우 서면(전자문서를 포함한다), 전화, 문자메시지 등의 방법으로 할 수 있다. ◐ 경찰청장등은 처리결과를 통보하는 경우 관련 법령에 따라 112신고 관계인의 사생활의 비밀을 보호하고 명예나 신용이 훼손되지 않도록 유념해야 한다.
대응체계	① 112근무요원은 영 제3조제3항에 따라 112시스템에 신고내용을 입력할 경우 112신고 내용의 긴급성과 출동 필요성 등을 고려하여 각 호의 어느 하나에 해당하는 112신고 대응 코드를 부여한다. {{표}} ② 112근무요원은 112신고가 완전하게 수신되지 않는 경우와 같이 정확한 신고내용을 파악하기 힘든 경우라도 신속한 처리를 위해 **우선 임의의 112신고 대응 코드를 부여할 수 있다.** ◐ 112근무요원 및 출동 경찰관은 112신고 대응 코드를 변경할 만한 사실을 추가로 확인한 경우 이미 분류된 112신고 대응 코드를 다른 112신고 대응 코드로 변경할 수 있다.
신고에 대한 조치	① 경찰청장등은 제7조제1항에 따라 112신고가 접수된 때에는 경찰관을 현장에 신속하게 출동시켜 위험 발생의 방지, 범죄의 예방·진압, 구호대상자의 구조 등 **필요한 조치를 하게 하여야 한다.** ② 제1항에 따라 필요한 조치를 한 경찰관은 해당 112신고와 관련하여 **범죄의 혐의**가 있다고 인정할 만한 상당한 이유가 있어 계속 수사할 필요가 있는 경우 **지체 없이 해당 수사기관에 인계하여야 한다.** ③ 경찰관은 제1항에 따른 필요한 조치를 할 때 사람의 생명·신체 또는 재산에 대한 급박한 위해가 발생할 우려가 있는 경우에는 그 위해를 방지하거나 피해자를 구조하기 위하여 부득이하다고 인정하면 합리적으로 판단하여 필요한 한도에서 다른 사람의 토지·건물 또는 그 밖의 물건을 일시사용, 사용의 제한 또는 처분을 하거나 다른 사람의 토지·건물·배 또는 차에 출입할 수 있다. ④ 경찰청장등은 112신고를 처리하는 과정에서 재난·재해, 범죄 또는 그 밖의 위급한 상황이 발생하여 사람의 생명·신체를 위험하게 할 것으로 인정할 때에는 일정한 구역을 정하여 그 구역에 있는 사람에게 그 구역 밖으로

code 0	code 1 신고 중 이동성 범죄, 강력범죄 현행범인 등 실시간 전파가 필요한 경우
code 1	생명·신체에 대한 위험 발생이 **임박, 진행 중, 직후**인 경우 또는 현행범인인 경우
code 2	생명·신체에 대한 **잠재적 위험이 있는 경우 또는 범죄예방** 등을 위해 필요한 경우
code 3	즉각적인 현장조치는 불필요하나 수사, **전문상담** 등이 **필요**한 경우
code 4	긴급성이 없는 **민원·상담 신고**

	피난할 것을 명할 수 있다. ⑤ 경찰관은 제3항에 따라 출입 등 조치를 할 때에는 그 신분을 표시하는 증표를 제시하여야 하며, 소속과 성명을 밝히고 조치의 목적과 이유를 설명하여야 한다.
지령	① 112신고를 접수한 **112근무요원은** 접수한 신고의 내용이 **코드 0 신고부터 코드 3 신고의 유형**에 해당하는 경우에는 출동 경찰관에게 출동할 장소, 신고내용, 신고유형 등을 고지하고 **신고의 현장출동, 조치, 종결하도록 지령해야 한다.** ② 112근무요원은 접수한 신고의 내용이 **코드 4 신고**의 유형에 해당하는 경우에는 출동 경찰관에게 지령하지 않고 자체 종결하거나, 담당 부서 또는 112신고 관계 기관에 신고내용을 통보하여 처리하도록 조치해야 한다.
현장출동	① 제10조제1항의 지령을 받은 출동요소는 신고유형에 따라 다음 각 호의 기준에 따라 **현장에 출동해야 한다.** | 코드 0 신고 및 코드 1 신고	코드 2 신고, 코드 3 신고 및 다른 업무의 처리에 우선하여 출동
코드 2 신고	코드 0 신고, 코드 1 신고 및 다른 중요한 업무의 처리에 지장을 초래하지 않는 범위 내에서 출동
코드 3 신고	당일 근무시간 내에 출동 | ② 출동 경찰관은 소관 업무나 관할 등을 이유로 출동을 거부하거나 지연출동해서는 안 된다.
현장보고	① 출동 경찰관은 112치안종합상황실에 다음 각 호의 보고를 해야 한다. | 최초보고	출동 경찰관은 112신고 현장에 도착한 즉시 도착 사실과 함께 현장 상황을 간략히 보고
수시보고	현장 상황에 변화가 발생하거나 지원이 필요한 경우 수시로 보고
종경보고	현장 초동조치가 종결된 경우 확인된 사건의 진상, 사건의 처리내용 및 결과 등을 상세히 보고 | ② 제1항에도 불구하고 현장 상황이 급박하여 신속한 현장 조치가 필요한 경우 **우선 조치 후 보고할 수 있다**
신고처리 종결	112근무요원은 다음 각 호의 경우 112신고처리를 종결할 수 있다. ◆ 다만, 타 부서의 계속적 조치가 필요한 경우 **해당부서에 사건을 인계한 이후** 종결해야 한다. 1. 사건이 해결된 경우 2. 신고자가 신고를 취소한 경우. 다만, 신고자와 취소자가 동일인인지 여부 및 취소의 사유 등을 파악하여 신고취소의 진의 여부를 확인해야 한다. 3. 허위·오인으로 인한 신고인 경우 또는 신고내용이 경찰 소관이 아님이 확인된 경우 4. 현장에 출동하였으나 사건 내용을 확인할 수 없으며, 사건이 실제

		발생하였다는 사실도 확인되지 않는 경우 5. 주무부서의 계속적 조치가 필요한 경우 및 추가적 수사의 필요 등으로 사건 해결에 장시간이 소요되어 해당 부서로 인계하여 처리하는 것이 효과적인 경우 6. 그 밖에 112치안종합상황실장(상황팀장)이 초동조치가 종결된 것으로 판단하는 경우
자료보존	112시스템 입력자료	112신고 대응 코드 0·코드 1·코드 2로 분류한 자료는 **3년간**, 코드 3·코드 4로 분류한 자료는 **1년간 보존**
	녹음·녹화자료	**3개월간** 보존
	그 밖에 문서 및 일지	「공공기록물 관리에 관한 법률」에서 정하는 바에 따라 보존

➡ 경찰청장등은 제1항제1호 및 제2호에도 불구하고 영 제6조제2항에 따라 112신고 접수·처리자료의 보존기간을 다음 각 호에 따른 범위에서 연장할 수 있다.

3 생활질서 관련법령

1) 풍속영업의 규제에 관한 법률

(1) 의의

풍속영업을 하는 장소에서 선량한 풍속을 해치거나 청소년의 건전한 성장을 저해하는 행위 등을 규제하며 미풍양속을 보존하고 청소년을 유해한 환경으로부터 보호하기 위한 목적으로 제정되었다(풍속경찰).

(2) 풍속영업종사자의 범위

풍속영업자	풍속영업을 영위하는 자를 말하며, 허가 또는 인가를 받지 아니하거나, 등록 또는 신고를 하지 아니하고 풍속영업을 영위하는자를 포함하는 **사실적 개념**이다.
풍속영업 종사자	**명칭에 관계없이** 영업자를 대리하거나 영업자의 지시를 받아 상시 또는 일시적으로 영업행위를 하는 대리인, 사용인, 그 밖의 종업원(무도학원업의 경우 강사·강사보조원을 포함한다)을 말한다.

(3) 풍속영업의 범위

「게임산업진흥에 관한 법률」 제2조제6호에 따른 게임제공업 및 같은 법 제2조제8호에 따른 복합유통게임제공업	"**게임제공업**"이라 함은 공중이 게임물을 이용할 수 있도록 이를 제공하는 영업을 말한다. "**복합유통게임제공업**"이라 함은 청소년게임제공업 또는 인터넷컴퓨터게임시설제공업과 이 법에 의한 다른 영업 또는 다른 법률에 의한 영업을 동일한 장소에서 함께 영위하는 영업을 말한다.
「영화 및 비디오물의 진흥에 관한 법률」 제2조제16호가목에 따른 비디오물감상실업	**비디오물감상실업**: 다수의 구획된 시청실과 비디오물 시청기자재를 갖추고 비디오물을 공중의 시청에 제공(이용자가 직접 시청시설을 작동하여 이용하는 경우를 포함한다)하는 영업
「음악산업진흥에 관한 법률」 제2조제13호에 따른 노래연습장업	"**노래연습장업**"이라 함은 연주자를 두지 아니하고 반주에 맞추어 노래를 부를 수 있도록 하는 영상 또는 무영상 반주장치 등의 시설을 갖추고 공중의 이용에 제공하는 영업을 말한다.
「공중위생관리법」 제2조제1항제2호부터 제4호까지의 규정에 따른 숙박업, 목욕장업, 이용업 중 대통령령으로 정하는 것	1. "**공중위생영업**"이라 함은 다수인을 대상으로 위생관리서비스를 제공하는 영업으로시 숙박업·목욕장업·이용업·미용업·세탁업·건물위생관리업을 말한다. 2. "**숙박업**"이라 함은 손님이 잠을 자고 머물 수 있도록 시설 및 설비등의 서비스를 제공하는 영업을 말한다. 다만, 농어촌에 소재하는 민박등 대통령령이 성하는 경우를 제외한다.

✱ 풍속영업에 해당하지 않는 것
카페, 다방, 미용업, 안마시술소, 일반음식점, 소극장 등

「공중위생관리법」 제2조제1항제2호부터 제4호까지의 규정에 따른 숙박업, 목욕장업, 이용업 중 대통령령으로 정하는 것	3. "**목욕장업**"이라 함은 다음 각목의 어느 하나에 해당하는 서비스를 손님에게 제공하는 영업을 말한다. 다만, 숙박업 영업소에 부설된 욕실 등 대통령령이 정하는 경우를 제외한다. 가. 물로 목욕을 할 수 있는 시설 및 설비 등의 서비스 나. 맥반석·황토·옥 등을 직접 또는 간접 가열하여 발생되는 열기 또는 원적외선 등을 이용하여 땀을 낼 수 있는 시설 및 설비 등의 서비스 4. "**이용업**"이라 함은 손님의 머리카락 또는 수염을 깎거나 다듬는 등의 방법으로 손님의 용모를 단정하게 하는 영업을 말한다.
「식품위생법」 제36조제1항제3호에 따른 식품접객업 중 대통령령으로 정하는 것	「식품위생법 시행령」 제21조제8호다목에 따른 **단란주점영업** 및 같은 호 라목에 따른 **유흥주점영업**을 말한다.
「체육시설의 설치·이용에 관한 법률」 제10조제1항제2호에 따른 무도학원업 및 무도장업	2. 신고 체육시설업 : 요트장업, 조정장업, 카누장업, 빙상장업, 승마장업, 종합 체육시설업, 수영장업, 체육도장업, 골프 연습장업, 체력단련장업, 당구장업, 썰매장업, 무도학원업, 무도장업, 야구장업, 가상체험 체육시설업, 체육교습업, 인공암벽장업
그 밖에 선량한 풍속을 해치거나 청소년의 건전한 성장을 저해할 우려가 있는 영업으로 대통령령으로 정하는 것	"그 밖에 선량한 풍속을 해치거나 청소년의 건전한 성장을 저해할 우려가 있는 영업으로 대통령령으로 정하는 것"이란 「청소년 보호법」 제2조제5호가목8) 또는 9)에 따른 **청소년 출입·고용금지업소에서의 영업**을 말한다.

* 비교

단란주점영업	유흥주점영업
유흥종사자 금지	유흥종사자 허용

* 청소년 출입·고용금지업소 결정 고시상 영업형태
가. 입맞춤, 애무, 퇴폐적 안마, 나체쇼 등 신체적 접촉이 이루어지거나 성관련 신체 부위를 노출하거나 성행위 또는 유사성행위가 이루어질 우려가 있는 영업
나. 성인용 영상물 또는 게임물, 사행성 게임물 등 주로 성인용 매체물이 유통될 우려가 있는 영업
다. 성인용 인형(리얼돌) 또는 자위행위 기구 등 성관련 기구를 이용할 수 있는 영업
 [영업 예시] 키스방, 대딸방, 전립선마사지, 유리방, 성인PC방, 휴게텔, 인형체험방 등

➡ 업소의 구분은 그 업소가 영업을 할 때 다른 법령에 따라 요구되는 허가, 인가, 등록,신고 등의 여부와 관계없이 실제로 이루어지고 있는 영업행위를 기준으로 한다.

(4) **풍속영업자 및 종사자의 준수사항**

풍속영업을 하는 자(풍속영업자, **허가나 인가를 받지 아니하거나 등록이나 신고를 하지 아니하고 풍속영업을 하는 자를 포함한다.**) 및 대통령령으로 정하는 종사자는 풍속영업을 하는 장소(풍속영업소)에서 다음 각 호의 행위를 하여서는 아니 된다.

> 1. 「성매매알선 등 행위의 처벌에 관한 법률」 제2조제1항제2호에 따른 **성매매알선등 행위**
> 2. **음란행위**를 하게 하거나 이를 알선 또는 제공하는 행위
> 3. **음란한** 문서·도화(圖畵)·영화·음반·비디오물, 그 밖의 음란한 물건에 대한 다음 각 목의 행위
>   가. 반포(頒布)·판매·대여하거나 이를 하게 하는 행위
>   나. 관람·열람하게 하는 행위
>   다. 반포·판매·대여·관람·열람의 목적으로 진열하거나 보관하는 행위
> 4. 도박이나 그 밖의 **사행**(射倖)**행위**를 하게 하는 행위

* 청소년에게 술담배 판매 금지
청소년 보호법상 금지 사항이다.

(5) 풍속영업의 통보

① 다른 법률에 따라 풍속영업의 허가를 한 자(인가를 하거나 등록·신고를 접수한 자를 포함한다.)는 풍속영업소의 소재지를 관할하는 **경찰서장**에게 다음 각 호의 사항을 알려야 한다.

> 1. 풍속영업자의 성명 및 주소(법인인 경우에는 대표자의 성명과 주소를 포함한다)
> 2. 풍속영업소의 명칭 및 주소
> 3. 풍속영업의 종류

② **허가관청**은 풍속영업자가 휴업·폐업하거나 그 영업내용이 변경된 경우와 그 밖에 대통령령으로 정하는 사유가 발생한 경우에는 경찰서장에게 그 사실을 알려야 한다.

(6) 위반사항의 통보

① **경찰서장**은 풍속영업자나 대통령령으로 정하는 종사자가 제3조를 위반하면 그 사실을 **허가관청에 알리고** 과세에 필요한 자료를 국세청장에게 통보하여야 한다.

② 통보를 받은 허가관청은 그 내용에 따라 허가취소·영업정지·시설개수 명령 등 필요한 행정처분을 한 후 그 결과를 **경찰서장에게** 알려야 한다.

➡ 경찰청장 및 지방자치단체의 장은 행정처분을 받은 풍속영업소에 관한 정보를 공유하기 위하여 정보공유시스템을 구축·운영하여야 한다.

(7) 출입

① 경찰서장은 특별히 필요한 경우 경찰공무원에게 풍속영업소에 출입하여 풍속영업자와 대통령령으로 정하는 종사자가 준수 사항을 지키고 있는지를 검사하게 할 수 있다.

② 풍속영업소에 출입하여 검사하는 **경찰공무원은 그 권한을 표시하는 증표를 지니고 이를 관계인에게 내보여야 한다.**

➡ 경찰공무원의 출입 근거조항은 마련되어 있지만, 이를 거부할 경우 처벌규정이 없다.

★ 제12조(양벌규정)

법인의 대표자나 법인 또는 개인의 대리인, 사용인, 그 밖의 종업원이 그 법인 또는 개인의 업무에 관하여 제10조의 위반행위를 하면 그 행위자를 벌하는 외에 그 법인 또는 개인에게도 해당 조문의 벌금형을 과(科)한다. 다만, 법인 또는 개인이 그 위반행위를 방지하기 위하여 해당 업무에 관하여 상당한 주의와 감독을 게을리 하지 아니한 경우에는 그러하지 아니하다.

📝 **팩트DB**

관련 판례

① 일반음식점 허가를 받은 사람이 주로 주류를 조리, 판매한는 형태의 주점영업을 하였더라도, 손님이 노래를 부를수 있는 여건이 갖추어지지 않은 이상 구 식품위생법상 단란주점영업에 해당하지 않는다.(대판 2008도2160)

② 풍속영업자가 지켜야 할 준수사항은 **실제로 하고 있는 영업형태에 따라** 정해진다. 따라서 유흥주점영업허가를 받았다 하더라도, 실제로는 노래연습장 영업을 하고 있다면 유흥주점영업에 따른 영업자 준수사항을 지켜야 할 의무가 없다.(대판 97도1873)

③ 나이트클럽 무용수인 피고인이 무대에서 공연하면서 겉옷을 모두 벗고 성행위와 유사한 동작을 연출하거나 속옷에 부착되어 있던 모조 성기를 수차례 노출한 경우 '풍속영업의 규제에 관한 법률'상 **음란행위에 해당한다.**(대판 2010도10174)

④ 모텔에 동영상 파일 재생장치인 디빅 플레이어를 설치하고 투숙객에게 그 비밀번호를 가르쳐주어 저장된 음란동영상을 관람하게 하는 경우, 이는 '풍속영업의 규제에 관한 법률'에서 금지하고 있는 음란한 비디오물을 풍속영업소에서 관람하게 하는 행위에 **해당한다.**(대판 2008도3975)

⑤ 숙박업소에서 위성방송수신기를 이용하여 수신한 외국의 음란한 위성발송프로그램을 투숙객들로 하여금 시청하게 하는 행위는 '풍속영업의 규제에 관한 법률'상 음란한 물건을 관람하게 하는 행위에 **해당한다.**(대판 2009도4545)

⑥ 유흥주점 여조업원들이 웃옷을 벗고 브래지어만 착용하거나 치마를 허벅지가 다 드러나도록 걷어 올리고 가슴이 보일 정도로 어깨 끈을 밑으로 내린채 손님을 접대하였다는 정황만으로는 위 종업원들의 행위와 노출 정도가 형사법규상 규제의 대상으로 삼을 만큼 사회적으로 유해한 영향을 끼칠 위험성이 있다고 평가할수 있을 정도로 노골적인 방법에 의해 성적 부위를 노출하거나 성적 행위를 표현한 것이라고 단정하기에 부족하므로 풍속영업의 규제에 관한 법률 제3조에 정의된 '**음란행위**'에 **해당한다고 판단하기 어렵다.**(대판 2006도3119)

⑦ 풍속영업자가 자신이 운영하는 여관에서 친구들과 **일시 오락 정도에 불과한 도박**을 한 경우, 형법상 도박죄는 성립하지 아니하고 '풍속영업의 규제에 관한 법률' 위반죄의 구성요건에는 해당하나 **사회상규에 위배되지 않는 행위**로서 위법성이 조각된다.(대판 2003도6351)

(8) 식품위생법상 준수사항

① 식품접객업 종류

* 식품위생법상 식품접객업
- *휴게음식점영업*
- *일반음식점영업*
- *단란주점영업*
- *유흥주점영업*
- *위탁급식영업*
- *제과점영업*

휴게음식점영업	주로 다류(茶類), 아이스크림류 등을 조리·판매하거나 패스트푸드점, 분식점 형태의 영업 등 음식류를 조리·판매하는 영업으로서 음주행위가 허용되지 아니하는 영업. 다만, 편의점, 슈퍼마켓, 휴게소, 그 밖에 음식류를 판매하는 장소(만화가게 및 「게임산업진흥에 관한 법률」 제2조제7호에 따른 인터넷컴퓨터게임시설제공업을 하는 영업소 등 음식류를 부수적으로 판매하는 장소를 포함한다)에서 컵라면, 일회용 다류 또는 그 밖의 음식류에 물을 부어 주는 경우는 제외한다.
일반음식점영업	음식류를 조리·판매하는 영업으로서 식사와 함께 **부수적으로 음주행위가 허용**되는 영업
단란주점영업	주로 주류를 조리·판매하는 영업으로서 **손님이 노래를 부르는 행위가 허용**되는 영업
유흥주점영업	주로 주류를 조리·판매하는 영업으로서 **유흥종사자를 두거나** 유흥시설을 설치할 수 있고 손님이 노래를 부르거나 춤을 추는 행위가 허용되는 영업
위탁급식영업	집단급식소를 설치·운영하는 자와의 계약에 따라 그 집단급식소에서 음식류를 조리하여 제공하는 영업
제과점영업	주로 빵, 떡, 과자 등을 제조·판매하는 영업으로서 음주행위가 허용되지 아니하는 영업

② 식품접객영업자 등의 준수사항(식품위생법 제44조)

① 제36조제1항 각 호의 영업을 하는 자 중 대통령령으로 정하는 영업자와 그 종업원은 영업의 위생관리와 질서유지, 국민의 보건위생 증진을 위하여 영업의 종류에 따라 다음 각 호에 해당하는 사항을 지켜야 한다.

1. 「축산물 위생관리법」 제12조에 따른 검사를 받지 아니한 축산물 또는 실험 등의 용도로 사용한 동물은 운반·보관·진열·판매하거나 식품의 제조·가공에 사용하지 말 것
2. 「야생생물 보호 및 관리에 관한 법률」을 위반하여 포획·채취한 야생생물은 이를 식품의 제조·가공에 사용하거나 판매하지 말 것
3. 소비기한이 경과된 제품·식품 또는 그 원재료를 제조·가공·조리·판매의 목적으로 소분·운반·진열·보관하거나 이를 판매 또는 식품의 제조·가공·조리에 사용하지 말 것
4. 수돗물이 아닌 지하수 등을 먹는 물 또는 식품의 조리·세척 등에 사용하는 경우에는 「먹는물관리법」 제43조에 따른 먹는물 수질검사기관에서 총리령으로 정하는 바에 따라 검사를 받아 마시기에 적합하다고 인정된 물을 사용할 것. 다만, 둘 이상의 업소가 같은 건물에서 같은 수원(水源)을 사용하는 경우에는 하나의 업소에 대한 시험결과로 나머지 업소에 대한 검사를 갈음할 수 있다.
5. 제15조제2항에 따라 위해평가가 완료되기 전까지 일시적으로 금지된 식품 등을 제조·가공·판매·수입·사용 및 운반하지 말 것
6. 식중독 발생 시 보관 또는 사용 중인 식품은 역학조사가 완료될 때까지 폐기하거나 소독 등으로 현장을 훼손하여서는 아니 되고 원상태로 보존하여야 하며, 식중독 원인규명을 위한 행위를 방해하지 말 것
7. 손님을 꾀어서 끌어들이는 행위를 하지 말 것
8. 그 밖에 영업의 원료관리, 제조공정 및 위생관리와 질서유지, 국민의 보건위생 증진 등을 위하여 총리령으로 정하는 사항

② 식품접객영업자는 「청소년 보호법」 제2조에 따른 **청소년**에게 다음 각 호의 어느 하나에 해당하는 행위를 하여서는 아니 된다.

1. 청소년을 유흥접객원으로 고용하여 유흥행위를 하게 하는 행위
2. 「청소년 보호법」 제2조제5호가목3)에 따른 청소년출입·고용 금지업소에 청소년을 출입시키거나 고용하는 행위
3. 「청소년 보호법」 제2조제5호나목3)에 따른 청소년고용금지업소에 청소년을 고용하는 행위
4. 청소년에게 주류(酒類)를 제공하는 행위

③ 누구든지 영리를 목적으로 제36조제1항제3호의 식품접객업을 하는 장소(**유흥종사자를 둘 수 있도록** 대통령령으로 정하는 영업을 하는 장소는 **제외**한다)에서 손님과 함께 술을 마시거나 노래 또는 춤으로 손님의 유흥을 돋우는 접객행위(**공연을 목적**으로 하는 가수, 악사, 댄서, 무용수 등이 하는 행위는 **제외**한다)를 하거나 다른 사람에게 그 행위를 알선하여서는 아니 된다.

④ 제3항에 따른 식품접객영업자는 유흥종사자를 고용·알선하거나 호객행위를 하여서는 아니 된다.

(9) 음악산업진흥에 관한 법률상 준수사항(노래연습장)

① 노래연습장업자는 다음 각 호의 사항을 지켜야 한다.

> 1. 영업소 안에 화재 또는 안전사고 예방을 위한 조치를 할 것
> 2. 해당 영업장소에 대통령령이 정하는 출입시간외에 청소년이 출입하지 아니하도록 할 것. 다만, 부모 등 보호자를 동반하거나 그의 출입동의서를 받은 경우 그 밖에 대통령령이 정하는 경우에는 그러하지 아니하다.
> 3. 주류를 판매·제공하지 아니할 것
> 4. 접대부(남녀를 불문한다)를 고용·알선하거나 호객행위를 하지 아니할 것
> 5. 「성매매알선 등 행위의 처벌에 관한 법률」 제2조제1항의 규정에 따른 성매매 등의 행위를 하게 하거나 이를 알선·제공하는 행위를 하지 아니할 것
> 6. 건전한 영업질서의 유지 등에 관하여 대통령령이 정하는 사항을 준수할 것

② 누구든지 영리를 목적으로 노래연습장에서 손님과 함께 술을 마시거나 노래 또는 춤으로 손님의 유흥을 돋우는 접객행위를 하거나 타인에게 그 행위를 알선하여서는 아니 된다.

(10) 영화 및 비디오물의 진흥에 관한 법률 – 비디오물감상실업

> **비디오물시청제공업자의 준수사항**
> 1. 영업소 안에 화재 또는 안전사고 예방을 위한 조치를 할 것
> 2. 비디오물소극장업의 경우에는 대통령령이 정하는 출입시간에 한하여 청소년을 출입시킬 것. 다만, 부모 등 보호자를 동반하거나 그의 출입동의서를 받은 경우 그 밖에 대통령령이 정하는 경우에는 그러하지 아니하다.
> 3. 비디오물감상실업 및 복합영상물제공업의 경우에는 다음 각 목에 해당하는 행위를 하지 아니할 것
>   가. 주류를 판매·제공하는 행위
>   나. 접대부(남녀를 불문한다)를 고용·알선하는 행위
> 4. 비디오물감상실업, 제한관람가비디오물소극장업 및 복합영상물제공업의 경우에는 출입자의 연령을 확인하고 청소년의 출입을 금지시킬 것
> 5. 문화체육관광부령이 정하는 바에 따라 영업소에 등록증을 게시할 것

(11) 게임산업장진흥에 관한 법률상 준수사항

① "청소년"이란 청소년 보호법 제2조제1호에 따라, **만 19세 미만**인 사람을 말한다. 다만, 만 19세가 되는 해의 1월 1일을 맞이한 사람은 제외한다.

> **게임물 관련사업자의 준수사항**
> 1. 제9조제3항의 규정에 의한 유통질서 등에 관한 교육을 받을 것
> 2. 게임물을 이용하여 도박 그 밖의 **사행행위를 하게 하거나 이를 하도록 내버려 두지 아니할 것**
> 2의2. 게임머니의 화폐단위를 한국은행에서 발행되는 화폐단위와 동일하게 하는 등 **게임물의 내용구현과 밀접한 관련이 있는 운영방식 또는 기기·장치 등을 통하여 사행성을 조장하지 아니할 것**
> 3. **경품 등을 제공하여 사행성을 조장하지 아니할 것.** 다만, 청소년게임제공업의 전체이용가 게임물에 대하여 대통령령이 정하는 경품의 종류(완구류 및 문구류 등. 다만, 현금,

---

* 영업시간

가. 일반게임제공업자의 영업시간은 **오전 9시부터 오후 12시까지로** 한다.

나. 복합유통게임제공업자의 영업시간은 오전 9시부터 오후 12시까지로 한다. 다만, 다음의 경우에는 영업시간의 제한을 받지 아니한다.

다. 청소년게임제공업자의 영업시간은 오전 9시부터 오후 12시까지로 한다. 다만, 청소년게임제공업자 중 게임 이용에 따라 획득된 결과물(법 제28조제3호 단서에 따라 제공하는 경품을 포함한다)의 제공이 가능한 전체이용가 게임물의 대수 및 설치면적이 전체 대수 및 설치면적의 100분의 20을 초과하지 않는 경우에는 영업시간의 제한을 받지 아니한다.

라. 가목, 나목 본문 및 다목 본문 외의 게임물 관련사업자는 영업시간의 제한을 받지 아니한다.

상품권 및 유가증권은 **제외**한다)·지급기준·제공방법 등에 의한 경우에는 그러하지 아니하다.
4. 제2조제6호의2가목의 규정에 따른 청소년게임제공업을 영위하는 자는 청소년이용불가 게임물을 제공하지 아니할 것
5. 제2조제6호의2나목의 규정에 따른 일반게임제공업 또는 제2조제8호에 따른 복합유통게임제공업(「청소년 보호법」에 따라 청소년 출입을 허용하는 경우는 제외한다)을 영위하는 자는 **게임장에 청소년을 출입시키지 아니할 것**
6. 게임물 및 컴퓨터 설비 등에 문화체육관광부장관이 고시하는 **음란물 및 사행성게임물 차단 프로그램 또는 장치를 설치할 것**. 다만, 음란물 및 사행성게임물 차단 프로그램 또는 장치를 설치하지 아니하여도 음란물 및 사행성게임물을 접속할 수 없게 되어 있는 경우에는 그러하지 아니하다.
7. 대통령령이 정하는 영업시간 및 청소년의 출입시간을 준수할 것
8. 그 밖에 영업질서의 유지 등에 관하여 필요한 사항으로서 대통령령이 정하는 사항을 준수할 것

★ 청소년 출입시간
가. 청소년게임제공업자, 복합유통게임제공업자(「청소년 보호법 시행령」 제5조제1항제2호 단서에 따라 청소년의 출입이 허용되는 경우만 해당한다), 인터넷컴퓨터게임시설제공업자의 청소년 출입시간은 **오전 9시부터 오후 10시까지**로 한다. 다만, 청소년이 친권자·후견인·교사 또는 직장의 감독자 그 밖에 당해 청소년을 보호·감독할 만한 실질적인 지위에 있는 자를 동반한 경우에는 청소년 출입시간 외의 시간에도 청소년을 출입시킬 수 있다.
나. 가목 외의 게임물 관련사업자는 청소년 출입시간의 적용을 받지 아니한다.

2) 사행행위등 규제 및 처벌 특례법

(1) 의의

이 법은 건전한 국민생활을 해치는 지나친 사행심의 유발을 방지하고 선량한 풍속을 유지하기 위하여 사행행위 관련 영업에 대한 지도와 규제에 관한 사항, 사행행위 관련 영업 외에 투전기나 사행성 유기기구로 사행행위를 하는 자 등에 대한 처벌의 특례에 관한 사항을 규정함을 목적으로 한다.

(2) 용어

사행행위		여러 사람으로부터 재물이나 재산상의 이익(이하 "재물등"이라 한다)을 모아 **우연적 방법으로 득실을 결정**하여 재산상의 이익이나 손실을 주는 행위를 말한다.
사행행위영업	복권발행업	특정한 표찰(컴퓨터프로그램 등 정보처리능력을 가진 장치에 의한 전자적 형태를 포함한다)을 이용하여 여러 사람으로부터 재물등을 모아 추첨 등의 방법으로 당첨자에게 재산상의 이익을 주고 다른 참가자에게 손실을 주는 행위를 하는 영업
	현상업	특정한 설문 또는 예측에 대하여 그 답을 제시하거나 예측이 적중하면 이익을 준다는 조건으로 응모자로부터 재물등을 모아 그 정답자나 적중자의 전부 또는 일부에게 재산상의 이익을 주고 다른 참가자에게 손실을 주는 행위를 하는 영업
	그 밖의 사행행위업	**가목** 및 **나목** 외에 영리를 목적으로 회전판돌리기, 추첨, 경품 등 사행심을 유발할 우려가 있는 기구 또는 방법 등을 이용하는 영업으로서 대통령령으로 정하는 영업
사행기구 제조업		사행행위영업에 이용되는 기계, 기판, 용구 또는 컴퓨터프로그램(이하 "사행기구"라 한다)을 제작·개조하거나 수리하는 영업을 말한다.

★ 카지노업
슬롯머신(카지노업)은 '사행행위 등 규제 및 처벌 특례법'의 대상이 아니라, '관광진흥법'의 적용대상이다.

사행기구 판매업	사행기구를 판매하거나 수입하는 영업을 말한다.
투전기	동전·지폐 또는 그 대용품을 넣으면 우연의 결과에 따라 재물등이 배출되어 이용자에게 재산상 이익이나 손실을 주는 기기를 말한다.
사행성 유기기구	제5호의 투전기 외에 기계식 구슬치기 기구와 사행성 전자식 유기기구 등 사행심을 유발할 우려가 있는 기계·기구 등을 말한다.

(3) 주요내용

① 영업허가

⊙ 사행행위영업을 하려는 자는 제3조에 따른 시설 등을 갖추어 행정안전부령으로 정하는 바에 따라 **시·도경찰청장의 허가**를 받아야 한다.
  ➜ 다만, 그 영업의 대상 범위가 둘 이상의 특별시·광역시·도 또는 특별자치도에 걸치는 경우에는 **경찰청장의 허가**를 받아야 한다.

ⓒ 허가를 받은 자가 대통령령으로 정하는 중요 사항을 변경하려면 행정안전부령으로 정하는 바에 따라 경찰청장이나 시·도경찰청장의 허가를 받아야 한다.

ⓒ 국가기관이나 지방자치단체가 사행행위영업을 하려면 **경찰청장의 승인**을 받아야 한다.

ⓔ 영업허가의 유효기간
  ⓐ 영업허가의 유효기간은 사행행위영업의 종류별로 대통령령으로 정하되, **3년을 초과할 수 없다.**
  ⓑ 영업허가의 유효기간이 지난 후 계속하여 영업을 하려는 자는 행정안전부령으로 정하는 바에 따라 다시 허가를 받아야 한다.
    ➜ 허가의 유효기간 만료 10일 전까지 허가를 신청하여 다시 허가를 받아야 한다.

② 지도·감독

⊙ 경찰청장이나 시·도경찰청장은 특별히 필요한 경우 영업자 및 사행기구제조·판매업자(이하 "영업자등"이라 한다)에 대하여 필요한 보고를 하게 하거나, 관계 공무원으로 하여금 영업소에 출입하여 영업자등이 지켜야 할 사항의 준수 상태, 영업시설, 사행기구, 관계 서류나 장부 등을 검사하게 할 수 있다. 이 경우 인터넷 등 정보통신망을 이용한 사행행위영업에 관하여도 검사할 수 있다.

ⓒ 영업소에 출입하여 검사하는 관계 공무원은 그 권한을 표시하는 **증표**를 지니고 이를 관계인에게 **내보여야 한다.**

ⓒ 경찰청장이나 시·도경찰청장은 공익을 위하여 필요하거나 지나친 사행심 유발의 방지 등 선량한 풍속을 유지하기 위하여 필요한 경우 영업자등에게 필요한 **지도와 명령**을 할 수 있다.

ⓔ 경찰청장이나 시·도경찰청장은 다음 각 호의 어느 하나에 해당하는 경우에는 즉시 또는 기간을 정하여 영업의 시설 등을 고치거나 **개선 또는 시정**할 것을 명령할 수 있다

---

* 제8조(조건부 영업허가)
① 경찰청장이나 시·도경찰청장은 영업허가를 할 때 대통령령으로 정하는 기간에 제3조에 따른 시설 및 사행기구를 갖출 것을 조건으로 허가할 수 있다.
② 경찰청장이나 시·도경찰청장은 제1항에 따라 허가를 받은 자가 정당한 사유 없이 정하여진 기간에 시설 및 사행기구를 갖추지 아니하면 그 허가를 취소하여야 한다.

③ 행정처분
　㉠ **경찰청장이나 시·도경찰청장**은 영업자가 제6조제2호 각 목의 허가제한 사항 중 어느 하나에 해당하게 된 경우에는 그 영업의 허가를 취소하여야 한다. 이 경우 법인인 영업자에 대하여 제6조제2호아목에 해당하는 사유로 허가를 취소할 때에는 취소하기 전에 임원의 교체에 필요한 기간을 3개월 이상 주어야 한다.
　㉡ 경찰청장이나 시·도경찰청장은 영업자등이 이 법 또는 이 법에 따른 명령을 위반하면 그 영업의 허가를 취소하거나 6개월 이내의 기간을 정하여 영업의 정지를 명령할 수 있다

3) 기초질서위반사범 – 경범죄 처벌법

(1) 의의

이 법은 경범죄의 종류 및 처벌에 필요한 사항을 정함으로써 국민의 자유와 권리를 보호하고 사회공공의 질서유지에 이바지함을 목적으로 한다.
➡ 비교적 경미한 경찰의무위반자에 대해 60만원 이하의 벌금, 구류, 과료에 처할 것을 규정하고 있다.

(2) 경범죄 처벌법의 특징
① 미수범에 대한 처벌규정이 **없다**.
② 경범죄처벌법은 **형법의 보충법**이다.
③ 경범죄처벌법은 죄를 범하도록 **시키거나 도와준 사람은 죄를 지은 사람에 준하여 처벌한다**.
　➡ 교사자 및 방조자는 정범에 준하여 처벌한다.
④ 사람을 벌함에 있어서 그 사정과 형편을 헤아려서 그 형을 **면제하거나** 또는 **구류와 과료를 함께 과할 수 있다**.
　➡ 법인에 대해서도 금전벌에 한하여 처벌할 수 있다.
⑤ 범칙금을 납부한 사람은 그 범칙행위에 대해서 다시 처벌받지 아니한다.
⑥ 경범죄를 범한 범인을 은닉, 도피하게 한 경우 형법상 범인은닉죄가 성립한다.

판례
경범죄처벌법 위반자가 서명 후 위반자용 용지 등을 찢은 경우, 이를 홧김에 훼손하였다 하더라도 공용서류무효죄을 적용할 수 는 없다.(대판 98도4350)

---

*
2. 사행행위영업을 하려는 자가 다음 각 목의 어느 하나에 해당하는 경우
　가. 미성년자, 피성년후견인 또는 피한정후견인
　나. 파산선고를 받고 복권되지 아니한 사람
　다. 「정신건강증진 및 정신질환자 복지서비스 지원에 관한 법률」 제3조제1호에 따른 정신질환자. 다만, 정신과전문의가 영업을 하기에 적합하다고 인정하는 사람은 그러하지 아니하다.
　라. 「폭력행위 등 처벌에 관한 법률」 제4조에 따른 단체 또는 집단을 구성하거나 그 단체 또는 집단에 자금을 제공하는 사람
　마. 금고 이상의 형을 선고받고 그 집행이 끝나거나 집행을 받지 아니하기로 확정된 날부터 2년이 지나지 아니한 사람
　바. 금고 이상의 형의 집행유예를 선고받고 그 유예기간 중에 있는 사람
　사. 금고 이상의 형의 선고유예를 받고 그 유예기간 중에 있는 사람
　아. 임원 중에 가목부터 사목까지의 어느 하나에 해당하는 사람이 있는 법인

* 질서위반행위규제법
• 제6조(질서위반행위 법정주의)
법률에 따르지 아니하고는 어떤 행위도 질서위반행위로 과태료를 부과하지 아니한다.
• 제7조(고의 또는 과실)
고의 또는 과실이 없는 질서위반행위는 과태료를 부과하지 아니한다.
• 제8조(위법성의 착오)
자신의 행위가 위법하지 아니한 것으로 오인하고 행한 질서위반행위는 그 오인에 정당한 이유가 있는 때에 한하여 과태료를 부과하지 아니한다.
• 제9조(책임연령)
14세가 되지 아니한 자의 질서위반행위는 과태료를 부과하지 아니한다. 다만, 다른 법률에 특별한 규정이 있는 경우에는 그러하지 아니하다.

📄 **팩트DB**

경범죄 처벌 절차

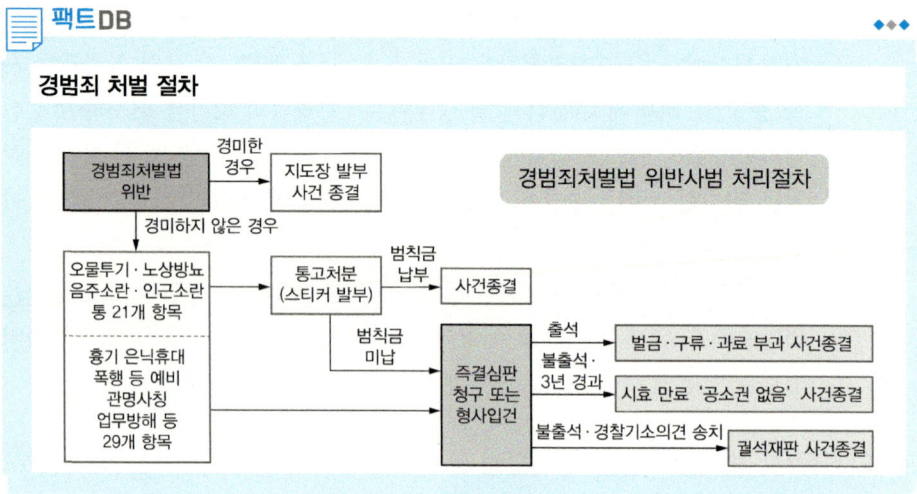

(3) 범칙자

범칙자 · 제외	"범칙자"란 범칙행위를 한 사람으로서 다음 각 호의 어느 하나에 **해당하지 아니하는** 사람을 말한다. 1. 범칙행위를 **상습적으로 하는 사람** 2. 죄를 지은 동기나 수단 및 결과를 헤아려볼 때 **구류처분**을 하는 것이 적절하다고 인정되는 사람 3. **피해자가 있는 행위**를 한 사람 4. 18세 **미만인 사람**
범칙행위	제3조제1항 각 호(**10만원 이하**의 벌금, 구류 또는 과료의 형으로 처벌할 수 있는 해위) 및 제2항 각 호(**20만원 이하**의 벌금, 구류 또는 과료의 형으로 처벌할 수 있는 행위)의 어느 하나에 해당하는 위반행위를 말하며, 그 구체적인 범위는 대통령령으로 정한다.

➲ 60만원이하 벌금 · 구류 · 과료의 제3항 각호 위반행위는 **범칙행위가 아니다.**

(4) 종류와 처벌

10만원 이하의 벌금, 구류 또는 과료	1. (빈집 등에의 침입) 다른 사람이 살지 아니하고 관리하지 아니하는 집 또는 그 울타리·건조물(建造物)·배·자동차 안에 정당한 이유 없이 들어간 사람 2. (**흉기의 은닉휴대**) 칼·쇠몽둥이·쇠톱 등 사람의 생명 또는 신체에 중대한 위해를 끼치거나 집이나 그 밖의 건조물에 침입하는 데에 사용될 수 있는 연장이나 기구를 정당한 이유 없이 숨겨서 지니고 다니는 사람 3. (폭행 등 예비) 다른 사람의 신체에 위해를 끼칠 것을 공모(共謀)하여 예비행위를 한 사람이 있는 경우 그 공모를 한 사람 5. (시체 현장변경 등) 사산아(死産兒)를 감추거나 정당한 이유 없이 변사체 또는 사산아가 있는 현장을 바꾸어 놓은 사람 6. (도움이 필요한 사람 등의 신고불이행) 자기가 관리하고 있는 곳에 도움을 받아야 할 노인, 어린이, 장애인, 다친 사람 또는 병든 사람이 있거나 시체 또는 사산아가 있는 것을 알면서 이를 관계 공무원에게 지체 없이 신고하지 아니한 사람

10만원 이하의 벌금, 구류 또는 과료	7. (관명사칭 등) 국내외의 공직(公職), 계급, 훈장, 학위 또는 그 밖에 법령에 따라 정하여진 명칭이나 칭호 등을 거짓으로 꾸며 대거나 자격이 없으면서 법령에 따라 정하여진 제복, 훈장, 기장 또는 기념장(記念章), 그 밖의 표장(標章) 또는 이와 비슷한 것을 사용한 사람 8. (물품강매·호객행위) 요청하지 아니한 물품을 억지로 사라고 한 사람, 요청하지 아니한 일을 해주거나 재주 등을 부리고 그 대가로 돈을 달라고 한 사람 또는 여러 사람이 모이거나 다니는 곳에서 영업을 목적으로 떠들썩하게 손님을 부른 사람 9. (광고물 무단부착 등) 다른 사람 또는 단체의 집이나 그 밖의 인공구조물과 자동차 등에 함부로 광고물 등을 붙이거나 내걸거나 끼우거나 글씨 또는 그림을 쓰거나 그리거나 새기는 행위 등을 한 사람 또는 다른 사람이나 단체의 간판, 그 밖의 표시물 또는 인공구조물을 함부로 옮기거나 더럽히거나 훼손한 사람 또는 공공장소에서 광고물 등을 함부로 뿌린 사람 10. (마시는 물 사용방해) 사람이 마시는 물을 더럽히거나 사용하는 것을 방해한 사람 11. (**쓰레기 등 투기**) 담배꽁초, 껌, 휴지, 쓰레기, 죽은 짐승, 그 밖의 더러운 물건이나 못쓰게 된 물건을 함부로 아무 곳에나 버린 사람 12. (노상방뇨 등) 길, 공원, 그 밖에 여러 사람이 모이거나 다니는 곳에서 함부로 침을 뱉거나 대소변을 보거나 또는 그렇게 하도록 시키거나 개 등 짐승을 끌고 와서 대변을 보게 하고 이를 치우지 아니한 사람 13. (의식방해) 공공기관이나 그 밖의 단체 또는 개인이 하는 행사나 의식을 못된 장난 등으로 방해하거나 행사나 의식을 하는 자 또는 그 밖에 관계 있는 사람이 말려도 듣지 아니하고 행사나 의식을 방해할 우려가 뚜렷한 물건을 가지고 행사장 등에 들어간 사람 14. (단체가입 강요) 싫다고 하는데도 되풀이하여 단체 가입을 억지로 강요한 사람 15. (자연훼손) 공원·명승지·유원지나 그 밖의 녹지구역 등에서 풀·꽃·나무·돌 등을 함부로 꺾거나 캔 사람 또는 바위·나무 등에 글씨를 새기거나 하여 자연을 훼손한 사람 16. (타인의 가축·기계 등 무단조작) 다른 사람 또는 단체의 소나 말, 그 밖의 짐승 또는 매어 놓은 배·뗏목 등을 함부로 풀어 놓거나 자동차 등의 기계를 조작한 사람 17. (물길의 흐름 방해) 개천·도랑이나 그 밖의 물길의 흐름에 방해될 행위를 한 사람 18. (구걸행위 등) 다른 사람에게 구걸하도록 시켜 올바르지 아니한 이익을 얻은 사람 또는 공공장소에서 구걸을 하여 다른 사람의 통행을 방해하거나 귀찮게 한 사람 19. (**불안감조성**) 정당한 이유 없이 길을 막거나 시비를 걸거나 주위에 모여들거나 뒤따르거나 몹시 거칠게 겁을 주는 말이나 행동으로 다른 사람을 불안하게 하거나 귀찮고 불쾌하게 한 사람 또는 여러 사람이 이용하거나 다니는 도로·공원 등 공공장소에서 고의로 험악한 분신(文身)을 드러내어 다른 사람에게 혐오감을 준 사람 20. (**음주소란 등**) 공회당·극장·음식점 등 여러 사람이 모이거나 다니는 곳 또는 여러 사람이 타는 기차·자동차·배 등에서 몹시 거친 말이나 행동으로 주위를 시끄럽게 하거나 술에 취하여 이유 없이 다른 사람에게 주정한 사람

	21. (인근소란 등) 악기·라디오·텔레비전·전축·종·확성기·전동기(電動機) 등의 소리를 지나치게 크게 내거나 큰소리로 떠들거나 노래를 불러 이웃을 시끄럽게 한 사람
	22. (위험한 불씨 사용) 충분한 주의를 하지 아니하고 건조물, 수풀, 그 밖에 불붙기 쉬운 물건 가까이에서 불을 피우거나 휘발유 또는 그 밖에 불이 옮아붙기 쉬운 물건 가까이에서 불씨를 사용한 사람
	23. (물건 던지기 등 위험행위) 다른 사람의 신체나 다른 사람 또는 단체의 물건에 해를 끼칠 우려가 있는 곳에 충분한 주의를 하지 아니하고 물건을 던지거나 붓거나 또는 쏜 사람
	24. (인공구조물 등의 관리소홀) 무너지거나 넘어지거나 떨어질 우려가 있는 인공구조물이나 그 밖의 물건에 대하여 관계 공무원으로부터 고칠 것을 요구받고도 필요한 조치를 게을리하여 여러 사람을 위험에 빠트릴 우려가 있게 한 사람
	25. (**위험한 동물의 관리 소홀**) 사람이나 가축에 해를 끼치는 버릇이 있는 개나 그 밖의 동물을 함부로 풀어놓거나 제대로 살피지 아니하여 나다니게 한 사람
	26. (동물 등에 의한 행패 등) 소나 말을 놀라게 하여 달아나게 하거나 개나 그 밖의 동물을 시켜 사람이나 가축에게 달려들게 한 사람
	27. (무단소등) 여러 사람이 다니거나 모이는 곳에 켜 놓은 등불이나 다른 사람 또는 단체가 표시를 하기 위하여 켜 놓은 등불을 함부로 끈 사람
10만원 이하의 벌금, 구류 또는 과료	28. (공중통로 안전관리소홀) 여러 사람이 다니는 곳에서 위험한 사고가 발생하는 것을 막을 의무가 있으면서도 등불을 켜 놓지 아니하거나 그 밖의 예방조치를 게을리한 사람
	29. (공무원 원조불응) 눈·비·바람·해일·지진 등으로 인한 재해, 화재·교통사고·범죄, 그 밖의 급작스러운 사고가 발생하였을 때에 현장에 있으면서도 정당한 이유 없이 관계 공무원 또는 이를 돕는 사람의 현장출입에 관한 지시에 따르지 아니하거나 공무원이 도움을 요청하여도 도움을 주지 아니한 사람
	30. (거짓 인적사항 사용) 성명, 주민등록번호, 등록기준지, 주소, 직업 등을 거짓으로 꾸며대고 배나 비행기를 타거나 인적사항을 물을 권한이 있는 공무원이 적법한 절차를 거쳐 묻는 경우 정당한 이유 없이 다른 사람의 인적사항을 자기의 것으로 거짓으로 꾸며댄 사람
	31. (미신요법) 근거 없이 신기하고 용한 약방문인 것처럼 내세우거나 그 밖의 미신적인 방법으로 병을 진찰·치료·예방한다고 하여 사람들의 마음을 홀리게 한 사람
	32. (야간통행제한 위반) 전시·사변·천재지변, 그 밖에 사회에 위험이 생길 우려가 있을 경우에 경찰청장이나 해양경찰청장이 정하는 야간통행제한을 위반한 사람
	33. (**과다노출**) 공개된 장소에서 공공연하게 성기·엉덩이 등 신체의 주요한 부위를 노출하여 다른 사람에게 부끄러운 느낌이나 불쾌감을 준 사람
	34. (**지문채취 불응**) 범죄 피의자로 입건된 사람의 신원을 지문조사 외의 다른 방법으로는 확인할 수 없어 경찰공무원이나 검사가 지문을 채취하려고 할 때에 정당한 이유 없이 이를 거부한 사람

10만원 이하의 벌금, 구류 또는 과료		35. (자릿세 징수 등) 여러 사람이 모이거나 쓸 수 있도록 개방된 시설 또는 장소에서 좌석이나 주차할 자리를 잡아 주기로 하거나 잡아주면서, 돈을 받거나 요구하거나 돈을 받으려고 다른 사람을 귀찮게 따라다니는 사람 36. (행렬방해) 공공장소에서 승차·승선, 입장·매표 등을 위한 행렬에 끼어들거나 떠밀거나 하여 그 행렬의 질서를 어지럽힌 사람 37. (무단 출입) 출입이 금지된 구역이나 시설 또는 장소에 정당한 이유 없이 들어간 사람 38. (총포 등 조작장난) 여러 사람이 모이거나 다니는 곳에서 충분한 주의를 하지 아니하고 총포, 화약류, 그 밖에 폭발의 우려가 있는 물건을 다루거나 이를 가지고 장난한 사람 39. (**무임승차 및 무전취식**) 영업용 차 또는 배 등을 타거나 다른 사람이 파는 음식을 먹고 정당한 이유 없이 제 값을 치르지 아니한 사람 40. (장난전화 등) 정당한 이유 없이 다른 사람에게 전화·문자메시지·편지·전자우편·전자문서 등을 여러 차례 되풀이하여 괴롭힌 사람 41. (**지속적 괴롭힘**) 상대방의 명시적 의사에 반하여 지속적으로 접근을 시도하여 면회 또는 교제를 요구하거나 지켜보기, 따라다니기, 잠복하여 기다리기 등의 행위를 반복하여 하는 사람
20만원 이하의 벌금, 구류 또는 과료의 형	출판물의 부당게재 등	올바르지 아니한 이익을 얻을 목적으로 다른 사람 또는 단체의 사업이나 사사로운 일에 관하여 신문, 잡지, 그 밖의 출판물에 어떤 사항을 싣거나 싣지 아니할 것을 약속하고 돈이나 물건을 받은 사람
	거짓 광고	여러 사람에게 물품을 팔거나 나누어 주거나 일을 해주면서 다른 사람을 속이거나 잘못 알게 할 만한 사실을 들어 광고한 사람
	업무방해	못된 장난 등으로 다른 사람, 단체 또는 공무수행 중인 자의 업무를 방해한 사람
	암표매매	흥행장, 경기장, 역, 나루터, 정류장, 그 밖에 정하여진 요금을 받고 입장시키거나 승차 또는 승선시키는 곳에서 웃돈을 받고 입장권·승차권 또는 승선권을 다른 사람에게 되판 사람
60만원 이하의 벌금, 구류 또는 과료의 형	관공서에서의 주취소란	술에 취한 채로 관공서에서 몹시 거친 말과 행동으로 주정하거나 시끄럽게 한 사람
	거짓신고	있지 아니한 범죄나 재해 사실을 공무원에게 거짓으로 신고한 사람

* 경범죄 처벌 비교

	통고처분	현행범 체포 여부
10만원 이하의 벌금, 구류, 과료	가능	주거가 불분명한 경우
20만원 이하의 벌금, 구류, 과료	가능	주거가 불분명한 경우
60만원 이하의 벌금, 구류, 과료	불가능	주거 불분명과 상관없음

(4) 통고처분

① **경찰서장, 해양경찰서장, 제주특별자치도지사** 또는 **철도특별사법경찰대장**은 범칙자로 인정되는 사람에 대하여 그 이유를 명백히 나타낸 서면으로 범칙금을 부과하고 이를 납부할 것을 **통고할 수 있다.**

  ● 경범죄처벌법상 10만원 이하 및 20만원 이하 벌금, 구류, 과료의 형에 해당하는 행위에 대해 범칙행위로 규정하고 통고처분을 할수 있다.
  ● 통고처분은 준사법적 행정행위이며, 범칙금을 납부하면 확정판결과 동일한 효력이 발생한다.

② 통고처분 예외

> 1. 통고처분서 받기를 **거부한 사람**
> 2. **주거 또는 신원이 확실하지 아니한 사람**
> 3. 그 밖에 통고처분을 하기가 매우 어려운 사람

➡ 통고처분 하지 않고 지체없이 **즉결심판을 청구**하여야 한다.

③ 제주특별자치도지사, 철도특별사법경찰대장은 통고처분을 한 경우에는 관할 경찰서장에게 그 사실을 **통보**하여야 한다.

(5) 범칙금의 납부

① 통고처분서를 받은 사람은 **통고처분서를 받은 날부터** 10일 이내에 경찰청장·해양경찰청장 또는 철도특별사법경찰대장이 지정한 은행, 그 지점이나 대리점, 우체국 또는 제주특별자치도지사가 지정하는 금융기관이나 그 지점에 범칙금을 납부하여야 한다.

➡ 다만, **천재지변**이나 그 밖의 부득이한 사유로 말미암아 그 기간 내에 범칙금을 납부할 수 없을 때에는 그 부득이한 사유가 없어지게 된 날부터 **5일 이내**에 납부하여야 한다.

② 1차 납부기간에 범칙금을 납부하지 아니한 사람은 **납부기간의 마지막 날의 다음 날부터** 20일 이내에 통고받은 범칙금에 그 금액의 100분의 20을 더한 금액을 납부하여야 한다.

③ 범칙금을 **납부한 사람**은 그 범칙행위에 대하여 **다시 처벌받지 아니한다.**

(6) 통고처분 불이행자 등의 처리

① 경찰서장, 해양경찰서장 및 제주특별자치도지사는 지체 없이 **즉결심판을 청구하여야 한다.**

➡ 다만, **즉결심판이 청구되기 전까지** 통고받은 범칙금에 그 금액의 **100분의 50을** 더한 금액을 납부한 사람에 대하여는 즉결심판청구를 하지 않는다.

② 즉결심판이 청구된 피고인이 통고받은 범칙금에 그 금액의 100분의 50을 더한 금액을 납부하고 그 증명서류를 즉결심판 선고 전까지 제출하였을 때에는 경찰서장, 해양경찰서장 및 제주특별자치도지사는 그 피고인에 대한 **즉결심판 청구를 취소하여야 한다.**

➡ 범칙금을 납부한 사람은 그 범칙행위에 대하여 **다시 처벌받지 아니한다.**

③ **철도특별사법경찰대장**은 제1항 각 호의 어느 하나에 해당하는 사람이 있는 경우에는 **즉시 관할 경찰서장** 또는 해양경찰서장에게 그 사실을 **통보**하고 관련 서류를 넘겨야 한다. 이 경우 통보를 받은 경찰서장 또는 해양경찰서장은 제1항부터 제3항까지의 규정에 따라 이를 처리하여야 한다.

---

* 범칙금 납부(경범죄처벌법 제8조의2)

범칙금은 대통령령으로 정하는 범칙금 납부대행기관을 통하여 **신용카드, 직불카드 등**(이하 "**신용카드등**"이라 한다)으로 낼 수 있다. 이 경우 "범칙금 납부대행기관"이란 정보통신망을 이용하여 신용카드등에 의한 결제를 수행하는 기관으로서 대통령령으로 정하는 바에 따라 범칙금 납부대행기관으로 지정받은 자를 말한다.

➡ 신용카드등으로 내는 경우에는 범칙금 납부대행기관의 승인일을 납부일로 본다.

➡ 범칙금 납부대행기관은 납부자로부터 신용카드등에 의한 과태료 납부대행 용역의 대가로 대통령령으로 정하는 바에 따라 납부대행 수수료를 받을 수 있다.

팩트DB

즉결심판에 관한 절차법

① 의의
즉결심판은 선고형이 **20만원 이하**의 벌금, 구류, 과료에 처할 범죄사건에 대해 통상적인 형사소송절차에 의하지 아니하고 경찰서장의 청구에 의해 판사가 즉결하는 심판절차이다.

② 즉결심판의 특징
  ㉠ 즉결심판의 청구권자는 **관할 경찰서장**이다.
  ㉡ 증거에 관해 자백보강법칙을 배제하여 피고인의 자백만으로도 유죄를 선고할 수 있다.
  ㉢ 심리상 피고인 출석이 원칙이나, **불출석의 궐석재판이 허용된다.**
  ㉣ 즉결심판청구의 기각 결정시
    ● 경찰서장은 지체없이 사건을 관할 지방검찰청 또는 지청이 장에게 송치하여야 한다.

4) 유실물법

[유실물 처리 절차]

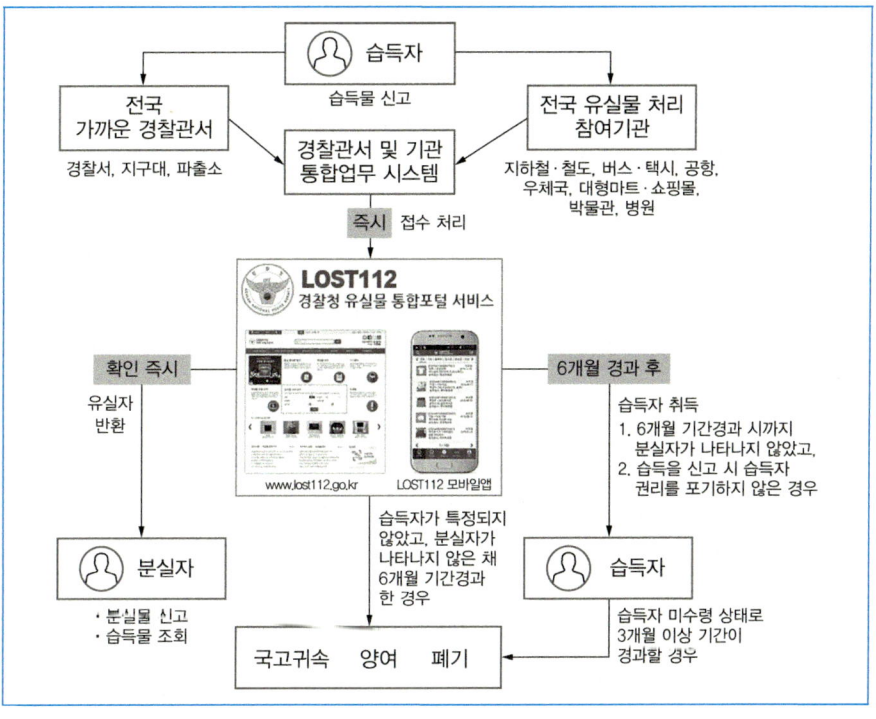

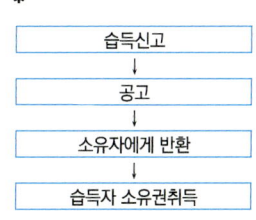

(1) 의의

① 습득물의 조치와 그 권리관계 및 습득자에 대한 보상관계를 규정하고 장물과 매장물에 관한 처리 방법을 정하기 위해 제정되었다.

② 유실물
점유자의 뜻에 의하지 아니하고 어떤 우연한 사정으로 점유를 이탈한 물건 중 **도품이 아닌 물건**을 의미한다.

---

* 유기동물
동물보호법의 적용을 받는다. "유실·유기동물"이란 도로·공원 등의 공공장소에서 소유자등이 없이 배회하거나 내버려진 동물을 말한다.(제2조)

* 준유실물
착오로 점유한 물건, 타인이 놓고 간 물건이나 일실(逸失)한 가축에 관하여는 이 법 및 「민법」 제253조를 준용한다. 다만, **착오로 점유한 물건에 대하여는 제3조의 비용과 제4조의 보상금을 청구할 수 없다.**

(2) 습득물 조치

① 타인이 유실한 물건을 습득한 자는 이를 신속하게 유실자 또는 소유자, 그 밖에 물건회복의 청구권을 가진 자에게 반환하거나 **경찰서(지구대·파출소 등 소속 경찰관서를 포함한다.)** 또는 제주특별자치도의 자치경찰단 사무소에 제출하여야 한다.

→ 다만, 법률에 따라 소유 또는 소지가 금지되거나 범행에 사용되었다고 인정되는 물건은 신속하게 경찰서 또는 자치경찰단에 제출하여야 한다.

② 물건을 경찰서에 제출한 경우에는 경찰서장이, 자치경찰단에 제출한 경우에는 제주특별자치도지사가 물건을 반환받을 자에게 반환하여야 한다. 이 경우에 반환을 받을 자의 성명이나 주거를 알 수 없을 때에는 대통령령으로 정하는 바에 따라 공고하여야 한다.

(3) 보관방법

① 경찰서장 또는 자치경찰단을 설치한 제주특별자치도지사는 **보관한 물건이 멸실되거나 훼손될 우려가 있을 때** 또는 **보관에 과다한 비용이나 불편이 수반될 때에는** 대통령령으로 정하는 방법으로 이를 **매각할 수 있다**.

② 매각에 드는 비용은 매각대금에서 충당한다.

→ 매각 비용을 공제한 매각대금의 남은 금액은 습득물로 간주하여 보관한다.

(4) 보상금

① 물건을 반환받는 자는 물건가액의 100분의 5 **이상** 100분의 20 **이하**의 범위에서 보상금을 습득자에게 지급하여야 한다. 다만, 국가·지방자치단체와 그 밖에 대통령령으로 정하는 **공공기관은 보상금을 청구할 수 없다**.

② 보상금은 물건을 반환한 후 1**개월**이 지나면 청구할 수 없다.

(5) 습득자의 권리 상실

습득물이나 그 밖에 이 법의 규정을 준용하는 물건을 횡령함으로써 처벌을 받은 자 및 **습득일부터 7일 이내**에 제1조제1항 또는 제11조제1항의 절차를 밟지 아니한 자는 제3조의 비용과 제4조의 보상금을 받을 권리 및 습득물의 소유권을 취득할 권리를 상실한다.

(6) 선박, 차량, 건축물 등에서의 습득

① 관리자가 있는 선박, 차량, 건축물, 그 밖에 일반인의 통행을 금지한 구내에서 타인의 물건을 습득한 자는 그 물건을 관리자에게 인계하여야 한다.

→ 선박, 차량, 건축물 등의 점유자를 습득자로 한다. 자기가 관리하는 장소에서 타인의 물건을 습득한 경우에도 또한 같다.

② 보상금은 점유자와 실제로 물건을 습득한 자가 **반씩** 나누어야 한다.

(7) 장물의 습득

① 범죄자가 놓고 간 것으로 인정되는 물건을 습득한 자는 신속히 그 물건을 **경찰서에 제출**하여야 한다.
  - 제1항의 물건에 관하여는 법률에서 정하는 바에 따라 몰수할 것을 제외하고는 이 법 및 「민법」 제253조를 준용한다. 다만, 공소권이 소멸되는 날부터 6개월간 환부(還付)받는 자가 없을 때에만 습득자가 그 소유권을 취득한다.

② 범죄수사상 필요할 때에는 경찰서장은 공소권이 소멸되는 날까지 공고를 하지 아니할 수 있다.

③ 경찰서장은 제출된 습득물이 장물(贓物)이 아니라고 판단되는 상당한 이유가 있고, 재산적 가치가 없거나 타인이 버린 것이 분명하다고 인정될 때에는 이를 **습득자에게 반환할 수 있다.**

(8) 유실물의 소유권 취득 및 상실

① 유실물은 법률이 정한 바에 의해 **공고한 후 6개월 내에** 그 소유자가 권리를 주장하지 아니하면 **습득자가** 그 소유권을 취득한다.

② 물건의 소유권을 취득한자가 그 취득한 날로부터 3개월 이내에 물건을 경찰서 또는 자치경찰단으로부터 받아가지 아니할 때에는 그 소유권을 상실한다.

(9) 매장물

① 매장물에 관하여는 제10조(선박, 차량, 건축물등내의 습득)를 제외하고는 이 법을 **준용한다.**

② 매장물이 「민법」 제255조에서 정하는 물건인 경우 국가는 매장물을 발견한 자와 매장물이 발견된 토지의 소유자에게 통지하여 그 가액에 상당한 금액을 **반으로 나누어** 국고(國庫)에서 각자에게 지급하여야 한다. 다만, 매장물을 발견한 자와 매장물이 발견된 토지의 소유자가 같을 때에는 그 전액을 지급하여야 한다.
  - 제2항의 금액에 불복하는 자는 그 통지를 받은 날부터 6개월 이내에 민사소송을 제기할 수 있다.

(10) 수취하지 아니한 물건의 소유권 상실

이 법 및 「민법」 제253조, 제254조에 따라 물건의 소유권을 취득한 자가 **그 취득한 날부터 3개월 이내에** 물건을 경찰서 또는 자치경찰단으로부터 받아가지 아니할 때에는 그 소유권을 상실한다.

---

* 민법253조
제253조(유실물의 소유권취득) 유실물은 법률에 정한 바에 의하여 공고한 후 6개월 내에 그 소유자가 권리를 주장하지 아니하면 습득자가 그 소유권을 취득한다.

5) 총포, 도검, 화약류 등의 안전관리에 관한 법률

(1) 의의

이 법은 총포·도검·화약류·분사기·전자충격기·석궁의 제조·판매·임대·운반·소지·사용과 그 밖에 안전관리에 관한 사항을 정하여 총포·도검·화약류·분사기·전자충격기·석궁으로 인한 위험과 재해를 미리 방지함으로써 공공의 안전을 유지하는 데 이바지함을 목적으로 한다.

(2) 용어

총포	권총, 소총, 기관총, 포, 엽총, 금속성 탄알이나 가스 등을 쏠 수 있는 장약총포, 공기총(가스를 이용하는 것을 포함한다. 이하 같다) 및 총포신·기관부 등 그 부품으로서 대통령령으로 정하는 것을 말한다.
도검	칼날의 길이가 **15센티미터 이상**인 칼·검·창·치도·비수 등으로서 성질상 흉기로 쓰이는 것과 칼날의 길이가 15센티미터 미만이라 할지라도 흉기로 사용될 위험성이 뚜렷한 것 중에서 대통령령으로 정하는 것을 말한다.
화약류	**화약, 폭약 및 화공품**(화약 및 폭약을 써서 만든 공작물을 말한다.)을 말한다.
분사기	사람의 활동을 일시적으로 곤란하게 하는 최루 또는 질식 등을 유발하는 작용제를 분사할 수 있는 기기로서 대통령령으로 정하는 것을 말한다. ➡ 종류 : 총포형 분사기, 막대형 분사기, 만년필형 분사기, 기타 휴대형 분사기 ➡ 살균·살충용 및 산업용 분사기를 **제외한다**.
전자충격기	사람의 활동을 일시적으로 곤란하게 하거나 **인명에 위해를 주는 전류를 방류할 수 있는 기기로서 대통령령으로 정하는 것**을 말한다. ➡ 종류 : 총포형 전자충격기, 막대형 전자충격기, 기타 휴대형 전자충격기 ➡ 다만, 산업용 및 의료용 전자충격기를 **제외한다**.
석궁	활과 총의 원리를 이용하여 화살 등의 물체를 발사하여 인명에 위해를 줄 수 있는 것으로서 대통령령으로 정하는 것을 말한다. ➡ 종류 : 일반형 석궁, 도르래형 석궁, 권총형 석궁

* 도검 종류
1. 월도
2. 장도
3. 단도
4. 검
5. 창
6. 치도
7. 비수
8. 재크나이프(칼날의 **길이가 6센티미터이상**의 것에 한한다)
9. 비출나이프(칼날의 길이가 5.5센티미터이상이고, 45도이상 자동으로 펴지는 장치가 있는 것에 한한다)
10. 그밖의 6센티미터이상의 칼날이 있는 것으로서 흉기로 사용될 위험성이 뚜렷이 있는 도검
➡ 칼끝이 둥글고 날이 서있지 아니하여 흉기로 사용될 위험성이 없는 도검은 제1항의 규정에 의한 도검으로 보지 아니한다.

▼ 화약류

화약	가. 흑색화약 또는 질산염을 주성분으로 하는 화약 나. 무연화약 또는 질산에스테르를 주성분으로 하는 화약 다. 그 밖에 가목 및 나목의 화약과 비슷한 추진적 폭발에 사용될 수 있는 것으로서 대통령령으로 정하는 것
폭약	가. 뇌홍(雷汞)·아지화연·로단염류·테트라센 등의 기폭제 나. 초안폭약, 염소산칼리폭약, 카리트, 그 밖에 질산염·염소산염 또는 과염소산염을 주성분으로 하는 폭약 다. 니트로글리세린, 니트로글리콜, 그 밖에 폭약으로 사용되는 질산에스테르 라. 다이너마이트, 그 밖에 질산에스테르를 주성분으로 하는 폭약 마. 폭발에 쓰이는 트리니트로벤젠, 트리니트로톨루엔, 피크린산, 트리니트로클로로벤젠, 테트릴, 트리니트로아니졸, 핵사니트로디페닐아민, 트리메틸렌트리니트라민, 펜트리트, 그 밖에 니트로기 3 이상이 들어 있는 니트로화합물과 이들을 주성분으로 하는 폭약

	바. 액체산소폭약, 그 밖의 액체폭약 사. 그 밖에 가목부터 바목까지의 폭약과 비슷한 파괴적 폭발에 사용될 수 있는 것으로서 대통령령으로 정하는 것
화공품	가. 공업용뇌관·전기뇌관·비전기뇌관·전자뇌관·총용뇌관·신호뇌관 및 그 밖에 대통령령으로 정하는 뇌관류(시그널튜브 등 부품류를 포함한다) 나. 실탄(산탄을 포함한다. 이하 같다) 및 공포탄 다. 신관 및 화관 라. 도폭선, 미진동파쇄기, 도화선 및 전기도화선 마. 신호염관, 신호화전 및 신호용 화공품 바. 시동약(始動藥) 사. 꽃불 아. 장난감용 꽃불 등으로서 행정안전부령으로 정하는 것 자. 자동차 긴급신호용 불꽃신호기 차. 자동차에어백용 등 인체보호용 가스발생기 카. 그 밖에 화약이나 폭약을 사용한 화공품으로 대통령령으로 정하는 것

(3) 제조업

허가권	① **총포·화약류의 제조업**(총포의 개조·수리업과 화약류의 변형·가공업을 포함한다.)을 하려는 자는 제조소마다 **행정안전부령**으로 정하는 바에 따라 **경찰청장의 허가**를 받아야 한다. ➡ 제조소의 위치·구조·시설 또는 설비를 변경하거나 제조하는 총포·화약류의 종류 또는 제조방법을 변경하려는 경우에도 또한 같다. ② **도검·분사기·전자충격기·석궁의 제조업**을 하려는 자는 제조소마다 행정안전부령으로 정하는 바에 따라 제조소의 **소재지를 관할하는 시·도경찰청장의 허가**를 받아야 한다. ➡ 제조소의 위치·구조·시설 또는 설비를 변경하거나 제조하는 도검·분사기·전자충격기·석궁의 종류 또는 제조방법을 변경하려는 경우에도 또한 같다. ③ 제1항 또는 제2항에 따라 총포·도검·화약류·분사기·전자충격기·석궁 제조업의 허가를 받은 자(이하 "제조업자"라 한다)가 아니면 총포·도검·화약류·분사기·전자충격기·석궁을 제조하지 못한다. 다만, 화약류를 물리상·화학상의 실험 또는 의료의 목적으로 사용하기 위하여 대통령령으로 정하는 종류와 수량 이하를 제조하는 경우에는 그러하지 아니하다. ④ 경찰청장 또는 시·도경찰청장은 제45조제1항에 따라 허가가 취소된 후 6개월 이내에 그 영업장소에서 같은 종류의 영업을 하려는 자에 대해서는 제1항 또는 제2항에 따른 허가를 하여서는 아니 된다.
제조업자 결격사유	다음 각 호의 어느 하나에 해당하는 자는 총포·도검·화약류·분사기·전자충격기·석궁 제조업의 허가를 받을 수 없다. 1. **금고 이상의 실형을 선고**받고 그 집행이 끝나거나 집행을 받지 아니하기로 확정된 후 **3년**이 지나지 아니한 자 2. **금고 이상의 형의 집행유예를 선고**받고 그 유예기간이 끝난 날부터 **1년**이 지나지 아니한 자 3. 심신상실자, 마약·대마·향정신성의약품 또는 알코올 중독자, 그 밖에 이에 준하는 정신장애인 4. **20세 미만인 자**

	5. 피성년후견인 및 피한정후견인 6. 파산선고를 받고 **복권되지 아니한 자** 7. 제45조제1항에 따라 허가가 취소(이 조 제4호부터 제6호까지의 어느 하나에 해당하여 허가가 취소된 경우는 제외한다)된 후 3년이 지나지 아니한 자 8. 임원 중에 제1호부터 제7호까지의 어느 하나에 해당하는 자가 있는 법인 또는 단체

(4) 판매업

허가권	① 총포·도검·화약류·분사기·전자충격기·**석궁의 판매업을 하려는 자**는 판매소마다 행정안전부령으로 정하는 바에 따라 판매소의 소재지를 관할하는 **시·도경찰청장의 허가**를 받아야 한다. 　➡ 판매소의 위치·구조·시설 또는 설비를 변경하거나 판매하는 총포·도검·화약류·분사기·전자충격기·석궁의 종류를 변경하려는 경우에도 또한 같다. ② 제1항에 따라 총포·도검·화약류·분사기·전자충격기·석궁 판매업의 허가를 받은 자(이하 "판매업자"라 한다)가 아니면 총포·도검·화약류·분사기·전자충격기·석궁을 판매(분사기 판매의 경우 분사기에 최루 또는 질식 등을 유발하는 작용제를 충전하는 것을 포함한다. 이하 같다)하지 못한다. 다만, 제조업자가 자신이 제조한 총포·도검·화약류·분사기·전자충격기·석궁을 제조소에서 직접 판매하거나 총포 판매업자가 대통령령으로 정하는 범위에서 판매허가를 받은 총포의 실탄 또는 공포탄을 판매하는 경우에는 그러하지 아니하다.
결격사유	총포·도검·화약류·분사기·전자충격기·석궁 판매업 및 총포·도검·분사기·전자충격기·석궁 임대업의 허가의 경우에 판매업자 및 임대업자의 결격사유에 관하여는 제5조 제조업자 결격사유를 준용한다.

(5) 수출입

① **총포·화약류를 수출 또는 수입하려는 자**는 행정안전부령으로 정하는 바에 따라 수출 또는 수입하려는 때마다 관련 증명서류 등을 경찰청장에게 제출하고 **경찰청장의 허가**를 받아야 한다.
　➡ 이 경우 경찰청장은 수출 허가를 하기 전에 수입국이 수입 허가 등을 하였는지 여부 및 경유국이 동의하였는지 여부 등을 확인하여야 한다.

② 도검·분사기·전자충격기·석궁을 수출 또는 수입하려는 자는 행정안전부령으로 정하는 바에 따라 수출 또는 수입하려는 때마다 **주된 사업장의 소재지를 관할하는 시·도경찰청장의 허가**를 받아야 한다.

③ 제조업자·판매업자 또는 임대업자가 아니면 제1항 또는 제2항에 따른 허가를 받아 총포·도검·화약류·분사기·전자충격기·석궁을 수출 또는 수입할 수 없다. 다만, 국가기관 또는 지방자치단체가 사용하려는 것으로서 직접 경찰청장의 승인을 받은 경우에는 그 국가기관 또는 지방자치단체는 총포·도검·화약류·분사기·전자충격기·석궁을 수출 또는 수입할 수 있다.

④ 화약류를 수입한 자는 지체 없이 행정안전부령으로 정하는 바에 따라 수입지를 관할하는 **경찰서장에게 신고**하여야 한다.

(6) 총포 · 도검 · 화약류 · 분사기 · 전자충격기 · 석궁의 소지와 사용

소지 허가	① 제10조 각 호의 어느 하나에 해당하지 아니하는 자가 총포·도검·화약류·분사기·전자충격기·석궁을 **소지하려는 경우에는 행정안전부령으로 정하는 바에 따라** 다음 각 호의 구분에 따라 허가를 받아야 한다. 다만, 제1호 및 제2호의 총포 소지허가를 받으려는 경우에는 신청인의 정신질환 또는 성격장애 등을 확인할 수 있도록 행정안전부령으로 정하는 서류를 허가관청에 제출하여야 한다.
	
	   1. 총포(제2호에서 정하는 것은 제외한다) : 주소지를 관할하는 **시·도경찰청장**
	   2. 총포 중 엽총·가스발사총·공기총·마취총·도살총·산업용총·구난구명총 또는 그 부품 : 주소지를 관할하는 **경찰서장**
	   3. 도검·화약류·분사기·전자충격기 및 석궁 : 주소지를 관할하는 **경찰서장**
	
	② 건설공사·경비 등을 위하여 법인의 대표자 또는 대리인, 사용인, 그 밖에 종업원이 산업용총·가스발사총·마취총, 대통령령으로 정하는 폭발물 분쇄 용도의 총포(이하 이 조 및 제46조에서 "폭발물분쇄용 총포"라 한다), 분사기 또는 전자충격기를 소지하려는 경우에는 그 법인의 대표자가 허가받으려는 산업용총·가스발사총·마취총, 폭발물분쇄용 총포, 분사기 또는 전자충격기의 수 및 이를 소지할 사람을 특정하여 그 법인의 주된 사업장의 소재지를 관할하는 경찰서장의 허가를 받아야 한다. 이 경우 가스발사총의 소지허가는 이를 소지할 사람이 관계 법령에 따라 무기를 휴대할 수 있는 경우로 한정한다.
	③ 영화·연극 등을 위한 예술소품용으로 사용할 목적으로 임대업자로부터 총포·도검·분사기·전자충격기·석궁을 빌려 연기자 등에게 일시 소지하도록 하려는 사람은 관리책임자(소지허가 받은 총포·도검·분사기·전자충격기·석궁을 영화 촬영이나 연극 상연 등에 사용할 때마다 직접 지급하고 회수하는 등 관리책임을 지는 사람을 말한다. 이하 같다) 및 소지기간을 정하여 주소지를 관할하는 시·도경찰청장의 소지허가를 받아야 한다. 이 경우 해당 영화·연극 등을 위하여 영화 촬영이나 연극 상연 중에 임대한 총포·도검·분사기·전자충격기·석궁을 일시 소지하는 사람은 모두 소지허가를 받은 것으로 본다.

결격사유	① 다음 각 호의 어느 하나에 해당하는 자는 총포·도검·화약류·분사기·전자충격기·석궁의 소지허가를 받을 수 없다.
	   1. **20세 미만인** 자. 다만, 대한체육회장이나 특별시·광역시·특별자치시·도 또는 특별자치도의 체육회장이 추천한 선수 또는 후보자가 사격경기용 총을 소지하려는 경우는 제외한다.
	   2. 심신상실자, 마약·대마·향정신성의약품 또는 알코올 중독자, 정신질환자 또는 뇌전증 환자로서 대통령령으로 정하는 사람
	   3. **금고 이상의 실형을** 선고받고 그 집행이 끝나거나(집행이 끝난 것으로 보는 경우를 포함한다) **면제된 날부터** 5년이 지나지 아니한 자
	   4. 이 법을 위반하여 **벌금형을 선고받고 5년이 지나지 아니한 자**

★ 제14조의2(총포의 보관)
① 제12조 또는 제14조에 따라 총포의 소지허가를 받은 자는 총포와 그 실탄 또는 공포탄을 허가관청이 지정하는 곳에 보관하여야 한다.
② 총포의 소지허가를 받은 자는 총포를 허가받은 용도에 사용하기 위한 경우 또는 정당한 사유가 있는 경우 허가관청에 보관해제를 신청하여야 한다. 이 경우 총포의 보관해제 기간 동안 총포 또는 총포소지자의 위치정보를 확인할 수 있도록 위치정보수집 동의서를 함께 제출하여야 한다.
③ 허가관청은 제2항에 따른 보관해제 신청이 적합하지 않거나 위치정보수집에 동의하지 않은 경우와 그 밖에 공공의 안전유지를 위하여 필요하다고 인정될 경우 총포의 보관을 해제하지 않을 수 있다.

결격사유	5. 「특정강력범죄의 처벌에 관한 특례법」 제2조제1항 각 호의 어느 하나에 해당하는 특정강력범죄를 범하여 벌금형의 선고 또는 징역 이상의 형의 집행유예를 선고받고 그 유예기간이 끝난 날부터 **5년**이 지나지 아니한 자 6. **이 법을 위반하여 금고 이상의 형의 집행유예를 선고받고 그 유예기간이 끝난 날부터 3년이 지나지 아니한 자** 6의2. 다음 각 목의 어느 하나에 해당하는 죄를 범하여 벌금형을 선고받고 5년이 지나지 아니하거나 금고 이상의 형의 집행유예를 선고받고 그 유예기간이 끝난 날부터 5년이 지나지 아니한 사람 　가. 「형법」 제114조의 죄 　나. 「형법」 제257조제1항·제2항, 제260조 및 제261조의 죄 　다. 「아동·청소년의 성보호에 관한 법률」 제7조 및 제8조의 죄 6의3. 「도로교통법」 제148조의2의 죄(이하 "음주운전 등"이라 한다)로 벌금 이상의 형을 선고받은 날부터 5년 이내에 다시 음주운전 등으로 벌금 이상의 형을 선고받고 그 집행이 종료(집행이 종료된 것으로 보는 경우를 포함한다)되거나 집행이 면제된 날부터 5년이 지나지 아니한 사람 7. 제45조 또는 제46조제1항에 따라 허가가 취소된 후 **1년**이 지나지 아니한 자 ② 시·도경찰청장 또는 경찰서장은 다른 사람의 생명·재산 또는 공공의 안전을 해칠 우려가 있다고 인정되는 경우에는 제1항 각 호의 어느 하나에 해당하지 아니하는 자에 대해서도 총포·도검·화약류·분사기·전자충격기·석궁의 소지허가를 하지 아니할 수 있다.
갱신	총포의 소지허가를 받은 자는 허가를 받은 날부터 **3년마다** 이를 갱신하여야 한다. ● 총포 소지허가의 갱신을 받으려는 경우에는 신청인의 정신질환 또는 성격장애 등을 확인할 수 있도록 행정안전부령으로 정하는 서류를 허가관청에 제출하여야 한다.

(7) 총포 · 도검 · 화약류 · 분사기 · 전자충격기 · 석궁의 관리

* 제18조(화약류의 사용)
① 화약류를 발파하거나 연소시키려는 자는 행정안전부령으로 정하는 바에 따라 화약류의 사용장소를 관할하는 경찰서장의 화약류 사용허가를 받아야 한다. 다만, 「광업법」에 따라 광물을 채굴하는 자와 그 밖에 대통령령으로 정하는 자는 그러하지 아니하다.

화약류 운반	① 화약류를 운반하려는 사람은 행정안전부령으로 정하는 바에 따라 **발송지를 관할하는 경찰서장에게** 신고하여야 한다. 다만, 대통령령으로 정하는 수량 이하의 화약류를 운반하는 경우에는 그러하지 아니하다. ② 제1항에 따른 운반신고를 받은 경찰서장은 행정안전부령으로 정하는 바에 따라 화약류운반신고증명서를 발급하여야 한다. ③ 화약류를 운반하는 사람은 제2항에 따라 발급받은 화약류운반신고증명서를 지니고 있어야 한다.
도난, 분실 신고	총포·도검·화약류·분사기·전자충격기·석궁을 도난당하거나 잃어버렸을 때에는 그 소유자 또는 관리자는 **지체 없이** 경찰관서에 신고하여야 한다.
발견 습득 신고	누구든지 유실·매몰 또는 정당하게 관리되고 있지 아니하는 총포·도검·화약류·분사기·전자충격기·석궁이라고 인정되는 물건을 발견하거나 습득하였을 때에는 **24시간 이내에 가까운 경찰관서에** 신고하여야 하며, 경찰공무원(의무경찰을 포함한다)의 지시 없이 이를 만지거나 옮기거나 두들기거나 해체하여서는 아니 된다.

팩트DB

허가권자

	경찰청장	시·도경찰청장	경찰서장
제조업 수출입	총포, 화약류	도검, 분사기, 전자충격기, 석궁	
소지와 사용		총포	총 도검, 분사기, 전자충격기, 석궁, 화약류
판매업		O	

- 총포 소지 허가 : 3년마다 갱신
- 총포 등 취급금지 : 18세 미만, 소지금지 : 20세 미만
- 화약류 **운반시** 발송지 관할 경찰서장에게 **신고** 하여야 한다.
- 화약류 **발파 혹은 연소시** 사용장소 관할 경찰서장의 화약류 사용**허가** 받아야 한다.

7) 소년법, 소년업무규칙

(1) 의의

반사회성이 있는 소년의 환경 조정과 품행 교정을 위함 보호처분 등의 필요한 조치를 하고, 형사처분에 관한 특별조치를 함으로써 소년이 건전하게 성장하도록 돕는 것을 목적으로 한다.

✱ 청소년 연령관련 법률 기준

소년법	19세 미만
청소년기본법	9세 이상 24세 미만
게임산업진흥에 관한 법률	19세 미만
아동·청소년의 성보호에 관한 법률	
• 음악산업진흥에 관한 법률 • 청소년보호법	18세 미만
아동학대범죄의 처벌 등에 관한 특례법	

팩트DB

선도 대상인 소년의 종류

소년		19세 미만인 자를 말한다.
보호자		법률상 감호교육을 할 의무가 있는 자 또는 현재 감호하는 자를 말한다.
비행 소년	범죄 소년	14세 **이상** 19세 **미만**의 자로서 범죄를 범한 소년
	촉법 소년	10세 **이상** 14세 **미만**의 자로서 형벌법령에 저촉되는 행위를 한 소년
	우범 소년	다음 각 목에 해당하는 사유가 있고 그의 성격이나 환경에 비추어 앞으로 형벌 법령에 저촉되는 행위를 할 **우려가 있는** 10세 **이상**인 소년 가. 집단적으로 몰려다니며 주위 사람들에게 불안감을 조성하는 성벽(性癖)이 있는 것 나. 정당한 이유 없이 가출하는 것 다. 술을 마시고 소란을 피우거나 유해환경에 접하는 성벽이 있는 것
죄질이 경미한 범죄소년		「즉결심판에 관한 절차법」 제2조의 즉결심판의 대상에 해당하는 범죄소년을 말한다.
학교 밖 청소년		「학교 밖 청소년 지원에 관한 법률」 제2조제2호에 해당하는 사람을 말한다.

(2) 보호의 대상과 송치 및 통고

① 범죄소년, 촉법소년, 우범소년은 소년부의 보호사건으로 심리한다.
② 촉법소년, 우범소년이 있을 때에는 경찰서장은 **직접 관할 소년부에 송치**하여야 한다.
③ 제1항 각 호의 어느 하나에 해당하는 소년을 발견한 보호자 또는 학교·사회복리시설·보호관찰소(보호관찰지소를 포함한다. 이하 같다)의 장은 이를 관할 소년부에 통고할 수 있다.

(3) 이송

① 보호사건을 송치받은 소년부는 보호의 적정을 기하기 위하여 필요하다고 인정하면 결정(決定)으로써 사건을 다른 관할 소년부에 이송할 수 있다.
② 소년부는 사건이 그 관할에 속하지 아니한다고 인정하면 결정으로써 그 사건을 관할 소년부에 이송하여야 한다.

(4) 형사처분 등을 위한 관할 검찰청으로의 송치

① 소년부는 조사 또는 심리한 결과 **금고 이상의 형**에 해당하는 범죄 사실이 발견된 경우 그 동기와 죄질이 형사처분을 할 필요가 있다고 인정하면 **결정**으로써 사건을 관할 지방법원에 대응한 **검찰청 검사에게 송치**하여야 한다.
② 소년부는 조사 또는 심리한 결과 사건의 본인이 19세 이상인 것으로 밝혀진 경우에는 결정으로써 사건을 관할 지방법원에 대응하는 검찰청 검사에게 송치하여야 한다. 다만, 제51조에 따라 법원에 이송하여야 할 경우에는 그러하지 아니하다

(5) 소년형사절차 특례

사형 및 무기형의 완화	죄를 범할 당시 18세 미만인 소년에 대하여 사형 또는 무기형으로 처할 경우에는 15년의 유기징역으로 한다.
부정기형	① 소년이 법정형으로 **장기 2년 이상**의 유기형에 해당하는 죄를 범한 경우에는 그 형의 범위에서 장기와 단기를 정하여 선고한다. 다만, **장기는 10년, 단기는 5년**을 초과하지 못한다. ② 소년의 특성에 비추어 상당하다고 인정되는 때에는 그 형을 감경할 수 있다. ③ 형의 집행유예나 선고유예를 선고할 때에는 제1항을 적용하지 아니한다. ④ 소년에 대한 부정기형을 집행하는 기관의 장은 형의 단기가 지난 소년범의 행형 성적이 양호하고 교정의 목적을 달성하였다고 인정되는 경우에는 관할 검찰청 검사의 지휘에 따라 그 형의 집행을 종료시킬 수 있다.
환형처분 금지	18세 미만인 소년에게는「형법」제70조에 따른 **유치선고를 하지 못한다**. 다만, 판결선고 전 구속되었거나 제18조제1항제3호의 조치가 있었을 때에는 그 구속 또는 위탁의 기간에 해당하는 기간은 노역장에 유치된 것으로 보아「형법」제57조를 적용할 수 있다.

★ 특정강력범죄의 처벌에 관한 특례법
제4조(소년에 대한 형)
① 특정강력범죄를 범한 당시 18세 미만인 소년을 사형 또는 무기형에 처하여야 할 때에는「소년법」제59조에도 불구하고 그 형을 20년의 유기징역으로 한다.
② 특정강력범죄를 범한 소년에 대하여 부정기형(不定期刑)을 선고할 때에는「소년법」제60조제1항 단서에도 불구하고 장기는 15년, 단기는 7년을 초과하지 못한다.

징역, 금고의 집행	징역 또는 금고를 선고받은 소년에 대하여는 특별히 설치된 교도소 또는 일반 교도소 안에 특별히 **분리된 장소에서 그 형을 집행한다**. 다만, 소년이 형의 집행 중에 23세가 되면 일반 교도소에서 집행할 수 있다.
보호처분과 형의 집행	보호처분이 계속 중일 때에 징역, 금고 또는 구류를 선고받은 소년에 대하여는 먼저 그 형을 집행한다.
가석방	징역 또는 금고를 선고받은 소년에 대하여는 다음 각 호의 기간이 지나면 가석방(假釋放)을 허가할 수 있다. 1. 무기형의 경우에는 **5년** 2. 15년 유기형의 경우에는 **3년** 3. 부정기형의 경우에는 **단기의 3분의 1**

9) 청소년 보호법

(1) 의의

① 청소년에게 유해한 매체물과 약물 등이 청소년에게 유통되는 것과 청소년이 유해한 업소에 출입하는 것 등을 규제하고 청소년을 **유해한 환경으로부터 보호, 구제함**으로써 건전한 인격체로 성장할수 있도록 함을 목적으로 한다.

  ◐ 청소년보호법은 청소년유해환경의 규제에 관한 형사처벌을 할 때 다른 법률보다 **우선하여 적용**한다.

② 정의

청소년	**만 19세 미만**인 사람을 말한다. ◐ 다만, 만 19세가 되는 해의 1월 1일을 맞이한 사람은 제외한다.
청소년 유해업소	청소년의 출입과 고용이 청소년에게 유해한 것으로 인정되는 다음 가목의 업소(청소년 출입·고용금지업소)와 청소년의 출입은 가능하나 고용이 청소년에게 유해한 것으로 인정되는 다음 나목의 업소(청소년고용금지업소)를 말한다. ◐ 이 경우 업소의 구분은 그 업소가 영업을 할 때 다른 법령에 따라 요구되는 허가·인가·등록·신고 등의 여부와 관계없이 **실제로 이루어지고 있는 영업 행위를 기준으로 한다**.

* 판례
청소년 보호법의 입법 목적 등에 비추어 볼 때, **연령은 호적 등 공부상의 나이가 아니라 실제의 나이를 기준으로 하여야 한다**. 공부상 출생일과 다른 실제의 출생일을 기준으로 청소년보호법상의 청소년에서 제외되는 자임이 역수상 명백하다고 하여, 피고인을 주류판매에 관한 청소년보호법 위반죄로 처벌할수 없다.(2009노1765)

(2) 청소년 고용 금지 및 출입제한 등

① 청소년유해업소의 업주는 청소년을 고용하여서는 아니 된다. 청소년유해업소의 업주가 종업원을 고용하려면 **미리 나이를 확인**하여야 한다.

② 청소년 출입·고용금지업소의 업주와 종사자는 출입자의 나이를 확인하여 청소년이 그 업소에 출입하지 못하게 하여야 한다.

③ 숙박업을 운영하는 업주는 종사자를 배치하거나 대통령령으로 정하는 설비 등을 갖추어 출입자의 나이를 확인하고 제30조제8호의 우려가 있는 경우에는 청소년의 출입을 제한하여야 한다.

④ 청소년유해업소의 업주와 종사자는 나이 확인을 위하여 필요한 경우 주민등록증이나 그 밖에 나이를 확인할 수 있는 **증표의 제시를 요구할 수 있으며**, 증표 제시를 요구받고도 정당한 사유 없이 증표를 제시하지 아니하는 사람에게는 그 업소의 출입을 제한할 수 있다.

⑤ 청소년이 **친권자등을 동반할 때**에는 대통령령으로 정하는 바에 따라 출입하게 할 수 있다. 다만, 「식품위생법」에 따른 식품접객업 중 대통령령으로 정하는 업소의 경우에는 출입할 수 없다.
⑥ 청소년유해업소의 업주와 종사자는 그 업소에 대통령령으로 정하는 바에 따라 청소년의 출입과 고용을 제한하는 내용을 **표시하여야 한다**.

(3) 청소년 유해업소 출입과 고용금지

청소년 출입·고용금지 업소(출입X, 고용X)	청소년고용금지업소(출입O, 고용X)	
1) 「게임산업진흥에 관한 법률」에 따른 **일반게임제공업 및 복합유통게임제공업** 중 대통령령으로 정하는 것 2) 「사행행위 등 규제 및 처벌 특례법」에 따른 **사행행위영업** 3) 「식품위생법」에 따른 식품접객업 중 대통령령으로 정하는 것 - **유흥주점, 단란주점** 4) 「영화 및 비디오물의 진흥에 관한 법률」 제2조제16호에 따른 비디오물감상실업·제한관람가비디오물소극장업 및 복합영상물제공업 5) 「음악산업진흥에 관한 법률」에 따른 **노래연습장업** 중 대통령령으로 정하는 것 6) 「체육시설의 설치·이용에 관한 법률」에 따른 **무도학원업 및 무도장업** 7) 전기통신설비를 갖추고 불특정한 사람들 사이의 음성대화 또는 화상대화를 매개하는 것을 주된 목적으로 하는 영업. 다만, 「전기통신사업법」 등 다른 법률에 따라 통신을 매개하는 영업은 제외한다. 8) 불특정한 사람 사이의 신체적인 접촉 또는 은밀한 부분의 노출 등 성적 행위가 이루어지거나 이와 유사한 행위가 이루어질 우려가 있는 서비스를 제공하는 영업으로서 청소년보호위원회가 결정하고 **여성가족부장관이 고시한 것** 여성가족부 장관 고시 영업 예시] 키스방, 대딸방, 전립선마사지, 유리방, 성인PC방, 휴게텔, 인형체험방 등 9) 청소년유해매체물 및 청소년유해약물등을 제작·생산·유통하는 영업 등 청소년의 출입과 고용이 청소년에게 유해하다고 인정되는 영업으로서 대통령령으로 정하는	1) 「게임산업진흥에 관한 법률」에 따른 **청소년게임제공업 및 인터넷컴퓨터게임시설제공업** 2) 「공중위생관리법」에 따른 숙박업, 목욕장업, 이용업 중 대통령령으로 정하는 것	
	숙박업	다만, 가목부터 다목까지의 규정에 따른 숙박업은 제외하며, 라목 및 마목에 따른 숙박업의 경우에는 「산업현장 일학습병행 지원에 관한 법률」 제3조제4호에 따른 학습근로계약을 체결하여 청소년을 고용하거나 「직업교육훈련 촉진법」 제2조제7호에 따른 현장실습을 실시한 업소에서 해당 현장실습을 받은 청소년을 고용하는 경우에 한정하여 제외한다.
	목욕장업	목욕장업 중 안마실을 설치하여 영업을 하거나 개별실로 구획하여 하는 영업
	이용업	다만, 다른 법령에 따라 취업이 금지되지 아니한 남자 청소년을 고용하는 경우는 제외한다
	3) 「식품위생법」에 따른 식품접객업 중 대통령령으로 정하는 것 - **티켓다방, 소주방, 호프, 카페 등** 4) 「영화 및 비디오물의 진흥에 관한 법률」에 따른 **비디오물소극장업** 5) 「화학물질관리법」에 따른 **유해화학물질영업**. 다만, 유해화학물질 사용과 직접 관련이 없는 영업으로서 대통령령으로 정하는 영업은 제외한다. 6) 회비 등을 받거나 유료로 만화를 빌려 주는 **만화대여업**	

* 소년보호위원회

설치	여성가족부 소속
구성	위원장 1명 포함 11명 이내 위원
임기	2년으로 하되 연임 가능
운영	재적과반수 출석으로 개의, 출석위원 과반수 찬성으로 의결

기준에 따라 청소년보호위원회가 결정하고 **여성가족부장관이 고시한 것** 10) 「한국마사회법」 제6조제2항에 따른 **장외발매소** 11) 「경륜·경정법」 제9조제2항에 따른 **장외매장**	7) 청소년유해매체물 및 청소년유해약물등을 제작·생산·유통하는 영업 등 청소년의 고용이 청소년에게 유해하다고 인정되는 영업으로서 대통령령으로 정하는 기준에 따라 청소년보호위원회가 결정하고 여성가족부장관이 고시한 것

(4) 청소년 유해행위의 금지 및 처벌

유해행위 금지	처벌
1. 영리를 목적으로 청소년으로 하여금 신체적인 접촉 또는 은밀한 부분의 노출 등 **성적 접대행위**를 하게 하거나 이러한 행위를 알선·매개하는 행위	1년 이상 10년 이하의 징역
2. 영리를 목적으로 청소년으로 하여금 손님과 함께 술을 마시거나 노래 또는 춤 등으로 손님의 **유흥을 돋우는 접객행위**를 하게 하거나 이러한 행위를 알선·매개하는 행위 3. 영리나 흥행을 목적으로 청소년에게 **음란한 행위**를 하게 하는 행위	10년 이하의 징역
4. 영리나 흥행을 목적으로 청소년의 **장애나 기형 등**의 모습을 일반인들에게 관람시키는 행위 5. 청소년에게 **구걸**을 시키거나 청소년을 이용하여 **구걸하는 행위** 6. 청소년을 **학대하는 행위**	5년 이하의 징역
7. 영리를 목적으로 청소년으로 하여금 거리에서 손님을 **유인하는 행위**를 하게 하는 행위 8. 청소년을 남녀 혼숙하게 하는 등 **풍기를 문란**하게 하는 영업행위를 하거나 이를 목적으로 **장소를 제공**하는 행위 9. 주로 차 종류를 조리·판매하는 업소에서 청소년으로 하여금 **영업장을 벗어나 차 종류를 배달하는 행위**를 하게 하거나 이를 조장하거나 묵인하는 행위	3년 이하의 징역 또는 3천만원 이하의 벌금

(5) 청소년 통행금지·제한구역의 지정 등

① **특별자치시장·특별자치도지사·시장·군수·구청장**은 청소년 보호를 위하여 필요하다고 인정할 경우 청소년의 정신적·신체적 건강을 해칠 우려가 있는 구역을 청소년 통행금지구역 또는 **청소년 통행제한구역으로 지정하여야 한다.**

② 시장·군수·구청장은 청소년 범죄 또는 탈선의 예방 등 특별한 이유가 있으면 대통령령으로 정하는 바에 따라 시간을 정하여 제1항에 따라 지정된 구역에 청소년이 통행하는 것을 금지하거나 제한할 수 있다.

③ 제1항과 제2항에 따른 청소년 통행금지구역 또는 통행제한구역의 구체적인 지정기준과 선도 및 단속 방법 등은 **조례**로 정하여야 한다. 이 경우 관할 경찰관서 및 학교 등 해당 지역의 관계 기관과 지역 주민의 의견을 반영하여야 한다.

➡ 시장·군수·구청장 및 관할 경찰서장은 청소년이 제2항을 위반하여 청소년 통행금지구역 또는 통행제한구역을 통행하려고 할 때에는 통행을 막을 수 있으며, 통행하고 있는 청소년은 해당 구역 밖으로 나가게 할 수 있다.

★ 제32조(청소년에 대하여 가지는 채권의 효력 제한)
① 제30조에 따른 행위를 한 자가 그 행위와 관련하여 청소년에 대하여 가지는 채권은 그 **계약의 형식이나 명목에 관계없이 무효로 한다.**
② 제2조제5호가목3) 및 나목3)에 따른 업소의 업주가 고용과 관련하여 청소년에 대하여 가지는 채권은 그 계약의 형식이나 명목에 관계없이 무효로 한다.

팩트DB

관련 판례

1. 청소년유해업소인 단란주점의 업주가 청소년들을 고용하여 영업을 한 이상 그 중 일부가 대기실에서 대기중이었을 뿐 실제 접객행위를 한 바 없다 하더라도 구 청소년보호법(2000. 1. 12. 법률 제6164호로 개정되기 전의 것) 제49조 제1항 규정에 따른 이익을 취득하지 아니한 것이라고 볼 수 없다.(2002두219)

2. 유흥업소의 업주로서는 다른 공적 증명력 있는 증거를 확인해 봄이 없이 단순히 건강진단결과서상의 생년월일 기재만을 확인하는 것으로는 청소년보호를 위한 연령확인의무이행을 다한 것으로 볼 수 없고, 따라서 이러한 의무이행을 다하지 아니한 채 대상자가 성인이라는 말만 믿고 타인의 건강진단결과서만을 확인한 채 청소년을 청소년유해업소에 고용한 업주에게는 적어도 청소년 고용에 관한 미필적 고의가 있다.(2002도2425)

3. 청소년이 '티켓걸'로서 노래연습장 또는 유흥주점에서 손님들의 흥을 돋우어 주고 시간당 보수를 받은 사안에서 업소주인이 청소년을 **시간제 접대부로 고용**한 것으로 보고 업소주인을 청소년보호법 위반죄로 **처벌하는 것은 정당하다**.(대판2005도3801)

4. 18세 미만의 청소년에게 술을 판매함에 있어서 그의 **민법상 법정대리인의 동의를 받았다고 하더라도** 그 사정만으로 위 행위가 정당화될 수는 없다.(대판 99도21)

5. 식품위생법상의 일반음식점 영업허가를 받은 업소라 하더라도 실제로는 음식류의 조리 판매보다는 주로 주류를 조리 판매하는 영업행위가 이루어지고 있는 경우에는 청소년보호법상의 청소년고용금지업소에 해당하며, 나아가 일반음식점의 실제의 영업형태 중에서는 주간에 주로 음식류를 조리 판매하고 야간에는 주로 주류를 조리 판매하는 형태도 있을 수 있는데, **야간의 영업형태에 있어서** 그 업소는 위 청소년 보호법의 입법취지에 비추어 볼 때 청소년보호법상의 **청소년 고용금지업소에 해당한다**.(대판 99도2151)

6. 유흥주점 운영자가 업소에 들어온 미성년자의 신분을 의심하여 주문받은 술을 들고 룸에 들어가 신분증 제시를 요구하고 밖으로 데리고 나온사안에서 미성년자가 실제 주류를 마시거나 마실 수 있는 상태에 이르지 않았으므로 술값의 선불지불 여부 등과 무관하게 주류판매에 관한 **청소년보호법 위반죄가 성립하지 않는다**.(대판 2008도3211)

11) 아동·청소년의 성보호에 관한 법률

(1) 의의

① 아동·청소년대상 성범죄의 처벌과 절차에 관한 특례를 규정하고 피해아동·청소년을 위한 구제 및 지원 절차를 마련하며 아동·청소년대상 성범죄자를 체계적으로 관리함으로써 **아동·청소년을 성범죄로부터 보호**하고 아동·청소년이 건강한 사회구성원으로 성장할 수 있도록 함을 목적으로 한다.

② 정의

아동·청소년	19세 미만의 자를 말한다.
아동·청소년의 성을 사는 행위	아동·청소년, 아동·청소년의 성(性)을 사는 행위를 **알선한 자** 또는 아동·청소년을 실질적으로 보호·감독하는 자 등에게 금품이나 그 밖의 재산상 이익, 직무·편의제공 등 **대가를 제공하거나 약속하고** 다음 각 목의 어느 하나에 해당하는 행위를 아동·청소년을 대상으로 하거나 아동·청소년으로 하여금 하게 하는 것을 말한다. 가. **성교 행위** 나. 구강·항문 등 신체의 일부나 도구를 이용한 **유사 성교 행위** 다. 신체의 **전부 또는 일부를 접촉·노출**하는 행위로서 일반인의 성적 수치심이나 혐오감을 일으키는 행위 라. **자위 행위**
아동·청소년 성착취물	아동·청소년 또는 아동·청소년으로 명백하게 인식될 수 있는 사람이나 표현물이 등장하여 제4호 각 목의 어느 하나에 해당하는 행위를 하거나 그 밖의 성적 행위를 하는 내용을 표현하는 것으로서 필름·비디오물·게임물 또는 컴퓨터나 그 밖의 **통신매체를 통한 화상·영상 등의 형태로 된 것**을 말한다.

(2) 아동·청소년대상 강간·강제추행 등

① 폭행 또는 협박으로 아동·청소년을 강간한 사람은 **무기 또는 5년 이상의 징역에 처한다**.

② 아동·청소년에 대하여 폭행이나 협박으로 다음 각 호의 어느 하나에 해당하는 행위를 한 자는 **5년 이상**의 유기징역에 처한다.

> 1. 구강·항문 등 신체(성기는 제외한다)의 내부에 성기를 넣는 행위
> 2. 성기·항문에 손가락 등 신체(성기는 제외한다)의 일부나 도구를 넣는 행위

③ 아동·청소년에 대하여 「형법」 제298조(강제추행)의 죄를 범한 자는 2년 이상의 유기징역 또는 1천만원 이상 3천만원 이하의 벌금에 처한다.

④ 아동·청소년에 대하여 「형법」 제299조(준강간, 준강제추행)의 죄를 범한 자는 제1항부터 제3항까지의 예에 따른다.

⑤ 위계(僞計) 또는 위력으로써 아동·청소년을 간음하거나 아동·청소년을 추행한 자는 제1항부터 제3항까지의 예에 따른다.

⑥ 제1항부터 제5항까지의 **미수범은 처벌한다**.

➡ 죄를 범할 목적으로 예비 또는 음모한 사람은 3년 이하의 징역에 처한다.

(3) 장애인인 아동·청소년에 대한 간음 등

① 19세 이상의 사람이 **13세 이상의 장애 아동·청소년**(「장애인복지법」 제2조제1항에 따른 장애인으로서 신체적인 또는 정신적인 장애로 사물을 변별하거나 의사를 결정할 능력이 미약한 아동·청소년을 말한다. 이하 같다)을 **간음**하거나

---

* 아동·청소년의 성보호에 관한 법률
- 제9조(강간 등 상해·치상)
  제7조의 죄를 범한 사람이 다른 사람을 상해하거나 상해에 이르게 한 때에는 무기징역 또는 7년 이상의 징역에 처한다.
- 제10조(강간 등 살인·치사)
  ① 제7조의 죄를 범한 사람이 다른 사람을 살해한 때에는 사형 또는 무기징역에 처한다.
  ② 제7조의 죄를 범한 사람이 다른 사람을 사망에 이르게 한 때에는 사형, 무기징역 또는 10년 이상의 징역에 처한다.

13세 이상의 장애 아동·청소년으로 하여금 다른 사람을 간음하게 하는 경우에는 **3년 이상의 유기징역**에 처한다.

② 19세 이상의 사람이 13세 이상의 장애 아동·청소년을 **추행**한 경우 또는 13세 이상의 장애 아동·청소년으로 하여금 다른 사람을 추행하게 하는 경우에는 **10년 이하의 징역 또는 5천만원 이하의 벌금**에 처한다.

(4) 13세 이상 16세 미만 아동·청소년에 대한 간음 등

① 19세 이상의 사람이 **13세 이상 16세 미만**인 아동·청소년(제8조에 따른 장애 아동·청소년으로서 16세 미만인 자는 제외한다.)의 **궁박(窮迫)한 상태를 이용하여** 해당 아동·청소년을 간음하거나 해당 아동·청소년으로 하여금 다른 사람을 간음하게 하는 경우에는 **3년 이상의 유기징역**에 처한다.

② 19세 이상의 사람이 13세 이상 16세 미만인 아동·청소년의 궁박한 상태를 이용하여 해당 아동·청소년을 추행한 경우 또는 해당 아동·청소년으로 하여금 다른 사람을 추행하게 하는 경우에는 10년 이하의 징역 또는 5천만원 이하의 벌금에 처한다.

(5) 아동·청소년성착취물의 제작·배포 등

① 아동·청소년성착취물을 제작·수입 또는 수출한 자는 **무기 또는 5년 이상의 징역**에 처한다.
   - 미수범은 처벌한다.
   - 상습적으로 제1항의 죄를 범한 자는 그 죄에 대하여 정하는 **형의 2분의 1까지 가중**한다.

② 영리를 목적으로 아동·청소년성착취물을 판매·대여·배포·제공하거나 이를 목적으로 소지·운반·광고·소개하거나 공연히 전시 또는 상영한 자는 **5년 이상의 유기징역**에 처한다.

③ 아동·청소년성착취물을 배포·제공하거나 이를 목적으로 광고·소개하거나 공연히 전시 또는 상영한 자는 **3년 이상의 유기징역**에 처한다.

④ 아동·청소년성착취물을 제작할 것이라는 정황을 알면서 아동·청소년을 아동·청소년성착취물의 제작자에게 알선한 자는 **3년 이상의 유기징역**에 처한다.

⑤ 아동·청소년성착취물을 구입하거나 아동·청소년성착취물임을 알면서 이를 소지·시청한 자는 **1년 이상의 유기징역**에 처한다.

(6) 아동·청소년 매매행위

① 아동·청소년의 성을 사는 행위 또는 아동·청소년성착취물을 제작하는 행위의 대상이 될 것을 알면서 아동·청소년을 매매 또는 국외에 이송하거나 국외에 거주하는 아동·청소년을 국내에 이송한 자는 무기 또는 5년 이상의 징역에 처한다.

② 제1항의 **미수범은 처벌한다**.

팩트DB

	성매매알선 등 행위 처벌에 관한 법률	아동·청소년의 성보호에 관한 법률
상대방 여부	불특정	특정, 불특정 무관
행위	성교행위 유사성교행위	가. 성교 행위 나. 구강·항문 등 신체의 일부나 도구를 이용한 유사 성교 행위 다. 신체의 전부 또는 일부를 접촉·노출하는 행위로서 일반인의 성적 수치심이나 혐오감을 일으키는 행위 라. 자위 행위

(7) 아동·청소년의 성을 사는 행위 등

① 아동·청소년의 성을 사는 행위를 한 자는 **1년 이상 10년 이하의 징역 또는 2천만원 이상 5천만원 이하의 벌금에 처한다.**

② 아동·청소년의 성을 사기 위하여 아동·청소년을 유인하거나 성을 팔도록 권유한 자는 **3년 이하의 징역 또는** 3천만원 이하의 벌금에 처한다.

③ 16세 미만의 아동·청소년 및 장애 아동·청소년을 대상으로 제1항 또는 제2항의 죄를 범한 경우에는 그 죄에 정한 형의 **2분의 1까지 가중처벌**한다.

(8) 아동·청소년에 대한 강요행위 등

① 다음 각 호의 어느 하나에 해당하는 자는 **5년 이상의 유기징역**에 처한다.

> 1. 폭행이나 협박으로 아동·청소년으로 하여금 아동·청소년의 성을 사는 행위의 상대방이 되게 한 자
> 2. 선불금(先拂金), 그 밖의 채무를 이용하는 등의 방법으로 아동·청소년을 곤경에 빠뜨리거나 위계 또는 위력으로 아동·청소년으로 하여금 아동·청소년의 성을 사는 행위의 상대방이 되게 한 자
> 3. 업무·고용이나 그 밖의 관계로 자신의 보호 또는 감독을 받는 것을 이용하여 아동·청소년으로 하여금 아동·청소년의 성을 사는 행위의 상대방이 되게 한 자
> 4. 영업으로 아동·청소년을 아동·청소년의 성을 사는 행위의 상대방이 되도록 유인·권유한 자

② 제1항제1호부터 제3호까지의 죄를 범한 자가 그 대가의 전부 또는 일부를 받거나 이를 요구 또는 약속한 때에는 7년 이상의 유기징역에 처한다.

③ 아동·청소년의 성을 사는 행위의 상대방이 되도록 유인·권유한 자는 7년 이하의 징역 또는 5천만원 이하의 벌금에 처한다.

④ 제1항과 제2항의 **미수범은 처벌한다.**

(9) 알선영업행위 등 – 미수범 처벌 안 함

① 다음 각 호의 어느 하나에 해당하는 자는 **7년 이상의 유기징역**에 처한다.

> 1. 아동·청소년의 성을 사는 행위의 장소를 제공하는 행위를 업으로 하는 자
> 2. 아동·청소년의 성을 사는 행위를 알선하거나 정보통신망(「정보통신망 이용촉진 및 정보보호 등에 관한 법률」 제2조제1항제1호의 정보통신망을 말한다. 이하 같다)에서 알선정보를 제공하는 행위를 업으로 하는 자
> 3. 제1호 또는 제2호의 범죄에 사용되는 사실을 알면서 자금·토지 또는 건물을 제공한 자
> 4. 영업으로 아동·청소년의 성을 사는 행위의 장소를 제공·알선하는 업소에 아동·청소년을 고용하도록 한 자

② 다음 각 호의 어느 하나에 해당하는 자는 **7년 이하의 징역 또는 5천만원 이하의 벌금**에 처한다.

> 1. 영업으로 아동·청소년의 성을 사는 행위를 하도록 유인·권유 또는 강요한 자
> 2. 아동·청소년의 성을 사는 행위의 장소를 제공한 자
> 3. 아동·청소년의 성을 사는 행위를 알선하거나 정보통신망에서 알선정보를 제공한 자
> 4. 영업으로 제2호 또는 제3호의 행위를 약속한 자

③ 아동·청소년의 성을 사는 행위를 하도록 유인·권유 또는 강요한 자는 **5년 이하의 징역 또는 3천만원 이하의 벌금**에 처한다.

(10) 아동·청소년에 대한 성착취 목적 대화 등

① 19세 이상의 사람이 성적 착취를 목적으로 정보통신망을 통하여 아동·청소년에게 다음 각 호의 어느 하나에 해당하는 행위를 한 경우에는 **3년 이하의 징역 또는 3천만원 이하의 벌금**에 처한다.

> 1. 성적 욕망이나 수치심 또는 혐오감을 유발할 수 있는 대화를 지속적 또는 반복적으로 하거나 그러한 대화에 지속적 또는 반복적으로 참여시키는 행위
> 2. 제2조제4호 각 목의 어느 하나에 해당하는 행위를 하도록 유인·권유하는 행위

② 19세 이상의 사람이 **정보통신망을 통하여 16세 미만**인 아동·청소년에게 제1항 각 호의 어느 하나에 해당하는 행위를 한 경우 제1항과 동일한 형으로 처벌한다.

(11) 피해자 등에 대한 강요행위

폭행이나 협박으로 아동·청소년대상 성범죄의 피해자 또는 「아동복지법」 제3조제3호에 따른 보호자를 상대로 합의를 강요한 자는 **7년 이하의 징역**에 처한다.

---

* 제18조(신고의무자의 성범죄에 대한 가중처벌)
제34조제2항 각 호의 기관·시설 또는 단체의 장과 그 종사자가 자기의 보호·감독 또는 진료를 받는 아동·청소년을 대상으로 성범죄를 범한 경우에는 그 죄에 정한 형의 2분의 1까지 가중처벌한다.

 **팩트DB**

미수범처벌 구분

미수범 처벌	① 아동·청소년에 대한 강간·강제추행 등(제7조) ② 아동·청소년 성착취물 제작·수입·수출(제11조) ③ 아동·청소년 매매행위(12조) ④ 아동·청소년 대한 강요행위등(13조) ⑤ **폭행이나 협박**으로 아동·청소년으로 하여금 아동·청소년의 성을 사는 행위의 상대방이 되게 한 자 ⑥ **선불금, 그 밖의 채무**를 이용하는 등의 방법으로 아동·청소년을 **곤경에 빠프리거나** 위계 또는 위력으로 아동·청소년으로 하여금 아동·청소년의 성을 사는 행위의 상대방이 되게 미수범 처벌이 한 자 ⑦ **업무·고용이나** 그 밖의 관계로 자신의 **보호 또는 감독**을 받는 것을 이용하여 아동·청소년으로 하여금 아동·청소년의 성을 사는 행위의 상대방이 되게 한 자 ⑧ **영업으로** 아동·청소년을 아동·청소년의 성을 사는 행위의 상대방이 되도록 **유인·권유한자**
미수범 처벌 안함	① 아동·청소년의 성을 사는 행위의 상대방이 되도록 유인·권유한 자 ② 아동·청소년의 성을 사는 행위의 장소를 제공하는 행위를 업으로 하는 자 ③ 아동·청소년의 성을 사는 행위를 알선하거나 정보통신망에서 알선정보를 제공하는 행위를 업으로 하는 자 ④ 위 ②와 ③의 범죄에 사용되는 사실을 알면서 자금·토지 또는 건물을 제공한 자 ⑤ 영업으로 아동·청소년의 성을 사는 행위의 장소를 제공·알선하는 업소에 아동·청소년을 고용하도록 한 자 ⑥ 영업으로 아동·청소년의 성을 사는 행위를 하도록 유인 권유 또는 강요한 자 ⑦ 아동·청소년의 성을 사는 행위의 장소를 제공한 자 ⑧ 아동·청소년의 성을 사는 행위를 알선하거나 정보통신망에서 알선정보를 제공한 자 ⑨ 영업으로 위 ⑦ 또는 ⑧의 행위를 약속한 자

(12) 특례규정

「형법」상 감경규정에 관한 특례	**음주 또는 약물로 인한 심신장애 상태**에서 아동·청소년대상 성폭력범죄를 범한 때에는 「형법」상 심신장애자, 농아자 감면규정(제10조제1항·제2항 및 제11조)를 적용하지 아니할 수 있다.
공소시효 기산에 관한 특례	① 아동·청소년대상 성범죄의 공소시효는 「형사소송법」 제252조제1항에도 불구하고 해당 성범죄로 피해를 당한 아동·청소년이 **성년에 달한 날부터** 진행한다. ② 제7조의 죄는 디엔에이(DNA)증거 등 그 죄를 증명할 수 있는 과학적인 증거가 있는 때에는 공소시효가 **10년 연장**된다. ③ 13세 미만의 사람 및 신체적인 또는 정신적인 장애가 있는 사람에 대하여 다음 각 호의 죄를 범한 경우에는 제1항과 제2항에도 불구하고 「형사소송법」 제249조부터 제253조까지 및 「군사법원법」 제291조부터 제295조까지에 규정된 **공소시효를 적용하지 아니한다.**

공소시효 기산에 관한 특례	1. 「형법」 제297조(강간), 제298조(강제추행), 제299조(준강간, 준강제추행), 제301조(강간등 상해·치상), 제301조의2(강간등 살인·치사) 또는 제305조(미성년자에 대한 간음, 추행)의 죄 2. 아동청소년의 성보호에 관한 법률상 강간등 상해, 치상, 강간 등 살인·치사 3. 「성폭력범죄의 처벌 등에 관한 특례법」 제6조제2항, 제7조제2항·제5항, 제8조, 제9조의 죄 ④ 다음 각 호의 죄를 범한 경우에는 제1항과 제2항에도 불구하고 「형사소송법」 제249조부터 제253조까지 및 「군사법원법」 제291조부터 제295조까지에 규정된 **공소시효를 적용하지 아니한다.** 1. 「형법」 제301조의2(강간등 살인·치사)의 죄(강간등 살인에 한정한다) 2. 아동청소년에 대해 성범죄를 저지른 사람이 다른 사람을 살해한때, 아동 청소년성착취물을 제작, 수입 또는 수출한 자 3. 「성폭력범죄의 처벌 등에 관한 특례법」 제9조제1항의 죄 - 성폭력 범죄를 저지르고 다른 사람을 살해한 경우
형벌과 수강명령 등의 병과	① 법원은 아동·청소년대상 성범죄를 범한 「소년법」 제2조의 소년에 대하여 형의 **선고를 유예하는 경우**에는 **반드시 보호관찰을 명**하여야 한다. ② 법원은 아동·청소년대상 성범죄를 범한 자에 대하여 유죄판결을 선고하거나 약식명령을 고지하는 경우에는 **500시간의 범위**에서 재범예방에 필요한 수강명령 또는 성폭력 치료프로그램의 이수명령을 **병과(倂科)하여야 한다.** 다만, 수강명령 또는 이수명령을 부과할 수 없는 특별한 사정이 있는 경우에는 그러하지 아니하다.
친권상실청구 등	① 아동·청소년대상 성범죄 사건을 수사하는 **검사**는 그 사건의 가해자가 피해아동·청소년의 친권자나 후견인인 경우에 법원에 「민법」 제924조의 **친권상실선고** 또는 같은 법 제940조의 **후견인 변경 결정을 청구하여야 한다.** 다만, 친권상실선고 또는 후견인 변경 결정을 하여서는 아니 될 특별한 사정이 있는 경우에는 그러하지 아니하다.
수사 및 재판 절차에서의 배려	① 수사기관과 법원 및 소송관계인은 아동·청소년대상 성범죄를 당한 피해자의 나이, 심리 상태 또는 후유장애의 유무 등을 신중하게 고려하여 조사 및 심리·재판 과정에서 **피해자의 인격이나 명예가 손상되거나 사적인 비밀이 침해되지 아니하도록** 주의하여야 한다. ② 수사기관과 법원은 아동·청소년대상 성범죄의 피해자를 조사하거나 심리·재판할 때 피해자가 편안한 상태에서 진술할 수 있는 환경을 조성하여야 하며, 조사 및 심리·재판 횟수는 필요한 범위에서 최소한으로 하여야 한다.

영상물의 촬영·보존 등	① 아동·청소년대상 성범죄 피해자의 진술내용과 조사과정은 비디오녹화기 등 **영상물 녹화장치로 촬영·보존하여야 한다.** ② 제1항에 따른 영상물 녹화는 피해자 또는 법정대리인이 이를 **원하지 아니하는 의사를 표시한 때**에는 촬영을 하여서는 아니 된다. 다만, 가해자가 친권자 중 일방인 경우는 그러하지 아니하다. ③ 제1항에 따른 영상물 녹화는 조사의 개시부터 종료까지의 전 과정 및 객관적 정황을 녹화하여야 하고, 녹화가 완료된 때에는 지체 없이 그 원본을 피해자 또는 변호사 앞에서 봉인하고 피해자로 하여금 기명날인 또는 서명하게 하여야 한다. ④ 검사 또는 사법경찰관은 피해자가 제1항의 녹화장소에 도착한 시각, 녹화를 시작하고 마친 시각, 그 밖에 녹화과정의 진행경과를 확인하기 위하여 필요한 사항을 조서 또는 별도의 서면에 기록한 후 수사기록에 편철하여야 한다. ⑤ 검사 또는 사법경찰관은 피해자 또는 법정대리인이 신청하는 경우에는 영상물 촬영과정에서 작성한 조서의 사본을 신청인에게 교부하거나 영상물을 재생하여 시청하게 하여야 한다. ⑥ 제1항부터 제4항까지의 절차에 따라 촬영한 영상물에 수록된 피해자의 진술은 공판준비기일 또는 공판기일에 피해자 또는 조사과정에 동석하였던 신뢰관계에 있는 자의 진술에 의하여 **그 성립의 진정함이 인정된 때에는 증거로 할 수 있다.** ⑦ 누구든지 제1항에 따라 촬영한 영상물을 수사 및 재판의 용도 외에 다른 목적으로 사용하여서는 아니 된다.
신뢰관계에 있는 사람의 동석	① **법원**은 아동·청소년대상 성범죄의 피해자를 증인으로 신문하는 경우에 검사, 피해자 또는 법정대리인이 신청하는 경우에는 재판에 지장을 줄 우려가 있는 등 부득이한 경우가 아니면 피해자와 신뢰관계에 있는 사람을 **동석하게 하여야 한다.** ② 제1항 및 제2항의 경우 법원과 수사기관은 피해자와 신뢰관계에 있는 사람이 피해자에게 불리하거나 피해자가 원하지 아니하는 경우에는 동석하게 하여서는 아니 된다.

(13) 아동·청소년 대상 디지털 성범죄의 수사 특례

아동·청소년대상 디지털 성범죄의 수사 특례	① 사법경찰관리는 다음 각 호의 어느 하나에 해당하는 범죄에 대하여 신분을 비공개하고 범죄현장(정보통신망을 포함한다) 또는 범인으로 추정되는 자들에게 접근하여 범죄행위의 증거 및 자료 등을 수집(이하 "**신분비공개수사**"라 한다)할 수 있다. 　1. 제11조(아동·청소년성착취물의 제작·배포 등) 및 제15조의2 (아동·청소년에 대한 성착취 목적 대화 등) 　2. 아동·청소년에 대한 카메라 등을 이용한 촬영물 또는 복제물의 반포등, 영리를 목적으로 촬영대상자의 의사에 반하여 반포등 ② 사법경찰관리는 디지털 성범죄를 계획 또는 실행하고 있거나 실행하였다고 의심할 만한 충분한 이유가 있고, 다른 방법으로는 그 범죄의 실행을 저지하거나 범인의 체포 또는 증거의 수집이 어려운 경우에 한정하여 수사 목적을 달성하기 위하여 부득이한 때에는 다음 각 호의 행위(이하 "**신분위장수사**"라 한다)를 할 수 있다.

	1. 신분을 위장하기 위한 문서, 도화 및 전자기록 등의 작성, 변경 또는 행사 2. 위장 신분을 사용한 계약·거래 3. 아동·청소년성착취물 또는 「성폭력범죄의 처벌 등에 관한 특례법」 제14조제2항의 촬영물 또는 복제물(복제물의 복제물을 포함한다)의 소지, 판매 또는 광고
아동·청소년대상 디지털 성범죄 수사 특례의 절차	① 사법경찰관리가 **신분비공개수사**를 진행하고자 할 때에는 사전에 **상급 경찰관서 수사부서의 장의 승인**을 받아야 한다. 이 경우 그 수사기간은 **3개월을 초과할 수 없다**. ② 사법경찰관리는 신분위장수사를 하려는 경우에는 **검사에게 신분위장수사에 대한 허가를 신청**하고, 검사는 **법원에 그 허가를 청구**한다. ③ 허가서에는 신분위장수사의 종류·목적·대상·범위·기간·장소·방법 등을 특정하여 기재하여야 한다. ④ 신분위장수사의 기간은 3개월을 초과할 수 없으며, 그 수사기간 중 수사의 목적이 달성되었을 경우에는 **즉시 종료하여야 한다**. ⑤ 제25조의2제2항의 요건이 존속하여 그 수사기간을 연장할 필요가 있는 경우에는 사법경찰관리는 소명자료를 첨부하여 3개월의 범위에서 수사기간의 연장을 검사에게 신청하고, 검사는 법원에 그 연장을 청구한다. 이 경우 **신분위장수사의 총 기간은 1년을 초과할 수 없다**.
아동·청소년대상 디지털 성범죄에 대한 긴급 신분위장수사	① 사법경찰관리는 제25조의2제2항의 요건을 구비하고, 제25조의3제3항부터 제8항까지에 따른 절차를 거칠 수 없는 **긴급을 요하는 때에는 법원의 허가 없이 신분위장수사를 할 수 있다**. ② 사법경찰관리는 제1항에 따른 신분위장수사 개시 후 지체 없이 검사에게 허가를 신청하여야 하고, 사법경찰관리는 48시간 이내에 **법원의 허가를 받지 못한 때에는 즉시 신분위장수사를 중지하여야 한다**.
아동·청소년대상 디지털 성범죄에 대한 신분비공개수사 또는 신분위장수사로 수집한 증거 및 자료 등의 사용제한	사법경찰관리가 제25조의2부터 제25조의4까지에 따라 수집한 증거 및 자료 등은 다음 각 호의 어느 하나에 해당하는 경우 외에는 사용할 수 없다. 1. 신분비공개수사 또는 신분위장수사의 목적이 된 디지털 성범죄나 이와 관련되는 범죄를 수사·소추하거나 그 범죄를 예방하기 위하여 사용하는 경우 2. 신분비공개수사 또는 신분위장수사의 목적이 된 디지털 성범죄나 이와 관련되는 범죄로 인한 징계절차에 사용하는 경우 3. 증거 및 자료 수집의 대상자가 제기하는 손해배상청구소송에서 사용하는 경우 4. 그 밖에 다른 법률의 규정에 의하여 사용하는 경우
국가경찰위원회와 국회의 통제	① 「국가경찰과 자치경찰의 조직 및 운영에 관한 법률」 제16조제1항에 따른 **국가수사본부장**은 신분비공개수사가 종료된 즉시 대통령령으로 정하는 바에 따라 같은 법 제7조제1항에 따른 **국가경찰위원회에 수사 관련 자료를 보고하여야 한다**. ② 국가수사본부장은 대통령령으로 정하는 바에 따라 **국회 소관 상임위원회에 신분비공개수사 관련 자료를 반기별로 보고하여야 한다**.
면책	① 사법경찰관리가 신분비공개수사 또는 신분위장수사 중 부득이한 사유로 위법행위를 한 경우 그 행위에 **고의나 중대한 과실이 없는 경우**에는 벌하지 아니한다.

② 제1항에 따른 위법행위가 「국가공무원법」 제78조제1항에 따른 징계 사유에 해당하더라도 그 행위에 고의나 중대한 과실이 없는 경우에는 징계 요구 또는 문책 요구 등 **책임을 묻지 아니한다.**
③ 신분비공개수사 또는 신분위장수사 행위로 타인에게 손해가 발생한 경우라도 사법경찰관리는 그 행위에 **고의나 중대한 과실이 없는 경우**에는 그 손해에 대한 책임을 지지 아니한다.

(14) 아동 · 청소년대상 성범죄의 신고

① **누구든지** 아동·청소년대상 성범죄의 발생 사실을 알게 된 때에는 수사기관에 **신고할 수 있다.**
② 아동·청소년 관련시설, 장애인 복지 시설, 성매매피해상담소, 가정폭력피해자 보호시설 등에 해당하는 기관·시설 또는 단체의 장과 그 종사자는 직무상 아동·청소년대상 성범죄의 발생 사실을 알게 된 때에는 **즉시 수사기관에 신고하여야 한다.**

(15) 신상정보의 공개

① 법원은 다음 각 호의 어느 하나에 해당하는 자에 대하여 판결로 제4항의 공개정보를 「성폭력범죄의 처벌 등에 관한 특례법」 제45조제1항의 등록기간 동안 정보통신망을 이용하여 공개하도록 하는 명령을 등록대상 사건의 판결과 동시에 선고하여야 한다. 다만, 피고인이 아동·청소년인 경우, 그 밖에 신상정보를 공개하여서는 아니 될 특별한 사정이 있다고 판단하는 경우에는 그러하지 아니하다.
② 제1항에 따른 등록정보의 공개기간(「**형의 실효 등에 관한 법률**」 제7조에 따른 **기간(10년)을 초과하지 못한다**)은 판결이 확정된 때부터 기산한다.

---

*
1. 아동 · 청소년대상 성범죄를 저지른 자
2. 「성폭력범죄의 처벌 등에 관한 특례법」 제2조제1항제3호 · 제4호, 같은 조 제2항(제1항제3호 · 제4호에 한정한다), 제3조부터 제15조까지의 범죄를 저지른 자
3. 제1호 또는 제2호의 죄를 범하였으나 「형법」 제10조제1항에 따라 처벌할 수 없는 자로서 제1호 또는 제2호의 죄를 다시 범할 위험성이 있다고 인정되는 자

* 공개정보
1. 성명
2. 나이
3. 주소 및 실제거주지(「도로명주소법」 제2조제3호에 따른 도로명 및 같은 조 제5호에 따른 건물번호까지로 한다)
4. 신체정보(키와 몸무게)
5. 사진
6. 등록대상 성범죄 요지(판결일자, 죄명, 선고형량을 포함한다)
7. 성폭력범죄 전과사실(죄명 및 횟수)
8. 「전자장치 부착 등에 관한 법률」에 따른 전자장치 부착 여부

(17) 공개명령의 집행

① 공개명령은 **여성가족부장관이** 정보통신망을 이용하여 집행한다.

② 법원은 공개명령의 판결이 확정되면 판결문 등본을 판결이 확정된 날부터 14일 이내에 법무부장관에게 송달하여야 하며, 법무부장관은 제49조제2항에 따른 공개기간 동안 공개명령이 집행될 수 있도록 최초등록 및 변경등록 시 공개대상자, 공개기간 및 같은 조 제4항 각 호에 규정된 공개정보를 지체 없이 여성가족부장관에게 송부하여야 한다.

(18) 아동·청소년 관련기관등에의 취업제한 등

① 법원은 아동·청소년대상 성범죄 또는 성인대상 성범죄(이하 "성범죄"라 한다)로 형 또는 치료감호를 선고하는 경우에는 판결(약식명령을 포함한다. 이하 같다)로 그 형 또는 치료감호의 전부 또는 일부의 집행을 종료하거나 집행이 유예·면제된 날(벌금형을 선고받은 경우에는 그 형이 확정된 날)부터 일정기간(이하 "취업제한 기간"이라 한다) 동안 다음 각 호에 따른 시설·기관 또는 사업장(이하 "아동·청소년 관련기관등"이라 한다)을 운영하거나 아동·청소년 관련기관등에 취업 또는 사실상 노무를 제공할 수 없도록 하는 명령(이하 "취업제한 명령"이라 한다)을 성범죄 사건의 판결과 동시에 선고(약식명령의 경우에는 고지)하여야 한다.

다만, 재범의 위험성이 현저히 낮은 경우, 그 밖에 취업을 제한하여서는 아니 되는 특별한 사정이 있다고 판단하는 경우에는 그러하지 아니한다.

② 제1항에 따른 취업제한 기간은 **10년을** 초과하지 못한다.

판례

1. 아동·청소년의 성을 사는 행위를 알선하는 행위를 업으로 하여 청소년성보호법 제15조 제1항 제2호의 위반죄가 성립하기 위해서는 알선행위를 업으로 하는 사람이 아동·청소년을 알선의 대상으로 삼아 그 성을 사는 행위를 알선한다는 것을 인식하여야 하지만, 이에 더하여 알선행위로 아동·청소년의 성을 사는 행위를 한 사람이 행위의 상대방이 아동·청소년임을 인식하여야 한다고 볼 수는 없다.(2015도15664)

2. 성인 남성 갑이 가출하여 잘 곳이 없는 15세 여고생과 사전에 대가를 주고 성관계를 하자는 약속 없이 만나 숙소와 차비 명목의 금전을 제공하고 성관계를 한 경우, A의 행위는 법령에서 규정한 아동·청소년의 성을 사는 행위의 대가 중 '편의제공'에 속한다 (2002도 83).

3. 구 아동·청소년의 성보호에 관한 법률들 제2조 제5호에서 말하는 '아동·청소년이용음란물'은 '아동·청소년'이나 '아동·청소년 또는 아동·청소년으로 인식될 수 있는 사람이나 표현물'이 등장하여 그 아동·청소년 등이 제2조 제4호 각 목의 행위나 그 밖의 성적 행위를 하거나 하는 것과 같다고 평가될 수 있는 내용을 표현하는 것이어야 한다.(2013도502)

4. 아동·청소년의 성보호에 관한 법률 제10조 제2항은 "아동·청소년의 성을 사기 위하여 아동·청소년을 유인하거나 성을 팔도록 권유한 자"를 처벌하도록 규정하고 있는바, 위 법률조항의 문언 및 체계, 입법 취지 등에 비추어, 아동·청소년이 이미 성매매 의사를

가지고 있었던 경우에도 그러한 아동·청소년에게 금품이나 그 밖의 재산상 이익, 직무·편의제공 등 대가를 제공하거나 약속하는 등의 방법으로 성을 팔도록 권유하는 행위도 위 규정에서 말하는 '성을 팔도록 권유하는 행위'에 포함된다고 보아야 한다.

위 법리와 원심의 인정 사실에 의하면, 비록 아동·청소년인 공소외인 등이 이미 성매매 의사를 가지고 인터넷 채팅사이트에서 성매수 행위를 할 자를 물색하고 있었다고 하더라도, 피고인이 위 채팅사이트에 접속하여 공소외인과의 채팅을 통하여 성매매 장소, 대가, 연락방법 등에 관하여 구체적인 합의에 이른 다음, 약속장소 인근에 도착하여 공소외인에게 전화를 걸어 '속바지를 벗고 오라'고 지시한 일련의 행위는 '아동·청소년에게 성을 팔도록 권유하는 행위'에 해당한다.(2011도3934)

12) 실종아동 등의 보호 및 지원에 관한 법률

(1) 의의

실종아동등의 발생을 예방하고 조속한 발견과 복귀를 도모하며 복귀 후의 사회 적응을 지원함으로써 실종아동등과 가정의 복지증진에 이바지함을 목적으로 한다.

◐ 실종아동등에 관하여 다른 법률에 제11조부터 제15조까지의 규정과 다른 규정이 있는 경우에는 이 법의 규정에 따른다.

(2) 용어

아동등	가. **실종 당시 18세 미만인 아동** 나. 「장애인복지법」 제2조의 장애인 중 지적장애인, 자폐성장애인 또는 **정신장애인** 다. 「치매관리법」 제2조제2호의 **치매환자**
실종아동등	약취·유인 또는 유기되거나 사고를 당하거나 가출하거나 길을 잃는 등의 사유로 인하여 **보호자로부터 이탈된 아동등**을 말한다.
보호자	친권자, 후견인이나 그 밖에 다른 법률에 따라 아동등을 보호하거나 부양할 의무가 있는 사람을 말한다. ◐ 다만, 제4호의 보호시설의 장 또는 종사자는 제외한다.
보호시설	「사회복지사업법」 제2조제4호에 따른 **사회복지시설 및 인가·신고 등이 없이 아동등을 보호하는 시설**로서 사회복지시설에 준하는 시설을 말한다.
유전자검사	개인 식별을 목적으로 혈액·머리카락·침 등의 검사대상물로부터 유전자를 분석하는 행위를 말한다.
유전자정보	유전자검사의 결과로 얻어진 정보를 말한다.
신상정보	이름·나이·사진 등 특정인임을 식별하기 위한 정보를 말한다.

(3) 실종아동의 날과 실종아동주간

실종아동등에 대한 사회적 책임을 환기하고 아동의 실종을 예방하기 위하여 **매년 5월 25일**을 실종아동의 날로 하고, **실종아동의 날부터 1주간을 실종**아동주간으로 한다.

(3) 신고의무

① 다음 각 호의 어느 하나에 해당하는 사람은 그 직무를 수행하면서 실종아동등임을 알게 되었을 때에는 제3조제2항제1호에 따라 **경찰청장이 구축**하여 운영하는 신고체계(**경찰신고체계**)로 지체 없이 **신고하여야 한다**.

> 1. 보호시설의 장 또는 그 종사자
> 2. 「아동복지법」 제13조에 따른 **아동복지전담공무원**
> 3. 「청소년 보호법」 제35조에 따른 **청소년 보호·재활센터의 장 또는 그 종사자**
> 4. 「사회복지사업법」 제14조에 따른 **사회복지전담공무원**
> 5. 「의료법」 제3조에 따른 **의료기관의 장 또는 의료인**
> 6. 업무·고용 등의 관계로 사실상 아동등을 보호·감독하는 사람

② 지방자치단체의 장이 관계 법률에 따라 아동등을 보호조치할 때에는 아동등의 신상을 기록한 신고접수서를 작성하여 **경찰신고체계로 제출하여야 한다**.

➡ 보호시설의 장 또는 「정신건강증진 및 정신질환자 복지서비스 지원에 관한 법률」 제3조제5호에 따른 정신의료기관의 장이 보호자가 확인되지 아니한 아동등을 보호하게 되었을 때에는 지체 없이 아동등의 신상을 기록한 카드(신상카드)를 작성하여 지방자치단체의 장과 전문기관의 장에게 각각 제출하여야 한다.

(4) 미신고 보호행위 금지

① 누구든지 정당한 사유 없이 실종아동등을 경찰관서의 장에게 신고하지 아니하고 보호할 수 **없다**.

② 위반하여 정당한 사유없이 실종아동등을 보호한 자 및 제9조제4항을 위반하여 개인위치정보등을 실종아동등을 찾기 위한 목적 외의 용도로 이용한 자는 **5년 이하의 징역 또는 5천만원 이하의 벌금에 처한다**.

(5) 실종아동등의 조기발견을 위한 사전신고증 발급 등

① **경찰청장**은 실종아동등의 조속한 발견과 복귀를 위하여 아동등의 보호자가 신청하는 경우 아동등의 지문 및 얼굴 등에 관한 정보(지문등정보)를 제8조의2에 따른 정보시스템에 등록하고 아동등의 보호자에게 **사전신고증을 발급할 수 있다**.

② 경찰청장은 지문등정보를 등록한 후 해당 신청서(**서면으로 신청한 경우로 한정**한다)는 지체 없이 파기하여야 한다.

③ 경찰청장은 등록된 지문등정보를 데이터베이스로 구축·운영할 수 있다.

(6) 실종아동등의 지문등정보의 등록·관리

① 경찰청장은 보호시설의 입소자 중 보호자가 확인되지 아니한 아동등으로부터 **서면동의**를 받아 아동등의 지문등정보를 등록·관리할 수 있다. 이 경우 해당 아동등이 미성년자·심신상실자 또는 심신미약자인 때에는 본인 외에 법정대리인의 동의를 받아야 한다. 다만, 심신상실·심신미약 또는 의사무능력 등의 사유로 본인의 동의를 얻을 수 없는 때에는 본인의 동의를 생략할 수 있다.

② 누구든지 정당한 사유 없이 지문등정보를 실종아동등을 찾기 위한 목적 외로 이용하여서는 아니 된다.

(7) 수색 또는 수사의 실시
① **경찰관서의 장**은 실종아동등의 발생 신고를 접수하면 **지체 없이** 수색 또는 수사의 실시 여부를 **결정하여야 한다.**
② 경찰관서의 장은 실종아동등(**범죄로 인한 경우를 제외**한다.)의 조속한 발견을 위하여 필요한 때에는 다음 각 호의 어느 하나에 해당하는 자에게 실종아동등의 위치 확인에 필요한 「위치정보의 보호 및 이용 등에 관한 법률」 제2조제2호에 따른 개인위치정보, 「인터넷주소자원에 관한 법률」 제2조제1호에 따른 인터넷주소 및 「통신비밀보호법」 제2조제11호마목·사목에 따른 통신사실확인자료(개인위치정보등)의 제공을 요청할 수 있다. 이 경우 경찰관서의 장의 요청을 받은 자는 「통신비밀보호법」 제3조에도 불구하고 **정당한 사유가 없으면 이에 따라야 한다.**
③ 요청을 받은 자는 그 **실종아동등의 동의 없이 개인위치정보등을 수집할 수 있으며, 실종아동등의 동의가 없음을 이유로 경찰관서의 장의 요청을 거부하여서는 아니 된다.**
④ 경찰관서와 경찰관서에 종사하거나 종사하였던 자는 실종아동등을 찾기 위한 목적으로 제공받은 개인위치정보등을 실종아동등을 찾기 위한 목적 외의 용도로 이용하여서는 아니 되며, 목적을 달성하였을 때에는 지체 없이 파기하여야 한다.
➡ 목적 외의 용도로 이용한자는 5년이하 징역 또는 5천만원 이하의 벌금

(8) 출입 · 조사 등
① 경찰청장이나 지방자치단체의 장은 실종아동등의 발견을 위하여 필요하면 관계인에 대하여 필요한 보고 또는 자료제출을 명하거나 소속 공무원으로 하여금 관계 장소에 출입하여 관계인이나 아동등에 대하여 필요한 조사 또는 질문을 하게 할 수 있다.
② 경찰청장이나 지방자치단체의 장은 제1항에 따른 출입·조사를 실시할 때 정당한 이유가 있는 경우 소속 공무원으로 하여금 실종아동등의 가족 등을 동반하게 할 수 있다.

(9) 유전자검사의 실시
① **경찰청장**은 실종아동등의 발견을 위하여 다음 각 호의 어느 하나에 해당하는 자로부터 유전자검사대상물(검사대상물)을 채취할 수 있다.
② 유전자검사를 전문으로 하는 기관으로서 대통령령으로 정하는 기관(이하 "검사기관"이라 한다)은 유전자검사를 실시하고 그 결과를 데이터베이스로 구축·운영할 수 있다.

*
1. 보호시설의 입소자나 「정신건강증진 및 정신질환자 복지서비스 지원에 관한 법률」 제3조제5호에 따른 정신의료기관의 입원환자 중 보호자가 확인되지 아니한 아동등
2. 실종아동등을 찾고자 하는 가족
3. 그 밖에 보호시설의 입소자였던 무연고아동

* 실종아동등 여부 사전확인(업무처리규칙)
① 경찰관서의 장은 법 제11조제1항 각 호에 따른 대상자로부터 유전자검사대상물을 채취하려면 실종아동등 프로파일링시스템의 자료 검색 등을 통하여 검사 대상자와 인적사항 등이 유사한 자료가 있는지 미리 **확인하여야 한다**.
② 경찰관서의 장은 제1항에 따른 검색을 통하여 검사대상자가 실종아동등이라는 것이 확인된 경우에는 해당 자료 화면을 출력하여 유전자검사동의서 등 유전자 검사대상물 채취관련 서류와 함께 보관한다.

③ **경찰청장**은 제1항에 따라 검사대상물을 채취하려면 미리 검사대상자의 **서면동의**를 받아야 한다. 이 경우 검사대상자가 미성년자, 심신상실자 또는 심신미약자일 때에는 본인 외에 법정대리인의 동의를 받아야 한다. 다만, 심신상실, 심신미약 또는 의사무능력 등의 사유로 본인의 동의를 받을 수 없을 때에는 본인의 동의를 생략할 수 있다.

13) 실종아동등 및 가출인 업무처리 규칙

(1) 용어 정의

아동등	「실종아동등의 보호 및 지원에 관한 법률」(이하 "법"이라 한다) 제2조제1호에 따른 **실종 당시 18세 미만 아동, 지적·자폐성·정신장애인, 치매환자**를 말한다.
실종아동등	법 제2조제2호에 따른 사유로 인하여 보호자로부터 이탈된 아동등을 말한다.
찾는실종아동등	보호자가 찾고 있는 실종아동등을 말한다.
보호실종아동등	보호자가 확인되지 않아 경찰관이 보호하고 있는 실종아동 등을 말한다.
장기실종아동등	보호자로부터 **신고를 접수한 지 48시간이 경과한 후에도** 발견되지 않은 찾는실종아동등을 말한다.
가출인	**신고 당시** 보호자로부터 이탈된 **18세 이상**의 사람을 말한다
발생지	① 실종아동등 및 가출인이 실종·가출 전 최종적으로 목격되었거나 목격되었을 것으로 추정하여 신고자 등이 **진술한 장소**를 말한다. ② 신고자 등이 최종 목격 장소를 진술하지 못하거나, 목격되었을 것으로 추정되는 장소가 대중교통시설 등일 경우 또는 실종·가출 발생 후 **1개월이 경과**한 때에는 실종아동등 및 가출인의 **실종 전 최종 주거지**를 말한다.
발견지	① 실종아동등 또는 가출인을 발견하여 **보호 중인 장소**를 말한다. ② 발견한 장소와 보호 중인 장소가 서로 **다른 경우에는 보호 중인 장소**를 말한다.
국가경찰 수사범죄	「자치경찰사무와 시·도자치경찰위원회의 조직 및 운영 등에 관한 규정」제3조제1호부터 제5호까지 또는 제6호나목의 범죄가 아닌 범죄를 말한다.
실종·유괴경보 문자메시지	실종·유괴경보가 발령된 경우 「실종아동등의 보호 및 지원에 관한 법률 시행령」(이하 "영"이라 한다) 제4조의5제7항에 따른 공개정보(이하 "공개정보"라 한다)를 시민들에게 널리 알리기 위하여 휴대폰에 전달하는 문자메시지를 말한다.

(2) 실종아동찾기센터

① 실종아동등의 조속한 발견 등 관련 업무를 효율적으로 수행하기 위해 **경찰청**에 실종아동찾기센터를 설치한다.
② 실종아동찾기센터는 다음 각 호의 업무를 수행한다.

> 1. 전국에서 발생하는 실종아동등의 신고접수·등록·조회 및 등록해제 등 실종아동등 발견·보호·지원을 위한 업무
> 2. 실종·가출 신고용 특수번호 "182"의 운영
> 3. 제25조 제1항에 따른 실종·유괴경보 문자메시지의 송출과 관련된 업무
> 4. 그 밖의 실종아동등과 관련하여 경찰청장이 지시하는 사항

(3) 장기실종자 추적팀

① 장기실종아동등에 대한 전담 추적·조사를 위해 **경찰청 또는 시·도경찰청**에 장기실종자 추적팀을 설치할 수 있다.

* 장기실종자 추적팀은 다음 각 호의 업무를 수행한다.
1. 장기실종아동등에 대한 전담 조사
2. 실종아동등·가출인 관련 사건의 수색·수사 지도
3. 그 밖의 소속 경찰관서의 장이 지시하는 실종아동등 관련 업무

(4) 정보시스템

정보시스템 운영	① **경찰청 생활안전국장**은 법 제8조의2제1항에 따른 정보시스템으로 **실종아동등 프로파일링시스템 및 실종아동찾기센터 홈페이지**(이하 "인터넷 안전드림"이라 한다)를 운영한다. ② 실종아동등 프로파일링시스템은 경찰관서 내에서만 사용할 수 있도록 제한하고, 인터넷 안전드림은 누구든 사용할 수 있도록 공개 하는 등 **분리하여 운영한다**. 다만, 자료의 전송 등을 위해 필요한 경우 상호 연계할 수 있다. ③ 경찰관서의 장은 실종아동등 프로파일링시스템에 업무담당자 등 필요하다고 인정되는 사람만 접근할 수 있도록 권한을 부여하는 등의 방법으로 통제·관리하여야 한다. ➡ 인터넷 안전드림은 실종아동등의 신고 또는 예방·홍보 등과 관련된 정보를 제공한다.	
실종아동등 프로파일링 시스템	입력 대상	1. **실종아동등** 2. **가출인** 3. 보호시설 입소자 중 보호자가 확인되지 않는 사람(이하 "**보호시설 무연고자**"라 한다)
	입력 제외 대상	경찰관서의 장은 실종아동등 또는 가출인에 대한 신고를 접수한 후 신고대상자가 다음 각 호의 어느 하나에 해당하는 경우에는 신고 내용을 실종아동등 프로파일링시스템에 입력하지 않을 수 있다. 1. 채무관계 해결, 형사사건 당사자 소재 확인 등 실종아동등 및 **가출인 발견 외 다른 목적으로 신고된 사람** 2. 수사기관으로부터 **지명수배 또는 지명통보된 사람** 3. **허위로 신고**된 사람 4. **보호자가 가출 시 동행한 아동등** 5. 그 밖에 신고 내용을 종합하였을 때 명백히 제1항에 따른 입력 대상이 아니라고 판단되는 사람
	보존 기간	실종아동등 프로파일링시스템에 등록된 자료의 보존기간은 다음 각 호와 같다. 다만, 대상자가 사망하거나 보호자가 삭제를 요구한 경우는 **즉시 삭제**하여야 한다. 1. 발견된 18세 미만 아동 및 가출인 : **수배 해제 후로부터 5년간 보관** 2. 발견된 지적·자폐성·정신장애인 등 및 치매환자 : 수배 해제

		후로부터 10년간 보관 3. 미발견자 : **소재 발견 시까지 보관** 4. 보호시설 무연고자 : **본인 요청 시**
인터넷 안전드림	공개	경찰관서의 장은 본인 또는 보호자의 동의를 받아 실종아동등 프로파일링시스템에서 데이터베이스로 관리하는 실종아동등 및 보호시설 무연고자 자료를 **인터넷 안전드림에 공개할 수 있다.**
	삭제	경찰관서의 장은 다음 각 호의 어느 하나에 해당하는 때에는 지체 없이 인터넷 안전드림에 공개된 자료를 삭제하여야 한다. 1. 찾는실종아동등을 발견한 때 2. 보호실종아동등 또는 보호시설 무연고자의 보호자를 확인한 때 3. 본인 또는 보호자가 공개된 자료의 삭제를 요청하는 때

✱ 실종·유괴 경보 체계
실종경보
유괴경보
경보해제

(5) 실종아동등 신고시 조치

신고접수	① 실종아동등 신고는 **관할에 관계 없이** 실종아동찾기센터, 각 시·도경찰청 및 경찰서에서 전화, 서면, 구술 등의 방법으로 접수하며, **신고를 접수한 경찰관은 범죄와의 관련 여부 등을 확인해야 한다.** ② 경찰청 실종아동찾기센터는 실종아동등에 대한 신고를 접수하거나, 신고 접수에 대한 보고를 받은 때에는 즉시 실종아동등 프로파일링시스템에 입력, 관할 경찰관서를 지정하는 등 필요한 조치를 하여야 한다. 이 경우 관할 경찰관서는 발생지 관할 경찰관서 등 실종아동등을 신속히 발견할 수 있는 관서로 **지정해야 한다.**
신고에 대한 조치	① 경찰관서의 장은 찾는실종아동등에 대한 신고를 접수한 때에는 정보시스템의 자료를 조회하는 등의 방법으로 실종아동등을 찾기 위한 조치를 취하고, 실종아동등을 발견한 경우에는 즉시 보호자에게 인계하는 등 필요한 조치를 하여야 한다. ② 경찰관서의 장은 보호실종아동등에 대한 신고를 접수한 때에는 제1항의 절차에 따라 보호자를 찾기 위한 조치를 취하고, 보호자가 확인된 경우에는 즉시 보호자에게 인계하는 등 **필요한 조치를 하여야 한다.** ③ 경찰관서의 장은 제2항에 따른 조치에도 불구하고 **보호자를 발견하지 못한 경우**에는 관할 지방자치단체의 장에게 보호실종아동등을 **인계한다.** ④ 경찰관서의 장은 정보시스템 검색, 다른 자료와의 대조, 주변인물과의 연락 등 실종아동등의 조속한 발견을 위하여 **지속적인 추적**을 하여야 한다. ⑤ 경찰관서의 장은 실종아동등에 대하여 제18조의 현장 탐문 및 수색 후 그 결과를 즉시 보호자에게 통보하여야 한다. 이후에는 실종아동등 프로파일링시스템에 등록한 날로부터 1개월까지는 **15일에 1회**, 1개월이 경과한 후부터는 **분기별 1회** 보호자에게 **추적 진행사항을 통보한다.**
출생 신고 지연 아동의 확인	경찰관서의 장은 법 제6조제4항에 따라 지방자치단체의 장으로부터 출생 후 6개월이 경과한 아동의 신상카드 사본을 제출받은 경우에는 지체 없이 정보시스템에서 관리하는 자료와의 비교·검색 등을 통해 해당 아동이 실종아동인지를 확인하여 그 결과를 **지방자치단체의 장에게 통보하여야 한다.**

(6) 가출인 신고 조치

신고 접수	① 가출인 신고는 **관할에 관계없이 접수**하여야 하며, 신고를 접수한 경찰관은 **범죄와 관련 여부를 확인하여야 한다.** ② 경찰서장은 가출인에 대한 신고를 접수한 때에는 정보시스템의 자료조회, 신고자의 진술을 청취하는 방법 등으로 가출인을 발견하기 위한 조치를 하여야 하며, 가출인을 발견하지 못한 경우에는 즉시 **실종아동등 프로파일링시스템**에 가출인에 대한 사항을 입력한다. ③ 경찰서장은 접수한 가출인 신고가 다른 관할인 경우 제2항의 조치 후 지체 없이 가출인의 발생지를 관할하는 경찰서장에게 이첩하여야 한다.
신고에 대한 조치 등	① 가출인 사건을 관할하는 경찰서장은 정보시스템 자료의 조회, 다른 자료와의 대조, 주변인물과의 연락 등 가출인을 발견하기 위해 지속적으로 추적하고, 실종아동등 프로파일링시스템에 등록한 날로부터 **반기별 1회 보호자에게 귀가 여부를 확인한다.** ② 경찰서장은 가출인을 발견한 때에는 등록을 해제하고, 해당 가출인을 발견한 경찰서와 관할하는 경찰서가 다른 경우에는 **발견 사실을 관할 경찰서장에게 지체 없이 알려야 한다.** ③ 경찰서장은 가출인을 발견한 경우에는 가출신고가 되어 있음을 고지하고, 보호자에게 통보한다. 다만, 가출인이 거부하는 때에는 보호자에게 가출인의 소재(所在)를 알 수 있는 사항을 통보하여서는 아니 된다.

(7) 초동조치 및 추적·수사

현장 탐문 및 수색	① 찾는실종아동등 및 가출인발생신고를 접수 또는 이첩 받은 발생지 관할 경찰서장은 즉시 현장출동 경찰관을 지정하여 탐문·수색하도록 하여야 한다. 다만, 경찰관서장이 판단하여 수색의 실익이 없거나 현저히 곤란한 경우에는 탐문·수색을 생략하거나 중단할 수 있다. ② 경찰서장은 제1항의 규정에 따라 현장을 탐문·수색한 결과, 정밀수색이 필요하다고 인정될 경우에는 추가로 필요한 경찰관 등을 출동시킬 수 있다. ③ 현장출동 경찰관은 제1항의 규정에 따라 현장을 탐문·수색한 결과에 대해 필요한 보고서를 작성하여 실종아동등 프로파일링시스템에 등록하고 경찰서장에게 보고하여야 한다.
추적 및 수사	① 찾는실종아동등 및 가출인에 대한 발생지 관할 경찰서장은 신고자·목격자 조사, 최종 목격지 및 주거지 수색, 위치추적 등 통신수사, 유전자검사, 실종아동등 프로파일링시스템 정보조회 등의 방법을 통해 실종아동등 및 가출인을 발견하기 위한 추적에 착수한다. ② 경찰서장은 실종아동등 및 가출인이 범죄관련 여부가 의심되는 경우, 신속히 수사에 착수하여야 한다

> **팩트DB**
>
> **실종수사 조정위원회**
>
> 1. 위원회는 위원장을 경찰서장으로 하고, 위원은 여성청소년과장(미직제시 생활안전과장), 형사과장(미직제시 수사과장) 등 과장 3인 이상으로 구성한다.
> 2. 위원회는 경찰서 여성청소년과장이 회부한 국가경찰 수사 범죄 의심 사건의 범죄관련성 여부 판단 및 담당부서를 결정한다.
>   - ● 위원회는 경찰서 여성청소년과장의 안건 회부 후 24시간 내에 서면으로 결정하여야 한다.
>   - ● 경찰서장은 위원회 결정에 따라 실종아동등 및 가출인 발견을 위해 신속히 추적 또는 수사에 착수하여야 한다.

15) 경비업법

(1) 의의

① 경비업의 육성 및 발전과 그 체계적 관리에 관하여 필요한 사항을 정함으로써 경비업의 건전한 운영에 이바지함을 목적으로 한다.

② 경비업은 **법인**이 아니면 이를 영위할 수 없다.

(2) 정의

경비업 종류	시설경비업무	경비를 필요로 하는 시설 및 장소(이하 "경비대상시설"이라 한다)에서의 도난·화재 그 밖의 혼잡 등으로 인한 위험발생을 방지하는 업무
	호송경비업무	**운반중에 있는** 현금·유가증권·귀금속·상품 그 밖의 물건에 대하여 도난·화재 등 위험발생을 방지하는 업무
	신변보호업무	사람의 **생명이나 신체**에 대한 위해의 발생을 방지하고 그 신변을 보호하는 업무
	기계경비업무	경비대상시설에 설치한 기기에 의하여 감지·송신된 정보를 그 **경비대상시설외의 장소에 설치한 관제시설**의 기기로 수신하여 도난·화재 등 위험발생을 방지하는 업무
	특수경비업무	**공항(항공기를 포함**한다) 등 대통령령이 정하는 국가중요시설(이하 "국가중요시설"이라 한다)의 경비 및 도난·화재 그 밖의 위험발생을 방지하는 업무
	혼잡·교통유도 경비업무	도로에 접속한 공사현장 및 사람과 차량의 통행에 위험이 있는 장소 또는 도로를 점유하는 행사장 등에서 교통사고나 그 밖의 **혼잡 등으로 인한 위험발생을 방지하는 업무**
경비지도사		경비원을 지도·감독 및 교육하는 자를 말하며 일반경비지도사와 기계경비지도사로 구분한다.
무기		인명 또는 신체에 위해를 가할 수 있도록 제작된 권총·소총 등을 말한다.
집단민원현장		①「노동조합 및 노동관계조정법」에 따라 **노동관계 당사자가 노동쟁의 조정신청을 한 사업장 또는 쟁의행위가 발생한 사업장** ②「도시 및 주거환경정비법」에 따른 정비사업과 관련하여 **이해대립이 있어 다툼이 있는 장소**

③ 특정 시설물의 설치와 관련하여 **민원이 있는 장소**
④ **주주총회와 관련**하여 이해대립이 있어 다툼이 있는 장소
⑤ 건물·토지 등 부동산 및 동산에 대한 소유권·운영권·관리권·점유권 등 법적 권리에 대한 이해대립이 있어 다툼이 있는 장소
⑥ **100명 이상의 사람이 모이는 국제·문화·예술·체육 행사장**
⑦ 「행정대집행법」에 따라 **대집행**을 하는 장소

● 경비업자는 집단민원현장에 경비원을 배치하는 경우 경비지도사를 선임하고 그 장소에 배치하여 행정안전부령으로 정하는 바에따라 경비원을 지도·감독하게 하여야 한다.

(3) 경비업 허가 등

※ 제4조의2(허가의 제한)
① 누구든지 제4조제1항에 따른 허가를 받은 경비업체와 **동일한 명칭**으로 경비업 허가를 받을 수 없다.
② 제19조제1항제2호 및 제7호의 사유로 경비업체의 허가가 취소된 경우 허가가 취소된 날부터 10년이 지나지 아니한 때에는 누구든지 허가가 취소된 경비업체와 동일한 명칭으로 제4조제1항에 따른 허가를 받을 수 없다.
③ 제19조제1항제2호 및 제7호의 사유로 허가가 취소된 법인은 법인명 또는 임원의 변경에도 불구하고 허가가 **취소된 날부터 5년**이 지나지 아니한 때에는 제4조제1항에 따른 허가를 받을 수 없다.

경비업의 허가	① 경비업을 영위하고자 하는 **법인**은 도급받아 행하고자 하는 경비업무를 특정하여 **그 법인의 주사무소의 소재지를 관할하는 시·도경찰청장의 허가를 받아야 한다.** 도급받아 행하고자 하는 경비업무를 변경하는 경우에도 또한 같다.
	② 허가를 받고자 하는 법인은 다음 각 호의 요건을 갖추어야 한다.
	
	  1. 대통령령으로 정하는 **1억원** 이상의 자본금의 보유
	  2. 다음 각 목의 경비인력 요건
	    가. 시설경비업무 : **경비원 10명** 이상 및 경비지도사 1명 이상
	    나. 시설경비업무 외의 경비업무 : 대통령령으로 정하는 경비인력
	  3. 제2호의 경비인력을 교육할 수 있는 교육장을 포함하여 대통령령으로 정하는 시설과 장비의 보유
	  4. 그 밖에 경비업무 수행을 위하여 대통령령으로 정하는 사항
	
	● 특수경비업은 **3억이상** 자본금을 보유해야 한다.
	
	③ 제1항의 규정에 의하여 경비업의 허가를 받은 법인은 다음 각호의 1에 해당하는 때에는 **시·도경찰청장에게 신고하여야 한다.**
	
	  1. **영업을 폐업하거나 휴업한 때**
	  2. 법인의 명칭이나 대표자·임원을 변경한 때
	  3. 법인의 주사무소나 출장소를 신설·이전 또는 폐지한 때
	  4. 기계경비업무의 수행을 위한 관제시설을 **신설·이전 또는 폐지한 때**
	  5. **특수경비업무를 개시하거나 종료한 때**
	  6. 그 밖에 대통령령이 정하는 중요사항을 변경한 때

허가의 유효기간	① 경비업 허가의 유효기간은 **허가받은 날부터 5년**으로 한다. ② 유효기간이 만료된 후 계속하여 경비업을 하고자 하는 법인은 행정안전부령으로 정하는 바에 따라 갱신허가를 받아야 한다.
경비업자의 의무	① 경비업자는 경비대상시설의 소유자 또는 관리자(시설주)의 관리권의 범위안에서 경비업무를 수행하여야 하며, 다른 사람의 자유와 권리를 침해하거나 그의 정당한 활동에 간섭하여서는 아니된다.

② 경비업자는 경비업무를 성실하게 수행하여야 하고, 도급을 의뢰받은 경비업무가 위법 또는 부당한 것일 때에는 이를 거부하여야 한다.
④ 경비업자의 임·직원이거나 임·직원이었던 자는 다른 법률에 특별한 규정이 있는 경우를 제외하고는 그 직무상 알게 된 비밀을 누설하거나 다른 사람에게 제공하여 이용하도록 하는 등 부당한 목적을 위하여 사용하여서는 아니된다.
⑤ 경비업자는 허가받은 경비업무외의 업무에 경비원을 종사하게 하여서는 아니된다.
⑥ 경비업자는 **집단민원현장에** 경비원을 배치하는 때에는 **경비지도사를 선임하고** 그 장소에 배치하여 행정안전부령으로 정하는 바에 따라 경비원을 지도·감독하게 하여야 한다.
⑦ 특수경비업무를 수행하는 특수경비업자는 제4조제3항제5호의 규정에 의한 특수경비업무의 개시신고를 하는 때에는 국가중요시설에 대한 특수경비업무의 수행이 중단되는 경우 시설주의 동의를 얻어 다른 특수경비업자중에서 경비업무를 대행할 자를 지정하여 허가관청에 신고하여야 한다. 경비대행업자의 지정을 변경하는 경우에도 또한 같다.

✱ 헌법불합치(2020헌가19)
1. 경비업법(2001. 4. 7. 법률 제6467호로 전부개정된 것) 제7조 제5항 중 '시설경비업무'에 관한 부분과 경비업법(2013. 6. 7. 법률 제11872호로 개정된 것) 제19조 제1항 제2호 중 '시설경비업무'에 관한 부분은 헌법에 합치되지 아니한다.
2. 법원 기타 국가기관 및 지방자치단체는 입법자가 개정할 때까지 위 법률조항의 적용을 중지하여야 한다.
3. 입법자는 2024. 12. 31.까지 위 법률조항들을 개정하여야 한다.

팩트DB

경비업법

경비원의 복장	① 경비업자는 경찰공무원 또는 군인의 제복과 색상 및 디자인 등이 명확히 구별되는 소속 경비원의 복장을 정하고 이를 확인할 수 있는 사진을 첨부하여 주된 사무소를 관할하는 **시·도경찰청장에게** 행정안전부령으로 정하는 바에 따라 신고하여야 한다.
경비원의 장비 등	① 경비원이 휴대할 수 있는 장비의 종류는 경적·단봉·분사기 등 행정안전부령으로 정하되, **근무 중에만 이를 휴대할 수 있다.** ② 경비업자가 경비원으로 하여금 분사기를 휴대하여 직무를 수행하게 하는 경우에는 「총포·도검·화약류 등 단속법」에 따라 미리 분사기의 소지허가를 받아야 한다. ③ 누구든지 제1항의 장비를 임의로 개조하여 통상의 용법과 달리 사용함으로써 다른 사람의 생명·신체에 위해를 가하여서는 아니된다. ④ 경비원은 경비업무를 위하여 필요하다고 인정되는 상당한 이유가 있을 때에는 필요한 최소한도에서 제1항의 장비를 사용할 수 있다. ⑤ 그 밖에 경비원의 장비 등에 관하여 필요한 사항은 행정안전부령으로 정한다

02 교통경찰

1 교통경찰 의의

① 도로에서 발생하는 모든 교통상의 위험과 방해를 방지하고, 제거하여 안전하고 원활한 교통을 확보하기 위한 경찰 활동을 의미한다.
  ◎ 근거 : 도로교통법, 도로법, 자동차관리법 등
  ◎ 도로법은 주로 도로관리의 적정을 기하기 위하여 도로의 시설기준, 노선지정 등에 관한 사항을 규정하고 있다.

② 교통경찰의 업무
  ㉠ 교통혼잡을 완화하고 교통의 원활한 촉진을 도모한다.
  ㉡ 교통공해를 예방하는 교통정리를 행한다.
  ㉢ 도로에서의 위험을 방지하고 교통의 안전과 원활함을 위한 신호기, 안전표지, 교통경찰관의 수신호 및 지시·명령 등의 교통규제를 한다.
  ㉣ 교통법규 위반차량이나 보행자에 대한 감시, 예방, 경고, 주의 및 적발, 검거의 교통지도단속을 한다.
  ㉤ 운전면허 관리를 한다.

2 도로교통법

1) 의의

① 도로에서 일어나는 교통상의 모든 위험과 장해를 방지하고 제거하여 안전하고 원활한 교통을 확보함을 목적으로 한다.

② 정의

도로	가. 「도로법」에 따른 도로 나. 「유료도로법」에 따른 유료도로 다. 「농어촌도로 정비법」에 따른 농어촌도로 라. 그 밖에 현실적으로 불특정 다수의 사람 또는 차마(車馬)가 통행할 수 있도록 공개된 장소로서 안전하고 원활한 교통을 확보할 필요가 있는 장소 ◎ 도로가 아닌곳에서는 무면허운전이 성립하지 않는다.
자동차전용도로	자동차만 다닐 수 있도록 설치된 도로를 말한다.
고속도로	자동차의 고속 운행에만 사용하기 위하여 지정된 도로를 말한다.
차도	**연석선**(차도와 보도를 구분하는 돌 등으로 이어진 선을 말한다. 이하 같다), 안전표지 또는 그와 비슷한 인공구조물을 이용하여 경계를 표시하여 모든 차가 통행할 수 있도록 설치된 도로의 부분을 말한다.

※ 최신 개정사항
네이버 카페 〈팩트 경찰학〉 자료실에 업로드함.

※ 생활안전교통국
15. 도로교통에 관련되는 종합기획 및 심사분석
16. 도로교통에 관련되는 법령의 정비 및 행정제도의 연구
17. 교통경찰공무원에 대한 교육 및 지도
18. 교통안전시설의 관리
19. 자동차운전면허의 관리
20. 도로교통사고의 예방을 위한 홍보·지도 및 단속
21. 고속도로순찰대의 운영 및 지도 시작되어 16세기에 크게 전개되었는데, 주로 양을 기르기 위한 목장을 만드는 데 그 목적이 있었다. 그 결과 농업 생산은 크게 증가하여 중산적(中産的) 토지 소유 층인 젠트리(gentry)는 큰 부를 소유하였다. 반면에 농민들은 농토를 잃고 도시로 내쫓겨 임노동자가 급증하였다.

※ 도로가 아닌 것
고속버스 터미널 내
노상주차장
고객전용 주차장
대학교 구내
◎ 누구나 출입이 허용되는 아파트단지 내 도로는 도로이다.

※ 고속도로등에서의 특례
ⓐ 횡단 등의 금지
ⓑ 통행 등의 금지
ⓒ 고장 등의 조치

	중앙선	차마의 통행 방향을 명확하게 구분하기 위하여 도로에 황색 실선이나 황색 점선 등의 안전표지로 표시한 **선 또는 중앙분리대나 울타리 등으로 설치한 시설물**을 말한다. 다만, 제14조제1항 후단에 따라 가변차로가 설치된 경우에는 신호기가 지시하는 **진행방향의 가장 왼쪽에 있는 황색 점선**을 말한다.
	차로	차마가 한 줄로 도로의 정하여진 부분을 통행하도록 **차선으로 구분한 차도의 부분**을 말한다.
	차선	**차로와 차로를 구분하기 위하여** 그 경계지점을 안전표지로 표시한 선을 말한다.
	노면전차 전용로	도로에서 궤도를 설치하고, 안전표지 또는 인공구조물로 경계를 표시하여 설치한 「도시철도법」 제18조의2제1항 각 호에 따른 도로 또는 차로를 말한다.
	자전거도로	안전표지, 위험방지용 울타리나 그와 비슷한 인공구조물로 경계를 표시하여 **자전거 및 개인형 이동장치가** 통행할 수 있도록 설치된 「자전거 이용 활성화에 관한 법률」 제3조 각 호의 도로를 말한다.
	자전거횡단도	자전거 및 개인형 이동장치가 일반도로를 횡단할 수 있도록 안전표지로 표시한 도로의 부분을 말한다.
	보도	**연석선**, 안전표지나 그와 비슷한 인공구조물로 경계를 표시하여 보행자(**유모차, 보행보조용 의자차, 노약자용 보행기** 등 행정안전부령으로 정하는 기구·장치를 이용하여 통행하는 사람 및 제21호의3에 따른 **실외이동로봇을 포함**한다.)가 통행할 수 있도록 한 도로의 부분을 말한다.
	길가장자리구역	**보도와 차도가 구분되지 아니한 도로**에서 보행자의 안전을 확보하기 위하여 안전표지 등으로 경계를 표시한 도로의 가장자리 부분을 말한다.
	횡단보도	보행자가 도로를 횡단할 수 있도록 안전표지로 표시한 도로의 부분을 말한다.
	교차로	'십'자로, 'T'자로나 그 밖에 둘 이상의 도로(보도와 차도가 구분되어 있는 도로에서는 차도를 말한다)가 교차하는 부분을 말한다.
	회전교차로	교차로 중 차마가 원형의 교통섬(차마의 안전하고 원활한 교통처리나 보행자 도로횡단의 안전을 확보하기 위하여 교차로 또는 차도의 분기점 등에 설치하는 섬 모양의 시설을 말한다)을 중심으로 반시계방향으로 통행하도록 한 원형의 도로를 말한다.
	안전지대	도로를 횡단하는 보행자나 통행하는 **차마의 안전을 위하여** 안전표지나 이와 비슷한 인공구조물로 표시한 도로의 부분을 말한다.
	신호기	도로교통에서 문자·기호 또는 등화를 사용하여 진행·정지·방향전환·주의 등의 신호를 표시하기 위하여 사람이나 전기의 힘으로 조작하는 장치를 말한다.
	안전표지	교통안전에 필요한 주의·규제·지시 등을 표시하는 표지판이나 도로의 바닥에 표시하는 기호·문자 또는 선 등을 말한다.

＊ 용어

안전 거리	교통사고를 예방하기 위해서 모든 차량은 앞차와의 간격을 정지거리 이상으로 유지해야 한다. ◯ 모든 차의 운전자는 앞차의 뒤를 따르는 때에는 앞차가 갑자기 정지하게 되는 경우 그 앞차와의 충돌을 피할 수 있는 필요한 거리를 확보하여야 한다.
정지 거리	운전자가 정지 신호를 보고 브레이크 페달을 밟을 때까지 이동한 거리인 '공주거리'와 브레이크가 작동한 때부터 자동차가 완전히 정지할 때까지 이동한 거리인 '제동거리'를 합한 것. ◯ 공주거리 : 공주거리는 운전자의 주의력이나 반응 속도에 따라 달라지며, 차의 속력과 운전자의 반응 시간의 곱으로 구해진다. ◯ 제동거리 : 자동차의 무게, 브레이크 성능, 지면과 타이어의 마찰 정도에 따라 달라지며, 등가속도 공식에 의해 정해진다.

차마	가. "**차**"란 다음의 어느 하나에 해당하는 것을 말한다. 1) **자동차** 2) **건설기계** 3) **원동기장치자전거** 4) **자전거** 5) 사람 또는 가축의 힘이나 그 밖의 동력(動力)으로 도로에서 운전되는 것. ➡ 다만, **철길이나 가설(架設)된 선을 이용하여 운전되는 것, 유모차, 보행보조용 의자차, 노약자용 보행기, 제21호의3에 따른 실외이동로봇 등** 행정안전부령으로 정하는 기구·장치는 제외한다. 나. "**우마**"란 교통이나 운수에 사용되는 가축을 말한다.	
노면전차	「도시철도법」 제2조제2호에 따른 노면전차로서 도로에서 궤도를 이용하여 운행되는 차를 말한다.	
자동차	철길이나 가설된 선을 이용하지 아니하고 **원동기를 사용하여 운전되는 차**(**견인되는 자동차도 자동차의 일부로 본다**)로서 다음 각 목의 차를 말한다. 가. 「자동차관리법」 제3조에 따른 다음의 **자동차. 다만, 원동기장치자전거는 제외한다**. 1) **승용**자동차 2) **승합**자동차 3) **화물**자동차 4) **특수**자동차 5) **이륜**자동차 나. 「건설기계관리법」 제26조제1항 단서에 따른 **건설기계**	
	건설기계 관리법 제26조 제1항 단서	1. 덤프트럭 2. 아스팔트살포기 3. 노상안정기 4. 콘크리트믹서트럭 5. 콘크리트펌프 6. 천공기(트럭적재식을 말한다) 7. 영 별표 1의 규정에 의한 특수건설기계중 국토교통부장관이 지정하는 건설기계 ② 법 제26조제4항에서 "국토교통부령으로 정하는 소형건설기계"란 다음 각 호의 건설기계를 말한다. 1. 5톤 미만의 불도저 2. 5톤 미만의 로더 2의2. 5톤 미만의 천공기. 다만, 트럭적재식은 제외한다. 3. 3톤 미만의 지게차 4. 3톤 미만의 굴착기 4의2. 3톤 미만의 타워크레인 5. 공기압축기 6. 콘크리트펌프. 다만, 이동식에 한정한다. 7. 쇄석기 8. 준설선

★ **자동차관리법 제3조**
1. **승용자동차**: 10인 이하를 운송하기에 적합하게 제작된 자동차
2. **승합자동차**: 11인 이상을 운송하기에 적합하게 제작된 자동차. 다만, 다음 각 목의 어느 하나에 해당하는 자동차는 승차인원과 관계없이 이를 승합자동차로 본다.
   가. 내부의 특수한 설비로 인하여 승차인원이 10인 이하로 된 자동차
   나. 국토교통부령으로 정하는 경형자동차로서 승차인원이 10인 이하인 전방조종자동차
3. **화물자동차**: 화물을 운송하기에 적합한 화물적재공간을 갖추고, 화물적재공간의 총적재화물의 무게가 운전자를 제외한 승객이 승차공간에 모두 탑승했을 때의 승객의 무게보다 많은 자동차
4. **특수자동차**: 다른 자동차를 견인하거나 구난작업 또는 특수한 용도로 사용하기에 적합하게 제작된 자동차로서 승용자동차·승합자동차 또는 화물자동차가 아닌 자동차
5. **이륜자동차**: 총배기량 또는 정격출력의 크기와 관계없이 1인 또는 2인의 사람을 운송하기에 적합하게 제작된 이륜의 자동차 및 그와 유사한 구조로 되어 있는 자동차

자율주행시스템	「자율주행자동차 상용화 촉진 및 지원에 관한 법률」 제2조제1항제2호에 따른 자율주행시스템을 말한다. 이 경우 그 종류는 완전 자율주행시스템, 부분 자율주행시스템 등 행정안전부령으로 정하는 바에 따라 세분할 수 있다
자율주행자동차	「자동차관리법」 제2조제1호의3에 따른 자율주행자동차로서 자율주행시스템을 갖추고 있는 자동차를 말한다.
원동기장치자전거	가. 「자동차관리법」 제3조에 따른 이륜자동차 가운데 **배기량 125시시 이하**(전기를 동력으로 하는 경우에는 **최고정격출력 11킬로와트 이하**)의 이륜자동차 나. 그 밖에 배기량 **125시시 이하**(전기를 동력으로 하는 경우에는 **최고정격출력 11킬로와트 이하**)의 원동기를 단 차(「자전거 이용 활성화에 관한 법률」 제2조제1호의2에 따른 **전기자전거** 및 제21호의3에 따른 **실외이동로봇은 제외**한다)
개인형이동장치	제19호나목의 원동기장치자전거 중 **시속 25킬로미터** 이상으로 운행할 경우 전동기가 작동하지 아니하고 **차체 중량이 30킬로그램 미만**인 것으로서 행정안전부령으로 정하는 것을 말한다.
자전거	「자전거 이용 활성화에 관한 법률」 제2조제1호 및 제1호의2에 따른 **자전거 및 전기자전거**를 말한다.
자동차등	**자동차와 원동기장치자전거**를 말한다.
자전거등	**자전거와 개인형 이동장치**를 말한다.
실외이동로봇	「지능형 로봇 개발 및 보급 촉진법」 제2조제1호에 따른 지능형 로봇 중 행정안전부령으로 정하는 것을 말한다.
긴급자동차	가. 소방차 나. 구급차 다. **혈액 공급차량** 라. 그 밖에 **대통령령으로 정하는 자동차**
어린이통학버스	다음 각 목의 시설 가운데 어린이(**13세 미만**인 사람을 말한다)를 교육대상으로 하는 시설에서 어린이의 통학 등에 이용되는 자동차와 「여객자동차 운수사업법」 제4조제3항에 따른 여객자동차운송사업의 한정면허를 받아 어린이를 여객대상으로 하여 운행되는 운송사업용 자동차를 말한다. 가. 「유아교육법」에 따른 유치원 및 유아교육진흥원, 「초·중등교육법」에 따른 초등학교, 특수학교, 대안학교 및 외국인학교 나. 「영유아보육법」에 따른 어린이집 다. 「학원의 설립·운영 및 과외교습에 관한 법률」에 따라 설립된 학원 및 교습소 라. 「체육시설의 설치·이용에 관한 법률」에 따라 설립된 체육시설 마. 「아동복지법」에 따른 아동복지시설(아동보호전문기관은 제외한다) 바. 「청소년활동 진흥법」에 따른 청소년수련시설 사. 「장애인복지법」에 따른 장애인복지시설(장애인 직업재활시설은 제외한다) 아. 「도서관법」에 따른 공공도서관 자. 「평생교육법」에 따른 시·도평생교육진흥원 및 시·군·구평생학습관 차. 「사회복지사업법」에 따른 사회복지시설 및 사회복지관

* **자동차등 운전**
무면허운전금지, 속도제한, 휴대폰사용금지 등은 자동차등 운전에 한정한다.

주차	운전자가 승객을 기다리거나 화물을 싣거나 차가 고장 나거나 그 밖의 사유로 차를 계속 정지 상태에 두는 것 또는 운전자가 차에서 떠나서 즉시 그 차를 운전할 수 없는 상태에 두는 것을 말한다.
정차	운전자가 **5분을 초과하지 아니하고** 차를 정지시키는 것으로서 주차 외의 정지 상태를 말한다.
운전	**도로**(제27조제6항제3호(보행자의 보호)·제44조(음주운전 금지)·제45조(과로한 때 등의 운전금지)·제54조제1항(사고발생시의 조치)·제148조(교통사고시 조치 의무불이행에 대한 벌칙)·제148조의2(음주, 약물운전에 대한 형사처벌) 및 제156조제10호(주정차된 차만 손괴한 것이 분명한 경우에 피해자에게 인적사항을 제공하지 아니한 사람에 대한 처벌)의 경우에는 도로 외의 곳을 포함한다)에서 차마 또는 노면전차를 그 본래의 사용방법에 따라 사용하는 것(**조종 또는 자율주행시스템을 사용하는 것을 포함**한다)을 말한다.
초보운전자	처음 운전면허를 받은 날(처음 운전면허를 받은 날부터 2년이 지나기 전에 운전면허의 취소처분을 받은 경우에는 그 후 다시 운전면허를 받은 날을 말한다)부터 **2년**이 지나지 아니한 사람을 말한다. 이 경우 원동기장치자전거면허만 받은 사람이 원동기장치자전거면허 외의 운전면허를 받은 경우에는 처음 운전면허를 받은 것으로 본다.
서행	운전자가 차 또는 노면전차를 **즉시 정지시킬 수 있는 정도의 느린 속도**로 진행하는 것을 말한다.
앞지르기	차의 운전자가 앞서가는 다른 차의 옆을 지나서 그 차의 앞으로 나가는 것을 말한다.
일시정지	차 또는 노면전차의 운전자가 그 차 또는 노면전차의 바퀴를 **일시적으로 완전히 정지시키는 것**을 말한다.
보행자전용도로	**보행자만** 다닐 수 있도록 안전표지나 그와 비슷한 인공구조물로 표시한 도로를 말한다.
보행자우선도로	「보행안전 및 편의증진에 관한 법률」 제2조제3호에 따른 보행자우선도로를 말한다.
자동차운전학원	자동차등의 운전에 관한 지식·기능을 교육하는 시설로서 다음 각 목의 시설 외의 시설을 말한다. 가. 교육 관계 법령에 따른 학교에서 소속 학생 및 교직원의 연수를 위하여 설치한 시설 나. 사업장 등의 시설로서 소속 직원의 연수를 위한 시설 다. 전산장치에 의한 모의운전 연습시설 라. 지방자치단체 등이 신체장애인의 운전교육을 위하여 설치하는 시설 가운데 시·도경찰청장이 인정하는 시설 마. 대가(代價)를 받지 아니하고 운전교육을 하는 시설 바. 운전면허를 받은 사람을 대상으로 다양한 운전경험을 체험할 수 있도록 하기 위하여 도로가 아닌 장소에서 운전교육을 하는 시설
모범운전자	제146조에 따라 무사고운전자 또는 유공운전자의 표시장을 받거나 **2년 이상** 사업용 자동차 운전에 종사하면서 교통사고를 일으킨 전력이 없는 사람으로서 **경찰청장**이 정하는 바에 따라 선발되어 교통안전 봉사활동에 종사하는 사람을 말한다.
음주운전 방지장치	술에 취한 상태에서 자동차등을 운전하려는 경우 시동이 걸리지 아니하도록 하는 것으로서 행정안전부령으로 정하는 것을 말한다.

* 4조의2(무인 교통단속용 장비의 설치 및 관리)
① 시·도경찰청장, 경찰서장 또는 시장등이 이 법을 위반한 사실을 기록·증명하기 위하여 무인(無人) 교통단속용 장비를 설치·관리할 수 있다.
② 무인 교통단속용 장비의 철거 또는 원상회복 등에 관하여는 제3조제4항부터 제6항까지의 규정을 준용한다. 이 경우 "교통안전시설"은 "무인 교통단속용 장비"로 본다.

2) 신호기 등의 설치 및 관리

① **특별시장·광역시장·제주특별자치도지사 또는 시장·군수**(광역시의 군수는 제외한다. 이하 "시장등"이라 한다)는 도로에서의 위험을 방지하고 교통의 안전과 원활한 소통을 확보하기 위하여 필요하다고 인정하는 경우에는 신호기 및 안전표지(이하 "교통안전시설"이라 한다)를 설치·관리하여야 한다. 다만, 「유료도로법」 제6조에 따른 유료도로에서는 시장등의 지시에 따라 그 도로관리자가 교통안전시설을 설치·관리하여야 한다.
② 시장등 및 도로관리자는 제1항에 따라 교통안전시설을 설치·관리할 때에는 제4조에 따른 교통안전시설의 설치·관리기준에 적합하도록 하여야 한다.

주의표지	도로상태가 위험하거나 도로 또는 그 부근에 **위험물이 있는 경우**에 필요한 안전조치를 할 수 있도록 이를 도로사용자에게 알리는 표지 예 낙석주의
규제표지	도로교통의 안전을 위하여 각종 **제한·금지 등의 규제**를 하는 경우에 이를 도로사용자에게 알리는 표지 예 주차금지
지시표지	도로의 통행방법·통행구분 등 도로교통의 **안전을 위하여 필요한 지시**를 하는 경우에 도로사용자가 이에 따르도록 알리는 표지 예 직진표시
보조표지	주의표지·규제표지 또는 지시표지의 **주기능을 보충**하여 도로사용자에게 알리는 표지 예 거리표시
노면표시	도로교통의 안전을 위하여 각종 주의·규제·지시 등의 내용을 **노면에 기호·문자 또는 선으로** 도로사용자에게 알리는 표지

3) 신호 또는 지시에 따를 의무

① 도로를 통행하는 보행자, 차마 또는 노면전차의 운전자는 교통안전시설이 표시하는 신호 또는 지시와 다음 각 호의 어느 하나에 해당하는 사람이 하는 **신호 또는 지시를 따라야 한다**.
  1. 교통정리를 하는 경찰공무원(의무경찰을 포함한다.) 및 제주특별자치도의 자치경찰공무원(자치경찰공무원)
  2. 경찰공무원(자치경찰공무원을 포함한다.)을 보조하는 사람으로서 대통령령으로 정하는 사람(경찰보조자)
② 도로를 통행하는 보행자, 차마 또는 노면전차의 운전자는 제1항에 따른 교통안전시설이 표시하는 신호 또는 지시와 교통정리를 하는 경찰공무원 또는 경찰보조자(경찰공무원등)의 신호 또는 지시가 서로 다른 경우에는 경찰공무원등의 신호 또는 지시에 따라야 한다.

4) 통행의 금지 및 제한

① **시·도경찰청장**은 도로에서의 위험을 방지하고 교통의 안전과 원활한 소통을 확보하기 위하여 필요하다고 인정할 때에는 구간(區間)을 정하여 보행자, 차마 또는 노면전차의 통행을 금지하거나 제한할 수 있다. 이 경우 시·도경찰청장은 보행자, 차마 또는 노면전차의 통행을 금지하거나 제한한 도로의 관리청에 그 사실을 알려야 한다.
② **경찰서장**은 도로에서의 위험을 방지하고 교통의 안전과 원활한 소통을 확보하기 위하여 필요하다고 인정할 때에는 우선 보행자, 차마 또는 노면전차의 통행을 금지하거나 제한한 후 그 도로관리자와 협의하여 금지 또는 제한의 대상과 구간 및 기간을 정하여 도로의 통행을 금지하거나 제한할 수 있다.
③ **경찰공무원**은 도로의 파손, 화재의 발생이나 그 밖의 사정으로 인한 도로에서의 위험을 방지하기 위하여 긴급히 조치할 필요가 있을 때에는 필요한 범위에서 보행자, 차마 또는 노면전차의 통행을 일시 금지하거나 제한할 수 있다

5) 보행자, 행렬의 통행 등

① 보행자는 보도와 차도가 구분된 도로에서는 언제나 **보도로 통행**하여야 한다. 다만, 차도를 횡단하는 경우, 도로공사 등으로 보도의 통행이 금지된 경우나 그 밖의 부득이한 경우에는 그러하지 아니하다.
② 보행자는 **보도와 차도가 구분되지 아니한 도로 중 중앙선이 있는 도로**(일방통행인 경우에는 차선으로 구분된 도로를 포함한다)에서는 **길가장자리 또는 길가장자리구역**으로 통행하여야 한다.
③ 보행자는 다음 각 호의 어느 하나에 해당하는 곳에서는 **도로의 전 부분으로 통행**할 수 있다. 이 경우 보행자는 고의로 차마의 진행을 방해하여서는 아니 된다.
  1. 보도와 차도가 구분되지 아니한 도로 중 중앙선이 없는 도로(일방통행인 경우에는 차선으로 구분되지 아니한 도로에 한정한다. 이하 같다)
  2. 보행자우선도로
④ 보행자는 보도에서는 **우측통행을 원칙**으로 한다.

> **실외이동로봇 운용자의 의무**
> ① 실외이동로봇을 운용하는 사람(실외이동로봇을 조작·관리하는 사람을 포함하며, 이하 "**실외이동로봇 운용자**"라 한다)은 실외이동로봇의 운용 장치와 그 밖의 장치를 정확하게 조작하여야 한다.
> ② 실외이동로봇 운용자는 실외이동로봇의 운용 장치를 도로의 교통상황과 실외이동로봇의 구조 및 성능에 따라 **차, 노면전차 또는 다른 사람에게 위험과 장해를 주는 방법으로 운용하여서는 아니 된다.**

제10조(도로의 횡단)
① **시·도경찰청장**은 도로를 횡단하는 보행자의 안전을 위하여 행정안전부령으로 정하는 기준에 따라 **횡단보도를 설치할 수 있다.**
② 보행자는 제1항에 따른 횡단보도, 지하도, 육교나 그 밖의 도로 횡단시설이 설치되어 있는 도로에서는 그 곳으로 횡단하여야 한다. 다만, 지하도나 육교 등의 도로 횡단시설을 이용할 수 없는 지체장애인의 경우에는 다른 교통에 방해가 되지 아니하는 방법으로 도로 횡단시설을 이용하지 아니하고 도로를 횡단할 수 있다.
③ 보행자는 제1항에 따른 횡단보도가 설치되어 있지 아니한 도로에서는 가장 짧은 거리로 횡단하여야 한다.

★ 제9조(행렬등의 통행)
① 학생의 대열과 그 밖에 보행자의 통행에 지장을 줄 우려가 있다고 인정하여 대통령령으로 정하는 사람이나 행렬(이하 "행렬등"이라 한다)은 제8조제1항 본문에도 불구하고 차도로 통행할 수 있다. 이 경우 행렬등은 차도의 우측으로 통행하여야 한다.
② 행렬등은 사회적으로 중요한 행사에 따라 시가를 행진하는 경우에는 도로의 중앙을 통행할 수 있다.
③ 경찰공무원은 도로에서의 위험을 방지하고 교통의 안전과 원활한 소통을 확보하기 위하여 필요하다고 인정할 때에는 행렬등에 대하여 구간을 정하고 그 구간에서 행렬등이 도로 또는 차도의 우측(자전거도로가 설치되어 있는 차도에서는 자전거도로를 제외한 부분의 우측을 말한다)으로 붙어서 통행할 것을 명하는 등 필요한 조치를 할 수 있다.

④ 보행자는 차와 노면전차의 바로 앞이나 뒤로 횡단하여서는 아니 된다. 다만, 횡단보도를 횡단하거나 신호기 또는 경찰공무원등의 신호나 지시에 따라 도로를 횡단하는 경우에는 그러하지 아니하다.
⑤ 보행자는 안전표지 등에 의하여 횡단이 금지되어 있는 도로의 부분에서는 그 도로를 횡단하여서는 아니 된다.

6) 어린이 등에 대한 보호

① 어린이의 보호자는 교통이 빈번한 도로에서 어린이를 놀게 하여서는 아니 되며, 영유아(6세 미만인 사람을 말한다. 이하 같다)의 보호자는 **교통이 빈번한 도로에서 영유아가 혼자 보행하게 하여서는 아니 된다.**
② 앞을 보지 못하는 사람(이에 준하는 사람을 포함한다. 이하 같다)의 보호자는 그 사람이 도로를 보행할 때에는 흰색 지팡이를 갖고 다니도록 하거나 앞을 보지 못하는 사람에게 길을 안내하는 개로서 행정안전부령으로 정하는 개(이하 "장애인보조견"이라 한다)를 동반하도록 하는 등 필요한 조치를 하여야 한다.
③ 어린이의 보호자는 도로에서 어린이가 자전거를 타거나 행정안전부령으로 정하는 위험성이 큰 움직이는 놀이기구를 타는 경우에는 어린이의 안전을 위하여 행정안전부령으로 정하는 **인명보호 장구(裝具)를 착용하도록 하여야 한다.**
④ 어린이의 보호자는 **도로에서 어린이가 개인형 이동장치를 운전하게 하여서는 아니 된다.**

7) 어린이 보호구역의 지정 및 관리

* 어린이·노인 및 장애인 보호구역의 지정 및 관리에 관한 규칙 제3조
⑥ 시장등은 제4항에 따른 조사 결과 보호구역으로 지정·관리할 필요가 인정되는 경우에는 관할 시·도경찰청장 또는 경찰서장과 협의하여 해당 보호구역 지정대상 시설 또는 장소의 주 출입문(출입문이 없는 장소의 경우에는 해당 장소를 말한다.)을 기준으로 반경 300미터 이내의 도로 중 일정구간을 보호구역으로 지정한다. 다만, 시장등은 해당 지역의 교통여건 및 효과성 등을 면밀히 검토하여 필요한 경우 보호구역 지정대상 시설 또는 장소의 주 출입문을 기준으로 반경 500미터 이내의 도로에 대해서도 보호구역으로 지정할 수 있다.

① 시장등은 교통사고의 위험으로부터 어린이를 보호하기 위하여 필요하다고 인정하는 경우에는 다음 각 호의 어느 하나에 해당하는 시설이나 장소의 주변도로 가운데 일정 구간을 어린이 보호구역으로 지정하여 자동차등과 노면전차의 통행속도를 **시속 30킬로미터 이내로 제한할 수 있다.**

1. 「유아교육법」 제2조에 따른 유치원, 「초·중등교육법」 제38조 및 제55조에 따른 초등학교 또는 특수학교
2. 「영유아보육법」 제10조에 따른 어린이집 가운데 행정안전부령으로 정하는 어린이집
3. 「학원의 설립·운영 및 과외교습에 관한 법률」 제2조에 따른 학원 가운데 행정안전부령으로 정하는 학원
4. 「초·중등교육법」 제60조의2 또는 제60조의3에 따른 외국인학교 또는 대안학교, 「대안교육기관에 관한 법률」 제2조제2호에 따른 대안교육기관, 「제주특별자치도 설치 및 국제자유도시 조성을 위한 특별법」 제223조에 따른 국제학교 및 「경제자유구역 및 제주국제자유도시의 외국교육기관 설립·운영에 관한 특별법」 제2조제2호에 따른 **외국교육기관 중 유치원·초등학교 교과과정이 있는 학교**
5. 그 밖에 어린이가 자주 왕래하는 곳으로서 **조례로 정하는 시설 또는 장소**

② 제1항에 따른 어린이 보호구역의 지정·해제 절차 및 기준 등에 관하여 필요한 사항은 **교육부, 행정안전부 및 국토교통부의 공동부령으로 정한다.**
③ 차마 또는 노면전차의 운전자는 어린이 보호구역에서 제1항에 따른 조치를 준수하고 어린이의 안전에 유의하면서 운행하여야 한다.
④ 시·도경찰청장, 경찰서장 또는 시장등은 제3항을 위반하는 행위 등의 단속을 위하여

어린이 보호구역의 도로 중에서 행정안전부령으로 정하는 곳에 **우선적으로 제4조의2에 따른 무인 교통단속용 장비를 설치하여야 한다.**
⑤ 시장등은 제1항에 따라 지정한 어린이 보호구역에 어린이의 안전을 위하여 다음 각 호에 따른 시설 또는 장비를 우선적으로 설치하거나 **관할 도로관리청에 해당 시설 또는 장비의 설치를 요청하여야 한다.**

> 1. 어린이 보호구역으로 지정한 시설의 주 출입문과 가장 가까운 거리에 있는 간선도로상 횡단보도의 **신호기**
> 2. 속도 제한, 횡단보도, 기점(起點) 및 종점(終點)에 관한 **안전표지**
> 3. 「도로법」 제2조제2호에 따른 도로의 부속물 중 **과속방지시설 및 차마의 미끄럼을 방지하기 위한 시설**
> 4. 그 밖에 교육부, 행정안전부 및 국토교통부의 공동부령으로 정하는 시설 또는 장비

▼ 어린이 보호구역내 법규위반에 대한 가중처벌

적용시간	오전8시 ~ 오후8시
적용내용	범칙금·과태료 가중적용 벌점의 2배가중 : 신호·지시위반, 속도위반, 보행자보호의무 위반

※ 노인 및 장애인 보호구역의 지정 및 관리
시장등은 교통사고의 위험으로부터 노인 또는 장애인을 보호하기 위하여 필요하다고 인정하는 경우에는 제1호부터 제3호까지 및 제3호의2에 따른 시설의 주변도로 가운데 일정 구간을 노인 보호구역으로, 제4호에 따른 시설의 주변도로 가운데 일정 구간을 장애인 보호구역으로 각각 지정하여 차마와 노면전차의 통행을 제한하거나 금지하는 등 필요한 조치를 할 수 있다.

8) 차마의 통행

> ① **차마의 운전자는** 보도와 차도가 구분된 도로에서는 **차도로** 통행하여야 한다. 다만, 도로 외의 곳으로 출입할 때에는 보도를 횡단하여 통행할 수 있다.
> ② 제1항 단서의 경우 차마의 운전자는 보도를 횡단하기 직전에 일시정지하여 좌측과 우측 부분 등을 살핀 후 보행자의 통행을 방해하지 아니하도록 횡단하여야 한다.
> ③ 차마의 운전자는 도로(보도와 차도가 구분된 도로에서는 차도를 말한다)의 중앙(중앙선이 설치되어 있는 경우에는 그 중앙선을 말한다. 이하 같다) **우측 부분을 통행**하여야 한다.
> ④ 차마의 운전자는 제3항에도 불구하고 다음 각 호의 어느 하나에 해당하는 경우에는 도로의 **중앙이나 좌측 부분을 통행할 수 있다.**
>
>> 1. 도로가 일방통행인 경우
>> 2. 도로의 파손, 도로공사나 그 밖의 장애 등으로 도로의 우측 부분을 통행할 수 없는 경우
>> 3. 도로 우측 부분의 폭이 6미터가 되지 아니하는 도로에서 다른 차를 앞지르려는 경우. 다만, 다음 각 목의 어느 하나에 해당하는 경우에는 그러하지 아니하다.
>>   가. 도로의 좌측 부분을 확인할 수 없는 경우
>>   나. 반대 방향의 교통을 방해할 우려가 있는 경우
>>   다. 안전표지 등으로 앞지르기를 금지하거나 제한하고 있는 경우
>> 4. 도로 우측 부분의 폭이 차마의 통행에 충분하지 아니한 경우
>> 5. 가파른 비탈길의 구부러진 곳에서 교통의 위험을 방지하기 위하여 시·도경찰청장이 필요하다고 인정하여 구간 및 통행방법을 지정하고 있는 경우에 그 지정에 따라 통행하는 경우
>
> ⑤ 차마의 운전자는 안전지대 등 안전표지에 의하여 진입이 금지된 장소에 들어가서는 아니 된다.

9) 자전거 등의 통행방법의 특례

① 자전거등의 운전자는 자전거도로(제15조제1항에 따라 자전거만 통행할 수 있도록 설치된 전용차로를 포함한다. 이하 이 조에서 같다)가 따로 있는 곳에서는 **그 자전거도로로 통행하여야 한다.**
② 자전거등의 운전자는 자전거도로가 설치되지 아니한 곳에서는 **도로 우측 가장자리**에 붙어서 통행하여야 한다.
③ 자전거등의 운전자는 **길가장자리구역(안전표지로 자전거등의 통행을 금지한 구간은 제외한다)**을 통행할 수 있다. 이 경우 자전거등의 운전자는 보행자의 통행에 방해가 될 때에는 **서행하거나 일시정지**하여야 한다.
④ 자전거등의 운전자는 제1항 및 제13조제1항에도 불구하고 다음 각 호의 어느 하나에 해당하는 경우에는 보도를 통행할 수 있다. 이 경우 자전거등의 운전자는 보도 중앙으로부터 차도 쪽 또는 안전표지로 지정된 곳으로 서행하여야 하며, 보행자의 통행에 방해가 될 때에는 일시정지하여야 한다.

> 1. 어린이, 노인, 그 밖에 행정안전부령으로 정하는 신체장애인이 자전거를 운전하는 경우. 다만, 「자전거 이용 활성화에 관한 법률」 제2조제1호의2에 따른 전기자전거의 원동기를 끄지 아니하고 운전하는 경우는 제외한다.
> 2. 안전표지로 자전거등의 통행이 허용된 경우
> 3. 도로의 파손, 도로공사나 그 밖의 장애 등으로 도로를 통행할 수 없는 경우

⑤ 자전거등의 운전자는 안전표지로 통행이 허용된 경우를 제외하고는 **2대 이상이 나란히 차도를 통행하여서는 아니 된다.**
⑥ 자전거등의 운전자가 횡단보도를 이용하여 도로를 횡단할 때에는 자전거등에서 내려서 자전거등을 **끌거나 들고 보행**하여야 한다.

> **특정운전자의 준수사항**
> ③ 이륜자동차와 원동기장치자전거(개인형 이동장치는 제외한다)의 운전자는 행정안전부령으로 정하는 **인명보호 장구를 착용하고 운행**하여야 하며, **동승자에게도** 착용하도록 하여야 한다.
> ④ 자전거등의 운전자는 자전거도로 및 「도로법」에 따른 도로를 운전할 때에는 행정안전부령으로 정하는 **인명보호 장구를 착용**하여야 하며, 동승자에게도 이를 착용하도록 하여야 한다.
> ⑦ 자전거등의 운전자는 행정안전부령으로 정하는 크기와 구조를 갖추지 아니하여 교통안전에 위험을 초래할 수 있는 자전거등을 운전하여서는 아니 된다.
> ⑧ 자전거등의 운전자는 약물의 영향과 그 밖의 사유로 정상적으로 운전하지 못할 우려가 있는 상태에서 자전거등을 운전하여서는 아니 된다.
> ⑨ 자전거등의 운전자는 밤에 도로를 통행하는 때에는 **전조등과 미등을 켜거나 야광띠 등 발광장치를 착용하여야 한다.**
> ⑩ 개인형 이동장치의 운전자는 행정안전부령으로 정하는 승차정원을 초과하여 동승자를 태우고 개인형 이동장치를 운전하여서는 아니 된다.

10) 차로, 전용차로의 설치

제14조(차로의 설치)
① **시·도경찰청장**은 차마의 교통을 원활하게 하기 위하여 필요한 경우에는 도로에 행정안전부령으로 정하는 차로를 설치할 수 있다. 이 경우 시·도경찰청장은 시간대에 따라 양방향의 통행량이 뚜렷하게 다른 도로에는 교통량이 많은 쪽으로 차로의 수가 확대될 수 있도록 신호기에 의하여 차로의 진행방향을 지시하는 가변차로를 설치할 수 있다.
② 차마의 운전자는 차로가 설치되어 있는 도로에서는 이 법이나 이 법에 따른 명령에 특별한 규정이 있는 경우를 제외하고는 그 차로를 따라 통행하여야 한다. 다만, 시·도경찰청장이 통행방법을 따로 지정한 경우에는 그 방법으로 통행하여야 한다.
③ 차로가 설치된 도로를 통행하려는 경우로서 차의 너비가 행정안전부령으로 정하는 차로의 너비보다 넓어 교통의 안전이나 원활한 소통에 지장을 줄 우려가 있는 경우 그 차의 운전자는 도로를 통행하여서는 아니 된다. 다만, 행정안전부령으로 정하는 바에 따라 그 차의 출발지를 관할하는 경찰서장의 허가를 받은 경우에는 그러하지 아니하다.
④ 경찰서장은 제3항 단서에 따른 허가를 받으려는 차가 「도로법」 제77조제1항 단서에 따른 운행허가를 받아야 하는 차에 해당하는 경우에는 대통령령으로 정하는 바에 따라 그 차가 통행하려는 도로의 관리청과 미리 협의하여야 하며, 이러한 협의를 거쳐 경찰서장의 허가를 받은 차는 「도로법」 제77조제1항 단서에 따른 운행허가를 받은 것으로 본다.
⑤ 차마의 운전자는 안전표지가 설치되어 특별히 진로 변경이 금지된 곳에서는 차마의 진로를 변경하여서는 아니 된다. 다만, 도로의 파손이나 도로공사 등으로 인하여 장애물이 있는 경우에는 그러하지 아니하다.

* 제15조(전용차로의 설치)
시장등은 원활한 교통을 확보하기 위하여 특히 필요한 경우에는 시·도경찰청장이나 경찰서장과 협의하여 도로에 전용차로(차의 종류나 승차 인원에 따라 지정된 차만 통행할 수 있는 차로를 말한다. 이하 같다)를 설치할 수 있다.

* 제15조의2(자전거횡단도의 설치 등)
시·도경찰청장은 도로를 횡단하는 자전거 운전자의 안전을 위하여 행정안전부령으로 정하는 기준에 따라 자전거횡단도를 설치할 수 있다.

11) 자동차 등과 노면전차의 속도

① **자동차등**(**개인형 이동장치는 제외**한다.)과 노면전차의 도로 통행 속도는 행정안전부령으로 정한다.
② **경찰청장이나 시·도경찰청장**은 도로에서 일어나는 위험을 방지하고 교통의 안전과 원활한 소통을 확보하기 위하여 필요하다고 인정하는 경우에는 다음 각 호의 구분에 따라 구역이나 구간을 지정하여 제1항에 따라 정한 **속도를 제한할 수 있다**.

> 1. **경찰청장** : 고속도로
> 2. **시·도경찰청장** : 고속도로를 제외한 도로

③ 자동차등과 노면전차의 운전자는 제1항과 제2항에 따른 최고속도보다 빠르게 운전하거나 최저속도보다 느리게 운전하여서는 아니 된다. 다만, 교통이 밀리거나 그 밖의 부득이한 사유로 최저속도보다 느리게 운전할 수밖에 없는 경우에는 그러하지 아니하다.

▼ 자동차등의 속도

일반도로 (고속도로 및 자동차전용도로 외의 모든 도로)	가. 「국토의 계획 및 이용에 관한 법률」 제36조제1항제1호가목부터 다목까지의 규정에 따른 주거지역·상업지역 및 공업지역의 일반도로에서는 매시 50킬로미터 이내. 다만, 시·도경찰청장이 원활한 소통을 위하여 특히 필요하다고 인정하여 지정한 노선 또는 구간에서는 매시 60킬로미터 이내 나. 가목 외의 일반도로에서는 매시 60킬로미터 이내. 다만, 편도 2차

	로 이상의 도로에서는 매시 80킬로미터 이내
자동차전용도로	최고속도는 **매시 90킬로미터**, 최저속도는 **매시 30킬로미터**
고속도로	가. 편도 1차로 고속도로에서의 **최고속도는 매시 80킬로미터, 최저속도는 매시 50킬로미터** 나. 편도 2차로 이상 고속도로에서의 **최고속도는 매시 100킬로미터** [화물자동차(적재중량 1.5톤을 초과하는 경우에 한한다. 이하 이 호에서 같다)·특수자동차·위험물운반자동차(별표 9 (주) 6에 따른 위험물 등을 운반하는 자동차를 말한다. 이하 이 호에서 같다) 및 건설기계의 최고속도는 매시 80킬로미터], **최저속도는 매시 50킬로미터** 다. 나목에 불구하고 편도 2차로 이상의 고속도로로서 경찰청장이 고속도로의 원활한 소통을 위하여 특히 필요하다고 인정하여 지정·고시한 노선 또는 구간의 최고속도는 매시 120킬로미터(화물자동차·특수자동차·위험물운반자동차 및 건설기계의 최고속도는 매시 90킬로미터) 이내, 최저속도는 매시 50킬로미터

비·안개·눈 등으로 인한 거친 날씨	1. **최고속도의 100분의 20을 줄인** 속도로 운행하여야 하는 경우
	   가. 비가 내려 노면이 젖어있는 경우
	   나. 눈이 20밀리미터 미만 쌓인 경우
	2. **최고속도의 100분의 50을 줄인** 속도로 운행하여야 하는 경우
	   가. 폭우·폭설·안개 등으로 가시거리가 100미터 이내인 경우
	   나. 노면이 얼어 붙은 경우
	   다. 눈이 20밀리미터 이상 쌓인 경우

12) 운전자의 의무

제18조(횡단 등의 금지)
① 차마의 운전자는 보행자나 다른 차마의 정상적인 통행을 방해할 우려가 있는 경우에는 차마를 운전하여 **도로를 횡단하거나 유턴 또는 후진하여서는 아니 된다.**
② 시·도경찰청장은 도로에서의 위험을 방지하고 교통의 안전과 원활한 소통을 확보하기 위하여 특히 필요하다고 인정하는 경우에는 도로의 구간을 지정하여 차마의 횡단이나 유턴 또는 후진을 금지할 수 있다.
③ 차마의 운전자는 길가의 건물이나 주차장 등에서 도로에 들어갈 때에는 일단 정지한 후에 안전한지 **확인하면서 서행하여야 한다.**

제19조(안전거리 확보 등)
① 모든 차의 운전자는 같은 방향으로 가고 있는 앞차의 뒤를 따르는 경우에는 앞차가 갑자기 정지하게 되는 경우 그 앞차와의 충돌을 피할 수 있는 **필요한 거리를 확보하여야 한다.**
② 자동차등의 운전자는 같은 방향으로 가고 있는 자전거등의 운전자에 주의하여야 하며, 그 옆을 지날 때에는 자전거등과의 충돌을 피할 수 있는 필요한 거리를 확보하여야 한다.
③ 모든 차의 운전자는 차의 진로를 변경하려는 경우에 그 변경하려는 방향으로 오고 있는 다른 차의 정상적인 통행에 장애를 줄 우려가 있을 때에는 진로를 변경하여서는 아니 된다.
④ 모든 차의 운전자는 위험방지를 위한 경우와 그 밖의 부득이한 경우가 아니면 운전하는

차를 갑자기 정지시키거나 속도를 줄이는 등의 **급제동을 하여서는 아니 된다**.

제20조(진로 양보의 의무)
① **모든 차(긴급자동차는 제외한다)의 운전자는 뒤에서 따라오는 차보다 느린 속도로 가려는 경우에는 도로의 우측 가장자리로 피하여 진로를 양보하여야 한다**. 다만, 통행 구분이 설치된 도로의 경우에는 그러하지 아니하다.
② 좁은 도로에서 긴급자동차 외의 자동차가 서로 마주보고 진행할 때에는 다음 각 호의 구분에 따른 자동차가 도로의 우측 가장자리로 피하여 진로를 **양보하여야 한다**.
　　1. 비탈진 좁은 도로에서 자동차가 서로 마주보고 진행하는 경우에는 **올라가는 자동차**
　　2. 비탈진 좁은 도로 외의 좁은 도로에서 사람을 태웠거나 물건을 실은 자동차와 동승자(同乘者)가 없고 물건을 싣지 아니한 자동차가 서로 마주보고 진행하는 경우에는 **동승자가 없고 물건을 싣지 아니한 자동차**

제21조(앞지르기 방법 등)
① 모든 차의 운전자는 다른 차를 앞지르려면 **앞차의 좌측으로 통행하여야 한다**.
② 자전거등의 운전자는 서행하거나 정지한 다른 차를 앞지르려면 제1항에도 불구하고 앞차의 우측으로 통행할 수 있다. 이 경우 자전거등의 운전자는 정지한 차에서 승차하거나 하차하는 사람의 안전에 유의하여 서행하거나 필요한 경우 일시정지하여야 한다.
③ 제1항과 제2항의 경우 앞지르려고 하는 모든 차의 운전자는 반대방향의 교통과 앞차 앞쪽의 교통에도 주의를 충분히 기울여야 하며, 앞차의 속도·진로와 그 밖의 도로상황에 따라 방향지시기·등화 또는 경음기(警音機)를 사용하는 등 안전한 속도와 방법으로 앞지르기를 하여야 한다.
④ 모든 차의 운전자는 제1항부터 제3항까지 또는 제60조제2항에 따른 방법으로 앞지르기를 하는 차가 있을 때에는 속도를 높여 **경쟁하거나 그 차의 앞을 가로막는 등의 방법으로 앞지르기를 방해하여서는 아니 된다**.

제22조(앞지르기 금지의 시기 및 장소)
① 모든 차의 운전자는 다음 각 호의 어느 하나에 해당하는 경우에는 앞차를 앞지르지 못한다.

> 1. 앞차의 좌측에 다른 차가 앞차와 나란히 가고 있는 경우
> 2. 앞차가 다른 차를 앞지르고 있거나 앞지르려고 하는 경우

② 모든 차의 운전자는 다음 각 호의 어느 하나에 해당하는 다른 차를 앞지르지 못한다.

> 1. 이 법이나 이 법에 따른 명령에 따라 정지하거나 서행하고 있는 차
> 2. 경찰공무원의 지시에 따라 정지하거나 서행하고 있는 차
> 3. 위험을 방지하기 위하여 정지하거나 서행하고 있는 차

③ 모든 차의 운전자는 다음 각 호의 어느 하나에 해당하는 곳에서는 다른 차를 **앞지르지 못한다**.

> 1. **교차로**
> 2. **터널 안**
> 3. **다리 위**
> 4. **도로의 구부러진 곳, 비탈길의 고갯마루 부근 또는 가파른 비탈길의 내리막** 등 시·도경찰청장이 도로에서의 위험을 방지하고 교통의 안전과 원활한 소통을 확보하기 위하여 필요하다고 인정하는 곳으로서 안전표지로 지정한 곳

제23조(끼어들기의 금지)
모든 차의 운전자는 제22조제2항 각 호의 어느 하나에 해당하는 다른 차 앞으로 끼어들지 못한다.

제25조(교차로 통행방법)
① 모든 차의 운전자는 교차로에서 **우회전**을 하려는 경우에는 미리 도로의 **우측 가장자리**를 서행하면서 우회전하여야 한다. 이 경우 우회전하는 차의 운전자는 신호에 따라 **정지**하거나 진행하는 보행자 또는 자전거등에 주의하여야 한다.
② 모든 차의 운전자는 교차로에서 **좌회전을 하려는 경우**에는 **미리 도로의 중앙선을 따라 서행하면서 교차로의 중심 안쪽을 이용하여 좌회전**하여야 한다. 다만, 시·도경찰청장이 교차로의 상황에 따라 특히 필요하다고 인정하여 지정한 곳에서는 교차로의 중심 바깥쪽을 통과할 수 있다.
③ 제2항에도 불구하고 자전거등의 운전자는 교차로에서 좌회전하려는 경우에는 미리 도로의 우측 가장자리로 붙어 서행하면서 교차로의 가장자리 부분을 이용하여 좌회전하여야 한다.
④ 모든 차의 운전자는 교통정리를 하고 있지 아니하고 **일시정지나 양보를 표시**하는 안전표지가 설치되어 있는 교차로에 들어가려고 할 때에는 다른 차의 진행을 방해하지 아니하도록 **일시정지하거나 양보하여야 한다.**

제25조의2(회전교차로 통행방법)
① 모든 차의 운전자는 **회전교차로에서는 반시계방향으로 통행**하여야 한다.
② 모든 차의 운전자는 회전교차로에 진입하려는 경우에는 서행하거나 일시정지하여야 하며, 이미 진행하고 있는 다른 차가 있는 때에는 그 차에 진로를 양보하여야 한다.
③ 제1항 및 제2항에 따라 회전교차로 통행을 위하여 손이나 방향지시기 또는 등화로써 신호를 하는 차가 있는 경우 그 뒤차의 운전자는 신호를 한 앞차의 진행을 방해하여서는 아니 된다.

※ 제27조(보행자의 보호)
① 모든 차 또는 노면전차의 운전자는 보행자(제13조의2제6항에 따라 자전거등에서 내려서 자전거등을 끌거나 들고 통행하는 자전거등의 운전자를 포함한다)가 횡단보도를 통행하고 있거나 통행하려고 하는 때에는 보행자의 횡단을 방해하거나 위험을 주지 아니하도록 그 횡단보도 앞(정지선이 설치되어 있는 곳에서는 그 정지선을 말한다)에서 **일시정지하여야 한다.**
⑤ 모든 차 또는 노면전차의 운전자는 보행자가 제10조제3항에 따라 횡단보도가 설치되어 있지 아니한 도로를 횡단하고 있을 때에는 안전거리를 두고 **일시정지하여** 보행자가 안전하게 횡단할 수 있도록 하여야 한다.
⑦ 모든 차 또는 노면전차의 운전자는 제12조제1항에 따른 어린이 보호구역 내에 설치된 횡단보도 중 신호기가 설치되지 아니한 횡단보도 앞(정지선이 설치된 경우에는 그 정지선을 말한다)에서는 **보행자의 횡단 여부와 관계없이 일시정지하여야 한다.**

13) 긴급자동차

① 긴급자동차란 다음 각 목의 자동차로서 **그 본래의 긴급한 용도로 사용되고 있는 자동차**를 말한다.
  ● 지정 취소권자는 **시·도경찰청장이다.**

가. **소방차**
나. **구급차**
다. **혈액 공급차량**
라. 그 밖에 **대통령령**으로 정하는 자동차

> (긴급자동차의 종류) - 시행령 제2조
>
> 〈법정(당연)긴급자동차〉
> 1. 경찰용 자동차 중 **범죄수사, 교통단속**, 그 밖의 긴급한 경찰업무 수행에 사용되는 자동차
> 2. 국군 및 주한 국제연합군용 자동차 중 군 내부의 질서 유지나 부대의 질서 있는 **이동을 유도(誘導)**하는 데 **사용**되는 자동차
> 3. 수사기관의 자동차 중 **범죄수사를 위하여 사용**되는 자동차

※ 준긴급자동차
1. 제1항제1호에 따른 경찰용 긴급자동차에 의하여 유도되고 있는 자동차
2. 제1항제2호에 따른 국군 및 주한 국제연합군용의 긴급자동차에 의하여 유도되고 있는 국군 및 주한 국제연합군의 자동차
3. 생명이 위급한 환자 또는 부상자나 수혈을 위한 혈액을 운송 중인 자동차

4. 다음 각 목의 어느 하나에 해당하는 시설 또는 기관의 자동차 중 도주자의 체포 또는 수용자, 보호관찰 대상자의 호송·경비를 위하여 사용되는 자동차
   가. 교도소·소년교도소 또는 구치소
   나. 소년원 또는 소년분류심사원
   다. 보호관찰소
5. **국내외 요인(要人)에 대한 경호업무 수행**에 공무(公務)로 사용되는 자동차

〈사용하는 사람 또는 기관 등의 신청에 의하여 시·도경찰청장이 지정하는 긴급자동차〉
6. 전기사업, 가스사업, 그 밖의 공익사업을 하는 기관에서 위험 방지를 위한 응급작업에 사용되는 자동차
7. **민방위업무**를 수행하는 기관에서 긴급예방 또는 복구를 위한 출동에 사용되는 자동차
8. 도로관리를 위하여 사용되는 자동차 중 도로상의 위험을 방지하기 위한 응급작업에 사용되거나 운행이 제한되는 자동차를 단속하기 위하여 사용되는 자동차
9. **전신·전화의 수리공사** 등 응급작업에 사용되는 자동차
10. **긴급한 우편물의 운송**에 사용되는 자동차
11. **전파감시업무**에 사용되는 자동차

② 긴급자동차의 우선 통행
  ㉠ 긴급자동차는 제13조제3항에도 불구하고 긴급하고 부득이한 경우에는 **도로의 중앙이나 좌측 부분을 통행할 수 있다.**
  ㉡ 긴급자동차는 이 법이나 이 법에 따른 명령에 따라 정지하여야 하는 경우에도 불구하고 **긴급하고 부득이한 경우에는 정지하지 아니할 수 있다.**
  ㉢ 교차로나 그 부근에서 긴급자동차가 접근하는 경우에는 차마와 노면전차의 운전자는 교차로를 피하여 일시정지하여야 한다.
  ㉣ 모든 차와 노면전차의 운전자는 제4항에 따른 곳 외의 곳에서 긴급자동차가 접근한 경우에는 긴급자동차가 우선통행할 수 있도록 진로를 양보하여야 한다.
  ㉤ 제2조제22호 각 목의 자동차 운전자는 해당 자동차를 그 본래의 긴급한 용도로 운행하지 아니하는 경우에는 「자동차관리법」에 따라 설치된 경광등을 켜거나 사이렌을 작동하여서는 아니 된다. 다만, 대통령령으로 정하는 바에 따라 범죄 및 화재 예방 등을 위한 순찰·훈련 등을 실시하는 경우에는 그러하지 아니하다.

③ 긴급자동차에 대한 특례
  긴급자동차에 대하여는 다음 각 호의 사항을 **적용하지 아니한다.** 다만, **제4호부터 제12호까지의 사항은 긴급자동차 중** 제2조제22호가목부터 다목(**소방차, 구급차, 혈액공급차량**)까지의 자동차와 대통령령으로 정하는 경찰용 자동차에 대해서만 적용하지 아니한다.

  1. 제17조에 따른 자동차등의 **속도 제한**. 다만, 제17조에 따라 긴급자동차에 대하여 속도를 제한한 경우에는 같은 조의 규정을 적용한다.
  2. 제22조에 따른 **앞지르기의 금지**(금지 시기 및 금지 장소)
  3. 제23조에 따른 **끼어들기의 금지**

4. 제5조에 따른 **신호위반**
5. 제13조제1항에 따른 **보도침범**
6. 제13조제3항에 따른 **중앙선 침범**
7. 제18조에 따른 **횡단 등의 금지**(횡단, 유턴, 후진금지)
8. 제19조에 따른 **안전거리 확보 등**
9. 제21조제1항에 따른 **앞지르기 방법 등**
10. 제32조에 따른 **정차 및 주차의 금지**
11. 제33조에 따른 **주차금지**
12. 제66조에 따른 **고장 등의 조치**

14) 서행 또는 일시정지

① 모든 차 또는 노면전차의 운전자는 다음 각 호의 어느 하나에 해당하는 곳에서는 **서행하여야 한다**.

1. **교통정리를 하고 있지 아니하는 교차로**
2. **도로가 구부러진 부근**
3. 비탈길의 **고갯마루 부근**
4. 가파른 비탈길의 **내리막**
5. 시·도경찰청장이 도로에서의 위험을 방지하고 교통의 안전과 원활한 소통을 확보하기 위하여 필요하다고 인정하여 안전표지로 지정한 곳

② 모든 차 또는 노면전차의 운전자는 다음 각 호의 어느 하나에 해당하는 곳에서는 **일시정지**하여야 한다.

1. **교통정리를 하고 있지 아니하고 좌우를 확인할 수 없거나 교통이 빈번한 교차로**
2. 시·도경찰청장이 도로에서의 위험을 방지하고 교통의 안전과 원활한 소통을 확보하기 위하여 필요하다고 인정하여 안전표지로 지정한 곳

15) 정차 및 주차

모든 차의 운전자는 다음 각 호의 어느 하나에 해당하는 곳에서는 차를 정차하거나 주차하여서는 아니 된다. 다만, 이 법이나 이 법에 따른 명령 또는 경찰공무원의 지시를 따르는 경우와 위험방지를 위하여 일시정지하는 경우에는 그러하지 아니하다.

1. **교차로·횡단보도·건널목이나 보도와 차도가 구분된 도로의 보도**(「주차장법」에 따라 차도와 보도에 걸쳐서 설치된 노상주차장은 제외한다)
2. **교차로의 가장자리나 도로의 모퉁이로부터 5미터 이내인 곳**
3. 안전지대가 설치된 도로에서는 그 안전지대의 사방으로부터 각각 10미터 이내인 곳
4. 버스여객자동차의 **정류지(停留地)임을 표시**하는 기둥이나 표지판 또는 선이 설치된 곳으로부터 **10미터 이내인 곳**. 다만, 버스여객자동차의 운전자가 그 버스여객자동차의 운행시간 중에 운행노선에 따르는 정류장에서 승객을 태우거나 내리기 위하여 차를 정차하거나 주차하는 경우에는 그러하지 아니하다.

5. 건널목의 가장자리 또는 횡단보도로부터 **10미터 이내인 곳**
6. 다음 각 목의 곳으로부터 **5미터 이내인 곳**
   가. 「소방기본법」 제10조에 따른 **소방용수시설 또는 비상소화장치가 설치된 곳**
   나. 「소방시설 설치 및 관리에 관한 법률」 제2조제1항제1호에 따른 소방시설로서 대통령령으로 정하는 시설이 설치된 곳
7. 시·도경찰청장이 도로에서의 위험을 방지하고 교통의 안전과 원활한 소통을 확보하기 위하여 **필요하다고 인정하여 지정한 곳**
8. 시장등이 제12조제1항에 따라 지정한 **어린이 보호구역**

제33조(주차금지의 장소)
모든 차의 운전자는 다음 각 호의 어느 하나에 해당하는 곳에 차를 **주차해서는 아니 된다.**

1. **터널 안 및 다리 위**
2. 다음 각 목의 곳으로부터 5미터 이내인 곳
   가. **도로공사를 하고 있는 경우에는 그 공사 구역의 양쪽 가장자리**
   나. 「다중이용업소의 안전관리에 관한 특별법」에 따른 **다중이용업소의 영업장**이 속한 건축물로 소방본부장의 요청에 의하여 시·도경찰청장이 지정한 곳
3. 시·도경찰청장이 도로에서의 위험을 방지하고 교통의 안전과 원활한 소통을 확보하기 위하여 필요하다고 인정하여 지정한 곳

제34조(정차 또는 주차의 방법 및 시간의 제한)
도로 또는 노상주차장에 정차하거나 주차하려고 하는 차의 운전자는 차를 차도의 우측 가장자리에 정차하는 등 대통령령으로 정하는 정차 또는 주차의 방법·시간과 금지사항 등을 지켜야 한다.

제34조의3(경사진 곳에서의 정차 또는 주차의 방법)
경사진 곳에 정차하거나 주차(도로 외의 경사진 곳에서 정차하거나 주차하는 경우를 포함한다)하려는 자동차의 운전자는 대통령령으로 정하는 바에 따라 **고임목**을 설치하거나 조향장치(操向裝置)를 도로의 가장자리 방향으로 돌려놓는 등 미끄럼 사고의 발생을 방지하기 위한 조치를 취하여야 한다.

제35조(주차위반에 대한 조치)
① 다음 각 호의 어느 하나에 해당하는 사람은 제32조·제33조 또는 제34조를 위반하여 주차하고 있는 차가 교통에 위험을 일으키게 하거나 방해될 우려가 있을 때에는 차의 운전자 또는 관리 책임이 있는 사람에게 주차 방법을 변경하거나 그 곳으로부터 이동할 것을 명할 수 있다.
⑤ 경찰서장이나 시장등은 제3항과 제4항에 따라 차의 반환에 필요한 조치 또는 공고를 하였음에도 불구하고 그 차의 사용자나 운전자가 조치 또는 **공고를 한 날부터 1개월 이내**에 그 반환을 요구하지 아니할 때에는 대통령령으로 정하는 바에 따라 그 차를 매각하거나 폐차할 수 있다.

◐ 경찰서장, 도지사 또는 시장 등은 차를 견인하였을 때부터 **24시간이 경과되어도** 이를 인수하지 아니하는 때에는 해당 차의 보관 장소 등 행정안전부령이 정하는 사항을 해당 차의 사용자 또는 운전자에게 등기우편으로 통지하여야 한다.

16) 운전자 및 고용주등 의무

제43조(무면허운전 등의 금지)
누구든지 제80조에 따라 시·도경찰청장으로부터 운전면허를 받지 아니하거나 운전면허의 효력이 정지된 경우에는 **자동차등을 운전하여서는 아니 된다.**

제44조(술에 취한 상태에서의 운전 금지)
① 누구든지 술에 취한 상태에서 **자동차등**(「건설기계관리법」 제26조제1항 단서에 따른 건설기계 외의 건설기계를 포함한다. 이하 이 조, 제45조, 제47조, 제50조의3, 제93조제1항제1호부터 제4호까지 및 제148조의2에서 같다), **노면전차 또는 자전거를 운전하여서는 아니 된다.**
　➡ 원동기장치자전거를 운전하는 자는 배기량에 상관없이 술에 취한 상태에서 운전하면 안된다.
　➡ 취중 경운기나 트랙터 운전의 경우 주취운전에 해당하지 않는다.
② 경찰공무원은 교통의 안전과 위험방지를 위하여 필요하다고 인정하거나 제1항을 위반하여 술에 취한 상태에서 자동차등, 노면전차 또는 자전거를 운전하였다고 인정할 만한 상당한 이유가 있는 경우에는 운전자가 술에 취하였는지를 **호흡조사로 측정할 수 있다.** 이 경우 운전자는 경찰공무원의 측정에 응하여야 한다.
③ 제2항에 따른 측정 결과에 불복하는 운전자에 대하여는 **그 운전자의 동의를 받아** 혈액 채취 등의 방법으로 다시 측정할 수 있다.
④ 제1항에 따라 운전이 금지되는 술에 취한 상태의 기준은 운전자의 **혈중알코올농도가 0.03퍼센트 이상인 경우**로 한다.

> **제148조의2(벌칙)**
> ① 제44조제1항(음주운전 금지) 또는 제2항을 위반(**자동차등 또는 노면전차를 운전한 경우로 한정**한다. 다만, 개인형 이동장치를 운전한 경우는 제외한다.)하여 벌금 이상의 형을 선고받고 그 형이 확정된 날부터 **10년** 내에 다시 같은 **조 제1항 또는 제2항을 위반한 사람**(형이 실효된 사람도 포함한다)은 다음 각 호의 구분에 따라 처벌한다.
>
> | 제44조제2항(술에 취한 상태에서의 운전 금지) 위반 | 1년 이상 6년 이하의 징역이나 500만원 이상 3천만원 이하의 벌금 |
> |---|---|
> | 제44조제1항(술에 취한 상태에서의 운전 금지)을 위반한 사람 중 혈중알코올농도가 0.2퍼센트 이상인 사람 | 2년 이상 6년 이하의 징역이나 1천만원 이상 3천만원 이하의 벌금 |
> | 제44조제1항을 위반한 사람 중 혈중알코올농도가 0.03퍼센트 이상 0.2퍼센트 미만인 사람 | 1년 이상 5년 이하의 징역이나 500만원 이상 2천만원 이하의 벌금 |
>
> ② 술에 취한 상태에 있다고 인정할 만한 상당한 이유가 있는 사람으로서 제44조제2항에 따른 **경찰공무원의 측정에 응하지 아니하는 사람**(자동차등 또는 노면전차를 운전한 경우로 한정한다)은 **1년 이상 5년 이하의 징역이나 500만원 이상 2천만원 이하의 벌금**에 처한다.
> ③ 제44조제1항을 위반하여 술에 취한 상태에서 자동차등 또는 노면전차를 운전한 사람은 다음 각 호의 구분에 따라 처벌한다.

＊ 음주측정요령(지침)
① 단속경찰관이 주취운전의 의심자를 호흡측정하는 때에는 피측정자의 입안의 잔류알콜을 헹궈낼 수 있도록 **음용수 200ml**를 제공한다.
② 음주측정 1회당 1개의 음주측정용 불대(mouth piece)를 사용한다.

혈중알코올농도가 0.2퍼센트 이상인 사람	2년 이상 5년 이하의 징역이나 1천만원 이상 2천만원 이하의 벌금
혈중알코올농도가 0.08퍼센트 이상 0.2퍼센트 미만인 사람	1년 이상 2년 이하의 징역이나 500만원 이상 1천만원 이하의 벌금
혈중알코올농도가 0.03퍼센트 이상 0.08퍼센트 미만인 사람	1년 이하의 징역이나 500만원 이하의 벌금

④ 제45조를 위반하여 **약물로 인하여** 정상적으로 운전하지 못할 우려가 있는 상태에서 자동차등 또는 노면전차를 운전한 사람은 **3년 이하의 징역이나 1천만원 이하의 벌금**에 처한다.

> 〈음주운전으로 운전면허 취소처분 또는 정지처분을 받은 경우 감경사유〉
> 운전이 **가족의 생계를 유지할 중요한 수단**이 되거나, **모범운전자로서 처분당시 3년 이상 교통봉사 활동에 종사하고 있거나, 교통사고를 일으키고 도주한 운전자를 검거하여 경찰서장 이상의 표창을 받은 사람**으로 다음의 어느 하나에 해당되는 경우가 없어야 한다.
> ① 혈중알코올농도가 0.1퍼센트를 초과하여 운전한 경우
> ② 음주운전 중 인적피해 교통사고를 일으킨 경우
> ③ 경찰관의 음주측정요구에 불응하거나 도주 한때 또는 단속경찰관을 폭행한 경우
> ④ 과거 5년 이내에 3회 이상의 인적피해 교통사고의 전력이 있는 경우
> ⑤ 과거 5년 이내에 음주운전으 전력이 있는 경우

제148조의3(벌칙)

① 제50조의3제4항(음주운전 방지장치 부착 조건부 운전면허를 받은 운전자등의 준수사항))을 위반하여 음주운전 방지장치를 해체·조작하거나 그 밖의 방법으로 효용을 해친 자는 **3년 이하의 징역 또는 3천만원 이하의 벌금에 처한다.**
② 제50조의3제4항을 위반하여 장치가 해체·조작되었거나 효용이 떨어진 것을 알면서 해당 장치가 설치된 자동차등을 운전한 자는 **1년 이하의 징역 또는 300만원 이하의 벌금**에 처한다.
③ 제50조의3제5항을 위반하여 조건부 운전면허를 받은 사람을 대신하여 음주운전 방지장치가 설치된 자동차등을 운전할 수 있도록 해당 장치에 호흡을 불어넣거나 다른 부정한 방법으로 음주운전 방지장치가 설치된 자동차등에 시동을 걸어 운전할 수 있도록 한 사람은 **1년 이하의 징역 또는 300만원 이하의 벌금**에 처한다.

제45조(과로한 때 등의 운전 금지)
자동차등(개인형 이동장치는 제외한다) 또는 노면전차의 운전자는 제44조에 따른 술에 취한 상태 외에 과로, **질병 또는 약물**(마약, 대마 및 향정신성의약품과 그 밖에 행정안전부령으로 정하는 것을 말한다)의 영향과 그 밖의 사유로 정상적으로 운전하지 못할 우려가 있는 상태에서 자동차등 또는 노면전차를 운전하여서는 아니 된다.

제46조(공동 위험행위의 금지)
① 자동차등(개인형 이동장치는 제외한다)의 운전자는 도로에서 **2명 이상이 공동으로 2대 이상의 자동차등을** 정당한 사유 없이 앞뒤로 또는 좌우로 줄지어 통행하면서 다른 사람에게 위해를 끼치거나 교통상의 위험을 발생하게 하여서는 아니 된다.
② 자동차등의 동승자는 제1항에 따른 공동 위험행위를 주도하여서는 아니 된다.

제46조의3(난폭운전 금지)
자동차등(개인형 이동장치는 제외한다)의 운전자는 다음 각 호 중 **둘 이상의 행위를 연달아 하거나, 하나의 행위를 지속 또는 반복**하여 다른 사람에게 위협 또는 위해를 가하거나 교통상의 위험을 발생하게 하여서는 아니 된다.

1. 제5조에 따른 **신호 또는 지시 위반**
2. 제13조제3항에 따른 **중앙선 침범**
3. 제17조제3항에 따른 **속도의 위반**
4. 제18조제1항에 따른 **횡단·유턴·후진 금지 위반**
5. 제19조에 따른 **안전거리 미확보, 진로변경 금지 위반, 급제동 금지 위반**
6. 제21조제1항·제3항 및 제4항에 따른 **앞지르기 방법 또는 앞지르기의 방해금지 위반**
7. 제49조제1항제8호에 따른 **정당한 사유 없는 소음 발생**
8. 제60조제2항에 따른 **고속도로에서의 앞지르기 방법 위반**
9. 제62조에 따른 **고속도로등에서의 횡단·유턴·후진 금지 위반**

＊ 처벌
약물로 인하여 정상적으로 운전하지 못할 우려가 있는 상태에서 자동차등 또는 노면전차를 운전한 사람은 3년 이하의 징역이나 1천만원 이하의 벌금에 처한다.

제50조의3(음주운전 방지장치 부착 조건부 운전면허를 받은 운전자등의 준수사항)
① 제80조의2에 따라 음주운전 방지장치 부착 조건부 운전면허를 받은 사람이 자동차등을 운전하려는 경우 **음주운전 방지장치를 설치하고, 시·도경찰청장에게 등록하여야 한다.** 등록한 사항 중 행정안전부령으로 정하는 **중요한 사항을 변경할 때에도 또한 같다.** 다만, 제2항에 따라 음주운전 방지장치가 설치·등록된 자동차등을 운전하려는 경우에는 그러하지 아니하다.
②「여객자동차 운수사업법」에 따른 여객자동차 운수사업자의 사업용 자동차,「화물자동차 운수사업법」에 따른 화물자동차 운수사업자의 사업용 자동차 및 그 밖에 대통령령으로 정하는 자동차등에 **음주운전 방지장치를 설치한 자는 시·도경찰청장에게 등록하여야 한다.** 등록한 사항 중 행정안전부령으로 정하는 중요한 사항을 변경할 때에도 또한 같다.
③ 제80조의2에 따라 음주운전 방지장치 부착 조건부 운전면허를 받은 사람은 음주운전 방지장치가 설치되지 아니하거나 설치기준에 적합하지 아니한 음주운전 방지장치가 설치된 자동차등을 운전하여서는 아니 된다.
④ 누구든지 다음 각 호의 어느 하나에 해당하는 경우를 제외하고는 자동차등에 설치된 음주운전 방지장치를 해체하거나 조작 또는 그 밖의 방법으로 효용을 해치는 행위를 하여서는 아니 된다.
  1. 음주운전 방지장치의 점검 또는 정비를 위한 경우
  2. 폐차하는 경우
  3. 교육·연구의 목적으로 사용하는 등 대통령령으로 정하는 사유에 해당하는 경우
  4. 제82조제2항제10호에 따른 음주운전 방지장치의 부착 기간이 경과한 경우
⑤ 누구든지 음주운전 방지장치 부착 조건부 운전면허를 받은 사람을 대신하여 음주운전 방지장치가 설치된 자동차등을 운전할 수 있도록 해당 장치에 호흡을 불어넣거나 **다른 부정한 방법으로 음주운전 방지장치가 설치된 자동차등에 시동을 거는 행위를 하여서는 아니 된다.**
⑥ 제1항 및 제2항에 따라 음주운전 방지장치의 설치 사항을 시·도경찰청장에게 등록한 자는 **연 2회 이상** 음주운전 방지장치 부착 자동차등의 운행기록을 시·도경찰청장에게 제출하여야 하며, 음주운전 방지장치의 정상 작동여부 등을 점검하는 검사를 받아야 한다.

판례

1. 무면허운전으로 인한 도로교통법 위반죄에 관해서는 어느 날에 운전을 시작하여 다음 날까지 동일한 기회에 일련의 과정에서 계속 운전을 한 경우 등 특별한 경우를 제외하고는 사회통념상 운전한 날을 기준으로 **운전한 날마다 1개의 운전행위가 있다고 보는** 것이 상당하므로 운전한 날마다 무면허운전으로 인한 도로교통법 위반의 1죄가 성립한다고 보아야 한다.

   한편 같은 날 무면허운전 행위를 여러 차례 반복한 경우라도 그 범의의 단일성 내지 계속성이 인정되지 않거나 범행 방법 등이 동일하지 않은 경우 각 무면허운전 범행은 실체적 경합 관계에 있다고 볼 수 있으나, 그와 같은 특별한 사정이 없다면 각 무면허운전 행위는 동일 죄명에 해당하는 수 개의 동종 행위가 동일한 의사에 의하여 **반복되거나 접속·연속하여 행하여진 것으로 봄이 상당하고** 그로 인한 피해법익도 동일한 이상, **각 무면허운전 행위를 통틀어 포괄일죄로 처단하여야 한다.**(2022도8806)

2. 음주운전과 무면허운전은 상상적 경합관계이다.(대판86도2731)

3. 도로교통법 제41조 제2항에서 말하는 '측정'의 의미(=호흡측정기에 의한 측정) 및 경찰공무원으로부터 음주측정을 요구받은 운전자가 형식적으로 음주측정에 응하였을 뿐 호흡측정기에 음주측정수치가 나타날 정도로 숨을 불어넣지 아니한 경우, 음주측정불응죄가 성립한다.(99도5210)

4. 피고인의 음주와 음주운전을 목격한 참고인이 있는 상황에서 경찰관이 음주 및 음주운전 종료로부터 약 5시간 후 집에서 자고 있는 피고인을 연행하여 음주측정을 요구한 데에 대하여 피고인이 불응한 경우, 도로교통법상의 음주측정불응죄가 성립한다(2000도6026)

5. 음주운전과 관련한 도로교통법 위반죄의 범죄수사를 위하여 미성년자인 피의자의 혈액채취가 필요한 경우에도 피의자에게 의사능력이 있다면 피의자 본인만이 혈액채취에 관한 유효한 동의를 할 수 있고, 피의자에게 의사능력이 없는 경우에도 명문의 규정이 없는 이상 법정대리인이 피의자를 대리하여 동의할 수는 없다.(2013도1228)

6. 경찰관이 음주운전 단속시 운전자의 요구에 따라 곧바로 채혈을 실시하지 않은 채 호흡측정기에 의한 음주측정을 하고 1시간 12분이 경과한 후에야 채혈을 하였다는 사정만으로는 위 행위가 법령에 위배된다거나 객관적 정당성을 상실하여 운전자가 음주운전 단속과정에서 받을 수 있는 권익이 현저하게 침해되었다고 단정하기 어렵다.(2006다32132)

 팩트DB

특정범죄 가중처벌 등에 관한 법률

제5조의11(위험운전 등 치사상) – 윤창호법

① 음주 또는 약물의 영향으로 정상적인 운전이 곤란한 상태에서 자동차(원동기장치자전거를 포함한다)를 운전하여 사람을 상해에 이르게 한 사람은 **1년 이상 15년 이하의 징역 또는 1천만원 이상 3천만원 이하의 벌금**에 처하고, 사망에 이르게 한 사람은 **무기 또는 3년 이상의 징역**에 처한다.

② 음주 또는 약물의 영향으로 정상적인 운항이 곤란한 상태에서 운항의 목적으로 「해사안전법」 제41조제1항에 따른 선박의 조타기를 조작, 조작 지시 또는 도선하여 사람을 상해에 이르게 한 사람은 1년 이상 15년 이하의 징역 또는 1천만원 이상 3천만원 이하의 벌금에 처하고, 사망에 이르게 한 사람은 무기 또는 3년 이상의 징역에 처한다.

제5조의13(어린이 보호구역에서 어린이 치사상의 가중처벌)
자동차등의 운전자가「도로교통법」제12조제3항에 따른 어린이 보호구역에서 같은 조 제1항에 따른 조치를 준수하고 어린이의 안전에 유의하면서 운전하여야 할 의무를 위반하여 어린이(13세 미만인 사람을 말한다. 이하 같다)에게「교통사고처리 특례법」제3조제1항의 죄를 범한 경우에는 다음 각 호의 구분에 따라 가중처벌한다.
1. 어린이를 사망에 이르게 한 경우에는 무기 또는 3년 이상의 징역에 처한다.
2. 어린이를 상해에 이르게 한 경우에는 1년 이상 15년 이하의 징역 또는 500만원 이상 3천만원 이하의 벌금에 처한다.

17) 어린이 보호구역 지정

제51조(어린이통학버스의 특별보호)
① 어린이통학버스가 도로에 정차하여 어린이나 영유아가 타고 내리는 중임을 표시하는 **점멸등 등의 장치를 작동 중일 때에는** 어린이통학버스가 정차한 차로와 그 차로의 바로 옆 차로로 통행하는 차의 운전자는 **어린이통학버스에 이르기 전에 일시정지하여 안전을 확인한 후 서행하여야 한다.**
② 제1항의 경우 **중앙선이 설치되지 아니한 도로와 편도 1차로인 도로에서는 반대방향에서 진행하는 차의 운전자도** 어린이통학버스에 이르기 전에 **일시정지하여** 안전을 확인한 후 서행하여야 한다.
③ **모든 차의 운전자는** 어린이나 영유아를 태우고 있다는 표시를 한 상태로 도로를 통행하는 **어린이통학버스를 앞지르지 못한다.**

제53조(어린이통학버스 운전자 및 운영자 등의 의무)
① 어린이통학버스를 운전하는 사람은 어린이나 영유아가 타고 내리는 경우에만 제51조제1항에 따른 점멸등 등의 장치를 작동하여야 하며, 어린이나 영유아를 태우고 운행 중인 경우에만 제51조제3항에 따른 표시를 하여야 한다.
② 어린이통학버스를 운전하는 사람은 어린이나 영유아가 어린이통학버스를 탈 때에는 승차한 모든 어린이나 영유아가 **좌석안전띠**(어린이나 영유아의 신체구조에 따라 적합하게 조절될 수 있는 안전띠를 말한다. 이하 이 조 및 제156조제1호, 제160조제2항제4호의2에서 같다)를 매도록 한 후에 출발하여야 하며, 내릴 때에는 보도나 길가장자리구역 등 자동차로부터 안전한 장소에 도착한 것을 확인한 후에 출발하여야 한다. 다만, 좌석안전띠 착용과 관련하여 질병 등으로 인하여 좌석안전띠를 매는 것이 곤란하거나 행정안전부령으로 정하는 사유가 있는 경우에는 그러하지 아니하다.
③ 어린이통학버스를 운전하는 사람은 어린이통학버스 **운행을 마친 후** 어린이나 영유아가 모두 하차하였는지를 **확인하여야 한다.**
④ 어린이통학버스를 운영하는 자는 좌석안전띠 착용 및 보호자 동승 확인 기록(이하 "**안전운행기록**"이라 한다)을 작성·보관하고 **매 분기** 어린이통학버스를 운영하는 시설을 감독하는 주무기관의 장에게 안전운행기록을 제출하여야 한다.

제53조의5(보호자가 동승하지 아니한 어린이통학버스 운전자의 의무)
제2조제23호가목의 유아교육진흥원·대안학교·외국인학교, 같은 호 다목의 교습소 및 같은 호 마목부터 차목까지의 시설에서 어린이의 승차 또는 하차를 도와주는 보호자를 태우지 아니한 어린이통학버스를 운전하는 사람은 어린이가 승차 또는 하차하는 때에 자동차에서 내려서 어린이나 영유아가 안전하게 승하차하는 것을 확인하여야 한다.

18) 운전면허

제80조(운전면허)
① 자동차등을 운전하려는 사람은 **시·도경찰청장**으로부터 운전면허를 받아야 한다. 다만, 제2조제19호나목의 원동기를 단 차 중 「교통약자의 이동편의 증진법」제2조제1호에 따른 교통약자가 **최고속도 시속 20킬로미터 이하로만 운행될 수 있는 차를 운전하는 경우에는 그러하지 아니하다.**
② 시·도경찰청장은 운전을 할 수 있는 차의 종류를 기준으로 다음 각 호와 같이 운전면허의 범위를 구분하고 관리하여야 한다. 이 경우 운전면허의 범위에 따라 운전할 수 있는 차의 종류는 행정안전부령으로 정한다.

  1. 제1종 운전면허
     가. 대형면허
     나. 보통면허
     다. 소형면허
     라. 특수면허
       1) 대형견인차면허
       2) 소형견인차면허
       3) 구난차면허

  2. 제2종 운전면허
     가. 보통면허
     나. 소형면허
     다. 원동기장치자전거면허

  3. 연습운전면허
     가. 제1종 보통연습면허
     나. 제2종 보통연습면허

제80조의2(음주운전 방지장치 부착 조건부 운전면허)
① 제44조제1항 또는 제2항을 위반(**자동차등 또는 노면전차를 운전한 경우로 한정**한다. 다만, 개인형 이동장치를 운전한 경우는 제외한다. 이하 같다)한 날부터 **5년 이내**에 다시 같은 조 제1항 또는 제2항을 위반하여 운전면허 취소처분을 받은 사람이 자동차등을 운전하려는 경우에는 시·도경찰청장으로부터 음주운전 방지장치 부착 조건부 운전면허(이하 "**조건부 운전면허**"라 한다. 이하 같다)를 받아야 한다.
② 음주운전 방지장치는 제82조제2항제1호부터 제9호까지에 따라 조건부 운전면허 발급 대상에게 적용되는 운전면허 결격기간과 같은 기간 동안 부착하며, 운전면허 결격기간이 종료된 다음 날부터 부착기간을 산정한다

★ **운전면허 성질**
운전면허는 경찰허가이다.(적법요건) 무면허운전은 행위는 유효하나 처벌을 받는다.

★ **운전면허 효력발생시기(제85조)**
⑤ 운전면허의 효력은 본인 또는 대리인이 제2항부터 제4항까지에 따른 운전면허증을 발급받은 때부터 발생한다.

★ **1종 대형면허로 운전가능**
① 승용자동차
② 승합자동차
③ 화물자동차
④ 건설기계(덤프트럭, 아스팔트살포기, 노상안정기, 콘크리트믹서트럭, 콘크리트펌프, 트럭적재식 천공기, 3톤미만 지게차, 도로보수트럭, 콘트리트믹서트레일러, 아스팔트콘크리트재생기)
⑤ 특수자동차(대형견인차, 소형견인차, 구난차는 제외)
⑥ 원동기장치자전거

★ **1종 보통면허로 운전가능**
① 승용자동차
② 승차정원 15인 이하 승합자동차
③ 적재중량 12톤 미만 화물자동차
④ 총중량 10톤 미만 특수자동차 (구난차 제외)
⑤ 건설기계 중 3톤 미만 지게차
⑥ 원동기장치자전거

★ **2종보통면호로 운전 가능**
① 승용자동차
② 승차정원 10인 이하 승합자동차
③ 적재중량 4톤 이하 화물자동차
④ 총중량 3.5톤 이하의 특수자동차 (구난차 등은 제외)
⑤ 원동기장치자전거

★ **연습면허**

제1종 보통	① 승용자동차 ② 승차정원 15인 이하의 승합자동차 ③ 적재중량 12톤 미만의 화물자동차
제2종 보통	① 승용자동차 ② 승차정원 10인 이하 승합자동차 ③ 적재중량 4톤 이하의 화물자동차

19) 운전면허 결격사유

① 다음 각 호의 어느 하나에 해당하는 사람은 운전면허를 받을 수 없다.

> 1. 18세 미만(원동기장치자전거의 경우에는 16세 미만)인 사람
> 2. 교통상의 위험과 장해를 일으킬 수 있는 **정신질환자 또는 뇌전증 환자**로서 대통령령으로 정하는 사람
> 3. **듣지 못하는 사람**(제1종 운전면허 중 대형면허·특수면허만 해당한다), **앞을 보지 못하는 사람**(한쪽 눈만 보지 못하는 사람의 경우에는 제1종 운전면허 중 대형면허·특수면허만 해당한다)이나 그 밖에 대통령령으로 정하는 신체장애인
> 4. 양쪽 팔의 팔꿈치관절 이상을 잃은 사람이나 양쪽 팔을 전혀 쓸 수 없는 사람. 다만, 본인의 신체장애 정도에 적합하게 제작된 자동차를 이용하여 정상적인 운전을 할 수 있는 경우에는 그러하지 아니하다.
> 5. 교통상의 위험과 장해를 일으킬 수 있는 **마약·대마·향정신성의약품 또는 알코올 중독자**로서 대통령령으로 정하는 사람
> 6. 제1종 대형면허 또는 제1종 특수면허를 받으려는 경우로서 19세 미만이거나 자동차(이륜자동차는 제외한다)의 운전경험이 1년 미만인 사람
> 7. 대한민국의 국적을 가지지 아니한 사람 중 「출입국관리법」 제31조에 따라 외국인등록을 하지 아니한 사람(외국인등록이 면제된 사람은 제외한다)이나 「재외동포의 출입국과 법적 지위에 관한 법률」 제6조제1항에 따라 국내거소신고를 하지 아니한 사람

▼ 운전면허 발급제한 기간

내용	기간
① 면허정지기간중 운전(무면허운전), 국제운전면허증 또는 상호인정외국면허증에 의한 자동차 운전면허 결격기간이 지나지 아니한사람 으로 ㉮ 음주운전·과로한 때 등의 운전금지, 공동위험행위 금지 위반으로 사람을 사상한 후 사고발생 시의 필요한 조치 및 신고를 하지 아니한 경우 ㉯ 음주운전금지 위반으로 사람을 **사망**에 이르게 된 경우	5년
무면허운전 등의 금지, 음주운전 금지, 과로한 때 등의 운전금지, 공동 위험행위 금지의 사유가 아닌 **다른 사유로 사람을 사상**한 후 제54조제1항 및 제2항에 따른 필요한 조치 및 신고를 하지 아니한 경우 ➡ 운전면허가 취소된 날부터	4년
㉮ 음주운전, 음주측정거부금지를 위반하여 운전하다가 **2회 이상** 교통사고 일으킨 경우 ➡ 취소된 날부터 ㉯ 자동차를 이용하여 범죄행위를 하거나, 다른 사람의 자동차 등을 훔치거나 빼앗은 사람이 무면허 운전 금지를 위반 한 경우 ➡ 위반한 날로부터	3년
① 다음 각 경우에 운전면허가 취소된 날부터 2년 ㉮ 음주운전 금지, 음주측정거부 금지를 2회이상 위반한 경우 ㉯ 음주운전 금지, 음주측정거부 금지를 위반하여 운전을 하다가 교통사고를 일으킨 경우 ㉰ 공동위험행위 금지를 2회 이상 위반한 경우 ㉱ 운전면허의 취소·정지사유 중 - 운전면허를 받을 수 없는 사람이 운전면허를 받거나 운전면허효력의	2년

※ 제84조의2(부정행위자에 대한 조치)
① 경찰청장은 제106조에 따른 전문학원의 강사자격시험 및 제107조에 따른 기능검정원 자격시험에서, 시·도경찰청장 또는 도로교통공단은 제83조에 따른 운전면허시험에서 부정행위를 한 사람에 대하여는 해당 시험을 각각 무효로 처리한다.
② 제1항에 따라 시험이 무효로 처리된 사람은 그 처분이 있은 날부터 2년간 해당 시험에 응시하지 못한다.

내용	기간
정지기간 중 운전면허증 또는 운전면허증을 갈음하는 증명서를 발급받은 사실이 드러난 경우 　- 다른 사람의 자동차등을 훔치거나 **빼앗은** 경우 　- 다른 사람이 부정하게 운전면허를 받도록 하기 위하여 운전면허시험에 대신 응시한 경우 ② 제43조(무면허운전 등의 금지) 또는 제96조제3항(국제운전면허증 또는 상호인정외국면허증 위반 금지)을 **3회 이상** 위반하여 자동차등을 운전한 경우에는 그 위반한 날부터 **2년**	
위의 제1호부터 제6호까지의 규정에 따른 경우가 아닌 **다른 사유로 운전면허가 취소된 경우** 운전면허가 취소된 날부터 1년 ● 위 사유 이외의 사유로 원동기장치자전거면허를 받으려는 경우에는 6개월로 하되, 공동위험행위 금지를 위반하여 운전면허가 취소된 경우에는 1년.	1년
운전면허증 갱신과 정기 적성검사를 받지않은 사유로 운전면허가 취소된 경우	즉시 가능
㉮ 운전면허효력 정지처분을 받고 있는 경우에는 그 **정지기간** ㉯ 국제운전면허증 또는 상호인정외국면허증으로 운전하는 운전자가 운전금지 처분을 받은 경우에는 **그 금지기간** ㉰ 제80조의2제2항에 따라 **음주운전 방지장치를 부착하는 기간**(조건부 운전면허의 경우는 제외한다)	

● 운전면허 취소처분을 받은 사람은 제2항에 따른 운전면허 결격기간이 끝났다 하여도 그 취소처분을 받은 이후에 제73조제2항에 따른 **특별교통안전 의무교육을 받지 아니하면 운전면허를 받을 수 없다.**
● 다만, 위의 각 호의 사유로 인하여 벌금 미만의 형이 확정되거나 선고유예의 판결이 확정된 경우 또는 기소유예나 「소년법」 제32조에 따른 보호처분의 결정이 있는 경우에는 각 호에 규정된 기간 내라도 운전면허를 받을 수 있다.

20) 운전면허증의 갱신과 정기 적성검사

① 운전면허를 받은 사람은 다음 각 호의 구분에 따른 기간 이내에 대통령령으로 정하는 바에 따라 시·도경찰청장으로부터 운전면허증을 갱신하여 발급받아야 한다.

1. 최초의 운전면허증 갱신기간은 제83조제1항 또는 제2항에 따른 운전면허시험에 합격한 날부터 기산하여 10년(운전면허시험 합격일에 65세 이상 75세 미만인 사람은 5년, 75세 이상인 사람은 3년, 한쪽 눈만 보지 못하는 사람으로서 제1종 운전면허 중 보통면허를 취득한 사람은 3년)이 되는 날이 속하는 해의 1월 1일부터 12월 31일까지
2. 제1호 외의 운전면허증 갱신기간은 직전의 운전면허증 갱신일부터 기산하여 매 10년(직전의 운전면허증 갱신일에 65세 이상 75세 미만인 사람은 5년, 75세 이상인 사람은 3년, 한쪽 눈만 보지 못하는 사람으로서 제1종 운전면허 중 보통면허를 취득한 사람은 3년)이 되는 날이 속하는 해의 1월 1일부터 12월 31일까지

② 다음 각 호의 어느 하나에 해당하는 사람은 제1항에 따른 운전면허증 갱신기간에 대통령령으로 정하는 바에 따라 도로교통공단이 실시하는 정기 적성검사를 받아야 한다.

1. 제1종 운전면허를 받은 사람
2. **제2종** 운전면허를 받은 사람 중 운전면허증 갱신기간에 **70세 이상**인 사람

③ 다음 각 호에 해당하는 사람은 운전면허증을 갱신하여 받을 수 없다.

1. 제73조제5항에 따른 교통안전교육을 받지 아니한 사람
2. 제2항에 따른 정기 적성검사를 받지 아니하거나 이에 합격하지 못한 사람

21) 모바일운전면허증 발급 및 운전면허증의 확인등

① 시·도경찰청장은 제85조, 제85조의3, 제86조, 제87조에 따라 운전면허증을 발급받으려는 사람이 **모바일운전면허증**(「이동통신단말장치 유통구조 개선에 관한 법률」 제2조제4호에 따른 이동통신단말장치에 암호화된 형태로 설치된 운전면허증을 말한다. 이하 같다)을 신청하는 경우 이를 추가로 발급할 수 있다.

② 국가기관, 지방자치단체, 공공단체, 사회단체, 기업체 등에서 다음 각 호의 경우에 운전면허소지자의 성명·사진·주소·주민등록번호·운전면허번호 등을 확인할 필요가 있으면 증빙서류를 붙이지 아니하고 운전면허증(제1항에 따른 모바일운전면허증을 포함한다. 이하 제87조의2·제92조·제93조·제95조제1항·제139조 및 제152조에서 같다)으로 확인하여야 한다. 다만, 다른 법률에서 신분의 확인 방법 등을 정한 경우에는 그러하지 아니하다.

1. 제80조제2항에 따른 운전면허의 범위 및 운전할 수 있는 차의 종류를 확인하는 경우
2. 민원서류나 그 밖의 서류를 접수하는 경우

3. 특정인에게 자격을 인정하는 증서를 발급하는 경우
4. 그 밖에 신분을 확인하기 위하여 필요한 경우

③ 시·도경찰청장은 경찰청에 연계된 운전면허정보를 이용하여 운전면허확인서비스(이동통신단말장치를 이용하여 제2항 각 호 외의 부분 본문에 따른 성명·사진·주소·주민등록번호·운전면허번호 및 발급 관련사항을 확인할 수 있는 서비스를 말한다. 이하 같다)를 제공할 수 있다.

22) 조건부 운전면허증의 발급 등

① 조건부 운전면허를 받으려는 사람은 제83조에 따른 운전면허시험에 합격하여야 한다.
② 시·도경찰청장은 제1항에 따라 운전면허시험에 합격한 사람에 대하여 행정안전부령으로 정하는 **조건부 운전면허증을 발급하여야 한다.**
③ 조건부 운전면허증을 잃어버렸거나 헐어 못 쓰게 되었을 때에는 행정안전부령으로 정하는 바에 따라 시·도경찰청장에게 신청하여 다시 발급받을 수 있다.
④ 제2항에 따라 발급한 조건부 운전면허증의 **조건 기간이 경과하면 해당 조건은 소멸한 것으로 본다.**

23) 연습운전면허

① 연습운전면허의 효력

연습운전면허는 그 **면허를 받은 날부터 1년 동안** 효력을 가진다.

다만, 연습운전면허를 받은 날부터 1년 이전이라도 연습운전면허를 받은 사람이 **제1종 보통면허** 또는 **제2종 보통면허**를 받은 경우 연습운전면허는 그 효력을 잃는다.

② 연습운전면허를 받은 사람의 준수사항(도로교통법 시행규칙 제55조)

> 1. 운전면허(연습하고자 하는 자동차를 운전할 수 있는 운전면허에 한한다)를 받은 날부터 2년이 경과된 사람(소지하고 있는 운전면허의 효력이 정지기간 중인 사람을 제외한다)과 함께 승차하여 그 사람의 지도를 받아야 한다.
> 2. 「여객자동차 운수사업법」 또는 「화물자동차 운수사업법」에 따른 사업용 자동차를 운전하는 등 주행연습 외의 목적으로 운전하여서는 아니된다.
> 3. 주행연습 중이라는 사실을 다른 자의 운전사가 알 수 있도록 **연습 중인 자동차에 별표 21의 표지를 붙여야 한다.**

24) 임시운전증명서

① **시·도경찰청장**은 다음 각 호의 어느 하나의 경우에 해당하는 사람이 임시운전증명서 발급을 신청하면 행정안전부령으로 정하는 바에 따라 임시운전증명서를 발급할 수 있다. 다만, 제2호의 경우에는 소지하고 있는 운전면허증에 행정안전부령으로 정하는 사항을 기재하여 발급함으로써 임시운전증명서 발급을 갈음할 수 있다.

> 1. 운전면허증을 받은 사람이 제86조에 따른 재발급 신청을 한 경우
> 2. 제87조에 따른 정기 적성검사 또는 운전면허증 갱신 발급 신청을 하거나 제88조에 따른 수시 적성검사를 신청한 경우
> 3. 제93조에 따른 운전면허의 취소처분 또는 정지처분 대상자가 운전면허증을 제출한 경우

② 제1항의 임시운전증명서는 그 유효기간 중에는 운전면허증과 같은 효력이 있다.

> **임시운전 유효기간**
> ① 임시운전증명서의 유효기간은 20일 이내로 한다. 단 운전면허의 취소·정기처분 대상자의 경우에는 **40일 이내**로 할 수 있다.
> ② 경찰서장이 필요하다고 인정하는 경우에는 **그 유효기간을 1회에 한하여 20일의 범위 안에서 연장할 수 있다.**

25) 국제운전면허

*
1. 1949년 제네바에서 체결된 「도로교통에 관한 협약」
2. 1968년 비엔나에서 체결된 「도로교통에 관한 협약」
3. 우리나라와 외국 간에 국제운전면허증을 상호 인정하는 협약, 협정 또는 약정
4. 우리나라와 외국 간에 상대방 국가에서 발급한 운전면허증을 상호 인정하는 협약·협정 또는 약정

*
1. 제88조제1항에 따른 적성검사를 받지 아니하였거나 적성검사에 불합격한 경우
2. 운전 중 고의 또는 과실로 교통사고를 일으킨 경우
3. 대한민국 국적을 가진 사람이 제93조제1항 또는 제2항에 따라 운전면허가 취소되거나 효력이 정지된 후 제82조제2항 각 호에 규정된 기간이 지나지 아니한 경우
4. 자동차등의 운전에 관하여 이 법이나 이 법에 따른 명령 또는 처분을 위반한 경우

제96조(국제운전면허증 또는 상호인정외국면허증에 의한 자동차등의 운전)
① 외국의 권한 있는 기관에서 제1호부터 제3호까지의 어느 하나에 해당하는 협약·협정 또는 약정에 따른 운전면허증(이하 "**국제운전면허증**"이라 한다) 또는 제4호에 따라 인정되는 외국면허증(이하 "**상호인정외국면허증**"이라 한다)을 발급받은 사람은 제80조제1항에도 불구하고 국내에 **입국한 날부터 1년 동안** 그 국제운전면허증 또는 상호인정외국면허증으로 자동차등을 운전할 수 있다. 이 경우 운전할 수 있는 자동차의 종류는 **그 국제운전면허증 또는 상호인정외국면허증에 기재된 것으로 한정한다.**
② 국제운전면허증을 외국에서 발급받은 사람 또는 상호인정외국면허증으로 운전하는 사람은 「여객자동차 운수사업법」 또는 「화물자동차 운수사업법」에 따른 사업용 자동차를 운전할 수 없다. 다만, 「여객자동차 운수사업법」에 따른 **대여사업용 자동차를 임차**하여 운전하는 경우에는 **그러하지 아니하다.**

제97조(자동차등의 운전 금지)
① 제96조에 따라 국제운전면허증 또는 상호인정외국면허증을 가지고 국내에서 자동차 등을 운전하는 사람이 다음 각 호의 어느 하나에 해당하는 경우에는 그 사람의 주소지를 관할하는 시·도경찰청장은 행정안전부령으로 정한 기준에 따라 **1년**을 넘지 아니하는 범위에서 국제운전면허증 또는 상호인정외국면허증에 의한 자동차등의 운전을 금지할 수 있다.

제98조(국제운전면허증의 발급 등)
① 제80조에 따라 운전면허를 받은 사람이 국외에서 운전을 하기 위하여 제96조제1항제1호의 「도로교통에 관한 협약」에 따른 국제운전면허증을 발급받으려면 시·도경찰청장에게 신청하여야 한다.

② 제1항에 따른 국제운전면허증의 유효기간은 **발급받은 날부터 1년으로 한다.**
③ 제1항에 따른 국제운전면허증은 **이를 발급받은 사람의 국내운전면허의 효력이 없어지거나 취소된 때에는 그 효력을 잃는다.**
④ 제1항에 따른 국제운전면허증을 발급받은 사람의 **국내운전면허의 효력이 정지된 때에는 그 정지기간 동안 그 효력이 정지된다.**

26) 운전면허의 취소·정지

① 벌점, 누산점수 초과로 인한 면허취소

1회 위반 사고로 인한 벌점 또는 연간 누산점수가 1년간 121**점 이상**, 2년간 201**점 이상**, 3년간 271**점 이상**이면 그 운전면허를 취소한다.

② 벌점, 처분벌점 초과로 인한 면허정지

운전면허정지처분은 1회의 위반, 사고로 인한 벌점 또는 처분벌점이 40**점 이상**이 된 때부터 결정여 집행하되, 원칙적으로 **1점을 1일로 계산**하여 집행한다.

① **시·도경찰청장**은 운전면허(연습운전면허는 제외한다. 이하 이 조에서 같다)를 받은 사람이 다음 각 호의 어느 하나에 해당하면 행정안전부령으로 정하는 기준에 따라 운전면허(운전자가 받은 모든 범위의 운전면허를 포함한다. 이하 이 조에서 같다)를 **취소하거나 1년 이내의 범위에서 운전면허의 효력을 정지시킬 수 있다.** 다만, 제2호, 제3호, 제7호, 제8호, 제8호의2, 제9호(정기 적성검사 기간이 지난 경우는 제외한다), 제14호, 제16호, 제17호, 제20호의 규정에 해당하는 경우에는 운전면허를 취소하여야 하고(제8호의2에 해당하는 경우 취소하여야 하는 운전면허의 범위는 운전자가 거짓이나 그 밖의 부정한 수단으로 받은 그 운전면허로 한정한다), 제18호의 규정에 해당하는 경우에는 정당한 사유가 없으면 관계 행정기관의 장의 요청에 따라 운전면허를 취소하거나 1년 이내의 범위에서 정지하여야 한다.

1. 제44조제1항을 위반하여 **술에 취한 상태에서 자동차등을 운전한 경우**
2. 제44조제1항 또는 제2항 후단을 위반(자동차등을 운전한 경우로 한정한다. 이하 이 호 및 제3호에서 같다)한 사람이 다시 같은 조 제1항을 위반하여 운전면허 정지 사유에 해당된 경우
3. 제44조제2항 후단을 위반하여 술에 취한 상태에 있다고 인정할 만한 상당한 이유가 있음에도 불구하고 경찰공무원의 측정에 응하지 아니한 경우
4. 제45조를 위반하여 약물의 영향으로 인하여 정상적으로 운전하지 못할 우려가 있는 상태에서 자동차등을 운전한 경우
5. 제46조제1항을 위반하여 **공동 위험행위를 한 경우**
5의2. 제46조의3을 위반하여 **난폭운전을 한 경우**
5의3. 제17조제3항을 위반하여 제17조제1항 및 제2항에 따른 최고속도보다 시속 100킬로미터를 초과한 속도로 3회 이상 자동차등을 운전한 경우
6. 교통사고로 사람을 사상한 후 제54조제1항 또는 제2항에 따른 필요한 조치 또는 신고를 하지 아니한 경우
7. 제82조제1항제2호부터 제5호까지의 규정에 따른 운전면허를 받을 수 없는 사람에 해당된 경우

8. 제82조에 따라 운전면허를 받을 수 없는 사람이 운전면허를 받거나 운전면허효력의 정지기간 중 운전면허증 또는 운전면허증을 갈음하는 증명서를 발급받은 사실이 드러난 경우
8의2. 거짓이나 그 밖의 부정한 수단으로 운전면허를 받은 경우
9. 제87조제2항 또는 제88조제1항에 따른 적성검사를 받지 아니하거나 그 적성검사에 불합격한 경우
10. 운전 중 고의 또는 과실로 교통사고를 일으킨 경우
10의2. 운전면허를 받은 사람이 자동차등을 이용하여 「형법」 제258조의2(특수상해)·제261조(특수폭행)·제284조(특수협박) 또는 제369조(특수손괴)를 위반하는 행위를 한 경우
11. 운전면허를 받은 사람이 자동차등을 범죄의 도구나 장소로 이용하여 다음 각 목의 어느 하나의 죄를 범한 경우
    가. 「국가보안법」 중 제4조부터 제9조까지의 죄 및 같은 법 제12조 중 증거를 날조·인멸·은닉한 죄
    나. 「형법」 중 다음 어느 하나의 범죄
        1) 살인·사체유기 또는 방화
        2) 강도·강간 또는 강제추행
        3) 약취·유인 또는 감금
        4) 상습절도(절취한 물건을 운반한 경우에 한정한다)
        5) 교통방해(단체 또는 다중의 위력으로써 위반한 경우에 한정한다)
12. 다른 사람의 자동차등을 훔치거나 빼앗은 경우
13. 다른 사람이 부정하게 운전면허를 받도록 하기 위하여 제83조에 따른 운전면허시험에 대신 응시한 경우
14. 이 법에 따른 교통단속 임무를 수행하는 경찰공무원등 및 시·군공무원을 폭행한 경우
15. 운전면허증을 다른 사람에게 빌려주어 운전하게 하거나 다른 사람의 운전면허증을 빌려서 사용한 경우
16. 「자동차관리법」에 따라 등록되지 아니하거나 임시운행허가를 받지 아니한 자동차(이륜자동차는 제외한다)를 운전한 경우
17. 제1종 보통면허 및 제2종 보통면허를 받기 전에 연습운전면허의 취소 사유가 있었던 경우
18. 다른 법률에 따라 관계 행정기관의 장이 운전면허의 취소처분 또는 정지처분을 요청한 경우
18의2. 제39조제1항 또는 제4항을 위반하여 화물자동차를 운전한 경우
19. 이 법이나 이 법에 따른 명령 또는 처분을 위반한 경우
20. 운전면허를 받은 사람이 자신의 운전면허를 실효(失效)시킬 목적으로 시·도경찰청장에게 자진하여 운전면허를 반납하는 경우. 다만, 실효시키려는 운전면허가 취소처분 또는 정지처분의 대상이거나 효력정지 기간 중인 경우는 제외한다.

 팩트DB

운전 중 교통사고 결과에 따른 벌점

	내용	벌점
사망 1명마다	사고발생시로부터 72시간 내에 사망한때	90
중상 1명마다	3주 이상의 치료를 요하는 의사의 진단이 있는 사고	15
경상 1명마다	3주 미만 5일 이상의 치료를 요하는 의사의 진단이 있는 사고	5
부상신고 1명	5일 미만의 치료를 요하는 의사의 진단이 있는 사고	2

㉠ 자동차등 대 사람 교통사고의 경우 쌍방과실인 때에는 그 벌점을 2분의1로 감경한다.
㉡ 자동차등 대 자동차등 교통사고의 경우에는 그 사고원인 중 중한 위반행위를 한 운전자만 적용한다.
㉢ 교통사고로 인한 벌점 산정에 있어서 처분 받을 운전자 본인의 피해에 대하여는 벌점을 산정하지 아니한다.

27) 운전면허 처분에 대한 이의신청

① 제93조제1항 또는 제2항에 따른 운전면허의 취소처분 또는 정지처분이나 같은 조 제3항에 따른 연습운전면허 취소처분에 대하여 이의가 있는 사람은 그 처분을 받은 날부터 **60일 이내**에 행정안전부령으로 정하는 바에 따라 **시·도경찰청장에게 이의를 신청할 수 있다.**
② 시·도경찰청장은 제1항에 따른 이의를 심의하기 위하여 행정안전부령으로 정하는 바에 따라 **운전면허행정처분 이의심의위원회**를 두어야 한다.
③ 제1항에 따라 이의를 신청한 사람은 그 이의신청과 관계없이「행정심판법」에 따른 행정심판을 청구할 수 있다. 이 경우 이의를 신청하여 그 결과를 통보받은 사람(결과를 통보받기 전에「행정심판법」에 따른 행정심판을 청구한 사람은 제외한다)은 통보받은 날부터 **90일 이내**에「행정심판법」에 따른 행정심판을 청구할 수 있다.

제142조(행정소송과의 관계)
이 법에 따른 처분으로서 해당 처분에 대한 **행정소송은 행정심판의 재결을 거치지 아니하면 제기할 수 없다.**

＊ 판례
신호위반 등의 범칙행위로 교통사고를 일으킨 사람이 **통고처분을 받아 범칙금을 납부하였다고 하더라도**, 업무상 과실치상죄 또는 중과실치상죄에 대하여 같은 법 제3조 제1항 위반죄로 처벌하는 것이 도로교통법 제119조 제3항에서 금지하는 **이중처벌에 해당한고 볼 수 없다.**(대판2006도4322)

28) 통고처분

범칙행위	제156조 각 호 또는 제157조 각 호의 죄(**20만원 이하의 벌금이나 구류 또는 과료**)에 해당하는 위반행위를 말하며, 그 구체적인 범위는 대통령령으로 정한다.
범칙자	범칙행위를 한 사람으로서 다음 **각 호의 어느 하나에 해당하지 아니하는 사람**을 말한다. 1. 범칙행위 당시 제92조제1항에 따른 **운전면허증등 또는 이를 갈음하는 증명서를 제시하지 못하거나 경찰공무원의 운전자 신원 및 운전면허 확인을 위한 질문에 응하지 아니한 운전자** 2. **범칙행위로 교통사고를 일으킨 사람**. 다만, 「교통사고처리 특례법」 제3조제2항 및 제4조에 따라 업무상과실치상죄·중과실치상죄 또는 이 법 제151조의 죄에 대한 벌을 받지 아니하게 된 사람은 제외한다.
범칙금	범칙자가 제163조에 따른 통고처분에 따라 국고 또는 제주특별자치도의 금고에 내야 할 금전을 말하며, 범칙금의 액수는 범칙행위의 종류 및 차종(車種) 등에 따라 대통령령으로 정한다.

> 제163조(통고처분)
> ① **경찰서장이나 제주특별자치도지사**(제주특별자치도지사의 경우에는 제6조제1항·제2항, 제61조제2항에 따라 준용되는 제15조제3항, 제39조제6항, 제60조, 제62조, 제64조부터 제66조까지, 제73조제2항제2호부터 제5호까지 및 제95조제1항의 위반행위는 제외한다)는 범칙자로 인정하는 사람에 대하여는 이유를 분명하게 밝힌 범칙금 납부통고서로 범칙금을 낼 것을 통고할 수 있다. 다만, 다음 각 호의 어느 하나에 해당하는 사람에 대하여는 **그러하지 아니하다**.
>
>> 1. 성명이나 주소가 확실하지 아니한 사람
>> 2. 달아날 우려가 있는 사람
>> 3. 범칙금 납부통고서 받기를 거부한 사람
>
> 제164조(범칙금의 납부)
> ① 제163조에 따라 범칙금 납부통고서를 받은 사람은 **10일 이내**에 경찰청장이 지정하는 국고은행, 지점, 대리점, 우체국 또는 제주특별자치도지사가 지정하는 금융회사 등이나 그 지점에 범칙금을 내야 한다. 다만, 천재지변이나 그 밖의 부득이한 사유로 말미암아 그 기간에 범칙금을 낼 수 없는 경우에는 **부득이한 사유가 없어지게 된 날부터 5일 이내에 내야 한다**.
> ② 제1항에 따른 납부기간에 범칙금을 내지 아니한 사람은 **납부기간이 끝나는 날의 다음 날부터 20일 이내에 통고받은 범칙금에 100분의 20을 더한 금액을 내야 한다**.
> ③ 제1항이나 제2항에 따라 **범칙금을 낸 사람**은 범칙행위에 대하여 **다시 벌 받지 아니한다**.

29) 통고처분 불이행자 등의 처리

① 경찰서장 또는 제주특별자치도지사는 다음 각 호의 어느 하나에 해당하는 사람에 대해서는 **지체 없이 즉결심판을 청구하여야 한다**. 다만, 제2호에 해당하는 사람으로서 즉결심판이 청구되기 전까지 통고받은 **범칙금액에 100분의 50을 더한 금액**을 납부한 사람에 대해서는 그러하지 아니하다.
  1. 제163조제1항 각 호의 어느 하나에 해당하는 사람
  2. 제164조제2항에 따른 납부기간에 범칙금을 납부하지 아니한 사람
② 제1항제2호에 따라 즉결심판이 청구된 피고인이 즉결심판의 선고 전까지 통고받은 **범칙금액에 100분의 50을 더한 금액**을 내고 납부를 증명하는 서류를 제출하면 경찰서장 또는 제주특별자치도지사는 피고인에 대한 **즉결심판 청구를 취소하여야 한다**.
③ 제1항 각 호 외의 부분 단서 또는 제2항에 따라 범칙금을 납부한 사람은 그 범칙행위에 대하여 **다시 벌 받지 아니한다**.

 팩트DB

속도위반시 범칙금, 벌점부과(승용차 기준)

기준	범칙금	벌점
20Km/h 이하	3만원	없음
20Km/h 초과 40Km/h 이하	6만원	15점
40Km/h 초과 60Km/h 이하	9만원	30점
60Km/h 초과 80Km/h 이하	12만원	60점
80Km/h 초과 100Km/h 이하	30만원 이하 벌금, 구류	80점
100Km/h 초과	100만원 이하 벌금, 구류	100점
100Km/h 초과 3회 이상	1년 이하 징역이나 500만원 이하 벌금	면허취소

법규

도로교통법 시행령 [별표 8] [개정 2023. 6. 20.]

범칙행위 및 범칙금액(운전자)(제93조제1항 관련)

범칙행위	근거 법조문 (도로교통법)	차량 종류별 범칙금액
1. 속도위반(60km/h 초과)	제17조제3항	1) 승합자동차등: 13만원 2) 승용자동차등: 12만원 3) 이륜자동차등: 8만원
1의2. 어린이통학버스 운전자의 의무 위반(좌석 안전띠를 매도록 하지 않은 경우는 제외한다)	제53조제1항·제2항, 제53조의5	
1의3. 인적 사항 제공의무 위반(주·정차된 차만 손괴한 것이 분명한 경우에 한정한다)	제54조제1항제2호	1) 승합자동차등: 13만원 2) 승용자동차등: 12만원 3) 이륜자동차등: 8만원 4) 자전거등 및 손수레등: 6만원
1의4. 개인형 이동장치 무면허 운전 1의5. 약물의 영향과 그 밖의 사유로 정상적으로 운전하지 못할 우려가 있는 상태에서 자전거등을 운전	제43조 제50조제8항	자전거등: 10만원
2. 속도위반(40km/h 초과 60km/h 이하) 3. 승객의 차 안 소란행위 방치 운전 3의2. 어린이통학버스 특별보호 위반	제17조제3항 제49조제1항제9호 제51조	1) 승합자동차등: 10만원 2) 승용자동차등: 9만원 3) 이륜자동차등: 6만원
3의3. 제10조의3제2항에 따라 안전표지가 설치된 곳에서의 정차·주차 금지 위반 3의4. 승차정원을 초과하여 동승자를 태우고 개인형 이동장치를 운전	제32조제6호 제50조제10항	1) 승합자동차등: 9만원 2) 승용자동차등: 8만원 3) 이륜자동차등: 6만원 4) 자전거등 및 손수레등: 4만원
4. 신호·지시 위반 5. 중앙선 침범, 통행구분 위반 5의2. 자전거횡단도 앞 일시정지의무 위반 6. 속도위반(20km/h 초과 40km/h 이하)	제5조 제13조제1항부터 제3항까지 및 제5항 제15조의2제3항 제17조제3항	1) 승합자동차등: 7만원 2) 승용자동차등: 6만원 3) 이륜자동차등: 4만원 4) 자전거등 및 손수레등: 3만원

7. 횡단·유턴·후진 위반	제18조	
8. 앞지르기 방법 위반	제21조제1항·제3항, 제60조제2항	
9. 앞지르기 금지 시기·장소 위반	제22조	
10. 철길건널목 통과방법 위반	제24조	
10의2. 회전교차로 통행방법 위반	제25조의2제1항	
11. 횡단보도 보행자 횡단 방해(신호 또는 지시에 따라 도로를 횡단하는 보행자의 통행 방해와 어린이 보호구역에서의 일시정지 위반을 포함한다)	제27조제1항·제2항·제7항	
12. 보행자전용도로 통행 위반(보행자전용도로 통행방법 위반을 포함한다)	제28조제2항·제3항	
12의2. 긴급자동차에 대한 양보·일시정지 위반	제29조제4항·제5항	
12의3. 긴급한 용도나 그 밖에 허용된 사항 외에 경광등이나 사이렌 사용	제29조제6항	
13. 승차 인원 초과, 승객 또는 승하차자 추락 방지 조치 위반	제39조제1항·제3항·제6항	
14. 어린이·앞을 보지 못하는 사람 등의 보호 위반	제49조제1항제2호	
15. 운전 중 휴대용 전화 사용	제49조제1항제10호	
15의2. 운전 중 운전자가 볼 수 있는 위치에 영상 표시	제49조제1항제11호	
15의3. 운전 중 영상표시장치 조작	제49조제1항제11호의2	
16. 운행기록계 미설치 자동차 운전 금지 등의 위반	제50조제5항제1호·제2호	
17. 삭제 <2014.12.31.>		
18. 삭제 <2014.12.31.>		
19. 고속도로·자동차전용도로 갓길 통행	제60조제1항	
20. 고속도로버스전용차로·다인승전용차로 통행 위반	제61조제2항	
21. 통행 금지·제한 위반	제6조제1항·제2항·제4항	1) 승합자동차등: 5만원
22. 일반도로 전용차로 통행 위반	제15조제3항	2) 승용자동차등: 4만원
22의2. 노면전차 전용로 통행 위반	제16조제2항	3) 이륜자동차등: 3만원
23. 고속도로·자동차전용도로 안전거리 미확보	제19조제1항	4) 자전거등 및 손수레등: 2만원
24. 앞지르기의 방해 금지 위반	제21조제4항	
25. 교차로 통행방법 위반	제25조	
25의2. 회전교차로 진입·진행방법 위반	제25조의2제2항·제3항	
26. 교차로에서의 양보운전 위반	제26조	
27. 보행자의 통행 방해 또는 보호 불이행	제27조제3항부터 제5항까지 및 같은 조 제6항제1호·제2호	

위반 행위	근거 법조문	
28. 삭제 <2016.2.11.>		
29. 정차·주차 금지 위반(제10조의3제2항에 따라 안전표지가 설치된 곳에서의 정차·주차 금지 위반은 제외한다)	제32조	
30. 주차금지 위반	제33조	
31. 정차·주차방법 위반	제34조	
31의2. 경사진 곳에서의 정차·주차방법 위반	제34조의3	
32. 정차·주차 위반에 대한 조치 불응	제35조제1항	
33. 적재 제한 위반, 적재물 추락 방지 위반 또는 영유아나 동물을 안고 운전하는 행위	제39조제1항 및 제4항부터 제6항까지	
34. 안전운전의무 위반	제48조제1항	
35. 도로에서의 시비·다툼 등으로 인한 차마의 통행 방해 행위	제49조제1항제5호	
36. 급발진, 급가속, 엔진 공회전 또는 반복적·연속적인 경음기 울림으로 인한 소음 발생 행위	제49조제1항제8호	
37. 화물 적재함에의 승객 탑승 운행 행위	제49조제1항제12호	
38. 삭제 <2014.12.31.>		
38의2. 개인형 이동장치 인명보호 장구 미착용	제50조제4항	
38의3. 자율주행자동차 운전자의 준수사항 위반	제50조의2제1항	
39. 고속도로 지정차로 통행 위반	제60조제1항	
40. 고속도로·자동차전용도로 횡단·유턴·후진 위반	제62조	
41. 고속도로·자동차전용도로 정차·주차 금지 위반	제64조	
42. 고속도로 진입 위반	제65조	
43. 고속도로·자동차전용도로에서의 고장 등의 경우 조치 불이행	제66조	
44. 혼잡 완화조치 위반	제7조	1) 승합자동차등: 3만원 2) 승용자동차등: 3만원 3) 이륜자동차등: 2만원 4) 자전거등 및 손수레등: 1만원
45. 차로통행 준수의무 위반, 지정차로 통행 위반, 차로 너비보다 넓은 차 통행 금지 위반(진로 변경 금지 장소에서의 진로 변경을 포함한다)	제14조제2항·제3항·제5항	
46. 속도위반(20km/h 이하)	제17조3항	
47. 진로 변경방법 위반	제19조제3항	
48. 급제동 금지 위반	제19조제4항	
49. 끼어들기 금지 위반	제23조	
50. 서행의무 위반	제31조제1항	
51. 일시정지 위반	제31조제2항	
52. 방향전환·진로변경 및 회전교차로 진입·진출 시 신호 불이행	제38조제1항	
53. 운전석 이탈 시 안전 확보 불이행	제49조제1항제6호	

54. 동승자 등의 안전을 위한 조치 위반	제49조제1항제7호	
55. 시·도경찰청 지정·공고 사항 위반	제49조제1항제13호	
56. 좌석안전띠 미착용	제50조제1항	
57. 이륜자동차·원동기장치자전거(개인형 이동장치는 제외한다) 인명보호 장구 미착용	제50조제3항	
57의2. 등화점등 불이행·발광장치 미착용(자전거 운전자는 제외한다)	제50조제9항	
58. 어린이통학버스와 비슷한 도색·표지 금지 위반	제52조제4항	
59. 최저속도 위반	제17조제3항	1) 승합자동차등: 2만원
60. 일반도로 안전거리 미확보	제19조제1항	2) 승용자동차등: 2만원
61. 등화 점등·조작 불이행(안개가 끼거나 비 또는 눈이 올 때는 제외한다)	제37조제1항제1호·제3호 및 같은 조 제2항	3) 이륜자동차등: 1만원
62. 불법부착장치 차 운전(교통단속용 장비의 기능을 방해하는 장치를 한 차의 운전은 제외한다)	제49조제1항제4호	4) 자전거등 및 손수레등: 1만원
62의2. 사업용 승합자동차 또는 노면전차의 승차거부	제50조제5항제3호	
63. 택시의 합승(장기 주차·정차하여 승객을 유치하는 경우로 한정한다)·승차거부·부당요금징수 행위	제50조제6항	
64. 운전이 금지된 위험한 자전거등의 운전	제50조제7항	
64의2. 술에 취한 상태에서의 자전거등 운전	제44조제1항	1) 개인형 이동장치: 10만원 2) 자전거: 3만원
64의3. 술에 취한 상태에 있다고 인정할만한 상당한 이유가 있는 자전거등 운전자가 경찰공무원의 호흡조사 측정에 불응	제44조제2항	1) 개인형 이동장치: 13만원 2) 자전거: 10만원
65. 돌, 유리병, 쇳조각, 그 밖에 도로에 있는 사람이나 차마를 손상시킬 우려가 있는 물건을 던지거나 발사하는 행위	제68조제3항제4호	모든 차마: 5만원
66. 도로를 통행하고 있는 차마에서 밖으로 물건을 던지는 행위	제68조제3항제5호	

67. 특별교통안전교육의 미이수 　가. 과거 5년 이내에 법 제44조를 1회 이상 위반하였던 사람으로서 다시 같은 조를 위반하여 운전면허효력 정지처분을 받게 되거나 받은 사람이 그 처분기간이 끝나기 전에 특별교통안전교육을 받지 않은 경우 　나. 가목 외의 경우	제73조제2항	차종 구분 없음: 15만원 10만원
68. 경찰관의 실효된 면허증 회수에 대한 거부 또는 방해	제95조제2항	차종 구분 없음: 3만원

비고
1. 위 표에서 "승합자동차등"이란 승합자동차, 4톤 초과 화물자동차, 특수자동차, 건설기계 및 노면전차를 말한다.
2. 위 표에서 "승용자동차등"이란 승용자동차 및 4톤 이하 화물자동차를 말한다.
3. 위 표에서 "이륜자동차등"이란 이륜자동차 및 원동기장치자전거(개인형 이동장치는 제외한다)를 말한다.
4. 위 표에서 "손수레등"이란 손수레, 경운기 및 우마차를 말한다.
5. 위 표 제65호 및 제66호의 경우 동승자를 포함한다.

3 교통사고처리특례법

1) 의의

이 법은 업무상과실(業務上過失) 또는 중대한 과실로 교통사고를 일으킨 운전자에 관한 형사처벌 등의 특례를 정함으로써 교통사고로 인한 피해의 신속한 회복을 촉진하고 국민생활의 편익을 증진함을 목적으로 한다.

＊ 용어

차	「도로교통법」 제2조제17호가목에 따른 차(車)와 「건설기계관리법」 제2조제1항제1호에 따른 건설기계를 말한다.
교통사고	차의 교통으로 인하여 사람을 사상(死傷)하거나 물건을 손괴(損壞)하는 것을 말한다.

2) 교통사고의 구성 요소

① 차에 의한 사고
- 유모차, 보행보조용 의자차에 의한 사고는 교통사고가 아니다.
- 전차, 케이블차에 의한 사고는 교통사고가 아니다.
- 차량에 적재된 화물등 차량과 밀접하게 연결된 부위에 의하여 발생한 것은 교통사고이다.

② 교통으로 인하여 발생한 사고
- 화물차를 주차하고 적재함의 상자를 운반하던중 적재된 상자 일부가 떨어져 지나가던 피해자에게 상해를 입힌 경우 교통사고에 해당하지 않는다.(2009도2390)

③ 피해의 발생
- 자기 자신의 피해는 해당하지 않는다.
- 정신적 피해, 무형적 피해는 해당하지 않는다.

④ 업무상 과실

3) 사고발생시 조치(도로교통법 제54조)

> ① 차 또는 노면전차의 운전 등 교통으로 인하여 사람을 사상하거나 물건을 손괴한 경우에는 그 차 또는 노면전차의 운전자나 그 밖의 승무원은 즉시 정차하여 다음 각 호의 **조치를 하여야 한다.**
>
> > 1. 사상자를 구호하는 등 필요한 조치
> > 2. 피해자에게 인적 사항(성명·전화번호·주소 등을 말한다. 이하 제148조 및 제156조제10호에서 같다) 제공
>
> ② 제1항의 경우 그 차 또는 노면전차의 운전자등은 경찰공무원이 현장에 있을 때에는 그 경찰공무원에게, 경찰공무원이 현장에 없을 때에는 가장 가까운 국가경찰관서(지구대, 파출소 및 출장소를 포함한다)에 다음 각 호의 사항을 지체 없이 **신고하여야 한다.** 다만, **차 또는 노면전차만 손괴된 것이 분명하고 도로에서의 위험방지와 원활한 소통을 위하여 필요한 조치를 한 경우에는 그러하지 아니하다.**
>
> > 1. 사고가 일어난 곳
> > 2. 사상자 수 및 부상 정도
> > 3. 손괴한 물건 및 손괴 정도
> > 4. 그 밖의 조치사항 등
>
> ③ 제2항에 따라 신고를 받은 국가경찰관서의 경찰공무원은 부상자의 구호와 그 밖의 교통위험 방지를 위하여 필요하다고 인정하면 경찰공무원(자치경찰공무원은 제외한다)이 현장에 도착할 때까지 신고한 운전자등에게 현장에서 **대기할 것을 명할 수 있다.**
> ④ 경찰공무원은 교통사고를 낸 차 또는 노면전차의 운전자등에 대하여 그 현장에서 부상

＊ 사고발생시 조치
조치의무는 도로뿐만 아니라 도로가 아닌 곳에서의 사고운전자에게도 적용된다.

자의 구호와 교통안전을 위하여 **필요한 지시를 명할 수 있다.**
⑤ 긴급자동차, 부상자를 운반 중인 차, 우편물자동차 및 노면전차 등의 운전자는 **긴급한 경우에는** 동승자 등으로 하여금 제1항에 따른 조치나 제2항에 따른 **신고를 하게 하고 운전을 계속할 수 있다.**

팩트DB

교통사고시 노면 흔적

스키드마크 (skid mark)	**급브레이크나 스핀**에 의해 노면 상에 생긴 검은 타이어 자국으로 바퀴가 회전을 멈춘 채 노면 위를 미끄러지면서 생긴다. 블랙마크라고도 한다(black mark) ➡ 스킵 스티드마크, 갭 스키드마크
스크래치	큰 압력 없이 미끄러진 **금속물체에 의해** 단단한 포장노면에 가볍고 불규칙적으로 좁게 나타나는 긁힌 자국 ➡ 차량의 전복위치나 충돌 진행방향을 알 수 있다.
가속 스카프	충분한 **동력이** 구르는 **바퀴**에 전달되어 도로표면에 적어도 한번의 스핀이나 슬립이 발생되어 나타나는 흔적이다. ➡ 속도증가로 바퀴가 제자리에서 회전할 때 주로 나타나며 오직 구동바퀴에서만 발생되는 특징이 있다.
요마크 (yaw mark)	급핸들 조향으로 바퀴는 회전을 계속하면서 **차축과 평행하게 옆으로** 미끄러진 타이어 흔적으로 주로 빗살무늬흔적의 형태를 보인다. ➡ 차량이 급격하게 회전할 때 바깥쪽으로 작용하는 원심력과 노면견인력 때문에 나타나며 회전할 때 안쪽바퀴 타이어에 비해 바깥쪽 타이어에 작용하는 원심력과 노면견인력으로 인한 큰 하중으로 안쪽바퀴 타이어에 비해 바깥쪽 타이어에 마찰열이 더 많이 발생하고 안쪽보다 진한 흔적을 남기게 된다.
칩 (chip)	마치 호미로 노면을 판 것 같이 짧고 깊게 패인 가우지 마크로서 차량 간의 최대 접촉 시 만들어진다.

4) 교통사고 처리 기준

① 적용법규

	사고	도주, 음주, 약물
인피사고	교통사고처리특례법	특정범죄가중처벌법
물피사고	도로교통법	

② 치사사고 처리

차의 운전자가 교통사고로 인하여 치사사고를 일으킨 경우에는 **5년 이하의 금고 또는 2천만원 이하의 벌금**에 처한다.

② 치상사고 처리(업무상과실치상죄)

원칙	피해자와 **합의 성립시** 또는 보험가입시 '**공소권 없음**'처리한다. ◐ 피해자와 합의 불성립시 '공소권 있음' 처리한다.
피해자와 합의 불문하고 형사입건 (공소권 있음)	㉠ 차의 운전자가 업무상과실치상죄 또는 중과실치상죄를 범하고도 피해자를 구호하는 등「도로교통법」제54조제1항에 따른 **조치를 하지 아니하고 도주하거나 피해자를 사고 장소로부터 옮겨 유기하고 도주한 경우** ㉡ 사고운전자가「도로교통법」제44조제2항을 위반하여 **음주측정 요구에 따르지 아니한 경우**(운전자가 채혈 측정을 요청하거나 동의한 경우는 제외한다) ㉢ **특례조항 12개 항목에 해당**하는 행위로 인해 치상사고 일으킨 경우

③ 처벌의 특례 – 교통사고처리 특례법 제 3조 제2항 단서 12개항

1. 「도로교통법」제5조에 따른 신호기가 표시하는 신호 또는 교통정리를 하는 경찰공무원등의 **신호를 위반**하거나 통행금지 또는 일시정지를 내용으로 하는 안전표지가 표시하는 지시를 위반하여 운전한 경우
2. 「도로교통법」제13조제3항을 위반하여 **중앙선을 침범**하거나 같은 법 제62조를 위반하여 횡단, 유턴 또는 후진한 경우
3. 「도로교통법」제17조제1항 또는 제2항에 따른 **제한속도를 시속 20킬로미터 초과**하여 운전한 경우
4. 「도로교통법」제21조제1항, 제22조, 제23조에 따른 **앞지르기**의 방법·금지시기·금지장소 또는 끼어들기의 금지를 위반하거나 같은 법 제60조제2항에 따른 고속도로에서의 앞지르기 방법을 위반하여 운전한 경우
5. 「도로교통법」제24조에 따른 **철길건널목 통과방법을 위반**하여 운전한 경우
6. 「도로교통법」제27조제1항에 따른 **횡단보도에서의 보행자 보호의무를 위반**하여 운전한 경우
7. 「도로교통법」제43조,「건설기계관리법」제26조 또는「도로교통법」제96조를 **위반하여 운전면허** 또는 건설기계조종사면허를 받지 아니하거나 국제운전면허증을 소지하지 아니하고 운전한 경우. 이 경우 운전면허 또는 건설기계조종사면허의 효력이 정지 중이거나 운전의 금지 중인 때에는 운전면허 또는 건설기계조종사면허를 받지 아니하거나 국제운전면허증을 소지하지 아니한 것으로 본다.
8. 「도로교통법」제44조제1항을 위반하여 **술에 취한 상태에서 운전**을 하거나 같은 법 제45조를 위반하여 약물의 영향으로 정상적으로 운전하지 못할 우려가 있는 상태에서 운전한 경우
9. 「도로교통법」제13조제1항을 위반하여 보도(步道)가 설치된 도로의 **보도를 침범**하거나 같은 법 제13조제2항에 따른 보도 횡단방법을 위반하여 운전한 경우
10. 「도로교통법」제39조제3항에 따른 **승객의 추락 방지의무를 위반하여 운전**한 경우
11. 「도로교통법」제12조제3항에 따른 어린이 보호구역에서 같은 조 제1항에 따른 조치를 준수하고 **어린이의 안전**에 유의하면서 운전하여야 할 의무를 위반하여 어린이의 신체를 상해(傷害)에 이르게 한 경우
12. 「도로교통법」제39조제4항을 위반하여 **자동차의 화물이 떨어지지 아니하도록** 필요한 조치를 하지 아니하고 운전한 경우

＊ 12개 예외 사유
① 신호, 지시 위반
② 중앙선 침범
③ 시속20Km초과 과속
④ 앞지르기 위반
⑤ 철길건널목 통과위반
⑥ 횡단보도에서 보행자보호의무 위반
⑦ 무면허운전
⑧ 음주운전
⑨ 보도침범 사고
⑩ 승객추락방지의무 위반
⑪ 어린이보호구역 안전운전 의무 위반
⑫ 적재화물 추락사고

＊ 음주운전 처벌

혈중알코올농도 0.03% 이상~ 0.08% 미만	면허정지 100일
혈중알코올농도 0.03% 이상~0.08% 미만에서 인피사고 혈중알코올농도 0.08% 이상 (만취상태) 운전	면허취소

* **도로교통법 제151조(벌칙)**
차 또는 노면전차의 운전자가 업무상 필요한 주의를 게을리 하거나 중대한 과실로 다른 사람의 건조물이나 그 밖의 재물을 손괴한 경우에는 2년 이하의 금고나 500만원 이하의 벌금에 처한다.

④ 물적피해 사건(반의사 불벌죄)

피해자와 합의 성립	피해액과 관계없이 교통사고처리대장에 등재함으로써 처리절차 종결함 ➡ 형사입건 하지 않음 ➡ 다만 원인행위가 명확하면 도로교통법을 적용하여 통고처분 가능하다.
피해자와 합의 불성립	형사입건한다. ➡ 도로교통법 제151조 적용

⑤ 교통사고 후 도주

인명피해 사고	형사입건한다.(공소권 있음) ➡ **특정범죄가중처벌** 등에 관한 법률 제5조의3 적용
단순 물적 피해사고	형사입건한다.(공소권 있음) ➡ **도로교통법** 제148조 적용

⑥ 미신고 사고

형사입건한다.(도로교통법 제154조4호 적용)

* **판례**
① 사고운전자가 사고 현장에서 동승자로 하여금 사고차량의 운전자라고 허위 신고하도록 하였더라도 사고직후 사고 장소를 이탈하지 아니한 채 보험회사에 사고접수를 하고 경찰관에게 위 차량이 가해차량임을 밝히며 경찰관의 요구에 따라 동승자와 함께 조사를 받은 후 이틀 후 자진출두하여 자수한 경우는 도주에 해당하지 않는다.(대판2008도8627)
② 교회주차장에서 사고차량 운전자가 사고차량의 운행 중 피해자에게 상해를 입히고도 구호조치 없이 도주한 행위에 대해 특정범죄가중처벌등에 관한 법률 제5조의3 제1항을 적용한 것은 정당하다.(대판2004도3600)
③ 교통사고를 야기한 운전자가 피해자를 병원으로 후송한 후 신원을 밝히지 아니한 채 도주한 경우 특정범죄가중처벌 등에 관한 법률 제5조3 제1항의 도주한 때에 해당한다.

5) **교통사고 유형별 처리**

신호, 지시 위반	㉠ 비보호좌회전 : 비보호좌회전표시가 있는 곳에서는 직진신호가 작동할 때 좌회전 할수 있다. 　➡ 비보호좌회전 중 교통사고 야기한 경우 신호위반책임을 지지 않는다. ㉡ **보행자 신호기 신호위반은 신호위반에 해당하지 않는다.**(대판88도632) ㉢ 교토라 차량신호등이 적색이고, 횡단보도등이 녹색인 경우에 횡단보도를 지나 우회전하다가 업무상과실치상의 결과가 발생하면 교통사고처리특례법상 신호위반이다.
중앙선 침범	㉠ **차체의 일부라도** 중앙선을 침범하면 중앙선 침범사고로 본다. ㉡ 중앙선 침범행위 사고사이에 인과관계가 있을 것을 요한다. 　➡ 불가항력, 부득이한 사유로 중앙선 침범의 경우에는 중앙선침범의 책임을 물을 수 없다. ㉢ **편도 1차 도로에서** 정차한 버스를 앞지르기 위해 황색실선의 중앙선을 넘어가는 행위는 중앙선침범에 해당한다.(대판97도927)

횡단보도 보행자보호의무 위반	㉠ 보행자 해당안되는 사람 횡단보도 내에서 택시를 잡기위해 앉아 있는 사람, 싸우는 사람, 횡단 보도에서 자고 있는 사람, 횡단보도에서 화물을 적재중인 사람등 ● 손수레를 끌고 횡단보도를 건너는 사람은 보행자에 해당한다. ㉡ 횡단보도가 노후하거나 반쪽이 지워진경우라도 식별할수 있을 만큼 표시가 있는 경우는 횡단보도에 포함된다. ㉢ 보행신호등의 녹색등화의 점멸신호 전에 횡단을 시작하였는지 여부를 가리지 아니하고 보행신호등의 녹색등화가 점멸하고 있는 동안에 횡단보도를 통행하는 모든 보행자는 보호의무의 대상이 된다.
앞지르기 위반	앞지르기가 허용된 지점이라도 반대방향의 차에 위험이 되는 경우는 앞지르기를 하여서는 안된다. ● 중앙선이 있는 도로이면 중앙선 침범이된다.
뺑소니사고	차 또는 노면전차의 운전 등 교통으로 인하여 사람을 사상하거나 물건을 손괴한 경우에는 그 차 또는 노면전차의 운전자나 그 밖의 승무원은 **즉시 정차하여 사상자를 구호하는 필요한 조치, 피해자에게 인적 사항 제공을 하지 아니한 사람**은 5년 이하 징역이나 1천500만원 이하의 벌금에 해당한다.(도로교통법 148조 의한 처벌) ● 특정범죄가중처벌 등에 관한 법률상 도주사고는 도로에서의 사고에 한정하지는 않는다.(제5조의3)

 판례

교통경찰 관련 판례

1. ① 도로교통법 제2조 제19호는 '운전'이라 함은 도로에서 차를 그 본래의 사용 방법에 따라 사용하는 것을 말한다고 규정하고 있는바, 여기에서 말하는 운전의 개념은 그 규정의 내용에 비추어 목적적 요소를 포함하는 것이므로 고의의 운전행위만을 의미하고 자동차 안에 있는 사람의 의지나 관여 없이 자동차가 움직인 경우에는 운전에 해당하지 않는다.
② 어떤 사람이 사동차를 움직이게 할 의도 없이 다른 목적을 위하여 자동차의 원동기(모터)의 시동을 걸었는데, 실수로 기어 등 자동차의 발진에 필요한 장치를 건드려 원동기의 추진력에 의하여 자동차가 움직이거나 또는 불안전한 주차상태나 도로여건 등으로 인하여 **자동차가 움직이게 된 경우는 자동차의 운전에 해당하지 아니한다.**(2004도1109)
2. 약물 등의 영향으로 정상적으로 운선하지 못할 우려가 있는 상태에서 자동차등을 운전하였다고 인정하려면, 약물 등의 영향으로 인하여 **'정상적으로 운전하지 못할 우려가 있는 상태'에서 운전을 하면 바로 성립하고, 현실적으로 '정상적으로 운전하지 못할 상태'에 이르러야만 하는 것은 아니다**(대판 2010도11272).
3. 화물차를 주차하고 적재함에 적재된 토마토 상자를 운반하던 중 적재된 상자 일부가 떨어지면서 지나가던 피해자에게 상해를 입힌 경우, **교통사고처리 특례법에 정한 '교**

통사고'에 해당하지 않아 업무상과실치상죄가 성립한다.(2009도2390)
4. 운전을 할 수 있는 차의 종류를 기준으로 운전면허의 범위가 정해지게 되고, 해당 차종을 운전할 수 있는 운전면허를 받지 아니하고 운전한 경우가 무면허운전에 해당된다고 할 것이므로 실제 운전의 목적을 기준으로 운전면허의 유효범위나 무면허운전 여부가 결정된다고 볼 수는 없다. 따라서 연습운전면허를 받은 사람이 운전을 함에 있어 주행연습 외의 목적으로 운전하여서는 아니된다는 준수사항을 지키지 않았다고 하더라도 준수사항을 지키지 않은 것에 대하여 **연습운전면허의 취소 등 제재를 가할 수 있음은 별론으로 하고 그 운전을 무면허운전이라고 보아 처벌할 수는 없다**(대법원 2001. 4. 10. 선고 2000도5540)
5. ①도로교통법 제96조 제1항의 '국내에 입국한 날'은 출입국관리법에 따라 적법한 입국심사절차를 거쳐 입국한 날을 의미하고, 그러한 적법한 입국심사절차를 거치지 아니하고 불법으로 입국한 경우에는 국제운전면허증을 소지하고 있는 경우라도 도로교통법 제96조 제1항이 예외적으로 허용하는 **국제운전면허증에 의한 운전을 한 경우에 해당한다고 볼 수 없다.**

②외국인인 피고인이 운전면허 없이 도로에서 자동차를 운전하였다고 하여 도로교통법 위반(무면허운전)으로 기소되었는데, 피고인은 법무부장관이 발급한 사증 없이 입국심사를 받지 않고 국내에 입국한 후 1년 이내에 자동차를 운전하였고, 운전을 하기 전에 필리핀에서 1949년 제네바에서 체결된 '도로교통에 관한 협약'에 따른 국제운전면허증을 발급받은 사안에서, 피고인이 출입국관리법에 따른 정상적인 입국심사절차를 거치지 아니하고 불법으로 입국한 이상, **비록 국제운전면허증을 발급받아 소지하고 있고 국내에 입국한 날부터 1년 이내에 자동차를 운전하였더라도, 도로교통법 제96조 제1항이 예외적으로 허용하는 국제운전면허증에 의한 운전이라고 하기 어려워 도로교통법 제152조 제1호에서 규정하는 무면허운전에 해당한다.**(2017도9230)
6. ①도로교통법 제2조 제26호가 '술이 취한 상태에서의 운전' 등 일정한 경우에 한하여 예외적으로 도로 외의 곳에서 운전한 경우를 운전에 포함한다고 명시하고 있는 반면, 무면허운전에 관해서는 이러한 예외를 정하고 있지 않다. 따라서 도로교통법 제152조, 제43조를 위반한 무면허운전이 성립하기 위해서는 운전면허를 받지 않고 자동차 등을 운전한 곳이 도로교통법 제2조 제1호에서 정한 도로, 즉 '도로법에 따른 도로', '유료도로법에 따른 유료도로', '농어촌도로 정비법에 따른 농어촌도로', '그 밖에 현실적으로 불특정 다수의 사람 또는 차마가 통행할 수 있도록 공개된 장소로서 안전하고 원활한 교통을 확보할 필요가 있는 장소' 중 하나에 해당해야 한다. 위에서 본 도로가 아닌 곳에서 운전면허 없이 운전한 경우에는 무면허운전에 해당하지 않는다. 도로에서 운전하지 않았는데도 무면허운전으로 처벌하는 것은 유추해석이나 확장해석에 해당하여 죄형법정주의에 비추어 허용되지 않는다.

②**아파트 단지 내 지하주차장은** 아파트 단지와 주차장의 규모와 형태, 아파트 단지나 주차장에 차단 시설이 설치되어 있는지 여부, 경비원 등에 의한 출입 통제 여부, 아파트 단지 주민이 아닌 외부인이 주차장을 이용할 수 있는지 여부 등에 따라서 도로교통법 제2조 제1호에서 정한 도로에 해당하는지가 달라질 수 있다. 아파트 단지와 주차장의 규모와 형태, 아파트 단지와 주차장의 진·출입에 관한 구체적인 관리·이용 상황 등에 관하여 심리하지 아니한 채 피고인의 자동차 운전행위가 **무면허운전에 해당한다고 보아 유죄를 인정한 원심판결에 심리미진 및 도로교통법에서 정한 도로와 무면허운전에 관한 법리오해의 잘못이 있다.**(2017도17762)
7. 무면허운전으로 인한 도로교통법위반죄에 있어서는 어느 날에 운전을 시작하여 다음 날까지 동일한 기회에 일련의 과정에서 계속 운전을 한 경우 등 특별한 경우를 제외하

고는 사회통념상 운전한 날을 기준으로 운전한 날마다 1개의 운전행위가 있다고 보는 것이 상당하므로 운전한 날마다 무면허운전으로 인한 도로교통법위반의 1죄가 성립한다고 보아야 할 것이고, 비록 계속적으로 무면허운전을 할 의사를 가지고 여러 날에 걸쳐 무면허운전행위를 반복하였다 하더라도 **이를 포괄하여 일죄로 볼 수는 없다고 할 것이다**.(2001도6281)

8. 주취운전자에 대한 경찰관의 권한 행사가 법률상 경찰관의 재량에 맡겨져 있다고 하더라도, 그러한 권한을 행사하지 아니한 것이 구체적인 상황 하에서 현저하게 합리성을 잃은 경우에는 경찰관의 직무상 의무를 위배한 것으로서 위법하다. 음주운전으로 적발된 주취운전자가 도로 밖으로 차량을 이동하겠다며 단속경찰관으로부터 보관 중이던 차량열쇠를 반환 받아 몰래 차량을 운전하여 가던 중 사고를 일으켰다면, 주의의무를 게을리한 경찰관의 직무상 의무위반에 의한 **국가배상 책임이 인정된다**(97다54482).

9. **고속도로를 운행하는 자동차의 운전자로서는** 일반적인 경우에 고속도로를 횡단하는 보행자가 있을 것까지 예견하여 보행자와의 충돌사고를 예방하기 위하여 급정차 등의 조치를 취할 수 있도록 **대비하면서 운전할 주의의무가 없다**. 다만 고속도로를 무단횡단하는 보행자를 충격하여 사고를 발생시킨 경우라도 운전자가 상당한 거리에서 보행자의 무단횡단을 미리 예상할 수 있는 사정이 있었고, 그에 따라 즉시 감속하거나 급제동하는 등의 조치를 취하였다면 **보행자와의 충돌을 피할 수 있었다는 등의 특별한 사정이 인정되는 경우에만 자동차 운전자의 과실이 인정될 수 있다**.(2000도2671)

10. 앞차가 빗길에 미끄러져 비정상적으로 움직일 때는 진로를 예상할 수 없으므로 뒤따라가는 차량의 운전자는 이러한 사태에 대비하여 속도를 줄이고 안전거리를 확보해야 할 **주의의무가 있다**(2005도8822).

11. ① 교차로와 횡단보도가 연접하여 설치되어 있고 차량용 신호기는 교차로에만 설치된 경우에 있어서는, 그 차량용 신호기는 차량에 대하여 교차로의 통행은 물론 교차로 직전의 횡단보도에 대한 통행까지도 아울러 지시하는 것이라고 보아야 할 것이고, 횡단보도의 보행등 측면에 차량보조등이 설치되어 있지 아니하다고 하여 횡단보도에 대한 차량용 신호등이 없는 상태라고는 볼 수 없다. 위와 같은 경우에 그러한 교차로의 차량용 적색등화는 교차로 및 횡단보도 앞에서의 정지의무를 아울러 명하고 있는 것으로 보아야 하므로, 그와 아울러 횡단보도의 보행등이 녹색인 경우에는 모든 차량이 횡단보도 정지선에서 정지하여야 하고, 나아가 우회전하여서는 아니되며, **다만 횡단보도의 보행등이 적색으로 바뀌어 횡단보도로서의 성격을 상실한 때에는 우회전 차량은 횡단보도를 통과하여 신호에 따라 진행하는 다른 차마의 교통을 방해하지 아니하고 우회전할 수 있다**(대법원 1997. 10. 10. 선고 97도1835).
② 교차로의 차량신호등이 적색이고 교차로에 연접한 횡단보도 보행등이 녹색인 경우에 차량 운전자가 위 횡단보도 앞에서 정지하지 아니하고 횡단보도를 지나 우회전하던 중 업무상과실치상의 결과가 발생하면 교통사고처리특례법 제3조 제1항, 제2항 단서 제1호의 **신호위반에 해당하고**, 이때 위 **신호위반행위가 교통사고 발생의 직접적인 원인이 된 이상 그 사고장소가 횡단보도를 벗어난 곳이라 하여도 위 신호위반으로 인한 업무상과실치상죄가 성립함에는 지장이 없다**(2009도12671).

12. 도로를 통행하는 보행자나 차마는 신호기 또는 안전표지가 표시하는 신호 또는 지시 등을 따라야 하는 것이고(도로교통법 제5조), '**보행등의 녹색등화의 점멸신호'의 뜻은**, 보행자는 횡단을 시작하여서는 아니되고 횡단하고 있는 보행자는 신속하게 횡단을 완료하거나 그 횡단을 중지하고 보도로 되돌아와야 한다는 것인바(도로교통법시행규칙 제5조 제2항 [별표 3]), 이 사건의 경우와 같이 **피해자가 보행신호등의 녹색등화가 점멸되고 있는 상태에서 횡단보도를 횡단하기 시작하여 횡단을 완료하기 전에**

보행신호등이 적색등화로 변경된 후 차량신호등의 녹색등화에 따라서 직진하던 피고인 운전차량에 충격된 경우에, 피해자는 신호기가 설치된 횡단보도에서 녹색등화의 점멸신호에 위반하여 횡단보도를 통행하고 있었던 것이어서 횡단보도를 통행중인 보행자라고 보기는 어렵다고 할 것이므로, 피고인에게 운전자로서 사고발생방지에 관한 업무상 주의의무위반의 과실이 있음은 별론으로 하고 도로교통법 제24조 제1항 소정의 **보행자보호의무를 위반한 잘못이 있다고는 할 수 없다**.(2001도2939)

13. 모든 차의 운전자는 신호기의 지시에 따라 횡단보도를 횡단하는 보행자가 있을 때에는 횡단보도 진입 선 후를 불문하고 일시정지하는 등의 조치를 취함으로써 보행자의 통행이 방해되지 아니하도록 하여야 한다. 다만 **자동차가 횡단보도에 먼저 진입한 경우로서 그대로 진행하더라도 보행자의 횡단을 방해하거나 통행에 아무런 위험을 초래하지 아니할 상황이라면 그대로 진행할 수 있다**(2016도17442).

14. 보행신호등의 녹색등화의 점멸신호 전에 횡단을 시작하였는지 여부를 가리지 아니하고 보행신호등의 **녹색등화 가 점멸하고 있는 동안에 횡단보도를 통행하는 모든 보행자는 횡단보도에서의 보행자 보호의무의 대상이 된다**(대판 2007도9598)

15. 특정범죄가중처벌등에관한법률 제5조의3 제1항에 정하여진 '피해자를 구호하는 등 도로교통법 제50조 제1항의 규정에 의한 조치를 취하지 아니하고 도주한 때'라고 함은 사고운전자가 사고로 인하여 피해자가 사상을 당한 사실을 인식하였음에도 불구하고 ' 도로교통법 제50조 제1항의 규정에 의한 조치'를 취하지 아니하고 사고장소를 이탈하여 사고를 낸 사람이 누구인지 확정될 수 없는 상태를 초래하는 경우를 말하고, ' 도로교통법 제50조 제1항의 규정에 의한 조치'에는 피해자나 경찰관 등 교통사고와 관계 있는 사람에게 사고운전자의 신원을 밝히는 것도 포함된다. 교통사고 야기자가 피해자를 병원에 후송하기는 하였으나 조사 경찰관에게 사고사실을 부인하고 자신을 목격자라고 하면서 참고인 조사를 받고 귀가한 경우, **특정범죄가중처벌등에관한법률 제5조의3 제1항 소정의 '도주'에 해당한다**.(2002도5748)

16. 도로교통법상의 신고의무는, 교통사고가 발생한 때에 이를 지체 없이 경찰공무원 또는 경찰관서에 알려서 피해자의 구호, 교통질서의 회복 등에 관한 적절한 조치를 취하게 함으로써 도로상의 소통장해를 제거하고 피해의 확대를 방지하여 교통질서의 유지 및 안전을 도모하는 데 그 입법취지가 있다. 이와 같은 도로교통법상 신고의무 규정의 입법취지와 헌법상 보장된 진술거부권 및 평등원칙에 비추어 볼 때, 교통사고를 낸 차의 운전자 등의 신고의무는 사고의 규모나 당시의 구체적인 상황에 따라 피해자의 구호 및 교통질서의 회복을 위하여 당사자의 개인적인 조치를 넘어 경찰관의 조직적 조치가 필요하다고 인정되는 경우에만 있는 것이라고 해석하여야 한다(대법원 1991. 6. 25. 선고 91도1013 판결 등 참조). 그리고 이는 도로교통법 제54조 제2항 단서에서 '**운행 중인 차만 손괴된 것이 분명하고 도로에서의 위험방지와 원활한 소통을 위하여 필요한 조치를 한 경우에는 그러하지 아니하다**'고 규정하고 있어도 마찬가지이다.(2013도15500)

17. 제1종보통 운전면허와 제1종대형 운전면허를 취득한 자가 대형화물자동차를 운전하다가 교통사고를 낸 것과 관련하여 행정청이 운전면허정지처분을 하면서 면허의 종별을 기재하지 않고 면허번호만을 특정한 경우, **위 각 운전면허가 1개의 면허번호에 의하여 통합관리되고 있다고 하더라도 운전면허정지처분의 대상은 제1종대형 운전면허에 국한되므로 제1종보통 운전면허는 정지되지 않는다.**(2000두5425)

18. 동승자가 교통사고 후 운전자와 공모하여 도주행위에 단순하게 가담하였다는 이유만으로는, 특정범죄가중 처벌등에관한법률위반(도주차량)죄의 **공동정범으로 처벌할 수 없다**(2007도2919).

19. 물로 입 안을 헹굴 기회를 달라는 피고인의 요구를 무시한 채 호흡측정기로 측정한

혈중알코올 농도 수치가 0.05%로 나타난 사안에서, 피고인이 당시 혈중알코올 농도 0.05% 이상의 술에 취한 상태에서 운전하였다고 단정할 수 없다.(2005도7034)

20. 제1종보통 운전면허와 제1종대형 운전면허를 취득한 자가 대형화물자동차를 운전하다가 교통사고를 낸 것과 관련하여 행정청이 운전면허정지처분을 하면서 면허의 종별을 기재하지 않고 면허번호만을 특정한 경우, 위 각 운전면허가 1개의 면허번호에 의하여 통합관리되고 있다고 하더라도 **운전면허정지처분의 대상은 제1종대형 운전면허에 국한되므로 제1종보통 운전면허는 정지되지 않는다.**(대법원 2000두5425)

21. 도로교통법 제117조 제2항 제2호는 범칙행위로 교통사고를 일으킨 사람이 교통사고처리특례법 제3조 제2항 단서의 규정에 따라 같은 법 제3조 제1항 위반죄의 벌을 받게 되는 경우에는 범칙금 통고처분을 할 수 있는 대상인 범칙자에서 제외되도록 규정하고 있는바, 이러한 관련 법률의 내용과 취지를 고려하면 같은 법 제3조 제2항 단서 각 호에서 규정한 예외사유에 해당하는 신호위반 등의 범칙행위와 같은 법 제3조 제1항 위반죄는 그 행위의 성격 및 내용이나 죄질 및 피해법익 등에 현저한 차이가 있어 동일성이 인정되지 않는 별개의 범죄행위라고 보아야 할 것이므로, 교통사고처리특례법 제3조 제2항 단서 각 호의 예외사유에 해당하는 **신호위반 등의 범칙행위로 교통사고를 일으킨 사람이 통고처분을 받아 범칙금을 납부하였다고 하더라도 그 사람의 업무상과실치상죄 또는 중과실치상죄에 대하여 같은 법 제3조 제1항 위반죄로 처벌하는 것이 도로교통법 제119조 제3항에서 금지하는 이중처벌에 해당한다고 볼 수 없다.**(2006도4322)

03 수사경찰

1 의의

1) 수사 의미

수사란 형사사건에 관하여 범죄혐의가 잇는 경우 공소제기 여부를 결정하기 위하여 또는 공소를 유지·수행하기 위한 준비로서 범죄사실을 조사하고 범인을 검거하고, 증거를 발견·수집·보전하는 수사기관의 활동을 의미한다.

광의 수사	수사개시의 단서 → 수사활동 → 공소제기 → 공판 → 판결
협의 수사	수사개시의 단서 → 수사활동 → 공소제기

2) 종류

① 형식적 의미 수사

어떠한 수단과 방법을 선택할 것인가라는 절차적 측면에서의 수사이다.(인권보장과 공공복리, 미란다 판결)

② 실질적 의미 수사

법행의 목적, 내용 등 실체적 측면에서 수사를 의미한다.(합리성, 실체적 진실 발견)

3) 수사의 성질

① 수사는 **형사소송절차**이 일환이다.
② 수사는 범죄사실의 진상을 탐지하는 활동이다.
③ 수사는 수사관이 심증을 형성하는 과정이다.(**하강과정**)
④ 형성된 심증을 증명하여 유죄의 판결을 목적으로 하는 활동이다.(**상승과정**)
  ◐ 하강과 상승의 반복된 과정을 통해 궁극적으로 실체적 진실을 발견하는 과정이다.

2 수사의 조건

수사를 개시하기 위해서는 반드시 법률적 요건뿐만 아니라 수사의 필요성과 상당성 등의 요건이 충족되어야 한다.

1) 수사의 필요성

① 수사는 범죄가 발생하고 그 혐의자를 검거하기 위한 증거의 수집, 체포, 구속, 압수수색 등 필요성이 인정되어야 한다.
  ◐ 수사목적 달성을 위해 필요한 경우에 한하여 인정된다.

＊ **직권주의**
형사소송절차에서 검사나 피고인에 대하여 법원의 적극적인 역할을 인정하고 법원이 관여하는 소송구조이다.

＊ **당사자주의**
검사가 피의자였던 피고인을 기소하여 형사처벌을 위한 재판을 진행하는 과정에서 객관적인 증거에 의하여 피고인의 범죄사실이 증명되었는가를 법원이 판단함에 있어서 검사 외 피고인에게 주도적 지위를 인정하고, 법원은 제3자적 입장에서 당사자들의 주장을 판단하는 구조이다.
◐ 한국은 당사자주의를 원칙으로 하고 직권주의를 보충적으로 한다.

＊ **수사의 법률적 내용(법률적 실체)**
① 구성요건 해당성
② 위법성
③ 책임성
④ 가벌성

② 수사의 필요성은 강제수사뿐만 아니라 임의수사의 경우에도 적용된다.

임의수사	수사대상자의 임의적 동의를 조건으로 진행되는 수사 ➡ 피의자 신문, 참고인 조사, 감정 및 통·번역의 위촉 등
강제수사	법원이 발부한 영장에 의해 이루어지는 강제처분으로 인권침해를 최소화 하기 위해 특별한 경우에 허용되는 제한적 수사 ➡ 형사소송법 200조의 2(영장에 의한 체포), 200조의 3(긴급체포), 201조(구속), 215조(압수, 수색, 검증) 등

③ 범죄혐의와 수사의 조건

수사 개시	수사는 수사기관의 **주관적 혐의**에 의하여 개시된다. ➡ 다만 구체적 사실을 근거로 하여야 하며, 합리적으로 판단에 의해 범죄의 혐의 유무를 결정해야 한다.
체포·구속	피의자를 체포, 구속하기 위해서는 피의자가 죄를 범하였다고 의심할만한 상당한 이유가 있어야 한다. ➡ 이때 범죄혐의는 증거에 의해 뒷받침되는 **객관적인 혐의**가 요구된다.

④ 친고죄 고소

고소가 없더라도 고소 가능성이 있는 경우에는 임의수사와 강제수사 모두 허용된다.

➡ 통설, 판례 : **제한적 허용설**

2) 수사의 상당성

(1) 의의

① 수사의 상당성은 수사상의 방법이나 목적이 경험칙과 사회 상규에 비추어 볼 때 적정하고 상당하다는 의미이다.

➡ 수사의 필요성이 인정되는 경우에도 수사처분은 그 수단이 수사의 목적을 달성하는데 상당하다고 인정되는 방법으로 할 것을 요한다.

② 수사의 상당성은 수사에 대한 한계를 설정해 피의자의 인권침해를 축소시키는 역할을 한다.

➡ 특히 강제수사의 경우에 강조된다.

③ 수사의 결과에 의한 이익과 수사로 인한 법익침해가 부당하게 균형을 잃는 것은 수사의 상당성을 결한 것이다.

(2) 내용

수사의 비례원칙	① 수사처분이 수사의 목적달성을 위한 필요 최소한도에 그쳐야 한다는 원칙이다. ② **범죄인지의 상당성** : 범죄로 인한 피해가 극히 경미한 사건에 대해 범죄인지를 하는 것은 범죄인지권을 남용한 것이다.
수사의 신의칙	① 수사는 국민의 일반적인 신뢰를 침해하는 형태로 행해져서는 안 된다는 원칙이다. ② 함정수사 : 범죄유발형 함정수사는 허용되지 않는다.

* 함정수사

종류	내용	허용여부
기회 제공형	이미 범죄의사가 있는 자에게 범죄의 기회를 제공하는 경우	적법·허용
범의 유발형	범죄의사가 없는 자에게 범죄의사를 유발시키는 경우	위법·불허

3 수사 원칙

1) 수사의 3대원칙

※ 범죄수사의 준수원칙
① 선증거수집, 후체포 원칙
② 법령준수 원칙
③ 민사관계 불간섭 원칙
④ 종합수사 원칙

신속착수의 원칙	범죄수사는 가급적 죄증이 인멸되기 전에 신속히 착수하여 수사를 수행해야 한다.
현장보존의 원칙	범죄의 현장은 '**증거의 보고**'이므로 현장을 잘 보존하고 수사하여야 한다.
공중협력의 원칙	범죄의 흔적이 목격자나 전문자의 기억등에 남게 되므로 공중의 협력을 통해 확보하여야 한다. ◉ 범죄신고자 포상금 제도 ◉ '사회는 증거의 바다'이다.

※ 수사선
수집된 범죄흔적을 바탕으로 수사의 대상과 범죄사실을 추리하여 수사의 방향을 정하는 것

2) 수사실행의 5대 원칙

종류	내용
수사자료 완전수집의 원칙 (수사의 제1의 법칙)	수사의 기본방법의 제1조건은 그 사건에 주어진 **모든 수사자료**를 빠짐없이 수집하여야 한다. ◉ 문제해결과 관련이 되는 자료를 누락한다던지 멸실시키는 일이 없도록 철저하게 자료를 수집하여야 한다.
수사자료 감식 · 검토의 원칙	수집된 수사자료는 면밀히 감식·검토 하여야 한다. 검토의 방법은 자료의 성격에 따라 차이는 있다. ◉ 자료의 감식 · 검토에 있어서는 **과학적인 지식과 시설을 최대한 활용**하여야 한다는 원칙을 말한다.
적절한 추리의 원칙	수사자료의 감식 검토로 문제점이 명확히 추출되었다면, 적정한 추리로써 문제의 해결방법을 찾아야 한다는 원칙이다. ◉ 추측 시에 **수집된 자료를 기초로 합리적인 판단**을 하고, 추측은 가상적인 판단이므로 그 진실성이 확인될 때까지는 추측을 진실이라고 주장 · 확신해서는 안 된다.
검증적 수사의 원칙	여러 가지 추측 중에서 과연 어느 추측이 정당한 것인가를 **모든 각도에서 검토**해야한다는 원칙을 말한다. 검증순서 : 수사사항의 결정 → 수사방법의 결정 → 수사실행
사실판단증명의 원칙 (객관적 증명의 원칙)	수사관의 판단을 형사절차에 올려놓기 위해서는 그 판단이 수사관만의 주관적인 판단에 그칠 것이 아니라 다른 누구에 대해서도 그 판단이 **진실이라는 것을 객관적으로 증명**하여야 한다는 원칙을 말한다.

4 수사 기관

① 의의
법률상 범죄수사를 할 수 있는 권한이 부여되어 있는 국가기관이다.
○ 현행법상 검사와 사법경찰관리가 있다.

② 사법경찰관리
일반사법경찰관리는 원칙적으로 사항적 또는 지역적인 제한을 받지 않고 수사의 직무를 행할 수 있다.

사법경찰관	경무관, 총경, 경정, 경감, 경위
사법경찰리	경사, 경장, 순경

② 검사
검사는 범죄의 혐의가 있다고 사료되는 때에는 범인, 범죄사실과 증거를 수사한다.

[검사의 역할]

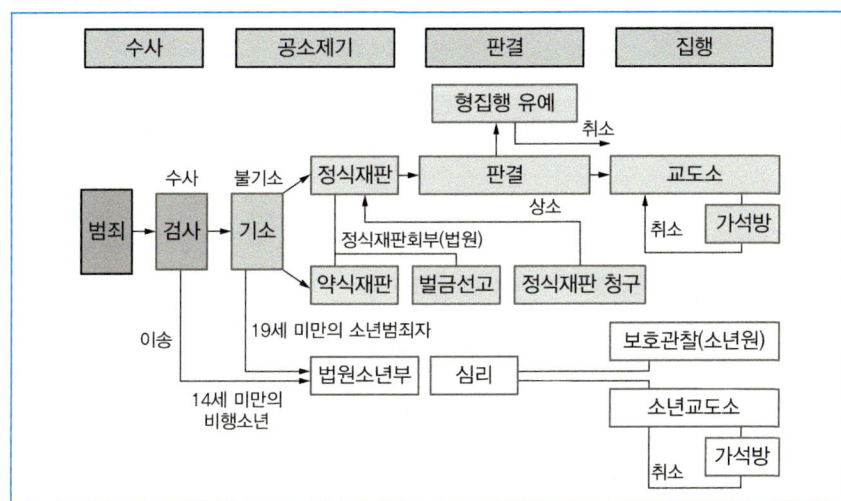

> 📖 **관련조문**
>
> 검찰청법 제4조(검사의 직무)
> ① 검사는 공익의 대표자로서 다음 각 호의 직무와 권한이 있다.
>   1. 범죄수사, 공소의 제기 및 그 유지에 필요한 사항. 다만, 검사가 수사를 개시할 수 있는 범죄의 범위는 다음 각 목과 같다.
>
>   > 가. **부패범죄, 경제범죄 등 대통령령으로 정하는 중요 범죄**
>   > 나. 경찰공무원(다른 법률에 따라 사법경찰관리의 직무를 행하는 자를 포함한다) 및 고위공직자범죄수사처 소속 공무원(「고위공직자범죄수사처 설치 및 운영에 관한 법률」에 따른 파견공무원을 포함한다)이 범한 범죄
>   > 다. 가목·나목의 범죄 및 사법경찰관이 송치한 범죄와 관련하여 인지한 각 해당 범죄와 **직접 관련성이 있는 범죄**

★ 수사구조
- 규문주의
- 탄핵주의

★ 경찰청 수사국
1. 부패범죄, 공공범죄, 경제범죄 및 금융범죄에 관한 수사 지휘·감독
2. 제1호의 범죄 수사에 관한 기획, 정책·수사지침 수립·연구·분석 및 수사기법 개발
3. 제1호의 범죄에 대한 통계 및 수사자료 분석
4. 국가수사본부장이 지정하는 중요 범죄에 대한 정보수집 및 수사
5. 중요 범죄정보의 수집 및 분석에 관한 사항
6. 사이버공간에서의 범죄(이하 "사이버범죄"라 한다) 정보의 수집·분석
7. 사이버범죄 신고·상담
8. 사이버범죄 예방에 관한 사항
9. 사이버범죄 수사에 관한 사항
10. 사이버수사에 관한 기법 연구
11. 사이버수사 관련 국제공조에 관한 사항
12. 디지털포렌식에 관한 사항

★ 경찰청 형사국
1. 강력범죄, 폭력범죄 및 교통사고·교통범죄에 관한 수사 지휘·감독
2. 마약류 범죄 및 조직범죄에 관한 수사 지휘·감독
3. 성폭력범죄, 아동·청소년 대상 성매매, 가정폭력, 아동학대, 학교폭력 및 실종사건에 관한 수사 지휘·감독 및 아동·청소년 대상 성매매 단속
4. 제1호부터 제3호까지의 규정에서 정한 범죄 및 외국인 관련 범죄 수사에 관한 기획, 정책·수사지침 수립·연구·분석 및 수사기법 개발
5. 제1호부터 제3호까지의 규정에서 정한 범죄 및 외국인 관련 범죄에 대한 통계 및 수사자료 분석
6. 과학수사의 기획 및 지도
7. 범죄감식 및 증거분석
8. 범죄기록 및 주민등록지문의 수집·관리

2. 범죄수사에 관한 특별사법경찰관리 지휘·감독
3. 법원에 대한 법령의 정당한 적용 청구
4. 재판 집행 지휘·감독
5. 국가를 당사자 또는 참가인으로 하는 소송과 행정소송 수행 또는 그 수행에 관한 지휘·감독
6. 다른 법령에 따라 그 권한에 속하는 사항

② 검사는 **자신이 수사개시한 범죄에 대하여는 공소를 제기할 수 없다**. 다만, 사법경찰관이 송치한 범죄에 대하여는 그러하지 아니하다.
③ 검사는 그 직무를 수행할 때 국민 전체에 대한 봉사자로서 헌법과 법률에 따라 국민의 인권을 보호하고 적법절차를 준수하며, 정치적 중립을 지켜야 하고 주어진 권한을 남용하여서는 아니 된다.

③ 검사와 사법경찰관의 관계

검사와 사법경찰관은 수사, 공소제기 및 공소유지에 관하여 서로 협력하여야 한다.

관련조문

검사와 사법경찰관의 상호협력과 일반적 수사준칙에 관한 규정
제6조(상호협력의 원칙)
① 검사와 사법경찰관은 상호 존중해야 하며, 수사, 공소제기 및 공소유지와 관련하여 협력해야 한다.
② 검사와 사법경찰관은 수사와 공소제기 및 공소유지를 위해 필요한 경우 수사·기소·재판 관련 자료를 서로 요청할 수 있다.
③ 검사와 사법경찰관의 협의는 신속히 이루어져야 하며, 협의의 지연 등으로 수사 또는 관련 절차가 지연되어서는 안 된다.

제7조(중요사건 협력절차)
검사와 사법경찰관은 **공소시효가 임박한 사건**이나 **내란, 외환, 선거, 테러, 대형참사, 연쇄살인 관련 사건, 주한 미합중국 군대의 구성원·외국인군무원 및 그 가족**이나 **초청계약자의 범죄 관련 사건** 등 많은 피해자가 발생하거나 국가적·사회적 피해가 큰 중요한 사건(이하 "중요사건"이라 한다)의 경우에는 송치 전에 수사할 사항, 증거수집의 대상, 법령의 적용 등에 관하여 상호 의견을 제시·교환할 것을 요청할 수 있다.

제49조(수사경합에 따른 사건송치)
① 검사는 법 제197조의4제1항에 따라 사법경찰관에게 사건송치를 요구할 때에는 그 내용과 이유를 구체적으로 적은 서면으로 해야 한다.
② 사법경찰관은 제1항에 따른 요구를 받은 날부터 **7일 이내에** 사건을 검사에게 송치해야 한다. 이 경우 관계 서류와 증거물을 함께 송부해야 한다.

제59조(보완수사요구의 대상과 범위)
① 검사는 법 제245조의5제1호에 따라 사법경찰관으로부터 송치받은 사건에 대해 보완수사가 필요하다고 인정하는 경우에는 특별히 직접 보완수사를 할 필요가 있다고 인정되는 경우를 제외하고는 **사법경찰관에게 보완수사를 요구하는 것을 원칙으로 한다.**

제62조(사법경찰관의 사건불송치)
① 사법경찰관은 법 제245조의5제2호 및 이 영 제51조제1항제3호에 따라 불송치 결정을 하는 경우 불송치의 이유를 적은 불송치 결정서와 함께 압수물 총목록, 기록목록 등 관계 서류와 증거물을 검사에게 송부해야 한다.
② 제1항의 경우 영상녹화물의 송부 및 새로운 증거물 등의 추가 송부에 관하여는 제58조제2항 및 제3항을 준용한다.

제63조(재수사요청의 절차 등)
① 검사는 법 제245조의8에 따라 사법경찰관에게 재수사를 요청하려는 경우에는 법 제245조의5제2호에 따라 관계 서류와 증거물을 **송부받은 날부터 90일 이내에 해야 한다.** 다만, 다음 각 호의 어느 하나에 해당하는 경우에는 관계 서류와 증거물을 송부받은 날부터 90일이 지난 후에도 재수사를 요청할 수 있다.
1. 불송치 결정에 영향을 줄 수 있는 명백히 새로운 증거 또는 사실이 발견된 경우
2. 증거 등의 허위, 위조 또는 변조를 인정할 만한 상당한 정황이 있는 경우

제65조(재수사 중의 이의신청)
사법경찰관은 법 제245조의8제2항에 따라 재수사 중인 사건에 대해 법 제245조의7 제1항에 따른 이의신청이 있는 경우에는 재수사를 중단해야 하며, 같은 조 제2항에 따라 해당 사건을 지체 없이 검사에게 송치하고 관계 서류와 증거물을 송부해야 한다.

④ 검사의 보완수사 요구

제197조의2(보완수사요구)
① 검사는 다음 각 호의 어느 하나에 해당하는 경우에 **사법경찰관에게 보완수사를 요구할 수 있다.**
 1. **송치사건의 공소제기 여부 결정** 또는 **공소의 유지**에 관하여 필요한 경우
 2. **사법경찰관이 신청**한 영장의 청구 여부 결정에 관하여 필요한 경우
② 사법경찰관은 제1항의 요구가 있는 때에는 정당한 이유가 없는 한 지체 없이 이를 이행하고, 그 결과를 **검사에게 통보**하여야 한다.
③ 검찰총장 또는 각급 검찰청 검사장은 사법경찰관이 정당한 이유 없이 제1항의 요구에 따르지 아니하는 때에는 권한 있는 사람에게 해당 사법경찰관의 **직무배제 또는 징계를 요구할 수 있고**, 그 징계 절차는 「공무원 징계령」 또는 「경찰공무원 징계령」에 따른다.

제197조의3(시정조치요구 등)
① **검사는** 사법경찰관리의 수사과정에서 **법령위반, 인권침해** 또는 **현저한 수사권 남용**이 의심되는 사실의 신고가 있거나 그러한 사실을 인식하게 된 경우에는 사법경찰관에게 **사건기록 등본의 송부를 요구할 수 있다.**
② 제1항의 송부 요구를 받은 사법경찰관은 지체 없이 검사에게 사건기록 **등본을 송부하여야 한다.**
③ 제2항의 송부를 받은 검사는 필요하다고 인정되는 경우에는 사법경찰관에게 **시정조치를 요구할 수 있다.**
④ 사법경찰관은 제3항의 시정조치 요구가 있는 때에는 정당한 이유가 없으면 **지체 없이 이를 이행하고, 그 결과를 검사에게 통보하여야 한다.**
⑤ 제4항의 통보를 받은 검사는 제3항에 따른 시정조치 요구가 정당한 이유 없이 이행되지 않았다고 인정되는 경우에는 사법경찰관에게 **사건을 송치할 것을 요구할 수 있다.**

⑥ 제5항의 송치 요구를 받은 사법경찰관은 **검사에게 사건을 송치하여야 한다.**
⑦ 검찰총장 또는 각급 검찰청 검사장은 사법경찰관리의 수사과정에서 법령위반, 인권침해 또는 현저한 수사권 남용이 있었던 때에는 권한 있는 사람에게 해당 사법경찰관리의 징계를 요구할 수 있고, 그 징계 절차는 「공무원 징계령」 또는 「경찰공무원 징계령」에 따른다.
⑧ 사법경찰관은 **피의자를 신문하기 전에** 수사과정에서 법령위반, 인권침해 또는 현저한 수사권 남용이 있는 경우 검사에게 구제를 신청할 수 있음을 **피의자에게 알려 주어야 한다.**

제197조의4(수사의 경합)
① 검사는 사법경찰관과 **동일한 범죄사실을 수사하게 된 때에는 사법경찰관에게 사건을 송치할 것을 요구할 수 있다.**
② 제1항의 요구를 받은 사법경찰관은 **지체 없이 검사에게 사건을 송치하여야 한다.** 다만, 검사가 영장을 청구하기 전에 동일한 범죄사실에 관하여 **사법경찰관이 영장을 신청한 경우에는** 해당 영장에 기재된 범죄사실을 **계속 수사할 수 있다.**

 팩트DB

검사와 사법경찰관의 상호협력과 일반적 수사준칙에 관한 규정

제45조 시정조치 요구의 방법 및 절차 등
① 검사는 법 제197조의3제1항(시정조치요구 등)에 따라 사법경찰관에게 사건기록 등본의 송부를 요구할 때에는 그 내용과 이유를 구체적으로 적은 서면으로 해야 한다.
② 사법경찰관은 제1항에 따른 요구를 받은 날부터 7일 이내에 사건기록 등본을 검사에게 송부해야 한다.
③ 검사는 제2항에 따라 사건기록 등본을 송부받은 날부터 30일(사안의 경중 등을 고려하여 10일의 범위에서 한 차례 연장할 수 있다) 이내에 법 제197조의3제3항에 따른 시정조치 요구 여부를 결정하여 사법경찰관에게 통보해야 한다. 이 경우 시정조치 요구의 통보는 그 내용과 이유를 구체적으로 적은 서면으로 해야 한다.
④ 사법경찰관은 제3항에 따라 시정조치 요구를 통보받은 경우 정당한 이유가 있는 경우를 제외하고는 지체 없이 시정조치를 이행하고, 그 이행 결과를 서면에 구체적으로 적어 검사에게 통보해야 한다.
⑤ 검사는 법 제197조의3제5항에 따라 사법경찰관에게 사건송치를 요구하는 경우에는 그 내용과 이유를 구체적으로 적은 서면으로 해야 한다.
⑥ 사법경찰관은 제5항에 따라 서면으로 사건송치를 요구받은 날부터 7일 이내에 사건을 검사에게 송치해야 한다. 이 경우 관계 서류와 증거물을 함께 송부해야 한다.
⑦ 제5항 및 제6항에도 불구하고 검사는 공소시효 만료일의 임박 등 특별한 사유가 있을 때에는 제5항에 따른 서면에 그 사유를 명시하고 별도의 송치기한을 정하여 사법경찰관에게 통지할 수 있다. 이 경우 사법경찰관은 정당한 이유가 있는 경우를 제외하고는 통지받은 송치기한까지 사건을 검사에게 송치해야 한다.

제46조(징계요구의 방법 등)
① 검찰총장 또는 각급 검찰청 검사장은 법 제197조의3제7항에 따라 사법경찰관리의 징계를 요구할 때에는 서면에 그 사유를 구체적으로 적고 이를 증명할 수 있는 관계 자료를 첨부하여 해당 사법경찰관리가 소속된 경찰관서의 장(경찰관서장)에게 통보해야 한다.
② 경찰관서장은 제1항에 따른 징계요구에 대한 처리 결과와 그 이유를 징계를 요구한 검찰총장 또는 각급 검찰청 검사장에게 통보해야 한다.

제48조(동일한 범죄사실 여부의 판단 등)
　① 검사와 사법경찰관은 법 제197조의4(수사경합)에 따른 수사의 경합과 관련하여 동일한 범죄사실 여부나 영장(「통신비밀보호법」 제6조 및 제8조에 따른 통신제한조치허가서 및 같은 법 제13조에 따른 통신사실 확인자료제공 요청 허가서를 포함한다.) 청구·신청의 시간적 선후관계 등을 판단하기 위해 필요한 경우에는 그 필요한 범위에서 사건기록의 상호 열람을 요청할 수 있다.
　② 제1항에 따른 영장 청구·신청의 시간적 선후관계는 검사의 영장청구서와 사법경찰관의 영장신청서가 각각 법원과 검찰청에 접수된 시점을 기준으로 판단한다.
　③ 검사는 제2항에 따른 사법경찰관의 영장신청서의 접수를 거부하거나 지연해서는 안 된다.

제4조(수사경합에 따른 사건송치)
　① 검사는 법 제197조의4제1항(수사경합)에 따라 사법경찰관에게 사건송치를 요구할 때에는 그 내용과 이유를 구체적으로 적은 서면으로 해야 한다.
　② 사법경찰관은 제1항에 따른 요구를 받은 날부터 7일 이내에 사건을 검사에게 송치해야 한다. 이 경우 관계 서류와 증거물을 함께 송부해야 한다.

제50조(중복수사의 방지)
　검사는 법 제197조의4제2항 단서에 따라 사법경찰관이 범죄사실을 계속 수사할 수 있게 된 경우에는 정당한 사유가 있는 경우를 제외하고는 그와 동일한 범죄사실에 대한 사건을 이송하는 등 중복수사를 피하기 위해 노력해야 한다.

59조(보완수사요구의 대상과 범위)
　① 검사는 법 제245조의5제1호에 따라 사법경찰관으로부터 송치받은 사건에 대해 보완수사가 필요하다고 인정하는 경우에는 특별히 직접 보완수사를 할 필요가 있다고 인정되는 경우를 제외하고는 사법경찰관에게 보완수사를 요구하는 것을 원칙으로 한다.

 팩트DB

경찰의 독자적 수사권 부여에 관한 견해

찬성론	반대론
① 권한과 책임의 불일치	① 경찰의 정치적 중립보장 약화
② 검찰의 권력집중현상 완화	② 경찰국가화 우려
③ 공소제기의 객관성과 공정성 담보	③ 수사와 공소제기의 불가분성
④ 명령통일의 원리 위배	
⑤ 검사의 수사독점권으로 인한 국민 피해	
⑥ 수사업무의 효율성 저하 해결	

5 수사 전개

[수사 절차 흐름도]

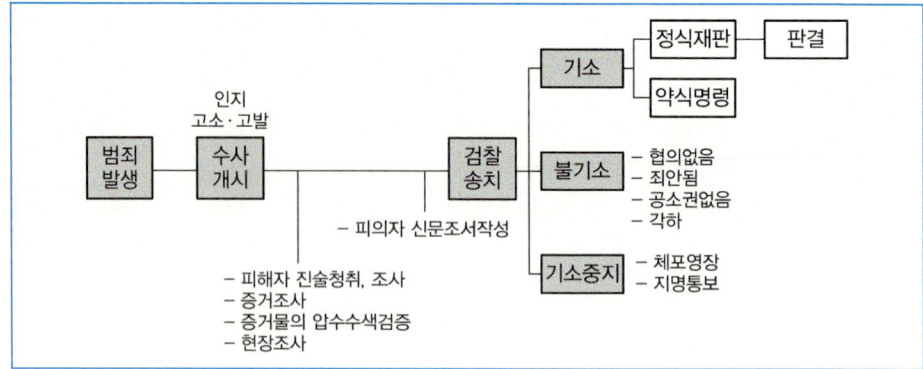

＊ 수사의 전개 과정
① 수사개시의 단서
② 내사
③ 인지
④ 수사의 개시(입건)
⑤ 현장관찰
⑥ 기초수사
⑦ 수사계획등 수사방향 설정
⑧ 수사 실행
⑨ 사건의 검찰송치 혹은 불송치 결정
⑩ 사건송치 후의 수사
⑪ 수사의 종결

1) 입건전 조사(내사)

① 의의

그 진상을 확인할 가치가 있는 사안을 대상으로 범죄의 혐의 유무 또는 수사개시의 가치 유무 등을 확인하는 수사활동으로 **입건 전의 단계**를 말한다.

➡ 내사의 사유에는 제한이 없다.
➡ 인적 강제처분은 허용되지 않으며 대물적 강제처분이나 사실조회, 참고인조사, 출국금지조치 등은 허용된다.

② 입건전 조사의 기본

㉠ 경찰관은 피조사자와 그 밖의 피해자·참고인 등에 대한 입건 전 조사를 실시하는 경우 관계인의 인권보호에 유의하여야 한다.

㉡ 경찰관은 신속·공정하게 조사를 진행하여야 하며, 관련 혐의 및 관계인의 정보가 정당한 사유 없이 외부로 유출되거나 공개되는 일이 없도록 하여야 한다.

㉢ 조사는 **임의적인 방법**으로 하는 것을 **원칙**으로 하고, **대물적 강제** 조치를 실시하는 경우에는 법률에서 정한 바에 따라 **필요 최소한**의 범위에서 남용되지 않도록 유의하여야 한다.

③ 대상과 착수

> 📖 **관련조문**
>
> 입건전 조사 처리에 관한 규칙
> 제3조(조사의 분류) 조사사건은 다음 각 호와 같이 분류한다.
>
> | | |
> |---|---|
> | 진정사건 | 범죄와 관련하여 진정·탄원 또는 투서 등 **서면으로 접수**된 사건 |
> | 신고사건 | 범죄와 관련하여 112신고·방문신고 등 **서면이 아닌 방법**으로 접수된 사건 |
> | 첩보사건 | 가. 경찰관이 대상자, 범죄혐의 및 증거 자료 등 조사 단서에 관한 사항을 작성·제출한 범죄첩보 사건
나. 범죄에 관한 정보, 풍문 등 진상을 확인할 필요가 있는 사건 |
> | 기타조사사건 | 제1호부터 제3호까지를 제외한 범죄를 **의심할 만한 정황**이 있는 사건 |
>
> 제4조(조사사건의 수리)
> ① 조사사건에 대해 수사의 단서로서 조사할 가치가 있다고 인정되는 경우에는 이를 수리하고, **소속 수사부서장에게 보고하여야 한다.**
> ② 제1항에 따라 사건을 수리하는 경우 형사사법정보시스템에 관련 사항을 입력하여야 하며 별지 제1호서식의 입건 전 조사사건부에 기재하여 관리하여야 한다.
>
> 제5조(첩보사건의 착수)
> ① 경찰관은 첩보사건의 조사를 착수하고자 할 때에는 별지 제2호서식의 입건 전 조사 착수보고서를 작성하고, **소속 수사부서의 장에게 보고하고 지휘를 받아야 한다.**
> ② 수사부서의 장은 수사 단서로서 조사할 가치가 있다고 판단하는 사건·첩보 등에 대하여 소속 경찰관에게 별지 제3호서식의 **입건 전 조사착수지휘서에 의하여 조사의 착수를 지휘할 수 있다.**
> ③ 경찰관은 소속 수사부서의 장으로부터 조사착수지휘를 받은 경우 형사사법정보시스템에 피조사자, 피해자, 혐의내용 등 관련 사항을 입력하여야 한다.
>
> 제6조(조사 사건의 이송 · 통보)
> 경찰관은 관할이 없거나 범죄 특성 등을 고려하여 소속 관서에서 조사하는 것이 적당하지 않은 사건을 다른 경찰관서 또는 기관에 이송 또는 통보할 수 있다.
>
> 제8조(수사절차로의 전환)
> 경찰관은 조사 과정에서 범죄혐의가 있다고 판단될 때에는 지체없이 범죄인지서를 작성하여 **소속 수사부서장의 지휘를 받아 수사를 개시하여야 한다.**
>
> 제9조(불입건 결정 지휘)
> ① 수사부서의 장은 조사에 착수한 후 **6개월 이내**(「정보 및 보안 업무기획·조정 규정」 제2조제5호본문의 죄와 관련된 사건은 12개월 이내)에 수사절차로 전환하지 않은 사건에 대하여 「경찰수사규칙」 제19조제2항제2호부터 제5호까지의 사유에 따라 불입건 결정 지휘를 해야 한다.
> ② 수사부서의 장은 제1항에도 불구하고, 다수의 관계인 조사, 관련 자료 추가확보·분석, 외부 전문기관 감정 등 계속 조사가 필요한 사유가 소명된 경우에는 6개월의 범위에서 조사기간을 연장할 수 있다.

④ 진행
  ㉠ 조사의 보고·지휘, 출석요구, 진정·신고사건의 진행상황의 통지, 각종 조서 작성, 압수·수색·검증을 포함한 강제처분 등 구체적인 조사 방법 및 세부 절차에 대해서는 그 성질이 반하지 않는 한「경찰수사규칙」,「범죄수사규칙」을 준용한다. 이 경우 '수사'를 '조사'로 본다.
  ㉡ 신고·진정·탄원에 대해 입건 전 조사를 개시한 경우, 경찰관은 다음 각 호의 어느 하나에 해당하는 날부터 **7일 이내**에 진정인·탄원인·피해자 또는 그 법정대리인(피해자가 사망한 경우에는 그 배우자·직계친족·형제자매를 포함한다. 이하 "진정인등"이라 한다)에게 **조사 진행상황을 통지해야 한다**. 다만, 진정인등의 연락처를 모르거나 소재가 확인되지 않으면 연락처나 소재를 알게된 날로부터 **7일 이내**에 조사 진행상황을 통지해야 한다.

  1. 신고·진정·탄원에 따라 조사에 착수한 날
  2. 제1호에 따라 조사에 착수한 날부터 매 1개월이 지난 날

  ㉢ 경찰관은 조사 기간이 **3개월을 초과하는 경우** 별지 제4호서식의 입건 전 조사진행상황보고서를 작성하여 **소속 수사부서의 장에게 보고하여야 한다**.

⑤ 입건 전 조사

  제19조(입건 전 조사)
  ① 사법경찰관은 수사준칙 제16조제3항에 따른 입건 전에 범죄를 의심할 만한 정황이 있어 수사 개시 여부를 결정하기 위한 사실관계의 확인 등 필요한 조사(이하 "입건전조사"라 한다)에 착수하기 위해서는 **해당 사법경찰관이 소속된 경찰관서의 수사부서의 장**(이하 "소속수사부서장"이라 한다)의 지휘를 받아야 한다.
  ② 사법경찰관은 입건전조사한 사건을 다음 각 호의 구분에 따라 처리해야 한다.
    1. **입건** : 범죄의 혐의가 있어 수사를 개시하는 경우
    2. **입건전조사 종결**(혐의없음, 죄가안됨 또는 공소권없음) : 제108조제1항제1호부터 제3호까지의 규정에 따른 사유가 있는 경우
    3. **입건전조사 중지** : 피혐의자 또는 참고인 등의 소재불명으로 입건전조사를 계속할 수 없는 경우
    4. **이송** : 관할이 없거나 범죄특성 및 병합처리 등을 고려하여 다른 경찰관서 또는 기관(해당 기관과 협의된 경우로 한정한다)에서 입건전조사할 필요가 있는 경우
    5. **공람 후 종결** : 진정·탄원·투서 등 서면으로 접수된 신고가 다음 각 목의 어느 하나에 해당하는 경우
      가. 같은 내용으로 3회 이상 반복하여 접수되고 2회 이상 그 처리 결과를 통지한 신고와 같은 내용인 경우
      나. 무기명 또는 가명으로 접수된 경우
      다. 단순한 풍문이나 인신공격적인 내용인 경우
      라. 완결된 사건 또는 재판에 불복하는 내용인 경우
      마. 민사소송 또는 행정소송에 관한 사항인 경우

⑥ 입건전 조사 처리의 종결

> **제8조(수사절차로의 전환)**
> 경찰관은 조사 과정에서 범죄혐의가 있다고 판단될 때에는 **지체없이** 범죄인지서를 작성하여 **소속 수사부서장의 지휘를 받아 수사를 개시하여야 한다.**
>
> **제9조(불입건 결정 지휘)**
> **수사부서의 장**은 조사에 착수한 후 **6개월 이내**에 수사절차로 전환하지 않은 사건에 대하여 「경찰수사규칙」 제19조제2항제2호부터 제5호까지의 사유에 따라 **불입건 결정 지휘를 하여야 한다.** 다만, 다수의 관계인 조사, 관련자료 추가확보·분석, 외부 전문기관 감정 등 계속 조사가 필요한 사유가 **소명된 경우에는 6개월의 범위 내에서 조사기간을 연장할 수 있다.**
>
> **제10조(기록의 관리)**
> ① 제8조에 따라 수사를 개시한 조사 사건의 기록은 **해당 수사기록에 합쳐 편철한다.** 다만, 조사 사건 중 일부에 대해서만 수사를 개시한 경우에는 그 일부 기록만을 수사기록에 합쳐 편철하고 나머지 기록은 제2항의 방법으로 조사 기록으로 분리하여 보존할 수 있으며 필요한 경우 사본으로 보존할 수 있다.
> ② 「경찰수사규칙」 제19조에 따른 입건 전 조사종결, 입건 전 조사중지, 공람종결 결정은 별지 제5호서식의 불입건 편철서, 별지 제6호서식의 기록목록, 별지 제7호서식의 불입건 결정서의 서식에 따른다. 제6조에 따라 이송하는 경우에는 사건이송서를 작성하여야 한다.

2) 수사의 개시

① 의의
  ㉠ 수사기관이 최초로 사건을 수리하여 수사를 시작하는 것을 의미한다.
    ● 실무상 사건을 접수하여 범죄사건부에 기록하는 단계를 말한다.
  ㉡ 입건과 동시에 용의자는 피의자로 신분이 전환된다.
    ● 입건의 원인은 내사를 통한 범죄의 인지, 고소·고발·자수의 수리 시이다.

② 수사개시의 원인(단서)

수사기관의 체험에 의한 단서	① 범죄첩보 ● 범죄혐의자에 대한 범죄혐의 내용, 증거자료 등이 특정된 내사 단서 자료 ② 현행범인의 체포 ● 현행범인은 누구든지 영장없이 체포할수 있다.(형사소송법 제212조) ③ 불심검문 ④ 변사자 검시
타인의 체험에 의한 단서	① 고소 ● 범죄로 인한 피해자는 고소할수 있다.(형사소송법 제223조) ② 고발 ● 누구든지 범죄가 있다고 사료하는 때에는 고발할 수 있다.(형사소송법 제234조) ● 공무원은 그 직무를 행함에 있어 범죄가 있다고 사료하는 때에는 고발하여야 한다. ③ 자수 ● 범인이 수사기관에 대하여 스스로 자기의 범죄사실을 신고하여 그 수사와 소추를 구하는 의사표시이다.

* **불심검문**
1. 수상한 행동이나 그 밖의 주위 사정을 합리적으로 판단하여 볼 때 어떠한 죄를 범하였거나 범하려고 하고 있다고 의심할 만한 상당한 이유가 있는 사람
2. 행하여진 범죄나 행하여지려고 하는 범죄행위에 관한 사실을 안다고 인정되는 사람을 정지시켜 질문하는 경찰의 예방활동이다.
   ● 정지, 실문이 있다.

> ● 자수는 범죄가 수사기관에 발각되기 전이냐 후이냐를 묻지 않는다.
> ④ 피해신고
> ⑤ 투서, 진정 등

③ 범죄 첩보
　㉠ 의의
　　수사첩보는 수사와 관련된 각종 보고자료로서 범죄첩보와 정책첩보를 말한다.
　　> ● 범죄첩보는 대상자, 혐의 내용, 증거자료 등이 특정된 내사 단서 자료와 범죄관련 동향을 말하며, 전자를 범죄내사첩보, 후자를 범죄동향첩보라고 한다.
　㉡ 특징

시한성	범죄첩보는 **시간이 경과함에 따라 그 가치가 감소**한다.
가치변화성	범죄첩보는 선별적인 가치를 가지고 있고, 수사기관에게는 극히 중요한 첩보일지라도 일반인에게는 불필요한 경우가 많다. 또한 범죄 첩보는 **수사기관의 필요성에 따라** 가치가 달라진다.
결합성	기초첩보가 **다른 기초첩보와 결합하여** 구체적인 사건첩보가 되거나, 사건 첩보가 다른 사건첩보와 결합하여 범죄첩보가 된다.
결과지향성	범죄 첩보는 수사에 착수하여 사건으로서 **현출되는 결과가 있어야** 한다. 범죄첩보 수사는 아무리 많은 노력과 시간을 투입하더라도 사건으로서의 결과를 얻지 못하면 소용이 없다.
혼합성	범죄첩보는 단순한 사실의 나열이 아니고 그 속에 **범죄의 원인과 결과**를 내포하고 있다. 또한 다른 첩보와 연결되어 있어 이를 분해하고 혼합함으로써 완전한 사건으로서 새로운 모습을 찾게 된다.

📝 **팩트DB** ◆◆◆

범죄첩보 성적 평가		
특보	① 전국단위 기획 수사에 활용될 수 있는 첩보 ② 2개 이상의 지방청과 연관된 중요 사건 첩보 등 **경찰청**에서 처리해야 할 첩보	10점
중보	2개 이상 경찰서와 연관된 중요 사거 첩보 등 **시도경찰청 단위**에서 처리해야 할 첩보	5점
통보	**경찰서 단위**에서 내사할 가치가 있는 첩보	2점
기록	내사할 정도는 아니나 추후 활용할 가치가 있는 첩보	1점
참고	단순히 수사업무에 참고가 될 뿐 사용가치가 적은 첩보	0점

④ 변사자의 검시

> 형사소송법
> 제222조(변사자의 검시)
> ① 변사자 또는 변사의 의심있는 사체가 있는 때에는 그 소재지를 관할하는 **지방검찰청 검사가 검시하여야 한다.**
> ② 전항의 검시로 범죄의 혐의를 인정하고 긴급을 요할 때에는 **영장없이 검증**할 수 있다.

③ **검사는** 사법경찰관에게 전2항의 처분을 명할 수 있다.

검사와 사법경찰관의 상호협력과 일반적 수사준칙에 관한 규정(대통령령)

제17조(변사자의 검시 등)
① 사법경찰관은 변사자 또는 변사한 것으로 의심되는 사체가 있으면 변사사건 발생사실을 **검사에게 통보해야 한다.**
② 검사는 법 제222조제1항에 따라 검시를 했을 경우에는 **검시조서를**, 검증영장이나 같은 조 제2항에 따라 검증을 했을 경우에는 **검증조서를** 각각 작성하여 **사법경찰관에게 송부해야 한다.**
③ 사법경찰관은 법 제222조제1항 및 제3항에 따라 검시를 했을 경우에는 검시조서를, 검증영장이나 같은 조 제2항 및 제3항에 따라 검증을 했을 경우에는 검증조서를 각각 작성하여 **검사에게 송부해야 한다.**
④ 검사와 사법경찰관은 법 제222조에 따라 변사자의 검시를 한 사건에 대해 사건 종결 전에 수사할 사항 등에 관하여 상호 의견을 제시·교환해야 한다.

경찰수사규칙(행정안전부령)

제27조(변사자의 검시·검증)
① 사법경찰관은 법 제222조제1항 및 제3항에 따라 검시를 하는 경우에는 **의사를 참여시켜야 하며**, 그 의사로 하여금 **검안서를** 작성하게 해야 한다. 이 경우 사법경찰관은 **검시 조사관을 참여시킬 수 있다.**
② 사법경찰관은 법 제222조에 따른 검시 또는 검증 결과 사망의 원인이 범죄로 인한 것으로 판단하는 경우에는 신속하게 **수사를 개시해야 한다.**

제30조(검시와 참여자)
사법경찰관리는 검시에 특별한 지장이 없다고 인정하면 변사자의 가족·친족, 이웃사람·친구, 시·군·구·읍·면·동의 공무원이나 그 밖에 필요하다고 인정하는 사람을 검시에 **참여시켜야 한다.**

제31조(사체의 인도)
① 사법경찰관은 변사자에 대한 검시 또는 검증이 종료된 때에는 사체를 소지품 등과 함께 신속히 **유족 등에게 인도**한다. 다만, 사체를 인수할 사람이 없거나 변사자의 **신원이 판명되지 않은 경우에는** 사체가 현존하는 지역의 특별자치시장·특별자치도지사·시장·군수 또는 자치구의 구청장에게 **인도해야 한다.**
② 제1항 본문에서 검시 또는 검증이 종료된 때는 다음 각 호의 구분에 따른 때를 말한다.
  1. **검시가 종료**된 때 : 다음 각 목의 어느 하나에 해당하는 때
      가. 수사준칙 제17조제2항에 따라 검사가 사법경찰관에게 검시조서를 송부한 때
      나. 수사준칙 제17조제3항에 따라 사법경찰관이 검사에게 검시조서를 송부한 이후 검사가 의견을 제시한 때
  2. **검증이 종료**된 때 : 부검이 종료된 때

범죄수사규칙(경찰청훈령)

제56조(변사사건 발생보고)
경찰관은 변사자 또는 변사로 의심되는 시체를 발견하거나 시체가 있다는 신고를 받았을 때에는 즉시 **소속 경찰관서장에게 보고하여야 한다.**

✱ 검시의 요령과 주의사항 등
① 경찰관은 검시할 때에는 다음 각 호의 사항을 면밀히 조사하여야 한다.
1. 변사자의 등록기준지 또는 국적, 주거, 직업, 성명, 연령과 성별
2. 변사장소 주위의 지형과 사물의 상황
3. 변사체의 위치, 자세, 인상, 치아, 전신의 형상, 상처, 문신 그 밖의 특징
4. 사망의 추정연월일
5. 사인(특히 범죄행위에 기인 여부)
6. 흉기 그 밖의 범죄행위에 사용되었다고 의심되는 물건
7. 발견일시와 발견자
8. 의사의 검안과 관계인의 진술
9. 소지금품 및 유류품
10. 착의 및 휴대품
11. 참여인
12. 중독사의 의심이 있을 때에는 증상, 독물의 종류와 중독에 이른 경우

✱ 친고죄(親告罪)
고소권자의 고소 없이 검사가 공소를 제기하지 못한다. 이에 위반하면 공소 기각 판결이 내려진다(327조 2호). 친고죄에는 상대적 친고죄가 있는데, 즉 범인에게 일정한 신분이 있음으로써 친고죄로 되는 경우로서, 예컨대 직계혈족, 배우자, 동거친족, 동거가족 또는 그 배우자간을 제외한 친족의 경우 고소가 있어야 공소를 제기할 수 있다. 절대적 친고죄는, 즉 범인의 신분과 관계 없이 친고죄로 되는 경우(예:모욕죄 등)가 있다.

제57조(변사자의 검시)
① 「경찰수사규칙」 제27조제1항에 따라 검시에 참여한 **검시조사관**은 별지 제15호서식의 변사자조사결과보고서를 작성하여야 한다.
② 경찰관은 「형사소송법」 제222조제1항 및 제3항에 따라 검시를 한 때에는 의사의 검안서, 촬영한 사진 등을 검시조서에 첨부하여야 하며, 변사자의 가족, 친족, 이웃사람, 관계자 등의 진술조서를 작성한 때에는 그 조서도 첨부하여야 한다.
③ 경찰관은 검시를 한 경우에 범죄로 인한 사망이라 인식한 때에는 **신속하게 수사를 개시**하고 **소속 경찰관서장에게 보고하여야 한다**.

제59조(시체의 인도)
① 「경찰수사규칙」 제31조제1항에 따라 시체를 인도하였을 때에는 인수자에게 별지 제16호서식의 검시필증을 교부해야 한다.
② 변사체는 후일을 위하여 **매장함을 원칙**으로 한다.

⑤ 고소
  ㉠ 의의
  범죄의 피해자, 기타 고소권자가 수사기관에 대하여 일정한 범죄사실을 신고하여 그 소추(訴追)를 구하는 의사표시이다.
  ➡ 고소는 피해자 또는 고소권자 아닌 제3자가 하는 고발(告發)과 구별된다.
  ➡ 자기의 범죄사실을 신고하는 자수(自首)와 구별된다.
  ➡ 일반적으로 고소는 수사의 단서가 되는 데 불과한 것이나, 친고죄에 있어서는 소송조건이 되고, 또 공소제기의 조건이 된다.

  ㉡ 고소권자

피해자	원칙적으로 범죄로 인한 피해자는 고소권자이다 ➡ 범죄로 인한 피해자는 누구나 고소를 할 수 있는 것이 원칙이나, 다만 자기 또는 배우자의 직계존속은 고소하지 못한다(형사소송법 224조). ➡ 성폭력 범죄의 처벌 등에 관한 특례법 제18조에서는 고소 제한에 대한 예외를 두고 있어, 성폭력범죄에 대하여는 「형사소송법」 제224조(고소의 제한) 및 「군사법원법」 제266조에도 불구하고 자기 또는 배우자의 직계존속을 고소할 수 있다.
법정대리인	피해자의 법정대리인은 독립하여 고소할 수 있다. ➡ 피해자의 법정대리인이 피의자이거나 법정대리인의 친족이 피의자인 때에는 피해자의 친족은 독립하여 고소할 수 있다(225조 1항, 226조).
친족	피해자가 사망한 때에는 그 배우자·직계친족 또는 형제자매가 고소할 수 있다. 다만, 피해자의 명시(明示)한 의사에 반하지 못한다. ➡ 사자(死者)의 명예를 훼손한 범죄에 대하여는 그 친족 또는 자손이 고소할 수 있다(227조).
지정 고소권자	친고죄에서 고소할자가 없는 경우 이해관계인의 신청이 있으면 검사는 10일 이내에 고소할수 있는 자를 지정하여야 한다.

© 고소·고발의 수리 등(범죄수사규칙)

> **관련조문**
>
> **제49조** 경찰관은 고소·고발은 관할 여부를 불문하고 접수하여야 한다. 다만, 제7조에 규정된 관할권이 없어 계속 수사가 어려운 경우에는 「경찰수사규칙」 제96조에 따라 책임수사가 가능한 관서로 이송하여야 한다.
>
> **제50조(고소 · 고발의 반려)** 경찰관은 접수한 고소·고발이 다음 각 호의 어느 하나에 해당하는 경우 고소인 또는 고발인의 동의를 받아 이를 수리하지 않고 반려할 수 있다.
>
>> 1. 고소·고발 사실이 범죄를 구성하지 않을 경우
>> 2. 공소시효가 완성된 사건인 경우
>> 3. 동일한 사안에 대하여 이미 법원의 판결이나 수사기관의 결정(경찰의 불송치 결정 또는 검사의 불기소 결정)이 있었던 사실을 발견한 경우에 새로운 증거 등이 없어 다시 수사하여도 동일하게 결정될 것이 명백하다고 판단되는 경우
>> 4. 피의자가 사망하였거나 피의자인 법인이 존속하지 않게 되었음에도 고소·고발된 사건인 경우
>> 5. 반의사불벌죄의 경우, 처벌을 희망하지 않는 의사표시가 있거나 처벌을 희망하는 의사가 철회되었음에도 고소·고발된 사건인 경우
>> 6. 「형사소송법」 제223조 및 제225조에 따라 고소 권한이 없는 사람이 고소한 사건인 경우. 다만, 고발로 수리할 수 있는 사건은 제외한다.
>> 7. 「형사소송법」 제224조, 제232조, 제235조에 의한 고소 제한규정에 위반하여 고소·고발된 사건인 경우. 이때 「형사소송법」 제232조는 친고죄 및 반의사불벌죄에 한한다.

3) 사건의 송치 및 불송치 결정

① 범죄의 혐의가 있다고 인정되는 경우에는 지체없이 **검사에게 사건을 송치**하고, 관계 서류와 증거물을 검사에게 송부하여야 한다.(형사소송법 제245조의5)
   불기소 사건에 대해서도 일괄송치 하여야 한다.

② 불송치 결정

  범죄혐의가 인정되지 않으면 불송치결정을 한다.
   혐의없음, 죄가안됨, 공소권없음

> **관련조문**
>
> **제245조의5(사법경찰관의 사건송치 등)**
> 사법경찰관은 고소·고발 사건을 포함하여 범죄를 수사한 때에는 다음 각 호의 구분에 따른다.
>> 1. 범죄의 혐의가 있다고 인정되는 경우에는 지체 없이 검사에게 사건을 송치하고, 관계 서류와 증거물을 검사에게 송부하여야 한다.
>> 2. 그 밖의 경우에는 그 이유를 명시한 서면과 함께 관계 서류와 증거물을 지체 없이 검사에게 송부하여야 한다. 이 경우 검사는 송부받은 날부터 90일 이내에 사법경찰관에게 반환하여야 한다.

제245조의6(고소인 등에 대한 송부통지)
　　사법경찰관은 제245조의5제2호의 경우에는 그 송부한 날부터 7일 이내에 서면으로 고소인·고발인·피해자 또는 그 법정대리인(피해자가 사망한 경우에는 그 배우자·직계친족·형제자매를 포함한다)에게 사건을 검사에게 송치하지 아니하는 취지와 그 이유를 통지하여야 한다.

제245조의7(고소인 등의 이의신청)
　　① 제245조의6의 통지를 받은 사람은 해당 사법경찰관의 소속 관서의 장에게 이의를 신청할 수 있다.
　　② 사법경찰관은 제1항의 신청이 있는 때에는 지체 없이 검사에게 사건을 송치하고 관계 서류와 증거물을 송부하여야 하며, 처리결과와 그 이유를 제1항의 신청인에게 통지하여야 한다.

제245조의8(재수사요청 등)
　　① 검사는 제245조의5제2호의 경우에 사법경찰관이 사건을 송치하지 아니한 것이 위법 또는 부당한 때에는 그 이유를 문서로 명시하여 사법경찰관에게 재수사를 요청할 수 있다.
　　② 사법경찰관은 제1항의 요청이 있는 때에는 사건을 재수사하여야 한다.

 팩트DB

검사와 사법경찰관의 상호협력과 일반적 수사준칙에 관한 규정

제62조(사법경찰관의 사건불송치)
　　① 사법경찰관은 법 제245조의5제2호(사법경찰관의 사건송치 등) 및 이 영 제51조제1항제3호에 따라 불송치 결정을 하는 경우 불송치의 이유를 적은 불송치 결정서와 함께 압수물 총목록, 기록목록 등 관계 서류와 증거물을 검사에게 송부해야 한다.
　　② 제1항의 경우 영상녹화물의 송부 및 새로운 증거물 등의 추가 송부에 관하여는 제58조제2항 및 제3항을 준용한다.

제63조(재수사요청의 절차 등)
　　① 검사는 법 제245조의8(재수사요청 등)에 따라 사법경찰관에게 재수사를 요청하려는 경우에는 법 제245조의5제2호에 따라 관계 서류와 증거물을 송부받은 날부터 90일 이내에 해야 한다. 다만, 다음 각 호의 어느 하나에 해당하는 경우에는 관계 서류와 증거물을 송부받은 날부터 90일이 지난 후에도 재수사를 요청할 수 있다.
　　　1. 불송치 결정에 영향을 줄 수 있는 명백히 새로운 증거 또는 사실이 발견된 경우
　　　2. 증거 등의 허위, 위조 또는 변조를 인정할 만한 상당한 정황이 있는 경우
　　② 검사는 제1항에 따라 재수사를 요청할 때에는 그 내용과 이유를 구체적으로 적은 서면으로 해야 한다. 이 경우 법 제245조의5제2호에 따라 송부받은 관계 서류와 증거물을 사법경찰관에게 반환해야 한다.
　　③ 검사는 법 제245조의8에 따라 재수사를 요청한 경우 그 사실을 고소인등에게 통지해야 한다.

제64조(재수사 결과의 처리)
　　① 사법경찰관은 법 제245조의8제2항에 따라 재수사를 한 경우 다음 각 호의 구분에 따라 처리한다.
　　　1. 범죄의 혐의가 있다고 인정되는 경우: 법 제245조의5제1호에 따라 검사에게 사건을 송치하고 관계 서류와 증거물을 송부

2. 기존의 불송치 결정을 유지하는 경우: 재수사 결과서에 그 내용과 이유를 구체적으로 적어 검사에게 통보

② 검사는 사법경찰관이 제1항제2호에 따라 <u>재수사 결과를 통보한 사건에 대해서 다시 재수사를 요청을 하거나 송치 요구를 할 수 없다.</u> 다만, 사법경찰관의 재수사에도 불구하고 관련 법리에 위반되거나 송부받은 관계 서류 및 증거물과 재수사결과만으로도 공소제기를 할 수 있을 정도로 명백히 채증법칙에 위반되거나 공소시효 또는 형사소추의 요건을 판단하는 데 오류가 있어 사건을 송치하지 않은 <u>위법 또는 부당이 시정되지 않은 경우에는 재수사 결과를 통보받은 날부터 30일 이내에 법 제197조의3에 따라 사건송치를 요구할 수 있다.</u>

제65조(재수사 중의 이의신청)
사법경찰관은 법 제245조의8제2항(재수사 요청등)에 따라 재수사 중인 사건에 대해 법 제245조의7제1항에 따른 이의신청이 있는 경우에는 <u>재수사를 중단해야 하며,</u> 같은 조 제2항에 따라 해당 사건을 <u>지체 없이 검사에게 송치하고 관계 서류와 증거물을 송부해야 한다.</u>

4) 수사의 종결

종결형식			
	공소제기		객관적 혐의가 충분하고 소송조건을 구비한 때
	협의의 불기소 처분	혐의없음	피의사실이 인정되지 아니하는 경우, 증거가 없는 경우, 범죄를 구성하지 아니하는 경우
		죄가안됨	위법성조각사유, 책임조각사유, 친족·동거가족의 범인은닉, 증거인멸
		공소권없음	소송조건 결여, 형면제(친족상도례)사유, 일반사면, 피의자 사망 등
각하			고소, 고발사건에 대해 혐의없음, 죄가안됨, 공소권 없음에 해당함이 명백한 경우
기소유예			범죄의 혐의가 인정되고 소송조건이 구비되었으나 **정황 등을 참작하여** 공소를 제기하지 아니하는 경우
기소중지			**피의자 소재불명**
참고인중지			고소인, 고발인 또는 **중요참고인의 소재불명**
공소보류			① 검사는 국가보안법의 죄를 범한자에 대하여 형법 제51조의 사항을 참작하여 공소제기를 보류할 수 있다. ② 공소보류를 받은 자가 공소의 제기 없이 2년을 경과한 때에는 소추할 수 없다. ③ 공소보류를 받은 자가 법무부장관이 정한 감시·보도에 관한 규칙을 위반한 때에는 공소보류를 취소할 수 있다. ④ 공소보류가 취소된 경우에는 형사소송법 제208조의 규정에 불구하고 동리한 범죄사실로 재구속할 수 있다.
타관송치			타 검찰청, 법원 소년부에의 송치

6 임의수사

강제력을 행사하지 않고 상대방의 동의나 승낙을 얻어 임의적인 방법에 의한 조사를 의미한다.

1) 출석요구

수사기관이 당해 사건과 관련한 실체적 진실을 파악하기 위해 피의자나 참고인으로부터 진술을 듣기 위해 수사기관에 출석을 요구하는 것이다.

● 검사 또는 사법경찰관은 수사에 필요한 때에는 피의자의 출석을 요구하여 진술을 들을 수 있다.

> **📖 관련조문**
>
> 검사와 사법경찰관의 상호협력과 일반적 수사준칙에 관한 규정
> 19조(출석요구)
> ① 검사 또는 사법경찰관은 피의자에게 출석요구를 할 때에는 다음 각 호의 사항을 유의해야 한다.
>
>> 1. 출석요구를 하기 전에 우편·전자우편·전화를 통한 진술 등 출석을 대체할 수 있는 방법의 선택 가능성을 고려할 것
>> 2. 출석요구의 방법, 출석의 일시·장소 등을 정할 때에는 피의자의 명예 또는 사생활의 비밀이 침해되지 않도록 주의할 것
>> 3. 출석요구를 할 때에는 피의자의 생업에 지장을 주지 않도록 충분한 시간적 여유를 두도록 하고, 피의자가 출석 일시의 연기를 요청하는 경우 특별한 사정이 없으면 출석 일시를 조정할 것
>> 4. 불필요하게 여러 차례 출석요구를 하지 않을 것
>
> ② 검사 또는 사법경찰관은 피의자에게 출석요구를 하려는 경우 피의자와 조사의 일시·장소에 관하여 <u>협의해야 한다</u>. 이 경우 변호인이 있는 경우에는 변호인과도 협의해야 한다.
> ③ 검사 또는 사법경찰관은 피의자에게 출석요구를 하려는 경우 피의사실의 요지 등 출석요구의 취지를 <u>구체적으로 적은 출석요구서를 발송해야 한다</u>. 다만, 신속한 출석요구가 필요한 경우 등 부득이한 사정이 있는 경우에는 전화, 문자메시지, 그 밖의 상당한 방법으로 출석요구를 할 수 있다.
> ④ 검사 또는 사법경찰관은 제3항 본문에 따른 방법으로 출석요구를 했을 때에는 출석요구서의 사본을, 같은 항 단서에 따른 방법으로 출석요구를 했을 때에는 그 취지를 적은 수사보고서를 각각 사건기록에 편철한다.
> ⑤ 검사 또는 사법경찰관은 피의자가 치료 등 수사관서에 출석하여 조사를 받는 것이 현저히 곤란한 사정이 있는 경우에는 수사관서 외의 장소에서 조사할 수 있다.
> ⑥ 제1항부터 제5항까지의 규정은 피의자 외의 사람에 대한 출석요구의 경우에도 적용한다.
>
> 제20조(수사상 임의동행 시의 고지)
>> 검사 또는 사법경찰관은 임의동행을 요구하는 경우 상대방에게 동행을 거부할 수 있다는 것과 동행하는 경우에도 <u>언제든지 자유롭게 동행 과정에서 이탈하거나 동행 장소에서 퇴거할 수 있다는 것을 알려야 한다</u>.

제21조(심야조사 제한)
　① 검사 또는 사법경찰관은 조사, 신문, 면담 등 그 명칭을 불문하고 피의자나 사건관계인에 대해 오후 9시부터 오전 6시까지 사이에 조사(심야조사)를 해서는 안 된다. 다만, 이미 작성된 조서의 열람을 위한 절차는 자정 이전까지 진행할 수 있다.
　② 제1항에도 불구하고 다음 각 호의 어느 하나에 해당하는 경우에는 심야조사를 할 수 있다. 이 경우 심야조사의 사유를 조서에 명확하게 적어야 한다.

> 1. 피의자를 체포한 후 48시간 이내에 구속영장의 청구 또는 신청 여부를 판단하기 위해 불가피한 경우
> 2. 공소시효가 임박한 경우
> 3. 피의자나 사건관계인이 출국, 입원, 원거리 거주, 직업상 사유 등 재출석이 곤란한 구체적인 사유를 들어 심야조사를 요청한 경우(변호인이 심야조사에 동의하지 않는다는 의사를 명시한 경우는 제외한다)로서 해당 요청에 상당한 이유가 있다고 인정되는 경우
> 4. 그 밖에 사건의 성질 등을 고려할 때 심야조사가 불가피하다고 판단되는 경우 등 법무부장관, 경찰청장 또는 해양경찰청장이 정하는 경우로서 검사 또는 사법경찰관의 소속 기관의 장이 지정하는 인권보호 책임자의 허가 등을 받은 경우

제22조(장시간 조사 제한)
　① 검사 또는 사법경찰관은 조사, 신문, 면담 등 그 명칭을 불문하고 피의자나 사건관계인을 조사하는 경우에는 대기시간, 휴식시간, 식사시간 등 모든 시간을 합산한 조사시간(총조사시간)이 12시간을 초과하지 않도록 해야 한다. 다만, 다음 각 호의 어느 하나에 해당하는 경우에는 예외로 한다.
　　1. 피의자나 사건관계인의 서면 요청에 따라 조서를 열람하는 경우
　　2. 제21조제2항 각 호의 어느 하나에 해당하는 경우
　② 검사 또는 사법경찰관은 특별한 사정이 없으면 총조사시간 중 식사시간, 휴식시간 및 조서의 열람시간 등을 제외한 실제 조사시간이 8시간을 초과하지 않도록 해야 한다.
　③ 검사 또는 사법경찰관은 피의자나 사건관계인에 대한 조사를 마친 때부터 8시간이 지나기 전에는 다시 조사할 수 없다. 다만, 제1항제2호에 해당하는 경우에는 예외로 한다.

제23조(휴식시간 부여)
　① 검사 또는 사법경찰관은 조사에 상당한 시간이 소요되는 경우에는 특별한 사정이 없으면 피의자 또는 사건관계인에게 조사 도중에 최소한 2시간마다 10분 이상의 휴식시간을 주어야 한다.
　② 검사 또는 사법경찰관은 조사 도중 피의자, 사건관계인 또는 그 변호인으로부터 휴식시간의 부여를 요청받았을 때에는 그때까지 조사에 소요된 시간, 피의자 또는 사건관계인의 건강상태 등을 고려해 적정하다고 판단될 경우 휴식시간을 주어야 한다.
　③ 검사 또는 사법경찰관은 조사 중인 피의자 또는 사건관계인이 건강상태에 이상 징후가 발견되면 의사의 진료를 받게 하거나 휴식하게 하는 등 필요한 조치를 해야 한다.

2) 피의자 신문

 관련조문

형사소송법 제241조(피의자신문)
검사 또는 사법경찰관이 피의자를 신문함에는 먼저 그 성명, 연령, 등록기준지, 주거와 직업을 물어 피의자임에 틀림없음을 확인하여야 한다.

제242조(피의자신문사항)
검사 또는 사법경찰관은 피의자에 대하여 범죄사실과 정상에 관한 필요사항을 신문하여야 하며 그 이익되는 사실을 진술할 기회를 주어야 한다.

제243조(피의자신문과 참여자)
검사가 피의자를 신문함에는 검찰청수사관 또는 서기관이나 서기를 참여하게 하여야 하고 사법경찰관이 피의자를 신문함에는 사법경찰관리를 참여하게 하여야 한다.

제243조의2(변호인의 참여 등)
① 검사 또는 사법경찰관은 피의자 또는 그 변호인·법정대리인·배우자·직계친족·형제자매의 신청에 따라 변호인을 피의자와 접견하게 하거나 정당한 사유가 없는 한 피의자에 대한 신문에 참여하게 하여야 한다.
② 신문에 참여하고자 하는 변호인이 2인 이상인 때에는 피의자가 신문에 참여할 변호인 1인을 지정한다. 지정이 없는 경우에는 검사 또는 사법경찰관이 이를 지정할 수 있다.
③ 신문에 참여한 변호인은 신문 후 의견을 진술할 수 있다. 다만, 신문 중이라도 부당한 신문방법에 대하여 이의를 제기할 수 있고, 검사 또는 사법경찰관의 승인을 얻어 의견을 진술할 수 있다.
④ 제3항에 따른 변호인의 의견이 기재된 피의자신문조서는 변호인에게 열람하게 한 후 변호인으로 하여금 그 조서에 기명날인 또는 서명하게 하여야 한다.
⑤ 검사 또는 사법경찰관은 변호인의 신문참여 및 그 제한에 관한 사항을 피의자신문조서에 기재하여야 한다.

제244조(피의자신문조서의 작성)
① 피의자의 진술은 조서에 기재하여야 한다.
② 제1항의 조서는 피의자에게 열람하게 하거나 읽어 들려주어야 하며, 진술한 대로 기재되지 아니하였거나 사실과 다른 부분의 유무를 물어 피의자가 증감 또는 변경의 청구 등 이의를 제기하거나 의견을 진술한 때에는 이를 조서에 추가로 기재하여야 한다. 이 경우 피의자가 이의를 제기하였던 부분은 읽을 수 있도록 남겨두어야 한다.
③ 피의자가 조서에 대하여 이의나 의견이 없음을 진술한 때에는 피의자로 하여금 그 취지를 자필로 기재하게 하고 조서에 간인한 후 기명날인 또는 서명하게 한다.

제244조의2(피의자진술의 영상녹화)
① 피의자의 진술은 영상녹화할 수 있다. 이 경우 미리 영상녹화사실을 알려주어야 하며, 조사의 개시부터 종료까지의 전 과정 및 객관적 정황을 영상녹화하여야 한다.
② 제1항에 따른 영상녹화가 완료된 때에는 피의자 또는 변호인 앞에서 지체 없이 그 원본을 봉인하고 피의자로 하여금 기명날인 또는 서명하게 하여야 한다.
③ 제2항의 경우에 피의자 또는 변호인의 요구가 있는 때에는 영상녹화물을 재생하여 시청하게 하여야 한다. 이 경우 그 내용에 대하여 이의를 진술하는 때에는 그 취지를 기재한 서면을 첨부하여야 한다.

제244조의4(수사과정의 기록)
① 검사 또는 사법경찰관은 피의자가 조사장소에 도착한 시각, 조사를 시작하고 마친 시각, 그 밖에 조사과정의 진행경과를 확인하기 위하여 필요한 사항을 피의자신문조서에 기록하거나 별도의 서면에 기록한 후 수사기록에 편철하여야 한다.
② 제244조제2항 및 제3항은 제1항의 조서 또는 서면에 관하여 준용한다.
③ 제1항 및 제2항은 피의자가 아닌 자를 조사하는 경우에 준용한다.

제244조의5(장애인 등 특별히 보호를 요하는 자에 대한 특칙)
검사 또는 사법경찰관은 피의자를 신문하는 경우 다음 각 호의 어느 하나에 해당하는 때에는 직권 또는 피의자·법정대리인의 신청에 따라 피의자와 신뢰관계에 있는 자를 동석하게 할 수 있다.
1. 피의자가 신체적 또는 정신적 장애로 사물을 변별하거나 의사를 결정·전달할 능력이 미약한 때
2. 피의자의 연령·성별·국적 등의 사정을 고려하여 그 심리적 안정의 도모와 원활한 의사소통을 위하여 필요한 경우

★ 제244조의3(진술거부권 등의 고지)
1. 일체의 진술을 하지 아니하거나 개개의 질문에 대하여 진술을 하지 아니할 수 있다는 것
2. 진술을 하지 아니하더라도 불이익을 받지 아니한다는 것
3. 진술을 거부할 권리를 포기하고 행한 진술은 법정에서 유죄의 증거로 사용될 수 있다는 것
4. 신문을 받을 때에는 변호인을 참여하게 하는 등 변호인의 조력을 받을 수 있다는 것

3) 참고인 조사

① 참고인이란 범죄 수사를 위해 수사기관에서 조사를 받는 사람 중 피의자 이외의 사람 또는 시체 검안·해부, 통역, 번역 등을 위임받은 사람 등을 말한다.
② 검사 또는 사법경찰관은 수사에 필요한 때에는 피의자가 아닌 자의 출석을 요구하여 진술을 들을 수 있다. 이 경우 그의 동의를 받아 영상녹화할 수 있다.

★ 신뢰관계에 있는 자의 동석(제163조의2)
① 법원은 범죄로 인한 피해자를 증인으로 신문하는 경우 증인의 연령, 심신의 상태, 그 밖의 사정을 고려하여 증인이 현저하게 불안 또는 긴장을 느낄 우려가 있다고 인정하는 때에는 직권 또는 피해자·법정대리인·검사의 신청에 따라 피해자와 신뢰관계에 있는 자를 동석하게 할 수 있다.
② 법원은 범죄로 인한 피해자가 13세 미만이거나 신체적 또는 정신적 장애로 사물을 변별하거나 의사를 결정할 능력이 미약한 경우에 재판에 지장을 초래할 우려가 있는 등 부득이한 경우가 아닌 한 피해자와 신뢰관계에 있는 자를 동석하게 하여야 한다.

7 강제수사

상대방의 동의나 승낙을 얻지 않고 영장에 의한 강제처분에 의한 수사를 의미한다.
➡ 강제수사는 법률에 규정된 경우에 한하여 허용된다.(강제처분법정주의)
➡ 영장주의 원칙에 따라 원칙적으로 법관이 발부한 영장에 의한다.

1) 체포영장에 의한 체포

① 요건

범죄혐의 상당성	피의자가 죄를 범하였다고 의심할 만한 상당한 이유가 있어야 한다.
체포사유	출석요구의 불응 또는 불응의 우려
제한	다액 50만원 이하의 벌금, 구류 또는 과료에 해당하는 사건에 관하여는 피의자가 일정한 주거가 없는 경우 또는 정당한 이유 없이 제200조의 규정에 의한 출석요구에 응하지 아니한 경우에 한한다.

② 절차
체포영장신청서 작성 → 체포영장신청부 기재 → 체포영장 신청
→ 검사의 체포영장 청구 → 체포영장 발부(판사) → 체포영장 제시 및 집행
→ 범죄 사실 고지 → 체포영장집행원부 기재 → 체포통지(24시간 내)
→ 구속영장 신청 또는 석방(48시간 내)

★ 체포영장신청부 기재사항
사건번호, 신청일시, 신청자 관직 및 성명, 피의자 인적사항, 죄명, 유효기간

③ 체포영장 집행
  ㉠ 검사의 지휘에 의해 사법경찰관리가 집행한다.
    ● 체포영장 집행시 상대방에게 체포영장을 제시하여야 한다.
  ㉡ 예외
    급속을 요하는 경우에는 피의자에게 범죄사실의 요지와 체포영장이 발부되었음을 고지하고 집행할 수 있다.
    ● 집행완료 후에는 신속히 체포영장 원본을 제시하여야 한다.
  ㉢ 미란다원칙 고지
    범죄사실의 요지, 체포이유, 변호인을 선임할 수 있음을 고지하여야 한다.

2) 긴급체포

① 요건

범죄의 중대성	피의자가 사형, 무기 또는 장기 3년 이상의 징역이나 금고에 해당하는 죄를 범하였다고 의심할 만한 상당한 사유
체포의 필요성	피의자가 증거를 인멸하거나 도망 또는 도망할 우려가 있는 경우
체포의 긴급성	긴급을 요하여 지방법원판사의 체포영장을 받을 수 없는 때에 해당하여야 함

② 긴급체포 절차
  긴급체포 → 범죄사실의 요지와 변호인 선임할수 있음을 고지
  → 긴급체포서 작성 → 긴급체포 원부 기재 → 긴급체포 승인건의(**12시간 이내**)
  → 긴급체포의 통지 → 48시간 이내에 구속영장 신청 또는 석방(영장 기각 시 즉시 석방, 계속 체포상태 유지 시 체포·감금죄 성립)

3) 현행범인 체포

① 현행범
  현행범인은 범죄를 실행 중이거나 범죄실행 직후인자를 말한다.
  ● 누구든지 영장 없이 체포할 수 있다.

현행범	범죄를 실행하고 있는 사람 범죄의 실행 직후인 사람
준현행범	1. 범인으로 불리며 추적되고 있을 때 2. 장물이나 범죄에 사용되었다고 인정하기에 충분한 흉기나 그 밖의 물건을 소지하고 있을 때 3. 신체나 의복류에 증거가 될 만한 뚜렷한 흔적이 있을 때 4. 누구냐고 묻자 도망하려고 할 때

* 제200조의3(긴급체포)
① 검사 또는 사법경찰관은 피의자가 사형·무기 또는 장기 3년이상의 징역이나 금고에 해당하는 죄를 범하였다고 의심할 만한 상당한 이유가 있고, 다음 각 호의 어느 하나에 해당하는 사유가 있는 경우에 긴급을 요하여 지방법원판사의 체포영장을 받을 수 없는 때에는 그 사유를 알리고 영장없이 피의자를 체포할 수 있다. 이 경우 긴급을 요한다 함은 피의자를 우연히 발견한 경우등과 같이 체포영장을 받을 시간적 여유가 없는 때를 말한다.
  1. 피의자가 증거를 인멸할 염려가 있는 때
  2. 피의자가 도망하거나 도망할 우려가 있는 때
② 사법경찰관이 제1항의 규정에 의하여 피의자를 체포한 경우에는 즉시 검사의 승인을 얻어야 한다.
③ 검사 또는 사법경찰관은 제1항의 규정에 의하여 피의자를 체포한 경우에는 즉시 긴급체포서를 작성하여야 한다.
④ 제3항의 규정에 의한 긴급체포서에는 범죄사실의 요지, 긴급체포의 사유 등을 기재하여야 한다.

② 체포 절차

현행범체포 → 범죄사실의 고지 → 현행범체포서 작성
→ 현행범인 체포원부 기재 → 체포의 통지
→ 구속영장 신청 또는 석방(영장 기각 시 즉시 석방, 계속 체포상태 유지 시 체포·감금죄 성립)

※ 사인의 현행범인체포
현행범체포 → 현행범인 수사기관 인도 → 범죄사실 등 고지 → 현행범 인수서 작성 → 현행범인 체포원부 기재 → 체포의 통지 → 48시간 이내에 구속영장 신청 또는 석방

4) 구속

검사가 청구하여 지방법원판사가 발부한 영장에 의해 사람의 인신을 일정기간 특정한 장소에 둠으로 인해 신체의 자유를 제한하는 수사상 조치이다.

▶ 구인과 구금을 포함한다.

※
- 구인이란 피고인 또는 피의자를 법원 기타 일정한 장소에 실력을 행사하여 인치 또는 억류하는 것이다.
- 구금이란 피고인 등을 실력을 행사하여 교도소·구치소에 감금하는 것이다.

① 구속 요건

요건	① 법원은 피고인이 죄를 범하였다고 의심할 만한 상당한 이유가 있고 다음 각 호의 1에 해당하는 사유가 있는 경우에는 **피고인을 구속할 수 있다.** 1. 피고인이 일정한 주거가 없는 때 2. 피고인이 증거를 인멸할 염려가 있는 때 3. 피고인이 도망하거나 도망할 염려가 있는 때 ② 법원은 제1항의 구속사유를 심사함에 있어서 범죄의 중대성, 재범의 위험성, 피해자 및 중요 참고인 등에 대한 위해우려 등을 고려하여야 한다.
예외	**다액 50만원 이하의 벌금, 구류 또는 과료에 해당하는** 사건에 관하여는 제1항제1호의 경우를 제한 외에는 구속할 수 없다.
재구속의 제한	① 검사 또는 사법경찰관에 의하여 구속되었다가 석방된 자는 다른 중요한 증거를 발견한 경우를 제외하고는 **동일한 범죄사실에 관하여 재차 구속하지 못한다.** ② 전항의 경우에는 1개의 목적을 위하여 동시 또는 수단결과의 관계에서 행하여진 행위는 동일한 범죄사실로 간주한다.

※ 구속영장실질심사제도
구속영장을 청구받은 판사가 피의자를 직접 심문하여 구속사유의 존부를 심리·판단하는 제도이다.

※ 체포·구속 적부심사
체포·구속된 피의자에 대해 법원이 체포·구속의 적법 여부 및 계속의 필요성을 심사하는 제도이다.

② 구속 절차

사전 구속영장	구속영장신청서 작성 및 신청부 기재 → 영장신청 → 영장청구 → 구인영상 발부 → 영장실질심사 → 영장발부 → 범죄사실등 고지 → 구속영장 집행원부 기재 → 구속의 통지(24시간 이내)
사후구속영장 (체포 후 **구속영장**)	구속영장신청서 작성 및 신청부 기재 → 영장신청(36시간 이내) → 검사의 영장 청구(48시간 이내) → 영장실질심사 → 영장발부 → 영장제시 및 집행 → 범죄사실 등 고지 → 구속영장원부 기재 → 구속의 통지(24시간 이내)

✱ 압수·수색의 제한
① 우체물의 압수
② 군사상의 비밀과 압수
③ 공무상 비밀과 압수
④ 업무상의 비밀과 압수
⑤ 야간집행의 제한과 예외
⑥ 참여

5) 압수·수색 검증

① 의의

압수	물건의 점유를 취득하는 강제처분 ● 압류, 영치, 제출명령
수색	압수할 물건 또는 체포할 사람을 발견할 목적으로 주거·물건·사람의 신체 또는 기타 장소에 대하여 행하는 강제처분
검증	검증은 강제력을 사용하여 수사기관이 어떤 장소나 물건, 신체 등에 대하여 그 상태을 직접 실험, 인식하는 강제처분 예)살인사건 현장 검증, 화재원인 감식 등

② 요건

범죄의 혐의	범죄의 혐의가 어느 정도 소명되어 영장 발부가 상당한 경우이다. ● 구속사유가 있는 정도를 요하지는 않는다. ● 죄를 범한 단순한 혐의 정도로 압수 수색은 가능하다.
강제처분의 필요성	임의수사로는 수사의 목적을 달성하기 어려워 강제수사가 필요한 정도이다.

③ 절차

압수·수색 영장신청서 작성 및 신청부 기재 → 압수·수색영장 신청 및 청구 → 영장발부 - → 영장제시 및 집행 → 압수·수색 증명서 교부 → 압수조서와 압수목록 작성 → 사후절차

> **관련조문**
>
> 제215조(압수, 수색, 검증)
> ① 검사는 범죄수사에 필요한 때에는 피의자가 죄를 범하였다고 의심할 만한 정황이 있고 해당 사건과 관계가 있다고 인정할 수 있는 것에 한정하여 <u>지방법원판사에게 청구</u>하여 발부받은 영장에 의하여 압수, 수색 또는 검증을 할 수 있다.
> ② 사법경찰관이 범죄수사에 필요한 때에는 피의자가 죄를 범하였다고 의심할 만한 정황이 있고 해당 사건과 관계가 있다고 인정할 수 있는 것에 한정하여 <u>검사에게 신청</u>하여 <u>검사의 청구</u>로 <u>지방법원판사가 발부한 영장</u>에 의하여 압수, 수색 또는 검증을 할 수 있다.

8 통신수사

1) 의의

구분	통신제한조치	통신사실확인자료	통신자료
근거	통신비밀보호법	통신비밀보호법	전기통신사업법
대상범죄	제한 (280여개 범죄)	모든 범죄	모든 범죄
종류	통화내용 ① 검열 ② 감청	통화내역 ① 가입자의 전기통신일시 ② 전기통신개시·종료시간 ③ 발·착신 통신번호 등 상대방의 가입자번호 ④ 사용도수 ⑤ 컴퓨터통신 또는 인터넷의 로그기록자료 ⑥ 발신기지국의 위치추적자료 ⑦ 접속지의 추적자료	이용자정보 ① 이용자의 인적사항(성명, 주민번호, ID, 주소, 가입·해지일자) ② 특정시간, 특정유동IP 사용자정보
절차	① 법원허가 ② 사후통지의무 ③ 긴급처분	① 법원허가 ② 사후통지의무 ③ 긴급처분	① 협조공문(경찰관서의장) ② 사후통지의무X ③ 긴급처분X

 팩트DB

통신사실확인자료와 통신자료

통신사실확인자료(통신비밀보호법)	통신자료(전기통신사업법)
1. 가입자의 전기통신일시 2. 전기통신개시·종료시간 3. 발·착신 통신번호등 **상대방의 가입자번호** 4. 사용도수 5. 컴퓨터 통신 또는 인터넷의 사용자가 전기통신 역무를 이용한 사실에 관한 컴퓨터통신 또는 인터넷의 **로그기록자료** 6. 정보통신망에 접속된 정보통신기기의 위치를 확인할 수 있는 **발신기지국의 위치추적자료** 7. 컴퓨터통신 또는 인터넷의 사용자가 정보통신망에 접속하기 위하여 사용하는 정보통신기기의 위치를 확인할 수 있는 **접속지의 추적자료**	1. 이용자의 **성명** 2. 이용자의 주민등록번호 3. 이용자의 주소 4. 이용자의 **전화번호** 5. 이용자의 아이디 6. 이용자의 **가입일 또는 해지일**

2) 통신제한조치의 의의 및 절차

(1) 범죄수사를 위한 통신제한조치

※ 통신비밀보호법
제5조(범죄수사를 위한 통신제한조치의 허가요건) ①통신제한조치는 다음 각호의 범죄를 계획 또는 실행하고 있거나 실행하였다고 의심할만한 충분한 이유가 있고 다른 방법으로는 그 범죄의 실행을 저지하거나 범인의 체포 또는 증거의 수집이 어려운 경우에 한하여 허가할 수 있다.

※ 총기간3년 초과 금지
1. 「형법」 제2편 중 제1장 내란의 죄, 제2장 외환의 죄 중 제92조부터 제101조까지의 죄, 제4장 국교에 관한 죄 중 제107조, 제108조, 제111조부터 제113조까지의 죄, 제5장 공안을 해하는 죄 중 제114조, 제115조의 죄 및 제6장 폭발물에 관한 죄
2. 「군형법」 제2편 중 제1장 반란의 죄, 제2장 이적의 죄, 제11장 군용물에 관한 죄 및 제12장 위령의 죄 중 제78조 · 제80조 · 제81조의 죄
3. 「국가보안법」에 규정된 죄
4. 「군사기밀보호법」에 규정된 죄
5. 「군사기지 및 군사시설보호법」에 규정된 죄

의의	법원의 허가를 얻어 대상자의 우편물을 검열하거나 전기통신을 감청하는 것을 말한다.
허가절차	① **사법경찰관**은 요건이 구비된 경우에는 검사에 대하여 각 피의자별 또는 각 피내사자별로 통신제한조치에 대한 **허가를 신청**하고, **검사는** 법원에 대하여 그 허가를 **청구**할 수 있다. ② 통신제한조치의 기간은 **2개월을 초과하지 못하고**, 그 기간 중 통신제한조치의 목적이 달성되었을 경우에는 즉시 종료하여야 한다. 다만, 제5조제1항의 허가요건이 존속하는 경우에는 소명자료를 첨부하여 제1항 또는 제2항에 따라 2개월의 범위에서 통신제한조치기간의 **연장을 청구할 수 있다**. ③ 검사 또는 사법경찰관이 제7항 단서에 따라 통신제한조치의 연장을 청구하는 경우에 통신제한조치의 **총 연장기간은 1년을 초과할 수 없다**. 다만, 다음 각 호의 어느 하나에 해당하는 범죄의 경우에는 통신제한조치의 총 연장기간이 **3년을 초과할 수 없다**.
집행	① 통신제한조치의 집행을 위탁하거나 집행에 관한 협조를 요청하는 자는 통신기관등에 **통신제한조치허가서 또는 긴급감청서등의 표지의 사본을 교부**하여야 하며, 이를 위탁받거나 이에 관한 협조요청을 받은 자는 통신제한조치허가서 또는 긴급감청서등의 표지 사본을 대통령령이 정하는 기간동안 보존하여야 한다. ② 통신제한조치를 집행하는 자와 이를 위탁받거나 이에 관한 협조요청을 받은 자는 당해 통신제한조치를 청구한 목적과 그 집행 또는 협조일시 및 대상을 기재한 대장을 대통령령이 정하는 기간(3년)동안 비치하여야 한다.
통지	사법경찰관은 통신제한조치를 집행한 사건에 관하여 검사로부터 공소를 제기하거나 제기하지 아니하는 처분(기소중지 또는 참고인중지 결정은 제외한다)의 통보를 받거나 검찰송치를 하지 아니하는 처분(수사중지 결정은 제외한다) 또는 내사사건에 관하여 입건하지 아니하는 처분을 한 때에는 그 날부터 **30일 이내**에 우편물 검열의 경우에는 그 대상자에게, 감청의 경우에는 그 대상이 된 전기통신의 가입자에게 통신제한조치를 집행한 사실과 집행기관 및 그 기간 등을 **서면으로 통지하여야 한다**. ● 통지하지 않으면 **3년 이하의 징역** 또는 **1천만원** 이하의 벌금

(2) 국가안보를 위한 통신제한조치

요건	**정보수사기관의 장**은 국가안전보장에 상당한 위험이 예상되는 경우 또는 「국민보호와 공공안전을 위한 테러방지법」 제2조제6호의 대테러활동에 필요한 경우에 한하여 그 위해를 방지하기 위하여 이에 관한 정보수집이 특히 필요한 때에는 다음 각호의 구분에 따라 통신제한조치를 할 수 있다.

절차	1. 통신의 일방 또는 쌍방당사자가 **내국인**인 때에는 **고등법원 수석판사의 허가**를 받아야 한다. 다만, 군용전기통신법 제2조의 규정에 의한 군용전기통신(작전수행을 위한 전기통신에 한한다)에 대하여는 그러하지 아니하다.
	  ➡ 정보수사기관의 장이 고등검찰청 검사에게 신청
	  ➡ 고등검찰청 검사의 청구
	  ➡ 고등법원 수석판사의 허가
	2. 대한민국에 적대하는 국가, 반국가활동의 혐의가 있는 **외국의 기관·단체와 외국인**, 대한민국의 통치권이 사실상 미치지 아니하는 한반도내의 집단이나 외국에 소재하는 그 산하단체의 구성원의 통신인 때 및 제1항제1호 단서의 경우에는 **서면**으로 **대통령의 승인**을 얻어야 한다.

기간	통신제한조치의 기간은 **4월을 초과하지 못하고**, 그 기간중 통신제한조치의 목적이 달성되었을 경우에는 즉시 종료하여야 하되, 요건이 존속하는 경우에는 소명자료를 첨부하여 **고등법원 수석판사의 허가 또는 대통령의 승인**을 얻어 **4월의 범위 이내에서 통신제한조치의 기간을 연장할 수 있다.** 다만, 제1항제1호 단서의 규정에 의한 통신제한조치는 전시·사변 또는 이에 준하는 국가비상사태에 있어서 적과 교전상태에 있는 때에는 작전이 종료될 때까지 대통령의 승인을 얻지 아니하고 기간을 연장할 수 있다

(3) 긴급통신제한조치

① **검사, 사법경찰관 또는 정보수사기관의 장**은 국가안보를 위협하는 음모행위, 직접적인 사망이나 심각한 상해의 위험을 야기할 수 있는 범죄 또는 조직범죄등 중대한 범죄의 계획이나 실행 등 긴박한 상황에 있고 제5조제1항 또는 제7조제1항제1호의 규정에 의한 요건을 구비한 자에 대하여 제6조 또는 제7조제1항 및 제3항의 규정에 의한 절차를 거칠 수 없는 **긴급한 사유가 있는 때에는 법원의 허가없이 통신제한조치를 할 수 있다.**

② 검사, 사법경찰관 또는 정보수사기관의 장은 제1항에 따른 통신제한조치(이하 "긴급통신제한조치"라 한다)의 집행에 착수한 후 지체 없이 제6조(제7조제3항에서 준용하는 경우를 포함한다)에 따라 **법원에 허가청구를 하여야 한다.**

③ 사법경찰관이 긴급통신제한조치를 할 경우에는 **미리 검사의 지휘를 받아야 한다.** 다만, 특히 급속을 요하여 미리 지휘를 받을 수 없는 사유가 있는 경우에는 긴급통신제한조치의 집행착수후 지체없이 검사의 승인을 얻어야 한다.

④ 검사, 사법경찰관 또는 정보수사기관의 장이 긴급통신제한조치를 하고자 하는 경우에는 반드시 긴급검열서 또는 긴급감청서(이하 "긴급감청서등"이라 한다)에 의하여야 하며 소속기관에 긴급통신제한조치대장을 비치하여야 한다.

⑤ 검사, 사법경찰관 또는 정보수사기관의 장은 긴급통신제한조치의 집행에 **착수한 때부터 36시간 이내에 법원의 허가를 받지 못한 경우**에는 해당 조치를 즉시 중지하고 해당 조치로 취득한 자료를 폐기하여야 한다.

⑥ 검사, 사법경찰관 또는 정보수사기관의 장은 제5항에 따라 긴급통신제한조치로 취득한 자료를 폐기한 경우 폐기이유·폐기범위·폐기일시 등을 기재한 **자료폐기결과보고서**

를 작성하여 폐기일부터 7일 이내에 제2항에 따라 허가청구를 한 법원에 송부하고, 그 부본(副本)을 피의자의 수사기록 또는 피내사자의 내사사건기록에 첨부하여야 한다.
⑦ **정보수사기관의 장은** 국가안보를 위협하는 음모행위, 직접적인 사망이나 심각한 상해의 위험을 야기할 수 있는 범죄 또는 조직범죄등 중대한 범죄의 계획이나 실행 등 긴박한 상황에 있고 제7조제1항제2호에 해당하는 자에 대하여 대통령의 승인을 얻을 시간적 여유가 없거나 통신제한조치를 긴급히 실시하지 아니하면 국가안전보장에 대한 위해를 초래할 수 있다고 판단되는 때에는 **소속 장관(국가정보원장을 포함한다)의 승인을 얻어 통신제한조치를 할 수 있다.**
⑧ 정보수사기관의 장은 제8항에 따른 통신제한조치의 집행에 착수한 후 지체 없이 제7조에 따라 대통령의 승인을 얻어야 한다.
⑨ 정보수사기관의 장은 제8항에 따른 통신제한조치의 집행에 착수한 때부터 **36시간** 이내에 대통령의 승인을 얻지 못한 경우에는 해당 조치를 즉시 중지하고 해당 조치로 취득한 자료를 폐기하여야 한다.

(4) 통신제한조치로 취득한 자료의 사용

통신제한조치의 집행으로 인하여 취득된 우편물 또는 그 내용과 전기통신의 내용은 다음 각호의 경우 외에는 사용할 수 없다.

> 1. 통신제한조치의 목적이 된 제5조제1항에 규정된 범죄나 이와 관련되는 **범죄를 수사·소추**하거나 그 **범죄를 예방**하기 위하여 사용하는 경우
> 2. 제1호의 범죄로 인한 **징계절차에 사용**하는 경우
> 3. 통신의 당사자가 제기하는 **손해배상소송**에서 사용하는 경우
> 4. 기타 **다른 법률의 규정**에 의하여 사용하는 경우

(5) 범죄수사를 위한 통신사실 확인자료 제공의 절차

검사 또는 사법경찰관은 수사 또는 형의 집행을 위하여 필요한 경우 전기통신사업법에 의한 전기통신사업자(이하 "전기통신사업자"라 한다)에게 통신사실 확인자료의 열람이나 제출(이하 "통신사실 확인자료제공"이라 한다)을 요청할 수 있다.

3) 이행강제금

① **과학기술정보통신부장관은** 제15조의3에 따라 시정명령을 받은 후 그 정한 기간 이내에 명령을 이행하지 아니하는 자에게는 **1천만원 이하의 이행강제금을 부과할 수 있다.**
② 제1항에 따른 이행강제금의 납부기한은 특별한 사유가 있는 경우를 제외하고는 시정명령에서 정한 이행기간 종료일 다음 날부터 30일 이내로 한다.
③ 과학기술정보통신부장관은 제1항에 따른 이행강제금을 부과하기 전에 이행강제금을 부과·징수한다는 것을 미리 문서로 알려 주어야 한다.
④ 과학기술정보통신부장관은 제1항에 따른 이행강제금을 부과하는 경우 이행강제금의 금액, 부과사유, 납부기한, 수납기관, 이의제기 방법 등을 밝힌 **문서로**

하여야 한다.
⑤ 과학기술정보통신부장관은 제1항에 따른 이행강제금을 최초의 시정명령이 있었던 날을 기준으로 하여 1년에 2회 이내의 범위에서 그 시정명령이 이행될 때까지 **반복하여 부과·징수할 수 있다.**
⑥ 과학기술정보통신부장관은 제15조의3에 따라 시정명령을 받은 자가 이를 이행하면 새로운 이행강제금의 부과를 즉시 중지하되, 이미 부과된 이행강제금은 징수하여야 한다.
⑦ 과학기술정보통신부장관은 제1항에 따라 이행강제금 부과처분을 받은 자가 이행강제금을 기한까지 납부하지 아니하면 **국세강제징수의 예에 따라 징수한다.**

9 현장 수사활동

1) **현장관찰**

   ① 의의

   범죄현장에서 범행과 직·간접으로 결부되어 있는 유형·무형의 제 자료를 수집하기 위하여 현장의 물체의 존재 및 상태를 관찰하는 것이다.

   ② 일반적 순서

   현장위치 확인 → 부근상황 관찰 → 가옥주변관찰 → 가옥외부관찰 → 현장내부관찰

2) **수법수사**

(1) 의의

범죄수법의 습성에 착안하여 범죄행위 때 나타난 수법유형을 분석, 수집, 대조하여 범인여부, 여죄여부, 장물발견을 하고 범인을 검거하는 수사활동이다.

---

* 범죄현장 사진촬영
ⓐ 외부에서 현장중심부로 진행
ⓑ 거시적인것에서 미시적인 것을 진행
ⓒ 파노라마식 촬영법으로 부분적 중복촬영
ⓓ 화재현장의 경우 주변인들도 촬영

(2) 「범죄수법공조자료관리규칙」

※ **수법원지 전산입력**
1. 강도
2. 절도
3. 사기
4. 위조·변조(통화, 유가증권, 우편, 인지, 문서, 인장)
5. 약취·유인
6. 공갈
7. 방화
8. 강간
9. 제1호 내지 제8호중 특별법에 위반하는 죄
10. 장물

수법원지의 전산입력	① **경찰서장**(경찰청, 시·도경찰청에서 처리한 사건에 대하여는 '경찰청장, 시·도경찰청장'을 포함한다.)은 다음 각 호에 해당하는 **피의자를 검거하였거나 인도받아 조사하여 구속 송치할 때**에는 제2조제3호의 "수법·수배·피해통보 전산자료 입력코드번호부"에 규정된 내용에 따라 경찰시스템을 활용하여 수법원지를 전산입력하여 **경찰청장에게 전산송부하여야 한다**. 다만 불구속 피의자도 재범의 우려가 있다고 인정되는 자에 대하여는 전산입력 할 수 있다. ② 제1항의 피의자가 여죄가 있고 그것이 범죄수법 소분류가 각각 상이한 유형의 수법일 때에는 **그 수법마다 수법원지를 전산입력하여야 한다.** ③ 수법원지는 해당 범인을 **수사하거나 조사 송치하는 경찰공무원이 직접** 전산입력하여야 한다. ④ 사건 담당과장은 사건송치기록 검토 후 수법원지 입력누락 여부 및 입력된 수법원지 내용의 오류나 입력사항 누락 여부를 검토하여 수정하고 **경찰시스템에서 승인하여야 한다.**
피해통보표의 전산입력	① **경찰서장**은 제3조제1항 각 호에 해당하는 범죄의 신고를 받았거나 또는 인지하였을 때에는 지체없이 제2조제3호의 "수법·수배·피해통보 전산자료 입력코드번호부"에 수록된 내용에 따라 경찰시스템을 활용하여 피해통보표를 전산입력하여 경찰청장에게 전산송부하여야 한다. 다만 당해 범죄의 피의자가 즉시 검거되었거나 피의자의 성명·생년월일·소재 등 정확한 신원이 판명된 경우에는 그러하지 아니한다. ② **피해통보표**는 반드시 당해 사건을 담당하는 **수사경찰관**이 전산입력하여야 한다. ③ 사건 담당과장은 사건발생보고서 검토시 경찰청 및 시·도경찰청에 보고되는 속보 사건을 포함한 해당 범죄의 피해통보표의 입력여부 및 입력된 피해통보표 내용의 오류나 입력사항 누락여부를 검토, 수정하여야 한다.
피해통보표의 관리 및 활용	① 피해통보표를 입력한 **담당경찰관**은 입력누락 여부를 수시로 확인하고, 입력된 전산자료를 관리하여야 한다. ② 범행수법이 동일한 피해통보표를 2건 이상 입력하였을 때에는 동일범에 의한 범죄여부, 재범 우려 등을 종합분석하여 수사자료로 활용한다. ③ 피해통보표는 동일한 수법범죄의 발생여부, 검거피의자의 여죄와 중요 장물의 수배, 통보, 조회 등 수사자료로 활용한다.
공조제보의 실시	① 시·도경찰청장 및 경찰서장은 발생사건의 범인검거 또는 검거피의자의 여죄 및 장물 등의 발견을 위하여 다른 경찰관서에 수배·통보·조회를 할 때에는 서면, 전신, 전산기 등으로 신속히 공조제보를 하여야 한다. ② 제1항의 공조제보가 긴급을 요할 때에는 경찰전화로 할 수 있다.
피해통보표의 장물 수배	① 재산범죄 사건의 피해품은 경찰시스템 피해통보표의 피해품 란에 각각 전산입력하여 장물조회 등의 **수사자료로 활용한다.** ② 피해통보표에 전산입력한 피해품은 장물수배로 본다.

수법원지 및 피해통보표의 삭제	① **수법원지**가 다음 각 호에 해당할 때에는 전산자료를 삭제하여야 한다.
	  1. 피작성자가 **사망**하였을 때
	  2. 피작성자가 80세 이상이 되었을 때
	  3. 작성자의 수법분류번호가 동일한 원지가 2건 **이상 중복될 때** 1건을 제외한 자료
	② **피해통보표**가 다음 각 호에 해당할 때에는 전산자료를 삭제하여야 한다.
	  1. 피의자가 **검거**되었을 때
	  2. 피의자가 **사망**하였을 때
	  3. 피해통보표 전산입력 후 10**년이 경과**하였을 때

3) 유류품수사

① 의의

범죄현장 및 그 부근에 남겨져있는 범인의 흉기, 착의 등 유류품에 대하여 출처를 추적하여 범인을 색출하는 수사방법이다.

② 특징

동일성 (유류품과 범행)	유류품이 **직접 범행에 사용된 것인가**를 검토 ① 물건의 존재가 명확할 것 ② 물건의 특징이 합치될 것 ③ 유류상황과 진술이 합치될 것 ④ 흉기 등의 경우 상해의 부위와 합치될 것
관련성 (유류품과 범인)	유류품이 **범인의 물건이 확실한가**를 검토 ① 범인이 유류품 및 그의 일부라고 인정할만한 것과 동종의 물건을 소유하거나 휴대하고 있을 것 ② 유류품에 부착된 물건을 소유하거나 휴대하고 있었을 것 ③ 유류품에 존재하는 사용버릇을 가진 인물일 것
기회성 (유류품과 현장)	범인이 **현장에 유류할 기회가 있었는가**를 검토 ① 범인이 현장에 갈 수 있었을 것 ② 유류의 기회가 있었을 것 ③ 범인이 범행시각에 근접하여 현장 및 그 부근에 있었을 것
완진성 (유류품과 범행시)	유류품이 **범행시와 동일한 상태로 보전되어 있는가**를 검토

* 수사종류
① 알리바이수사
② 장물수사
③ 감별수사
④ 감식수사

*

자료 감식	전국에서 수집한 기초자료를 컴퓨터등을 통해 집중관리하여 범인의 추정, 신원확인등 범증자료의 판별에 활용하는 것
기술 감식	법의학, 자연과학적 기술 등을 활용하여 현장의 수사자료를 채집하고 감정하여 범인발견과 검증확보를 위한 수사활동

10 범죄감식

1) 의의
지문, 혈흔 등 현장의 수사자료를 발견하고 수집된 자료를 과학적으로 감정하고 식별하여 범죄를 입증하는 수사활동이다.

2) 지문

① 지문분류

궁상문(弓狀紋)	활모양의 궁상선으로 형성된 지문 ➡ 보통궁상문, 돌기궁상문
제상문(蹄狀紋)	말발굽 모양의 제상선으로 형성되고 융선이 흐르는 반대측에 삼각도가 1개 있는 지문 ➡ 갑종제상문, 을종제상문
와상문(渦狀紋)	와상선, 환상선, 이중제상선, 제상선 기타 융선이 독립 또는 혼재되어 있는 2개 이상의 삼각도가 있는 지문 ➡ 순와상문, 환상문, 이중제형 와상문, 유태제형 와상문, 혼합문
변태문(變態紋)	궁상문, 제상문, 와상문에 속하지 않아 정상적으로 분류번호를 부여할 수 없는 지문

* Locard 원리
모든 사물은 접촉할 때 반드시 흔적을 남긴다.

② 지문의 종류

현장지문	현재지문	• 정상지문 : 손 끝에 혈액, 잉크, 먼지등이 손가락에 묻은 후 인상된 지문 • 역지문 : 선의 고랑과 이랑이 **반대로 현출**되는 지문
	잠재지문	**육안으로 식별되지 않고** 화학적 가공을 통해 인식되는 지문
준현장지문		범죄현장 **이외의 장소**에서 채취한 지문 ➡ 도주경로, 범인의 침입경로, 예지장소 등
관계자지문		현장지문 혹은 준현장지문 중에서 **범인 이외의 자**가 남긴 것으로 추정되는 지문
유류지문		현장지문 혹은 준현장 지문중에서 **관계자 지문을 제외하고 남은 지문**

③ 지문채취 방법

현재지문	• 먼지지문은 사진촬영, 전사법, 실리콘러버법으로 채취한다. • 혈액지문은 사진촬영, 전사법으로 채취한다.
잠재지문	고체법, 액체법, 기체법 등

📋 팩트DB

지문 종류

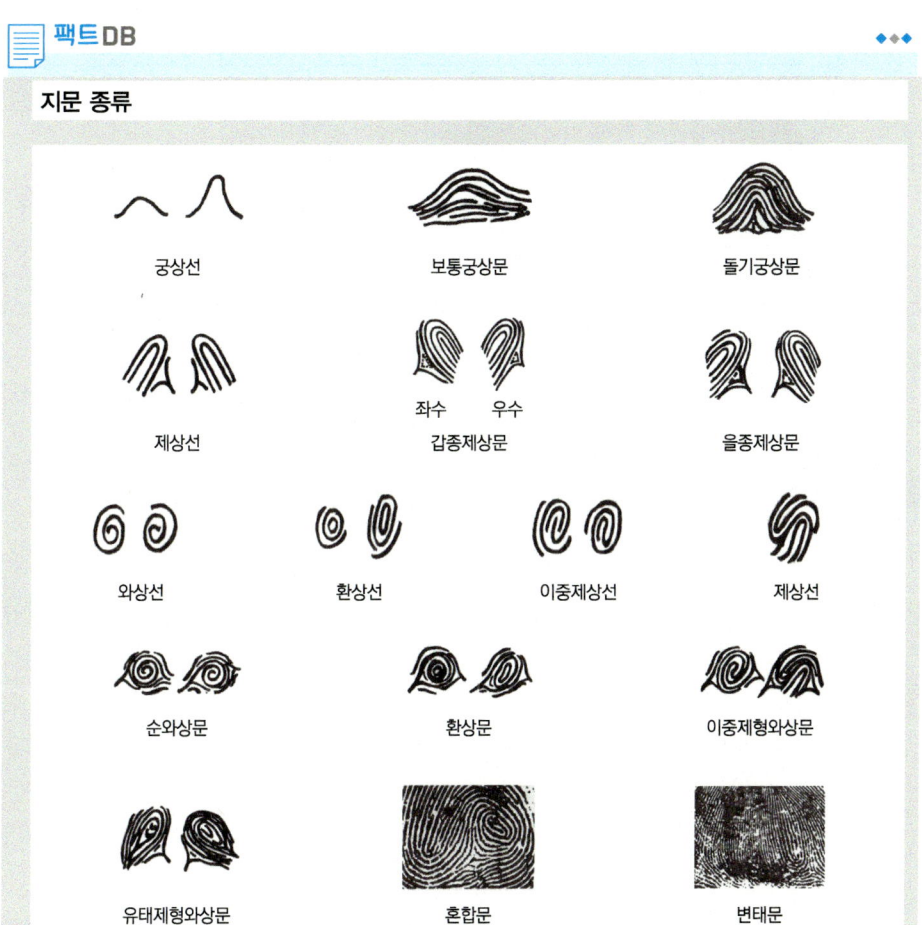

2) 시체현상

① 초기현상

체온냉각	㉠ 체온은 항문에 검온기를 삽입하여 곧창자 내 온도를 측정한다. ㉡ **남자가** 여자보다, **마른사람이** 비만사람보다, **소아·노인이** 젊은 사람보다 체온하강이 **빠르다**. ㉢ 환경 : **습도가 낮을수록**, **통풍이** 좋을수록 체온하강이 빠르다. ㉣ 사후 10시간 **이내에는 시간당 1도씩**, 그 후에는 0.5~0.25도씩 하강한다.
시체건조	사망 후 피부 표피에 노출이 되어 있는 부분은 건조화가 빠르게 진행한다.
각막의 혼탁	사후 12시간 전후에 흐려지며, 24시간이상 되면 현저히 흐려지고, 48시간 이상 이면 불투명해진다.
시체얼룩	㉠ 중력현상 관련해 **시체의 아래부위에** 피부가 암갈색으로 변한다. 　➡ 주위온도가 높을수록, 급사나 질식사의 경우 빠르게 형성된다. ㉡ 사후 30분~1시간 경과 후부터 발생, 사후 2~3시간 후에는 현저해진다.
시체굳음	㉠ Nysten 법칙 : 턱 → 어깨 → 팔, 다리 → 손가락, 발가락 순 ㉡ **사후 2~3 시간** 경과후부터 시작하여, 약 12시간 후면 전신이 굳는다.

② 후기현상

자가용해	사후 미생물 활동 관여 없이 **체내에 있는 각종 분해효소**가 작용한다.
부패	**부패균에 의해** 일어나는 질소화합물의 분해이다. ● 공기유통, 온도(20~23도), 습도(60~65%)일 때 잘 진행된다.
미라화	고온, 건조한 곳에서 시체의 **건조가 부패, 분해보다 빠를 때** 생기는 현상이다.
시체밀랍	화학적 분해에 의해 고체형태의 지방산 또는 그 화합물로 변화한 상태이다. ● **수분이 많은 곳**에서 형성된다.
백골화	부패가 진행되어 뼈만 남아 있는 상태이다. ● 소아 시체는 사후 **4~5년**, 성인시체는 사후 **7~10년** 후

11 유치장 관리

1) 관리책임

① **경찰서장**은 피의자의 유치 및 유치장의 관리에 전반적인 지휘·감독을 하여야 하며 그 책임을 져야 한다.

② **경찰서 주무과장(유치인보호 주무자)**은 경찰서장을 보좌하여 유치인 보호 및 유치장 관리를 **담당하는 경찰관(유치인보호관)**을 지휘·감독하고 피의자의 유치 및 유치장의 관리에 관한 책임을 진다.

③ 경찰서장이 지정하는 자는 유치인보호 주무자를 보조하여 피의자의 유치에 관한 사무를 수행하고 유치장을 적절히 관리하여야 한다.

④ 일과시간 후 또는 토요일·공휴일에는 **상황관리관(상황관리관의 임무를 수행하는 자를 포함한다) 또는 경찰서장이 지정하는 자**가 유치인보호 주무자의 직무를 대리하여 그 책임을 진다.

2) 피의자 유치

① 피의자를 유치장에 입감시키거나 출감시킬 때에는 유치인보호 주무자가 발부하는 피의자입(출)감지휘서에 의하여야 하며 동시에 **3명 이상**의 피의자를 입감시킬 때에는 **경위 이상** 경찰관이 입회하여 **순차적으로 입감**시켜야 한다.

② 형사범과 구류 처분을 받은 자, **19세 이상**의 사람과 19세 미만의 사람, 신체장애인 및 사건관련의 공범자 등은 유치실이 허용하는 범위 내에서 **분리**하여 유치하여야 하며, 신체장애인에 대하여는 신체장애를 고려한 처우를 하여야 한다.

3) 신체검사

① **유치인보호관**은 피의자를 유치하는 과정에서 유치인의 생명 신체에 대한 위해를 방지하고, 유치장내의 안전과 질서를 유지하기 위하여 필요하다고 인정될 때에는 유치인의 신체, 의류, 휴대품 및 유치실을 **검사할 수 있다.**

② 신체, 의류, 휴대품(신체 등)의 검사는 **동성의 유치인보호관**이 실시하여야 한다. 다만, 여성유치인보호관이 없을 경우에는 미리 지정하여 신체 등의 검사방법을 교양 받은 **여성경찰관**으로 하여금 대신하게 할 수 있다.

> ● 유치인보호관은 신체 등의 검사를 하기 전에 유치인에게 신체 등의 검사 목적과 절차를 설명하고, 제9조의 위험물 등을 제출할 것을 고지하여야 한다.

외표검사	죄질이 경미하고 동작과 언행에 특이사항이 없으며 위험물 등을 은닉하고 있지 않다고 판단되는 유치인에 대하여는 신체 등의 **외부를 눈으로 확인**하고 손으로 가볍게 두드려 만져 검사한다.
간이검사	일반적으로 유치인에 대하여는 탈의막 안에서 **속옷은 벗지 않고** 신체검사의를 착용(유치인의 의사에 따른다)하도록 한 상태에서 위험물 등의 은닉 여부를 검사한다.
정밀검사	살인, 강도, 절도, 강간, 방화, 마약류, 조직폭력 등 죄질이 중하거나 근무자 및 다른 유치인에 대한 위해 또는 자해할 우려가 있다고 판단되는 유치인에 대하여는 탈의막 안에서 **속옷을 벗고** 신체검사의로 갈아입도록 한 후 정밀하게 위험물 등의 은닉여부를 검사하여야 한다.

4) 피의자 유치 시 유의사항

① 피의자 유치 시 남성과 여성은 **분리하여** 유치하여야 한다.
② 경찰서장은 유치인이 친권이 있는 18**개월 이내의 유아**의 대동(對同)을 신청한 때에는 다음 각 호의 어느 하나에 해당하는 사유가 없다고 인정되는 경우 이를 허가하여야 한다. 이 경우 유아의 양육에 필요한 설비와 물품의 제공, 그 밖에 양육을 위하여 필요한 조치를 하여야 한다.
③ 분리 유치
   남성과 여성, 형사범과 **구류처분** 받은자, 19세 이상과 19**세 미만**의 사람, 신체장애인(신체장애를 고려한 처우), 사건관련 **공범자** 등

> ＊ 피의자 유치 및 호송규칙 제73조 (정기교육)
> 경찰서장은 유치인보호관에 대하여 피의자의 유치에 관한 관계법령 및 규정 등을 매월 1회 이상 정기적으로 교육하고 유치인보호관은 이를 숙지하여야 한다.

12 호송

1) 정의

호송관	피호송자의 호송을 담당하는 경찰관을 말한다.
호송관서	피호송자를 호송하고자 하는 경찰관서를 말한다.
인수관서	호송된 피호송자를 인수하는 관서를 말한다.
이감호송	피호송자의 **수용장소를 다른 곳으로 이동**하거나 특정관서에 인계하기 위한 호송을 말한다.
왕복호송	피호송자를 특정장소에 호송하여 필요한 용무를 마치고 다시 발송관서 또는 호송관서로 호송하는 것을 말한다.
집단호송	한번에 **다수의 피호송자**를 호송하는 것을 말한다.

> ＊ 호송책임자
>
> | 지휘감독 | 시·도 경찰청의 형사, 경찰서 수사과장 |
> |---|---|
> | 교양 | 경찰서장 |
> | 호송계획 | 호송관서의 장 |

비상호송	전시, 사변 또는 이에 준하는 국가비상 사태나 천재, 지변에 있어서 피호송자를 다른 곳에 수용하기 위한 호송을 말한다.

2) 호송 출발전 조치

호송관의 결격사유 및 수	① 호송관서의 장은 다음 각 호의 어느 하나에 해당하는 자를 호송관으로 지명할 수 **없다**.
	
	  1. 피호송자와 친족 또는 가족 등의 특수한 신분관계가 있거나 있었던 자
	  2. 신체 및 건강상태가 호송업무를 감당하기 곤란하다고 인정되는 자
	  3. 기타 호송근무에 부적합하다고 인정되는 자
	
	② 호송관서의 장은 호송수단과 피호송자의 죄질·형량·범죄경력·성격·체력·사회적 지위·인원, 호송거리, 도로사정, 기상 등을 고려하여 2인 **이상**의 호송관을 지정하여야 한다.
	③ 호송관서의 장은 호송관이 5**인 이상**이 되는 호송일 때에는 **경위 이상** 계급의 1인을 지휘감독관으로 지정해야 한다.

피호송자의 신체검사	① 호송관은 반드시 호송주무관의 지휘에 따라 **포박하기 전**에 피호송자에 대하여 안전호송에 필요한 **신체검색을 실시하여야 한다**. ② 여자인 피호송자의 신체검색은 여자경찰관이 행하거나 성년의 여자를 참여시켜야 한다.
피호송자에 대한 수갑 등의 사용	① 호송관은 제47조제2항의 호송주무관의 허가를 받아「경찰관 직무집행법」제10조의2제1항 및「위해성 경찰장비의 사용기준 등에 관한 규정」제4조에 따라 필요한 한도에서 호송대상자에 대하여 **수갑 또는 수갑·포승을 사용할 수 있다**. 다만, 구류선고 및 감치명령을 받은 자와 미성년자, 고령자, 장애인, 임산부 및 환자 중 주거와 신분이 확실하고 도주의 우려가 없는 자에 대하여는 수갑 또는 수갑·포승을 **채우지 아니한다**. ② 미체포 피의자가 구속 전 피의자심문에 임의로 출석한 경우에는 원칙적으로 수갑 및 포승을 사용하지 아니한다. 다만, 도주 우려 등 사정변경이 생겨 수갑 및 포승 사용이 필요하다고 인정되는 상당한 이유가 있는 경우는 예외로 한다. ③ 미체포 피의자에 대하여 심문 구인용 구속영장을 강제집행하여 법원에 인치하는 경우에는 제2항 본문을 적용하지 않는다. ④ 호송관은 제1항에 따라 수갑 또는 수갑·포승을 사용하는 피호송자가 2인 이상일 때에는 호송수단에 따라 2**인내지 5인**을 1**조**로 하여 **상호 연결시켜 포승**으로 포박한다. ⑤ **호송주무관**은 제1항 내지 제4항에 의하여 호송관이 한 포박의 적정여부를 확인하여야 한다.

인수관 통지 및 인계	① 호송관서는 미리 인수서에 피호송자의 성명, 호송일시 및 호송방법을 통지하여야 한다. 다만, 다른 수사기관에서 인수관서에 통지하거나 비상호송 기타 특별한 사유가 있는 때에는 예외로 한다. ② 호송경찰관이 피호송자를 인수하여야 할 관서에 인계할 때에는 인수권자에게 관계기록등과 함께 정확히 인계하여 책임 한계를 명백히 하여야 하며, 귀서하여 소속경찰관서장에게 호송완료 보고를 하여야 한다.
호송시간	호송은 **일출 전 또는 일몰 후에 할 수 없다**. 다만, 기차, 선박 및 차량을 이용하는 때 또는 특별한 사유가 있는 때에는 **그러하지 아니한다**.
호송수단	① 호송수단은 경찰호송차 기타 경찰이 보유하고 있는 **차량**(이하 "경찰차량"이라 한다)**에 의함을 원칙**으로 하여야 한다. 다만, 경찰차량을 사용할 수 없거나 기타 특별한 사유가 있는 때에는 도보나 경비정, 경찰항공기 또는 일반 교통수단을 **이용할 수 있다**. ② 호송관서의 장은 호송사정을 참작하여 호송수단을 결정하여야 한다. ③ **집단호송**은 가능한 **경찰차량**을 사용하여야 한다. ④ 호송에 사용되는 경찰차량에는 커튼 등을 설치하여 피호송자의 신분이 외부에 노출되지 않도록 하여야 한다.

＊ **차량호송 요령**
피호송자는 운전자 바로 옆, 뒷자리나 출입문 앞·뒤, 옆자리가 아닌곳에 승차시킨다. 다만 소형차량이거나 특별한 사유가 있을때에는 그러하지 아니할수 있다.

3) 호송 중

피호송자의 숙박	① 호송관은 피호송자를 숙박시켜야 할 사유가 발생하였을 때에는 **체류지 관할 경찰서 유치장 또는 교도소**를 이용하여야 한다. ② 제1항에 의하여 숙박시킬 수 없는 지역에서는 호송관은 가장 가까운 경찰관서에 숙박에 관하여 협조를 의뢰하여야 한다.
호송비용 부담	① 호송관 및 피호송자의 여비, 식비, 기타 호송에 필요한 비용은 **호송관서에서** 이를 부담하여야 한다. ② 제65조 제2호(사망), 제3호(발병)에 의한 비용은 각각 그 **교부를 받은 관서가** 부담하여야 한다.
영치금품의 처리	1. 금전, 유가증권은 호송관서에서 인수관서에 **직접 송부**한다. 다만 소액의 금전, 유가증권 또는 당일로 호송을 마칠 수 있을 때에는 **호송관에게 탁송**할 수 있다. 2. 피호송자가 호송도중에 필요한 식량, 의류, 침구의 구입비용을 자비로 부담할 수 있는 때에는 그 청구가 있으며 필요한 금액을 호송관에게 탁송하여야 한다. 3. **물품은** 호송관에게 **탁송한다**. 다만, 위험한 물품 또는 호송관이 휴대하기에 부적당한 발송관서에서 인수관서에 **직접 송부할 수 있다**. 4. 송치하는 금품을 호송관에게 탁송할 때에는 **호송관서에 보관책임이** 있고, 그렇지 아니한 때에는 **송부한 관서에 그 책임이** 있다.
분사기 등의 휴대	① 호송관은 호송근무를 할 때에는 **분사기를 휴대하여야 한다**. ② 호송관서의 장은 특별한 사유가 있는 경우 호송관이 **총기를 휴대하도록** 할 수 있다.

4) 사고발생시 조치요령

피호송자가 도망하였을 때	① 즉시 **사고발생지 관할 경찰서에** 신고하고 도주 피의자 수배 및 수사에 필요한 사항을 알려주어야 하며, 소속장에게 전화, 전보 기타 신속한 방법으로 보고하여 그 지휘를 받아야 한다. 이 경우에 즉시 보고할 수 없는 때에는 신고 관서에 보고를 의뢰할 수 있다. ② 호송관서의 장은 보고받은 즉시 상급경찰관서에 보고 및 인수관서에 통지하고 도주 피의자의 수사에 착수하여야 하며, 사고발생지 관할 경찰서장에게 수사를 의뢰하여야 한다. ③ 도주한 자에 관한 호송관계서류 및 금품은 **호송관서에 보관**하여야 한다.
피호송자가 사망하였을 때	① 즉시 사망시 관할 경찰관서에 신고하고 시체와 서류 및 영치금품은 **신고 관서에 인도하여야 한다.** 다만, 부득이한 경우에는 다른 도착지의 관할 경찰관서에 인도할 수 있다. ② 인도를 받은 경찰관서는 즉시 호송관서와 인수관서에 사망일시, 원인 등을 통지하고, **서류와 금품은 호송관서에 송부한다.** ③ 호송관서의 장은 통지받은 즉시 상급경찰관서에 보고하고 사망자의 유족 또는 연고자에게 이를 통지하여야 한다. ④ 통지 받을 가족이 없거나, 통지를 받은 가족이 통지를 받은 날부터 **3일 내**에 그 시신을 인수하지 않으면 **구, 시, 읍, 면장에게 가매장**을 하도록 의뢰하여야 한다.
피호송자가 발병하였을 때	① **경증**으로서 호송에 큰 지장이 없고 당일로 호송을 마칠 수 있을 때에는 호송관이 **적절한 응급조치**를 취하고 호송을 계속하여야 한다. ② **중증**으로써 호송을 계속하거나 곤란하다고 인정될 때에 피호송자 및 그 서류와 금품을 **발병지에서 가까운 경찰관서에 인도**하여야 한다. ③ 전 "나"호에 의하여 인수한 경찰관서는 즉시 질병을 치료하여야 하며, 질병의 상태를 호송관서 및 인수관서에 통지하고 질병이 **치유된 때에는 호송관서에 통지함과 동시에 치료한 경찰관서에서 지체 없이 호송하여야 한다.** 다만, 진찰한 결과 24시간 이내에 치유될 수 있다고 진단되었을 때에는 치료후 호송관서의 호송관이 호송을 계속하게 하여야 한다.

13 수배제도

1) **지명수배 · 지명통보 관리 및 감독 부서**

① 국가수사본부는 수사국 수사기획조정관 수사운영지원담당관이 관리·감독한다.
② 시·도경찰청 및 경찰서는 수사과에서 관리·감독한다.
③ 시·도경찰청 및 경찰서 수사과장은 수배관리자를 지정하고 관리·감독한다.

*경찰수사규칙, 범죄수사규칙

2) 지명통보

① 특정한 피의자를 발견한 경우 그 피의자에 대한 출석요구를 의뢰하는 제도이다.

② 사법경찰관리는 다음 각 호의 어느 하나에 해당하는 사람의 소재를 알 수 없을 때에는 지명통보를 할 수 있다.

> 1. 법정형이 **장기 3년 미만의 징역 또는 금고, 벌금**에 해당하는 죄를 범했다고 의심할 만한 상당한 이유가 있고, 출석요구에 응하지 않은 사람
> 2. 법정형이 장기 3년 이상의 징역이나 금고에 해당하는 죄를 범했다고 의심되더라도 **사안이 경미하고, 출석요구에 응하지 않은 사람**

3) 지명수배

① 특정한 피의자(피의자나 기소중지자등)에 대하여 신병을 확보하기 위해 그의 체포를 의뢰하는 제도이다.

② 사법경찰관리는 다음 각 호의 어느 하나에 해당하는 사람의 소재를 알 수 없을 때에는 지명수배를 할 수 있다.

> 1. 법정형이 **사형, 무기 또는 장기 3년 이상의 징역이나 금고**에 해당하는 죄를 범했다고 의심할 만한 상당한 이유가 있어 체포영장 또는 구속영장이 발부된 사람
> 2. 제47조에 따른 지명통보의 대상인 사람 중 **지명수배를 할 필요가 있어** 체포영장 또는 구속영장이 발부된 사람

③ 법 제200조의3제1항에 따른 **긴급체포**를 하지 않으면 수사에 현저한 지장을 초래하는 경우에는 **영장을 발부받지 않고 지명수배할 수 있다**. 이 경우 지명수배 후 **신속히 체포영장을 발부받아야 하며**, 체포영장을 발부받지 못한 때에는 즉시 지명수배를 해제해야 한다.

※ **지명수배 성격**
지명수배는 헌법소원의 대상이 되는 공권력행사가 아니라 수사기관 내부의 단순한 공조내지 의사연락에 불과하다.(헌재판결)

4) 지명수배자의 인수·호송 등

① 경찰관서장은 검거된 지명수배자에 대한 신속한 조사와 호송을 위하여 미리 출장조사 체계 및 자체 호송계획을 수립하여야 한다.

② 수배관서의 경찰관은 다음 각 호의 어느 하나에 해당하는 경우를 제외하고는 검거관서로부터 **검거된 지명수배자를 인수하여야 한다.** 다만, 수배관서와 검거관서 간에 서로 합의한 때에는 이에 따른다.

> 1. 수배대상 범죄의 죄종 및 죄질과 비교하여 동등하거나 그 이상에 해당하는 다른 범죄를 검거관서의 관할구역 내에서 범한 경우
> 2. 검거관서에서 지명수배자와 관련된 범죄로 이미 정범이나 공동정범인 피의자의 일부를 검거하고 있는 경우
> 3. 지명수배자가 단일 사건으로 수배되고 불구속 수사대상자로서 검거관서로 출장하여 조사한 후 신속히 석방함이 타당한 경우

* **재지명수배의 제한(범죄수사규칙 제100조)**
긴급체포한 지명수배자를 석방한 경우에는 영장을 발부받지 않고 동일한 범죄사실에 관하여 다시 지명수배하지 못한다.

* **공개수배 위원회**
① 국가수사본부는 중요지명피의자 종합 공개수배, 긴급 공개수배 등 공개수배에 관한 사항을 심의하기 위하여 공개수배위원회를 둘 수 있다.
② 공개수배 위원회를 두는 경우 위원장은 수사심사정책담당관으로 하고, 위원회는 위원장 1명을 포함하여 7명 이상 11명 이내로 성별을 고려하여 구성한다. 이 경우, 외부전문가를 포함하여야 한다.

③ 경찰관은 검거한 지명수배자에 대하여 지명수배가 **여러 건**인 경우에는 다음 각 호의 **수배관서 순위에 따라** 검거된 지명수배자를 인계받아 조사하여야 한다.

> 1. 공소시효 **만료 3개월 이내**이거나 **공범**에 대한 수사 또는 재판이 진행 중인 수배관서
> 2. 법정형이 **중한 죄명**으로 지명수배한 수배관서
> 3. **검거관서와 동일한** 지방검찰청 또는 지청의 관할구역에 있는 수배관서
> 4. 검거관서와 거리 또는 교통상 **가장 인접한** 수배관서

14 성폭력범죄의 처벌 등에 관한 특례법

1) 의의

성폭력범죄의 처벌 및 그 절차에 관한 특례를 규정함으로써 성폭력범죄 피해자의 생명과 신체의 안전을 보장하고 건강한 사회질서의 확립에 이바지함을 목적으로 한다.

2) 성폭력범죄의 처벌 및 절차에 관한 특례

특수강도강간 등	① 「형법」 제319조제1항(**주거침입**), 제330조(**야간주거침입절도**), 제331조(**특수절도**) 또는 제342조(미수범. 다만, 제330조 및 제331조의 미수범으로 한정한다)의 죄를 범한 사람이 같은 법 제297조(강간), 제297조의2(유사강간), 제298조(강제추행) 및 제299조(준강간, 준강제추행)의 죄를 범한 경우에는 무기징역 또는 7년 이상의 징역에 처한다. ② 「형법」 제334조(**특수강도**) 또는 제342조(미수범. 다만, 제334조의 미수범으로 한정한다)의 죄를 범한 사람이 같은 법 제297조(강간), 제297조의2(유사강간), 제298조(강제추행) 및 제299조(준강간, 준강제추행)의 죄를 범한 경우에는 사형, 무기징역 또는 10년 이상의 징역에 처한다.
특수강간 등	① **흉기나 그 밖의 위험한 물건을 지닌 채** 또는 **2명 이상이 합동**하여 「형법」 제297조(강간)의 죄를 범한 사람은 무기징역 또는 7년 이상의 징역에 처한다. ② 제1항의 방법으로 「형법」 제298조(강제추행)의 죄를 범한 사람은 5년 이상의 유기징역에 처한다. ③ 제1항의 방법으로 「형법」 제299조(준강간, 준강제추행)의 죄를 범한 사람은 제1항 또는 제2항의 예에 따라 처벌한다.

친족관계에 의한 강간 등	① **친족관계인 사람이** 폭행 또는 협박으로 사람을 강간한 경우에는 7년 이상의 유기징역에 처한다. ② 친족관계인 사람이 폭행 또는 협박으로 사람을 강제추행한 경우에는 5년 이상의 유기징역에 처한다. ③ 친족관계인 사람이 사람에 대하여「형법」제299조(준강간, 준강제추행)의 죄를 범한 경우에는 제1항 또는 제2항의 예에 따라 처벌한다. ④ 제1항부터 제3항까지의 친족의 범위는 4촌 이내의 혈족·인척과 동거하는 친족으로 한다. ⑤ 제1항부터 제3항까지의 친족은 사실상의 관계에 의한 친족을 포함한다.
장애인에 대한 강간·강제추행 등	① **신체적인 또는 정신적인 장애가 있는 사람**에 대하여「형법」제297조(강간)의 죄를 범한 사람은 무기징역 또는 7년 이상의 징역에 처한다. ② 신체적인 또는 정신적인 장애가 있는 사람에 대하여 폭행이나 협박으로 다음 각 호의 어느 하나에 해당하는 행위를 한 사람은 5년 이상의 유기징역에 처한다. 　1. 구강·항문 등 신체(성기는 제외한다)의 내부에 성기를 넣는 행위 　2. 성기·항문에 손가락 등 신체(성기는 제외한다)의 일부나 도구를 넣는 행위 ③ 신체적인 또는 정신적인 장애가 있는 사람에 대하여「형법」제298조(강제추행)의 죄를 범한 사람은 3년 이상의 유기징역 또는 3천만원 이상 5천만원 이하의 벌금에 처한다. ④ 신체적인 또는 정신적인 장애로 항거불능 또는 항거곤란 상태에 있음을 이용하여 사람을 간음하거나 추행한 사람은 제1항부터 제3항까지의 예에 따라 처벌한다. ⑤ 위계(僞計) 또는 위력(威力)으로써 신체적인 또는 정신적인 장애가 있는 사람을 간음한 사람은 5년 이상의 유기징역에 처한다. ⑥ 위계 또는 위력으로써 신체적인 또는 정신적인 장애가 있는 사람을 추행한 사람은 1년 이상의 유기징역 또는 1천만원 이상 3천만원 이하의 벌금에 처한다. ⑦ 장애인의 보호, 교육 등을 목적으로 하는 시설의 장 또는 종사자가 보호, 감독의 대상인 장애인에 대하여 제1항부터 제6항까지의 죄를 범한 경우에는 그 죄에 정한 형의 2분의 1까지 가중한다.

13세 미만의 미성년자에 대한 강간, 강제추행 등	① 13세 미만의 사람에 대하여「형법」제297조(강간)의 죄를 범한 사람은 무기징역 또는 10년 이상의 징역에 처한다.
	② 13세 미만의 사람에 대하여 폭행이나 협박으로 다음 각 호의 어느 하나에 해당하는 행위를 한 사람은 7년 이상의 유기징역에 처한다.
	  1. 구강·항문 등 신체(성기는 제외한다)의 내부에 성기를 넣는 행위
	  2. 성기·항문에 손가락 등 신체(성기는 제외한다)의 일부나 도구를 넣는 행위
	③ 13세 미만의 사람에 대하여「형법」제298조(강제추행)의 죄를 범한 사람은 5년 이상의 유기징역에 처한다.
	④ 13세 미만의 사람에 대하여「형법」제299조(준강간, 준강제추행)의 죄를 범한 사람은 제1항부터 제3항까지의 예에 따라 처벌한다.
	⑤ 위계 또는 위력으로써 13세 미만의 사람을 간음하거나 추행한 사람은 제1항부터 제3항까지의 예에 따라 처벌한다.

강간 등 상해·치상	① 제3조제1항, 제4조, 제6조, 제7조 또는 제15조(제3조제1항, 제4조, 제6조 또는 제7조의 미수범으로 한정한다)**의 죄를 범한 사람이 다른 사람을 상해하거나 상해에 이르게 한 때에는 무기징역 또는 10년** 이상의 징역에 처한다. ② 제5조 또는 제15조(제5조의 미수범으로 한정한다)의 죄를 범한 사람이 다른 사람을 상해하거나 상해에 이르게 한 때에는 무기징역 또는 7년 이상의 징역에 처한다.
강간 등 살인·치사	① 제3조부터 제7조까지, 제15조(제3조부터 제7조까지의 미수범으로 한정한다)의 죄 또는「형법」제297조(강간), 제297조의2(유사강간) 및 제298조(강제추행)부터 제300조(미수범)까지의 죄를 범**한 사람이 다른 사람을 살해한 때에는 사형 또는 무기징역에 처한다.** ② 제4조, 제5조 또는 제15조(제4조 또는 제5조의 미수범으로 한정한다)의 죄를 범한 사람이 다른 사람을 사망에 이르게 한 때에는 무기징역 또는 10년 이상의 징역에 처한다. ③ 제6조, 제7조 또는 제15조(제6조 또는 제7조의 미수범으로 한정한다)의 죄를 범한 사람이 다른 사람을 사망에 이르게 한 때에는 사형, 무기징역 또는 10년 이상의 징역에 처한다.
업무상 위력 등에 의한 추행	① **업무, 고용이나 그 밖의 관계로 인하여 자기의 보호, 감독을 받는 사람에 대하여 위계 또는 위력으로 추행한 사람은 3년 이하의 징역** 또는 1천500만원 이하의 벌금에 처한다. ② 법률에 따라 구금된 사람을 감호하는 사람이 그 사람을 추행한 때에는 5년 이하의 징역 또는 2천만원 이하의 벌금에 처한다.
공중 밀집 장소에서의 추행	대중교통수단, 공연·집회 장소, 그 밖에 **공중(公衆)이 밀집하는 장소에서 사람을 추행한** 사람은 3년 이하의 징역 또는 3천만원 이하의 벌금에 처한다.
성적 목적을 위한 다중이용장소 침입행위	자기의 성적 욕망을 만족시킬 목적으로 화장실, 목욕장·목욕실 또는 발한실(發汗室), 모유수유시설, 탈의실 등 **불특정 다수가 이용하는 다중이용장소에 침입하거나 같은 장소에서 퇴거의 요구를 받고 응하지 아니하는 사람**은 1년 이하의 징역 또는 1천만원 이하의 벌금에 처한다.

* **14조의2(허위영상물 등의 반포 등)**
① 반포등을 할 목적으로 사람의 얼굴·신체 또는 음성을 대상으로 한 촬영물·영상물 또는 음성물(이하 이 조에서 "영상물등"이라 한다)을 영상물등의 대상자의 의사에 반하여 성적 욕망 또는 수치심을 유발할 수 있는 형태로 편집·합성 또는 가공(이하 이 조에서 "편집등"이라 한다)한 자는 5년 이하의 징역 또는 5천만원 이하의 벌금에 처한다.
② 제1항에 따른 편집물·합성물·가공물(이하 이 항에서 "편집물등"이라 한다) 또는 복제물(복제물의 복제물을 포함한다. 이하 이 항에서 같다)을 반포등을 한 자 또는 제1항의 편집등을 할 당시에는 영상물등의 대상자의 의사에 반하지 아니한 경우에도 사후에 그 편집물등 또는 복제물을 영상물등의 대상자의 의사에 반하여 반포등을 한 자는 5년 이하의 징역 또는 5천만원 이하의 벌금에 처한다.
③ 영리를 목적으로 영상물등의 대상자의 의사에 반하여 정보통신망을 이용하여 제2항의 죄를 범한 자는 7년 이하의 징역에 처한다.
④ 상습으로 제1항부터 제3항까지의 죄를 범한 때에는 그 죄에 정한 형의 2분의 1까지 가중한다.

통신매체를 이용한 음란행위	**자기 또는 다른 사람의 성적 욕망을 유발하거나 만족시킬 목적**으로 전화, 우편, 컴퓨터, 그 밖의 통신매체를 통하여 성적 수치심이나 혐오감을 일으키는 말, 음향, 글, 그림, 영상 또는 물건을 상대방에게 도달하게 한 사람은 2년 이하의 징역 또는 2천만원 이하의 벌금에 처한다
카메라 등을 이용한 촬영	① 카메라나 그 밖에 이와 유사한 기능을 갖춘 기계장치를 이용하여 성적 욕망 또는 수치심을 유발할 수 있는 사람의 신체를 **촬영대상자의 의사에 반하여 촬영한 자**는 7년 이하의 징역 또는 5천만원 이하의 벌금에 처한다. ② 제1항에 따른 촬영물 또는 복제물(복제물의 복제물을 포함한다. 이하 이 조에서 같다)을 반포·판매·임대·제공 또는 공공연하게 전시·상영(이하 "반포등"이라 한다)한 자 또는 제1항의 촬영이 **촬영 당시에는 촬영대상자의 의사에 반하지 아니한 경우**(자신의 신체를 직접 **촬영한 경우를 포함한다**)에도 사후에 그 촬영물 또는 복제물을 촬영대상자의 의사에 반하여 반포등을 한 자는 7년 이하의 징역 또는 5천만원 이하의 벌금에 처한다. ③ 영리를 목적으로 촬영대상자의 의사에 반하여 「정보통신망 이용촉진 및 정보보호 등에 관한 법률」 제2조제1항제1호의 정보통신망(이하 "정보통신망"이라 한다)을 이용하여 제2항의 죄를 범한 자는 3년 이상의 유기징역에 처한다. ④ 제1항 또는 제2항의 촬영물 또는 복제물을 소지·구입·저장 또는 시청한 자는 3년 이하의 징역 또는 3천만원 이하의 벌금에 처한다. ⑤ 상습으로 제1항부터 제3항까지의 죄를 범한 때에는 그 죄에 정한 형의 2분의 1까지 가중한다.

* **미수범처벌 아님**
① 업무상위력 등에 의한 추행
② 공중밀집장소 추행
③ 성적 목적을 위한 다중이용장소 침입행위
④ 통신매체이용한 음란행위

3) 형벌과 수강명령 등의 병과

① 법원이 성폭력범죄를 범한 사람에 대하여 형의 선고를 유예하는 경우에는 **1년 동안 보호관찰**을 받을 것을 명할 수 있다. 다만, **성폭력범죄를 범한 「소년법」 제2조에 따른 소년에 대하여 형의 선고를 유예하는 경우에는 반드시 보호관찰을 명하여야 한다.**

② 법원이 성폭력범죄를 범한 사람에 대하여 **유죄판결(선고유예는 제외한다)**을 선고하거나 약식명령을 고지하는 경우에는 500시간의 범위에서 재범예방에 필요한 수강명령 또는 성폭력 치료프로그램의 이수명령을 **병과하여야 한다**. 다만, 수상명령 또는 이수명령을 부과할 수 없는 특별한 사정이 있는 경우에는 그러하지 아니하다.

*
⑤ 제2항에 따른 수강명령 또는 이수명령은 형의 집행을 유예할 경우에는 그 집행유예기간 내에, 벌금형을 선고하거나 약식명령을 고지할 경우에는 형 확정일부터 6개월 이내에, 징역형 이상의 실형(實刑)을 선고할 경우에는 형기 내에 각각 집행한다. 다만, 수강명령 또는 이수명령은 성폭력범죄를 범한 사람이 「아동·청소년의 성보호에 관한 법률」 제21조에 따른 수강명령 또는 이수명령을 부과받은 경우에는 병과하지 아니한다.

4) 형법상 감경규정에 관한 특례

음주 또는 약물로 인한 심신장애 상태에서 성폭력범죄(제2조제1항제1호의 죄는 제외한다)를 범한 때에는 「형법」 제10조제1항·제2항 및 제11조 즉, **심신장애인 감경, 청각 및 언어 장애인 감경을 적용하지 아니할 수 있다.**

5) 고소 제한에 대한 예외

성폭력범죄에 대하여는 「형사소송법」 제224조(고소의 제한) 및 「군사법원법」 제266조에도 불구하고 **자기 또는 배우자의 직계존속을 고소할 수 있다.**

6) 공소시효에 관한 특례

① 미성년자에 대한 성폭력범죄의 공소시효는 「형사소송법」 제252조제1항 및 「군사법원법」 제294조제1항에도 불구하고 해당 성폭력범죄로 피해를 당한 미성년자가 **성년에 달한 날부터** 진행한다.

② 제2조제3호 및 제4호의 죄와 제3조부터 제9조까지의 죄(강간, 강제폭행, 준강간 등)는 디엔에이(DNA)증거 등 그 죄를 증명할 수 있는 **과학적인 증거가 있는 때에는** 공소시효가 10년 **연장된다.**

③ 13세 미만의 사람 및 신체적인 또는 정신적인 장애가 있는 사람에 대하여 다음 각 호의 죄를 범한 경우에는 제1항과 제2항에도 불구하고 「형사소송법」 제249조부터 제253조까지 및 「군사법원법」 제291조부터 제295조까지에 규정된 **공소시효를 적용하지 아니한다.**

> 1. 「형법」 제297조(**강간**), 제298조(**강제추행**), 제299조(**준강간, 준강제추행**), 제301조(**강간등 상해·치상**), 제301조의2(**강간등 살인·치사**) 또는 제305조(**미성년자에 대한 간음, 추행**)의 죄
> 2. 제6조제2항, 제7조제2항 및 제5항, 제8조, 제9조의 죄
> 3. 「아동·청소년의 성보호에 관한 법률」 제9조 또는 제10조의 죄

④ 강간등 살인죄를 범한 경우 공소시효를 적용하지 아니한다.
  ● 치사죄는 제외한다.

7) 피의자의 얼굴 등 공개

① **검사와 사법경찰관**은 성폭력범죄의 피의자가 죄를 범하였다고 믿을 만한 **충분한 증거**가 있고, 국민의 알권리 보장, 피의자의 재범 방지 및 범죄예방 등 오로지 **공공의 이익을 위하여** 필요할 때에는 얼굴, 성명 및 나이 등 피의자의 신상에 관한 정보를 공개할 수 있다. **다만, 피의자가 「청소년 보호법」 제2조제1호의 청소년에 해당하는 경우에는 공개하지 아니한다.**

팩트DB

> **특정중대범죄 피의자 등 신상정보 공개에 관한 법률**
>
> 제3조(다른 법률과의 관계)
> 수사 및 재판 단계에서 신상정보의 공개에 대하여는 다른 법률의 규정에도 불구하고 이 법을 우선 적용한다.
> 제4조(피의자의 신상정보 공개)
> ① 검사와 사법경찰관은 다음 각 호의 요건을 모두 갖춘 특정중대범죄사건의 피의자의 얼굴,

★ 20조 「형법」상 감경규정에 관한 특례
음주 또는 약물로 인한 심신장애 상태에서 성폭력범죄(제2조제1항제1호의 죄는 제외한다)를 범한 때에는 「형법」 제10조제1항·제2항 및 제11조를 적용하지 아니할 수 있다.(심신장애인 감면규정, 청각 및 언어장애인 감경규정)

★ 신상정보공개심의위원회
① 검찰총장 및 경찰청장은 제4조에 따른 신상정보 공개 여부에 관한 사항을 심의하기 위하여 신상정보공개심의위원회를 둘 수 있다.
② 신상정보공개심의위원회는 **위원장을 포함하여 10인 이내의 위원**으로 구성한다.
③ 신상정보공개심의위원회는 신상정보 공개 여부에 관한 사항을 심의할 때 피의자에게 의견을 진술할 기회를 주어야 한다.
④ 신상정보공개심의위원회 위원 또는 위원이었던 사람은 심의 과정에서 알게 된 비밀을 외부에 공개하거나 누설하여서는 아니 된다.
⑤ 신상정보공개심의위원회의 구성 및 운영 등에 관한 구체적인 사항은 **검찰총장 및 경찰청장**이 정한다.

성명 및 나이(신상정보)를 공개할 수 있다. 다만, 피의자가 **미성년자인 경우에는 공개하지 아니한다.**

> 1. 범행수단이 **잔인하고 중대한 피해**가 발생하였을 것(제2조제3호부터 제6호까지의 죄에 한정한다)
>
> > 3. 「형법」 제119조(폭발물 사용)의 죄
> > 4. 「형법」 제164조(현주건조물 등 방화)제2항의 죄
> > 5. 「형법」 제2편제25장 상해와 폭행의 죄 중 제258조(중상해, 존속중상해), 제258조의2(특수상해), 제259조(상해치사) 및 제262조(폭행치사상)의 죄. 다만, 제262조(폭행치사상)의 죄의 경우 중상해 또는 사망에 이른 경우에 한정한다.
> > 6. 「특정강력범죄의 처벌에 관한 특례법」 제2조의 특정강력범죄
>
> 2. 피의자가 그 죄를 범하였다고 믿을 만한 **충분한 증거가 있을 것**
> 3. 국민의 알권리 보장, 피의자의 재범 방지 및 범죄예방 등 **오로지 공공의 이익을 위하여 필요할 것**

② 검사와 사법경찰관은 제1항에 따라 신상정보 공개를 결정할 때에는 범죄의 중대성, 범행 후 정황, 피해자 보호 필요성, 피해자(피해자가 사망한 경우 피해자의 유족을 포함한다)의 의사 등을 **종합적으로 고려하여야 한다.**
③ 검사와 사법경찰관은 제1항에 따라 신상정보를 공개할 때에는 피의자의 인권을 고려하여 신중하게 결정하고 이를 남용하여서는 아니 된다.
④ 제1항에 따라 공개하는 피의자의 얼굴은 특별한 사정이 없으면 **공개 결정일 전후 30일 이내의 모습으로 한다.** 이 경우 검사와 사법경찰관은 다른 법령에 따라 적법하게 수집·보관하고 있는 사진, 영상물 등이 있는 때에는 이를 활용하여 공개할 수 있다.
⑤ 검사와 사법경찰관은 제1항에 따라 피의자의 얼굴을 공개하기 위하여 필요한 경우 피의자를 식별할 수 있도록 피의자의 얼굴을 촬영할 수 있다. 이 경우 피의자는 이에 따라야 한다.
⑥ 검사와 사법경찰관은 제1항에 따라 피의자의 신상정보 공개를 결정하기 전에 피의자에게 **의견을 진술할 기회를 주어야 한다.** 다만, 신상정보공개심의위원회에서 피의자의 의견을 청취한 경우에는 이를 생략할 수 있다.
⑦ 검사와 사법경찰관은 피의자에게 신상정보 공개를 통지한 날부터 **5일 이상의 유예기간**을 두고 신상정보를 공개하여야 한다. 다만, 피의자가 신상정보 공개 결정에 대하여 서면으로 이의 없음을 표시한 때에는 유예기간을 두지 아니할 수 있다.
⑧ 검사와 사법경찰관은 정보통신망을 이용하여 그 신상정보를 **30일간 공개**한다.

제8조(신상정보공개심의위원회)
① **검찰총장 및 경찰청장은** 제4조에 따른 신상정보 공개 여부에 관한 사항을 심의하기 위하여 신상정보공개심의위원회를 둘 수 있다.
② 신상정보공개심의위원회는 위원장을 포함하여 10인 이내의 위원으로 구성한다.
③ 신상정보공개심의위원회는 신상정보 공개 여부에 관한 사항을 심의할 때 피의자에게 의견을 진술할 기회를 주어야 한다.
④ 신상정보공개심의위원회 위원 또는 위원이었던 사람은 심의 과정에서 알게 된 비밀을 외부에 공개하거나 누설하여서는 아니 된다.

※
제28조(성폭력범죄에 대한 전담재판부) 지방법원장 또는 고등법원장은 특별한 사정이 없으면 성폭력범죄 전담재판부를 지정하여 성폭력범죄에 대하여 재판하게 하여야 한다.

8) **성폭력범죄의 피해자에 대한 전담조사제**

① 검찰총장은 각 지방검찰청 검사장으로 하여금 성폭력범죄 전담 검사를 지정하도록 하여 특별한 사정이 없으면 이들로 하여금 피해자를 조사하게 하여야 한다.

② **경찰청장은** 각 경찰서장으로 하여금 **성폭력범죄 전담 사법경찰관을 지정**하도록 하여 특별한 사정이 없으면 이들로 하여금 피해자를 조사하게 하여야 한다.

③ 국가는 제1항의 **검사** 및 제2항의 **사법경찰관에게** 성폭력범죄의 수사에 필요한 전문지식과 피해자보호를 위한 수사방법 및 수사절차, 아동 심리 및 아동·장애인 조사 면담기법 등에 관한 **교육을 실시하여야 한다.**

④ 성폭력범죄를 전담하여 조사하는 제1항의 검사 및 제2항의 사법경찰관은 19세 미만인 피해자나 신체적인 또는 정신적인 장애로 사물을 변별하거나 의사를 결정할 능력이 미약한 피해자(19세미만피해자등)를 조사할 때에는 피해자의 나이, 인지적 발달 단계, 심리 상태, 장애 정도 등을 종합적으로 고려하여야 한다.

※ 보호조치 노력
수사기관과 법원은 조사 및 심리·재판 과정에서 19세미만피해자등의 최상의 이익을 고려하여 다음 각 호에 따른 **보호조치를 하도록 노력하여야 한다.**
1. 19세미만피해자등의 진술을 듣는 절차가 타당한 이유 없이 지연되지 아니하도록 할 것
2. 19세미만피해자등의 진술을 위하여 아동 등에게 친화적으로 설계된 장소에서 피해자 조사 및 증인신문을 할 것
3. 19세미만피해자등이 피의자 또는 피고인과 접촉하거나 마주치지 아니하도록 할 것
4. 19세미만피해자등에게 조사 및 심리·재판 과정에 대하여 명확하고 충분히 설명할 것
5. 그 밖에 조사 및 심리·재판 과정에서 19세미만피해자등의 보호 및 지원 등을 위하여 필요한 조치를 할 것

9) **수사 및 재판절차에서의 배려**

① 수사기관과 법원 및 소송관계인은 성폭력범죄를 당한 피해자의 나이, 심리 상태 또는 후유장애의 유무 등을 신중하게 고려하여 조사 및 심리·재판 과정에서 피해자의 인격이나 명예가 손상되거나 사적인 비밀이 침해되지 아니하도록 주의하여야 한다.

② 수사기관과 법원은 성폭력범죄의 피해자를 조사하거나 심리·재판할 때 피해자가 편안한 상태에서 진술할 수 있는 환경을 조성하여야 하며, **조사 및 심리·재판 횟수는 필요한 범위에서 최소한으로 하여야 한다.**

※ 헌재판례
단순위헌, 2018헌바524, 2021.12.23, 성폭력범죄의 처벌 등에 관한 특례법(2012. 12. 18. 법률 제11556호로 전부개정된 것) 제30조 제6항 중 '제1항에 따라 촬영한 영상물에 수록된 피해자의 진술은 공판준비기일 또는 공판기일에 조사 과정에 동석하였던 신뢰관계에 있는 사람 또는 진술조력인의 진술에 의하여 그 성립의 진정함이 인정된 경우에 증거로 할 수 있다' 부분 가운데 19세 미만 성폭력범죄 피해자에 관한 부분은 헌법에 위반된다.

10) **영상물의 촬영·보존 등**

① 성폭력범죄의 **피해자가 19세 미만**이거나 신체적인 또는 정신적인 **장애로 사물을 변별하거나 의사를 결정할 능력이 미약한 경우**에는 피해자의 진술 내용과 조사 과정을 비디오녹화기 등 영상물 녹화장치로 **촬영·보존하여야 한다.**

② 제1항에 따른 영상물 녹화는 **피해자 또는 법정대리인이 이를 원하지 아니하는 의사를 표시한 경우에는 촬영을 하여서는 아니 된다.** 다만, 가해자가 친권자 중 일방인 경우는 그러하지 아니하다.

③ 제1항에 따른 영상물 녹화는 조사의 개시부터 종료까지의 전 과정 및 객관적 정황을 녹화하여야 하고, 녹화가 완료된 때에는 지체 없이 그 원본을 피해자 또는 변호사 앞에서 봉인하고 피해자로 하여금 기명날인 또는 서명하게 하여야 한다.

④ 검사 또는 사법경찰관은 피해자 또는 법정대리인이 신청하는 경우에는 영상물 촬영과정에서 작성한 조서의 사본을 신청인에게 발급하거나 영상물을 재생하

여 시청하게 하여야 한다.
⑤ 제1항에 따라 촬영한 영상물에 수록된 피해자의 진술은 공판준비기일 또는 공판기일에 피해자나 조사 과정에 동석하였던 **신뢰관계에 있는 사람 또는 진술조력인의 진술에 의하여 그 성립의 진정함이 인정된 경우에 증거로 할 수 있다.**
⑥ 누구든지 제1항에 따라 촬영한 영상물을 수사 및 재판의 용도 외에 다른 목적으로 사용하여서는 아니 된다.

11) 신뢰관계에 있는 사람의 동석

① 법원은 다음 각 호의 어느 하나에 해당하는 피해자를 증인으로 신문하는 경우에 검사, 피해자 또는 그 법정대리인이 신청할 때에는 재판에 지장을 줄 우려가 있는 등 부득이한 경우가 아니면 피해자와 **신뢰관계에 있는 사람을 동석하게 하여야 한다.**

> 1. 제3조(특수강도강간 등)부터 제8조(강간 등 상해 치상)까지, 제10조(업무상 위력 등에 의한 추행), 제14조(카메라 등을 이용한 촬영), 제14조의2(허위영상물 등의 반포등), 제14조의3(촬영물 등을 이용한 협박·강요), 제15조(제9조의 미수범은 제외한다) 및 제15조의2(예비, 음모)에 따른 범죄의 피해자
> 2. 19세미만피해자등

② 법원과 수사기관은 피해자와 신뢰관계에 있는 사람이 피해자에게 불리하거나 **피해자가 원하지 아니하는 경우에는 동석하게 하여서는 아니 된다.**

12) 신상정보 등록, 관리, 공개

신상정보 등록대상자	등록대상 성범죄로 유죄판결이나 약식명령이 확정된 자 또는 같은 법 제49조제1항제4호(등록정보 공개)에 따라 공개명령이 확정된 자는 신상정보 등록대상자가 된다.
제출의무	① 등록대상자는 제42조제1항의 판결이 확정된 날부터 30일 이내에 다음 각 호의 신상정보(기본신상정보)를 자신의 주소지를 관할하는 **경찰관서의 장(관할경찰관서의 장)에게 제출하여야 한다.** 다만, 등록대상자가 교정시설 또는 치료감호시설에 수용된 경우에는 그 교정시설의 장 또는 치료감호시설의 장(교정시설등의 장에게 기본신상정보를 제출함으로써 이를 갈음할 수 있다. ② 관할경찰관서의 장 또는 교정시설등의 장은 등록대상자가 기본신상정보를 제출할 때에 등록대상자의 정면·좌측·우측 상반신 및 전신 컬러사진을 촬영하여 전자기록으로 저장·보관하여야 한다. ③ 등록대상자는 제1항에 따라 제출한 기본신상정보가 변경된 경우에는 그 사유와 변경내용(변경정보)을 변경사유가 **발생한 날부터 20일 이내에 제1항에 따라 제출하여야 한다.** ④ 등록대상자는 기본신상정보를 제출한 경우에는 그 다음 해부터 **매년 12월 31일까지 주소지를 관할하는 경찰관서에 출석하여** 경찰관서의 장으로 하여금 자신의 정면·좌측·우측 상반신 및 전신 컬러사진을 촬영하여 전자기록으로 저장·보관하도록 하여야 한다. 다만, 교정시설등의

* 신상정보
1. 성명
2. 주민등록번호
3. 주소 및 실제거주지
4. 직업 및 직장 등의 소재지
5. 연락처(전화번호, 전자우편주소를 말한다)
6. 신체정보(키와 몸무게)
7. 소유차량의 등록번호

* 등록대상자 정보
1. 등록대상 성범죄 경력정보
2. 성범죄 전과사실(죄명, 횟수)
3. 「전자장치 부착 등에 관한 법률」에 따른 전자장치 부착 여부

	장은 등록대상자가 교정시설 등에 수용된 경우에는 석방 또는 치료감호 종료 전에 등록대상자의 정면·좌측·우측 상반신 및 전신 컬러사진을 새로 촬영하여 전자기록으로 저장·보관하여야 한다.
출입국시 신고의무	① 등록대상자가 **6개월 이상** 국외에 체류하기 위하여 출국하는 경우에는 **미리 관할경찰관서의 장에게 체류국가 및 체류기간 등을 신고하여야 한다.** ② 신고한 등록대상자가 입국하였을 때에는 특별한 사정이 없으면 **14일 이내에 관할경찰관서의 장에게 입국 사실을 신고하여야 한다.** 제1항에 따른 신고를 하지 아니하고 출국하여 6개월 이상 국외에 체류한 등록대상자가 입국하였을 때에도 또한 같다.
등록주체	① **법무부장관은** 제43조제5항, 제6항 및 제43조의2제3항에 따라 송달받은 정보와 다음 각 호의 등록대상자 정보를 등록하여야 한다. 1. 등록대상 성범죄 경력정보 2. 성범죄 전과사실(죄명, 횟수) 3. 「전자장치 부착 등에 관한 법률」에 따른 전자장치 부착 여부
등록정보관리	1. 신상정보 등록의 원인이 된 성범죄로 사형, 무기징역·무기금고형 또는 10년 초과의 징역·금고형을 선고받은 사람: **30년** 2. 신상정보 등록의 원인이 된 성범죄로 3년 초과 10년 이하의 징역·금고형을 선고받은 사람: **20년** 3. 신상정보 등록의 원인이 된 성범죄로 3년 이하의 징역·금고형을 선고받은 사람 또는 「아동·청소년의 성보호에 관한 법률」 제49조제1항 제4호(등록정보공개)에 따라 공개명령이 확정된 사람: **15년** 4. 신상정보 등록의 원인이 된 성범죄로 벌금형을 선고받은 사람: **10년**
등록 면제	신상정보 등록의 원인이 된 성범죄로 형의 선고를 유예받은 사람이 선고유예를 받은 날부터 2년이 경과하여 「형법」 제60조(선고유예 효과)에 따라 면소된 것으로 간주되면 신상정보 등록을 면제한다.
등록정보의 공개	등록정보의 공개는 **여성가족부장관이 집행한다.** ● 법무부장관은 등록정보의 공개에 필요한 정보를 여성가족부장관에게 송부하여야 한다.

15 성매매알선 등 행위의 처벌에 관한 법률

1) 정의

성매매	**불특정인**을 상대로 금품이나 그 밖의 **재산상의 이익**을 수수(收受)하거나 수수하기로 약속하고 다음 각 목의 어느 하나에 해당하는 행위를 하거나 그 상대방이 되는 것을 말한다. 가. **성교행위** 나. 구강, 항문 등 신체의 일부 또는 도구를 이용한 **유사 성교행위**
성매매알선 등 행위	가. 성매매를 **알선, 권유, 유인 또는 강요**하는 행위 나. 성매매의 **장소를 제공**하는 행위 다. 성매매에 제공되는 **사실을 알면서 자금, 토지 또는 건물을 제공**하는 행위
성매매 목적의 인신매매	가. 성을 파는 행위 또는 「형법」 제245조에 따른 음란행위를 하게 하거나, 성교행위 등 음란한 내용을 표현하는 사진·영상물 등의 촬영 대상으로 삼을 목적으로 위계(僞計), 위력(威力), 그 밖에 이에 준하는 방법으로 대상자를 지배·관리하면서 제3자에게 인계하는 행위 나. 가목과 같은 목적으로 미성년자, 사물을 변별하거나 의사를 결정할 능력이 없거나 미약한 사람 또는 대통령령으로 정하는 중대한 장애가 있는 사람이나 그를 보호·감독하는 사람에게 선불금 등 금품이나 그 밖의 재산상의 이익을 제공하거나 제공하기로 약속하고 대상자를 지배·관리하면서 제3자에게 인계하는 행위 다. 가목 및 나목의 행위가 행하여지는 것을 알면서 가목과 같은 목적이나 전매를 위하여 대상자를 인계받는 행위 라. 가목부터 다목까지의 행위를 위하여 대상자를 모집·이동·은닉하는 행위
성매매 피해자	가. 위계, 위력, 그 밖에 이에 준하는 방법으로 **성매매를 강요당한 사람** 나. 업무관계, 고용관계, 그 밖의 관계로 인하여 보호 또는 감독하는 사람에 의하여 「마약류관리에 관한 법률」 제2조에 따른 마약·향정신성의약품 또는 대마(이하 "마약등"이라 한다)에 **중독되어 성매매를 한 사람** 다. 미성년자, 사물을 변별하거나 의사를 결정할 능력이 없거나 미약한 사람 또는 대통령령으로 정하는 중대한 장애가 있는 사람으로서 **성매매를 하도록 알선·유인된 사람** 라. 성매매 목적의 **인신매매를 당한 사람**

* ② 다음 각 호의 어느 하나에 해당하는 경우에는 대상자를 제1항제3호가목에 따른 지배·관리하에 둔 것으로 본다.
1. 선불금 제공 등의 방법으로 대상자의 동의를 받은 경우라도 그 의사에 반하여 이탈을 제지한 경우
2. 다른 사람을 고용·감독하는 사람, 출입국·직업을 알선하는 사람 또는 그를 보조하는 사람이 성을 파는 행위를 하게 할 목적으로 여권이나 여권을 갈음하는 증명서를 채무이행 확보 등의 명목으로 받은 경우

* 금지행위
1. 성매매
2. 성매매알선 등 행위
3. 성매매 목적의 인신매매
4. 성을 파는 행위를 하게 할 목적으로 다른 사람을 고용·모집하거나 성매매가 행하여진다는 사실을 알고 직업을 소개·알선하는 행위
5. 제1호, 제2호 및 제4호의 행위 및 그 행위가 행하여지는 업소에 대한 **광고행위**

2) 성매매피해자에 대한 처벌특례와 보호

① 성매매피해자의 성매매는 처벌하지 아니한다(감면아님).

② 검사 또는 사법경찰관은 수사과정에서 피의자 또는 참고인이 성매매피해자에 해당한다고 볼 만한 상당한 이유가 있을 때에는 **지체 없이 법정대리인, 친족 또는 변호인에게 통지**하고, 신변보호, 수사의 비공개, 친족 또는 지원시설·성매매피해상담소에의 인계 등 그 보호에 필요한 조치를 하여야 한다. 다만, 피의자 또는 참고인의 사생활 보호 등 부득이한 사유가 있는 경우에는 통지하지 아니할 수 있다.

3) 신고의무 등

① 「성매매방지 및 피해자보호 등에 관한 법률」 제5조제1항에 따른 지원시설 및 같은 법 제10조에 따른 성매매피해상담소의 장이나 종사자가 업무와 관련하여 성매매 피해사실을 알게 되었을 때에는 **지체 없이 수사기관에 신고하여야 한다.**

② 누구든지 이 법에 규정된 범죄를 신고한 사람에게 그 신고를 이유로 불이익을 주어서는 아니 된다.

③ 다른 법률에 규정이 있는 경우를 제외하고는 신고자등의 인적사항이나 사진 등 그 신원을 알 수 있는 정보나 자료를 인터넷 또는 출판물에 게재하거나 방송매체를 통하여 방송하여서는 아니 된다.

4) 신뢰관계에 있는 사람의 동석

① 법원은 신고자등을 증인으로 신문할 때에는 직권으로 또는 본인·법정대리인이나 검사의 신청에 의하여 **신뢰관계에 있는 사람을 동석하게 할 수 있다.**

② 수사기관은 신고자등을 조사할 때에는 직권으로 또는 본인·법정대리인의 신청에 의하여 신뢰관계에 있는 사람을 동석하게 할 수 있다.

③ 법원 또는 수사기관은 미성년자, 사물을 변별하거나 의사를 결정할 능력이 없거나 미약한 사람 또는 대통령령으로 정하는 중대한 장애가 있는 사람에 대하여 제1항 및 제2항에 따른 신청을 받은 경우에는 재판이나 수사에 지장을 줄 우려가 있는 등 특별한 사유가 없으면 신뢰관계에 있는 사람을 동석하게 하여야 한다.

5) 심리의 비공개

① 법원은 신고자등의 사생활이나 신변을 보호하기 위하여 필요하면 결정으로 **심리를 공개하지 아니할 수 있다.**

② 증인으로 소환받은 신고자등과 그 가족은 사생활이나 신변을 보호하기 위하여 증인신문의 비공개를 신청할 수 있다.

6) 불법원인으로 인한 채권무효

① 다음 각 호의 어느 하나에 해당하는 사람이 그 행위와 관련하여 성을 파는 행위를 하였거나 할 사람에게 가지는 채권은 그 계약의 **형식이나 명목에 관계없이 무효로 한다.** 그 채권을 양도하거나 그 채무를 인수한 경우에도 또한 같다.

> 1. 성매매알선 등 행위를 한 사람
> 2. 성을 파는 행위를 할 사람을 고용·모집하거나 그 직업을 소개·알선한 사람
> 3. 성매매 목적의 인신매매를 한 사람

② 검사 또는 사법경찰관은 제1항의 불법원인과 관련된 것으로 의심되는 채무의 불이행을 이유로 고소·고발된 사건을 수사할 때에는 금품이나 그 밖의 재산상의 이익 제공이 성매매의 유인·강요 수단이나 성매매 업소로부터의 이탈방지 수단으로 이용되었는지를 확인하여 수사에 참작하여야 한다.

---

* **외국인여성에 대한 특례**
① 외국인여성이 이 법에 규정된 범죄를 신고한 경우나 외국인여성을 성매매피해자로 수사하는 경우에는 다음 각 호의 어느 하나에 해당하는 때까지 「출입국관리법」 제46조에 따른 강제퇴거명령 또는 같은 법 제51조에 따른 보호의 집행을 하여서는 아니 된다. 이 경우 수사기관은 지방출입국·외국인관서에 해당 외국인여성의 인적사항과 주거를 통보하는 등 출입국관리에 필요한 조치를 하여야 한다.

7) 보호처분의 결정 등

① 판사는 심리 결과 보호처분이 필요하다고 인정할 때에는 결정으로 다음 각 호의 어느 하나에 해당하는 처분을 할 수 있다.

> 1. 성매매가 이루어질 우려가 있다고 인정되는 장소나 지역에의 출입금지
> 2. 「보호관찰 등에 관한 법률」에 따른 보호관찰
> 3. 「보호관찰 등에 관한 법률」에 따른 사회봉사·수강명령
> 4. 「성매매방지 및 피해자보호 등에 관한 법률」 제10조에 따른 성매매피해상담소에의 상담위탁
> 5. 「성폭력방지 및 피해자보호 등에 관한 법률」 제27조제1항에 따른 전담의료기관에의 치료위탁

② 제1항 각 호의 처분은 **병과(倂科)**할 수 있다.

판례

1. 성매매업소에 건물을 임대한 자에 대하여 성매매알선 등 행위의 처벌에 관한 법률 위반으로 토지 및 건물, 임대보증금 및 월차임 상당액의 추징보전청구를 한 사안에서, 추징보전청구의 대상인 범죄수익에 해당한다는 점을 인정하면서도 월차임에 한하여 그 청구를 인용한 원결정 부분은 위법하지 않지만, 비례의 원칙에 반할 소지가 있는 토지 및 건물, 임대보증금에 대한 청구를 기각하는 취지를 주문에서 밝히지 않은 것은 판단을 유탈하여 위법하다.(2009로3)

2. 건물 소유자인 피고인이 甲에게 건물을 임대한 후 경찰청으로부터 성매매 장소로 제공된다는 통지를 받아 위 건물에서 성매매가 이루어진다는 사실을 알았는데도 이를 계속 임대하는 방법으로 제공하였다고 하여 구 성매매알선 등 행위의 처벌에 관한 법률(2011. 5. 23. 법률 제10697호로 개정되기 전의 것) 위반으로 기소된 사안에서, 피고인이 甲에게 "향후 건물에서 성매매를 하지 말고 만약 불법영업을 할 경우 건물을 명도하라."는 취지의 내용증명 우편을 보낸 적이 있고, 甲을 만나 불법영업을 하지 않겠다는 각서를 요구하였는데 甲이 이를 거부한 사정이 있더라도 위와 같은 조치는 임대차계약을 확정적으로 종료시키는 것이 아니어서 건물의 제공행위를 중단하였다고 할 수 없다.(2010도6297)

3. 약식명령이 확정된 구 성매매알선 등 행위의 처벌에 관한 법률(2011. 5. 23. 법률 제10697호로 개정되기 전의 것, 이하 '구 성매매알선 등 처벌법'이라 한다) 위반죄의 범죄사실인 '영업으로 성매매에 제공되는 건물을 제공하는 행위'와 위 약식명령 발령 전에 행해진 구 성매매알선 등 처벌법 위반의 공소사실인 '영업으로 성매매를 알선한 행위'가 서로 독립된 가벌적 행위로서 별개의 죄를 구성한다고 보아야 하는데도, 포괄일죄의 관계에 있다고 보아 위 공소사실에 대하여 면소를 선고한 원심판결에 법리오해의 위법이 있다.(2010도6090)

16 가정폭력범죄의 처벌 등에 관한 특례법

[가정폭력사건 처리절차]

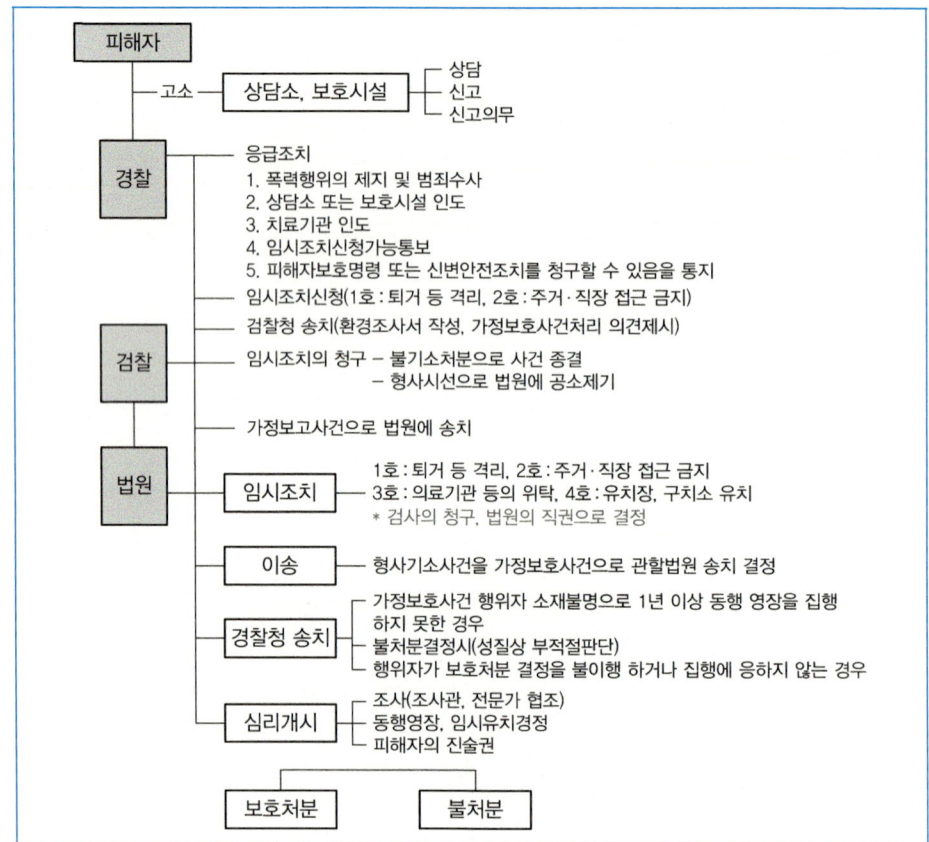

1) 정의

가정폭력	가정구성원 사이의 **신체적, 정신적 또는 재산상 피해**를 수반하는 행위를 말한다.
가정구성원	① 배우자(사실상 혼인관계에 있는 사람을 포함한다) **또는 배우자였던 사람** ② 자기 또는 배우자와 **직계존비속관계(사실상의 양친자관계를 포함한다)에 있거나 있었던 사람** ③ 계부모와 자녀의 관계 또는 적모(嫡母)와 서자(庶子)의 관계에 **있거나 있었던 사람** ④ **동거하는 친족**
가정폭력범죄	가. 「형법」 제2편제25장 상해와 폭행의 죄 중 제257조(**상해, 존속상해**), 제258조(**중상해, 존속중상해**), 제258조의2(**특수상해**), 제260조(**폭행, 존속폭행**)제1항·제2항, 제261조(**특수폭행**) 및 제264조(**상습범**)의 죄 나. 「형법」 제2편제28장 유기와 학대의 죄 중 제271조(유기, 존속유기)제1항·제2항, 제272조(**영아유기**), 제273조(학대, 존속학대) 및 제274조(**아동혹사**)의 죄 다. 「형법」 제2편제29장 체포와 감금의 죄 중 제276조(**체포, 감금, 존속체**

		포, **존속감금**), 제277조(중체포, 중감금, 존속중체포, 존속중감금), 제278조(특수체포, 특수감금), 제279조(상습범) 및 제280조(미수범)의 죄
	라.	「형법」 제2편제30장 협박의 죄 중 제283조(**협박, 존속협박**)제1항·제2항, 제284조(특수협박), 제285조(상습범)(제283조의 죄에만 해당한다) 및 제286조(미수범)의 죄
	마.	「형법」 제2편제32장 강간과 추행의 죄 중 제297조(**강간**), 제297조의2(**유사강간**), 제298조(**강제추행**), 제299조(**준강간, 준강제추행**), 제300조(미수범), 제301조(강간등 상해·치상), 제301조의2(강간등 살인·치사), 제302조(미성년자등에 대한 간음), 제305조(미성년자에 대한 간음, 추행), 제305조의2(상습범)(제297조, 제297조의2, 제298조부터 제300조까지의 죄에 한한다)의 죄
	바.	「형법」 제2편제33장 명예에 관한 죄 중 제307조(**명예훼손**), 제308조(사자의 명예훼손), 제309조(출판물등에 의한 명예훼손) 및 제311조(**모욕**)의 죄
	사.	「형법」 제2편제36장 **주거침입의 죄**
	아.	「형법」 제2편제37장 권리행사를 방해하는 죄 중 제324조(강요) 및 제324조의5(미수범)(제324조의 죄에만 해당한다)의 죄
	자.	「형법」 제2편제39장 사기와 공갈의 죄 중 제350조(공갈), 제350조의2(특수공갈) 및 제352조(미수범)(제350조, 제350조의2의 죄에만 해당한다)의 죄
	차.	「형법」 제2편제42장 손괴의 죄 중 제366조(**재물손괴등**) 및 제369조(**특수손괴**)제1항의 죄
	카.	「성폭력범죄의 처벌 등에 관한 특례법」 제14조(**카메라 등을 이용한 촬영**) 및 제15조(미수범)(제14조의 죄에만 해당한다)의 죄
	타.	「정보통신망 이용촉진 및 정보보호 등에 관한 법률」 제74조제1항제3호의 죄(**위반하여 공포심이나 불안감을 유발하는 부호·문언·음향·화상 또는 영상을 반복적으로 상대방에게 도달하게 한 자**)
	파.	가목부터 타목까지의 죄로서 다른 법률에 따라 가중처벌되는 죄
가정폭력행위자		가정폭력범죄를 **범한 사람 및 가정구성원인 공범**을 말한다.
피해자		가정폭력범죄로 인하여 **직접적**으로 피해를 입은 사람을 말한다.
가정보호사건		가정폭력범죄로 인하여 이 법에 따른 보호처분의 대상이 되는 사건을 말한다.
아동		「아동복지법」 제3조제1호에 따른 아동을 말한다.(18세 미만)

2) 다른 법률과의 관계

가정폭력범죄에 대하여는 이 법을 **우선 적용**한다. 다만, 아동학대범죄에 대하여는 **「아동학대범죄의 처벌 등에 관한 특례법」을 우선 적용**한다.

※ 형벌과 수강명령 등의 병과
① 법원은 가정폭력행위자에 대하여 유죄판결(선고유예는 제외한다)을 선고하거나 약식명령을 고지하는 경우에는 200시간의 범위에서 재범예방에 필요한 수강명령(「보호관찰 등에 관한 법률」에 따른 수강명령을 말한다. 이하 같다) 또는 가정폭력 치료프로그램의 이수명령(이하 "이수명령"이라 한다)을 병과할 수 있다.

3) 신고의무 등

① 누구든지 가정폭력범죄를 알게 된 경우에는 수사기관에 **신고할 수 있다**.
② 다음 각 호의 어느 하나에 해당하는 사람이 직무를 수행하면서 가정폭력범죄를 알게 된 경우에는 정당한 사유가 없으면 **즉시 수사기관에 신고하여야 한다**.

> 1. 아동의 교육과 보호를 담당하는 **기관의 종사자와 그 기관장**
> 2. 아동, **60세 이상의 노인**, 그 밖에 정상적인 판단 능력이 결여된 사람의 치료 등을 담당하는 **의료인 및 의료기관의 장**
> 3. 「노인복지법」에 따른 노인복지시설, 「아동복지법」에 따른 아동복지시설, 「장애인복지법」에 따른 **장애인복지시설의 종사자와 그 기관장**
> 4. 「다문화가족지원법」에 따른 다문화가족지원센터의 전문인력과 그 장
> 5. 「결혼중개업의 관리에 관한 법률」에 따른 **국제결혼중개업자와 그 종사자**
> 6. 「소방기본법」에 따른 **구조대·구급대의 대원**
> 7. 「사회복지사업법」에 따른 **사회복지 전담공무원**
> 8. 「건강가정기본법」에 따른 건강가정지원센터의 **종사자와 그 센터의 장**

③ 「아동복지법」에 따른 아동상담소, 「가정폭력방지 및 피해자보호 등에 관한 법률」에 따른 가정폭력 관련 상담소 및 보호시설, 「성폭력방지 및 피해자보호 등에 관한 법률」에 따른 성폭력피해상담소 및 보호시설(이하 "상담소등"이라 한다)에 근무하는 **상담원과 그 기관장은** 피해자 또는 피해자의 법정대리인 등과의 상담을 통하여 가정폭력범죄를 알게 된 경우에는 가정폭력피해자의 **명시적인 반대의견이 없으면 즉시 신고하여야 한다**.

4) 고소에 관한 특례

① **피해자 또는 그 법정대리인은** 가정폭력행위자를 고소할 수 있다.
　피해자의 법정대리인이 가정폭력행위자인 경우 또는 가정폭력행위자와 공동으로 가정폭력범죄를 범한 경우에는 **피해자의 친족이 고소할 수 있다**.
② 피해자는 「형사소송법」 제224조에도 불구하고 가정폭력행위자가 **자기 또는 배우자의 직계존속인 경우에도 고소할 수 있다**. 법정대리인이 고소하는 경우에도 또한 같다.
③ 피해자에게 고소할 법정대리인이나 친족이 없는 경우에 **이해관계인이 신청하면 검사는 10일 이내에 고소할 수 있는 사람을 지정하여야 한다**.

* **제7조(사법경찰관의 사건 송치)**
사법경찰관은 가정폭력범죄를 신속히 수사하여 사건을 검사에게 송치하여야 한다. 이 경우 사법경찰관은 해당 사건을 가정보호사건으로 처리하는 것이 적절한지에 관한 의견을 제시할 수 있다.

5) 가정폭력범죄에 대한 응급조치

진행 중인 가정폭력범죄에 대하여 신고를 받은 사법경찰관리는 **즉시 현장에 나가서** 다음 각 호의 조치를 하여야 한다.

> 1. 폭력행위의 **제지**, 가정폭력행위자·피해자의 **분리**
> 1의2. 「형사소송법」 제212조에 따른 현행범인의 체포 등 **범죄수사**
> 2. 피해자를 가정폭력 관련 **상담소 또는 보호시설로 인도**(피해자가 동의한 경우만 해당한다)
> 3. 긴급치료가 필요한 피해자를 **의료기관으로 인도**
> 4. 폭력행위 재발 시 제8조에 따라 **임시조치를 신청할 수 있음을 통보**
> 5. 제55조의2에 따른 피해자보호명령 또는 신변안전조치를 **청구할 수 있음을 고지**

6) 임시조치의 청구 등

① **검사**는 가정폭력범죄가 재발될 우려가 있다고 인정하는 경우에는 **직권으로 또는 사법경찰관의 신청에 의하여** 법원에 제29조제1항제1호·제2호 또는 제3호의 임시조치를 청구할 수 있다.

② 검사는 가정폭력행위자가 제1항의 청구에 의하여 결정된 임시조치를 위반하여 가정폭력범죄가 재발될 우려가 있다고 인정하는 경우에는 직권으로 또는 사법경찰관의 신청에 의하여 법원에 제29조제1항제5호의 임시조치를 청구할 수 있다.

> 임시조치 청구
> ① 피해자 또는 가정구성원의 주거 또는 점유하는 방실로부터의 **퇴거 등 격리**
> ② 피해자 또는 가정구성원의 주거, 직장 등에서 100미터 이내의 **접근금지**
> ③ 피해자 또는 가정구성원에 대한 **전기통신을 이용한 접근 금지**

7) 임시조치

① **판사**는 가정보호사건의 원활한 조사·심리 또는 피해자 보호를 위하여 필요하다고 인정하는 경우에는 결정으로 가정폭력행위자에게 다음 각 호의 어느 하나에 해당하는 **임시조치를 할 수 있다**.

> 1. 피해자 또는 가정구성원의 주거 또는 점유하는 방실(房室)로부터의 **퇴거 등 격리**
> 2. 피해자 또는 가정구성원이나 그 주거·직장 등에서 **100미터 이내의 접근 금지**
> 3. 피해자 또는 가정구성원에 대한 「전기통신기본법」 제2조제1호의 **전기통신을 이용한 접근 금지**
> 4. **의료기관**이나 그 밖의 **요양소에의 위탁**
> 5. 국가경찰관서의 **유치장 또는 구치소에의 유치**
> 6. 상담소등에의 **상담위탁**

② 동행영장에 의하여 동행한 가정폭력행위자 또는 제13조에 따라 인도된 가정폭력행위자에 대하여는 가정폭력행위자가 법원에 인치된 때부터 **24시간 이내에** 제1항의 조치 여부를 결정하여야 한다.

③ 제1항제1호부터 제3호까지의 임시조치기간은 **2개월**, 같은 항 제4호부터 제6호까지의 임시조치기간은 **1개월**을 초과할 수 없다. 다만, 피해자의 보호를 위하여 그 기간을 연장할 필요가 있다고 인정하는 경우에는 결정으로 제1항제1호부터 제3호까지의 임시조치는 **두 차례만**, 같은 항 제4호부터 제6호까지의 임시조치는 **한 차례만** 각 기간의 범위에서 **연장**할 수 있다.

8) 긴급임시조치

① **사법경찰관**은 제5조에 따른 응급조치에도 불구하고 **가정폭력범죄가 재발될 우려가 있고, 긴급을 요하여 법원의 임시조치 결정을 받을 수 없을 때에는 직권 또는 피해자나 그 법정대리인의 신청에 의하여** 제29조제1항제1호부터 제3호까지의 어느 하나에 해당하는 조치(긴급임시조치)를 할 수 있다.

> 1. 피해자 또는 가정구성원의 주거 또는 점유하는 방실(房室)로부터의 퇴거 등 **격리**
> 2. 피해자 또는 가정구성원이나 그 주거·직장 등에서 **100미터 이내의 접근 금지**
> 3. 피해자 또는 가정구성원에 대한 「전기통신기본법」 제2조제1호의 전기통신을 이용한 **접근 금지**

＊ 긴급임시조치 불이행시
300만원 이하의 과태료

② 사법경찰관은 긴급임시조치를 한 경우에는 **즉시 긴급임시조치결정서를 작성하여야 한다.**

9) 긴급임시조치와 임시조치의 청구

① 사법경찰관이 제8조의2제1항에 따라 긴급임시조치를 한 때에는 지체 없이 검사에게 제8조에 따른 임시조치를 신청하고, 신청받은 검사는 법원에 임시조치를 청구하여야 한다. 이 경우 임시조치의 청구는 **긴급임시조치를 한 때부터 48시간 이내에 청구**하여야 하며, 제8조의2제2항에 따른 **긴급임시조치결정서를 첨부하여야 한다.**

② 제1항에 따라 임시조치를 청구하지 아니하거나 법원이 임시조치의 결정을 하지 아니한 때에는 즉시 긴급임시조치를 **취소하여야 한다.**

(10) 가정폭력범죄 피해자 보호

가정폭력방지 및 피해자보호 등에 관한 법률을 규정하고 있다.

17 아동학대범죄의 처벌 등에 관한 특례법

[아동학대범죄 처리 절차]

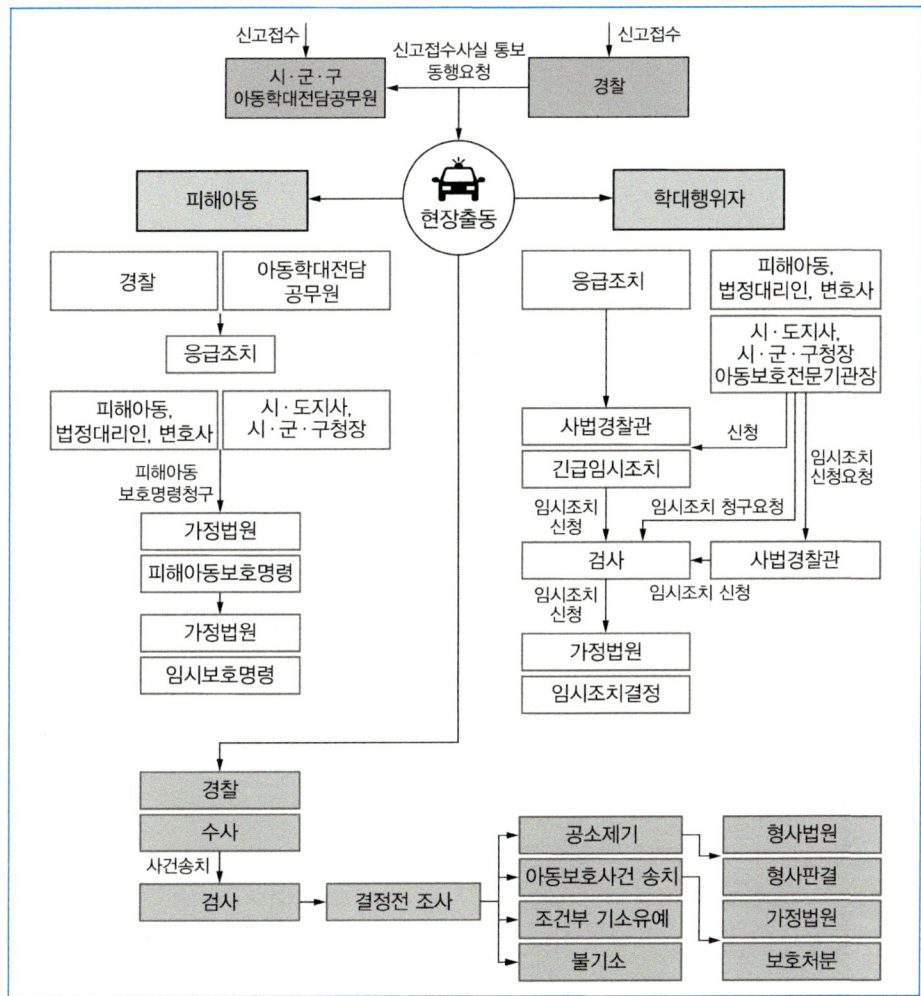

1) 정의

아동	「아동복지법」 제3조제1호에 따른 아동을 말한다.(**18세 미만**)
보호자	「아동복지법」 제3조제3호에 따른 보호자를 말한다.
아동학대행위자	아동학대범죄를 **범한 사람 및 그 공범**을 말한다.
피해아동	아동학대범죄로 인하여 **직접적으로 피해를 입은 아동**을 말한다.
아동보호전문기관	「아동복지법」 제45조에 따른 아동보호전문기관을 말한다.
아동복지시설의 종사자	아동복지시설에서 아동의 상담·지도·치료·양육, 그 밖에 아동의 복지에 관한 업무를 담당하는 사람을 말한다.

※ **아동학대범죄**

가. 「형법」 제2편제25장 상해와 폭행의 죄 중 제257조(상해)제1항·제3항, 제258조의2(특수상해)제1항(제257조제1항의 죄에만 해당한다)·제3항(제1항 중 제257조제1항의 죄에만 해당한다), 제260조(폭행)제1항, 제261조(특수폭행) 및 제262조(폭행치사상)(상해에 이르게 한 때에만 해당한다)의 죄

나. 「형법」 제2편제28장 유기와 학대의 죄 중 제271조(유기)제1항, 제272조(영아유기), 제273조(학대)제1항, 제274조(아동혹사) 및 제275조(유기등 치사상)(상해에 이르게 한 때에만 해당한다)의 죄

다. 「형법」 제2편제29장 체포와 감금의 죄 중 제276조(체포, 감금)제1항, 제277조(중체포, 중감금)제1항, 제278조(특수체포, 특수감금), 제280조(미수범) 및 제281조(체포·감금등의 치사상)(상해에 이르게 한 때에만 해당한다)의 죄

라. 「형법」 제2편제30장 협박의 죄 중 제283조(협박)제1항, 제284조(특수협박) 및 제286조(미수범)의 죄

마. 「형법」 제2편제31장 약취, 유인 및 인신매매의 죄 중 제287조(미성년자 약취, 유인), 제288조(추행 등 목적 약취, 유인 등), 제289조(인신매매) 및 제290조(약취, 유인, 매매, 이송 등 상해·치상)의 죄

바. 「형법」 제2편제32장 강간과 추행의 죄 중 제297조(강간), 제297조의2(유사강간), 제298조(강제추행), 제299조(준강간, 준강제추행), 제300조(미수범), 제301조(강간등 상해·치상), 제301조의2(강간등 살인·치사), 제302조(미성년자등에 대한 간음), 제303조(업무상위력 등에 의한 간음) 및 제305조(미성년자에 대한 간음, 추행)의 죄

사. 「형법」 제2편제33장 명예에 관한 죄 중 제307조(명예훼손), 제309조(출판물등에 의한 명예훼손) 및 제311조(모욕)의 죄

아. 「형법」 제2편제36장 주거침입의 죄 중 제321조(주거·신체 수색)의 죄

자. 「형법」 제2편제37장 권리행사를 방해하는 죄 중 제324조(강요) 및 제324조의5(미수범)(제324조의 죄에만 해당한다)의 죄

차. 「형법」 제2편제39장 사기와 공갈의 죄 중 제350조(공갈), 제350조의2(특수공갈) 및 제352조(미수범)(제350조, 제350조의2의 죄에만 해당한다)의 죄
카. 「형법」 제2편제42장 손괴의 죄 중 제366조(재물손괴등)의 죄
타. 「아동복지법」 제71조제1항 각 호의 죄(제3호의 죄는 제외한다)
파. 가목부터 타목까지의 죄로서 다른 법률에 따라 가중처벌되는 죄
하. 제4조(아동학대살해·치사), 제5조(아동학대중상해) 및 제6조(상습범)의 죄

2) 다른 법률과의 관계

아동학대범죄에 대하여는 **이 법을 우선 적용**한다. 다만, 「성폭력범죄의 처벌 등에 관한 특례법」, 「아동·청소년의 성보호에 관한 법률」에서 가중처벌되는 경우에는 그 법에서 정한 바에 따른다.

3) 친권상실청구 등

① 아동학대행위자가 제5조 또는 제6조의 범죄를 저지른 때에는 **검사는** 그 사건의 아동학대행위자가 피해아동의 친권자나 후견인인 경우에 법원에 「민법」 제924조의 **친권상실의 선고** 또는 같은 법 제940조의 **후견인의 변경 심판을 청구하여야 한다**. 다만, 친권상실의 선고 또는 후견인의 변경 심판을 하여서는 아니 될 특별한 사정이 있는 경우에는 그러하지 아니하다.

② 검사가 제1항에 따른 청구를 하지 아니한 때에는 특별시장·광역시장·특별자치시장·도지사·특별자치도지사(시·도지사) 또는 시장·군수·구청장(자치구의 구청장을 말한다. 이하 같다)은 **검사에게** 제1항의 청구를 하도록 **요청할 수 있다**. 이 경우 청구를 요청받은 검사는 요청받은 날부터 30일 내에 그 처리 결과를 시·도지사 또는 시장·군수·구청장에게 통보하여야 한다

③ 제2항 후단에 따라 처리 결과를 통보받은 **시·도지사 또는 시장·군수·구청장**은 그 처리 결과에 대하여 이의가 있을 경우 통보받은 날부터 **30일** 내에 **직접 법원**에 제1항의 **청구**를 할 수 있다.

4) 아동학대범죄 신고의무와 절차

① **누구든지** 아동학대범죄를 알게 된 경우나 그 의심이 있는 경우에는 특별시·광역시·특별자치시·도·특별자치도(시·도), 시·군·구(자치구) 또는 수사기관에 **신고할 수 있다**.

② 다음 각 호의 어느 하나에 해당하는 사람이 직무를 수행하면서 아동학대범죄를 알게 된 경우나 그 의심이 있는 경우에는 시·도, 시·군·구 또는 수사기관에 **즉시 신고하여야 한다**.

> 1. 「아동복지법」 제10조의2에 따른 아동권리보장원(이하 "아동권리보장원"이라 한다) 및 가정위탁지원센터의 **장과 그 종사자**
> 2. 아동복지시설의 장과 그 종사자(아동보호전문기관의 장과 그 종사자는 제외한다)
> 3. 「아동복지법」 제13조에 따른 **아동복지전담공무원**
> 4. 「가정폭력방지 및 피해자보호 등에 관한 법률」 제5조에 따른 가정폭력 관련 상담소 및 같은 법 제7조의2에 따른 가정폭력피해자 **보호시설의 장과 그 종사자**
> 5. 「건강가정기본법」 제35조에 따른 **건강가정지원센터의 장과 그 종사자**
> 6. 「다문화가족지원법」 제12조에 따른 다문화가족지원센터의 장과 그 종사자
> 7. 「사회보장급여의 이용·제공 및 수급권자 발굴에 관한 법률」 제43조에 따른 사회복지전담공무원 및 「사회복지사업법」 제34조에 따른 사회복지시설의 장과 그 종사자

8. 「성매매방지 및 피해자보호 등에 관한 법률」 제9조에 따른 지원시설 및 같은 법 제17조에 따른 성매매피해상담소의 장과 그 종사자
9. 「성폭력방지 및 피해자보호 등에 관한 법률」 제10조에 따른 성폭력피해상담소, 같은 법 제12조에 따른 성폭력피해자보호시설의 장과 그 종사자 및 같은 법 제18조에 따른 성폭력피해자통합지원센터의 장과 그 종사자
10. 「119구조·구급에 관한 법률」 제2조제4호에 따른 119구급대의 대원
11. 「응급의료에 관한 법률」 제2조제7호에 따른 응급의료기관등에 종사하는 응급구조사
12. 「영유아보육법」 제7조에 따른 육아종합지원센터의 장과 그 종사자 및 제10조에 따른 어린이집의 원장 등 보육교직원
13. 「유아교육법」 제2조제2호에 따른 **유치원의 장과 그 종사자**
14. 아동보호전문기관의 장과 그 종사자
15. 「의료법」 제3조제1항에 따른 의료기관의 장과 그 의료기관에 종사하는 **의료인 및 의료기사**
16. 「장애인복지법」 제58조에 따른 장애인복지시설의 장과 그 종사자로서 시설에서 장애아동에 대한 상담·치료·훈련 또는 요양 업무를 수행하는 사람
17. 「정신건강증진 및 정신질환자 복지서비스 지원에 관한 법률」 제3조제3호에 따른 정신건강복지센터, 같은 조 제5호에 따른 정신의료기관, 같은 조 제6호에 따른 정신요양시설 및 같은 조 제7호에 따른 정신재활시설의 장과 그 종사자
18. 「청소년기본법」 제3조제6호에 따른 청소년시설 및 같은 조 제8호에 따른 **청소년단체의 장과 그 종사자**
19. 「청소년 보호법」 제35조에 따른 청소년 보호·재활센터의 장과 그 종사자
20. 「초·중등교육법」 제2조에 따른 **학교의 장과 그 종사자**
21. 「한부모가족지원법」 제19조에 따른 한부모가족복지시설의 장과 그 종사자
22. 「학원의 설립·운영 및 과외교습에 관한 법률」 제6조에 따른 학원의 운영자·강사·직원 및 같은 법 제14조에 따른 **교습소의 교습자·직원**
23. 「아이돌봄 지원법」 제2조제4호에 따른 아이돌보미
24. 「아동복지법」 제37조에 따른 취약계층 아동에 대한 통합서비스지원 수행인력
25. 「입양특례법」 제20조에 따른 입양기관의 장과 그 종사자
26. 「영유아보육법」 제8조에 따른 한국보육진흥원의 장과 그 종사자로서 같은 법 제30조에 따른 **어린이집 평가 업무를 수행하는 사람**

③ 누구든지 제1항 및 제2항에 따른 신고인의 인적 사항 또는 신고인임을 미루어 알 수 있는 사실을 다른 사람에게 알려주거나 공개 또는 보도하여서는 아니 된다.
④ 제2항에 따른 **신고가 있는 경우** 시·도, 시·군·구 또는 수사기관은 정당한 사유가 없으면 **즉시 조사 또는 수사에 착수하여야 한다.**

* 제10조의2(불이익조치의 금지)
누구든지 아동학대범죄신고자등에게 아동학대범죄신고등을 이유로 불이익조치를 하여서는 아니 된다.

5) 고소에 대한 특례
① 피해아동 또는 그 법정대리인은 아동학대행위자를 고소할 수 있다. 피해아동의 법정대리인이 아동학대행위자인 경우 또는 아동학대행위자와 공동으로 아동학대범죄를 범한 경우에는 **피해아동의 친족이 고소할 수 있다.**

② 피해아동은 「형사소송법」 제224조에도 불구하고 **아동학대행위자가 자기 또는 배우자의 직계존속인 경우에도 고소할 수 있다.** 법정대리인이 고소하는 경우에도 또한 같다.

③ 피해아동에게 고소할 법정대리인이나 친족이 없는 경우에 이해관계인이 신청하면 **검사는 10일 이내에 고소할 수 있는 사람을 지정하여야 한다.**

6) 현장출동

① 아동학대범죄 신고를 접수한 **사법경찰관리**나 「아동복지법」 제22조제4항에 따른 아동학대전담공무원(**아동학대전담공무원**)은 지체 없이 아동학대범죄의 **현장에 출동하여야 한다.** 이 경우 수사기관의 장이나 시·도지사 또는 시장·군수·구청장은 서로 동행하여 줄 것을 요청할 수 있으며, 그 요청을 받은 수사기관의 장이나 시·도지사 또는 시장·군수·구청장은 정당한 사유가 없으면 사법경찰관리나 아동학대전담공무원이 아동학대범죄 현장에 동행하도록 조치하여야 한다.

② 아동학대범죄 신고를 접수한 사법경찰관리나 아동학대전담공무원은 아동학대범죄가 행하여지고 있는 것으로 신고된 현장 또는 피해아동을 보호하기 위하여 필요한 장소에 **출입하여** 아동 또는 아동학대행위자 등 관계인에 대하여 **조사를 하거나 질문을 할 수 있다.** 다만, **아동학대전담공무원**은 다음 각 호를 위한 범위에서만 아동학대행위자 등 관계인에 대하여 **조사 또는 질문을 할 수 있다.**

> 1. 피해아동의 보호
> 2. 「아동복지법」 제22조의4의 사례관리계획에 따른 사례관리(이하 "사례관리"라 한다)

③ **시·도지사 또는 시장·군수·구청장**은 제1항에 따른 현장출동 시 아동보호 및 사례관리를 위하여 필요한 경우 아동보호전문기관의 장에게 아동보호전문기관의 직원이 동행할 것을 요청할 수 있다. 이 경우 아동보호전문기관의 직원은 피해아동의 보호 및 사례관리를 위한 범위에서 아동학대전담공무원의 조사에 참여할 수 있다.

④ 제2항 및 제3항에 따라 출입이나 조사를 하는 사법경찰관리, 아동학대전담공무원 또는 아동보호전문기관의 직원은 그 권한을 표시하는 **증표를 지니고 이를 관계인에게 내보여야 한다.**

⑤ 제1항에 따른 **현장출동이 동행하여 이루어지지 아니한 경우** 수사기관의 장이나 시·도지사 또는 시장·군수·구청장은 현장출동에 따른 조사 등의 **결과를 서로에게 통지하여야 한다.**

7) 피해아동 등에 대한 응급조치

① 제11조제1항에 따라 현장에 출동하거나 아동학대범죄 현장을 발견한 경우 또는 학대현장 이외의 장소에서 학대피해가 확인되고 재학대의 위험이 급박·현저한 경우, **사법경찰관리 또는 아동학대전담공무원**은 피해아동, 피해아동의 형제자매인 아동 및 피해아동과 동거하는 아동(피해아동등)의 보호를 위하여 즉시 다음 각 호의 조치(**응급조치**)를 하여야 한다. 이 경우 제3호의 조치를 하는 때에는 피해아동등의 이익을 최우선으로 고려하여야 하며, 피해아동등을 보호하여야 할 필요가 있는 등 특별한 사정이 있는 경우를 제외하고는 **피해아동등의 의사를 존중하여야 한다.**

> 1. 아동학대범죄 행위의 **제지**
> 2. 아동학대행위자를 피해아동등으로부터 **격리**
> 3. 피해아동등을 아동학대 관련 **보호시설로 인도**
> 4. 긴급치료가 필요한 피해아동을 **의료기관으로 인도**

② 사법경찰관리나 아동학대전담공무원은 제1항제3호 및 제4호 규정에 따라 피해아동등을 분리·인도하여 보호하는 경우 지체 없이 피해아동등을 인도받은 보호시설·의료시설을 관할하는 시·도지사 또는 시장·군수·구청장에게 그 사실을 **통보하여야 한다.**

③ 제1항제2호부터 제4호까지의 규정에 따른 **응급조치는 72시간을 넘을 수 없다.** 다만, 본문의 기간에 공휴일이나 토요일이 포함되는 경우로서 피해아동등의 보호를 위하여 필요하다고 인정되는 경우에는 **48시간의 범위**에서 그 기간을 **연장할 수 있다.**

④ 제3항에도 불구하고 검사가 제15조제2항에 따라 임시조치를 법원에 청구한 경우에는 **법원의 임시조치 결정 시까지** 응급조치 기간이 **연장**된다.

⑤ 사법경찰관리 또는 아동학대전담공무원이 제1항에 따라 응급조치를 한 경우에는 즉시 응급조치결과보고서를 작성하여야 한다. 이 경우 **사법경찰관리가 응급조치를 한 경우**에는 관할 경찰관서의 장이 시·도지사 또는 시장·군수·구청장에게, **아동학대전담공무원이 응급조치를 한 경우**에는 소속 시·도지사 또는 시장·군수·구청장이 관할 경찰관서의 장에게 작성된 응급조치결과보고서를 지체 없이 송부하여야 한다.

⑥ 사법경찰관리는 제1항제1호 또는 제2호의 조치를 위하여 다른 사람의 토지·건물·배 또는 차에 **출입할 수 있다.**

8) 아동학대행위자에 대한 긴급임시조치

① 사법경찰관은 제12조제1항에 따른 응급조치에도 불구하고 아동학대범죄가 재발될 우려가 있고, 긴급을 요하여 제19조제1항에 따른 법원의 임시조치 결정을 받을 수 없을 때에는 직권이나 피해아동등, 그 법정대리인(아동학대행위자를 제외한다. 이하 같다), 변호사(제16조에 따른 변호사를 말한다. 제48조 및 제49조를 제외하고는 이하 같다), 시·도지사, 시장·군수·구청장 또는 아동보호전문기관의 장의 신청에 따라 제19조제1항제1호부터 제3호까지의 어느 하나에 해당하는 **조치를 할 수 있다.**

> 1. 피해아동등 또는 가정구성원(「가정폭력범죄의 처벌 등에 관한 특례법」 제2조제2호에 따른 가정구성원을 말한다.)의 주거로부터 **퇴거 등 격리**
> 2. 피해아동등 또는 가정구성원의 주거, 학교 또는 보호시설 등에서 **100미터 이내의 접근 금지**
> 3. 피해아동등 또는 가정구성원에 대한 「전기통신기본법」 제2조제1호의 **전기통신을 이용한 접근 금지**

9) 임시조치의 청구

검사는 아동학대범죄가 재발될 우려가 있다고 인정하는 경우에는 직권으로 또는 **사법경찰관이나 보호관찰관의 신청**에 따라 법원에 제19조제1항 각 호의 임시조치를 청구할 수 있다.

10) 응급조치·긴급임시조치 후 임시조치의 청구

① 사법경찰관이 제12조제1항제2호부터 제4호까지의 규정에 따른 응급조치 또는 제13조제1항에 따른 긴급임시조치를 하였거나 시·도지사 또는 시장·군수·구청장으로부터 제12조제1항제2호부터 제4호까지의 규정에 따른 응급조치가 행하여졌다는 **통지를 받은 때에는 지체 없이 검사에게** 제19조에 따른 임시조치의 **청구를 신청하여야 한다.**

② 제1항의 신청을 받은 검사는 임시조치를 청구하는 때에는 **응급조치가 있었던 때부터 72시간**(제12조제3항 단서에 따라 응급조치 기간이 연장된 경우에는 그 기간을 말한다) 이내에, **긴급임시조치가 있었던 때부터 48시간 이내**에 하여야 한다. 이 경우 제12조제5항에 따라 작성된 응급조치결과보고서 및 제13조제2항에 따라 작성된 긴급임시조치결정서를 첨부하여야 한다.

➡ 사법경찰관은 검사가 제2항에 따라 임시조치를 청구하지 아니하거나 법원이 임시조치의 결정을 하지 아니한 때에는 즉시 그 긴급임시조치를 취소하여야 한다.

11) 아동학대행위자에 대한 임시조치

① **판사는** 아동학대범죄의 원활한 조사·심리 또는 피해아동등의 보호를 위하여 필요하다고 인정하는 경우에는 결정으로 아동학대행위자에게 다음 각 호의 어느 하나에 해당하는 조치(임시조치)를 할 수 있다.

> 1. 피해아동등 또는 가정구성원(「가정폭력범죄의 처벌 등에 관한 특례법」 제2조제2호에 따른 가정구성원을 말한다. 이하 같다)의 주거로부터 **퇴거 등 격리**
> 2. 피해아동등 또는 가정구성원의 주거, 학교 또는 보호시설 등에서 **100미터 이내의 접근 금지**
> 3. 피해아동등 또는 가정구성원에 대한 「전기통신기본법」 제2조제1호의 **전기통신을 이용한 접근 금지**
> 4. 친권 또는 후견인 권한 행사의 **제한 또는 정지**
> 5. 아동보호전문기관 등에의 **상담 및 교육 위탁**
> 6. 의료기관이나 그 밖의 **요양시설에의 위탁**
> 7. 경찰관서의 **유치장 또는 구치소에의 유치**

② 제1항 각 호의 처분은 **병과**할 수 있다.
③ **판사는** 피해아동등에 대하여 제12조제1항제2호부터 제4호까지의 규정에 따른 응급조치가 행하여진 경우에는 임시조치가 청구된 때로부터 **24시간 이내**에 임시조치 여부를 결정하여야 한다.
④ 제1항 각 호의 규정에 따른 임시조치기간은 **2개월을 초과할 수 없다**. 다만, 피해아동등의 보호를 위하여 그 기간을 연장할 필요가 있다고 인정하는 경우에는 결정으로 제1항**제1호부터 제3호까지**의 규정에 따른 임시조치는 **두 차례만**, 같은 항 **제4호부터 제7호까지**의 규정에 따른 임시조치는 **한 차례만** 각 기간의 범위에서 연장할 수 있다.

12) 공소시효의 정지와 효력

① 아동학대범죄의 공소시효는 「형사소송법」 제252조에도 불구하고 해당 아동학대범죄의 피해아동이 **성년에 달한 날부터 진행**한다.
② 아동학대범죄에 대한 공소시효는 해당 아동보호사건이 법원에 송치된 때부터 시효 진행이 정지된다. 다만, 다음 각 호의 어느 하나에 해당하는 경우에는 그 때부터 진행된다.
③ **공범 중 1명에 대한** 제2항의 시효정지는 **다른 공범자에게도 효력을 미친다.**

★ 제17조의3(교원에 대한 아동학대범죄사건 처리에서의 특례)
① 사법경찰관은 「유아교육법」 및 「초·중등교육법」에 따른 교원의 교육활동 중 행위가 아동학대범죄로 신고되어 수사 중인 사건과 관련하여 관할 교육감이 의견을 제출하는 경우 이를 사건기록에 편철하고 아동학대범죄사건 수사 및 제24조 후단에 따른 의견을 제시할 때 참고하여야 한다.
② 검사는 제1항과 같은 아동학대범죄사건을 수사하거나 결정할 때 사건기록에 편철된 관할 교육감의 의견을 참고하여야 한다.

> **관련조문**

학교폭력예방 및 대책에 관한 법률 (약칭: 학교폭력예방법) [시행 2024. 3. 1.]

제2조(정의) 이 법에서 사용하는 용어의 정의는 다음 각 호와 같다.
1. "학교폭력"이란 학교 내외에서 학생을 대상으로 발생한 상해, 폭행, 감금, 협박, 약취·유인, 명예훼손·모욕, 공갈, 강요·강제적인 심부름 및 성폭력, 따돌림, 사이버 따돌림, 정보통신망을 이용한 음란·폭력 정보 등에 의하여 신체·정신 또는 재산상의 피해를 수반하는 행위를 말한다.
1의2. "따돌림"이란 학교 내외에서 2명 이상의 학생들이 특정인이나 특정집단의 학생들을 대상으로 지속적이거나 반복적으로 신체적 또는 심리적 공격을 가하여 상대방이 고통을 느끼도록 하는 모든 행위를 말한다.
1의3. "사이버 따돌림"이란 인터넷, 휴대전화 등 정보통신기기를 이용하여 학생들이 특정 학생들을 대상으로 지속적, 반복적으로 심리적 공격을 가하거나, 특정 학생과 관련된 개인정보 또는 허위사실을 유포하여 상대방이 고통을 느끼도록 하는 모든 행위를 말한다.
2. "학교"란 「초·중등교육법」 제2조에 따른 초등학교·중학교·고등학교·특수학교 및 각종학교와 같은 법 제61조에 따라 운영하는 학교를 말한다.
3. "가해학생"이란 가해자 중에서 학교폭력을 행사하거나 그 행위에 가담한 학생을 말한다.
4. "피해학생"이란 학교폭력으로 인하여 피해를 입은 학생을 말한다.
5. "장애학생"이란 신체적·정신적·지적 장애 등으로 「장애인 등에 대한 특수교육법」 제15조에서 규정하는 특수교육이 필요한 학생을 말한다.

제4조(국가 및 지방자치단체의 책무)

제6조(기본계획의 수립 등) ① 교육부장관은 이 법의 목적을 효율적으로 달성하기 위하여 학교폭력의 예방 및 대책에 관한 정책 목표·방향을 설정하고, 이에 따른 학교폭력의 예방 및 대책에 관한 기본계획(이하 "기본계획"이라 한다)을 제7조에 따른 학교폭력대책위원회의 심의를 거쳐 수립·시행하여야 한다.
② 기본계획은 다음 각 호의 사항을 포함하여 5년마다 수립하여야 한다. 이 경우 교육부장관은 관계 중앙행정기관 등의 의견을 수렴하여야 한다.

제7조(학교폭력대책위원회의 설치·기능) 학교폭력의 예방 및 대책에 관한 다음 각 호의 사항을 심의하기 위하여 국무총리 소속으로 학교폭력대책위원회(이하 "대책위원회"라 한다)를 둔다.

제8조(대책위원회의 구성) ① 대책위원회는 위원장 2명을 포함하여 20명 이내의 위원으로 구성한다.
② 위원장은 국무총리와 학교폭력 대책에 관한 전문지식과 경험이 풍부한 전문가 중에서 대통령이 위촉하는 사람이 공동으로 되고, 위원장 모두가 부득이한 사유로 직무를 수행할 수 없을 때에는 국무총리가 지명한 위원이 그 직무를 대행한다.

제9조(학교폭력대책지역위원회의 설치) ① 지역의 학교폭력 문제를 해결하기 위하여 시·도에 학교폭력대책지역위원회(이하 "지역위원회"라 한다)를 둔다.
② 특별시장·광역시장·특별자치시장·도지사 및 특별자치도지사는 지역위원회의 운영 및 활동에 관하여 시·도의 교육감(이하 "교육감"이라 한다)과 협의하여야 하며, 그 효율적인 운영을 위하여 실무위원회를 둘 수 있다.

제10조(학교폭력대책지역위원회의 기능 등) ① 지역위원회는 기본계획에 따라 지역의 학교폭력 예방대책을 매년 수립한다.
② 지역위원회는 해당 지역에서 발생한 학교폭력에 대하여 교육감 및 시·도경찰청장에게 관련 자료를 요청할 수 있다.

③ 교육감은 지역위원회의 의견을 들어 제16조제1항제1호부터 제3호까지나 제17조제1항제5호에 따른 상담·치료 및 교육을 담당할 상담·치료·교육 기관을 지정하여야 한다.

④ 교육감은 제3항에 따른 상담·치료·교육 기관을 지정한 때에는 해당 기관의 명칭, 소재지, 업무를 인터넷 홈페이지에 게시하고, 그 밖에 다양한 방법으로 학부모에게 알릴 수 있도록 노력하여야 한다.

제10조의2(학교폭력대책지역협의회의 설치·운영) ① 학교폭력예방 대책을 수립하고 기관별 추진계획 및 상호 협력·지원 방안 등을 협의하기 위하여 시·군·구에 학교폭력대책지역협의회(이하 "지역협의회"라 한다)를 둔다.

제12조(학교폭력대책심의위원회의 설치·기능) ① 학교폭력의 예방 및 대책에 관련된 사항을 심의하기 위하여 「지방교육자치에 관한 법률」 제34조 및 「제주특별자치도 설치 및 국제자유도시 조성을 위한 특별법」 제80조에 따른 교육지원청(교육지원청이 없는 경우 해당 시·도 조례로 정하는 기관으로 한다.)에 학교폭력대책심의위원회(이하 "심의위원회"라 한다)를 둔다. 다만, 심의위원회 구성에 있어 대통령령으로 정하는 사유가 있는 경우에는 교육감 보고를 거쳐 둘 이상의 교육지원청이 공동으로 심의위원회를 구성할 수 있다.

제14조(전문상담교사 배치 및 전담기구 구성) ① 학교의 장은 학교에 대통령령으로 정하는 바에 따라 상담실을 설치하고, 「초·중등교육법」 제19조의2에 따라 전문상담교사를 둔다.

② 전문상담교사는 학교의 장 및 심의위원회의 요구가 있는 때에는 학교폭력에 관련된 피해학생 및 가해학생과의 상담결과를 보고하여야 한다.

③ 학교의 장은 교감, 전문상담교사, 보건교사 및 책임교사(학교폭력문제를 담당하는 교사를 말한다), 학부모 등으로 학교폭력문제를 담당하는 전담기구(이하 "전담기구"라 한다)를 구성한다. 이 경우 학부모는 전담기구 구성원의 3분의 1 이상이어야 한다.

④ 학교의 장은 학교폭력 사태를 인지한 경우 지체 없이 전담기구 또는 소속 교원으로 하여금 가해 및 피해 사실 여부를 확인하도록 하고, 전담기구로 하여금 제13조의2에 따른 학교의 장의 자체해결 부의 여부를 심의하도록 한다.

⑤ 전담기구는 학교폭력에 대한 실태조사(이하 "실태조사"라 한다)와 학교폭력 예방 프로그램을 구성·실시하며, 학교의 장 및 심의위원회의 요구가 있는 때에는 학교폭력에 관련된 조사결과 등 활동결과를 보고하여야 한다.

⑥ 피해학생 또는 피해학생의 보호자는 피해사실 확인을 위하여 전담기구에 실태조사를 요구할 수 있다.

⑦ 국가 및 지방자치단체는 실태조사에 관한 예산을 지원하고, 관계 행정기관은 실태조사에 협조하여야 하며, 학교의 장은 전담기구에 행정적·재정적 지원을 할 수 있다.

⑧ 전담기구는 성폭력 등 특수한 학교폭력사건에 대한 실태조사의 전문성을 확보하기 위하여 필요한 경우 전문기관에 그 실태조사를 의뢰할 수 있다. 이 경우 그 의뢰는 심의위원회 위원장의 심의를 거쳐 학교의 장 명의로 하여야 한다.

제16조(피해학생의 보호) ① 심의위원회는 피해학생의 보호를 위하여 필요하다고 인정하는 때에는 피해학생에 대하여 다음 각 호의 어느 하나에 해당하는 조치(수 개의 조치를 동시에 부과하는 경우를 포함한다)를 할 것을 교육장(교육장이 없는 경우 제12조제1항에 따라 조례로 정한 기관의 장으로 한다. 이하 같다)에게 요청할 수 있다. 다만, 학교의 장은 학교폭력사건을 인지한 경우 피해학생의 반대의사 등 대통령령으로 정하는 특별한 사정이 없으면 지체 없이 가해자(교사를 포함한다)와 피해학생을 분리하여야 하며, 피해학생이 긴급보호를 요청하는 경우에는 제1호, 제2호 및 제6호의 조치를 할 수 있다. 이 경우 학교의 장은 심의위원회에 즉시 보고하여야 한다.

　　　　1. 학내외 전문가에 의한 심리상담 및 조언
　　　　2. 일시보호
　　　　3. 치료 및 치료를 위한 요양
　　　　4. 학급교체
　　　　6. 그 밖에 피해학생의 보호를 위하여 필요한 조치
　② 심의위원회는 제1항에 따른 조치를 요청하기 전에 피해학생 및 그 보호자에게 의견 진술의 기회를 부여하는 등 적정한 절차를 거쳐야 한다.
　③ 제1항에 따른 요청이 있는 때에는 교육장은 <u>피해학생의 보호자의 동의를 받아 7일 이내에 해당 조치를 하여야</u> 한다.

제17조(가해학생에 대한 조치) ① <u>심의위원회</u>는 피해학생의 보호와 가해학생의 선도·교육을 위하여 가해학생에 대하여 다음 각 호의 어느 하나에 해당하는 조치(수 개의 조치를 동시에 부과하는 경우를 포함한다)를 할 것을 교육장에게 요청하여야 하며, 각 조치별 적용 기준은 대통령령으로 정한다. 다만, <u>퇴학처분은 의무교육과정에 있는 가해학생에 대하여는 적용하지 아니한다.</u>
　　　　1. 피해학생에 대한 서면사과
　　　　2. 피해학생 및 신고·고발 학생에 대한 접촉, 협박 및 보복행위의 금지
　　　　3. 학교에서의 봉사
　　　　4. 사회봉사
　　　　5. 학내외 전문가에 의한 특별 교육이수 또는 심리치료
　　　　6. 출석정지
　　　　7. 학급교체
　　　　8. 전학
　　　　9. 퇴학처분
　② 제1항에 따라 심의위원회가 교육장에게 가해학생에 대한 조치를 요청할 때 그 이유가 피해학생이나 신고·고발 학생에 대한 협박 또는 보복 행위일 경우에는 같은 항 각 호의 조치를 <u>동시에 부과하거나 조치 내용을 가중할 수 있다.</u>

제20조(학교폭력의 신고의무) ① 학교폭력 현장을 보거나 그 사실을 알게 된 자는 학교 등 관계 기관에 이를 즉시 신고하여야 한다.

제20조의2(긴급전화의 설치 등) ① 국가 및 지방자치단체는 학교폭력을 수시로 신고받고 이에 대한 상담에 응할 수 있도록 긴급전화를 설치하여야 한다.

제20조의3(정보통신망에 의한 학교폭력 등) 제2조제1호에 따른 정보통신망을 이용한 음란·폭력 정보 등에 의한 신체상·정신상 피해에 관하여 필요한 사항은 따로 법률로 정한다.

제20조의6(학교전담경찰관) ① 국가는 학교폭력 예방 및 근절을 위하여 <u>학교폭력 업무 등을 전담하는 경찰관을 둘 수 있다.</u>
　② 제1항에 따른 학교전담경찰관의 운영에 필요한 사항은 대통령령으로 정한다.

제21조(비밀누설금지 등) ① 이 법에 따라 학교폭력의 예방 및 대책과 관련된 업무를 수행하거나 수행하였던 사람은 그 직무로 인하여 알게 된 비밀 또는 가해학생·피해학생 및 제20조에 따른 신고자·고발자와 관련된 자료를 누설하여서는 아니 된다.
　② 제1항에 따른 비밀의 구체적인 범위는 대통령령으로 정한다.
　③ 제16조, 제16조의2, 제17조, 제17조의2, 제18조에 따른 심의위원회의 회의는 공개하지 아니한다. 다만, 피해학생·가해학생 또는 그 보호자가 회의록의 열람·복사 등 회의록 공개를 신청한 때에는 학생과 그 가족의 성명, 주민등록번호 및 주소, 위원의 성명 등 개인정보에 관한 사항을 제외하고 공개하여야 한다.

18 마약류 관리에 관한 법률

1) 마약류

마약	가. 양귀비 : 양귀비과(科)의 파파베르 솜니페룸 엘(Papaver somniferum L.), 파파베르 세티게룸 디시(Papaver setigerum DC.) 또는 파파베르 브락테아툼(Papaver bracteatum) 나. 아편 : 양귀비의 액즙이 응결된 것과 이를 가공한 것. 다만, 의약품으로 가공한 것은 제외한다. 다. 코카 잎[엽] : 코카 관목(에리드록시론속의 모든 식물을 말한다)의 잎. 다만, 엑고닌·코카인 및 엑고닌 알카로이드 성분이 모두 제거된 잎은 제외한다. 라. 양귀비, 아편 또는 코카 잎에서 추출되는 모든 알카로이드 및 그와 동일한 화학적 합성품으로서 대통령령으로 정하는 것 마. 가목부터 라목까지에 규정된 것 외에 그와 동일하게 남용되거나 해독 작용을 일으킬 우려가 있는 화학적 합성품으로서 대통령령으로 정하는 것 바. 가목부터 마목까지에 열거된 것을 함유하는 혼합물질 또는 혼합제제. 다만, **다른 약물이나 물질과 혼합되어 가목부터 마목까지에 열거된 것으로 다시 제조하거나 제제할 수 없고, 그것에 의하여 신체적 또는 정신적 의존성을 일으키지 아니하는 것으로서 총리령으로 정하는 것**[이하 "한외마약"이라 한다]은 **제외한다**.
향정신성 의약품	가. 오용하거나 남용할 우려가 심하고 의료용으로 쓰이지 아니하며 안전성이 결여되어 있는 것으로서 이를 오용하거나 남용할 경우 심한 신체적 또는 정신적 의존성을 일으키는 약물 또는 이를 함유하는 물질 나. 오용하거나 남용할 우려가 심하고 매우 제한된 의료용으로만 쓰이는 것으로서 이를 오용하거나 남용할 경우 심한 신체적 또는 정신적 의존성을 일으키는 약물 또는 이를 함유하는 물질 다. 가목과 나목에 규정된 것보다 오용하거나 남용할 우려가 상대적으로 적고 의료용으로 쓰이는 것으로서 이를 오용하거나 남용할 경우 그리 심하지 아니한 신체적 의존성을 일으키거나 심한 정신적 의존성을 일으키는 약물 또는 이를 함유하는 물질 라. 다목에 규정된 것보다 오용하거나 남용할 우려가 상대적으로 적고 의료용으로 쓰이는 것으로서 이를 오용하거나 남용할 경우 다목에 규정된 것보다 신체적 또는 정신적 의존성을 일으킬 우려가 적은 약물 또는 이를 함유하는 물질 마. 가목부터 라목까지에 열거된 것을 함유하는 혼합물질 또는 혼합제제. 다만, 다른 약물 또는 물질과 혼합되어 가목부터 라목까지에 열거된 것으로 다시 제조하거나 제제할 수 없고, 그것에 의하여 신체적 또는 정신적 의존성을 일으키지 아니하는 것으로서 총리령으로 정하는 것은 제외한다.
대마	다음 각 목의 어느 하나에 해당하는 것을 말한다. ◯ 다만, 대마초[칸나비스 사티바 엘(Cannabis sativa L)을 말한다. 이하 같다]의 **종자(種子)·뿌리 및 성숙한 대마초의 줄기와 그 제품은 제외한다**. 가. 대마초와 그 수지(樹脂) 나. 대마초 또는 그 수지를 원료로 하여 제조된 모든 제품 다. 가목 또는 나목에 규정된 것과 동일한 화학적 합성품으로서 대통령령으로 정하는 것 라. 가목부터 다목까지에 규정된 것을 함유하는 혼합물질 또는 혼합제제

* "마약류"란 마약·향정신성의약품 및 대마를 말한다.

* 구분

마약	천연마약
	합성마약
	반합성마약
	한외마약
향정신성 의약품	각성제
	환각제
	억제제
대마	대마초 대마수지 대마수지기름

마약류 취급자	가. 마약류수출입업자 : 마약 또는 향정신성의약품의 수출입을 업(業)으로 하는 자
	나. 마약류제조업자 : 마약 또는 향정신성의약품의 제조[제제 및 소분(小分)을 포함한다. 이하 같다]를 업으로 하는 자
	다. 마약류원료사용자 : 한외마약 또는 의약품을 제조할 때 마약 또는 향정신성의약품을 원료로 사용하는 자
	라. 대마재배자 : 섬유 또는 종자를 채취할 목적으로 대마초를 재배하는 자
	마. 마약류도매업자 : 마약류소매업자, 마약류취급의료업자, 마약류관리자 또는 마약류취급학술연구자에게 마약 또는 향정신성의약품을 판매하는 것을 업으로 하는 자
	바. 마약류관리자 : 「의료법」에 따른 의료기관(이하 "의료기관"이라 한다)에 종사하는 약사로서 그 의료기관에서 환자에게 투약하거나 투약하기 위하여 제공하는 마약 또는 향정신성의약품을 조제·수수(授受)하고 관리하는 책임을 진 자
	사. 마약류취급학술연구자 : 학술연구를 위하여 마약 또는 향정신성의약품을 사용하거나, 대마초를 재배하거나 대마를 수입하여 사용하는 자
	아. 마약류소매업자 : 「약사법」에 따라 등록한 약국개설자로서 마약류취급의료업자의 처방전에 따라 마약 또는 향정신성의약품을 조제하여 판매하는 것을 업으로 하는 자
	자. 마약류취급의료업자 : 의료기관에서 의료에 종사하는 의사·치과의사·한의사 또는 「수의사법」에 따라 동물 진료에 종사하는 수의사로서 의료나 동물 진료를 목적으로 마약 또는 향정신성의약품을 투약하거나 투약하기 위하여 제공하거나 마약 또는 향정신성의약품을 기재한 처방전을 발급하는 자

팩트DB

분류체계

마약	천연마약	양귀비, 생아편, 몰핀, 코데인, 데바인, 코카인, 크랙
	한외마약 (마약에서 제외)	유코데, 세코날, 코데날, 코데솔 등
	합성마약	프로폭시펜, 모리피난, 아미부노텐, 벤조르르핀, 메사돈계, 페치딘계 등
	반합성마약	헤로인, 히드로모르핀, 하이드로폰, 옥시코돈 등
대마	대마초(마리화나), 대마수지(해쉬쉬)	
향정신성 의약품	각성제	메스암페타민(히로뽕), 암페타민 계열
	환각제	LSD, 페이요트 등
	억제제	벤조다이아핀제제, 알프라졸람, 바르비탈염제류제

2) 향정신성의약품 종류

메스암페타민 (필로폰)	㉠ Methamphetamine 응문세(각성세)로 한국에서 가장 많이 남용되고 있다.(**히로뽕**). ㉡ 1888년 일본 도쿄대학 의학부의 나가이 나가요시 교수가 천식치료제인 마황으로부터 에페드린을 추출하는 과정에서 발견한 물질로 1893년 합성에 성공하였다. ㉢ 강력한 중추신경 흥분제로, 잠을 쫓으며 **피로감 없애주는 각성약물**로 판매하였다. 이것을 반복해서 사용하면 보통 3개월 정도에서 만성중독이 된다.
엑스터시 (MDMA)	㉠ MDMA(3,4 - methylenedioxy - methamphetamine)는 원래 독일 약학 회사 머크에 근무하던 안톤 콜리쉬가 1912년 출혈을 멎게 하기 위해 만든 약품의 부산물이었다. ㉡ 제1차 세계대전 중 **식욕 억제제로 개발**되었지만 임상 실험이 수행되었는지에 대한 문서는 존재하지 않는다. ㉢ 오늘날 MDMA는 가장 인기 있고 가장 널리 보급된 기분 전환용 마약 중 하나이다.(**도리도리 등**)(**클럽마약**), **포옹마약**
GHB(물뽕)	㉠ Gamma - Hydroxybutyric acid 은 향정신성의약품의 하나로 일명 '**물뽕**'이라고도 한다. ㉡ **무색무취 짠맛**으로 소다수 등 음료에 몇방울 타서 마시게 되면 10~15분 내에 약물효과(취한 듯 하며 몸이 처지는 현상)가 나타나기 시작하여 3~4시간 지속된다.(**데이트 강간약물**로 악용됨)
덱스트로메트로판 (러미나)	㉠ 덱스트로메토르판 [dextromethorphan]은 뇌의 중추에 직접 작용하여 **진해효과(기침을 그치게 하는 효과)**를 내는데, 이를 적정용량 이상 사용하면 환각효과가 나타난다. ㉡ 매우 강한 내성을 가지고 있어서 동일한 환각의 효과를 지속적으로 얻으려면 점점 더 많은 양의 덱스트로메토르판을 복용해야 한다. 과용하면 안면홍조, 갈증, 구취, 위장장애, 빈맥, 고혈압, 환각, 망상, 섬망 등의 증상이 나타난다. ㉢ 덱스트로메토르판 제제로는 러미라와 루비킹이 있는데, 청소년의 남용 문제 때문에 2003년 10월부터 마약과 같은 수준의 제재를 가하고 있다.(**정글쥬스**)
L.S.D	㉠ LSD(Lysergic acid diethylamide)는 스위스 화학자인 알버트 호프만(1906~2008)은 1938년 최초로 LSD를 합성하였다. 　➔ 곡물의 곰팡이, 보리 맥각에서 추출한 물질을 인공적으로 합성 ㉡ 1960년대에는 비행 청소년들이 주로 LSD를 복용하였다. 　➔ 우편, 종이등의 표면에 묻혔다가 뜯어서 입에 넣는 방법으로 복용하기도 하였다. ㉢ 이 약물을 복용하면 다채로운 환각 증상(정체성 상실, 시간 왜곡, 공감각)을 경험하게 되며, 복용한 양에 따라 최대 12시간까지 효과가 지속된다. 또한 저체온증, 열, 맥박수 증가, 발한, 발작, 불면증을 일으키기도 한다.(**백플레쉬 현상**)

야바(YABA)	⊙ 야바는 원래 세계 최대의 마약조직인 쿤사조직이 개발한 것인데 쿤사조직이 와해된 이후에는 황금의 삼각지대의 새로운 지배자 와(wa)족이 생산하여 밀수출하고 있다.(동남아시아 유흥업소) ⓒ 메스암페타민과 카페인, 코데인 등 각종 환각성분이 혼합되어 있고, 복용할 때 거부감을 없애기 위해 당분도 함유되어 있다.(**필로폰보다 순도가 20~30% 낮음**) ⓒ 야바는 각종 환각물질의 복합작용으로 한 번 복용하면 뇌에 도파민을 과도하게 생성하여 격한 흥분을 느끼게 하기 때문에 3~4일간 잠을 자지 않으면서 공격적 성향, 피해망상 등 심각한 정신장애를 일으킨다. ⓔ 약을 복용하면 말처럼 힘이 솟고, 성 기능이 향상되는 듯한 느낌을 준다고 해서 '**말약**(horse medicine)'이라고 부르기도 한다.
메스카린	⊙ 메스카린(mescaline)은 **페요테**(peyote)라는 선인장 식물에서 추출한 환각물질의 한 종류이다. ⓒ 복용 후 30~120분이 지나면 약물의 농도가 최고치에 이르고, 6시간 후에는 체외로 대사된다. 메스카린의 효과는 LSD, 실로사이빈과 같은 대부분의 알칼로이드 환각제와 유사하다. ⓒ 멕시코 인디언들의 의식행사에서 주로 사용되어 왔다.
카리소프로돌(S정)	⊙ 원래 **근골격계 질환 치료**를 위해 중추신경계에 작용하여 골격근 이완의 효과가 있다. ⓒ 과다복용시 인사불성, 혼수쇼크, 호흡저하 등의 치명상을 가져온다. ⓒ 금단증상으로 **온몸의 경직**, **혀꼬부라지는 소리** 등을 하게 된다.
프로포폴	2011년 향정신성의약품을 지정되었다. 수면마취제

3) 마약류 관리에 관한 법률 목적

이 법은 마약·향정신성의약품·대마(大麻) 및 원료물질의 취급·관리를 적정하게 하고, 마약류 중독에 대한 치료·예방 등을 위하여 필요한 사항을 규정함으로써 그 오용 또는 남용으로 인한 보건상의 위해를 방지하여 국민보건 향상과 건강한 사회 조성에 이바지함을 목적으로 한다.

4) 국가 등의 책임

① **국가와 지방자치단체**는 국민이 마약류 등을 남용하는 것을 예방하고, 마약류 중독자에 대한 치료보호와 사회복귀 촉진을 위하여 연구·조사 등 필요한 조치를 하고 재원 등을 마련하여야 한다.
② 국가와 지방자치단체는 국민보건 향상과 건강한 사회 조성을 위하여 마약류 중독 등의 폐해 예방을 위한 홍보·교육·연구 등 필요한 조치를 하여야 한다.
③ 국민은 **마약류 중독자에 대하여 치료의 대상으로 인식하고** 건강한 사회구성원으로 자립할 수 있도록 협조하여야 한다.

5) 마약류관리기본계획

① **관계 중앙행정기관의 장은 5년마다** 소관 마약류 관리에 관한 계획을 수립하여 국무총리에게 제출하여야 한다.

② **국무총리는** 제1항에 따라 제출받은 관계 중앙행정기관의 마약류 관리에 관한 계획을 종합하여 제2조의4에 따른 마약류대책협의회의 협의·조정을 거쳐 마약류관리기본계획(이하 "기본계획"이라 한다)을 수립한 후 관계 중앙행정기관의 장에게 통보하여야 한다.

③ 관계 중앙행정기관의 장은 기본계획에 따라 매년 연도별 시행계획을 수립하여 국무총리에게 제출하고, 국무총리는 제출받은 관계 중앙행정기관의 시행계획을 종합하여 제2조의4에 따른 **마약류대책협의회의 협의·조정을 거쳐 연도별 시행계획**(이하 "시행계획"이라 한다)을 수립한 후 관계 중앙행정기관의 장에게 통보하여야 한다.

6) 마약류대책협의회

① 마약류의 오남용을 방지하고 마약류 문제에 대응하기 위하여 **국무총리 소속으로 마약류대책협의회("협의회")를 둔다.**

② 협의회는 다음 각 호의 사항을 협의·조정한다.
 1. 기본계획과 시행계획의 수립·추진에 관한 사항
 2. 마약류 관련 국내외 정보의 공유 및 관리, 국제협력·수사·단속·치료·재활·교육·홍보 등을 위한 관계 기관 및 단체의 협조에 관한 사항
 3. 그 밖에 마약류와 관련하여 관계 기관 및 단체의 협의·조정이 필요한 사항

③ **협의회는 의장 1인을 포함한 20인 이내의 위원**으로 구성한다.

④ 협의회의 **의장은 국무조정실장으로 하고**, 위원은 다음 각 호의 사람으로 한다. 이 경우 복수의 차관·차장 또는 상임위원이 있는 기관은 해당 기관의 장이 지명하는 차관·차장 또는 상임위원으로 한다.

⑤ **협의회에 간사 2명을 둔다.** 이 경우 간사는 국무조정실 및 식품의약품안전처 소속 고위공무원단에 속하는 공무원 중에서 의장이 지명하는 사람이 된다.

---

* 위원

1. 기획재정부차관·교육부차관·외교부차관·법무부차관·행정안전부차관·보건복지부차관·방송통신위원회상임위원·국가정보원차장·식품의약품안전처차장·대검찰청차장검사·관세청장장·경찰청차장·해양경찰청차장 및 국무조정실 사회조정실장
2. 그 밖에 대통령령으로 정하는 중앙행정기관의 고위공무원단에 속하는 공무원
3. 마약류와 관련하여 학계·언론계·기관·단체에 종사하는 등 마약류 관련 분야에 관한 학식과 경험이 풍부한 사람 중에서 의장이 위촉하는 사람

팩트DB

스토킹범죄의 처벌 등에 관한 법률 (약칭: 스토킹처벌법) [시행 2024. 1. 12.]

제1장 총칙

제2조(정의) 이 법에서 사용하는 용어의 뜻은 다음과 같다.

1. "<u>스토킹행위</u>"란 상대방의 의사에 반(反)하여 정당한 이유 없이 다음 각 목의 어느 하나에 해당하는 행위를 하여 상대방에게 불안감 또는 공포심을 일으키는 것을 말한다.

> 가. 상대방 또는 그의 동거인, 가족(이하 "상대방등"이라 한다)에게 접근하거나 따라다니거나 진로를 막아서는 행위
> 나. 상대방등의 주거, 직장, 학교, 그 밖에 일상적으로 생활하는 장소(이하 "주거등"이라 한다) 또는 그 부근에서 기다리거나 지켜보는 행위
> 다. 상대방등에게 우편·전화·팩스 또는 「정보통신망 이용촉진 및 정보보호 등에 관한 법률」 제2조제1항제1호의 정보통신망(이하 "정보통신망"이라 한다)을 이용하여 물건이나 글·말·부호·음향·그림·영상·화상(이하 "물건등"이라 한다)을 도달하게 하거나 정보통신망을 이용하는 프로그램 또는 전화의 기능에 의하여 글·말·부호·음향·그림·영상·화상이 상대방등에게 나타나게 하는 행위
> 라. 상대방등에게 직접 또는 제3자를 통하여 물건등을 도달하게 하거나 주거등 또는 그 부근에 물건등을 두는 행위
> 마. 상대방등의 주거등 또는 그 부근에 놓여져 있는 물건등을 훼손하는 행위
> 바. 다음의 어느 하나에 해당하는 상대방등의 정보를 정보통신망을 이용하여 제3자에게 제공하거나 배포 또는 게시하는 행위
>   1) 「개인정보 보호법」 제2조제1호의 개인정보
>   2) 「위치정보의 보호 및 이용 등에 관한 법률」 제2조제2호의 개인위치정보
>   3) 1) 또는 2)의 정보를 편집·합성 또는 가공한 정보(해당 정보주체를 식별할 수 있는 경우로 한정한다)
> 사. 정보통신망을 통하여 상대방등의 이름, 명칭, 사진, 영상 또는 신분에 관한 정보를 이용하여 자신이 상대방등인 것처럼 가장하는 행위

2. "스토킹범죄"란 <u>지속적 또는 반복적으로</u> 스토킹행위를 하는 것을 말한다.
3. "피해자"란 스토킹범죄로 직접적인 피해를 입은 사람을 말한다.
4. "피해자등"이란 피해자 및 스토킹행위의 상대방을 말한다.

제3조(스토킹행위 신고 등에 대한 응급조치)
사법경찰관리는 진행 중인 스토킹행위에 대하여 신고를 받은 경우 <u>즉시 현장에 나가 다음 각 호의 조치를 하여야 한다.</u>

> 1. 스토킹행위의 <u>제지</u>, 향후 스토킹행위의 중단 통보 및 스토킹행위를 지속적 또는 반복적으로 할 경우 <u>처벌 서면경고</u>
> 2. 스토킹행위자와 피해자등의 <u>분리 및 범죄수사</u>
> 3. 피해자등에 대한 긴급응급조치 및 잠정조치 요청의 <u>절차 등 안내</u>
> 4. 스토킹 피해 관련 상담소 또는 보호시설로의 피해자등 인도(<u>피해자등이 동의한 경우만 해당한다</u>)

제4조(긴급응급조치)
① 사법경찰관은 스토킹행위 신고와 관련하여 스토킹행위가 지속적 또는 반복적으로 행하여질 우려가 있고 스토킹범죄의 예방을 위하여 긴급을 요하는 경우 스토킹행위자에게

직권으로 또는 스토킹행위의 상대방이나 그 법정대리인 또는 스토킹행위를 신고한 사람의 요청에 의하여 다음 각 호에 따른 조치를 할 수 있다.

> 1. 스토킹행위의 상대방등이나 그 주거등으로부터 100미터 이내의 접근 금지
> 2. 스토킹행위의 상대방등에 대한 「전기통신기본법」 제2조제1호의 전기통신을 이용한 접근 금지

② 사법경찰관은 제1항에 따른 조치(이하 "긴급응급조치"라 한다)를 하였을 때에는 즉시 스토킹행위의 요지, 긴급응급조치가 필요한 사유, 긴급응급조치의 내용 등이 포함된 긴급응급조치결정서를 작성하여야 한다.

제5조(긴급응급조치의 승인 신청)

① 사법경찰관은 긴급응급조치를 하였을 때에는 지체 없이 검사에게 해당 긴급응급조치에 대한 사후승인을 지방법원 판사에게 청구하여 줄 것을 신청하여야 한다.
② 제1항의 신청을 받은 검사는 긴급응급조치가 있었던 때부터 48시간 이내에 지방법원 판사에게 해당 긴급응급조치에 대한 사후승인을 청구한다. 이 경우 제4조제2항에 따라 작성된 긴급응급조치결정서를 첨부하여야 한다.
③ 지방법원 판사는 스토킹행위가 지속적 또는 반복적으로 행하여지는 것을 예방하기 위하여 필요하다고 인정하는 경우에는 제2항에 따라 청구된 긴급응급조치를 승인할 수 있다.
④ 사법경찰관은 검사가 제2항에 따라 긴급응급조치에 대한 사후승인을 청구하지 아니하거나 지방법원 판사가 제2항의 청구에 대하여 사후승인을 하지 아니한 때에는 즉시 그 긴급응급조치를 취소하여야 한다.
⑤ 긴급응급조치기간은 1개월을 초과할 수 없다.

제6조(긴급응급조치의 통지 등)

① 사법경찰관은 긴급응급조치를 하는 경우에는 스토킹행위의 상대방등이나 그 법정대리인에게 통지하여야 한다.
② 사법경찰관은 긴급응급조치를 하는 경우에는 해당 긴급응급조치의 대상자(이하 "긴급응급조치대상자"라 한다)에게 조치의 내용 및 불복방법 등을 고지하여야 한다.

제7조(긴급응급조치의 변경 등)

① 긴급응급조치대상자나 그 법정대리인은 긴급응급조치의 취소 또는 그 종류의 변경을 사법경찰관에게 신청할 수 있다.
② 스토킹행위의 상대방등이나 그 법정대리인은 제4조제1항제1호의 긴급응급조치가 있은 후 스토킹행위의 상대방등이 주거등을 옮긴 경우에는 사법경찰관에게 긴급응급조치의 변경을 신청할 수 있다.
③ 스토킹행위의 상대방이나 그 법정대리인은 긴급응급조치가 필요하지 아니한 경우에는 사법경찰관에게 해당 긴급응급조치의 취소를 신청할 수 있다.
④ 사법경찰관은 정당한 이유가 있다고 인정하는 경우에는 직권으로 또는 제1항부터 제3항까지의 규정에 따른 신청에 의하여 해당 긴급응급조치를 취소할 수 있고, 지방법원 판사의 승인을 받아 긴급응급조치의 종류를 변경할 수 있다.
⑤ 사법경찰관은 제4항에 따라 긴급응급조치를 취소하거나 그 종류를 변경하였을 때에는 스토킹행위의 상대방등 및 긴급응급조치대상자 등에게 다음 각 호의 구분에 따라 통지 또는 고지하여야 한다.

> 1. 스토킹행위의 상대방등이나 그 법정대리인: 취소 또는 변경의 취지 통지
> 2. 긴급응급조치대상자: 취소 또는 변경된 조치의 내용 및 불복방법 등 고지

⑥ 긴급응급조치(제4항에 따라 그 종류를 변경한 경우를 포함한다. 이하 이 항에서 같다)는 다음 각 호의 어느 하나에 해당하는 때에 그 효력을 상실한다.

> 1. 긴급응급조치에서 정한 기간이 지난 때
> 2. 법원이 긴급응급조치대상자에게 다음 각 목의 결정을 한 때(스토킹행위의 상대방과 같은 사람을 피해자로 하는 경우로 한정한다)
>   가. 제4조제1항제1호의 긴급응급조치에 따른 스토킹행위의 상대방등과 같은 사람을 피해자 또는 그의 동거인, 가족으로 하는 제9조제1항제2호에 따른 조치의 결정
>   나. 제4조제1항제1호의 긴급응급조치에 따른 주거등과 같은 장소를 피해자 또는 그의 동거인, 가족의 주거등으로 하는 제9조제1항제2호에 따른 조치의 결정
>   다. 제4조제1항제2호의 긴급응급조치에 따른 스토킹행위의 상대방등과 같은 사람을 피해자 또는 그의 동거인, 가족으로 하는 제9조제1항제3호에 따른 조치의 결정

제8조(잠정조치의 청구)

① 검사는 스토킹범죄가 재발될 우려가 있다고 인정하면 직권 또는 사법경찰관의 신청에 따라 법원에 제9조제1항 각 호의 조치를 청구할 수 있다.
② 피해자 또는 그 법정대리인은 검사 또는 사법경찰관에게 제1항에 따른 조치의 청구 또는 그 신청을 요청하거나, 이에 관하여 의견을 진술할 수 있다.
③ 사법경찰관은 제2항에 따른 신청 요청을 받고도 제1항에 따른 신청을 하지 아니하는 경우에는 검사에게 그 사유를 보고하여야 하고, 피해자 또는 그 법정대리인에게 그 사실을 지체 없이 알려야 한다.

제9조(스토킹행위자에 대한 잠정조치)

① 법원은 스토킹범죄의 원활한 조사·심리 또는 피해자 보호를 위하여 필요하다고 인정하는 경우에는 결정으로 스토킹행위자에게 다음 각 호의 어느 하나에 해당하는 조치(이하 "잠정조치"라 한다)를 할 수 있다.

> 1. 피해자에 대한 스토킹범죄 중단에 관한 서면 경고
> 2. 피해자 또는 그의 동거인, 가족이나 그 주거등으로부터 100미터 이내의 접근 금지
> 3. 피해자 또는 그의 동거인, 가족에 대한 「전기통신기본법」 제2조제1호의 전기통신을 이용한 접근 금지
> 3의2. 「전자장치 부착 등에 관한 법률」 제2조제4호의 위치추적 전자장치(이하 "전자장치"라 한다)의 부착
> 4. 국가경찰관서의 유치장 또는 구치소에의 유치

② 제1항 각 호의 잠정조치는 병과(倂科)할 수 있다.
③ 법원은 제1항제3호의2 또는 제4호의 조치에 관한 결정을 하기 전 잠정조치의 사유를 판단하기 위하여 필요하다고 인정하는 때에는 검사, 스토킹행위자, 피해자, 기타 참고인으로부터 의견을 들을 수 있다. 의견을 듣는 방법과 절차, 그 밖에 필요한 사항은 대법원규칙으로 정한다.
④ 제1항제3호의2에 따라 전자장치가 부착된 사람은 잠정조치기간 중 전자장치의 효용을 해치는 다음 각 호의 행위를 하여서는 아니된다.

> 1. 전자장치를 신체에서 임의로 분리하거나 손상하는 행위
> 2. 전자장치의 전파(電波)를 방해하거나 수신자료를 변조(變造)하는 행위
> 3. 제1호 및 제2호에서 정한 행위 외에 전자장치의 효용을 해치는 행위

⑤ 법원은 잠정조치를 결정한 경우에는 검사와 피해자 또는 그의 동거인, 가족, 그 법정대

리인에게 통지하여야 한다.
⑥ 법원은 제1항제4호에 따른 잠정조치를 한 경우에는 스토킹행위자에게 변호인을 선임할 수 있다는 것과 제12조에 따라 항고할 수 있다는 것을 고지하고, 다음 각 호의 구분에 따른 사람에게 해당 잠정조치를 한 사실을 통지하여야 한다.
  1. 스토킹행위자에게 변호인이 있는 경우: 변호인
  2. 스토킹행위자에게 변호인이 없는 경우: 법정대리인 또는 스토킹행위자가 지정하는 사람
⑦ 제1항제2호·제3호 및 제3호의2에 따른 잠정조치기간은 3개월, 같은 항 제4호에 따른 잠정조치기간은 1개월을 초과할 수 없다. 다만, 법원은 피해자의 보호를 위하여 그 기간을 연장할 필요가 있다고 인정하는 경우에는 결정으로 제1항제2호·제3호 및 제3호의2에 따른 잠정조치에 대하여 두 차례에 한정하여 각 3개월의 범위에서 연장할 수 있다.

제10조(잠정조치의 집행 등)

제11조(잠정조치의 변경 등)
① 스토킹행위자나 그 법정대리인은 잠정조치 결정의 취소 또는 그 종류의 변경을 법원에 신청할 수 있다.
② 검사는 수사 또는 공판과정에서 잠정조치가 계속 필요하다고 인정하는 경우에는 직권이나 사법경찰관의 신청에 따라 법원에 해당 잠정조치기간의 연장 또는 그 종류의 변경을 청구할 수 있고, 잠정조치가 필요하지 아니하다고 인정하는 경우에는 직권이나 사법경찰관의 신청에 따라 법원에 해당 잠정조치의 취소를 청구할 수 있다
③ 법원은 정당한 이유가 있다고 인정하는 경우에는 직권 또는 제1항의 신청이나 제2항의 청구에 의하여 결정으로 해당 잠정조치의 취소, 기간의 연장 또는 그 종류의 변경을 할 수 있다.
④ 법원은 제3항에 따라 잠정조치의 취소, 기간의 연장 또는 그 종류의 변경을 하였을 때에는 검사와 피해자 및 스토킹행위자 등에게 다음 각 호의 구분에 따라 통지 또는 고지하여야 한다.
  1. 검사, 피해자 또는 그의 동거인, 가족, 그 법정대리인: 취소, 연장 또는 변경의 취지 통지
  2. 스토킹행위자: 취소, 연장 또는 변경된 조치의 내용 및 불복방법 등 고지
  3. 제9조제6항 각 호의 구분에 따른 사람: 제9조제1항제4호에 따른 잠정조치를 한 사실
⑤ 잠정조치 결정(제3항에 따라 잠정조치기간을 연장하거나 그 종류를 변경하는 결정을 포함한다. 이하 제12조 및 제14조에서 같다)은 스토킹행위자에 대해 검사가 불기소처분을 한 때 또는 사법경찰관이 불송치결정을 한 때에 그 효력을 상실한다.

제16조(집행의 부정지)
항고와 재항고는 결정의 집행을 정지하는 효력이 없다.

제17조(스토킹범죄의 피해자에 대한 전담조사제)
① 검찰총장은 각 지방검찰청 검사장에게 스토킹범죄 전담 검사를 지정하도록 하여 특별한 사정이 없으면 스토킹범죄 전담 검사가 피해자를 조사하게 하여야 한다.
② 경찰관서의 장(국가수사본부장, 시·도경찰청장 및 경찰서장을 의미한다. 이하 같다)은 스토킹범죄 전담 사법경찰관을 지정하여 특별한 사정이 없으면 스토킹범죄 전담 사법경찰관이 피해자를 조사하게 하여야 한다.
③ 검찰총장 및 경찰관서의 장은 제1항의 스토킹범죄 전담 검사 및 제2항의 스토킹범죄 전담 사법경찰관에게 스토킹범죄의 수사에 필요한 전문지식과 피해자 보호를 위한 수사방법 및 수사절차 등에 관한 교육을 실시하여야 한다.

제17조의2(피해자 등에 대한 신변안전조치)
　법원 또는 수사기관이 피해자등 또는 스토킹범죄를 신고(고소·고발을 포함한다. 이하 이 조에서 같다)한 사람을 증인으로 신문하거나 조사하는 경우의 신변안전조치에 관하여는 「특정범죄신고자 등 보호법」 제13조 및 제13조의2를 준용한다. 이 경우 "범죄신고자등"은 "피해자등 또는 스토킹범죄를 신고한 사람"으로 본다.

제17조의3(피해자등의 신원과 사생활 비밀 누설 금지)
　① 다음 각 호의 어느 하나에 해당하는 업무를 담당하거나 그에 관여하는 공무원 또는 그 직에 있었던 사람은 피해자등의 주소, 성명, 나이, 직업, 학교, 용모, 인적사항, 사진 등 피해자등을 특정하여 파악할 수 있게 하는 정보 또는 피해자등의 사생활에 관한 비밀을 공개하거나 다른 사람에게 누설하여서는 아니 된다.
　　1. 제3조에 따른 조치에 관한 업무
　　2. 긴급응급조치의 신청, 청구, 승인, 집행 또는 취소·변경에 관한 업무
　　3. 잠정조치의 신청, 청구, 결정, 집행 또는 취소·기간연장·변경에 관한 업무
　　4. 스토킹범죄의 수사 또는 재판에 관한 업무
　② 누구든지 피해자등의 동의를 받지 아니하고 피해자등의 주소, 성명, 나이, 직업, 학교, 용모, 인적 사항, 사진 등 피해자등을 특정하여 파악할 수 있게 하는 정보를 신문 등 인쇄물에 싣거나 「방송법」 제2조제1호에 따른 방송 또는 정보통신망을 통하여 공개하여서는 아니 된다.

제17조의4(피해자에 대한 변호사 선임의 특례)
　① 피해자 및 그 법정대리인은 형사절차상 입을 수 있는 피해를 방어하고 법률적 조력을 보장받기 위하여 변호사를 선임할 수 있다.

제3장 벌칙

제18조(스토킹범죄)
　① 스토킹범죄를 저지른 사람은 3년 이하의 징역 또는 3천만원 이하의 벌금에 처한다.
　② 흉기 또는 그 밖의 위험한 물건을 휴대하거나 이용하여 스토킹범죄를 저지른 사람은 5년 이하의 징역 또는 5천만원 이하의 벌금에 처한다.

제19조(형벌과 수강명령 등의 병과)
　① 법원은 스토킹범죄를 저지른 사람에 대하여 유죄판결(선고유예는 제외한다)을 선고하거나 약식명령을 고지하는 경우에는 200시간의 범위에서 다음 각 호의 구분에 따라 재범예방에 필요한 수강명령(「보호관찰 등에 관한 법률」에 따른 수강명령을 말한다. 이하 같다) 또는 스토킹 치료프로그램의 이수명령(이하 "이수명령"이라 한다)을 병과할 수 있다.

제20조(벌칙)
　① 다음 각 호의 어느 하나에 해당하는 사람은 3년 이하의 징역 또는 3천만원 이하의 벌금에 처한다.
　　1. 제9조제4항을 위반하여 전자장치의 효용을 해치는 행위를 한 사람
　　2. 제17조의3제1항을 위반하여 피해자등의 주소, 성명, 나이, 직업, 학교, 용모, 인적사항, 사진 등 피해자등을 특정하여 파악할 수 있게 하는 정보 또는 피해자등의 사생활에 관한 비밀을 공개하거나 다른 사람에게 누설한 사람
　　3. 제17조의3제2항을 위반하여 피해자등의 주소, 성명, 나이, 직업, 학교, 용모, 인적 사항, 사진 등 피해자등을 특정하여 파악할 수 있게 하는 정보를 신문 등

> 인쇄물에 싣거나 「방송법」 제2조제1호에 따른 방송 또는 정보통신망을 통하여 공개한 사람
>
> ② 제9조제1항제2호 또는 제3호의 잠정조치를 이행하지 아니한 사람은 2년 이하의 징역 또는 2천만원 이하의 벌금에 처한다.
> ③ 긴급응급조치(검사가 제5조제2항에 따른 긴급응급조치에 대한 사후승인을 청구하지 아니하거나 지방법원 판사가 같은 조 제3항에 따른 승인을 하지 아니한 경우는 제외한다)를 이행하지 아니한 사람은 1년 이하의 징역 또는 1천만원 이하의 벌금에 처한다.
> ④ 제19조제1항에 따라 이수명령을 부과받은 후 정당한 사유 없이 보호관찰소의 장 또는 교정시설의 장의 이수명령 이행에 관한 지시에 따르지 아니하여 「보호관찰 등에 관한 법률」 또는 「형의 집행 및 수용자의 처우에 관한 법률」에 따른 경고를 받은 후 다시 정당한 사유 없이 이수명령 이행에 관한 지시를 따르지 아니한 경우에는 다음 각 호에 따른다.
>   1. 벌금형과 병과된 경우에는 500만원 이하의 벌금에 처한다.
>   2. 징역형의 실형과 병과된 경우에는 1년 이하의 징역 또는 1천만원 이하의 벌금에 처한다.

04 경비경찰

※ 경찰청 경비국
1. 경비에 관한 계획의 수립 및 지도
2. 경찰부대의 운영·지도 및 감독
3. 청원경찰의 운영 및 지도
4. 민방위업무의 협조에 관한 사항
5. 경찰작전·경찰전시훈련 및 비상계획에 관한 계획의 수립·지도
6. 중요시설의 방호 및 지도
7. 예비군의 무기 및 탄약 관리의 지도
8. 대테러 예방 및 진압대책의 수립·지도
8의2. 안전관리·재난상황 및 위기상황 관리기관과의 연계체계 구축·운영
9. 의무경찰의 복무 및 교육훈련
10. 의무경찰의 인사 및 정원의 관리
11. 경호 및 주요 인사 보호 계획의 수립·지도
12. 경찰항공기의 관리·운영 및 항공요원의 교육훈련
13. 경찰업무수행과 관련된 항공지원업무

1 의의

① 경비경찰은 공공의 안녕과 질서유지에 위협을 주거나 줄 우려가 있는 각종 상황에 대한 예방, 경계, 진압하는 활동을 하는 경찰공무원을 의미한다.
   ➡ 사람에 의해 발생하는 인위적, 불법적 상황 뿐 아니라, 자연재해등 자연적인 상황을 포함한다.

② 경비경찰 활동의 근거
   ㉠ 헌법 제 37조 제2항
      국민의 모든 자유와 권리는 국가안전보장·질서유지 또는 공공복리를 위하여 필요한 경우에 한하여 법률로써 제한할 수 있으며, 제한하는 경우에도 자유와 권리의 본질적인 내용을 침해할 수 없다.
   ㉡ 경찰관직무집행법
      제6조(범죄의 예방과 제지) 경찰관은 범죄행위가 목전(目前)에 행하여지려고 하고 있다고 인정될 때에는 이를 예방하기 위하여 관계인에게 필요한 경고를 하고, 그 행위로 인하여 사람의 생명·신체에 위해를 끼치거나 재산에 중대한 손해를 끼칠 우려가 있는 긴급한 경우에는 그 행위를 제지할 수 있다.
   ㉢ 경찰직무응원법
   ㉣ 대통령 등의 경호에 관한 법률
   ㉤ 기타 : 재난 및 안전관리 기본법, 집회 및 시위에 관한 법률 등

③ 경비경찰의 대상(활동분야)

대상	종류	활동 내용
자연적·인위적 재난	재난경비	천재지변·화재 등의 **자연적·인위적 돌발사태**로 인한 인명 또는 재산상 피해를 예방·진압하는 경비활동
	혼잡경비 (행사안전경비)	기념행사, 공연, 각종 행사 등에서 **미조직된 군중**에 의해 발생하는 자연적·인위적 혼란상태를 예방·경계·진압하는 경비활동
개인적·단체적 불법행위	치안경비	공안을 해하는 **다중범죄 등 집단적인 범죄사태**가 발생하거나 발생할 우려가 있는 경우에 대비해 적절한 조치로 사태를 예방·경계·진압하는 경비활동
	경호경비	**정부요인을 암살하려는 행위**를 미연에 방지하고 피경호자의 신변을 보호하려는 경비활동
	대테러경비 (특수경비)	총포·도검·폭발물 등에 의한 인질·난동·살상 등 **사회이목을 집중시키는 중요사건을 예방**·경계·진압하는 경비활동
	중요시설경비	국가적으로 중대한 영향을 미치는 **국가산업시설 및 행정시설**을 적의 공격으로부터 방호하기 위한 경비활동

➡ '폭력행위 등 처벌에 관한 법률' 제3조의 집단적 폭행은 경비경찰의 대상이 되지 않는다.

2 경비경찰의 특징과 운영

(1) 경비경찰 특징

① **현상유지적 활동**

경비경찰은 기본적으로 현재의 질서상태를 보존, 유지하는 것을 주 목적을 한다.

➡ 현상유지란 정태적·소극적 의미뿐만 아니라 새로운 변화와 발전을 보장하기 위한 **적극적·동태적 의미의 질서유지**이다.

② **복합기능적 활동**

경비경찰은 범죄의 예방과 사태의 발생을 미연에 **방지하는 경계기능**과 사태가 발생한 이후에 **사후 진압하는 역할**이 결합된 복합적 기능을 수행한다.

③ **조직적 부대활동**

경비경찰의 활동은 개인 단위 활동이기보다는 **부대단위에서 조직적이며 집단적**으로 대응하는 활동이다.

➡ 부대편성과 행정상 관리운영이 중요하다.

④ **사회공공의 안녕목적 활동**

경비경찰은 사회공공의 안녕과 질서유지를 목적으로 활동하며 그 결과는 국가사회에 전반적인 큰 영향을 줄수 있다.

⑤ **하향적 명령에 의한 활동**

경비경찰의 활동은 조직적인 부대활동이며 하향적 명령에 의해 활동한다.

➡ 부대원의 재량이 상대적으로 적고 명령사항에 대한 **책임은 지휘관**이 지는 경우가 많다.

⑥ **신속한 즉응적 활동**

경비사태는 긴급을 요하고 국가적으로나 사회적으로 중대한 영향을 주므로 신속한 처리가 필요하다.

➡ 경비사태 발생시 특별한 처리기한을 정한 바는 없으며 그러한 사태가 종료될 때 해당업무도 종료된다.

(2) 경비경찰 활동의 한계

경찰소극 목적 원칙	경비경찰은 법령에 특별한 규정이 없는한, 소극적 사회질서유지를 이해서만 발동한다.
경찰비례의 원칙	경찰권 발동의 정도는 최소한의 정도에 그쳐야 한다.
경찰책임의 원칙	경찰권은 사회공공의 안녕과 질서에 대한 위험에 대해 직접적으로 책임을 질 지위에 잇는 자에게만 발동될수 있다.
경찰공공의 원칙	경찰권은 사회공공의 안녕과 질서유지를 위해 발동되어야 한다.
치안협력의 원칙	업무수행과정에서 국민이 스스로 협조해 줄 때 효과적인 수행이 가능하다.

★ 경찰활동 비교

활동	목적
경비경찰	공공의 안녕·질서 유지
수사경찰	개인의 생명·신체·재산 보호
정보경찰	국가의 안전·사회 공공 질서 유지
생활안전경찰	범죄의 예방

(3) 경비경찰의 조직운영 원칙

지휘관 단일성 원칙	① **지휘관이 한명**으로 통일되어야 한다는 원리이다. 　➡ 명령통일 원리 ② 경비경찰 업무의 긴급성과 신속성에 효과적으로 대응하기 위해서이다. ③ 하나의 기관에 하나의 지휘관을 두어 책임성을 확보하고, 하급구성원은 하나의 상급조직에 대해서만 책임을 진다는 의미이다. ④ 의사결정과정의 단일성이 아니라, **집행의 단일성**을 의미한다.
부대단위 활동의 원칙	① 경비경찰은 개인적 활동이 아니라 **부대단위로 활동**하여야 한다. ② 부대단위는 **반드시 지휘관**이 있어야 한다. ③ 임무수행을 위한 최종결정권은 지휘관만이 할수 있고, 구성원들은 지휘관의 명령에 의해 업무가 이루어 진다. ④ 활동 부대는 지휘관, 직원, 장비가 편성되어 임무수행을 위한 보급지원체계를 갖추어야 한다.
체계 통일성 원칙	① 조직의 최상위부터 최하위까지 계선을 통해 상하 계급간 일정한 관계가 형성되어 **임무와 책임이 명확**하여야 한다. 　➡ 명령과 복종의 통일적 체계가 있어야 한다. ② 임무를 중복으로 부여하는 것은 통일성원칙에 어긋난다.
치안 협력성 원칙	① 업무수행 과정에서 국민의 협력을 구해야 하고 국민이 자발적으로 협조해 줄 때 효과적 업무수행이 가능하다. ② 협력체계의 형성은 임의적이어야 한다.

(4) 경비경찰의 수단

① 경비경찰 수단의 원칙

균형의 원칙	경비 상황에 따라 **주력부대와 예비부대**를 적절하게 활용하여 최대의 효과를 달성할 수 있도록 해야 한다.
위치의 원칙	실력행사시 상대하는 **군중보다 유리한 위치와 지점**을 선점해야 한다.
적시성 원칙	실력행사시 상대의 기세와 힘이 빠져서 **저항력이 가장 약한 시점**을 포착하여 적절한 실력행사를 해야 한다.
안전의 원칙	경비사태 발생시 경비병력과 시민들이 **사고 없이 안전하도록** 진압해야 한다.

* 수단 분류

간접적 수단	경고
직접적 수단	제지
	체포

② 수단의 종류

경고	① 경비부대를 전면에 배치 또는 진출시켜 위력을 과시하거나 주의를 주어 범죄실행의사를 포기하도록 하는 수단이다. 　➡ 간접적 실력행사이다. ② 근거 : 경찰관직무집행법 제5조, 제6조 ③ 경고는 사실상의 통지행위로 **임의처분**에 해당한다. ④ 경고는 경찰비례의 원칙이 적용된다.

제지	① 경비사태를 예방·진압하기 위한 **직접적 실력행사**이다.
	  ● 강제해산, 통제파괴, 세력분산 등
	② 법적성질은 **대인적 즉시강제**이다.
	  ● 의무의 불이행을 전제로 하는 행정상 강제집행과는 다르다.
	③ 근거 : 경찰관직무집행법 제6조
	④ 제지의 실행은 경찰비례의 원칙에 맞게 필요한 최소한에 그쳐야 한다.

체포	① 상대방의 신체를 구속하는 **직접적 실력행사**이다. ② 근거 : **형사소송법** 제212조

3 행사안전경비(혼잡경비)

① 의의
  ㉠ 대규모 공연, 각종 행사 등 **다수의 미조직 인파**로 인해 발행사는 사태를 예방·경계·진압하는 경찰활동이다.
    ● 행사안전경비는 미조직적 군중이 대상이지만, 다중범죄진압경비는 조직적 군중이 대상이다.
  ㉡ 개인이나 단체의 **불법행위를 전제로 하지는 않는다**.

② 행사안전경비의 군중정리 원칙

밀도의 희박화	㉠ 제한된 공간에 다수의 군중이 모이면 상호 충돌과 혼잡이 야기되므로 가능한한 다수인이 모이는 것을 방지한다. ㉡ 대규모 군중이 모이는 장소는 **사전에 블록화** 해야 한다.
이동의 일정화	군중은 자신의 위치와 갈곳을 모르면 불안감을 갖게 되므로, 군중을 **일정한 방향과 속도로 이동**시킨다.
경쟁적 행동의 지양 (경쟁적 사태의 해소)	남보다 먼저 가려는 **심리상태를 안정**시키고, 질서있게 행동하면 모두가 안전하게 될 수 있다는 것을 납득시킨다.
지시의 철저	사태가 혼잡할 경우 자세한 안내방송을 자세히 **지속적**으로 하고 지시를 철저히 하여 혼란상태와 사고를 미연에 방지한다.

③ 부대 편성과 배치
  ㉠ 경력배치는 군중이 모이기 전에 **사전에 배치**하여야 한다.
  ㉡ 경력은 단계별로 **탄력적으로 운영**해야 한다.
    ● 경력은 그 상황에 따라 분대 · 소대 · 중대 단위로 효과적으로 운영해야 한다.
  ㉢ 행사의 **주최측과 협조**를 통해 진행이 이루어 지도록 한다.
    ● 행사진행과정, 경비원 활용, 예비대의 운용 등은 주최측과 협조한다.
  ㉣ 관중석에 배치되는 예비대는 **통로주변에 배치**하여 효율적으로 긴급투입이 가능도록 한다.

ⓜ 예비대의 운용여부 판단은 경찰 자체판단으로 실시한다.
ⓑ 행사안전경비는 수익자부담의 원칙을 적용하며, 경찰은 **우발사태 대비개념**으로 운용한다.

④ 경비요청

시·도경찰청장은 행사장 그밖에 많은 사람이 모이는 시설 또는 장소에서 혼잡 등으로 인한 위험의 발생을 방지하기 위하여 법 제2조제3호의 규정에 의한 경비원에 의한 경비가 필요하다고 인정되는 때에는 **행사개최일 전에** 당해 행사의 주최자에게 경비원에 의한 경비를 실시하거나 부득이한 사유로 그것을 실시할 수 없는 경우에는 **행사개최 24시간 전까지 시·도경찰청장에게 그 사실을 통지하여 줄 것을 요청할 수 있다.**

⑤ 공연법 및 시행령

> 공연법 제11조(재해예방조치)
> ① **공연장운영자**는 화재나 그 밖의 재해를 예방하기 위하여 그 공연장 종업원의 임무·배치 등 **재해대처계획을 수립하여 매년** 관할 특별자치시장·특별자치도지사·시장·군수·구청장에게 **신고하여야 한다.** 이 경우 특별자치시장·특별자치도지사·시장·군수·구청장은 신고받은 재해대처계획을 **관할 소방서장에게 통보하여야 한다.**
> ② 관할 특별자치시장·특별자치도지사·시장·군수·구청장은 제1항 전단에 따라 신고를 받은 재해대처계획을 검토하여 적합하다고 인정하는 경우에는 신고를 수리하여야 한다. 이 경우 신고된 재해대처계획의 내용이 미흡하다고 인정할 때에는 **보완을 요구할 수 있다.**
> ③ 제2항 후단에 따라 재해대처계획의 보완을 요구받은 공연장운영자는 정당한 사유가 없으면 그 요구에 따라 보완하여 관할 특별자치시장·특별자치도지사·시장·군수·구청장에게 다시 신고하여야 한다.
>
> 공연법 시행령 9조(재해대처계획의 신고 등)
> ① 법 제11조제1항에 따른 재해대처계획에는 다음 각 호의 사항이 모두 포함되어야 한다.
>> 1. 공연장 시설 등을 관리하는 자의 임무 및 관리 조직에 관한 사항
>> 2. **비상시**에 하여야 할 조치 및 연락처에 관한 사항
>> 3. **화재예방** 및 인명피해 방지조치에 관한 사항
>> 4. 법 제11조의2부터 제11조의4까지의 규정에 해당하는 안전관리비, 안전관리조직 및 **안전교육에 관한 사항**
>
> ② 법 제9조제1항에 따른 공연장운영자(이하 "공연장운영자"라 한다)는 법 제11조제1항에 따라 다음 연도의 재해대처계획을 수립하여 **매년 12월 31일까지** 관할 특별자치시장·특별자치도지사·시장·군수·구청장에게 **신고하여야 하며**, 신고한 재해대처계획을 변경하려는 경우에는 그 계획을 적용하기 전에 변경신고를 하여야 한다. 다만, 공연장운영자가 법 제9조제1항에 따라 공연장을 등록하는 경우에는 공연장 등록 신청과 함께 해당 연도의 재해대처계획을 신고하여야 한다.
> ③ 공연장 외의 시설이나 장소에서 **1천명 이상**의 관람이 예상되는 공연을 하려는 자는 법 제11조제3항에 따라 해당 시설이나 장소 운영자와 공동으로 **공연 개시 14일**

※ 공연법상 미신고
미신고시 2000만원 이하의 과태료를 부과한다.

전까지 제1항 각 호의 사항과 안전관리인력의 확보·배치계획 및 공연계획서가 포함된 재해대처계획을 관할 특별자치시장·특별자치도지사·시장·군수 또는 구청장에게 신고하여야 하며, 신고한 사항을 **변경하려는 경우에는 해당 공연 7일 전까지 변경신고를 하여야 한다.**

4 선거경비

① 의의
  ㉠ 선거경비는 각종 선거에서 후보자의 신변보호와 투표소, 개표소에서 선거방해요소를 사전에 예방, 제거하기 위한 경비활동이다.
  ㉡ 선거경비는 행사안전경비, 다중범죄진압경비, 특수경비, 경호경비 등 **종합적 경비활동**이다.

② 경비대책

선거기간 개시일부터 선거 전일까지	경계강화 기간
선거일부터 개표종료 시까지	**갑호** 비상근무 기간

③ 선거기간 및 선거일

선거기간	㉠ 대통령선거 : **23일** ㉡ 국회의원선거, 지방자치단체의 장 및 의회의원 선거 : **14일** ㉢ 선거기간 　• 대통령선거 : 후보자등록마감일의 **다음 날부터 선거일까지** 　• 국회의원선거와 지방자치단체의 의회의원 및 장의 선거 : **후보자등록마감일 후 6일후부터 선거일 까지**
선거일	㉠ 대통령선거는 그 임기만료일 **전 70일** 이후 첫 번째 수요일 ㉡ 국회의원선거는 그 임기만료일 **전 50일** 이후 첫 번째 수요일 ㉢ 지방의회의원 및 지방자치단체의 장의 선거는 그 임기만료일 **전 30일** 이후 첫 번째 수요일
선거운동기간	선거기간 개시일부터 선거일 전일까지

④ 후보자 신변보호

대통령 후보자	㉠ 대통령선거 후보자는 **을호** 경호대상, 대통령당선 **확정자는 갑호** 경호대상자이다. ㉡ 대통령후보자의 신변보호는 **후보자등록 시부터 당선확정 시까지**이다. ㉢ 후보자의 요청에 따라 전담 신변 경호대를 편성, 운영하여 24시간 경호 임무를 수행한다. ㉣ 신변경호를 원하지 않는 후보자는 시·도경찰청에서 경호경험이 있는 자로 선발된 직원을 대기시켜 관내 유세기간 중 근접배치한다.
국회의원 및 지방자치단체장 후보자	각 선거구를 관할하는 경찰서에서 **후보자가 원할 경우** 관할경찰서에서 전담 경호요원을 배치한다.

➡ 공직선거법에는 후보자에 대한 경찰의 신변보호 규정이 없다.

⑤ 개표소 경비(3선 경비)

제1선 (개표소 내부)	㉠ 개표소 내부는 **선거관리위원장의 책임하**에 질서를 유지한다. ㉡ 시·군·구선거관리위원회 **위원장이나 위원**은 개표소의 질서가 심히 문란하여 공정한 개표가 진행될 수 없다고 인정하는 때에는 개표소의 질서유지를 위해 정복을 착용한 경찰공무원 또는 경찰관서장에게 **원조를 요구할 수 있다.** ➡ 원조요구를 받은 경찰공무원 또는 경찰관서장은 즉시 이에 따라야 한다. ㉢ 원조요구에 의하여 **개표소 안에 들어간 경찰공무원 또는 경찰관서장은 시·군·구선거관리위원회 위원장의 지시**를 받아야 하며, 질서가 회복되거나 위원장의 요구가 있는 때에는 **즉시 개표소에서 퇴거하여야 한다.** ㉣ 원조요구를 받은 경우를 제외하고는 누구든지 개표소 안에서 무기나 흉기 또는 폭발물을 지닐수 없다.
제2선 (울타리 내곽)	㉠ 개표소 출입구에서 **선거관리위원회와 경찰이 합동**으로 출입자를 통제한다. ㉡ 제2선 출입문은 **되도록 정문만** 사용하고 기타 출입문은 시정한다.
제3선 (울타리 외곽)	경찰이 **검문조, 순찰조**를 운영하기 위해 기도자 접근을 차단한다.

⑥ 개표소의 출입제한과 질서유지(공직선거법 제183조)

㉠ 구·시·군선거관리위원회와 그 상급선거관리위원회의 위원·직원, 개표사무원·개표사무협조요원 및 개표참관인을 제외하고는 누구든지 개표소에 들어갈 수 없다. 다만, 관람증을 배부받은 자와 방송·신문·통신의 취재·보도요원이 일반관람인석에 들어가는 경우는 그러하지 아니하다.

㉡ 선거관리위원회의 위원·직원, 개표사무원·개표사무협조요원 및 개표참관인이 개표소에 출입하는 때에는 중앙선거관리위원회규칙이 정하는 바에 따라 **표지를 달거나 붙여야 하며**, 이를 다른 사람에게 양도·양여할 수 없다.

팩트DB

공직선거법 제164조(투표소 등의 질서유지)
① 투표관리관 또는 투표사무원은 투표소의 질서가 심히 문란하여 공정한 투표가 실시될 수 없다고 인정하는 때에는 투표소의 질서를 유지하기 위하여 **정복을 한 경찰공무원 또는 경찰관서장에게 원조를 요구할 수 있다.**
② 제1항의 규정에 의하여 원조요구를 받은 경찰공무원 또는 경찰관서장은 즉시 이에 따라야 한다.
③ 제1항의 요구에 의하여 투표소안에 들어간 경찰공무원 또는 경찰관서장은 투표관리관의 지시를 받아야 하며, 질서가 회복되거나 투표관리관의 요구가 있는 때에는 **즉시 투표소안에서 퇴거하여야 한다.**

제165조(무기나 흉기 등의 휴대금지)
① 제164조(投票所 등의 秩序維持)제1항의 경우를 제외하고는 누구든지 투표소안에서 무기나 흉기 또는 폭발물을 지닐 수 없다.
② 사전투표소(제149조에 따라 기표소가 설치된 장소를 포함한다)에서의 무기나 흉기 등의 휴대금지에 관하여는 제1항을 준용한다

5 경호경비

① 의의

경호경비는 주로 정부 주요요인과 국내·외 주요 인사를 대상으로 하는 신변보호 활동으로 이들의 신체 등에 가해지는 위해를 방지 또는 제거하는 활동을 의미한다.

▶ 호위와 경비를 결합한 개념이다.

*

경비	생명 또는 신체를 보호하기 위해 특정한 지역을 경계·순찰·방비하는 행위
호위	신체에 대하여 직접적인 위해를 근접에서 방지 또는 제거하는 행위

② 경호의 4대 원칙

자기희생의 원칙	위급 상황시 경찰관은 자기 자신에 대한 보호 보다는 자신을 희생해서라도 경호 대상자의 안전을 지켜야 한다는 원칙
자기 담당구역 책임의 원칙	⊙ 경호원은 자기 담당구역에서 발생하는 어떠한 사태에 대해서도 **자신만이 책임**을 지고 해결해야 한다. ⓒ 인근 지역에서 위급상황이 발생하더라도 자기 담당구역을 이탈해서는 안 된다.
하나의 통제된 지점을 통한 출입원칙	피경호자와 접근할수 있는 통로는 경호상 통제된 **하나의 통로**만으로 하야야 한다.
목표물 보존의 원칙	• 위해를 가할 가능성이 높은 자들로부터 경호대상자의 동선 등이 노출되지 않도록 해야 한다. • 행사 일정, 장소 등은 **원칙적으로 비공개**한다. • 동일한 장소에 행차하였던 곳은 **수시로 변경**한다. • 일반 대중에게 노출된 도보행차는 가급적 제한되어야 한다.

③ 경호 대상

	경호 등급	대상	책임
국내 요인	갑호	① **대통령과 그 가족** ② 대통령 **당선인**과 그 가족 ③ 대통령권한 **대행자**와 그 배우자 ④ 본인의 의사에 반하지 아니 하는 경우에 한하여 **퇴임 후 10년 이내**의 전직대통령과 그의 배우자	경호처
	을호	**대통령선거후보자**, 국회의장, 대법원장, 헌법재판소장, 국무총리	경찰
	병호	갑, 을호 외에 경찰청장이 필요하다고 인정한 인사	경찰
국외 요인	국빈 A, B, C 등급	대통령, 국왕, 행정수반 등	**경호처**
	외빈 A, B 등급	왕족, 국제기구대표, 기타 장관급 이상 외빈	경찰

④ 직접경호 지역(경호활동지역)

	경호활동	책임
제1선 (안전구역 내부) 절대안전 확보구역	㉠ 피경호자가 위치하는 내부로서 옥내일 경우에는 건물자체이며, 옥외일 경우는 본부석을 의미한다. ㉡ 요인의 승·하차장, 동선 등의 취약개소로 피경호자에게 **직접적으로 위해**를 가할수 있는 거리 내의 지역이다. ㉢ **출입자 통제관리, MD설치 운용, 비표확인** 및 출입자 감시	경호에 대한 주관 책임은 경호처이고 경찰은 경호처의 요청시 경력 및 장비를 지원
제2선 (경비구역 내곽 : 주경비지역)	㉠ 제1선을 제외한 행사장 중심으로 소총의 유효사거리 내외의 취약개소이다. ㉡ **바리케이트 등 장애물 설치, 돌발사태 대비 예비대 운영 및 구급차, 소방차 대기**	경찰이 담당하고, 군부대 내일 경우은 군이 직접 책임
제3선 (경계구역 외곽 : 조기경보지역)	㉠ 행사장 중심으로 적의 접근을 **조기에 경보**하고 **차단**하기 위해 설정된 선이다. ㉡ 주변 동향파악과 직시고층건물 및 감제고지에 대한 안전확보, 우발사태 대비해 피경호자에 대한 위해요소 제거 ㉢ **감시조 운영**, 도보 등 원거리 **기동순찰조** 운영, 원거리 불심자 검문·차단	경찰

⑤ 간접경호지역

직접경호지역을 제외한 지역부터 피경호자의 안전과 경호활동에 영향을 줄수 있는 행사장 반경 일정지역에 대한 경호이다.

⑥ 연도경호
㉠ 각종 변수와 물리적 취약요소에 대한 완벽한 예측이 어렵다.
㉡ 지리적 방대함 때문에 엄격한 3중 경호원리를 적용하기 어렵다.

6 다중범죄진압경비(치안경비)

① 의의

공공의 안녕과 질서를 해하는 **다중에 의한 불법사태가 발생**하거나 발생할 것에 대비하여 신속하고 적절한 조치를 취하여 사태를 미연에 방지하거나 진압하는 경찰활동이다.

* 다중(多衆)
일정 지역의 평온과 안전을 해할 수 있을 정도의 다수이며, 어느 정도 조직적이어야 한다.
반드시 지도자가 있는 것은 아니다.

② 다중범죄의 특징
　㉠ 비이성적 단순성
　　시위군중은 단순하고 과격하여 타협이나 설득이 어려운 **비이성적**인 경우가 많다.
　㉡ 부화뇌동적 파급성
　　군중심리로 인한 경우가 많고, 일단 발생하면 **부화뇌동**으로 인하여 대규모로 확산된다.
　㉢ 조직적 연계성
　　다중범죄는 특정한 조직에 기반을 두고 **뚜렷한 목적의식**을 갖고 행하여 지는 경우가 대부분이다.
　　➡ 단체의 목적이나 활동방침을 파악하는 것이 필요하다.
　㉣ 확신적 행동성
　　다중범죄를 발생시키는 주동자나 참여자들은 자신의 주장이나 사고가 옳다는 **확신을 갖고 실행**하는 경우가 많다. 예) 분신자살, 투신 등

③ 다중범죄의 정책적 치료법

경쟁행위법	불만집단과 **반대되는 대중의견을 크게 부각시켜** 불만집단이 자동해산이나 분산되도록 하는 방법이다.
지연정화법	불만집단의 주장이나 요구를 시간을 끌어 이성적으로 사고할 기회를 부여하고 정서적으로 **흥분된 상태를 가라앉게 하는 방법**이다.
선수승화법	불만집단에 대한 정보활동을 강화하여 **사전에 불만 및 분쟁요인**을 찾아내 해소시키는 방법이다.
전이법	다중범죄의 징후가 있을 때 국민들의 관심을 집중시킬 수 있는 경이적인 사건을 폭로하거나 대규모 행사를 개최하여 **원래의 이슈가 상대적으로 약화되도록** 하는 방법이다.

➡ 정책적 치료법만으로 다중범죄를 예방하는 것은 불가능하고, 물리적 힘에 의한 진압방법과 병행되야 한다.

④ 다중범죄 진압의 기본원칙(물리적 해결)

봉쇄 · 방어	군중들이 중요시설이나 기관 등 보호대상물의 점거를 기도할 경우, **사전에 진압부대가 점령**하거나 바리케이트 등으로 봉쇄하여 방어하는 방법이다.
차단 · 배제	군중이 목적지에 **집결하기 전에 중간에서 차단**하여 집합을 못하게 하는 방법이다. ◐ 중요한 목적지에 경력을 배치하고 검문검색을 실시하여 불법시위 가담자를 사전에 색출, 검거하여 사전에 차단
세력분산	일단 시위대가 집단을 형성한 이후에 진압부대가 공격하거나 가스탄을 사용하여 시위집단을 여러개의 소집단으로 분할시켜 시위의사와 시위 세력을 약화시키는 것이다.
주동자 격리	다중범죄는 특정 주동자에 의해 선동되므로 그 주모자를 사전에 검거하거나 군중과 격리하여 집단의 결속력을 약화시켜 계속된 행동을 못하게 하는 방법이다.

⑤ 진압활동의 3원칙

신속한 해산	시위군중은 군중심리의 영향을 많이 받아 파급성이 강하므로 **초기단계에서 신속**하고 철저하게 해산시켜야 한다.
재집결 방지	시위군중은 일단 해산 후 재집결하기 쉬우므로 다시 집결할 만한 곳에 경력을 배치하고 순찰과 검문검색을 강화하여 **재집결을 방지**해야 한다.
주모자 체포	**주모자를 체포**하여 시위군중을 무기력하게 하고, 주동적으로 행동하는 자부터 체포하여 분리한다.

7 재난경비

① 의의
  ㉠ 각종 재난으로부터 국토를 보존하고 국민의 생명·신체 및 재산을 보호하기 위하여 국가와 지방자치단체의 재난 및 안전관리체제를 확립하고, 재난의 예방·대비·대응·복구와 안전문화활동, 그 밖에 재난 및 안전관리에 필요한 사항을 규정함을 목적으로 한다.
  ㉡ 근거법 : **재난 및 안전관리 기본법**, 자연재해대책법, 민방위기본법

② 정의

재난		국민의 생명·신체·재산과 국가에 피해를 주거나 줄 수 있는 것으로서 다음 각 목의 것을 말한다.
	자연재난	태풍, 홍수, 호우(豪雨), 강풍, 풍랑, 해일(海溢), 대설, 한파, 낙뢰, 가뭄, 폭염, 지진, 황사(黃砂), 조류(藻類) 대발생, 조수(潮水), 화산활동, 소행성·유성체 등 자연우주물체의 추락·충돌, 그 밖에 이에 준하는 자연현상으로 인하여 발생하는 재해
	사회재난	화재·붕괴·폭발·교통사고(항공사고 및 해상사고를 포함한다)·화생방사고·환경오염사고 등으로 인하여 발생하는 대통령령으로 정하는 규모 이상의 피해와 국가핵심기반의 마비, 「감염병의 예방 및 관리에 관한 법률」에 따른 감염병 또는 「가축전염병예방법」에 따른 가축전염병의 확산, 「미세먼지 저감 및 관리에 관한 특별법」에 따른 미세먼지 등으로 인한 피해
해외재난		대한민국의 영역 밖에서 대한민국 국민의 생명·신체 및 재산에 피해를 주거나 줄 수 있는 재난으로서 정부차원에서 대처할 필요가 있는 재난을 말한다.
재난관리		재난의 **예방·대비·대응** 및 **복구**를 위하여 하는 모든 활동을 말한다.
안전관리		재난이나 그 밖의 각종 사고로부터 **사람의 생명·신체 및 재산의 안전을** 확보하기 위하여 하는 모든 활동을 말한다.
긴급구조		재난이 발생할 우려가 현저하거나 재난이 발생하였을 때에 국민의 생명·신체 및 재산을 보호하기 위하여 긴급구조기관과 긴급구조지원기관이 하는 인명구조, 응급처치, 그 밖에 필요한 모든 긴급한 조치를 말한다.
긴급구조기관		**소방청·소방본부 및 소방서**를 말한다. 다만, 해양에서 발생한 재난의 경우에는 해양경찰청·지방해양경찰청 및 해양경찰서를 말한다.
긴급구조 지원기관		긴급구조에 필요한 인력·시설 및 장비, 운영체계 등 긴급구조능력을 보유한 기관이나 단체로서 대통령령으로 정하는 기관과 단체를 말한다. ● 경찰은 긴급구조지원기관이다.
재난안전 데이터		정보처리능력을 갖춘 장치를 통하여 생성 또는 처리가 가능한 형태로 존재하는 재난 및 안전관리에 관한 **정형 또는 비정형의 모든 자료를 말한다.**

안전취약계층	어린이, 노인, 장애인, 저소득층 등 신체적·사회적·경제적 요인으로 인하여 재난에 취약한 사람을 말한다.
재난안전통신망	재난관리책임기관·긴급구조기관 및 긴급구조지원기관이 재난 및 안전관리업무에 이용하거나 재난현장에서의 통합지휘에 활용하기 위하여 구축·운영하는 통신망을 말한다.
국가핵심기반	에너지, 정보통신, 교통수송, 보건의료 등 국가경제, 국민의 안전·건강 및 정부의 핵심기능에 중대한 영향을 미칠 수 있는 시설, 정보기술시스템 및 자산 등을 말한다.

팩트DB

재난관리 체계

예방단계	국가기반시설 지정 관리, 정부합동 안전점검, 재난관리체계 등의 평가
대비단계	위기관리 매뉴얼 작성운영, 재난대비 훈련 등
대응단계	재난사태 선포, 위기경보발령, 응급조치, 긴급구조 등
복구단계	재난피해조사, 특별재난지역 선포 등

③ 재난 및 안전관리 업무의 총괄·조정

행정안전부장관은 국가 및 지방자치단체가 행하는 재난 및 안전관리 업무를 총괄·조정한다.

➡ 재난 발생시 재난관리 주무부서는 소방청과 해양경찰이며, 경찰은 긴급구조지원기관으로써 인명구조 등 지원임무와 재난현장통제 등의 임무를 수행한다.

④ 중앙재난안전대책본부

① 대통령령으로 정하는 **대규모 재난**의 대응·복구(이하 "수습"이라 한다) 등에 관한 사항을 총괄·조정하고 필요한 조치를 하기 위하여 **행정안전부에 중앙재난안전대책본부**를 둔다.
② 중앙대책본부에 본부장과 차장을 둔다.
③ **중앙대책본부의 본부장**은 **행정안전부장관**이 되며, 중앙대책본부장은 중앙대책본부의 업무를 총괄하고 필요하다고 인정하면 중앙재난안전대책본부회의를 소집할 수 있다. 다만, **해외재난의 경우에는 외교부장관**이, 「원자력시설 등의 방호 및 방사능 방재 대책법」 제2조제1항제8호에 따른 방사능재난의 경우에는 같은 법 제25조에 따른 **중앙방사능방재대책본부의 장**이 각각 중앙대책본부장의 권한을 행사한다.
④ 제3항에도 불구하고 재난의 효과적인 수습을 위하여 다음 각 호의 어느 하나에 해당하는 경우에는 **국무총리가 중앙대책본부장의 권한을 행사할 수 있다.** 이 경우 행정안전부장관, 외교부장관(해외재난의 경우에 한정한다) 또는 원자력안전위원회 위원장(방사능 재난의 경우에 한정한다)이 **차장이 된다.**

1. 국무총리가 범정부적 차원의 통합 대응이 필요하다고 인정하는 경우
2. 행정안전부장관이 국무총리에게 건의하거나 제15조의2제2항에 따른 수습본부장의 요청을 받아 행정안전부장관이 국무총리에게 건의하는 경우

⑤ 지역재난안전대책본부

① 해당 관할 구역에서 재난의 수습 등에 관한 사항을 총괄·조정하고 필요한 조치를 하기 위하여 시·도지사는 **시·도재난안전대책본부**를 두고, 시장·군수·구청장은 **시·군·구재난안전대책본부**를 둔다.
② 시·도대책본부 또는 시·군·구대책본부의 본부장은 **시·도지사 또는 시장·군수·구청장**이 되며, 지역대책본부장은 지역대책본부의 업무를 총괄하고 필요하다고 인정하면 대통령령으로 정하는 바에 따라 지역재난안전대책본부회의를 소집할 수 있다.
③ 시·군·구대책본부의 장은 재난현장의 총괄·조정 및 지원을 위하여 재난현장 통합지원본부(이하 "**통합지원본부**"라 한다)를 설치·운영할 수 있다. 이 경우 통합지원본부의 장은 긴급구조에 대해서는 제52조에 따른 시·군·구긴급구조통제단장의 현장지휘에 협력하여야 한다.
④ 통합지원본부의 장은 관할 시·군·구의 부단체장이 되며, 실무반을 편성하여 운영할 수 있다.

※ **재난사태 선포지역 조치**
1. 재난경보의 발령, 인력·장비 및 물자의 동원, 위험구역 설정, 대피명령, 응급지원 등 이 법에 따른 응급조치
2. 해당 지역에 소재하는 행정기관 소속 공무원의 비상소집
3. 해당 지역에 대한 여행 등 이동 자제 권고
4. 「유아교육법」제31조, 「초·중등교육법」제64조 및 「고등교육법」제61조에 따른 휴업명령 및 휴원·휴교 처분의 요청
5. 그 밖에 재난예방에 필요한 조치

⑥ 재난사태 선포

① **행정안전부장관**은 대통령령으로 정하는 재난이 발생하거나 발생할 우려가 있는 경우 사람의 생명·신체 및 재산에 미치는 중대한 영향이나 피해를 줄이기 위하여 긴급한 조치가 필요하다고 인정하면 **중앙위원회의 심의**를 거쳐 **재난사태를 선포할 수 있다**. 다만, 행정안전부장관은 재난상황이 긴급하여 중앙위원회의 심의를 거칠 시간적 여유가 없다고 인정하는 경우에는 중앙위원회의 **심의를 거치지 아니하고 재난사태를 선포할 수 있다**.
② 행정안전부장관은 재난사태를 선포한 경우에는 **지체 없이 중앙위원회의 승인을 받아야** 하고, 승인을 받지 못하면 선포된 재난사태를 즉시 해제하여야 한다.
③ 행정안전부장관은 재난으로 인한 위험이 해소되었다고 인정하는 경우 또는 재난이 추가적으로 발생할 우려가 없어진 경우에는 선포된 재난사태를 **즉시 해제하여야 한다**.

⑦ 중앙긴급구조통제단

① 긴급구조에 관한 사항의 총괄·조정, 긴급구조기관 및 긴급구조지원기관이 하는 긴급구조활동의 역할 분담과 지휘·통제를 위하여 **소방청에 중앙긴급구조통제단**을 둔다.
② 중앙통제단의 단장은 **소방청장**이 된다.
③ 중앙통제단장은 긴급구조를 위하여 필요하면 긴급구조지원기관 간의 공조체제를 유지하기 위하여 관계 기관·단체의 장에게 소속 직원의 파견을 요청할 수 있다. 이 경우 요청을 받은 기관·단체의 장은 특별한 사유가 없으면 요청에 따라야 한다.

⑧ 특별재난지역 선포

① **중앙대책본부장**은 대통령령으로 정하는 규모의 재난이 발생하여 국가의 안녕 및 사회질서의 유지에 중대한 영향을 미치거나 피해를 효과적으로 수습하기 위하여 특별한 조치가 필요하다고 인정하거나 제3항에 따른 지역대책본부장의 요청이 타당하다고 인정하는 경우에는 **중앙위원회의 심의**를 거쳐 해당 지역을 특별재난지역으로 선포할 것을 **대통령에게 건의**할 수 있다.

② 제1항에 따라 특별재난지역의 선포를 건의받은 **대통령**은 해당 지역을 특별재난지역으로 선포할 수 있다.
③ **지역대책본부장**은 관할지역에서 발생한 재난으로 인하여 제1항에 따른 사유가 발생한 경우에는 중앙대책본부장에게 특별재난지역의 선포 건의를 요청할 수 있다.

⑨ 경찰 재난관리 규칙
  ㉠ 치안상황관리관은 경찰의 재난관리 업무를 총괄·조정한다.
  ㉡ 경찰청 재난상황실 설치

> **치안상황관리관**은 재난이 발생하였거나 재난이 발생할 우려가 있는 경우에는 위기관리센터 또는 치안종합상황실에 재난상황실을 설치·운영할 수 있다.
> 다만, 제11조의 재난대책본부가 설치되었거나 「재난 및 안전관리 기본법」(이하 "법"이라 한다) 제38조에 따라 '**심각**' 단계의 위기경보가 발령된 경우에는 재난상황실을 **설치·운영하여야 한다**.

  ㉢ 시·도경찰청등 재난상황실 설치 및 운영

> ① 시·도경찰청등의 장은 관할 지역 내에서 재난이 발생하였거나 발생할 우려가 있는 경우 재난상황실을 설치·운영할 수 있다.
> 다만, 시·도경찰청등에 재난대책본부가 설치되었거나, 법 제38조에 따라 '심각' 단계의 위기경보가 발령된 경우에는 재난상황실을 설치·운영하여야 한다.

  ㉣ 경찰청 재난대책본부 설치

> ① 경찰청장은 인명 또는 재산의 피해정도가 매우 큰 재난 또는 사회적, 경제적으로 광범위한 영향이 있는 재난이 발생하였거나 발생할 우려가 있어 이에 대한 전국적인 관리가 필요하다고 인정하는 경우 **경찰청에 재난대책본부**를 설치할 수 있다.
> ② 재난대책본부는 **치안상황관리관이 본부장**이 되고 위기관리센터장, 혁신기획조정담당관, 경무담당관, 범죄예방정책과장, 교통기획과장, 경비과장, 정보관리과장, 외사기획정보과장, 수사운영지원담당관, 경제범죄수사과장, 강력범죄수사과장, 사이버수사기획과장, 안보기획관리과장, 홍보담당관, 감사담당관, 정보화장비기획담당관, 과학수사담당관 및 그 밖에 본부장이 지정하는 사람으로 구성한다.

  ㉤ 시·도경찰청등 재난대책본부의 설치 및 운영

> ① 시·도경찰청등의 장은 경찰청에 재난대책본부가 설치되었거나, 관할 지역 내 재난이 발생하였거나 발생할 우려가 있는 경우 **시·도경찰청등에 재난대책본부를 설치**할 수 있고 그 운영은 제12조부터 제14조의 규정을 준용한다. 이 경우, 시·도경찰청등의 장은 재난대책본부의 설치 사항을 바로 위 상급기관의 장에게 보고한다.
> ② 시·도경찰청의 본부장은 시·도경찰청장이 지정하는 차장 또는 부장으로 한다.
> ③ 경찰서의 본부장은 재난업무를 주관하는 부서의 장으로 한다.
> ④ 제2항 및 제3항에도 불구하고, 시·도경찰청등의 장은 재난의 규모가 광범위하여 효과적인 대응이 필요한 경우 본부장을 시·도경찰청등의 장으로 격상하여 운영할 수 있다.

* **통제선**
재난관리에서 제1통제선은 소방이 담당하고, 제2통제선은 경찰이 담당한다.

경찰청 국·관별 재난관리 임무

국·관	임 무
치안상황관리관	○ 재난대책본부 및 재난상황실 운영 ○ 재난관리를 위한 관계기관과의 협력 ○ 재난피해우려지역 예방 순찰 및 재난취약요소 발견 시 초동조치 ○ 재난지역 주민대피 지원
대변인	○ 경찰의 재난관리 관련 홍보
감사관	○ 재난상황 시 재난관리태세 점검
기획조정관	○ 재난관리와 관련한 예산의 조정·지원
경무인사기획관	○ 경찰관·경찰관서의 피해 예방 및 피해 발생 시 대응·복구 ○ 재난상황 시 직원 복무 및 사기 관리
정보화장비정책관	○ 재난관리 자원 비축·관리 및 보급 ○ 국가적 정보통신 피해 발생 시 긴급통신망 복구지원 ○ 재난지역 통신장비 설치 및 운영 ○ 그 밖에 재난관리를 위한 장비의 지원
생활안전국	○ 재난지역 범죄예방활동 ○ 재난지역 총포·화약류 안전관리
교통국	○ 재난대비 교통취약지 예방 순찰 및 취약요소 발견 시 초동조치 ○ 재난지역 교통통제 및 긴급차량 출동로 확보 ○ 재난지역 교통안전시설 관리 ○ 재난 관련 인적·물적자원의 이동 시 교통안전 확보
경비국	○ 재난관리를 위한 경찰부대 및 장비 동원 ○ 재난관리 필수시설의 안전관리
공공안녕정보국	○ 재난취약요소에 대한 정보활동 ○ 재난상황 시 국민 안전을 확보하기 위한 정보활동
외사국	○ 해외 재난안전정보 수집 ○ 재난지역 체류 외국인 관련 치안활동
형사국	○ 재난지역 강도·절도 등 민생침해범죄의 예방 및 검거 ○ 재난으로 인한 인명피해 발생 시 원인이 되는 불법행위에 대한 수사
수사국	○ 재난 관계 법령 위반 행위에 대한 수사 ○ 매점매석 등 사회혼란 야기 행위에 대한 수사 ○ 감염병·가축전염병의 확산으로 인한 재난 발생 시 역학조사 지원 ○ 기타 재난 발생의 원인이 되는 불법행위에 대한 수사
과학수사관리관	○ 재난상황으로 인한 사상자 신원확인
사이버수사국	○ 온라인상 허위정보의 생산·유포 행위 대응 및 수사 ○ 온라인상 매점매석 등 사회혼란 야기 행위에 대한 수사
안보수사국	○ 재난지역 국가안보 위해요소 점검

8 경찰작전

1) **통합방위법**

① 의의
   ㉠ 경찰작전은 통합방위작전, 경찰 비상업무 등 경찰의 작전업무를 의미한다.
   ㉡ 통합방위법은 적의 침투·도발이나 그 위협에 있어서 국가총력전의 개념에 입각하여 국가방위요소를 통합·운용하기 위한 통합방위대책을 수립·시행하는 데 필요한 사항을 규정한 법이다.

② 정의
   ㉠ **통합방위사태**란 적의 침투·도발이나 그 위협에 대응하여 제6호부터 제8호까지의 구분에 따라 선포하는 단계별 사태를 말한다.

갑종사태	일정한 조직체계를 갖춘 적의 **대규모 병력 침투** 또는 대량살상무기 공격 등의 도발로 발생한 비상사태로서 **통합방위본부장 또는 지역군사령관의 지휘·통제** 하에 통합방위작전을 수행하여야 할 사태를 말한다.
을종사태	일부 또는 여러 지역에서 적이 침투·도발하여 **단기간 내에 치안이 회복되기 어려워** 지역군사령관의 지휘·통제 하에 통합방위작전을 수행하여야 할 사태를 말한다.
병종사태	적의 침투·도발 위협이 예상되거나 **소규모의 적이** 침투하였을 때에 **시·도경찰청장, 지역군사령관 또는 함대사령관의 지휘·통제** 하에 통합방위작전을 수행하여 단기간 내에 치안이 회복될 수 있는 사태를 말한다.

   ㉡ **통합방위작전**이란 통합방위사태가 선포된 지역에서 제15조에 따라 통합방위본부장, 지역군사령관, 함대사령관 또는 시·도경찰청장(작전지휘관)이 국가방위요소를 통합하여 지휘·통제하는 방위작전을 말한다.

③ 통합방위기구

통합방위 협의회	중앙 통합방위 협의회	① 중앙통합방위협의회는 **국무총리소속**으로 둔다. ② 중앙통합방위협의회 **의장은 국무총리**가 된다. ③ 중앙협의회에 간사 1명을 두고, 간사는 통합방위본부의 부본부장이 된다. ④ 중앙협의회는 다음 각 호의 사항을 심의한다. 　1. 통합방위 정책 　2. 통합방위작전·훈련 및 지침 　3. 통합방위사태의 선포 또는 해제 　4. 그 밖에 통합방위에 관하여 대통령령으로 정하는 사항
	지역 통합방위 협의회	① 특별시장·광역시장·특별자치시장·도지사·특별자치도지사소속으로 특별시·광역시·특별자치시·도·특별자치도 통합방위협의회를 두고, 그 **의장은 시·도지사가 된다.**

통합방위협의회	지역 통합방위협의회	② 시장·군수·구청장소속으로 시·군·구 통합방위협의회를 두고, **그 의장은 시장·군수·구청장이 된다.** ③ 시·도 협의회와 시·군·구 통합방위협의회(이하 "지역협의회"라 한다)는 다음 각 호의 사항을 심의한다. 다만, 제1호 및 제3호의 사항은 시·도 협의회에 한한다. 　1. 적이 침투하거나 숨어서 활동하기 쉬운 지역(이하 "취약지역"이라 한다)의 선정 또는 해제 　2. 통합방위 대비책 　3. 을종사태 및 병종사태의 선포 또는 해제 　4. 통합방위작전·훈련의 지원 대책 　5. 국가방위요소의 효율적 육성·운용 및 지원 대책
통합방위본부		① 합동참모본부에 통합방위본부를 둔다. ② 통합방위본부에는 본부장과 부본부장 1명씩을 두되, **통합방위본부장은 합동참모의장이 되고 부본부장은 합동참모본부 합동작전본부장**이 된다.

④ 통합방위사태 선포

선포 사유	선포 건의권자	선포권자
갑종사태에 해당하는 상황이 발생하였을 때 또는 **둘 이상**의 특별시·광역시·특별자치시·도·특별자치도에 걸쳐 **을종**사태에 해당하는 상황이 발생하였을 때	국방부장관	**대통령**은 건의를 받았을 때에는 **중앙협의회와 국무회의의 심의를 거쳐** 통합방위사태를 선포할 수 있다. ● 대통령은 통합방위사태를 선포한 때에는 지체 없이 그 사실을 국회에 통고하여야 한다.
둘 이상의 시·도에 걸쳐 **병종사태**에 해당하는 상황이 발생하였을 때	행정안전부장관 또는 국방부장관	
을종사태나 **병종사태**에 해당하는 상황이 발생한 때	시·도경찰청장, 지역군사령관 또는 함대사령관은 즉시 시·도지사에게 통합방위사태의 선포를 건의하여야 한다.	**시·도지사**는 건의를 받은 때에는 **시·도 협의회의 심의를 거쳐** 을종사태 또는 병종사태를 선포할 수 있다. ● 시·도지사는 제5항에 따라 을종사태 또는 병종사태를 선포한 때에는 지체 없이 행정안전부장관 및 국방부장관과 국무총리를 거쳐 대통령에게 그 사실을 **보고**하여야 한다. ● 시·도지사는 통합방위사태를 선포한 때에는 지체 없이 그 사실을 시·도의회에 **통고**하여야 한다.

● 대통령 또는 시·도지사는 통합방위사태 통고를 할 때에 국회 또는 시·도의회가 폐회 중이면 그 소집을 요구하여야 한다.

⑤ 통합방위 작전

> ① 통합방위작전의 관할구역은 다음 각 호와 같이 구분한다.
>
>> 1. 지상 관할구역 : 특정경비지역, 군관할지역 및 경찰관할지역
>> 2. 해상 관할구역 : 특정경비해역 및 일반경비해역
>> 3. 공중 관할구역 : 비행금지공역(空域) 및 일반공역
>
> ② **시·도경찰청장, 지역군사령관 또는 함대사령관**은 통합방위사태가 선포된 때에는 즉시 다음 각 호의 구분에 따라 통합방위작전(공군작전사령관의 경우에는 통합방위 지원작전)을 신속하게 수행하여야 한다. 다만, **을종사태**가 선포된 경우에는 **지역군사령관**이 통합방위작전을 수행하고, **갑종사태**가 선포된 경우에는 **통합방위본부장 또는 지역군사령관이 통합방위작전을 수행한다.**
>
>> 1. 경찰관할지역 : **시·도경찰청장**
>> 2. 특정경비지역 및 군관할지역 : 지역군사령관
>> 3. 특정경비해역 및 일반경비해역 : 함대사령관
>> 4. 비행금지공역 및 일반공역 : 공군작전사령관

⑥ 통제구역

> ① **시·도지사 또는 시장·군수·구청장**은 다음 각 호의 어느 하나에 해당하면 대통령령으로 정하는 바에 따라 **인명·신체**에 대한 위해를 방지하기 위하여 필요한 통제구역을 설정하고, 통합방위작전 또는 경계태세 발령에 따른 군·경 합동작전에 관련되지 아니한 사람에 대하여는 **출입을 금지·제한하거나 그 통제구역으로부터 퇴거할 것을 명할 수 있다.**
>
>> 1. 통합방위사태가 선포된 경우
>> 2. 적의 침투·도발 징후가 확실하여 경계태세 1급이 발령된 경우
>
> ② 통제구역내 출입금지 제한 또는 퇴거명령 위반시 **1년이하의 징역 또는 1천만원 이하의 벌금**에 처한다.

⑦ 대피명령

> ① **시·도지사 또는 시장·군수·구청장**은 통합방위사태가 선포된 때에는 인명·신체에 대한 위해를 방지하기 위하여 **즉시 작전지역에 있는 주민이나 체류 중인 사람에게 대피할 것을 명할 수 있다.**
> ② 대피명령 위반시 300**만원 이하의 벌금**에 처한다.

⑧ 검문소 운용

> ① **시·도경찰청장, 지방해양경찰청장(대통령령으로 정하는 해양경찰서장을 포함한다. 이하 같다), 지역군사령관 및 함대사령관**은 관할구역 중에서 적의 침투가 예상되는 곳 등에 검문소를 설치·운용할 수 있다. 다만, 지방해양경찰청장이 검문소를 설치하는 경우에는 미리 관할 함대사령관과 협의하여야 한다.
> ② 검문소의 지휘·통신체계 및 운용 등에 필요한 사항은 대통령령으로 정한다.

2) 국가중요시설경비
   ① 의의
      공공기관, 공항·항만, 주요 산업시설 등 적에 의하여 점령 또는 파괴되거나 기능이 마비될 경우 국가안보와 국민생활에 심각한 영향을 주게 되는 시설을 말한다.
   ② 중요시설 지정권자
      국가중요시설은 **국방부장관**이 관계 행정기관의 장 및 국가정보원장과 **협의하여 지정한다**.
   ③ 국가중요시설 분류

가급	적에 의해 점령 또는 파괴되거나 기능마비 시 **광범위한 지역**의 통합방위작전 수행이 요구되고 국민생활에 결정적 영향을 미칠수 있는 시설 예) 청와대, 국회의사당, 정부중앙청사 등
나급	적에 의해 점령 또는 파괴되거나 기능마비시 **일부 지역**의 통합방위작전 수행이 요구되고 국민생활에 중대한 영향을 미칠수 있는 시설 예) 경찰청, 대검찰청, 중앙행정기관에 준하는 기관
다급	적에 의해 파괴되거나 기능마비시 **제한된 지역**에서 단기간에 통합방위작전 수행이 요구되고 국민생활에 상당한 영향을 미칠수 있는 시설 예) 조달청, 통계청, 한국은행 각 지역본부 등

   ④ 국가중요시설의 경비·보안 및 방호

   > ① 국가중요시설의 관리자(소유자를 포함한다. 이하 같다)는 경비·보안 및 방호책임을 지며, 통합방위사태에 대비하여 **자체방호계획을 수립하여야 한다**. 이 경우 국가중요시설의 관리자는 자체방호계획을 수립하기 위하여 필요하면 시·도경찰청장 또는 지역군사령관에게 협조를 요청할 수 있다.
   > ② **시·도경찰청장 또는 지역군사령관**은 통합방위사태에 대비하여 국가중요시설에 대한 **방호지원계획**을 수립·시행하여야 한다.
   > ③ 국가중요시설의 평시 경비·보안활동에 대한 지도·감독은 **관계 행정기관의 장과 국가정보원장**이 수행한다.
   > ④ 국가중요시설은 국방부장관이 관계 행정기관의 장 및 국가정보원장과 **협의하여 지정한다**.

   ⑤ 제3지대 방호

제1지대 (경계지대)	의미	시설 울타리 전방 취약지점에서 시설에 접근하기 전에 저지할 수 있는 예상 접근로상의 길목 및 감제고지를 통제하는 지대, 소총유효사거리(460m)
	대책	장애물 설치하고, 매복을 실시
제2지대 (주방어지대)	의미	시설 울타리를 연결하는 선으로 시설내부 및 **핵심시설**에 침투하는 적을 **결정적으로 방호**하는 선
	대책	고정초소근무, 순찰근무로 출입자 통제, CCTV 설치
제3지대 (핵심방어지대)	의미	시설의 주 기능에 결정적 영향을 주는 지역에 대한 **최후 방호선**
	대책	지하화하거나 위장, 상시 경계요원에 의한 계속적 감시, 방호벽이나 방탄막 설치

* 감제고지(瞰制高地)
군사 적의 활동을 살피기에 적합하도록 주변이 두루 내려다보이는 고지

3) **경찰작전 – 경찰비상업무규칙**

치안상의 비상상황에 대한 지역별, 기능별 경찰력의 운용과 활동체계를 규정함으로써 비상상황에 효율적으로 대응함을 목적으로 한다.

● "비상상황"이라 함은 대간첩·테러, 대규모 재난 등의 긴급 상황이 발생하거나 발생할 우려가 있는 경우 또는 다수의 경력을 동원해야 할 치안수요가 발생하여 치안활동을 강화할 필요가 있는 때를 말한다.

① 정의

지휘선상 위치 근무	비상연락체계를 유지하며 유사시 **1시간 이내**에 현장지휘 및 현장근무가 가능한 장소에 위치하는 것을 말한다.
정위치 근무	감독순시·현장근무 및 사무실 대기 등 **관할구역 내에 위치하는 것**을 말한다.
정착근무	사무실 또는 상황과 관련된 **현장**에 위치하는 것을 말한다.
필수요원	전 경찰공무원 및 일반직공무원 중 경찰기관의 장이 지정한 자로 **비상소집 시 1시간 이내에 응소**하여야 할 자를 말한다.
일반요원	필수요원을 제외한 경찰관 등으로 **비상소집 시 2시간 이내에 응소**하여야 할 자를 말한다.
가용경력	총원에서 휴가·출장·교육·파견 등을 제외하고 **실제 동원될 수 있는 모든 인원**을 말한다.

② 근무방침

㉠ 비상근무는 비상상황 하에서 업무 수행의 효율화를 도모하기 위해서 발령한다.

㉡ 비상근무 대상은 **경비·작전·안보·수사·교통 또는 재난관리 업무와 관련한 비상상황에 국한**한다.

다만, 두 종류 이상의 비상상황이 동시에 발생한 경우에는 긴급성 또는 중요도가 상대적으로 **더 큰 비상상황(이하 "주된 비상상황"이라 한다)의 비상근무로 통합·실시**한다.

㉢ 적용지역은 **전국 또는 일정지역(시·도경찰청 또는 경찰서 관할)**으로 구분한다. 다만, 2개 이상의 지역에 관련되는 상황은 **바로 위의 상급 기관에서 주관**하여 실시한다.

③ 발령권자

1. 전국 또는 2개 이상 시·도경찰청 관할지역 : **경찰청장**
2. 시·도경찰청 또는 2개 이상 경찰서 관할지역 : **시·도경찰청장**
3. 단일 경찰서 관할지역 : **경찰서장**

＊ 비상근무 종류
1. 경비 소관 : 경비, 작전비상
2. 안보 소관 : 안보비상
3. 수사 소관 : 수사비상
4. 교통 소관 : 교통비상
5. 치안상황 소관 : 재난비상

④ 근무요령

갑호 비상	가. 비상근무 갑호가 발령된 때에는 **연가를 중지하고 가용경력** 100%까지 동원할 수 있다. 나. 지휘관(지구대장, 파출소장은 지휘관에 준한다.)과 참모는 **정착근무를 원칙**으로 한다.
을호 비상	가. 비상근무 을호가 발령된 때에는 연가를 중지하고 **가용경력** 50%까지 동원할 수 있다. 나. 지휘관과 참모는 **정위치 근무를 원칙**으로 한다.
병호 비상	가. 비상근무 병호가 발령된 때에는 부득이한 경우를 제외하고는 **연가를 억제하고 가용경력** 30%**까지** 동원할 수 있다. 나. 지휘관과 참모는 **정위치 근무 또는 지휘선상 위치 근무를 원칙**으로 한다.
경계 강화	가. **별도의 경력동원 없이** 특정분야의 근무를 강화한다. 나. 경찰관 등은 비상연락체계를 유지하고 경찰작전부대는 상황발생 시 즉각 출동이 가능하도록 출동대기태세를 유지한다. 다. 지휘관과 참모는 지휘선상 위치 근무를 원칙으로 한다.
작전준비태세 (작전 비상시 적용)	가. 별도의 경력동원 없이 경찰관서 지휘관 및 참모의 **비상연락망**을 구축하고 **신속한 응소체제**를 유지한다. 나. 경찰작전부대는 상황발생 시 즉각 출동이 가능하도록 출동태세 점검을 실시한다. 다. 유관기관과의 긴밀한 연락체계를 유지하고, 필요시 작전상황반을 유지한다.

⑤ 지휘본부 설치
  ㉠ 비상상황에서 **경찰청, 시·도경찰청, 경찰서 등에 경찰지휘본부를 둘 수 있다.**
  ㉡ 경찰지휘본부는 당해 지휘본부장이 필요하다고 인정할 때에 설치하며 **경찰청 및 시·도경찰청은 치안상황실에 설치함을 원칙으로 한다.**
  ㉢ 각종 상황 발생 시 상황의 효율적인 관리를 위해 필요한 경우 현장 인근에 **현장지휘본부**를 설치할 수 있다.

비상근무의 종류별 정황

경비비상

갑호	1. 계엄이 선포되기 전의 치안상태 2. 대규모 집단사태·테러 등의 발생으로 치안질서가 극도로 혼란하게 되었거나 그 징후가 현저한 경우 3. 국제행사·기념일 등을 전후하여 치안수요의 급증으로 가용경력을 100% 동원할 필요가 있는 경우
을호	1. 대규모 집단사태·테러 등의 발생으로 치안질서가 혼란하게 되었거나 그 징후가 예견되는 경우 2. 국제행사·기념일 등을 전후하여 치안수요가 증가하여 가용경력의 50%를 동원할 필요가 있는 경우
병호	1. 집단사태·테러 등의 발생으로 치안질서의 혼란이 예견되는 경우 2. 국제행사·기념일 등을 전후하여 치안수요가 증가하여 가용경력의 30%를 동원할 필요가 있는 경우

작전비상

갑호	대규모 적정이 발생하였거나 발생 징후가 현저한 경우
을호	적정이 발생하였거나 일부 적의 침투가 예상되는 경우
병호	정·첩보에 의해 적 침투에 대비한 고도의 경계강화가 필요한 경우

안보비상

갑호	간첩 또는 정보사범 색출을 위한 경계지역 내 검문검색 필요시
을호	상기 상황하에서 특정지역·요지에 대한 검문검색 필요시

수사비상

갑호	사회이목을 집중시킬만한 중대범죄 발생시
을호	중요범죄 사건발생시

교통비상

갑호	농무, 풍수설해 및 화재로 극도의 교통혼란 및 사고발생시
을호	상기 징후가 예상될 시

재난비상

갑호	대규모 재난의 발생으로 치안질서가 극도로 혼란하게 되었거나 그 징후가 현저한 경우
을호	대규모 재난의 발생으로 치안질서가 혼란하게 되었거나 그 징후가 예견되는 경우
병호	재난의 발생으로 치안질서의 혼란이 예견되는 경우

경계강화(기능 공통)

"병호"비상보다는 낮은 단계로, 별도의 경력동원 없이 평상시보다 치안활동을 강화할 필요가 있을 때

작전준비태세(작전비상시 적용)

"경계강화"를 발령하기 이전에 별도의 경력동원 없이 필요한 작전사항을 미리 조치할 필요가 있을 때

9 대테러 경비 - 국민보호와 공공안전을 위한 테러방지법

① 의의

테러	국가·지방자치단체 또는 외국 정부(외국 지방자치단체와 조약 또는 그 밖의 국제적인 협약에 따라 설립된 국제기구를 포함한다)의 권한행사를 방해하거나 의무 없는 일을 하게 할 목적 또는 공중을 협박할 목적으로 하는 다음 각 목의 행위를 말한다.
테러단체	**국제연합(UN)이 지정한** 테러단체를 말한다.
테러 위험인물	테러단체의 **조직원이거나 테러단체 선전, 테러자금 모금·기부, 그 밖에 테러 예비·음모·선전·선동을 하였거나 하였다고 의심할 상당한 이유가 있는 사람**을 말한다.
외국인 테러전투원	테러를 실행·계획·준비하거나 테러에 참가할 목적으로 국적국이 아닌 국가의 테러단체에 가입하거나 가입하기 위하여 이동 또는 이동을 시도하는 **내국인·외국인**을 말한다.
대테러 활동	테러 관련 정보의 수집, 테러위험인물의 관리, 테러에 이용될 수 있는 위험물질 등 테러수단의 안전관리, 인원·시설·장비의 보호, 국제행사의 안전확보, 테러위협에의 대응 및 무력진압 등 테러 예방과 대응에 관한 제반 활동을 말한다.

※ 테러의 특징
① 불특정 다수를 대상
② 목적이 정치적, 종교적인 경우가 많음
③ 사전에 치밀한 계획하에 실시

② 국가테러대책위원회
㉠ 대테러활동에 관한 정책의 중요사항을 심의·의결하기 위하여 국가테러대책위원회를 둔다.
㉡ 대책위원회는 국무총리 및 관계기관의 장 중 대통령으로 정하는 사람으로 구성하고 **위원장은 국무총리로** 한다.
㉢ **대테러 인권보호관** : 대테러활동으로 인한 국민의 기본권 침해를 방지 하기 위해 대책위원회 소속으로 1명 둔다.

※ 대책위원회는 다음 각 호의 사항을 심의·의결한다.
1. 대테러활동에 관한 국가의 정책 수립 및 평가
2. 국가 대테러 기본계획 등 중요 중장기 대책 추진사항
3. 관계기관의 대테러활동 역할 분담·조정이 필요한 사항
4. 그 밖에 위원장 또는 위원이 대책위원회에서 심의·의결할 필요가 있다고 제의하는 사항

③ 테러위험인물에 대한 정보 수집 등

① **국가정보원장**은 테러위험인물에 대하여 출입국·금융거래 및 통신이용 등 관련 **정보를 수집할 수 있다**. 이 경우 출입국·금융거래 및 통신이용 등 관련 정보의 수집은 「출입국관리법」, 「관세법」, 「특정 금융거래정보의 보고 및 이용 등에 관한 법률」, 「통신비밀보호법」의 절차에 따른다.
② 국가정보원장은 제1항에 따른 정보 수집 및 분석의 결과 테러에 이용되었거나 이용될 가능성이 있는 금융거래에 대하여 지급정지 등의 조치를 취하도록 **금융위원회 위원장에게 요청할 수 있다.**
③ 국가정보원장은 테러위험인물에 대한 개인정보(「개인정보 보호법」상 민감정보를 포함한다)와 위치정보를 「개인정보 보호법」 제2조의 개인정보처리자와 「위치정보의 보호 및 이용 등에 관한 법률」 제5조제7항에 따른 개인위치정보사업자 및 같은 법 제5조의2제3항에 따른 **사물위치정보사업자에게 요구할 수 있다.**
④ **국가정보원장**은 대테러활동에 필요한 정보나 자료를 수집하기 위하여 대테러조사 및 테러위험인물에 대한 **추적을 할 수 있다.** 이 경우 **사전 또는 사후에** 대책위원회 위원장에게 **보고하여야 한다.**

※ 테러경보단계

관심	테러관련 상황의 전파, 비상 연락망 점검 등
주의	국가중요시설에 대한 경비 강화, 테러대상 시설물 등에 대한 안전관리 강화
경계	테러취약시설에 대한 출입 통제 강화, 대테러 담당공무원의 비상근무
심각	대테러 관계 기관 공무원의 비상 근무, 필요장비와 인원 동원태세 유지 등

④ 외국인테러전투원에 대한 규제

> ① 관계기관의 장은 외국인테러전투원으로 출국하려 한다고 의심할 만한 상당한 이유가 있는 **내국인·외국인에 대하여 일시 출국금지를 법무부장관에게 요청할 수 있다.**
> ② 제1항에 따른 일시 **출국금지 기간은 90일**로 한다. 다만, 출국금지를 계속할 필요가 있다고 판단할 상당한 이유가 있는 경우에 관계기관의 장은 그 사유를 명시하여 연장을 요청할 수 있다.
> ③ 관계기관의 장은 외국인테러전투원으로 가담한 사람에 대하여 「여권법」 제13조에 따른 **여권의 효력정지** 및 같은 법 제12조제3항에 따른 재발급 거부를 **외교부장관에게 요청할 수 있다.**

⑤ 테러단체 구성죄

> ① 테러단체를 구성하거나 구성원으로 가입한 사람은 다음 각 호의 구분에 따라 처벌한다.
>
>> 1. 수괴(首魁)는 **사형·무기 또는 10년 이상의 징역**
>> 2. 테러를 기획 또는 지휘하는 등 중요한 역할을 맡은 사람은 **무기 또는 7년 이상의 징역**
>> 3. **타국의 외국인테러전투원으로 가입한 사람은 5년 이상의 징역**
>> 4. 그 밖의 사람은 **3년 이상의 징역**
>
> ② 테러자금임을 알면서도 자금을 조달·알선·보관하거나 그 취득 및 발생원인에 관한 사실을 가장하는 등 테러단체를 지원한 사람은 10년 **이하의 징역 또는 1억원 이하**의 벌금에 처한다.
> ③ 테러단체 가입을 지원하거나 타인에게 가입을 권유 또는 선동한 사람은 **5년 이하의 징역**에 처한다.
> ④ 제1항 및 제2항의 **미수범은 처벌**한다.
> ⑤ 제1항 및 제2항에서 정한 죄를 저지를 목적으로 **예비 또는 음모한 사람은 3년 이하의 징역**에 처한다.

⑥ 세계주의

테러단체 구성죄등은 **대한민국 영역 밖에서 저지른 외국인에게도 국내법**을 적용한다.

⑦ 테러피해의 지원

> ㉠ 테러로 인하여 **신체 또는 재산의 피해를 입은 국민**은 관계기관에 즉시 **신고하여야 한다.** 다만, 인질 등 부득이한 사유로 신고할 수 없을 때에는 법률관계 또는 계약관계에 의하여 보호의무가 있는 사람이 이를 알게 될 때에 즉시 신고하여야 한다.
> ㉡ 국가 또는 지방자치단체는 제1항의 피해를 입은 사람에 대하여 대통령령으로 정하는 바에 따라 치료 및 복구에 필요한 비용의 전부 또는 일부를 지원할 수 있다. 다만, 「여권법」 제17조제1항 단서에 따른 **외교부장관의 허가를 받지 아니하고 방문 및 체류가 금지된 국가 또는 지역을 방문·체류한 사람에 대해서는 그러하지 아니하다.**

* **특별위로금**

테러로 인하여 생명의 피해를 입은 사람의 유족 또는 신체상의 장애 및 장기치료가 필요한 피해를 입은 사람에 대해서는 그 피해의 정도에 따라 등급을 정하여 **특별위로금을 지급할 수 있다.** 다만, 「여권법」 제17조제1항 단서에 따른 **외교부장관의 허가를 받지 아니하고 방문 및 체류가 금지된 국가 또는 지역을 방문·체류한 사람에 대해서는 그러하지 아니하다.**

⑧ 테러취약시설 안전활동에 관한 규칙
  ㉠ 정의
    테러 예방 및 대응을 위해 경찰이 관리하는 다음 각 목의 시설·건축물 등 중 **경찰청장이 지정**하는 것을 말한다.

테러취약시설	가. 국가중요시설 나. 다중이용건축물등 다. 공관지역 라. 미군 관련 시설 마. 그 밖에 특별한 관리가 필요하다고 제14조의 테러취약시설 심의위원회(이하 '심의위원회'라고 한다)에서 결정한 시설
국가중요시설	「통합방위법」 제21조제4항에 따라 국방부장관이 지정한 시설을 말한다.
다중이용 건축물등	「재난 및 안전관리 기본법 시행령」 제43조의8제1호·제2호에 따른 건축물 또는 시설로서 관계기관의 장이 소관업무와 관련하여 대테러센터장과 협의하여 지정한 것을 말한다.
공관지역	소유자 여하를 불문하고 공관장의 주거를 포함하여 공관의 목적으로 사용되는 건물과 건물의 부분 및 부속토지를 말한다.
미군관련시설	주한미군 기지, 중요 방위산업체 등의 시설로서 심의위원회에서 지정한 것을 말한다.

  ㉡ 지정등 권한자
    테러취약시설의 지정등은 **경찰청장**이 행한다.
  ㉢ 다중이용건축물등의 분류 - 기능·역할의 중요성과 가치의 정도에 따라

A급	테러에 의하여 파괴되거나 기능 마비시 **광범위한 지역**의 대테러진압작전이 요구되고, 국민생활에 **결정적인 영향**을 미칠 수 있는 건축물 또는 시설
B급	테러에 의하여 파괴되거나 기능 마비시 **일부 지역**의 대테러진압작전이 요구되고, 국민생활에 **중대한 영향**을 미칠 수 있는 건축물 또는 시설
C급	테러에 의하여 파괴되거나 기능 마비시 **제한된 지역**에서 단기간 대테러진압작전이 요구되고, 국민생활에 **상당한 영향**을 미칠 수 있는 건축물 또는 시설

  ㉣ 테러취약시설 심의위원회
    위원장은 **경찰청 경비국장**으로 한다.(위기관리센터에 비상설로 설치)
  ㉤ 다중이용건축물등 지도·점검

  > ① **경찰서장**은 관할 내에 있는 다중이용건축물등 전체에 대해 해당 시설 관리자의 동의를 받아 다음 각 호와 같이 지도·점검을 실시하여야 한다.
  >   1. A급 : **분기 1회** 이상
  >   2. B급, C급 : **반기 1회** 이상
  > ② **시·도경찰청장**은 관할 내 다중이용건축물등 중 일부를 선별하여 해당 시설 관리자의 동의를 받아 **반기 1회 이상** 지도·점검을 실시하여야 한다.
  > ③ **경찰청장**은 경찰관서장이 다중이용건축물등에 대해 적절한 지도·점검을 실시하는지 감독하고, 해당 시설 관리자의 동의를 받아 **선별적**으로 지도·점검을 실시하여야 한다.

＊ 관련 증후군

리마 증후군	인질범이 포로나 인질에게 강자로서 약자에게 갖는 동정심을 이르는 것으로, 1996년 12월 페루 리마에서 발생한 일본 대사관저 점거 인질 사건에서 유래된 용어이다.
스톡홀름 증후군 [Stockholm Syndrom]	인질이 인질범에 동화되는 현상을 말하는 것으로서 1973년 스웨덴의 수도 스톡홀름에서 4명의 무장강도가 은행에 침입해 직원들을 인질로 잡고 6일 동안 경찰과 대치하는 과정에서 인질들은 인질범들을 무서워했으나 시간이 경과하면서 인질범들을 옹호하고 인질범과 사랑에 빠져 인질범과 함께 경찰에 대항해서 싸운데서 유래된 비이성적인 심리현상을 말한다.

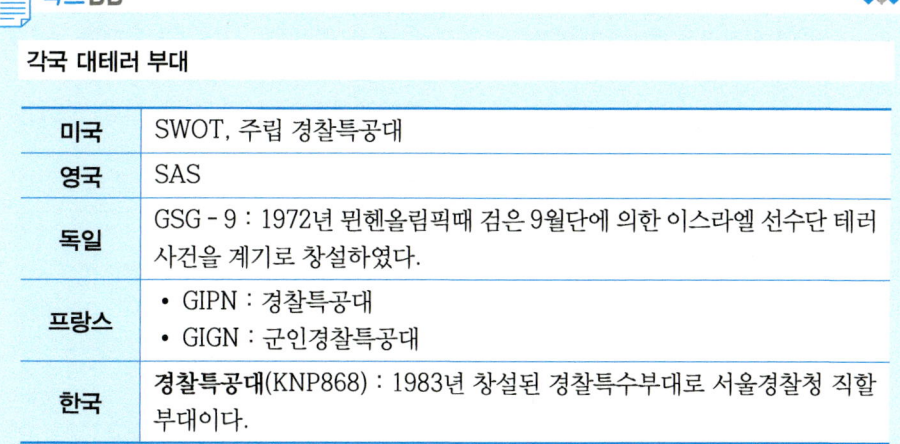

10 청원경찰 – 청원경찰법

① 의의

청원경찰의 직무·임용·배치·보수·사회보장 및 그 밖에 필요한 사항을 규정함으로써 청원경찰의 원활한 운영을 목적으로 한다.

➡ 청원경찰은 경찰 경비기능에서 관장하고, 일반 민간 경비 업무는 생활안전기능에서 관장한다. (이원적 관리)

② 직무

> 청원경찰은 제4조제2항에 따라 청원경찰의 배치 결정을 받은 자(이하 "**청원주**"라한다)와 배치된 기관·시설 또는 사업장 등의 구역을 관할하는 **경찰서장**의 감독을 받아 그 경비구역만의 경비를 **목적으로 필요한 범위에서**「경찰관 직무집행법」에 따른 **경찰관의 직무를 수행한다**.

③ 배치

> ① 청원경찰을 배치받으려는 자는 대통령령으로 정하는 바에 따라 **관할 시·도경찰청장에게** 청원경찰 배치를 **신청**하여야 한다.
> ② 시·도경찰청장은 제1항의 청원경찰 배치 신청을 받으면 **지체 없이 그 배치 여부를 결정하여** 신청인에게 알려야 한다.
> ③ 시·도경찰청장은 청원경찰 배치가 필요하다고 인정하는 기관의 장 또는 시설·사업장의 경영자에게 **청원경찰을 배치할 것을 요청할 수 있다**.

---

* **청원경찰**

다음 각 호의 어느 하나에 해당하는 기관의 장 또는 시설·사업장 등의 경영자가 경비를 부담할 것을 조건으로 경찰의 배치를 신청하는 경우 그 기관·시설 또는 사업장 등의 경비(警備)를 담당하게 하기 위하여 배치하는 경찰을 말한다.
1. 국가기관 또는 공공단체와 그 관리 하에 있는 중요 시설 또는 사업장
2. 국내 주재(駐在) 외국기관
3. 그 밖에 행정안전부령으로 정하는 중요 시설, 사업장 또는 장소

* **청원경찰의 신분**
원칙 : 민간인
예외 : 공무원
(국가기관이나 지방자치단체가 임용권자인 경우)

④ 청원경찰 임용

① 청원경찰은 **청원주가 임용**하되, 임용을 할 때에는 **미리 시·도경찰청장의 승인을 받아야 한다.**
② 「국가공무원법」 제33조 각 호의 어느 하나의 결격사유에 해당하는 사람은 청원경찰로 임용될 수 없다.
③ 청원경찰의 임용자격·임용방법·교육 및 보수에 관하여는 대통령령으로 정한다.

> 임용자격
> 1. 18세 이상인 사람
> 2. 행정안전부령으로 정하는 신체조건에 해당하는 사람

★ 시행령 제8조
① 관할 경찰서장은 청원경찰이 법 제5조의2제1항 각 호의 어느 하나에 해당한다고 인정되면 청원주에게 해당 청원경찰에 대하여 징계처분을 하도록 요청할 수 있다.

⑤ 징계

① **청원주**는 청원경찰이 다음 각 호의 어느 하나에 해당하는 때에는 대통령령으로 정하는 **징계절차를 거쳐 징계처분을 하여야 한다.**
  1. 직무상의 의무를 위반하거나 직무를 태만히 한 때
  2. 품위를 손상하는 행위를 한 때
② 청원경찰에 대한 징계의 종류는 **파면, 해임, 정직, 감봉 및 견책**으로 구분한다.

⑥ 제복착용

① 청원경찰은 근무 중 **제복을 착용**하여야 한다.
② 청원경찰이 그 배치지의 특수성 등으로 특수복장을 착용할 필요가 있을 때에는 청원주는 **시·도경찰청장의 승인**을 받아 특수복장을 착용하게 할 수 있다

⑦ 무기휴대

① **시·도경찰청장**은 청원경찰이 직무를 수행하기 위하여 필요하다고 인정하면 **청원주의 신청**을 받아 관할 경찰서장으로 하여금 청원경찰에게 **무기를 대여하여 지니게 할 수 있다.**

> 시행령 제16조
> ① 청원주가 법 제8조제2항에 따라 청원경찰이 휴대할 무기를 대여받으려는 경우에는 **관할 경찰서장을 거쳐 시·도경찰청장에게 무기대여를 신청하여야 한다.**
> ② 제1항의 신청을 받은 시·도경찰청장이 무기를 대여하여 휴대하게 하려는 경우에는 청원주로부터 **국가에 기부채납된 무기에 한정하여** 관할 경찰서장으로 하여금 **무기를 대여하여 휴대하게 할 수 있다.**
> ③ 제1항에 따라 무기를 대여하였을 때에는 관할 경찰서장은 청원경찰의 무기 관리 상황을 수시로 점검하여야 한다.

⑧ 감독 : 청원경찰의 직무감독자는 **청원주와 경찰서장**이다.

> ① **청원주**는 항상 소속 청원경찰의 **근무 상황**을 감독하고, 근무 수행에 필요한 **교육**을 하여야 한다.
> ② **시·도경찰청장**은 청원경찰의 효율적인 운영을 위하여 **청원주를 지도하며 감독상 필요한 명령을 할 수 있다.**
>
> > 시행령 제17조(감독)
> > 관할 경찰서장은 **매달 1회 이상** 청원경찰을 배치한 경비구역에 대하여 다음 각 호의 사항을 감독하여야 한다.
> > 1. 복무규율과 근무 상황
> > 2. 무기의 관리 및 취급 사항

⑨ 직권남용 금지

> ① 청원경찰이 직무를 수행할 때 직권을 남용하여 국민에게 해를 끼친 경우에는 **6개월 이하의 징역이나 금고**에 처한다.
> ② 청원경찰 업무에 종사하는 사람은 「형법」이나 그 밖의 법령에 따른 벌칙을 적용할 때에는 **공무원으로 본다.**

⑩ 청원경찰의 불법행위에 대한 배상책임

> 청원경찰(국가기관이나 지방자치단체에 근무하는 **청원경찰은 제외**한다)의 직무상 불법행위에 대한 **배상책임**에 관하여는 「**민법**」의 규정을 따른다.

➡ 청원주가 임용권자인 경우 직무상 불법행위에 대한 배상책임은 청원주가 책임진다.

⑪ 면직

> ① 청원경찰은 형의 선고, 징계처분 또는 신체상·정신상의 이상으로 직무를 감당하지 못할 때를 제외하고는 그 의사에 반하여 면직되지 아니한다.
> ② 청원주가 청원경찰을 면직시켰을 때에는 **그 사실을 관할 경찰서장을 거쳐 시·도경찰청장에게 보고하여야 한다.**

* 청원경찰과 경비원 비교

	청원경찰	경비원
근거법	청원경찰법	경비업법
신분	원칙: 민간인 (예외 : 공무원)	민간인
연령	18세 이상	일반경비원 : 18세 이상 특수경비원 : 18세 이상 ~60세 미만
무기 휴대	근무지역 내 가능	일반경비원 : 무기휴대 금지 (특수경비원 : 무기 휴대 가능)

05 정보경찰

1 의의

① 의미

정보경찰은 국가의 안전보장과 사회공공의 질서를 유지하기 위해 헌법질서의 부정, 소요, 폭동, 국체의 부인·파괴·변혁 등의 일체의 불법적이고 불순한 요소를 제거하기 위한 경찰활동이다.

● 정보경찰은 국가의 안전과 사회공공의 질서유지를 그 목적으로 하는 점에서, 사회의 안녕과 국민의 생명·재산의 보호를 목적으로 하는 일반경찰작용보다 차원이 높다.

② 정보의 질적 요건(가치 평가)

정확성	수집 정보가 **사실과 일치**하는 정도
적실성	**사용자의 사용목적**과 관련하여 필요한 내용이어야 한다.
적시성	사용자가 **필요한 시기**에 제공되야 한다.
완전성	주제에 관련된 **모든 사항이 포함**되야 한다. ● 그 정보를 해석하거나 해당 정책과 관련된 의사결정을 하는데 있어서 추가적인 정보가 필요하지 않는 상태를 의미한다.
객관성	국익증대와 안보추구라는 차원에서 **객관적**이어야 한다.

③ 정보의 효용성

정보를 사용하여 의사결정에 기여하는지를 판단하는 기준이다.

형식효용	① 정보사용자의 필요에 **적합한 형식**일 때 효용성이 높다. ● 정보는 읽혀질 때 그 효용성이 인정된다. ② 전략정보와 전술정보는 형식효용에 차이가 있다. ● 최고결정권자에 대한 정보보고는 1면주의 원칙이 적용된다.
접근효용	정보사용자가 **쉽게 접근할수 있어야 한다**. ● 접근효용은 통제효용과 조화가 필요하다.
통제효용	정보를 **필요로 하는 사람에게 필요한 만큼** 제공되고 통제되어야 한다.(차단의 원칙) ● 방첩활동과 관련된다.
시간효용	정보사용자가 **필요한 시점**에 제공되어야 효용성이 높다.
소유효용	정보는 **소유량이 많을수록** 효용성이 높다. ● 정보는 국력이다.

★ 정보와 첩보

첩보 (information)	정보 (intelligence)
1차적 정보	2차적 정보
부정확한 전문지식	객관적으로 평가된 지식
개인의 의견에 의한 지식	협동적 작업을 통해 생산
단편적, 미확인 상태	목적을 위한 평가, 분석, 가공

★ 정보경찰

	일반경찰	정보경찰
목적	국민의 생명, 신체, 재산 보호	국가의 안전보장, 공공의 안녕과 질서유지
보호 대상	개인의 권리와 재산	국가 안전
활동 시점	사후 교정적 성격	사전 예방적 성격

★ 경찰청 치안정보국

1. 공공안녕에 대한 위험의 예방과 대응을 위한 정보업무 기획·지도 및 조정
2. 국민안전과 국가안보를 저해하는 위험 요인에 관한 정보활동
3. 국가중요시설 및 주요 인사의 안전·보호에 관한 정보활동
4. 집회·시위 등 공공갈등과 다중운집에 따른 질서 및 안전 유지에 관한 정보활동
5. 국민의 생명·신체의 안전이나 재산의 보호 등 생활의 평온과 관련된 정책에 관한 정보활동
6. 국가기관·지방자치단체·공공기관의 장이 요청한 신원조사 및 사실 확인에 관한 정보활동
7. 외사정보의 수집·분석 및 관리 등 외사정보활동
8. 그 밖에 범죄·재난·공공갈등 등 공공안녕에 대한 위험의 예방과 대응을 위한 정보활동으로서 제2호부터 제7호까지에 준하는 정보활동

2 정보의 분류

① 사용 수준 분류

전략정보	국가정책과 안전보장에 큰 영향을 주는 국가수준의 정보이다. ➡ 국가가 사용주체이다.
전술정보	전략정보를 바탕으로 이를 구체적으로 수행하기 위한 세부적, 부문적 정보이다. ➡ 각부처가 사용주체이다.

② 사용 목적 분류

적극정보	국가이익 증대를 위한 정책수립과 수행에 필요한 다양한(정치, 경제, 군사 등) 정보이다.(정책정보) ➡ 국가의 경찰기능에 필요한 정보 이외의 정보이다.
소극정보	국가의 경찰기능을 위한 정보이다.(보안정보) ➡ 국가 안전보장을 위협하는 간첩활동, 태업 및 전복에 대한 국가적 취약점 분석과 판단에 관한 정보이다.

③ 분석형태에 따른 분류

기본정보	**과거의 사례**에 대한 기본적, 서술적, 일반 자료적 유형의 정보이다. ➡ 정태적, 기초적 정보사항
현용정보	**현재 시점**에서 활용가능 한 현상에 대한 보고적 정보이다. ➡ 동태적, 현재적 정보
판단정보	과거와 현재를 바탕으로 **미래를 예측**한 평가정보로서 정책결정자에게 필요한 **사전적인 지식**을 제공한다.(기획정보) ➡ 정보생산자의 능력과 재능이 많이 필요하다.

④ 출처에 따른 분류

정보입수 단계	근본 출처(직접정보)	정보 수집에 정보의 원천을 이용한 정보
	부차적 출처(간접정보)	근본출처에서 정보작성기관에 의해 변형된 정보
주기성 여부	정기 출처	정기적으로 정보를 획득할 수 있는 출처로부터 얻은 정보
	우연 출처	정보관이 의도한 시점과는 무관하게 얻어지는 출처
공개 여부	공개 출처	정보출처에 대한 특별한 보호조치가 없어도 획득가능한 출처
	비밀 출처	출처가 외부로부터 보호를 받고 자유롭게 접근이 어려운 출처

⑤ 수집활동에 따른 분류

인간정보(HUMINT)	인적 수단을 활용해 수집하는 정보
기술정보(TECHINT)	기술적 수단을 활용하여 수집하는 정보 예)영상정보 등

⑥ 요소에 따른 분류

정치정보, 사회정보, 경제정보, 군사정보, 과학정보 등

3 정보 순환 과정

정보는 **정보요구 - 첩보수집 - 정보생산 - 정보배포** 단계로 순환된다.
➡ 정보순환은 연속적이며 동시성을 갖는다.

1) **정보요구**

   ① 의의
   정보사용자에게 필요한 정보가 무엇인지를 파악하여 적시성, 적절성에 맞게 제공될수 있도록 운용계획을 수립하고 수집을 지시하는 단계이다.

   ② 정보요구 과정(소순환 과정)
   정보의 기본요소 결정 → 정보수집계획서 작성 → 명령하달 → 사후검토

   ③ 정보요구 방법

국가정보목표우선순위 (PNIO : priority of national intelligence objective)	국가의 모든 정보활동의 기본지침이며 국가정책수립자의 질문에 응답하기 위해 선정된 우선적인 정보목표이다. ➡ 일정한 기간에 걸쳐 정보기관이 지향하게 될 국가정보활동의 목표에 대하여 우선순위를 결정한 정보활동지침이다. ➡ 경찰청의 정보활동계획 수립에 가장 중요한 지침이다.
첩보기본요소 (EEI : Essential Elements of Information)	국가지도자 또는 정책수립가가 임무를 효과적으로 수행하기 위하여 우선적으로 필요로 하는 정보요구사항으로 **정보수집계획서의 핵심을 이루는 기준**이다. ➡ 각 정보부서에서 일반적·포괄적 정보로서 반복적으로 수집한다. ➡ PINO를 지침으로 작성한다. ➡ 사전에 첩보수집요구계획서를 작성하여 첩보수집을 명한다.
특별첩보요구 (SRI : Special Requirement forInformation)	어떤 수시적 돌발적 사항에 대하여 필요한 한계 내에서 임시적이고 **단편적이며 특수지역적 특수 사건**에 대한 단기적 해결을 위한 필요한 경우에 요구되는 정보이다. ➡ 돌발적, 단기적, 지역적 문제해결의 정보이다. ➡ 사전 수집계획서는 필요 없다.
기타정보요구 (OIR : Other Intelligence Requirements)	PNIO에 포함되지 않았거나 포함되어 있더라도 후순위의 요소로 취급되고 있어서 그 우선순위의 상향조정이 필요한 경우의 정보요구방법이다. ➡ 정세변화에 따라 불가피하게 **정책상 수정요구 위한 정보**이다. ➡ OIR은 PNIO에 우선하여 작성되어야 하는 정보목표인 것이다. ➡ OIR은 전국가적, 장기적인 정보목표이며 일시적이고 국지적인 성격을 나타내는 SRI와 구별된다.

2) 첩보수집

① 첩보수집기관이 출처를 조직적으로 개척하여 요구되는 첩보를 획득하고 획득된 첩보를 필요로 하는 관계기관에 전달하는 단계이다.
  ➡ 정보 순환과정상 가장 중요하고 어려운 단계이다.

② 첩보수집 과정

첩보수집 계획	① 조직적이고 능률적인 첩보수집을 위한 논리적인 계획이다. ② 첩보작성자는 요구하는 첩보에 관련된 첩보를 적시에 효과적으로 획득하기 위하여, 소요첩보를 결정하고 합당한 수집기관을 선택하여 필요한 시기 등을 고려한 일목요연한 계획을 수립하여 각 수집기관에 첩보를 수집보고하도록 요청하게 된다.
첩보출처 개척	최초의 정보요구를 고려하여 출처를 개척한다. ➡ 첩보의 신뢰성을 고려해야 한다. ➡ 가외성의 원칙을 적용하여 상호 검증과정을 거친다.
첩보수집 활동	인간정보, 기술정보, 백색정보관, 흑색정보관 등을 활용하여 첩보수집을 한다.
첩보의 전달	첩보의 사용자에게 시기, 형태, 수단 등을 고려하여 전달한다.

3) 정보생산

① 첩보를 처리하고 분석 및 판단하여 정보사용자에게 적절히 배포될 수 있도록 **보고서를 작성**하는 정보활동과정의 단계이다.
  ➡ 학문적 성격이 강한 단계이다.
  ➡ 정보생산은 일정한 순서에 의하여 진행되는 것은 아니며 거의 동시작용으로 이루어진다.

② 정보생산 과정

선택	입수된 각종의 첩보 중에서 유용성과 적절성을 검토하여 필요한 자료를 가려내는 첩보처리의 기능이다.
기록 (보관)	선택된 첩보를 유형에 따라 체계있고 순서있게 요소별로 분류하고, 사건별로 기록보관 한다.
평가	첩보의 출처 및 내용에 관하여 그 신뢰성과 사실성을 판정하는 것이다. ➡ 첩보의 적실성, 신뢰성, 가망성을 검토한다.
분석	평가된 첩보를 각급의 요소별로 분류하고 상호관련성을 발견하며 다른 사실과 비교하여 모순점을 보충하는 상호 확인적 재평가 과정이다.
종합	분석된 자료를 집대성하여 문제에 대한 해답을 얻기 위한 최종적 정리이다. 종합은 분석과 동시적일 수도 있으며 고도의 기술적 창조력이 요망되는 작업이다.
해석	평가, 분석, 종합된 모든 생정보적 내용을 지식과 배경에 부합시켜 그 의미와 중요성을 결정하고 결론을 도출하는 과정이다.

4) 정보배포

① 생성된 정보를 필요로 하는 기관에 분배되는 것이다.

② 정보배포 원칙

필요성 원칙	**알아야할 필요가 있는 대상자**에게만 알려야 하고, 알 필요가 없는 대상에게는 알려서는 안 된다.
보안성 원칙	정보의 누설을 막기 위해 **보안대책을 강구**해야 한다.
적시성 원칙	정보 사용자가 **필요로 하는 적시에** 배포되어야 한다.
적당성 원칙	정보 사용자의 능력과 상황에 맞게 **적당한 양을 조절하여 필요한 만큼**만 배포해야 한다.
계속성 원칙	배포된 주제와 관련된 새로운 정보는 그 기관에 **계속 배포해 주어야** 한다.

➜ 경제성, 완전성, 간결성 원칙 등이 있다.

③ 정보배포 수단

비공식적 방법	통상 **개인적인 대화의 형태**로 이루어지는데, 질문에 대한 답변등의 형태로 직접 전달
브리핑	정보사용자 또는 다수인원에게 내용을 요약하여 **신속하게** 전달하는 것으로 강연이나 **문답식**으로 진행됨 ➜ 현용정보 배포 수단으로 사용됨
보고서	정보의 내용을 서류형태로 구성하여 정보수요자에게 배포
특별보고서	누적된 정보가 다수의 사람이나 기관의 이해관계가 있거나 가치가 있을 때 사용
일일정보보고서	**매일 24시간에** 걸친 정치, 경제, 사회 등 여러 정세의 변화를 중점적으로 망라한 보고서로 제한된 범위에서 배포
정기간행물	광범위한 배포를 위해 주, 월간등 간격으로 발행
지정된 연구과제보고서	특정한 정보사용자가 **요청한 문제에 대해** 정보를 작성 배포
전화(전신)	돌발적이고 긴급을 요하는 정보의 배포를 위해 사용되는 수단, 해외 주재 요원에게 신속히 전달하는데 효과적이다.
문자메시지	정보사용자가 행사등 참석으로 물리적 접촉이 용이하지 않거나 사실확인 차원의 단순보고에 활용하는 방식
메모	정기간행물에 포함시키는 것이 적절하지 못한 긴급한 정보를 전달하는데 사용하며 **신속성이 중시됨**
사진 및 도표	가시성을 토대로 내용을 쉽게 이해하는데 효과적이며, 다른 수단을 보충 요약하기 위해 주로 사용

✱ 정보배포 보안조치

정보분류조치	문서에 비밀임을 표시하고 등급을 분류하며, 열람자격을 제한하는 조치
인사보안조치	담당 공무원의 채용과 임명에서 보안심사, 보안교육 등 실시
물리적 보안조치	정보를 보관하는 보호구역을 지정하여 관리하고 시설보안조치를 함
통신보안조치	컴퓨터 등 네트워크를 이용한 정보유출을 방지하기 위한 조치 ➜ 오늘날 매우 중요한 보안조치

✱ 정보분석가와 정보사용자(정책) 관계

전통주의	행동주의
• 정보와 정책에 대한 일정한 분리 강조 • 정보의 조언적 기능 정보 제공과 정보의 조작을 구분	• 정보와 정책의 밀접한 공생관계 강조 • 판단정보를 강조 • 정보와 정책 간 환류체제

④ 정보보고서 종류

견문보고서	경찰관이 공, 사적으로 보고들은 국내외의 여러 분야에 관한 각종 보고자료를 기술한것
정보상황보고서	사회갈등이나 시위상황등에 대해 전파하는 보고서(상황속보) ➡ 필요시 경찰외부에도 전파함
정보판단서(대책서)	타 견문과 자료를 종합 분석하여 작성한 보고서로서 지휘관에게 경력동원 등 상황에 대한 조치를 요하는 보고서
정책정보보고서	정부 정책의 문제점을 파악하고 개선책을 보고하는데 중점을 둔 보고서. 민심동향등

＊ 정보보고서 작성 용어

판단됨	어떤 징후가 나타나거나 상황이 전개될 것이 거의 확실시 되는 근거 있는 경우
예상됨	첩보 등을 분석한 결과 단기적으로 어떤 상황이 전개될것이 비교적 확실한 경우
전망됨	과거 움직임이나 현재동향, 미래 계획 등을 고려하여 장기적으로 활동의 윤곽이 예측하는 경우
추정됨	구체적인 근거 없이, 현재 나타난 동향의 원인, 배경을 통해 막연히 추측하는 경우
우려됨	구체적인 징후는 없으나 그 가능성을 배제하기 곤란하여 최소한의 대비가 필요한경우

4 신원조사 - 보안업무규정

① 의의

신원조사는 **국가정보원장**이 국안전보장에 관련된 업무를 하는 자, 예정자에 대해 그 사람의 **충성심**, **신뢰성** 등을 확인하기 위해 조사한다.

② 신원조사 대상

> 제36조(신원조사)
> ① **국가정보원장**은 제3조제2호에 해당하는 사람의 충성심·신뢰성 등을 확인하기 위하여 신원조사를 한다.
> ③ **관계 기관의 장**은 다음 각 호에 해당하는 사람에 대하여 **국가정보원장에게 신원조사를 요청해야 한다.**
>
> > 1. **공무원 임용 예정자**(국가안전보장에 한정된 국가 기밀을 취급하는 직위에 임용될 예정인 사람으로 한정한다)
> > 2. **비밀취급 인가 예정자**
> > 4. **국가보안시설·보호장비를 관리하는 기관 등의 장**(해당 국가보안시설 등의 관리 업무를 수행하는 소속 직원을 포함한다)
> > 6. 그 밖에 다른 법령에서 정하는 사람이나 각급기관의 장이 국가안전보장을 위하여 필요하다고 인정하는 사람

③ 신원조사 결과의 처리

> ① 국가정보원장은 신원조사 결과 국가안전보장에 해를 끼칠 정보가 있음이 확인된 사람에 대해서는 관계 기관의 장에게 그 사실을 **통보하여야 한다**.
> ② 제1항에 따라 통보를 받은 관계 기관의 장은 신원조사 결과에 따라 **필요한 보안대책을 마련하여야 한다**.

④ 권한의 위탁

① 국가정보원장은 제36조에 따른 신원조사와 관련한 권한의 **일부를 국방부장관과 경찰청장에게 위탁**할 수 있다.
② 국가정보원장은 필요하다고 인정할 때에는 각급기관의 장에게 제35조에 따른 보안측정 및 제38조에 따른 보안사고 조사와 관련한 권한의 일부를 **위탁할 수 있다**. 다만, 국방부장관에 대한 위탁은 국방부 본부를 제외한 합동참모본부, 국방부 직할부대 및 직할기관, 각군, 「방위사업법」에 따른 방위산업체, 연구기관 및 그 밖의 군사보안대상의 보안측정 및 보안사고 조사로 한정한다.
③ 국가정보원장은 필요하다고 인정할 때에는 제2항에 따라 권한을 위탁받은 각급기관의 장에게 보안측정 및 보안사고 조사 결과의 통보를 요구할 수 있다.

5 집회 및 시위에 관한 법률

[옥외집회(시위, 행진) 신고 절차안내]

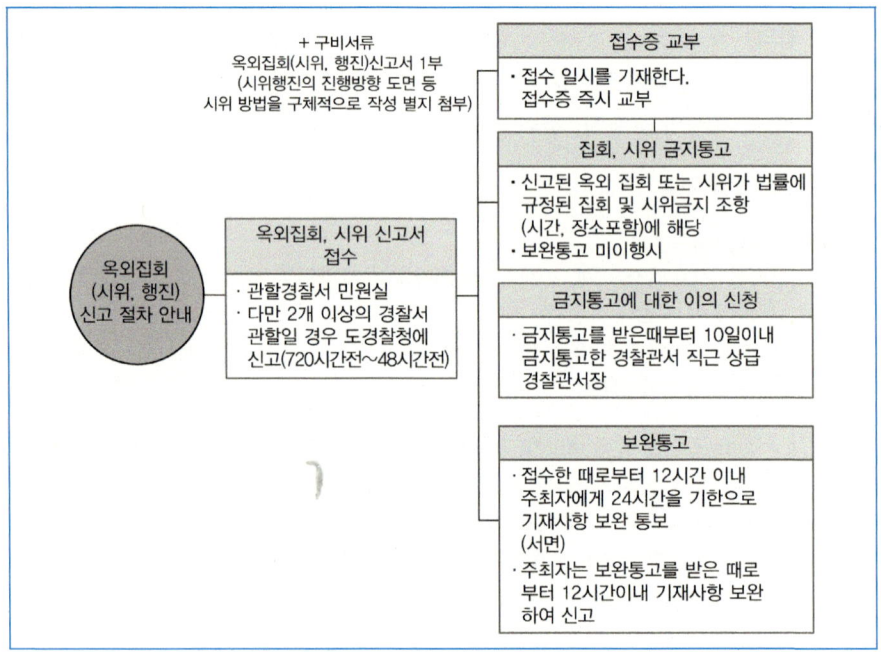

1) 목적

적법한 집회 및 시위를 최대한 보장하고 위법한 시위로부터 국민을 보호함으로써 집회 및 시위의 권리 보장과 공공의 안녕질서가 적절히 조화를 이루도록 하는 것을 목적으로 한다.

옥외집회	천장이 없거나 사방이 폐쇄되지 아니한 장소에서 여는 집회를 말한다.
시위	여러 사람이 공동의 목적을 가지고 도로, 광장, 공원 등 **일반인이 자유로이 통행할 수 있는 장소를 행진하거나 위력 또는 기세를 보여, 불특정한 여러 사람의 의견에 영향을 주거나 제압을 가하는 행위**를 말한다. ➡ 1인 시위는 집회시위에 해당하지 않는다. ➡ 시위의 장소에 관해 공중이 자유로이 통행할 수 있는 장소라는 장소적 제한 개념은 없다.(헌재 91헌바14)

* 판례
적법한 신고 없이 집회를 개최하려던 사회단체 회원 등이 집회예정장소가 사전봉쇄되자 인근 교회에 잠시 머문 것은 집회가 아니다.(대판 2008도3014)

플래시몹 형태로 노조설립신고 반려 규탄 모임을 한 경우, 제반 사정에 비추어 위 모임은 실질적으로 옥외집회에 해당하여 **사전신고의 대상이 된다.**(대판 2011도2393)

주최자	자기 이름으로 자기 책임 아래 집회나 시위를 여는 사람이나 단체를 말한다. 주최자는 **주관자를 따로 두어** 집회 또는 시위의 실행을 맡아 관리하도록 위임할 수 있다. 이 경우 주관자는 그 위임의 범위 안에서 주최자로 본다.
질서유지인	주최자가 자신을 **보좌**하여 집회 또는 시위의 **질서를 유지하게 할 목적**으로 임명한 자를 말한다. ● **18세 이상**의 자를 질서유지인으로 임명한다. ● 참가자들이 질서유지인임을 알아볼 수 있도록 완장, 모자, 어깨띠, 상의 등을 착용하여야 한다.
질서유지선	관할 경찰서장이나 시·도경찰청장이 적법한 집회 및 시위를 보호하고 질서유지나 원활한 교통 소통을 위하여 집회 또는 시위의 장소나 행진 구간을 일정하게 구획하여 **설정한 띠**, **방책**, **차선 등의 경계 표지**를 말한다.

✽ 시위방법
1. 시위의 대형
2. 차량, 확성기, 입간판, 그 밖에 주장을 표시한 시설물의 이용 여부와 그 수
3. 구호 제창의 여부
4. 진로(출발지, 경유지, 중간 행사지, 도착지 등)
5. 약도(시위행진의 진행방향을 도면으로 표시한 것)
6. 차도·보도·교차로의 통행방법
7. 그 밖에 시위방법과 관련되는 사항

2) 옥외집회 및 시위의 신고

① 옥외집회나 시위를 주최하려는 자는 그에 관한 다음 각 호의 사항 모두를 적은 신고서를 옥외집회나 시위를 시작하기 **720시간 전부터 48시간 전에 관할 경찰서장에게** 제출하여야 한다.
  ● 옥외집회 또는 시위 장소가 두 곳 이상의 경찰서의 관할에 속하는 경우에는 **관할 시·도경찰청장**에게 제출하여야 한다.
  ● 두 곳 이상의 시·도경찰청 관할에 속하는 경우에는 **주최지를 관할하는 시·도경찰청장**에게 제출하여야 한다.
② 관할 경찰서장 또는 시·도경찰청장(관할경찰관서장)은 제1항에 따른 신고서를 접수하면 신고자에게 접수 일시를 적은 접수증을 **즉시 내주어야 한다.**
③ 주최자는 제1항에 따라 신고한 옥외집회 또는 시위를 하지 아니하게 된 경우에는 **신고서에 적힌 집회 일시 24시간 전에 그 철회사유 등을 적은 철회신고서를 관할경찰관서장에게 제출하여야 한다.**
④ 제3항에 따라 철회신고서를 받은 관할경찰관서장은 제8조제3항에 따라 금지 통고를 한 집회나 시위가 있는 경우에는 그 금지 통고를 받은 주최자에게 제3항에 따른 사실을 즉시 알려야 한다.
⑤ 제4항에 따라 통지를 받은 주최자는 그 금지 통고된 집회 또는 시위를 최초에 신고한 대로 개최할 수 있다. 다만, 금지 통고 등으로 시기를 놓친 경우에는 **일시를 새로 정하여 집회 또는 시위를 시작하기 24시간 전에 관할경찰관서장에게 신고서를 제출하고 집회 또는 시위를 개최할 수 있다.**

✽ 신고서
1. 목적
2. 일시(필요한 시간을 포함한다)
3. 장소
4. 주최자(단체인 경우에는 그 대표자를 포함한다), 연락책임자, 질서유지인에 관한 다음 각 목의 사항
  가. 주소
  나. 성명
  다. 직업
  라. 연락처
5. 참가 예정인 단체와 인원
6. 시위의 경우 그 방법(진로와 약도를 포함한다)

3) 보완통고

① 관할경찰관서장은 제6조제1항에 따른 신고서의 기재 사항에 미비한 점을 발견하면 **접수증을 교부한 때부터 12시간 이내**에 주최자에게 **24시간을 기한으로** 그 기재 사항을 보완할 것을 통고할 수 있다.
② 제1항에 따른 보완 통고는 보완할 사항을 분명히 밝혀 **서면**으로 주최자 또는 연락책임자에게 송달하여야 한다.

✽ 신고를 요하지 않는 집회 시위
① 옥내집회
② 일반인이 자유롭게 통행할 수 없는 장소에서 행진
③ 해상시위, 공중시위
④ 학문·예술·체육·친목·오락·관혼상제 및 국경행사에 관한 옥외집회

4) 집회 및 시위의 금지 또는 제한 통고

① 신고서를 접수한 관할경찰관서장은 신고된 옥외집회 또는 시위가 다음 각 호의 어느 하나에 해당하는 때에는 **신고서를 접수한 때부터 48시간 이내**에 집회 또는 시위를 금지할 것을 주최자에게 통고할 수 있다.
➡ 예외 : 집회 또는 시위가 집단적인 폭행, 협박, 손괴, 방화 등으로 공공의 안녕 질서에 직접적인 위험을 초래한 경우에는 남은 기간의 해당 집회 또는 시위에 대하여 신고서를 접수한 때부터 **48시간이 지난 경우**에도 금지 통고를 할 수 있다.

  ㉠ 제5조제1항 절대적 금지사유에 해당하는 경우
  ㉡ 제10조 본문 옥외집회와 시위의 금지 시간에 해당하는 경우
  ㉢ 제11조에 옥외집회와 시위 금지 장소에 해당하는 경우
  ㉣ 제7조제1항에 따른 신고서 기재 사항을 보완하지 아니한 때
  ㉤ 제12조에 따라 교통소통을 위한 제한의 집회 또는 시위라고 인정될 때

② 동일장소, 동일시간 개최 접수한 경우
  ㉠ 관할경찰서장은 집회 또는 시위의 시간과 장소가 **중복되는 2개 이상**의 신고가 있는 경우 그 목적으로 보아 서로 상반되거나 방해가 된다고 인정되면 각 옥외집회 또는 시위 간에 **시간을 나누거나 장소를 분할하여 개최 하도록 권유** 하는 등 노력을 하여야 한다.
  ㉡ 관할경찰서장은 위 권유가 받아들여지지 아니하면 **뒤에 접수된 옥외집회 및 시위**에 대해 그 집회 또는 시위의 **금지를 통고할수 있다.**
  ㉢ 뒤에 접수된 옥외집회 또는 시위가 금지 통고된 경우 먼저 신고를 접수하여 옥외집회 또는 시위를 개최할수 있는 자는 집회 **시작 1시간전에 관할경찰관서장에게** 집회 개최 사실을 **통지 하여야 한다.**
  ㉣ 뒤에 접수된 옥외집회, 시위가 금지통고를 받은 경우, 먼저 신고된 옥외집회 또는 시위의 주최자가 정당한 사유 없이 철회신고서 제출규정을 위반한경우에는 100만 **원이하의 과태료**를 부과한다.

③ 다음 각 호의 어느 하나에 해당하는 경우로서 **그 거주자나 관리자가 시설이나 장소의 보호를 요청하는 경우**에는 집회나 시위의 금지 또는 제한을 통고할 수 있다.

  1. 제6조제1항의 신고서에 적힌 장소(이하 이 항에서 "신고장소"라 한다)가 **다른 사람의 주거지역이나 이와 유사한 장소**로서 집회나 시위로 재산 또는 시설에 심각한 피해가 발생하거나 사생활의 평온(平穩)을 뚜렷하게 해칠 우려가 있는 경우
  2. 신고장소가 「**초·중등교육법**」 **제2조에 따른 학교의 주변 지역**으로서 집회 또는 시위로 학습권을 뚜렷이 침해할 우려가 있는 경우
  3. 신고장소「군사기지 및 군사시설 보호법」 제2조제2호에 따른 **군사시설의 주변 지역**으로서 집회 또는 시위로 시설이나 군 작전의 수행에 심각한 피해가 발생할 우려가 있는 경우

④ 집회 또는 시위의 금지 또는 제한 통고는 그 이유를 분명하게 밝혀 **서면으로 주최자 또는 연락책임자에게 송달**하여야 한다.

5) 이의신청과 재결

① 집회 또는 시위의 주최자는 제8조에 따른 금지 통고를 받은 날부터 **10일 이내**에 해당 경찰관서의 **바로 위의 상급경찰관서의 장**에게 이의를 신청할 수 있다.
② 제1항에 따른 이의 신청을 받은 경찰관서의 장은 **접수 일시를 적은 접수증을 이의 신청인에게 즉시 내주고** 접수한 때부터 24시간 이내에 재결(裁決)을 하여야 한다.
이 경우 접수한 때부터 24시간 이내에 재결서를 발송하지 아니하면 관할경찰관서장의 **금지 통고는 소급하여 그 효력을 잃는다.**
③ 이의 신청인은 제2항에 따라 금지 통고가 위법하거나 부당한 것으로 재결되거나 그 효력을 잃게 된 경우 **처음 신고한 대로 집회 또는 시위를 개최할 수 있다.**
다만, 금지 통고 등으로 시기를 놓친 경우에는 일시를 새로 정하여 집회 또는 시위를 **시작하기 24시간 전에 관할경찰관서장에게** 신고함으로써 집회 또는 시위를 개최할 수 있다.

> 제8조(이의 신청의 통지 및 답변서 제출)
> ① 법 제9조제1항에 따른 이의 신청을 받은 경찰관서장은 즉시 집회 또는 시위의 금지를 통고한 경찰관서장에게 이의 신청의 취지와 이유(이의 신청시 증거서류나 증거물을 제출한 경우에는 그 요지를 포함한다)를 알리고, 답변서의 제출을 명하여야 한다.
> ② 제1항에 따른 답변서에는 금지 통고의 근거와 이유를 구체적으로 밝히고 이의 신청에 대한 답변을 적되 필요한 증거서류나 증거물이 있으면 함께 제출하여야 한다.
>
> 제9조(재결의 통지)
> 이의 신청을 받은 경찰관서장은 법 제9조제2항에 따라 재결을 한 때에는 집회 또는 시위의 금지를 통고한 경찰관서장에게 재결 내용을 **즉시 알려야 한다.**

6) 집회 및 시위의 금지와 제한

① 누구든지 다음 각 호의 어느 하나에 해당하는 **집회나 시위를 주최하여서는 아니 된다.**
㉠ 헌법재판소의 결정에 따라 **해산된 정당의 목적**을 달성하기 위한 집회 또는 시위
㉡ 집단적인 폭행, 협박, 손괴(損壞), 방화 등으로 **공공의 안녕 질서에 직접적인 위협**을 끼칠 것이 명백한 집회 또는 시위
② 누구든지 제1항에 따라 금지된 집회 또는 시위를 할 것을 선전하거나 선동하여서는 아니 된다.

7) 옥외집회와 시위의 금지

> 제10조(옥외집회와 시위의 금지 시간)
> 누구든지 **해가 뜨기 전**이나 **해가 진 후**에는 옥외집회 또는 시위를 하여서는 아니 된다. 다만, 집회의 성격상 부득이하여 주최자가 질서유지인을 두고 미리 신고한 경우에는 관할경찰관서장은 질서 유지를 위한 조건을 붙여 해가 뜨기 전이나 해가 진 후에도 옥외집회를 허용할 수 있다.

* 야간시위금지 관련 판례
○ 야간옥외집회 금지 규정은 헌법불합치 결정(2011년6월30일)의해 현재는 야간옥외집회 허용된다.
○ 야간시위금지규정은 한정위헌결정을해 자정부터 일출 전까지 야간시위를 금지하는 것은 합헌, 일몰후부터 자정까지 야간시위를 금지하는 것은 위헌이다.

* 헌법 불합치, 한정위헌
[헌법 불합치, 2008헌가25, 2009. 9. 24., 집회 및 시위에 관한 법률(2007. 5. 11. 법률 제8424호로 전부개정된 것) 제10조 중 '옥외집회' 부분 및 제23조 제1호 중 '제10조 본문의 옥외집회' 부분은 헌법에 합치되지 아니한다. 위 조항들은 2010. 6. 30.을 시한으로 입법자가 개정할 때까지 계속 적용된다.]

[한정위헌, 2010헌가2, 2014. 3. 27, 집회 및 시위에 관한 법률(2007. 5. 11. 법률 제8424호로 개정된 것) 제10조 본문 중 '시위'에 관한 부분 및 제23조 제3호 중 '제10조 본문' 가운데 '시위'에 관한 부분은 각 '해가 진 후부터 같은 날 24시까지의 시위'에 적용하는 한 헌법에 위반된다.]

▼ 야간시위금지 – 한정위헌

일몰후 자정까지 야간시위 금지	위헌
자정부터 일출전 까지 야간시위 금지	합헌

제11조(옥외집회와 시위의 금지 장소)
누구든지 다음 각 호의 어느 하나에 해당하는 청사 또는 저택의 경계 지점으로부터 100미터 이내의 장소에서는 옥외집회 또는 시위를 하여서는 아니 된다.

1. **국회의사당**. 다만, 다음 각 목의 어느 하나에 해당하는 경우로서 국회의 기능이나 안녕을 침해할 우려가 없다고 인정되는 때에는 그러하지 아니하다.
   가. 국회의 활동을 방해할 우려가 없는 경우
   나. 대규모 집회 또는 시위로 확산될 우려가 없는 경우
2. **각급 법원, 헌법재판소**. 다만, 다음 각 목의 어느 하나에 해당하는 경우로서 각급 법원, 헌법재판소의 기능이나 안녕을 침해할 우려가 없다고 인정되는 때에는 그러하지 아니하다.
   가. 법관이나 재판관의 직무상 독립이나 구체적 사건의 재판에 영향을 미칠 우려가 없는 경우
   나. 대규모 집회 또는 시위로 확산될 우려가 없는 경우
3. **대통령 관저(官邸), 국회의장 공관**, 대법원장 공관, 헌법재판소장 공관
   ➡ 헌법불합치 결정
4. **국무총리 공관**. 다만, 다음 각 목의 어느 하나에 해당하는 경우로서 국무총리 공관의 기능이나 안녕을 침해할 우려가 없다고 인정되는 때에는 그러하지 아니하다.
   가. 국무총리를 대상으로 하지 아니하는 경우
   나. 대규모 집회 또는 시위로 확산될 우려가 없는 경우
5. **국내 주재 외국의 외교기관이나 외교사절의 숙소**. 다만, 다음 각 목의 어느 하나에 해당하는 경우로서 외교기관 또는 외교사절 숙소의 기능이나 안녕을 침해할 우려가 없다고 인정되는 때에는 그러하지 아니하다.
   가. 해당 외교기관 또는 외교사절의 숙소를 대상으로 하지 아니하는 경우
   나. 대규모 집회 또는 시위로 확산될 우려가 없는 경우
   다. 외교기관의 업무가 없는 휴일에 개최하는 경우

* 국무총리 공관
국무총리 공관 인근에서 옥외집회·시위를 금지하고 위반시 처벌하는 '집회 및 시위에 관한 법률' 제11조 제3호, 제23조 제1호 중 제11조 제3호에 관한 부분(이하 '이 사건 금지장소 조항'이라 한다)이 집회의 자유를 침해하는지 여부대해 **헌법불합치 결정**[2018. 6. 28. 2015헌가28]

📄 **팩트DB**

[**헌법불합치**, 2018헌바48 2018헌바48,2019헌가1(병합), 2022.12.22, 집회 및 시위에 관한 법률 제11조 제3호 중 '**대통령 관저(官邸)**' 경계 지점으로부터 100미터 부분 및 제23조 제1호 중 제11조 제3호 가운데 '**대통령 관저(官邸)**'에 관한 부분은 **헌법에 합치되지 아니한다.**
➡ 위 법률조항은 2024. 5. 31.을 시한으로 개정될 때까지 계속 적용된다.]

[**헌법불합치**, 2021헌가1, 2023.3.23, 1. 구 집회 및 시위에 관한 법률 제11조 제2호 중 '국회의장 공관'에 관한 부분 및 제23조 제3호 중 제11조 제2호 가운데 '**국회의장 공관**'에 관한 부분은 헌법에 합치되지 아니한다. 2. 집회 및 시위에 관한 법률(2020. 6. 9. 법률 제17393호로 개정된 것) 제11조 제3호 중 '국회의장 공관'에 관한 부분 및 제23조 제3호 중 제11조 제3호 가운데 '**국회의장 공관**'에 관한 부분은 헌법에 합치되지 아니한다.
➡ 위 법률조항은 2024. 5. 31.을 시한으로 개정될 때까지 계속 적용된다.]

8) 교통소통을 위한 제한

> ① **관할경찰관서장**은 대통령령으로 정하는 주요 도시의 주요 도로에서의 집회 또는 시위에 대하여 교통 소통을 위하여 필요하다고 인정하면 이를 **금지하거나** 교통질서 유지를 위한 조건을 붙여 **제한할 수 있다**.
> ② 집회 또는 시위의 주최자가 **질서유지인을 두고 도로를 행진하는 경우**에는 제1항에 따른 **금지를 할 수 없다**. 다만, 해당 도로와 주변 도로의 교통 소통에 장애를 발생시켜 심각한 교통 불편을 줄 우려가 있으면 제1항에 따른 금지를 할 수 있다.

★ 시행령 제12조(주요 도시의 주요 도로에서의 집회 · 시위)
① 법 제12조제1항(**교통소통을 위한 제한**)에 따른 주요 도시의 주요 도로의 범위는 별표 1과 같다.
② 관할 경찰관서장은 법 제12조제1항에 따라 주요 도시의 주요 도로에서의 집회 또는 시위에 대하여 교통질서를 유지하기 위한 조건을 붙여 제한하는 경우에는 서면으로 그 조건을 구체적으로 밝혀 주최자에게 알려야 한다.
③ 경찰청장은 제1항에 따른 주요 도시의 주요 도로의 범위를 도로 여건 등을 고려하여 **3년마다 재검토하여 정비해야 한다**.

9) 질서유지선의 설정

> ① **신고를 받은 관할경찰관서장**은 집회 및 시위의 보호와 공공의 질서 유지를 위하여 필요하다고 인정하면 **최소한의 범위**를 정하여 질서유지선을 설정할 수 있다.
>
>> 1. 집회·시위의 장소를 한정하거나 집회·시위의 **참가자와 일반인을 구분**할 필요가 있을 경우
>> 2. 집회·시위의 참가자를 일반인이나 **차량으로부터 보호**할 필요가 있을 경우
>> 3. 일반인의 통행 또는 **교통 소통 등을** 위하여 필요할 경우
>> 4. 다음 각 목의 어느 하나의 시설 등에 접근하거나 행진하는 것을 금지하거나 제한할 필요가 있을 경우
>>   가. 법 제11조에 따른 집회 또는 시위가 금지되는 장소
>>   나. 통신시설 등 중요시설
>>   다. 위험물시설
>>   라. 그 밖에 안전 유지 또는 보호가 필요한 재산·시설 등
>> 5. 집회·시위의 행진로를 확보하거나 이를 위한 임시횡단보도를 설치할 필요가 있을 경우
>> 6. 그 밖에 집회·시위의 보호와 공공의 질서 유지를 위하여 필요할 경우
>
> ② 제1항에 따라 경찰관서장이 질서유지선을 설정할 때에는 **주최자 또는 연락책임자에게 이를 알려야 한다**.
>   ◆ **서면고지 원칙**, 다만 상황에 따라 질서유지선이 새로이 설정하거나 변경하는 경우는 집회 시위 장소에 있는 경찰관이 구두로 고지 가능하다.
> ③ 질서유지선의 효용을 해한 자는 **6월 이하의 징역** 또는 **50만원 이하의 벌금**, **구류** 또는 **과료**에 처한다.

10) 집회 및 시위에 대한 방해 금지

① **누구든지** 폭행, 협박, 그 밖의 방법으로 평화적인 집회 또는 시위를 방해하거나 질서를 문란하게 하여서는 아니 된다.
② 누구든지 폭행, 협박, 그 밖의 방법으로 집회 또는 시위의 주최자나 질서유지인의 이 법의 규정에 따른 임무 수행을 방해하여서는 아니 된다.
③ 집회 또는 시위의 주최자는 평화적인 집회 또는 시위가 방해받을 염려가 있다고 인정되면 **관할 경찰관서에 그 사실을 알려 보호를 요청할 수 있다**. 이 경우 관할 경찰관서의 장은 **정당한 사유 없이 보호 요청을 거절하여서는 아니 된다**.

④ 평화적인 시위·집회를 방해하면 3년이하 징역 또는 300만원이하의 벌금에 처한다.

다만, 군인·검사 또는 경찰관이 위반한 경우에는 5년 이하의 징역에 처한다.

11) 특정인 참가의 배제

집회 또는 시위의 **주최자 및 질서유지인은** 특정한 사람이나 단체가 집회나 시위에 참가하는 것을 막을 수 있다. 다만, 언론사의 기자는 출입이 보장되어야 하며, 이 경우 **기자는** 신분증을 제시하고 기자임을 표시한 **완장(腕章)을 착용**하여야 한다.

▼ 경찰관의 출입

옥외 집회	경찰관은 집회 또는 시위 주최자에게 통고하고 그 집회 또는 시위장소에 **정복을 착용**하고 출입할 수 있다.
옥내 집회	옥내집회장소에의 출입은 직무집행에 있어서 **긴급성이 있는 경우에** 한한다.

12) 주최자의 준수 사항

① 집회 또는 시위의 주최자는 집회 또는 시위에 있어서의 질서를 유지하여야 한다.
② 집회 또는 시위의 주최자는 집회 또는 시위의 질서 유지에 관하여 자신을 보좌하도록 18세 이상의 사람을 **질서유지인**으로 임명할 수 있다.
③ 집회 또는 시위의 주최자는 제1항에 따른 질서를 유지할 수 없으면 **그 집회 또는 시위의 종결(終結)을 선언하여야 한다.**
④ 집회 또는 시위의 주최자는 다음 각 호의 어느 하나에 해당하는 행위를 하여서는 아니 된다.

> 1. 총포, 폭발물, 도검(刀劍), 철봉, 곤봉, 돌덩이 등 다른 사람의 생명을 위협하거나 신체에 해를 끼칠 수 있는 기구(器具)를 휴대하거나 사용하는 행위 또는 다른 사람에게 이를 휴대하게 하거나 사용하게 하는 행위
> 2. 폭행, 협박, 손괴, 방화 등으로 질서를 문란하게 하는 행위
> 3. 신고한 목적, 일시, 장소, 방법 등의 범위를 뚜렷이 벗어나는 행위

⑤ 옥내집회의 주최자는 확성기를 설치하는 등 주변에서의 옥외 참가를 유발하는 행위를 하여서는 아니 된다.

13) 질서유지인의 준수사항

① 질서유지인은 **주최자의 지시에 따라** 집회 또는 시위 질서가 유지되도록 하여야 한다.
② 질서유지인은 제16조제4항 각 호의 어느 하나에 해당하는 행위를 하여서는 아니 된다.
③ 질서유지인은 참가자 등이 질서유지인임을 쉽게 알아볼 수 있도록 **완장, 모자, 어깨띠, 상의 등을 착용하여야 한다**.
④ 관할경찰관서장은 집회 또는 시위의 주최자와 협의하여 질서유지인의 수(數)를 적절하게 조정할 수 있다.
⑤ 집회나 시위의 주최자는 질서유지인의 수를 조정한 경우 집회 또는 시위를 **개최하기 전에** 조정된 질서유지인의 명단을 **관할경찰관서장에게 알려야 한다**.

14) 확성기 등 사용제한과 소음 기준

① 집회 또는 시위의 주최자는 확성기, 북, 징, 꽹과리 등의 기계·기구(확성기 등)를 사용하여 타인에게 심각한 피해를 주는 소음으로서 대통령령으로 정하는 기준을 위반하는 소음을 발생시켜서는 아니 된다.
② 관할경찰관서장은 집회 또는 시위의 주최자가 기준을 초과하는 소음을 발생시켜 타인에게 피해를 주는 경우에는 그 기준 이하의 소음 유지 또는 확성기등의 **사용 중지를 명하거나 확성기 등의 일시보관 등 필요한 조치를 할 수 있다**.
③ 필요한 조치를 거부하거나 방해하는 경우 **6개월 이하의 징역 또는 50만원 이하의 벌금·구류 또는 과료에 처한다**.

① 집회 또는 시위의 주최자는 확성기, 북, 징, 꽹과리 등의 기계·기구(이하 이 조에서 "확성기 등"이라 한다)를 사용하여 타인에게 심각한 피해를 주는 소음으로서 대통령령으로 정하는 기준을 위반하는 소음을 발생시켜서는 아니 된다.
② **관할경찰관서장**은 집회 또는 시위의 주최자가 제1항에 따른 기준을 초과하는 소음을 발생시켜 타인에게 피해를 주는 경우에는 **그 기준 이하의 소음 유지 또는 확성기등의 사용 중지를 명하거나 확성기 등의 일시보관 등 필요한 조치를 할 수 있다**.

소음도 구분		대상 지역	시간대		
			주간 (07:00~ 해지기 전)	야간 (해진 후~ 24:00)	심야 (00:00~ 07:00)
대상 소음도	등가 소음도 (Leq)	주거지역, 학교, 종합병원	65 **이하**	60 **이하**	55 **이하**
		공공도서관	65 이하	60 이하	
		그 밖의 지역	75 이하	65 이하	
	최고 소음도 (Lmax)	주거지역, 학교, 종합병원	85 이하	80 이하	75 이하
		공공도서관	85 이하	80 이하	
		그 밖의 지역	95 이하		

[비고]
1. 확성기등의 소음은 관할 **경찰서장(현장 경찰공무원)이 측정**한다.
2. 소음 측정 장소는 피해자가 위치한 건물의 외벽에서 **소음원 방향으로** 1~3.5m 떨어진 지섬으로 하되, 소음도가 높을 것으로 예상되는 지점의 지면 위 1.2~1.5m 높이에서 측정한다. **다만, 주된 건물의 경비 등을 위하여 사용되는 부속 건물, 광장·공원이나 도로상의 영업시설물, 공원의 관리사무소 등은 소음 측정 장소에서 제외**한다.
3. 제2호의 장소에서 확성기등의 대상소음이 있을 때 측정한 소음도를 측정소음도로 하고, 같은 장소에서 확성기등의 대상소음이 없을 때 **5분간 측정한 소음도를 배경소음도**로 한다.
4. **측정소음도가 배경소음도보다 10dB 이상 크면 배경소음의 보정 없이 측정소음도를 대상소음도로** 하고, 측정소음도가 배경소음도보다 3.0~9.9dB 차이로 크면 아래 표의 보정치에 따라 측정소음도에서 배경소음을 보정한 소음도를 대상소음도로 하며, 측정소음도가 배경소음도보다 3dB 미만으로 크면 다시 한 번 측정소음도를 측정하고, 다시 측정하여도 3dB 미만으로 크면 확성기등의 소음으로 보지 아니한다.
5. **등가소음도는 10분간**(소음 발생 시간이 10분 이내인 경우에는 그 발생 시간 동안을 말한다) 측정한다.
6. **최고소음도**는 확성기등의 대상소음에 대해 매 측정 시 발생된 소음도 중 가장 높은 소음도를 측정하며, 동일한 집회·시위에서 측정된 **최고소음도가 1시간 내에 3회 이상 위 표의 최고소음도 기준을 초과한 경우** 소음기준을 위반한 것으로 본다.
7. 다음 각 목에 해당하는 행사(중앙행정기관이 개최하는 행사만 해당한다)의 진행에 영향을 미치는 소음에 대해서는 그 행사의 개최시간에 한정하여 위 표의 주거지역의 소음기준을 적용한다.
   가. 「국경일에 관한 법률」 제2조에 따른 국경일의 행사
   나. 「각종 기념일 등에 관한 규정」 별표에 따른 각종 기념일 중 주관 부처가 국가보훈처인 기념일의 행사
8. 그 밖에 소음의 측정방법 등에 관한 사항은 「환경분야 시험·검사 등에 관한 법률」 제6조제1항제2호에 따른 소음 및 진동 분야 환경오염공정시험기준 중 생활소음 기준에 따른다.

15) 집회 또는 시위의 해산

① 관할경찰관서장은 다음 각 호의 어느 하나에 해당하는 집회 또는 시위에 대하여는 상당한 시간 이내에 **자진 해산할 것을 요청**하고 이에 따르지 아니하면 **해산을 명할 수 있다**.

> 1. 헌법재판소 결정에 따라 해산된 정당의 목적을 달성하기 위한 집회, 시위
> 2. 집단적인 폭행, 협박, 손괴(損壞), 방화 등으로 공공의 안녕 질서에 직접적인 위협을 끼칠 것이 명백한 집회 또는 시위
> 3. **자정 이후부터 일출 전의 시위**
> 4. 옥외집회, 시위금지 장소에서의집회 시위, **미신고 옥외집회, 시위**
> 5. 경찰과서장으로부터 금지된 집회·시위
> 6. 시설보호요청에 따른 관할 경찰서장 제한을 위반하여 질서유지에 직접적인 위험을 명백하게 초래한 집회·시위
> 7. 관할 경찰관서장이 붙인 교통질서유지조건 위반하여 질서유지에 직접적인 위험을 명백하게 초래한 집회·시위
> 8. 집회·시위 주최자가 질서유지 할수 없어 **종결선언한 집회·시위**
> 9. 총포, 폭발물, 도검(刀劍), 철봉, 곤봉, 돌덩이 등 다른 사람의 생명을 위협하거나 신체에 해를 끼칠 수 있는 기구(器具)를 휴대하거나 사용하는 행위 또는 다른 사람에게 이를 휴대하게 하거나 사용하게 하는 행위, 폭행, 협박, 손괴, 방화 등으로 질서를 문란하게 하는 행위, 신고한 목적, 일시, 장소, 방법 등의 범위를 뚜렷이 벗어나는 행위

② 집회 또는 시위가 제1항에 따른 해산 명령을 받았을 때에는 모든 참가자는 **지체 없이 해산하여야 한다**.
③ 제1항에 따른 자진 해산의 요청과 해산 명령의 고지(告知) 등에 필요한 사항은 대통령령으로 정한다.

> **제17조(집회 또는 시위의 자진 해산의 요청 등)**
> 법 제20조에 따라 집회 또는 시위를 해산시키려는 때에는 관할 경찰관서장 또는 관할 경찰관서장으로부터 권한을 부여받은 경찰공무원은 다음 각 호의 순서에 따라야 한다. 다만, 법 제20조제1항제1호·제2호 또는 제4호에 해당하는 집회·시위의 경우와 주최자·주관자·연락책임자 및 질서유지인이 **집회 또는 시위 장소에 없는 경우에는 종결 선언의 요청을 생략할 수 있다.**
>
> | | |
> |---|---|
> | 1. 종결 선언의 요청 | 주최자에게 집회 또는 시위의 종결 선언을 요청하되, 주최자의 **소재를 알 수 없는 경우에는 주관자·연락책임자 또는 질서유지인**을 통하여 종결 선언을 요청할 수 있다. |
> | 2. 자진 해산의 요청 | 제1호의 종결 선언 요청에 따르지 아니하거나 종결 선언에도 불구하고 집회 또는 시위의 참가자들이 집회 또는 시위를 계속하는 경우에는 **직접 참가자들에 대하여 자진 해산할 것을 요청**한다. |
> | 3. 해산명령 및 직접 해산 | 제2호에 따른 자진 해산 요청에 따르지 아니하는 경우에는 **세 번 이상 자진 해산할 것을 명령**하고, 참가자들이 해산명령에도 불구하고 해산하지 아니하면 **직접 해산시킬 수 있다.** |

판례

1. 집회 및 시위에 관한 법률 제20조제1항 제2호가 미신고 옥외집회 또는 시위를 해산명령 대상으로 하면서 별도의 해산 요건을 정하고 있지 않더라도, 그 **옥외집회 또는 시위로 인하여 타인의 법익이나 공공의 안녕질서에 대한 직접적인 위험이 명백하게 초래된 경우에 한하여** 위 조항에 기하여 해산을 명할 수 있고, 이러한 요건을 갖춘 해산명령에 불응하는 경우에만 집회 및 시위에 관한 법률 제24조 제5호에 의하여 처벌할 수 있다고 보아야 한다.(대판2010도6388)

2. 전국민주노동조합총연맹 준비위원회가 주관한 도로행진시위가 사전에 구 집시법에 따라 옥외집회신고를 마쳤어도, 신고의 범위와 법률 제12조에 따른 제한을 현저히 일탈하여 주요도로 전차선을 점거하여 행진 등을 함으로써 교통소통에 현저한 장애를 일으켰다면, 일반교통방해죄를 구성한다.(대판2006도755)

3. 집시법 제19조가 옥외집회 또는 시위의 장소에 질서유지를 위한 경찰관 출입 요건으로 주최자에 대한 고지, 정복 착용만을 정하고 있지만, 집회의 자유가 가지는 헌법적 가치와 기능, 집회 및 시위의 권리 보장과 공공의 안녕질서의 조화라는 집시법의 입법목적 등에 비추어 보면, 질서유지선 설정에 관한 규정을 준용하여 옥외집회 또는 시위의 장소에 질서유지를 위한 경찰관 출입 역시 집회 및 시위의 보호와 공공의 질서유지를 위하여 필요한 경우 최소한의 범위로 이루어져야 할 것이다. 따라서 **경찰관들이 집시법상 질서유지선에 해당하지 아니한다고 하여 집회 또는 시위의 장소에 출입하거나 그 장소 안에 머무르는 경찰관들의 행위를 곧바로 위법하다고 할 것은 아니고**, 집시법 제19조에 의한 출입에 해당하는 경우라면 적법한 공무집행으로 볼 수 있을 것이다.(2016도21311)

4. 甲 등이 세월호 진상규명 등을 촉구하는 **기자회견을 한 후 청와대에 서명지 박스를 전달하기 위한 행진을 시도하였으나 관할 경찰서장인 乙 등이 해산명령과 통행차단 조치를 하였고, 이에 甲 등이 乙 등을 상대로 손해배상을 구한 사안에서**, 기자회견 및 행진으로 인하여 타인의 법익이나 공공의 안녕질서에 대한 직접적인 위험이 명백하게 초래되었다고 보기 어려우므로 甲 등에 대한 해산명령 및 통행차단 조치는 위법하지만, 기자회견 및 행진이 옥외집회 및 시위가 금지되는 특정 지역과 시간적·장소적으로 상당히 근접한 지역에서 이루어졌다는 점, 경찰관의 해산명령과 제지 조치가 각각의 요건을 충족함으로써 적법한지는 개별 사안 자체의 특수성을 합리적으로 고찰하여야 하는 속성을 지니는 점 등의 제반 사정을 고려하면, 乙 등은 당시 甲 등에게 내린 해산명령 및 통행차단 조치가 집회 및 시위에 관한 법률 및 경찰관 직무집행법에서 허용되는 범위를 넘어선다는 것을 인식하지 못하였다고 볼 여지가 있고, 나아가 위와 같이 인식하지 못한 데에 고의에 가까울 정도로 현저히 주의를 결여하였다고 단정하기 어려운데도, **乙 등에게 중과실이 있다고 보아 乙 등의 손해배상책임을 인정한 원심판단에 법리오해의 잘못이다.**(2018다288631)

5. 집시법 제2조 제5호가 정의하는 질서유지선은 띠, 방책, 차선 등 물건 또는 도로교통법상 안전표지로 설정된 경계표지를 말하므로, **경찰관을 배치하는 방법으로 설정된 질서유지선은 집시법상 질서유지선에 해당하지 아니한다.** 집시법 제13조 제1항은 "관할 경찰관서장은 집회 및 시위의 보호와 공공의 질서 유지를 위하여 필요하다고 인정하면 최소한의 범위를 정하여 질서유지선을 설정할 수 있다."라고 규정하고 있고, 같은 조 제2항은 "제1항에 따라 경찰관서장이 질서유지선을 설정할 때에는 주최자 또는 연락책임자에게 이를 알려야 한다."라고 규정하고 있으며, 집시법 제24조 제3호는 "제13조에 따라 설정된 질서유지선을 정당한 사유 없이 상당 시간 침범하거나 손괴·은

닉·이동 또는 제거하거나 그 밖의 방법으로 그 효용을 해친 사람"을 처벌하도록 규정하고 있다. 따라서 집시법 제24조 제3호의 질서유지선 효용침해로 인한 집시법위반죄는 그 대상인 집시법 제2조 제5호에 해당하는 질서유지선이 집시법 제13조에 따라 적법하게 설정된 경우에 한하여 성립하고, **위법하게 설정된 집시법상 질서유지선에 대하여는 위와 같이 효용을 해치는 행위를 하였다고 하더라도 위 죄를 구성하지 아니한다.**(2016도21311)

6. 집시법과 그 시행령의 문언·내용·체계에 비추어 보면, 해산명령은 자진 해산 요청에 따르지 않는 시위 참가자들에게 자진 해산할 의무를 부과하는 것이므로, 자진 해산을 요구하는 취지가 분명히 포함되어 있어야 한다. 이러한 해산명령이 있었는지는 시위의 진행 경과에 따라 종결 선언이나 자진 해산 요청이 이미 있었는지 여부, 경찰 방송의 문언과 내용, 방송 당시 전광판 등 시각적 매체를 함께 사용한 경우에는 그 표시 내용과 위치, 방송의 간격과 횟수 등에 비추어 **사회 평균인의 입장에서 해산명령이 있었음을 알 수 있으면 충분하고, 반드시 '자진 해산을 명령한다'는 용어가 사용되거나 말로 해산명령임을 표시해야 하는 것은 아니다.**(2015도17738)

7. 집시법 제6조 제1항 단서는 옥외집회나 시위의 장소가 두 곳 이상의 지방경찰청 관할지에 속하는 경우 신고서를 주최지 관할 지방경찰청장에게 제출하도록 규정하고 있는데, 위 규정에 '주최지'에 관한 정의 규정을 두고 있지는 않으나 위 규정이 집회나 시위 장소의 관할 지방경찰청장 모두에게 그 신고서를 제출하도록 규정하고 있지는 않을 뿐 아니라 두 곳 이상의 관할 지방경찰청장 중 어느 쪽이 '주최지 관할' 지방경찰청장에 해당한다는 규정을 두고 있지도 않으므로, 위에서 본 헌법상 집회의 자유에 대한 보장과 신고제도의 취지 및 신고사항과 그에 대한 관할 경찰관서장의 보완, 금지의 통고 및 제한조치 등에 관한 절차규정에 비추어 볼 때, **주최지 중 어느 한 곳의 관할 지방경찰청장에게 두 곳 이상의 지방경찰청 관할지에 속하는 옥외집회나 시위의 신고서를 제출하고 그 옥외집회나 시위의 목적, 일시, 장소, 주최자, 참가단체와 인원, 시위방법 등 집시법 제6조 제1항 각 호에 정한 신고사항이 실제 개최한 내용과 실질적인 점에 있어서 부합하는 경우에는 위 규정에 따른 적법한 신고가 있다고 볼 수 있을 것이다.**(2009도591)

06 보안경찰

1 의의

국가안전보장을 위태롭게 하는 간첩활동을 비롯하여 모든 반국가활동 세력에 대비하는 국가적 대공취약점에 대한 첩보수집과 분석 및 판단 그리고 보안사범의 수사를 전문적으로 담당하는 경찰활동을 의미한다.

2 보안경찰의 특징

① 보안경찰의 수단상 특징
　㉠ 비공개성
　　보안경찰의 활동수단은 비공개가 원칙이다. 보안요원의 행동은 은밀하게 이루어져야 하며 아울러 자연스러운 분위기 속에서 목적을 달성할 수 있어야 한다.
　㉡ 비노출성
　　보안요원은 임무수행에 있어서 신분을 노출시키지 말아야 한다.

② 보안경찰의 성질상 특징
　㉠ 국가의 안전보장
　　보안경찰의 제1차적 목적이 **국가의 안전보장**에 있다.
　㉡ 사전·예방적 성격
　　보안경찰의 경우 추구하는 목표가 국가안전보장에 있기 때문에 사후진압적 활동으로는 보안경찰의 목표를 달성할 수 없게 된다.
　㉢ 위태성 범죄를 대상
　　보안경찰은 사전예방적 활동이 그 기초가 되기 때문에 법익이 현실적으로 침해됨을 요하는 범죄를 대상으로 삼을 가치가 없게 된다.
　㉣ 보호법익은 국가적 법익
　　일반경찰의 경우는 개인적 법익 중심으로 활동하고 있으나, 보안경찰은 **국가적 법익**으로 활동하고 있다.

> **팩트DB**
>
> **공산주의 이론**
> - 노동가치설
> - 잉여가치설
> - 계급투쟁론
> - 폭력혁명론
> - 프롤레타리아 독재론

✻ 보안경찰의 직무범위
① 보안관찰 업무
② 간첩 등 보안사범에 대한 수사
③ 불온유인물의 수집 및 분석
④ 북한에 대한 정보의 수집 및 분석
⑤ 남북교류와 관련되는 업무
⑥ 간첩 등 중요 방첩수사
⑦ 중요 좌익사범 수사를 대상으로 한다.

✻ 경찰청 안보수사국
1. 안보수사경찰업무에 관한 기획 및 교육
2. 보안관찰 및 경호안전대책 업무에 관한 사항
3. 북한이탈주민 신변보호
4. 국가안보와 국익에 반하는 범죄에 대한 수사의 지휘·감독
5. 안보범죄정보 및 보안정보의 수집·분석 및 관리
6. 국내외 유관기관과의 안보범죄정보 협력에 관한 사항
7. 남북교류와 관련되는 안보수사경찰업무
8. 국가안보와 국익에 반하는 중요 범죄에 대한 수사
9. 외사보안업무의 지도·조정
10. 공항 및 항만의 안보활동에 관한 계획 및 지도

3 보안경찰 활동

① 방첩의 기본원칙

완전협조 원칙	방첩기관, 보조기관, 일반국민이 긴밀히 협조하여야 한다.
치밀의 원칙	정보판단, 분석 등 치밀한 계획과 준비를 통해 방첩활동을 수행해야 한다.
계속접촉 원칙	간첩을 발견했다고 즉시 검거해서는 안 되고, 조직망이 완전히 파악될 때 까지 계속 접촉해야 한다. ➡ 접촉은 탐지 – 판명 – 주시 – 이용 – 타진 단계로 이루어진다.

② 방첩의 수단

적극적 수단	간첩과 적의 공작망 분쇄를 위한 **공격적 수단** ➡ 간첩을 활용한 역용공작, 침투공작, 첩보수집 등
소극적 수단	적으로부터 보호를 위해 자체 보안기능을 중심으로 한 **방어적 수단** ➡ 인원보안, 시설보안, 보안업무 규정 강화, 정보·자재보완 확보 등
기만적 수단	허위정보 유포, 유언비어 유포, 양동간계시위 등

* **역용공작(逆用工作)**
간첩을 포섭해 역으로 이용하는 공작

4 방첩의 대상

① 간첩의 의미

타국에 대한 국가기밀수집, 태업행위, 전복행위 등을 목적으로 대상국 내에 잠입한자 또는 이를 지원·동조하거나 협조한 자를 의미한다.

② 종류

고정간첩	합법적으로 위장된 신분이나 조건을 구비하고 **일정지역에서 고정적**으로 활동하는 간첩
배회간첩	일정한 주거 없이 전국을 배회하면서 간첩 임무를 수행
공행간첩	상사주재원, 외교관 등 공용의 명목으로 입국하여 **합법적 신분을 갖고** 상대국의 각종 정보를 수집하는 간첩

③ 간첩망

간첩이 대상국에 침투하여 간첩행위를 함에 있어서 공작원을 포섭하고 지하당을 조직하는 형태를 말한다.

유형	의의	장점	단점
단일형	동조자 없이 **단독으로 활동**하는 형태 ➡ 대남간첩에 많이 사용함	신속한 활동, 보안 유지 가능	활동범위가 좁고, 공작성과가 낮다
피라미드형	간첩 밑에 주공작원 2~3명을 두고, 주공작원은 그 아래에 2~3명 행동공작원을 두는 형태	**활동범위가 넓고**, 입체적 공작 수행	노출이 쉽고 일망타진가능성이 크다. 조직 구성에 시간이 소요됨

삼각형	간첩이 3명이내 행동공작원을 두고, 횡적 연락을 차단함 ● 지하당 구축에 주로 사용	횡적 연락을 차단해 비밀유지에 유리고 일망타진 가능성이 낮다.	활동범위가 좁다.
서클형	**합법적 신분을 이용**해 적국의 이념등에 동조하도록 유도하는 형태 ● 첩보전에 주로 사용	간첩활동이 자유롭고 대중적 조직과 동원이 가능	간첩의 정체가 폭로되었을 때 외교적 문제가 야기될 수 있다
레포형	피라미드형에서 간첩과 주공작원, 행동공작원 상호간에 연락원을 두어 종, 횡으로 연결하는 형태 ● 현재 사용되지 않음		

④ 태업
  ㉠ 대상국가의 방위력 또는 전쟁수행능력을 약화시키기 위해 행해지는 직접·간접의 모든 손상, 파괴행위이다.
  ㉡ 태업 대상의 조건
    전략·전술적 가치가 있을 것, 태업에 필요한 기구를 용이하게 입수할 수 있고 접근이 용이할 것, 일단 파괴되면 수리하거나 대체하기 어렵고 많은 시간이 소요될 것

⑤ 전복
  ㉠ 불순정치세력에 의해 폭력수단을 동원하는 등 위헌적 방법으로 헌법에 의해 설치된 국가기관을 강압에 의해 변혁시키거나 기능을 저하시키는 행위이다.
  ㉡ 형태

국가전복	피지배자가 지배자를 타도하여 정권을 탈취하는 것(협의의 혁명)
정부전복	동일 지배계급 내의 일부세력이 집권세력을 폭력으로써 타도하여 정권을 차지하는 것(쿠데타)

5 공작

① 의미
정보기관이 어떠한 목적하에 주어진 목표에 대하여 계획적으로 수행하는 비밀활동이다.
➡ 첩보수집활동, 파괴공작활동, 선전·선동활동이 포함된다.

② 공작 순서
지령 → 계획 → 모집 → 훈련 → **브리핑** → 파견 및 귀환 → **디브리핑** → 보고서 작성 → 해고 등의 과정으로 순환하여 진행된다.

③ 공작 4대 요소

공작 목표	공작목표는 공작상황과 공작의 진행에 따라 구체화, 세분화 된다.
주관자	상부로부터 받은 지령을 수행하는 하나의 집단 ➡ 공작관 : 그 집단의 책임자
공작원	비밀조직 최일선에서 공작관을 대행하여 임무를 수행하는 자 ➡ 주공작원(책임자), 행동공작원(직접수행), 지원공작원(기술, 물자 조달)
공작금	공작목표 달성을 위해 사용되는 돈

＊ 선전의 유형

백색선전	출처를 공개한 선전
회색선전	출처를 위장하거나 숨긴 선전
흑색선전	출처를 밝히지 않고 행하는 선전

팩트DB

대공상황 발생시 조치

합동조사	합동정보심문조 운용 ➡ 국가정보원, 군부대, 경찰 등 정보조사요원이 합동으로 분석하여 대공용의점을 파악한다.
신속 출동	신고 접수시 보안요원과 분석요원은 통신장비등을 휴대하고 현장에 신속히 출동하여 분석 판단한다. ➡ 출동과 동시에 군보안부대 등 유관기관에 통보가 이루어져야 한다.
목격자 조사 및 현장조사	목격자 조사를 실시한다.(진술내용 대조, 분리조사 등) 대공상황의 현장조사는 상황분석 판단에 매우 중요하다.
보고 및 전파	적시성, 정확성, 간결성, 보안성원칙을 준수하며 대공상황에 대해 개요보고, 2보, 3보등 연속하여 보고한다.

6 국가보안법

1) 의의와 목적

① 국가보안법은 국가의 안전을 위태롭게 하는 반국가활동을 규제함으로써 국가의 안전과 국민의 생존 및 자유를 확보함을 목적으로 한다.

② 이 법을 해석적용함에 있어서는 제1항의 목적달성을 위하여 필요한 최소한도에 그쳐야 하며, 이를 확대해석하거나 헌법상 보장된 국민의 기본적 인권을 부당하게 제한하는 일이 있어서는 아니된다.

③ **특별법적 위치**
공법, 형사소송법, 형법에 대한 **특별법**이다.

④ 용어

반국가단체	정부를 참칭하거나 국가를 변란할 것을 목적으로 하는 국내외의 결사 또는 집단으로서 **지휘통솔체제를 갖춘 단체**를 말한다.	
	정부참칭	정부와 동일한 명칭을 사용할 필요는 없고 일반인이 정부로 **오인한 정도**면 충분함
	국가변란	**정부를 전복**하여 새로운 정부를 조직하는 것 ➡ 형법 제 91조 국헌문란이 국가변란보다 넓은 개념이다.
반국가단체의 지령을 받은자	반국가단체로부터 직접 지령을 받은 자뿐 아니라 다시 지령을 받은 자도 포함	
지령	지휘와 명령, 지배관계 여부를 따지지 않고, 형식에도 제한 없다.	

2) 반국가단체의 구성등죄

*

	구성, 가입죄	가입 권유죄
예비, 음모	O	X
미수	O	O
기수	O	O
구성원 법정형 차이	O	X

① 반국가단체를 구성하거나 이에 가입한 자는 다음의 구별에 따라 처벌한다.

수괴의 임무에 종사한자	사형 또는 무기징역
간부 기타 지도적 임무에 종사한 자	사형·무기 또는 5년 이상의 징역
그 이외의 자	2년 이상의 유기징역

➡ 구성, 가입한자는 예비, 음모처벌, 미수범도 처벌한다.

② 타인에게 반국가단체에 가입할 것을 권유한 자는 **2년 이상**의 유기징역에 처한다.
➡ 가입권유 미수범 처벌한다.(가입권유죄는 예비·음모를 처벌하지 않는다)

④ 제1항제1호 및 제2호의 죄를 범할 목적으로 **예비 또는 음모한 자**는 2년 **이상**의 유기징역에 처한다.

⑤ 제1항제3호의 죄를 범할 목적으로 **예비 또는 음모한 자**는 10년 **이하**의 징역에 처한다.

3) 목적수행죄

반국가단체의 구성원 또는 그 지령을 받은 자가 그 목적수행을 위해 자행하는 간첩, 인명살상, 시설파괴 등의 행위를 처벌하기 위한 것이다.

① 반국가단체의 구성원 또는 그 지령을 받은 자가 그 목적수행을 위한 행위를 한 때에는 다음의 구별에 따라 처벌한다.

1. 형법 제92조 내지 제97조·제99조·제250조제2항·제338조 또는 제340조제3항에 규정된 행위를 한 때에는 그 각조에 정한 형에 처한다.
2. 형법 제98조에 규정된 행위를 하거나 국가기밀을 탐지·수집·누설·전달하거나 중개한 때에는 다음의 구별에 따라 처벌한다.
    가. 군사상 기밀 또는 국가기밀이 국가안전에 대한 중대한 불이익을 회피하기 위하여 한정된 사람에게만 지득이 허용되고 적국 또는 반국가단체에 비밀로 하여야 할 사실, 물건 또는 지식인 경우에는 **사형 또는 무기징역**에 처한다.
    나. 가목외의 군사상 기밀 또는 국가기밀의 경우에는 **사형·무기 또는 7년 이상**의 징역에 처한다.
3. 형법 제115조·제119조제1항·제147조·제148조·제164조 내지 제169조·제177조 내지 제180조·제192조 내지 제195조·제207조·제208조·제210조·제250조제1항·제252조·제253조·제333조 내지 제337조·제339조 또는 제340조제1항 및 제2항에 규정된 행위를 한 때에는 **사형·무기 또는 10년 이상**의 징역에 처한다.
4. 교통·통신, 국가 또는 공공단체가 사용하는 건조물 기타 중요시설을 파괴하거나 사람을 약취·유인하거나 함선·항공기·자동차·무기 기타 물건을 이동·취거한 때에는 **사형·무기 또는 5년 이상**의 징역에 처한다.
5. 형법 제214조 내지 제217조·제257조 내지 제259조 또는 제262조에 규정된 행위를 하거나 국가기밀에 속하는 서류 또는 물품을 손괴·은닉·위조·변조한 때에는 **3년 이상의 유기징역**에 처한다.
6. 제1호 내지 제5호의 행위를 선동·선전하거나 사회질서의 혼란을 조성할 우려가 있는 사항에 관하여 허위사실을 날조하거나 유포한 때에는 **2년 이상의 유기징역**에 처한다.

1호	외환의 죄, 존속살해죄, 강도살해죄, 강도치사죄 등
2호	간첩죄, 간첩방조죄, 국가기밀탐지·수집·누설 등의 죄
3호	소요죄, 폭발물사용죄, 방화죄, 살인죄 등
4호	중요시설파괴죄, 약취유인죄, 항공기·무기 등의 이동·취거 등의 범죄
5호	유가증권위조죄, 상해죄, 국가기밀서류·물품의 손괴·은닉 등의 범죄
6호	선전·선동죄, 허위사실날조·유포 등의 범죄

② 제1항의 **미수범은 처벌한다**.
③ 제1항제1호 내지 제4호의 죄를 범할 목적으로 예비 또는 음모한 자는 **2년 이상의 유기징역**에 처한다.
④ 제1항제5호 및 제6호의 죄를 범할 목적으로 예비 또는 음모한 자는 **10년 이하의 징역**에 처한다.

국가보안법

1. 국가보안법 제4조 제1항 제2호 – 목적수행간첩
국가보안법 제4조 제1항 제2호는 '반국가단체의 구성원 또는 그 지령를 받은 자가 그 목적을 위하여 형법제 98조에 규정된 행위를 하거나 국가기밀을 탐지·수집·누설·전달·중개한 것'을 처벌대상으로 규정하고 있다.

> 형법제98조(간첩)
> ① 적국을 위하여 간첩하거나 적국의 간첩을 방조한 자는 사형, 무기 또는 7년 이상의 징역에 처한다.
> ② 군사상의 기밀을 적국에 누설한 자도 전항의 형과 같다.

2. 간첩죄 요건

주체	반국가단체의 구성원 또는 그 지령을 받은 자
객체	군사상 기밀 ➡ 순수한 군사에 관한 사항뿐만 아니라 정치경제 사회 문화 등 여러 방면에 걸쳐 적국에 알리지 아니하거나 확인되지 아니함이 우리나라의 국익 내지 국가정책상 필요한 모든 기밀사항을 포함한다. ➡ 적법한 절차 등을 거쳐 이미 일반인에게 널리 알려진 공지의 사실은 기밀에 해당하지 않는다.(기밀로 보호할 실질적 가치가 있어야 한다.)
행위태양	군사상 기밀을 탐지·수집하는 것

3. 간첩방조죄
① 간첩이라는 정을 알면서 간첩의 임무수행과 관련하여 간첩행위자의 범의를 강화시키거나 또는 간첩의 범의에 의한 실행행위를 용이하게 하는 일체의 행위를 말한다.
② 구성요건

주체	반국가 단체의 간첩이란 인식만으로 가능
객체	간첩
행위	간첩행위를 용이하게 하는 일체의 행위이다. ➡ 유형방조(무기나 금품제공 등), 무형방조(격려등 정신적 방법) 모두 해당한다.

4) 자진지원죄

① 반국가단체의 구성원 또는 그 지령을 받은자 이외의 자가 **반국가단체나 그 구성원 또는 지령을 받은 자를 지원할 목적**으로 자신하여 외환유치·간첩·소요·중요시설 파괴·유가증권 위조·선동 등 국가보안법 제4조 제1항의 행위를 함으로써 성립하는 범죄이다.

② 구성요건

주체	반국가단체의 구성원 또는 그 지령을 받은 자를 **제외한 모든 사람** ➡ 행위 주체에 제한이 있다.
행위태양	㉠ **자진하여** : 반국가단체나 그 구성원 또는 그 지령을 받은 자의 요구나 권유 등에 의하지 아니하고 아무런 의사연락 없이 스스로 범행한 경우이다. ㉡ **목적** : 반국가단체나 그 구성원 또는 그 지령을 받은 자를 지원한다는 목적이다. ➡ 목적의 달성 여부는 본죄의 성립과 무관하다.
처벌	㉠ 7년 이하의 징역에 처한다. ㉡ 미수범, 예비, 음모도 처벌한다.

* 5조(자진지원 · 금품수수)
① 반국가단체나 그 구성원 또는 그 지령을 받은 자를 지원할 목적으로 자진하여 제4조제1항 각호에 규정된 행위를 한 자는 제4조제1항의 예에 의하여 처벌한다.
② 국가의 존립 · 안전이나 자유민주적 기본질서를 위태롭게 한다는 정을 알면서 반국가단체의 구성원 또는 그 지령을 받은 자로부터 금품을 수수한 자는 7년 이하의 징역에 처한다.
③ 제1항 및 제2항의 미수범은 처벌한다.
④ 제1항의 죄를 범할 목적으로 예비 또는 음모한 자는 10년 이하의 징역에 처한다.

5) 금품 수수죄

근거	국가의 존립·안전이나 자유민주적 기본질서를 위태롭게 한다는 정을 알면서 반국가단체의 구성원 또는 그 지령을 받은 자로부터 금품을 수수한 경우 성립한다.(제5조 2항)
주체	주체에 제한이 없다. ➡ 반국가단체의 구성원이나 그 지령을 받은자도 본죄의 주체가 된다.(자진지원죄와 다름)
행위태양	㉠ 반국가단체의 구성원 또는 그지령을 받은 자로부터 금품을 수수하는 것 ㉡ 판례 국가의 존립, 안전이나 자유민주주의 기본질서를 위태롭게 한다는 정을 알면서 반국가단체의 구성원이나 그 지령을 받은 자로부터 금품을 수수함으로 성립하는 것으로, 그 수수가액이나 가치는 물론 그 목적도 가리지 아니하고, **그 금품수수가 대한민국을 해할 의도가 있는 경우에 한하는 것도 아니다.**(대판 95도1624)
처벌	㉠ 기수범은 7년 이하의 징역에 처한다. ㉡ 미수범 처벌한다. ㉢ **예비·음모의 경우 처벌규정이 없다.**

6) 잠입 · 탈출죄(제6조)

① 국가의 존립·안전이나 자유민주적 기본질서를 위태롭게 한다는 정을 알면서 **반국가단체의 지배하에 있는 지역으로부터 잠입하거나 그 지역으로 탈출한 자**는 10년 이하의 징역에 처한다.
② 반국가단체나 그 구성원의 **지령을 받거나 받기 위하여 또는 그 목적수행을 협의하거나 협의하기 위하여 잠입하거나 탈출한 자**는 사형·무기 또는 5년 이상의 징역에 처한다.
④ 제1항 및 제2항의 **미수범은 처벌한다**.
⑤ 제1항의 죄를 범할 목적으로 **예비 또는 음모**한 자는 7년 이하의 징역에 처한다.
⑥ 제2항의 죄를 범할 목적으로 **예비 또는 음모**한 자는 2년 이상의 유기징역에 처한다.

① 잠입 · 탈출죄 행위태양

잠입	반국가단체의 지배하에 있는 지역으로부터 대한민국의 사실상의 **영토내로 들어오는 것**을 의미한다(북한 → 한국).
탈출	대한민국 통치권이 실제로 행사되는 지역에서 **반국가단체의 지배하에 있는 지역으로의 이동**이다(한국 → 북한).
반국가단체의 지배하에 있는 지역	반국가단체가 사실상 지배하고 있는 모든 지역을 지칭한다.

➡ 북괴의 불법적 지배하에 있는 지역은 물론 외국에 있는 북한공관이나 공작원의 교육, 공작 등에 이용되는 소위 안전가옥과 해상에 있는 공작선 등도 포함한다.
➡ 육로로 들어올 경우에는 휴전선 월경이, 해상 또는 공로로 들어올 경우에는 영해·영공 침범시 각각 기수가 성립한다.

② 특수잠입 · 탈출죄

	단순잠입 · 탈출	특수잠입 · 탈출
목적		반국가단체나 그 구성원의 지령을 받거나 또는 목적수행을 협의하거나 협의하기 위해
대상지역	반국가단체의 지배하에 있는 지역	제한없음

7) 찬양 · 고무등죄(제7조)

찬양 · 고무	주체	제한이 없다.
	행위	㉠ 찬양·고무·선전·동조행위 ㉡ 국가변란을 선전·선동하는 행위 ㉢ 국가의 존립·안전이나 자유민주적 기본질서를 위태롭게 하다는 정을 알면 성립한다. ➡ 반국가단체를 이롭게할 목적의식을 요하지 않고 그와 같은 사실에 대한 인식만 있으면 족하다.
	처벌	㉠ 7년 이하 징역에 처한다. ➡ 미수범 처벌함 ㉡ **예비·음모 처벌하지 않는다.**

* 찬양고무등죄
① 국가의 존립 · 안전이나 자유민주적 기본질서를 위태롭게 한다는 정을 알면서 반국가단체나 그 구성원 또는 그 지령을 받은 자의 활동을 찬양 · 고무 · 선전 또는 이에 동조하거나 국가변란을 선전 · 선동한 자는 7년 이하의 징역에 처한다.
③ 제1항의 행위를 목적으로 하는 단체를 구성하거나 이에 가입한 자는 1년 이상의 유기징역에 처한다.
④ 제3항에 규정된 단체의 구성원으로서 사회질서의 혼란을 조성할 우려가 있는 사항에 관하여 허위사실을 날조하거나 유포한 자는 2년 이상의 유기징역에 처한다.
⑤ 제1항·제3항 또는 제4항의 행위를 할 목적으로 문서·도화 기타의 표현물을 제작·수입·복사·소지·운반·반포·판매 또는 취득한 자는 그 각항에 정한 형에 처한다.
⑥ 제1항 또는 제3항 내지 제5항의 미수범은 처벌한다.
⑦ 제3항의 죄를 범할 목적으로 예비 또는 음모한 자는 5년 이하의 징역에 처한다.

	주체	제한이 없다. ➡ 다시 지령을 받은 자도 주체가 된다.
이적단체 구성 · 가입죄	행위	㉠ 존립·안전이나 자유민주적 기본질서를 위태롭게 한다는 인식이 필요하다. ㉡ 이적행위의 목적성과 단체성이 있어야 한다. ➡ 이적성을 목적으로 그 단체가 지휘통솔체제를 갖춘 계속적 결합체로 결된때 범죄가 성립한다.
	처벌	㉠ 1년 이상의 유기징역형에 처한다. ➡ 행위자의 지위와 역할의 차이에 따른 법정형을 구별하지 않는다. ㉡ 미수범 처벌한다. ㉢ 예비·음모 처벌한다.
이적단체 구성원의 허위사실 날조 · 유포죄	주체	이적단체의 **구성원만** 본죄의 주체가 된다.
	행위	사회질서의 혼란이 초래될 우려가 있는 허위 사실의 날조·유포
	주관적	허위사실을 날조·유포한다는 인식이 있어야 한다.
안보위해문건 제작 등의 죄	주체	제한이 없다.
	행위	㉠ 문서·도화 기타의 표현물을 제작·수입·복사·소지·운반·반포·판매·취득하는 일체의 행위를 처벌한다. ㉡ 문서는 형법상의 개념과 다르다. ➡ 명의의 유무불문, 초고 · 초안 · 사본 등도 해당한다(필름, 음반 등). ㉢ 이적동조 등 이적단체의 구성·가입, 이적단체구성원의 허위사실날조·유포 행위를 할 목적이 있어야 한다.
	처벌	미수범을 처벌한다. **예비·음모 처벌하지 않는다.**

8) 회합 · 통신등죄(제8조)

주체	제한이 없다.
행위	**회합** : 2인 이상이 일정한 장소에서 만나는 것 **통신** : 우편·전신·전화 등을 통해 서로의 의사를 전달하는 행위
요건	㉠ 단순한 신년인사나 안보편지 등은 특별한 사정이 없는 한 본죄를 구성하지 않는다. ㉡ 목적수행활동과 관련이 없는 경우 본죄가 성립하지 않는다.
처벌	㉠ 10년 이하의 징역에 처한다. ㉡ 미수범 처벌한다. ㉢ 예비·음모의 처벌규정은 없다.

★ 제8조(회합 · 통신등)
① 국가의 존립 · 안전이나 자유민주적 기본질서를 위태롭게 한다는 정을 알면서 반국가단체의 구성원 또는 그 지령을 받은 자와 회합 · 통신 기타의 방법으로 연락을 한 자는 10년 이하의 징역에 처한다.
③ 제1항의 미수범은 처벌한다.

9) 편의제공죄(제9조)

① 이 법 제3조 내지 제8조의 죄를 범하거나 범하려는 자라는 정을 알면서 총포·탄약·화약 기타 무기를 제공한 자는 **5년 이상**의 유기징역에 처한다.
② 이 법 제3조 내지 제8조의 죄를 범하거나 범하려는 자라는 정을 알면서 금품 기타 재산상의 이익을 제공하거나 잠복·회합·통신·연락을 위한 장소를 제공하거나 기타의 방법으로 편의를 제공한 자는 **10년 이하**의 징역에 처한다. 다만, 본범과 친족관계가 있는 때에는 그 형을 감경 또는 면제할 수 있다.
③ 제1항 및 제2항의 미수범은 처벌한다.
④ 제1항의 죄를 범할 목적으로 예비 또는 음모한 자는 1년 이상의 유기징역에 처한다.

무기류 등의 편의제공	㉠ 미수범 처벌한다. ⓒ **예비·음모 처벌한다.** ⓒ 감면규정 없다.
단순편의제공	㉠ 미수범 처벌한다. ⓒ **예비·음모에 대한 처벌없다.** ⓒ 편의를 제공한 자가 친족관계에 있는 경우 그 형을 감면할 수 있다.(**임의적 감면**)

10) 불고지죄(제10조)

제3조, 제4조, 제5조제1항·제3항(第1項의 未遂犯에 한한다)·제4항의 죄를 범한 자라는 정을 알면서 수사기관 또는 정보기관에 고지하지 아니한 자는 **5년 이하의 징역 또는 200만원 이하의 벌금**에 처한다. 다만, 본범과 친족관계가 있는 때에는 그 **형을 감경 또는 면제한다.**

객체	반국가단체의 구성·가입·가입권유(제3조)
	목적수행죄(제4조)
	자진지원죄, 자진지원 미수죄, 자진지원 예비·음모죄(제5조)
	➡ 위 범죄 이외의 불고지행위에 대한 처벌은 없다.

① 중요 국가보안법위반 범인에 대한 불가비호성(不可庇護性)에 있다.
② 법정형에 **벌금형을 규정**하고 있다.(국가보안법 중 유일함)
③ 본범과 친족관계에 있을 때에는 그형을 감경 또는 면제한다.(**필요적 감면**)
④ 미수범, 예비·음모에 대해 처벌하지 않는다.

11) 특수직무유기죄(제11조)

① **범죄수사 또는 정보의 직무에 종사하는 공무원**이 이 법의 죄를 범한 자라는 정을 알면서 그 직무를 유기한 때에는 **10년 이하의 징역**에 처한다. 다만, 본범과 친족관계가 있는 때에는 그 형을 **감경 또는 면제할 수 있다.**
② 본범과 친족관계에 있을 경우 그 형을 감경 또는 면제할수 있다.(**임의적 감면**)
③ 미수범, 예비·음모에 대해 처벌하지 않는다.

12) 무고·날조죄

주체	일반무고·날조죄	주체에 제한이 없다.
	특직권남용 무고·날조죄	범죄수사 또는 정보의 직무에 종사하는 공무원이나 이를 보조하는 자 또는 이를 지휘하는자만이 주체이다.

① 미수범에 대한 처벌규정이 없다.
② 감경규정이 없다.

> 제12조(무고, 날조)
> ① 타인으로 하여금 **형사처분을 받게 할 목적**으로 이 법의 죄에 대하여 무고 또는 위증을 하거나 증거를 날조·인멸·은닉한 자는 그 각조에 정한 형에 처한다.
> ② 범죄수사 또는 정보의 직무에 종사하는 공무원이나 이를 보조하는 자 또는 이를 지휘하는 자가 직권을 남용하여 제1항의 행위를 한 때에도 제1항의 형과 같다. 다만, 그 법정형의 최저가 2년미만일 때에는 이를 2년으로 한다.

13) 보상과 원호

> 제21조(상금)
> ① 이 법의 **죄를 범한 자를 수사기관 또는 정보기관에 통보하거나 체포한 자에게는** 대통령령이 정하는 바에 따라 **상금을 지급한다.**
> ② 이 법의 죄를 범한 자를 인지하여 **체포한 수사기관 또는 정보기관에 종사하는 자**에 대하여도 제1항과 같다.
> ③ 이 법의 죄를 범한 자를 체포할 때 반항 또는 교전상태하에서 부득이한 사유로 살해하거나 자살하게 한 경우에는 제1항에 **준하여 상금을 지급할 수 있다.**
>
> 제22조(보로금)
> ① 제21조의 경우에 **압수물이 있는 때**에는 상금을 지급하는 경우에 한하여 그 **압수물 가액의 2분의 1에 상당**하는 범위 안에서 보로금을 지급할 수 있다.
> ② 반국가단체나 그 구성원 또는 그 지령을 받은 자로부터 금품을 취득하여 수사기관 또는 정보기관에 제공한 자에게는 **그 가액의 2분의 1에 상당하는 범위** 안에서 보로금을 지급할 수 있다. **반국가단체의 구성원 또는 그 지령을 받은 자가 제공한 때에도 또한 같다.**
> ③ 보로금의 청구 및 지급에 관하여 필요한 사항은 대통령령으로 정한다.
>
> 제23조(보상)
> 이 법의 죄를 범한 자를 신고 또는 체포하거나 이에 관련하여 상이를 입은 자와 사망한 자의 유족은 대통령령이 정하는 바에 따라 「국가유공자 등 예우 및 지원에 관한 법률」에 따른 공상군경 또는 순직군경의 유족이나 「보훈보상대상자 지원에 관한 법률」에 따른 재해부상군경 또는 재해사망군경의 유족으로 보아 보상할 수 있다.

* **국가보안유공자 심사위원회**
상금과 보로금의 지급 및 보상대상자를 심의결정하기 위해 **법무부장관** 소속하에 둔다.

14) 국가보안법 특징

신분범 (행위주체 제한)	• 목적수행죄 - 반국가단체의 구성원 또는 지령을 받은자 • 자진지원죄 - 반국가단체의 구성원 또는 그 지령을 받은 자를 제외한 모든 사람 • 이적단체구성원의 허위사실 날조·유포 - 반국가단체를 이롭게 하는 것을 목적으로 하는 단체의 구성원 • 특수직무유기죄 - 범죄수사 또는 정보의 직무에 종사하는 공무원 • 직권남용 무고·날조죄 - 범죄수사 또는 정보의 직무에 종사하는 공무원이나 이를 보조하는 자 또는 이를 지휘하는 자
목적범	• 자진지원죄 • 특수잠입·탈출죄 • 이적단체구성·가입죄 • 안보위해문건제작 등의 죄 • 무고·날조죄 • 국가보안법상 각 죄의 예비·음모죄
예비 · 음모 처벌	• 반국가단체 구성·가입죄 • 목적수행죄 • 자진지원죄 • 잠입·탈출죄 • 이적단체구성·가입죄 • 무기류 등의 편의제공죄
형의 감경 또는 면제	• 단순편의제공 - 임의적 감면 • 특수직무유기죄 - 임의적 감면 • 불고지죄, 자수한때, 고발·방해한때 - 필요적 감면 16조(형의 감면) – 필요적 감면 다음 각호의 1에 해당한 때에는 그 형을 **감경 또는 면제**한다. 1. 이 법의 죄를 범한 후 **자수한 때** 2. 이 법의 죄를 범한 자가 이 법의 죄를 범한 **타인을 고발하거나** 타인이 이 법의 **죄를 범하는 것을 방해한 때**

① **고의범만 처벌**한다.
　➡ 과실범에 대한 처벌규정이 없다.

② **불고지 대상 범죄 : 반국가단체구성등죄, 목적수행죄, 자신지원죄**
　➡ 모든 국민에게 국가보안법상의 특정범죄에 대한 고지의무를 부과하고 있다.

③ 유기징역형을 선고할 때 그 형의 장기 이하의 **자격정지를 병과할 수 있다**.

④ 몰수 · 추징
　㉠ 국가보안법의 죄를 범하고 그 보수를 받은 때에는 이를 몰수한다(**필요적 몰수**). 다만, 이를 몰수할 수 없을 때에는 그 **가액을 추징**한다.
　㉡ 검사는 이 법의 죄를 범한 자에 대하여 소추를 하지 아니할 때에는 압수물의 **폐기 또는 국고귀속을 명할 수 있다**.

⑤ 특수가중

> 제13조(특수가중)
> 이 법, 군형법 제13조·제15조 또는 형법 제2편제1장 내란의 죄·제2장 외환의 죄를 범하여 금고 이상의 형의 선고를 받고 그 형의 집행을 종료하지 아니한 자 또는 그 집행을 종료하거나 집행을 받지 아니하기로 확정된 후 **5년이 경과하지 아니한 자**가 제3조제1항제3호 및 제2항 내지 제5항, 제4조제1항제1호중 형법 제94조제2항·제97조 및 제99조, 동항제5호 및 제6호, 제2항 내지 제4항, 제5조, 제6조제1항 및 제4항 내지 제6항, 제7조 내지 제9조의 **죄를 범한 때**에는 그 죄에 대한 법정형의 **최고를 사형으로 한다**.

※ 헌재 판례(단순위헌, 2002헌가5)
제13조 중 "이 법, 군형법 제13조·제15조 또는 형법 제2편 제1장 내란의 죄·제2장 외환의 죄를 범하여 금고 이상의 형의 선고를 받고 그 형의 집행을 종료하지 아니한 자 또는 그 집행을 종료하거나 집행을 받지 아니하기로 확정된 후 5년이 경과하지 아니한 자 …… 제7조 제5항, 제1항의 죄를 범한 때에는 그 죄에 대한 법정형의 최고를 사형으로 한다." 부분은 헌법에 위반된다.]

⑥ 피의자 구속기간 연장

> 제19조(구속기간의 연장)
> ① 지방법원판사는 제3조 내지 제10조의 죄로서 **사법경찰관이** 검사에게 신청하여 검사의 청구가 있는 경우에 수사를 계속함에 상당한 이유가 있다고 인정한 때에는 형사소송법 제202조의 구속기간의 연장을 **1차에 한하여** 허가할 수 있다.
> ② 지방법원판사는 제1항의 죄로서 **검사의 청구**에 의하여 수사를 계속함에 상당한 이유가 있다고 인정한 때에는 형사소송법 제203조의 구속기간의 연장을 **2차에 한하여** 허가할 수 있다.
> ③ 제1항 및 제2항의 기간의 연장은 **각 10일 이내**로 한다.
>   ◉ [단순위헌, 90헌마82) 제19조 중 제7조 및 제10조의 죄에 관한 구속기간 연장부분은 헌법에 위반된다.]
>   ◉ 찬양·고무죄와 불고지죄의 경우 위헌판결을 받아 구속기간의 연장이 불가능하다.

※ 피의자 구속기간

	사법경찰	검사
국가 보안법	10일 (1회 10일 연장 가능)	10일(2회 10일 연장가능)
형사 소송법	10일(연장 불가함)	10일(1회 10일 연장가능)

⑦ 공소보류
 ㉠ 검사는 이 법의 죄를 범한 자에 대하여 형법 제51조의 사항을 참작하여 **공소제기를 보류할 수 있다**.
 ㉡ 공소보류를 받은 자가 **공소의 제기없이 2년을 경과한 때에는 소추할 수 없다**.
 ㉢ 공소보류를 받은 자가 법무부장관이 정한 감시·보도에 관한 규칙에 위반한 때에는 **공소보류를 취소할 수 있다**.
 ㉣ 공소보류가 취소된 경우에는 형사소송법 제208조의 규정에 불구하고 동일한 범죄사실로 **재구속할 수 있다**.

⑧ 참고인의 구인·유치
 ㉠ 검사 또는 사법경찰관으로부터 이 법에 정한 죄의 참고인으로 출석을 요구받은 자가 정당한 이유없이 2회 이상 출석요구에 불응한 때에는 관할법원판사의 구속영장을 발부받아 구인할 수 있다.
 ㉡ 구속영장에 의하여 참고인을 구인하는 경우에 필요한 때에는 근접한 경찰서 기타 적당한 장소에 **임시로 유치할 수 있다**.

7 보안관찰법

★ 보안관찰의 특징
① 형벌과 병과해도 일사부재리에 위배 안 됨.
② 특별예방적 처분임.

1) 의의

① 보안관찰이란 행위자의 장래 위험성(**재범가능성**)을 **예방**하고 행위자의 치료 및 교육 그리고 재사회화를 위한 개선과 사회방위를 주목적으로 하여 과해지는 형벌 이외의 형사제재를 말한다.
② **보안관찰처분심의위원회의 심의 의결**을 거쳐 **법무부장관이** 행하는 행정처분이다.

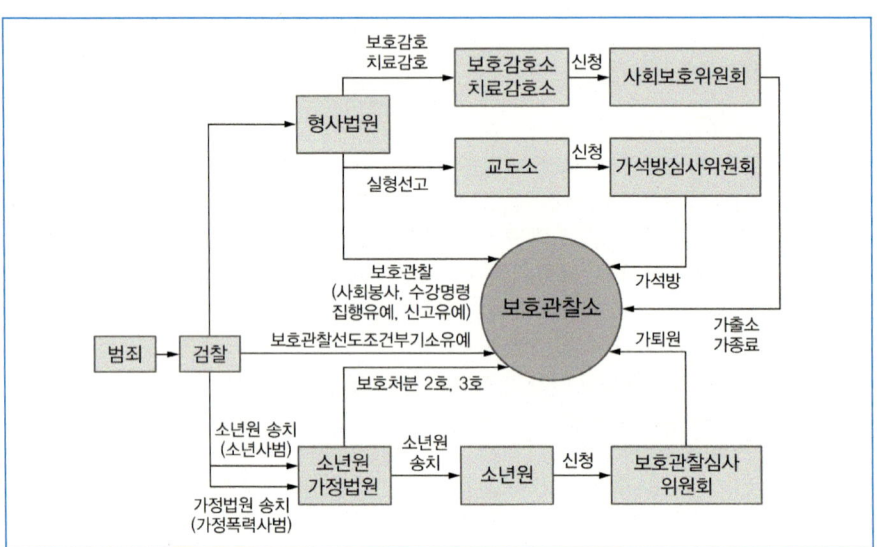

2) 보안관찰 해당 범죄

	해당 범죄	제외
형법	• 내란목적살인죄 • 외환유치죄 • 여적죄 • 모병·시설제공·시설파괴·물건제공 이적죄 • 간첩죄	• 내란죄, • 일반이적죄 • 전시군수계약불이행죄
군형법	• 반란죄 • 반란목적군용물탈취죄 • 반란불보고죄 • 군대 및 군용시설제공죄 • 군용시설등 파괴죄 • **일반이적죄** • 간첩죄	단순반란불보고죄
국가 보안법	• 목적수행죄 • 자진지원죄 • 금품수수죄 • 잠입·탈출죄 • 총포·탄약·무기 등 편의제공죄	• 반국가단체의 구성·가입·가입권유죄 • 찬양고무죄 • 회합·통신죄 • 불고지죄 • 특수직무유기죄 • 무고날조죄 • 단순편의제공죄

3) 보안관찰대상자

보안관찰해당범죄 또는 이와 경합된 범죄로 **금고 이상의 형의 선고**를 받고 그 형기 **합계가** 3년 이상인 자로서 **형의 전부 또는 일부의 집행을 받은** 사실이 있는 자를 말한다.

▼ 보호관찰 부과 대상과 기간

형법	• 보호관찰을 조건으로 형의 선고유예를 받는 자(제59조의2) → 1년 • 보호관찰을 조건으로 형의 집행유예를 받는 자(제62조의2) → 유예기간(기간을 따로 정한 경우는 그 기간) • 가석방된 자(제73조의2) → 잔형기간
소년법	• 단기보호관찰처분을 받은 자(제32조 제1항 제2호) → 6월 • 보호관찰처분을 받는 자(제32조 제1항 제3호) → 2년 • 가퇴원된 자(보호관찰등에관한법률 제25조) → 6월~2년
사회보호법	• 가출소 가종료자 등(제10조) → 3년
가정폭력범죄의 처벌등에 관한 특례법	• 보호관찰처분을 받은 자(제40조) → 6월 이내
청소년의 성보호에 관한 법률	• 소년법상의 보호처분사건으로 처리(제13조, 제14조, 소년법제32조) → 6월~2년
법무부훈령	• 보호관찰소 선도조건부 기소유예자 → 6월 또는 1년

4) 보안관찰처분

① 보안관찰해당범죄를 다시 범할 위험성이 있다고 인정할 충분한 이유가 있어 **재범의 방지를 위한** 관찰이 필요한 자에 대하여는 보안관찰처분을 한다.

② 보안관찰처분을 받은 자는 이 법이 정하는 바에 따라 소정의 사항을 **주거지 관할경찰서장에게 신고**하고, 재범방지에 필요한 범위 안에서 그 지시에 따라 보안관찰을 받아야 한다.

5) 보안관찰처분의 신고

① 보안관찰처분대상자는 대통령령이 정하는 바에 따라 그 형의 집행을 받고 있는 교도소, 소년교도소, 구치소, 유치장 또는 군교도소(矯導所등)에서 **출소 전**에 거주예정지 기타 대통령령으로 정하는 사항을 교도소등의 장을 경유하여 **거주예정지 관할경찰서장**에게 신고하고, **출소 후 7일 이내**에 그 **거주예정지 관할경찰서장에게 출소사실을 신고**하여야 한다. 제20조제3항에 해당하는 경우에는 법무부장관이 제공하는 거주할 장소(居所)를 거주예정지로 신고하여야 한다.

② 보안관찰처분대상자는 교도소등에서 출소한 후 제1항의 신고사항에 **변동이 있을 때**에는 변동이 있는 날부터 **7일 이내**에 그 변동된 사항을 **관할경찰서장에게 신고**하여야 한다. 다만, 제20조제3항에 의하여 거소제공을 받은 자가 주거지를 이전하고자 할 때에는 미리 관할경찰서장에게 제18조제4항 단서에 의한 신고를 하여야 한다.

➤ **헌법불합치결정**(헌재 2021. 6. 24. 2017헌바479)
출소후신고조항 및 위반 시 처벌조항은 헌법에 위반되지 아니한다.

∗ 신고사항
1. 원적·본적·주거(실제로 생활하는 거처, 이하 같다)·성명·생년월일·성별·주민등록번호
2. 가족 및 교우관계
3. 입소전의 직업·본인 및 가족의 재산상황
4. 학력·경력
5. 종교 및 가입한 단체
6. 병역관계
7. 출소예정일
8. 출소후의 거주예정지 및 그 도착예정일
9. 보안관찰해당범죄사실의 요지·판결법원·판결연월일·죄명·적용법조·형명·형기
10. 보안관찰해당범죄의 전과관계
11. 법 제20조제3항에 해당하는 경우에는 거소제공 결정일자와 제공된 사회복지시설등의 명칭 및 그 소재지

※ 피보안관찰자 신고사항
1. 등록기준지, 주거(실제로 生活하는 居處), 성명, 생년월일, 성별, 주민등록번호
2. 가족 및 동거인 상황과 교우관계
3. 직업, 월수, 본인 및 가족의 재산상황
4. 학력, 경력
5. 종교 및 가입한 단체
6. 직장의 소재지 및 연락처
7. 보안관찰처분대상자 신고를 행한 관할경찰서 및 신고일자
8. 기타 대통령령이 정하는 사항

※ 신고 구분

보안관찰처분대상자의 신고	출소 전 신고	
	출소 후 신고	• 출소사실 신고 • 변동사항 신고
피보안관찰자의 신고	최초 신고	
	정기 신고	
	수시 신고	• 변동사항 신고 • 주거지이전, 여행신고

③ 교도소등의 장은 제3조에 해당하는 자가 생길 때에는 지체없이 보안관찰처분심의위원회와 거주예정지를 관할하는 검사 및 경찰서장에게 **통고하여야 한다**.

〈피보안관찰자의 신고〉
① 보안관찰처분을 받은 자(피보안관찰자)는 보안관찰처분결정고지를 받은 날부터 **7일 이내**에 다음 각호의 사항을 주거지를 관할하는 **지구대 또는 파출소의 장**(지구대·파출소장)을 거쳐 관할경찰서장에게 **신고하여야 한다**. 제20조제3항에 해당하는 경우에는 법무부장관이 제공하는 거소를 주거지로 신고하여야 한다.
② 피보안관찰자는 보안관찰처분결정고지를 받은 날이 속한 달부터 **매3월이 되는 달**의 말일까지 다음 각호의 사항을 지구대·파출소장을 거쳐 관할경찰서장에게 신고하여야 한다.

> 1. 3월간의 주요활동사항
> 2. 통신·회합한 다른 보안관찰처분대상자의 인적사항과 그 일시, 장소 및 내용
> 3. 3월간에 행한 여행에 관한 사항(申告를 마치고 중지한 旅行에 관한 사항을 포함한다)
> 4. 관할경찰서장이 보안관찰과 관련하여 신고하도록 지시한 사항

③ 피보안관찰자는 제1항의 신고사항에 변동이 있을 때에는 **7일 이내**에 지구대·파출소장을 거쳐 관할경찰서장에게 신고하여야 한다. 피보안관찰자가 제1항의 신고를 한 후 제20조제3항에 의하여 거소제공을 받거나 제20조제5항에 의하여 거소가 변경된 때에는 제공 또는 변경된 거소로 **이전한 후 7일 이내**에 지구대·파출소장을 거쳐 관할경찰서장에게 신고하여야 한다.
④ 피보안관찰자가 **주거지를 이전하거나 국외여행 또는 10일 이상 주거를 이탈**하여 여행하고자 할 때에는 미리 거주예정지, 여행예정지 기타 대통령령이 정하는 사항을 지구대·파출소장을 거쳐 **관할경찰서장에게 신고하여야 한다**. 다만, 제20조제3항에 의하여 거소제공을 받은 자가 주거지를 이전하고자 할 때에는 제20조제5항에 의하여 거소변경을 신청하여 변경결정된 거소를 거주예정지로 신고하여야 한다.
⑤ 관할경찰서장은 제1항 내지 제4항의 규정에 의한 신고를 받은 때에는 신고필증을 교부하여야 한다.

6) 보안관찰처분 청구

검사가 처분청구서를 **법무부장관에게 제출함으로써** 행한다.

(청구의 방법)
① 제7조의 규정에 의한 보안관찰처분청구는 **검사가** 보안관찰처분청구서를 **법무부장관에게 제출**함으로써 행한다.
② 처분청구서에는 다음 사항을 기재하여야 한다.

> 1. 보안관찰처분을 청구받은 자의 성명 기타 피청구자를 특정할 수 있는 사항
> 2. 청구의 원인이 되는 사실
> 3. 기타 대통령령으로 정하는 사항

③ 검사가 처분청구서를 제출할 때에는 청구의 원인이 되는 사실을 증명할 수 있는 자료와 의견서를 첨부하여야 한다.
④ 검사는 보안관찰처분청구를 한 때에는 지체없이 **처분청구서등본**을 피청구자에게 송달하여야 한다. 이 경우 송달에 관하여는 민사소송법 중 **송달에 관한 규정을 준용**한다.

7) 보안관찰처분 조사
   ① **검사**는 제7조의 규정에 의한 보안관찰처분청구를 위하여 필요한 때에는 보안관찰처분대상자, 청구의 원인이 되는 사실과 보안관찰처분을 필요로 하는 자료를 조사할 수 있다.
   ② 사법경찰관리와 특별사법경찰관리는 **검사의 지휘를 받아** 제1항의 규정에 의한 조사를 할 수 있다.

8) 보안관찰처분 송치

   > 시행규칙 제27조(사안송치)
   > ① 사법경찰관리는 조사를 종결한 때에는 지체없이 사안을 **관할검사장에게** 송치하여야 한다.
   > ② 사법경찰관리는 사안을 송치하는 때에는 **소속관서의 장의 명의로** 하여야 한다.
   >
   > 제28조(송치서류)
   > ① 제27조제1항의 규정에 의하여 사안을 송치하는 때에는 사안송치서·보관물 총목록·기록목록·의견서·용의자 환경조사서·용의자의 본적조회 회답서 및 전과관계를 증명할 수 있는 서류 기타 필요한 서류를 첨부하여야 한다.
   > ③ 제2항제4호의 의견서는 **사법경찰관**이 작성하여야 한다.
   > ④ 제2항제5호의 기타 서류는 접수 또는 작성한 순서에 따라 편철하고, 제4호·제5호의 서류에는 매면에 면수를 기입하며, 제2호 내지 제4호의 서류에는 송치인이 **직접 간인**하여야 한다.
   > ⑤ 사법경찰관리는 사안송치 후 용의자에 대하여 다른 보안관찰해당범죄경력을 발견한 때에는 즉시 그 사안을 담당하는 검사(이하 "**주임검사**"라 한다)**에게 보고**하여야 한다.
   >
   > 제29조(서류 등의 추송)
   > **사법경찰관리**는 사안송치 후 서류 또는 물건을 추송하고자 하는 때에는 이미 송치한 사안명·송치연월일·용의자의 성명을 기재한 추송서를 작성하고 추송할 서류 및 보관물등을 첨부하여야 한다.
   >
   > 제30조(송치 후의 조사등)
   > ① 사법경찰관리는 **사안송치 후 조사를 계속**하고자 하는 때에는 **미리 주임검사의 지휘**를 받아야 한다.
   > ② 사법경찰관리는 사안송치 후 당해사안에 속하는 용의자의 다른 재범의 위험성을 발견한 때에는 즉시 주임검사에게 보고하고 그 지휘를 받아야 한다.

9) 보안관찰처분 심사
   ① **법무부장관**은 처분청구서와 자료에 의하여 청구된 사안을 심사한다.
   ② 법무부장관은 제1항의 규정에 의한 심사를 위하여 필요한 때에는 법무부소속 공무원으로 하여금 조사하게 할 수 있다.

* 송치서류 편철 순서
1. 사안송치서
2. 보관물 총목록
3. 기록목록
4. 의견서
5. 기타 서류

10) 보안관찰처분 면제

① 보안관찰처분에 관한 결정은 **위원회의 의결**을 거쳐 **법무부장관**이 행한다.
② 법무부장관은 **위원회의 의결과 다른 결정을 할 수 없다**. 다만, 보안관찰처분대상자에 대하여 위원회의 의결보다 **유리한 결정을 하는 때에는 그러하지 아니하다**.

 팩트DB

보안관찰처분심의위원회

① 보안관찰처분에 관한 사안을 심의·의결하기 위하여 **법무부**에 보안관찰처분심의위원회를 둔다.
② 위원회는 **위원장 1인과 6인의 위원**으로 구성한다.
③ 위원장은 **법무부차관**이 되고, 위원은 학식과 덕망이 있는 자로 하되, **그 과반수는 변호사의 자격이 있는 자**이어야 한다.
④ 위원은 **법무부장관의 제청**으로 **대통령이 임명 또는 위촉**한다.
⑤ 위촉된 위원의 **임기는 2년**으로 한다. 다만, 공무원인 위원은 그 직을 면한 때에는 위원의 자격을 상실한다.
⑥ 위원중 공무원이 아닌 위원도 이 법 기타 다른 법률의 규정에 의한 벌칙의 적용에 있어서는 공무원으로 본다.
⑦ 위원장은 위원회의 회무를 총괄하고 위원회를 대표하며, 위원회의 회의를 소집하고 그 의장이 된다.
⑧ 위원장이 사고가 있을 때에는 미리 그가 지정한 위원이 그 직무를 대행한다.
⑨ 위원회는 다음 각호의 사안을 심의·의결한다.

> 1. 보안관찰처분 또는 그 기각의 결정
> 2. 면제 또는 그 취소결정
> 3. 보안관찰처분의 취소 또는 기간의 갱신결정

⑩ 위원회의 회의는 위원장을 포함한 **재적위원 과반수의 출석으로 개의하고 출석위원 과반수의 찬성으로 의결한다**.
⑪ 위원회의 운영·서무 기타 필요한 사항은 대통령령으로 정한다.

11) 보안관찰 결정

① 면제요건

법무부장관은 보안관찰처분대상자중 다음 각호의 요건을 갖춘 자에 대하여는 **보안관찰처분을 하지 아니하는 결정(免除決定)을 할 수 있다**.

> 1. **준법정신**이 확립되어 있을 것
> 2. 일정한 **주거**와 **생업**이 있을 것
> 3. 대통령령이 정하는 **신원보증**이 있을 것(2인 이상 신원보증인의 신원보증)

② 면제여부 결정

법무부장관은 제1항의 요건을 갖춘 보안관찰처분대상자의 신청이 있을 때에는 부득이한 사유가 있는 경우를 제외하고는 **3월내에 보안관찰처분면제여부를 결정하여야 한다.

③ 검사는 제1항제1호 및 제2호의 요건을 갖춘 보안관찰처분대상자의 정상을 참작하여 위험성이 없다고 인정되는 때에는 **법무부장관에게 면제결정을 청구**할 수 있다.

④ 면제결정을 받은 자가 그 면제결정요건에 해당하지 아니하게 된 때에는 검사의 청구에 의하여 법무부장관은 면제결정을 **취소할 수 있다**.

⑤ 면제 효과

보안관찰처분의 면제결정을 받은 자는 그때부터 이 법에 의한 보안관찰처분대상자 또는 피보안관찰자로서의 **의무를 면한다**.

12) 결정의 취소

① 검사는 법무부장관에게 보안관찰처분의 취소 또는 기간의 갱신을 청구할 수 있다.
② **법무부장관**은 제1항의 규정에 의한 청구를 받은 때에는 **위원회의 의결을 거쳐** 이를 심사·결정하여야 한다.

13) 보안관찰처분 기간

① 보안관찰처분의 기간은 2**년**으로 한다.
② 법무부장관은 검사의 청구가 있는 때에는 보안관찰처분심의위원회의 의결을 거쳐 그 기간을 **갱신할 수 있다**.
③ 갱신된 기간도 2년이며, 갱신횟수에 대한 제한은 없다.

14) 보안관찰처분의 집행

① 보안관찰처분의 집행은 **검사가 지휘**한다.
② 제1항의 지휘는 결정서등본을 첨부한 **서면**으로 하여야 한다.

집행중지	사유	피보안관찰자가 **도주한 경우** 피보안관찰자가 **1개월 이상 소재가 불분명한 경우**
	절차	㉠ 집행중지 사유가 발생한 경우 **관할 경찰서장이 검사에게** 신청한다. ㉡ **검사**는 보안관찰처분의 집행중지결정을 할 수 있다. ㉢ 검사는 보안관찰처분의 집행중지 결정을 한때에는 **지체없이 이를 법무부장관에게 보고한다**.
	결정 효과	집행중 중지 결정일로부터 집행중지결정이 취소될 때까지 **보안관찰처분 기간의 진행이 정지된다**.
	결정의 취소	집행중지 사유가 소멸된 때에는 지체없이 그 결정을 **취소하여야 한다**.

※ 기간의 계산
① 보안관찰처분의 기간은 보안관찰처분 결정을 집행하는 날부터 계산한다. 이 경우 **초일은 산입**한다.
② 제18조제1항 내지 제4항의 규정에 의한 신고를 하지 아니한 기간은 보안관찰처분 기간에 산입하지 아니한다.
③ 보안관찰처분의 집행중지결정이 있거나 징역·금고·구류·노역장유치 중에 있을 때, 「사회보호법」에 의한 **감호의 집행 중**에 있을 때 또는 「치료감호법」에 의한 **치료감호의 집행 중**에 있을 때에는 보안관찰처분의 기간은 그 진행이 정지된다.

* **지도**
1. 피보안관찰자와 긴밀한 접촉을 가지고 항상 그 행동 및 환경등을 관찰하는 것
2. 피보안관찰자에 대하여 신고사항을 이행함에 적절한 지시를 하는 것
3. 기타 피보안관찰자가 사회의 선량한 일원이 되는데 필요한 조치를 취하는 것

* **조치**
1. 보안관찰해당범죄를 범한 자와의 회합·통신을 금지하는 것
2. 집단적인 폭행, 협박, 손괴, 방화등으로 공공의 안녕질서에 직접적인 위협을 가할 것이 명백한 집회 또는 시위장소에의 출입을 금지하는 것
3. 피보안관찰자의 보호 또는 조사를 위하여 특정장소에의 출석을 요구하는 것

* **보호 방법**
1. 주거 또는 취업을 알선하는 것
2. 직업훈련의 기회를 제공하는 것
3. 환경을 개선하는 것
4. 기타 본인의 건전한 사회복귀를 위하여 필요한 원조를 하는 것

15) 보완관찰 처분 내용

> 19조(지도)
> ① **검사 및 사법경찰관리**는 피보안관찰자의 재범을 방지하고 건전한 사회복귀를 촉진하기 위하여 다음 각호의 지도를 할 수 있다.
> ② 검사 및 사법경찰관은 피보안관찰자의 재범방지를 위하여 특히 필요한 경우에는 다음 각호의 조치를 할 수 있다.
>
> 제20조(보호)
> ① 검사 및 사법경찰관리는 피보안관찰자가 자조의 노력을 함에 있어, 그의 개선과 자위를 위하여 필요하다고 인정되는 적절한 보호를 할 수 있다.
> ② 제1항의 보호의 방법은 다음과 같다.
> ③ **법무부장관**은 보안관찰처분대상자 또는 피보안관찰자중 국내에 가족이 없거나 가족이 있어도 인수를 거절하는 자에 대하여는 대통령령이 정하는 바에 의하여 **거소를 제공**할 수 있다.
> ④ 사회복지사업법에 의한 사회복지시설로서 대통령령이 정하는 시설의 장은 법무부장관으로부터 보안관찰처분대상자 또는 피보안관찰자에 대한 거소제공의 요청을 받은 때에는 정당한 이유없이 이를 거부하여서는 아니된다.
> ⑤ 법무부장관은 제3항에 의하여 거소제공을 받은 자에게 국내에 인수를 희망하는 가족이 생기거나 기타 거소변경의 필요가 있는 때에는 본인의 신청 또는 검사의 청구에 의하여 이미 제공한 거소를 변경할 수 있다. 이 경우 법무부장관은 3월 이내에 거소의 변경여부를 결정하여야 한다.
>
> 제21조(응급구호)
> 검사 및 사법경찰관리는 피보안관찰자에게 부상·질병 기타 긴급한 사유가 발생하였을 때에는 대통령령이 정하는 바에 따라 필요한 구호를 할 수 있다.
>
> 제22조(경고)
> 검사 및 사법경찰관리는 피보안관찰자가 의무를 위반하였거나 위반할 위험성이 있다고 의심할 상당한 이유가 있는 때에는 그 이행을 촉구하고 형사처벌등 불이익한 처분을 받을 수 있음을 경고할 수 있다.

16) 불복수단 – 행정소송

① 이 법에 의한 법무부장관의 결정을 받은 자가 그 결정에 이의가 있을 때에는 행정소송법이 정하는 바에 따라 그 **결정이 집행된 날부터 60일 이내에 서울고등법원에 소를 제기할 수 있다**(행정소송).

② 다만, 제11조의 규정에 의한 면제결정신청에 대한 기각결정을 받은 자가 그 결정에 이의가 있을 때에는 그 결정이 있는 날부터 **60일 이내에 서울고등법원에 소를 제기**할 수 있다.

8 남북교류협력에 관한 법률

1) 의의

① 군사분계선 이남지역과 그 이북지역 간의 상호 교류와 협력을 촉진하기 위하여 필요한 사항을 규정함으로써 한반도의 평화와 통일에 이바지하는 것을 목적으로 한다.

출입장소	군사분계선 이북지역(이하 "북한"이라 한다)으로 가거나 북한으로부터 들어올 수 있는 군사분계선 이남지역(이하 "남한"이라 한다)의 항구, 비행장, 그 밖의 장소로서 **대통령령**으로 정하는 곳을 말한다.
교역	남한과 북한 간의 물품, 대통령령으로 정하는 용역 및 전자적 형태의 무체물(이하 "물품등"이라 한다)의 반출·반입을 말한다.
반출·반입	매매, 교환, 임대차, 사용대차, 증여, 사용 등을 목적으로 하는 남한과 북한 간의 물품등의 이동(**단순히 제3국을 거치는 물품등의 이동을 포함**한다. 이하 같다)을 말한다.
협력사업	남한과 북한의 주민(**법인·단체를 포함한다**)이 공동으로 하는 환경, 경제, 통계, 학술, 과학기술, 정보통신, 문화, 체육, 관광, 보건의료, 방역, 교통, 농림축산, 해양수산 등에 관한 모든 활동을 말한다.

② 다른법률과의 관계

남한과 북한의 왕래·접촉·교역·협력사업 및 통신 역무(役務)의 제공 등 남한과 북한 간의 상호 교류와 협력을 목적으로 하는 행위에 관하여는 이 법률의 목적 범위에서 **다른 법률에 우선하여** 이 법을 적용한다.

* '남북교류협력에 관한 법률'은 '국가보안법'에 우선하는 특별법이다.

 팩트DB

국가보안법과 관계

① 국가보안법상의 잠입, 탈출, 금품수수, 북한주민과의 통신, 회합은 남북교류협력에 관한 법률제3조와 저촉될수 있는데, 국가의 안전 존립이나 자유민주적 기본질서를 위태롭게 하는 것인지의 목적성에 따라 검토한다.
② 국가의 안전보장을 해할 목적 또는 해가 될 것을 알면서 **남북교류협력을 한경우는 국가보안법이 우선적용된다.**
③ 남북교류에 관하여 승인없이 회합, 통신, 금품수수한 경우 정당성이 인정되면 남북교류협력에 관한 법률위반으로 처벌이 가능하고 국가보안법이 적용되지는 않는다.

2) 남북교류협력 추진협의회

남북교류·협력에 관한 정책을 협의·조정하고, 중요 사항을 심의·의결하기 위하여 **통일부에** 남북교류협력 추진협의회(이하 "협의회"라 한다)를 둔다.

제5조(협의회의 구성)
① 협의회는 **위원장 1명을 포함한 25명 이내의 위원**으로 구성한다.
② **위원장은 통일부장관**이 되며, 협의회의 업무를 총괄한다.
③ 위원은 다음 각 호의 어느 하나에 해당하는 사람 중에서 국무총리가 임명하거나 위촉한다. 이 경우 위원 중 7명 이상은 제2호에 해당하는 사람으로 하되, 이 중 1명 이상은 「지방자치법」 제165조제1항제1호에 따라 설립된 협의체가 추천하는 사람으로 한다.
   1. 차관 또는 차관급 공무원
   2. 남북교류·협력에 관한 전문지식과 경험을 갖춘 민간전문가
④ 위원장이 부득이한 사유로 직무를 수행할 수 없을 때에는 위원장이 **미리 지정한 위원**이 직무를 대행한다.
⑤ 제3항제1호에 해당하는 위원이 회의에 출석하지 못할 부득이한 사유가 있을 때에는 대통령령으로 정하는 바에 따라 그가 소속된 기관의 다른 공무원으로 하여금 회의에 대리출석하여 그의 권한을 **대행하게 할 수 있다**.
⑥ 협의회에는 위원장이 지명하는 **간사 1명**을 둔다.
⑦ 협의회의 회의는 위원장이 소집한다.
⑧ 협의회의 회의는 재적위원 과반수의 출석과 출석위원 과반수의 찬성으로 의결한다.

3) 남북한의 방문

① 남한의 주민이 북한을 방문하거나 북한의 주민이 남한을 방문하려면 대통령령으로 정하는 바에 따라 **통일부장관의 방문승인**을 받아야 하며, **통일부장관이 발급한 증명서(방문증명서)를 소지**하여야 한다.
   ➡ 북한을 방문하기위해 통일부장관의 방문승인을 받으려는 남한의 주민과 재외국민은 **방문 7일 전까지** 방문승인 신청서를 통일부장관에게 제출하여야 한다.
② 방문증명서는 유효기간을 정하여 북한방문증명서와 남한방문증명서로 나누어 발급하며, 다음 각 호와 같이 구분한다.

   1. **한 차례만** 사용할 수 있는 방문증명서
   2. 유효기간이 끝날 때까지 여러 차례 사용할 수 있는 방문증명서(이하 "**복수방문증명서**"라 한다)

③ 복수방문증명서의 **유효기간은 5년 이내**로 하며, 5년의 범위에서 연장할 수 있다.
④ 통일부장관은 방문승인을 하는 경우 대통령령으로 정하는 범위에서 북한 또는 남한에 머무를 수 있는 방문기간을 부여하여야 하고, 남북교류·협력의 원활한 추진을 위하여 대통령령으로 정하는 바에 따라 북한방문결과보고서 제출 등 조건을 붙일 수 있다.
⑤ 방문승인을 받은 사람은 방문기간 내에 **한 차례에 한하여** 북한 또는 남한을 방문할 수 있다.

※ **방문증명서 미발급 방북**
➡ 3년 이하 징역 또는 3천만원 이하의 벌금.

⑥ 복수방문증명서를 발급받은 사람 중 외국을 거치지 아니하고 북한 또는 남한을 직접 방문하는 사람 등 대통령령으로 정하는 사람은 제5항에도 불구하고 **방문기간 내에 횟수에 제한없이** 북한 또는 남한을 방문할 수 있다. 다만, 방문기간 내에라도 방문 목적이나 경로를 달리하여 방문할 경우에는 통일부장관의 **방문승인을 별도로 받아야** 한다.

⑦ **통일부장관**은 제1항 및 제6항 단서에 따라 방문승인을 받은 사람이 다음 각 호의 어느 하나에 해당하는 경우에는 그 승인을 취소할 수 있다. **다만 제1호의 경우에는 그 승인을 취소하여야 한다.**

> 1. **거짓이나 그 밖의 부정한 방법으로 방문승인을 받은 경우**
> 2. 제4항에 따른 **조건을 위반**한 경우
> 3. 남북교류·협력을 해칠 **명백한 우려가 있는 경우**
> 4. **국가안전보장**, 질서유지 또는 공공복리를 해칠 명백한 우려가 있는 경우

⑧ 다음 각 호의 어느 하나에 해당하는 사람(이하 "재외국민"이라 한다)이 외국에서 북한을 왕래할 때에는 **통일부장관이나 재외공관(在外公館)의 장에게 신고하여야 한다.** 다만, 외국을 거치지 아니하고 남한과 북한을 직접 왕래할 때에는 제1항에 따라 발급된 **방문증명서를 소지**하여야 한다.

> 1. 외국정부로부터 영주권을 취득하였거나 이에 준하는 장기체류허가를 받은 사람
> 2. 외국에 소재하는 외국법인 등에 취업하여 업무수행의 목적으로 북한을 방문하는 사람

4) 남북한 주민 접촉

① 남한의 주민이 북한의 주민과 회합·통신, 그 밖의 방법으로 접촉하려면 **통일부장관에게 미리 신고**하여야 한다. 다만, 대통령령으로 정하는 부득이한 사유에 해당하는 경우에는 **접촉한 후에 신고할 수 있다.**

② 방문증명서를 발급받은 사람이 그 방문 목적의 범위에서 당연히 인정되는 접촉을 하는 경우 등 대통령령으로 정하는 경우에 해당하면 제1항의 접촉신고를 한 것으로 본다.

③ 통일부장관은 제1항 본문에 따라 접촉에 관한 신고를 받은 때에는 남북교류·협력을 해칠 명백한 우려가 있거나 국가안전보장, 질서유지 또는 공공복리를 해칠 명백한 우려가 있는 경우에만 **신고의 수리(受理)를 거부할 수 있다.**

④ 제1항 본문에 따른 접촉신고를 받은 통일부장관은 남북교류·협력의 원활한 추진을 위하여 대통령령으로 정하는 바에 따라 북한주민접촉결과보고서 제출 등 조건을 붙이거나, **3년 이내**의 유효기간을 정하여 수리할 수 있다. 다만, 대통령령으로 정하는 가족인 북한주민과의 접촉을 목적으로 하는 경우에는 **5년 이내**의 유효기간을 정할 수 있다.

➡ 통일부장관은 필요하다고 인정할 경우 제4항에 따른 유효기간을 3년의 범위에서 연장할 수 있다.

* 예외
국제행사에 참가한 남한주민이 동 행사에서 북한주민과 접촉 기타 부득이한 사유로 사전승인 없이 북한주민과 접촉하는 경우에는 일단 접촉한 후 7일 이내에 사후신고를 하여야 한다.

5) 외국 거주 동포의 출입보장

외국 국적을 보유하지 아니하고 대한민국의 여권(旅券)을 소지하지 아니한 외국 거주 동포가 남한을 왕래하려면 「여권법」 제14조제1항에 따른 **여행증명서**를 소지하여야 한다.

6) 남북한 거래의 원칙

남한과 북한 간의 거래는 국가 간의 거래가 아닌 **민족내부의 거래로 본다.**

7) 반출·반입 승인

① 물품등을 반출하거나 반입하려는 자는 대통령령으로 정하는 바에 따라 그 물품등의 품목, 거래형태 및 대금결제 방법 등에 관하여 **통일부장관의 승인**을 받아야 한다. 승인을 받은 사항 중 대통령령으로 정하는 주요 내용을 변경할 때에도 또한 같다.

② 통일부장관은 제1항의 승인 또는 변경승인을 할 때에는 중요하다고 인정되는 사항은 **미리 관계 행정기관의 장과 협의**하여야 한다.

③ 통일부장관은 제1항에 따라 반출이나 반입을 승인하는 경우 남북교류·협력의 원활한 추진을 위하여 대통령령으로 정하는 바에 따라 반출·반입의 목적 등 조건을 붙이거나, 승인의 유효기간을 정할 수 있다.

④ 통일부장관은 제1항에 따라 반출이나 반입을 승인할 때에는 물품등의 품목, 거래형태 및 대금결제 방법 등에 관하여 일정한 범위를 정하여 포괄적으로 승인할 수 있다.

⑤ 통일부장관은 제1항에 따라 물품등의 반출이나 반입을 승인받은 자(교역당사자)가 다음 각 호의 어느 하나에 해당하는 경우에는 그 승인을 취소할 수 있다. 다만, 제1호의 경우에는 **그 승인을 취소하여야 한다.**

> 1. **거짓이나 그 밖의 부정한 방법으로 반출이나 반입을 승인받은 경우**
> 2. 제3항에 따른 조건을 위반한 경우
> 3. 제14조에 따라 공고된 사항을 위반한 경우
> 4. 제15조제1항에 따른 조정명령을 따르지 아니한 경우
> 5. 제15조제3항에 따른 보고를 하지 아니하거나 거짓으로 보고한 경우
> 6. 남북교류·협력을 해칠 명백한 우려가 있는 경우
> 7. 국가안전보장, 질서유지 또는 공공복리를 해칠 명백한 우려가 있는 경우

8) 협력사업의 승인

① 협력사업을 하려는 자는 협력사업마다 다음 각 호의 요건을 모두 갖추어 **통일부장관의 승인**을 받아야 한다. 승인을 받은 협력사업의 내용을 변경할 때에도 또한 같다.

> 1. 협력사업의 내용이 실현 가능하고 구체적일 것
> 2. 협력사업으로 인하여 남한과 북한 간에 분쟁을 일으킬 사유가 없을 것
> 3. 이미 시행되고 있는 협력사업과 심각한 경쟁을 하게 될 가능성이 없을 것
> 4. 협력사업을 하려는 분야의 사업실적이 있거나 협력사업을 추진할 만한 자본·기술·경험 등을 갖추고 있을 것
> 5. 국가안전보장, 질서유지 또는 공공복리를 해칠 명백한 우려가 없을 것

② 통일부장관은 제1항의 협력사업의 승인을 하려면 미리 관계 행정기관의 장과 협의하여야 하며, 변경승인을 하려면 중요하다고 인정되는 경우에 한하여 미리 관계 행정기관의 장과 협의하여야 한다.

③ 통일부장관은 제1항에 따라 협력사업의 승인을 하는 경우 남북교류·협력의 원활한 추진을 위하여 대통령령으로 정하는 바에 따라 사업범위 등 **조건을 붙이거나 승인의 유효기간을 정할 수 있다.**

④ 통일부장관은 제1항에 따라 협력사업의 승인을 받은 자가 다음 각 호의 어느 하나에 해당하면 관계 행정기관의 장과 협의하여 6개월 이내의 기간을 정하여 협력사업의 정지를 명하거나 그 승인을 취소할 수 있다. 다만, 제1호 및 제5호의 경우에는 그 승인을 **취소하여야 한다.**

> 1. **거짓이나 그 밖의 부정한 방법으로 협력사업의 승인을 받은 경우**
> 2. 제1항 각 호의 요건을 갖추지 못하게 된 경우
> 3. 제1항 각 호 외의 부분 후단에 따른 변경승인을 받지 아니하고 협력사업의 내용을 변경한 경우
> 4. 제3항에 따른 조건을 위반한 경우
> 5. **협력사업 정지기간 중에 협력사업을 한 경우**
> 6. 제18조제1항에 따른 조정명령을 따르지 아니한 경우
> 7. 제18조제3항에 따른 보고를 하지 아니하거나 거짓으로 보고한 경우
> 8. 제25조의4제1항에 따른 조사를 정당한 사유 없이 거부·기피하거나 방해한 경우
> 9. 협력사업의 승인을 받고 최근 3년간 계속하여 협력사업의 실적이 없는 경우
> 10. 협력사업의 시행 중 남북교류·협력을 해칠 명백한 우려가 있는 행위를 한 경우
> 11. 국가안전보장, 질서유지 또는 공공복리를 해칠 명백한 우려가 있는 경우

⑤ 통일부장관은 제4항에 따라 협력사업의 정지를 명하거나 승인을 취소하려면 **청문을 실시하여야** 한다.

> **판례**
> 1. 구 남북교류협력에 관한 법률 내용, 형식, 체계 및 입법 취지 등을 종합하면, 일본의 1947년 외국인등록령에 따라 국적 등의 표시를 조선으로 하였다가 그 후 일본 국적을 취득하지도 않고 국적 등의 표시를 대한민국으로 변경하지도 않고 있는 조선적 재일동포는 구 남북교류법상 여행증명서를 소지해야 대한민국에 왕래할 수 있다고 보는 것이 타당하다.(2010두22610)
> 2. 피고인이 자신이 근무하던 甲 조경업체가 개성공업지구 내에서 조경공사를 하게 되어 그 직원 신분으로 방북신청을 할 경우 간편하게 승인을 얻을 수 있는 점을 이용하여, 개성시 관광을 원하는 사람들의 북한 방문승인 신청서 인적사항란에 직업을 '甲 업체 사원'으로 허위 기재하게 하여 북한 방문승인 또는 방문증명서를 받아내 남북교류협력에 관한 법률 위반으로 기소된 사안에서, 위와 같은 행위는 부정한 방법으로 북한 방문승인 또는 방문증명서를 받은 경우에 해당한다는 이유로, 피고인에게 유죄를 인정한 원심판단을 정당하다.(2012도635)

9 북한이탈 주민의 보호 및 정착지원에 관한 법률

1) 의의

① 군사분계선 이북지역에서 벗어나 대한민국의 보호를 받으려는 군사분계선 이북지역의 주민이 정치, 경제, 사회, 문화 등 모든 생활 영역에서 신속히 적응·정착하는 데 필요한 보호 및 지원에 관한 사항을 규정함을 목적으로 한다.

북한이탈주민	군사분계선 이북지역(이하 "북한"이라 한다)에 주소, 직계가족, 배우자, 직장 등을 두고 있는 사람으로서 **북한을 벗어난 후 외국 국적을 취득하지 아니한 사람**을 말한다.
보호대상자	이 법에 따라 보호 및 지원을 받는 북한이탈주민을 말한다.
정착지원시설	보호대상자의 보호 및 정착지원을 위하여 제10조제1항에 따라 설치·운영하는 시설을 말한다.
보호금품	이 법에 따라 보호대상자에게 지급하거나 빌려주는 금전 또는 물품을 말한다.

② 적용범위

이 법은 대한민국의 보호를 받으려는 **의사를 표시한 북한이탈주민**에 대하여 적용한다.

2) 기본원칙

① 대한민국은 보호대상자를 **인도주의에 입각**하여 특별히 보호한다.
② 대한민국은 외국에 체류하고 있는 북한이탈주민의 보호 및 지원 등을 위하여 외교적 노력을 다하여야 한다.
③ 보호대상자는 대한민국의 자유민주적 법질서에 적응하여 건강하고 문화적인 생활을 할 수 있도록 노력하여야 한다.

④ **통일부장관**은 북한이탈주민에 대한 보호 및 지원 등을 위하여 북한이탈주민의 실태를 파악하고, 그 결과를 정책에 반영하여야 한다.

3) **기본계획 및 시행계획**

① **통일부장관**은 제6조에 따른 북한이탈주민 보호 및 정착지원협의회의 심의를 거쳐 보호대상자의 보호 및 정착지원에 관한 기본계획(이하 "기본계획"이라 한다)을 **3년마다** 수립·시행하여야 한다.
③ 통일부장관은 관계 중앙행정기관의 장과 협의하여 기본계획에 따른 **연도별 시행계획**을 수립·시행하여야 한다.
④ 통일부장관은 기본계획 및 시행계획을 수립하고자 할 경우에 제22조제3항에 따른 실태조사의 결과를 반영하여야 한다.
⑤ 통일부장관은 시행계획의 추진성과를 매년 정기적으로 분석하고 그 결과를 기본계획과 시행계획에 반영하여야 한다.

★ **기본계획 포함 사항**
1. 보호대상자의 보호 및 정착에 필요한 교육에 관한 사항
2. 보호대상자의 직업훈련, 고용촉진 및 고용유지에 관한 사항
3. 보호대상자에 대한 정착지원시설의 설치·운영 및 주거지원에 관한 사항
4. 보호대상자에 대한 의료지원 및 생활보호 등에 관한 사항
5. 보호대상자의 사회통합 및 인식개선에 관한 사항
6. 그 밖에 보호대상자의 보호, 정착지원 및 고용촉진 등을 위하여 통일부장관이 필요하다고 인정하는 사항

4) **보호기준**

① 보호대상자에 대한 보호 및 지원 기준은 나이, 성별, 세대 구성, 학력, 경력, 자활능력, 건강 상태 및 재산 등을 고려하여 합리적으로 정하여야 한다.
② 이 법에 따른 보호 및 정착지원은 **원칙적으로 개인을 단위**로 하되, 필요하다고 인정하는 경우에는 대통령령으로 정하는 바에 따라 세대를 단위로 할 수 있다.
③ 보호대상자를 **정착지원시설에서 보호하는 기간은 1년 이내**로 하고, **거주지에서 보호하는 기간은 5년으로 한다**. 다만, 특별한 사유가 있는 경우에는 제6조에 따른 북한이탈주민 보호 및 정착지원협의회의 심의를 거쳐 **그 기간을 단축하거나 연장할 수 있다**.

★ **정착지원협의회 심의사항**
1. 제5조제3항 단서에 따른 보호 및 정착지원 기간의 단축 또는 연장에 관한 사항
1의2. 제4조의3에 따른 기본계획 및 시행계획의 수립·시행에 관한 사항
2. 제8조제1항 본문에 따른 보호 여부의 결정에 관한 사항
3. 제17조의2제2항에 따른 취업보호의 중지 또는 종료에 관한 사항
3의2. 제22조의2제3항 단서에 따른 거주지에서의 신변보호기간 연장에 관한 사항
4. 제27조제1항에 따른 보호 및 정착지원의 중지 또는 종료에 관한 사항
5. 제32조제2항 전단에 따른 시정 등의 조치에 관한 사항
6. 그 밖에 보호대상자의 보호 및 정착지원에 관하여 「대통령령」으로 정하는 사항

5) **북한이탈주민 보호 및 정착지원협의회**

① 북한이탈주민에 관한 정책을 협의·조정하고 보호대상자의 보호 및 정착지원에 관한 다음 각 호의 사항을 심의하기 위하여 **통일부**에 북한이탈주민 보호 및 정착지원협의회를 둔다.
② 협의회는 **위원장 1명을 포함한 25명 이내의 위원**으로 구성한다.
③ 위원장은 **통일부차관**이 되며, 협의회의 업무를 총괄한다.

6) **보호신청**

① 북한이탈주민으로서 이 법에 따른 보호를 받으려는 사람은 **재외공관이나 그 밖의 행정기관의 장**(각급 군부대의 장을 포함한다. 이하 "재외공관장등"이라 한다)에게 보호를 **직접 신청**하여야 한다. 다만, 보호를 직접 신청하지 아니할 수 있는 대통령령으로 정하는 사유가 있는 경우에는 그러하지 아니하다.
② 제1항 본문에 따른 보호신청을 받은 재외공관장등은 지체 없이 그 사실을 소속 중앙행정기관의 장을 거쳐 **통일부장관과 국가정보원장에게 통보하여야 한다**.

③ 제2항에 따라 통보를 받은 국가정보원장은 보호신청자에 대하여 보호결정 등을 위하여 필요한 조사 및 일시적인 신변안전조치 등 임시보호조치를 한 후 지체 없이 그 결과를 통일부장관에게 통보하여야 한다.
④ **국가정보원장**은 제3항에 따른 조사 및 임시보호조치를 하기 위한 시설(이하 "임시보호시설"이라 한다)을 설치·운영하여야 한다.

7) 보호결정

① **통일부장관**은 제7조제3항에 따른 통보를 받으면 **협의회의 심의를 거쳐** 보호 여부를 결정한다. 다만, **국가안전보장에 현저한 영향을 줄 우려가 있는 사람에 대하여는 국가정보원장이 그 보호 여부를 결정하고, 그 결과를 지체 없이 통일부장관과 보호신청자에게 통보하거나 알려야 한다.**
② 제1항 본문에 따라 보호 여부를 결정한 통일부장관은 그 결과를 지체 없이 관련 중앙행정기관의 장을 거쳐 재외공관장등에게 통보하여야 하고, 통보를 받은 재외공관장등은 이를 보호신청자에게 즉시 알려야 한다.

8) 보호결정 기준

① 보호 여부를 결정할 때 다음 각 호의 어느 하나에 해당하는 사람은 보호대상자로 **결정하지 아니할 수 있다.**

> 1. 항공기 납치, 마약거래, 테러, 집단살해 등 국제형사범죄자
> 2. **살인 등 중대한 비정치적 범죄자**
> 3. **위장탈출 혐의자**
> 4. 삭제
> 5. 국내 입국 후 3년이 지나서 보호신청한 사람
> 6. 그 밖에 국가안전보장·질서유지·공공복리에 대한 중대한 위해 발생 우려, 보호신청자의 경제적 능력 및 해외체류 여건 등을 고려하여 보호대상자로 정하는 것이 부적당하거나 보호 필요성이 현저히 부족하다고 **대통령령**으로 정하는 사람

② 제1항제5호의 경우 북한이탈주민에게 대통령령으로 정하는 부득이한 사정이 있는 경우에는 그러하지 아니하다.

9) 정착지원시설의 설치

① **통일부장관**은 보호대상자에 대한 보호 및 정착지원을 위하여 정착지원시설을 설치·운영한다. 다만, 제8조제1항 단서에 따라 국가정보원장이 보호하기로 결정한 사람을 위하여는 국가정보원장이 별도의 정착지원시설을 설치·운영할 수 있다.
② 통일부장관 또는 국가정보원장은 제1항에 따라 정착지원시설을 설치하는 경우 보호대상자의 건강하고 쾌적한 생활과 적응활동이 이루어질 수 있도록 숙박시설과 그 밖의 필요한 시설을 갖추어야 한다.

10) 보호 내용

제13조(학력 인정)
보호대상자는 대통령령으로 정하는 바에 따라 북한이나 외국에서 이수한 학교 교육의 과정에 상응하는 **학력을 인정받을 수 있다.**

제14조(자격 인정)
① 보호대상자는 관계 법령에서 정하는 바에 따라 북한이나 외국에서 취득한 자격에 상응하는 자격 또는 그 자격의 일부를 인정받을 수 있다.
② 통일부장관은 자격 인정 신청자에게 대통령령으로 정하는 바에 따라 자격 인정을 위하여 필요한 보수교육 또는 재교육을 실시할 수 있다.

제17조(취업보호 등)
① 통일부장관은 보호대상자가 정착지원시설로부터 그의 거주지로 전입한 후 대통령령으로 정하는 바에 따라 **최초로 취업한 날부터 3년간 취업보호**를 실시한다. 다만, 사회적 취약계층, 장기근속자 등 취업보호 기간을 연장할 필요가 있는 경우로서 대통령령으로 정하는 사유에 해당하는 경우에는 **1년의 범위**에서 취업보호 기간을 연장할 수 있다.
② 제1항에 따른 취업보호 기간은 **실제 취업일수를 기준**으로 하여 정한다.
③ 통일부장관은 제1항에 따른 보호대상자(이하 "취업보호대상자"라 한다)를 고용한 사업주에 대하여는 대통령령으로 정하는 바에 따라 그 취업보호대상자 임금의 2분의 1의 범위에서 고용지원금을 지급할 수 있다.

제18조(특별임용)
① 북한에서의 자격이나 경력이 있는 사람 등 북한이탈주민으로서 공무원으로 채용하는 것이 필요하다고 인정되는 사람에 대하여는 「국가공무원법」 제28조제2항 및 「지방공무원법」 제27조제2항에도 불구하고 북한을 벗어나기 전의 자격·경력 등을 고려하여 **국가공무원 또는 지방공무원으로** 특별임용할 수 있다.
② 북한의 군인이었던 보호대상자가 국군에 편입되기를 희망하면 북한을 벗어나기 전의 계급, 직책 및 경력 등을 고려하여 **국군으로 특별임용할 수 있다.**

제20조(주거지원 등)
① 통일부장관은 보호대상자에게 대통령령으로 정하는 바에 따라 주거지원을 할 수 있다.
② 제1항에 따라 주거지원을 받는 보호대상자는 그 주민등록 전입신고를 한 날부터 **2년간** 통일부장관의 허가를 받지 아니하고는 임대차계약을 해지하거나 그 주거지원에 따라 취득하게 된 소유권, 전세권 또는 임차권(이하 "소유권등"이라 한다)을 양도하거나 저당권을 설정할 수 없다.
③ 제2항에 따른 소유권등의 등기신청은 보호대상자를 대리하여 **통일부장관이 한다**. 이 경우 소유권등은 양도나 저당권 설정이 금지된다는 사실을 그 등기신청서에 기록하여야 한다.

제22조의2(거주지에서의 신변보호)
① **통일부장관**은 제22조에 따라 보호대상자가 거주지로 전입한 후 그의 신변안전을 위하여 **국방부장관이나 경찰청장**에게 협조를 요청할 수 있으며, 협조요청을 받은 국방부장관이나 경찰청장은 이에 **협조**한다.
② 제1항에 따른 신변보호에 필요한 사항은 통일부장관이 **국방부장관, 국가정보원장 및 경찰청장과 협의**하여 정한다. 이 경우 해외여행에 따른 신변보호에 관한 사항은 외교부장관과 법무부장관의 의견을 들을 수 있다.
③ 제1항에 따른 신변보호기간은 **5년**으로 한다. 다만, 통일부장관은 보호대상자의 의사, 신변보호의 지속 필요성 등을 고려하여 협의회 심의를 거쳐 그 기간을 연장할 수 있다.

07 외사경찰

1 의의

※ 경찰청 국제협력관
① 국제협력관은 경무관으로 보한다.
② 국제협력관은 다음 사항에 관하여 경찰청 차장을 보좌한다.
  1. 치안 분야 국제협력 정책의 수립·총괄·조정
  2. 외국경찰기관과의 교류·협력
  3. 국제형사경찰기구에 관련되는 업무

① 외사경찰(Foreign Affairs Police)
외국인, 해외교포 또는 외국과 관련된 기관이나 단체 등 외사대상에 대하여 이들의 동정을 관찰하고 이들과 관련된 범죄를 예방·단속하는 것을 주된 임무로 하는 경찰활동을 말한다.
  ◉ 외사업무 범위는 외사기획업무, 외사수사업무, 해외주재업무를 취급하는 외사요원으로 정하고 있다.

② 외사경찰의 대상
  ㉠ 주한 외국인 또는 외국기관이나 단체가 대한민국 내에서 저지른 범죄
  ㉡ 내국인 또는 해외교포가 외국에서 저지른 범죄
  ㉢ 내국인이 외국인 또는 외국기관이나 단체 등과 연계하여 저지른 범죄
  ㉣ 외국인이 외국에서 대한민국 또는 대한민국 국민을 대상으로 저지른 범죄
  ㉤ 간첩이나 불순분자가 제3국을 통한 우회 침투를 방지·색출하고 무장·과격분자 또는 국제범죄단체 등에 의한 테러 또는 납치 등 국제성 범죄 등.

③ 국제질서에 대한 사상들

※ 국제질서 대한 사상변천

18세기	이상주의
19세기	자유방임주의
19세기말	제국주의
20세기 1차대전 이후	이데올로기적 패권주의
1980년대 이후	경제패권주의

홉스(Hobbes)	㉠ 자연상태를 **만인에 대한 만인의 투쟁 상태**로 보고 국제정세에도 적용하는 견해이다. ㉡ 전쟁은 생존을 위한 대외전략의 하나이며, 국가는 도덕적, 법적 구속을 받을 필요가 없다.
칸트(Kant)	㉠ 국가간에 초국가적 유대감이 있다고 본다. ㉡ 국제정치는 도덕성을 바탕으로 **국가를 넘어 인류공동체**를 이루기 위해 노력하는 것이다.
그로티우스(Grotius)	주어진 국제사회의 질서 속에서 **상호공존과 협력**을 위해 노력해야 한다.

 팩트 DB

다문화사회 접근	
자유주의적 다문화주의	**기회의 평등**을 지향한다. ◉ 소수 집단 고유의 문화를 인정하지만, 시민생활이나 공적 생활에서는 주류사회의 문화·언어·사회습관에 따를 것을 주장
급진적 다문화주의	**차이에 대한 권리**로 인식하여 소수자의 문화적 권리와 연결함.(소수집단의 자결) ◉ 주류사회의 문화·언어·규범·생활양식을 부정하고 독자적 생활방식을 추구
조합주의적 다문화주의	다문화주의를 **결과에 있어서 평등보장**이라는 관점(조합주의적 평등보장) ◉ 문화적 소수자에 대하여 적극적인 재정적·법적 원조를 주장

2 국적법

외국인이란 대한민국 국적을 가지지 않은 모든자를 말하며, 무국적자와 외국국적을 가진자를 포함한다.

1) 국적 취득

① 출생에 의한 국적취득

㉠ 다음 각 호의 어느 하나에 해당하는 자는 출생과 동시에 대한민국 국적을 취득한다.

> 1. 출생 당시에 부(父)또는 모(母)가 대한민국의 국민인 자
> 2. 출생하기 전에 부가 사망한 경우에는 그 사망 당시에 부가 대한민국의 국민이었던 자
> 3. 부모가 모두 분명하지 아니한 경우나 국적이 없는 경우에는 대한민국에서 출생한 자

㉡ 대한민국에서 발견된 기아(棄兒)는 대한민국에서 출생한 것으로 추정한다.

② 인지에 의한 국적취득

㉠ 대한민국의 국민이 아닌 자(외국인)로서 대한민국의 국민인 부 또는 모에 의하여 인지(認知)된 자가 다음 각 호의 요건을 모두 갖추면 법무부장관에게 신고함으로써 대한민국 국적을 취득할 수 있다.

> 1. 대한민국의 「민법」상 미성년일 것
> 2. 출생 당시에 부 또는 모가 대한민국의 국민이었을 것

㉡ 제1항에 따라 신고한 자는 그 신고를 한 때에 대한민국 국적을 취득한다.

③ 귀화에 의한 국적취득

> ① 대한민국 국적을 취득한 사실이 없는 외국인은 **법무부장관의 귀화허가**(歸化許可)를 받아 대한민국 국적을 취득할 수 있다.
> ② 법무부장관은 귀화허가 신청을 받으면 제5조부터 제7조까지의 귀화 요건을 갖추었는지를 심사한 후 그 요건을 갖춘 사람에게만 귀화를 허가한다.
> ③ 제1항에 따라 귀화허가를 받은 사람은 법무부장관 앞에서 국민선서를 하고 **귀화증서를 수여받은 때에** 대한민국 국적을 취득한다. 다만, 법무부장관은 연령, 신체적·정신적 장애 등으로 국민선서의 의미를 이해할 수 없거나 이해한 것을 표현할 수 없다고 인정되는 사람에게는 국민선서를 면제할 수 있다.

2) 귀화 요건

일반 귀화	1. **5년 이상** 계속하여 대한민국에 주소가 있을 것 1의2. 대한민국에서 **영주할 수 있는 체류자격**을 가지고 있을 것 2. 대한민국의 「**민법**」상 성년일 것 3. 법령을 준수하는 등 법무부령으로 정하는 **품행 단정**의 요건을 갖출 것 4. 자신의 자산이나 기능에 의하거나 생계를 같이하는 가족에 의존하여 **생계를 유지할 능력**이 있을 것 5. 국어능력과 대한민국의 풍습에 대한 이해 등 대한민국 국민으로서의 **기본 소양**을 갖추고 있을 것 6. 귀화를 허가하는 것이 국가안전보장·질서유지 또는 공공복리를 해치지 아니한다고 **법무부장관이 인정할 것**

간이 귀화	① 다음 각 호의 어느 하나에 해당하는 외국인으로서 대한민국에 **3년 이상 계속하여 주소가 있는** 사람은 제5조제1호 및 제1호의2의 요건을 갖추지 아니하여도 귀화허가를 받을 수 있다.
	
	    1. 부 또는 모가 대한민국의 국민이었던 사람
	    2. 대한민국에서 출생한 사람으로서 부 또는 모가 대한민국에서 출생한 사람
	    3. 대한민국 국민의 양자(養子)로서 입양 당시 대한민국의 「민법」상 성년이었던 사람
	
	② **배우자가 대한민국의 국민인 외국인**으로서 다음 각 호의 어느 하나에 해당하는 사람은 제5조제1호 및 제1호의2의 요건을 갖추지 아니하여도 귀화허가를 받을 수 있다.
	
	    1. 그 배우자와 **혼인한 상태로 대한민국에 2년 이상** 계속하여 주소가 있는 사람
	    2. 그 배우자와 **혼인한 후 3년**이 지나고 혼인한 상태로 대한민국에 **1년 이상 계속하여 주소가 있는 사람**
	    3. 제1호나 제2호의 기간을 채우지 못하였으나, 그 배우자와 혼인한 상태로 대한민국에 주소를 두고 있던 중 그 배우자의 사망이나 실종 또는 그 밖에 자신에게 책임이 없는 사유로 정상적인 혼인 생활을 할 수 없었던 사람으로서 제1호나 제2호의 잔여기간을 채웠고 법무부장관이 상당(相當)하다고 인정하는 사람
	    4. 제1호나 제2호의 요건을 충족하지 못하였으나, 그 배우자와의 혼인에 따라 출생한 미성년의 자(子)를 양육하고 있거나 양육하여야 할 사람으로서 제1호나 제2호의 기간을 채웠고 법무부장관이 상당하다고 인정하는 사람

특별 귀화	다음 각 호의 어느 하나에 해당하는 외국인으로서 대한민국에 주소가 있는 사람은 제5조제1호·제1호의2·제2호 또는 제4호의 요건을 갖추지 아니하여도 귀화허가를 받을 수 있다.
	    1. 부 또는 모가 대한민국의 국민인 사람. 다만, 양자로서 대한민국의 「민법」상 성년이 된 후에 입양된 사람은 제외한다.
	    2. 대한민국에 **특별한 공로**가 있는 사람
	    3. 과학·경제·문화·체육 등 특정 분야에서 **매우 우수한 능력**을 보유한 사람으로서 대한민국의 **국익에 기여**할 것으로 인정되는 사람

3) 수반취득

① 외국인의 자(子)로서 대한민국의 「민법」상 미성년인 사람은 부 또는 모가 귀화허가를 신청할 때 함께 국적 취득을 신청할 수 있다.

② 제1항에 따라 국적 취득을 신청한 사람은 부 또는 모가 대한민국 국적을 취득한 때에 함께 대한민국 국적을 취득한다.

4) 국적회복에 의한 국적 취득

① 대한민국의 국민이었던 외국인은 **법무부장관의 국적회복허가를 받아** 대한민국 국적을 취득할 수 있다.

② 법무부장관은 국적회복허가 신청을 받으면 심사한 후 다음 각 호의 어느 하나에 해당하는 사람에게는 국적회복을 허가하지 아니한다.

> 1. 국가나 사회에 **위해(危害)를 끼친 사실**이 있는 사람
> 2. 품행이 단정하지 못한 사람
> 3. **병역을 기피할 목적**으로 대한민국 국적을 상실하였거나 이탈하였던 사람
> 4. 국가안전보장·질서유지 또는 공공복리를 위하여 법무부장관이 국적회복을 허가하는 것이 적당하지 아니하다고 인정하는 사람

5) 국적 취득자의 외국 국적 포기의무

① 대한민국 국적을 취득한 외국인으로서 외국 국적을 가지고 있는 자는 **대한민국 국적을 취득한 날부터 1년 내에** 그 외국 국적을 포기하여야 한다.

② 제1항에도 불구하고 다음 각 호의 어느 하나에 해당하는 자는 대한민국 국적을 취득한 날부터 1년 내에 외국 국적을 포기하거나 법무부장관이 정하는 바에 따라 대한민국에서 외국 국적을 행사하지 아니하겠다는 뜻을 **법무부장관에게 서약하여야** 한다.

> 1. 귀화허가를 받은 때에 제6조제2항제1호·제2호 또는 제7조제1항제2호·제3호의 어느 하나에 해당하는 사유가 있는 자
> 2. 제9조에 따라 국적회복허가를 받은 자로서 제7조제1항제2호 또는 제3호에 해당한다고 법무부장관이 인정하는 자
> 3. 대한민국의 「민법」상 성년이 되기 전에 외국인에게 입양된 후 외국 국적을 취득하고 외국에서 계속 거주하다가 제9조에 따라 국적회복허가를 받은 자
> 4. 외국에서 거주하다가 영주할 목적으로 만 65세 이후에 입국하여 제9조에 따라 국적회복허가를 받은 자
> 5. 본인의 뜻에도 불구하고 외국의 법률 및 제도로 인하여 제1항을 이행하기 어려운 자로서 대통령령으로 정하는 자

③ 제1항 또는 제2항을 이행하지 아니한 자는 그 기간이 지난 때에 대한민국 국적을 상실(喪失)한다

6) **복수국적자의 국적선택의무**

① **만 20세가 되기 전**에 복수국적자가 된 자는 **만 22세가 되기 전까지**, 만 20세가 된 후에 복수국적자가 된 자는 **그 때부터 2년 내**에 제13조와 제14조에 따라 하나의 국적을 선택하여야 한다. 다만, 제10조제2항에 따라 법무부장관에게 대한민국에서 외국 국적을 행사하지 아니하겠다는 뜻을 서약한 복수국적자는 제외한다.

② 제1항 본문에도 불구하고 「병역법」 제8조에 따라 병역준비역에 편입된 자는 편입된 때부터 3개월 이내에 하나의 국적을 선택하거나 제3항 각 호의 어느 하나에 해당하는 때부터 2년 이내에 하나의 국적을 선택하여야 한다. 다만, 제13조에 따라 대한민국 국적을 선택하려는 경우에는 제3항 각 호의 어느 하나에 해당하기 전에도 할 수 있다.

7) **복수국적자에 대한 국적선택명령**

① **법무부장관**은 복수국적자로서 제12조제1항 또는 제2항에서 정한 기간 내에 국적을 선택하지 아니한 자에게 **1년 내에** 하나의 국적을 선택할 것을 명하여야 한다.

② 법무부장관은 복수국적자로서 제10조제2항, 제13조제1항 또는 같은 조 제2항 단서에 따라 대한민국에서 외국 국적을 행사하지 아니하겠다는 뜻을 서약한 자가 그 뜻에 현저히 반하는 행위를 한 경우에는 **6개월 내에** 하나의 국적을 선택할 것을 명할 수 있다.

③ 제1항 또는 제2항에 따라 국적선택의 명령을 받은 자가 대한민국 국적을 선택하려면 외국 국적을 포기하여야 한다.

④ 제1항 또는 제2항에 따라 국적선택의 명령을 받고도 이를 따르지 아니한 자는 그 기간이 지난 때에 **대한민국 국적을 상실한다**.

8) **대한민국 국적의 상실결정**

① 법무부장관은 복수국적자가 다음 각 호의 어느 하나의 사유에 해당하여 대한민국의 국적을 보유함이 현저히 부적합하다고 인정하는 경우에는 **청문을 거쳐** 대한민국 국적의 상실을 결정할 수 있다. 다만, 출생에 의하여 대한민국 국적을 취득한 자는 제외한다.

> 1. 국가안보, 외교관계 및 국민경제 등에 있어서 대한민국의 국익에 반하는 행위를 하는 경우
> 2. 대한민국의 사회질서 유지에 상당한 지장을 초래하는 행위로서 대통령령으로 정하는 경우

② 제1항에 따른 결정을 받은 자는 그 결정을 받은 때에 대한민국 국적을 상실한다.

3 출입국관리법

1) **의의**

   ① 대한민국에 입국하거나 대한민국에서 출국하는 모든 국민 및 외국인의 출입국관리를 통한 안전한 국경관리, 대한민국에 체류하는 외국인의 체류관리와 사회통합 등에 관한 사항을 규정함을 목적으로 한다.

   ② 용어

외국인	**대한민국의 국적을 가지지 아니한 사람**을 말한다.
난민	「난민법」 제2조제1호에 따른 난민을 말한다.
여권	대한민국정부·외국정부 또는 권한 있는 국제기구에서 발급한 여권 또는 난민여행증명서나 그 밖에 여권을 갈음하는 증명서로서 대한민국 정부가 유효하다고 인정하는 것을 말한다.
선원신분증명서	대한민국정부나 외국정부가 발급한 문서로서 선원임을 증명하는 것을 말한다.
출입국항	출국하거나 입국할 수 있는 대한민국의 항구·공항과 그 밖의 장소로서 대통령령으로 정하는 곳을 말한다.
재외공관의 장	외국에 주재하는 대한민국의 대사(大使), 공사(公使), 총영사(總領事), 영사(領事) 또는 영사업무를 수행하는 기관의 장을 말한다.
선박등	대한민국과 대한민국 밖의 지역 사이에서 사람이나 물건을 수송하는 선박, 항공기, 기차, 자동차, 그 밖의 교통기관을 말한다.
보호	출입국관리공무원이 제46조제1항 각 호에 따른 강제퇴거 대상에 해당된다고 의심할 만한 상당한 이유가 있는 사람을 출국시키기 위하여 외국인보호실, 외국인보호소 또는 그 밖에 법무부장관이 지정하는 장소에 인치(引致)하고 수용하는 집행활동을 말한다.
출입국사범	제93조의2, 제93조의3, 제94조부터 제99조까지, 제99조의2, 제99조의3 및 제100조에 규정된 죄를 범하였다고 인정되는 자를 말한다.
생체정보	이 법에 따른 업무에서 본인 일치 여부 확인 등에 활용되는 사람의 지문·얼굴·홍채 및 손바닥 정맥 등의 개인정보를 말한다.

   ★ 외국인의 권리

인정되는 권리	인격권, 자유권, 재산권, 재판청구권등
인정되지 않는 권리	선거권, 피선거권, 공무담임권, 생활보장청구권, 교육을 받을 권리, 근로의 권리등

2) **국민의 출국**

   ① 대한민국에서 대한민국 밖의 지역으로 출국(이하 "출국"이라 한다)하려는 국민은 유효한 여권을 가지고 출국하는 출입국항에서 **출입국관리공무원의 출국심사를 받아야 한다**. 다만, 부득이한 사유로 출입국항으로 출국할 수 없을 때에는 관할 지방출입국·외국인관서의 장의 허가를 받아 출입국항이 아닌 장소에서 출입국관리공무원의 출국심사를 받은 후 출국할 수 있다.

   ② 출국심사는 대통령령으로 정하는 바에 따라 정보화기기에 의한 출국심사로 갈음할 수 있다.

   ③ 법무부장관은 출국심사에 필요한 경우에는 국민의 생체정보를 수집하거나 관계 행정기관이 보유하고 있는 국민의 생체정보의 제출을 요청할 수 있다.

팩트DB

여권

발급권자	여권은 **외교부장관**이 발급한다. 제21조(사무의 대행 등) ① 외교부장관은 여권 등의 발급, 재발급과 기재사항변경에 관한 사무의 일부를 대통령령으로 정하는 바에 따라 **지방자치단체의 장에게 대행하게 할 수 있다.** ② 여권 등의 발급, 재발급과 기재사항변경을 신청하려는 사람은 그의 주소지를 **관할하지 아니하는** 지방자치단체의 장에게도 이를 신청할 수 있다.
여권 종류	② 여권은 1회에 한정하여 외국여행을 할 수 있는 여권(이하 "**단수여권**"이라 한다)과 유효기간 만료일까지 횟수에 제한 없이 외국여행을 할 수 있는 여권(이하 "**복수여권**"이라 한다)으로 구분하며, 여권의 종류별로 다음 각 호의 구분에 따라 발급한다. 1. **일반여권·관용여권**과 **외교관여권** : 단수여권과 복수여권 2. **긴급여권** : 단수여권
여권의 발급등의 거부·제한	① 외교부장관은 다음 각 호의 어느 하나에 해당하는 사람에 대하여는 여권의 발급 또는 재발급을 거부할 수 있다. 1. **장기 2년 이상의 형**(刑)에 해당하는 죄로 인하여 기소(起訴)되어 있는 사람 또는 **장기 3년 이상의 형에 해당하는 죄로 인하여 기소중지 또는 수사중지(피의자중지로 한정한다)되거나 체포영장·구속영장이 발부된 사람 중 국외에 있는 사람** 2. 제24조부터 제26조까지에 규정된 죄를 범하여 형을 선고받고 그 집행이 종료되지 아니하거나 집행을 받지 아니하기로 확정되지 아니한 사람 3. 제2호 외의 죄를 범하여 **금고 이상의 형을 선고**받고 그 집행이 종료되지 아니하거나 그 집행을 받지 아니하기로 확정되지 아니한 사람 4. 국외에서 대한민국의 안전보장·질서유지나 통일·외교정책에 중대한 침해를 일으킬 우려가 있는 경우로서 다음 각 목의 어느 하나에 해당하는 사람 　가. 출국할 경우 테러 등으로 생명이나 신체의 안전이 침해될 위험이 큰 사람 　나. 「보안관찰법」 제4조에 따라 보안관찰처분을 받고 그 기간 중에 있으면서 같은 법 제22조에 따라 경고를 받은 사람 ② 외교부장관은 제1항제4호에 해당하는 사람인지의 여부를 판단하려고 할 때에는 미리 법무부장관과 협의하고 제18조에 따른 여권정책심의위원회의 심의를 거쳐야 한다.

＊ 여권 유효기간

일반여권	유효기간 10년 이내
관용여권	유효기간 5년 이내
외교관여권	유효기간 5년 이내
긴급여권	제1호부터 제3호까지의 규정에 따른 여권을 발급받거나 재발급받을 시간적 여유가 없는 경우로서 여권의 긴급한 발급이 필요하다고 인정되어 발급하는 여권을 말한다

여권의 발급등의 거부·제한	③ 외교부장관은 다음 각 호의 어느 하나에 해당하는 사람에 대해서는 대통령령으로 정하는 바에 따라 그 사실이 있는 날부터 1년 이상 3년 이하의 기간 동안 여권의 발급 또는 재발급을 제한할 수 있다.
	  1. 제1항제2호에서 규정하는 죄를 범하여 그 형의 집행을 종료하거나 그 형의 집행을 받지 아니하기로 확정된 사람
	  2. 외국에서 위법한 행위 등으로 국위(國威)를 크게 손상시키는 행위로서 대통령령으로 정하는 행위를 하여 그 사실이 재외공관 또는 관계 행정기관으로부터 통보된 사람
	④ 외교부장관은 제1항이나 제3항에 따라 여권의 발급 또는 재발급이 거부되거나 제한된 사람에 대하여 긴급한 인도적 사유 등 대통령령으로 정하는 사유가 있는 경우에는 해당 사유에 따른 여행목적에만 사용할 수 있는 여권을 발급할 수 있다.

여권을 갈음하는 증명서	① 외교부장관은 국외에 체류하거나 거주하고 있는 사람으로서 여권의 발급·재발급이 거부 또는 제한되었거나 외국에서 강제 퇴거된 사람 등 대통령령으로 정하는 사람에게 여행목적지가 기재된 서류로서 여권을 갈음하는 증명서(이하 "**여행증명서**"라 한다)를 발급할 수 있다. ② 여행증명서의 유효기간은 **1년 이내**로 하되, 그 여행증명서의 발급 목적을 이루면 그 효력을 잃는다.
여권등의 휴대 및 제시	출입국관리법 27조(여권등의 휴대 및 제시) ① 대한민국에 체류하는 외국인은 항상 여권·선원신분증명서·외국인입국허가서·외국인등록증 또는 상륙허가서(이하 "여권등"이라 한다)를 지니고 있어야 한다. 다만, **17세 미만인 외국인의 경우에는 그러하지 아니하다.** ② 제1항 본문의 외국인은 출입국관리공무원이나 권한 있는 공무원이 그 직무수행과 관련하여 여권등의 제시를 요구하면 여권등을 제시하여야 한다. ◐ 여권 등의 휴대 또는 제시의무를 위반한 사람은 **100만원 이하의 벌금**에 처한다.

＊ 여행증명서 발급대상자
1. 출국하는 무국적자
4. 해외 입양자
5. 「남북교류협력에 관한 **법률**」 제10조에 따라 여행증명서를 소지하여야 하는 사람으로서 여행증명서를 발급할 필요가 있다고 외교부장관이 인정하는 사람
5의2. 국외에 체류하거나 거주하고 있는 사람으로서 여권의 발급·재발급이 거부 또는 제한되었거나 외국에서 강제 퇴거된 경우에 귀국을 위하여 여행증명서의 발급이 필요한 사람
6. 「출입국관리법」 제46조에 따라 대한민국 밖으로 강제퇴거되는 외국인으로서 그가 국적을 가지는 국가의 여권 또는 여권을 갈음하는 증명서를 발급받을 수 없는 사람
7. 그 밖에 제1호, 제4호, 제5호, 제5호의2 및 제6호에 준하는 사람으로서 긴급하게 여행증명서를 발급할 필요가 있다고 외교부장관이 인정하는 사람

3) 내국인의 출국 금지

① **법무부장관**은 다음 각 호의 어느 하나에 해당하는 국민에 대하여는 **6개월 이내**의 기간을 정하여 출국을 금지할 수 있다.

> 1. **형사재판에 계속(係屬) 중인 사람**
> 2. **징역형이나 금고형의 집행**이 끝나지 아니한 사람
> 3. 대통령령으로 정하는 금액 이상의 **벌금(1천만원)이나 추징금(2천만원)**을 내지 아니한 사람
> 4. 대통령령으로 정하는 금액 이상의 **국세·관세(5천만원) 또는 지방세(3천만원)**를 정당한 사유 없이 그 납부기한까지 내지 아니한 사람
> 5. 「양육비 이행확보 및 지원에 관한 법률」 제21조의4제1항에 따른 **양육비 채무자** 중 양육비이행심의위원회의 심의·의결을 거친 사람
> 6. 그 밖에 제1호부터 제5호까지의 규정에 준하는 사람으로서 대한민국의 이익이나 공공의 안전 또는 경제질서를 해칠 우려가 있어 그 출국이 적당하지 아니하다고 법무부령으로 정하는 사람

② 법무부장관은 범죄 **수사를 위하여 출국이 적당하지 아니하다고 인정되는 사람**에 대하여는 **1개월 이내**의 기간을 정하여 **출국을 금지**할 수 있다.

다만, 다음 각 호에 해당하는 사람은 그 호에서 정한 기간으로 한다.

> 1. 소재를 알 수 없어 기소중지 또는 수사중지(피의자중지로 한정한다)된 사람 또는 도주 등 특별한 사유가 있어 수사진행이 어려운 사람 : **3개월 이내**
> 2. 기소중지 또는 수사중지(피의자중지로 한정한다)된 경우로서 체포영장 또는 구속영장이 발부된 사람 : **영장 유효기간 이내**

③ 중앙행정기관의 장 및 법무부장관이 정하는 관계 기관의 장은 소관 업무와 관련하여 제1항 또는 제2항 각 호의 어느 하나에 해당하는 사람이 있다고 인정할 때에는 법무부장관에게 출국금지를 요청할 수 있다.

4) 출국 금지 연장과 해지

> 제4조의2(출국금지기간의 연장)
> ① **법무부장관**은 출국금지기간을 초과하여 계속 출국을 금지할 필요가 있다고 인정하는 경우에는 **그 기간을 연장할 수 있다**.
> ② 제4조제3항에 따라 출국금지를 요청한 기관의 장은 출국금지기간을 초과하여 계속 출국을 금지할 필요가 있을 때에는 출국금지기간이 **끝나기 3일 전까지** 법무부장관에게 출국금지기간을 연장하여 줄 것을 요청하여야 한다.
>
> 제4조의3(출국금지의 해제)
> ① 법무부장관은 출국금지 사유가 없어졌거나 출국을 금지할 필요가 없다고 인정할 때에는 **즉시 출국금지를 해제**하여야 한다.
> ② 제4조제3항에 따라 출국금지를 요청한 기관의 장은 출국금지 사유가 없어졌을 때에는 즉시 법무부장관에게 출국금지의 해제를 요청하여야 한다.

---

* 제4조의5(출국금지결정 등에 대한 이의신청)
① 제4조제1항 또는 제2항에 따라 출국이 금지되거나 제4조의2제1항에 따라 출국금지기간이 연장된 사람은 출국금지결정이나 출국금지기간 연장의 통지를 받은 날 또는 그 사실을 안 날부터 10일 이내에 법무부장관에게 출국금지결정이나 출국금지기간 연장결정에 대한 이의를 신청할 수 있다.
② 법무부장관은 제1항에 따른 이의신청을 받으면 그 날부터 15일 이내에 이의신청의 타당성 여부를 결정하여야 한다. 다만, 부득이한 사유가 있으면 15일의 범위에서 한 차례만 그 기간을 연장할 수 있다.
③ 법무부장관은 제1항에 따른 이의신청이 이유 있다고 판단하면 즉시 출국금지를 해제하거나 출국금지기간의 연장을 철회하여야 하고, 그 이의신청이 이유 없다고 판단하면 이를 기각하고 당사자에게 그 사유를 서면에 적어 통보하여야 한다.

5) 내국인 긴급출국금지

① 수사기관은 범죄 피의자로서 **사형·무기 또는 장기 3년 이상의 징역이나 금고에 해당하는 죄**를 범하였다고 의심할 만한 상당한 이유가 있고, 다음 각 호의 어느 하나에 해당하는 사유가 있으며, 긴급한 필요가 있는 때에는 제4조제3항에도 불구하고 출국심사를 하는 출입국관리공무원에게 출국금지를 요청할 수 있다.

> 1. 피의자가 증거를 인멸할 염려가 있는 때
> 2. 피의자가 도망하거나 도망할 우려가 있는 때

② 요청을 받은 출입국관리공무원은 출국심사를 할 때에 출국금지가 요청된 사람을 출국시켜서는 아니 된다.
③ 수사기관은 제1항에 따라 긴급출국금지를 요청한 때로부터 **6시간 이내에 법무부장관에게 긴급출국금지 승인을 요청하여야 한다**. 이 경우 **검사의 검토의견서** 및 범죄사실의 요지, 긴급출국금지의 사유 등을 기재한 긴급출국금지보고서를 첨부하여야 한다.
④ 법무부장관은 수사기관이 제3항에 따른 긴급출국금지 승인 요청을 하지 아니한 때에는 제1항의 수사기관 요청에 따른 출국금지를 해제하여야 한다. 수사기관이 긴급출국금지 승인을 요청한 때로부터 **12시간 이내에 법무부장관으로부터 긴급출국금지 승인을 받지 못한 경우에도 또한 같다**.
⑤ 출국금지가 해제된 경우에 수사기관은 동일한 범죄사실에 관하여 **다시 긴급출국금지 요청을 할 수 없다**.

6) 외국인의 입국

> ① 외국인이 입국할 때에는 **유효한 여권과 법무부장관이 발급한 사증(査證)**을 가지고 있어야 한다.
> ② 다음 각 호의 어느 하나에 해당하는 외국인은 제1항에도 불구하고 **사증 없이 입국**할 수 있다.
>> 1. 재입국허가를 받은 사람 또는 재입국허가가 면제된 사람으로서 그 허가 또는 면제받은 기간이 끝나기 전에 입국하는 사람
>> 2. 대한민국과 사증면제협정을 체결한 국가의 국민으로서 그 협정에 따라 면제대상이 되는 사람
>> 3. 국제친선, 관광 또는 대한민국의 이익 등을 위하여 입국하는 사람으로서 대통령령으로 정하는 바에 따라 따로 입국허가를 받은 사람
>> 4. 난민여행증명서를 발급받고 출국한 후 그 유효기간이 끝나기 전에 입국하는 사람
>
> ③ 법무부장관은 공공질서의 유지나 국가이익에 필요하다고 인정하면 제2항제2호에 해당하는 사람에 대하여 사증면제협정의 적용을 일시 정지할 수 있다.
> ④ 대한민국과 수교(修交)하지 아니한 국가나 법무부장관이 외교부장관과 협의하여 지정한 국가의 국민은 제1항에도 불구하고 대통령령으로 정하는 바에 따라 재외공관의 장이나 지방출입국·외국인관서의 장이 발급한 외국인입국허가서를 가지고 입국할 수 있다.

★ 해외여행경보단계

남색경보	여행주의
황색경보	여행자제
적색경보	철수권고
흑색경보	여행금지

★ 무사증제도
테러지원국을 제외한 국적의 외국인에 한해 한 달간 비자 없이 국내에 체류할 수 있도록 한 제도로, '무비자 입국 제도'라고도 한다. 국내의 경우 제주도가 2002년부터 해당 제도를 시행하다가 2020년 코로나19 확산에 따라 일시 중단에 들어갔다.

★ 학설
① 대륙법계는 외국인의 입국은 원칙적으로 금지할 수 없다고 본다.
② 영미법계는 외국인의 입국은 원칙적으로 금지할 수 있다고 본다.

📄 **팩트DB**

외국인 생체정보의 제공 등

① 다음 각 호의 어느 하나에 해당하는 외국인은 법무부령으로 정하는 바에 따라 생체정보를 제공하여야 한다.

> 1. 다음 각 목의 어느 하나에 해당하는 사람으로서 **17세 이상**인 사람
>   가. 제31조에 따라 **외국인등록을 하여야 하는 사람**(같은 조 제2항에 따라 외국인등록을 하려는 사람은 제외한다)
>   나. 「재외동포의 출입국과 법적 지위에 관한 법률」제6조에 따라 국내거소신고를 하려는 사람
> 2. 이 법을 위반하여 조사를 받거나 그 밖에 다른 법률을 위반하여 수사를 받고 있는 사람
> 3. **신원이 확실하지 아니한 사람**
> 4. 제1호부터 제3호까지에서 규정한 사람 외에 법무부장관이 대한민국의 안전이나 이익 또는 해당 외국인의 안전이나 이익을 위하여 특히 필요하다고 인정하는 사람

② 지방출입국·외국인관서의 장은 제1항에 따른 생체정보의 제공을 거부하는 외국인에게는 체류기간 연장허가 등 이 법에 따른 허가를 하지 아니할 수 있다.

7) 외국인의 입국금지

① **법무부장관**은 다음 각 호의 어느 하나에 해당하는 외국인에 대하여는 입국을 금지할 수 있다.

> 1. **감염병환자, 마약류중독자**, 그 밖에 **공중위생상 위해**를 끼칠 염려가 있다고 인정되는 사람
> 2. 「총포·도검·화약류 등의 안전관리에 관한 법률」에서 정하는 **총포·도검·화약류 등을 위법하게 가지고 입국하려는 사람**
> 3. 대한민국의 이익이나 **공공의 안전을 해치는 행동**을 할 염려가 있다고 인정할 만한 상당한 이유가 있는 사람
> 4. 경제질서 또는 사회질서를 해치거나 **선량한 풍속을 해치는 행동**을 할 염려가 있다고 인정할 만한 상당한 이유가 있는 사람
> 5. 사리 분별력이 없고 국내에서 체류활동을 보조할 사람이 없는 **정신장애인, 국내체류비용을 부담할 능력이 없는 사람, 그 밖에 구호(救護)가 필요한 사람**
> 6. **강제퇴거명령을 받고 출국한 후 5년이 지나지 아니한 사람**
> 7. 1910년 8월 29일부터 1945년 8월 15일까지 사이에 다음 각 목의 어느 하나에 해당하는 정부의 지시를 받거나 그 정부와 연계하여 인종, 민족, 종교, 국적, 정치적 견해 등을 이유로 사람을 학살·학대하는 일에 관여한 사람
>   가. 일본 정부
>   나. 일본 정부와 동맹 관계에 있던 정부
>   다. 일본 정부의 우월한 힘이 미치던 정부
> 8. 제1호부터 제7호까지의 규정에 준하는 사람으로서 법무부장관이 그 입국이 적당하지 아니하다고 인정하는 사람

② 법무부장관은 입국하려는 외국인의 본국(本國)이 제1항 각 호 외의 사유로 국민의 입국을 거부할 때에는 그와 동일한 사유로 그 외국인의 입국을 거부할 수 있다.
- 입국금지 처분에 대한 이의신청 절차는 없다.
- 입국금지로 인한 손해발생의 비용은 본인이 부담한다.

 팩트DB

사증(VISA)	
의미	외국을 여행하고자 하는 자에게 목적지 국가에서 발급하는 **입국허가서**로 해당국에서 입국해도 좋다고 확인하는 행위이다. - 사증은 여권과 함께 외국여행에 필수적인 것이므로 여권이 있어도 사증을 받지 못하면 해당국에 입국할 수 없다.
발급권자	원칙적으로 **법무부장관**이다. - 법무부장관은 사증발급에 관한 권한을 대통령령으로 정하는 바에 따라 재외공관의 장에게 위임할 수 있다.
종류	사증은 1회만 입국할 수 있는 **단수사증**(單數査證)과 2회 이상 입국할 수 있는 **복수사증**(複數査證)으로 구분한다.
유효기간	① 단수사증의 유효기간은 **발급일부터 3개월**로 한다. ② 복수사증의 유효기간은 발급일부터 다음 각 호의 기간으로 한다. 1. 영 별표 1의2 중 체류자격 1. 외교(A-1)부터 3. 협정(A-3)까지에 해당하는 사람의 복수사증은 **3년 이내** 1의2. 영 별표 1의2 중 29. 방문취업(H-2)의 체류자격에 해당하는 사람의 복수사증은 **5년 이내** 2. 복수사증발급협정등에 의하여 발급된 복수사증은 **협정상의 기간** 3. 상호주의 기타 국가이익등을 고려하여 발급된 복수사증은 법무부장관이 따로 정하는 기간

무사증 입국	① 재입국허가를 받은 자 또는 재입국허가가 면제된 자로서 그 **허가 또는 면제받은 기간이 만료되기 전에 입국하는 자**
	② 대한민국과 **사증면제협정을 체결한 국가**의 국민으로서 그 협정에 의하여 면제의 대상이 되는자
	③ 국제친선, 관광 또는 대한민국의 이익 등을 위하여 입국하는 자로서 대통령령이 정하는 바에 따라 입국허가를 받는자
	   ㉠ 외국정부 또는 국제기구의 업무를 수행하는 자로서 부득이한 사유로 사증을 가지지 아니하고 입국하고자 하는자
	   ㉡ 법무부령으로 정하는 기간(30일 이내)내에 대한민국을 관광 또는 통과할 목적으로 입국하고자 하는자
	   ㉢ 기타 **법무부장관이** 대한민국의 이익 등을 위하여 그 입국이 필요하다고 인정하는 자
	④ 난민여행증명서를 발급받고 출국하여 그 유효기간이 만료되기 전에 입국하는 자

▼ 장기체류자격(제12조 관련)

체류자격(기호)	체류자격에 해당하는 사람 또는 활동범위
1. 외교(A-1)	대한민국정부가 접수한 외국정부의 외교사절단이나 영사기관의 구성원, 조약 또는 국제관행에 따라 외교사절과 동등한 특권과 면제를 받는 사람과 그 가족
2. 공무(A-2)	대한민국정부가 승인한 **외국정부 또는 국제기구의 공무**를 수행하는 사람과 그 가족
3. 협정(A-3)	대한민국정부와의 협정에 따라 외국인등록이 면제되거나 면제할 필요가 있다고 인정되는 사람과 그 가족
4. 문화예술(D-1)	**수익을 목적으로 하지 않는 문화 또는 예술 관련 활동**을 하려는 사람(대한민국의 전통문화 또는 예술에 대하여 전문적인 연구를 하거나 전문가의 지도를 받으려는 사람을 포함한다)
5. 유학(D-2)	**전문대학 이상**의 교육기관 또는 학술연구기관에서 정규과정의 교육을 받거나 특정 연구를 하려는 사람
6. 기술연수(D-3)	법무부장관이 정하는 연수조건을 갖춘 사람으로서 **국내의 산업체에서 연수**를 받으려는 사람
7. 일반연수(D-4)	법무부장관이 정하는 요건을 갖춘 교육기관이나 기업체, 단체 등에서 교육 또는 연수를 받거나 연구활동에 종사하려는 사람[연수기관으로부터 체재비를 초과하는 보수(報酬)를 받거나 유학(D-2)·기술연수(D-3) 체류자격에 해당하는 사람은 제외한다]
8. 취재(D-5)	외국의 신문사, 방송사, 잡지사 또는 그 밖의 보도기관으로부터 파견되거나 외국 보도기관과의 계약에 따라 국내에 주재하면서 취재 또는 보도활동을 하려는 사람
9. 종교(D-6)	가. 외국의 종교단체 또는 사회복지단체로부터 파견되어 대한민국에 있는 지부 또는 유관 종교단체에서 종교활동을 하려는 사람 나. 대한민국 내의 종교단체 또는 사회복지단체의 초청을 받아 사회복지활동을 하려는 사람 다. 그 밖에 법무부장관이 인정하는 종교활동 또는 사회복지활동에 종사하려는 사람
18. 전문직업(E-5)	대한민국 법률에 따라 자격이 인정된 외국의 변호사, 공인회계사, 의사, 그 밖에 국가공인 자격이 있는 사람으로서 대한민국 법률에 따라 할 수 있도록 되어 있는 법률, 회계, 의료 등의 전문업무에 종사하려는 사람[교수(E-1) 체류자격에 해당하는 사람은 제외한다]
19. 예술흥행(E-6)	**수익이 따르는 음악, 미술, 문학 등의 예술활동**과 수익을 목적으로 하는 연예, 연주, 연극, 운동경기, 광고·패션 모델, 그 밖에 이에 준하는 활동을 하려는 사람
20. 특정활동(E-7)	대한민국 내의 공공기관·민간단체 등과의 계약에 따라 법무부장관이 특별히 지정하는 활동에 종사하려는 사람
20의2. 계절근로(E-8)	법무부장관이 관계 중앙행정기관의 장과 협의하여 정하는 농작물 재배·수확(재배·수확과 연계된 원시가공 분야를 포함한다) 및 수산물 원시가공 분야에서 취업 활동을 하려는 사람으로서 법무부장관이 인정하는 사람
21. 비전문취업(E-9)	「외국인근로자의 고용 등에 관한 법률」에 따른 국내 취업요건을 갖춘 사람(일정 자격이나 경력 등이 필요한 전문직종에 종사하려는 사람은 제외한다)
26. 재외동포(F-4)	「재외동포의 출입국과 법적 지위에 관한 법률」 제2조제2호에 해당하는 사람(단순 노무행위 등 이 영 제23조제3항 각 호에서 규정한 취업활동에 종사하려는 사람은 제외한다)
27. 결혼이민(F-6)	가. **국민의 배우자** 나. 국민과 혼인관계(사실상의 혼인관계를 포함한다)에서 출생한 자녀를 양육하고 있는 부 또는 모로서 법무부장관이 인정하는 사람 다. 국민인 배우자와 혼인한 상태로 국내에 체류하던 중 그 배우자의 사망이나 실종, 그 밖에 자신에게 책임이 없는 사유로 정상적인 혼인관계를 유지할 수 없는 사람으로서 법무부장관이 인정하는 사람
28. 관광취업(H-1)	대한민국과 "관광취업"에 관한 협정이나 양해각서 등을 체결한 국가의 국민으로서 협정 등의 내용에 따라 관광과 취업활동을 하려는 사람(협정 등의 취지에 반하는 업종이나 국내법에 따라 일정한 자격요건을 갖추어야 하는 직종에 취업하려는 사람은 제외한다)

➡ 벌칙 : 취업활동을 할 수 있는 체류자격을 가지지 아니한 외국인의 고용을 업으로 알선하거나 권유한 자는 **3년 이하의 징역 또는 3천만원 이하의 벌금**에 처한다.(출입국관리법 제94조)

8) 외국인의 상륙

승무원 상륙허가	출입국관리공무원은 다음 각 호의 어느 하나에 해당하는 외국인승무원에 대하여 선박등의 장 또는 운수업자나 본인이 신청하면 **15일의 범위**에서 **승무원의 상륙을 허가할 수 있다**. 다만, 제11조제1항 각 호의 어느 하나에 해당하는 외국인승무원에 대하여는 그러하지 아니하다. 1. 승선 중인 선박등이 대한민국의 출입국항에 정박하고 있는 동안 **휴양 등의 목적으로 상륙하려는 외국인승무원** 2. 대한민국의 출입국항에 입항할 예정이거나 정박 중인 선박등으로 **옮겨 타려는 외국인승무원**
관광 상륙허가	출입국관리공무원은 관광을 목적으로 대한민국과 외국 해상을 국제적으로 순회(巡廻)하여 운항하는 여객운송선박 중 법무부령으로 정하는 선박에 승선한 외국인승객에 대하여 그 선박의 장 또는 운수업자가 상륙허가를 신청하면 **3일의 범위**에서 승객의 관광상륙을 허가할 수 있다. 다만, 제11조제1항 각 호의 어느 하나에 해당하는 외국인승객에 대하여는 그러하지 아니하다
긴급 상륙허가	출입국관리공무원은 선박등에 타고 있는 외국인(승무원을 포함한다)이 **질병이나 그 밖의 사고로 긴급히 상륙할 필요**가 있다고 인정되면 그 선박등의 장이나 운수업자의 신청을 받아 **30일의 범위**에서 긴급상륙을 허가할 수 있다.
재난 상륙허가	지방출입국·외국인관서의 장은 조난을 당한 선박등에 타고 있는 외국인(승무원을 포함한다)을 긴급히 구조할 필요가 있다고 인정하면 그 선박등의 장, 운수업자, 「수상에서의 수색·구조 등에 관한 법률」에 따른 **구호업무 집행자 또는 그 외국인을 구조한 선박등의 장의 신청에 의하여 30일의 범위**에서 재난상륙허가를 할 수 있다
난민 임시 상륙허가	지방출입국·외국인관서의 장은 선박등에 타고 있는 외국인이 「난민법」 제2조제1호에 규정된 이유나 그 밖에 이에 준하는 이유로 그 생명·신체 또는 신체의 자유를 침해받을 공포가 있는 영역에서 도피하여 곧바로 대한민국에 비호(庇護)를 신청하는 경우 그 외국인을 상륙시킬 만한 상당한 이유가 있다고 인정되면 **법무부장관의 승인을 받아 90일의 범위**에서 난민 임시상륙허가를 할 수 있다. 이 경우 법무부장관은 **외교부장관과 협의하여야 한다.**

※ 외국인근로자의 고용 등에 관한 법률

제18조(취업활동 기간의 제한) 외국인근로자는 **입국한 날부터 3년의 범위에서** 취업활동을 할 수 있다.

제18조의2(취업활동 기간 제한에 관한 특례) ① 다음 각 호의 외국인근로자는 제18조에도 불구하고 한 차례만 2년 미만의 범위에서 취업활동 기간을 연장받을 수 있다.
  1. 제8조제4항에 따른 고용허가를 받은 사용자에게 고용된 외국인근로자로서 제18조에 따른 취업활동 기간 3년이 만료되어 출국하기 전에 사용자가 고용노동부장관에게 재고용 허가를 요청한 근로자
  2. 제12조제3항에 따른 특례고용가능확인을 받은 사용자에게 고용된 외국인근로자로서 제18조에 따른 취업활동 기간 3년이 만료되어 출국하기 전에 사용자가 고용노동부장관에게 재고용 허가를 요청한 근로자
② 고용노동부장관은 제1항 및 제18조에도 불구하고 감염병 확산, 천재지변 등의 사유로 외국인근로자의 입국과 출국이 어렵다고 인정되는 경우에는 정책위원회의 심의·의결을 거쳐 **1년의 범위에서 취업활동 기간을 연장할 수 있다.**

제18조의3(재입국 취업의 제한) 국내에서 취업한 후 출국한 외국인근로자(제12조제1항에 따른 외국인근로자는 제외한다)는 출국한 날부터 6개월이 지나지 아니하면 이 법에 따라 다시 취업할 수 없다.

※ 외국인 긴급출국정지
① 수사기관은 범죄 피의자인 외국인이 제4조의6제1항에 해당하는 경우에는 제29조제2항에도 불구하고 출국심사를 하는 출입국관리공무원에게 출국정지를 요청할 수 있다.
② 제1항에 따른 외국인의 출국정지에 관하여는 제4조의6제2항부터 제6항까지의 규정을 준용한다. 이 경우 "출국금지"는 "출국정지"로, "긴급출국금지"는 "긴급출국정지"로 본다.

9) 외국인의 체류

제17조(외국인의 체류 및 활동범위)
① 외국인은 그 체류자격과 체류기간의 범위에서 대한민국에 체류할 수 있다.
② 대한민국에 체류하는 외국인은 이 법 또는 다른 법률에서 정하는 경우를 제외하고는 **정치활동을 하여서는 아니 된다.**
③ **법무부장관**은 대한민국에 체류하는 외국인이 정치활동을 하였을 때에는 그 외국인에게 서면으로 그 활동의 중지명령이나 그 밖에 필요한 명령을 할 수 있다.

제18조(외국인 고용의 제한)
① 외국인이 대한민국에서 취업하려면 대통령령으로 정하는 바에 따라 취업활동을 할 수 있는 체류자격을 받아야 한다.
② 제1항에 따른 체류자격을 가진 외국인은 지정된 근무처가 아닌 곳에서 근무하여서는 아니 된다.
③ 누구든지 제1항에 따른 체류자격을 가지지 아니한 사람을 고용하여서는 아니 된다.
④ 누구든지 제1항에 따른 체류자격을 가지지 아니한 사람의 고용을 알선하거나 권유하여서는 아니 된다.
⑤ 누구든지 제1항에 따른 체류자격을 가지지 아니한 사람의 고용을 알선할 목적으로 그를 자기 지배하에 두는 행위를 하여서는 아니 된다.

제23조(체류자격 부여)
① 다음 각 호의 어느 하나에 해당하는 외국인이 제10조에 따른 체류자격을 가지지 못하고 대한민국에 체류하게 되는 경우에는 다음 각 호의 구분에 따른 기간 이내에 대통령령으로 정하는 바에 따라 체류자격을 받아야 한다.

> 1. 대한민국에서 출생한 외국인 : 출생한 날부터 **90일**
> 2. 대한민국에서 체류 중 대한민국의 국적을 상실하거나 이탈하는 등 그 밖의 사유가 발생한 외국인 : 그 사유가 발생한 날부터 **60일**

② 제1항에 따른 체류자격 부여의 심사기준은 **법무부령**으로 정한다.

10) 외국인 출국

① 외국인이 출국할 때에는 유효한 여권을 가지고 출국하는 출입국항에서 출입국관리공무원의 출국심사를 받아야 한다.
  ㉠ 원칙적으로 외국인의 자발적 출국은 자유이다.
  ㉡ 외국인의 강제출국은 행정처분이다.(형벌아님)

외국인 출국의 정지
① 법무부장관은 제4조제1항 또는 제2항 각 호의 어느 하나에 해당하는 외국인에 대하여는 출국을 정지할 수 있다.

▼ 출국정지 사유

3개월 이내	㉠ 형사재판에 계속중인 사람 ㉡ 징역형이나 금고형의 집행이 끝나지 아니한 사람 ㉢ 대통령령으로 정하는 금액 이상의 **벌금(1천만원)**이나 **추징금(2천만원)**을 납부하지 아니한 사람 ㉣ 대통령령이 정하는 금액 이상의 국세, **관세(5천만원)** 또는 **지방세(3천만원)**를 정당사 사유없이 그 납부기한가지 내지 아니한 사람 ㉤ 그 밖에 대한민국의 이익이나 공공의 안전 또는 경제질서를 해할 우려가 있어 그 출국이 부적당하다고 **법무부령**으로 정하는 자
1개월 이내	**범죄수사**는 원칙적으로 1개월 이내이다. ➡ 예외적으로 　㉠ 도주 등 특별한 사유가 있어 수사진행이 어려운 사람 : 3개월 이내 　㉡ 소재를 알 수 없어 기소중지결정이 된 사람 : 3개월 이내 　㉢ 기소중지결정이 된 경우로서 체포영장 또는 구속영장이 발부된 사람 : 영장유효기간 이내

② 제1항의 경우에 제4조제3항부터 제5항까지와 제4조의2부터 제4조의5까지의 규정을 준용한다. 이 경우 "출국금지"는 "출국정지"로 본다.

11) 외국인 등록

① 외국인이 입국한 날부터 90**일**을 초과하여 대한민국에 체류하려면 대통령령으로 정하는 바에 따라 입국한 날부터 90일 이내에 그의 체류지를 관할하는 지방출입국·외국인관서의 장에게 외국인등록을 하여야 한다. 다만, 다음 각 호의 어느 하나에 해당하는 외국인의 경우에는 그러하지 아니하다.

> 1. 주한외국공관(대사관과 영사관을 포함한다)과 국제기구의 직원 및 그의 가족
> 2. 대한민국정부와의 협정에 따라 외교관 또는 영사와 유사한 특권 및 면제를 누리는 사람과 그의 가족
> 3. 대한민국정부가 초청한 사람 등으로서 법무부령으로 정하는 사람

② 제1항에도 불구하고 같은 항 각 호의 어느 하나에 해당하는 외국인은 본인이 원하는 경우 체류기간 내에 외국인등록을 할 수 있다.
③ 제23조에 따라 체류자격을 받는 사람으로서 그 날부터 90일을 초과하여 체류하게 되는 사람은 제1항 각 호 외의 부분 본문에도 불구하고 체류자격을 받는 때에 외국인등록을 하여야 한다.

﹡ 법무부령으로 정하는 사람
1. 「병역법」 제65조제6항에 따라 보충역 편입처분이나 사회복무요원 소집의 해제처분이 취소된 사람
2. 거짓이나 그 밖의 부정한 방법으로 병역면제·전시근로역·보충역의 처분을 받고 그 처분이 취소된 사람
3. 「병역법 시행령」 제128조제4항에 따라 징병검사·입영 등의 연기처분이 취소된 사람
4. 종전 「병역법」(2004. 12. 31. 법률 제7272호로 개정되기 전의 것을 말한다) 제65조제4항에 따라 병역면제 처분이 취소된 사람. 다만, 영주귀국의 신고를 한 사람은 제외한다.
5. 「병역법」 제76조제1항 각 호 또는 제5항에 해당하는 병역의무불이행자
6. 「병역법」 제86조를 위반하여 병역의무 기피·감면 목적으로 도망가거나 행방을 감춘 사람
7. 2억원 이상의 국세를 포탈한 혐의로 세무조사를 받고 있는 사람
8. 20억원 이상의 허위 세금계산서 또는 계산서를 발행한 혐의로 세무조사를 받고 있는 사람
9. 영 제98조에 따른 출입국항에서 타인 명의의 여권 또는 위조·변조여권 등으로 출입국하려고 한 사람
10. 3천만원 이상의 공금횡령(橫領) 또는 금품수수(收受) 등의 혐의로 감사원의 감사를 받고 있는 사람
11. 「전자장치 부착 등에 관한 법률」 제13조에 따라 위치추적 전자장치가 부착된 사람
12. 출국 시 공중보건에 현저한 위해를 끼칠 염려가 있다고 법무부장관이 인정하는 사람
13. 그 밖에 출국 시 국가안보 또는 외교관계를 현저하게 해칠 염려가 있다고 법무부장관이 인정하는 사람

12) 외국인 강제퇴거

① **지방출입국·외국인관서의 장**은 이 장에 규정된 절차에 따라 다음 각 호의 어느 하나에 해당하는 외국인을 대한민국 밖으로 강제퇴거시킬 수 있다.

> 1. **유효한 여권 또는 사증없이 입국한자**
> 2. 제7조의2를 위반한 외국인 또는 같은 조에 규정된 허위초청 등의 행위로 입국한 외국인
> 3. **입국금지 사유가 입국 후에 발견되거나 발생한 사람**
> 4. 입국심사 또는 선박 등에 제공 금지 규정을 위반한 사람
> 5. 지방출입국·외국인관서의 장이 붙인 **허가조건을 위반한 사람**
> 6. 상륙허가 없이 상륙하였거나 허가를 받지 아니하고 상륙한 사람
> 7. 체류자격과 체류기간 범위위반, 정치활동위반, 외국인 고용제한위반 등 지방출입국·외국인관서의 장 또는 출입국관리공무원이 붙인 허가조건을 위반한 사람
> 8. 허가를 받지 아니하고 근무처를 변경, 추가하거나 근무처의 변경허가 추가허가를 받지 아니한 외국인을 고용·알선한 사람
> 9. **법무부장관이 정한** 거소 또는 활동범위의 제한이나 그 밖의 준수사항을 위반한 사람
> 10. 허위서류 제출 금지를 위반한 외국인
> 11. **출국심사 규정을 위반**하여 출국하려고 한 사람
> 12. **외국인등록 의무를 위반**한 사람
> 13. 외국인등록증 등의 채무이행 확보수단 제공 등의 금지를 위반한 외국인
> 14. **금고 이상의 형을 선고받고 석방된 사람**
> 15. 제76조의4제1항 각 호의 어느 하나에 해당하는 사람
>
>> 1. 자살 또는 자해행위를 하려는 경우
>> 2. 다른 사람에게 위해를 가하거나 가하려는 경우
>> 3. 출입국관리공무원의 직무집행을 정당한 사유 없이 거부 또는 기피하거나 방해하는 경우
>> 4. 제1호부터 제3호까지에서 규정한 경우 외에 시설 및 다른 사람의 안전과 질서를 현저히 해치는 행위를 하거나 하려는 경우
>
> 16. 그 밖에 제1호부터 제10호까지, 제10호의2, 제11호, 제12호, 제12호의2, 제13호 또는 제14호에 준하는 사람으로서 법무부령으로 정하는 사람

② **영주자격을 가진 사람**은 제1항에도 불구하고 대한민국 밖으로 강제퇴거되지 아니한다. 다만, 다음 각 호의 어느 하나에 해당하는 사람은 그러하지 아니하다.

> 1. 「형법」제2편제1장 내란의 죄 또는 제2장 외환의 죄를 범한 사람
> 2. 5년 이상의 징역 또는 금고의 형을 선고받고 석방된 사람 중 법무부령으로 정하는 사람
> 3. 밀입국을 위한 선박등의 제공금지 규정을 위반하거나 이를 교사(敎唆) 또는 방조(幇助)한 사람

4 국제형사사법 공조법

1) 의의

① 이법은 **형사사건의 수사 또는 재판과 관련**하여 외국의 요청에 따라 실시하는 공조(共助) 및 외국에 대하여 요청하는 공조의 범위와 절차 등을 정함으로써 범죄를 진압하고 예방하는 데에 국제적인 협력을 증진함을 목적으로 한다.

② 정의

공조	대한민국과 외국 간에 **형사사건의 수사 또는 재판**에 필요한 협조를 제공하거나 제공받는 것을 말한다.
공조조약	대한민국과 외국 간에 체결된 공조에 관한 조약·협정 등을 말한다.
요청국	대한민국에 공조를 요청한 국가를 말한다.
공조범죄	공조의 대상이 되어 있는 범죄를 말한다.

③ 공조의 원칙

공조에 관하여 공조조약에 이 법과 다른 규정이 있는 경우에는 그 규정에 따른다.
➔ 공조조약과 국제형사법공조법의 규정이 상충되는 경우 공조조약의 우선적 효력을 인정한다.

상호주의	공조조약이 체결되어 있지 아니한 경우에도 동일하거나 유사한 사항에 관하여 대한민국의 공조요청에 따른다는 **요청국의 보증이 있는 경우**에는 이 법을 적용한다.
쌍방가벌성의 원칙	공조의 대상이 되는 범죄는 **요청국과 피요청국 모두에게 처벌이 가능한** 범죄이어야 한다.
특정성의 원칙	요청국이 공조에 의하여 취득한 증거를 공조요청의 **대상이 된 범죄 이외의 수사나 재판에 사용해서는 안 된다.** ➔ 피요청국의 증인 등이 공조요청에 따라 요청국에 출두한 경우 피요청국을 출발하기 이전의 행위로 인해 구금, 소추를 비롯한 어떠한 자유도 제한받지 않는다는 의미를 포함한다.

2) 공조의 범위

1. **사람 또는 물건의 소재에 대한 수사**
2. 서류·기록의 제공
3. 서류 등의 송달
4. **증거 수집, 압수·수색 또는 검증**
5. 증거물 등 물건의 인도(引渡)
6. 진술 청취, 그 밖에 요청국에서 증언하게 하거나 수사에 협조하게 하는 조치

3) 공조의 제한(임의 거절)

1. **대한민국의 주권**, 국가안전보장, 안녕질서 또는 **미풍양속을 해칠 우려**가 있는 경우
2. 인종, 국적, 성별, 종교, 사회적 신분 또는 특정 사회단체에 속한다는 사실이나 **정치적 견해를 달리한다는 이유로 처벌되거나 형사상 불리한 처분을 받을 우려가 있다고 인정**되는 경우
3. 공조범죄가 **정치적 성격을 지닌 범죄**이거나, 공조요청이 정치적 성격을 지닌 다른 범죄에 대한 수사 또는 재판을 할 목적으로 한 것이라고 인정되는 경우
4. 공조범죄가 **대한민국의 법률에 의하여**는 범죄를 구성하지 아니하거나 공소를 제기할 수 없는 범죄인 경우
5. 이 법에 요청국이 보증하도록 규정되어 있음에도 불구하고 **요청국의 보증이 없는 경우**

4) 공조의 연기

대한민국에서 수사가 진행 중이거나 재판에 계속(係屬)된 범죄에 대하여 외국의 공조요청이 있는 경우에는 그 수사 또는 재판 절차가 끝날 때까지 공조를 연기할 수 있다.

5) 외국의 요청에 따른 수사공조

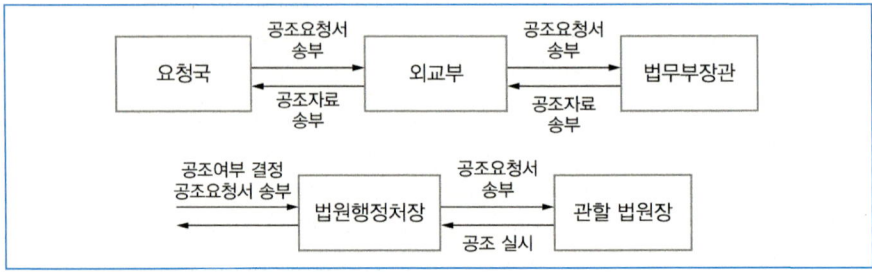

제11조(공조요청의 접수 및 공조 자료의 송부)
공조요청 접수 및 요청국에 대한 공조 자료의 송부는 **외교부장관**이 한다. 다만, 긴급한 조치가 필요한 경우나 특별한 사정이 있는 경우에는 법무부장관이 외교부장관의 동의를 받아 이를 할 수 있다.

제12조(공조요청서)
① 공조요청은 다음 각 호의 사항을 기재한 서면(이하 "공조요청서"라 한다)으로 한다.

1. 공조요청과 관련된 수사 또는 재판을 담당하는 기관
2. 공조요청 사건의 요지
3. 공조요청의 목적과 내용
4. 그 밖에 공조를 하기 위하여 필요한 사항

② 공조요청이 증인신문, 물건의 인도, 요청국에서의 증언 등의 협조에 관한 것일 때에는 그것이 수사 또는 재판에 반드시 필요하다는 **요청국의 소명(疏明)**이 있어야 한다.

제13조(공조의 방식)
요청국에 대한 공조는 **대한민국의 법률**에서 정하는 방식으로 한다. 다만, 요청국이 요청한 공조 방식이 대한민국의 법률에 저촉되지 아니하는 경우에는 그 방식으로 할 수 있다.

6) 외국에 대한 수사에 관한 공조요청

제29조(검사 등의 공조요청)
검사 또는 고위공직자범죄수사처장은 외국에 수사에 관한 공조요청을 하려면 **법무부장관에게** 공조요청서를 송부하여야 하고, 사법경찰관은 검사에게 신청하여 법무부장관에게 공조요청서를 송부하여야 한다.

제30조(법무부장관의 조치)
제29조에 따른 공조요청서를 받은 법무부장관은 외국에 공조요청하는 것이 타당하다고 인정하는 경우에는 그 공조요청서를 **외교부장관에게 송부**하여야 한다. 다만, 긴급한 조치가 필요한 경우나 특별한 사정이 있는 경우에는 외교부장관의 동의를 받아 공조요청서를 직접 외국에 송부할 수 있다.

제31조(외교부장관의 조치)
외교부장관은 법무부장관으로부터 제30조에 따른 공조요청서를 받았을 때에는 이를 외국에 송부하여야 한다. 다만, 외교 관계상 공조요청하는 것이 타당하지 아니하다고 인정하는 경우에는 이에 관하여 법무부장관과 협의하여야 한다

7) 외국의 요청에 따른 형사재판에 관한 공조

제23조(법무부장관의 조치)
① 법무부장관은 법원에서 하여야 할 형사재판에 관한 공조요청서를 받았을 때에는 이를 **법원행정처장**에게 송부하여야 한다. 다만, 이 법 또는 공조조약에 따라 공조할 수 없거나 공조하지 아니하는 것이 타당하다고 인정하는 경우에는 그러하지 아니하다.
② 법무부장관은 제1항 단서에 따라 공조하지 아니하는 것이 타당하다고 인정하는 경우에는 법원행정처장과 협의하여야 한다.

제24조(법원행정처장의 조치)
법원행정처장은 법무부장관으로부터 제23조제1항에 따른 공조요청서를 받았을 때에는 이를 **관할 지방법원장에게 송부**하여야 한다.

제25조(관할 법원)
형사재판에 관한 공조는 서류 등의 송달에 관한 요청인 경우에는 송달할 장소를 관할하는 **지방법원**이 하고, 증거조사에 관한 요청인 경우에는 증인 등의 주거지나 증거물 또는 검증·감정 목적물의 소재지를 관할하는 지방법원이 한다.

8) 외국에 대한 형사재판에 관한 공조요청

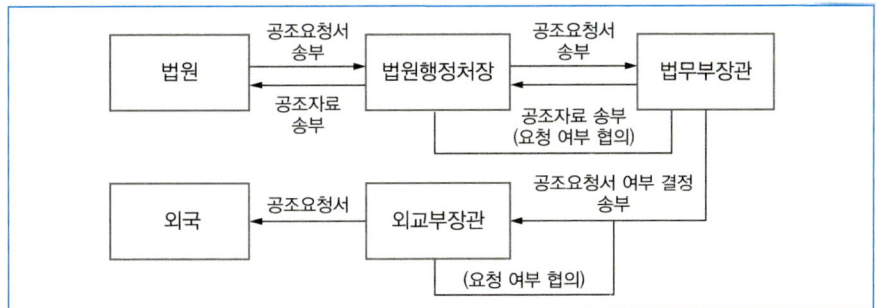

> 제33조(법원의 공조요청)
> ① **법원**이 형사재판에 관하여 외국에 공조요청을 하는 경우에는 **법원행정처장**에게 공조요청서를 송부하여야 한다. 이 경우 법원은 그 사실을 검사에게 통지하여야 한다.
> ② 법원행정처장은 제1항에 따른 공조요청서를 받았을 때에는 법무부장관에게 이를 송부하여야 한다.

5 범죄인 인도법

1) 의의

① 이 법은 범죄인 인도(引渡)에 관하여 그 범위와 절차 등을 정함으로써 범죄 진압 과정에서의 국제적인 협력을 증진함을 목적으로 한다.

② 정의

인도조약	대한민국과 외국 간에 체결된 범죄인의 인도에 관한 조약·협정 등의 합의를 말한다.
청구국	범죄인의 인도를 청구한 국가를 말한다.
인도범죄	범죄인의 인도를 청구할 때 그 대상이 되는 범죄를 말한다.
범죄인	인도범죄에 관하여 청구국에서 수사나 재판을 받고 있는 사람 또는 유죄의 재판을 받은 사람을 말한다.
긴급인도구속	도망할 염려가 있는 경우 등 긴급하게 범죄인을 체포·구금(拘禁)하여야 할 필요가 있는 경우에 범죄인 인도청구가 뒤따를 것을 전제로 하여 범죄인을 체포·구금하는 것을 말한다.

③ 전속관할

이 법에 규정된 범죄인의 인도심사 및 그 청구와 관련된 사건은 **서울고등법원과 서울고등검찰청의 전속관할**로 한다.

④ 인도조약과의 관계

범죄인 인도에 관하여 인도조약에 이 법과 **다른 규정이 있는 경우**에는 그 규정에 따른다.

2) 범죄인 인도에 관한 원칙들

* 인도가 허용된 범죄 외의 범죄에 대한 처벌 금지에 관한 보증
① 인도가 허용된 범죄사실의 범위에서 유죄로 인정될 수 있는 범죄 또는 인도된 후에 범한 범죄로 범죄인을 처벌하는 경우
② 범죄인이 인도된 후 청구국의 영역을 떠났다가 자발적으로 청구국에 재입국한 경우
③ 범죄인이 자유롭게 청구국을 떠날 수 있게 된 후 45일 이내에 청구국의 영역을 떠나지 아니한 경우
④ 대한민국이 동의하는 경우

상호주의 원칙	인도조약이 체결되어 있지 아니한 경우에도 범죄인의 인도를 청구하는 국가가 같은 종류 또는 유사한 인도범죄에 대한 대한민국의 범죄인 인도청구에 응한다는 **보증을 하는 경우**에는 이 법을 적용한다.
쌍방가벌성의 원칙	청구국과 피청구국 **쌍방의 법률에 의해 범죄를 구성**하지 않는 경우에는 범죄인을 인도하지 않는다는 원칙이다. ➡ 최소중요성의 원칙 대한민국과 청구국의 법률에 따라 인도범죄가 **사형, 무기징역, 무기금고, 장기(長期) 1년 이상의 징역 또는 금고에 해당하는 경우에만** 범죄인을 인도할 수 있다.

특정성의 원칙	인도된 범죄인이 다음 각 호의 어느 하나에 해당하는 경우를 제외하고는 **인도가 허용된 범죄 외의 범죄로 처벌받지 아니하고** 제3국에 인도되지 아니한다는 청구국의 보증이 없는 경우에는 범죄인을 인도하여서는 아니 된다.
유용성 원칙	실제로 처벌하기 위해 **필요한 범죄자만** 인도한다는 원칙이다. ● 시효완성, 사면 등으로 처벌하지 못하는 범죄자는 인도 대상에서 제외된다.
자국민 불인도 원칙	범죄인이 대한민국 국민인 경우에는 인도 하지 아니 할 수 있다. (임의적 거절사유) ● 대륙법계 국가에서 채택하고 있으나, 영미법계 국가는 채택하지 않고 있다.
정치범 불인도의 원칙	① 인도범죄가 **정치적 성격을 지닌 범죄이거나 그와 관련된 범죄인 경우**에는 범죄인을 인도하여서는 아니 된다. 다만, 인도범죄가 다음 각 호의 어느 하나에 해당하는 경우에는 그러하지 아니하다. 1. 국가원수(國家元首)·정부수반(政府首班) 또는 그 가족의 생명·신체를 침해하거나 위협하는 범죄 2. 다자간 조약에 따라 대한민국이 범죄인에 대하여 재판권을 행사하거나 범죄인을 인도할 의무를 부담하고 있는 범죄 3. 여러 사람의 생명·신체를 침해·위협하거나 이에 대한 위험을 발생시키는 범죄 ② 인도청구가 범죄인이 범한 정치적 성격을 지닌 다른 범죄에 대하여 재판을 하거나 그러한 범죄에 대하여 이미 확정된 형을 집행할 목적으로 행하여진 것이라고 인정되는 경우에는 범죄인을 인도하여서는 아니 된다.
군사범 불인도 원칙	군사범죄 즉 탈영, 항명 등의 범죄자는 인도하지 않는다는 원칙이다. ● 현재 우리나라는 명문의 규정이 없다.

3) **인도 범죄**

① 인도에 관한 원칙

대한민국 영역에 있는 범죄인은 이 법에서 정하는 바에 따라 청구국의 인도청구에 의하여 소추(訴追), 재판 또는 형의 집행을 위하여 청구국에 인도할 수 있다.

② 인도범죄

대한민국과 청구국의 법률에 따라 인도범죄가 사형, 무기징역, 무기금고, 장기(長期) 1년 이상의 징역 또는 금고에 해당하는 경우에만 범죄인을 인도할 수 있다.

4) 절대적 인도거절 사유

> 다음 각 호의 어느 하나에 해당하는 경우에는 범죄인을 **인도하여서는 아니 된다.**
> 1. 대한민국 또는 청구국의 법률에 따라 인도범죄에 관한 **공소시효 또는 형의 시효가 완성**된 경우
> 2. 인도범죄에 관하여 대한민국 법원에서 **재판이 계속(係屬)** 중이거나 **재판이 확정**된 경우
> 3. 범죄인이 인도범죄를 범하였다고 **의심할 만한 상당한 이유가 없는 경우**. 다만, 인도범죄에 관하여 청구국에서 유죄의 재판이 있는 경우는 제외한다.
> 4. 범죄인이 인종, 종교, 국적, 성별, 정치적 신념 또는 특정 사회단체에 속한 것 등을 이유로 처벌되거나 그 밖의 **불리한 처분을 받을 염려**가 있다고 인정되는 경우

5) 임의적 인도거절 사유

> 다음 각 호의 어느 하나에 해당하는 경우에는 범죄인을 인도하지 **아니할 수 있다.**
> 1. 범죄인이 **대한민국 국민**인 경우
> 2. 인도범죄의 전부 또는 일부가 **대한민국 영역에서** 범한 것인 경우
> 3. 범죄인의 **인도범죄 외의 범죄에 관하여** 대한민국 법원에 재판이 계속 중인 경우 또는 범죄인이 형을 선고받고 그 집행이 끝나지 아니하거나 면제되지 아니한 경우
> 4. 범죄인이 인도범죄에 관하여 **제3국(청구국이 아닌 외국을 말한다)**에서 재판을 받고 처벌되었거나 처벌받지 아니하기로 확정된 경우
> 5. 인도범죄의 성격과 범죄인이 처한 환경 등에 비추어 범죄인을 인도하는 것이 비인도적(非人道的)이라고 인정되는 경우

6) 범죄인 인도 절차

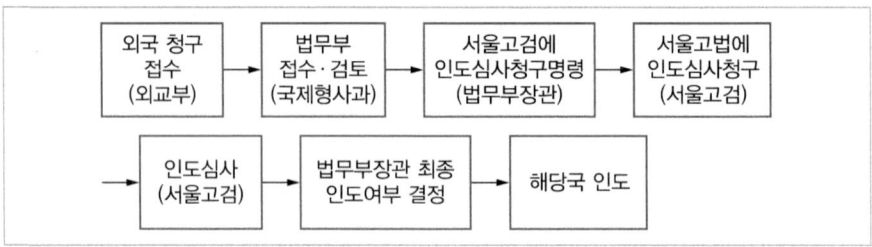

> 제11조(인도청구를 받은 외교부장관의 조치)
> **외교부장관**은 청구국으로부터 범죄인의 인도청구를 받았을 때에는 인도청구서와 관련 자료를 **법무부장관에게 송부**하여야 한다.
>
> 제12조(법무부장관의 인도심사청구명령)
> ① 법무부장관은 외교부장관으로부터 제11조에 따른 인도청구서 등을 받았을 때에는 이를 서울고등검찰청 검사장(檢事長)에게 송부하고 그 소속 검사로 하여금 **서울고등법원**(이하 "법원"이라 한다)에 범죄인의 인도허가 여부에 관한 심사(이하 "인도심사"라 한다)를 청구하도록 명하여야 한다. 다만, 인도조약 또는 이 법에 따라 범죄인을 인도할 수 없거나 인도하지 아니하는 것이 타당하다고 인정되는 경우에는 그러하지 아니하다.

② 법무부장관은 제1항 단서에 따라 인도심사청구명령을 하지 아니하는 경우에는 그 사실을 **외교부장관에게 통지**하여야 한다.

제13조(인도심사청구)
① **검사**는 제12조제1항에 따른 법무부장관의 인도심사청구명령이 있을 때에는 지체 없이 법원에 인도심사를 **청구하여야 한다**. 다만, 범죄인의 소재(所在)를 알 수 없는 경우에는 그러하지 아니하다.
② 범죄인이 제20조에 따른 인도구속영장에 의하여 구속되었을 때에는 구속된 날부터 **3일 이내**에 인도심사를 청구하여야 한다.
③ 인도심사의 청구는 관계 자료를 첨부하여 서면으로 하여야 한다.
④ 검사는 인도심사를 청구하였을 때에는 그 청구서의 부본(副本)을 범죄인에게 송부하여야 한다.

제14조(법원의 인도심사)
① 법원은 제13조에 따른 인도심사의 청구를 받았을 때에는 지체 없이 인도심사를 시작하여야 한다.
② 법원은 범죄인이 인도구속영장에 의하여 구속 중인 경우에는 구속된 날부터 **2개월 이내**에 인도심사에 관한 결정(決定)을 하여야 한다.
③ 범죄인은 인도심사에 관하여 변호인의 도움을 받을 수 있다.
④ 법원은 인도심사에 관한 결정을 하기 전에 범죄인과 그의 변호인에게 의견을 진술할 기회를 주어야 한다. 다만, 인도심사청구 각하결정(却下決定) 또는 인도거절 결정을 하는 경우에는 그러하지 아니하다.
⑤ 법원은 인도심사를 하면서 필요하다고 인정할 때에는 증인을 신문(訊問)할 수 있고, 감정(鑑定)·통역 또는 번역을 명할 수 있다.

제15조(법원의 결정)
① 법원은 인도심사의 청구에 대하여 다음 각 호의 구분에 따라 결정을 하여야 한다.

> 1. 인도심사의 청구가 적법하지 아니하거나 취소된 경우 : 인도심사청구 각하 결정
> 2. 범죄인을 인도할 수 없다고 인정되는 경우 : 인도거절 결정
> 3. 범죄인을 인도할 수 있다고 인정되는 경우 : 인도허가 결정

② 제1항에 따른 결정에는 그 이유를 구체적으로 밝혀야 한다.
③ 제1항에 따른 결정은 그 주문(主文)을 **검사에게 통지함**으로써 효력이 발생한다.
④ 법원은 제1항에 따른 결정을 하였을 때에는 지체 없이 검사와 범죄인에게 결정서의 등본을 송달하고, 검사에게 관계 서류를 반환하여야 한다.

16조(인도청구의 **경합**)
① 법무부장관은 둘 이상의 국가로부터 동일 또는 상이한 범죄에 관하여 동일한 범죄인에 대한 인도청구를 받은 경우에는 범죄인을 인도할 국가를 결정하여야 하며, 필요한 경우 외교부장관과 협의할 수 있다.
② 제1항에 따른 결정을 할 때에는 인도범죄의 발생일시, 발생장소, 중요성, 인도청구 날짜, 범죄인의 국적 및 거주지 등을 고려하여야 한다.

*서울고등검찰청 전속관할임

*서울고등법원 전속관할임

7) 외국에 대한 범죄인 인도청구

제42조(법무부장관의 인도청구 등)
① **법무부장관**은 대한민국 법률을 위반한 범죄인이 외국에 있는 경우 그 외국에 대하여 범죄인 인도 또는 긴급인도구속을 청구할 수 있다.
② **법무부장관**은 외국에 대한 범죄인 인도청구 또는 긴급인도구속청구 등과 관련하여 필요하다고 판단할 때에는 적절하다고 인정되는 검사장·지청장 또는 고위공직자범죄수사처장 등에게 **필요한 조치를 명하거나 요구할 수 있다.**

제42조의2(검사장 등의 조치)
① 제42조제2항에 따른 명령 또는 요구를 받은 **검사장·지청장 또는 고위공직자범죄수사처장 등**은 소속 검사에게 관련 자료의 검토·작성·보완 등 필요한 조치를 하도록 명하여야 한다.
② 제1항에 따른 명령을 받은 검사는 그 명령을 신속히 이행하고 관련 자료를 첨부하여 그 결과를 법무부장관에게 보고하여야 한다.

제42조의3(검사의 범죄인 인도청구 등의 건의)
① **검사 또는 고위공직자범죄수사처장**은 외국에 대한 범죄인 인도청구 또는 긴급인도구속청구가 타당하다고 판단할 때에는 법무부장관에게 외국에 대한 범죄인 인도청구 또는 긴급인도구속청구를 **건의 또는 요청할 수 있다.**
② 제1항의 경우 검사는 인도조약 및 법무부장관이 지정한 사항을 적은 서면과 관련 자료를 첨부하여야 한다.

제42조의4(외국에 대한 동의 요청)
① **법무부장관**은 외국으로부터 인도받은 범죄인을 인도가 허용된 범죄 외의 범죄로도 처벌할 필요가 있다고 판단하는 경우에는 그 외국에 대하여 처벌에 대한 **동의를 요청할 수 있다.**

제43조(인도청구서 등의 송부)
법무부장관은 제42조 및 제42조의4에 따라 범죄인 인도청구, 긴급인도구속청구, 동의 요청 등을 결정한 경우에는 인도청구서 등과 관계 자료를 **외교부장관에게 송부하여야 한다.**

제44조(외교부장관의 조치)
외교부장관은 법무부장관으로부터 제43조에 따른 인도청구서 등을 송부받았을 때에는 **이를 해당 국가에 송부하여야 한다.**

6 국제형사경찰기구(인터폴, ICPO)

1) 의의

① 창설

1956 국제형사경찰회의(International Criminal Police Congress)에서 국제범죄에 공동으로 대처하기 위해 각 국의 경찰을 회원국으로 하여 설립된 경찰의 세계 연합기구이다.

② 연혁

㉠ **1914년 모나코**에서 국제형사경찰회의(International Criminal Police Congress)에서 국제범죄 기록보관소 설립, 범죄인 인도절차의 표준화 등에 대해 논의하였는데, 이것이 국제경찰협력의 기초가 되었다.

㉡ 1923년 비엔나에서 제2차 국제형사경찰회의를 개최하여 '국제형사경찰위원회(ICPC) 창설하였다.

㉢ **1956년 비엔나**에서 제25차 국제형사경찰위원회에서 국제형사경찰기구(ICPO)를 발족하였다.
　➡ 당시 사무총국은 파리에 위치함

㉣ 1989년 본부를 **프랑스 리옹**으로 옮겼다.

㉤ 한국은 1964년 가입하였다.

2) 국제형사경찰기구의 지위

① 국제기구로서의 지위

창설초기에는 비정부간 국제기구로 인식되었으나, 1971년 UN경제사회 이사회로부터 정부기관 공식기구로 공인되고, **1996년 10월 UN총회에서 옵저버 기구로 인정됨**으로써 정부간 국제기구로서의 지위를 확보하고 있다.

② 법적 지위

인터폴 헌장, 일반 규정 및 각 회원국의 국내법에 의거하여 국제간 경찰협력을 위해 활동하는 정부간 기구로서 활동하지만 국제조약과 협약 또는 유사한 법적 근거를 두는 것은 아니며, 외교적 서명을 요하는 것도 아니고, **정부의 비준이 필요한 것도 아니다.**
　➡ 국제공조수사기구일 뿐 체포나 구속에 대한 권한이 없다.(**임의적 협조이다.**)

3) 목적 및 협력사항

① 범죄의 예방과 진압을 위해 회원국간에 협력을 증진한다.
② **국제범죄 정보 및 자료를 교환**한다.
③ 국제범죄인의 소재수사 등 범죄수사를 위한 협력을 한다.
④ 국제수배서, 간행물 발간 등

* 공조 절차
순찰지구대등
→ 경찰청 국제협력관
→ 한국 인터폴 중앙사무국
→ 인터폴 사무총국
→ 상대국 인터폴 국가중앙사무국
→ 상대국 경찰관서

4) 조직

총회	**최고 의결기관**이며 매년 1회 개최된다. ● 총재1명, 임기 4년
국가중앙사무국	**모든 회원국에 설치된 상설기구**로 회원국 간의 각종 공조업무에 대응한다. ● 우리나라는 경찰청 외사국안 인터폴 국제공조과에서 담당
사무총국	연락, 범죄정보 배포등 핵심적 역할을 한다. ● 상설행정기관으로 프랑스 리옹에 위치한다.
집행위원회	재정운영의 승인, 총회 결정사항의 이행 여부 확인, 사무총국 운영에 대한 감독등의 업무를 한다. ● 총회에서 선출되는 13명의 위원으로 구성된다.
언어	영어, 불어, 스페인어, 아랍어이다.

5) 기본원칙

주권의 존중	경찰협력은 각 회원국 경찰기관들이 자국 영토 내에서 **국내법**에 따라 행하는 통상적인 업무수행의 범위 내에서만 협조한다.
일반 형법의 집행	일반 범죄와 관련된 범죄의 예방·진압에 국한하고, 정치·군사·종교·인종적 사항에 대해서는 어떠한 관여나 활동도 배제한다.
보편성	모든 회원국은 **타 회원국과 협력**할 수 있으며, 그 협력은 지리적·언어적 요소에 의해 방해받지 않는다.
평등성	재정 분담국의 규모와 관계없이 **동일한 혜택과 지원**을 받는다.
타 기관과의 협력	국가중앙사무국을 통해 일반 범죄의 예방·진압에 관여하고 있는 타 국가기관과도 협조할 수 있다.
협력의 융통성	협력방식은 규칙성, 계속성이 있어야 하나 회원국의 국내실정을 충분히 고려하여 협의 방식을 변경할 수 있다.

6) 국제수배서

* 적색수배 발부 절차
- 경찰, 검찰 등 수사기관
- 공조수사요청 (체포영장 등 첨부)
- 경찰청 국제협력관
- 공조요청 검토 및 인터폴 전문 발송
- 인터폴 사무총국
- 수배요청 검토 및 수배서 발부
- 190개 회원국
- 적색수배서 배포

적색수배서	일반형법 위반하여 **체포영장이 발부된 범죄인**에 대해 범죄인 인도를 목적으로 발행 ● 국제체포수배서
청색수배서	수배자의 신원과 소재파악을 위해 발행 ● 국제정보조회수배서
녹색수배서	여러 국가에서 **상습적으로 범행**하였거나 범행할 우려가 있는 국제범죄자의 동향 파악을 위해 발행 ● 상습국제범죄자수배서
황색수배서	**가출인 소재 확인** 또는 기억상실자 등의 신원 확인 목적 ● 가출인수배서
흑색수배서	**사망자**의 신원을 확인할 수 없거나 정확한 신원파악을 목적 ● 사망자수배서
장물수배서	도난당하였거나 불법으로 취득한 것으로 보이는 물건에 대한 수배 목적

자주색수배서	각국 범인들이 사용한 새로운 **범죄수법 등**을 회원국에 배포 목적 ● 범죄수법수배서
오렌지색수배서	**폭발물·테러범** 등에 대해 보안을 경고하기 위해 발행 ● 보안경고서
인터폴 – UN 수배서	UN 안전보장이사회 제재위원회의 의결대상이 된 집단이나 개인에 대해 발행

7 주한미군지위협정(SOFA)

1) **의의**

① 주한미군지위협정(Status of Forces Agreement)는 미군의 법적 지위를 규정한 협정으로 1966년 **한미상호방위조약**에 근거하고 있다.

② 1966년 주한미군지위협정은 본 협정문 이외에 합의의사록(Agreed Minutes), 합의양해사항(Agreed Understanding), 형사재판권에 관한 한국 외무장관과 주한미국대사 간의 교환서한(Exchange of Letters)의 세 가지 부속문서로 구성되었다.
   ● 이 가운데 본 협정은 1950년 '대전협정'에 비해 외형적으로는 한 · 미 간의 불평등성을 많이 개선하였으나, 나머지 3개 부속문서가 본 협정의 내용을 상당히 제한하였다.

③ 파견군대의 군인이 접수국에 출입국시 소지해야 할 신분증과 비자와 관련된 사항, 접수국 내에서 파견군대가 사용하는 토지, 시설, 공공용역의 사용 조건, 파견 군대에 의해 사고 또는 범죄가 발생할 경우 보상과 처벌 절차 등이 일반적으로 SOFA를 통해 규정되는 사항들이다.

2) **적용대상자**

미합중국 군대의 구성원	㉠ 대한민국의 영역 안에 주둔하고 있는 미합중국의 육·해·공군에 속하는 현역군인 ㉡ **주한미대사관에 부속된 미합중국군대의 인원, 주한미대사관에 근무하는 무관과 주한미군군사고문단원은 제외된다.** 　● 카투사는 적용대상이 아니다. 　● 관광목적으로 여행 중인 미군에 대해서는 적용되지 않는다.
군속	미합중국의 국적을 가진 민간인으로서 대한민국에 주둔하고 있는 미국군대에 고용되어 근무하거나 또는 동반하는 자 ● 주한미군사령부의 지휘통제를 받는 사람이라면 적용대상이 된다.
가족	㉠ 미합중국군대 구성원 또는 군속의 가족 중 **배우자 및 21세 미만 자녀** ㉡ **보모 및 21세 이상의 자녀 기타 친척으로** 생계비의 반액이상을 미합중국 군대 구성원 또는 군속에 의존하는 자

초청계약자	미합중국법에 의하여 설립된 법인이나 미합중국 내에 통상적으로 거주하는 자의 고용원 및 그의 가족으로서 주한민군 등의 군대를 위하여 특정한 조건하에 미합중국정부의 지정에 의한 수의계약을 맺고 한국에서 근무하는 자

➡ 적용 대상자 아님 : 공무로 여행중인 미군, 주한미대사관에 근무하는 미군사병, 미군무관, 고문

3) 형사재판 관할

① 전속적 재판권 행사

미군 당국의 전속적 재판권	미국의 안전에 대한 범죄를 포함하여 미국 법령에 의하여 처벌할 수 있으나 **한국의 법령에 의해서는 처벌할 수 없는 범죄**
대한민국 당국의 전속적 재판권	대한민국의 안전에 관한 범죄를 포함하여 우리나라 법령에 의하여 처벌할 수 있으나 **미국의 법령으로는 처벌할 수 없는 범죄**

경합적 재판권의 대상이 되는 범죄는 한·미 양국의 법에 의해 모두 범죄에 해당되는 것을 의미하는데, 미군의 공무중에 발생한 형사사건과 미군 상호간 범죄를 제외하고는 우리 사법 당국이 관할권을 갖는다.

② SOFA 규정상 미군당국의 1차적 재판권행사
  ㉠ 오로지 미국의 안전이나 재산에 관한 범죄
  ㉡ 오로지 주한미군, 군속 및 그 가족 상호간의 신체나 재산에 관한 범죄
  ㉢ 공무집행중의 작위 또는 부작위에 의한 범죄
    ➡ 공무의 범위 : 공무집행중이거나 공무수행에 부수적인 행위도 포함.
    ➡ 공무의 판단 : 1차적으로는 미군당국이 발행한 공무증명서이나, 최종적으로는 **한미합동위원회가 결정한다.**

③ 대한민국의 1차적 재판권 행사
  미군당국의 1차적 재판권에 **속하지 아니하는 기타 모든 범죄**에 대해 행사한다.

④ SOFA 사건에 대한 수사
  ㉠ 범죄 혐의 대상자가 SOFA 대상자인지를 미군당국에 연락하여 확인한다.
  ㉡ 미군당군에 통보하고 미정부대표 출석을 요구한다.
  ㉢ 일단 수사가 마무리되어 검찰 차원에서 죄가 있다고 판단하여 기소를 하는 경우에는 살인, 강간 뿐만 아니라 강도, 약취, 마약거래, 방화, 폭행 및 상해치사, 음주운전으로 인한 교통사고 치사, 교통사고 치사후 도주 등 **12개의 중대한 범죄에 대해 미군을 구속한 상태에서 사법절차가 진행된다.**
    ➡ 중요12개 범죄 피의자에 대해서는 기소이후 시병인도 요청함이 원칙이지만, 한국측에서 신병을 확보한 경우 미군 당국에 신병인도자제를 요청할수 있다.
    ➡ 살인등 흉악범죄는 구속사유가 있으면 구속영장을 발부받아 계속 구금할수 있다.

* 미군 공무수행중 사건에 대해서는 미군 당국이 재판권을 행사한다고 하나 미군이 공무수행중에 범죄를 일으키는 것과 관련하여 예컨대 순찰중 폭행이나 강도를 저지르는 등 공무와 직접 연관이 없는 경우에는 공무집행중이라고 볼 수 없으므로 우리 사법 당국에 재판권이 귀속되게 되어 있다.

4) SOFA대상자의 행위로 인한 손해배상

공무집행 중	㉠ 대상자의 전적인 과실이 인정되는 경우 **미군정부가** 75%, **한국 정부** 25% ㉡ 대상자의 전적인 과실이 인정되지 않는 경우 **미국정부** 50%, **한국정부** 50%
공무집행 아닌 경우	미국정부가 100% 부담

○ 우리 정부를 상대로 한 손해배상 청구와는 별도로 일반개인에 대해서와 마찬가지로 미군 개인에 대해서 민사소송을 제기할 수 있다(8항). 미군의 공무중 행위로 발생한 손해는 한국군의 행위로부터 발생하는 손해와 마찬가지로 손해배상 청구를 우리 정부 또는 법원이 심사하여 배상금을 결정하고 지급하며, 피해가 미측의 전적인 과실로 발생했을 경우 미측이 75%, 우리 정부측이 25%를 부담한다. 여타의 경우에는 한·미 양측이 나누어 50%씩 부담한다.

 팩트 DB

SOFA사전 처리절차

1. 기초사실 조사
2. 체포사실 통고
3. 신병인도 전 조사와 미정부대표 출석 요구
4. 미군당국에 신병인도
5. 출석요구
6. 피의자 조사
7. 사건 송치

* 미군에 대한 민사소송
미군에 의해 우리 국민이 피해를 입은 경우, 피해자는 우리 정부에 배상을 신청하거나 미군 개인을 상대로 민사소송을 할 수 있다. 민사상이 이루어지기 위해서는 피소송인에 대한 소송 서류의 송달, 재판 출석, 증거수집 및 압류 등 강제 집행의 절차가 필요하다.